中

关务相关法规速查手册

《关务相关法规速查手册》编委会 编

中国海关出版社有限公司
中国·北京

目录

中 册

关务综合篇

▽ 药 品

中华人民共和国药品管理法 …………………………………… 797
　　（主席令第 18 号）
中华人民共和国药品管理法实施条例 …………………………… 813
　　（国务院令第 360 号）
反兴奋剂条例 ……………………………………………………… 822
　　（国务院令第 398 号）
麻醉药品和精神药品管理条例 …………………………………… 827
　　（国务院令第 442 号）
关于加强麻醉药品精神药品进（出）口管理有关问题的通知 … 837
　　（国药监安〔2001〕585 号）
放射性药品管理办法 ……………………………………………… 841
　　（国务院令第 25 号）
药品进口管理办法 ………………………………………………… 843
　　（国家食品药品监督管理局　海关总署令第 4 号）
关于实施《药品进口管理办法》有关事宜的通知 ……………… 849
　　（国食药监注〔2003〕320 号）
蛋白同化制剂和肽类激素进出口管理办法 ……………………… 859
　　（国家食品药品监督管理总局　海关总署　国家体育总局联合令第 9 号）
生物制品批签发管理办法 ………………………………………… 863
　　（国家食品药品监督管理总局令第 39 号）
药品注册管理办法 ………………………………………………… 869
　　（国家市场监督管理总局令第 27 号）
关于增加深圳、珠海二市为进口药品报关口岸的通知 ………… 884
　　（国药管注〔2000〕88 号）

1

关于进口药品通关口岸管理事宜的公告……884
　　（国食药监注〔2004〕115号）
关于允许苏州工业园区口岸进口药品的通知……885
　　（食药监办药化管〔2013〕113号）
关于进口药品符合《中华人民共和国药典》有关事宜的通知……886
　　（食药监药化管〔2016〕18号）
药品出口销售证明管理规定……886
　　（国药监药管〔2018〕43号）
关于进口药品目录中非药用物品进口通关有关事宜的通告……888
　　（国食药监注〔2004〕62号）
关于进口药品目录中新增非药用物品的通告……889
　　（国食药监注〔2005〕11号）
关于进口药品目录中第三批非药用物品目录的通告……890
　　（国食药监注〔2005〕423号）
关于进口药品目录中药用辅料进口通关有关事宜的通告……890
　　（国家食品药品监管总局通告2017年第31号）

▽ 药　材

进出境中药材检疫监督管理办法……892
　　（国家质量监督检验检疫总局令第169号）
进口药材管理办法……897
　　（国家市场监督管理总局令第9号）
关于实施《进口药材管理办法》有关事项的公告……901
　　（国家药品监督管理局　海关总署　国家市场监督管理总局公告2020年第3号）
关于调整麻黄草出口管理政策的公告……902
　　（商务部　公安部　生态环境部　海关总署　国家药品监督管理局公告2018年第83号）
关于药料用人工种植麻黄草出口配额申请等事项的公告……902
　　（商务部公告2018年第88号）

▽ 医疗器械

医疗器械监督管理条例……904
　　（国务院令第650号）
进口医疗器械检验监督管理办法……915
　　（国家质量监督检验检疫总局令第95号）
医疗器械注册管理办法……921
　　（国家食品药品监督管理总局令第4号）
体外诊断试剂注册管理办法……929
　　（国家食品药品监督管理总局令第5号）
医疗器械经营监督管理办法……939
　　（国家食品药品监督管理总局令第8号）
关于对进口捐赠医疗器械加强监督管理的公告……946
　　（国家质量监督检验检疫总局　海关总署　商务部　民政部公告2006年第17号）

目 录

医疗器械产品出口销售证明管理规定……………………………………………947
  （国家食品药品监督管理总局通告 2015 年第 18 号）
关于有序开展医疗物资出口的公告……………………………………………948
  （商务部　海关总署　国家药品监督管理局公告 2020 年第 5 号）

▽ 特殊物品

出入境特殊物品卫生检疫管理规定………………………………………………949
  （国家质量监督检验检疫总局令第 160 号）
关于禁止特殊物品过境相关事宜的公告…………………………………………953
  （海关总署公告 2019 年第 180 号）

▽ 化妆品

化妆品卫生监督条例………………………………………………………………954
  （卫生部令第 3 号）
化妆品监督管理条例………………………………………………………………957
  （国务院令第 727 号）
化妆品卫生监督条例实施细则……………………………………………………967
  （卫生部令 13 号）
化妆品行政许可申报受理规定……………………………………………………975
  （国食药监许〔2009〕856 号）
进出口化妆品检验检疫监督管理办法……………………………………………978
  （国家质量监督检验检疫总局令第 143 号）
进口化妆品境内收货人备案、进口记录和销售记录管理规定…………………982
  （国家质量监督检验检疫总局公告 2016 年第 77 号）
关于调整化妆品进口环节消费税的通知…………………………………………985
  （财关税〔2016〕48 号）
关于在全国范围实施进口非特殊用途化妆品备案管理有关事宜的公告………986
  （国家药品监督管理局公告 2018 年第 88 号）

▽ 机电产品

进口成套设备检验和监督管理实施细则…………………………………………988
  （国检监〔1993〕38 号）
机电产品进口配额管理实施细则…………………………………………………990
  （对外贸易经济合作部令 2001 年第 23 号）
机电产品自动进口许可实施办法…………………………………………………993
  （商务部　海关总署令 2008 年第 6 号）
机电产品进口管理办法……………………………………………………………996
  （商务部　海关总署　国家质量监督检验检疫总局令 2008 年第 7 号）
机电产品国际招标投标实施办法（试行）………………………………………1000
  （商务部令 2014 年第 1 号）
进口旧机电产品检验监督管理办法………………………………………………1018
  （国家质量监督检验检疫总局令第 171 号）

3

关于进一步简化旧机电设备进口手续的通知 …………………………………… 1022
 （商产发〔2009〕166号）
关于调整进口旧机电产品检验监管的公告 …………………………………… 1023
 （国家质量监督检验检疫总局公告2014年第145号）
关于旧机电产品进口管理有关问题的公告 …………………………………… 1026
 （国家质量监督检验检疫总局　商务部　海关总署公告2015年第76号）
关于进口旧机电产品装运前检验有关问题的公告 …………………………… 1027
 （国家质量监督检验检疫总局公告2017年第83号）

▽ 车　辆

进口汽车检验管理办法 ………………………………………………………… 1028
 （国家质量监督检验检疫总局令第1号）
外商投资企业投资自用进口汽车管理办法 …………………………………… 1029
 （〔2000〕外经贸资发第376号）
关于执行《汽车产业发展政策》有关问题的公告 …………………………… 1030
 （海关总署　国家发展和改革委员会　商务部公告2005年第44号）
关于进口汽车成套散件认定问题的公告 ……………………………………… 1032
 （海关总署公告2006年第19号）
关于在汽车整车进口口岸之间开展进口汽车整车转关业务的公告 ………… 1032
 （海关总署公告2014年第5号）
关于《货物进口证明书》相关事宜的公告 …………………………………… 1033
 （海关总署公告2015年第34号）
关于进一步规范进口机动车环保项目检验的公告 …………………………… 1034
 （海关总署公告2019年第168号）

▽ 船　舶

中华人民共和国船舶登记条例 ………………………………………………… 1036
 （国务院令第155号）
关于船舶进口有关事项的规定 ………………………………………………… 1042
 （对外贸易经济合作部公告2001年第38号）
老旧运输船舶管理规定 ………………………………………………………… 1043
 （交通部令2006年第8号）
海南出入境游艇检疫管理办法 ………………………………………………… 1047
 （国家质量监督检验检疫总局令第153号）
出入境邮轮检疫管理办法 ……………………………………………………… 1051
 （国家质量监督检验检疫总局令第185号）
远洋渔业管理规定 ……………………………………………………………… 1056
 （农业农村部令2020年第2号）
关于旧船舶进口技术勘验有关事项的公告 …………………………………… 1063
 （海事局公告2018年第31号）
关于对国际航行船舶加注燃料油实行出口退税政策的公告 ………………… 1063
 （财政部　国家税务总局　海关总署公告2020年第4号）

▽ 食　品

中华人民共和国食品安全法 ·· 1064
　　（主席令第 9 号）
中华人民共和国食品安全法实施条例 ···································· 1086
　　（国务院令第 557 号）
关于加强食品等产品安全监督管理的特别规定 ·························· 1094
　　（国务院令第 503 号）
出口食品生产企业申请国外卫生注册管理办法 ·························· 1098
　　（国家认证认可监督管理委员会公告 2002 年第 15 号）
进出口食品安全管理办法 ·· 1100
　　（国家质量监督检验检疫总局令第 144 号）
进口食品境外生产企业注册管理规定 ···································· 1105
　　（国家质量监督检验检疫总局令第 145 号）
进口食品国外生产企业注册程序 ··· 1108
　　[国认注（2001）35 号]
保健食品注册与备案管理办法 ·· 1110
　　（国家食品药品监督管理总局令第 22 号）
特殊医学用途配方食品注册管理办法 ···································· 1118
　　（国家食品药品监督管理总局令第 24 号）
出口食品生产企业备案管理规定 ··· 1124
　　（国家质量监督检验检疫总局令第 192 号）
进出口食品添加剂检验检疫监督管理工作规范 ·························· 1127
　　（国家质量监督检验检疫总局公告 2011 年第 52 号）
关于发布《进口食品进出口商备案管理规定》及《食品进口记录和销售记录管理
　　规定》的公告 ··· 1133
　　（国家质量监督检验检疫总局公告 2012 年第 55 号）
出口食品原料种植场备案管理规定 ······································ 1136
　　（国家质量监督检验检疫总局公告 2012 年第 56 号）
进口食品接触产品检验监管工作规范 ···································· 1139
　　（国家质量监督检验检疫总局公告 2016 年第 31 号）
关于境外进入综合保税区食品检验放行有关事项的公告 ················ 1142
　　（海关总署公告 2019 年第 29 号）
关于进出口预包装食品标签检验监督管理有关事宜的公告 ·············· 1142
　　（海关总署公告 2019 年第 70 号）

▽ 动植物

中华人民共和国进出境动植物检疫法 ···································· 1144
　　（主席令第 53 号）
中华人民共和国进出境动植物检疫法实施条例 ·························· 1148
　　（国务院令第 206 号）
植物检疫条例实施细则（林业部分） ···································· 1156
　　（林业部令第 4 号）

植物检疫条例实施细则（农业部分） …………………………………… 1159
　（农业部令第 5 号）
农业野生植物保护办法 …………………………………………………… 1164
　（农业部令第 21 号）
进境植物繁殖材料检疫管理办法 ………………………………………… 1168
　（国家出入境检验检疫局令第 10 号）
进境栽培介质检疫管理办法 ……………………………………………… 1170
　（国家质量监督检验检疫总局令第 13 号）
进境动植物检疫审批管理办法 …………………………………………… 1172
　（国家质量监督检验检疫总局令第 25 号）
公布进境动植物检疫审批名录 …………………………………………… 1175
　（国家质量监督检验检疫总局公告 2002 年第 2 号）
取消进境检疫审批规定的植物产品名录 ………………………………… 1176
　（国家质量监督检验检疫总局公告 2003 年第 43 号）
关于取消某些动植物产品的进境检疫审批规定的公告 ………………… 1177
　（国家质量监督检验检疫总局公告 2004 年第 111 号）
关于取消部分产品进境动植物检疫审批的公告 ………………………… 1178
　（海关总署公告 2018 年第 51 号）
中华人民共和国种子法 …………………………………………………… 1178
　（主席令第 34 号）
国外引种检疫审批管理办法 ……………………………………………… 1189
　［〔1993〕农（农）字第 18 号］
进出口农作物种子（苗）管理暂行办法 ………………………………… 1191
　（农业部令第 14 号）

▽ 饲料及添加剂

饲料和饲料添加剂管理条例 ……………………………………………… 1193
　（国务院令第 266 号）
进出口饲料和饲料添加剂检验检疫监督管理办法 ……………………… 1201
　（国家质量监督检验检疫总局令第 118 号）
进口饲料和饲料添加剂登记管理办法 …………………………………… 1209
　（农业部令 2014 年第 2 号）
质检总局关于修订进出口饲料和饲料添加剂风险级别及检验检疫监管方式的公告 …… 1213
　（国家质量监督检验检疫总局公告 2015 年第 144 号）
宠物饲料规范性文件 ……………………………………………………… 1215
　（农业农村部公告第 20 号）

海关管制篇

▽ 进出口许可

有关化学品及相关设备和技术出口管制办法 …………………………… 1221
　（对外贸易经济合作部　国家经济贸易委员会　海关总署令 2002 年第 33 号）

目 录

货物自动进口许可管理办法 ………………………………………………………… 1223
　　（商务部　海关总署令 2004 年第 26 号）
两用物项和技术进出口许可证管理办法 …………………………………………… 1225
　　（商务部　海关总署令 2005 年第 29 号）
民用航空零部件出口分类管理办法 ………………………………………………… 1230
　　（商务部　海关总署令 2006 年第 6 号）
重点旧机电产品进口管理办法 ……………………………………………………… 1231
　　（商务部　海关总署　国家质量监督检验检疫总局令 2008 年第 5 号）
消耗臭氧层物质进出口管理办法 …………………………………………………… 1234
　　（环境保护部　商务部　海关总署令第 26 号）
中华人民共和国海关总署关于禁止劳改产品出口的通告 ………………………… 1237
　　（署监一〔1991〕1560 号）
关于公布禁止向朝鲜出口的两用物项和技术清单的公告 ………………………… 1237
　　（商务部　工业和信息化部　海关总署　国家原子能机构公告 2013 年第 59 号）
关于增列禁止向朝鲜出口的两用物项和技术清单的公告 ………………………… 1238
　　（商务部　工业和信息化部　海关总署　国家原子能机构公告 2016 年第 22 号）
关于增列禁止向朝鲜出口的两用物项和技术清单的公告 ………………………… 1240
　　（商务部　工业和信息化部　国防科工局　国家原子能机构　海关总署公告 2017 年第 9 号）
关于禁止向朝鲜出口有关大规模杀伤性武器及其运载工具相关的两用物项和技术、
　　常规武器两用品的公告 ………………………………………………………… 1241
　　（商务部　工业和信息化部　国防科工局　国家原子能机构　海关总署公告 2018 年第 17 号）
关于对军民两用无人驾驶航空飞行器实施临时出口管制的公告 ………………… 1241
　　（商务部　海关总署　国家国防科技工业局　中国人民解放军总装备部公告 2015 年第 20 号）

▽ 固体废物

固体废物进口管理办法 ……………………………………………………………… 1243
　　（环境保护部　商务部　国家发展和改革委员会　海关总署　国家质量监督检验检疫
　　总局令第 12 号）
进口可用作原料的固体废物检验检疫监督管理办法 ……………………………… 1250
　　（国家质量监督检验检疫总局令第 194 号）
进口可用作原料的固体废物装运前检验监督管理实施细则 ……………………… 1258
　　（海关总署公告 2018 年第 48 号）
质检总局关于取消进口可用作原料的固体废物装运前检验机构指定有关问题的公告 …… 1262
　　（国家质量监督检验检疫总局公告 2016 年第 79 号）
质检总局关于进口可用作原料的固体废物国外供货商和国内收货人注册登记工作
　　有关问题的公告 ………………………………………………………………… 1263
　　（国家质量监督检验检疫总局公告 2013 年第 57 号）
进口可用作原料的固体废物国内收货人注册登记管理实施细则 ………………… 1264
　　（海关总署公告 2018 年第 57 号）
进口可用作原料的固体废物国外供货商注册登记管理实施细则 ………………… 1269
　　（海关总署公告 2018 年第 91 号）
质检总局关于明确进口木及软木废料检验监管有关问题的公告 ………………… 1272
　　（国家质量监督检验检疫总局公告 2017 年第 6 号）

关于发布《进口废物管理目录》(2017年)的公告 ·················· 1273
　　(环境保护部　商务部　国家发展和改革委员会　海关总署　国家质量监督检验检疫总局
　　联合公告2017年第39号)
关于调整《进口废物管理目录》的公告 ························· 1274
　　(生态环境部　商务部　国家发展和改革委员会　海关总署联合公告2018年第6号)
关于调整《进口废物管理目录》的公告 ························· 1276
　　(生态环境部　商务部　国家发展和改革委员会　海关总署公告2018年第68号)
关于发布限定固体废物进口口岸的公告 ························· 1277
　　(海关总署　生态环境部公告2018年第79号)

▽其他相关

化学品首次进口及有毒化学品进出口环境管理规定 ·················· 1279
　　(环管〔1994〕140号)
中华人民共和国海关进出境印刷品及音像制品监管办法 ················ 1281
　　(海关总署令第161号)
音像制品进口管理办法 ································· 1284
　　(新闻出版总署　海关总署令2011年第53号)
出版物进口备案管理办法 ······························· 1287
　　(国家新闻出版广电总局　海关总署令第12号)
民用爆炸物品进出口管理办法 ···························· 1290
　　(工业和信息化部　公安部　海关总署令第21号)
关于启用民用爆炸物品进/出口审批单的公告 ····················· 1292
　　(工业和信息化部公告2008年第5号)
关于调整《密码产品和含有密码技术的设备进口管理目录》的公告 ··········· 1292
　　(国家密码管理局　海关总署公告2013年第27号)
野生动植物进出口证书管理办法 ··························· 1293
　　(国家林业局　海关总署令第34号)
进出口野生动植物种商品目录 ···························· 1298
　　(国家濒管办　海关总署公告2018年第1号)
关于公布进出口农药管理名录 ···························· 1299
　　(农业部　海关总署公告第2203号)
关于进口兽药的海关监管验放的有关问题的公告 ···················· 1299
　　(海关总署公告2001年第7号)
黄金及黄金制品进出口管理办法 ··························· 1300
　　(中国人民银行　海关总署令2015年第1号)
关于黄金及黄金制品进出口准许证事宜的公告 ····················· 1304
　　(中国人民银行　海关总署联合公告2016年第9号)

关务技术篇

中华人民共和国海关进出口货物商品归类管理规定 …………………… 1307
　（海关总署令第 158 号）
中华人民共和国海关审定进出口货物完税价格办法 …………………… 1308
　（海关总署令第 213 号）
进口货物价格预审核管理暂行规定 ……………………………………… 1318
　（署税发〔2011〕419 号）
关于修订公式定价进口货物审定完税价格有关规定的公告 …………… 1319
　（海关总署公告 2015 年第 15 号）
关于修订飞机经营性租赁审定完税价格有关规定的公告 ……………… 1321
　（海关总署公告 2016 年第 8 号）
关于特许权使用费申报纳税手续有关问题的公告 ……………………… 1322
　（海关总署公告 2019 年第 58 号）
中华人民共和国进出口货物原产地条例 ………………………………… 1323
　（国务院令第 416 号）
中华人民共和国海关进出口货物优惠原产地管理规定 ………………… 1326
　（海关总署令第 181 号）
中华人民共和国海关关于最不发达国家特别优惠关税待遇进口货物原产地管理办法 …… 1329
　（海关总署令第 231 号）
关于优惠贸易协定项下符合"直接运输"单证事宜的公告 …………… 1334
　（海关总署公告 2015 年第 57 号）

海关税收篇

▽综合管理

中华人民共和国进出口关税条例 ………………………………………… 1337
　（国务院令第 392 号）
中华人民共和国海关进出口货物征税管理办法 ………………………… 1344
　（海关总署令第 124 号）
中华人民共和国海关税收保全和强制措施暂行办法 …………………… 1354
　（海关总署令第 184 号）
国家限制进口机电产品进口零件、部件构成整机主要特征的确定原则和审批、征税的
　试行规定 ………………………………………………………………… 1357
　（海关总署、国际经济委员会、对外经济贸易部〔87〕署税字 448 号）

▽关税配额

化肥进口关税配额管理暂行办法 ………………………………………… 1359
　（国家经济贸易委员会　海关总署令第 27 号）
农产品进口关税配额管理暂行办法 ……………………………………… 1362
　（商务部　国家发展和改革委员会令 2003 年第 4 号）

关于执行《农产品进口关税配额管理暂行办法》有关问题的通知 …………………… 1366
　　（署法发〔2004〕3号）
关于进口关税配额管理的大宗货物溢短装数量征税问题的通知 ………………… 1367
　　（署税发〔2013〕56号）
海关总署、国家发展改革委、商务部关于进一步明确关税配额农产品加工贸易政策
　　执行有关问题的通知 ……………………………………………………………… 1367
　　（署加发〔2015〕17号）

▽ 特别关税

国务院关税税则委员会关于对原产于美国的部分进口商品加征关税的公告 …………… 1369
　　（税委会公告〔2018〕1号）
国务院关税税则委员会关于对原产于美国500亿美元进口商品加征关税的公告 …… 1370
　　（税委会公告〔2018〕5号）
国务院关税税则委员会关于对原产于美国的部分进口商品（第二批）加征关税的公告 …… 1371
　　（税委会公告〔2018〕6号）
国务院关税税则委员会关于对原产于美国约160亿美元进口商品加征关税的公告 …… 1372
　　（税委会公告〔2018〕7号）
国务院关税税则委员会关于对原产于美国约600亿美元进口商品实施加征关税的公告 …… 1372
　　（税委会公告〔2018〕8号）
国务院关税税则委员会关于对原产于美国的汽车及零部件暂停加征关税的公告 …… 1373
　　（税委会公告〔2018〕10号）
国务院关税税则委员会关于对原产于美国的汽车及零部件继续暂停加征关税的公告 …… 1374
　　（税委会公告〔2019〕1号）
国务院关税税则委员会关于试行开展对美加征关税商品排除工作的公告 …………… 1374
　　（税委会公告〔2019〕2号）
国务院关税税则委员会关于对原产于美国的部分进口商品提高加征关税税率的公告 …… 1376
　　（税委会公告〔2019〕3号）
国务院关税税则委员会关于对原产于美国的部分进口商品（第三批）加征关税的公告 …… 1377
　　（税委会公告〔2019〕4号）
国务院关税税则委员会关于对原产于美国的汽车及零部件恢复加征关税的公告 …… 1378
　　（税委会公告〔2019〕5号）
国务院关税税则委员会关于第一批对美加征关税商品第一次排除清单的公告 …… 1378
　　（税委会公告〔2019〕6号）
国务院关税税则委员会关于暂不实施对原产于美国的部分进口商品加征关税措施的公告 …… 1379
　　（税委会公告〔2019〕7号）
国务院关税税则委员会关于第一批对美加征关税商品第二次排除清单的公告 ……… 1380
　　（税委会公告〔2019〕8号）
国务院关税税则委员会关于调整对原产于美国的部分进口商品加征关税措施的公告 …… 1380
　　（税委会公告〔2020〕1号）
国务院关税税则委员会关于开展对美加征关税商品市场化采购排除工作的公告 …… 1381
　　（税委会公告〔2020〕2号）
国务院关税税则委员会关于第二批对美加征关税商品第一次排除清单的公告 ……… 1382
　　（税委会公告〔2020〕3号）

国务院关税税则委员会关于第二批对美加征关税商品第二次排除清单的公告 ……………… 1383
　（税委会公告〔2020〕4号）

▽ 减免税

中华人民共和国海关进出口货物减免税管理办法 ………………………………………… 1384
　（海关总署令第179号）
关于公布减免税货物后续管理的报关单填制要求 ………………………………………… 1391
　（海关总署公告2007年第24号）
关于调整进口减免税货物监管年限的公告 ………………………………………………… 1392
　（海关总署公告2017年第51号）
关于推广减免税申请无纸化及取消减免税备案的公告 …………………………………… 1393
　（海关总署公告2017年第58号）
关于调整进口设备税收政策的通知 ………………………………………………………… 1394
　（国发〔1997〕37号）
关于进一步鼓励外商投资有关进口税收政策的通知 ……………………………………… 1396
　（署税〔1999〕791号）
关于针对海关在执行相关进口税收优惠政策适用问题 …………………………………… 1398
　（海关总署　国家发展和改革委员会　财政部　商务部公告2007年第35号）
关于调整《外商投资项目不予免税的进口商品目录》等目录商品税号 ………………… 1399
　（海关总署公告2008年第65号）
关于对外贸易救济措施进口产品停止执行进口减免税政策 ……………………………… 1400
　（海关总署公告2009年第21号）
商务部办公厅关于进一步做好鼓励类外商投资企业进口设备减免税有关工作的通知 …… 1401
　（商办资函〔2017〕367号）
外商投资准入特别管理措施（负面清单）（2018年版）………………………………… 1402
　（国家发展和改革委员会　商务部令第18号）
鼓励外商投资产业目录（2019年版）……………………………………………………… 1403
　（国家发展和改革委员会　商务部令第27号）
关于执行《鼓励外商投资产业目录（2019年版）》有关问题的公告 …………………… 1403
　（海关总署公告2019年第125号）
产业结构调整指导目录（2019年本）……………………………………………………… 1404
　（国家发展和改革委员会令第29号）
关于调整重大技术装备进口税收政策有关目录的通知 …………………………………… 1405
　（财关税〔2019〕38号）
重大技术装备进口税收政策管理办法 ……………………………………………………… 1406
　（财关税〔2020〕2号）
科技开发用品免征进口税收暂行规定 ……………………………………………………… 1407
　（财政部　海关总署　国家税务总局令第44号）
科学研究和教学用品免征进口税收规定 …………………………………………………… 1409
　（财政部　海关总署　国家税务总局令第45号）
实施《科教用品免税规定》和《科技用品免税暂行规定》相关事宜 …………………… 1410
　（海关总署公告2007年第13号）

11

关于继续执行研发机构采购设备增值税政策的公告 …………………………… 1412
　（财政部　商务部　国家税务总局公告2019年第91号）
关于科研机构进口医疗检测、分析仪器有关税收事项的通知 …………………… 1416
　（财关税〔2015〕23号）
关于"十三五"期间支持科技创新进口税收政策的通知 ………………………… 1417
　（财关税〔2016〕70号）
关于支持科技创新进口税收政策管理办法的通知 ……………………………… 1419
　（财关税〔2016〕71号）
关于科技重大专项进口税收政策的通知 ……………………………………… 1420
　（财关税〔2010〕28号）
残疾人专用品免征进口税收暂行规定 ………………………………………… 1423
　（海关总署令第61号）
国家企业技术中心认定管理办法 …………………………………………… 1424
　（国家发展和改革委员会　科学技术部　财政部　海关总署　国家税务总局令第34号）
科研院所、转制科院所、国家重点实验室、企业国家重点实验室和国家工程技术
　研究中心免税进口科学研究、科技开发和教学用品管理办法 ………………… 1427
　（国科发政〔2017〕280号）
中华人民共和国海关对外国政府、国际组织无偿赠送及我国履行国际条约规定进口
　物资减免税的审批和管理办法 …………………………………………… 1430
　（海关总署令第77号）
中华人民共和国海关关于《扶贫、慈善性捐赠物资免征进口税收暂行办法》的实施
　办法 …………………………………………………………………… 1431
　（海关总署令第90号）
慈善捐赠物资免征进口税收暂行办法 ………………………………………… 1433
　（财政部　海关总署　国家税务总局公告2015年第102号）
关于实施《慈善捐赠物资免征进口税收暂行办法》有关事宜的公告 …………… 1434
　（海关总署公告2016年第17号）
关于防控新型冠状病毒感染的肺炎疫情进口物资免税政策的公告 ……………… 1435
　（财政部　海关总署　国家税务总局公告2020年第6号）
关于"十三五"期间进口种子种源税收政策的通知 ……………………………… 1436
　（财关税〔2016〕26号）
关于"十三五"期间进口种子种源税收政策管理办法的通知 …………………… 1437
　（财关税〔2016〕64号）
关于"十三五"期间在我国陆上特定地区开采石油（天然气）进口物资税收政策的
　通知 …………………………………………………………………… 1440
　（财关税〔2016〕68号）
关于"十三五"期间在我国海洋开采石油（天然气）进口物资免征进口税收的通知 …… 1442
　（财关税〔2016〕69号）
关于扶持新型显示器件产业发展有关进口税收政策的通知 …………………… 1444
　（财关税〔2016〕62号）
关于有源矩阵有机发光二极管显示器件项目进口设备增值税分期纳税政策的通知 …… 1445
　（财关税〔2019〕47号）

口岸出境免税店管理暂行办法 ·· 1447
　　（财关税〔2019〕15号）

通关管理篇

▽ 综合管理

中华人民共和国海关进出口货物申报管理规定 ······················ 1453
　　（海关总署令第103号）
海关总署关于开展"两步申报"改革试点的公告 ····················· 1457
　　（海关总署公告2019年第127号）
中华人民共和国海关进出口货物集中申报管理办法 ················ 1459
　　（海关总署令第169号）
关于调整一般贸易方式进出口工业用钻的报关方式的公告 ········ 1461
　　（海关总署公告2018年第21号）
中华人民共和国海关征收进口货物滞报金办法 ······················ 1461
　　（海关总署令第128号）
关于滞报金票据电子化有关事宜的公告 ································ 1464
　　（海关总署公告2020年第10号）
关于超期未报关进口货物、误卸或者溢卸的进境货物和放弃进口货物的处理办法 ················ 1464
　　（海关总署令第91号）
中华人民共和国海关事务担保条例 ······································ 1466
　　（国务院令第581号）
中华人民共和国海关关于进出口货物申请担保的管理办法 ········ 1469
　　（署货字〔1987〕第667号）
中华人民共和国海关暂时进出境货物管理办法 ······················ 1470
　　（海关总署令第233号）
中华人民共和国海关暂时进出境货物监管操作规程 ················ 1474
　　（署监发〔2013〕128号）
关于暂时进出境货物监管有关事宜的公告 ···························· 1480
　　（海关总署公告2019年第13号）
关于暂时进境测试车辆监管有关事宜的公告 ························· 1480
　　（海关总署公告2008年第12号）
关于接受体育用品用途暂时进境ATA单证册的公告 ················ 1481
　　（海关总署公告2019年第193号）
中华人民共和国海关进口货物直接退运管理办法 ··················· 1481
　　（海关总署令第217号）
中华人民共和国海关对过境货物监管办法 ···························· 1483
　　（海关总署令第38号）
中华人民共和国海关关于转关货物监管办法 ························· 1485
　　（海关总署令第89号）
关于海运进出境中转集拼货物海关监管事项 ························· 1488
　　（海关总署公告2018年第120号）

关于调整部分进口矿产品监管方式的公告 ……………………………………… 1490
　　（海关总署公告 2018 年第 134 号）
关于分段实施准入监管　加快口岸验放的公告 ………………………………… 1491
　　（海关总署公告 2019 年第 160 号）
关于调整进口大宗商品重量鉴定监管方式的公告 ……………………………… 1492
　　（海关总署公告 2019 年第 159 号）
中华人民共和国海关对进出境快件监管办法 …………………………………… 1492
　　（海关总署令第 104 号）
出入境快件检验检疫管理办法 …………………………………………………… 1495
　　（国家质量监督检验检疫总局令第 3 号）
关于升级新版快件通关管理系统相关事宜的公告 ……………………………… 1497
　　（海关总署公告 2018 年第 119 号）
关于市场采购贸易方式扩大试点的公告 ………………………………………… 1498
　　（海关总署公告 2015 年第 67 号）
关于市场采购贸易方式扩大试点的公告 ………………………………………… 1499
　　（海关总署公告 2016 年第 63 号）
关于修订市场采购贸易监管办法及其监管方式有关事宜的公告 ……………… 1499
　　（海关总署公告 2019 年第 221 号）
中华人民共和国海关关于大嶝对台小额商品交易市场管理办法 ……………… 1500
　　（海关总署令第 163 号）
能源效率标识管理办法 …………………………………………………………… 1502
　　（国家发展和改革委员会　国家质量监督检验检疫总局令第 35 号）
关于明确进口货物疏港分流有关事项的公告 …………………………………… 1505
　　（海关总署公告 2018 年第 168 号）
关于调整海南进出境游艇有关管理事项的公告 ………………………………… 1506
　　（海关总署公告 2020 年第 80 号）

▽ 报关单填制

中华人民共和国海关进出口货物报关单修改和撤销管理办法 ………………… 1507
　　（海关总署令第 220 号）
关于明确成品油法定数量申报要求的公告 ……………………………………… 1509
　　（海关总署公告 2013 年第 10 号）
通关作业无纸化进出口报关单证档案企业存储管理标准 ……………………… 1509
　　（海关总署公告 2014 年第 92 号）
关于增列海关监管方式代码的公告 ……………………………………………… 1511
　　（海关总署公告 2014 年第 12 号）
关于增列海关监管方式代码的公告 ……………………………………………… 1511
　　（海关总署公告 2014 年第 57 号）
关于调整部分监管方式代码名称及适用范围的公告 …………………………… 1512
　　（海关总署公告 2016 年第 37 号）
关于增列海关监管方式代码的公告 ……………………………………………… 1512
　　（海关总署公告 2016 年第 75 号）

目 录

关于废止海关监管方式代码的公告 ·· 1513
　　（海关总署公告 2017 年第 34 号）
关于增列海关监管方式代码的公告 ·· 1513
　　（海关总署公告 2017 年第 41 号）
关于增列海关监管方式的公告 ··· 1514
　　（海关总署公告 2019 年第 20 号）
关于规范一般贸易进口税则品目 8703 项下非中规车申报要求的公告 ·················· 1514
　　（海关总署公告 2017 年第 66 号）
关于发布《中华人民共和国海关暂时进出境货物管理办法》格式文书及有关报关单
　　填制规范的公告 ··· 1516
　　（海关总署公告 2018 年第 12 号）
中华人民共和国海关进出口货物报关单填制规范 ·· 1517
　　（海关总署公告 2019 年第 18 号）
关于优惠贸易协定项下进出口货物报关单填制规范的公告 ································· 1534
　　（海关总署公告 2016 年第 51 号）
关于上线运行给予最不发达国家特别优惠关税待遇原产地证书签发系统有关事宜
　　的公告 ··· 1537
　　（海关总署公告 2020 年第 94 号）
关于中韩自贸协定原产地电子联网及进出口货物报关单填制规范有关事宜的公告 ······ 1538
　　（海关总署公告 2016 年第 39 号）
两岸海关电子信息交换系统上线运行及《海峡两岸经济合作框架协议》项下货物
　　报关单填制规范相关事宜 ··· 1540
　　（海关总署公告 2014 年第 22 号）

▽ 信息联网

关于《特殊医学用途配方食品注册证书》等 5 种监管证件实施联网核查的公告 ····· 1542
　　（海关总署　国家市场监督管理总局公告 2018 年第 142 号）
关于实施《赴境外加工光盘进口备案证明》《音像制品（成品）进口批准单》联网
　　核查的公告 ·· 1543
　　（海关总署　中央宣传部公告 2018 年第 146 号）
关于《国（境）外引进农业种苗检疫审批单》等 3 种监管证件实施联网核查的公告 ····· 1544
　　（海关总署　农业农村部　国家林业和草原局公告 2018 年第 141 号）
关于实施《技术出口许可证》《技术出口合同登记证》和《援外项目任务通知函》
　　联网核查的公告 ··· 1544
　　（海关总署　商务部公告 2018 年第 147 号）
关于《进口药品通关单》等 7 种监管证件实施联网核查的公告 ··························· 1545
　　（海关总署　国家药品监督管理局公告 2018 年第 148 号）
关于《进口药品通关单》等 3 种监管证件扩大实施联网核查的公告 ···················· 1546
　　（海关总署　国家药品监督管理局公告 2019 年第 56 号）
关于实施《进口广播电影电视节目带（片）提取单》联网核查的公告 ················· 1546
　　（海关总署　国家电影局　国家广播电视总局公告 2018 年第 149 号）
关于实施《古生物化石出境批件》联网核查的公告 ··· 1547
　　（海关总署　自然资源部公告 2018 年第 150 号）

关于实施《银行调运人民币现钞进出境证明》《黄金及黄金制品进出口准许证》联网核查的公告 ………… 1548
  （海关总署　中国人民银行公告2018年第152号）
关于实施《人类遗传资源材料出口、出境证明》联网核查的公告 …………… 1548
  （海关总署　科技部公告2018年第153号）

▽ 强制性产品认证

进口许可制度民用商品入境验证管理办法 …………………………………… 1550
  （国家质量监督检验检疫总局令第6号）
进口许可制度民用商品入境验证工作程序 …………………………………… 1551
  （国质检检〔2002〕48号）
关于实施进口许可制度民用商品入境验证管理有关问题的通知 …………… 1552
  （国质检通函〔2001〕670号）
关于调整免予强制性产品认证检测处理程序的公告 ………………………… 1552
  （国家认证认可监督管理委员会公告2008年第38号）
市场监管总局　认监委关于进一步落实强制性产品认证目录及实施方式改革的公告 …… 1554
  （国家市场监督管理总局　国家认证认可监督管理委员会公告2018年第29号）
市场监管总局　海关总署关于免予办理强制性产品认证工作有关安排的公告 …… 1556
  （国家市场监督管理总局　海关总署公告2019年第13号）
市场监管总局关于明确免予办理强制性产品认证工作要求的通知 ………… 1557
  （国市监认证函〔2019〕153号）
市场监管总局关于调整完善强制性产品认证目录和实施要求的公告 ……… 1558
  （国家市场监督管理总局公告2019年第44号）
认监委关于进一步完善强制性产品认证自我声明评价方式和明确有关实施要求的公告 … 1559
  （国家认证认可监督管理委员会公告2019年第26号）
关于发布强制性产品认证目录产品与2020年商品编号对应参考表的公告 …… 1561
  （国家市场监督管理总局　海关总署公告2020年第21号）
关于进一步完善和规范免于强制性认证特殊用途进口汽车检测处理程序的通知 …… 1561
  （国认证〔2011〕48号）
国家认监委关于自贸区平行进口汽车CCC认证改革试点措施的公告 ……… 1564
  （国家认证认可监督管理委员会公告2015年第38号）
关于对免予办理强制性产品认证的进口汽车零部件试点实施"先声明后验证"便利化措施的公告 …… 1565
  （海关总署公告2019年第87号）
关于对进口汽车零部件产品推广实施采信便利化措施的公告 ……………… 1566
  （海关总署公告2019年第157号）
关于推广实施进口汽车零部件产品检验监管便利化措施的公告 …………… 1567
  （海关总署公告2019年第219号）
市场监管总局关于汽车用制动器衬片产品由生产许可转为强制性产品认证管理实施要求的公告 …… 1568
  （国家市场监督管理总局公告2020年第19号）

▽查　验

进出口商品抽查检验管理办法 …………………………………………… 1570
　（国家质量监督检验检疫总局令第 39 号）
进出口商品复验办法 ……………………………………………………… 1572
　（国家质量监督检验检疫总局令第 77 号）
中华人民共和国进出口货物查验管理办法 ……………………………… 1574
　（海关总署令第 138 号）
中华人民共和国海关化验管理办法 ……………………………………… 1576
　（海关总署令第 176 号）
关于实施进出口货物检验检疫直通放行制度的公告 …………………… 1577
　（国家质量监督检验检疫总局公告 2008 年第 82 号）
关于新型冠状病毒肺炎疫情期间海关查验货物时收发货人可免于到场的公告 … 1580
　（海关总署公告 2020 年第 24 号）
关于调整进口铁矿检验监管方式的公告 ………………………………… 1581
　（海关总署公告 2020 年第 69 号）
关于开展 2020 年度法定检验商品以外进出口商品抽查检验工作的公告 …… 1581
　（海关总署公告 2020 年第 95 号）

关务综合篇[①]

[①] 说明：本篇以商品种类为核心汇总与其进出口相关各类法规，其他未涉及的可参阅"检验检疫篇"。

药 品

中华人民共和国药品管理法

（主席令第 18 号）

（1984 年 9 月 20 日第六届全国人民代表大会常务委员会第七次会议通过；2001 年 2 月 28 日第九届全国人民代表大会常务委员会第二十次会议第一次修订，根据 2013 年 12 月 28 日第十二届全国人民代表大会常务委员会第六次会议《关于修改〈中华人民共和国海洋环境保护法〉等七部法律的决定》第一次修正，根据 2015 年 4 月 24 日第十二届全国人民代表大会常务委员会第十四次会议《关于修改〈中华人民共和国药品管理法〉的决定》第二次修正，2019 年 8 月 26 日第十三届全国人民代表大会常务委员会第十二次会议第二次修订；现行版本自 2019 年 12 月 1 日起施行；法规类型为法律）

第一章 总 则

第一条 为了加强药品管理，保证药品质量，保障公众用药安全和合法权益，保护和促进公众健康，制定本法。

第二条 在中华人民共和国境内从事药品研制、生产、经营、使用和监督管理活动，适用本法。

本法所称药品，是指用于预防、治疗、诊断人的疾病，有目的地调节人的生理机能并规定有适应症或者功能主治、用法和用量的物质，包括中药、化学药和生物制品等。

第三条 药品管理应当以人民健康为中心，坚持风险管理、全程管控、社会共治的原则，建立科学、严格的监督管理制度，全面提升药品质量，保障药品的安全、有效、可及。

第四条 国家发展现代药和传统药，充分发挥其在预防、医疗和保健中的作用。

国家保护野生药材资源和中药品种，鼓励培育道地中药材。

第五条 国家鼓励研究和创制新药，保护公民、法人和其他组织研究、开发新药的合法权益。

第六条 国家对药品管理实行药品上市许可持有人制度。药品上市许可持有人依法对药品研制、生产、经营、使用全过程中药品的安全性、有效性和质量可控性负责。

第七条 从事药品研制、生产、经营、使用活动，应当遵守法律、法规、规章、标准和规范，保证全过程信息真实、准确、完整和可追溯。

第八条 国务院药品监督管理部门主管全国药品监督管理工作。国务院有关部门在各自职责范围内负责与药品有关的监督管理工作。国务院药品监督管理部门配合国务院有关部门，执行国家药品行业发展规划和产业政策。

省、自治区、直辖市人民政府药品监督管理部门负责本行政区域内的药品监督管理工作。设区的市级、县级人民政府承担药品监督管理职责的部门（以下称药品监督管理部门）负责本行政区域内的药品监督管理工作。县级以上地方人民政府有关部门在各自职责范围内负责与药品有关的监督管理工作。

第九条 县级以上地方人民政府对本行政区域内的药品监督管理工作负责，统一领导、组织、协调本行政区域内的药品监督管理工作以及药品安全突发事件应对工作，建立健全药品监督管理工作机制和信息共享机制。

第十条 县级以上人民政府应当将药品安全工作纳入本级国民经济和社会发展规划，将药品安全工作经费列入本级政府预算，加强药品监督管理能力建设，为药品安全工作提供保障。

第十一条 药品监督管理部门设置或者指定的药品专业技术机构，承担依法实施药品监督管理所需的审评、检验、核查、监测与评价等工作。

第十二条 国家建立健全药品追溯制度。国务院药品监督管理部门应当制定统一的药品追溯标准和规范，推进药品追溯信息互通互享，实现药品可追溯。

国家建立药物警戒制度，对药品不良反应及其他与用药有关的有害反应进行监测、识别、评估和控制。

第十三条 各级人民政府及其有关部门、药品行业协会等应当加强药品安全宣传教育，开展药品安全法律法规等知识的普及工作。

新闻媒体应当开展药品安全法律法规等知识的公益宣传，并对药品违法行为进行舆论监督。有关药品的宣传报道应当全面、科学、客观、公正。

第十四条 药品行业协会应当加强行业自律，建立健全行业规范，推动行业诚信体系建设，引导和督促会员依法开展药品生产经营等活动。

第十五条 县级以上人民政府及其有关部门对在药品研制、生产、经营、使用和监督管理工作中做出突出贡献的单位和个人，按照国家有关规定给予表彰、奖励。

第二章 药品研制和注册

第十六条 国家支持以临床价值为导向、对人的疾病具有明确或者特殊疗效的药物创新，鼓励具有新的治疗机理、治疗严重危及生命的疾病或者罕见病、对人体具有多靶向系统性调节干预功能等的新药研制，推动药品技术进步。

国家鼓励运用现代科学技术和传统中药研究方法开展中药科学技术研究和药物开发，建立和完善符合中药特点的技术评价体系，促进中药传承创新。

国家采取有效措施，鼓励儿童用药品的研制和创新，支持开发符合儿童生理特征的儿童用药品新品种、剂型和规格，对儿童用药品予以优先审评审批。

第十七条 从事药品研制活动，应当遵守药物非临床研究质量管理规范、药物临床试验质量管理规范，保证药品研制全过程持续符合法定要求。

药物非临床研究质量管理规范、药物临床试验质量管理规范由国务院药品监督管理部门会同国务院有关部门制定。

第十八条 开展药物非临床研究，应当符合国家有关规定，有与研究项目相适应的人员、场地、设备、仪器和管理制度，保证有关数据、资料和样品的真实性。

第十九条 开展药物临床试验，应当按照国务院药品监督管理部门的规定如实报送研制方法、质量指标、药理及毒理试验结果等有关数据、资料和样品，经国务院药品监督管理部门批准。国务院药品监督管理部门应当自受理临床试验申请之日起六十个工作日内决定是否同意并通知临床试验申办者，逾期未通知的，视为同意。其中，开展生物等效性试验的，报国务院药品监督管理部门备案。

开展药物临床试验，应当在具备相应条件的临床试验机构进行。药物临床试验机构实行备案管理，具体办法由国务院药品监督管理部门、国务院卫生健康主管部门共同制定。

第二十条 开展药物临床试验，应当符合伦理原则，制定临床试验方案，经伦理委员会审查同意。

伦理委员会应当建立伦理审查工作制度，保证伦理审查过程独立、客观、公正，监督规范开展药物临床试验，保障受试者合法权益，维护社会公共利益。

第二十一条 实施药物临床试验，应当向受试者或者其监护人如实说明和解释临床试验的目的和风险等详细情况，取得受试者或者其监护人自愿签署的知情同意书，并采取有效措施保护受试者合法权益。

第二十二条 药物临床试验期间，发现存在安全性问题或者其他风险的，临床试验申办者应当及时调整临床试验方案、暂停或者终止临床试验，并向国务院药品监督管理部门报告。必要时，国务院药品监督管理部门可以责令调整临床试验方案、暂停或者终止临床试验。

第二十三条 对正在开展临床试验的用于治疗严重危及生命且尚无有效治疗手段的疾病的药物，经医学观察可能获益，并且符合伦理原则的，经审查、知情同意后可以在开展临床试验的机构内用于其他病情相同的患者。

第二十四条 在中国境内上市的药品，应当经国务院药品监督管理部门批准，取得药品注册证书；但是，未实施审批管理的中药材和中药饮片除外。实施审批管理的中药材、中药饮片品种目录由国务院药品监督管理部门会同国务院中医药主管部门制定。

申请药品注册，应当提供真实、充分、可靠的数据、资料和样品，证明药品的安全性、有效性和质量可控性。

第二十五条 对申请注册的药品，国务院药品监督管理部门应当组织药学、医学和其他技术人员进行审评，对药品的安全性、有效性和质量可控性以及申请人的质量管理、风险防控和责任赔偿等能力进行审查；符合条件的，颁发药品注册证书。

国务院药品监督管理部门在审批药品时，对化学原料药一并审评审批，对相关辅料、直接接触药品的包装材料和容器一并审评，对药品的质量标准、生产工艺、标签和说明书一并核准。

本法所称辅料，是指生产药品和调配处方时所用的赋形剂和附加剂。

第二十六条 对治疗严重危及生命且尚无有效治疗手段的疾病以及公共卫生方面急需的药品，药物临床试验已有数据显示疗效并能预测其临床价值的，可以附条件批准，并在药品注册证书中载明相关事项。

第二十七条 国务院药品监督管理部门应当完善药品审评审批工作制度，加强能力建设，建立健全沟通交流、专家咨询等机制，优化审评审批流程，提高审评审批效率。

批准上市药品的审评结论和依据应当依法公开，接受社会监督。对审评审批中知悉的商业秘密应当保密。

第二十八条 药品应当符合国家药品标准。经国务院药品监督管理部门核准的药品质量标准高于国家药品标准的，按照经核准的药品质量标准执行；没有国家药品标准的，应当符合经核准的药品质量标准。

国务院药品监督管理部门颁布的《中华人民共和国药典》和药品标准为国家药品标准。

国务院药品监督管理部门会同国务院卫生健康主管部门组织药典委员会，负责国家药品标准的制定和修订。

国务院药品监督管理部门设置或者指定的药品检验机构负责标定国家药品标准品、对照品。

第二十九条 列入国家药品标准的药品名称为药品通用名称。已经作为药品通用名称的，该名称不得作为药品商标使用。

第三章 药品上市许可持有人

第三十条 药品上市许可持有人是指取得药品注册证书的企业或者药品研制机构等。

药品上市许可持有人应当依照本法规定,对药品的非临床研究、临床试验、生产经营、上市后研究、不良反应监测及报告与处理等承担责任。其他从事药品研制、生产、经营、储存、运输、使用等活动的单位和个人依法承担相应责任。

药品上市许可持有人的法定代表人、主要负责人对药品质量全面负责。

第三十一条 药品上市许可持有人应当建立药品质量保证体系,配备专门人员独立负责药品质量管理。

药品上市许可持有人应当对受托药品生产企业、药品经营企业的质量管理体系进行定期审核,监督其持续具备质量保证和控制能力。

第三十二条 药品上市许可持有人可以自行生产药品,也可以委托药品生产企业生产。

药品上市许可持有人自行生产药品的,应当依照本法规定取得药品生产许可证;委托生产的,应当委托符合条件的药品生产企业。药品上市许可持有人和受托生产企业应当签订委托协议和质量协议,并严格履行协议约定的义务。

国务院药品监督管理部门制定药品委托生产质量协议指南,指导、监督药品上市许可持有人和受托生产企业履行药品质量保证义务。

血液制品、麻醉药品、精神药品、医疗用毒性药品、药品类易制毒化学品不得委托生产;但是,国务院药品监督管理部门另有规定的除外。

第三十三条 药品上市许可持有人应当建立药品上市放行规程,对药品生产企业出厂放行的药品进行审核,经质量受权人签字后方可放行。不符合国家药品标准的,不得放行。

第三十四条 药品上市许可持有人可以自行销售其取得药品注册证书的药品,也可以委托药品经营企业销售。药品上市许可持有人从事药品零售活动的,应当取得药品经营许可证。

药品上市许可持有人自行销售药品的,应当具备本法第五十二条规定的条件;委托销售的,应当委托符合条件的药品经营企业。药品上市许可持有人和受托经营企业应当签订委托协议,并严格履行协议约定的义务。

第三十五条 药品上市许可持有人、药品生产企业、药品经营企业委托储存、运输药品的,应当对受托方的质量保证能力和风险管理能力进行评估,与其签订委托协议,约定药品质量责任、操作规程等内容,并对受托方进行监督。

第三十六条 药品上市许可持有人、药品生产企业、药品经营企业和医疗机构应当建立并实施药品追溯制度,按照规定提供追溯信息,保证药品可追溯。

第三十七条 药品上市许可持有人应当建立年度报告制度,每年将药品生产销售、上市后研究、风险管理等情况按照规定向省、自治区、直辖市人民政府药品监督管理部门报告。

第三十八条 药品上市许可持有人为境外企业的,应当由其指定的在中国境内的企业法人履行药品上市许可持有人义务,与药品上市许可持有人承担连带责任。

第三十九条 中药饮片生产企业履行药品上市许可持有人的相关义务,对中药饮片生产、销售实行全过程管理,建立中药饮片追溯体系,保证中药饮片安全、有效、可追溯。

第四十条 经国务院药品监督管理部门批准,药品上市许可持有人可以转让药品上市许可。受让方应当具备保障药品安全性、有效性和质量可控性的质量管理、风险防控和责任赔偿等能力,履行药品上市许可持有人义务。

第四章 药品生产

第四十一条 从事药品生产活动,应当经所在地省、自治区、直辖市人民政府药品监督管理部门批准，取得药品生产许可证。无药品生产许可证的，不得生产药品。

药品生产许可证应当标明有效期和生产范围，到期重新审查发证。

第四十二条 从事药品生产活动，应当具备以下条件：

（一）有依法经过资格认定的药学技术人员、工程技术人员及相应的技术工人；

（二）有与药品生产相适应的厂房、设施和卫生环境；

（三）有能对所生产药品进行质量管理和质量检验的机构、人员及必要的仪器设备；

（四）有保证药品质量的规章制度，并符合国务院药品监督管理部门依据本法制定的药品生产质量管理规范要求。

第四十三条 从事药品生产活动，应当遵守药品生产质量管理规范，建立健全药品生产质量管理体系，保证药品生产全过程持续符合法定要求。

药品生产企业的法定代表人、主要负责人对本企业的药品生产活动全面负责。

第四十四条 药品应当按照国家药品标准和经药品监督管理部门核准的生产工艺进行生产。生产、检验记录应当完整准确，不得编造。

中药饮片应当按照国家药品标准炮制；国家药品标准没有规定的，应当按照省、自治区、直辖市人民政府药品监督管理部门制定的炮制规范炮制。省、自治区、直辖市人民政府药品监督管理部门制定的炮制规范应当报国务院药品监督管理部门备案。不符合国家药品标准或者不按照省、自治区、直辖市人民政府药品监督管理部门制定的炮制规范炮制的，不得出厂、销售。

第四十五条 生产药品所需的原料、辅料，应当符合药用要求、药品生产质量管理规范的有关要求。

生产药品，应当按照规定对供应原料、辅料等的供应商进行审核，保证购进、使用的原料、辅料等符合前款规定要求。

第四十六条 直接接触药品的包装材料和容器，应当符合药用要求，符合保障人体健康、安全的标准。

对不合格的直接接触药品的包装材料和容器，由药品监督管理部门责令停止使用。

第四十七条 药品生产企业应当对药品进行质量检验。不符合国家药品标准的，不得出厂。

药品生产企业应当建立药品出厂放行规程，明确出厂放行的标准、条件。符合标准、条件的，经质量受权人签字后方可放行。

第四十八条 药品包装应当适合药品质量的要求，方便储存、运输和医疗使用。

发运中药材应当有包装。在每件包装上，应当注明品名、产地、日期、供货单位，并附有质量合格的标志。

第四十九条 药品包装应当按照规定印有或者贴有标签并附有说明书。

标签或者说明书应当注明药品的通用名称、成份、规格、上市许可持有人及其地址、生产企业及其地址、批准文号、产品批号、生产日期、有效期、适应症或者功能主治、用法、用量、禁忌、不良反应和注意事项。标签、说明书中的文字应当清晰，生产日期、有效期等事项应当显著标注，容易辨识。

麻醉药品、精神药品、医疗用毒性药品、放射性药品、外用药品和非处方药的标签、说明书，应当印有规定的标志。

第五十条 药品上市许可持有人、药品生产企业、药品经营企业和医疗机构中直接接触药品的工作人员，应当每年进行健康检查。患有传染病或者其他可能污染药品的疾病的，不得从事直接接触药品的工作。

第五章 药品经营

第五十一条 从事药品批发活动,应当经所在地省、自治区、直辖市人民政府药品监督管理部门批准,取得药品经营许可证。从事药品零售活动,应当经所在地县级以上地方人民政府药品监督管理部门批准,取得药品经营许可证。无药品经营许可证的,不得经营药品。

药品经营许可证应当标明有效期和经营范围,到期重新审查发证。

药品监督管理部门实施药品经营许可,除依据本法第五十二条规定的条件外,还应当遵循方便群众购药的原则。

第五十二条 从事药品经营活动应当具备以下条件:
(一)有依法经过资格认定的药师或者其他药学技术人员;
(二)有与所经营药品相适应的营业场所、设备、仓储设施和卫生环境;
(三)有与所经营药品相适应的质量管理机构或者人员;
(四)有保证药品质量的规章制度,并符合国务院药品监督管理部门依据本法制定的药品经营质量管理规范要求。

第五十三条 从事药品经营活动,应当遵守药品经营质量管理规范,建立健全药品经营质量管理体系,保证药品经营全过程持续符合法定要求。

国家鼓励、引导药品零售连锁经营。从事药品零售连锁经营活动的企业总部,应当建立统一的质量管理制度,对所属零售企业的经营活动履行管理责任。

药品经营企业的法定代表人、主要负责人对本企业的药品经营活动全面负责。

第五十四条 国家对药品实行处方药与非处方药分类管理制度。具体办法由国务院药品监督管理部门会同国务院卫生健康主管部门制定。

第五十五条 药品上市许可持有人、药品生产企业、药品经营企业和医疗机构应当从药品上市许可持有人或者具有药品生产、经营资格的企业购进药品;但是,购进未实施审批管理的中药材除外。

第五十六条 药品经营企业购进药品,应当建立并执行进货检查验收制度,验明药品合格证明和其他标识;不符合规定要求的,不得购进和销售。

第五十七条 药品经营企业购销药品,应当有真实、完整的购销记录。购销记录应当注明药品的通用名称、剂型、规格、产品批号、有效期、上市许可持有人、生产企业、购销单位、购销数量、购销价格、购销日期及国务院药品监督管理部门规定的其他内容。

第五十八条 药品经营企业零售药品应当准确无误,并正确说明用法、用量和注意事项;调配处方应当经过核对,对处方所列药品不得擅自更改或者代用。对有配伍禁忌或者超剂量的处方,应当拒绝调配;必要时,经处方医师更正或者重新签字,方可调配。

药品经营企业销售中药材,应当标明产地。

依法经过资格认定的药师或者其他药学技术人员负责本企业的药品管理、处方审核和调配、合理用药指导等工作。

第五十九条 药品经营企业应当制定和执行药品保管制度,采取必要的冷藏、防冻、防潮、防虫、防鼠等措施,保证药品质量。

药品入库和出库应当执行检查制度。

第六十条 城乡集市贸易市场可以出售中药材,国务院另有规定的除外。

第六十一条 药品上市许可持有人、药品经营企业通过网络销售药品,应当遵守本法药品经营的有关规定。具体管理办法由国务院药品监督管理部门会同国务院卫生健康主管部门等部门制定。

疫苗、血液制品、麻醉药品、精神药品、医疗用毒性药品、放射性药品、药品类易制毒化学品等国家实行特殊管理的药品不得在网络上销售。

第六十二条 药品网络交易第三方平台提供者应当按照国务院药品监督管理部门的规定，向所在地省、自治区、直辖市人民政府药品监督管理部门备案。

第三方平台提供者应当依法对申请进入平台经营的药品上市许可持有人、药品经营企业的资质等进行审核，保证其符合法定要求，并对发生在平台的药品经营行为进行管理。

第三方平台提供者发现进入平台经营的药品上市许可持有人、药品经营企业有违反本法规定行为的，应当及时制止并立即报告所在地县级人民政府药品监督管理部门；发现严重违法行为的，应当立即停止提供网络交易平台服务。

第六十三条 新发现和从境外引种的药材，经国务院药品监督管理部门批准后，方可销售。

第六十四条 药品应当从允许药品进口的口岸进口，并由进口药品的企业向口岸所在地药品监督管理部门备案。海关凭药品监督管理部门出具的进口药品通关单办理通关手续。无进口药品通关单的，海关不得放行。

口岸所在地药品监督管理部门应当通知药品检验机构按照国务院药品监督管理部门的规定对进口药品进行抽查检验。

允许药品进口的口岸由国务院药品监督管理部门会同海关总署提出，报国务院批准。

第六十五条 医疗机构因临床急需进口少量药品的，经国务院药品监督管理部门或者国务院授权的省、自治区、直辖市人民政府批准，可以进口。进口的药品应当在指定医疗机构内用于特定医疗目的。

个人自用携带入境少量药品，按照国家有关规定办理。

第六十六条 进口、出口麻醉药品和国家规定范围内的精神药品，应当持有国务院药品监督管理部门颁发的进口准许证、出口准许证。

第六十七条 禁止进口疗效不确切、不良反应大或者因其他原因危害人体健康的药品。

第六十八条 国务院药品监督管理部门对下列药品在销售前或者进口时，应当指定药品检验机构进行检验；未经检验或者检验不合格的，不得销售或者进口：

（一）首次在中国境内销售的药品；

（二）国务院药品监督管理部门规定的生物制品；

（三）国务院规定的其他药品。

第六章 医疗机构药事管理

第六十九条 医疗机构应当配备依法经过资格认定的药师或者其他药学技术人员，负责本单位的药品管理、处方审核和调配、合理用药指导等工作。非药学技术人员不得直接从事药剂技术工作。

第七十条 医疗机构购进药品，应当建立并执行进货检查验收制度，验明药品合格证明和其他标识；不符合规定要求的，不得购进和使用。

第七十一条 医疗机构应当有与所使用药品相适应的场所、设备、仓储设施和卫生环境，制定和执行药品保管制度，采取必要的冷藏、防冻、防潮、防虫、防鼠等措施，保证药品质量。

第七十二条 医疗机构应当坚持安全有效、经济合理的用药原则，遵循药品临床应用指导原则、临床诊疗指南和药品说明书等合理用药，对医师处方、用药医嘱的适宜性进行审核。

医疗机构以外的其他药品使用单位，应当遵守本法有关医疗机构使用药品的规定。

第七十三条 依法经过资格认定的药师或者其他药学技术人员调配处方，应当进行核对，对处方所列药品不得擅自更改或者代用。对有配伍禁忌或者超剂量的处方，应当拒绝调配；必要时，经处方医师更正或者重新签字，方可调配。

第七十四条 医疗机构配制制剂，应当经所在地省、自治区、直辖市人民政府药品监督管理部门批准，取得医疗机构制剂许可证。无医疗机构制剂许可证的，不得配制制剂。

医疗机构制剂许可证应当标明有效期，到期重新审查发证。

第七十五条 医疗机构配制制剂，应当有能够保证制剂质量的设施、管理制度、检验仪器和卫生环境。

医疗机构配制制剂，应当按照经核准的工艺进行，所需的原料、辅料和包装材料等应当符合药用要求。

第七十六条 医疗机构配制的制剂，应当是本单位临床需要而市场上没有供应的品种，并应当经所在地省、自治区、直辖市人民政府药品监督管理部门批准；但是，法律对配制中药制剂另有规定的除外。

医疗机构配制的制剂应当按照规定进行质量检验；合格的，凭医师处方在本单位使用。经国务院药品监督管理部门或者省、自治区、直辖市人民政府药品监督管理部门批准，医疗机构配制的制剂可以在指定的医疗机构之间调剂使用。

医疗机构配制的制剂不得在市场上销售。

第七章 药品上市后管理

第七十七条 药品上市许可持有人应当制定药品上市后风险管理计划，主动开展药品上市后研究，对药品的安全性、有效性和质量可控性进行进一步确证，加强对已上市药品的持续管理。

第七十八条 对附条件批准的药品，药品上市许可持有人应当采取相应风险管理措施，并在规定期限内按照要求完成相关研究；逾期未按照要求完成研究或者不能证明其获益大于风险的，国务院药品监督管理部门应当依法处理，直至注销药品注册证书。

第七十九条 对药品生产过程中的变更，按照其对药品安全性、有效性和质量可控性的风险和产生影响的程度，实行分类管理。属于重大变更的，应当经国务院药品监督管理部门批准，其他变更应当按照国务院药品监督管理部门的规定备案或者报告。

药品上市许可持有人应当按照国务院药品监督管理部门的规定，全面评估、验证变更事项对药品安全性、有效性和质量可控性的影响。

第八十条 药品上市许可持有人应当开展药品上市后不良反应监测，主动收集、跟踪分析疑似药品不良反应信息，对已识别风险的药品及时采取风险控制措施。

第八十一条 药品上市许可持有人、药品生产企业、药品经营企业和医疗机构应当经常考察本单位所生产、经营、使用的药品质量、疗效和不良反应。发现疑似不良反应的，应当及时向药品监督管理部门和卫生健康主管部门报告。具体办法由国务院药品监督管理部门会同国务院卫生健康主管部门制定。

对已确认发生严重不良反应的药品，由国务院药品监督管理部门或者省、自治区、直辖市人民政府药品监督管理部门根据实际情况采取停止生产、销售、使用等紧急控制措施，并应当在五日内组织鉴定，自鉴定结论作出之日起十五日内依法作出行政处理决定。

第八十二条 药品存在质量问题或者其他安全隐患的，药品上市许可持有人应当立即停止销售，告知相关药品经营企业和医疗机构停止销售和使用，召回已销售的药品，及时公开召回信息，必要时应当立即停止生产，并将药品召回和处理情况向省、自治区、直辖市人民政府药品监督管理部门和卫生健康主管部门报告。药品生产企业、药品经营企业和医疗机构应当配合。

药品上市许可持有人依法应当召回药品而未召回的，省、自治区、直辖市人民政府药品监督管理部门应当责令其召回。

第八十三条 药品上市许可持有人应当对已上市药品的安全性、有效性和质量可控性定期开展上市后评价。必要时，国务院药品监督管理部门可以责令药品上市许可持有人开展上市后评价或者直接组织开展上市后评价。

经评价，对疗效不确切、不良反应大或者因其他原因危害人体健康的药品，应当注销药品注册证书。

已被注销药品注册证书的药品，不得生产或者进口、销售和使用。

已被注销药品注册证书、超过有效期等的药品，应当由药品监督管理部门监督销毁或者依法采取其他无害化处理等措施。

第八章 药品价格和广告

第八十四条 国家完善药品采购管理制度，对药品价格进行监测，开展成本价格调查，加强药品价格监督检查，依法查处价格垄断、哄抬价格等药品价格违法行为，维护药品价格秩序。

第八十五条 依法实行市场调节价的药品，药品上市许可持有人、药品生产企业、药品经营企业和医疗机构应当按照公平、合理和诚实信用、质价相符的原则制定价格，为用药者提供价格合理的药品。

药品上市许可持有人、药品生产企业、药品经营企业和医疗机构应当遵守国务院药品价格主管部门关于药品价格管理的规定，制定和标明药品零售价格，禁止暴利、价格垄断和价格欺诈等行为。

第八十六条 药品上市许可持有人、药品生产企业、药品经营企业和医疗机构应当依法向药品价格主管部门提供其药品的实际购销价格和购销数量等资料。

第八十七条 医疗机构应当向患者提供所用药品的价格清单，按照规定如实公布其常用药品的价格，加强合理用药管理。具体办法由国务院卫生健康主管部门制定。

第八十八条 禁止药品上市许可持有人、药品生产企业、药品经营企业和医疗机构在药品购销中给予、收受回扣或者其他不正当利益。

禁止药品上市许可持有人、药品生产企业、药品经营企业或者代理人以任何名义给予使用其药品的医疗机构的负责人、药品采购人员、医师、药师等有关人员财物或者其他不正当利益。禁止医疗机构的负责人、药品采购人员、医师、药师等有关人员以任何名义收受药品上市许可持有人、药品生产企业、药品经营企业或者代理人给予的财物或者其他不正当利益。

第八十九条 药品广告应当经广告主所在地省、自治区、直辖市人民政府确定的广告审查机关批准；未经批准的，不得发布。

第九十条 药品广告的内容应当真实、合法，以国务院药品监督管理部门核准的药品说明书为准，不得含有虚假的内容。

药品广告不得含有表示功效、安全性的断言或者保证；不得利用国家机关、科研单位、学术机构、行业协会或者专家、学者、医师、药师、患者等的名义或者形象作推荐、证明。

非药品广告不得有涉及药品的宣传。

第九十一条 药品价格和广告，本法未作规定的，适用《中华人民共和国价格法》、《中华人民共和国反垄断法》、《中华人民共和国反不正当竞争法》、《中华人民共和国广告法》等的规定。

第九章 药品储备和供应

第九十二条 国家实行药品储备制度，建立中央和地方两级药品储备。

发生重大灾情、疫情或者其他突发事件时,依照《中华人民共和国突发事件应对法》的规定,可以紧急调用药品。

第九十三条 国家实行基本药物制度,遴选适当数量的基本药物品种,加强组织生产和储备,提高基本药物的供给能力,满足疾病防治基本用药需求。

第九十四条 国家建立药品供求监测体系,及时收集和汇总分析短缺药品供求信息,对短缺药品实行预警,采取应对措施。

第九十五条 国家实行短缺药品清单管理制度。具体办法由国务院卫生健康主管部门会同国务院药品监督管理部门等部门制定。

药品上市许可持有人停止生产短缺药品的,应当按照规定向国务院药品监督管理部门或者省、自治区、直辖市人民政府药品监督管理部门报告。

第九十六条 国家鼓励短缺药品的研制和生产,对临床急需的短缺药品、防治重大传染病和罕见病等疾病的新药予以优先审评审批。

第九十七条 对短缺药品,国务院可以限制或者禁止出口。必要时,国务院有关部门可以采取组织生产、价格干预和扩大进口等措施,保障药品供应。

药品上市许可持有人、药品生产企业、药品经营企业应当按照规定保障药品的生产和供应。

第十章 监督管理

第九十八条 禁止生产(包括配制,下同)、销售、使用假药、劣药。

有下列情形之一的,为假药:

(一)药品所含成份与国家药品标准规定的成份不符;

(二)以非药品冒充药品或者以他种药品冒充此种药品;

(三)变质的药品;

(四)药品所标明的适应症或者功能主治超出规定范围。

有下列情形之一的,为劣药:

(一)药品成份的含量不符合国家药品标准;

(二)被污染的药品;

(三)未标明或者更改有效期的药品;

(四)未注明或者更改产品批号的药品;

(五)超过有效期的药品;

(六)擅自添加防腐剂、辅料的药品;

(七)其他不符合药品标准的药品。

禁止未取得药品批准证明文件生产、进口药品;禁止使用未按照规定审评、审批的原料药、包装材料和容器生产药品。

第九十九条 药品监督管理部门应当依照法律、法规的规定对药品研制、生产、经营和药品使用单位使用药品等活动进行监督检查,必要时可以对为药品研制、生产、经营、使用提供产品或者服务的单位和个人进行延伸检查,有关单位和个人应当予以配合,不得拒绝和隐瞒。

药品监督管理部门应当对高风险的药品实施重点监督检查。

对有证据证明可能存在安全隐患的,药品监督管理部门根据监督检查情况,应当采取告诫、约谈、限期整改以及暂停生产、销售、使用、进口等措施,并及时公布检查处理结果。

药品监督管理部门进行监督检查时,应当出示证明文件,对监督检查中知悉的商业秘密应当保密。

第一百条 药品监督管理部门根据监督管理的需要,可以对药品质量进行抽查检验。抽查检验应当按照规定抽样,并不得收取任何费用;抽样应当购买样品。所需费用按照国务院规定列支。

对有证据证明可能危害人体健康的药品及其有关材料,药品监督管理部门可以查封、扣押,并在七日内作出行政处理决定;药品需要检验的,应当自检验报告书发出之日起十五日内作出行政处理决定。

第一百零一条 国务院和省、自治区、直辖市人民政府的药品监督管理部门应当定期公告药品质量抽查检验结果;公告不当的,应当在原公告范围内予以更正。

第一百零二条 当事人对药品检验结果有异议的,可以自收到药品检验结果之日起七日内向原药品检验机构或者上一级药品监督管理部门设置或者指定的药品检验机构申请复验,也可以直接向国务院药品监督管理部门设置或者指定的药品检验机构申请复验。受理复验的药品检验机构应当在国务院药品监督管理部门规定的时间内作出复验结论。

第一百零三条 药品监督管理部门应当对药品上市许可持有人、药品生产企业、药品经营企业和药物非临床安全性评价研究机构、药物临床试验机构等遵守药品生产质量管理规范、药品经营质量管理规范、药物非临床研究质量管理规范、药物临床试验质量管理规范等情况进行检查,监督其持续符合法定要求。

第一百零四条 国家建立职业化、专业化药品检查员队伍。检查员应当熟悉药品法律法规,具备药品专业知识。

第一百零五条 药品监督管理部门建立药品上市许可持有人、药品生产企业、药品经营企业、药物非临床安全性评价研究机构、药物临床试验机构和医疗机构药品安全信用档案,记录许可颁发、日常监督检查结果、违法行为查处等情况,依法向社会公布并及时更新;对有不良信用记录的,增加监督检查频次,并可以按照国家规定实施联合惩戒。

第一百零六条 药品监督管理部门应当公布本部门的电子邮件地址、电话,接受咨询、投诉、举报,并依法及时答复、核实、处理。对查证属实的举报,按照有关规定给予举报人奖励。

药品监督管理部门应当对举报人的信息予以保密,保护举报人的合法权益。举报人举报所在单位的,该单位不得以解除、变更劳动合同或者其他方式对举报人进行打击报复。

第一百零七条 国家实行药品安全信息统一公布制度。国家药品安全总体情况、药品安全风险警示信息、重大药品安全事件及其调查处理信息和国务院确定需要统一公布的其他信息由国务院药品监督管理部门统一公布。药品安全风险警示信息和重大药品安全事件及其调查处理信息的影响限于特定区域的,也可以由有关省、自治区、直辖市人民政府药品监督管理部门公布。未经授权不得发布上述信息。

公布药品安全信息,应当及时、准确、全面,并进行必要的说明,避免误导。

任何单位和个人不得编造、散布虚假药品安全信息。

第一百零八条 县级以上人民政府应当制定药品安全事件应急预案。药品上市许可持有人、药品生产企业、药品经营企业和医疗机构等应当制定本单位的药品安全事件处置方案,并组织开展培训和应急演练。

发生药品安全事件,县级以上人民政府应当按照应急预案立即组织开展应对工作;有关单位应当立即采取有效措施进行处置,防止危害扩大。

第一百零九条 药品监督管理部门未及时发现药品安全系统性风险,未及时消除监督管理区域内药品安全隐患的,本级人民政府或者上级人民政府药品监督管理部门应当对其主要负责人进行约谈。

地方人民政府未履行药品安全职责,未及时消除区域性重大药品安全隐患的,上级人民政府或者上级人民政府药品监督管理部门应当对其主要负责人进行约谈。

被约谈的部门和地方人民政府应当立即采取措施，对药品监督管理工作进行整改。

约谈情况和整改情况应当纳入有关部门和地方人民政府药品监督管理工作评议、考核记录。

第一百一十条 地方人民政府及其药品监督管理部门不得以要求实施药品检验、审批等手段限制或者排斥非本地区药品上市许可持有人、药品生产企业生产的药品进入本地区。

第一百一十一条 药品监督管理部门及其设置或者指定的药品专业技术机构不得参与药品生产经营活动，不得以其名义推荐或者监制、监销药品。

药品监督管理部门及其设置或者指定的药品专业技术机构的工作人员不得参与药品生产经营活动。

第一百一十二条 国务院对麻醉药品、精神药品、医疗用毒性药品、放射性药品、药品类易制毒化学品等有其他特殊管理规定的，依照其规定。

第一百一十三条 药品监督管理部门发现药品违法行为涉嫌犯罪的，应当及时将案件移送公安机关。

对依法不需要追究刑事责任或者免予刑事处罚，但应当追究行政责任的，公安机关、人民检察院、人民法院应当及时将案件移送药品监督管理部门。

公安机关、人民检察院、人民法院商请药品监督管理部门、生态环境主管部门等部门提供检验结论、认定意见以及对涉案药品进行无害化处理等协助的，有关部门应当及时提供，予以协助。

第十一章 法律责任

第一百一十四条 违反本法规定，构成犯罪的，依法追究刑事责任。

第一百一十五条 未取得药品生产许可证、药品经营许可证或者医疗机构制剂许可证生产、销售药品的，责令关闭，没收违法生产、销售的药品和违法所得，并处违法生产、销售的药品（包括已售出和未售出的药品，下同）货值金额十五倍以上三十倍以下的罚款；货值金额不足十万元的，按十万元计算。

第一百一十六条 生产、销售假药的，没收违法生产、销售的药品和违法所得，责令停产停业整顿，吊销药品批准证明文件，并处违法生产、销售的药品货值金额十五倍以上三十倍以下的罚款；货值金额不足十万元的，按十万元计算；情节严重的，吊销药品生产许可证、药品经营许可证或者医疗机构制剂许可证，十年内不受理其相应申请；药品上市许可持有人为境外企业的，十年内禁止其药品进口。

第一百一十七条 生产、销售劣药的，没收违法生产、销售的药品和违法所得，并处违法生产、销售的药品货值金额十倍以上二十倍以下的罚款；违法生产、批发的药品货值金额不足十万元的，按十万元计算，违法零售的药品货值金额不足一万元的，按一万元计算；情节严重的，责令停产停业整顿直至吊销药品批准证明文件、药品生产许可证、药品经营许可证或者医疗机构制剂许可证。

生产、销售的中药饮片不符合药品标准，尚不影响安全性、有效性的，责令限期改正，给予警告；可以处十万元以上五十万元以下的罚款。

第一百一十八条 生产、销售假药，或者生产、销售劣药且情节严重的，对法定代表人、主要负责人、直接负责的主管人员和其他责任人员，没收违法行为发生期间自本单位所获收入，并处所获收入百分之三十以上三倍以下的罚款，终身禁止从事药品生产经营活动，并可以由公安机关处五日以上十五日以下的拘留。

对生产者专门用于生产假药、劣药的原料、辅料、包装材料、生产设备予以没收。

第一百一十九条 药品使用单位使用假药、劣药的，按照销售假药、零售劣药的规定处罚；情节严重的，法定代表人、主要负责人、直接负责的主管人员和其他责任人员有医疗卫生人员执业证书的，还应当吊销执业证书。

第一百二十条　知道或者应当知道属于假药、劣药或者本法第一百二十四条第一款第一项至第五项规定的药品，而为其提供储存、运输等便利条件的，没收全部储存、运输收入，并处违法收入一倍以上五倍以下的罚款；情节严重的，并处违法收入五倍以上十五倍以下的罚款；违法收入不足五万元的，按五万元计算。

第一百二十一条　对假药、劣药的处罚决定，应当依法载明药品检验机构的质量检验结论。

第一百二十二条　伪造、变造、出租、出借、非法买卖许可证或者药品批准证明文件的，没收违法所得，并处违法所得一倍以上五倍以下的罚款；情节严重的，并处违法所得五倍以上十五倍以下的罚款，吊销药品生产许可证、药品经营许可证、医疗机构制剂许可证或者药品批准证明文件，对法定代表人、主要负责人、直接负责的主管人员和其他责任人员，处二万元以上二十万元以下的罚款，十年内禁止从事药品生产经营活动，并可以由公安机关处五日以上十五日以下的拘留；违法所得不足十万元的，按十万元计算。

第一百二十三条　提供虚假的证明、数据、资料、样品或者采取其他手段骗取临床试验许可、药品生产许可、药品经营许可、医疗机构制剂许可或者药品注册等许可的，撤销相关许可，十年内不受理其相应申请，并处五十万元以上五百万元以下的罚款；情节严重的，对法定代表人、主要负责人、直接负责的主管人员和其他责任人员，处二万元以上二十万元以下的罚款，十年内禁止从事药品生产经营活动，并可以由公安机关处五日以上十五日以下的拘留。

第一百二十四条　违反本法规定，有下列行为之一的，没收违法生产、进口、销售的药品和违法所得以及专门用于违法生产的原料、辅料、包装材料和生产设备，责令停产停业整顿，并处违法生产、进口、销售的药品货值金额十五倍以上三十倍以下的罚款；货值金额不足十万元的，按十万元计算；情节严重的，吊销药品批准证明文件直至吊销药品生产许可证、药品经营许可证或者医疗机构制剂许可证，对法定代表人、主要负责人、直接负责的主管人员和其他责任人员，没收违法行为发生期间自本单位所获收入，并处所获收入百分之三十以上三倍以下的罚款，十年直至终身禁止从事药品生产经营活动，并可以由公安机关处五日以上十五日以下的拘留：

（一）未取得药品批准证明文件生产、进口药品；

（二）使用采取欺骗手段取得的药品批准证明文件生产、进口药品；

（三）使用未经审评审批的原料药生产药品；

（四）应当检验而未经检验即销售药品；

（五）生产、销售国务院药品监督管理部门禁止使用的药品；

（六）编造生产、检验记录；

（七）未经批准在药品生产过程中进行重大变更。

销售前款第一项至第三项规定的药品，或者药品使用单位使用前款第一项至第五项规定的药品的，依照前款规定处罚；情节严重的，药品使用单位的法定代表人、主要负责人、直接负责的主管人员和其他责任人员有医疗卫生人员执业证书的，还应当吊销执业证书。

未经批准进口少量境外已合法上市的药品，情节较轻的，可以依法减轻或者免予处罚。

第一百二十五条　违反本法规定，有下列行为之一的，没收违法生产、销售的药品和违法所得以及包装材料、容器，责令停产停业整顿，并处五十万元以上五百万元以下的罚款；情节严重的，吊销药品批准证明文件、药品生产许可证、药品经营许可证，对法定代表人、主要负责人、直接负责的主管人员和其他责任人员处二万元以上二十万元以下的罚款，十年直至终身禁止从事药品生产经营活动：

（一）未经批准开展药物临床试验的；
（二）使用未经审评的直接接触药品的包装材料或者容器生产药品，或者销售该类药品；
（三）使用未经核准的标签、说明书。

第一百二十六条 除本法另有规定的情形外，药品上市许可持有人、药品生产企业、药品经营企业、药物非临床安全性评价研究机构、药物临床试验机构等未遵守药品生产质量管理规范、药品经营质量管理规范、药物非临床研究质量管理规范、药物临床试验质量管理规范等的，责令限期改正，给予警告；逾期不改正的，处十万元以上五十万元以下的罚款；情节严重的，处五十万元以上二百万元以下的罚款，责令停产停业整顿直至吊销药品批准证明文件、药品生产许可证、药品经营许可证等，药物非临床安全性评价研究机构、药物临床试验机构等五年内不得开展药物非临床安全性评价研究、药物临床试验，对法定代表人、主要负责人、直接负责的主管人员和其他责任人员，没收违法行为发生期间自本单位所获收入，并处所获收入百分之十以上百分之五十以下的罚款，十年直至终身禁止从事药品生产经营等活动。

第一百二十七条 违反本法规定，有下列行为之一的，责令限期改正，给予警告；逾期不改正的，处十万元以上五十万元以下的罚款：
（一）开展生物等效性试验未备案的；
（二）药物临床试验期间，发现存在安全性问题或者其他风险，临床试验申办者未及时调整临床试验方案、暂停或者终止临床试验，或者未向国务院药品监督管理部门报告的；
（三）未按照规定建立并实施药品追溯制度的；
（四）未按照规定提交年度报告的；
（五）未按照规定对药品生产过程中的变更进行备案或者报告的；
（六）未制定药品上市后风险管理计划的；
（七）未按照规定开展药品上市后研究或者上市后评价的。

第一百二十八条 除依法应当按照假药、劣药处罚的外，药品包装未按照规定印有、贴有标签或者附有说明书，标签、说明书未按照规定注明相关信息或者印有规定标志的，责令改正，给予警告；情节严重的，吊销药品注册证书。

第一百二十九条 违反本法规定，药品上市许可持有人、药品生产企业、药品经营企业或者医疗机构未从药品上市许可持有人或者具有药品生产、经营资格的企业购进药品的，责令改正，没收违法购进的药品和违法所得，并处违法购进药品货值金额二倍以上十倍以下的罚款；情节严重的，并处货值金额十倍以上三十倍以下的罚款，吊销药品批准证明文件、药品生产许可证、药品经营许可证或者医疗机构执业许可证；货值金额不足五万元的，按五万元计算。

第一百三十条 违反本法规定，药品经营企业购销药品未按照规定进行记录，零售药品未正确说明用法、用量等事项，或者未按照规定调配处方的，责令改正，给予警告；情节严重的，吊销药品经营许可证。

第一百三十一条 违反本法规定，药品网络交易第三方平台提供者未履行资质审核、报告、停止提供网络交易平台服务等义务的，责令改正，没收违法所得，并处二十万元以上二百万元以下的罚款；情节严重的，责令停业整顿，并处二百万元以上五百万元以下的罚款。

第一百三十二条 进口已获得药品注册证书的药品，未按照规定向允许药品进口的口岸所在地药品监督管理部门备案的，责令限期改正，给予警告；逾期不改正的，吊销药品注册证书。

第一百三十三条 违反本法规定，医疗机构将其配制的制剂在市场上销售的，责令改正，没收违法销售的制剂和违法所得，并处违法销售制剂货值金额二倍以上五倍以下的罚款；情节严重的，并处货值金额五倍以上十五倍以下的罚款；货值金额不足五万元的，按五万元计算。

第一百三十四条 药品上市许可持有人未按照规定开展药品不良反应监测或者报告疑似药

品不良反应的，责令限期改正，给予警告；逾期不改正的，责令停产停业整顿，并处十万元以上一百万元以下的罚款。

药品经营企业未按照规定报告疑似药品不良反应的，责令限期改正，给予警告；逾期不改正的，责令停产停业整顿，并处五万元以上五十万元以下的罚款。

医疗机构未按照规定报告疑似药品不良反应的，责令限期改正，给予警告；逾期不改正的，处五万元以上五十万元以下的罚款。

第一百三十五条 药品上市许可持有人在省、自治区、直辖市人民政府药品监督管理部门责令其召回后，拒不召回的，处应召回药品货值金额五倍以上十倍以下的罚款；货值金额不足十万元的，按十万元计算；情节严重的，吊销药品批准证明文件、药品生产许可证、药品经营许可证，对法定代表人、主要负责人、直接负责的主管人员和其他责任人员，处二万元以上二十万元以下的罚款。药品生产企业、药品经营企业、医疗机构拒不配合召回的，处十万元以上五十万元以下的罚款。

第一百三十六条 药品上市许可持有人为境外企业的，其指定的在中国境内的企业法人未依照本法规定履行相关义务的，适用本法有关药品上市许可持有人法律责任的规定。

第一百三十七条 有下列行为之一的，在本法规定的处罚幅度内从重处罚：

（一）以麻醉药品、精神药品、医疗用毒性药品、放射性药品、药品类易制毒化学品冒充其他药品，或者以其他药品冒充上述药品；

（二）生产、销售以孕产妇、儿童为主要使用对象的假药、劣药；

（三）生产、销售的生物制品属于假药、劣药；

（四）生产、销售假药、劣药，造成人身伤害后果；

（五）生产、销售假药、劣药，经处理后再犯；

（六）拒绝、逃避监督检查，伪造、销毁、隐匿有关证据材料，或者擅自动用查封、扣押物品。

第一百三十八条 药品检验机构出具虚假检验报告的，责令改正，给予警告，对单位并处二十万元以上一百万元以下的罚款；对直接负责的主管人员和其他直接责任人员依法给予降级、撤职、开除处分，没收违法所得，并处五万元以下的罚款；情节严重的，撤销其检验资格。药品检验机构出具的检验结果不实，造成损失的，应当承担相应的赔偿责任。

第一百三十九条 本法第一百一十五条至第一百三十八条规定的行政处罚，由县级以上人民政府药品监督管理部门按照职责分工决定；撤销许可、吊销许可证件的，由原批准、发证的部门决定。

第一百四十条 药品上市许可持有人、药品生产企业、药品经营企业或者医疗机构违反本法规定聘用人员的，由药品监督管理部门或者卫生健康主管部门责令解聘，处五万元以上二十万元以下的罚款。

第一百四十一条 药品上市许可持有人、药品生产企业、药品经营企业或者医疗机构在药品购销中给予、收受回扣或者其他不正当利益的，药品上市许可持有人、药品生产企业、药品经营企业或者代理人给予使用其药品的医疗机构的负责人、药品采购人员、医师、药师等有关人员财物或者其他不正当利益的，由市场监督管理部门没收违法所得，并处三十万元以上三百万元以下的罚款；情节严重的，吊销药品上市许可持有人、药品生产企业、药品经营企业营业执照，并由药品监督管理部门吊销药品批准证明文件、药品生产许可证、药品经营许可证。

药品上市许可持有人、药品生产企业、药品经营企业在药品研制、生产、经营中向国家工作人员行贿的，对法定代表人、主要负责人、直接负责的主管人员和其他责任人员终身禁止从事药品生产经营活动。

第一百四十二条 药品上市许可持有人、药品生产企业、药品经营企业的负责人、采购人员等有关人员在药品购销中收受其他药品上市许可持有人、药品生产企业、药品经营企业或者代理人给予的财物或者其他不正当利益的，没收违法所得，依法给予处罚；情节严重的，五年内禁止从事药品生产经营活动。

医疗机构的负责人、药品采购人员、医师、药师等有关人员收受药品上市许可持有人、药品生产企业、药品经营企业或者代理人给予的财物或者其他不正当利益的，由卫生健康主管部门或者本单位给予处分，没收违法所得；情节严重的，还应当吊销其执业证书。

第一百四十三条　违反本法规定，编造、散布虚假药品安全信息，构成违反治安管理行为的，由公安机关依法给予治安管理处罚。

第一百四十四条　药品上市许可持有人、药品生产企业、药品经营企业或者医疗机构违反本法规定，给用药者造成损害的，依法承担赔偿责任。

因药品质量问题受到损害的，受害人可以向药品上市许可持有人、药品生产企业请求赔偿损失，也可以向药品经营企业、医疗机构请求赔偿损失。接到受害人赔偿请求的，应当实行首负责任制，先行赔付；先行赔付后，可以依法追偿。

生产假药、劣药或者明知是假药、劣药仍然销售、使用的，受害人或者其近亲属除请求赔偿损失外，还可以请求支付价款十倍或者损失三倍的赔偿金；增加赔偿的金额不足一千元的，为一千元。

第一百四十五条　药品监督管理部门或者其设置、指定的药品专业技术机构参与药品生产经营活动的，由其上级主管机关责令改正，没收违法收入；情节严重的，对直接负责的主管人员和其他直接责任人员依法给予处分。

药品监督管理部门或者其设置、指定的药品专业技术机构的工作人员参与药品生产经营活动的，依法给予处分。

第一百四十六条　药品监督管理部门或者其设置、指定的药品检验机构在药品监督检验中违法收取检验费用的，由政府有关部门责令退还，对直接负责的主管人员和其他直接责任人员依法给予处分；情节严重的，撤销其检验资格。

第一百四十七条　违反本法规定，药品监督管理部门有下列行为之一的，应当撤销相关许可，对直接负责的主管人员和其他直接责任人员依法给予处分：

（一）不符合条件而批准进行药物临床试验的；

（二）对不符合条件的药品颁发药品注册证书的；

（三）对不符合条件的单位颁发药品生产许可证、药品经营许可证或者医疗机构制剂许可证。

第一百四十八条　违反本法规定，县级以上地方人民政府有下列行为之一的，对直接负责的主管人员和其他直接责任人员给予记过或者记大过处分；情节严重的，给予降级、撤职或者开除处分：

（一）瞒报、谎报、缓报、漏报药品安全事件的；

（二）未及时消除区域性重大药品安全隐患，造成本行政区域内发生特别重大药品安全事件，或者连续发生重大药品安全事件的；

（三）履行职责不力，造成严重不良影响或者重大损失的。

第一百四十九条　违反本法规定，药品监督管理等部门有下列行为之一的，对直接负责的主管人员和其他直接责任人员给予记过或者记大过处分；情节较重的，给予降级或者撤职处分；情节严重的，给予开除处分：

（一）瞒报、谎报、缓报、漏报药品安全事件的；

（二）对发现的药品安全违法行为未及时查处的；

（三）未及时发现药品安全系统性风险，或者未及时消除监督管理区域内药品安全隐患，造成严重影响；

（四）其他不履行药品监督管理职责，造成严重不良影响或者重大损失。

第一百五十条 药品监督管理人员滥用职权、徇私舞弊、玩忽职守的，依法给予处分。

查处假药、劣药违法行为有失职、渎职行为的，对药品监督管理部门直接负责的主管人员和其他直接责任人员依法从重给予处分。

第一百五十一条 本章规定的货值金额以违法生产、销售药品的标价计算；没有标价的，按照同类药品的市场价格计算。

第十二章 附 则

第一百五十二条 中药材种植、采集和饲养的管理，依照有关法律、法规的规定执行。

第一百五十三条 地区性民间习用药材的管理办法，由国务院药品监督管理部门会同国务院中医药主管部门制定。

第一百五十四条 中国人民解放军和中国人民武装警察部队执行本法的具体办法，由国务院、中央军事委员会依据本法制定。

第一百五十五条 本法自2019年12月1日起施行。

中华人民共和国药品管理法实施条例

（国务院令第360号）

（2002年8月4日由国务院发布；根据2016年2月6日国务院令第666号《国务院关于修改部分行政法规的决定》第一次修订，根据2019年3月2日国务院令第709号《国务院关于修改部分行政法规的决定》第二次修订；现行版本自2019年3月18日起施行；法规类型为行政法规）

第一章 总 则

第一条 根据《中华人民共和国药品管理法》（以下简称《药品管理法》），制定本条例。

第二条 国务院药品监督管理部门设置国家药品检验机构。

省、自治区、直辖市人民政府药品监督管理部门可以在本行政区域内设置药品检验机构。地方药品检验机构的设置规划由省、自治区、直辖市人民政府药品监督管理部门提出，报省、自治区、直辖市人民政府批准。

国务院和省、自治区、直辖市人民政府的药品监督管理部门可以根据需要，确定符合药品检验条件的检验机构承担药品检验工作。

第二章 药品生产企业管理

第三条 开办药品生产企业，申办人应当向拟办企业所在地省、自治区、直辖市人民政府药品监督管理部门提出申请。省、自治区、直辖市人民政府药品监督管理部门应当自收到申请之日起30个工作日内，依照《药品管理法》第八条规定的开办条件组织验收；验收合格的，发给《药品生产许可证》。

第四条 药品生产企业变更《药品生产许可证》许可事项的，应当在许可事项发生变更30日前，向原发证机关申请《药品生产许可证》变更登记；未经批准，不得变更许可事项。原发证机关应当自收到申请之日起15个工作日内作出决定。

第五条 省级以上人民政府药品监督管理部门应当按照《药品生产质量管理规范》和国务院药品监督管理部门规定的实施办法和实施步骤，组织对药品生产企业的认证工作；符合《药品生产质量管理规范》的，发给认证证书。其中，生产注射剂、放射性药品和国务院药品监督管理部门规定的生物制品的药品生产企业的认证工作，由国务院药品监督管理部门负责。

《药品生产质量管理规范》认证证书的格式由国务院药品监督管理部门统一规定。

第六条 新开办药品生产企业、药品生产企业新建药品生产车间或者新增生产剂型的，应当自取得药品生产证明文件或者经批准正式生产之日起30日内，按照规定向药品监督管理部门申请《药品生产质量管理规范》认证。受理申请的药品监督管理部门应当自收到企业申请之日起6个月内，组织对申请企业是否符合《药品生产质量管理规范》进行认证；认证合格的，发给认证证书。

第七条 国务院药品监督管理部门应当设立《药品生产质量管理规范》认证检查员库。《药品生产质量管理规范》认证检查员必须符合国务院药品监督管理部门规定的条件。进行《药品生产质量管理规范》认证，必须按照国务院药品监督管理部门的规定，从《药品生产质量管理规范》认证检查员库中随机抽取认证检查员组成认证检查组进行认证检查。

第八条 <u>《药品生产许可证》有效期为5年。</u>有效期届满，需要继续生产药品的，持证企业应当在许可证有效期届满前6个月，按照国务院药品监督管理部门的规定申请换发《药品生产许可证》。

药品生产企业终止生产药品或者关闭的，《药品生产许可证》由原发证部门缴销。

第九条 <u>药品生产企业生产药品所使用的原料药，必须具有国务院药品监督管理部门核发的药品批准文号或者进口药品注册证、医药产品注册证书；但是，未实施批准文号管理的中药材、中药饮片除外。</u>

第十条 依据《药品管理法》第十三条规定，接受委托生产药品的，受托方必须是持有与其受托生产的药品相适应的《药品生产质量管理规范》认证证书的药品生产企业。

<u>疫苗、血液制品和国务院药品监督管理部门规定的其他药品，不得委托生产。</u>

第三章　药品经营企业管理

第十一条 开办药品批发企业，申办人应当向拟办企业所在地省、自治区、直辖市人民政府药品监督管理部门提出申请。省、自治区、直辖市人民政府药品监督管理部门应当自收到申请之日起30个工作日内，依据国务院药品监督管理部门规定的设置标准作出是否同意筹建的决定。申办人完成拟办企业筹建后，应当向原审批部门申请验收。原审批部门应当自收到申请之日起30个工作日内，依据《药品管理法》第十五条规定的开办条件组织验收；符合条件的，发给《药品经营许可证》。

第十二条 开办药品零售企业，申办人应当向拟办企业所在地地区的市级药品监督管理机构或者省、自治区、直辖市人民政府药品监督管理部门直接设置的县级药品监督管理机构提出申请。受理申请的药品监督管理机构应当自收到申请之日起30个工作日内，依据国务院药品监督管理部门的规定，结合当地常住人口数量、地域、交通状况和实际需要进行审查，作出是否同意筹建的决定。申办人完成拟办企业筹建后，应当向原审批机构申请验收。原审批机构应当自收到申请之日起15个工作日内，依据《药品管理法》第十五条规定的开办条件组织验收；符合条件的，发给《药品经营许可证》。

第十三条 省、自治区、直辖市人民政府药品监督管理部门和设区的市级药品监督管理机构负责组织药品经营企业的认证工作。药品经营企业应当按照国务院药品监督管理部门规定的实施办法和实施步骤,通过省、自治区、直辖市人民政府药品监督管理部门或者设区的市级药品监督管理机构组织的《药品经营质量管理规范》的认证,取得认证证书。《药品经营质量管理规范》认证证书的格式由国务院药品监督管理部门统一规定。

新开办药品批发企业和药品零售企业,应当自取得《药品经营许可证》之日起30日内,向发给其《药品经营许可证》的药品监督管理部门或者药品监督管理机构申请《药品经营质量管理规范》认证。受理申请的药品监督管理部门或者药品监督管理机构应当自收到申请之日起3个月内,按照国务院药品监督管理部门的规定,组织对申请认证的药品批发企业或者药品零售企业是否符合《药品经营质量管理规范》进行认证;认证合格的,发给认证证书。

第十四条 省、自治区、直辖市人民政府药品监督管理部门应当设立《药品经营质量管理规范》认证检查员库。《药品经营质量管理规范》认证检查员必须符合国务院药品监督管理部门规定的条件。进行《药品经营质量管理规范》认证,必须按照国务院药品监督管理部门的规定,从《药品经营质量管理规范》认证检查员库中随机抽取认证检查员组成认证检查组进行认证检查。

第十五条 国家实行处方药和非处方药分类管理制度。国家根据非处方药品的安全性,将非处方药分为甲类非处方药和乙类非处方药。

经营处方药、甲类非处方药的药品零售企业,应当配备执业药师或者其他依法经资格认定的药学技术人员。经营乙类非处方药的药品零售企业,应当配备经设区的市级药品监督管理机构或省、自治区、直辖市人民政府药品监督管理部门直接设置的县级药品监督管理机构组织考核合格的业务人员。

第十六条 药品经营企业变更《药品经营许可证》许可事项的,应当在许可事项发生变更30日前,向原发证机关申请《药品经营许可证》变更登记;未经批准,不得变更许可事项。原发证机关应当自收到企业申请之日起15个工作日内作出决定。

第十七条 《药品经营许可证》有效期为5年。有效期届满,需要继续经营药品的,持证企业应当在许可证有效期届满前6个月,按照国务院药品监督管理部门的规定申请换发《药品经营许可证》。

药品经营企业终止经营药品或者关闭的,《药品经营许可证》由原发证机关缴销。

第十八条 交通不便的边远地区城乡集市贸易市场没有药品零售企业的,当地药品零售企业经所在地县(市)药品监督管理机构批准并到工商行政管理部门办理登记注册后,可以在该城乡集市贸易市场内设点并在批准经营的药品范围内销售非处方药品。

第十九条 通过互联网进行药品交易的药品生产企业、药品经营企业、医疗机构及其交易的药品,必须符合《药品管理法》和本条例的规定。互联网药品交易服务的管理办法,由国务院药品监督管理部门会同国务院有关部门制定。

第四章 医疗机构的药剂管理

第二十条 医疗机构设立制剂室,应当向所在地省、自治区、直辖市人民政府卫生行政部门提出申请,经审核同意后,报同级人民政府药品监督管理部门审批;省、自治区、直辖市人民政府药品监督管理部门验收合格的,予以批准,发给《医疗机构制剂许可证》。

省、自治区、直辖市人民政府卫生行政部门和药品监督管理部门应当在各自收到申请之日起30个工作日内,作出是否同意或者批准的决定。

第二十一条 医疗机构变更《医疗机构制剂许可证》许可事项的,应当在许可事项发生变更30日前,依照本条例第二十条的规定向原审核、批准机关申请《医疗机构制剂许可证》变更登记;未经批准,不得变更许可事项。原审核、批准机关应当在各自收到申请之日起15

个工作日内作出决定。

医疗机构新增配制剂型或者改变配制场所的,应当经所在地省、自治区、直辖市人民政府药品监督管理部门验收合格后,依照前款规定办理《医疗机构制剂许可证》变更登记。

第二十二条 《医疗机构制剂许可证》有效期为5年。有效期届满,需要继续配制制剂的,医疗机构应当在许可证有效期届满前6个月,按照国务院药品监督管理部门的规定申请换发《医疗机构制剂许可证》。

医疗机构终止配制制剂或者关闭的,《医疗机构制剂许可证》由原发证机关缴销。

第二十三条 医疗机构配制制剂,必须按照国务院药品监督管理部门的规定报送有关资料和样品,经所在地省、自治区、直辖市人民政府药品监督管理部门批准,并发给制剂批准文号后,方可配制。

第二十四条 医疗机构配制的制剂不得在市场上销售或者变相销售,不得发布医疗机构制剂广告。

发生灾情、疫情、突发事件或者临床急需而市场没有供应时,经国务院或者省、自治区、直辖市人民政府的药品监督管理部门批准,在规定期限内,医疗机构配制的制剂可以在指定的医疗机构之间调剂使用。

国务院药品监督管理部门规定的特殊制剂的调剂使用以及省、自治区、直辖市之间医疗机构制剂的调剂使用,必须经国务院药品监督管理部门批准。

第二十五条 医疗机构审核和调配处方的药剂人员必须是依法经资格认定的药学技术人员。

第二十六条 医疗机构购进药品,必须有真实、完整的药品购进记录。药品购进记录必须注明药品的通用名称、剂型、规格、批号、有效期、生产厂商、供货单位、购货数量、购进价格、购货日期以及国务院药品监督管理部门规定的其他内容。

第二十七条 医疗机构向患者提供的药品应当与诊疗范围相适应,并凭执业医师或者执业助理医师的处方调配。

计划生育技术服务机构采购和向患者提供药品,其范围应当与经批准的服务范围相一致,并凭执业医师或者执业助理医师的处方调配。

个人设置的门诊部、诊所等医疗机构不得配备常用药品和急救药品以外的其他药品。常用药品和急救药品的范围和品种,由所在地的省、自治区、直辖市人民政府卫生行政部门会同同级人民政府药品监督管理部门规定。

第五章 药品管理

第二十八条 药物非临床安全性评价研究机构必须执行《药物非临床研究质量管理规范》,药物临床试验机构必须执行《药物临床试验质量管理规范》。《药物非临床研究质量管理规范》、《药物临床试验质量管理规范》由国务院药品监督管理部门分别商国务院科学技术行政部门和国务院卫生行政部门制定。

第二十九条 药物临床试验、生产药品和进口药品,应当符合《药品管理法》及本条例的规定,经国务院药品监督管理部门审查批准;国务院药品监督管理部门可以委托省、自治区、直辖市人民政府药品监督管理部门对申报药物的研制情况及条件进行审查,对申报资料进行形式审查,并对试制的样品进行检验。具体办法由国务院药品监督管理部门制定。

第三十条 研制新药,需要进行临床试验的,应当依照《药品管理法》第二十九条的规定,经国务院药品监督管理部门批准。

药物临床试验申请经国务院药品监督管理部门批准后,申报人应当在经依法认定的具有药物临床试验资格的机构中选择承担药物临床试验的机构,并将该临床试验机构报国务院药品监督管理部门和国务院卫生行政部门备案。

药物临床试验机构进行药物临床试验,应当事先告知受试者或者其监护人真实情况,并取得其书面同意。

第三十一条 生产已有国家标准的药品,应当按照国务院药品监督管理部门的规定,向省、自治区、直辖市人民政府药品监督管理部门或者国务院药品监督管理部门提出申请,报送有关技术资料并提供相关证明文件。省、自治区、直辖市人民政府药品监督管理部门应当自受理申请之日起 30 个工作日内进行审查,提出意见后报送国务院药品监督管理部门审核,并同时将审查意见通知申报方。国务院药品监督管理部门经审核符合规定的,发给药品批准文号。

第三十二条 变更研制新药、生产药品和进口药品已获批准证明文件及其附件中载明事项的,应当向国务院药品监督管理部门提出补充申请;国务院药品监督管理部门经审核符合规定的,应当予以批准。其中,不改变药品内在质量的,应当向省、自治区、直辖市人民政府药品监督管理部门提出补充申请;省、自治区、直辖市人民政府药品监督管理部门经审核符合规定的,应当予以批准,并报国务院药品监督管理部门备案。不改变药品内在质量的补充申请事项由国务院药品监督管理部门制定。

第三十三条 国务院药品监督管理部门根据保护公众健康的要求,可以对药品生产企业生产的新药品种设立不超过 5 年的监测期;在监测期内,不得批准其他企业生产和进口。

第三十四条 国家对获得生产或者销售含有新型化学成份药品许可的生产者或者销售者提交的自行取得且未披露的试验数据和其他数据实施保护,任何人不得对该未披露的试验数据和其他数据进行不正当的商业利用。

自药品生产者或者销售者获得生产、销售新型化学成份药品的许可证明文件之日起 6 年内,对其他申请人未经已获得许可的申请人同意,使用前款数据申请生产、销售新型化学成份药品许可的,药品监督管理部门不予许可;但是,其他申请人提交自行取得数据的除外。

除下列情形外,药品监督管理部门不得披露本条第一款规定的数据:

(一) 公共利益需要;

(二) 已采取措施确保该类数据不会被不正当地进行商业利用。

第三十五条 申请进口的药品,应当是在生产国家或者地区获得上市许可的药品;未在生产国家或者地区获得上市许可的,经国务院药品监督管理部门确认该药品品种安全、有效而且临床需要的,可以依照《药品管理法》及本条例的规定批准进口。

进口药品,应当按照国务院药品监督管理部门的规定申请注册。国外企业生产的药品取得《进口药品注册证》,中国香港、澳门和台湾地区企业生产的药品取得《医药产品注册证》后,方可进口。

第三十六条 医疗机构因临床急需进口少量药品的,应当持《医疗机构执业许可证》向国务院药品监督管理部门提出申请;经批准后,方可进口。进口的药品应当在指定医疗机构内用于特定医疗目的。

第三十七条 进口药品到岸后,进口单位应当持《进口药品注册证》或者《医药产品注册证》以及产地证明原件、购货合同副本、装箱单、运单、货运发票、出厂检验报告书、说明书等材料,向口岸所在地药品监督管理部门备案。口岸所在地药品监督管理部门经审查,提交的材料符合要求的,发给《进口药品通关单》。进口单位凭《进口药品通关单》向海关办理报关验放手续。

口岸所在地药品监督管理部门应当通知药品检验机构对进口药品逐批进行抽查检验;但是,有《药品管理法》第四十一条规定情形的除外。

第三十八条 疫苗类制品、血液制品、用于血源筛查的体外诊断试剂以及国务院药品监督管理部门规定的其他生物制品在销售前或者进口时,应当按照国务院药品监督管理部门的规定进行检验或者审核批准；检验不合格或者未获批准的，不得销售或者进口。

　　第三十九条　国家鼓励培育中药材。对集中规模化栽培养殖、质量可以控制并符合国务院药品监督管理部门规定条件的中药材品种，实行批准文号管理。

　　第四十条　国务院药品监督管理部门对已批准生产、销售的药品进行再评价，根据药品再评价结果，可以采取责令修改药品说明书，暂停生产、销售和使用的措施；对不良反应大或者其他原因危害人体健康的药品，应当撤销该药品批准证明文件。

　　第四十一条　国务院药品监督管理部门核发的药品批准文号、《进口药品注册证》、《医药产品注册证》的有效期为5年。有效期届满，需要继续生产或者进口的，应当在有效期届满前6个月申请再注册。药品再注册时，应当按照国务院药品监督管理部门的规定报送相关资料。有效期届满，未申请再注册或者经审查不符合国务院药品监督管理部门关于再注册的规定的，注销其药品批准文号、《进口药品注册证》或者《医药产品注册证》。

　　药品批准文号的再注册由省、自治区、直辖市人民政府药品监督管理部门审批，并报国务院药品监督管理部门备案；《进口药品注册证》、《医药产品注册证》的再注册由国务院药品监督管理部门审批。

　　第四十二条　非药品不得在其包装、标签、说明书及有关宣传资料上进行含有预防、治疗、诊断人体疾病等有关内容的宣传；但是，法律、行政法规另有规定的除外。

第六章　药品包装的管理

　　第四十三条　药品生产企业使用的直接接触药品的包装材料和容器，必须符合药用要求和保障人体健康、安全的标准。

　　直接接触药品的包装材料和容器的管理办法、产品目录和药用要求与标准，由国务院药品监督管理部门组织制定并公布。

　　第四十四条　生产中药饮片，应当选用与药品性质相适应的包装材料和容器；包装不符合规定的中药饮片，不得销售。中药饮片包装必须印有或者贴有标签。

　　中药饮片的标签必须注明品名、规格、产地、生产企业、产品批号、生产日期，实施批准文号管理的中药饮片还必须注明药品批准文号。

　　第四十五条　药品包装、标签、说明书必须依照《药品管理法》第五十四条和国务院药品监督管理部门的规定印制。

　　药品商品名称应当符合国务院药品监督管理部门的规定。

　　第四十六条　医疗机构配制制剂所使用的直接接触药品的包装材料和容器、制剂的标签和说明书应当符合《药品管理法》第六章和本条例的有关规定，并经省、自治区、直辖市人民政府药品监督管理部门批准。

第七章　药品价格和广告的管理

　　第四十七条　政府价格主管部门依照《价格法》第二十八条的规定实行药品价格监测时，为掌握、分析药品价格变动和趋势，可以指定部分药品生产企业、药品经营企业和医疗机构作为价格监测定点单位；定点单位应当给予配合、支持，如实提供有关信息资料。

　　第四十八条　发布药品广告，应当向药品生产企业所在地省、自治区、直辖市人民政府药品监督管理部门报送有关材料。省、自治区、直辖市人民政府药品监督管理部门应当自收到有关材料之日起10个工作日内作出是否核发药品广告批准文号的决定；核发药品广告批准文号的，应当同时报国务院药品监督管理部门备案。具体办法由国务院药品监督管理部门制定。

　　发布进口药品广告，应当依照前款规定向进口药品代理机构所在地省、自治区、直辖市人民政府药品监督管理部门申请药品广告批准文号。

在药品生产企业所在地和进口药品代理机构所在地以外的省、自治区、直辖市发布药品广告的，发布广告的企业应当在发布前向发布地省、自治区、直辖市人民政府药品监督管理部门备案。接受备案的省、自治区、直辖市人民政府药品监督管理部门发现药品广告批准内容不符合药品广告管理规定的，应当交由原核发部门处理。

第四十九条　经国务院或者省、自治区、直辖市人民政府的药品监督管理部门决定，责令暂停生产、销售和使用的药品，在暂停期间不得发布该品种药品广告；已经发布广告的，必须立即停止。

第五十条　未经省、自治区、直辖市人民政府药品监督管理部门批准的药品广告，使用伪造、冒用、失效的药品广告批准文号的广告，或者因其他广告违法活动被撤销药品广告批准文号的广告，发布广告的企业、广告经营者、广告发布者必须立即停止该药品广告的发布。

对违法发布药品广告，情节严重的，省、自治区、直辖市人民政府药品监督管理部门可以予以公告。

第八章　药品监督

第五十一条　药品监督管理部门（含省级人民政府药品监督管理部门依法设立的药品监督管理机构，下同）依法对药品的研制、生产、经营、使用实施监督检查。

第五十二条　药品抽样必须由两名以上药品监督检查人员实施，并按照国务院药品监督管理部门的规定进行抽样；被抽检方应当提供抽检样品，不得拒绝。

药品被抽检单位没有正当理由，拒绝抽查检验的，国务院药品监督管理部门和被抽检单位所在地省、自治区、直辖市人民政府药品监督管理部门可以宣布停止该单位拒绝抽检的药品上市销售和使用。

第五十三条　对有掺杂、掺假嫌疑的药品，在国家药品标准规定的检验方法和检验项目不能检验时，药品检验机构可以补充检验方法和检验项目进行药品检验；经国务院药品监督管理部门批准后，使用补充检验方法和检验项目所得出的检验结果，可以作为药品监督管理部门认定药品质量的依据。

第五十四条　国务院和省、自治区、直辖市人民政府的药品监督管理部门应当根据药品质量抽查检验结果，定期发布药品质量公告。药品质量公告应当包括抽验药品的品名、检品来源、生产企业、生产批号、药品规格、检验机构、检验依据、检验结果、不合格项目等内容。药品质量公告不当的，发布部门应当自确认公告不当之日起 5 日内，在原公告范围内予以更正。

当事人对药品检验机构的检验结果有异议，申请复验的，应当向负责复验的药品检验机构提交书面申请、原药品检验报告书。复验的样品从原药品检验机构留样中抽取。

第五十五条　药品监督管理部门依法对有证据证明可能危害人体健康的药品及其有关证据材料采取查封、扣押的行政强制措施的，应当自采取行政强制措施之日起 7 日内作出是否立案的决定；需要检验的，应当自检验报告书发出之日起 15 日内作出是否立案的决定；不符合立案条件的，应当解除行政强制措施；需要暂停销售和使用的，应当由国务院或者省、自治区、直辖市人民政府的药品监督管理部门作出决定。

第五十六条　药品抽查检验，不得收取任何费用。

当事人对药品检验结果有异议，申请复验的，应当按照国务院有关部门或者省、自治区、直辖市人民政府有关部门的规定，向复验机构预先支付药品检验费用。复验结论与原检验结论不一致的，复验检验费用由原药品检验机构承担。

第五十七条　依据《药品管理法》和本条例的规定核发证书、进行药品注册、药品认证和实施药品审批检验及其强制性检验，可以收取费用。具体收费标准由国务院财政部门、国务院价格主管部门制定。

第九章 法律责任

第五十八条 药品生产企业、药品经营企业有下列情形之一的，由药品监督管理部门依照《药品管理法》第七十九条的规定给予处罚：

（一）开办药品生产企业、药品生产企业新建药品生产车间、新增生产剂型，在国务院药品监督管理部门规定的时间内未通过《药品生产质量管理规范》认证，仍进行药品生产的；

（二）开办药品经营企业，在国务院药品监督管理部门规定的时间内未通过《药品经营质量管理规范》认证，仍进行药品经营的。

第五十九条 违反《药品管理法》第十三条的规定，擅自委托或者接受委托生产药品的，对委托方和受托方均依照《药品管理法》第七十四条的规定给予处罚。

第六十条 未经批准，擅自在城乡集市贸易市场设点销售药品或者在城乡集市贸易市场设点销售的药品超出批准经营的药品范围的，依照《药品管理法》第七十三条的规定给予处罚。

第六十一条 未经批准，医疗机构擅自使用其他医疗机构配制的制剂的，依照《药品管理法》第八十条的规定给予处罚。

第六十二条 个人设置的门诊部、诊所等医疗机构向患者提供的药品超出规定的范围和品种的，依照《药品管理法》第七十三条的规定给予处罚。

第六十三条 医疗机构使用假药、劣药的，依照《药品管理法》第七十四条、第七十五条的规定给予处罚。

第六十四条 违反《药品管理法》第二十九条的规定，擅自进行临床试验的，对承担药物临床试验的机构，依照《药品管理法》第七十九条的规定给予处罚。

第六十五条 药品申报者在申报临床试验时，报送虚假研制方法、质量标准、药理及毒理试验结果等有关资料和样品的，国务院药品监督管理部门对该申报药品的临床试验不予批准，对药品申报者给予警告；情节严重的，3年内不受理该药品申报者申报该品种的临床试验申请。

第六十六条 生产没有国家药品标准的中药饮片，不符合省、自治区、直辖市人民政府药品监督管理部门制定的炮制规范的；医疗机构不按照省、自治区、直辖市人民政府药品监督管理部门批准的标准配制制剂的，依照《药品管理法》第七十五条的规定给予处罚。

第六十七条 药品监督管理部门及其工作人员违反规定，泄露生产者、销售者为获得生产、销售含有新型化学成份药品许可而提交的未披露试验数据或者其他数据，造成申请人损失的，由药品监督管理部门依法承担赔偿责任；药品监督管理部门赔偿损失后，应当责令故意或者有重大过失的工作人员承担部分或者全部赔偿费用，并对直接责任人员依法给予行政处分。

第六十八条 药品生产企业、药品经营企业生产、经营的药品及医疗机构配制的制剂，其包装、标签、说明书违反《药品管理法》及本条例规定的，依照《药品管理法》第八十六条的规定给予处罚。

第六十九条 药品生产企业、药品经营企业和医疗机构变更药品生产经营许可事项，应当办理变更登记手续而未办理的，由原发证部门给予警告，责令限期补办变更登记手续；逾期不补办的，宣布其《药品生产许可证》、《药品经营许可证》和《医疗机构制剂许可证》无效；仍从事药品生产经营活动的，依照《药品管理法》第七十三条的规定给予处罚。

第七十条 篡改经批准的药品广告内容的，由药品监督管理部门责令广告主立即停止该药品广告的发布，并由原审批的药品监督管理部门依照《药品管理法》第九十二条的规定给予处罚。

药品监督管理部门撤销药品广告批准文号后，应当自作出行政处理决定之日起5个工作日内通知广告监督管理机关。广告监督管理机关应当自收到药品监督管理部门通知之日起 15 个工作日内，依照《中华人民共和国广告法》的有关规定作出行政处理决定。

第七十一条　发布药品广告的企业在药品生产企业所在地或者进口药品代理机构所在地以外的省、自治区、直辖市发布药品广告，未按照规定向发布地省、自治区、直辖市人民政府药品监督管理部门备案的，由发布地的药品监督管理部门责令限期改正；逾期不改正的，停止该药品品种在发布地的广告发布活动。

第七十二条　未经省、自治区、直辖市人民政府药品监督管理部门批准，擅自发布药品广告的，药品监督管理部门发现后，应当通知广告监督管理部门依法查处。

第七十三条　违反《药品管理法》和本条例的规定，有下列行为之一的，由药品监督管理部门在《药品管理法》和本条例规定的处罚幅度内从重处罚：

（一）以麻醉药品、精神药品、医疗用毒性药品、放射性药品冒充其他药品，或者以其他药品冒充上述药品的；

（二）生产、销售以孕产妇、婴幼儿及儿童为主要使用对象的假药、劣药的；

（三）生产、销售的生物制品、血液制品属于假药、劣药的；

（四）生产、销售、使用假药、劣药，造成人员伤害后果的；

（五）生产、销售、使用假药、劣药，经处理后重犯的；

（六）拒绝、逃避监督检查，或者伪造、销毁、隐匿有关证据材料的，或者擅自动用查封、扣押物品的。

第七十四条　药品监督管理部门设置的派出机构，有权作出《药品管理法》和本条例规定的警告、罚款、没收违法生产、销售的药品和违法所得的行政处罚。

第七十五条　药品经营企业、医疗机构未违反《药品管理法》和本条例的有关规定，并有充分证据证明其不知道所销售或者使用的药品是假药、劣药的，应当没收其销售或者使用的假药、劣药和违法所得；但是，可以免除其他行政处罚。

第七十六条　依照《药品管理法》和本条例的规定没收的物品，由药品监督管理部门按照规定监督处理。

第十章　附　则

第七十七条　本条例下列用语的含义：

药品合格证明和其他标识，是指药品生产批准证明文件、药品检验报告书、药品的包装、标签和说明书。

新药，是指未曾在中国境内上市销售的药品。

处方药，是指凭执业医师和执业助理医师处方方可购买、调配和使用的药品。

非处方药，是指由国务院药品监督管理部门公布的，不需要凭执业医师和执业助理医师处方，消费者可以自行判断、购买和使用的药品。

医疗机构制剂，是指医疗机构根据本单位临床需要经批准而配制、自用的固定处方制剂。

药品认证，是指药品监督管理部门对药品研制、生产、经营、使用单位实施相应质量管理规范进行检查、评价并决定是否发给相应认证证书的过程。

药品经营方式，是指药品批发和药品零售。

药品经营范围，是指经药品监督管理部门核准经营药品的品种类别。

药品批发企业，是指将购进的药品销售给药品生产企业、药品经营企业、医疗机构的药品经营企业。

药品零售企业，是指将购进的药品直接销售给消费者的药品经营企业。

第七十八条　《药品管理法》第四十一条中"首次在中国销售的药品"，是指国内或者国外药品生产企业第一次在中国销售的药品，包括不同药品生产企业生产的相同品种。

第七十九条 《药品管理法》第五十九条第二款"禁止药品的生产企业、经营企业或者其代理人以任何名义给予使用其药品的医疗机构的负责人、药品采购人员、医师等有关人员以财物或者其他利益"中的"财物或者其他利益"，是指药品的生产企业、经营企业或者其代理人向医疗机构的负责人、药品采购人员、医师等有关人员提供的目的在于影响其药品采购或者药品处方行为的不正当利益。

第八十条 本条例自2002年9月15日起施行。

反兴奋剂条例

（国务院令第398号）

（2004年1月13日由国务院发布；根据2011年1月8日国务院令588号《国务院关于废止和修改部分行政法规的决定》第一次修订，根据2014年7月29日国务院令第653号《国务院关于修改部分行政法规的决定》第二次修订，根据2018年9月18日国务院令第703号《国务院关于修改部分行政法规的决定》第三次修订；现行版本自2018年9月18日起施行；法规类型为行政法规）

第一章 总 则

第一条 为了防止在体育运动中使用兴奋剂，保护体育运动参加者的身心健康，维护体育竞赛的公平竞争，根据《中华人民共和国体育法》和其他有关法律，制定本条例。

第二条 本条例所称兴奋剂，是指兴奋剂目录所列的禁用物质等。兴奋剂目录由国务院体育主管部门会同国务院药品监督管理部门、国务院卫生主管部门、国务院商务主管部门和海关总署制定、调整并公布。

第三条 国家提倡健康、文明的体育运动，加强反兴奋剂的宣传、教育和监督管理，坚持严格禁止、严格检查、严肃处理的反兴奋剂工作方针，禁止使用兴奋剂。

任何单位和个人不得向体育运动参加者提供或者变相提供兴奋剂。

第四条 国务院体育主管部门负责并组织全国的反兴奋剂工作。

县级以上人民政府负责药品监督管理、卫生、教育等有关部门，在各自职责范围内依照本条例和有关法律、行政法规的规定负责反兴奋剂工作。

第五条 县级以上人民政府体育主管部门，应当加强反兴奋剂宣传、教育工作，提高体育运动参加者和公众的反兴奋剂意识。

广播电台、电视台、报刊媒体以及互联网信息服务提供者应当开展反兴奋剂的宣传。

第六条 任何单位和个人发现违反本条例规定行为的，有权向体育主管部门和其他有关部门举报。

第二章 兴奋剂管理

第七条 国家对兴奋剂目录所列禁用物质实行严格管理，任何单位和个人不得非法生产、销售、进出口。

第八条 生产兴奋剂目录所列蛋白同化制剂、肽类激素（以下简称蛋白同化制剂、肽类激素),应当依照《中华人民共和国药品管理法》(以下简称药品管理法)的规定取得《药品生产许可证》、药品批准文号。

生产企业应当记录蛋白同化制剂、肽类激素的生产、销售和库存情况,并保存记录至超过蛋白同化制剂、肽类激素有效期2年。

第九条 依照药品管理法的规定取得《药品经营许可证》的药品批发企业,具备下列条件,并经省、自治区、直辖市人民政府药品监督管理部门批准,方可经营蛋白同化制剂、肽类激素:

(一)有专门的管理人员;
(二)有专储仓库或者专储药柜;
(三)有专门的验收、检查、保管、销售和出入库登记制度;
(四)法律、行政法规规定的其他条件。

蛋白同化制剂、肽类激素的验收、检查、保管、销售和出入库登记记录应当保存至超过蛋白同化制剂、肽类激素有效期2年。

第十条 除胰岛素外,药品零售企业不得经营蛋白同化制剂或者其他肽类激素。

第十一条 进口蛋白同化制剂、肽类激素,除依照药品管理法及其实施条例的规定取得国务院药品监督管理部门发给的进口药品注册证书外,还应当取得省、自治区、直辖市人民政府药品监督管理部门颁发的进口准许证。

申请进口蛋白同化制剂、肽类激素,应当说明其用途。省、自治区、直辖市人民政府药品监督管理部门应当自收到申请之日起15个工作日内作出决定;对用途合法的,应当予以批准,发给进口准许证。海关凭进口准许证放行。

第十二条 申请出口蛋白同化制剂、肽类激素,应当说明供应对象并提交进口国政府主管部门的相关证明文件等资料。省、自治区、直辖市人民政府药品监督管理部门应当自收到申请之日起15个工作日内作出决定;提交进口国政府主管部门的相关证明文件等资料的,应当予以批准,发给出口准许证。海关凭出口准许证放行。

第十三条 境内企业接受境外企业委托生产蛋白同化制剂、肽类激素,应当签订书面委托生产合同,并将委托生产合同报省、自治区、直辖市人民政府药品监督管理部门备案。委托生产合同应当载明委托企业的国籍、委托生产的蛋白同化制剂或者肽类激素的品种、数量、生产日期等内容。

境内企业接受境外企业委托生产的蛋白同化制剂、肽类激素不得在境内销售。

第十四条 蛋白同化制剂、肽类激素的生产企业只能向医疗机构、符合本条例第九条规定的药品批发企业和其他同类生产企业供应蛋白同化制剂、肽类激素。

蛋白同化制剂、肽类激素的批发企业只能向医疗机构、蛋白同化制剂、肽类激素的生产企业和其他同类批发企业供应蛋白同化制剂、肽类激素。

蛋白同化制剂、肽类激素的进口单位只能向蛋白同化制剂、肽类激素的生产企业、医疗机构和符合本条例第九条规定的药品批发企业供应蛋白同化制剂、肽类激素。

肽类激素中的胰岛素除依照本条第一款、第二款、第三款的规定供应外,还可以向药品零售企业供应。

第十五条 医疗机构只能凭依法享有处方权的执业医师开具的处方向患者提供蛋白同化制剂、肽类激素。处方应当保存2年。

第十六条 兴奋剂目录所列禁用物质属于麻醉药品、精神药品、医疗用毒性药品和易制毒化学品的,其生产、销售、进口、运输和使用,依照药品管理法和有关行政法规的规定实行特殊管理。

蛋白同化制剂、肽类激素和前款规定以外的兴奋剂目录所列其他禁用物质,实行处方药管理。

第十七条 药品、食品中含有兴奋剂目录所列禁用物质的,生产企业应当在包装标识或者产品说明书上用中文注明"运动员慎用"字样。

第三章 反兴奋剂义务

第十八条 实施运动员注册管理的体育社会团体(以下简称体育社会团体)应当加强对在本体育社会团体注册的运动员和教练、领队、队医等运动员辅助人员的监督管理和反兴奋剂的教育、培训。

运动员管理单位应当加强对其所属的运动员和运动员辅助人员的监督管理和反兴奋剂的教育、培训。

第十九条 体育社会团体、运动员管理单位和其他单位,不得向运动员提供兴奋剂,不得组织、强迫、欺骗运动员在体育运动中使用兴奋剂。

科研单位不得为使用兴奋剂或者逃避兴奋剂检查提供技术支持。

第二十条 运动员管理单位应当为其所属运动员约定医疗机构,指导运动员因医疗目的合理使用药物;应当记录并按照兴奋剂检查规则的规定向相关体育社会团体提供其所属运动员的医疗信息和药物使用情况。

第二十一条 体育社会团体、运动员管理单位,应当按照兴奋剂检查规则的规定提供运动员名单和每名运动员的教练、所从事的运动项目以及运动成绩等相关信息,并为兴奋剂检查提供便利。

第二十二条 全国性体育社会团体应当对在本体育社会团体注册的成员的下列行为规定处理措施和处理程序:

(一)运动员使用兴奋剂的;

(二)运动员辅助人员、运动员管理单位向运动员提供兴奋剂的;

(三)运动员、运动员辅助人员、运动员管理单位拒绝、阻挠兴奋剂检查的。

前款所指的处理程序还应当规定当事人的抗辩权和申诉权。全国性体育社会团体应当将处理措施和处理程序报国务院体育主管部门备案。

第二十三条 运动员辅助人员应当教育、提示运动员不得使用兴奋剂,并向运动员提供有关反兴奋剂规则的咨询。

运动员辅助人员不得向运动员提供兴奋剂,不得组织、强迫、欺骗、教唆、协助运动员在体育运动中使用兴奋剂,不得阻挠兴奋剂检查,不得实施影响采样结果的行为。

运动员发现运动员辅助人员违反前款规定的,有权检举、控告。

第二十四条 运动员不得在体育运动中使用兴奋剂。

第二十五条 在体育社会团体注册的运动员、运动员辅助人员凭依法享有处方权的执业医师开具的处方,方可持有含有兴奋剂目录所列禁用物质的药品。

在体育社会团体注册的运动员接受医疗诊断时,应当按照兴奋剂检查规则的规定向医师说明其运动员身份。医师对其使用药品时,应当首先选择不含兴奋剂目录所列禁用物质的药品;确需使用含有这类禁用物质的药品的,应当告知其药品性质和使用后果。

第二十六条 在全国性体育社会团体注册的运动员,因医疗目的确需使用含有兴奋剂目录所列禁用物质的药品的,应当按照兴奋剂检查规则的规定申请核准后方可使用。

第二十七条 运动员应当接受兴奋剂检查,不得实施影响采样结果的行为。

第二十八条 在全国性体育社会团体注册的运动员离开运动员驻地的,应当按照兴奋剂检查规则的规定报告。

第二十九条 实施中等及中等以上教育的学校和其他教育机构应当加强反兴奋剂教育,提高学生的反兴奋剂意识，并采取措施防止在学校体育活动中使用兴奋剂；发现学生使用兴奋剂，应当予以制止。

体育专业教育应当包括反兴奋剂的教学内容。

第三十条 体育健身活动经营单位及其专业指导人员，不得向体育健身活动参加者提供含有禁用物质的药品、食品。

第四章 兴奋剂检查与检测

第三十一条 国务院体育主管部门应当制定兴奋剂检查规则和兴奋剂检查计划并组织实施。

第三十二条 国务院体育主管部门应当根据兴奋剂检查计划，决定对全国性体育竞赛的参赛运动员实施赛内兴奋剂检查；并可以决定对省级体育竞赛的参赛运动员实施赛内兴奋剂检查。

其他体育竞赛需要进行赛内兴奋剂检查的，由竞赛组织者决定。

第三十三条 国务院体育主管部门应当根据兴奋剂检查计划，决定对在全国性体育社会团体注册的运动员实施赛外兴奋剂检查。

第三十四条 兴奋剂检查工作人员（以下简称检查人员）应当按照兴奋剂检查规则实施兴奋剂检查。

第三十五条 实施兴奋剂检查，应当有2名以上检查人员参加。检查人员履行兴奋剂检查职责时，应当出示兴奋剂检查证件；向运动员采集受检样本时，还应当出示按照兴奋剂检查规则签发的一次性兴奋剂检查授权书。

检查人员履行兴奋剂检查职责时，有权进入体育训练场所、体育竞赛场所和运动员驻地。有关单位和人员应当对检查人员履行兴奋剂检查职责予以配合，不得拒绝、阻挠。

第三十六条 受检样本由国务院体育主管部门确定的符合兴奋剂检测条件的检测机构检测。

兴奋剂检测机构及其工作人员，应当按照兴奋剂检查规则规定的范围和标准对受检样本进行检测。

第五章 法律责任

第三十七条 体育主管部门和其他行政机关及其工作人员不履行职责，或者包庇、纵容非法使用、提供兴奋剂，或者有其他违反本条例行为的，对负有责任的主管人员和其他直接责任人员，依法给予行政处分；构成犯罪的，依法追究刑事责任。

第三十八条 违反本条例规定，有下列行为之一的，由县级以上人民政府负责药品监督管理部门按照国务院药品监督管理部门规定的职责分工，没收非法生产、经营的蛋白同化制剂、肽类激素和违法所得，并处违法生产、经营药品货值金额2倍以上5倍以下的罚款；情节严重的，由发证机关吊销《药品生产许可证》、《药品经营许可证》；构成犯罪的，依法追究刑事责任：

（一）生产企业擅自生产蛋白同化制剂、肽类激素，或者未按照本条例规定渠道供应蛋白同化制剂、肽类激素的；

（二）药品批发企业擅自经营蛋白同化制剂、肽类激素，或者未按照本条例规定渠道供应蛋白同化制剂、肽类激素的；

（三）药品零售企业擅自经营蛋白同化制剂、肽类激素的。

第三十九条 体育社会团体、运动员管理单位向运动员提供兴奋剂或者组织、强迫、欺骗运动员在体育运动中使用兴奋剂的，由国务院体育主管部门或者省、自治区、直辖市人民政府体育主管部门收缴非法持有的兴奋剂；负有责任的主管人员和其他直接责任人员4年内不得从事体育管理工作和运动员辅助工作；情节严重的，终身不得从事体育管理工作和运动员辅助工作；造成运动员人身损害的，依法承担民事赔偿责任；构成犯罪的，依法追究刑事责任。

体育社会团体、运动员管理单位未履行本条例规定的其他义务的，由国务院体育主管部门或者省、自治区、直辖市人民政府体育主管部门责令改正；造成严重后果的，负有责任的主管人员和其他直接责任人员2年内不得从事体育管理工作和运动员辅助工作。

第四十条　运动员辅助人员组织、强迫、欺骗、教唆运动员在体育运动中使用兴奋剂的，由国务院体育主管部门或者省、自治区、直辖市人民政府体育主管部门收缴非法持有的兴奋剂；4年内不得从事运动员辅助工作和体育管理工作；情节严重的，终身不得从事运动员辅助工作和体育管理工作；造成运动员人身损害的，依法承担民事赔偿责任；构成犯罪的，依法追究刑事责任。

运动员辅助人员向运动员提供兴奋剂，或者协助运动员在体育运动中使用兴奋剂，或者实施影响采样结果行为的，由国务院体育主管部门或者省、自治区、直辖市人民政府体育主管部门收缴非法持有的兴奋剂；2年内不得从事运动员辅助工作和体育管理工作；情节严重的，终身不得从事运动员辅助工作和体育管理工作；造成运动员人身损害的，依法承担民事赔偿责任；构成犯罪的，依法追究刑事责任。

第四十一条　运动员辅助人员非法持有兴奋剂的，由国务院体育主管部门或者省、自治区、直辖市人民政府体育主管部门收缴非法持有的兴奋剂；情节严重的，2年内不得从事运动员辅助工作。

第四十二条　体育社会团体、运动员管理单位违反本条例规定，负有责任的主管人员和其他直接责任人员属于国家工作人员的，还应当依法给予撤职、开除的行政处分。

运动员辅助人员违反本条例规定，属于国家工作人员的，还应当依法给予撤职、开除的行政处分。

第四十三条　按照本条例第三十九条、第四十条、第四十一条规定作出的处理决定应当公开，公众有权查阅。

第四十四条　医师未按照本条例的规定使用药品，或者未履行告知义务的，由县级以上人民政府卫生主管部门给予警告；造成严重后果的，责令暂停6个月以上1年以下执业活动。

第四十五条　体育健身活动经营单位向体育健身活动参加者提供含有禁用物质的药品、食品的，由负责药品监督管理的部门、食品安全监督管理部门依照药品管理法、《中华人民共和国食品安全法》和有关行政法规的规定予以处罚。

第四十六条　运动员违反本条例规定的，由有关体育社会团体、运动员管理单位、竞赛组织者作出取消参赛资格、取消比赛成绩或者禁赛的处理。

运动员因受到前款规定的处理不服的，可以向体育仲裁机构申请仲裁。

第六章　附　则

第四十七条　本条例自2004年3月1日起施行。

麻醉药品和精神药品管理条例

(国务院令第442号)

(2005年8月3日由国务院发布;根据2013年12月7日国务院令第645号《国务院关于修改部分行政法规的决定》第一次修订,根据2016年2月6日国务院令第666号《国务院关于修改部分行政法规的决定》第二次修订;现行版本自2016年2月6日起施行;法规类型为行政法规)

第一章 总 则

第一条 为加强麻醉药品和精神药品的管理,保证麻醉药品和精神药品的合法、安全、合理使用,防止流入非法渠道,根据药品管理法和其他有关法律的规定,制定本条例。

第二条 麻醉药品药用原植物的种植,麻醉药品和精神药品的实验研究、生产、经营、使用、储存、运输等活动以及监督管理,适用本条例。

麻醉药品和精神药品的进出口依照有关法律的规定办理。

第三条 本条例所称麻醉药品和精神药品,是指列入麻醉药品目录、精神药品目录(以下称目录)的药品和其他物质。精神药品分为第一类精神药品和第二类精神药品。

目录由国务院药品监督管理部门会同国务院公安部门、国务院卫生主管部门制定、调整并公布。

上市销售但尚未列入目录的药品和其他物质或者第二类精神药品发生滥用,已经造成或者可能造成严重社会危害的,国务院药品监督管理部门会同国务院公安部门、国务院卫生主管部门应当及时将该药品和该物质列入目录或者将该第二类精神药品调整为第一类精神药品。

第四条 国家对麻醉药品药用原植物以及麻醉药品和精神药品实行管制。除本条例另有规定的外,任何单位、个人不得进行麻醉药品药用原植物的种植以及麻醉药品和精神药品的实验研究、生产、经营、使用、储存、运输等活动。

第五条 国务院药品监督管理部门负责全国麻醉药品和精神药品的监督管理工作,并会同国务院农业主管部门对麻醉药品药用原植物实施监督管理。国务院公安部门负责对造成麻醉药品药用原植物、麻醉药品和精神药品流入非法渠道的行为进行查处。国务院其他有关主管部门在各自的职责范围内负责与麻醉药品和精神药品有关的管理工作。

省、自治区、直辖市人民政府药品监督管理部门负责本行政区域内麻醉药品和精神药品的监督管理工作。县级以上地方公安机关负责对本行政区域内造成麻醉药品和精神药品流入非法渠道的行为进行查处。县级以上地方人民政府其他有关主管部门在各自的职责范围内负责与麻醉药品和精神药品有关的管理工作。

第六条 麻醉药品和精神药品生产、经营企业和使用单位可以依法参加行业协会。行业协会应当加强行业自律管理。

第二章 种植、实验研究和生产

第七条 国家根据麻醉药品和精神药品的医疗、国家储备和企业生产所需原料的需要确定需求总量,对麻醉药品药用原植物的种植、麻醉药品和精神药品的生产实行总量控制。

国务院药品监督管理部门根据麻醉药品和精神药品的需求总量制定年度生产计划。

国务院药品监督管理部门和国务院农业主管部门根据麻醉药品年度生产计划，制定麻醉药品药用原植物年度种植计划。

第八条 麻醉药品药用原植物种植企业应当根据年度种植计划，种植麻醉药品药用原植物。

麻醉药品药用原植物种植企业应当向国务院药品监督管理部门和国务院农业主管部门定期报告种植情况。

第九条 麻醉药品药用原植物种植企业由国务院药品监督管理部门和国务院农业主管部门共同确定，其他单位和个人不得种植麻醉药品药用原植物。

第十条 开展麻醉药品和精神药品实验研究活动应当具备下列条件，并经国务院药品监督管理部门批准：

（一）以医疗、科学研究或者教学为目的；

（二）有保证实验所需麻醉药品和精神药品安全的措施和管理制度；

（三）单位及其工作人员 2 年内没有违反有关禁毒的法律、行政法规规定的行为。

第十一条 麻醉药品和精神药品的实验研究单位申请相关药品批准证明文件，应当依照药品管理法的规定办理；需要转让研究成果的，应当经国务院药品监督管理部门批准。

第十二条 药品研究单位在普通药品的实验研究过程中，产生本条例规定的管制品种的，应当立即停止实验研究活动，并向国务院药品监督管理部门报告。国务院药品监督管理部门应当根据情况，及时作出是否同意其继续实验研究的决定。

第十三条 麻醉药品和第一类精神药品的临床试验，不得以健康人为受试对象。

第十四条 国家对麻醉药品和精神药品实行定点生产制度。

国务院药品监督管理部门应当根据麻醉药品和精神药品的需求总量，确定麻醉药品和精神药品定点生产企业的数量和布局，并根据年度需求总量对数量和布局进行调整、公布。

第十五条 麻醉药品和精神药品的定点生产企业应当具备下列条件：

（一）有药品生产许可证；

（二）有麻醉药品和精神药品实验研究批准文件；

（三）有符合规定的麻醉药品和精神药品生产设施、储存条件和相应的安全管理设施；

（四）有通过网络实施企业安全生产管理和向药品监督管理部门报告生产信息的能力；

（五）有保证麻醉药品和精神药品安全生产的管理制度；

（六）有与麻醉药品和精神药品安全生产要求相适应的管理水平和经营规模；

（七）麻醉药品和精神药品生产管理、质量管理部门的人员应当熟悉麻醉药品和精神药品管理以及有关禁毒的法律、行政法规；

（八）没有生产、销售假药、劣药或者违反有关禁毒的法律、行政法规规定的行为；

（九）符合国务院药品监督管理部门公布的麻醉药品和精神药品定点生产企业数量和布局的要求。

第十六条 从事麻醉药品、精神药品生产的企业，应当经所在地省、自治区、直辖市人民政府药品监督管理部门批准。

第十七条 定点生产企业生产麻醉药品和精神药品，应当依照药品管理法的规定取得药品批准文号。

国务院药品监督管理部门应当组织医学、药学、社会学、伦理学和禁毒等方面的专家成立专家组，由专家组对申请首次上市的麻醉药品和精神药品的社会危害性和被滥用的可能性进行评价，并提出是否批准的建议。

未取得药品批准文号的，不得生产麻醉药品和精神药品。

第十八条 发生重大突发事件,定点生产企业无法正常生产或者不能保证供应麻醉药品和精神药品时,国务院药品监督管理部门可以决定其他药品生产企业生产麻醉药品和精神药品。

重大突发事件结束后,国务院药品监督管理部门应当及时决定前款规定的企业停止麻醉药品和精神药品的生产。

第十九条 定点生产企业应当严格按照麻醉药品和精神药品年度生产计划安排生产,并依照规定向所在地省、自治区、直辖市人民政府药品监督管理部门报告生产情况。

第二十条 定点生产企业应当依照本条例的规定,将麻醉药品和精神药品销售给具有麻醉药品和精神药品经营资格的企业或者依照本条例规定批准的其他单位。

第二十一条 麻醉药品和精神药品的标签应当印有国务院药品监督管理部门规定的标志。

第三章 经 营

第二十二条 国家对麻醉药品和精神药品实行定点经营制度。国务院药品监督管理部门应当根据麻醉药品和第一类精神药品的需求总量,确定麻醉药品和第一类精神药品的定点批发企业布局,并应当根据年度需求总量对布局进行调整、公布。

药品经营企业不得经营麻醉药品原料药和第一类精神药品原料药。但是,供医疗、科学研究、教学使用的小包装的上述药品可以由国务院药品监督管理部门规定的药品批发企业经营。

第二十三条 麻醉药品和精神药品定点批发企业除应当具备药品管理法第十五条规定的药品经营企业的开办条件外,还应当具备下列条件:

(一)有符合本条例规定的麻醉药品和精神药品储存条件;
(二)有通过网络实施企业安全管理和向药品监督管理部门报告经营信息的能力;
(三)单位及其工作人员2年内没有违反有关禁毒的法律、行政法规规定的行为;
(四)符合国务院药品监督管理部门公布的定点批发企业布局。

麻醉药品和第一类精神药品的定点批发企业,还应当具有保证供应责任区域内医疗机构所需麻醉药品和第一类精神药品的能力,并具有保证麻醉药品和第一类精神药品安全经营的管理制度。

第二十四条 跨省、自治区、直辖市从事麻醉药品和第一类精神药品批发业务的企业(以下称全国性批发企业),应当经国务院药品监督管理部门批准;在本省、自治区、直辖市行政区域内从事麻醉药品和第一类精神药品批发业务的企业(以下称区域性批发企业),应当经所在地省、自治区、直辖市人民政府药品监督管理部门批准。

专门从事第二类精神药品批发业务的企业,应当经所在地省、自治区、直辖市人民政府药品监督管理部门批准。

全国性批发企业和区域性批发企业可以从事第二类精神药品批发业务。

第二十五条 全国性批发企业可以向区域性批发企业,或者经批准可以向取得麻醉药品和第一类精神药品使用资格的医疗机构以及依照本条例规定批准的其他单位销售麻醉药品和第一类精神药品。

全国性批发企业向取得麻醉药品和第一类精神药品使用资格的医疗机构销售麻醉药品和第一类精神药品,应当经医疗机构所在地省、自治区、直辖市人民政府药品监督管理部门批准。

国务院药品监督管理部门在批准全国性批发企业时,应当明确其所承担供药责任的区域。

第二十六条 区域性批发企业可以向本省、自治区、直辖市行政区域内取得麻醉药品和第一类精神药品使用资格的医疗机构销售麻醉药品和第一类精神药品;由于特殊地理位置的原因,需要就近向其他省、自治区、直辖市行政区域内取得麻醉药品和第一类精神药品使用资格的医疗机构销售的,应当经企业所在地省、自治区、直辖市人民政府药品监督管理部门批准。

审批情况由负责审批的药品监督管理部门在批准后5日内通报医疗机构所在地省、自治区、直辖市人民政府药品监督管理部门。

省、自治区、直辖市人民政府药品监督管理部门在批准区域性批发企业时，应当明确其所承担供药责任的区域。

区域性批发企业之间因医疗急需、运输困难等特殊情况需要调剂麻醉药品和第一类精神药品的，应当在调剂后2日内将调剂情况分别报所在地省、自治区、直辖市人民政府药品监督管理部门备案。

第二十七条 全国性批发企业应当从定点生产企业购进麻醉药品和第一类精神药品。

区域性批发企业可以从全国性批发企业购进麻醉药品和第一类精神药品；经所在地省、自治区、直辖市人民政府药品监督管理部门批准，也可以从定点生产企业购进麻醉药品和第一类精神药品。

第二十八条 全国性批发企业和区域性批发企业向医疗机构销售麻醉药品和第一类精神药品，应当将药品送至医疗机构。医疗机构不得自行提货。

第二十九条 第二类精神药品定点批发企业可以向医疗机构、定点批发企业和符合本条例第三十一条规定的药品零售企业以及依照本条例规定批准的其他单位销售第二类精神药品。

第三十条 麻醉药品和第一类精神药品不得零售。

禁止使用现金进行麻醉药品和精神药品交易，但是个人合法购买麻醉药品和精神药品的除外。

第三十一条 经所在地设区的市级药品监督管理部门批准，实行统一进货、统一配送、统一管理的药品零售连锁企业可以从事第二类精神药品零售业务。

第三十二条 第二类精神药品零售企业应当凭执业医师出具的处方，按规定剂量销售第二类精神药品，并将处方保存2年备查；禁止超剂量或者无处方销售第二类精神药品；不得向未成年人销售第二类精神药品。

第三十三条 麻醉药品和精神药品实行政府定价，在制定出厂和批发价格的基础上，逐步实行全国统一零售价格。具体办法由国务院价格主管部门制定。

第四章 使　用

第三十四条 药品生产企业需要以麻醉药品和第一类精神药品为原料生产普通药品的，应当向所在地省、自治区、直辖市人民政府药品监督管理部门报送年度需求计划，由省、自治区、直辖市人民政府药品监督管理部门汇总报国务院药品监督管理部门批准后，向定点生产企业购买。

药品生产企业需要以第二类精神药品为原料生产普通药品的，应当将年度需求计划报所在地省、自治区、直辖市人民政府药品监督管理部门，并向定点批发企业或者定点生产企业购买。

第三十五条 食品、食品添加剂、化妆品、油漆等非药品生产企业需要使用咖啡因作为原料的，应当经所在地省、自治区、直辖市人民政府药品监督管理部门批准，向定点批发企业或者定点生产企业购买。

科学研究、教学单位需要使用麻醉药品和精神药品开展实验、教学活动的，应当经所在地省、自治区、直辖市人民政府药品监督管理部门批准，向定点批发企业或者定点生产企业购买。

需要使用麻醉药品和精神药品的标准品、对照品的，应当经所在地省、自治区、直辖市人民政府药品监督管理部门批准，向国务院药品监督管理部门批准的单位购买。

第三十六条 医疗机构需要使用麻醉药品和第一类精神药品的，应当经所在地设区的市级人民政府卫生主管部门批准，取得麻醉药品、第一类精神药品购用印鉴卡（以下称印鉴卡）。

医疗机构应当凭印鉴卡向本省、自治区、直辖市行政区域内的定点批发企业购买麻醉药品和第一类精神药品。

设区的市级人民政府卫生主管部门发给医疗机构印鉴卡时,应当将取得印鉴卡的医疗机构情况抄送所在地设区的市级药品监督管理部门,并报省、自治区、直辖市人民政府卫生主管部门备案。省、自治区、直辖市人民政府卫生主管部门应当将取得印鉴卡的医疗机构名单向本行政区域内的定点批发企业通报。

第三十七条 医疗机构取得印鉴卡应当具备下列条件:

(一)有专职的麻醉药品和第一类精神药品管理人员;

(二)有获得麻醉药品和第一类精神药品处方资格的执业医师;

(三)有保证麻醉药品和第一类精神药品安全储存的设施和管理制度。

第三十八条 医疗机构应当按照国务院卫生主管部门的规定,对本单位执业医师进行有关麻醉药品和精神药品使用知识的培训、考核,经考核合格的,授予麻醉药品和第一类精神药品处方资格。执业医师取得麻醉药品和第一类精神药品的处方资格后,方可在本医疗机构开具麻醉药品和第一类精神药品处方,但不得为自己开具该种处方。

医疗机构应当将具有麻醉药品和第一类精神药品处方资格的执业医师名单及其变更情况,定期报送所在地设区的市级人民政府卫生主管部门,并抄送同级药品监督管理部门。

医务人员应当根据国务院卫生主管部门制定的临床应用指导原则,使用麻醉药品和精神药品。

第三十九条 具有麻醉药品和第一类精神药品处方资格的执业医师,根据临床应用指导原则,对确需使用麻醉药品或者第一类精神药品的患者,应当满足其合理用药需求。在医疗机构就诊的癌症疼痛患者和其他危重患者得不到麻醉药品或者第一类精神药品时,患者或者其亲属可以向执业医师提出申请。具有麻醉药品和第一类精神药品处方资格的执业医师认为要求合理的,应当及时为患者提供所需麻醉药品或者第一类精神药品。

第四十条 执业医师应当使用专用处方开具麻醉药品和精神药品,单张处方的最大用量应当符合国务院卫生主管部门的规定。

对麻醉药品和第一类精神药品处方,处方的调配人、核对人应当仔细核对,签署姓名,并予以登记;对不符合本条例规定的,处方的调配人、核对人应当拒绝发药。

麻醉药品和精神药品专用处方的格式由国务院卫生主管部门规定。

第四十一条 医疗机构应当对麻醉药品和精神药品处方进行专册登记,加强管理。麻醉药品处方至少保存3年,精神药品处方至少保存2年。

第四十二条 医疗机构抢救病人急需麻醉药品和第一类精神药品而本医疗机构无法提供时,可以从其他医疗机构或者定点批发企业紧急借用;抢救工作结束后,应当及时将借用情况报所在地设区的市级药品监督管理部门和卫生主管部门备案。

第四十三条 对临床需要而市场无供应的麻醉药品和精神药品,持有医疗机构制剂许可证和印鉴卡的医疗机构需要配制制剂的,应当经所在地省、自治区、直辖市人民政府药品监督管理部门批准。医疗机构配制的麻醉药品和精神药品制剂只能在本医疗机构使用,不得对外销售。

第四十四条 因治疗疾病需要,个人凭医疗机构出具的医疗诊断书、本人身份证明,可以携带单张处方最大用量以内的麻醉药品和第一类精神药品;携带麻醉药品和第一类精神药品出入境的,由海关根据自用、合理的原则放行。

医务人员为了医疗需要携带少量麻醉药品和精神药品出入境的,应当持有省级以上人民政府药品监督管理部门发放的携带麻醉药品和精神药品证明。海关凭携带麻醉药品和精神药品证明放行。

第四十五条 医疗机构、戒毒机构以开展戒毒治疗为目的，可以使用美沙酮或者国家确定的其他用于戒毒治疗的麻醉药品和精神药品。具体管理办法由国务院药品监督管理部门、国务院公安部门和国务院卫生主管部门制定。

第五章 储 存

第四十六条 麻醉药品药用原植物种植企业、定点生产企业、全国性批发企业和区域性批发企业以及国家设立的麻醉药品储存单位，应当设置储存麻醉药品和第一类精神药品的专库。该专库应当符合下列要求：

（一）安装专用防盗门，实行双人双锁管理；

（二）具有相应的防火设施；

（三）具有监控设施和报警装置，报警装置应当与公安机关报警系统联网。

全国性批发企业经国务院药品监督管理部门批准设立的药品储存点应当符合前款的规定。

麻醉药品定点生产企业应当将麻醉药品原料药和制剂分别存放。

第四十七条 麻醉药品和第一类精神药品的使用单位应当设立专库或者专柜储存麻醉药品和第一类精神药品。专库应当设有防盗设施并安装报警装置；专柜应当使用保险柜。专库和专柜应当实行双人双锁管理。

第四十八条 麻醉药品药用原植物种植企业、定点生产企业、全国性批发企业和区域性批发企业、国家设立的麻醉药品储存单位以及麻醉药品和第一类精神药品的使用单位，应当配备专人负责管理工作，并建立储存麻醉药品和第一类精神药品的专用账册。药品入库双人验收，出库双人复核，做到账物相符。专用账册的保存期限应当自药品有效期期满之日起不少于5年。

第四十九条 第二类精神药品经营企业应当在药品库房中设立独立的专库或者专柜储存第二类精神药品，并建立专用账册，实行专人管理。专用账册的保存期限应当自药品有效期期满之日起不少于5年。

第六章 运 输

第五十条 托运、承运和自行运输麻醉药品和精神药品的，应当采取安全保障措施，防止麻醉药品和精神药品在运输过程中被盗、被抢、丢失。

第五十一条 通过铁路运输麻醉药品和第一类精神药品的，应当使用集装箱或者铁路行李车运输，具体办法由国务院药品监督管理部门会同国务院铁路主管部门制定。

没有铁路需要通过公路或者水路运输麻醉药品和第一类精神药品的，应当由专人负责押运。

第五十二条 托运或者自行运输麻醉药品和第一类精神药品的单位，应当向所在地设区的市级药品监督管理部门申请领取运输证明。运输证明有效期为1年。

运输证明应当由专人保管，不得涂改、转让、转借。

第五十三条 托运人办理麻醉药品和第一类精神药品运输手续，应当将运输证明副本交付承运人。承运人应当查验、收存运输证明副本，并检查货物包装。没有运输证明或者货物包装不符合规定的，承运人不得承运。

承运人在运输过程中应当携带运输证明副本，以备查验。

第五十四条 邮寄麻醉药品和精神药品，寄件人应当提交所在地设区的市级药品监督管理部门出具的准予邮寄证明。邮政营业机构应当查验、收存准予邮寄证明；没有准予邮寄证明的，邮政营业机构不得收寄。

省、自治区、直辖市邮政主管部门指定符合安全保障条件的邮政营业机构负责收寄麻醉药品和精神药品。邮政营业机构收寄麻醉药品和精神药品，应当依法对收寄的麻醉药品和精神药品予以查验。

邮寄麻醉药品和精神药品的具体管理办法，由国务院药品监督管理部门会同国务院邮政主管部门制定。

第五十五条 定点生产企业、全国性批发企业和区域性批发企业之间运输麻醉药品、第一类精神药品，发货人在发货前应当向所在地省、自治区、直辖市人民政府药品监督管理部门报送本次运输的相关信息。属于跨省、自治区、直辖市运输的，收到信息的药品监督管理部门应当向收货人所在地的同级药品监督管理部门通报；属于在本省、自治区、直辖市行政区域内运输的，收到信息的药品监督管理部门应当向收货人所在地设区的市级药品监督管理部门通报。

第七章　审批程序和监督管理

第五十六条 申请人提出本条例规定的审批事项申请，应当提交能够证明其符合本条例规定条件的相关资料。审批部门应当自收到申请之日起40日内作出是否批准的决定；作出批准决定的，发给许可证明文件或者在相关许可证明文件上加注许可事项；作出不予批准决定的，应当书面说明理由。

确定定点生产企业和定点批发企业，审批部门应当在经审查符合条件的企业中，根据布局的要求，通过公平竞争的方式初步确定定点生产企业和定点批发企业，并予公布。其他符合条件的企业可以自公布之日起10日内向审批部门提出异议。审批部门应当自收到异议之日起20日内对异议进行审查，并作出是否调整的决定。

第五十七条 药品监督管理部门应当根据规定的职责权限，对麻醉药品药用原植物的种植以及麻醉药品和精神药品的实验研究、生产、经营、使用、储存、运输活动进行监督检查。

第五十八条 省级以上人民政府药品监督管理部门根据实际情况建立监控信息网络，对定点生产企业、定点批发企业和使用单位的麻醉药品和精神药品生产、进货、销售、库存、使用的数量以及流向实行实时监控，并同级公安机关做到信息共享。

第五十九条 尚未连接监控信息网络的麻醉药品和精神药品定点生产企业、定点批发企业和使用单位，应当每月通过电子信息、传真、书面等方式，将本单位麻醉药品和精神药品生产、进货、销售、库存、使用的数量以及流向，报所在地设区的市级药品监督管理部门和公安机关；医疗机构还应当报所在地设区的市级人民政府卫生主管部门。

设区的市级药品监督管理部门应当每3个月向上一级药品监督管理部门报告本地区麻醉药品和精神药品的相关情况。

第六十条 对已经发生滥用，造成严重社会危害的麻醉药品和精神药品品种，国务院药品监督管理部门应当采取在一定期限内中止生产、经营、使用或者限定其使用范围和用途等措施。对不再作为药品使用的麻醉药品和精神药品，国务院药品监督管理部门应当撤销其药品批准文号和药品标准，并予以公布。

药品监督管理部门、卫生主管部门发现生产、经营企业和使用单位的麻醉药品和精神药品管理存在安全隐患时，应当责令其立即排除或者限期排除；对有证据证明可能流入非法渠道的，应当及时采取查封、扣押的行政强制措施，在7日内作出行政处理决定，并通报同级公安机关。

药品监督管理部门发现取得印鉴卡的医疗机构未依照规定购买麻醉药品和第一类精神药品时，应当及时通报同级卫生主管部门。接到通报的卫生主管部门应当立即调查处理。必要时，药品监督管理部门可以责令定点批发企业中止向该医疗机构销售麻醉药品和第一类精神药品。

第六十一条 麻醉药品和精神药品的生产、经营企业和使用单位对过期、损坏的麻醉药品和精神药品应当登记造册，并向所在地县级药品监督管理部门申请销毁。药品监督管理部门应当自接到申请之日起5日内到场监督销毁。医疗机构对存放在本单位的过期、损坏麻醉药品和精神药品，应当按照本条规定的程序向卫生主管部门提出申请，由卫生主管部门负责监督销毁。

对依法收缴的麻醉药品和精神药品，除经国务院药品监督管理部门或者国务院公安部门批准用于科学研究外，应当依照国家有关规定予以销毁。

第六十二条 县级以上人民政府卫生主管部门应当对执业医师开具麻醉药品和精神药品处方的情况进行监督检查。

第六十三条 药品监督管理部门、卫生主管部门和公安机关应当互相通报麻醉药品和精神药品生产、经营企业和使用单位的名单以及其他管理信息。

各级药品监督管理部门应当将在麻醉药品药用原植物的种植以及麻醉药品和精神药品的实验研究、生产、经营、使用、储存、运输等各环节的管理中的审批、撤销等事项通报同级公安机关。

麻醉药品和精神药品的经营企业、使用单位报送各级药品监督管理部门的备案事项，应当同时报送同级公安机关。

第六十四条 发生麻醉药品和精神药品被盗、被抢、丢失或者其他流入非法渠道的情形的，案发单位应当立即采取必要的控制措施，同时报告所在地县级公安机关和药品监督管理部门。医疗机构发生上述情形的，还应当报告其主管部门。

公安机关接到报告、举报，或者有证据证明麻醉药品和精神药品可能流入非法渠道时，应当及时开展调查，并可以对相关单位采取必要的控制措施。

药品监督管理部门、卫生主管部门以及其他有关部门应当配合公安机关开展工作。

第八章　法律责任

第六十五条 药品监督管理部门、卫生主管部门违反本条例的规定，有下列情形之一的，由其上级行政机关或者监察机关责令改正；情节严重的，对直接负责的主管人员和其他直接责任人员依法给予行政处分；构成犯罪的，依法追究刑事责任：

（一）对不符合条件的申请人准予行政许可或者超越法定职权作出准予行政许可决定的；

（二）未到场监督销毁过期、损坏的麻醉药品和精神药品的；

（三）未依法履行监督检查职责，应当发现而未发现违法行为、发现违法行为不及时查处，或者未依照本条例规定的程序实施监督检查的；

（四）违反本条例规定的其他失职、渎职行为。

第六十六条 麻醉药品药用原植物种植企业违反本条例的规定，有下列情形之一的，由药品监督管理部门责令限期改正，给予警告；逾期不改正的，处5万元以上10万元以下的罚款；情节严重的，取消其种植资格：

（一）未依照麻醉药品药用原植物年度种植计划进行种植的；

（二）未依照规定报告种植情况的；

（三）未依照规定储存麻醉药品的。

第六十七条 定点生产企业违反本条例的规定，有下列情形之一的，由药品监督管理部门责令限期改正，给予警告，并没收违法所得和违法销售的药品；逾期不改正的，责令停产，并处5万元以上10万元以下的罚款；情节严重的，取消其定点生产资格：

（一）未按照麻醉药品和精神药品年度生产计划安排生产的；

（二）未依照规定向药品监督管理部门报告生产情况的；

（三）未依照规定储存麻醉药品和精神药品，或者未依照规定建立、保存专用账册的；

（四）未依照规定销售麻醉药品和精神药品的；

（五）未依照规定销毁麻醉药品和精神药品的。

第六十八条 定点批发企业违反本条例的规定销售麻醉药品和精神药品，或者违反本条例的规定经营麻醉药品原料药和第一类精神药品原料药的，由药品监督管理部门责令限期改正，给予警告，并没收违法所得和违法销售的药品；逾期不改正的，责令停业，并处违法销售药品货值金额2倍以上5倍以下的罚款；情节严重的，取消其定点批发资格。

第六十九条 定点批发企业违反本条例的规定，有下列情形之一的，由药品监督管理部门责令限期改正，给予警告；逾期不改正的，责令停业，并处2万元以上5万元以下的罚款；情节严重的，取消其定点批发资格：

（一）未依照规定购进麻醉药品和第一类精神药品的；

（二）未保证供药责任区域内的麻醉药品和第一类精神药品的供应的；

（三）未对医疗机构履行送货义务的；

（四）未依照规定报告麻醉药品和精神药品的进货、销售、库存数量以及流向的；

（五）未依照规定储存麻醉药品和精神药品，或者未依照规定建立、保存专用账册的；

（六）未依照规定销毁麻醉药品和精神药品的；

（七）区域性批发企业之间违反本条例的规定调剂麻醉药品和第一类精神药品，或者因特殊情况调剂麻醉药品和第一类精神药品后未依照规定备案的。

第七十条 第二类精神药品零售企业违反本条例的规定储存、销售或者销毁第二类精神药品的，由药品监督管理部门责令限期改正，给予警告，并没收违法所得和违法销售的药品；逾期不改正的，责令停业，并处5000元以上2万元以下的罚款；情节严重的，取消其第二类精神药品零售资格。

第七十一条 本条例第三十四条、第三十五条规定的单位违反本条例的规定，购买麻醉药品和精神药品的，由药品监督管理部门没收违法购买的麻醉药品和精神药品，责令限期改正，给予警告；逾期不改正的，责令停产或者停止相关活动，并处2万元以上5万元以下的罚款。

第七十二条 取得印鉴卡的医疗机构违反本条例的规定，有下列情形之一的，由设区的市级人民政府卫生主管部门责令限期改正，给予警告；逾期不改正的，处5000元以上1万元以下的罚款；情节严重的，吊销其印鉴卡；对直接负责的主管人员和其他直接责任人员，依法给予降级、撤职、开除的处分：

（一）未依照规定购买、储存麻醉药品和第一类精神药品的；

（二）未依照规定保存麻醉药品和精神药品专用处方，或者未依照规定进行处方册登记的；

（三）未依照规定报告麻醉药品和精神药品的进货、库存、使用数量的；

（四）紧急借用麻醉药品和第一类精神药品后未备案的；

（五）未依照规定销毁麻醉药品和精神药品的。

第七十三条 具有麻醉药品和第一类精神药品处方资格的执业医师，违反本条例的规定开具麻醉药品和第一类精神药品处方，或者未按照临床应用指导原则的要求使用麻醉药品和第一类精神药品的，由其所在医疗机构取消其麻醉药品和第一类精神药品处方资格；造成严重后果的，由原发证部门吊销其执业证书。执业医师未按照临床应用指导原则的要求使用第二类精神药品或者未使用专用处方开具第二类精神药品，造成严重后果的，由原发证部门吊销其执业证书。

未取得麻醉药品和第一类精神药品处方资格的执业医师擅自开具麻醉药品和第一类精神药品处方，由县级以上人民政府卫生主管部门给予警告，暂停其执业活动；造成严重后果的，吊销其执业证书；构成犯罪的，依法追究刑事责任。

处方的调配人、核对人违反本条例的规定未对麻醉药品和第一类精神药品处方进行核对，造成严重后果的，由原发证部门吊销其执业证书。

第七十四条　违反本条例的规定运输麻醉药品和精神药品的，由药品监督管理部门和运输管理部门依照各自职责，责令改正，给予警告，处2万元以上5万元以下的罚款。

收寄麻醉药品、精神药品的邮政营业机构未依照本条例的规定办理邮寄手续的，由邮政主管部门责令改正，给予警告；造成麻醉药品、精神药品邮件丢失的，依照邮政法律、行政法规的规定处理。

第七十五条　提供虚假材料、隐瞒有关情况，或者采取其他欺骗手段取得麻醉药品和精神药品的实验研究、生产、经营、使用资格的，由原审批部门撤销其已取得的资格，5年内不得提出有关麻醉药品和精神药品的申请；情节严重的，处1万元以上3万元以下的罚款，有药品生产许可证、药品经营许可证、医疗机构执业许可证的，依法吊销其许可证明文件。

第七十六条　药品研究单位在普通药品的实验研究和研制过程中，产生本条例规定管制的麻醉药品和精神药品，未依照本条例的规定报告的，由药品监督管理部门责令改正，给予警告，没收违法药品；拒不改正的，责令停止实验研究和研制活动。

第七十七条　药物临床试验机构以健康人为麻醉药品和第一类精神药品临床试验的受试对象的，由药品监督管理部门责令停止违法行为，给予警告；情节严重的，取消其药物临床试验机构的资格；构成犯罪的，依法追究刑事责任。对受试对象造成损害的，药物临床试验机构依法承担治疗和赔偿责任。

第七十八条　定点生产企业、定点批发企业和第二类精神药品零售企业生产、销售假劣麻醉药品和精神药品的，由药品监督管理部门取消其定点生产资格、定点批发资格或者第二类精神药品零售资格，并依照药品管理法的有关规定予以处罚。

第七十九条　定点生产企业、定点批发企业和其他单位使用现金进行麻醉药品和精神药品交易的，由药品监督管理部门责令改正，给予警告，没收违法交易的药品，并处5万元以上10万元以下的罚款。

第八十条　发生麻醉药品和精神药品被盗、被抢、丢失案件的单位，违反本条例的规定未采取必要的控制措施或者未依照本条例的规定报告的，由药品监督管理部门和卫生主管部门依照各自职责，责令改正，给予警告；情节严重的，处5000元以上1万元以下的罚款；有上级主管部门的，由其上级主管部门对直接负责的主管人员和其他直接责任人员，依法给予降级、撤职的处分。

第八十一条　依法取得麻醉药品药用原植物种植或者麻醉药品和精神药品实验研究、生产、经营、使用、运输等资格的单位，倒卖、转让、出租、出借、涂改其麻醉药品和精神药品许可证明文件的，由原审批部门吊销相应许可证明文件，没收违法所得；情节严重的，处违法所得2倍以上5倍以下的罚款；没有违法所得的，处2万元以上5万元以下的罚款；构成犯罪的，依法追究刑事责任。

第八十二条　违反本条例的规定，致使麻醉药品和精神药品流入非法渠道造成危害，构成犯罪的，依法追究刑事责任；尚不构成犯罪的，由县级以上公安机关处5万元以上10万元以下的罚款；有违法所得的，没收违法所得；情节严重的，处违法所得2倍以上5倍以下的罚款；由原发证部门吊销其药品生产、经营和使用许可证明文件。

药品监督管理部门、卫生主管部门在监督管理工作中发现前款规定情形的，应当立即通报所在地同级公安机关，并依照国家有关规定，将案件以及相关材料移送公安机关。

第八十三条　本章规定由药品监督管理部门作出的行政处罚，由县级以上药品监督管理部门按照国务院药品监督管理部门规定的职责分工决定。

第九章　附　则

第八十四条　本条例所称实验研究是指以医疗、科学研究或者教学为目的的临床前药物研究。

经批准可以开展与计划生育有关的临床医疗服务的计划生育技术服务机构需要使用麻醉药品和精神药品的,依照本条例有关医疗机构使用麻醉药品和精神药品的规定执行。

第八十五条 麻醉药品目录中的罂粟壳只能用于中药饮片和中成药的生产以及医疗配方使用。具体管理办法由国务院药品监督管理部门另行制定。

第八十六条 生产含麻醉药品的复方制剂,需要购进、储存、使用麻醉药品原料药的,应当遵守本条例有关麻醉药品管理的规定。

第八十七条 军队医疗机构麻醉药品和精神药品的供应、使用,由国务院药品监督管理部门会同中国人民解放军总后勤部依据本条例制定具体管理办法。

第八十八条 对动物用麻醉药品和精神药品的管理,由国务院兽医主管部门会同国务院药品监督管理部门依据本条例制定具体管理办法。

第八十九条 本条例自2005年11月1日起施行。1987年11月28日国务院发布的《麻醉药品管理办法》和1988年12月27日国务院发布的《精神药品管理办法》同时废止。

关于加强麻醉药品精神药品进(出)口管理有关问题的通知

(国药监安〔2001〕585号)

(2001年12月30日由国家药品监督管理局、海关总署发布,2002年1月1日起施行,法规类型为规范性文件)

各省、自治区、直辖市药品监督管理局,海关总署广东分署,各直属海关:

为进一步加强对麻醉药品、精神药品进(出)口的管理,充分满足医疗、教学和科研的合法需求,防止流入非法渠道,维护和促进正常贸易,现将有关问题通知如下:

一、根据《中华人民共和国药品管理法》和国务院《麻醉药品管理办法》、《精神药品管理办法》的有关规定,国家对麻醉药品、精神药品的进(出)口实行进(出)口准许证管理制度。

二、任何单位以任何贸易方式进(出)口麻醉药品、精神药品(麻醉药品、精神药品管制品种目录见附件1、2),包括麻醉药品、精神药品标准品及对照品,不论用于何种用途,均需取得国家药品监督管理局核发的《麻醉药品进(出)口准许证》或《精神药品进(出)口准许证》(见附件3、4、5、6),方可向海关办理进(出)口手续。

三、携带医疗机构自用的少量麻醉药品、精神药品出境的,需到国家药品监督管理局办理《携带麻醉药品、精神药品证明》(见附件7)。

四、麻醉药品、精神药品的进(出)口,海关凭国家药品监督管理局核发的《麻醉药品进(出)口准许证》、《精神药品进(出)口准许证》或《携带麻醉药品、精神药品证明》办理报关验放手续(以上证件样章见附件8)。

麻醉药品、精神药品的进(出)口准许证仅限在该证注明的口岸海关使用,并实行一批一证制度,证面内容不得自行更改。如需更改,应到国家药品监督管理局办理换证手续。

五、海关验放麻醉药品、精神药品时,应在相应进(出)口准许证的指定位置签注盖章。

进(出)口单位应于药品进(出)口完成后1个月内,将海关签注的进(出)口准许证第一联交国家药品监督管理局备案。因故未能在准许证有效期内完成进(出)口的,须在有效期满后1个月内将原证退回国家药品监督管理局。

六、本通知自 2002 年 1 月 1 日起执行。

附件：1. 麻醉药品管制品种目录
2. 精神药品管制品种目录
3. 《麻醉药品进口准许证》（略）
4. 《麻醉药品出口准许证》（略）
5. 《精神药品进口准许证》（略）
6. 《精神药品出口准许证》（略）
7. 《携带麻醉药品、精神药品证明》（略）
8. 《麻醉药品进（出）口准许证》、《精神药品进（出）口准许证》、《携带麻醉药品、精神药品证明》样章（略）

附件 1

麻醉药品管制品种目录

税则号列		货品名称	注释
12119039	30	大麻	
12119039	40	罂粟壳	
13019090	20	大麻脂	
13021100		鸦片液汁及浸膏	也称阿片
29221400		右丙氧吩（INN）及其盐	
29223100	20	美沙酮、去甲美沙酮及它们的盐	
29263000	10	美沙酮中间体	4-氰基-2-二甲氨基-4,4-二苯基丁烷
29333300	11	阿芬太尼，芬太尼	以及它们的盐
29333300	12	哌替啶，地芬诺酯	以及它们的盐
29333300	13	氰苯双哌酰胺，丙吡兰	以及它们的盐
29333990	80	雷米芬太尼及其盐	
29334100		左非诺（INN）及其盐	
29349100	20	右吗拉胺，舒芬太尼	以及它们的盐
29391100	11	罂粟杆浓缩物	
29391100	12	可待因、双氢可待因、乙基吗啡	以及它们的盐
29391100	13	埃托啡、海洛因、氢可酮	以及它们的盐
29391100	14	氢吗啡酮、吗啡、尼可吗啡	以及它们的盐
29391100	15	羟考酮、羟吗啡酮、福尔可定	以及它们的盐
29391100	16	醋氢可酮、蒂巴因	以及它们的盐

续表

税则号列		货品名称	注释
29391900	10	二氢埃托啡，吗啉乙基吗啡	以及它们的盐
29399110		可卡因及其盐	
30044090	40	含生物碱类麻醉药品的单方制剂	包括其衍生物，已配定剂量或制成零售装
30049090	30	其他含29章麻醉药品的单方制剂	已配定剂量或制成零售包装

附件2

精神药品管制品种目录

税则号列		货品名称	注释
29055100		乙氯维诺	INN
29055900	10	乙氯维诺的盐	
29181990	30	γ-羟基丁酸及其盐	
29214600	11	安非他明、卡非他明、右苯丙胺	包括它们的盐
29214600	12	乙非他明、芬坎法明、利非他明	包括它们的盐
29214600	13	左苯丙胺、美芬雷司、芬特明	包括它们的盐
29223100	10	安非拉酮及其盐	
29223900	10	氯胺酮及其盐	
29241100		甲丙氨酯	INN
29241900	30	甲丙氨酯的盐	
29242400		炔己蚁胺	INN
29242990	40	炔己蚁胺的盐	
29251200		格鲁米特	INN
29251900	10	格鲁米特的盐	
29263000	20	芬普雷司及其盐	
29329500		四氢大麻酚（所有异构体）	
29329990	30	二亚甲基双氧安非他明及其盐	MDMA
29329990	40	替苯丙胺及其盐	
29333300	21	哌醋甲酯，喷他左辛，溴西泮	以及它们的盐
29333300	22	苯环利定，哌苯甲醇，三甲利定	以及它们的盐
29335300	11	阿洛巴比妥，仲丁巴比妥	以及它们的盐
29335300	12	乙烯比妥，布他比妥，正丁巴比妥	以及它们的盐

续表

税则号列		货品名称	注释
29335300	13	环己巴比妥，甲苯巴比妥	以及它们的盐
29335300	14	司可巴比妥，异戊巴比妥	以及它们的盐
29335300	15	戊巴比妥，苯巴比妥，巴比妥	以及它们的盐
29337200		氯巴占和甲乙哌酮	INN
29337900	10	氯巴占和甲乙哌酮的盐	
29339100	11	阿普唑仑，卡马西泮，氯氮䓬	以及它们的盐
29339100	12	氯硝西泮，氯拉卓酸，地洛西泮	以及它们的盐
29339100	13	地西泮，艾司唑仑，氯氟卓乙酯	以及它们的盐
29339100	14	氟地西泮，氟硝西泮，氟西泮	以及它们的盐
29339100	15	哈拉西泮，劳拉西泮，氯甲西泮	以及它们的盐
29339100	16	吗吲哚，咪达唑仑，硝西泮	以及它们的盐
29339100	17	奥沙西泮，匹那西泮，普拉西泮	以及它们的盐
29339100	18	去甲西泮，三唑仑	以及它们的盐
29339900	30	布桂嗪，扎莱普隆，唑吡坦	以及它们的盐
29349100	11	阿米雷司，溴替唑仑，氯噻西泮	以及它们的盐
29349100	12	氯恶唑仑，卤恶唑仑	以及它们的盐
29349100	13	凯他唑仑，美索卡，恶唑仑	以及它们的盐
29349100	14	匹莫林，苯甲曲嗪，芬美曲嗪	以及它们的盐
29391100	20	丁丙诺啡及其盐	
29393000	10	咖啡因	
29394300		苯丙醇胺（INN）及其盐	
29394900	30	去氧麻黄碱及其盐	
30044090	20	含可待因及衍生物及盐的复方制剂	已配定剂量或制成零售包装
30044090	30	含生物碱类精神药品的单方制剂	包括其衍生物，已配定剂量或制成零售包装
30049090	40	其他含29章精神药品的单方制剂	已配定剂量或制成零售包装
30049090	50	含右丙氧芬及其盐的复方制剂	已配定剂量或制成零售包装
30049090	60	复方樟脑酊	含阿片酊、樟脑、苯甲酸、八角茴香油等，括零售包装

放射性药品管理办法

(国务院令第 25 号)

(1989年1月13日由国务院发布；根据2011年1月8日国务院令第588号《国务院关于废止和修改部分行政法规的决定》第一次修订，根据2017年3月1日国务院令第676号《国务院关于修改和废止部分行政法规的决定》第二次修订；现行版本自2017年3月1日起施行；法规类型为部门规章)

第一章 总 则

第一条 为了加强放射性药品的管理，根据《中华人民共和国药品管理法》(以下称《药品管理法》)的规定，制定本办法。

第二条 放射性药品是指用于临床诊断或者治疗的放射性核素制剂或者其标记药物。

第三条 凡在中华人民共和国领域内进行放射性药品的研究、生产、经营、运输、使用、检验、监督管理的单位和个人都必须遵守本办法。

第四条 国务院药品监督管理部门负责全国放射性药品监督管理工作。国务院国防科技工业主管部门依据职责负责与放射性药品有关的管理工作。国务院环境保护主管部门负责与放射性药品有关的辐射安全与防护的监督管理工作。

第二章 放射性新药的研制、临床研究和审批

第五条 放射性新药的研制内容，包括工艺路线、质量标准、临床前药理及临床研究。研制单位在制订新药工艺路线的同时，必须研究该药的理化性能、纯度（包括核素纯度）及检验方法、药理、毒理、动物药代动力学、放射性比活度、剂量、剂型、稳定性等。

研制单位对放射免疫分析药盒必须进行可测限度、范围、特异性、准确度、精密度、稳定性等方法学的研究。

放射性新药的分类，按国务院药品监督管理部门有关药品注册的规定办理。

第六条 研制单位研制的放射性新药，在进行临床试验或者验证前，应当向国务院药品监督管理部门提出申请，按规定报送资料及样品，经国务院药品监督管理部门审批同意后，在国务院药品监督管理部门指定的药物临床试验机构进行临床研究。

第七条 研制单位在放射性新药临床研究结束后，向国务院药品监督管理部门提出申请，经国务院药品监督管理部门审核批准，发给新药证书。国务院药品监督管理部门在审核批准时，应当征求国务院国防科技工业主管部门的意见。

第八条 放射性新药投入生产，需由生产单位或者取得放射性药品生产许可证的研制单位，凭新药证书（副本）向国务院药品监督管理部门提出生产该药的申请，并提供样品，由国务院药品监督管理部门审核发给批准文号。

第三章 放射性药品的生产、经营和进出口

第九条 国家根据需要，对放射性药品的生产企业实行合理布局。

第十条 开办放射性药品生产、经营企业，必须具备《药品管理法》规定的条件，符合

国家有关放射性同位素安全和防护的规定与标准，并履行环境影响评价文件的审批手续；开办放射性药品生产企业，经国务院国防科技工业主管部门审查同意，国务院药品监督管理部门审核批准后，由所在省、自治区、直辖市药品监督管理部门发给《放射性药品生产企业许可证》；开办放射性药品经营企业，经国务院药品监督管理部门审核并征求国务院国防科技工业主管部门意见后批准的，由所在省、自治区、直辖市药品监督管理部门发给《放射性药品经营企业许可证》。无许可证的生产、经营企业，一律不准生产、销售放射性药品。

　　第十一条　《放射性药品生产企业许可证》、《放射性药品经营企业许可证》的有效期为5年，期满前6个月，放射性药品生产、经营企业应当分别向原发证的药品监督管理部门重新提出申请，按第十条审批程序批准后，换发新证。

　　第十二条　放射性药品生产企业生产已有国家标准的放射性药品，必须经国务院药品监督管理部门征求国务院国防科技工业主管部门意见后审核批准，并发给批准文号。凡是改变国务院药品监督管理部门已批准的生产工艺路线和药品标准的，生产单位必须按原报批程序提出补充申请，经国务院药品监督管理部门批准后方能生产。

　　第十三条　放射性药品生产、经营企业，必须配备与生产、经营放射性药品相适应的专业技术人员，具有安全、防护和废气、废物、废水处理等设施，并建立严格的质量管理制度。

　　第十四条　放射性药品生产、经营企业，必须建立质量检验机构，严格实行生产全过程的质量控制和检验。产品出厂前，须经质量检验。符合国家药品标准的产品方可出厂，不符合标准的产品一律不准出厂。

　　经国务院药品监督管理部门审核批准的含有短半衰期放射性核素的药品，可以边检验边出厂，但发现质量不符合国家药品标准时，该药品的生产企业应当立即停止生产、销售，并立即通知使用单位停止使用，同时报告国务院药品监督管理、卫生行政、国防科技工业主管部门。

　　第十五条　放射性药品的生产、经营单位和医疗单位凭省、自治区、直辖市药品监督管理部门发给的《放射性药品生产企业许可证》、《放射性药品经营企业许可证》，医疗单位凭省、自治区、直辖市药品监督管理部门发给的《放射性药品使用许可证》，开展放射性药品的购销活动。

　　第十六条　进口的放射性药品品种，必须符合我国的药品标准或者其他药用要求，并依照《药品管理法》的规定取得进口药品注册证书。

　　进出口放射性药品，应当按照国家有关对外贸易、放射性同位素安全和防护的规定，办理进出口手续。

　　第十七条　进口放射性药品，必须经国务院药品监督管理部门指定的药品检验机构抽样检验；检验合格的，方准进口。

　　对于经国务院药品监督管理部门审核批准的含有短半衰期放射性核素的药品，在保证安全使用的情况下，可以采取边进口检验、边投入使用的办法。进口检验单位发现药品质量不符合要求时，应当立即通知使用单位停止使用，并报告国务院药品监督管理、卫生行政、国防科技工业主管部门。

第四章　放射性药品的包装和运输

　　第十八条　放射性药品的包装必须安全实用，符合放射性药品质量要求，具有与放射性剂量相适应的防护装置。包装必须分内包装和外包装两部分，外包装必须贴有商标、标签、说明书和放射性药品标志，内包装必须贴有标签。

　　标签必须注明药品品名、放射性比活度、装量。

　　说明书除注明前款内容外，还须注明生产单位、批准文号、批号、主要成份、出厂日期、放射性核素半衰期、适应症、用法、用量、禁忌症、有效期和注意事项等。

第十九条　放射性药品的运输，按国家运输、邮政等部门制订的有关规定执行。

严禁任何单位和个人随身携带放射性药品乘坐公共交通运输工具。

第五章　放射性药品的使用

第二十条　医疗单位设置核医学科、室（同位素室），必须配备与其医疗任务相适应的并经核医学技术培训的技术人员。非核医学专业技术人员未经培训，不得从事放射性药品使用工作。

第二十一条　医疗单位使用放射性药品，必须符合国家有关放射性同位素安全和防护的规定。所在地的省、自治区、直辖市药品监督管理部门，应当根据医疗单位核医疗技术人员的水平、设备条件，核发相应等级的《放射性药品使用许可证》，无许可证的医疗单位不得临床使用放射性药品。

《放射性药品使用许可证》有效期为5年，期满前6个月，医疗单位应当向原发证的行政部门重新提出申请，经审核批准后，换发新证。

第二十二条　医疗单位配制、使用放射性制剂，应当符合《药品管理法》及其实施条例的相关规定。

第二十三条　持有《放射性药品使用许可证》的医疗单位，必须负责对使用的放射性药品进行临床质量检验，收集药品不良反应等项工作，并定期向所在地药品监督管理、卫生行政部门报告。由省、自治区、直辖市药品监督管理、卫生行政部门汇总后分别报国务院药品监督管理、卫生行政部门。

第二十四条　放射性药品使用后的废物（包括患者排出物），必须按国家有关规定妥善处置。

第六章　放射性药品标准和检验

第二十五条　放射性药品的国家标准，由国务院药品监督管理部门药典委员会负责制定和修订，报国务院药品监督管理部门审批颁发。

第二十六条　放射性药品的检验由国务院药品监督管理部门公布的药品检验机构承担。

第七章　附　则

第二十七条　对违反本办法规定的单位或者个人，由县以上药品监督管理、卫生行政部门，按照《药品管理法》和有关法规的规定处罚。

第二十八条　本办法自发布之日起施行。

药品进口管理办法

（国家食品药品监督管理局　海关总署令第4号）

(2003年8月18日由国家食品药品监督管理局、海关总署发布，根据2012年8月24日卫生部、海关总署令第86号《关于修改〈药品进口管理办法〉的决定》修正，现行版本自2012年8月24日起施行，法规类型为部门规章)

第一章　总　则

第一条　为规范药品进口备案、报关和口岸检验工作，保证进口药品的质量，根据《中华人民共和国药品管理法》、《中华人民共和国海关法》、《中华人民共和国药品管理法实施条例》（以下简称《药品管理法》、《海关法》、《药品管理法实施条例》）及相关法律法规的规定，制定本办法。

第二条　药品的进口备案、报关、口岸检验以及进口，适用本办法。

第三条　药品必须经由国务院批准的允许药品进口的口岸进口。

第四条　本办法所称进口备案，是指进口单位向允许药品进口的口岸所在地药品监督管理部门（以下称口岸药品监督管理局）申请办理《进口药品通关单》的过程。麻醉药品、精神药品进口备案，是指进口单位向口岸药品监督管理局申请办理《进口药品口岸检验通知书》的过程。

本办法所称口岸检验，是指国家食品药品监督管理局确定的药品检验机构（以下称口岸药品检验所）对抵达口岸的进口药品依法实施的检验工作。

第五条　进口药品必须取得国家食品药品监督管理局核发的《进口药品注册证》（或者《医药产品注册证》），或者《进口药品批件》后，方可办理进口备案和口岸检验手续。进口麻醉药品、精神药品，还必须取得国家食品药品监督管理局核发的麻醉药品、精神药品《进口准许证》。

第六条　进口单位持《进口药品通关单》向海关申报，海关凭口岸药品监督管理局出具的《进口药品通关单》，办理进口药品的报关验放手续。

进口麻醉药品、精神药品，海关凭国家食品药品监督管理局核发的麻醉药品、精神药品《进口准许证》办理报关验放手续。

第七条　国家食品药品监督管理局会同海关总署制定、修订、公布进口药品目录。

第二章　进口备案

第八条　口岸药品监督管理局负责药品的进口备案工作。口岸药品监督管理局承担的进口备案工作受国家食品药品监督管理局的领导，其具体职责包括：

（一）受理进口备案申请，审查进口备案资料；

（二）办理进口备案或者不予进口备案的有关事项；

（三）联系海关办理与进口备案有关的事项；

（四）通知口岸药品检验所对进口药品实施口岸检验；

（五）对进口备案和口岸检验中发现的问题进行监督处理；

（六）国家食品药品监督管理局规定的其他事项。

第九条　报验单位应当是持有《药品经营许可证》的独立法人。药品生产企业进口本企业所需原料药和制剂中间体（包括境内分包装用制剂），应当持有《药品生产许可证》。

第十条　下列情形的进口药品，必须经口岸药品检验所检验符合标准规定后，方可办理进口备案手续。检验不符合标准规定的，口岸药品监督管理局不予进口备案：

（一）国家食品药品监督管理局规定的生物制品；

（二）首次在中国境内销售的药品；

（三）国务院规定的其他药品。

第十一条　进口单位签订购货合同时，货物到岸地应当从允许药品进口的口岸选择。其中本办法第十条规定情形的药品，必须经由国家特别批准的允许药品进口的口岸进口。

第十二条　进口备案，应当向货物到岸地口岸药品监督管理局提出申请，并由负责本口岸药品检验的口岸药品检验所进行检验。

第十三条　办理进口备案，报验单位应当填写《进口药品报验单》，持《进口药品注册证》（或者《医药产品注册证》）（正本或者副本）原件，进口麻醉药品、精神药品还应当持

麻醉药品、精神药品《进口准许证》原件,向所在地口岸药品监督管理局报送所进口品种的有关资料一式两份:

(一)《进口药品注册证》(或者《医药产品注册证》)(正本或者副本)复印件;麻醉药品、精神药品的《进口准许证》复印件;

(二)报验单位的《药品经营许可证》和《企业法人营业执照》复印件;

(三)原产地证明复印件;

(四)购货合同复印件;

(五)装箱单、提运单和货运发票复印件;

(六)出厂检验报告书复印件;

(七)药品说明书及包装、标签的式样(原料药和制剂中间体除外);

(八)国家食品药品监督管理局规定批签发的生物制品,需要提供生产检定记录摘要及生产国或者地区药品管理机构出具的批签发证明原件;

(九)本办法第十条规定情形以外的药品,应当提交最近一次《进口药品检验报告书》和《进口药品通关单》复印件。

药品生产企业自行进口本企业生产所需原料药和制剂中间体的进口备案,第(二)项资料应当提交其《药品生产许可证》和《企业法人营业执照》复印件。

经其他国家或者地区转口的进口药品,需要同时提交从原产地到各转口地的全部购货合同、装箱单、提运单和货运发票等。

上述各类复印件应当加盖进口单位公章。

第十四条 口岸药品监督管理局接到《进口药品报验单》及相关资料后,按照下列程序的要求予以审查:

(一)逐项核查所报资料是否完整、真实;

(二)查验《进口药品注册证》(或者《医药产品注册证》)(正本或者副本)原件,或者麻醉药品、精神药品的《进口准许证》原件真实性;

(三)审查无误后,将《进口药品注册证》(或者《医药产品注册证》)(正本或者副本)原件,或者麻醉药品、精神药品的《进口准许证》原件,交还报验单位,并于当日办结进口备案的相关手续。

第十五条 本办法第十条规定情形的药品,口岸药品监督管理局审查全部资料无误后,应当向负责检验的口岸药品检验所发出《进口药品口岸检验通知书》,附本办法第十三条规定的资料一份,同时向海关发出《进口药品抽样通知书》。有关口岸药品检验进入海关监管场所抽样的管理规定,由国家食品药品监督管理局与海关总署另行制定。

口岸药品检验所按照《进口药品口岸检验通知书》规定的抽样地点,抽取检验样品,进行质量检验,并将检验结果送交所在地口岸药品监督管理局。检验符合标准规定的,准予进口备案,由口岸药品监督管理局发出《进口药品通关单》;不符合标准规定的,不予进口备案,由口岸药品监督管理局发出《药品不予进口备案通知书》。

第十六条 本办法第十条规定情形以外的药品,口岸药品监督管理局审查全部资料无误后,准予进口备案,发出《进口药品通关单》。同时向负责检验的口岸药品检验所发出《进口药品口岸检验通知书》,附本办法第十三条规定的资料一份。

对麻醉药品、精神药品,口岸药品监督管理局审查全部资料无误后,应当只向负责检验的口岸药品检验所发出《进口药品口岸检验通知书》,附本办法第十三条规定的资料一份,无需办理《进口药品通关单》。

口岸药品检验所应当到《进口药品口岸检验通知书》规定的抽样地点抽取样品,进行质量检验,并将检验结果送交所在地口岸药品监督管理局。对检验不符合标准规定的药品,由口岸药品监督管理局依照《药品管理法》及有关规定处理。

第十七条 下列情形之一的进口药品，不予进口备案，由口岸药品监督管理局发出《药品不予进口备案通知书》；对麻醉药品、精神药品，口岸药品监督管理局不予发放《进口药品口岸检验通知书》：

（一）不能提供《进口药品注册证》（或者《医药产品注册证》）（正本或者副本）、《进口药品批件》或者麻醉药品、精神药品的《进口准许证》原件的；

（二）办理进口备案时，《进口药品注册证》（或者《医药产品注册证》），或者麻醉药品、精神药品的《进口准许证》已超过有效期的；

（三）办理进口备案时，药品的有效期限已不满 12 个月的。（对于药品本身有效期不足 12 个月的，进口备案时，其有效期限应当不低于 6 个月）；

（四）原产地证明所标示的实际生产地与《进口药品注册证》（或者《医药产品注册证》）规定的产地不符的，或者区域性国际组织出具的原产地证明未标明《进口药品注册证》（或者《医药产品注册证》）规定产地的；

（五）进口单位未取得《药品经营许可证》（生产企业应当取得《药品生产许可证》）和《企业法人营业执照》的；

（六）到岸品种的包装、标签与国家食品药品监督管理局的规定不符的；

（七）药品制剂无中文说明书或者中文说明书与批准的说明书不一致的；

（八）未在国务院批准的允许药品进口的口岸组织进口的，或者货物到岸地不属于所在地口岸药品监督管理局管辖范围内的；

（九）国家食品药品监督管理局规定批签发的生物制品未提供有效的生产国或者地区药品管理机构出具的生物制品批签发证明文件的；

（十）伪造、变造有关文件和票据的；

（十一）《进口药品注册证》（或者《医药产品注册证》）已被撤销的；

（十二）本办法第十条规定情形的药品，口岸药品检验所根据本办法第二十五条的规定不予抽样的；

（十三）本办法第十条规定情形的药品，口岸检验不符合标准规定的；

（十四）药品监督管理部门有其他证据证明进口药品可能危害人体健康的。

第十八条 对不予进口备案的进口药品，进口单位应当予以退运。无法退运的，由海关移交口岸药品监督管理局监督处理。

第十九条 进口临床急需药品、捐赠药品、新药研究和药品注册所需样品或者对照药品等，必须经国家食品药品监督管理局批准，并凭国家食品药品监督管理局核发的《进口药品批件》，按照本办法第十六条的规定，办理进口备案手续。

第三章 口岸检验

第二十条 口岸药品检验所由国家食品药品监督管理局根据进口药品口岸检验工作的需要确定。口岸药品检验所的职责包括：

（一）对到岸货物实施现场核验；

（二）核查出厂检验报告书和原产地证明原件；

（三）按照规定进行抽样；

（四）对进口药品实施口岸检验；

（五）对有异议的检验结果进行复验；

（六）国家食品药品监督管理局规定的其他事项。

第二十一条 中国药品生物制品检定所负责进口药品口岸检验工作的指导和协调。口岸检验所需标准品、对照品由中国药品生物制品检定所负责审核、标定。

第二十二条　口岸药品检验所应当按照《进口药品注册证》（或者《医药产品注册证》）载明的注册标准对进口药品进行检验。

第二十三条　口岸药品检验所接到《进口药品口岸检验通知书》后，应当在2日内与进口单位联系，到规定的存货地点按照《进口药品抽样规定》进行现场抽样。

进口单位应当在抽样前，提供出厂检验报告书和原产地证明原件。

对需进入海关监管区抽样的，口岸药品检验所应当同时与海关联系抽样事宜，并征得海关同意。抽样时，进口单位和海关的人员应当同时在场。

第二十四条　口岸药品检验所现场抽样时，应当注意核查进口品种的实际到货情况，做好抽样记录并填写《进口药品抽样记录单》。

本办法第十条规定情形以外的药品，抽样完成后，口岸药品检验所应当在进口单位持有的《进口药品通关单》原件上注明"已抽样"的字样，并加盖抽样单位的公章。

对麻醉药品、精神药品，抽样完成后，应当在《进口准许证》原件上注明"已抽样"的字样，并加盖抽样单位的公章。

第二十五条　对有下列情形之一的进口药品，口岸药品检验所不予抽样：

（一）未提供出厂检验报告书和原产地证明原件，或者所提供的原件与申报进口备案时的复印件不符的；

（二）装运唛头与单证不符的；

（三）进口药品批号或者数量与单证不符的；

（四）进口药品包装及标签与单证不符的；

（五）药品监督管理部门有其他证据证明进口药品可能危害人体健康的。

对不予抽样的药品，口岸药品检验所应当在2日内，将《进口药品抽样记录单》送交所在地口岸药品监督管理局。

第二十六条　口岸药品检验所应当及时对所抽取的样品进行检验，并在抽样后20日内，完成检验工作，出具《进口药品检验报告书》。特殊品种或者特殊情况不能按时完成检验时，可以适当延长检验期限，并通知进口单位和口岸药品监督管理局。

《进口药品检验报告书》应当明确标有"符合标准规定"或者"不符合标准规定"的检验结论。

国家食品药品监督管理局规定批签发的生物制品，口岸检验符合标准规定，审核符合要求的，应当同时发放生物制品批签发证明。

第二十七条　对检验符合标准规定的进口药品，口岸药品检验所应当将《进口药品检验报告书》送交所在地口岸药品监督管理局和进口单位。

对检验不符合标准规定的进口药品，口岸药品检验所应当将《进口药品检验报告书》及时发送口岸药品监督管理局和其他口岸药品检验所，同时报送国家食品药品监督管理局和中国药品生物制品检定所。

第二十八条　进口药品的检验样品应当保存至有效期满。不易贮存的留样，可根据实际情况掌握保存时间。索赔或者退货检品的留样应当保存至该案完结时。超过保存期的留样，由口岸药品检验所予以处理并记录备案。

第二十九条　进口单位对检验结果有异议的，可以自收到检验结果之日起7日内向原口岸药品检验所申请复验，也可以直接向中国药品生物制品检定所申请复验。生物制品的复验直接向中国药品生物制品检定所申请。

口岸药品检验所在受理复验申请后，应当及时通知口岸药品监督管理局，并自受理复验之日起10日内，作出复验结论，通知口岸药品监督管理局、其他口岸药品检验所，报国家食品药品监督管理局和中国药品生物制品检定所。

第四章 监督管理

第三十条 口岸药品检验所根据本办法第二十五条的规定不予抽样但已办结海关验放手续的药品,口岸药品监督管理局应当对已进口的全部药品采取查封、扣押的行政强制措施。

第三十一条 本办法第十条规定情形以外的药品,经口岸药品检验所检验不符合标准规定的,进口单位应当在收到《进口药品检验报告书》后 2 日内,将全部进口药品流通、使用的详细情况,报告所在地口岸药品监督管理局。

所在地口岸药品监督管理局收到《进口药品检验报告书》后,应当及时采取对全部药品予以查封、扣押的行政强制措施,并在 7 日内作出行政处理决定。对申请复验的,必须自检验报告书发出之日起 15 日内作出行政处理决定。有关情况应当及时报告国家食品药品监督管理局,同时通告各省、自治区、直辖市药品监督管理局和其他口岸药品监督管理局。

第三十二条 未在规定时间内提出复验或者经复验仍不符合标准规定的,口岸药品监督管理局应当按照《药品管理法》以及有关规定作出行政处理决定。有关情况应当及时报告国家食品药品监督管理局,同时通告各省、自治区、直辖市药品监督管理局和其他口岸药品监督管理局。

经复验符合标准规定的,口岸药品监督管理局应当解除查封、扣押的行政强制措施,并将处理情况报告国家食品药品监督管理局,同时通告各省、自治区、直辖市药品监督管理局和其他口岸药品监督管理局。

第三十三条 药品进口备案中发现的其他问题,由口岸药品监督管理局按照《药品管理法》以及有关规定予以处理。

第三十四条 国内药品生产企业、经营企业以及医疗机构采购进口药品时,供货单位应当同时提供以下资料:

(一)《进口药品注册证》(或者《医药产品注册证》)复印件、《进口药品批件》复印件;

(二)《进口药品检验报告书》复印件或者注明"已抽样"并加盖公章的《进口药品通关单》复印件;

国家食品药品监督管理局规定批签发的生物制品,需要同时提供口岸药品检验所核发的批签发证明复印件。

进口麻醉药品、精神药品,应当同时提供其《进口药品注册证》(或者《医药产品注册证》)复印件、《进口准许证》复印件和《进口药品检验报告书》复印件。

上述各类复印件均需加盖供货单位公章。

第三十五条 口岸药品监督管理局和口岸药品检验所应当建立严格的进口备案资料和口岸检验资料的管理制度,并对进口单位的呈报资料承担保密责任。

第三十六条 对于违反本办法进口备案和口岸检验有关规定的口岸药品监督管理局和口岸药品检验所,国家食品药品监督管理局将根据情节给予批评、通报批评,情节严重的停止其进口备案和口岸检验资格。

第三十七条 违反本办法涉及海关有关规定的,海关按照《海关法》、《中华人民共和国海关法行政处罚实施细则》的规定处理。

第五章 附 则

第三十八条 本办法所称进口单位,包括经营单位、收货单位和报验单位。

经营单位,是指对外签订并执行进出口贸易合同的中国境内企业或单位。

收货单位,是指购货合同和货运发票中载明的收货人或者货主。

报验单位,是指该批进口药品的实际货主或者境内经销商,并具体负责办理进口备案和口岸检验手续。

收货单位和报验单位可以为同一单位。

第三十九条 从境外进入保税仓库、保税区、出口加工区的药品,免予办理进口备案和口岸检验等进口手续,海关按有关规定实施监管;从保税仓库、出口监管仓库、保税区、出口加工区出库或出区进入国内的药品,按本办法有关规定办理进口备案和口岸检验等手续。

经批准以加工贸易方式进口的原料药、药材,免予办理进口备案和口岸检验等进口手续,其原料药及制成品禁止转为内销。确因特殊情况无法出口的,移交地方药品监督管理部门按规定处理,海关予以核销。

进出境人员随身携带的个人自用的少量药品,应当以自用、合理数量为限,并接受海关监管。

第四十条 进口暂未列入进口药品目录的原料药,应当遵照本办法的规定,到口岸药品监督管理局办理进口备案手续。

第四十一条 药材进口备案和口岸检验的规定,由国家食品药品监督管理局另行制定。

第四十二条 进口麻醉药品、精神药品凭《进口药品注册证》(或者《医药产品注册证》),按照国务院麻醉药品、精神药品管理的有关法规办理《进口准许证》。

第四十三条 本办法规定的麻醉药品、精神药品是指供临床使用的品种,科研、教学、兽用等麻醉药品、精神药品的进口,按照国务院麻醉药品、精神药品管理的有关法规执行。

第四十四条 本办法由国家食品药品监督管理局和海关总署负责解释。

第四十五条 本办法自2004年1月1日起实施。1999年5月1日实施的《进口药品管理办法》同时废止。

关于实施《药品进口管理办法》有关事宜的通知

(国食药监注〔2003〕320号)

(2003年11月19日由国家食品药品监督管理局发布,2003年11月19日起施行,法规类型为规范性文件)

各口岸药品监督管理局、各口岸药品检验所,海关总署广东分署,天津、上海特派办,各直属海关:

根据国家食品药品监督管理局、海关总署第4号令,《药品进口管理办法》(下称《办法》)将于2004年1月1日起施行。为切实做好《办法》的贯彻实施工作,现将有关事宜通知如下:

一、经国务院批准,18个允许药品进口的口岸城市为:北京市、天津市、上海市、大连市、青岛市、成都市、武汉市、重庆市、厦门市、南京市、杭州市、宁波市、福州市、广州市、深圳市、珠海市、海口市、西安市。

为加强管理,提高通关效率,根据国务院批示,国家食品药品监督管理局与海关总署进一步确定了上述城市允许药品进口的具体通关口岸名单(附件1)。

二、2004年1月1日起,按照《办法》的规定,所有进口药品(包括麻醉药品、精神药品)的到岸地必须为上述18个城市的指定通关口岸。

三、根据药品进口备案工作的需要,下列18个药品监督管理局由国家食品药品监督管理局确定为口岸药品监督管理局:北京市、天津市、上海市、大连市、青岛市、成都市、武汉市、重庆市、厦门市、南京市、杭州市、宁波市、福州市、广州市、深圳市、珠海市、海口市、西安市药品监督管理局。各口岸药品监督管理局的通信地址和电话见附件2。

四、根据进口药品检验工作的需要,国家食品药品监督管理局授权中国药品生物制品检定所及北京市、天津市、上海市、大连市、青岛市、成都市、武汉市、重庆市、厦门市、广州市药品检验所和江苏省、浙江省、福建省、海南省、广东省、陕西省药品检验所为口岸药品检验所。各口岸药品检验所的通信地址和电话见附件3。

五、各口岸药品监督管理局和口岸药品检验所根据所在口岸城市的具体情况,分别确定管辖范围和工作分工。每个口岸药品监督管理局按照所分管的口岸,只与一个口岸药品检验所确立进口备案和口岸检验的工作关系,其具体管辖范围和分工按照国家食品药品监督管理局制定的《药品进口口岸与归口管理的药监局及药品检验所分配表》(附件4)执行。

六、新的《进口药品目录》,国家食品药品监督管理局将会同海关总署另行公布。新目录公布前,进口药品管理范围仍按原国家药品监督管理局《关于加强进口药品管理有关问题的通知》(国药管注〔2000〕622号)的附件1《进口药品管理目录》执行。

麻醉药品、精神药品的管理范围,仍按原国家药品监督管理局《关于加强麻醉药品精神药品进出口管理有关问题的通知》(国药监安〔2001〕585号)的附件1《麻醉药品管制品种目录》和附件2《精神药品管制品种目录》执行。

七、药品进口备案采用统一印章,章名为"×××药品监督管理局药品进口备案专用章"。"专用章"由国家食品药品监督管理局刻制、颁发,各口岸药品监督管理局在办理药品进口备案时使用。其中国家食品药品监督管理局持有的"国家食品药品监督管理局药品进口备案专用章",对应所有允许药品进口的口岸。全部印章样式见附件5。

八、进口列入《进口药品目录》商品编码范围的商品,海关凭国家食品药品监督管理局授权部门签发的加盖"×××药品监督管理局药品进口备案专用章"的《进口药品通关单》,及其他有关单证办理报关验放手续。《进口药品通关单》仅限在该单上注明的口岸海关使用,并实行一批一证制度,证面内容不得更改,如需更改,须换发新证。海关对麻醉药品、精神药品的监管仍按国家食品药品监督管理局和海关总署对麻醉药品、精神药品的有关管理规定执行。

九、对《办法》实施后报关进口但口岸药品监督管理局不予备案,不能提供《进口药品通关单》的上述商品,海关可凭进口收货人或其代理人的申请按照有关规定予以办理直接退运手续。

十、对《办法》第十条规定的药品,根据国务院批准,其到岸地必须为北京市、上海市和广州市3个口岸城市的指定通关口岸。

《办法》第十条规定的生物制品为疫苗类、血液制品类及血源筛查用诊断试剂等(目录见附件6),国家食品药品监督管理局将根据情况,适时对该目录进行调整。

十一、考虑到附件6所列品种对仓储条件有专门的要求,在专用海关监管仓库尚未确定前,该类生物制品暂按如下规定办理进口备案手续:口岸药品监督管理局在接到《进口药品报验单》及相关资料后,按照《办法》第十六条的规定办理《进口药品通关单》和专门的《进口药品口岸检验通知书》(样式见附件7)。口岸药品检验所在抽样后,口岸药品监督管理局应将全部药品予以加封,待药品检验合格后,予以启封、放行,允许销售使用。

十二、附件6所列品种中,人血白蛋白根据到岸地的不同,分别由北京市、上海市或广东省药品检验所负责抽样和口岸检验。其他品种到岸地为北京市的,由中国药品生物制品检定所负责抽样和口岸检验,口岸药品监督管理局应将《进口药品口岸检验通知书》发给中国药生物制品检定所。到岸地为上海市、广州市的，由上海市药品检验所、广东省药品检验所负责抽样，中国药品生物制品检定所负责口岸检验。口岸药品监督管理局应开具专门的《进口药品口岸检验通知书》，发给上海市药品检验所、广东省药品检验所。上海市药品检验所、广东省药品检验所应在抽样后2日内，将样品送中国药品生物制品检定所。

国家食品药品监督管理局将根据口岸药品检验所对生物制品的检测能力，适时授权开展其他生物制品的口岸检验工作。对于《办法》第十条规定情形以外的生物制品，到岸地口岸药品检验所应严格按照该品种的进口药品注册标准进行口岸检验，如该口岸药品检验所尚不具备检验条件或能力，可以委托中国药品生物制品检定所检验。

十三、自2004年1月1日起，口岸药品监督管理局开始履行《办法》规定的职责，正式受理药品进口备案申请，承担办理《进口药品通关单》有关事宜，口岸药品检验所原进口报验职能同时停止。2004年1月1日起，进口单位必须向口岸药品监督管理局提出药品进口备案申请。

2003年12月31日前由口岸药品检验所发出的有效期内的《进口药品通关单》，可以继续使用；超过有效期尚未办理报关手续的，2004年1月1日后，应到口岸药品监督管理局换领《进口药品通关单》。

十四、为保证药品进口备案工作的质量和标准化，国家食品药品监督管理局制定了《药品进口备案工作指南》（附件8），请各口岸药品监督管理局在办理药品进口备案具体工作中遵照执行。

十五、药品进口备案对于各口岸药品监督管理局是一项新的工作，各口岸药品监督管理局应切实加强《办法》及相关法律、法规及有关知识的学习，在进口备案工作中发现的问题应及时上报国家食品药品监督管理局。口岸药品监督管理局和海关应加强联系、协调和配合，确保进口备案工作的顺利进行。

十六、自2004年1月1日起，原《进口药品管理办法》规定的预防性生物制品、血液制品进口批件审查审批制度予以取消。

十七、原国家药品监督管理局《关于加强进口药品管理有关问题的通知》（国药管注〔2000〕622号）和海关总署《关于转发国家药品药品监督管理局"关于加强进口药品管理有关问题的通知"的通知》（署法〔2001〕71号），自2004年1月1日起停止执行。

以上，请遵照执行。

附件：1. 药品进口口岸名单
　　　2. 口岸药品监督管理局名单（略）
　　　3. 口岸药品检验所名单（略）
　　　4. 药品进口口岸与归口管理的药监局及药品检验所分配表（略）
　　　5. 药品进口备案专用章式样（略）
　　　6. 国家食品药品监督管理局规定的生物制品目录
　　　7. 进口药品口岸检验通知书（略）
　　　8. 药品进口备案工作指南

附件1

药品进口口岸名单

序号	城市	药品进口口岸
1	北京市	首都机场　五里店　十八里店　京邮办处　京东郊站　机场货二
2	天津市	天津新港　天津机场　东港海关　津驻邮办
3	大连市	周水子机场　大窑湾港
4	上海市	虹桥机场　浦东机场　吴淞港　沪邮局办
5	南京市	禄口机场
6	杭州市	萧山机场　杭关邮办
7	宁波市	北仑港
8	福州市	马尾海关　长乐机场
9	厦门市	东渡办　高崎机场
10	青岛市	青岛大湾　青前湾港　青机场关　青邮局办
11	武汉市	天河机场　武汉港　武关邮办
12	广州市	新风港　白云机场　广州车站　黄埔港　民航快件
13	深圳市	文锦渡　皇岗　蛇口　深圳机场
14	珠海市	拱北闸口　湾仔港
15	海口市	美兰机场　秀英港
16	重庆市	江北机场　九龙坡港　重庆东站　重庆邮办
17	成都市	双流机场　火车东站　成关邮办
18	西安市	咸阳机场

附件6

国家食品药品监督管理局规定的生物制品目录

1. 甲、乙肝联合疫苗
2. 流行性感冒病毒裂解疫苗
3. 流行性感冒亚单位疫苗
4. 百日咳、白喉、破伤风无细胞疫苗
5. 百日咳、白喉、破伤风、脊髓灰质炎四联疫苗
6. B型流感嗜血杆菌偶联疫苗
7. B型流感嗜血杆菌偶联疫苗-重组乙肝疫苗
8. 伤寒Vi多糖疫苗
9. A+C群脑膜炎球菌多糖疫苗
10. 草分枝杆菌F.U.36

11. 人用狂犬病疫苗
12. 甲型肝炎纯化灭活疫苗
13. 水痘减毒活疫苗
14. 冻干风疹活疫苗
15. 麻疹、腮腺炎、风疹减毒活疫苗
16. 重组（酵母）乙型肝炎疫苗
17. 23价肺炎球菌多糖疫苗
18. 螨Ⅱ（屋尘螨）过敏原提取物
19. 屋尘螨变应原制剂
20. 治疗用A型肉毒毒素
21. 人血白蛋白
22. 乙型肝炎表面抗原（HbsAg）诊断试剂（酶联免疫盒）
23. 丙型肝炎病毒抗体诊断试剂（酶联免疫法）
24. 人类免疫缺陷病毒（HIV）抗体诊断试剂（酶联免疫法）
25. 梅毒诊断试剂
26. A、B、O血型诊断试剂
27. 抗HBc诊断试剂
28. 利妥昔单抗注射液
29. 曲妥珠单抗
30. 注射用抗Tac单抗
31. 注射用巴利昔单抗
32. 鼠源CD3单抗

附件8

药品进口备案工作指南

国家食品药品监督管理局

2001年12月1日正式施行的《中华人民共和国药品管理法》第四十条、第四十一条，2002年9月15日正式施行的《药品管理法实施条例》第三十八条、第三十九条，对药品进口的口岸、登记备案、口岸检验等，作出了法律规定。《药品进口管理办法》所规范的事项，是对该法律规定的具体贯彻和实施。本指南旨在规范各口岸药品监督管理局的工作程序、工作内容和工作标准，便于各口岸药品监督管理局在药品进口备案日常工作中遵守和使用，以保证药品进口备案的工作质量和工作效率。

一、药品进口备案受理的基本原则
（一）取得有效的批准注册和进口证明
所进口品种需获得国家食品药品监督管理局核发的《进口药品注册证》、《医药产品注册证》。麻醉药品、精神药品尚应同时取得国家食品药品监督管理局核发的《进口准许证》。
进口临床急需药品、捐赠药品、新药研究和药品注册所需样品或者对照药品等应取得国家食品药品监督管理局核发的《进口药品批件》。
未取得上述注册证、准许证或批件的进口药品，一律不得办理药品进口备案手续。
（二）货物到岸地为允许药品进口口岸
进口品种的到岸地必须为国务院批准的十八个允许药品进口的城市所辖口岸，即北京市、天津市、上海市、大连市、青岛市、南京市、杭州市、宁波市、福州市、厦门市、广州市、深圳市、珠海市、海口市、成都市、重庆市、武汉市、西安市。从任何其他口岸进口的，不得办理药品进口备案手续。

（三）进口口岸特别限定

《药品进口管理办法》第十条规定情形的品种，即国家食品药品监督管理局规定的生物制品、首次在中国境内销售的药品以及国务院规定的其他药品，其到岸地只能为北京市、上海市、广州市三个城市所辖口岸。从其他任何口岸进口的，一律不得办理药品进口备案手续。

"首次在中国境内销售的药品"是指在中国首次申请办理药品进口备案手续的药品。具体工作中，凡不能提供前一次《进口药品检验报告书》或《进口药品通关单》复印件的品种，即可确定为"首次在中国境内销售的药品"。

（四）报验单位资格符合要求

报验单位必须取得《药品经营许可证》。药品生产企业自行进口本企业生产所需原料药和制剂中间体，必须取得《药品生产许可证》。

（五）进口备案工作各负其责

进口单位需填写《进口药品报验单》，备齐《药品进口管理办法》第十三条规定的全部资料，向该批货物到岸地所在口岸药品监督管理局申请药品进口备案。口岸药品监督管理局应按照国家食品药品监督管理局事先确定的工作分工，向负责该口岸进口检验的口岸药品检验所发出《药品进口管理办法》规定的全部相关资料和文件。

（七）药品进口备案不跨口岸

药品进口备案不得跨口岸申请或受理，即一个品种在选择到货口岸后，其负责药品进口备案的口岸药品监督管理局即已自动确定，进口单位并不再具有可选择向其他口岸药品监督管理局申请药品进口备案的机会。口岸药品监督管理局亦不得受理不属本局管辖范围的药品进口备案申请。

例如，选择北京市所辖口岸为到岸地，负责药品进口备案的口岸药品监督管理局只能是北京市药品监督管理局，进口单位不能到天津市药品监督管理局或其他任何口岸药品监督管理局申请药品进口备案，天津市药品监督管理局或其他任何口岸药品监督管理局，亦不能受理该批货物的药品进口备案申请。

二、药品进口备案工作基本程序

药品进口备案分为备案资料验收、注册证明文件查验、受理、办理四个基本步骤。

（一）药品进口备案资料验收

按照《药品进口管理办法》第十三条的规定，逐项检查以下资料是否完整、真实：

1. 《进口药品注册证》（或者《医药产品注册证》）（正本或者副本）复印件；麻醉药品、精神药品的《进口准许证》复印件；
2. 报验单位的《药品经营许可证》和《企业法人营业执照》复印件；
3. 原产地证明复印件；
4. 购货合同复印件；
5. 装箱单、提运单和货运发票复印件；
6. 出厂检验报告书复印件；
7. 药品说明书及包装、标签的式样（原料药和制剂中间体除外）；
8. 国家食品药品监督管理局规定批签发的生物制品，需要提供生产检定记录摘要及生产国或者地区药品管理机构出具的批签发证明原件；
9. 《药品进口办理办法》第十条规定情形以外的药品，应当提交最近一次《进口药品检验报告书》和《进口药品通关单》复印件。

(二)注册证明文件查验

当场检查《进口药品注册证》、《医药产品注册证》（正本或副本）、《进口准许证》或者《进口药品批件》原件，并与国家食品药品监督管理局核发的原件或复印件的内容逐项进行核对。

(三)受理

药品进口备案资料和《进口药品注册证》、《医药产品注册证》（正本或副本）、《进口准许证》、《进口药品批件》原件当场检查无误后，予以受理，将原件交还进口单位，进入办理程序。

(四)办理

根据所进口品种是否为《药品进口管理办法》第十条规定情形的药品，其药品进口备案的办理程序不同，但所有手续必须在当日完成，所有办理的文件必须采用国家食品药品监督管理局制定的统一软件打印完成，并加盖国家食品药品监督管理局颁发的统一格式的"药品进口备案专用章"。所有印制完成的文件，应按照规定及时发给进口单位、口岸药品检验所和海关。

1. 《药品进口管理办法》第十条规定情形的药品（称为首次进口品种），应遵照《药品进口管理办法》第十五条的规定执行。符合要求的，应在当日向负责检验的口岸药品检验所发出《进口药品口岸检验通知书》，附《药品进口管理办法》第十三条规定的资料一套，同时向负责该口岸报关事务的海关发出《进口药品抽样通知书》。不符合要求的，在当日发出《药品不予进口备案通知书》。

对符合要求的品种，其下一步办理程序需待口岸药品检验所完成检验工作后进行。检验工作完成，口岸药品监督管理局在收到《进口药品检验报告书》后，对检验结论为"符合标准规定"的品种，应在当日发出《进口药品通关单》。对检验结论为"不符合标准规定"的品种，应在当日发出《药品不予进口备案通知书》。

2. 《药品进口管理办法》第十条规定情形以外的药品（称为非首次进口品种），应遵照《药品进口管理办法》第十六条的规定执行。符合要求的，应在当日发出《进口药品通关单》，同时向负责检验的口岸药品检验所发出《进口药品口岸检验通知书》，附《药品进口管理办法》第十三条规定的资料一套。不符合要求的，应在当日发出《药品不予进口备案通知书》。

3. 对麻醉药品和精神药品，不管是否为首次进口品种，均应遵照《药品进口管理办法》第十六条的规定执行。符合要求的，应在当日只向负责检验的口岸药品检验所发出《进口药品口岸检验通知书》，附《药品进口管理办法》第十三条规定的资料一套，无需办理《进口药品通关单》。不符合要求的，应在当日发出《药品不予进口备案通知书》。

4. 持国家食品药品监督管理局核发的《进口药品批件》，申请临床急需药品、捐赠药品、新药研究和药品注册所需样品或者对照药品的进口备案，符合要求的，应在当日发出《进口药品通关单》，同时向负责检验的口岸药品检验所发出《进口药品口岸检验通知书》，附《药品进口管理办法》第十三条规定的资料一套。不符合要求的，应在当日发出《药品不予进口备案通知书》。

三、《进口药品报验单》的审查

(一)〔HS商品编码〕

为海关制订的海关商品编码，应与海关发布的编码相一致。

(二)〔药品名称（中文、英文）〕、〔商品名（中文、英文）〕、〔剂型〕、〔规格〕、〔包装规格〕、〔药品有效期〕

应完全与《进口药品注册证》、《医药产品注册证》或《进口药品批件》规定的内容一致。

(三)〔注册证号〕

为《进口药品注册证》或《医药产品注册证》右上角的编号,或国家食品药品监督管理局《进口药品批件》编号。

(四)〔合同号〕
为所签定购货合同的合同号或唛头号。

(五)〔检验标准〕
为《进口药品注册证》、《医药产品注册证》"备注2"项下规定的"进口药品注册标准"编号,或国家食品药品监督管理局规定的其他标准的名称或编号。

(六)〔索赔期〕
为购货合同规定的索赔日期。

(七)〔货物数量〕
为按《进口药品注册证》或《医药产品注册证》载明的包装规格为基本单位的货物总数。如,瓶、盒、公斤等。

(八)〔件数〕
为大包装的件数。

(九)〔批号〕
为此次到岸品种的全部药品批号,须逐批记录,不得遗漏。

(十)〔货值〕
为进口药品的实际货值,按货币种类如实填写。

(十一)〔发货港(地)〕
指出口国家的发货地点。如港口、机场等。

(十二)〔发货日期〕
为此批药品运单上的发货日期(一般在运单的右下角)。转口贸易的发货日期为转口地的再次发货日期。

(十三)〔运输工具〕
为此批药品的实际载运工具。如空运、海运或铁路运输等。

(十四)〔航/班次〕
为此批药品运输工具的航班号、船号或车次号。

(十五)〔到岸港(地)〕
为货物到达我国的具体口岸名称。

(十六)〔到岸日期〕
货物的实际进境日期,为运单上的到岸日期(一般为海关监管仓库专用章上的日期)。

(十七)〔负责海关〕
为货物到岸地的具体负责海关的名称。如:北京机场海关。

(十八)〔存货地点〕
首次品种的货物到达口岸后海关监管仓库的名称和地址。非首次品种为办结海关手续后,货物实际存放仓库的名称和地址。

(十九)〔生产厂商〕
为此批货物的国外生产厂名称。

(二十)〔发货单位〕
为购货合同中的卖方。

(二十一)〔收货单位〕
为购货合同中的买方。单位名称、地址、联系人、电话应填写清楚,并加盖公章。

(二十二)〔报验单位〕

为该批货物的实际货主或境内经销商。单位名称、地址、联系人、电话和《药品经营许可证》应填写清楚，并加盖公章。〔收货单位〕和〔报验单位〕可为同一单位。

四、药品进口备案审查要点及注意事项

（一）药品进口口岸

根据本指南"受理的基本原则"，注意审查申请药品进口备案品种的到岸地是否为国务院批准的十八个允许药品进口的城市所辖口岸，注意审查《药品进口管理办法》第十条规定情形的药品，其到岸地是否为北京市、上海市、广州市三个城市所辖口岸。注意审查申报品种的到岸地是否为国家食品药品监督管理局划定的本局职责范围内。

未在国务院批准的十八个允许药品进口的城市所辖口岸进口的，《药品进口管理办法》第十条规定情形的药品未在北京市、上海市、广州市三个城市所辖口岸进口的，一律不得受理和办理药品进口备案手续。经确定申报品种的到岸地不是本局职责范围的，应告知进口单位到应负责管辖的口岸药品监督管理局申请办理进口备案手续。

（二）《药品进口办理办法》第十条规定情形的品种

办理过程中应注意甄别申报品种是否为《药品进口办理办法》第十条规定情形的品种：

1. 对进口化学药品、中药和天然药品制剂、治疗性生物制品，凡不能提供此前同一品种已有进口的《进口药品检验报告书》和《进口药品通关单》复印件的，即应为《药品进口办理办法》第十条规定情形的品种，并应遵照《药品进口办理办法》第十五条的规定办理进口备案手续。

2. 对国家规定的批签发的生物制品，如疫苗、血液制品、血源筛查试剂等，应根据国家食品药品监督管理局颁发的品种名单，不管是否此前已有过进口，其每次进口备案均须遵照《药品进口办理办法》第十五条的规定办理。

3. 其他情形的进口品种，则应遵照《药品进口办理办法》第十六条的规定办理进口备案。

（三）《进口药品注册证》、《医药产品注册证》、《进口药品批件》以及麻醉药品、精神药品《进口准许证》

《进口药品注册证》为国家食品药品监督管理局核发的批准国外生产的药品进口和上市销售的注册证明文件。为国家食品药品监督管理局核发的批准我国台湾、香港和澳门地区生产的药品进口和上市销售的注册证明文件。麻醉药品、精神药品《进口准许证》为境外生产的麻醉药品、精神药品（包括台湾、香港和澳门地区）在取得《进口药品注册证》或《医药产品注册证》后，国家食品药品监督管理局根据国务院麻醉药品、精神药品的管理规定核发的允许进口的批准文件。为国家食品药品监督管理局核发的允许临床急需药品、捐赠药品、新药研究和药品注册所需样品或者对照药品等一次性进口的批准文件。

《进口药品注册证》和《医药产品注册证》分为正本、副本，正本和副本具有完全相同的作用。《进口药品注册证》、《医药产品注册证》（正本或副本）原件上部用显性油墨印有中华人民共和国国徽图案，仅在紫外光下显现，须注意每次认真核对。《进口药品批件》仅在批件规定的有效期内一次性使用，进口备案办理完毕，必须在规定位置将该批件注销，原件交还进口单位。

国家食品药品监督管理局会及时将已核发的《进口药品注册证》、《医药产品注册证》、《进口准许证》、《进口药品批件》的复印件及有关资料，发送各口岸药品监督管理局。在进口备案办理过程，各口岸药品监督管理局应注意审查上述注册证、准许证、批件是否尚在规定的有效期内，尤其注意审查其进口备案的内容是否与国家食品药品监督管理局批准的内容的一致性。

（四）原产地证明（CERTIFICAT OF ORIGIN）

原产地证明为药品生产国或地区的商会、商检或海关等部门出具，用以证明所进口货物真实产地的证明性文件。原产地证明应标明购货单位名称、药品名称、规格、批号、数量、出证日期等，并具有签字和印章。出口国生产厂、进口商、合同号、发票号、重量等因各国的规定有不同，上述项目有些可能缺项，但必须有合同号和重量，并与装箱单相符。

注意原产地的合同号与合同应一致。尤其注意原产地证明载明的产地、生产厂等应与国家食品药品监督管理局核发的《进口药品注册证》、《医药产品注册证》、《进口准许证》、《进口药品批件》一致。

（五）购货合同副本（CONTRACT）

审查内容包括合同号码、药品名称、规格、数量、单价、金额、索赔期、装运口岸、目的口岸、买卖双方签字签字日期。

应注意核实其内容是否与装箱单和发票一致，签字日期是否在《进口药品注册证》、《医药产品注册证》、《进口药品批件》、《进口准许证》有效期之前。

（六）装箱单（PACKING LIST）、运单（AIRWAY BILL）、货运发票（INVOICE）重点审查内容包括：

1. 装箱单：货号、毛重、净重、体积、批号、数量、效期等。
2. 提运单：出口国生产厂、进口商、航空公司、船运、铁路、离岸口岸、到岸口岸、承运人、毛重、体积、计量重量、费率、金额、是否低温储存、运单号码等。
3. 货运发票：进口商名称、发票日期、发票号、合同号、付款方式（时间、地点）、品名、数量、生产日期、效期、数量、单价、总价、英文总价等。

因各国或地区的规定不同，上述项目可能缺项，但应注意上述三项内容均须与购货合同一致。

五、其他注意问题

1.《进口药品注册证》和《医药产品注册证》应每次查验。
2. 进口单位在取得《进口药品通关单》后，必须在15天之内报关，如因客观原因延误的，应将通关单退回出具通关单的口岸药品监督管理局，并附上有关延误原因的说明。口岸药品监督管理局可另行出具。
3. 报验单位必须持有《药品经营许可证》或《药品生产许可证》。收货单位必须是独立法人单位，但无需取得《药品经营许可证》或《药品生产许可证》。应注意《药品经营许可证》或《药品生产许可证》的许可范围和效期。
4. 申请进口备案时，到货品种的实际有效期限不应低于十二个月，对于药品本身有效期不足12个月的，其有效期限不应低于6个月。到货品种的药品有效期，注意必须与国家食品药品监督管理局批准药品有效期一致。
5. 申报品种的药品名称、商品名、规格、包装规格、公司和生产厂名称、地址等必须与《进口药品注册证》或《医药产品注册证》一致。
6. 药品制剂必须附有中文说明书，中文说明书与国家食品药品监督管理局批准的说明书内容必须一致，尤其是适应症和安全性内容。
7. 药品包装标签内容应与《进口药品注册证》、《医药产品注册证》规定内容的一致。
8. 有关文件和票据不得有编造、涂改现象。
9. 出厂检验报告书应包括本次到货品种每个批号的出厂检验报告书，应注意检验日期，并必须有签字。
10. 进口疫苗、血液制品、血源筛查试剂等国家规定批签发的生物制品必须提供有效的生产国生物制品批签发证明。

蛋白同化制剂和肽类激素进出口管理办法

（国家食品药品监督管理总局　海关总署　国家体育总局联合令第 9 号）

（2014 年 9 月 28 日由国家食品药品监督管理总局、海关总署、国家体育总局发布，根据 2017 年 11 月 17 日国家食品药品监督管理总局令第 37 号《国家食品药品监督管理总局关于修改部分规章的决定》修改，现行版本自 2017 年 11 月 17 日起施行，法规类型为部门规章）

第一条　为规范蛋白同化制剂、肽类激素的进出口管理，根据《中华人民共和国药品管理法》、《中华人民共和国海关法》、《反兴奋剂条例》等法律、行政法规，制定本办法。

第二条　国家对蛋白同化制剂、肽类激素实行进出口准许证管理。

第三条　进口蛋白同化制剂、肽类激素，进口单位应当向所在地省、自治区、直辖市食品药品监督管理部门提出申请。

第四条　进口供医疗使用的蛋白同化制剂、肽类激素，进口单位应当报送以下资料：

（一）药品进口申请表。

（二）购货合同或者订单复印件。

（三）《进口药品注册证》（或者《医药产品注册证》）（正本或者副本）复印件。

（四）进口单位的《药品经营许可证》、《企业法人营业执照》、《进出口企业资格证书》（或者《对外贸易经营者备案登记表》）复印件；药品生产企业进口本企业所需原料药和制剂中间体（包括境内分包装用制剂），应当报送《药品生产许可证》、《企业法人营业执照》复印件。

（五）《进口药品注册证》（或者《医药产品注册证》）持有者如委托其他公司代理出口其药品的，需提供委托出口函。

上述各类复印件应当加盖进口单位公章。

第五条　因教学、科研需要而进口蛋白同化制剂、肽类激素的，进口单位应当报送以下资料：

（一）药品进口申请表；

（二）购货合同或者订单复印件；

（三）国内使用单位合法资质的证明文件、药品使用数量的测算依据以及使用单位出具的合法使用和管理该药品保证函；

（四）相应科研项目的批准文件或者相应主管部门的批准文件；

（五）接受使用单位委托代理进口的，还需提供委托代理协议复印件和进口单位的《企业法人营业执照》、《进出口企业资格证书》（或者《对外贸易经营者备案登记表》）复印件。

上述各类复印件应当加盖进口单位公章。

第六条　境内企业因接受境外企业委托生产而需要进口蛋白同化制剂、肽类激素的，报送本办法第五条第一款第（一）项、第（三）项、第（五）项规定的资料。

上述各类复印件应当加盖进口单位公章。

第七条　省、自治区、直辖市食品药品监督管理部门收到进口申请及有关资料后，应当在 15 个工作日内作出是否同意进口的决定；对同意进口的，发给药品《进口准许证》；对不同意进口的，应当书面说明理由。

第八条 进口蛋白同化制剂、肽类激素必须经由国务院批准的允许药品进口的口岸进口。进口单位持省、自治区、直辖市食品药品监督管理部门核发的药品《进口准许证》向海关办理报关手续。进口蛋白同化制剂、肽类激素无需办理《进口药品通关单》。

第九条 进口供医疗使用的蛋白同化制剂、肽类激素（包括首次在中国销售的），进口单位应当于进口手续完成后，及时填写《进口药品报验单》，持《进口药品注册证》（或者《医药产品注册证》）原件（正本或者副本）、药品《进口准许证》原件，向进口口岸食品药品监督管理部门报送下列资料一式两份，申请办理《进口药品口岸检验通知书》：

（一）《进口药品注册证》（或者《医药产品注册证》）（正本或者副本）和药品《进口准许证》复印件；

（二）进口单位的《药品生产许可证》或者《药品经营许可证》复印件，《企业法人营业执照》复印件；

（三）原产地证明复印件；

（四）购货合同复印件；

（五）装箱单、提运单和货运发票复印件；

（六）出厂检验报告书复印件；

（七）药品说明书及包装、标签的式样（原料药和制剂中间体除外）。

上述各类复印件应当加盖进口单位公章。

第十条 口岸食品药品监督管理部门接到《进口药品报验单》及相关资料，审查无误后，将《进口药品注册证》（或者《医药产品注册证》）（正本或者副本）原件、药品《进口准许证》原件交还进口单位，并应当于当日向负责检验的口岸药品检验所发出《进口药品口岸检验通知书》，附本办法第九条规定的资料1份。

口岸药品检验所接到《进口药品口岸检验通知书》后，应当在2个工作日内与进口单位联系，到存货地点进行抽样，抽样完成后，应当在药品《进口准许证》原件第一联背面注明"已抽样"字样，并加盖抽样单位的公章。

第十一条 因教学、科研需要而进口的蛋白同化制剂、肽类激素以及境内企业接受境外企业委托生产而需要进口的蛋白同化制剂、肽类激素，予以免检。对免检的进口蛋白同化制剂、肽类激素，其收货人不免除持进口准许证向海关办理手续的义务。

第十二条 有下列情形之一的，口岸食品药品监督管理部门应当及时将有关情况通告发证机关：

（一）口岸食品药品监督管理部门根据《药品进口管理办法》第十七条规定，不予发放《进口药品口岸检验通知书》的；

（二）口岸药品检验所根据《药品进口管理办法》第二十五条规定，不予抽样的。

口岸食品药品监督管理部门对具有当前款情形并已进口的全部药品，应当采取查封、扣押的行政强制措施，并于查封、扣押之日起7日内作出责令复运出境决定，通知进口单位按照本办法规定的蛋白同化制剂、肽类激素出口程序办理药品《出口准许证》，将进口药品全部退回原出口国。

进口单位收到责令复运出境决定之日起10日内不答复或者未明确表示复运出境的，已查封、扣押的药品由口岸食品药品监督管理部门监督销毁。

第十三条 进口的蛋白同化制剂、肽类激素经口岸药品检验所检验不符合标准规定的，进口单位应当在收到《进口药品检验报告书》后2日内，将全部进口药品流通、使用的详细情况，报告所在地口岸食品药品监督管理部门。

口岸食品药品监督管理部门收到《进口药品检验报告书》后，应当及时采取对全部药品予以查封、扣押的行政强制措施，并在7日内作出是否立案的决定。

进口单位未在规定时间内提出复验或者经复验仍不符合标准规定的，口岸食品药品监督管理部门应当作出责令复运出境决定，通知进口单位按本办法规定的蛋白同化制剂、肽类激素出口程序办理药品《出口准许证》，将进口药品全部退回原出口国。进口单位收到责令复运出境决定之日起10日内不答复或者未明确表示复运出境的，由口岸食品药品监督管理部门监督销毁。

经复验符合标准规定的，口岸食品药品监督管理部门应当解除查封、扣押的行政强制措施。

口岸食品药品监督管理部门应当将按照本条第二款、第三款、第四款规定处理的情况及时通告发证机关，同时通告各省、自治区、直辖市食品药品监督管理部门和其他口岸食品药品监督管理部门。

第十四条 国内药品生产企业、经营企业以及医疗机构采购进口蛋白同化制剂、肽类激素时，供货单位应当提供《进口药品注册证》（或者《医药产品注册证》）复印件、药品《进口准许证》复印件和《进口药品检验报告书》复印件，并在上述各类复印件上加盖供货单位公章。

第十五条 出口蛋白同化制剂、肽类激素，出口单位应当向所在地省、自治区、直辖市食品药品监督管理部门提出申请，报送下列资料：

（一）药品出口申请表。

（二）进口国家或者地区的药品管理机构提供的进口准许证正本（或者复印件及公证文本）。

如进口国家或者地区对蛋白同化制剂、肽类激素进口尚未实行许可证管理制度，需提供进口国家的药品管理机构提供的该类药品进口无需核发进口准许证的证明文件（正本）以及以下文件之一：

1. 进口国家或者地区的药品管理机构提供的同意进口该药品的证明文件正本（或者复印件及公证文本）；

2. 进口单位合法资质的证明文件和该药品用途合法的证明文件正本（或者复印件及公证文本）。

（三）购货合同或者订单复印件（自营产品出口的生产企业除外）。

（四）外销合同或者订单复印件。

（五）出口药品如为国内药品生产企业经批准生产的品种，须提供该药品生产企业的《药品生产许可证》、《企业法人营业执照》及药品的批准证明文件复印件。

出口药物如为境内企业接受境外企业委托生产的品种，须提供与境外委托企业签订的委托生产合同。委托生产合同应当明确规定双方的权利和义务、法律责任等，产品质量由委托方负责。

（六）出口企业的《企业法人营业执照》、《进出口企业资格证书》（或者《对外贸易经营者备案登记表》）复印件。

上述各类复印件应当加盖出口单位公章。

第十六条 按照本办法第十二条、第十三条规定复运出境的，申请药品《出口准许证》时，应当提供下列资料：

（一）出口国原出口单位申请退货的证明材料；

（二）药品《进口准许证》。

第十七条 省、自治区、直辖市食品药品监督管理部门收到出口申请及有关资料后，应当于15个工作日内作出是否同意出口的决定；对同意出口的，发给药品《出口准许证》；对不同意出口的，应当书面说明理由。

对根据本办法第十六条规定申请办理药品《出口准许证》的，发证机关应当在药品《出口准许证》上注明"原货退回"字样。

第十八条 出口单位持省、自治区、直辖市食品药品监督管理部门核发的药品《出口准许证》向海关办理报关手续。

第十九条 进出口单位在办理报关手续时，应当多提交一联报关单，并向海关申请签退该联报关单。海关凭药品《进口准许证》、《出口准许证》在该联报关单上加盖"验讫章"后退进出口单位。

进出口完成后1个月内，进出口单位应当将药品《进口准许证》、《出口准许证》的第一联、海关签章的报关单退回发证机关。

取得药品进出口准许证后未进行相关进出口贸易的，进出口单位应当于准许证有效期满后1个月内将原准许证退回发证机关。

第二十条 药品《进口准许证》有效期1年。药品《出口准许证》有效期不超过3个月（有效期时限不跨年度）。

药品《进口准许证》、《出口准许证》实行"一证一关"，只能在有效期内一次性使用，证面内容不得更改。因故延期进出口的，可以持原进出口准许证办理一次延期换证手续。

第二十一条 药品《进口准许证》、《出口准许证》如有遗失，进出口单位应当立即向原发证机关书面报告挂失。原发证机关收到挂失报告后，通知口岸海关。原发证机关经核实无不良后果的，予以重新补发。

第二十二条 药品《进口准许证》、《出口准许证》由国家食品药品监督管理总局统一印制。

第二十三条 以加工贸易方式进出口蛋白同化制剂、肽类激素的，海关凭药品《进口准许证》、《出口准许证》办理验放手续并实施监管。确因特殊情况无法出口的，移交货物所在地食品药品监督管理部门按规定处理，海关凭有关证明材料办理核销手续。

第二十四条 海关特殊监管区域和保税监管场所与境外进出及海关特殊监管区域、保税监管场所之间进出的蛋白同化制剂、肽类激素，免予办理药品《进口准许证》、《出口准许证》，由海关实施监管。

从海关特殊监管区域和保税监管场所进入境内区外的蛋白同化制剂、肽类激素，应当办理药品《进口准许证》。

从境内区外进入海关特殊监管区域和保税监管场所的蛋白同化制剂、肽类激素，应当办理药品《出口准许证》。

第二十五条 个人因医疗需要携带或者邮寄进出境自用合理数量范围内的蛋白同化制剂、肽类激素的，海关按照卫生计生部门有关处方的管理规定凭医疗机构处方予以验放。

第二十六条 除本办法另有规定外，供医疗使用的蛋白同化制剂、肽类激素的进口、口岸检验、监督管理等方面，参照《药品进口管理办法》有关药品进口的规定执行。

第二十七条 本办法所称进口供医疗使用的蛋白同化制剂、肽类激素，是指进口的蛋白同化制剂、肽类激素拟用于生产制剂或者拟在中国境内上市销售。

进口单位：是指依照本办法取得的药品《进口准许证》上载明的进口单位。

出口单位：是指依照本办法取得的药品《出口准许证》上载明的出口单位。

第二十八条 本办法自2014年12月1日起施行。2006年7月28日公布的《蛋白同化制剂、肽类激素进出口管理办法（暂行）》（原国家食品药品监督管理局、海关总署、国家体育总局令第25号）同时废止。

生物制品批签发管理办法

(国家食品药品监督管理总局令第 39 号)

(2017 年 12 月 29 日由国家食品药品监督管理总局发布,2018 年 2 月 1 日起施行,法规类型为部门规章)

第一章 总 则

第一条 为加强生物制品监督管理,规范生物制品批签发行为,保证生物制品安全、有效,根据《中华人民共和国药品管理法》(以下简称《药品管理法》)有关规定,制定本办法。

第二条 本办法所称生物制品批签发,是指国家食品药品监督管理总局(以下简称食品药品监管总局)对获得上市许可的疫苗类制品、血液制品、用于血源筛查的体外诊断试剂以及食品药品监管总局规定的其他生物制品,在每批产品上市销售前或者进口时,指定药品检验机构进行资料审核、现场核实、样品检验的监督管理行为。

未通过批签发的产品,不得上市销售或者进口。

第三条 批签发申请人应当是持有药品批准证明文件的境内外制药企业。境外制药企业应当授权其驻我国境内办事机构或者我国境内企业法人作为代理人办理批签发。

批签发产品应当按照食品药品监管总局核准的工艺生产。企业对批签发产品生产、检验等过程中形成的资料、记录和数据的真实性负责。批签发资料应当经企业质量受权人审核并签发。

每批产品上市销售前或者进口时,批签发申请人应当主动提出批签发申请,依法履行批签发活动中的法定义务,保证申请批签发的产品质量可靠以及批签发申请资料、过程记录、试验数据和样品的真实性。

第四条 食品药品监管总局主管全国生物制品批签发工作,负责规定批签发品种范围,指定批签发机构,指导批签发工作的实施。

省、自治区、直辖市食品药品监督管理部门负责本行政区域批签发申请人的日常监管,协助批签发机构开展现场核实,组织批签发产品的现场抽样及批签发不合格产品的处置,对批签发过程中发现的违法违规行为进行调查处理。

食品药品监管总局指定的批签发机构负责批签发的受理、资料审核、现场核实、样品检验等工作,并依法作出批签发决定。

食品药品监管总局委托中国食品药品检定研究院(以下简称中检院)组织制定批签发技术要求和技术考核细则,对拟承担批签发工作或者扩大批签发品种范围的药品检验机构进行能力评估和考核,对其他批签发机构进行业务指导、技术培训和考核评估。

食品药品监管总局食品药品审核查验中心(以下简称核查中心)负责批签发过程中的现场检查工作。

第五条 食品药品监管总局对批签发产品建立基于风险的监督管理体系。必要时,可以通过现场核实验证批签发申请资料的真实性、可靠性。

第六条 生物制品批签发审核、检验应当依据食品药品监管总局核准的药品注册标准,并应当同时符合中华人民共和国药典（以下简称药典）要求。

第二章 批签发机构确定

第七条 批签发机构及其所负责的批签发品种由食品药品监管总局确定。

食品药品监管总局根据批签发工作需要，适时公布新增批签发机构及批签发机构扩增批签发品种的遴选标准和条件。

第八条 自评符合遴选标准和条件要求的药品检验机构可以向省、自治区、直辖市食品药品监督管理部门提出申请，省、自治区、直辖市食品药品监督管理部门初步审查后，报食品药品监管总局。

中检院对提出申请的药品检验机构进行能力评估和考核。食品药品监管总局根据考核结果确定由该药品检验机构承担相应品种的批签发工作，或者对批签发机构扩大批签发品种范围。

第九条 中检院应当根据批签发工作需要，对批签发机构进行评估，评估情况及时报告食品药品监管总局。

第十条 批签发机构有下列情形之一的，食品药品监管总局取消该机构批签发资格：

（一）因主观原因发生重大差错，造成严重后果的；

（二）出具虚假检验报告的；

（三）经评估不再具备批签发机构标准和条件要求的。

第三章 批签发申请

第十一条 新批准上市的生物制品首次申请批签发前，批签发申请人应当在批签发信息管理系统内登记建档。登记时应当提交以下资料：

（一）生物制品批签发品种登记表；

（二）药品批准证明文件；

（三）合法生产的证明性文件。

相关资料符合要求的，中检院应当在10日内完成所申请品种在批签发信息管理系统内的登记确认。

登记信息发生变化时，批签发申请人应当及时在批签发信息管理系统内变更。

第十二条 对拟申请批签发的每个品种，批签发申请人应当建立独立的批签发生产及检定记录摘要模板，报中检院核定后，由中检院分发给批签发机构和申请人。批签发申请人需要修订已核定的批签发生产及检定记录摘要模板的，应当向中检院提出申请，经中检院核定后方可变更。

第十三条 按照批签发管理的生物制品在生产、检验完成后，批签发申请人应当在批签发信息管理系统内填写生物制品批签发申请表，并根据申请批签发产品的药品生产企业所在地或者拟进口口岸所在地，向相应属地的批签发机构申请批签发。

第十四条 批签发申请人凭生物制品批签发申请表向省、自治区、直辖市食品药品监督管理部门或者其指定的抽样机构提出抽样申请，抽样人员在5日内组织现场抽样，并将所抽样品封存。批签发申请人将封存样品在规定条件下送至批签发机构办理批签发登记，同时提交批签发申请资料。

省、自治区、直辖市食品药品监督管理部门负责组织本行政区域生产或者进口的批签发产品的抽样工作，确定相对固定的抽样机构和人员并在批签发机构备案，定期对抽样机构和人员进行培训，对抽样工作进行督查指导。

第十五条 批签发申请人申请批签发时，应当提供以下证明性文件、资料及样品：

（一）生物制品批签发申请表；

（二）药品批准证明文件；
（三）合法生产的证明性文件；
（四）上市后变更的批准证明性文件；
（五）药品生产企业质量受权人签字并加盖企业公章的批生产及检定记录摘要；
（六）数量满足相应品种批签发检验要求的同批号产品，必要时提供与检验相关的中间产品、标准物质、试剂等材料；
（七）质量受权人等关键人员变动情况的说明；
（八）与产品质量相关的其他资料。

进口疫苗类制品和血液制品应当同时提交生产企业所在国家或者地区的原产地证明以及药品管理当局出具的批签发证明文件，并提供经公证的中文译本。进口产品在本国免予批签发的，应当提供免予批签发的证明性文件。

相关证明性文件为复印件的，应当加盖企业公章。

生物制品批生产及检定记录摘要，是指概述某一批生物制品全部生产工艺流程和质量控制关键环节检验结果的文件。该文件应当由企业质量管理部门和质量受权人审核确定。

第十六条　批签发机构收到申请资料及样品后，应当立即核对，交接双方登记签字确认后，妥善保存。批签发申请人无法现场签字确认的，应当提前递交书面承诺。

批签发机构应当在5日内决定是否受理。同意受理的，出具生物制品批签发登记表；不予受理的，予以退回，发给不予受理通知书并说明理由。

申请资料不齐全或者不符合规定形式的，批签发机构应当在5日内一次性书面告知批签发申请人需要补正的全部内容及资料补正时限。逾期不告知的，自收到申请资料之日起即为受理。

申请资料存在可以当场更正的错误的，应当允许批签发申请人当场更正。

未获批签发机构受理的，不得更换其他批签发机构再次申请。

第十七条　对于国家疾病防控应急需要的生物制品，经食品药品监管总局批准，企业在完成生产后即可向批签发机构申请批签发。

在批签发机构作出批签发合格结论前，批签发申请人应当将批签发申请资料补充完整并提交批签发机构。

第四章　审核、检验、检查与签发

第十八条　批签发可以采取资料审核的方式，也可以采取资料审核和样品检验相结合的方式进行，并可根据需要进行现场核实。对不同品种所采用的批签发方式及检验项目和检验比例，由中检院负责组织论证，各批签发机构按照确定的批签发方式和检验要求进行检验。

批签发机构在对具体品种的批签发过程中，可以根据该品种的工艺及质量控制成熟度和既往批签发等情况进行综合评估，动态调整该品种注册标准中的检验项目和检验频次。批签发产品出现不合格项目的，批签发机构应当对后续批次产品的相应项目增加检验频次。

第十九条　资料审核的内容包括：
（一）申请资料内容是否符合要求；
（二）生产用原辅材料、菌种、毒种、细胞等是否与食品药品监管总局批准的一致；
（三）生产工艺和过程控制是否与食品药品监管总局批准的一致并符合药典要求；
（四）产品原液、半成品和成品的检验项目、检验方法和结果是否符合药典和药品注册标准的要求；
（五）产品关键质量指标趋势分析是否存在异常；
（六）产品包装、标签及说明书是否与食品药品监管总局核准的内容一致；

（七）其他需要审核的项目。

第二十条　批签发机构应当根据批签发申请人既往质量管理情况、相应品种工艺成熟度和产品质量稳定情况等，对申请批签发的产品开展不同比例的现场核实，并可按需要抽取样品进行检验。

第二十一条　有下列情形之一的，产品应当按照注册标准进行全部项目检验，至少连续生产的三批产品批签发合格后，方可进行部分项目检验：

（一）批签发申请人新获食品药品监管总局批准上市的产品；

（二）生产场地发生变更并经批准的；

（三）生产工艺发生变更并经批准的；

（四）产品连续两年未申请批签发的；

（五）因违反相关法律法规被责令停产后经批准恢复生产的；

（六）有信息提示相应产品的质量或者质量控制可能存在潜在风险的；

（七）其他需要进行连续三批全部项目检验的情形。

第二十二条　批签发机构应当在本办法规定的工作时限内完成批签发工作。批签发申请人补正资料的时间、现场核实、现场检查和技术评估时间不计入批签发工作时限。

<u>疫苗类产品应当在 60 日内完成批签发，血液制品和用于血源筛查的体外诊断试剂应当在 35 日内完成批签发。</u>需要复试的，批签发工作时限可延长该检验项目的两个检验周期，并告知批签发申请人。

因品种特性及检验项目原因确需延长批签发时限的，经中检院审核确定后公开。

第二十三条　批签发机构因不可抗力或者突发公共卫生事件应急处置等原因，在规定的时限内不能完成批签发工作的，应当将批签发延期的时限、理由及预期恢复的时间书面通知批签发申请人。确实难以完成的，由中检院协调其他批签发机构承担。

第二十四条　批签发机构认为申请资料中的有关数据需要核对或者补充的，应当书面通知批签发申请人补正资料，并明确回复时限。

批签发机构在保证资料审核和样品检验等技术审查工作独立性的前提下，可就批签发过程中需要解释的具体问题与批签发申请人进行沟通。

批签发机构对批签发申请资料及样品真实性存疑或者需要进一步核对的，应当及时派员到生产企业进行现场核实，并可视情况通知省、自治区、直辖市食品药品监督管理部门派监管执法人员予以配合。确认企业存在真实性问题的，不予批签发。

第二十五条　有下列情形之一的，批签发机构应当通知企业所在地省、自治区、直辖市食品药品监督管理部门，并责令企业分析查找原因，向核查中心提出现场检查建议，同时报告食品药品监管总局：

（一）无菌等重要安全性指标检验不合格的；

（二）效力等有效性指标连续两批检验不合格的；

（三）资料审核提示产品生产质量控制可能存在严重问题的；

（四）批签发申请资料或者样品可能存在真实性问题的；

（五）其他提示产品存在重大质量风险的情形。

在上述问题调查处理期间，暂停受理该企业相应品种的批签发申请。

第二十六条　核查中心接到现场检查建议后，应当在 20 日内进行现场检查。

检查结束后 10 日内，核查中心应当组织对批签发机构提出的相关批次产品的质量风险进行技术评估，作出明确结论，形成现场检查报告送批签发机构并报食品药品监管总局。境外现场检查时限由食品药品监管总局根据具体情况确定。

企业在查清问题原因并整改完成后，向所在地省、自治区、直辖市食品药品监督管理部门和批签发机构报告,经核查中心现场检查符合要求后方可恢复批签发申请。

第二十七条 批签发申请人因非质量问题申请撤回批签发的,应当说明理由,经批签发机构同意后方可撤回,并向所在地省、自治区、直辖市食品药品监督管理部门报告批签发申请撤回情况。

批签发机构已经确认资料审核提示缺陷、检验结果不符合规定的,批签发申请人不得撤回。

第二十八条 批签发机构根据资料审核、样品检验或者现场检查等结果作出批签发结论。符合要求的,签发生物制品批签发证明,加盖批签发专用章,发给批签发申请人。

按照批签发管理的生物制品在销售时,应当出具该批产品的生物制品批签发证明复印件并加盖企业公章。

第二十九条 有下列情形之一的,不予批签发,向批签发申请人出具生物制品不予批签发通知书,并抄送批签发申请人所在地省、自治区、直辖市食品药品监督管理部门:
(一)资料审核不符合要求的;
(二)样品检验不合格的;
(三)现场检查发现违反药品生产质量管理规范、存在严重缺陷的;
(四)现场检查发现产品存在系统性质量风险的;
(五)批签发申请人无正当理由,未在规定时限内补正资料的;
(六)其他不符合法律法规要求的。

第三十条 不予批签发的生物制品,由所在地省、自治区、直辖市食品药品监督管理部门按照有关规定监督批签发申请人销毁。进口生物制品由口岸所在地食品药品监督管理部门监督销毁,或者退回境外厂商。

批签发申请人应当将销毁记录同时报食品药品监督管理部门和相应的批签发机构。

第三十一条 在批签发工作中发现企业产品存在严重缺陷,涉及已上市流通批次的,食品药品监管总局应当立即通知批签发申请人,批签发申请人应当及时采取停止销售、使用、召回缺陷产品等措施,并按照有关规定在省、自治区、直辖市食品药品监督管理部门的监督下予以销毁。批签发申请人应当将销毁记录同时报食品药品监督管理部门和相应的批签发机构。

批签发申请人召回产品的,不免除其依法应当承担的其他法律责任。

第三十二条 批签发机构应当对批签发工作情况进行年度总结,由中检院汇总分析后,于每年3月底前向食品药品监管总局报告。

第五章 复 审

第三十三条 批签发申请人对生物制品批签发通知书有异议的,可以自收到生物制品批签发通知书之日起7日内,向原批签发机构或者直接向中检院提出复审申请。

第三十四条 原批签发机构或者中检院应当在收到批签发申请人的复审申请之日起20日内作出是否复审的决定,复审内容仅限于原申请事项及原报送资料。按规定需要复验的,其样品为原批签发机构保留的样品,其时限按照本办法第二十二条规定执行。

有下列情形之一的,不予复审:
(一)不合格项目为无菌、热原(细菌内毒素)等食品药品监督管理部门规定不得复验的项目;
(二)样品明显不均匀的;
(三)样品有效期不能满足检验需求的;
(四)批签发申请人书面承诺放弃复验的。

第三十五条 复审维持原决定的,发给生物制品批签发复审结果通知书,不再受理批签发申请人再次提出的复审申请；复审改变原结论的，收回原生物制品不予批签发通知书，发给生物制品批签发证明。

第六章　信息公开

第三十六条　食品药品监管总局建立统一的批签发信息管理系统，公布批签发机构确定及调整情况，向批签发申请人提供可查询的批签发进度、批签发结论，汇总公开已完成批签发的产品批签发结论以及重大问题处理决定等信息。

中检院负责批签发信息管理系统的日常运行和维护。

第三十七条　批签发机构应当在本机构网站或者申请受理场所公开批签发申请程序、需要提交的批签发材料目录和申请书示范文本、收费标准和依据、时限要求等信息。

第三十八条　批签发机构应当在本机构每一批产品批签发决定作出后7日内公开批签发结论等信息。

第七章　法律责任

第三十九条　食品药品监督管理部门、批签发机构及其工作人员违反本办法规定，有下列情形之一的，由其上级行政机关或者监察机关责令改正；情节严重的，对直接负责的主管人员和其他直接责任人员依法给予行政处分：

（一）对符合法定条件的批签发申请不予受理的；

（二）不在本机构网站或者申请受理场所公示依法应当公示的材料的；

（三）在批签发过程中，未按规定向行政相对人履行告知义务的；

（四）批签发申请人提交的申请资料、样品不齐全、不符合法定形式，不一次告知批签发申请人必须补正的全部内容的；

（五）未依法说明不受理或者不予批签发理由的。

第四十条　食品药品监督管理部门、批签发机构及其工作人员在批签发工作中有下列情形之一的，由其上级行政机关或者监察机关责令改正，对直接负责的主管人员和其他直接责任人员依法给予行政处分；构成犯罪的，依法追究刑事责任：

（一）对不符合法定条件的申请作出准予批签发结论或者超越法定职权作出批签发结论的；

（二）对符合法定条件的申请作出不予批签发结论的；

（三）批签发过程中违反程序要求，私自向批签发申请人或者第三方透露相关工作信息，造成严重后果的；

（四）批签发过程中收受、索取批签发申请人财物或者谋取其他利益的。

第四十一条　批签发机构在承担批签发相关工作时，出具虚假检验报告的，依照《药品管理法》第八十六条的规定予以处罚。

第四十二条　批签发申请人提供虚假资料或者样品，或者故意瞒报影响产品质量的重大变更情况，骗取生物制品批签发证明的，依照《药品管理法》第八十二条的规定予以处罚。

伪造生物制品批签发证明的，依照《药品管理法》第八十一条的规定予以处罚。

第四十三条　经现场检查，药品生产不符合药品生产质量管理规范的，依照《药品管理法》第七十八条的规定予以处罚。

第四十四条　销售、使用未获得生物制品批签发证明的生物制品的，依照《药品管理法》第七十三条的规定予以处罚。

第八章　附　则

第四十五条　本办法规定的批签发工作期限以工作日计算，不含法定节假日。

第四十六条　按照批签发管理的生物制品进口时，还应当符合药品进口相关法律法规的规定。

第四十七条　生物制品批签发申请表、生物制品批签发登记表、生物制品批签发证明、生物制品不予批签发通知书、生物制品批签发复审申请表、生物制品批签发复审结果通知书的格式由中检院统一制定并公布。

第四十八条　生物制品批签发证明、生物制品不予批签发通知书、生物制品批签复审结果通知书由批签发机构按照顺序编号，其格式为："批签X（进）检XXXXXXXXX"，其中，前X符号代表批签发机构所在地省、自治区、直辖市行政区域或者机构的简称，进口生物制品使用"进"字；后8个X符号的前4位为公元年号，后4位为年内顺序号。

第四十九条　本办法自2018年2月1日起施行。2004年7月13日公布的《生物制品批签发管理办法》（原国家食品药品监督管理局令第11号）同时废止。

药品注册管理办法

（国家市场监督管理总局令第27号）

（2020年1月22日由国家市场监督管理总局发布，2020年7月1日起施行，法规类型为部门规章）

第一章　总　则

第一条　为规范药品注册行为，保证药品的安全、有效和质量可控，根据《中华人民共和国药品管理法》（以下简称《药品管理法》）、《中华人民共和国中医药法》、《中华人民共和国疫苗管理法》（以下简称《疫苗管理法》）、《中华人民共和国行政许可法》、《中华人民共和国药品管理法实施条例》等法律、行政法规，制定本办法。

第二条　在中华人民共和国境内以药品上市为目的，从事药品研制、注册及监督管理活动，适用本办法。

第三条　药品注册是指药品注册申请人（以下简称申请人）依照法定程序和相关要求提出药物临床试验、药品上市许可、再注册等申请以及补充申请，药品监督管理部门基于法律法规和现有科学认知进行安全性、有效性和质量可控性等审查，决定是否同意其申请的活动。

申请人取得药品注册证书后，为药品上市许可持有人（以下简称持有人）。

第四条　药品注册按照中药、化学药和生物制品等进行分类注册管理。

中药注册按照中药创新药、中药改良型新药、古代经典名方中药复方制剂、同名同方药等进行分类。

化学药注册按照化学药创新药、化学药改良型新药、仿制药等进行分类。

生物制品注册按照生物制品创新药、生物制品改良型新药、已上市生物制品（含生物类似药）等进行分类。

中药、化学药和生物制品等药品的细化分类和相应的申报资料要求，由国家药品监督管理局根据注册药品的产品特性、创新程度和审评管理需要组织制定，并向社会公布。

境外生产药品的注册申请，按照药品的细化分类和相应的申报资料要求执行。

第五条　国家药品监督管理局主管全国药品注册管理工作，负责建立药品注册管理工作体系和制度，制定药品注册管理规范，依法组织药品注册审评审批以及相关的监督管理工作。国家药品监督管理局药品审评中心（以下简称药品审评中心）负责药物临床试验申请、药品上市许可申请、补充申请和境外生产药品再注册申请等的审评。中国食品药品检定研究院（以下简称中检院）、国家药典委员会（以下简称药典委）、国家药品监督管理局食品药品审核查验中心（以下简称药品核查中心）、国家药品监督管理局药品评价中心（以下简称药品评价中心）、国家药品监督管理局行政事项受理服务和投诉举报中心、国家药品监督管理局信息中心（以下简称信息中心）等药品专业技术机构，承担依法实施药品注册管理所需的药品注册检验、通用名称核准、核查、监测与评价、制证送达以及相应的信息化建设与管理等相关工作。

第六条　省、自治区、直辖市药品监督管理部门负责本行政区域内以下药品注册相关管理工作：

（一）境内生产药品再注册申请的受理、审查和审批；

（二）药品上市后变更的备案、报告事项管理；

（三）组织对药物非临床安全性评价研究机构、药物临床试验机构的日常监管及违法行为的查处；

（四）参与国家药品监督管理局组织的药品注册核查、检验等工作；

（五）国家药品监督管理局委托实施的药品注册相关事项。

省、自治区、直辖市药品监督管理部门设置或者指定的药品专业技术机构，承担依法实施药品监督管理所需的审评、检验、核查、监测与评价等工作。

第七条　药品注册管理遵循公开、公平、公正原则，以临床价值为导向，鼓励研究和创制新药，积极推动仿制药发展。

国家药品监督管理局持续推进审评审批制度改革，优化审评审批程序，提高审评审批效率，建立以审评为主导，检验、核查、监测与评价等为支撑的药品注册管理体系。

第二章　基本制度和要求

第八条　从事药物研制和药品注册活动，应当遵守有关法律、法规、规章、标准和规范；参照相关技术指导原则，采用其他评价方法和技术的，应当证明其科学性、适用性；应当保证全过程信息真实、准确、完整和可追溯。

药品应当符合国家药品标准和经国家药品监督管理局核准的药品质量标准。经国家药品监督管理局核准的药品质量标准，为药品注册标准。药品注册标准应当符合《中华人民共和国药典》通用技术要求，不得低于《中华人民共和国药典》的规定。申请注册品种的检测项目或者指标不适用《中华人民共和国药典》的，申请人应当提供充分的支持性数据。

药品审评中心等专业技术机构，应当根据科学进展、行业发展实际和药品监督管理工作需要制定技术指导原则和程序，并向社会公布。

第九条　申请人应当为能够承担相应法律责任的企业或者药品研制机构等。境外申请人应当指定中国境内的企业法人办理相关药品注册事项。

第十条　申请人在申请药品上市注册前，应当完成药学、药理毒理学和药物临床试验等相关研究工作。药物非临床安全性评价研究应当在经过药物非临床研究质量管理规范认证的机构开展，并遵守药物非临床研究质量管理规范。药物临床试验应当经批准，其中生物等效性试验应当备案；药物临床试验应当在符合相关规定的药物临床试验机构开展，并遵守药物临床试验质量管理规范。

申请药品注册，应当提供真实、充分、可靠的数据、资料和样品，证明药品的安全性、有效性和质量可控性。

使用境外研究资料和数据支持药品注册的，其来源、研究机构或者实验室条件、质量体系要求及其他管理条件等应当符合国际人用药品注册技术要求协调会通行原则,并符合我国药品注册管理的相关要求。

第十一条 变更原药品注册批准证明文件及其附件所载明的事项或者内容的,申请人应当按照规定,参照相关技术指导原则,对药品变更进行充分研究和验证,充分评估变更可能对药品安全性、有效性和质量可控性的影响,按照变更程序提出补充申请、备案或者报告。

第十二条 药品注册证书有效期为五年,药品注册证书有效期内持有人应当持续保证上市药品的安全性、有效性和质量可控性,并在有效期届满前六个月申请药品再注册。

第十三条 国家药品监督管理局建立药品加快上市注册制度,支持以临床价值为导向的药物创新。对符合条件的药品注册申请,申请人可以申请适用突破性治疗药物、附条件批准、优先审评审批及特别审批程序。在药品研制和注册过程中,药品监督管理部门及其专业技术机构给予必要的技术指导、沟通交流、优先配置资源、缩短审评时限等政策和技术支持。

第十四条 国家药品监督管理局建立化学原料药、辅料及直接接触药品的包装材料和容器关联审评审批制度。在审批药品制剂时,对化学原料药一并审评审批,对相关辅料、直接接触药品的包装材料和容器一并审评。药品审评中心建立化学原料药、辅料及直接接触药品的包装材料和容器信息登记平台,对相关登记信息进行公示,供相关申请人或者持有人选择,并在相关药品制剂注册申请审评时关联审评。

第十五条 处方药和非处方药实行分类注册和转换管理。药品审评中心根据非处方药的特点,制定非处方药上市注册相关技术指导原则和程序,并向社会公布。药品评价中心制定处方药和非处方药上市后转换相关技术要求和程序,并向社会公布。

第十六条 申请人在药物临床试验申请前、药物临床试验过程中以及药品上市许可申请前等关键阶段,可以就重大问题与药品审评中心等专业技术机构进行沟通交流。药品注册过程中,药品审评中心等专业技术机构可以根据工作需要组织与申请人进行沟通交流。

沟通交流的程序、要求和时限,由药品审评中心等专业技术机构依照职能分别制定,并向社会公布。

第十七条 药品审评中心等专业技术机构根据工作需要建立专家咨询制度,成立专家咨询委员会,在审评、核查、检验、通用名称核准等过程中就重大问题听取专家意见,充分发挥专家的技术支撑作用。

第十八条 国家药品监督管理局建立收载新批准上市以及通过仿制药质量和疗效一致性评价的化学药品目录集,载明药品名称、活性成分、剂型、规格、是否为参比制剂、持有人等相关信息,及时更新并向社会公开。化学药品目录集收载程序和要求,由药品审评中心制定,并向社会公布。

第十九条 国家药品监督管理局支持中药传承和创新,建立和完善符合中药特点的注册管理制度和技术评价体系,鼓励运用现代科学技术和传统研究方法研制中药,加强中药质量控制,提高中药临床试验水平。

中药注册申请,申请人应当进行临床价值和资源评估,突出以临床价值为导向,促进资源可持续利用。

第三章 药品上市注册

第一节 药物临床试验

第二十条 本办法所称药物临床试验是指以药品上市注册为目的,为确定药物安全性与有效性在人体开展的药物研究。

第二十一条 药物临床试验分为Ⅰ期临床试验、Ⅱ期临床试验、Ⅲ期临床试验、Ⅳ期临床试验以及生物等效性试验。根据药物特点和研究目的，研究内容包括临床药理学研究、探索性临床试验、确证性临床试验和上市后研究。

第二十二条 药物临床试验应当在具备相应条件并按规定备案的药物临床试验机构开展。其中，疫苗临床试验应当由符合国家药品监督管理局和国家卫生健康委员会规定条件的三级医疗机构或者省级以上疾病预防控制机构实施或者组织实施。

第二十三条 申请人完成支持药物临床试验的药学、药理毒理学等研究后，提出药物临床试验申请的，应当按照申报资料要求提交相关研究资料。经形式审查，申报资料符合要求的，予以受理。药品审评中心应当组织药学、医学和其他技术人员对已受理的药物临床试验申请进行审评。对药物临床试验申请应当自受理之日起六十日内决定是否同意开展，并通过药品审评中心网站通知申请人审批结果；逾期未通知的，视为同意，申请人可以按照提交的方案开展药物临床试验。

申请人获准开展药物临床试验的为药物临床试验申办者（以下简称申办者）。

第二十四条 申请人拟开展生物等效性试验的，应当按照要求在药品审评中心网站完成生物等效性试验备案后，按照备案的方案开展相关研究工作。

第二十五条 开展药物临床试验，应当经伦理委员会审查同意。

药物临床试验用药品的管理应当符合药物临床试验质量管理规范的有关要求。

第二十六条 获准开展药物临床试验的，申办者在开展后续分期药物临床试验前，应当制定相应的药物临床试验方案，经伦理委员会审查同意后开展，并在药品审评中心网站提交相应的药物临床试验方案和支持性资料。

第二十七条 获准开展药物临床试验的药物拟增加适应症（或者功能主治）以及增加与其他药物联合用药的，申请人应当提出新的药物临床试验申请，经批准后方可开展新的药物临床试验。

获准上市的药品增加适应症（或者功能主治）需要开展药物临床试验的，应当提出新的药物临床试验申请。

第二十八条 申办者应当定期在药品审评中心网站提交研发期间安全性更新报告。研发期间安全性更新报告应当每年提交一次，于药物临床试验获准后每满一年后的两个月内提交。药品审评中心可以根据审查情况，要求申办者调整报告周期。

对于药物临床试验期间出现的可疑且非预期严重不良反应和其他潜在的严重安全性风险信息，申办者应当按照相关要求及时向药品审评中心报告。根据安全性风险严重程度，可以要求申办者采取调整药物临床试验方案、知情同意书、研究者手册等加强风险控制的措施，必要时可以要求申办者暂停或者终止药物临床试验。

研发期间安全性更新报告的具体要求由药品审评中心制定公布。

第二十九条 药物临床试验期间，发生药物临床试验方案变更、非临床或者药学的变化或者有新发现的，申办者应当按照规定，参照相关技术指导原则，充分评估对受试者安全的影响。

申办者评估认为不影响受试者安全的，可以直接实施并在研发期间安全性更新报告中报告。可能增加受试者安全性风险的，应当提出补充申请。对补充申请应当自受理之日起六十日内决定是否同意，并通过药品审评中心网站通知申请人审批结果；逾期未通知的，视为同意。

申办者发生变更的，由变更后的申办者承担药物临床试验的相关责任和义务。

第三十条 药物临床试验期间，发现存在安全性问题或者其他风险的，申办者应当及时调整临床试验方案、暂停或者终止临床试验，并向药品审评中心报告。

有下列情形之一的，可以要求申办者调整药物临床试验方案、暂停或者终止药物临床试验：

（一）伦理委员会未履行职责的；
（二）不能有效保证受试者安全的；
（三）申办者未按照要求提交研发期间安全性更新报告的；
（四）申办者未及时处置并报告可疑且非预期严重不良反应的；
（五）有证据证明研究药物无效的；
（六）临床试验用药品出现质量问题的；
（七）药物临床试验过程中弄虚作假的；
（八）其他违反药物临床试验质量管理规范的情形。

药物临床试验中出现大范围、非预期的严重不良反应，或者有证据证明临床试验用药品存在严重质量问题时，申办者和药物临床试验机构应当立即停止药物临床试验。药品监督管理部门依职责可以责令调整临床试验方案、暂停或者终止药物临床试验。

第三十一条 药物临床试验被责令暂停后，申办者拟继续开展药物临床试验的，应当在完成整改后提出恢复药物临床试验的补充申请，经审查同意后方可继续开展药物临床试验。药物临床试验暂停时间满三年且未申请并获准恢复药物临床试验的，该药物临床试验许可自行失效。

药物临床试验终止后，拟继续开展药物临床试验的，应当重新提出药物临床试验申请。

第三十二条 药物临床试验应当在批准后三年内实施。药物临床试验申请自获准之日起，三年内未有受试者签署知情同意书的，该药物临床试验许可自行失效。仍需实施药物临床试验的，应当重新申请。

第三十三条 申办者应当在开展药物临床试验前在药物临床试验登记与信息公示平台登记药物临床试验方案等信息。药物临床试验期间，申办者应当持续更新登记信息，并在药物临床试验结束后登记药物临床试验结果等信息。登记信息在平台进行公示，申办者对药物临床试验登记信息的真实性负责。

药物临床试验登记和信息公示的具体要求，由药品审评中心制定公布。

第二节 药品上市许可

第三十四条 申请人在完成支持药品上市注册的药学、药理毒理学和药物临床试验等研究，确定质量标准，完成商业规模生产工艺验证，并做好接受药品注册核查检验的准备后，提出药品上市许可申请，按照申报资料要求提交相关研究资料。经对申报资料进行形式审查，符合要求的，予以受理。

第三十五条 仿制药、按照药品管理的体外诊断试剂以及其他符合条件的情形，经申请人评估，认为无需或者不能开展药物临床试验，符合豁免药物临床试验条件的，申请人可以直接提出药品上市许可申请。豁免药物临床试验的技术指导原则和有关具体要求，由药品审评中心制定公布。

仿制药应当与参比制剂质量和疗效一致。申请人应当参照相关技术指导原则选择合理的参比制剂。

第三十六条 符合以下情形之一的，可以直接提出非处方药上市许可申请：
（一）境内已有相同活性成分、适应症（或者功能主治）、剂型、规格的非处方药上市的药品；
（二）经国家药品监督管理局确定的非处方药改变剂型或者规格，但不改变适应症（或者功能主治）、给药剂量以及给药途径的药品；
（三）使用国家药品监督管理局确定的非处方药的活性成份组成的新的复方制剂；
（四）其他直接申报非处方药上市许可的情形。

第三十七条 申报药品拟使用的药品通用名称，未列入国家药品标准或者药品注册标准的，申请人应当在提出药品上市许可申请同时提出通用名称核准申请。药品上市许可申请受理后，通用名称核准相关资料转药典委，药典委核准后反馈药品审评中心。

申报药品拟使用的药品通用名称，已列入国家药品标准或者药品注册标准，药品审评中心在审评过程中认为需要核准药品通用名称的，应当通知药典委核准通用名称并提供相关资料，药典委核准后反馈药品审评中心。

药典委在核准药品通用名称时，应当与申请人做好沟通交流，并将核准结果告知申请人。

第三十八条 药品审评中心应当组织药学、医学和其他技术人员，按要求对已受理的药品上市许可申请进行审评。

审评过程中基于风险启动药品注册核查、检验，相关技术机构应当在规定时限内完成核查、检验工作。

药品审评中心根据药品注册申报资料、核查结果、检验结果等，对药品的安全性、有效性和质量可控性等进行综合审评，非处方药还应当转药品评价中心进行非处方药适宜性审查。

第三十九条 综合审评结论通过的，批准药品上市，发给药品注册证书。综合审评结论不通过的，作出不予批准决定。药品注册证书载明药品批准文号、持有人、生产企业等信息。非处方药的药品注册证书还应当注明非处方药类别。

经核准的药品生产工艺、质量标准、说明书和标签作为药品注册证书的附件一并发给申请人，必要时还应当附药品上市后研究要求。上述信息纳入药品品种档案，并根据上市后变更情况及时更新。

药品批准上市后，持有人应当按照国家药品监督管理局核准的生产工艺和质量标准生产药品，并按照药品生产质量管理规范要求进行细化和实施。

第四十条 药品上市许可申请审评期间，发生可能影响药品安全性、有效性和质量可控性的重大变更的，申请人应当撤回原注册申请，补充研究后重新申报。

申请人名称变更、注册地址名称变更等不涉及技术审评内容的，应当及时书面告知药品审评中心并提交相关证明性资料。

第三节 关联审评审批

第四十一条 药品审评中心在审评药品制剂注册申请时，对药品制剂选用的化学原料药、辅料及直接接触药品的包装材料和容器进行关联审评。

化学原料药、辅料及直接接触药品的包装材料和容器生产企业应当按照关联审评审批制度要求，在化学原料药、辅料及直接接触药品的包装材料和容器登记平台登记产品信息和研究资料。药品审评中心向社会公示登记号、产品名称、企业名称、生产地址等基本信息，供药品制剂注册申请人选择。

第四十二条 药品制剂申请人提出药品注册申请，可以直接选用已登记的化学原料药、辅料及直接接触药品的包装材料和容器；选用未登记的化学原料药、辅料及直接接触药品的包装材料和容器的，相关研究资料应当随药品制剂注册申请一并申报。

第四十三条 药品审评中心在审评药品制剂注册申请时，对药品制剂选用的化学原料药、辅料及直接接触药品的包装材料和容器进行关联审评，需补充资料的，按照补充资料程序要求药品制剂申请人或者化学原料药、辅料及直接接触药品的包装材料和容器登记企业补充资料，可以基于风险提出对化学原料药、辅料及直接接触药品的包装材料和容器企业进行延伸检查。

仿制境内已上市药品所用的化学原料药的，可以申请单独审评审批。

第四十四条 化学原料药、辅料及直接接触药品的包装材料和容器关联审评通过的或者单独审评审批通过的，药品审评中心在化学原料药、辅料及直接接触药品的包装材料和容器登记平台更新登记状态标识，向社会公示相关信息。其中，化学原料药同时发给化学原料药批准通知书及核准后的生产工艺、质量标准和标签，化学原料药批准通知书中载明登记号；不予批准的，发给化学原料药不予批准通知书。

未通过关联审评审批的，化学原料药、辅料及直接接触药品的包装材料和容器产品的登记状态维持不变，相关药品制剂申请不予批准。

第四节　药品注册核查

第四十五条　药品注册核查，是指为核实申报资料的真实性、一致性以及药品上市商业化生产条件，检查药品研制的合规性、数据可靠性等，对研制现场和生产现场开展的核查活动，以及必要时对药品注册申请所涉及的化学原料药、辅料及直接接触药品的包装材料和容器生产企业、供应商或者其他受托机构开展的延伸检查活动。

药品注册核查启动的原则、程序、时限和要求，由药品审评中心制定公布；药品注册核查实施的原则、程序、时限和要求，由药品核查中心制定公布。

第四十六条　药品审评中心根据药物创新程度、药物研究机构既往接受核查情况等，基于风险决定是否开展药品注册研制现场核查。

药品审评中心决定启动药品注册研制现场核查的，通知药品核查中心在审评期间组织实施核查，同时告知申请人。药品核查中心应当在规定时限内完成现场核查，并将核查情况、核查结论等相关材料反馈药品审评中心进行综合审评。

第四十七条　药品审评中心根据申报注册的品种、工艺、设施、既往接受核查情况等因素，基于风险决定是否启动药品注册生产现场核查。

对于创新药、改良型新药以及生物制品等，应当进行药品注册生产现场核查和上市前药品生产质量管理规范检查。

对于仿制药等，根据是否已获得相应生产范围药品生产许可证且已有同剂型品种上市等情况，基于风险进行药品注册生产现场核查、上市前药品生产质量管理规范检查。

第四十八条　药品注册申请受理后，药品审评中心应当在受理后四十日内进行初步审查，需要药品注册生产现场核查的，通知药品核查中心组织核查，提供核查所需的相关材料，同时告知申请人以及申请人或者生产企业所在地省、自治区、直辖市药品监督管理部门。药品核查中心原则上应当在审评时限届满四十日前完成核查工作，并将核查情况、核查结果等相关材料反馈至药品审评中心。

需要上市前药品生产质量管理规范检查的，由药品核查中心协调相关省、自治区、直辖市药品监督管理部门与药品注册生产现场核查同步实施。上市前药品生产质量管理规范检查的管理要求，按照药品生产监督管理办法的有关规定执行。

申请人应当在规定时限内接受核查。

第四十九条　药品审评中心在审评过程中，发现申报资料真实性存疑或者有明确线索举报等，需要现场检查核实的，应当启动有因检查，必要时进行抽样检验。

第五十条　申请药品上市许可时，申请人和生产企业应当已取得相应的药品生产许可证。

第五节　药品注册检验

第五十一条　药品注册检验，包括标准复核和样品检验。标准复核，是指对申请人申报药品标准中设定项目的科学性、检验方法的可行性、质控指标的合理性等进行的实验室评估。样品检验，是指按照申请人申报或者药品审评中心核定的药品质量标准对样品进行的实验室检验。

药品注册检验启动的原则、程序、时限等要求，由药品审评中心组织制定公布。药品注册申请受理前提出药品注册检验的具体工作程序和要求以及药品注册检验技术要求和规范，由中检院制定公布。

第五十二条　与国家药品标准收载的同品种药品使用的检验项目和检验方法一致的，可以不进行标准复核，只进行样品检验。其他情形应当进行标准复核和样品检验。

第五十三条　中检院或者经国家药品监督管理局指定的药品检验机构承担以下药品注册检验：

（一）创新药；

（二）改良型新药（中药除外）；

（三）生物制品、放射性药品和按照药品管理的体外诊断试剂；

（四）国家药品监督管理局规定的其他药品。

境外生产药品的药品注册检验由中检院组织口岸药品检验机构实施。

其他药品的注册检验，由申请人或者生产企业所在地省级药品检验机构承担。

第五十四条　申请人完成支持药品上市的药学相关研究，确定质量标准，并完成商业规模生产工艺验证后，可以在药品注册申请受理前向中检院或者省、自治区、直辖市药品监督管理部门提出药品注册检验；申请人未在药品注册申请受理前提出药品注册检验的，在药品注册申请受理后四十日内由药品审评中心启动药品注册检验。原则上申请人在药品注册申请受理前只能提出一次药品注册检验，不得同时向多个药品检验机构提出药品注册检验。

申请人提交的药品注册检验资料应当与药品注册申报资料的相应内容一致，不得在药品注册检验过程中变更药品检验机构、样品和资料等。

第五十五条　境内生产药品的注册申请，申请人在药品注册申请受理前提出药品注册检验的，向相关省、自治区、直辖市药品监督管理部门申请抽样，省、自治区、直辖市药品监督管理部门组织进行抽样并封签，由申请人将抽样单、样品、检验所需资料及标准物质等送至相应药品检验机构。

境外生产药品的注册申请，申请人在药品注册申请受理前提出药品注册检验的，申请人应当按规定要求抽取样品，并将样品、检验所需资料及标准物质等送至中检院。

第五十六条　境内生产药品的注册申请，药品注册申请受理后需要药品注册检验的，药品审评中心应当在受理后四十日内向药品检验机构和申请人发出药品注册检验通知。申请人向相关省、自治区、直辖市药品监督管理部门申请抽样，省、自治区、直辖市药品监督管理部门组织进行抽样并封签，申请人应当在规定时限内将抽样单、样品、检验所需资料及标准物质等送至相应药品检验机构。

境外生产药品的注册申请，药品注册申请受理后需要药品注册检验的，申请人应当按规定要求抽取样品，并将样品、检验所需资料及标准物质等送至中检院。

第五十七条　药品检验机构应当在五日内对申请人提交的检验用样品及资料等进行审核，作出是否接收的决定，同时告知药品审评中心。需要补正的，应当一次性告知申请人。

药品检验机构原则上应当在审评时限届满四十日前，将标准复核意见和检验报告反馈至药品审评中心。

第五十八条　在药品审评、核查过程中，发现申报资料真实性存疑或者有明确线索举报，或者认为有必要进行样品检验的，可抽取样品进行样品检验。

审评过程中，药品审评中心可以基于风险提出质量标准单项复核。

第四章　药品加快上市注册程序

第一节　突破性治疗药物程序

第五十九条　药物临床试验期间，用于防治严重危及生命或者严重影响生存质量的疾病，且尚无有效防治手段或者与现有治疗手段相比有足够证据表明具有明显临床优势的创新药或者改良型新药的，申请人可以申请适用突破性治疗药物程序。

第六十条 申请适用突破性治疗药物程序的，申请人应当向药品审评中心提出申请。符合条件的，药品审评中心按照程序公示后纳入突破性治疗药物程序。

第六十一条 对纳入突破性治疗药物程序的药物临床试验，给予以下政策支持：

（一）申请人可以在药物临床试验的关键阶段向药品审评中心提出沟通交流申请，药品审评中心安排审评人员进行沟通交流；

（二）申请人可以将阶段性研究资料提交药品审评中心，药品审评中心基于已有研究资料，对下一步研究方案提出意见或者建议，并反馈给申请人。

第六十二条 对纳入突破性治疗药物程序的药物临床试验，申请人发现不再符合纳入条件时，应当及时向药品审评中心提出终止突破性治疗药物程序。药品审评中心发现不再符合纳入条件的，应当及时终止该品种的突破性治疗药物程序，并告知申请人。

第二节 附条件批准程序

第六十三条 药物临床试验期间，符合以下情形的药品，可以申请附条件批准：

（一）治疗严重危及生命且尚无有效治疗手段的疾病的药品，药物临床试验已有数据证实疗效并能预测其临床价值的；

（二）公共卫生方面急需的药品，药物临床试验已有数据显示疗效并能预测其临床价值的；

（三）应对重大突发公共卫生事件急需的疫苗或者国家卫生健康委员会认定急需的其他疫苗，经评估获益大于风险的。

第六十四条 申请附条件批准的，申请人应当就附条件批准上市的条件和上市后继续完成的研究工作等与药品审评中心沟通交流，经沟通交流确认后提出药品上市许可申请。

经审评，符合附条件批准要求的，在药品注册证书中载明附条件批准药品注册证书的有效期、上市后需要继续完成的研究工作及完成时限等相关事项。

第六十五条 审评过程中，发现纳入附条件批准程序的药品注册申请不能满足附条件批准条件的，药品审评中心应当终止该品种附条件批准程序，并告知申请人按照正常程序研究申报。

第六十六条 对附条件批准的药品，持有人应当在药品上市后采取相应的风险管理措施，并在规定期限内按照要求完成药物临床试验等相关研究，以补充申请方式申报。

对批准疫苗注册申请时提出进一步研究要求的，疫苗持有人应当在规定期限内完成研究。

第六十七条 对附条件批准的药品，持有人逾期未按照要求完成研究或者不能证明其获益大于风险的，国家药品监督管理局应当依法处理，直至注销药品注册证书。

第三节 优先审评审批程序

第六十八条 药品上市许可申请时，以下具有明显临床价值的药品，可以申请适用优先审评审批程序：

（一）临床急需的短缺药品、防治重大传染病和罕见病等疾病的创新药和改良型新药；

（二）符合儿童生理特征的儿童用药品新品种、剂型和规格；

（三）疾病预防、控制急需的疫苗和创新疫苗；

（四）纳入突破性治疗药物程序的药品；

（五）符合附条件批准的药品；

（六）国家药品监督管理局规定其他优先审评审批的情形。

第六十九条 申请人在提出药品上市许可申请前,应当与药品审评中心沟通交流,经沟通交流确认后,在提出药品上市许可申请的同时,向药品审评中心提出优先审评审批申请。符合条件的,药品审评中心按照程序公示后纳入优先审评审批程序。

第七十条 对纳入优先审评审批程序的药品上市许可申请,给予以下政策支持:
(一)药品上市许可申请的审评时限为一百三十日;
(二)临床急需的境外已上市境内未上市的罕见病药品,审评时限为七十日;
(三)需要核查、检验和核准药品通用名称的,予以优先安排;
(四)经沟通交流确认后,可以补充提交技术资料。

第七十一条 审评过程中,发现纳入优先审评审批程序的药品注册申请不能满足优先审评审批条件的,药品审评中心应当终止该品种优先审评审批程序,按照正常审评程序审评,并告知申请人。

第四节 特别审批程序

第七十二条 在发生突发公共卫生事件的威胁时以及突发公共卫生事件发生后,国家药品监督管理局可以依法决定对突发公共卫生事件应急所需防治药品实行特别审批。

第七十三条 对实施特别审批的药品注册申请,国家药品监督管理局按照统一指挥、早期介入、快速高效、科学审批的原则,组织加快并同步开展药品注册受理、审评、核查、检验工作。特别审批的情形、程序、时限、要求等按照药品特别审批程序规定执行。

第七十四条 对纳入特别审批程序的药品,可以根据疾病防控的特定需要,限定其在一定期限和范围内使用。

第七十五条 对纳入特别审批程序的药品,发现其不再符合纳入条件的,应当终止该药品的特别审批程序,并告知申请人。

第五章 药品上市后变更和再注册

第一节 药品上市后研究和变更

第七十六条 持有人应当主动开展药品上市后研究,对药品的安全性、有效性和质量可控性进行进一步确证,加强对已上市药品的持续管理。

药品注册证书及附件要求持有人在药品上市后开展相关研究工作的,持有人应当在规定时限内完成并按照要求提出补充申请、备案或者报告。

药品批准上市后,持有人应当持续开展药品安全性和有效性研究,根据有关数据及时备案或者提出修订说明书的补充申请,不断更新完善说明书和标签。药品监督管理部门依职责可以根据药品不良反应监测和药品上市后评价结果等,要求持有人对说明书和标签进行修订。

第七十七条 药品上市后的变更,按照其对药品安全性、有效性和质量可控性的风险和产生影响的程度,实行分类管理,分为审批类变更、备案类变更和报告类变更。

持有人应当按照相关规定,参照相关技术指导原则,全面评估、验证变更事项对药品安全性、有效性和质量可控性的影响,进行相应的研究工作。

药品上市后变更研究的技术指导原则,由药品审评中心制定,并向社会公布。

第七十八条 以下变更,持有人应当以补充申请方式申报,经批准后实施:
(一)药品生产过程中的重大变更;
(二)药品说明书中涉及有效性内容以及增加安全性风险的其他内容的变更;
(三)持有人转让药品上市许可;
(四)国家药品监督管理局规定需要审批的其他变更。

第七十九条 以下变更,持有人应当在变更实施前,报所在地省、自治区、直辖市药品监督管理部门备案:
(一)药品生产过程中的中等变更;
(二)药品包装标签内容的变更;
(三)药品分包装;
(四)国家药品监督管理局规定需要备案的其他变更。
境外生产药品发生上述变更的,应当在变更实施前报药品审评中心备案。
药品分包装备案的程序和要求,由药品审评中心制定发布。

第八十条 以下变更,持有人应当在年度报告中报告:
(一)药品生产过程中的微小变更;
(二)国家药品监督管理局规定需要报告的其他变更。

第八十一条 药品上市后提出的补充申请,需要核查、检验的,参照本办法有关药品注册核查、检验程序进行。

第二节 药品再注册

第八十二条 持有人应当在药品注册证书有效期届满前六个月申请再注册。境内生产药品再注册申请由持有人向其所在地省、自治区、直辖市药品监督管理部门提出,境外生产药品再注册申请由持有人向药品审评中心提出。

第八十三条 药品再注册申请受理后,省、自治区、直辖市药品监督管理部门或者药品审评中心对持有人开展药品上市后评价和不良反应监测情况,按照药品批准证明文件和药品监督管理部门要求开展相关工作情况,以及药品批准证明文件载明信息变化情况等进行审查,符合规定的,予以再注册,发给药品再注册批准通知书。不符合规定的,不予再注册,并报请国家药品监督管理局注销药品注册证书。

第八十四条 有下列情形之一的,不予再注册:
(一)有效期届满未提出再注册申请的;
(二)药品注册证书有效期内持有人不能履行持续考察药品质量、疗效和不良反应责任的;
(三)未在规定时限内完成药品批准证明文件和药品监督管理部门要求的研究工作且无合理理由的;
(四)经上市后评价,属于疗效不确切、不良反应大或者因其他原因危害人体健康的;
(五)法律、行政法规规定的其他不予再注册情形。
对不予再注册的药品,药品注册证书有效期届满时予以注销。

第六章 受理、撤回申请、审批决定和争议解决

第八十五条 药品监督管理部门收到药品注册申请后进行形式审查,并根据下列情况分别作出是否受理的决定:
(一)申请事项依法不需要取得行政许可的,应当即时作出不予受理的决定,并说明理由。
(二)申请事项依法不属于本部门职权范围的,应当即时作出不予受理的决定,并告知申请人向有关行政机关申请。
(三)申报资料存在可以当场更正的错误的,应当允许申请人当场更正;更正后申请材料齐全、符合法定形式的,应当予以受理。
(四)申报资料不齐全或者不符合法定形式的,应当当场或者在五日内一次告知申请人需要补正的全部内容。按照规定需要在告知时一并退回申请材料的,应当予以退回。申请人应当

在三十日内完成补正资料。申请人无正当理由逾期不予补正的，视为放弃申请，无需作出不予受理的决定。逾期未告知申请人补正的，自收到申请材料之日起即为受理。

（五）申请事项属于本部门职权范围，申报资料齐全、符合法定形式，或者申请人按照要求提交全部补正资料的，应当受理药品注册申请。

药品注册申请受理后，需要申请人缴纳费用的，申请人应当按照规定缴纳费用。申请人未在规定期限内缴纳费用的，终止药品注册审评审批。

第八十六条　药品注册申请受理后，有药品安全性新发现的，申请人应当及时报告并补充相关资料。

第八十七条　药品注册申请受理后，需要申请人在原申报资料基础上补充新的技术资料的，药品审评中心原则上提出一次补充资料要求，列明全部问题后，以书面方式通知申请人在八十日内补充提交资料。申请人应当一次性按要求提交全部补充资料，补充资料时间不计入药品审评时限。药品审评中心收到申请人全部补充资料后启动审评，审评时限延长三分之一；适用优先审评审批程序的，审评时限延长四分之一。

不需要申请人补充新的技术资料，仅需要申请人对原申报资料进行解释说明的，药品审评中心通知申请人在五日内按照要求提交相关解释说明。

药品审评中心认为存在实质性缺陷无法补正的，不再要求申请人补充资料。基于已有申报资料做出不予批准的决定。

第八十八条　药物临床试验申请、药物临床试验期间的补充申请，在审评期间，不得补充新的技术资料；如需要开展新的研究，申请人可以在撤回后重新提出申请。

第八十九条　药品注册申请受理后，申请人可以提出撤回申请。同意撤回申请的，药品审评中心或者省、自治区、直辖市药品监督管理部门终止其注册程序，并告知药品注册核查、检验等技术机构。审评、核查和检验过程中发现涉嫌存在隐瞒真实情况或者提供虚假信息等违法行为的，依法处理，申请人不得撤回药品注册申请。

第九十条　药品注册期间，对于审评结论为不通过的，药品审评中心应当告知申请人不通过的理由，申请人可以在十五日内向药品审评中心提出异议。药品审评中心结合申请人的异议意见进行综合评估并反馈申请人。

申请人对综合评估结果仍有异议的，药品审评中心应当按照规定，在五十日内组织专家咨询委员会论证，并综合专家论证结果形成最终的审评结论。

申请人异议和专家论证时间不计入审评时限。

第九十一条　药品注册期间，申请人认为工作人员在药品注册受理、审评、核查、检验、审批等工作中违反规定或者有不规范行为的，可以向其所在单位或者上级机关投诉举报。

第九十二条　药品注册申请符合法定要求的，予以批准。

药品注册申请有下列情形之一的，不予批准：

（一）药物临床试验申请的研究资料不足以支持开展药物临床试验或者不能保障受试者安全的；

（二）申报资料显示其申请药品安全性、有效性、质量可控性等存在较大缺陷的；

（三）申报资料不能证明药品安全性、有效性、质量可控性，或者经评估认为药品风险大于获益的；

（四）申请人未能在规定时限内补充资料的；

（五）申请人拒绝接受或者无正当理由未在规定时限内接受药品注册核查、检验的；

（六）药品注册过程中认为申报资料不真实，申请人不能证明其真实性的；

（七）药品注册现场核查或者样品检验结果不符合规定的；

（八）法律法规规定的不应当批准的其他情形。

第九十三条 药品注册申请审批结束后,申请人对行政许可决定有异议的,可以依法提起行政复议或者行政诉讼。

第七章 工作时限

第九十四条 本办法所规定的时限是药品注册的受理、审评、核查、检验、审批等工作的最长时间。优先审评审批程序相关工作时限,按优先审评审批相关规定执行。

药品审评中心等专业技术机构应当明确本单位工作程序和时限,并向社会公布。

第九十五条 药品监督管理部门收到药品注册申请后进行形式审查,应当在五日内作出受理、补正或者不予受理决定。

第九十六条 药品注册审评时限,按照以下规定执行:

(一)药物临床试验申请、药物临床试验期间补充申请的审评审批时限为六十日;

(二)药品上市许可申请审评时限为二百日,其中优先审评审批程序的审评时限为一百三十日,临床急需境外已上市罕见病用药优先审评审批程序的审评时限为七十日;

(三)单独申报仿制境内已上市化学原料药的审评时限为二百日;

(四)审评类变更的补充申请审评时限为六十日,补充申请合并申报事项的,审评时限为八十日,其中涉及临床试验研究数据审查、药品注册核查检验的审评时限为二百日;

(五)药品通用名称核准时限为三十日;

(六)非处方药适宜性审核时限为三十日。

关联审评时限与其关联药品制剂的审评时限一致。

第九十七条 药品注册核查时限,按照以下规定执行:

(一)药品审评中心应当在药品注册申请受理后四十日内通知药品核查中心启动核查,并同时通知申请人;

(二)药品核查中心原则上在审评时限届满四十日前完成药品注册生产现场核查,并将核查情况、核查结果等相关材料反馈至药品审评中心。

第九十八条 药品注册检验时限,按照以下规定执行:

(一)样品检验时限为六十日,样品检验和标准复核同时进行的时限为九十日;

(二)药品注册检验过程中补充资料时限为三十日;

(三)药品检验机构原则上在审评时限届满四十日前完成药品注册检验相关工作,并将药品标准复核意见和检验报告反馈至药品审评中心。

第九十九条 药品再注册审查审批时限为一百二十日。

第一百条 行政审批决定应当在二十日内作出。

第一百零一条 药品监督管理部门应当自作出药品注册审批决定之日起十日内颁发、送达有关行政许可证件。

第一百零二条 因品种特性及审评、核查、检验等工作遇到特殊情况确需延长时限的,延长的时限不得超过原时限的二分之一,经药品审评、核查、检验等相关技术机构负责人批准后,由延长时限的技术机构书面告知申请人,并通知其他相关技术机构。

第一百零三条 以下时间不计入相关工作时限:

(一)申请人补充资料、核查后整改以及按要求核对生产工艺、质量标准和说明书等所占用的时间;

(二)因申请人原因延迟核查、检验、召开专家咨询会等的时间;

(三)根据法律法规的规定中止审评审批程序的,中止审评审批程序期间所占用的时间;

(四)启动境外核查的,境外核查所占用的时间。

第八章　监督管理

第一百零四条　国家药品监督管理局负责对药品审评中心等相关专业技术机构及省、自治区、直辖市药品监督管理部门承担药品注册管理相关工作的监督管理、考核评价与指导。

第一百零五条　药品监督管理部门应当依照法律、法规的规定对药品研制活动进行监督检查，必要时可以对为药品研制提供产品或者服务的单位和个人进行延伸检查，有关单位和个人应当予以配合，不得拒绝和隐瞒。

第一百零六条　信息中心负责建立药品品种档案，对药品实行编码管理，汇集药品注册申报、临床试验期间安全性相关报告、审评、核查、检查、审批以及药品上市后变更的审批、备案、报告等信息，并持续更新。药品品种档案和编码管理的相关制度，由信息中心制定公布。

第一百零七条　省、自治区、直辖市药品监督管理部门应当组织对辖区内药物非临床安全性评价研究机构、药物临床试验机构等遵守药物非临床研究质量管理规范、药物临床试验质量管理规范等情况进行日常监督检查，监督其持续符合法定要求。国家药品监督管理局根据需要进行药物非临床安全性评价研究机构、药物临床试验机构等研究机构的监督检查。

第一百零八条　国家药品监督管理局建立药品安全信用管理制度，药品核查中心负责建立药物非临床安全性评价研究机构、药物临床试验机构药品安全信用档案，记录许可颁发、日常监督检查结果、违法行为查处等情况，依法向社会公布并及时更新。药品监督管理部门对有不良信用记录的，增加监督检查频次，并可以按照国家规定实施联合惩戒。药物非临床安全性评价研究机构、药物临床试验机构药品安全信用档案的相关制度，由药品核查中心制定公布。

第一百零九条　国家药品监督管理局依法向社会公布药品注册审批事项清单及法律依据、审批要求和办理时限，向申请人公开药品注册进度，向社会公开批准上市药品的审评结论和依据以及监督检查发现的违法违规行为，接受社会监督。

批准上市药品的说明书应当向社会公开并及时更新。其中，疫苗还应当公开标签内容并及时更新。

未经申请人同意，药品监督管理部门、专业技术机构及其工作人员、参与专家评审等的人员不得披露申请人提交的商业秘密、未披露信息或者保密商务信息，法律另有规定或者涉及国家安全、重大社会公共利益的除外。

第一百一十条　具有下列情形之一的，由国家药品监督管理局注销药品注册证书，并予以公布：

（一）持有人自行提出注销药品注册证书的；

（二）按照本办法规定不予再注册的；

（三）持有人药品注册证书、药品生产许可证等行政许可被依法吊销或者撤销的；

（四）按照《药品管理法》第八十三条的规定，疗效不确切、不良反应大或者因其他原因危害人体健康的；

（五）按照《疫苗管理法》第六十一条的规定，经上市后评价，预防接种异常反应严重或者其他原因危害人体健康的；

（六）按照《疫苗管理法》第六十二条的规定，经上市后评价发现该疫苗品种的产品设计、生产工艺、安全性、有效性或者质量可控性明显劣于预防、控制同种疾病的其他疫苗品种的；

（七）违反法律、行政法规规定，未按照药品批准证明文件要求或者药品监督管理部门要求在规定时限内完成相应研究工作且无合理理由的；

（八）他依法应当注销药品注册证书的情形。

第九章　法律责任

第一百一十一条　在药品注册过程中，提供虚假的证明、数据、资料、样品或者采取其他手段骗取临床试验许可或者药品注册等许可的，按照《药品管理法》第一百二十三条处理。

第一百一十二条 申请疫苗临床试验、注册提供虚假数据、资料、样品或者有其他欺骗行为的，按照《疫苗管理法》第八十一条进行处理。

第一百一十三条 在药品注册过程中，药物非临床安全性评价研究机构、药物临床试验机构等，未按照规定遵守药物非临床研究质量管理规范、药物临床试验质量管理规范等的，按照《药品管理法》第一百二十六条处理。

第一百一十四条 未经批准开展药物临床试验的，按照《药品管理法》第一百二十五条处理；开展生物等效性试验未备案的，按照《药品管理法》第一百二十七条处理。

第一百一十五条 药物临床试验期间，发现存在安全性问题或者其他风险，临床试验申办者未及时调整临床试验方案、暂停或者终止临床试验，或者未向国家药品监督管理局报告的，按照《药品管理法》第一百二十七条处理。

第一百一十六条 违反本办法第二十八条、第三十三条规定，申办者有下列情形之一的，责令限期改正；逾期不改正的，处一万元以上三万元以下罚款：

（一）开展药物临床试验前未按规定在药物临床试验登记与信息公示平台进行登记；

（二）未按规定提交研发期间安全性更新报告；

（三）药物临床试验结束后未登记临床试验结果等信息。

第一百一十七条 药品检验机构在承担药品注册所需要的检验工作时，出具虚假检验报告的，按照《药品管理法》第一百三十八条处理。

第一百一十八条 对不符合条件而批准进行药物临床试验、不符合条件的药品颁发药品注册证书的，按照《药品管理法》第一百四十七条处理。

第一百一十九条 药品监督管理部门及其工作人员在药品注册管理过程中有违法违规行为的，按照相关法律法规处理。

第十章 附　则

第一百二十条 麻醉药品、精神药品、医疗用毒性药品、放射性药品、药品类易制毒化学品等有其他特殊管理规定药品的注册申请，除按照本办法的规定办理外，还应当符合国家的其他有关规定。

第一百二十一条 出口疫苗的标准应当符合进口国（地区）的标准或者合同要求。

第一百二十二条 拟申报注册的药械组合产品，已有同类产品经属性界定为药品的，按照药品进行申报；尚未经属性界定的，申请人应当在申报注册前向国家药品监督管理局申请产品属性界定。属性界定为药品为主的，按照本办法规定的程序进行注册，其中属于医疗器械部分的研究资料由国家药品监督管理局医疗器械技术审评中心作出审评结论后，转交药品审评中心进行综合审评。

第一百二十三条 境内生产药品批准文号格式为：国药准字 H（Z、S）+四位年号+四位顺序号。中国香港、澳门和台湾地区生产药品批准文号格式为：国药准字 H（Z、S）C+四位年号+四位顺序号。

境外生产药品批准文号格式为：国药准字 H（Z、S）J+四位年号+四位顺序号。

其中，H 代表化学药，Z 代表中药，S 代表生物制品。

药品批准文号，不因上市后的注册事项的变更而改变。

中药另有规定的从其规定。

第一百二十四条 药品监督管理部门制作的药品注册批准证明电子文件及原料药批准文件电子文件与纸质文件具有同等法律效力。

第一百二十五条 本办法规定的期限以工作日计算。

第一百二十六条　本办法自 2020 年 7 月 1 日起施行。2007 年 7 月 10 日原国家食品药品监督管理局令第 28 号公布的《药品注册管理办法》同时废止。

关于增加深圳、珠海二市为进口药品报关口岸的通知

（国药管注〔2000〕88 号）

（2000 年 3 月 17 日由国家药品监督管理局发布，2000 年 3 月 17 日起施行，法规类型为规范性文件）

各口岸药品检验所：

经研究，决定自即日起增加深圳市和珠海市为进口药品报关口岸。深圳市的口岸报验工作由广东省药品检验所负责，珠海市的口岸报验工作由广州市药品检验所负责。

进口单位可按照《进口药品管理办法》及有关规定，由深圳和珠海二市组织药品进口并办理报验手续。

特此通知。

关于进口药品通关口岸管理事宜的公告

（国食药监注〔2004〕115 号）

（2004 年 4 月 30 日由国家食品药品监督管理局、海关总署发布，2004 年 4 月 30 日起施行，法规类型为规范性文件）

根据国家食品药品监督管理局、海关总署《关于实施〈药品进口管理办法〉有关事宜的通知》（国食药监注〔2003〕320 号）（以下简称《通知》），药品进口的口岸城市为：北京市、天津市、上海市、大连市、青岛市、成都市、武汉市、重庆市、厦门市、南京市、杭州市、宁波市、福州市、广州市、深圳市、珠海市、海口市、西安市。为加强管理，国家食品药品监督管理局与海关总署进一步确定了上述 18 个允许药品进口的具体通关口岸名单，并作为《通知》附件 1 下发。实施一段时间以来，取得了一定效果。随着我国对外贸易的迅速发展，药品在各口岸的进口状况经常发生变化，为适应贸易发展的新形势，经研究决定，自 2004 年 5 月 1 日起，不再限定药品进口口岸城市内直属海关所辖的具体进口口岸，即在上述 18 个城市直属海关所辖的所有口岸均可进口药品。药品进口口岸所在地海关凭已注明进口口岸的《进口药品通关单》办理有关验放手续。

关于允许苏州工业园区口岸进口药品的通知

(食药监办药化管〔2013〕113号)

(2013年10月29日由国家食品药品监督管理总局办公厅、海关总署办公厅发布,2013年10月29日起施行,法规类型为规范性文件)

各口岸药品监督管理局、各口岸药品检验所,海关总署广东分署、天津、上海特派办,各直属海关:

为进一步支持苏州工业园区的发展,经国务院批准,同意苏州工业园区口岸进口药品。现将有关事宜通知如下:

一、自本通知发布之日起,除《药品进口管理办法》(以下简称《办法》)第十条规定的药品外,其他进口药品(包括麻醉药品、精神药品)可经由苏州工业园区海关所辖的苏州工业园区口岸进口。

二、增加苏州市食品药品监督管理局为口岸药品监督管理局。自本通知发布之日起,苏州市食品药品监督管理局开始履行《办法》规定的口岸药品监督管理局的职责。

苏州市食品药品监督管理局药品进口备案办公室承担苏州市食品药品监督管理局药品进口备案的具体工作。

联系单位:苏州市食品药品监督管理局
联系地址:苏州市竹辉路467号
邮政编码:215007
联系人:杨文刚
电话:0512-65306637
传真:0512-65302397
电子邮箱:szsda@163.com

三、苏州市食品药品监督管理局在办理药品进口备案时使用"苏州市食品药品监督管理局药品进口备案专用章",印章式样见附件。

四、苏州市食品药品监督管理局与江苏省食品药品检验所建立药品进口备案和口岸检验的工作关系。自本通知发布之日起,江苏省食品药品检验所开始承担苏州工业园区口岸的药品口岸检验工作。

附件:苏州市食品药品监督管理局药品进口备案专用章式样(略)

关于进口药品符合《中华人民共和国药典》有关事宜的通知

(食药监药化管〔2016〕18号)

(2016年2月16日由国家食品药品监督管理总局发布,2016年2月16日起施行,法规类型为规范性文件)

各口岸食品药品监督管理局、口岸药检所:

为严格执行《中华人民共和国药典》,保障进口药品质量,现将有关事宜通知如下:

一、所有进口药品必须符合《中华人民共和国药典》的有关要求,进口药品口岸检验应按照《中华人民共和国药典》2015年版的相应要求对进口药品进行检验,不符合要求的不得进口。

对于《中华人民共和国药典》2015年版收载的品种,进口药品口岸检验在符合进口药品注册标准基础上,应同时符合《中华人民共和国药典》2015年版相关标准。

对于《中华人民共和国药典》2015年版未收载的品种,其口岸检验应符合《中华人民共和国药典》2015年版的相关通用要求。

对于已按《关于实施〈中华人民共和国药典〉2015年版有关事宜的公告》(2015年第105号)第五条要求提交补充申请,但尚未获得批准的进口药品,补充申请审评审批期间,其口岸检验仍执行原进口药品注册标准。属于本情形的,在办理进口备案时,应提交相关补充申请的《药品注册申请表》及受理通知书的复印件。

二、各口岸食品药品监督管理部门应加强对口岸药品检验机构的指导,确保进口备案与口岸检验工作顺利衔接。药品进口口岸所在地省、自治区、直辖市食品药品监督管理部门应加强对进口备案与口岸检验工作的日常监督和管理,保障进口药品质量安全。

药品出口销售证明管理规定

(国药监药管〔2018〕43号)

(2018年11月9日由国家药品监督管理局发布,2018年11月9日起施行,法规类型为规范性文件)

第一条 为进一步规范《药品出口销售证明》的办理,为我国药品出口提供便利和服务,制定本规定。

第二条 《药品出口销售证明》适用于中华人民共和国境内的药品上市许可持有人、药品生产企业已批准上市药品的出口,国务院有关部门限制或者禁止出口的药品除外。

对于与已批准上市药品的未注册规格(单位剂量),药品上市许可持有人、药品生产企业按照药品生产质量管理规范要求生产的,也可适用本规定。

对于未在我国注册的药品,药品上市许可持有人、药品生产企业按照药品生产质量管理规范要求生产的,且符合与我国有关协议的国际组织要求的,也可适用本规定。

出具《药品出口销售证明》是根据企业申请，为其药品出口提供便利的服务事项。

第三条 由各省、自治区、直辖市药品监督管理部门负责本行政区域内《药品出口销售证明》出具办理工作（已批准上市的药品的式样见附件1，已批准上市药品的未注册规格的式样见附件2，未在我国注册的药品的式样见附件3）。

第四条 药品上市许可持有人、药品生产企业办理药品出口销售证明的，应当向所在地省级药品监督管理部门提交《药品出口销售证明申请表》（式样见附件4）。

对于已批准上市的药品、已批准上市药品的未注册规格，应当分别提交相应的《药品出口销售证明申请表》，同时提交以下资料：

（一）药品上市许可持有人证明文件或者药品生产企业的《药品生产许可证》正、副本（均为复印件）；

（二）已批准上市药品的药品注册证书（复印件）；

（三）境内监管机构近3年内最近一次相关品种接受监督检查的相关资料（均为复印件）；

（四）《营业执照》（复印件）；

（五）按照批签发管理的生物制品须提交《生物制品批签发合格证》（复印件）；

（六）申请者承诺书；

（七）省级药品监督管理部门另行公示要求提交的其他资料。

对于未在我国注册的药品，提交《药品出口销售证明申请表》的同时，提交以下资料：

（一）药品上市许可持有人证明文件或者药品生产企业的《药品生产许可证》正、副本（均为复印件）；

（二）与我国有相关协议的国际组织提供的相关品种证明文件（原件）；

（三）《营业执照》（复印件）；

（四）境内监管机构近3年内最近一次生产场地接受监督检查的相关资料（复印件）；

（五）申请者承诺书；

（六）省级药品监督管理部门另行公示要求提交的其他资料。

所有以复印件形式提交的材料需加盖申请者的公章，内容应当真实准确。

第五条 药品监督管理部门认为企业提交的资料不能充分证明药品生产质量管理规范合规性的，可以根据需要开展现场检查。不符合药品生产质量管理规范要求的，不予出具《药品出口销售证明》，并依法依规作出处理。

第六条 《药品出口销售证明》编号的编排方式为：省份简称XXXXXXXX号，示例："编号：京20180001号""蒙20180001号"。英文编号编排方式为：No. 省份英文XXXXXXXX。省份英文应当参考证明出具单位的英文译法，略去空格，示例："No. Beijing20180001" "No. InnerMongolia20080001"。其中：第一位到第四位X，代表4位数的证明出具年份；第五位到第八位X代表4位数的证明出具流水号。

第七条 《药品出口销售证明》有效期不超过2年，且不应超过申请资料中所有证明文件的有效期，有效期届满前应当重新申请。

第八条 《药品出口销售证明》有效期内，各级药品监督管理部门对于现场检查发现不符合药品生产质量管理规范要求的，所在地省级药品监督管理部门对相应的《药品出口销售证明》予以注销。

《药品出口销售证明》的持有者和生产场地属不同省份的，如生产场地在检查中被发现不符合药品生产质量管理规范要求，持有者应当立即将该情况报告持有者所在地省级药品监督管理部门，对相应的《药品出口销售证明》予以注销。

第九条 凡是提供虚假证明或者采用其他手段骗取《药品出口销售证明》的，或者知悉生产场地不符合药品生产质量管理规范要求未立即报告的，注销其相应《药品出口销售证明》,5年内不再为其出具《药品出口销售证明》,并将企业名称、法定代表人、社会信用代码等信息通报征信机构进行联合惩戒。

第十条 出口药品上市许可持有人、药品生产企业应当保证所出口的产品符合进口国的各项法律要求,并承担相应法律责任。

出口药品上市许可持有人、药品生产企业应当建立出口药品档案。内容包括《药品出口销售证明》、购货合同、质量要求、检验报告、包装、标签式样、报关单等,以保证药品出口过程的可追溯。

第十一条 各省、自治区、直辖市药品监督管理部门可依照本规定制定具体实施细则,明确工作程序、办理时限和相关要求。

鼓励各省、自治区、直辖市药品监督管理部门推行网上办理、电子申报、出证,方便申请者办理。

第十二条 各省、自治区、直辖市药品监督管理部门应当及时将《药品出口销售证明》的数据信息通过信息系统上报国家药品监督管理局。

国家药品监督管理局在政府网站公示《药品出口销售证明》相关信息,以便公众查证,接受社会监督。

第十三条 本规定自发布之日起施行。此前印发的相关文件与本规定不一致的,以本规定为准。

附件:1. 药品出口销售证明(已在中国批准上市的药品)(略)
2. 药品出口销售证明(已在中国批准上市药品的未注册规格)(略)
3. 药品出口销售证明(未在中国注册药品)(略)
4. 药品出口销售证明申请表(略)

关于进口药品目录中非药用物品进口通关有关事宜的通告

(国食药监注〔2004〕62号)

(2004年3月16日由国家食品药品监督管理局发布,2004年3月16日起施行,法规类型为规范性文件)

我局和海关总署联合颁发的《药品进口管理办法》已于2004年1月1日起施行。根据《药品进口管理办法》的规定,列入《进口药品目录》的物品必须办理《进口药品通关单》。2003年12月30日我局会同海关总署制定了《进口药品目录》,由于该目录是按照商品税则的分类和编制方式制定的,致使有些食用原、辅料和药品合成前体也按照药品管理,即该类物品进口时,需出具《进口药品通关单》。为方便非药用物品的通关,规范口岸管理,现将有关事宜通告如下:

一、我局将非药用类物品进行汇总,现予以公布(详见附件)。凡列入此目录中的物品,进口单位可凭营业执照复印件、装箱单、提运单等资料,直接到口岸药品监督管理局办理《进口药品通关单》。口岸药品监督管理局应在《进口药品通关单》中注明"非药用,不需进行药品口岸检验"。

尚未包含在附件中的非药用物品,进口单位应向我局提出进口申请,各口岸药品监督管理局凭我局的批准文件办理《进口药品通关单》。我局将定期公布新增的非药用物品目录。

二、进口检验用对照品、标准品，应凭我局批准的《进口药品批件》向口岸药品监督管理局申请办理《进口药品通关单》。

办理《进口药品批件》，申请人应于对照品、标准品进口前60天，填写《进口药品批件申请表》，并报送注册证复印件、所进样品的用途、营业执照复印件等资料，向我局提出申请。

特殊情况下，申请人可填写《进口药品报验单》，报送注册证复印件、所进样品的用途、营业执照复印件等资料，迳向我局申请办理《进口药品通关单》。我局自收到申请资料之日起，3日内办理完毕。

附件：非药用物品目录

附件

非药用物品目录

一、食品添加剂类

固体麦芽糖醇、液体麦芽糖醇、异麦芽糖醇、乙酰异丁酸蔗糖酯、异麦芽酮糖醇、木糖醇、乳糖醇。

二、药品合成前体

头孢呋辛酸、7-苯乙酰胺基-3-氯甲基-3-头孢烷酸-P-甲氧苄基酯（GCLE）、头孢唑啉酸、头孢噻肟酸。

关于进口药品目录中新增非药用物品的通告

（国食药监注〔2005〕11号）

（2005年1月10日由国家食品药品监督管理局发布，2005年1月10日起施行，法规类型为规范性文件）

为了方便非药用物品通关，规范口岸管理，我局于2004年3月16日下发了《关于进口药品目录中非药用物品进口通关有关事宜的通告》（以下简称《通告》）（国食药监注〔2004〕62号），公布了一批非药用物品，并规定将定期公布新增内容。根据《通告》要求，我局对近期非药用物品进口情况进行了整理，现将新增的非药用物品公布如下：

一、食品添加剂类

异麦芽酮糖。

二、药品合成前体

羟基苯甘氨酸、四乙酰核糖、7-ANCA、硫酸头孢吡肟、头孢匹胺酸、头孢地嗪酸。

三、其他

褪黑素、胆碱甲酸酯、3-O-甲氧基甲基-16，17-O-硫酰基-16-表雌三醇。

特此通告。

关于进口药品目录中第三批非药用物品目录的通告

(国食药监注〔2005〕423号)

(2005年8月22日由国家食品药品监督管理局发布,2005年8月22日起施行,法规类型为规范性文件)

为方便非药用物品通关,规范口岸管理,根据《关于进口药品目录中非药用物品进口通关有关事宜的通告》(国食药监注〔2004〕62号)要求,我局对近期非药用物品进口情况进行了整理,现将第三批非药用物品目录通告如下:

一、食品添加剂类

海藻糖。

二、药品合成前体

7-氨基-3-氯-3-头孢环-4-羧酸(7-ACCA)、7-氨基-3-乙烯基-3-头孢环-4-羧酸(7-AVCA)、头孢米诺酸、头孢克肟甲酯(Cefixime Methyl Ester)。

三、其他

琼脂糖、酵母多聚糖(Yeast Polysaccharide)、丙氧基酰化葡萄糖(Glucam E-20)、苯并咪唑、8-氮鸟嘌呤、硫脲嘧啶、2-噻唑丙氨酸、L-核糖(L-Ribose)。

关于进口药品目录中药用辅料进口通关有关事宜的通告

(国家食品药品监管总局通告2017年第31号)

(2017年2月20日由国家食品药品监管总局发布,2017年2月20日起施行,法规类型为规范性文件)

根据国家食品药品监督管理总局《关于药包材药用辅料与药品关联审评审批有关事项的公告》(2016年第134号)和《关于发布药包材药用辅料申报资料要求(试行)的通告》(2016年第155号)的相关规定,为方便进口药品目录中药用辅料的通关,现将有关事宜通告如下:

一、对于进口药品目录中的药用辅料,进口单位可凭药用辅料批准证明文件、营业执照复印件、装箱单、提运单、出厂检验报告书等资料,到口岸食品药品监管部门办理《进口药品通关单》。口岸食品药品监管部门应在《进口药品通关单》中注明"本品为药用辅料,非药品,无需进行口岸检验。"

二、药用辅料批准证明文件包括以下内容之一:

(一)进口药用辅料的《进口药品注册证》,注册证有效期届满后,所进口的药用辅料可继续在原药品中使用;

(二)按2016年第134号公告要求获得的药用辅料核准编号或《受理通知书》;

（三）药用辅料一次性进口批件；
（四）允许药用辅料进口的其他批准证明文件。

三、进口药用辅料《进口药品注册证》相关信息发生变更的，需提供任意一家使用该药用辅料的制剂企业按 2016 年第 155 号通告要求完成研究和评估后获得的药品补充申请批件或备案公示内容。

特此通告。

药 材

进出境中药材检疫监督管理办法

（国家质量监督检验检疫总局令第 169 号）

（2015 年 10 月 21 日由国家质量监督检验检疫总局发布；根据 2018 年 4 月 28 日海关总署令第 238 号《海关总署关于修改部分规章的决定》修改，根据 2018 年 5 月 29 日海关总署令第 240 号《海关总署关于修改部分规章的决定》修改，根据 2018 年 11 月 23 日海关总署令第 243 号《海关总署关于修改部分规章的决定》修改；现行版本自 2018 年 11 月 23 日起施行；法规类型为部门规章）

第一章 总 则

第一条 为加强进出境中药材检疫监督管理工作，防止动植物疫病疫情传入传出国境，保护农、林、牧、渔业生产和人体健康，保护生态安全，根据《中华人民共和国进出境动植物检疫法》及其实施条例等法律法规的规定，制定本办法。

第二条 本办法所称中药材是指药用植物、动物的药用部分，采收后经初加工形成的原料药材。

第三条 本办法适用于申报为药用的进出境中药材检疫及监督管理。
申报为食用的进出境中药材检验检疫及监督管理按照海关总署有关进出口食品的规定执行。

第四条 海关总署统一管理全国进出境中药材检疫及监督管理工作。
主管海关负责所辖地区的进出境中药材检疫及监督管理工作。

第五条 海关总署对进出境中药材实施用途申报制度。中药材进出境时，企业应当向主管海关申报预期用途，明确"药用"或者"食用"。
申报为"药用"的中药材应为列入《中华人民共和国药典》药材目录的物品。申报为"食用"的中药材应为国家法律、行政法规、规章、文件规定可用于食品的物品。

第六条 海关总署对进出境中药材实施风险管理；对向中国境内输出中药材的境外生产、加工、存放单位（以下简称境外生产企业）实施注册登记管理；按照输入国家或者地区的要求对出境中药材生产、加工、存放单位（以下简称出境生产企业）实施注册登记管理；对进出境中药材生产、经营企业实行诚信管理等。

第七条 进出境中药材企业应当依照法律、行政法规和有关标准从事生产、加工、经营活动，承担防疫主体责任，对社会和公众负责，保证进出境中药材安全，主动接受监督，承担社会责任。

第二章 进境检疫监管

第八条 海关总署对进境中药材实施检疫准入制度,包括产品风险分析、监管体系评估与审查、确定检疫要求、境外生产企业注册登记以及进境检疫等。

第九条 海关总署对首次向中国输出中药材的国家或者地区进行产品风险分析、监管体系评估,对已有贸易的国家和地区进行回顾性审查。

海关总署根据风险分析、评估审查结果,与输出国家或者地区主管部门协商确定向中国输出中药材的检疫要求,商签有关议定书,确定检疫证书。

海关总署负责制定、调整并在海关总署网站公布允许进境中药材的国家或者地区名单以及产品种类。

第十条 海关总署根据风险分析的结果,确定需要实施境外生产、加工、存放单位注册登记的中药材品种目录,并实施动态调整。注册登记评审程序和技术要求由海关总署另行制定、发布。

海关总署对列入目录的中药材境外生产企业实施注册登记。注册登记有效期为4年。

第十一条 境外生产企业应当符合输出国家或者地区法律法规的要求,并符合中国国家技术规范的强制性要求。

第十二条 输出国家或者地区主管部门在境外生产企业申请向中国注册登记时,需对其进行审查,符合本办法第十条、第十一条相关规定后,向海关总署推荐,并提交下列中文或者中英文对照材料:

(一)所在国家或者地区相关的动植物疫情、兽医卫生、公共卫生、植物保护、企业注册管理等方面的法律法规,所在国家或者地区主管部门机构设置和人员情况及法律法规执行等方面的书面资料;

(二)申请注册登记的境外生产企业名单;

(三)所在国家或者地区主管部门对其推荐企业的防疫、卫生控制实际情况的评估结论;

(四)所在国家或者地区主管部门对其推荐的企业符合中国法律法规要求的声明;

(五)企业注册申请书,厂区、车间、仓库的平面图、工艺流程图、动物或者植物检疫防控体系文件、防疫消毒处理设施照片、废弃物和包装物无害化处理设施照片等。

第十三条 海关总署收到推荐材料并经书面审查合格后,经与输出国家或者地区主管部门协商,可以派员到输出国家或者地区对其监管体系进行评估,对申请注册登记的境外生产企业进行检查。

经检查符合要求的申请企业,予以注册登记。

第十四条 已取得注册登记需延续的境外生产企业,由输出国家或者地区主管部门在有效期届满6个月前,按本办法第十二条规定向海关总署提出申请。海关总署可以派员到输出国家或者地区对其监管体系进行回顾性审查,并对申请的境外生产企业进行检查。

对回顾性审查符合要求的国家或者地区,经检查符合要求的境外生产企业,予以注册登记,有效期延长4年。

第十五条 进境中药材需办理进境动植物检疫审批的,货主或者其代理人应当在签订贸易合同前,按照进境动植物检疫审批管理办法的规定取得《中华人民共和国进境动植物检疫许可证》。

第十六条 海关总署可以根据实际需要,并商输出中药材国家或者地区政府主管部门同意,派员到输出国家或者地区进行预检。

第十七条 中药材进境前或者进境时,货主或者其代理人应当凭下列材料,向进境口岸海关报检:

（一）输出国家或者地区官方出具的符合海关总署要求的检疫证书；
（二）原产地证明、贸易合同、提单、装箱单、发票。

第十八条 海关对货主或者其代理人提交的相关单证进行审核，符合要求的，受理报检。

无输出国家或者地区政府动植物检疫机构出具的有效检疫证书，需要注册登记未按要求办理注册登记的，或者未依法办理检疫审批手续的，海关可以根据具体情况，作退回或者销毁处理。

第十九条 对进境中药材，海关按照中国法律法规规定和国家强制性标准要求，进境动植物检疫许可证列明的要求，以及本办法第九条确定的检疫要求实施检疫。

第二十条 进境口岸海关应当按照下列规定实施现场检疫：

（一）查询启运时间和港口、途经国家或者地区、装载清单等，核对单证是否真实有效，单证与货物的名称、数（重）量、输出国家或者地区、唛头、标识、境外生产企业名称、注册登记号等是否相符；

（二）包装是否完好，是否带有动植物性包装、铺垫材料，并符合《中华人民共和国进出境动植物检疫法》及其实施条例、进境货物木质包装检疫监督管理办法的规定；

（三）中药材有无腐败变质现象，有无携带有害生物、动物排泄物或者其他动物组织等，有无携带动物尸体、土壤及其他禁止进境物。

第二十一条 现场查验有下列情形之一的，海关签发检疫处理通知书，并作相应检疫处理：

（一）属于法律法规禁止进境的、带有禁止进境物的、货证不符的、发现严重腐败变质的，作退回或者销毁处理；

（二）对包装破损的，由货主或者其代理人负责整理完好，方可卸离运输工具。海关对受污染的场地、物品、器具进行检疫处理；

（三）带有有害生物、动物排泄物或者其他动物组织等的，按照有关规定进行检疫处理；

（四）对受到病虫害污染或者疑似受到病虫害污染的，封存有关货物，对被污染的货物、装卸工具、场地进行消毒处理。

第二十二条 现场检疫中发现病虫害、病虫为害症状，或者根据相关工作程序需进行实验室检疫的，海关应当对进境中药材采样，并送实验室。

第二十三条 中药材在取得检疫合格证明前，应当存放在海关认可的地点，未经海关许可，任何单位和个人不得擅自调离、销售、加工。

《进境动植物检疫许可证》列明该产品目的地海关实施检疫、加工监管，口岸海关验证查验并做外包装消毒处理后，出具《入境货物调离通知单》，收货人或者其代理人在规定时限内向目的地海关申请检疫。未经检疫，不得销售、加工。

需要进境检疫审批的进境中药材应当在检疫审批许可列明的指定企业中存放和加工。

第二十四条 进境中药材经检疫合格，海关出具入境货物检验检疫证明后，方可销售、使用或者在指定企业存放、加工。入境货物检验检疫证明均应列明货物的名称、原产国家或者地区、数/重量、生产批号/生产日期、用途等。

第二十五条 检疫不合格的，海关签发检疫处理通知书，由货主或者其代理人在海关的监督下，作除害、退回或者销毁处理，经除害处理合格的准予进境。

需要由海关出证索赔的，海关按照规定签发相关检疫证书。

第二十六条 装运进境中药材的运输工具和集装箱应当符合安全卫生要求。需要实施防疫消毒处理的，应当在进境口岸海关的监督下实施防疫消毒处理。未经海关许可，不得将进境中药材卸离运输工具、集装箱或者运递。

第二十七条 境内货主或者其代理人应当建立中药材进境和销售、加工记录制度，做好相关记录并至少保存 2 年。同时应当配备中药材防疫安全管理人员,建立中药材防疫管理制度。

第三章 出境检疫监管

第二十八条 出境中药材应当符合中国政府与输入国家或者地区签订的检疫协议、议定书、备忘录等规定,以及进境国家或者地区的标准或者合同要求。

第二十九条 出境生产企业应当达到输入国家或者地区法律法规的相关要求,并符合中国有关法律法规规定。

第三十条 出境生产企业应当建立完善的防疫体系和溯源管理制度。

出境生产企业应当建立原料、包装材料等进货采购、验收记录、生产加工记录、出厂检验记录、出入库记录等,详细记录出境中药材生产加工全过程的防疫管理和产品溯源情况。

上述记录应当真实,保存期限不得少于 2 年。

出境生产企业应当配备检疫管理人员,明确防疫责任人。

第三十一条 输入国家或者地区要求对向其输出中药材的出境生产企业注册登记的,海关实行注册登记。注册登记有效期为 4 年。

第三十二条 出境生产企业申请注册登记时,应当提交下列材料:

(一)《出境中药材生产企业检疫注册登记申请表》;

(二)厂区平面图,并提供重点区域的照片或者视频资料;

(三)产品加工工艺。

第三十三条 所在地直属海关对出境生产企业的申请,应当根据下列情况分别作出处理:

(一)申请材料齐全、符合法定形式或者申请人按照要求提交全部补正申请材料的,应当受理申请;

(二)申请材料存在可以当场更正的错误的,应当允许申请人当场更正;

(三)申请材料不齐全或者不符合法定形式的,应当当场或者在 5 个工作日内一次告知申请人需要补正的全部内容,逾期不告知的,自收到申请材料之日起即为受理。

直属海关受理或者不予受理申请,应当出具加盖本行政机关专用印章和注明日期的书面凭证。

第三十四条 直属海关应当在受理申请后组成评审组,对提出申请的出境生产企业进行现场评审。评审组应当在现场评审结束后及时向直属海关提交评审报告。

第三十五条 直属海关应当自受理申请之日起 20 日内对申请人的申请事项作出是否准予注册登记的决定;准予注册登记的,颁发注册登记证。

直属海关自受理申请之日起 20 日内不能作出决定的,经直属海关负责人批准,可以延长 10 日,并应当将延长期限的理由告知申请人。

第三十六条 注册登记出境生产企业变更企业名称、法定代表人、产品种类、存放、生产加工能力等,应当在变更后 30 日内向直属海关提出书面申请,填写《出境中药材生产企业检疫注册登记申请表》,并提交与变更内容相关的资料。

变更企业名称、法定代表人的,由直属海关审核有关资料后,直接办理变更手续。

变更产品种类或者生产能力的,由直属海关审核有关资料并组织现场评审,评审合格后,办理变更手续。

企业迁址的,应当重新向直属海关申请办理注册登记手续。

第三十七条 需要向境外推荐注册的,直属海关应当将通过初审的出境生产企业名单上报海关总署。海关总署组织评估,统一向输入国家或者地区主管部门推荐并办理有关手续。

第三十八条 出境中药材的货主或者其代理人应当向中药材生产企业所在地海关报检,报检时,需如实申报产品的预期用途,并提交以下材料:

（一）合同、发票、装箱单；
（二）生产企业出具的出厂合格证明；
（三）产品符合进境国家或者地区动植物检疫要求的书面声明。

第三十九条 海关应当按照本办法第二十八条规定对出境中药材实施检疫监管。

出境中药材经检疫合格或者经除害处理合格的，海关应当按照规定出具有关检疫证单，准予出境。

检疫不合格又无有效方法作除害处理的，不准出境。

第四十条 海关可以根据海关总署相关要求，结合所辖地区中药材出境情况、输入国家或者地区要求、生产企业管理能力和水平、生产企业的诚信度，以及风险监测等因素，在风险分析的基础上，对辖区出境中药材和生产企业实施分类管理。

第四章 监督管理

第四十一条 海关对进出境中药材的生产、加工、存放过程实施检疫监督。

第四十二条 海关总署对进出境中药材实施动植物疫病疫情监测。

主管海关在监测中发现问题时，应当及时按规定处置和报告。

第四十三条 进境中药材的货主或者其代理人和出境中药材生产企业应当建立疫情信息报告制度和应急处置方案。发现疫情信息应当及时向海关报告并积极配合海关进行疫情处置。

第四十四条 海关总署根据获得的风险信息，在风险分析的基础上，发布风险预警信息通报，并决定对相关产品采取以下控制措施：

（一）有条件地限制进境或者出境，包括严密监控、加严检疫等；
（二）禁止进境或者出境，就地销毁或者作退运处理；
（三）撤销生产企业注册登记资格；
（四）启动有关应急处置预案。

主管海关负责组织实施风险预警及控制措施。

第四十五条 海关总署可以参照国际通行做法，对不确定的风险直接发布风险预警通告，并采取本办法第四十四条规定的控制措施。同时及时收集和补充有关信息和资料，进行风险分析。

第四十六条 进出境中药材疫情风险已消除或者降低到可接受的程度时，海关总署应当及时解除风险预警通报或者风险预警通告以及控制措施。

第四十七条 海关对中药材进出境检疫中发现的疫情，特别是重大疫情，应当按照进出境重大动植物疫情应急处置预案进行处置。

第四十八条 海关应当将进出境中药材的货主或者其代理人以及境内外生产企业纳入诚信管理。

第五章 法律责任

第四十九条 进出境中药材货主或者其代理人，有下列违法行为之一的，海关应当按照《中华人民共和国动植物检疫法》第四十条，《中华人民共和国动植物检疫法实施条例》第五十九条之规定，予以处罚：

（一）未报检或者未依法办理检疫审批手续或者未按检疫审批的规定执行的；
（二）报检的中药材与实际不符的。

第五十条 有下列违法行为之一的，海关应当按照《中华人民共和国动植物检疫法实施条例》第六十条之规定，予以处罚：

（一）未经海关许可擅自将进境中药材卸离运输工具或者运递的；

（二）擅自开拆、损毁动植物检疫封识或者标志的。

第五十一条 有下列违法行为之一的，依法追究刑事责任；尚不构成犯罪或者犯罪情节显著轻微依法不需要判处刑罚的，海关应当按照《中华人民共和国动植物检疫法实施条例》第六十二条之规定，予以处罚：

（一）引起重大动植物疫情的；

（二）伪造、变造检验检疫单证、印章、标志、封识的。

第五十二条 海关工作人员在对进出境中药材实施检疫和监督管理工作中滥用职权，故意刁难当事人的，徇私舞弊，伪造检验检疫结果的，或者玩忽职守，延误检验检疫出证的，依法给予行政处分；构成犯罪的，依法追究刑事责任。

第六章 附　则

第五十三条 进出境中药材涉及野生或者濒危保护动物、植物的，应当符合我国或者相关国家或者地区有关法律法规要求。

第五十四条 以国际快递、邮寄和旅客携带方式进出境中药材的，应当符合相关规定。

第五十五条 过境中药材的检疫按照《中华人民共和国进出境动植物检疫法》及其实施条例办理。

第五十六条 本办法由海关总署负责解释。

第五十七条 本办法自2015年12月1日起施行。

进口药材管理办法

（国家市场监督管理总局令第9号）

（2019年5月16日由国家市场监督管理总局发布，2020年1月1日起施行，法规类型为部门规章）

第一章 总　则

第一条 为加强进口药材监督管理，保证进口药材质量，根据《中华人民共和国药品管理法》《中华人民共和国药品管理法实施条例》等法律、行政法规，制定本办法。

第二条 进口药材申请、审批、备案、口岸检验以及监督管理，适用本办法。

第三条 药材应当从国务院批准的允许药品进口的口岸或者允许药材进口的边境口岸进口。

第四条 国家药品监督管理局主管全国进口药材监督管理工作。国家药品监督管理局委托省、自治区、直辖市药品监督管理部门（以下简称省级药品监督管理部门）实施首次进口药材审批，并对委托实施首次进口药材审批的行为进行监督指导。

省级药品监督管理部门依法对进口药材进行监督管理，并在委托范围内以国家药品监督管理局的名义实施首次进口药材审批。

允许药品进口的口岸或者允许药材进口的边境口岸所在地负责药品监督管理的部门（以下简称口岸药品监督管理部门）负责进口药材的备案，组织口岸检验并进行监督管理。

第五条 本办法所称药材进口单位是指办理首次进口药材审批的申请人或者办理进口药

备案的单位。

药材进口单位，应当是中国境内的中成药上市许可持有人、中药生产企业，以及具有中药材或者中药饮片经营范围的药品经营企业。

第六条 首次进口药材，应当按照本办法规定取得进口药材批件后，向口岸药品监督管理部门办理备案。首次进口药材，是指非同一国家（地区）、非同一申请人、非同一药材基原的进口药材。

非首次进口药材应当按照本办法规定直接向口岸药品监督管理部门办理备案。非首次进口药材实行目录管理，具体目录由国家药品监督管理局制定并调整。尚未列入目录，但申请人、药材基原以及国家（地区）均未发生变更的，按照非首次进口药材管理。

第七条 进口的药材应当符合国家药品标准。中国药典现行版未收载的品种，应当执行进口药材标准；中国药典现行版、进口药材标准均未收载的品种，应当执行其他的国家药品标准。少数民族地区进口当地习用的少数民族药药材，尚无国家药品标准的，应当符合相应的省、自治区药材标准。

第二章 首次进口药材申请与审批

第八条 首次进口药材，申请人应当通过国家药品监督管理局的信息系统（以下简称信息系统）填写进口药材申请表，并向所在地省级药品监督管理部门报送以下资料：

（一）进口药材申请表；

（二）申请人药品生产许可证或者药品经营许可证复印件，申请人为中成药上市许可持有人的，应当提供相关药品批准证明文件复印件；

（三）出口商主体登记证明文件复印件；

（四）购货合同及其公证文书复印件；

（五）药材产地生态环境、资源储量、野生或者种植养殖情况、采收及产地初加工等信息；

（六）药材标准及标准来源；

（七）由中国境内具有动、植物基原鉴定资质的机构出具的载有鉴定依据、鉴定结论、样品图片、鉴定人、鉴定机构及其公章等信息的药材基原鉴定证明原件。

申请人应当对申报资料的真实性负责。

第九条 省级药品监督管理部门收到首次进口药材申报资料后，应当对申报资料的规范性、完整性进行形式审查。申报资料存在可以当场更正的错误的，应当允许申请人当场更正；申报资料不齐全或者不符合法定形式的，应当当场或者5日内一次告知申请人需要补正的全部内容，逾期不告知的，自收到申报资料之日起即为受理。

省级药品监督管理部门受理或者不予受理首次进口药材申请，应当出具受理或者不予受理通知书；不予受理的，应当书面说明理由。

第十条 申请人收到首次进口药材受理通知书后，应当及时将检验样品报送所在地省级药品检验机构，同时提交本办法第八条规定的资料。

第十一条 省级药品检验机构收到检验样品和相关资料后，应当在30日内完成样品检验，向申请人出具进口药材检验报告书，并报送省级药品监督管理部门。因品种特性或者检验项目等原因确需延长检验时间的，应当将延期的时限、理由书面报告省级药品监督管理部门并告知申请人。

第十二条 申请人对检验结果有异议的，可以依照药品管理法的规定申请复验。药品检验机构应当在复验申请受理后20日内作出复验结论，并报送省级药品监督管理部门，通知申请人。

第十三条 在审批过程中,省级药品监督管理部门认为需要申请人补充资料的,应当一次告知需要补充的全部内容。

申请人应当在收到补充资料通知书后4个月内,按照要求一次提供补充资料。逾期未提交补充资料的,作出不予批准的决定。因不可抗力等原因无法在规定时限内提交补充资料的,申请人应当向所在地省级药品监督管理部门提出延期申请,并说明理由。

第十四条 省级药品监督管理部门应当自受理申请之日起20日内作出准予或者不予批准的决定。对符合要求的,发给一次性进口药材批件。检验、补充资料期限不计入审批时限。

第十五条 变更进口药材批件批准事项的,申请人应当通过信息系统填写进口药材补充申请表,向原发出批件的省级药品监督管理部门提出补充申请。补充申请的申请人应当是原进口药材批件的持有者,并报送以下资料:

(一)进口药材补充申请表;

(二)进口药材批件原件;

(三)与变更事项有关的材料。

申请人变更名称的,除第一款规定资料外,还应当报送申请人药品生产许可证或者药品经营许可证以及变更记录页复印件,或者药品批准证明文件以及持有人名称变更补充申请批件复印件。

申请人变更到货口岸的,除第一款规定资料外,还应当报送购货合同及其公证文书复印件。

第十六条 省级药品监督管理部门应当在补充申请受理后20日内完成审批。对符合要求的,发给进口药材补充申请批件。

第十七条 省级药品监督管理部门决定予以批准的,应当在作出批准决定后10日内,向申请人送达进口药材批件或者进口药材补充申请批件;决定不予批准的,应当在作出不予批准决定后10日内,向申请人送达审查意见通知书,并说明理由,告知申请人享有依法申请行政复议或者提起行政诉讼的权利。

第三章 备 案

第十八条 首次进口药材申请人应当在取得进口药材批件后1年内,从进口药材批件注明的到货口岸组织药材进口。

第十九条 进口单位应当向口岸药品监督管理部门备案,通过信息系统填报进口药材报验单,并报送以下资料:

(一)进口药材报验单原件;

(二)产地证明复印件;

(三)药材标准及标准来源;

(四)装箱单、提运单和货运发票复印件;

(五)经其他国家(地区)转口的进口药材,应当同时提交产地到各转口地的全部购货合同、装箱单、提运单和货运发票复印件;

(六)进口药材涉及《濒危野生动植物种国际贸易公约》限制进出口的濒危野生动植物的,还应当提供国家濒危物种进出口管理机构核发的允许进出口证明书复印件。

办理首次进口药材备案的,除第一款规定资料外,还应当报送进口药材批件和进口药材补充申请批件(如有)复印件。

办理非首次进口药材备案的,除第一款规定资料外,还应当报送进口单位的药品生产许可证或者药品经营许可证复印件、出口商主体登记证明文件复印件、购货合同及其公证文书复印件。进口单位为中成药上市许可持有人的,应当提供相关药品批准证明文件复印件。

第二十条　口岸药品监督管理部门应当对备案资料的完整性、规范性进行形式审查，符合要求的，发给进口药品通关单，收回首次进口药材批件，同时向口岸药品检验机构发出进口药材口岸检验通知书，并附备案资料一份。

第二十一条　进口单位持进口药品通关单向海关办理报关验放手续。

第四章　口岸检验

第二十二条　口岸药品检验机构收到进口药材口岸检验通知书后，应当在2日内与进口单位商定现场抽样时间，按时到规定的存货地点进行现场抽样。现场抽样时，进口单位应当出示产地证明原件。

第二十三条　口岸药品检验机构应当对产地证明原件和药材实际到货情况与口岸药品监督管理部门提供的备案资料的一致性进行核查。符合要求的，予以抽样，填写进口药材抽样记录单，在进口单位持有的进口药品通关单原件上注明"已抽样"字样，并加盖抽样单位公章；不符合要求的，不予抽样，并在2日内报告所在地口岸药品监督管理部门。

第二十四条　口岸药品检验机构一般应当在抽样后20日内完成检验工作，出具进口药材检验报告书。因客观原因无法按时完成检验的，应当将延期的时限、理由书面告知进口单位并报告口岸药品监督管理部门。

口岸药品检验机构应当将进口药材检验报告书报送口岸药品监督管理部门，并告知进口单位。

经口岸检验合格的进口药材方可销售使用。

第二十五条　进口单位对检验结果有异议的，可以依照药品管理法的规定申请复验。药品检验机构应当在复验申请受理后20日内作出复验结论，并报告口岸药品监督管理部门，通知进口单位。

第五章　监督管理

第二十六条　口岸药品监督管理部门收到进口药材不予抽样通知书后，对有证据证明可能危害人体健康且已办结海关验放手续的全部药材采取查封、扣押的行政强制措施，并在7日内作出处理决定。

第二十七条　对检验不符合标准规定且已办结海关验放手续的进口药材，口岸药品监督管理部门应当在收到检验报告书后及时采取查封、扣押的行政强制措施，并依法作出处理决定，同时将有关处理情况报告所在地省级药品监督管理部门。

第二十八条　国家药品监督管理局根据需要，可以对进口药材的产地、初加工等生产现场组织实施境外检查。药材进口单位应当协调出口商配合检查。

第二十九条　中成药上市许可持有人、中药生产企业和药品经营企业采购进口药材时，应当查验口岸药品检验机构出具的进口药材检验报告书复印件和注明"已抽样"并加盖公章的进口药品通关单复印件，严格执行药品追溯管理的有关规定。

第三十条　进口药材的包装必须适合进口药材的质量要求，方便储存、运输以及进口检验。在每件包装上，必须注明药材中文名称、批件编号（非首次进口药材除外）、产地、唛头号、进口单位名称、出口商名称、到货口岸、重量以及加工包装日期等。

第三十一条　药材进口申请受理、审批结果、有关违法违规的情形及其处罚结果应当在国家药品监督管理部门网站公开。

第六章　法律责任

第三十二条　进口单位提供虚假的证明、文件资料样品或者采取其他欺骗手段取得首次进口药材批件的，依照药品管理法等法律法规的规定处理。

第三十三条 进口单位提供虚假证明、文件资料或者采取其他欺骗手段办理备案的，给予警告，并处1万元以上3万元以下罚款。

第七章 附则

第三十四条 进口药材批件编号格式为：（省、自治区、直辖市简称）药材进字+4位年号+4位顺序号。

第三十五条 本办法自2020年1月1日起施行。原国家食品药品监督管理局2005年11月24日公布的《进口药材管理办法（试行）》同时废止。

关于实施《进口药材管理办法》有关事项的公告

（国家药品监督管理局 海关总署 国家市场监督管理总局公告2020年第3号）

（2020年1月6日由国家药品监督管理局、海关总署、国家市场监督管理总局发布，2020年1月6日起施行，法规类型为规范性文件）

《进口药材管理办法》（国家市场监督管理总局令第9号，以下简称《办法》）已于2019年5月16日发布，自2020年1月1日起施行。现就有关事项公告如下：

一、关于首次进口药材的申请与审批

（一）对2020年1月1日前国家药品监督管理局已正式受理，但未完成审批的申请，仍按原有关规定审批，申请人也可以申请撤回提交的申请。

（二）首次进口药材，申请人应当登录国家药品监督管理局网站网上办事大厅（网址：https://zwfw.nmpa.gov.cn）通过"法人服务"项下办理首次进口药材申请，并按《办法》要求向所在地省级药品监督管理部门报送有关资料，取得《进口药材批件》。

（三）各省级药品监督管理部门通过国家药品监管专网（地址：10.64.1.30）受理首次进口药材申请，并按《办法》规定实施审批。

二、关于进口药材的备案

（一）药材进口单位和口岸药品监督管理部门按照《国家药监局关于启用新版药品和药材进口备案管理系统的公告》（2019年第107号）提示，登录备案系统相应窗口在线办理进口药材备案。

（二）国家药品监督管理局已对2006年、2011年发布的两批《非首次进口药材品种目录》进行了修订、合并（详见附件1），原有目录予以废止。凡申请进口列入目录中的药材品种，申请人无须取得《进口药材批件》，直接按照《办法》规定向口岸药品监督管理部门进行非首次进口药材备案，各口岸药品监督管理部门应按非首次进口药材进行形式审查。

三、关于进口药材的口岸检验

国家药品监督管理局确定的口岸药品检验机构负责进口药材的口岸检验工作。各口岸或者边境口岸、口岸药品监督管理部门和口岸药品检验机构的对应关系见附件2、附件3。

各级海关、药品监督管理部门要坚决贯彻药品安全"四个最严"要求，充分认识《办法》实施的重要意义，认真学习、深刻理解、熟练掌握，结合本地区工作实际，抓好贯彻落实的各项工作，保证进口药材质量，切实维护广大人民群众用药安全。

特此公告。

附件：1. 非首次进口药材品种目录（略）
2. 口岸与口岸药品监督管理部门和口岸药品检验机构对应关系表（略）
3. 边境口岸与口岸药品监督管理部门和口岸药品检验机构对应关系表（略）

关于调整麻黄草出口管理政策的公告

（商务部 公安部 生态环境部 海关总署
国家药品监督管理局公告 2018 年第 83 号）

（2018 年 9 月 27 日由商务部、公安部、生态环境部、海关总署、国家药品监督管理局发布，2018 年 9 月 27 日起施行，法规类型为规范性文件）

为保护生态环境和野生麻黄草资源，支持麻黄草人工种植业，落实国务院对麻黄草的管理要求，根据《中华人民共和国对外贸易法》《中华人民共和国货物进出口管理条例》《出口商品配额管理办法》的有关规定，商务部、公安部、生态环境部、海关总署、国家药品监督管理局决定对麻黄草出口管理相关措施进行调整。有关事项公布如下：

一、自 2019 年 1 月 1 日起，对麻黄草实施出口配额管理，不再实行禁止出口管理。麻黄草年度配额总量、申请的具体条件和程序等事项由商务部另行公布。

二、根据禁毒工作和生态环境保护需要，仅安排属于药料用的人工种植麻黄草出口。符合条件的经营者可按规定向商务部申请出口配额，凭配额证明向外经贸部申领《中华人民共和国出口许可证》，凭《中华人民共和国出口许可证》向海关办理报关验放手续。

三、为维护对外贸易秩序，对麻黄草出口实行指定口岸报关出口。麻黄草出口的报关口岸指定为天津海关。

四、本公告适用于所有贸易方式。

关于药料用人工种植麻黄草出口配额申请等事项的公告

（商务部公告 2018 年第 88 号）

（2018 年 11 月 6 日由商务部发布，2018 年 11 月 6 日起施行，法规类型为规范性文件）

根据《中华人民共和国对外贸易法》、《中华人民共和国货物进出口条例》、《出口商品配额管理办法》、《货物出口许可证管理办法》，商务部、公安部、生态环境部、海关总署、国家药品监督管理局 2018 年第 83 号公告规定，现就药料用人工种植麻黄草（税则编码 1211500019）出口配额申请等事项公告如下：

一、出口配额申请条件

（一）经工商行政管理部门登记注册、已办理对外贸易经营者备案登记、具有独立法人资格。

（二）在主产地投资建立自有麻黄草人工种植基地，出口的人工种植麻黄草产自本企业的有关基地。

（三）属于中药材及饮片出口企业，近三年每年均有中药材及饮片出口实绩（以商务部查询的海关统计为准）。

（四）已对外签订出口意向书，并在其中明确所出口麻黄草仅限于药料用。

（五）出具承诺及确认书，承诺只出口自有基地人工种植的麻黄草，确认近三年内在经济活动中无违法、违规行为。

二、出口配额申请及下达程序

（一）各地符合申请条件的企业，须向所在省、自治区、直辖市、计划单列市及新疆生产建设兵团商务主管部门（以下简称地方商务主管部门）提出申请。

（二）地方商务主管部门负责汇总本地区企业申请，于每年11月1日至11月15日将本地区企业申请材料转报商务部。中央管理企业直接将申请函及有关材料报送商务部。

（三）商务部经公安部出口核查确认后，于每年12月15日前将年度配额分配方案下达给有关地方商务主管部门及中央管理企业，抄送公安部。

三、出口配额申请材料

符合申请条件的企业应提交如下申请材料：

（一）地方商务主管部门出具的转报申请函正本（中央管理企业除外）。

（二）企业的申请报告正本。

（三）人工种植麻黄草基地所在地县级人民政府出具的基地说明材料正本。

（四）已对外签订的出口意向书正本，意向书中需明确所出口麻黄草仅限于药料用。

企业的各项申请材料需经企业法人代表签字确认，提供电子版扫描件。地方商务主管部门负责将转报申请函（扫描件）和企业的申请材料发送至商务部专用邮箱。邮箱地址为：qingfangchumhc@mofcom.gov.cn，联系电话：010-65197731。

四、出口许可证签发

商务部委托天津特办负责签发药料用人工种植麻黄草出口许可证。天津特办凭商务部下达的年度配额分配方案，按照有关出口许可证管理规定为符合条件的企业核发《中华人民共和国出口许可证》。出口企业凭《中华人民共和国出口许可证》向天津海关办理报关验放手续。

五、监督与核查

商务部将会同公安部等部门对经营者的人工种植麻黄草基地和出口情况进行实地核查。凡申报材料不实或出口中存在违反用途规定和申请承诺行为的，商务部将收回其尚未使用的当年度配额，并不再受理其下一年度配额申请。

医疗器械

医疗器械监督管理条例

(国务院令第650号)

(2014年3月7日由国务院发布，根据2017年5月4日国务院令第680号《国务院关于修改〈医疗器械监督管理条例〉的决定》修订，现行版本自2017年5月4日起施行，法规类型为行政法规)

第一章 总 则

第一条 为了保证医疗器械的安全、有效，保障人体健康和生命安全，制定本条例。

第二条 在中华人民共和国境内从事医疗器械的研制、生产、经营、使用活动及其监督管理，应当遵守本条例。

第三条 国务院食品药品监督管理部门负责全国医疗器械监督管理工作。国务院有关部门在各自的职责范围内负责与医疗器械有关的监督管理工作。

县级以上地方人民政府食品药品监督管理部门负责本行政区域的医疗器械监督管理工作。县级以上地方人民政府有关部门在各自的职责范围内负责与医疗器械有关的监督管理工作。

国务院食品药品监督管理部门应当配合国务院有关部门，贯彻实施国家医疗器械产业规划和政策。

第四条 国家对医疗器械按照风险程度实行分类管理。

第一类是风险程度低，实行常规管理可以保证其安全、有效的医疗器械。

第二类是具有中度风险，需要严格控制管理以保证其安全、有效的医疗器械。

第三类是具有较高风险，需要采取特别措施严格控制管理以保证其安全、有效的医疗器械。

评价医疗器械风险程度，应当考虑医疗器械的预期目的、结构特征、使用方法等因素。

国务院食品药品监督管理部门负责制定医疗器械的分类规则和分类目录，并根据医疗器械生产、经营、使用情况，及时对医疗器械的风险变化进行分析、评价，对分类目录进行调整。制定、调整分类目录，应当充分听取医疗器械生产经营企业以及使用单位、行业组织的意见，并参考国际医疗器械分类实践。医疗器械分类目录应当向社会公布。

第五条 医疗器械的研制应当遵循安全、有效和节约的原则。国家鼓励医疗器械的研究与创新，发挥市场机制的作用，促进医疗器械新技术的推广和应用，推动医疗器械产业的发展。

第六条 医疗器械产品应当符合医疗器械强制性国家标准；尚无强制性国家标准的，应当符合医疗器械强制性行业标准。

一次性使用的医疗器械目录由国务院食品药品监督管理部门会同国务院卫生计生主管部门制定、调整并公布。重复使用可以保证安全、有效的医疗器械,不列入一次性使用的医疗器械目录。对因设计、生产工艺、消毒灭菌技术等改进后重复使用可以保证安全、有效的医疗器械,应当调整出一次性使用的医疗器械目录。

第七条　医疗器械行业组织应当加强行业自律,推进诚信体系建设,督促企业依法开展生产经营活动,引导企业诚实守信。

第二章　医疗器械产品注册与备案

第八条　第一类医疗器械实行产品备案管理,第二类、第三类医疗器械实行产品注册管理。

第九条　第一类医疗器械产品备案和申请第二类、第三类医疗器械产品注册,应当提交下列资料:

(一)产品风险分析资料;

(二)产品技术要求;

(三)产品检验报告;

(四)临床评价资料;

(五)产品说明书及标签样稿;

(六)与产品研制、生产有关的质量管理体系文件;

(七)证明产品安全、有效所需的其他资料。

医疗器械注册申请人、备案人应当对所提交资料的真实性负责。

第十条　第一类医疗器械产品备案,由备案人向所在地设区的市级人民政府食品药品监督管理部门提交备案资料。其中,产品检验报告可以是备案人的自检报告;临床评价资料不包括临床试验报告,可以是通过文献、同类产品临床使用获得的数据证明该医疗器械安全、有效的资料。

向我国境内出口第一类医疗器械的境外生产企业,由其在我国境内设立的代表机构或者指定我国境内的企业法人作为代理人,向国务院食品药品监督管理部门提交备案资料和备案人所在国(地区)主管部门准许该医疗器械上市销售的证明文件。

备案资料载明的事项发生变化的,应当向原备案部门变更备案。

第十一条　申请第二类医疗器械产品注册,注册申请人应当向所在地省、自治区、直辖市人民政府食品药品监督管理部门提交注册申请资料。申请第三类医疗器械产品注册,注册申请人应当向国务院食品药品监督管理部门提交注册申请资料。

向我国境内出口第二类、第三类医疗器械的境外生产企业,应当由其在我国境内设立的代表机构或者指定我国境内的企业法人作为代理人,向国务院食品药品监督管理部门提交注册申请资料和注册申请人所在国(地区)主管部门准许该医疗器械上市销售的证明文件。

第二类、第三类医疗器械产品注册申请资料中的产品检验报告应当是医疗器械检验机构出具的检验报告;临床评价资料应当包括临床试验报告,但依照本条例第十七条的规定免于进行临床试验的医疗器械除外。

第十二条　受理注册申请的食品药品监督管理部门应当自受理之日起3个工作日内将注册申请资料转交技术审评机构。技术审评机构应当在完成技术审评后向食品药品监督管理部门提交审评意见。

第十三条　受理注册申请的食品药品监督管理部门应当自收到审评意见之日起20个工作日内作出决定。对符合安全、有效要求的,准予注册并发给医疗器械注册证;对不符合要求的,不予注册并书面说明理由。

国务院食品药品监督管理部门在组织对进口医疗器械的技术审评时认为有必要对质量管理体系进行核查的，应当组织质量管理体系检查技术机构开展质量管理体系核查。

第十四条 已注册的第二类、第三类医疗器械产品，其设计、原材料、生产工艺、适用范围、使用方法等发生实质性变化，有可能影响该医疗器械安全、有效的，注册人应当向原注册部门申请办理变更注册手续；发生非实质性变化，不影响该医疗器械安全、有效的，应当将变化情况向原注册部门备案。

第十五条 医疗器械注册证有效期为5年。有效期届满需要延续注册的，应当在有效期届满6个月前向原注册部门提出延续注册的申请。

除有本条第三款规定情形外，接到延续注册申请的食品药品监督管理部门应当在医疗器械注册证有效期届满前作出准予延续的决定。逾期未作决定的，视为准予延续。

有下列情形之一的，不予延续注册：

（一）注册人未在规定期限内提出延续注册申请的；

（二）医疗器械强制性标准已经修订，申请延续注册的医疗器械不能达到新要求的；

（三）对用于治疗罕见疾病以及应对突发公共卫生事件急需的医疗器械，未在规定期限内完成医疗器械注册证载明事项的。

第十六条 对新研制的尚未列入分类目录的医疗器械，申请人可以依照本条例有关第三类医疗器械产品注册的规定直接申请产品注册，也可以依据分类规则判断产品类别并向国务院食品药品监督管理部门申请类别确认后依照本条例的规定申请注册或者进行产品备案。

直接申请第三类医疗器械产品注册的，国务院食品药品监督管理部门应当按照风险程度确定类别，对准予注册的医疗器械及时纳入分类目录。申请类别确认的，国务院食品药品监督管理部门应当自受理申请之日起20个工作日内对该医疗器械的类别进行判定并告知申请人。

第十七条 第一类医疗器械产品备案，不需要进行临床试验。申请第二类、第三类医疗器械产品注册，应当进行临床试验；但是，有下列情形之一的，可以免于进行临床试验：

（一）工作机理明确、设计定型、生产工艺成熟，已上市的同品种医疗器械临床应用多年且无严重不良事件记录，不改变常规用途的；

（二）通过非临床评价能够证明该医疗器械安全、有效的；

（三）通过对同品种医疗器械临床试验或者临床使用获得的数据进行分析评价，能够证明该医疗器械安全、有效的。

免于进行临床试验的医疗器械目录由国务院食品药品监督管理部门制定、调整并公布。

第十八条 开展医疗器械临床试验，应当按照医疗器械临床试验质量管理规范的要求，在具备相应条件的临床试验机构进行，并向临床试验提出者所在地省、自治区、直辖市人民政府食品药品监督管理部门备案。接受临床试验备案的食品药品监督管理部门应当将备案情况通报临床试验机构所在地的同级食品药品监督管理部门和卫生计生主管部门。

医疗器械临床试验机构实行备案管理。医疗器械临床试验机构应当具备的条件及备案管理办法和临床试验质量管理规范，由国务院食品药品监督管理部门会同国务院卫生计生主管部门制定并公布。

第十九条 第三类医疗器械进行临床试验对人体具有较高风险的，应当经国务院食品药品监督管理部门批准。临床试验对人体具有较高风险的第三类医疗器械目录由国务院食品药品监督管理部门制定、调整并公布。

国务院食品药品监督管理部门审批临床试验，应当对拟承担医疗器械临床试验的机构的设备、专业人员等条件，该医疗器械的风险程度，临床试验实施方案，临床受益与风险对比分析报告等进行综合分析。准予开展临床试验的，应当通报临床试验提出者以及临床试验机构所在地省、自治区、直辖市人民政府食品药品监督管理部门和卫生计生主管部门。

第三章 医疗器械生产

第二十条 从事医疗器械生产活动,应当具备下列条件:
(一)有与生产的医疗器械相适应的生产场地、环境条件、生产设备以及专业技术人员;
(二)有对生产的医疗器械进行质量检验的机构或者专职检验人员以及检验设备;
(三)有保证医疗器械质量的管理制度;
(四)有与生产的医疗器械相适应的售后服务能力;
(五)产品研制、生产工艺文件规定的要求。

第二十一条 从事第一类医疗器械生产的,由生产企业向所在地设区的市级人民政府食品药品监督管理部门备案并提交其符合本条例第二十条规定条件的证明资料。

第二十二条 从事第二类、第三类医疗器械生产的,生产企业应当向所在地省、自治区、直辖市人民政府食品药品监督管理部门申请生产许可并提交其符合本条例第二十条规定条件的证明资料以及所生产医疗器械的注册证。

受理生产许可申请的食品药品监督管理部门应当自受理之日起 30 个工作日内对申请资料进行审核,按照国务院食品药品监督管理部门制定的医疗器械生产质量管理规范的要求进行核查。对符合规定条件的,准予许可并发给医疗器械生产许可证;对不符合规定条件的,不予许可并书面说明理由。

医疗器械生产许可证有效期为 5 年。有效期届满需要延续的,依照有关行政许可的法律规定办理延续手续。

第二十三条 医疗器械生产质量管理规范应当对医疗器械的设计开发、生产设备条件、原材料采购、生产过程控制、企业的机构设置和人员配备等影响医疗器械安全、有效的事项作出明确规定。

第二十四条 医疗器械生产企业应当按照医疗器械生产质量管理规范的要求,建立健全与所生产医疗器械相适应的质量管理体系并保证其有效运行;严格按照经注册或者备案的产品技术要求组织生产,保证出厂的医疗器械符合强制性标准以及经注册或者备案的产品技术要求。

医疗器械生产企业应当定期对质量管理体系的运行情况进行自查,并向所在地省、自治区、直辖市人民政府食品药品监督管理部门提交自查报告。

第二十五条 医疗器械生产企业的生产条件发生变化,不再符合医疗器械质量管理体系要求的,医疗器械生产企业应当立即采取整改措施;可能影响医疗器械安全、有效的,应当立即停止生产活动,并向所在地县级人民政府食品药品监督管理部门报告。

第二十六条 医疗器械应当使用通用名称。通用名称应当符合国务院食品药品监督管理部门制定的医疗器械命名规则。

第二十七条 医疗器械应当有说明书、标签。说明书、标签的内容应当与经注册或者备案的相关内容一致。

医疗器械的说明书、标签应当标明下列事项:
(一)通用名称、型号、规格;
(二)生产企业的名称和住所、生产地址及联系方式;
(三)产品技术要求的编号;
(四)生产日期和使用期限或者失效日期;
(五)产品性能、主要结构、适用范围;
(六)禁忌症、注意事项以及其他需要警示或者提示的内容;
(七)安装和使用说明或者图示;
(八)维护和保养方法,特殊储存条件、方法;

（九）产品技术要求规定应当标明的其他内容。

第二类、第三类医疗器械还应当标明医疗器械注册证编号和医疗器械注册人的名称、地址及联系方式。

由消费者个人自行使用的医疗器械还应当具有安全使用的特别说明。

第二十八条 委托生产医疗器械，由委托方对所委托生产的医疗器械质量负责。受托方应当是符合本条例规定、具备相应生产条件的医疗器械生产企业。委托方应当加强对受托方生产行为的管理，保证其按照法定要求进行生产。

具有高风险的植入性医疗器械不得委托生产，具体目录由国务院食品药品监督管理部门制定、调整并公布。

第四章 医疗器械经营与使用

第二十九条 从事医疗器械经营活动，应当有与经营规模和经营范围相适应的经营场所和贮存条件，以及与经营的医疗器械相适应的质量管理制度和质量管理机构或者人员。

第三十条 从事第二类医疗器械经营的，由经营企业向所在地设区的市级人民政府食品药品监督管理部门备案并提交其符合本条例第二十九条规定条件的证明资料。

第三十一条 从事第三类医疗器械经营的，经营企业应当向所在地设区的市级人民政府食品药品监督管理部门申请经营许可并提交其符合本条例第二十九条规定条件的证明资料。

受理经营许可申请的食品药品监督管理部门应当自受理之日起 30 个工作日内进行审查，必要时组织核查。对符合规定条件的，准予许可并发给医疗器械经营许可证；对不符合规定条件的，不予许可并书面说明理由。

医疗器械经营许可证有效期为 5 年。有效期届满需要延续的，依照有关行政许可的法律规定办理延续手续。

第三十二条 医疗器械经营企业、使用单位购进医疗器械，应当查验供货者的资质和医疗器械的合格证明文件，建立进货查验记录制度。从事第二类、第三类医疗器械批发业务以及第三类医疗器械零售业务的经营企业，还应当建立销售记录制度。

记录事项包括：

（一）医疗器械的名称、型号、规格、数量；

（二）医疗器械的生产批号、有效期、销售日期；

（三）生产企业的名称；

（四）供货者或者购货者的名称、地址及联系方式；

（五）相关许可证明文件编号等。

进货查验记录和销售记录应当真实，并按照国务院食品药品监督管理部门规定的期限予以保存。国家鼓励采用先进技术手段进行记录。

第三十三条 运输、贮存医疗器械，应当符合医疗器械说明书和标签标示的要求；对温度、湿度等环境条件有特殊要求的，应当采取相应措施，保证医疗器械的安全、有效。

第三十四条 医疗器械使用单位应当有与在用医疗器械品种、数量相适应的贮存场所和条件。医疗器械使用单位应当加强对工作人员的技术培训，按照产品说明书、技术操作规范等要求使用医疗器械。

医疗器械使用单位配置大型医用设备，应当符合国务院卫生计生主管部门制定的大型医用设备配置规划，与其功能定位、临床服务需求相适应，具有相应的技术条件、配套设施和具备相应资质、能力的专业技术人员，并经省级以上人民政府卫生计生主管部门批准，取得大型医用设备配置许可证。

大型医用设备配置管理办法由国务院卫生计生主管部门会同国务院有关部门制定。大型医用设备目录由国务院卫生计生主管部门商国务院有关部门提出，报国务院批准后执行。

第三十五条 医疗器械使用单位对重复使用的医疗器械，应当按照国务院卫生计生主管部门制定的消毒和管理的规定进行处理。

一次性使用的医疗器械不得重复使用，对使用过的应当按照国家有关规定销毁并记录。

第三十六条 医疗器械使用单位对需要定期检查、检验、校准、保养、维护的医疗器械，应当按照产品说明书的要求进行检查、检验、校准、保养、维护并予以记录，及时进行分析、评估，确保医疗器械处于良好状态，保障使用质量；对使用期限长的大型医疗器械，应当逐台建立使用档案，记录其使用、维护、转让、实际使用时间等事项。记录保存期限不得少于医疗器械规定使用期限终止后5年。

第三十七条 医疗器械使用单位应当妥善保存购入第三类医疗器械的原始资料，并确保信息具有可追溯性。

使用大型医疗器械以及植入和介入类医疗器械的，应当将医疗器械的名称、关键性技术参数等信息以及与使用质量安全密切相关的必要信息记载到病历等相关记录中。

第三十八条 发现使用的医疗器械存在安全隐患的，医疗器械使用单位应当立即停止使用，并通知生产企业或者其他负责产品质量的机构进行检修；经检修仍不能达到使用安全标准的医疗器械，不得继续使用。

第三十九条 食品药品监督管理部门和卫生计生主管部门依据各自职责，分别对使用环节的医疗器械质量和医疗器械使用行为进行监督管理。

第四十条 医疗器械经营企业、使用单位不得经营、使用未依法注册、无合格证明文件以及过期、失效、淘汰的医疗器械。

第四十一条 医疗器械使用单位之间转让在用医疗器械，转让方应当确保所转让的医疗器械安全、有效，不得转让过期、失效、淘汰以及检验不合格的医疗器械。

第四十二条 <u>进口的医疗器械应当是依照本条例第二章的规定已注册或者已备案的医疗器械。</u>

<u>进口的医疗器械应当有中文说明书、中文标签。说明书、标签应当符合本条例规定以及相关强制性标准的要求，并在说明书中载明医疗器械的原产地以及代理人的名称、地址、联系方式。没有中文说明书、中文标签或者说明书、标签不符合本条规定的，不得进口。</u>

第四十三条 <u>出入境检验检疫机构依法对进口的医疗器械实施检验；检验不合格的，不得进口。</u>

国务院食品药品监督管理部门应当及时向国家出入境检验检疫部门通报进口医疗器械的注册和备案情况。进口口岸所在地出入境检验检疫机构应当及时向所在地设区的市级人民政府食品药品监督管理部门通报进口医疗器械的通关情况。

第四十四条 出口医疗器械的<u>企业应当保证其出口的医疗器械符合进口国（地区）的要求。</u>

第四十五条 医疗器械广告应当真实合法，不得含有虚假、夸大、误导性的内容。

医疗器械广告应当经医疗器械生产企业或者进口医疗器械代理人所在地省、自治区、直辖市人民政府食品药品监督管理部门审查批准，并取得医疗器械广告批准文件。广告发布者发布医疗器械广告，应当事先核查广告的批准文件及其真实性；不得发布未取得批准文件、批准文件的真实性未经核实或者广告内容与批准文件不一致的医疗器械广告。省、自治区、直辖市人民政府食品药品监督管理部门应当公布并及时更新已经批准的医疗器械广告目录以及批准的广告内容。

省级以上人民政府食品药品监督管理部门责令暂停生产、销售、进口和使用的医疗器械，在暂停期间不得发布涉及该医疗器械的广告。

医疗器械广告的审查办法由国务院食品药品监督管理部门会同国务院工商行政管理部门制定。

第五章 不良事件的处理与医疗器械的召回

第四十六条 国家建立医疗器械不良事件监测制度，对医疗器械不良事件及时进行收集、分析、评价、控制。

第四十七条 医疗器械生产经营企业、使用单位应当对所生产经营或者使用的医疗器械开展不良事件监测；发现医疗器械不良事件或者可疑不良事件，应当按照国务院食品药品监督管理部门的规定，向医疗器械不良事件监测技术机构报告。

任何单位和个人发现医疗器械不良事件或者可疑不良事件，有权向食品药品监督管理部门或者医疗器械不良事件监测技术机构报告。

第四十八条 国务院食品药品监督管理部门应当加强医疗器械不良事件监测信息网络建设。

医疗器械不良事件监测技术机构应当加强医疗器械不良事件信息监测，主动收集不良事件信息；发现不良事件或者接到不良事件报告的，应当及时进行核实、调查、分析，对不良事件进行评估，并向食品药品监督管理部门和卫生计生主管部门提出处理建议。

医疗器械不良事件监测技术机构应当公布联系方式，方便医疗器械生产经营企业、使用单位等报告医疗器械不良事件。

第四十九条 食品药品监督管理部门应当根据医疗器械不良事件评估结果及时采取发布警示信息以及责令暂停生产、销售、进口和使用等控制措施。

省级以上人民政府食品药品监督管理部门应当会同同级卫生计生主管部门和相关部门组织对引起突发、群发的严重伤害或者死亡的医疗器械不良事件及时进行调查和处理，并组织对同类医疗器械加强监测。

第五十条 医疗器械生产经营企业、使用单位应当对医疗器械不良事件监测技术机构、食品药品监督管理部门开展的医疗器械不良事件调查予以配合。

第五十一条 有下列情形之一的，省级以上人民政府食品药品监督管理部门应当对已注册的医疗器械组织开展再评价：

（一）根据科学研究的发展，对医疗器械的安全、有效有认识上的改变的；

（二）医疗器械不良事件监测、评估结果表明医疗器械可能存在缺陷的；

（三）国务院食品药品监督管理部门规定的其他需要进行再评价的情形。

再评价结果表明已注册的医疗器械不能保证安全、有效的，由原发证部门注销医疗器械注册证，并向社会公布。被注销医疗器械注册证的医疗器械不得生产、进口、经营、使用。

第五十二条 医疗器械生产企业发现其生产的医疗器械不符合强制性标准、经注册或者备案的产品技术要求或者存在其他缺陷的，应当立即停止生产，通知相关生产经营企业、使用单位和消费者停止经营和使用，召回已经上市销售的医疗器械，采取补救、销毁等措施，记录相关情况，发布相关信息，并将医疗器械召回和处理情况向食品药品监督管理部门和卫生计生主管部门报告。

医疗器械经营企业发现其经营的医疗器械存在前款规定情形的，应当立即停止经营，通知相关生产经营企业、使用单位、消费者，并记录停止经营和通知情况。医疗器械生产企业认为属于依照前款规定需要召回的医疗器械，应当立即召回。

医疗器械生产经营企业未依照本条规定实施召回或者停止经营的，食品药品监督管理部门可以责令其召回或者停止经营。

第六章 监督检查

第五十三条 食品药品监督管理部门应当对医疗器械的注册、备案、生产、经营、使用活动加强监督检查,并对下列事项进行重点监督检查:

(一)医疗器械生产企业是否按照经注册或者备案的产品技术要求组织生产;

(二)医疗器械生产企业的质量管理体系是否保持有效运行;

(三)医疗器械生产经营企业的生产经营条件是否持续符合法定要求。

第五十四条 食品药品监督管理部门在监督检查中有下列职权:

(一)进入现场实施检查、抽取样品;

(二)查阅、复制、查封、扣押有关合同、票据、账簿以及其他有关资料;

(三)查封、扣押不符合法定要求的医疗器械,违法使用的零配件、原材料以及用于违法生产医疗器械的工具、设备;

(四)查封违反本条例规定从事医疗器械生产经营活动的场所。

食品药品监督管理部门进行监督检查,应当出示执法证件,保守被检查单位的商业秘密。

有关单位和个人应当对食品药品监督管理部门的监督检查予以配合,不得隐瞒有关情况。

第五十五条 对人体造成伤害或者有证据证明可能危害人体健康的医疗器械,食品药品监督管理部门可以采取暂停生产、进口、经营、使用的紧急控制措施。

第五十六条 食品药品监督管理部门应当加强对医疗器械生产经营企业和使用单位生产、经营、使用的医疗器械的抽查检验。抽查检验不得收取检验费和其他任何费用,所需费用纳入本级政府预算。省级以上人民政府食品药品监督管理部门应当根据抽查检验结论及时发布医疗器械质量公告。

卫生计生主管部门应当对大型医用设备的使用状况进行监督和评估;发现违规使用以及与大型医用设备相关的过度检查、过度治疗等情形的,应当立即纠正,依法予以处理。

第五十七条 医疗器械检验机构资质认定工作按照国家有关规定实行统一管理。经国务院认证认可监督管理部门会同国务院食品药品监督管理部门认定的检验机构,方可对医疗器械实施检验。

食品药品监督管理部门在执法工作中需要对医疗器械进行检验的,应当委托有资质的医疗器械检验机构进行,并支付相关费用。

当事人对检验结论有异议的,可以自收到检验结论之日起7个工作日内选择有资质的医疗器械检验机构进行复检。承担复检工作的医疗器械检验机构应当在国务院食品药品监督管理部门规定的时间内作出复检结论。复检结论为最终检验结论。

第五十八条 对可能存在有害物质或者擅自改变医疗器械设计、原材料和生产工艺并存在安全隐患的医疗器械,按照医疗器械国家标准、行业标准规定的检验项目和检验方法无法检验的,医疗器械检验机构可以补充检验项目和检验方法进行检验;使用补充检验项目、检验方法得出的检验结论,经国务院食品药品监督管理部门批准,可以作为食品药品监督管理部门认定医疗器械质量的依据。

第五十九条 设区的市级和县级人民政府食品药品监督管理部门应当加强对医疗器械广告的监督检查;发现未经批准、篡改经批准的广告内容的医疗器械广告,应当向所在地省、自治区、直辖市人民政府食品药品监督管理部门报告,由其向社会公告。

工商行政管理部门应当依照有关广告管理的法律、行政法规的规定,对医疗器械广告进行监督检查,查处违法行为。食品药品监督管理部门发现医疗器械广告违法发布行为,应当提出处理建议并按照有关程序移交所在地同级工商行政管理部门。

第六十条 国务院食品药品监督管理部门建立统一的医疗器械监督管理信息平台。食品药品监督管理部门应当通过信息平台依法及时公布医疗器械许可、备案、抽查检验、违法行为查处情况等日常监督管理信息。但是，不得泄露当事人的商业秘密。

食品药品监督管理部门对医疗器械注册人和备案人、生产经营企业、使用单位建立信用档案，对有不良信用记录的增加监督检查频次。

第六十一条　食品药品监督管理等部门应当公布本单位的联系方式，接受咨询、投诉、举报。食品药品监督管理等部门接到与医疗器械监督管理有关的咨询，应当及时答复；接到投诉、举报，应当及时核实、处理、答复。对咨询、投诉、举报情况及其答复、核实、处理情况，应当予以记录、保存。

有关医疗器械研制、生产、经营、使用行为的举报经调查属实的，食品药品监督管理等部门对举报人应当给予奖励。

第六十二条　国务院食品药品监督管理部门制定、调整、修改本条例规定的目录以及与医疗器械监督管理有关的规范，应当公开征求意见；采取听证会、论证会等形式，听取专家、医疗器械生产经营企业和使用单位、消费者以及相关组织等方面的意见。

第七章　法律责任

第六十三条　有下列情形之一的，由县级以上人民政府食品药品监督管理部门没收违法所得、违法生产经营的医疗器械和用于违法生产经营的工具、设备、原材料等物品；违法生产经营的医疗器械货值金额不足1万元的，并处5万元以上10万元以下罚款；货值金额1万元以上的，并处货值金额10倍以上20倍以下罚款；情节严重的，5年内不受理相关责任人及企业提出的医疗器械许可申请：

（一）生产、经营未取得医疗器械注册证的第二类、第三类医疗器械的；

（二）未经许可从事第二类、第三类医疗器械生产活动的；

（三）未经许可从事第三类医疗器械经营活动的。

有前款第一项情形、情节严重的，由原发证部门吊销医疗器械生产许可证或者医疗器械经营许可证。

未经许可擅自配置使用大型医用设备的，由县级以上人民政府卫生计生主管部门责令停止使用，给予警告，没收违法所得；违法所得不足1万元的，并处1万元以上5万元以下罚款；违法所得1万元以上的，并处违法所得5倍以上10倍以下罚款；情节严重的，5年内不受理相关责任人及单位提出的大型医用设备配置许可申请。

第六十四条　提供虚假资料或者采取其他欺骗手段取得医疗器械注册证、医疗器械生产许可证、医疗器械经营许可证、大型医用设备配置许可证、广告批准文件等许可证件的，由原发证部门撤销已经取得的许可证件，并处5万元以上10万元以下罚款，5年内不受理相关责任人及单位提出的医疗器械许可申请。

伪造、变造、买卖、出租、出借相关医疗器械许可证件的，由原发证部门予以收缴或者吊销，没收违法所得；违法所得不足1万元的，处1万元以上3万元以下罚款；违法所得1万元以上的，处违法所得3倍以上5倍以下罚款；构成违反治安管理行为的，由公安机关依法予以治安管理处罚。

第六十五条　未依照本条例规定备案的，由县级以上人民政府食品药品监督管理部门责令限期改正；逾期不改正的，向社会公告未备案单位和产品名称，可以处1万元以下罚款。

备案时提供虚假资料的，由县级以上人民政府食品药品监督管理部门向社会公告备案单位和产品名称；情节严重的，直接责任人员5年内不得从事医疗器械生产经营活动。

第六十六条　有下列情形之一的，由县级以上人民政府食品药品监督管理部门责令改正，没收违法生产、经营或者使用的医疗器械；违法生产、经营或者使用的医疗器械货值金额不足

1万元的,并处2万元以上5万元以下罚款;货值金额1万元以上的,并处货值金额5倍以上10倍以下罚款;情节严重的,责令停产停业,直至由原发证部门吊销医疗器械注册证、医疗器械生产许可证、医疗器械经营许可证:

(一)生产、经营、使用不符合强制性标准或者不符合经注册或者备案的产品技术要求的医疗器械的;

(二)医疗器械生产企业未按照经注册或者备案的产品技术要求组织生产,或者未依照本条例规定建立质量管理体系并保持有效运行的;

(三)经营、使用无合格证明文件、过期、失效、淘汰的医疗器械,或者使用未依法注册的医疗器械的;

(四)食品药品监督管理部门责令其依照本条例规定实施召回或者停止经营后,仍拒不召回或者停止经营医疗器械的;

(五)委托不具备本条例规定条件的企业生产医疗器械,或者未对受托方的生产行为进行管理的。

医疗器械经营企业、使用单位履行了本条例规定的进货查验等义务,有充分证据证明其不知道所经营、使用的医疗器械为前款第一项、第三项规定情形的医疗器械,并能如实说明其进货来源的,可以免予处罚,但应当依法没收其经营、使用的不符合法定要求的医疗器械。

第六十七条 有下列情形之一的,由县级以上人民政府食品药品监督管理部门责令改正,处1万元以上3万元以下罚款;情节严重的,责令停产停业,直至由原发证部门吊销医疗器械生产许可证、医疗器械经营许可证:

(一)医疗器械生产企业的生产条件发生变化、不再符合医疗器械质量管理体系要求,未依照本条例规定整改、停止生产、报告的;

(二)生产、经营说明书、标签不符合本条例规定的医疗器械的;

(三)未按照医疗器械说明书和标签标示要求运输、贮存医疗器械的;

(四)转让过期、失效、淘汰或者检验不合格的在用医疗器械的。

第六十八条 有下列情形之一的,由县级以上人民政府食品药品监督管理部门和卫生计生主管部门依据各自职责责令改正,给予警告;拒不改正的,处5000元以上2万元以下罚款;情节严重的,责令停产停业,直至由原发证部门吊销医疗器械生产许可证、医疗器械经营许可证:

(一)医疗器械生产企业未按照要求提交质量管理体系自查报告的;

(二)医疗器械经营企业、使用单位未依照本条例规定建立并执行医疗器械进货查验记录制度的;

(三)从事第二类、第三类医疗器械批发业务以及第三类医疗器械零售业务的经营企业未依照本条例规定建立并执行销售记录制度的;

(四)对重复使用的医疗器械,医疗器械使用单位未按照消毒和管理的规定进行处理的;

(五)医疗器械使用单位重复使用一次性使用的医疗器械,或者未按照规定销毁使用过的一次性使用的医疗器械的;

(六)对需要定期检查、检验、校准、保养、维护的医疗器械,医疗器械使用单位未按照产品说明书要求检查、检验、校准、保养、维护并予记录,及时进行分析、评估,确保医疗器械处于良好状态的;

(七)医疗器械使用单位未妥善保存购入第三类医疗器械的原始资料,或者未按照规定将大型医疗器械以及植入和介入类医疗器械的信息记载到病历等相关记录中的;

(八)医疗器械使用单位发现使用的医疗器械存在安全隐患未立即停止使用、通知检修,或者继续使用经检修仍不能达到使用安全标准的医疗器械的;

（九）医疗器械使用单位违规使用大型医用设备，不能保障医疗质量安全的；

（十）医疗器械生产经营企业、使用单位未依照本条例规定开展医疗器械不良事件监测，未按照要求报告不良事件，或者对医疗器械不良事件监测技术机构、食品药品监督管理部门开展的不良事件调查不予配合的。

第六十九条 违反本条例规定开展医疗器械临床试验的，由县级以上人民政府食品药品监督管理部门责令改正或者立即停止临床试验，可以处5万元以下罚款；造成严重后果的，依法对直接负责的主管人员和其他直接责任人员给予降级、撤职或者开除的处分；该机构5年内不得开展相关专业医疗器械临床试验。

医疗器械临床试验机构出具虚假报告的，由县级以上人民政府食品药品监督管理部门处5万元以上10万元以下罚款；有违法所得的，没收违法所得；对直接负责的主管人员和其他直接责任人员，依法给予撤职或者开除的处分；该机构10年内不得开展相关专业医疗器械临床试验。

第七十条 医疗器械检验机构出具虚假检验报告的，由授予其资质的主管部门撤销检验资质，10年内不受理其资质认定申请；处5万元以上10万元以下罚款；有违法所得的，没收违法所得；对直接负责的主管人员和其他直接责任人员，依法给予撤职或者开除的处分；受到开除处分的，自处分决定作出之日起10年内不得从事医疗器械检验工作。

第七十一条 违反本条例规定，发布未取得批准文件的医疗器械广告，未事先核实批准文件的真实性即发布医疗器械广告，或者发布广告内容与批准文件不一致的医疗器械广告的，由工商行政管理部门依照有关广告管理的法律、行政法规的规定给予处罚。

篡改经批准的医疗器械广告内容的，由原发证部门撤销该医疗器械的广告批准文件，2年内不受理其广告审批申请。

发布虚假医疗器械广告的，由省级以上人民政府食品药品监督管理部门决定暂停销售该医疗器械，并向社会公布；仍然销售该医疗器械的，由县级以上人民政府食品药品监督管理部门没收违法销售的医疗器械，并处2万元以上5万元以下罚款。

第七十二条 医疗器械技术审评机构、医疗器械不良事件监测技术机构未依照本条例规定履行职责，致使审评、监测工作出现重大失误的，由县级以上人民政府食品药品监督管理部门责令改正，通报批评，给予警告；造成严重后果的，对直接负责的主管人员和其他直接责任人员，依法给予降级、撤职或者开除的处分。

第七十三条 食品药品监督管理部门、卫生计生主管部门及其工作人员应当严格依照本条例规定的处罚种类和幅度，根据违法行为的性质和具体情节行使行政处罚权，具体办法由国务院食品药品监督管理部门、卫生计生主管部门依据各自职责制定。

第七十四条 违反本条例规定，县级以上人民政府食品药品监督管理部门或者其他有关部门不履行医疗器械监督管理职责或者滥用职权、玩忽职守、徇私舞弊的，由监察机关或者任免机关对直接负责的主管人员和其他直接责任人员依法给予警告、记过或者记大过的处分；造成严重后果的，给予降级、撤职或者开除的处分。

第七十五条 违反本条例规定，构成犯罪的，依法追究刑事责任；造成人身、财产或者其他损害的，依法承担赔偿责任。

第八章 附 则

第七十六条 本条例下列用语的含义：

医疗器械，是指直接或者间接用于人体的仪器、设备、器具、体外诊断试剂及校准物、材料以及其他类似或者相关的物品，包括所需要的计算机软件；其效用主要通过物理等方式获得，不是通过药理学、免疫学或者代谢的方式获得，或者虽然有这些方式参与但是只起辅助作用；其目的是：
（一）疾病的诊断、预防、监护、治疗或者缓解；
（二）损伤的诊断、监护、治疗、缓解或者功能补偿；
（三）生理结构或者生理过程的检验、替代、调节或者支持；
（四）生命的支持或者维持；
（五）妊娠控制；
（六）通过对来自人体的样本进行检查，为医疗或者诊断目的提供信息。

医疗器械使用单位，是指使用医疗器械为他人提供医疗等技术服务的机构，包括取得医疗机构执业许可证的医疗机构，取得计划生育技术服务机构执业许可证的计划生育技术服务机构，以及依法不需要取得医疗机构执业许可证的血站、单采血浆站、康复辅助器具适配机构等。

大型医用设备，是指使用技术复杂、资金投入量大、运行成本高、对医疗费用影响大且纳入目录管理的大型医疗器械。

第七十七条 医疗器械产品注册可以收取费用。具体收费项目、标准分别由国务院财政、价格主管部门按照国家有关规定制定。

第七十八条 非营利的避孕医疗器械管理办法以及医疗卫生机构为应对突发公共卫生事件而研制的医疗器械的管理办法，由国务院食品药品监督管理部门会同国务院卫生计生主管部门制定。

中医医疗器械的管理办法，由国务院食品药品监督管理部门会同国务院中医药管理部门依据本条例的规定制定；康复辅助器具类医疗器械的范围及其管理办法，由国务院食品药品监督管理部门会同国务院民政部门依据本条例的规定制定。

第七十九条 军队医疗器械使用的监督管理，由军队卫生主管部门依据本条例和军队有关规定组织实施。

第八十条 本条例自 2014 年 6 月 1 日起施行。

进口医疗器械检验监督管理办法

（国家质量监督检验检疫总局令第 95 号）

（2007 年 6 月 18 日由国家质量监督检验检疫总局发布，2007 年 12 月 1 日起施行，法规类型为部门规章）

第一章 总 则

第一条 为加强进口医疗器械检验监督管理，保障人体健康和生命安全，根据《中华人民共和国进出口商品检验法》（以下简称商检法）及其实施条例和其他有关法律法规规定，制定本办法。

第二条 本办法适用于：
（一）对医疗器械进口单位实施分类管理；
（二）对进口医疗器械实施检验监管；
（三）对进口医疗器械实施风险预警和快速反应管理。

第三条　国家质量监督检验检疫总局（以下简称国家质检总局）主管全国进口医疗器械检验监督管理工作，负责组织收集整理与进口医疗器械相关的风险信息、风险评估并采取风险预警及快速反应措施。

国家质检总局设在各地的出入境检验检疫机构（以下简称检验检疫机构）负责所辖地区进口医疗器械检验监督管理工作，负责收集与进口医疗器械相关的风险信息及快速反应措施的具体实施。

第二章　医疗器械进口单位分类监管

第四条　检验检疫机构根据医疗器械进口单位的管理水平、诚信度、进口医疗器械产品的风险等级、质量状况和进口规模，对医疗器械进口单位实施分类监管，具体分为三类。

医疗器械进口单位可以根据条件自愿提出分类管理申请。

第五条　一类进口单位应当符合下列条件：

（一）严格遵守商检法及其实施条例、国家其他有关法律法规以及国家质检总局的相关规定，诚信度高，连续5年无不良记录；

（二）具有健全的质量管理体系，获得ISO9000质量体系认证，具备健全的质量管理制度，包括进口报检、进货验收、仓储保管、质量跟踪和缺陷报告等制度；

（三）具有2名以上经检验检疫机构培训合格的质量管理人员，熟悉相关产品的基本技术、性能和结构，了解我国对进口医疗器械检验监督管理；

（四）代理或者经营实施强制性产品认证制的进口医疗器械产品的，应当获得相应的证明文件；

（五）代理或者经营的进口医疗器械产品质量信誉良好，2年内未发生由于产品质量责任方面的退货、索赔或者其他事故等；

（六）连续从事医疗器械进口业务不少于6年，并能提供相应的证明文件；

（七）近2年每年进口批次不少于30批；

（八）收集并保存有关医疗器械的国家标准、行业标准及医疗器械的法规规章及专项规定，建立和保存比较完善的进口医疗器械资料档案，保存期不少于10年；

（九）具备与其进口的医疗器械产品相适应的技术培训和售后服务能力，或者约定由第三方提供技术支持；

（十）具备与进口医疗器械产品范围与规模相适应的、相对独立的经营场所和仓储条件。

第六条　二类进口单位应当具备下列条件：

（一）严格遵守商检法及其实施条例、国家其他有关法律法规以及国家质检总局的相关规定，诚信度较高，连续3年无不良记录；

（二）具有健全的质量管理体系，具备健全的质量管理制度，包括进口报检、进货验收、仓储保管、质量跟踪和缺陷报告等制度；

（三）具有1名以上经检验检疫机构培训合格的质量管理人员，熟悉相关产品的基本技术、性能和结构，了解我国对进口医疗器械检验监督管理的人员；

（四）代理或者经营实施强制性产品认证制度的进口医疗器械产品的，应当获得相应的证明文件；

（五）代理或者经营的进口医疗器械产品质量信誉良好，1年内未发生由于产品质量责任方面的退货、索赔或者其他事故等；

（六）连续从事医疗器械进口业务不少于3年，并能提供相应的证明文件；

（七）近2年每年进口批次不少于10批；

（八）收集并保存有关医疗器械的国家标准、行业标准及医疗器械的法规规章及专项规

定,建立和保存比较完善的进口医疗器械资料档案,保存期不少于10年;

(九)具备与其进口的医疗器械产品相适应的技术培训和售后服务能力,或者约定由第三方提供技术支持;

(十)具备与进口医疗器械产品范围与规模相适应的、相对独立的经营场所。

第七条 三类进口单位包括:

(一)从事进口医疗器械业务不满3年的进口单位;

(二)从事进口医疗器械业务已满3年,但未提出分类管理申请的进口单位;

(三)提出分类申请,经考核不符合一、二类进口单位条件,未列入一、二类分类管理的进口单位。

第八条 申请一类进口单位或者二类进口单位的医疗器械进口单位(以下简称申请单位),应当向所在地直属检验检疫局提出申请,并提交下列材料:

(一)书面申请书,并有授权人签字和单位盖章;

(二)法人营业执照、医疗器械经营企业许可证;

(三)质量管理体系认证证书、质量管理文件;

(四)质量管理人员经检验检疫机构培训合格的证明文件;

(五)近2年每年进口批次的证明材料;

(六)遵守国家相关法律法规以及提供资料真实性的承诺书(自我声明)。

第九条 直属检验检疫局应当在5个工作日内完成对申请单位提交的申请的书面审核。申请材料不齐的,应当要求申请单位补正。

申请一类进口单位的,直属检验检疫局应当在完成书面审核后组织现场考核,考核合格的,将考核结果和相关材料报国家质检总局。国家质检总局对符合一类进口单位条件的申请单位进行核准,并定期对外公布一类进口单位名单。

申请二类进口单位的,直属检验检疫局完成书面审核后,可以自行或者委托进口单位所在地检验检疫机构组织现场考核。考核合格的,由直属检验检疫局予以核准并报国家质检总局备案,直属检验检疫局负责定期对外公布二类进口单位名单。

第三章 进口医疗器械风险等级及检验监管

第十条 检验检疫机构按照进口医疗器械的风险等级、进口单位的分类情况,根据国家质检总局的相关规定,对进口医疗器械实施现场检验,以及与后续监督管理(以下简称监督检验)相结合的检验监管模式。

第十一条 国家质检总局根据进口医疗器械的结构特征、使用形式、使用状况、国家医疗器械分类的相关规则以及进口检验管理的需要等,将进口医疗器械产品分为:高风险、较高风险和一般风险三个风险等级。

进口医疗器械产品风险等级目录由国家质检总局确定、调整,并在实施之日前60日公布。

第十二条 符合下列条件的进口医疗器械产品为高风险等级:

(一)植入人体的医疗器械;

(二)介入人体的有源医疗器械;

(三)用于支持、维持生命的医疗器械;

(四)对人体有潜在危险的医学影像设备及能量治疗设备;

(五)产品质量不稳定,多次发生重大质量事故,对其安全性有效性必须严格控制的医疗器械。

第十三条 符合下列条件的进口医疗器械产品为较高风险等级:

(一)介入人体的无源医疗器械;

（二）不属于高风险的其他与人体接触的有源医疗器械；

（三）产品质量较不稳定，多次发生质量问题，对其安全性有效性必须严格控制的医疗器械。

第十四条 未列入高风险、较高风险等级的进口医疗器械属于一般风险等级。

第十五条 进口高风险医疗器械的，按照以下方式进行检验管理：

（一）一类进口单位进口的，实施现场检验与监督检验相结合的方式，其中年批次现场检验率不低于50%；

（二）二、三类进口单位进口的，实施批批现场检验。

第十六条 进口较高风险医疗器械的，按照以下方式进行检验管理：

（一）一类进口单位进口的，年批次现场检验率不低于30%；

（二）二类进口单位进口的，年批次现场检验率不低于50%；

（三）三类进口单位进口的，实施批批现场检验。

第十七条 进口一般风险医疗器械的，实施现场检验与监督检验相结合的方式进行检验管理，其中年批次现场检验率分别为：

（一）一类进口单位进口的，年批次现场检验率不低于10%；

（二）二类进口单位进口的，年批次现场检验率不低于30%；

（三）三类进口单位进口的，年批次现场检验率不低于50%。

第十八条 根据需要，国家质检总局对高风险的进口医疗器械可以按照对外贸易合同约定，组织实施监造、装运前检验和监装。

第十九条 进口医疗器械进口时，进口医疗器械的收货人或者其代理人（以下简称报检人）应当向报关地检验检疫机构报检，并提供下列材料：

（一）报检规定中要求提供的单证；

（二）属于《实施强制性产品认证的产品目录》内的医疗器械，应当提供中国强制性认证证书；

（三）国务院药品监督管理部门审批注册的进口医疗器械注册证书；

（四）进口单位为一、二类进口单位的，应当提供检验检疫机构签发的进口单位分类证明文件。

第二十条 口岸检验检疫机构应当对报检材料进行审查，不符合要求的，应当通知报检人；经审查符合要求的，签发《入境货物通关单》，货物办理海关报关手续后，应当及时向检验检疫机构申请检验。

第二十一条 进口医疗器械应当在报检人报检时申报的目的地检验。

对需要结合安装调试实施检验的进口医疗器械，应当在报检时明确使用地，由使用地检验检疫机构实施检验。需要结合安装调试实施检验的进口医疗器械目录由国家质检总局对外公布实施。

对于植入式医疗器械等特殊产品，应当在国家质检总局指定的检验检疫机构实施检验。

第二十二条 检验检疫机构按照国家技术规范的强制性要求对进口医疗器械进行检验；尚未制定国家技术规范的强制性要求的，可以参照国家质检总局指定的国外有关标准进行检验。

第二十三条 检验检疫机构对进口医疗器械实施现场检验和监督检验的内容可以包括：

（一）产品与相关证书一致性的核查；

（二）数量、规格型号、外观的检验；

（三）包装、标签与标志的检验，如使用木质包装的，须实施检疫；

（四）说明书、随机文件资料的核查；

（五）机械、电气、电磁兼容等安全方面的检验；

（六）辐射、噪声、生化等卫生方面的检验；
（七）有毒有害物质排放、残留以及材料等环保方面的检验；
（八）涉及诊断、治疗的医疗器械性能方面的检验；
（九）产品标识、标志以及中文说明书的核查。

第二十四条　检验检疫机构对实施强制性产品认证制度的进口医疗器械实行入境验证，查验单证，核对证货是否相符，必要时抽取样品送指定实验室，按照强制性产品认证制度和国家规定的相关标准进行检测。

第二十五条　进口医疗器械经检验未发现不合格的，检验检疫机构应当出具《入境货物检验检疫证明》。

经检验发现不合格的，检验检疫机构应当出具《检验检疫处理通知书》，需要索赔的应当出具检验证书。涉及人身安全、健康、环境保护项目不合格的，或者可以技术处理的项目经技术处理后经检验仍不合格的，由检验检疫机构责令当事人销毁，或者退货并书面告知海关，并上报国家质检总局。

第四章　进口捐赠医疗器械检验监管

第二十六条　进口捐赠的医疗器械应当未经使用，且不得夹带有害环境、公共卫生的物品或者其他违禁物品。

第二十七条　进口捐赠医疗器械禁止夹带列入我国《禁止进口货物目录》的物品。

第二十八条　向中国境内捐赠医疗器械的境外捐赠机构，须由其或者其在中国的代理机构向国家质检总局办理捐赠机构及其捐赠医疗器械的备案。

第二十九条　国家质检总局在必要时可以对进口捐赠的医疗器械组织实施装运前预检验。

第三十条　接受进口捐赠医疗器械的单位或者其代理人应当持相关批准文件向报关地的检验检疫机构报检，向使用地的检验检疫机构申请检验。

检验检疫机构凭有效的相关批准文件接受报检，实施口岸查验，使用地检验。

第三十一条　境外捐赠的医疗器械经检验检疫机构检验合格并出具《入境货物检验检疫证明》后，受赠人方可使用；经检验不合格的，按照商检法及其实施条例的有关规定处理。

第五章　风险预警与快速反应

第三十二条　国家质检总局建立对进口医疗器械的风险预警机制。通过对缺陷进口医疗器械等信息的收集和评估，按照有关规定发布警示信息，并采取相应的风险预警措施及快速反应措施。

第三十三条　检验检疫机构需定期了解辖区内使用的进口医疗器械的质量状况，发现进口医疗器械发生重大质量事故，应及时报告国家质检总局。

第三十四条　进口医疗器械的制造商、进口单位和使用单位在发现其医疗器械中有缺陷的应当向检验检疫机构报告，对检验检疫机构采取的风险预警措施及快速反应措施应当予以配合。

第三十五条　对缺陷进口医疗器械的风险预警措施包括：

（一）向检验检疫机构发布风险警示通报，加强对缺陷产品制造商生产的和进口单位进口的医疗器械的检验监管；

（二）向缺陷产品的制造商、进口单位发布风险警示通告，敦促其及时采取措施，消除风险；

（三）向消费者和使用单位发布风险警示通告，提醒其注意缺陷进口医疗器械的风险和危害；

（四）向国内有关部门、有关国家和地区驻华使馆或者联络处、有关国际组织和机构通报情况，建议其采取必要的措施。

第三十六条 对缺陷进口医疗器械的快速反应措施包括：

（一）建议暂停使用存在缺陷的医疗器械；

（二）调整缺陷进口医疗器械进口单位的分类管理的类别；

（三）停止缺陷医疗器械的进口；

（四）暂停或者撤销缺陷进口医疗器械的国家强制性产品认证证书；

（五）其他必要的措施。

第六章 监督管理

第三十七条 检验检疫机构每年对一、二类进口单位进行至少一次监督审核，发现下列情况之一的，可以根据情节轻重对其作降类处理：

（一）进口单位出现不良诚信记录的；

（二）所进口的医疗器械存在重大安全隐患或者发生重大质量问题的；

（三）经检验检疫机构检验，进口单位年进口批次中出现不合格批次达10%；

（四）进口单位年进口批次未达到要求的；

（五）进口单位有违反法律法规其他行为的。

降类的进口单位必须在12个月后才能申请恢复原来的分类管理类别，且必须经过重新考核、核准、公布。

第三十八条 进口医疗器械出现下列情况之一的，检验检疫机构经本机构负责人批准，可以对进口医疗器械实施查封或者扣押，但海关监管货物除外：

（一）属于禁止进口的；

（二）存在安全卫生缺陷或者可能造成健康隐患、环境污染的；

（三）可能危害医患者生命财产安全，情况紧急的。

第三十九条 国家质检总局负责对检验检疫机构实施进口医疗器械检验监督管理人员资格的培训和考核工作。未经考核合格的人员不得从事进口医疗器械的检验监管工作。

第四十条 用于科研及其他非作用于患者目的的进口旧医疗器械，经国家质检总局及其他相关部门批准后，方可进口。

经原厂再制造的进口医疗器械，其安全及技术性能满足全新医疗器械应满足的要求，并符合国家其他有关规定的，由检验检疫机构进行合格评定后，经国家质检总局批准方可进口。

禁止进口前两款规定以外的其他旧医疗器械。

第七章 法律责任

第四十一条 擅自销售、使用未报检或者未经检验的属于法定检验的进口医疗器械，或者擅自销售、使用应当申请进口验证而未申请的进口医疗器械的，由检验检疫机构没收违法所得，并处商品货值金额5%以上20%以下罚款；构成犯罪的，依法追究刑事责任。

第四十二条 销售、使用经法定检验、抽查检验或者验证不合格的进口医疗器械的，由检验检疫机构责令停止销售、使用，没收违法所得和违法销售、使用的商品，并处违法销售、使用的商品货值金额等值以上3倍以下罚款；构成犯罪的，依法追究刑事责任。

第四十三条 医疗器械的进口单位进口国家禁止进口的旧医疗器械的，按照国家有关规定予以退货或者销毁。进口旧医疗器械属机电产品的，情节严重的，由检验检疫机构并处100万元以下罚款。

第四十四条 检验检疫机构的工作人员滥用职权，故意刁难的，徇私舞弊，伪造检验结果的,或者玩忽职守,延误检验出证的,依法给予行政处分;构成犯罪的,依法追究刑事责任。

第八章 附 则

第四十五条 本办法所指的进口医疗器械,是指从境外进入到中华人民共和国境内的、单独或者组合使用于人体的仪器、设备、器具、材料或者其他物品,包括所配套使用的软件,其使用旨在对疾病进行预防、诊断、治疗、监护、缓解,对损伤或者残疾进行诊断、治疗、监护、缓解、补偿,对解剖或者生理过程进行研究、替代、调节,对妊娠进行控制等。

本办法所指的缺陷进口医疗器械,是指不符合国家强制性标准的规定的,或者存在可能危及人身、财产安全的不合理危险的进口医疗器械。

本办法所指的进口单位是指具有法人资格,对外签订并执行进口医疗器械贸易合同或者委托外贸代理进口医疗器械的中国境内企业。

第四十六条 从境外进入保税区、出口加工区等海关监管区域供使用的医疗器械,以及从保税区、出口加工区等海关监管区域进入境内其他区域的医疗器械,按照本办法执行。

第四十七条 用于动物的进口医疗器械参照本办法执行。

第四十八条 进口医疗器械中属于锅炉压力容器的,其安全监督检验还应当符合国家质检总局其他相关规定。属于《中华人民共和国进口计量器具型式审查目录》内的进口医疗器械,还应当符合国家有关计量法律法规的规定。

第四十九条 本办法由国家质检总局负责解释。

第五十条 本办法自 2007 年 12 月 1 日起施行。

医疗器械注册管理办法

(国家食品药品监督管理总局令第 4 号)

(2014 年 7 月 30 日由国家食品药品监督管理总局发布,2014 年 10 月 1 日起施行,法规类型为部门规章)

第一章 总 则

第一条 为规范医疗器械的注册与备案管理,保证医疗器械的安全、有效,根据《医疗器械监督管理条例》,制定本办法。

第二条 在中华人民共和国境内销售、使用的医疗器械,应当按照本办法的规定申请注册或者办理备案。

第三条 医疗器械注册是食品药品监督管理部门根据医疗器械注册申请人的申请,依照法定程序,对其拟上市医疗器械的安全性、有效性研究及其结果进行系统评价,以决定是否同意其申请的过程。

医疗器械备案是医疗器械备案人向食品药品监督管理部门提交备案资料,食品药品监督管理部门对提交的备案资料存档备查。

第四条 医疗器械注册与备案应当遵循公开、公平、公正的原则。

第五条 第一类医疗器械实行备案管理。第二类、第三类医疗器械实行注册管理。

境内第一类医疗器械备案,备案人向设区的市级食品药品监督管理部门提交备案资料。

境内第二类医疗器械由省、自治区、直辖市食品药品监督管理部门审查，批准后发给医疗器械注册证。

境内第三类医疗器械由国家食品药品监督管理总局审查，批准后发给医疗器械注册证。

进口第一类医疗器械备案，备案人向国家食品药品监督管理总局提交备案资料。

进口第二类、第三类医疗器械由国家食品药品监督管理总局审查，批准后发给医疗器械注册证。

香港、澳门、台湾地区医疗器械的注册、备案，参照进口医疗器械办理。

第六条 医疗器械注册人、备案人以自己名义把产品推向市场，对产品负法律责任。

第七条 食品药品监督管理部门依法及时公布医疗器械注册、备案相关信息。申请人可以查询审批进度和结果，公众可以查阅审批结果。

第八条 国家鼓励医疗器械的研究与创新，对创新医疗器械实行特别审批，促进医疗器械新技术的推广与应用，推动医疗器械产业的发展。

第二章 基本要求

第九条 医疗器械注册申请人和备案人应当建立与产品研制、生产有关的质量管理体系，并保持有效运行。

按照创新医疗器械特别审批程序审批的境内医疗器械申请注册时，样品委托其他企业生产的，应当委托具有相应生产范围的医疗器械生产企业；不属于按照创新医疗器械特别审批程序审批的境内医疗器械申请注册时，样品不得委托其他企业生产。

第十条 办理医疗器械注册或者备案事务的人员应当具有相应的专业知识，熟悉医疗器械注册或者备案管理的法律、法规、规章和技术要求。

第十一条 申请人或者备案人申请注册或者办理备案，应当遵循医疗器械安全有效基本要求，保证研制过程规范，所有数据真实、完整和可溯源。

第十二条 申请注册或者办理备案的资料应当使用中文。根据外文资料翻译的，应当同时提供原文。引用未公开发表的文献资料时，应当提供资料所有者许可使用的证明文件。

申请人、备案人对资料的真实性负责。

第十三条 申请注册或者办理备案的进口医疗器械，应当在申请人或者备案人注册地或者生产地址所在国家（地区）已获准上市销售。

申请人或者备案人注册地或者生产地址所在国家（地区）未将该产品作为医疗器械管理的，申请人或者备案人需提供相关证明文件，包括注册地或者生产地址所在国家（地区）准许该产品上市销售的证明文件。

第十四条 境外申请人或者备案人应当通过其在中国境内设立的代表机构或者指定中国境内的企业法人作为代理人，配合境外申请人或者备案人开展相关工作。

代理人除办理医疗器械注册或者备案事宜外，还应当承担以下责任：

（一）与相应食品药品监督管理部门、境外申请人或者备案人的联络；

（二）向申请人或者备案人如实、准确传达相关的法规和技术要求；

（三）收集上市后医疗器械不良事件信息并反馈境外注册人或者备案人，同时向相应的食品药品监督管理部门报告；

（四）协调医疗器械上市后的产品召回工作，并向相应的食品药品监督管理部门报告；

（五）其他涉及产品质量和售后服务的连带责任。

第三章 产品技术要求和注册检验

第十五条 申请人或者备案人应当编制拟注册或者备案医疗器械的产品技术要求。第一类医疗器械的产品技术要求由备案人办理备案时提交食品药品监督管理部门。第二类、第三类医疗器械的产品技术要求由食品药品监督管理部门在批准注册时予以核准。

产品技术要求主要包括医疗器械成品的性能指标和检验方法，其中性能指标是指可进行客观判定的成品的功能性、安全性指标以及与质量控制相关的其他指标。

在中国上市的医疗器械应当符合经注册核准或者备案的产品技术要求。

第十六条　申请第二类、第三类医疗器械注册，应当进行注册检验。医疗器械检验机构应当依据产品技术要求对相关产品进行注册检验。

注册检验样品的生产应当符合医疗器械质量管理体系的相关要求，注册检验合格的方可进行临床试验或者申请注册。

办理第一类医疗器械备案的，备案人可以提交产品自检报告。

第十七条　申请注册检验，申请人应当向检验机构提供注册检验所需要的有关技术资料、注册检验用样品及产品技术要求。

第十八条　医疗器械检验机构应当具有医疗器械检验资质、在其承检范围内进行检验，并对申请人提交的产品技术要求进行预评价。预评价意见随注册检验报告一同出具给申请人。

尚未列入医疗器械检验机构承检范围的医疗器械，由相应的注册审批部门指定有能力的检验机构进行检验。

第十九条　同一注册单元内所检验的产品应当能够代表本注册单元内其他产品的安全性和有效性。

第四章　临床评价

第二十条　医疗器械临床评价是指申请人或者备案人通过临床文献资料、临床经验数据、临床试验等信息对产品是否满足使用要求或者适用范围进行确认的过程。

第二十一条　临床评价资料是指申请人或者备案人进行临床评价所形成的文件。

需要进行临床试验的，提交的临床评价资料应当包括临床试验方案和临床试验报告。

第二十二条　办理第一类医疗器械备案，不需进行临床试验。申请第二类、第三类医疗器械注册，应当进行临床试验。

有下列情形之一的，可以免于进行临床试验：

（一）工作机理明确、设计定型，生产工艺成熟，已上市的同品种医疗器械临床应用多年且无严重不良事件记录，不改变常规用途的；

（二）通过非临床评价能够证明该医疗器械安全、有效的；

（三）通过对同品种医疗器械临床试验或者临床使用获得的数据进行分析评价，能够证明该医疗器械安全、有效的。

免于进行临床试验的医疗器械目录由国家食品药品监督管理总局制定、调整并公布。未列入免于进行临床试验的医疗器械目录的产品，通过对同品种医疗器械临床试验或者临床使用获得的数据进行分析评价，能够证明该医疗器械安全、有效的，申请人可以在申报注册时予以说明，并提交相关证明资料。

第二十三条　开展医疗器械临床试验，应当按照医疗器械临床试验质量管理规范的要求，在取得资质的临床试验机构内进行。临床试验样品的生产应当符合医疗器械质量管理体系的相关要求。

第二十四条　第三类医疗器械进行临床试验对人体具有较高风险的，应当经国家食品药品监督管理总局批准。需进行临床试验审批的第三类医疗器械目录由国家食品药品监督管理总局制定、调整并公布。

第二十五条　临床试验审批是指国家食品药品监督管理总局根据申请人的申请，对拟开展临床试验的医疗器械的风险程度、临床试验方案、临床受益与风险对比分析报告等进行综合分析,以决定是否同意开展临床试验的过程。

　　第二十六条　需进行医疗器械临床试验审批的,申请人应当按照相关要求向国家食品药品监督管理总局报送申报资料。

　　第二十七条　国家食品药品监督管理总局受理医疗器械临床试验审批申请后,应当自受理申请之日起3个工作日内将申报资料转交医疗器械技术审评机构。

　　技术审评机构应当在40个工作日内完成技术审评。国家食品药品监督管理总局应当在技术审评结束后20个工作日内作出决定。准予开展临床试验的,发给医疗器械临床试验批件;不予批准的,应当书面说明理由。

　　第二十八条　技术审评过程中需要申请人补正资料的,技术审评机构应当一次告知需要补正的全部内容。申请人应当在1年内按照补正通知的要求一次提供补充资料。技术审评机构应当自收到补充资料之日起40个工作日内完成技术审评。申请人补充资料的时间不计算在审评时限内。

　　申请人逾期未提交补充资料的,由技术审评机构终止技术审评,提出不予批准的建议,国家食品药品监督管理总局核准后作出不予批准的决定。

　　第二十九条　有下列情形之一的,国家食品药品监督管理总局应当撤销已获得的医疗器械临床试验批准文件:

　　(一)临床试验申报资料虚假的;

　　(二)已有最新研究证实原批准的临床试验伦理性和科学性存在问题的;

　　(三)其他应当撤销的情形。

　　第三十条　医疗器械临床试验应当在批准后3年内实施;逾期未实施的,原批准文件自行废止,仍需进行临床试验的,应当重新申请。

第五章　产品注册

　　第三十一条　申请医疗器械注册,申请人应当按照相关要求向食品药品监督管理部门报送申报资料。

　　第三十二条　食品药品监督管理部门收到申请后对申报资料进行形式审查,并根据下列情况分别作出处理:

　　(一)申请事项属于本部门职权范围,申报资料齐全、符合形式审查要求的,予以受理;

　　(二)申报资料存在可以当场更正的错误的,应当允许申请人当场更正;

　　(三)申报资料不齐全或者不符合形式审查要求的,应当在5个工作日内一次告知申请人需要补正的全部内容,逾期不告知的,自收到申报资料之日起即为受理;

　　(四)申请事项不属于本部门职权范围的,应当即时告知申请人不予受理。

　　食品药品监督管理部门受理或者不予受理医疗器械注册申请,应当出具加盖本部门专用印章并注明日期的受理或者不予受理的通知书。

　　第三十三条　受理注册申请的食品药品监督管理部门应当自受理之日起3个工作日内将申报资料转交技术审评机构。

　　技术审评机构应当在60个工作日内完成第二类医疗器械注册的技术审评工作,在90个工作日内完成第三类医疗器械注册的技术审评工作。

　　需要外聘专家审评、械组合产品需与药品审评机构联合审评的,所需时间不计算在内,技术审评机构应当将所需时间书面告知申请人。

　　第三十四条　食品药品监督管理部门在组织产品技术审评时可以调阅原始研究资料,并组织对申请人进行与产品研制、生产有关的质量管理体系核查。

境内第二类、第三类医疗器械注册质量管理体系核查,由省、自治区、直辖市食品药品监督管理部门开展,其中境内第三类医疗器械注册质量管理体系核查,由国家食品药品监督管理总局技术审评机构通知相应省、自治区、直辖市食品药品监督管理部门开展核查,必要时参与核查。省、自治区、直辖市食品药品监督管理部门应当在 30 个工作日内根据相关要求完成体系核查。

国家食品药品监督管理总局技术审评机构在对进口第二类、第三类医疗器械开展技术审评时,认为有必要进行质量管理体系核查的,通知国家食品药品监督管理总局质量管理体系检查技术机构根据相关要求开展核查,必要时技术审评机构参与核查。

质量管理体系核查的时间不计算在审评时限内。

第三十五条 技术审评过程中需要申请人补正资料的,技术审评机构应当一次告知需要补正的全部内容。申请人应当在 1 年内按照补正通知的要求一次提供补充资料;技术审评机构应当自收到补充资料之日起 60 个工作日内完成技术审评。申请人补充资料的时间不计算在审评时限内。

申请人对补正资料通知内容有异议的,可以向相应的技术审评机构提出书面意见,说明理由并提供相应的技术支持资料。

申请人逾期未提交补充资料的,由技术审评机构终止技术审评,提出不予注册的建议,由食品药品监督管理部门核准后作出不予注册的决定。

第三十六条 受理注册申请的食品药品监督管理部门应当在技术审评结束后 20 个工作日内作出决定。对符合安全、有效要求的,准予注册,自作出审批决定之日起 10 个工作日内发给医疗器械注册证,经过核准的产品技术要求以附件形式发给申请人。对不予注册的,应当书面说明理由,并同时告知申请人享有申请复审和依法申请行政复议或者提起行政诉讼的权利。

医疗器械注册证有效期为 5 年。

第三十七条 医疗器械注册事项包括许可事项和登记事项。许可事项包括产品名称、型号、规格、结构及组成、适用范围、产品技术要求、进口医疗器械的生产地址等;登记事项包括注册人名称和住所、代理人名称和住所、境内医疗器械的生产地址等。

第三十八条 对用于治疗罕见疾病以及应对突发公共卫生事件急需的医疗器械,食品药品监督管理部门可以在批准该医疗器械注册时要求申请人在产品上市后进一步完成相关工作,并将要求载明于医疗器械注册证中。

第三十九条 对于已受理的注册申请,有下列情形之一的,食品药品监督管理部门作出不予注册的决定,并告知申请人:

(一)申请人对拟上市销售医疗器械的安全性、有效性进行的研究及其结果无法证明产品安全、有效的;

(二)注册申报资料虚假的;

(三)注册申报资料内容混乱、矛盾的;

(四)注册申报资料的内容与申报项目明显不符的;

(五)不予注册的其他情形。

第四十条 对于已受理的注册申请,申请人可以在行政许可决定作出前,向受理该申请的食品药品监督管理部门申请撤回注册申请及相关资料,并说明理由。

第四十一条 对于已受理的注册申请,有证据表明注册申报资料可能虚假的,食品药品监督管理部门可以中止审批。经核实后,根据核实结论继续审查或者作出不予注册的决定。

第四十二条 申请人对食品药品监督管理部门作出的不予注册决定有异议的,可以自收到不予注册决定通知之日起 20 个工作日内,向作出审批决定的食品药品监督管理部门提出复审申请。复审申请的内容仅限于原申请事项和原申报资料。

第四十三条 食品药品监督管理部门应当自受理复审申请之日起 30 个工作日内作出复审决定，并书面通知申请人。维持原决定的，食品药品监督管理部门不再受理申请人再次提出的复审申请。

第四十四条 申请人对食品药品监督管理部门作出的不予注册的决定有异议，且已申请行政复议或者提起行政诉讼的，食品药品监督管理部门不受理其复审申请。

第四十五条 医疗器械注册证遗失的，注册人应当立即在原发证机关指定的媒体上登载遗失声明。自登载遗失声明之日起满 1 个月后，向原发证机关申请补发，原发证机关在 20 个工作日内予以补发。

第四十六条 医疗器械注册申请直接涉及申请人与他人之间重大利益关系的，食品药品监督管理部门应当告知申请人、利害关系人可以依照法律、法规以及国家食品药品监督管理总局的其他规定享有申请听证的权利；对医疗器械注册申请进行审查时，食品药品监督管理部门认为属于涉及公共利益的重大许可事项，应当向社会公告，并举行听证。

第四十七条 对新研制的尚未列入分类目录的医疗器械，申请人可以直接申请第三类医疗器械产品注册，也可以依据分类规则判断产品类别并向国家食品药品监督管理总局申请类别确认后，申请产品注册或者办理产品备案。

直接申请第三类医疗器械注册的，国家食品药品监督管理总局按照风险程度确定类别。境内医疗器械确定为第二类的，国家食品药品监督管理总局将申报资料转申请人所在地省、自治区、直辖市食品药品监督管理部门审评审批；境内医疗器械确定为第一类的，国家食品药品监督管理总局将申报资料转申请人所在地设区的市级食品药品监督管理部门备案。

第四十八条 注册申请审查过程中及批准后发生专利权纠纷的，应当按照有关法律、法规的规定处理。

第六章　注册变更

第四十九条 已注册的第二类、第三类医疗器械，医疗器械注册证及其附件载明的内容发生变化，注册人应当向原注册部门申请注册变更，并按照相关要求提交申报资料。

产品名称、型号、规格、结构及组成、适用范围、产品技术要求、进口医疗器械生产地址等发生变化的，注册人应当向原注册部门申请许可事项变更。

注册人名称和住所、代理人名称和住所发生变化的，注册人应当向原注册部门申请登记事项变更；境内医疗器械生产地址变更的，注册人应当在相应的生产许可变更后办理注册登记事项变更。

第五十条 登记事项变更资料符合要求的，食品药品监督管理部门应当在 10 个工作日内发给医疗器械注册变更文件。登记事项变更资料不齐全或者不符合形式审查要求的，食品药品监督管理部门应当一次告知需要补正的全部内容。

第五十一条 对于许可事项变更，技术审评机构应当重点针对变化部分进行审评，对变化后产品是否安全、有效作出评价。

受理许可事项变更申请的食品药品监督管理部门应当按照本办法第五章规定的时限组织技术审评。

第五十二条 医疗器械注册变更文件与原医疗器械注册证合并使用，其有效期与该注册证相同。取得注册变更文件后，注册人应当根据变更内容自行修改产品技术要求、说明书和标签。

第五十三条 许可事项变更申请的受理与审批程序，本章未作规定的，适用本办法第五章的相关规定。

第七章 延续注册

第五十四条 医疗器械注册证有效期届满需要延续注册的，注册人应当在医疗器械注册证有效期届满6个月前，向食品药品监督管理部门申请延续注册，并按照相关要求提交申报资料。

除有本办法第五十五条规定情形外，接到延续注册申请的食品药品监督管理部门应当在医疗器械注册证有效期届满前作出准予延续的决定。逾期未作决定的，视为准予延续。

第五十五条 有下列情形之一的，不予延续注册：

（一）注册人未在规定期限内提出延续注册申请的；

（二）医疗器械强制性标准已经修订，该医疗器械不能达到新要求的；

（三）对用于治疗罕见疾病以及应对突发公共卫生事件急需的医疗器械，批准注册部门在批准上市时提出要求，注册人未在规定期限内完成医疗器械注册证载明事项的。

第五十六条 医疗器械延续注册申请的受理与审批程序，本章未作规定的，适用本办法第五章的相关规定。

第八章 产品备案

第五十七条 第一类医疗器械生产前，应当办理产品备案。

第五十八条 办理医疗器械备案，备案人应当按照《医疗器械监督管理条例》第九条的规定提交备案资料。

备案资料符合要求的，食品药品监督管理部门应当当场备案；备案资料不齐全或者不符合规定形式的，应当一次告知需要补正的全部内容，由备案人补正后备案。

对备案的医疗器械，食品药品监督管理部门应当按照相关要求的格式制作备案凭证，并将备案信息表中登载的信息在其网站上予以公布。

第五十九条 已备案的医疗器械，备案信息表中登载内容及备案的产品技术要求发生变化的，备案人应当提交变化情况的说明及相关证明文件，向原备案部门提出变更备案信息。备案资料符合形式要求的，食品药品监督管理部门应当将变更情况登载于变更信息中，将备案资料存档。

第六十条 已备案的医疗器械管理类别调整的，备案人应当主动向食品药品监督管理部门提出取消原备案；管理类别调整为第二类或者第三类医疗器械的，按照本办法规定申请注册。

第九章 监督管理

第六十一条 国家食品药品监督管理总局负责全国医疗器械注册与备案的监督管理工作，对地方食品药品监督管理部门医疗器械注册与备案工作进行监督和指导。

第六十二条 省、自治区、直辖市食品药品监督管理部门负责本行政区域的医疗器械注册与备案的监督管理工作，组织开展监督检查，并将有关情况及时报送国家食品药品监督管理总局。

第六十三条 省、自治区、直辖市食品药品监督管理部门按照属地管理原则，对进口医疗器械代理人注册与备案相关工作实施日常监督管理。

第六十四条 设区的市级食品药品监督管理部门应当定期对备案工作开展检查，并及时向省、自治区、直辖市食品药品监督管理部门报送相关信息。

第六十五条 已注册的医疗器械有法律、法规规定应当注销的情形，或者注册证有效期未满但注册人主动提出注销的，食品药品监督管理部门应当依法注销，并向社会公布。

第六十六条 已注册的医疗器械，其管理类别由高类别调整为低类别的，在有效期内的医疗器械注册证继续有效。如需延续的，注册人应当在医疗器械注册证有效期届满6个月前，按照改变后的类别向食品药品监督管理部门申请延续注册或者办理备案。

医疗器械管理类别由低类别调整为高类别的，注册人应当依照本办法第五章的规定，按照改变后的类别向食品药品监督管理部门申请注册。国家食品药品监督管理总局在管理类别调整通知中应当对完成调整的时限作出规定。

第六十七条 省、自治区、直辖市食品药品监督管理部门违反本办法规定实施医疗器械注册的，由国家食品药品监督管理总局责令限期改正；逾期不改正的，国家食品药品监督管理总局可以直接公告撤销该医疗器械注册证。

第六十八条 食品药品监督管理部门、相关技术机构及其工作人员，对申请人或者备案人提交的试验数据和技术秘密负有保密义务。

第十章 法律责任

第六十九条 提供虚假资料或者采取其他欺骗手段取得医疗器械注册证的，按照《医疗器械监督管理条例》第六十四条第一款的规定予以处罚。

备案时提供虚假资料的，按照《医疗器械监督管理条例》第六十五条第二款的规定予以处罚。

第七十条 伪造、变造、买卖、出租、出借医疗器械注册证的，按照《医疗器械监督管理条例》第六十四条第二款的规定予以处罚。

第七十一条 违反本办法规定，未依法办理第一类医疗器械变更备案或者第二类、第三类医疗器械注册登记事项变更的，按照《医疗器械监督管理条例》有关未备案的情形予以处罚。

第七十二条 违反本办法规定，未依法办理医疗器械注册许可事项变更的，按照《医疗器械监督管理条例》有关未取得医疗器械注册证的情形予以处罚。

第七十三条 申请人未按照《医疗器械监督管理条例》和本办法规定开展临床试验的，由县级以上食品药品监督管理部门责令改正，可以处3万元以下罚款；情节严重的，应当立即停止临床试验，已取得临床试验批准文件的，予以注销。

第十一章 附 则

第七十四条 医疗器械注册或者备案单元原则上以产品的技术原理、结构组成、性能指标和适用范围为划分依据。

第七十五条 医疗器械注册证中"结构及组成"栏内所载明的组合部件，以更换耗材、售后服务、维修等为目的，用于原注册产品的，可以单独销售。

第七十六条 医疗器械注册证格式由国家食品药品监督管理总局统一制定。

注册证编号的编排方式为：

×1 械注×2××××3×4××5××××6。其中：

×1 为注册审批部门所在地的简称：

境内第三类医疗器械、进口第二类、第三类医疗器械为"国"字；

境内第二类医疗器械为注册审批部门所在地省、自治区、直辖市简称；

×2 为注册形式：

"准"字适用于境内医疗器械；

"进"字适用于进口医疗器械；

"许"字适用于香港、澳门、台湾地区的医疗器械；

×××3 为首次注册年份；

×4 为产品管理类别；

××5　为产品分类编码；

××××6　为首次注册流水号。

延续注册的，××××3 和××××6 数字不变。产品管理类别调整的，应当重新编号。

第七十七条　第一类医疗器械备案凭证编号的编排方式为：

×1　械备×××2×××3 号。

其中：

×1　为备案部门所在地的简称；

进口第一类医疗器械为"国"字；

境内第一类医疗器械为备案部门所在地省、自治区、直辖市简称加所在地设区的市级行政区域的简称（无相应设区的市级行政区域时，仅为省、自治区、直辖市的简称）；

××××2　为备案年份；

××××3　为备案流水号。

第七十八条　按医疗器械管理的体外诊断试剂的注册与备案适用《体外诊断试剂注册管理办法》。

第七十九条　医疗器械应急审批程序和创新医疗器械特别审批程序由国家食品药品监督管理总局另行制定。

第八十条　根据工作需要，国家食品药品监督管理总局可以委托省、自治区、直辖市食品药品监督管理部门或者技术机构、相关社会组织承担医疗器械注册有关的具体工作。

第八十一条　医疗器械产品注册收费项目、收费标准按照国务院财政、价格主管部门的有关规定执行。

第八十二条　本办法自 2014 年 10 月 1 日起施行。2004 年 8 月 9 日公布的《医疗器械注册管理办法》（原国家食品药品监督管理局令第 16 号）同时废止。

体外诊断试剂注册管理办法

（国家食品药品监督管理总局令第 5 号）

（2014 年 7 月 30 日由国家食品药品监督管理总局发布，根据 2017 年 1 月 25 日国家食品药品监督管理总局令第 30 号《体外诊断试剂注册管理办法修正案》修改，现行版本自 2017 年 1 月 25 日起施行，法规类型为部门规章）

第一章　总　则

第一条　为规范体外诊断试剂的注册与备案管理，保证体外诊断试剂的安全、有效，根据《医疗器械监督管理条例》，制定本办法。

第二条　在中华人民共和国境内销售、使用的体外诊断试剂，应当按照本办法的规定申请注册或者办理备案。

第三条　本办法所称体外诊断试剂，是指按医疗器械管理的体外诊断试剂，包括在疾病的预测、预防、诊断、治疗监测、预后观察和健康状态评价的过程中，用于人体样本体外检测的试剂、试剂盒、校准品、质控品等产品。可以单独使用，也可以与仪器、器具、设备或者系统组合使用。

按照药品管理的用于血源筛查的体外诊断试剂和采用放射性核素标记的体外诊断试剂，不属于本办法管理范围。

第四条 体外诊断试剂注册是食品药品监督管理部门根据注册申请人的申请，依照法定程序，对其拟上市体外诊断试剂的安全性、有效性研究及其结果进行系统评价，以决定是否同意其申请的过程。

体外诊断试剂备案是备案人向食品药品监督管理部门提交备案资料，食品药品监督管理部门对提交的备案资料存档备查。

第五条 体外诊断试剂注册与备案应当遵循公开、公平、公正的原则。

第六条 第一类体外诊断试剂实行备案管理，第二类、第三类体外诊断试剂实行注册管理。

境内第一类体外诊断试剂备案，备案人向设区的市级食品药品监督管理部门提交备案资料。

境内第二类体外诊断试剂由省、自治区、直辖市食品药品监督管理部门审查，批准后发给医疗器械注册证。

境内第三类体外诊断试剂由国家食品药品监督管理总局审查，批准后发给医疗器械注册证。

进口第一类体外诊断试剂备案，备案人向国家食品药品监督管理总局提交备案资料。

进口第二类、第三类体外诊断试剂由国家食品药品监督管理总局审查，批准后发给医疗器械注册证。

香港、澳门、台湾地区体外诊断试剂的注册、备案，参照进口体外诊断试剂办理。

第七条 体外诊断试剂注册人、备案人以自己名义把产品推向市场，对产品负法律责任。

第八条 食品药品监督管理部门依法及时公布体外诊断试剂注册、备案相关信息。申请人可以查询审批进度和结果，公众可以查阅审批结果。

第九条 国家鼓励体外诊断试剂的研究与创新，对创新体外诊断试剂实行特别审批，促进体外诊断试剂新技术的推广与应用，推动医疗器械产业的发展。

第二章 基本要求

第十条 体外诊断试剂注册申请人和备案人应当建立与产品研制、生产有关的质量管理体系，并保持有效运行。

按照创新医疗器械特别审批程序审批的境内体外诊断试剂申请注册时，样品委托其他企业生产的，应当委托具有相应生产范围的医疗器械生产企业；不属于按照创新医疗器械特别审批程序审批的境内体外诊断试剂申请注册时，样品不得委托其他企业生产。

第十一条 办理体外诊断试剂注册或者备案事务的人员应当具有相应的专业知识，熟悉医疗器械注册或者备案管理的法律、法规、规章和技术要求。

第十二条 体外诊断试剂产品研制包括：主要原材料的选择、制备，产品生产工艺的确定，产品技术要求的拟订，产品稳定性研究，阳性判断值或者参考区间确定，产品分析性能评估，临床评价等相关工作。

申请人或者备案人可以参考相关技术指导原则进行产品研制，也可以采用不同的实验方法或者技术手段，但应当说明其合理性。

第十三条 申请人或者备案人申请注册或者办理备案，应当遵循体外诊断试剂安全有效的各项要求，保证研制过程规范，所有数据真实、完整和可溯源。

第十四条 申请注册或者办理备案的资料应当使用中文。根据外文资料翻译的，应当同时提供原文。引用未公开发表的文献资料时，应当提供资料所有者许可使用的证明文件。

申请人、备案人对资料的真实性负责。

第十五条 申请注册或者办理备案的进口体外诊断试剂,应当在申请人或者备案人注册地或者生产地址所在国家(地区)已获准上市销售。

申请人或者备案人注册地或者生产地址所在国家(地区)未将该产品作为医疗器械管理的,申请人或者备案人需提供相关证明文件,包括注册地或者生产地址所在国家(地区)准许该产品上市销售的证明文件。

第十六条 境外申请人或者备案人应当通过其在中国境内设立的代表机构或者指定中国境内的企业法人作为代理人,配合境外申请人或者备案人开展相关工作。

代理人除办理体外诊断试剂注册或者备案事宜外,还应当承担以下责任:

(一)与相应食品药品监督管理部门、境外申请人或者备案人的联络;

(二)向申请人或者备案人如实、准确传达相关的法规和技术要求;

(三)收集上市后体外诊断试剂不良事件信息并反馈境外注册人或者备案人,同时向相应的食品药品监督管理部门报告;

(四)协调体外诊断试剂上市后的产品召回工作,并向相应的食品药品监督管理部门报告;

(五)其他涉及产品质量和售后服务的连带责任。

第三章 产品的分类与命名

第十七条 根据产品风险程度由低到高,体外诊断试剂分为第一类、第二类、第三类产品。

(一)第一类产品

1. 微生物培养基(不用于微生物鉴别和药敏试验);
2. 样本处理用产品,如溶血剂、稀释液、染色液等。

(二)第二类产品

除已明确为第一类、第三类的产品,其他为第二类产品,主要包括:

1. 用于蛋白质检测的试剂;
2. 用于糖类检测的试剂;
3. 用于激素检测的试剂;
4. 用于酶类检测的试剂;
5. 用于酯类检测的试剂;
6. 用于维生素检测的试剂;
7. 用于无机离子检测的试剂;
8. 用于药物及药物代谢物检测的试剂;
9. 用于自身抗体检测的试剂;
10. 用于微生物鉴别或者药敏试验的试剂;
11. 用于其他生理、生化或者免疫功能指标检测的试剂。

(三)第三类产品

1. 与致病性病原体抗原、抗体以及核酸等检测相关的试剂;
2. 与血型、组织配型相关的试剂;
3. 与人类基因检测相关的试剂;
4. 与遗传性疾病相关的试剂;
5. 与麻醉药品、精神药品、医疗用毒性药品检测相关的试剂;
6. 与治疗药物作用靶点检测相关的试剂;

7. 与肿瘤标志物检测相关的试剂；

8. 与变态反应（过敏原）相关的试剂。

第十八条 第十七条所列的第二类产品如用于肿瘤的诊断、辅助诊断、治疗过程的监测，或者用于遗传性疾病的诊断、辅助诊断等，按第三类产品注册管理。用于药物及药物代谢物检测的试剂，如该药物属于麻醉药品、精神药品或者医疗用毒性药品范围的，按第三类产品注册管理。

第十九条 校准品、质控品可以与配合使用的体外诊断试剂合并申请注册，也可以单独申请注册。

与第一类体外诊断试剂配合使用的校准品、质控品，按第二类产品进行注册；与第二类、第三类体外诊断试剂配合使用的校准品、质控品单独申请注册时，按与试剂相同的类别进行注册；多项校准品、质控品，按其中的高类别进行注册。

第二十条 本办法第十七条、第十八条、第十九条所述的体外诊断试剂分类规则，用于指导体外诊断试剂分类目录的制定和调整，以及确定新的体外诊断试剂的管理类别。国家食品药品监督管理总局可以根据体外诊断试剂的风险变化，对分类规则进行调整。

直接申请第三类体外诊断试剂注册的，国家食品药品监督管理总局按照风险程度确定类别；境内体外诊断试剂确定为第二类的，国家食品药品监督管理总局将申报资料转申请人所在地省、自治区、直辖市食品药品监督管理部门审评审批；境内体外诊断试剂确定为第一类的，国家食品药品监督管理总局将申报资料转申请人所在地设区的市级食品药品监督管理部门备案。

第二十一条 体外诊断试剂的命名应当遵循以下原则：

体外诊断试剂的产品名称一般可以由三部分组成。第一部分：被测物质的名称；第二部分：用途，如诊断血清、测定试剂盒、质控品等；第三部分：方法或者原理，如酶联免疫吸附法、胶体金法等，本部分应当在括号中列出。

如果被测物组分较多或者有其他特殊情况，可以采用与产品相关的适应症名称或者其他替代名称。

第一类产品和校准品、质控品，依据其预期用途进行命名。

第四章 产品技术要求和注册检验

第二十二条 申请人或者备案人应当在原材料质量和生产工艺稳定的前提下，根据产品研制、临床评价等结果，依据国家标准、行业标准及有关文献资料，拟订产品技术要求。

产品技术要求主要包括体外诊断试剂成品的性能指标和检验方法，其中性能指标是指可进行客观判定的成品的功能性、安全性指标以及与质量控制相关的其他指标。

第三类体外诊断试剂的产品技术要求中应当以附录形式明确主要原材料、生产工艺及半成品要求。

第一类体外诊断试剂的产品技术要求由备案人办理备案时提交食品药品监督管理部门。第二类、第三类体外诊断试剂的产品技术要求由食品药品监督管理部门在批准注册时予以核准。

在中国上市的体外诊断试剂应当符合经注册核准或者备案的产品技术要求。

第二十三条 申请第二类、第三类体外诊断试剂注册，应当进行注册检验；第三类产品应当进行连续3个生产批次样品的注册检验。医疗器械检验机构应当依据产品技术要求对相关产品进行检验。

注册检验样品的生产应当符合医疗器械质量管理体系的相关要求，注册检验合格的方可进行临床试验或者申请注册。

办理第一类体外诊断试剂备案的，备案人可以提交产品自检报告。

第二十四条 申请注册检验，申请人应当向检验机构提供注册检验所需要的有关技术资料、注册检验用样品、产品技术要求及标准品或者参考品。

境内申请人的注册检验用样品由食品药品监督管理部门抽取。

第二十五条 有国家标准品、参考品的产品应当使用国家标准品、参考品进行注册检验。中国食品药品检定研究院负责组织国家标准品、参考品的制备和标定工作。

第二十六条 医疗器械检验机构应当具有医疗器械检验资质、在其承检范围内进行检验，并对申请人提交的产品技术要求进行预评价。预评价意见随注册检验报告一同出具给申请人。

尚未列入医疗器械检验机构承检范围的产品，由相应的注册审批部门指定有能力的检验机构进行检验。

第二十七条 同一注册申请包括不同包装规格时，可以只进行一种包装规格产品的注册检验。

第五章 临床评价

第二十八条 体外诊断试剂临床评价是指申请人或者备案人通过临床文献资料、临床经验数据、临床试验等信息对产品是否满足使用要求或者预期用途进行确认的过程。

第二十九条 临床评价资料是指申请人或者备案人进行临床评价所形成的文件。

体外诊断试剂临床试验（包括与已上市产品进行的比较研究试验）是指在相应的临床环境中，对体外诊断试剂的临床性能进行的系统性研究。

无需进行临床试验的体外诊断试剂，申请人或者备案人应当通过对涵盖预期用途及干扰因素的临床样本的评估、综合文献资料等非临床试验的方式对体外诊断试剂的临床性能进行评价。申请人或者备案人应当保证评价所用的临床样本具有可追溯性。

第三十条 办理第一类体外诊断试剂备案，不需进行临床试验。申请第二类、第三类体外诊断试剂注册，应当进行临床试验。

有下列情形之一的，可以免于进行临床试验：

（一）反应原理明确、设计定型、生产工艺成熟，已上市的同品种体外诊断试剂临床应用多年且无严重不良事件记录，不改变常规用途，申请人能够提供与已上市产品等效性评价数据的；

（二）通过对涵盖预期用途及干扰因素的临床样本的评价能够证明该体外诊断试剂安全、有效的。

免于进行临床试验的体外诊断试剂目录由国家食品药品监督管理总局制定、调整并公布。

第三十一条 同一注册申请包括不同包装规格时，可以只采用一种包装规格的样品进行临床评价。

第三十二条 第三类产品申请人应当选定不少于3家（含3家）、第二类产品申请人应当选定不少于2家（含2家）取得资质的临床试验机构，按照有关规定开展临床试验。临床试验样品的生产应当符合医疗器械质量管理体系的相关要求。

第三十三条 申请人应当与临床试验机构签订临床试验合同，参考相关技术指导原则制定并完善临床试验方案，免费提供临床试验用样品，并承担临床试验费用。

第三十四条 临床试验病例数应当根据临床试验目的、统计学要求，并参照相关技术指导原则确定。临床试验技术指导原则另行发布。

用于罕见疾病以及应对突发公共卫生事件急需的体外诊断试剂，要求减少临床试验病例数或者免做临床试验的，申请人应当在提交注册申报资料的同时，提出减免临床试验的申请，并详细说明理由。食品药品监督管理部门技术审评机构对注册申报资料进行全面的技术审评后予以确定，需要补充临床试验的，以补正资料的方式通知申请人。

第三十五条 申请进口体外诊断试剂注册，需要提供境外的临床评价资料。申请人应当按照临床评价的要求，同时考虑不同国家或者地区的流行病学背景、不同病种的特性、不同种属人群所适用的阳性判断值或者参考区间等因素，在中国境内进行具有针对性的临床评价。

第三十六条 临床试验机构完成临床试验后，应当分别出具临床试验报告。申请人或者临床试验牵头单位根据相关技术指导原则，对临床试验结果进行汇总，完成临床试验总结报告。

第三十七条 由消费者个人自行使用的体外诊断试剂，在临床试验时，应当包含无医学背景的消费者对产品说明书认知能力的评价。

第三十八条 申请人发现临床试验机构违反有关规定或者未执行临床试验方案的，应当督促其改正；情节严重的，可以要求暂停或者终止临床试验，并向临床试验机构所在地省、自治区、直辖市食品药品监督管理部门和国家食品药品监督管理总局报告。

第三十九条 参加临床试验的机构及人员，对申请人违反有关规定或者要求改变试验数据、结论的，应当向申请人所在地省、自治区、直辖市食品药品监督管理部门和国家食品药品监督管理总局报告。

第四十条 开展体外诊断试剂临床试验，应当向申请人所在地省、自治区、直辖市食品药品监督管理部门备案。接受备案的食品药品监督管理部门应当将备案情况通报临床试验机构所在地的同级食品药品监督管理部门和卫生计生主管部门。

国家食品药品监督管理总局和省、自治区、直辖市食品药品监督管理部门根据需要对临床试验的实施情况进行监督检查。

第六章 产品注册

第四十一条 申请体外诊断试剂注册，申请人应当按照相关要求向食品药品监督管理部门报送申报资料。

第四十二条 食品药品监督管理部门收到申请后对申报资料进行形式审查，并根据下列情况分别作出处理：

（一）申请事项属于本部门职权范围，申报资料齐全、符合形式审查要求的，予以受理；

（二）申报资料存在可以当场更正的错误的，应当允许申请人当场更正；

（三）申报资料不齐全或者不符合形式审查要求的，应当在5个工作日内一次告知申请人需要补正的全部内容，逾期不告知的，自收到申报资料之日起即为受理；

（四）申请事项不属于本部门职权范围的，应当即时告知申请人不予受理。

食品药品监督管理部门受理或者不予受理体外诊断试剂注册申请，应当出具加盖本部门专用印章并注明日期的受理或者不予受理的通知书。

第四十三条 受理注册申请的食品药品监督管理部门应当自受理之日起3个工作日内将申报资料转交技术审评机构。

技术审评机构应当在60个工作日内完成第二类体外诊断试剂注册的技术审评工作，在90个工作日内完成第三类体外诊断试剂注册的技术审评工作。

需要外聘专家审评的，所需时间不计算在内，技术审评机构应当将所需时间书面告知申请人。

第四十四条 食品药品监督管理部门在组织产品技术审评时可以调阅原始研究资料，并组织对申请人进行与产品研制、生产有关的质量管理体系核查。

境内第二类、第三类医疗器械注册质量管理体系核查，由省、自治区、直辖市食品药品监督管理部门开展，其中境内第三类医疗器械注册质量管理体系核查，由国家食品药品监督管理总局技术审评机构通知相应省、自治区、直辖市食品药品监督管理部门开展核查，必要时参与核查。省、自治区、直辖市食品药品监督管理部门应当在30个工作日内根据相关要求完成体系核查。

国家食品药品监督管理总局技术审评机构在对进口第二类、第三类体外诊断试剂开展技术审评时，认为有必要进行质量管理体系核查的，通知国家食品药品监督管理总局质量管理体系检查技术机构根据相关要求开展核查，必要时技术审评机构参与核查。

质量管理体系核查的时间不计算在审评时限内。

第四十五条 技术审评过程中需要申请人补正资料的，技术审评机构应当一次告知需要补正的全部内容。申请人应当在1年内按照补正通知的要求一次提供补充资料；技术审评机构应当自收到补充资料之日起60个工作日内完成技术审评。申请人补充资料的时间不计算在审评时限内。

申请人对补正资料通知内容有异议的，可以向相应的技术审评机构提出书面意见，说明理由并提供相应的技术支持资料。

申请人逾期未提交补充资料的，由技术审评机构终止技术审评，提出不予注册的建议，由食品药品监督管理部门核准后作出不予注册的决定。

第四十六条 受理注册申请的食品药品监督管理部门应当在技术审评结束后20个工作日内作出决定。对符合安全、有效要求的，准予注册，自作出审批决定之日起10个工作日内发给医疗器械注册证，经过核准的产品技术要求和产品说明书以附件形式发给申请人。对不予注册的，应当书面说明理由，并同时告知申请人享有申请复审和依法申请行政复议或者提起行政诉讼的权利。

医疗器械注册证有效期为5年。

第四十七条 体外诊断试剂注册事项包括许可事项和登记事项。许可事项包括产品名称、包装规格、主要组成成分、预期用途、产品技术要求、产品说明书、产品有效期、进口体外诊断试剂的生产地址等；登记事项包括注册人名称和住所、代理人名称和住所、境内体外诊断试剂的生产地址等。

第四十八条 对用于罕见疾病以及应对突发公共卫生事件急需的体外诊断试剂，食品药品监督管理部门可以在批准该体外诊断试剂注册时要求申请人在产品上市后进一步完成相关工作，并将要求载明于医疗器械注册证中。

第四十九条 对于已受理的注册申请，有下列情形之一的，食品药品监督管理部门作出不予注册的决定，并告知申请人：

（一）申请人对拟上市销售体外诊断试剂的安全性、有效性进行的研究及其结果无法证明产品安全、有效的；

（二）注册申报资料虚假的；

（三）注册申报资料内容混乱、矛盾的；

（四）注册申报资料的内容与申报项目明显不符的；

（五）不予注册的其他情形。

第五十条 对于已受理的注册申请，申请人可以在行政许可决定作出前，向受理该申请的食品药品监督管理部门申请撤回注册申请及相关资料，并说明理由。

第五十一条 对于已受理的注册申请，有证据表明注册申报资料可能虚假的，食品药品监督管理部门可以中止审批。经核实后，根据核实结论继续审查或者作出不予注册的决定。

第五十二条 申请人对食品药品监督管理部门作出的不予注册决定有异议的，可以自收到不予注册决定通知之日起20个工作日内，向作出审批决定的食品药品监督管理部门提出复审申请。复审申请的内容仅限于原申请事项和原申报资料。

食品药品监督管理部门应当自受理复审申请之日起30个工作日内作出复审决定，并书面通知申请人。维持原决定的，食品药品监督管理部门不再受理申请人再次提出的复审申请。

第五十三条 申请人对食品药品监督管理部门作出的不予注册的决定有异议,且已申请行政复议或者提起行政诉讼的,食品药品监督管理部门不受理其复审申请。

第五十四条 医疗器械注册证遗失的,注册人应当立即在原发证机关指定的媒体上登载遗失声明。自登载遗失声明之日起满1个月后,向原发证机关申请补发,原发证机关在20个工作日内予以补发。

第五十五条 体外诊断试剂上市后,其产品技术要求和说明书应当与食品药品监督管理部门核准的内容一致。注册人或者备案人应当对上市后产品的安全性和有效性进行跟踪,必要时及时提出产品技术要求、说明书的变更申请。

第五十六条 体外诊断试剂注册申请直接涉及申请人与他人之间重大利益关系的,食品药品监督管理部门应当告知申请人、利害关系人依照法律、法规以及国家食品药品监督管理总局的有关规定享有申请听证的权利;对体外诊断试剂注册申请进行审查时,食品药品监督管理部门认为属于涉及公共利益的重大许可事项,应当向社会公告,并举行听证。

第五十七条 注册申请审查过程中及批准后发生专利权纠纷的,应当按照有关法律、法规的规定处理。

第七章　注册变更

第五十八条 已注册的第二类、第三类体外诊断试剂,医疗器械注册证及其附件载明的内容发生变化,注册人应当向原注册部门申请注册变更,并按照相关要求提交申报资料。

注册人名称和住所、代理人名称和住所发生变化的,注册人应当向原注册部门申请登记事项变更;境内体外诊断试剂生产地址变更的,注册人应当在相应的生产许可变更后办理注册登记事项变更。

注册证及附件载明内容发生以下变化的,申请人应当向原注册部门申请许可事项变更:

(一)抗原、抗体等主要材料供应商变更的;
(二)检测条件、阳性判断值或者参考区间变更的;
(三)注册产品技术要求中所设定的项目、指标、试验方法变更的;
(四)包装规格、适用机型变更的;
(五)产品储存条件或者产品有效期变更的;
(六)增加预期用途,如增加临床适应症、增加临床测定用样本类型的;
(七)进口体外诊断试剂生产地址变更的;
(八)可能影响产品安全性、有效性的其他变更。

第五十九条 下列情形不属于本章规定的变更申请事项,应当按照注册申请办理:

(一)产品基本反应原理改变;
(二)产品阳性判断值或者参考区间改变,并具有新的临床诊断意义;
(三)其他影响产品性能的重大改变。

第六十条 登记事项变更资料符合要求的,食品药品监督管理部门应当在10个工作日内发给医疗器械注册变更文件。登记事项变更资料不齐全或者不符合形式审查要求的,食品药品监督管理部门应当一次告知需要补正的全部内容。

第六十一条 对于许可事项变更,技术审评机构应当重点针对变化部分及其对产品性能的影响进行审评,对变化后产品是否安全、有效作出评价。

受理许可事项变更申请的食品药品监督管理部门应当按照本办法第六章规定的时限组织技术审评。

第六十二条 医疗器械注册变更文件与原医疗器械注册证合并使用,其有效期与该注册证相同。取得注册变更文件后,注册人应当根据变更内容自行修改产品技术要求、说明书和标签。

第六十三条 许可事项变更申请的受理与审批程序,本章未作规定的,适用本办法第六章的相关规定。

第八章 延续注册

第六十四条 医疗器械注册证有效期届满需要延续注册的,注册人应当在医疗器械注册证有效期届满6个月前,向食品药品监督管理部门申请延续注册,并按照相关要求提交申报资料。

除有本办法第六十五条规定情形外,接到延续注册申请的食品药品监督管理部门应当在医疗器械注册证有效期届满前作出准予延续的决定。逾期未作决定的,视为准予延续。

第六十五条 有下列情形之一的,不予延续注册:
(一)注册人未在规定期限内提出延续注册申请的;
(二)体外诊断试剂强制性标准已经修订或者有新的国家标准品、参考品,该体外诊断试剂不能达到新要求的;
(三)对用于罕见疾病以及应对突发公共卫生事件急需的体外诊断试剂,批准注册部门在批准上市时提出要求,注册人未在规定期限内完成医疗器械注册证载明事项的。

第六十六条 体外诊断试剂延续注册申请的受理与审批程序,本章未作规定的,适用本办法第六章的相关规定。

第九章 产品备案

第六十七条 第一类体外诊断试剂生产前,应当办理产品备案。

第六十八条 办理体外诊断试剂备案,备案人应当按照《医疗器械监督管理条例》第九条的规定提交备案资料。

备案资料符合要求的,食品药品监督管理部门应当当场备案;备案资料不齐全或者不符合规定形式的,应当一次告知需要补正的全部内容,由备案人补正后备案。

对备案的体外诊断试剂,食品药品监督管理部门应当按照相关要求的格式制作备案凭证,并将备案信息表中登载的信息在其网站上予以公布。

第六十九条 已备案的体外诊断试剂,备案信息表中登载内容及备案的产品技术要求发生变化的,备案人应当提交变化情况的说明及相关证明文件,向原备案部门提出变更备案信息。备案资料符合形式要求的,食品药品监督管理部门应当将变更情况登载于变更信息中,将备案资料存档。

第七十条 已备案的体外诊断试剂管理类别调整的,备案人应当主动向食品药品监督管理部门提出取消原备案;管理类别调整为第二类或者第三类体外诊断试剂的,按照本办法规定申请注册。

第十章 监督管理

第七十一条 国家食品药品监督管理总局负责全国体外诊断试剂注册与备案的监督管理工作,对地方食品药品监督管理部门体外诊断试剂注册与备案工作进行监督和指导。

第七十二条 省、自治区、直辖市食品药品监督管理部门负责本行政区域的体外诊断试剂注册与备案的监督管理工作,组织开展监督检查,并将有关情况及时报送国家食品药品监督管理总局。

第七十三条 省、自治区、直辖市食品药品监督管理部门按照属地管理原则,对进口体外诊断试剂代理人注册与备案相关工作实施日常监督管理。

第七十四条 设区的市级食品药品监督管理部门应当定期对备案工作开展检查,并及时向省、自治区、直辖市食品药品监督管理部门报送相关信息。

第七十五条 已注册的体外诊断试剂有法律、法规规定应当注销的情形,或者注册证有效期未满但注册人主动提出注销的,食品药品监督管理部门应当依法注销,并向社会公布。

第七十六条 已注册的体外诊断试剂,其管理类别由高类别调整为低类别的,在有效期内的医疗器械注册证继续有效。如需延续的,注册人应当在医疗器械注册证有效期届满6个月前,按照改变后的类别向食品药品监督管理部门申请延续注册或者办理备案。

体外诊断试剂管理类别由低类别调整为高类别的,注册人应当依照本办法第六章的规定,按照改变后的类别向食品药品监督管理部门申请注册。国家食品药品监督管理总局在管理类别调整通知中应当对完成调整的时限作出规定。

第七十七条 省、自治区、直辖市食品药品监督管理部门违反本办法规定实施体外诊断试剂注册的,由国家食品药品监督管理总局责令限期改正;逾期不改正的,国家食品药品监督管理总局可以直接公告撤销该医疗器械注册证。

第七十八条 食品药品监督管理部门、相关技术机构及其工作人员,对申请人或者备案人提交的试验数据和技术秘密负有保密义务。

第十一章 法律责任

第七十九条 提供虚假资料或者采取其他欺骗手段取得医疗器械注册证的,按照《医疗器械监督管理条例》第六十四条第一款的规定予以处罚。

备案时提供虚假资料的,按照《医疗器械监督管理条例》第六十五条第二款的规定予以处罚。

第八十条 伪造、变造、买卖、出租、出借医疗器械注册证的,按照《医疗器械监督管理条例》第六十四条第二款的规定予以处罚。

第八十一条 违反本办法规定,未依法办理第一类体外诊断试剂变更备案或者第二类、第三类体外诊断试剂注册登记事项变更的,按照《医疗器械监督管理条例》有关未备案的情形予以处罚。

第八十二条 违反本办法规定,未依法办理体外诊断试剂注册许可事项变更的,按照《医疗器械监督管理条例》有关未取得医疗器械注册证的情形予以处罚。

第八十三条 申请人未按照《医疗器械监督管理条例》和本办法规定开展临床试验的,由县级以上食品药品监督管理部门责令改正,可以处3万元以下罚款;情节严重的,应当立即停止临床试验。

第十二章 附 则

第八十四条 体外诊断试剂的注册或者备案单元应为单一试剂或者单一试剂盒,一个注册或者备案单元可以包括不同的包装规格。

第八十五条 医疗器械注册证格式由国家食品药品监督管理总局统一制定。

注册证编号的编排方式为:

×1 械注×2××××3×4××5××××6。其中:

×1 为注册审批部门所在地的简称:

境内第三类体外诊断试剂、进口第二类、第三类体外诊断试剂为"国"字;

境内第二类体外诊断试剂为注册审批部门所在地省、自治区、直辖市简称;

×2 为注册形式:

"准"字适用于境内体外诊断试剂;

"进"字适用于进口体外诊断试剂；

"许"字适用于香港、澳门、台湾地区的体外诊断试剂；

××××3 为首次注册年份；

×4 为产品管理类别；

××5 为产品分类编码；

××××6 为首次注册流水号。

延续注册的，××××3 和××××6 数字不变。产品管理类别调整的，应当重新编号。

第八十六条 第一类体外诊断试剂备案凭证编号的编排方式为：

×1 械备×××2×××3 号。

其中：

×1 为备案部门所在地的简称；

进口第一类体外诊断试剂为"国"字；

境内第一类体外诊断试剂为备案部门所在地省、自治区、直辖市简称加所在地设区的市级行政区域的简称（无相应设区的市级行政区域时，仅为省、自治区、直辖市的简称）；

××××2 为备案年份；

××××3 为备案流水号。

第八十七条 体外诊断试剂的应急审批和创新特别审批按照国家食品药品监督管理总局制定的医疗器械应急审批程序和创新医疗器械特别审批程序执行。

第八十八条 根据工作需要，国家食品药品监督管理总局可以委托省、自治区、直辖市食品药品监督管理部门或者技术机构、相关社会组织承担体外诊断试剂注册有关的具体工作。

第八十九条 体外诊断试剂注册收费项目、收费标准按照国务院财政、价格主管部门的有关规定执行。

第九十条 本办法自 2014 年 10 月 1 日起施行。

医疗器械经营监督管理办法

（国家食品药品监督管理总局令第 8 号）

（2014 年 7 月 30 日由国家食品药品监督管理总局发布，根据 2017 年 11 月 7 日国家食品药品监督管理总局令第 37 号《国家食品药品监督管理总局关于修改部分规章的决定》修正，现行版本自 2017 年 11 月 17 日起施行，法规类型为部门规章）

第一章 总　则

第一条 为加强医疗器械经营监督管理，规范医疗器械经营行为，保证医疗器械安全、有效，根据《医疗器械监督管理条例》，制定本办法。

第二条 在中华人民共和国境内从事医疗器械经营活动及其监督管理，应当遵守本办法。

第三条 国家食品药品监督管理总局负责全国医疗器械经营监督管理工作。县级以上食品药品监督管理部门负责本行政区域的医疗器械经营监督管理工作。

上级食品药品监督管理部门负责指导和监督下级食品药品监督管理部门开展医疗器械经营监督管理工作。

第四条 按照医疗器械风险程度,医疗器械经营实施分类管理。

经营第一类医疗器械不需许可和备案,经营第二类医疗器械实行备案管理,经营第三类医疗器械实行许可管理。

第五条 国家食品药品监督管理总局制定医疗器械经营质量管理规范并监督实施。

第六条 食品药品监督管理部门依法及时公布医疗器械经营许可和备案信息。申请人可以查询审批进度和审批结果,公众可以查阅审批结果。

第二章　经营许可与备案管理

第七条 从事医疗器械经营,应当具备以下条件:

(一)具有与经营范围和经营规模相适应的质量管理机构或者质量管理人员,质量管理人员应当具有国家认可的相关专业学历或者职称;

(二)具有与经营范围和经营规模相适应的经营、贮存场所;

(三)具有与经营范围和经营规模相适应的贮存条件,全部委托其他医疗器械经营企业贮存的可以不设立库房;

(四)具有与经营的医疗器械相适应的质量管理制度;

(五)具备与经营的医疗器械相适应的专业指导、技术培训和售后服务的能力,或者约定由相关机构提供技术支持。

从事第三类医疗器械经营的企业还应当具有符合医疗器械经营质量管理要求的计算机信息管理系统,保证经营的产品可追溯。鼓励从事第一类、第二类医疗器械经营的企业建立符合医疗器械经营质量管理要求的计算机信息管理系统。

第八条 从事第三类医疗器械经营的,经营企业应当向所在地设区的市级食品药品监督管理部门提出申请,并提交以下资料:

(一)营业执照复印件;

(二)法定代表人、企业负责人、质量负责人的身份证明、学历或者职称证明复印件;

(三)组织机构与部门设置说明;

(四)经营范围、经营方式说明;

(五)经营场所、库房地址的地理位置图、平面图、房屋产权证明文件或者租赁协议(附房屋产权证明文件)复印件;

(六)经营设施、设备目录;

(七)经营质量管理制度、工作程序等文件目录;

(八)计算机信息管理系统基本情况介绍和功能说明;

(九)经办人授权证明;

(十)其他证明材料。

第九条 对于申请人提出的第三类医疗器械经营许可申请,设区的市级食品药品监督管理部门应当根据下列情况分别作出处理:

(一)申请事项属于其职权范围,申请资料齐全、符合法定形式的,应当受理申请;

(二)申请资料不齐全或者不符合法定形式的,应当当场或者在5个工作日内一次告知申请人需要补正的全部内容,逾期不告知的,自收到申请资料之日起即为受理;

(三)申请资料存在可以当场更正的错误的,应当允许申请人当场更正;

(四)申请事项不属于本部门职权范围的,应当即时作出不予受理的决定,并告知申请人向有关行政部门申请。

设区的市级食品药品监督管理部门受理或者不予受理医疗器械经营许可申请的,应当出具受理或者不予受理的通知书。

第十条 设区的市级食品药品监督管理部门应当自受理之日起30个工作日内对申请资料进行审核，并按照医疗器械经营质量管理规范的要求开展现场核查。需要整改的，整改时间不计入审核时限。

符合规定条件的，依法作出准予许可的书面决定，并于10个工作日内发给《医疗器械经营许可证》；不符合规定条件的，作出不予许可的书面决定，并说明理由。

第十一条 医疗器械经营许可申请直接涉及申请人与他人之间重大利益关系的，食品药品监督管理部门应当告知申请人、利害关系人依照法律、法规以及国家食品药品监督管理总局的有关规定享有申请听证的权利；在对医疗器械经营许可进行审查时，食品药品监督管理部门认为涉及公共利益的重大许可事项，应当向社会公告，并举行听证。

第十二条 从事第二类医疗器械经营的，经营企业应当向所在地设区的市级食品药品监督管理部门备案，填写第二类医疗器械经营备案表，并提交本办法第八条规定的资料（第八项除外）。

第十三条 食品药品监督管理部门应当当场对企业提交资料的完整性进行核对，符合规定的予以备案，发给第二类医疗器械经营备案凭证。

第十四条 设区的市级食品药品监督管理部门应当在医疗器械经营企业备案之日起3个月内，按照医疗器械经营质量管理规范的要求对第二类医疗器械经营企业开展现场核查。

第十五条 《医疗器械经营许可证》有效期为5年，载明许可证编号、企业名称、法定代表人、企业负责人、住所、经营场所、经营方式、经营范围、库房地址、发证部门、发证日期和有效期限等事项。

医疗器械经营备案凭证应当载明编号、企业名称、法定代表人、企业负责人、住所、经营场所、经营方式、经营范围、库房地址、备案部门、备案日期等事项。

第十六条 《医疗器械经营许可证》事项的变更分为许可事项变更和登记事项变更。

许可事项变更包括经营场所、经营方式、经营范围、库房地址的变更。

登记事项变更是指上述事项以外其他事项的变更。

第十七条 许可事项变更的，应当向原发证部门提出《医疗器械经营许可证》变更申请，并提交本办法第八条规定中涉及变更内容的有关资料。

跨行政区域设置库房的，应当向库房所在地设区的市级食品药品监督管理部门办理备案。

原发证部门应当自收到变更申请之日起15个工作日内进行审核，并作出准予变更或者不予变更的决定；需要按照医疗器械经营质量管理规范的要求开展现场核查的，自收到变更申请之日起30个工作日内作出准予变更或者不予变更的决定。不予变更的，应当书面说明理由并告知申请人。变更后的《医疗器械经营许可证》编号和有效期限不变。

第十八条 新设立独立经营场所的，应当单独申请医疗器械经营许可或者备案。

第十九条 登记事项变更的，医疗器械经营企业应当及时向设区的市级食品药品监督管理部门办理变更手续。

第二十条 因分立、合并而存续的医疗器械经营企业，应当依照本办法规定申请变更许可；因企业分立、合并而解散的，应当申请注销《医疗器械经营许可证》；因企业分立、合并而新设立的，应当申请办理《医疗器械经营许可证》。

第二十一条 医疗器械注册人、备案人或者生产企业在其住所或者生产地址销售医疗器械，不需办理经营许可或者备案；在其他场所贮存并现货销售医疗器械的，应当按照规定办理经营许可或者备案。

第二十二条 《医疗器械经营许可证》有效期届满需要延续的，医疗器械经营企业应当在有效期届满6个月前，向原发证部门提出《医疗器械经营许可证》延续申请。

原发证部门应当按照本办法第十条的规定对延续申请进行审核，必要时开展现场核查，在

《医疗器械经营许可证》有效期届满前作出是否准予延续的决定。符合规定条件的，准予延续，延续后的《医疗器械经营许可证》编号不变。不符合规定条件的，责令限期整改；整改后仍不符合规定条件的，不予延续，并书面说明理由。逾期未作出决定的，视为准予延续。

第二十三条　医疗器械经营备案凭证中企业名称、法定代表人、企业负责人、住所、经营场所、经营方式、经营范围、库房地址等备案事项发生变化的，应当及时变更备案。

第二十四条　《医疗器械经营许可证》遗失的，医疗器械经营企业应当立即在原发证部门指定的媒体上登载遗失声明。自登载遗失声明之日起满1个月后，向原发证部门申请补发。原发证部门及时补发《医疗器械经营许可证》。

补发的《医疗器械经营许可证》编号和有效期限与原证一致。

第二十五条　医疗器械经营备案凭证遗失的，医疗器械经营企业应当及时向原备案部门办理补发手续。

第二十六条　医疗器械经营企业因违法经营被食品药品监督管理部门立案调查但尚未结案的，或者收到行政处罚决定但尚未履行的，设区的市级食品药品监督管理部门应当中止许可，直至案件处理完毕。

第二十七条　医疗器械经营企业有法律、法规规定应当注销的情形，或者有效期未满但企业主动提出注销的，设区的市级食品药品监督管理部门应当依法注销其《医疗器械经营许可证》，并在网站上予以公布。

第二十八条　设区的市级食品药品监督管理部门应当建立《医疗器械经营许可证》核发、延续、变更、补发、撤销、注销等许可档案和医疗器械经营备案信息档案。

第二十九条　任何单位以及个人不得伪造、变造、买卖、出租、出借《医疗器械经营许可证》和医疗器械经营备案凭证。

第三章　经营质量管理

第三十条　医疗器械经营企业应当按照医疗器械经营质量管理规范要求，建立覆盖质量管理全过程的经营管理制度，并做好相关记录，保证经营条件和经营行为持续符合要求。

第三十一条　医疗器械经营企业对其办事机构或者销售人员以本企业名义从事的医疗器械购销行为承担法律责任。医疗器械经营企业销售人员销售医疗器械，应当提供加盖本企业公章的授权书。授权书应当载明授权销售的品种、地域、期限，注明销售人员的身份证号码。

第三十二条　医疗器械经营企业应当建立并执行进货查验记录制度。从事第二类、第三类医疗器械批发业务以及第三类医疗器械零售业务的经营企业应当建立销售记录制度。进货查验记录和销售记录信息应当真实、准确、完整。

从事医疗器械批发业务的企业，其购进、贮存、销售等记录应当符合可追溯要求。

进货查验记录和销售记录应当保存至医疗器械有效期后2年；无有效期的，不得少于5年。植入类医疗器械进货查验记录和销售记录应当永久保存。

鼓励其他医疗器械经营企业建立销售记录制度。

第三十三条　医疗器械经营企业应当从具有资质的生产企业或者经营企业购进医疗器械。

医疗器械经营企业应当与供货者约定质量责任和售后服务责任，保证医疗器械售后的安全使用。

与供货者或者相应机构约定由其负责产品安装、维修、技术培训服务的医疗器械经营企业，可以不设从事技术培训和售后服务的部门，但应当有相应的管理人员。

第三十四条　医疗器械经营企业应当采取有效措施，确保医疗器械运输、贮存过程符合医疗器械说明书或者标签标示要求，并做好相应记录，保证医疗器械质量安全。

说明书和标签标示要求低温、冷藏的，应当按照有关规定，使用低温、冷藏设施设备运输和贮存。

第三十五条 医疗器械经营企业委托其他单位运输医疗器械的,应当对承运方运输医疗器械的质量保障能力进行考核评估,明确运输过程中的质量责任,确保运输过程中的质量安全。

第三十六条 医疗器械经营企业为其他医疗器械生产经营企业提供贮存、配送服务的,应当与委托方签订书面协议,明确双方权利义务,并具有与产品贮存配送条件和规模相适应的设备设施,具备与委托方开展实时电子数据交换和实现产品经营全过程可追溯的计算机信息管理平台和技术手段。

第三十七条 从事医疗器械批发业务的经营企业应当销售给具有资质的经营企业或者使用单位。

第三十八条 医疗器械经营企业应当配备专职或者兼职人员负责售后管理,对客户投诉的质量问题应当查明原因,采取有效措施及时处理和反馈,并做好记录,必要时应当通知供货者及医疗器械生产企业。

第三十九条 医疗器械经营企业不具备原经营许可条件或者与备案信息不符无法取得联系的,经原发证或者备案部门公示后,依法注销其《医疗器械经营许可证》或者在第二类医疗器械经营备案信息中予以标注,并向社会公告。

第四十条 第三类医疗器械经营企业应当建立质量管理自查制度,并按照医疗器械经营质量管理规范要求进行全项自查,于每年年底前向所在地设区的市级食品药品监督管理部门提交年度自查报告。

第四十一条 第三类医疗器械经营企业自行停业一年以上,重新经营时,应当提前书面报告所在地设区的市级食品药品监督管理部门,经核查符合要求后方可恢复经营。

第四十二条 医疗器械经营企业不得经营未经注册或者备案、无合格证明文件以及过期、失效、淘汰的医疗器械。

第四十三条 医疗器械经营企业经营的医疗器械发生重大质量事故的,应当在24小时内报告所在地省、自治区、直辖市食品药品监督管理部门,省、自治区、直辖市食品药品监督管理部门应当立即报告国家食品药品监督管理总局。

第四章 监督管理

第四十四条 食品药品监督管理部门应当定期或者不定期对医疗器械经营企业符合经营质量管理规范要求的情况进行监督检查,督促企业规范经营活动。对第三类医疗器械经营企业按照医疗器械经营质量管理规范要求进行全项自查的年度自查报告,应当进行审查,必要时开展现场核查。

第四十五条 省、自治区、直辖市食品药品监督管理部门应当编制本行政区域的医疗器械经营企业监督检查计划,并监督实施。设区的市级食品药品监督管理部门应当制定本行政区域的医疗器械经营企业的监管重点、检查频次和覆盖率,并组织实施。

第四十六条 食品药品监督管理部门组织监督检查,应当制定检查方案,明确检查标准,如实记录现场检查情况,将检查结果书面告知被检查企业。需要整改的,应当明确整改内容以及整改期限,并实施跟踪检查。

第四十七条 食品药品监督管理部门应当加强对医疗器械的抽查检验。

省级以上食品药品监督管理部门应当根据抽查检验结论及时发布医疗器械质量公告。

第四十八条 有下列情形之一的,食品药品监督管理部门应当加强现场检查:

(一)上一年度监督检查中存在严重问题的;

(二)因违反有关法律、法规受到行政处罚的;

(三)新开办的第三类医疗器械经营企业;

（四）食品药品监督管理部门认为需要进行现场检查的其他情形。

第四十九条 食品药品监督管理部门应当建立医疗器械经营日常监督管理制度，加强对医疗器械经营企业的日常监督检查。

第五十条 对投诉举报或者其他信息显示以及日常监督检查发现可能存在产品安全隐患的医疗器械经营企业，或者有不良行为记录的医疗器械经营企业，食品药品监督管理部门可以实施飞行检查。

第五十一条 有下列情形之一的，食品药品监督管理部门可以对医疗器械经营企业的法定代表人或者企业负责人进行责任约谈：

（一）经营存在严重安全隐患的；

（二）经营产品因质量问题被多次举报投诉或者媒体曝光的；

（三）信用等级评定为不良信用企业的；

（四）食品药品监督管理部门认为有必要开展责任约谈的其他情形。

第五十二条 食品药品监督管理部门应当建立医疗器械经营企业监管档案，记录许可和备案信息、日常监督检查结果、违法行为查处等情况，并对有不良信用记录的医疗器械经营企业实施重点监管。

第五章　法律责任

第五十三条 有下列情形之一的，由县级以上食品药品监督管理部门责令限期改正，给予警告；拒不改正的，处5000元以上2万元以下罚款：

（一）医疗器械经营企业未依照本办法规定办理登记事项变更的；

（二）医疗器械经营企业派出销售人员销售医疗器械，未按照本办法要求提供授权书的；

（三）第三类医疗器械经营企业未在每年年底前向食品药品监督管理部门提交年度自查报告的。

第五十四条 有下列情形之一的，由县级以上食品药品监督管理部门责令改正，处1万元以上3万元以下罚款：

（一）医疗器械经营企业经营条件发生变化，不再符合医疗器械经营质量管理规范要求，未按照规定进行整改的；

（二）医疗器械经营企业擅自变更经营场所或者库房地址、扩大经营范围或者擅自设立库房的；

（三）从事医疗器械批发业务的经营企业销售给不具有资质的经营企业或者使用单位的；

（四）医疗器械经营企业从不具有资质的生产、经营企业购进医疗器械的。

第五十五条 未经许可从事医疗器械经营活动，或者《医疗器械经营许可证》有效期届满后未依法办理延续、仍继续从事医疗器械经营的，按照《医疗器械监督管理条例》第六十三条的规定予以处罚。

第五十六条 提供虚假资料或者采取其他欺骗手段取得《医疗器械经营许可证》的，按照《医疗器械监督管理条例》第六十四条的规定予以处罚。

第五十七条 伪造、变造、买卖、出租、出借《医疗器械经营许可证》的，按照《医疗器械监督管理条例》第六十四条的规定予以处罚。

伪造、变造、买卖、出租、出借医疗器械经营备案凭证的，由县级以上食品药品监督管理部门责令改正，并处1万元以下罚款。

第五十八条 未依照本办法规定备案或者备案时提供虚假资料的，按照《医疗器械监督管理条例》第六十五条的规定予以处罚。

第五十九条 有下列情形之一的，由县级以上食品药品监督管理部门责令限期改正，并按照《医疗器械监督管理条例》第六十六条的规定予以处罚：

（一）经营不符合强制性标准或者不符合经注册或者备案的产品技术要求的医疗器械的；

（二）经营无合格证明文件、过期、失效、淘汰的医疗器械的；

（三）食品药品监督管理部门责令停止经营后，仍拒不停止经营医疗器械的。

第六十条 有下列情形之一的，由县级以上食品药品监督管理部门责令改正，并按照《医疗器械监督管理条例》第六十七条的规定予以处罚：

（一）经营的医疗器械的说明书、标签不符合有关规定的；

（二）未按照医疗器械说明书和标签标示要求运输、贮存医疗器械的。

第六十一条 有下列情形之一的，由县级以上食品药品监督管理部门责令改正，并按照《医疗器械监督管理条例》第六十八条的规定予以处罚：

（一）经营企业未依照本办法规定建立并执行医疗器械进货查验记录制度的；

（二）从事第二类、第三类医疗器械批发业务以及第三类医疗器械零售业务的经营企业未依照本办法规定建立并执行销售记录制度的。

第六章 附 则

第六十二条 本办法下列用语的含义是：

医疗器械经营，是指以购销的方式提供医疗器械产品的行为，包括采购、验收、贮存、销售、运输、售后服务等。

医疗器械批发，是指将医疗器械销售给具有资质的经营企业或者使用单位的医疗器械经营行为。

医疗器械零售，是指将医疗器械直接销售给消费者的医疗器械经营行为。

第六十三条 互联网医疗器械经营有关管理规定由国家食品药品监督管理总局另行制定。

第六十四条 《医疗器械经营许可证》和医疗器械经营备案凭证的格式由国家食品药品监督管理总局统一制定。

《医疗器械经营许可证》和医疗器械经营备案凭证由设区的市级食品药品监督管理部门印制。

《医疗器械经营许可证》编号的编排方式为：××食药监械经营许××××××号。其中：

第一位×代表许可部门所在地省、自治区、直辖市的简称；

第二位×代表所在地设区的市级行政区域的简称；

第三到六位×代表4位数许可年份；

第七到十位×代表4位数许可流水号。

第二类医疗器械经营备案凭证备案编号的编排方式为：××食药监械经营备××××××号。其中：

第一位×代表备案部门所在地省、自治区、直辖市的简称；

第二位×代表所在地设区的市级行政区域的简称；

第三到六位×代表4位数备案年份；

第七到十位×代表4位数备案流水号。

第六十五条 《医疗器械经营许可证》和医疗器械经营备案凭证列明的经营范围按照医疗器械管理类别、分类编码及名称确定。医疗器械管理类别、分类编码及名称按照国家食品药品监督管理总局发布的医疗器械分类目录核定。

第六十六条 食品药品监督管理部门制作的医疗器械经营许可电子证书与印制的医疗器械经营许可证书具有同等法律效力。

第六十七条　本办法自 2014 年 10 月 1 日起施行。2004 年 8 月 9 日公布的《医疗器械经营企业许可证管理办法》（国家食品药品监督管理局令第 15 号）同时废止。

关于对进口捐赠医疗器械加强监督管理的公告

（国家质量监督检验检疫总局　海关总署　商务部　民政部公告 2006 年第 17 号）

（2006 年 2 月 15 日由国家质量监督检验检疫总局、海关总署、商务部、民政部发布，2006 年 2 月 15 日起施行，法规类型为规范性文件）

　　2004 年以来，有国外慈善机构以捐赠名义向我国转移不符合国家规定的医疗器械，甚至医疗垃圾，存在重大的安全和健康隐患。为了确保进口医疗器械的安全、有效，保障我国公民人身健康和生命安全，根据国家有关法律法规，现就进口捐赠的医疗器械有关规定公告如下：

　　一、禁止境外捐赠人在向国内捐赠的医疗器械中夹带我国列入《禁止进口货物目录》的物品。

　　捐赠的医疗器械应为新品，并且已在中国办理过医疗器械注册，其中不得夹带有害环境、公共卫生和社会道德及政治渗透等违禁物品。

　　二、凡进口属于《自动进口许可机电产品目录》内的捐赠医疗器械，进口单位应当在办理海关报关手续前，向商务主管部门申请办理《中华人民共和国自动进口许可证》，并持该证件向海关办理通关手续。

　　三、国家质检总局在检验前对进口捐赠的医疗器械实施备案登记管理。凡向中国境内捐赠医疗器械的境外捐赠机构，须由其或其在中国的代理机构向国家质检总局申请登记；对国外捐赠机构所捐赠的医疗器械须在检验前向国家质检总局进行备案，并由国家质检总局对备案材料是否符合本公告第一条要求进行预审。必要时，国家质检总局将组织实施装运前预检验。国家特殊需要的，由民政部商国家质检总局作特殊处理。

　　四、海关对进口捐赠的医疗器械（不论是否属于《实施检验检疫的进出境商品目录》内），凭检验检疫机构出具的注明"上述物品为捐赠物品"的《入境货物通关单》验放，对其中涉及进口许可证管理的，海关还应验核进口许可证件。

　　五、接受进口捐赠医疗器械的单位或其代理必须向使用地检验检疫机构申请办理进口检验。检验检疫机构凭经核准有效的备案材料接受报检，实施口岸查验，使用地检验。

　　对经检验检疫合格的进口捐赠的医疗器械，检验检疫机构出具《入境货物检验检疫证明》后，受赠单位（或个人）方可使用。对判定不合格的进口捐赠的医疗器械，按照商检法及其实施条例的有关规定处理，或移交相关海关按有关规定处理。有关处理结果须尽快上报质检总局和海关总署。

　　六、民间组织业务主管单位和登记管理机关对接受进口捐赠的民间组织加强监督管理。对接受进口违反国家有关法律、法规捐赠的相关民间组织，尤其是涉及恶意向中国转移医疗垃圾的，应予以严肃处理，直至撤销其登记。

　　七、本公告自发布之日起执行。

医疗器械产品出口销售证明管理规定

(国家食品药品监督管理总局通告 2015 年第 18 号)

(2015 年 6 月 1 日由国家食品药品监督管理总局发布,2015 年 6 月 1 日起施行,法规类型为规范性文件)

第一条 为进一步规范食品药品监督管理部门出具医疗器械出口销售证明的服务性事项的办理,便利医疗器械生产企业产品出口,特制定本规定。

第二条 在我国已取得医疗器械产品注册证书及生产许可证书,或已办理医疗器械产品备案及生产备案的,食品药品监督管理部门可为相关生产企业(以下简称企业)出具《医疗器械产品出口销售证明》(格式见附件 1)。

第三条 企业所在地的省级食品药品监督管理部门负责本行政区域内《医疗器械产品出口销售证明》的管理工作。

第四条 企业应当向所在地省级食品药品监督管理部门或其指定的部门(以下简称出具证明部门)提交《医疗器械产品出口销售证明登记表》(格式见附件 2),并报送加盖企业公章的以下资料,资料内容应与出口产品的实际信息一致:

(一) 企业营业执照的复印件;

(二) 医疗器械生产许可证或备案凭证的复印件;

(三) 医疗器械产品注册证或备案凭证的复印件;

(四) 所提交材料真实性及中英文内容一致的自我保证声明。

第五条 出具证明部门应当对企业提交的相关资料进行审查核对。符合要求的,应当出具《医疗器械产品出口销售证明》;不符合要求的,应当及时说明理由。

需要出具《医疗器械产品出口销售证明》的企业,其生产不符合相关法规要求,企业信用等级较低,或在生产整改、涉案处理期间的,不予出具《医疗器械产品出口销售证明》。

第六条 《医疗器械产品出口销售证明》编号的编排方式为:XX 食药监械出 XXXXXXXX 号。其中:

第一位 X 代表生产企业所在地省、自治区、直辖市的简称;

第二位 X 代表生产企业所在地设区的市级行政区域的简称;

第三到第六位 X 代表 4 位数的证明出具年份;

第七到第十位 X 代表 4 位数的证明出具流水号。

第七条 《医疗器械产品出口销售证明》有效日期不应超过申报资料中企业提交的各类证件最先到达的截止日期,且最长不超过 2 年。

第八条 企业提交的相关资料发生变化的,应当及时报告出具证明部门。相关资料发生变化或有效期届满仍需继续使用的,企业应当重新办理《医疗器械产品出口销售证明》。

第九条 企业应当建立并保存出口产品档案。内容包括已办理的《医疗器械产品出口销售证明》和《医疗器械出口备案表》、购货合同、质量要求、检验报告、合格证明、包装、标签式样、报关单等,以保证产品出口过程的可追溯。

第十条 省级食品药品监督管理部门应当组织本行政区域内的出具证明部门及时公开《医疗器械产品出口销售证明》相关信息。

食品药品监督管理部门发现相关企业的生产不符合相关法规要求，企业信用等级降为较低等级，或认为其不再符合出具证明有关情况的，以及企业报告提交的相关资料发生变化的，省级食品药品监督管理部门应当及时通告相关信息。

第十一条 企业提供虚假证明或者采取其他欺骗手段骗取《医疗器械产品出口销售证明》的，5年内不再为其出具《医疗器械产品出口销售证明》，并将企业名称、医疗器械生产许可证或备案凭证编号、医疗器械产品注册证或备案凭证编号、法定代表人和组织机构代码等信息予以通告。

第十二条 企业应当保证所出口产品符合医疗器械出口相关规定要求，并应当符合进口国的相关要求。在出口过程中所发生的一切法律责任，由企业自行承担。

第十三条 本规定自2015年9月1日起施行。自本规定实施之日起，此前文件与本规定不一致的，均以本规定为准。

第十四条 省级食品药品监督管理部门可依照本规定制定具体实施细则。

附件：1. 医疗器械产品出口销售证明（格式）（略）
　　　2. 医疗器械产品出口销售证明登记表（格式）（略）

关于有序开展医疗物资出口的公告

（商务部　海关总署　国家药品监督管理局公告2020年第5号）

（2020年3月31日由商务部、海关总署、国家药品监督管理局发布，2020年3月31日起施行，法规类型为规范性文件）

当前，全球疫情呈加速扩散蔓延态势。在做好自身疫情防控的基础上，有序开展医疗物资出口是深化疫情防控国际合作、共同应对全球公共卫生危机的重要举措。在疫情防控特殊时期，为有效支持全球抗击疫情，保证产品质量安全、规范出口秩序，自4月1日起，出口新型冠状病毒检测试剂、医用口罩、医用防护服、呼吸机、红外体温计的企业向海关报关时，须提供书面或电子声明（模版见附件1），承诺出口产品已取得我国医疗器械产品注册证书（相关注册信息见附件2），符合进口国（地区）的质量标准要求。海关凭药品监督管理部门批准的医疗器械产品注册证书验放。上述医疗物资出口质量监管措施将视疫情发展情况动态调整。

有关医疗物资出口企业要确保产品质量安全、符合相关标准要求，积极支持国际社会共同抗击疫情。

附件：1. 出口医疗物资声明模板（略）
　　　2. 我国相关医疗器械产品注册信息（国家药监局网站 www.nmpa.gov.cn 动态更新）（略）

特殊物品

出入境特殊物品卫生检疫管理规定

(国家质量监督检验检疫总局令第 160 号)

(2015 年 1 月 21 日由国家质量监督检验检疫总局发布；根据 2016 年 10 月 18 日国家质量监督检验检疫总局令第 184 号《国家质量监督检验检疫总局关于修改和废止部分规章的决定》修改，根据 2018 年 4 月 28 日海关总署令第 238 号《海关总署关于修改部分规章的决定》修改，根据 2018 年 5 月 29 日海关总署令第 240 号《海关总署关于修改部分规章的决定》修改，根据 2018 年 11 月 23 日海关总署令第 243 号《海关总署关于修改部分规章的决定》修改；现行版本自 2018 年 11 月 23 日起施行；法规类型为部门规章)

第一章 总 则

第一条 为了规范出入境特殊物品卫生检疫监督管理，防止传染病传入、传出，防控生物安全风险，保护人体健康，根据《中华人民共和国国境卫生检疫法》及其实施细则、《艾滋病防治条例》《病原微生物实验室生物安全管理条例》和《人类遗传资源管理暂行办法》等法律法规规定，制定本规定。

第二条 本规定适用于入境、出境的微生物、人体组织、生物制品、血液及其制品等特殊物品的卫生检疫监督管理。

第三条 海关总署统一管理全国出入境特殊物品的卫生检疫监督管理工作；主管海关负责所辖地区的出入境特殊物品卫生检疫监督管理工作。

第四条 出入境特殊物品卫生检疫监督管理遵循风险管理原则，在风险评估的基础上根据风险等级实施检疫审批、检疫查验和监督管理。

海关总署可以对输出国家或者地区的生物安全控制体系进行评估。

第五条 出入境特殊物品的货主或者其代理人，应当按照法律法规规定和相关标准的要求，输入、输出以及生产、经营、使用特殊物品，对社会和公众负责，保证特殊物品安全，接受社会监督，承担社会责任。

第二章 检疫审批

第六条 直属海关负责辖区内出入境特殊物品的卫生检疫审批（以下简称特殊物品审批）工作。

第七条 申请特殊物品审批应当具备下列条件：

(一) 法律法规规定须获得相关部门批准文件的，应当获得相应批准文件；

（二）具备与出入境特殊物品相适应的生物安全控制能力。

第八条 入境特殊物品的货主或者其代理人应当在特殊物品交运前向目的地直属海关申请特殊物品审批。

出境特殊物品的货主或者其代理人应当在特殊物品交运前向其所在地直属海关申请特殊物品审批。

第九条 申请特殊物品审批的，货主或者其代理人应当按照以下规定提供相应材料：

（一）《入/出境特殊物品卫生检疫审批申请表》；

（二）出入境特殊物品描述性材料，包括特殊物品中英文名称、类别、成分、来源、用途、主要销售渠道、输出输入的国家或者地区、生产商等；

（三）入境用于预防、诊断、治疗人类疾病的生物制品、人体血液制品，应当提供国务院药品监督管理部门发给的进口药品注册证书；

（四）入境、出境特殊物品含有或者可能含有病原微生物的，应当提供病原微生物的学名（中文和拉丁文）、生物学特性的说明性文件（中英文对照件）以及生产经营者或者使用者具备相应生物安全防控水平的证明文件；

（五）出境用于预防、诊断、治疗的人类疾病的生物制品、人体血液制品，应当提供药品监督管理部门出具的销售证明；

（六）出境特殊物品涉及人类遗传资源管理范畴的，应当取得人类遗传资源管理部门出具的批准文件，海关对有关批准文件电子数据进行系统自动比对验核；

（七）使用含有或者可能含有病原微生物的出入境特殊物品的单位，应当提供与生物安全风险等级相适应的生物安全实验室资质证明，BSL-3级以上实验室必须获得国家认可机构的认可；

（八）出入境高致病性病原微生物菌（毒）种或者样本的，应当提供省级以上人民政府卫生主管部门的批准文件。

第十条 申请人为单位的，首次申请特殊物品审批时，除提供本规定第九条所规定的材料以外，还应当提供下列材料：

（一）单位基本情况，如单位管理体系认证情况、单位地址、生产场所、实验室设置、仓储设施设备、产品加工情况、生产过程或者工艺流程、平面图等；

（二）实验室生物安全资质证明文件。

申请人为自然人的，应当提供身份证复印件。

出入境病原微生物或者可能含有病原微生物的特殊物品，其申请人不得为自然人。

第十一条 直属海关对申请人提出的特殊物品审批申请，应当根据下列情况分别作出处理：

（一）申请事项依法不需要取得特殊物品审批的，应当即时告知申请人不予受理；

（二）申请事项依法不属于本单位职权范围的，应当即时作出不予受理的决定，并告知申请人向有关行政机关或者其他直属海关申请；

（三）申请材料存在可以当场更正的错误的，应当允许申请人当场更正；

（四）申请材料不齐全或者不符合法定形式的，应当场或者自收到申请材料之日起5日内一次性告知申请人需要补正的全部内容。逾期不告知的，自收到申请材料之日起即为受理；

（五）申请事项属于本单位职权范围，申请材料齐全、符合法定形式，或者申请人按照本单位的要求提交全部补正申请材料的，应当受理行政许可申请。

第十二条 直属海关对申请材料应当及时进行书面审查。并可以根据情况采取专家资料审查、现场评估、实验室检测等方式对申请材料的实质内容进行核实。

第十三条 申请人的申请符合法定条件、标准的，直属海关应当自受理之日起20日内签发《入/出境特殊物品卫生检疫审批单》（以下简称《特殊物品审批单》）。

申请人的申请不符合法定条件、标准的，直属海关应当自受理之日起20日内作出不予审批的书面决定并说明理由,告知申请人享有依法申请行政复议或者提起行政诉讼的权利。

直属海关20日内不能作出审批或者不予审批决定的,经本行政机关负责人批准,可以延长10日,并应当将延长期限的理由告知申请人。

第十四条 《特殊物品审批单》有效期如下:

(一)含有或者可能含有高致病性病原微生物的特殊物品,有效期为3个月。

(二)含有或者可能含有其他病原微生物的特殊物品,有效期为6个月。

(三)除上述规定以外的其他特殊物品,有效期为12个月。

《特殊物品审批单》在有效期内可以分批核销使用。超过有效期的,应当重新申请。

第三章 检疫查验

第十五条 入境特殊物品到达口岸后,货主或者其代理人应当凭《特殊物品审批单》及其他材料向入境口岸海关报检。

出境特殊物品的货主或者其代理人应当在出境前凭《特殊物品审批单》及其他材料向其所在地海关报检。

报检材料不齐全或者不符合法定形式的,海关不予入境或者出境。

第十六条 受理报检的海关应当按照下列要求对出入境特殊物品实施现场查验,并填写《入/出境特殊物品卫生检疫现场查验记录》:

(一)检查出入境特殊物品名称、成分、批号、规格、数量、有效期、运输储存条件、输出/输入国和生产厂家等项目是否与《特殊物品审批单》的内容相符;

(二)检查出入境特殊物品包装是否安全无破损,不渗、不漏,存在生物安全风险的是否具有符合相关要求的生物危险品标识。

入境口岸查验现场不具备查验特殊物品所需安全防护条件的,应当将特殊物品运送到符合生物安全等级条件的指定场所实施查验。

第十七条 对需实验室检测的入境特殊物品,货主或者其代理人应当按照口岸海关的要求将特殊物品存放在符合条件的储存场所,经检疫合格后可移运或者使用。口岸海关不具备检测能力的,应当委托有相应资质的实验室进行检测。

含有或者可能含有病原微生物、毒素等生物安全危害因子的入境特殊物品的,口岸海关实施现场查验后应当及时电子转单给目的地海关。目的地海关应当实施后续监管。

第十八条 邮寄、携带的出入境特殊物品,未取得《特殊物品审批单》的,海关应当予以截留并出具截留凭证,截留期限不超过7天。

邮递人或者携带人在截留期限内取得《特殊物品审批单》后,海关按照本规定第十六条规定进行查验,经检疫查验合格的予以放行。

第十九条 携带自用且仅限于预防或者治疗疾病用的血液制品或者生物制品出入境的,不需办理卫生检疫审批手续,出入境时应当向海关出示医院的有关证明;允许携带量以处方或者说明书确定的一个疗程为限。

第二十条 口岸海关对经卫生检疫符合要求的出入境特殊物品予以放行。有下列情况之一的,由口岸海关签发《检验检疫处理通知书》,予以退运或者销毁:

(一)名称、批号、规格、生物活性成分等与特殊物品审批内容不相符的;

(二)超出卫生检疫审批的数量范围的;

(三)包装不符合特殊物品安全管理要求的;

(四)经检疫查验不符合卫生检疫要求的;

(五)被截留邮寄、携带特殊物品自截留之日起7日内未取得《特殊物品审批单》的,或者取得《特殊物品审批单》后,经检疫查验不合格的。

口岸海关对处理结果应当做好记录、归档。

第四章 监督管理

第二十一条 出入境特殊物品单位，应当建立特殊物品安全管理制度，严格按照特殊物品审批的用途生产、使用或者销售特殊物品。

出入境特殊物品单位应当建立特殊物品生产、使用、销售记录。记录应当真实，保存期限不得少于 2 年。

第二十二条 海关对出入境特殊物品实施风险管理，根据出入境特殊物品可能传播人类疾病的风险对不同风险程度的特殊物品划分为不同的风险等级，并采取不同的卫生检疫监管方式。

出入境特殊物品的风险等级及其对应的卫生检疫监管方式由海关总署统一公布。

第二十三条 需实施后续监管的入境特殊物品，其使用单位应当在特殊物品入境后 30 日内，到目的地海关申报，由目的地海关实施后续监管。

第二十四条 海关对入境特殊物品实施后续监管的内容包括：

（一）使用单位的实验室是否与《特殊物品审批单》一致；

（二）入境特殊物品是否与《特殊物品审批单》货证相符。

第二十五条 在后续监管过程中发现下列情形的，由海关撤回《特殊物品审批单》，责令其退运或者销毁：

（一）使用单位的实验室与《特殊物品审批单》不一致的；

（二）入境特殊物品与《特殊物品审批单》货证不符的。

海关对后续监管过程中发现的问题，应当通报原审批的直属海关。情节严重的应当及时上报海关总署。

第二十六条 海关工作人员应当秉公执法、忠于职守，在履行职责中，对所知悉的商业秘密负有保密义务。

第五章 法律责任

第二十七条 违反本规定，有下列情形之一的，由海关按照《中华人民共和国国境卫生检疫法实施细则》第一百一十条规定处以警告或者 100 元以上 5000 元以下的罚款：

（一）拒绝接受检疫或者抵制卫生检疫监督管理的；

（二）伪造或者涂改卫生检疫单、证的；

（三）瞒报携带禁止进口的微生物、人体组织、生物制品、血液及其制品或者其他可能引起传染病传播的动物和物品的。

第二十八条 违反本规定，有下列情形之一的，有违法所得的，由海关处以 3 万元以下的罚款：

（一）以欺骗、贿赂等不正当手段取得特殊物品审批的；

（二）未经海关许可，擅自移运、销售、使用特殊物品的；

（三）未向海关报检或者提供虚假材料，骗取检验检疫证单的；

（四）未在相应的生物安全等级实验室对特殊物品开展操作的或者特殊物品使用单位不具备相应等级的生物安全控制能力的；未建立特殊物品使用、销售记录或者记录与实际不符的；

（五）未经海关同意，擅自使用需后续监管的入境特殊物品的。

第二十九条 出入境特殊物品的货主或者其代理人拒绝、阻碍海关及其工作人员依法执行职务的，依法移送有关部门处理。

第三十条 海关工作人员徇私舞弊、滥用职权、玩忽职守，违反相关法律法规的，依法给予行政处分；情节严重，构成犯罪的，依法追究刑事责任。

第三十一条 对违反本办法，引起检疫传染病传播或者有引起检疫传染病传播严重危险的，依照《中华人民共和国刑法》的有关规定追究刑事责任。

第六章 附 则

第三十二条 本规定下列用语的含义：

微生物是指病毒、细菌、真菌、放线菌、立克次氏体、螺旋体、衣原体、支原体等医学微生物菌（毒）种及样本以及寄生虫、环保微生物菌剂。

人体组织是指人体细胞、细胞系、胚胎、器官、组织、骨髓、分泌物、排泄物等。

人类遗传资源是指含有人体基因组、基因及其产物的器官、组织、细胞、血液、制备物、重组脱氧核糖核酸（DNA）构建体等遗传材料及相关的信息资料。

生物制品是指用于人类医学、生命科学相关领域的疫苗、抗毒素、诊断用试剂、细胞因子、酶及其制剂以及毒素、抗原、变态反应原、抗体、抗原-抗体复合物、核酸、免疫调节剂、微生态制剂等生物活性制剂。

血液是指人类的全血、血浆成分和特殊血液成分。

血液制品是指各种人类血浆蛋白制品。

出入境特殊物品单位是指从事特殊物品生产、使用、销售、科研、医疗、检验、医药研发外包的法人或者其他组织。

第三十三条 进出口环保用微生物菌剂卫生检疫监督管理按照《进出口环保用微生物菌剂环境安全管理办法》（环境保护部、国家质检总局令第10号）的规定执行。

第三十四条 进出境特殊物品应当实施动植物检疫的，按照进出境动植物检疫法律法规的规定执行。

第三十五条 本规定由海关总署负责解释。

第三十六条 本规定自2015年3月1日起施行，国家质检总局2005年10月17日发布的《出入境特殊物品卫生检疫管理规定》（国家质检总局令第83号）同时废止。

关于禁止特殊物品过境相关事宜的公告

（海关总署公告2019年第180号）

（2019年11月21日由海关总署发布，2019年11月21日起施行，法规类型为规范性文件）

为筑牢口岸检疫防线，保障我国生物安全，根据《中华人民共和国国境卫生检疫法》及其实施细则规定，微生物、人体组织、生物制品、血液及其制品等特殊物品生物安全风险较高，禁止过境。

本公告自发布之日起正式施行。

特此公告。

化妆品卫生监督条例

(卫生部令第3号)

(1989年11月13日由卫生部发布,根据2019年3月2日国务院令第709号《国务院关于修改部分行政法规的决定》修改,现行版本自2019年3月18日起施行,法规类型为部门规章)

第一章 总 则

第一条 为加强化妆品的卫生监督,保证化妆品的卫生质量和使用安全,保障消费者健康,制定本条例。

第二条 本条例所称的<u>化妆品,是指以涂擦、喷洒或者其他类似的方法,散布于人体表面任何部位(皮肤、毛发、指甲、口唇等),以达到清洁、消除不良气味、护肤、美容和修饰目的的日用化学工业产品。</u>

第三条 国家实行化妆品卫生监督制度。国务院化妆品监督管理部门主管全国化妆品的卫生监督工作,县以上地方各级人民政府的化妆品监督管理部门主管本辖区内化妆品的卫生监督工作。

第四条 凡从事化妆品生产、经营的单位和个人都必须遵守本条例。

第二章 化妆品生产的卫生监督

第五条 对化妆品生产企业实行化妆品生产许可证制度。

化妆品生产许可证由省、自治区、直辖市化妆品监督管理部门批准并颁发。化妆品生产许可证有效期五年。

未取得化妆品生产许可证的单位,不得从事化妆品生产。

第六条 化妆品生产企业必须符合下列卫生要求:

(一)生产企业应当建在清洁区域内,与有毒、有害场所保持符合卫生要求的间距。

(二)生产企业厂房的建筑应当坚固、清洁。车间内天花板、墙壁、地面应当采用光洁建筑材料,应当具有良好的采光(或照明),并应当具有防止和消除鼠害和其他有害昆虫及其孳生条件的设施和措施。

(三)生产企业应当设有与产品品种、数量相适应的化妆品原料、加工、包装、贮存等厂房或场所。

(四)生产车间应当有适合产品特点的相应的生产设施,工艺规程应当符合卫生要求。

（五）生产企业必须具有能对所生产的化妆品进行微生物检验的仪器设备和检验人员。

第七条 直接从事化妆品生产的人员，必须每年进行健康检查，取得健康证后方可从事化妆品的生产活动。

凡患有手癣、指甲癣、手部湿疹、发生于手部的银屑病或者鳞屑、渗出性皮肤病以及患有痢疾、伤寒、病毒性肝炎、活动性肺结核等传染病的人员，不得直接从事化妆品生产活动。

第八条 生产化妆品所需的原料、辅料以及直接接触化妆品的容器和包装材料必须符合国家卫生标准。

第九条 使用化妆品新原料生产化妆品，必须经国务院化妆品监督管理部门批准。

化妆品新原料是指在国内首次使用于化妆品生产的天然或人工原料。

第十条 生产特殊用途的化妆品，必须经国务院化妆品监督管理部门批准，取得批准文号后方可生产。

特殊用途化妆品是指用于育发、染发、烫发、脱毛、美乳、健美、除臭、祛斑、防晒的化妆品。

第十一条 生产企业在化妆品投放市场前，必须按照国家《化妆品卫生标准》对产品进行卫生质量检验，对质量合格的产品应当附有合格标记。未经检验或者不符合卫生标准的产品不得出厂。

第十二条 化妆品标签上应当注明产品名称、厂名，并注明生产企业化妆品生产许可证编号；小包装或者说明书上应当注明生产日期和有效使用期限。特殊用途的化妆品，还应当注明批准交号。对可能引起不良反应的化妆品，说明书上应当注明使用方法、注意事项。

化妆品标签、小包装或者说明书上不得注有适应症，不得宣传疗效，不得使用医疗术语。

第三章 化妆品经营的卫生监督

第十三条 化妆品经营单位和个人不得销售下列化妆品：

（一）未取得化妆品生产许可证的企业所生产的化妆品；

（二）无质量合格标记的化妆品；

（三）标签、小包装或者说明书不符合本条例第十二条规定的化妆品；

（四）未取得批准文号的特殊用途化妆品；

（五）超过使用期限的化妆品。

第十四条 化妆品的广告宣传不得有下列内容：

（一）化妆品名称、制法、效用或者性能有虚假夸大的；

（二）使用他人名义保证或以暗示方法使人误解其效用的；

（三）宣传医疗作用的。

第十五条 首次进口的特殊用途化妆品，进口单位必须提供该化妆品的说明书、质量标准、检验方法等有关资料和样品以及出口国（地区）批准生产的证明文件，经国务院化妆品监督管理部门批准，方可签订进口合同。首次进口的其他化妆品，应当按照规定备案。

第十六条 进口的化妆品，必须经国家商检部门检验；检验合格的，方准进口。

个人自用进口的少量化妆品，按照海关规定办理进口手续。

第四章 化妆品卫生监督机构与职责

第十七条 各级化妆品监督管理部门行使化妆品卫生监督职责。

第十八条 国务院化妆品监督管理部门聘请科研、医疗、生产、卫生管理等有关专家组成化妆品安全性评审组，对特殊用途的化妆品和化妆品新原料进行安全性评审，对化妆品引起的重大事故进行技术鉴定。

第十九条 各级化妆品监督管理部门设化妆品卫生监督员，对化妆品实施卫生监督。

化妆品卫生监督员，由省、自治区、直辖市化妆品监督管理部门和国务院化妆品监督管理部门，从符合条件的卫生专业人员中聘任，并发给其证章和证件。

第二十条 化妆品卫生监督员在实施化妆品卫生监督时，应当佩戴证章，出示证件。

化妆品卫生监督员对生产企业提供的技术资料应当负责保密。

第二十一条 化妆品卫生监督员有权按照国家规定向生产企业和经营单位抽检样品，索取与卫生监督有关的安全性资料，任何单位不得拒绝、隐瞒和提供假材料。

第二十二条 各级化妆品监督管理部门和化妆品卫生监督员不得以技术咨询、技术服务等方式参与生产、销售化妆品，不得监制化妆品。

第二十三条 对因使用化妆品引起不良反应的病例，各医疗单位应当向当地化妆品监督管理部门报告。

第五章 罚 则

第二十四条 未取得化妆品生产许可证的企业擅自生产化妆品的，责令该企业停产，没收产品及违法所得，并且可以处违法所得三到五倍的罚款。

第二十五条 生产未取得批准文号的特殊用途的化妆品，或者使用化妆品禁用原料和未经批准的化妆品新原料的，没收产品及违法所得，处违法所得三到五倍的罚款，并且可以责令该企业停产或者吊销化妆品生产许可证。

第二十六条 违反本条例规定，进口或销售未经批准或者检验的进口化妆品的，没收产品及违法所得，并且可以处违法所得三到五倍的罚款。

对已取得批准文号的生产特殊用途化妆品的企业，违反本条例规定，情节严重的，可以撤销产品的批准文号。

第二十七条 生产或者销售不符合国家《化妆品卫生标准》的化妆品的，没收产品及违法所得，并且可以处违法所得三到五倍的罚款。

第二十八条 对违反本条例其他有关规定的，处以警告，责令限期改进；情节严重的，对生产企业，可以责令该企业停产或者吊销化妆品生产许可证，对经营单位，可以责令其停止经营，没收违法所得，并且可以处违法所得二到三倍的罚款。

第二十九条 本条例规定的行政处罚，由县级以上化妆品监督管理部门决定。违反本条例第十四条有关广告管理的行政处罚，由市场监督管理部门决定。

吊销化妆品生产许可证的处罚由省、自治区、直辖市化妆品监督管理部门决定；撤销特殊用途化妆品批准文号的处罚由国务院化妆品监督管理部门决定。

罚款及没收违法所得全部上交国库。没收的产品，由化妆品监督管理部门监督处理。

第三十条 当事人对化妆品监督管理部门的行政处罚决定不服的，可以在收到通知书次日起十五日内向上一级化妆品监督管理部门申请复议。上一级化妆品监督管理部门应当在三十日内给予答复。当事人对上一级化妆品监督管理部门复议决定不服的，可以在收到复议通知书次日起十五日内向人民法院起诉。但对化妆品监督管理部门所作出的没收产品及责令停产的处罚决定必须立即执行。当事人对处罚决定不执行，逾期又不起诉的，化妆品监督管理部门可以申请人民法院强制执行。

第三十一条 对违反本条例造成人体损伤或者发生中毒事故的，有直接责任的生产企业和经营单位或者个人应负损害赔偿责任。

对造成严重后果，构成犯罪的，由司法机关依法追究刑事责任。

第三十二条 化妆品卫生监督员滥用职权，营私舞弊以及泄露企业提供的技术资料的，由化妆品监督管理部门给予行政处分，造成严重后果，构成犯罪的，由司法机关依法追究刑事责任。

第六章 附 则

第三十三条 中国人民解放军所属单位生产的投放市场的化妆品的卫生监督,依照本条例执行。

第三十四条 本条例的实施细则由国务院化妆品监督管理部门制定。

第三十五条 本条例自1990年1月1日起施行。

化妆品监督管理条例

(国务院令第727号)

(2020年6月16日由国务院发布,将自2021年1月1日起施行,法规类型为行政法规)

第一章 总 则

第一条 为了规范化妆品生产经营活动,加强化妆品监督管理,保证化妆品质量安全,保障消费者健康,促进化妆品产业健康发展,制定本条例。

第二条 在中华人民共和国境内从事化妆品生产经营活动及其监督管理,应当遵守本条例。

第三条 本条例所称化妆品,是指以涂擦、喷洒或者其他类似方法,施用于皮肤、毛发、指甲、口唇等人体表面,以清洁、保护、美化、修饰为目的的日用化学工业产品。

第四条 国家按照风险程度对化妆品、化妆品原料实行分类管理。

化妆品分为特殊化妆品和普通化妆品。国家对特殊化妆品实行注册管理,对普通化妆品实行备案管理。

化妆品原料分为新原料和已使用的原料。国家对风险程度较高的化妆品新原料实行注册管理,对其他化妆品新原料实行备案管理。

第五条 国务院药品监督管理部门负责全国化妆品监督管理工作。国务院有关部门在各自职责范围内负责与化妆品有关的监督管理工作。

县级以上地方人民政府负责药品监督管理的部门负责本行政区域的化妆品监督管理工作。县级以上地方人民政府有关部门在各自职责范围内负责与化妆品有关的监督管理工作。

第六条 化妆品注册人、备案人对化妆品的质量安全和功效宣称负责。

化妆品生产经营者应当依照法律、法规、强制性国家标准、技术规范从事生产经营活动,加强管理,诚信自律,保证化妆品质量安全。

第七条 化妆品行业协会应当加强行业自律,督促引导化妆品生产经营者依法从事生产经营活动,推动行业诚信建设。

第八条 消费者协会和其他消费者组织对违反本条例规定损害消费者合法权益的行为,依法进行社会监督。

第九条 国家鼓励和支持开展化妆品研究、创新,满足消费者需求,推进化妆品品牌建设,发挥品牌引领作用。国家保护单位和个人开展化妆品研究、创新的合法权益。

国家鼓励和支持化妆品生产经营者采用先进技术和先进管理规范,提高化妆品质量安全水平；鼓励和支持运用现代科学技术，结合我国传统优势项目和特色植物资源研究开发化妆品。

第十条 国家加强化妆品监督管理信息化建设，提高在线政务服务水平，为办理化妆品行政许可、备案提供便利，推进监督管理信息共享。

第二章 原料与产品

第十一条 在我国境内首次使用于化妆品的天然或者人工原料为化妆品新原料。具有防腐、防晒、着色、染发、祛斑美白功能的化妆品新原料，经国务院药品监督管理部门注册后方可使用；其他化妆品新原料应当在使用前向国务院药品监督管理部门备案。国务院药品监督管理部门可以根据科学研究的发展，调整实行注册管理的化妆品新原料的范围，经国务院批准后实施。

第十二条 申请化妆品新原料注册或者进行化妆品新原料备案，应当提交下列资料：

（一）注册申请人、备案人的名称、地址、联系方式；

（二）新原料研制报告；

（三）新原料的制备工艺、稳定性及其质量控制标准等研究资料；

（四）新原料安全评估资料。

注册申请人、备案人应当对所提交资料的真实性、科学性负责。

第十三条 国务院药品监督管理部门应当自受理化妆品新原料注册申请之日起3个工作日内将申请资料转交技术审评机构。技术审评机构应当自收到申请资料之日起90个工作日内完成技术审评，向国务院药品监督管理部门提交审评意见。国务院药品监督管理部门应当自收到审评意见之日起20个工作日内作出决定。对符合要求的，准予注册并发给化妆品新原料注册证；对不符合要求的，不予注册并书面说明理由。

化妆品新原料备案人通过国务院药品监督管理部门在线政务服务平台提交本条例规定的备案资料后即完成备案。

国务院药品监督管理部门应当自化妆品新原料准予注册之日起、备案人提交备案资料之日起5个工作日内向社会公布注册、备案有关信息。

第十四条 经注册、备案的化妆品新原料投入使用后3年内，新原料注册人、备案人应当每年向国务院药品监督管理部门报告新原料的使用和安全情况。对存在安全问题的化妆品新原料，由国务院药品监督管理部门撤销注册或者取消备案。3年期满未发生安全问题的化妆品新原料，纳入国务院药品监督管理部门制定的已使用的化妆品原料目录。

经注册、备案的化妆品新原料纳入已使用的化妆品原料目录前，仍然按照化妆品新原料进行管理。

第十五条 禁止用于化妆品生产的原料目录由国务院药品监督管理部门制定、公布。

第十六条 用于染发、烫发、祛斑美白、防晒、防脱发的化妆品以及宣称新功效的化妆品为特殊化妆品。特殊化妆品以外的化妆品为普通化妆品。

国务院药品监督管理部门根据化妆品的功效宣称、作用部位、产品剂型、使用人群等因素，制定、公布化妆品分类规则和分类目录。

第十七条 特殊化妆品经国务院药品监督管理部门注册后方可生产、进口。国产普通化妆品应当在上市销售前向备案人所在地省、自治区、直辖市人民政府药品监督管理部门备案。进口普通化妆品应当在进口前向国务院药品监督管理部门备案。

第十八条 化妆品注册申请人、备案人应当具备下列条件：

（一）是依法设立的企业或者其他组织；

（二）有与申请注册、进行备案的产品相适应的质量管理体系；

（三）有化妆品不良反应监测与评价能力。

第十九条 申请特殊化妆品注册或者进行普通化妆品备案，应当提交下列资料：

（一）注册申请人、备案人的名称、地址、联系方式；

（二）生产企业的名称、地址、联系方式；

（三）产品名称；

（四）产品配方或者产品全成分；

（五）产品执行的标准；

（六）产品标签样稿；

（七）产品检验报告；

（八）产品安全评估资料。

注册申请人首次申请特殊化妆品注册或者备案人首次进行普通化妆品备案的，应当提交其符合本条例第十八条规定条件的证明资料。申请进口特殊化妆品注册或者进行进口普通化妆品备案的，应当同时提交产品在生产国（地区）已经上市销售的证明文件以及境外生产企业符合化妆品生产质量管理规范的证明资料；专为向我国出口生产、无法提交产品在生产国（地区）已经上市销售的证明文件的，应当提交面向我国消费者开展的相关研究和试验的资料。

注册申请人、备案人应当对所提交资料的真实性、科学性负责。

第二十条 国务院药品监督管理部门依照本条例第十三条第一款规定的化妆品新原料注册审查程序对特殊化妆品注册申请进行审查。对符合要求的，准予注册并发给特殊化妆品注册证；对不符合要求的，不予注册并书面说明理由。已经注册的特殊化妆品在生产工艺、功效宣称等方面发生实质性变化的，注册人应当向原注册部门申请变更注册。

普通化妆品备案人通过国务院药品监督管理部门在线政务服务平台提交本条例规定的备案资料后即完成备案。

省级以上人民政府药品监督管理部门应当自特殊化妆品准予注册之日起、普通化妆品备案人提交备案资料之日起5个工作日内向社会公布注册、备案有关信息。

第二十一条 化妆品新原料和化妆品注册、备案前，注册申请人、备案人应当自行或者委托专业机构开展安全评估。

从事安全评估的人员应当具备化妆品质量安全相关专业知识，并具有5年以上相关专业从业经历。

第二十二条 化妆品的功效宣称应当有充分的科学依据。化妆品注册人、备案人应当在国务院药品监督管理部门规定的专门网站公布功效宣称所依据的文献资料、研究数据或者产品功效评价资料的摘要，接受社会监督。

第二十三条 境外化妆品注册人、备案人应当指定我国境内的企业法人办理化妆品注册、备案，协助开展化妆品不良反应监测、实施产品召回。

第二十四条 特殊化妆品注册证有效期为5年。有效期届满需要延续注册的，应当在有效期届满30个工作日前提出延续注册的申请。除有本条第二款规定情形外，国务院药品监督管理部门应当在特殊化妆品注册证有效期届满前作出准予延续的决定；逾期未作决定的，视为准予延续。

有下列情形之一的，不予延续注册：

（一）注册人未在规定期限内提出延续注册申请；

（二）强制性国家标准、技术规范已经修订，申请延续注册的化妆品不能达到修订后标准、技术规范的要求。

第二十五条 国务院药品监督管理部门负责化妆品强制性国家标准的项目提出、组织起草、征求意见和技术审查。国务院标准化行政部门负责化妆品强制性国家标准的立项、编号和对外通报。

化妆品国家标准文本应当免费向社会公开。

化妆品应当符合强制性国家标准。鼓励企业制定严于强制性国家标准的企业标准。

第三章　生产经营

第二十六条　从事化妆品生产活动，应当具备下列条件：

（一）是依法设立的企业；

（二）有与生产的化妆品相适应的生产场地、环境条件、生产设施设备；

（三）有与生产的化妆品相适应的技术人员；

（四）有能对生产的化妆品进行检验的检验人员和检验设备；

（五）有保证化妆品质量安全的管理制度。

第二十七条　从事化妆品生产活动，应当向所在地省、自治区、直辖市人民政府药品监督管理部门提出申请，提交其符合本条例第二十六条规定条件的证明资料，并对资料的真实性负责。

省、自治区、直辖市人民政府药品监督管理部门应当对申请资料进行审核，对申请人的生产场所进行现场核查，并自受理化妆品生产许可申请之日起 30 个工作日内作出决定。对符合规定条件的，准予许可并发给化妆品生产许可证；对不符合规定条件的，不予许可并书面说明理由。

化妆品生产许可证有效期为 5 年。有效期届满需要延续的，依照《中华人民共和国行政许可法》的规定办理。

第二十八条　化妆品注册人、备案人可以自行生产化妆品，也可以委托其他企业生产化妆品。

委托生产化妆品的，化妆品注册人、备案人应当委托取得相应化妆品生产许可的企业，并对受委托企业（以下称受托生产企业）的生产活动进行监督，保证其按照法定要求进行生产。受托生产企业应当依照法律、法规、强制性国家标准、技术规范以及合同约定进行生产，对生产活动负责，并接受化妆品注册人、备案人的监督。

第二十九条　化妆品注册人、备案人、受托生产企业应当按照国务院药品监督管理部门制定的化妆品生产质量管理规范的要求组织生产化妆品，建立化妆品生产质量管理体系，建立并执行供应商遴选、原料验收、生产过程及质量控制、设备管理、产品检验及留样等管理制度。

化妆品注册人、备案人、受托生产企业应当按照化妆品注册或者备案资料载明的技术要求生产化妆品。

第三十条　化妆品原料、直接接触化妆品的包装材料应当符合强制性国家标准、技术规范。

不得使用超过使用期限、废弃、回收的化妆品或者化妆品原料生产化妆品。

第三十一条　化妆品注册人、备案人、受托生产企业应当建立并执行原料以及直接接触化妆品的包装材料进货查验记录制度、产品销售记录制度。进货查验记录和产品销售记录应当真实、完整，保证可追溯，保存期限不得少于产品使用期限届满后 1 年；产品使用期限不足 1 年的，记录保存期限不得少于 2 年。

化妆品经出厂检验合格后方可上市销售。

第三十二条　化妆品注册人、备案人、受托生产企业应当设质量安全负责人，承担相应的产品质量安全管理和产品放行职责。

质量安全负责人应当具备化妆品质量安全相关专业知识，并具有 5 年以上化妆品生产或者质量安全管理经验。

第三十三条　化妆品注册人、备案人、受托生产企业应当建立并执行从业人员健康管理制度。患有国务院卫生主管部门规定的有碍化妆品质量安全疾病的人员不得直接从事化妆品生产活动。

第三十四条 化妆品注册人、备案人、受托生产企业应当定期对化妆品生产质量管理规范的执行情况进行自查；生产条件发生变化，不再符合化妆品生产质量管理规范要求的，应当立即采取整改措施；可能影响化妆品质量安全的，应当立即停止生产并向所在地省、自治区、直辖市人民政府药品监督管理部门报告。

第三十五条 化妆品的最小销售单元应当有标签。标签应当符合相关法律、行政法规、强制性国家标准，内容真实、完整、准确。

进口化妆品可以直接使用中文标签，也可以加贴中文标签；加贴中文标签的，中文标签内容应当与原标签内容一致。

第三十六条 化妆品标签应当标注下列内容：

（一）产品名称、特殊化妆品注册证编号；
（二）注册人、备案人、受托生产企业的名称、地址；
（三）化妆品生产许可证编号；
（四）产品执行的标准编号；
（五）全成分；
（六）净含量；
（七）使用期限、使用方法以及必要的安全警示；
（八）法律、行政法规和强制性国家标准规定应当标注的其他内容。

第三十七条 化妆品标签禁止标注下列内容：

（一）明示或者暗示具有医疗作用的内容；
（二）虚假或者引人误解的内容；
（三）违反社会公序良俗的内容；
（四）法律、行政法规禁止标注的其他内容。

第三十八条 化妆品经营者应当建立并执行进货查验记录制度，查验供货者的市场主体登记证明、化妆品注册或者备案情况、产品出厂检验合格证明，如实记录并保存相关凭证。记录和凭证保存期限应当符合本条例第三十一条第一款的规定。

化妆品经营者不得自行配制化妆品。

第三十九条 化妆品生产经营者应当依照有关法律、法规的规定和化妆品标签标示的要求贮存、运输化妆品，定期检查并及时处理变质或者超过使用期限的化妆品。

第四十条 化妆品集中交易市场开办者、展销会举办者应当审查入场化妆品经营者的市场主体登记证明，承担入场化妆品经营者管理责任，定期对入场化妆品经营者进行检查；发现入场化妆品经营者有违反本条例规定行为的，应当及时制止并报告所在地县级人民政府负责药品监督管理的部门。

第四十一条 电子商务平台经营者应当对平台内化妆品经营者进行实名登记，承担平台内化妆品经营者管理责任，发现平台内化妆品经营者有违反本条例规定行为的，应当及时制止并报告电子商务平台经营者所在地省、自治区、直辖市人民政府药品监督管理部门；发现严重违法行为的，应当立即停止向违法的化妆品经营者提供电子商务平台服务。

平台内化妆品经营者应当全面、真实、准确、及时披露所经营化妆品的信息。

第四十二条 美容美发机构、宾馆等在经营中使用化妆品或者为消费者提供化妆品的，应当履行本条例规定的化妆品经营者义务。

第四十三条 化妆品广告的内容应当真实、合法。

化妆品广告不得明示或者暗示产品具有医疗作用，不得含有虚假或者引人误解的内容，不得欺骗、误导消费者。

第四十四条 化妆品注册人、备案人发现化妆品存在质量缺陷或者其他问题，可能危害人体健康的，应当立即停止生产，召回已经上市销售的化妆品，通知相关化妆品经营者和消费者停止经营、使用，并记录召回和通知情况。化妆品注册人、备案人应当对召回的化妆品采取补救、无害化处理、销毁等措施，并将化妆品召回和处理情况向所在地省、自治区、直辖市人民政府药品监督管理部门报告。

受托生产企业、化妆品经营者发现其生产、经营的化妆品有前款规定情形的，应当立即停止生产、经营，通知相关化妆品注册人、备案人。化妆品注册人、备案人应当立即实施召回。

负责药品监督管理的部门在监督检查中发现化妆品有本条第一款规定情形的，应当通知化妆品注册人、备案人实施召回，通知受托生产企业、化妆品经营者停止生产、经营。

化妆品注册人、备案人实施召回的，受托生产企业、化妆品经营者应当予以配合。

化妆品注册人、备案人、受托生产企业、经营者未依照本条规定实施召回或者停止生产、经营的，负责药品监督管理的部门责令其实施召回或者停止生产、经营。

第四十五条 出入境检验检疫机构依照《中华人民共和国进出口商品检验法》的规定对进口的化妆品实施检验；检验不合格的，不得进口。

进口商应当对拟进口的化妆品是否已经注册或者备案以及是否符合本条例和强制性国家标准、技术规范进行审核；审核不合格的，不得进口。进口商应当如实记录进口化妆品的信息，记录保存期限应当符合本条例第三十一条第一款的规定。

出口的化妆品应当符合进口国（地区）的标准或者合同要求。

第四章 监督管理

第四十六条 负责药品监督管理的部门对化妆品生产经营进行监督检查时，有权采取下列措施：

（一）进入生产经营场所实施现场检查；

（二）对生产经营的化妆品进行抽样检验；

（三）查阅、复制有关合同、票据、账簿以及其他有关资料；

（四）查封、扣押不符合强制性国家标准、技术规范或者有证据证明可能危害人体健康的化妆品及其原料、直接接触化妆品的包装材料，以及有证据证明用于违法生产经营的工具、设备；

（五）查封违法从事生产经营活动的场所。

第四十七条 负责药品监督管理的部门对化妆品生产经营进行监督检查时，监督检查人员不得少于2人，并应当出示执法证件。监督检查人员对监督检查中知悉的被检查单位的商业秘密，应当依法予以保密。被检查单位对监督检查应当予以配合，不得隐瞒有关情况。

负责药品监督管理的部门应当对监督检查情况和处理结果予以记录，由监督检查人员和被检查单位负责人签字；被检查单位负责人拒绝签字的，应当予以注明。

第四十八条 省级以上人民政府药品监督管理部门应当组织对化妆品进行抽样检验；对举报反映或者日常监督检查中发现问题较多的化妆品，负责药品监督管理的部门可以进行专项抽样检验。

进行抽样检验，应当支付抽取样品的费用，所需费用纳入本级政府预算。

负责药品监督管理的部门应当按照规定及时公布化妆品抽样检验结果。

第四十九条 化妆品检验机构按照国家有关认证认可的规定取得资质认定后，方可从事化妆品检验活动。化妆品检验机构的资质认定条件由国务院药品监督管理部门、国务院市场监督管理部门制定。

化妆品检验规范以及化妆品检验相关标准品管理规定,由国务院药品监督管理部门制定。

第五十条 对可能掺杂掺假或者使用禁止用于化妆品生产的原料生产的化妆品,按照化妆品国家标准规定的检验项目和检验方法无法检验的,国务院药品监督管理部门可以制定补充检验项目和检验方法,用于对化妆品的抽样检验、化妆品质量安全案件调查处理和不良反应调查处置。

第五十一条 对依照本条例规定实施的检验结论有异议的,化妆品生产经营者可以自收到检验结论之日起7个工作日内向实施抽样检验的部门或者其上一级负责药品监督管理的部门提出复检申请,由受理复检申请的部门在复检机构名录中随机确定复检机构进行复检。复检机构出具的复检结论为最终检验结论。复检机构与初检机构不得为同一机构。复检机构名录由国务院药品监督管理部门公布。

第五十二条 国家建立化妆品不良反应监测制度。化妆品注册人、备案人应当监测其上市销售化妆品的不良反应,及时开展评价,按照国务院药品监督管理部门的规定向化妆品不良反应监测机构报告。受托生产企业、化妆品经营者和医疗机构发现可能与使用化妆品有关的不良反应的,应当报告化妆品不良反应监测机构。鼓励其他单位和个人向化妆品不良反应监测机构或者负责药品监督管理的部门报告可能与使用化妆品有关的不良反应。

化妆品不良反应监测机构负责化妆品不良反应信息的收集、分析和评价,并向负责药品监督管理的部门提出处理建议。

化妆品生产经营者应当配合化妆品不良反应监测机构、负责药品监督管理的部门开展化妆品不良反应调查。

化妆品不良反应是指正常使用化妆品所引起的皮肤及其附属器官的病变,以及人体局部或者全身性的损害。

第五十三条 国家建立化妆品安全风险监测和评价制度,对影响化妆品质量安全的风险因素进行监测和评价,为制定化妆品质量安全风险控制措施和标准、开展化妆品抽样检验提供科学依据。

国家化妆品安全风险监测计划由国务院药品监督管理部门制定、发布并组织实施。国家化妆品安全风险监测计划应当明确重点监测的品种、项目和地域等。

国务院药品监督管理部门建立化妆品质量安全风险信息交流机制,组织化妆品生产经营者、检验机构、行业协会、消费者协会以及新闻媒体等就化妆品质量安全风险信息进行交流沟通。

第五十四条 对造成人体伤害或者有证据证明可能危害人体健康的化妆品,负责药品监督管理的部门可以采取责令暂停生产、经营的紧急控制措施,并发布安全警示信息;属于进口化妆品的,国家出入境检验检疫部门可以暂停进口。

第五十五条 根据科学研究的发展,对化妆品、化妆品原料的安全性有认识上的改变的,或者有证据表明化妆品、化妆品原料可能存在缺陷的,省级以上人民政府药品监督管理部门可以责令化妆品、化妆品新原料的注册人、备案人开展安全再评估或者直接组织开展安全再评估。再评估结果表明化妆品、化妆品原料不能保证安全的,由原注册部门撤销注册、备案部门取消备案,由国务院药品监督管理部门将该化妆品原料纳入禁止用于化妆品生产的原料目录,并向社会公布。

第五十六条 负责药品监督管理的部门应当依法及时公布化妆品行政许可、备案、日常监督检查结果、违法行为查处等监督管理信息。公布监督管理信息时,应当保守当事人的商业秘密。

负责药品监督管理的部门应当建立化妆品生产经营者信用档案。对有不良信用记录的化妆品生产经营者,增加监督检查频次;对有严重不良信用记录的生产经营者,按照规定实施联合惩戒。

第五十七条　化妆品生产经营过程中存在安全隐患，未及时采取措施消除的，负责药品监督管理的部门可以对化妆品生产经营者的法定代表人或者主要负责人进行责任约谈。化妆品生产经营者应当立即采取措施，进行整改，消除隐患。责任约谈情况和整改情况应当纳入化妆品生产经营者信用档案。

第五十八条　负责药品监督管理的部门应当公布本部门的网站地址、电子邮件地址或者电话，接受咨询、投诉、举报，并及时答复或者处理。对查证属实的举报，按照国家有关规定给予举报人奖励。

第五章　法律责任

第五十九条　有下列情形之一的，由负责药品监督管理的部门没收违法所得、违法生产经营的化妆品和专门用于违法生产经营的原料、包装材料、工具、设备等物品；违法生产经营的化妆品货值金额不足 1 万元的，并处 5 万元以上 15 万元以下罚款；货值金额 1 万元以上的，并处货值金额 15 倍以上 30 倍以下罚款；情节严重的，责令停产停业、由备案部门取消备案或者由原发证部门吊销化妆品许可证件，10 年内不予办理其提出的化妆品备案或者受理其提出的化妆品行政许可申请，对违法单位的法定代表人或者主要负责人、直接负责的主管人员和其他直接责任人员处以其上一年度从本单位取得收入的 3 倍以上 5 倍以下罚款，终身禁止其从事化妆品生产经营活动；构成犯罪的，依法追究刑事责任：

（一）未经许可从事化妆品生产活动，或者化妆品注册人、备案人委托未取得相应化妆品生产许可的企业生产化妆品；

（二）生产经营或者进口未经注册的特殊化妆品；

（三）使用禁止用于化妆品生产的原料、应当注册但未经注册的新原料生产化妆品，在化妆品中非法添加可能危害人体健康的物质，或者使用超过使用期限、废弃、回收的化妆品或者原料生产化妆品。

第六十条　有下列情形之一的，由负责药品监督管理的部门没收违法所得、违法生产经营的化妆品和专门用于违法生产经营的原料、包装材料、工具、设备等物品；违法生产经营的化妆品货值金额不足 1 万元的，并处 1 万元以上 5 万元以下罚款；货值金额 1 万元以上的，并处货值金额 5 倍以上 20 倍以下罚款；情节严重的，责令停产停业、由备案部门取消备案或者由原发证部门吊销化妆品许可证件，对违法单位的法定代表人或者主要负责人、直接负责的主管人员和其他直接责任人员处以其上一年度从本单位取得收入的 1 倍以上 3 倍以下罚款，10 年内禁止其从事化妆品生产经营活动；构成犯罪的，依法追究刑事责任：

（一）使用不符合强制性国家标准、技术规范的原料、直接接触化妆品的包装材料，应当备案但未备案的新原料生产化妆品，或者不按照强制性国家标准或者技术规范使用原料；

（二）生产经营不符合强制性国家标准、技术规范或者不符合化妆品注册、备案资料载明的技术要求的化妆品；

（三）未按照化妆品生产质量管理规范的要求组织生产；

（四）更改化妆品使用期限；

（五）化妆品经营者擅自配制化妆品，或者经营变质、超过使用期限的化妆品；

（六）在负责药品监督管理的部门责令其实施召回后拒不召回，或者在负责药品监督管理的部门责令停止或者暂停生产、经营后拒不停止或者暂停生产、经营。

第六十一条　有下列情形之一的，由负责药品监督管理的部门没收违法所得、违法生产经营的化妆品，并可以没收专门用于违法生产经营的原料、包装材料、工具、设备等物品；违法生产经营的化妆品货值金额不足 1 万元的，并处 1 万元以上 3 万元以下罚款；货值金额 1 万元以上的，并处货值金额 3 倍以上 10 倍以下罚款；情节严重的，责令停产停业、由备案部门取消备案或者由原发证部门吊销化妆品许可证件，对违法单位的法定代表人或者主要负责人、直接负责的主管人员和其他直接责任人员处以其上一年度从本单位取得收入的 1 倍以上 2 倍以下罚款，5 年内禁止其从事化妆品生产经营活动：

（一）上市销售、经营或者进口未备案的普通化妆品；
（二）未依照本条例规定设质量安全负责人；
（三）化妆品注册人、备案人未对受托生产企业的生产活动进行监督；
（四）未依照本条例规定建立并执行从业人员健康管理制度；
（五）生产经营标签不符合本条例规定的化妆品。

生产经营的化妆品的标签存在瑕疵但不影响质量安全且不会对消费者造成误导的，由负责药品监督管理的部门责令改正；拒不改正的，处 2000 元以下罚款。

第六十二条　有下列情形之一的，由负责药品监督管理的部门责令改正，给予警告，并处 1 万元以上 3 万元以下罚款；情节严重的，责令停产停业，并处 3 万元以上 5 万元以下罚款，对违法单位的法定代表人或者主要负责人、直接负责的主管人员和其他直接责任人员处 1 万元以上 3 万元以下罚款：

（一）未依照本条例规定公布化妆品功效宣称依据的摘要；
（二）未依照本条例规定建立并执行进货查验记录制度、产品销售记录制度；
（三）未依照本条例规定对化妆品生产质量管理规范的执行情况进行自查；
（四）未依照本条例规定贮存、运输化妆品；
（五）未依照本条例规定监测、报告化妆品不良反应，或者对化妆品不良反应监测机构、负责药品监督管理的部门开展的化妆品不良反应调查不予配合。

进口商未依照本条例规定记录、保存进口化妆品信息的，由出入境检验检疫机构依照前款规定给予处罚。

第六十三条　化妆品新原料注册人、备案人未依照本条例规定报告化妆品新原料使用和安全情况的，由国务院药品监督管理部门责令改正，处 5 万元以上 20 万元以下罚款；情节严重的，吊销化妆品新原料注册证或者取消化妆品新原料备案，并处 20 万元以上 50 万元以下罚款。

第六十四条　在申请化妆品行政许可时提供虚假资料或者采取其他欺骗手段的，不予行政许可，已经取得行政许可的，由作出行政许可决定的部门撤销行政许可，5 年内不受理其提出的化妆品相关许可申请，没收违法所得和已经生产、进口的化妆品；已经生产、进口的化妆品货值金额不足 1 万元的，并处 5 万元以上 15 万元以下罚款；货值金额 1 万元以上的，并处货值金额 15 倍以上 30 倍以下罚款；对违法单位的法定代表人或者主要负责人、直接负责的主管人员和其他直接责任人员处以其上一年度从本单位取得收入的 3 倍以上 5 倍以下罚款，终身禁止其从事化妆品生产经营活动。

伪造、变造、出租、出借或者转让化妆品许可证件的，由负责药品监督管理的部门或者原发证部门予以收缴或者吊销，没收违法所得；违法所得不足 1 万元的，并处 5 万元以上 10 万元以下罚款；违法所得 1 万元以上的，并处违法所得 10 倍以上 20 倍以下罚款；构成违反治安管理行为的，由公安机关依法给予治安管理处罚；构成犯罪的，依法追究刑事责任。

第六十五条　备案时提供虚假资料的，由备案部门取消备案，3 年内不予办理其提出的该项备案，没收违法所得和已经生产、进口的化妆品；已经生产、进口的化妆品货值金额不足 1 万元的，并处 1 万元以上 3 万元以下罚款；货值金额 1 万元以上的，并处货值金额 3 倍以上 10 倍以下罚款；情节严重的，责令停产停业直至由原发证部门吊销化妆品生产许可证，对违法单位的法定代表人或者主要负责人、直接负责的主管人员和其他直接责任人员处以其上一年度从本单位取得收入的1倍以上2倍以下罚款,5年内禁止其从事化妆品生产经营活动。

已经备案的资料不符合要求的,由备案部门责令限期改正,其中,与化妆品、化妆品新原料安全性有关的备案资料不符合要求的,备案部门可以同时责令暂停销售、使用;逾期不改正的,由备案部门取消备案。

备案部门取消备案后,仍然使用该化妆品新原料生产化妆品或者仍然上市销售、进口该普通化妆品的,分别依照本条例第六十条、第六十一条的规定给予处罚。

第六十六条 化妆品集中交易市场开办者、展销会举办者未依照本条例规定履行审查、检查、制止、报告等管理义务的,由责药品监督管理的部门处2万元以上10万元以下罚款;情节严重的,责令停业,并处10万元以上50万元以下罚款。

第六十七条 电子商务平台经营者未依照本条例规定履行实名登记、制止、报告、停止提供电子商务平台服务等管理义务的,由省、自治区、直辖市人民政府药品监督管理部门依照《中华人民共和国电子商务法》的规定给予处罚。

第六十八条 化妆品经营者履行了本条例规定的进货查验记录等义务,有证据证明其不知道所采购的化妆品是不符合强制性国家标准、技术规范或者不符合化妆品注册、备案资料载明的技术要求的,收缴其经营的不符合强制性国家标准、技术规范或者不符合化妆品注册、备案资料载明的技术要求的化妆品,可以免除行政处罚。

第六十九条 化妆品广告违反本条例规定的,依照《中华人民共和国广告法》的规定给予处罚;采用其他方式对化妆品作虚假或者引人误解的宣传的,依照有关法律的规定给予处罚;构成犯罪的,依法追究刑事责任。

第七十条 境外化妆品注册人、备案人指定的在我国境内的企业法人未协助开展化妆品不良反应监测、实施产品召回的,由省、自治区、直辖市人民政府药品监督管理部门责令改正,给予警告,并处2万元以上10万元以下罚款;情节严重的,处10万元以上50万元以下罚款,5年内禁止其法定代表人或者主要负责人、直接负责的主管人员和其他直接责任人员从事化妆品生产经营活动。

境外化妆品注册人、备案人拒不履行依据本条例作出的行政处罚决定的,10年内禁止其化妆品进口。

第七十一条 化妆品检验机构出具虚假检验报告的,由认证认可监督管理部门吊销检验机构资质证书,10年内不受理其资质认定申请,没收所收取的检验费用,并处5万元以上10万元以下罚款;对其法定代表人或者主要负责人、直接负责的主管人员和其他直接责任人员处以其上一年度从本单位取得收入的1倍以上3倍以下罚款,依法给予或者责令给予降低岗位等级、撤职或者开除的处分,受到开除处分的,10年内禁止其从事化妆品检验工作;构成犯罪的,依法追究刑事责任。

第七十二条 化妆品技术审评机构、化妆品不良反应监测机构和负责化妆品安全风险监测的机构未依照本条例规定履行职责,致使技术审评、不良反应监测、安全风险监测工作出现重大失误的,由负责药品监督管理的部门责令改正,给予警告,通报批评;造成严重后果的,对其法定代表人或者主要负责人、直接负责的主管人员和其他直接责任人员,依法给予或者责令给予降低岗位等级、撤职或者开除的处分。

第七十三条 化妆品生产经营者、检验机构招用、聘用不得从事化妆品生产经营活动的人员或者不得从事化妆品检验工作的人员从事化妆品生产经营或者检验的,由负责药品监督管理的部门或者其他有关部门责令改正,给予警告;拒不改正的,责令停产停业直至吊销化妆品许可证件、检验机构资质证书。

第七十四条 有下列情形之一,构成违反治安管理行为的,由公安机关依法给予治安管理处罚;构成犯罪的,依法追究刑事责任:

(一)阻碍负责药品监督管理的部门工作人员依法执行职务;
(二)伪造、销毁、隐匿证据或者隐藏、转移、变卖、损毁依法查封、扣押的物品。

第七十五条 负责药品监督管理的部门工作人员违反本条例规定,滥用职权、玩忽职守、徇私舞弊的,依法给予警告、记过或者记大过的处分;造成严重后果的,依法给予降级、撤职或者开除的处分;构成犯罪的,依法追究刑事责任。

第七十六条 违反本条例规定,造成人身、财产或者其他损害的,依法承担赔偿责任。

第六章 附 则

第七十七条 牙膏参照本条例有关普通化妆品的规定进行管理。牙膏备案人按照国家标准、行业标准进行功效评价后,可以宣称牙膏具有防龋、抑牙菌斑、抗牙本质敏感、减轻牙龈问题等功效。牙膏的具体管理办法由国务院药品监督管理部门拟订,报国务院市场监督管理部门审核、发布。

香皂不适用本条例,但是宣称具有特殊化妆品功效的适用本条例。

第七十八条 对本条例施行前已经注册的用于育发、脱毛、美乳、健美、除臭的化妆品自本条例施行之日起设置5年的过渡期,过渡期内可以继续生产、进口、销售,过渡期满后不得生产、进口、销售该化妆品。

第七十九条 本条例所称技术规范,是指尚未制定强制性国家标准、国务院药品监督管理部门结合监督管理工作需要制定的化妆品质量安全补充技术要求。

第八十条 本条例自2021年1月1日起施行。《化妆品卫生监督条例》同时废止。

化妆品卫生监督条例实施细则

(卫生部令13号)

(1991年3月27日由卫生部发布,根据2005年5月20日卫监督发〔2005〕190号《卫生部关于修改〈化妆品卫生监督条例实施细则〉第四十九条、第五十条的通知》修改,现行版本自2005年6月1日起施行,法规类型为部门规章)

第一章 总 则

第一条 根据《化妆品卫生监督条例》(以下简称《条例》)第三十四条的规定,制定本实施细则。

第二条 各级地方人民政府要加强对化妆品卫生监督工作的领导。县级以上卫生行政部门要认真履行化妆品卫生监督职责,加强与有关部门的协作,健全化妆品卫生监督检验机构,增强监督检验技术能力,提高化妆品卫生监督人员素质,保证《条例》的贯彻实施。

第二章 审查批准《化妆品生产企业卫生许可证》

第三条 《化妆品生产企业卫生许可证》的审核批准程序是:

(一)化妆品生产企业到地市级以上卫生行政部门领取并填写《化妆品生产企业卫生许可证申请表》(附件一)一式三份,经省级企业主管部门同意后,向地市级以上卫生行政部门提出申请。申请《化妆品生产企业卫生许可证》的具体办法由各省、自治区、直辖市卫生行政部门制定,报卫生部备案。

(二)经省、自治区、直辖市卫生行政部门审查合格的企业,发给《化妆品生产企业卫生许可证》。卫生行政部门应在接到申请表次日起三个月内作出是否批准的函复,对未批准的,应当说明不批准的理由。

(三)《化妆品生产企业卫生许可证》采用统一编号,有效期四年。省、自治区、直辖市卫生行政部门应依据原申报材料每两年对企业复核一次。

第四条 《化妆品生产企业卫生许可证》有效期满前三个月应当按本《实施细则》第三条规定重新申请。

申请获批准的,换发新证,可继续使用原《化妆品生产企业卫生许可证》编号。

第五条 已获《化妆品生产企业卫生许可证》的企业增加生产新类别的化妆品,须报省、自治区、直辖市卫生行政部门备案。

第六条 跨省、自治区、直辖市联营的化妆品生产企业,分别在所在地申请办理《化妆品生产企业卫生许可证》。化妆品生产企业迁移厂址、另设分厂或者在厂区外另设车间,应按规定向省、自治区、直辖市卫生行政部门申请办理《化妆品生产企业卫生许可证》。《化妆品生产企业卫生许可证》应注明分厂(车间)。

第七条 《化妆品生产企业卫生许可证》不得涂改、转让、严禁伪造、倒卖。

化妆品生产企业变更企业名称,必须到发证机关申请更换新证。

遗失《化妆品生产企业卫生许可证》,应及时向发证机关报失,并申请补领新证。

自行歇业的化妆品生产企业,应及时到发证机关注销《化妆品生产企业卫生许可证》。

第八条 《化妆品生产企业卫生许可证》依据《条例》第六条规定颁发。其中不具备《条例》第六条第一款第五项条件的,在规定的期限内可以委托有条件的非化妆品卫生监督检验机构代检。具体期限由省、自治区、直辖市卫生行政部门根据具体情况规定。

第九条 新建、改建、扩建化妆品生产场地的选址、建筑设计应符合化妆品卫生标准和要求。省、自治区、直辖市卫生行政部门应对其选址、建筑设计进行审查,并参加竣工验收。

第十条 直接从事化妆品生产人员(包括临时工)必须依照《条例》规定实施健康检查:

(一)化妆品生产企业负责但单位人员体检的组织工作。每年向所在地的县级以上卫生行政部门提交应体检的人员名单,并组织应体检人员到县级以上医疗卫生机构体检。

(二)健康体检按统一要求、统一标准实施检查。体检机构应认真填写体检表,于体检结束后十五日内报出体检结果。

(三)卫生行政部门应认真审查受检人员的健康状况,符合要求者发给"健康证";不符合要求者,通知受检单位将其调离直接从事化妆品生产的岗位。卫生行政部门应在接到体检结果次日起十五日内发出"健康证"或调离通知。

(四)对患有痢疾、伤寒、病毒性肝炎、活动性肺结核患者的管理,按国家《传染病防治法》有关规定执行;患有手癣、指甲癣、手部湿疹、发生于手部的银屑病或者鳞屑、渗出性皮肤病者,必须在治疗后经原体检单位检查证明痊愈,方可恢复原工作。

健康检查的管理办法按照国务院卫生行政部门有关规定执行。

第三章 化妆品卫生质量的使用安全监督

第十一条 特殊用途化妆品投放市场前必须进行产品卫生安全性评价。

产品卫生安全性评价单位由国务院卫生行政部门实施认证。

第十二条 特殊用途化妆品的人体试用或斑贴试验,应当在产品通过初审后,在国务院卫生行政部门批准的单位进行。

上款所指单位接受企业委托进行人体试用或斑贴实验结束后一个月内写出总结报告报卫生

部，并抄送委托企业。

第十三条 特殊用途化妆品审查批准程序是：

（一）生产企业到所在地省、市级以上卫生行政部门领取并填写《特殊用途化妆品卫生审查申请表》（附件二）一式三份，经企业主管部门同意后，向省、自治区、直辖市卫生行政部门提出申请。申请时提供下列资料和样品：

1. 产品名称；
2. 产品成份、限用物质含量；
3. 制备工艺简述和简图；
4. 育发、健美、美乳产品主要成份使用依据及文献资料；
5. 产品卫生安全性评价资料；
6. 产品样品（五至十个小包装）及其检验报告书；
7. 产品使用说明书（或其草案）、标签及包装设计、包装材料。

（二）省、自治区、直辖市卫生行政部门进行初审。经初审同意的产品，报国务院卫生行政部门。

省、自治区、直辖市卫生行政部门应在接到全部申报材料次日起三个月以内完成初审，并作出是否上报卫生部进行复审的函复。

（三）国务院卫生行政部门在收到初审材料和人体试用或斑贴试验报告后，应于六个月以内组织化妆品安全性评审组复审。国务院卫生行政部门应于复审后二个月以内作出是否批准的决定。对批准的产品，发给特殊用途化妆品批准文号和特殊用途化妆品证书；对未批准的产品，给予函复。

第十四条 特殊用途化妆品批准文号为该产品的生产凭证；特殊用途化妆品证书为研制凭证，可用于该产品的技术转让。

第十五条 特殊用途化妆品批准文号每四年重新审查一次。期满前四至六个月由企业执原批件和下列资料重新向省、自治区、直辖市卫生行政部门申请，并填写申请表（附件三）一式三份。

1. 产品成份是否有改变的说明；
2. 生产工艺是否有改变的说明；
3. 产品投放市场销售后使用者不良反应调查总结报告；
4. 如产品使用说明书、标签、包装、包装材料有改变的，提供改变后式样。

省、自治区、直辖市卫生行政部门同意后，报国务院卫生行政部门审查批准。获批准的产品，可以继续使用原批准文号。超过期限未申请者，原批准文号作废。

省、自治区、直辖市卫生行政部门应在接到全部申报材料次日起一个月以内提出意见。国务院卫生行政部门应在接到全部申报材料次日起三个月以内作出是否批准的决定。

第十六条 接受已获批准的特殊用途化妆品的技术转让的企业应另行向省、自治区、直辖市卫生行政部门申请特殊用途化妆品批准文号。申请时提供该产品特殊用途化妆品证书和产品样品（五至十个小包装）及其检验报告书。

省、自治区、直辖市卫生行政部门同意后，报国务院卫生行政部门审查批准并发给批准文号。

省、自治区、直辖市卫生行政部门应在接到全部申报材料次日起一个月以内提出意见。国务院卫生行政部门应在接到全部申报材料次日起三个月以内作出是否批准的决定。

第十七条 企业在其联营厂生产已获批准的特殊用途化妆品，应报联营厂所在省、自治区、直辖市卫生行政部门备案，产品批准文号不变。

第十八条 特殊用途化妆品批准文号不得涂改、转让，严禁伪造、倒卖。

第十九条 企业生产非特殊用途化妆品应提供下列资料和样品，并于产品投放市场后二个月以内报省、自治区、直辖市卫生行政部门备案。

1. 产品名称、类别；
2. 产品成份、限用物质含量；
3. 产品卫生质量检验报告；
4. 产品样品（五个小包装）；
5. 产品使用说明书（或其草案）、标签及包装（或其设计）、包装材料。

本《实施细则》发布前已投放市场的非特殊用途化妆品，于本《实施细则》发布后三个月以内到省、自治区、直辖市卫生行政部门备案。

第二十条 按《条例》第十二条的要求，卫生质量在三年内可能发生变化的化妆品，应当注明有效使用期限（或使用期限）。

第二十一条 《条例》第十二条规定的化妆品标签、说明书、小包装上应当注明的内容，必须有中文记载。其中，标签上所注"厂名"也可以为产品质量责任者名称。

跨省联营企业生产的产品，标签上应注明生产企业所在地《化妆品生产企业卫生许可证》编号。

第四章 审查批准进口化妆品

第二十二条 进口化妆品卫生审查批准程序是：

（一）我国首次进口的化妆品，国外厂商或其代理商必须在进口地地、市以上卫生行政部门领取并填写《进口化妆品卫生许可申请表》（附件四）一式三份，直接向国务院卫生行政部门申请。申请时，提供下列资料和样品：

1. 产品名称、种类；
2. 产品成份、限用物质含量；
3. 产品质量标准及检验方法，并附有中文译本（本三份）；
4. 产品在生产国（地区）批准生产和销售的证明文件（复印件三份）；
5. 产品在其他国家（地区）注册和批准销售的证明文件（复印件三份）；
6. 产品在生产国（地区）和其他国家（地区）通过生产、注册、销售批准审查的评价报告，并附中文译本（各五份）；
7. 产品卫生安全性评价资料或产品卫生质量检验报告（五份）；
8. 产品标签、使用说明书，并附中文译本（各三份）；
9. 完整包装的产品样品（三个小包装）。

（二）国务院卫生行政部门在收到全部申报资料后，组织化妆品安全性评审组对申报产品进行审查。审查通过的产品，经国务院卫生行政部门批准后，发给"进口化妆品卫生许可批件"和批准文号。

国务院卫生行政部门接到全部申报材料后，应于六个月以内组织化妆品安全性评审组评审，并在评审后二个月以内作出是否批准的决定。

审批情况同时通知进口地省、自治区、直辖市卫生行政部门。

第二十三条 本《实施细则》第二十二条第一款第（一）项中"产品卫生安全性评价或产品卫生质量检验"必须由国务院卫生行政部门认证的单位进行。

免除卫生安全性评价或卫生质量检验的产品由国务院卫生行政部门核定。

第二十四条 "进口化妆品卫生许可批件"有效期四年。期满前四至六个月可以向国务院卫生行政部门申请换发，申请时可不附资料。

超过有效期未申请者，按无批件处理。

第二十五条 "进口化妆品卫生许可批件"和批准文号不得涂改、转让,严禁伪造、倒卖。

第二十六条 "进口化妆品卫生许可批件"只对该批件载明的品种和生产国家、厂商有效。国外厂商或其代理商凭"进口化妆品卫生许可批件"按国家有关规定办理进口手续。

第二十七条 已获批准进口的化妆品在口岸由国家商品检验部门按照《中华人民共和国商品检验法》的规定进行检验。

第五章 经常性卫生监督

第二十八条 地市以上卫生行政部门对已取得《化妆品生产企业卫生许可证》的企业,组织定期和不定期检查。定期检查每年第一、第三季度各1次;审查发放《化妆品生产企业卫生许可证》当年和复核年度各减少一次。具体办法由各省、自治区、直辖市卫生行政部门制定,报卫生部备案。

定期检查和不定期检查结果逐级上报上一级卫生行政部门及化妆品卫生监督检验机构,并抄送企业主管部门。

第二十九条 对化妆品生产企业的定期和不定期检查主要内容是:

(一)监督检查生产过程中的卫生状况;

(二)监督检查是否使用了禁用物质和超量使用了限用物质生产化妆品;

(三)每批产品出厂前的卫生质量检验记录;

(四)产品卫生质量;

(五)产品标签、小包装、说明书是否符合《条例》第十二条规定;

(六)生产环境的卫生情况;

(七)直接从事化妆品生产的人员中患有《条例》第七条规定的疾病者调离情况。

第三十条 本《实施细则》第二十九条第四项产品卫生质量检查办法是:

(一)检查数量(定期检查量加不定期检查量):

全年生产产品种类数为一至九种,抽查百分之百;

全年生产产品种类数为十至一百种,抽查二分之一,但年抽查产品数不应少于十种;

全年生产产品种类数超过一百种的,抽查三分之一,但年抽查产品数不应少于五十种。

(二)检查重点:

重点检查未报省、自治区、直辖市卫生行政部门备案的产品、企业新投放市场的出产品、卫生质量不稳定的产品、可能引起人体不良反应的产品、以及有消费者投诉的产品等。

(三)检查项目:

1. 对未报省、自治区、直辖市卫生行政部门备案的产品,审查产品成份、产品卫生质量检验报告,同时进行微生物、卫生化学方面的产品卫生质量监督检验。

如企业不能提供产品卫生质量检验报告,或提供的产品卫生质量检验报告不能证明产品使用安全的,由化妆品卫生监督检验机构进行强制鉴定。

2. 其他产品进行微生物、卫生化学方面的产品卫生质量监督检验。必要时,经同级卫生行政部门批准,可以对批准产品进行卫生安全性鉴定。

(四)抽查的产品按国家《化妆品卫生标准》及其标准方法检验。

(五)企业对卫生监督检验机构作出的产品卫生质量评价有异议的,由上一级卫生监督检验机构复核。

第三十一条 经营化妆品的卫生监督要求是:

(一)化妆品经营者(含批发、零售)必须遵守《条例》第十三条规定。

(二)生产企业向经营单位推销化妆品,应出示《化妆品生产企业卫生许可证》(复印件），经营单位应检查其产品标签上的《化妆品生产企业卫生许可证》编号和厂名是否与所持的《化妆品生产企业卫生许可证》（复印件）相符。

（三）化妆品经营者在进货时应检查所进化妆品是否具有下列标记或证件。不具备下列标记或证件的化妆品不得进货并销售。

1. 国产化妆品标签或小包装上应有《化妆品生产企业卫生许可证》编号，并具有企业产品出厂检验合格证，特殊用途化妆品还应具有国务院卫生行政部门颁发的批准文号。

2. 进口化妆品应具有国务院卫生行政部门批准文件（复印件）。

（四）出售散装化妆品应注意清洁卫生、防止污染。

第三十二条 对化妆品经营者实行不定期检查，重点检查经营单位执行《条例》和本《实施细则》第三十一条规定的情况。

每年对辖区内化妆品批发部门巡回监督每户至少一次；每二年对辖区内化妆品零售者巡回监督每户至少1次。

检查结果定期逐级上报上级卫生行政部门及化妆品卫生监督检验机构，并抄送经营单位主管部门。

对化妆品批发部门及零售者的巡回监督一般不采样检测。当经营者销售的化妆品引起人体不良反应或其他特殊原因，县级以上卫生行政部门可以组织对经营者销售的化妆品的卫生质量进行采样检测。县级、地市级卫生行政部门组织采样检测的，应将计划报上级卫生行政部门批准后执行。

对化妆品经营者不定期检查的具体分级管理办法由各省、自治区、直辖市卫生行政部门制定，报卫生部备案。

第三十三条 进行化妆品广告宣传应符合《条例》第十四条规定并按国家工商行政管理部门规定办理有关手续。

第六章 化妆品卫生监督机构与职责

第三十四条 国务院卫生行政部门的化妆品卫生监督主要职责是：

（一）制定全国化妆品卫生监督工作的方针、政策，检查、指导全国化妆品卫生监督工作，组织经验交流；

（二）组织研究、制定化妆品卫生标准；

（三）审查化妆品新原料、特殊用途化妆品、进口化妆品的卫生质量和使用安全，批准化妆品新原料的使用、特殊用途化妆品的生产、化妆品的首次进口；

（四）组织对国务院卫生行政部门认为的化妆品卫生重大案件的调查处理；

（五）依照《条例》和本《实施细则》决定行政处罚。

省、自治区、直辖市卫生行政部门的化妆品卫生监督主要职责是：

（一）主管辖区内化妆品卫生监督工作，负责检查、指导地、市级卫生行政部门的化妆品卫生监督工作，组织经验交流；

（二）对辖区内化妆品生产企业实施预防性卫生监督和发放《化妆品生产企业卫生许可证》；

（三）初审特殊用途化妆品的卫生质量，负责非特殊用途化妆品的备案；

（四）组织对省、自治区、直辖市卫生行政部门认为的辖区内化妆品卫生较大案件的调查处理。

县级以上卫生行政部门依照本《实施细则》第三条第一款第（一）项、第十条第二款、第二十八条第一款、第三十二条第五款的规定主管辖区内的化妆品卫生监督工作。

第三十五条 各级卫生行政部门指定县级以上具备检验条件的卫生防疫机构为化妆品卫生

监督检验机构，承担化妆品卫生监督检验任务。

第三十六条 上级卫生行政部门有责任对下级卫生行政部门及其化妆品卫生监督检验机构承担的工作进行监督、检查、指导。

上级化妆品卫生监督检验机构有责任对下级化妆品卫生监督检验机构进行技术、业务指导。

化妆品卫生监督检验实验室须获得资格认证，具体办法由国务院卫生行政部门制定。

第三十七条 化妆品卫生监督检验机构的实验室不具备检验能力和条件，未获取资格认证的，其检验任务由上一级卫生行政部门指定的获认证的实验室承担。

第三十八条 卫生行政部门及其化妆品卫生监督检验机构应有专人保管生产企业提供的生产技术资料。

第三十九条 各省、自治区、直辖市化妆品卫生监督员由省、自治区、直辖市卫生行政部门从各级卫生行政部门及其化妆品卫生监督检验机构中聘任，经考核合格发给"中国卫生监督"证件及证章。

国家化妆品卫生监督员由国务院卫生行政部门聘任并发给证件及证章。

第四十条 化妆品卫生监督员条件是：

（一）政治思想好，遵纪守法，工作认真，秉公办事；

（二）具有中专以上专业学历或具有医士以上技术职称，掌握化妆品卫生监督的有关法规和化妆品生产、经营和使用的卫生知识，有独立工作能力；

（三）未患《条例》第七条规定疾病者。

第四十一条 化妆品卫生监督员守则为：

（一）学习、掌握《化妆品卫生监督条例》及有关法规，掌握《化妆品卫生标准》及生产、经营和使用的卫生知识，不断提高政策水平和业务能力；

（二）依法办事，忠于职守，礼貌待人，不得以权谋私、滥用职权、弄虚作假、出具伪证、索贿受贿；

（三）执行任务时应着装整齐，佩戴"中国卫生监督"证章，出示监督证件。按照有关规定抽取样品和索取有关资料，并开具清单，认真如实填写记录；

（四）严格执行请示报告制度；

（五）对化妆品生产企业提供的保密的技术资料，应当承担保密责任。

（六）不准在化妆品生产、经营单位兼职或任顾问，不准与化妆品生产、经营单位发生有碍公务的经济关系。

第四十二条 化妆品卫生监督员受同级卫生行政部门委托，行使下列职责：

（一）参加新建、扩建、改建化妆品生产企业的选址和设计卫生审查及竣工验收；

（二）对化妆品生产企业和经营单位进行卫生监督检查，索取有关资料，调查处理化妆品引起的危害健康事故；

（三）对违反《条例》的单位和个人提出行政处罚建议。

第四十三条 化妆品卫生监督管理实行"化妆品卫生监督、监测年报表"制度。各级卫生行政部门须定期逐级上报"化妆品卫生监督、监测年报表"。

各级医疗机构发现化妆品不良反应病例，应及时向当地区、县化妆品卫生监督检验机构报告。各级化妆品卫生监督检验机构定期报同级卫生行政部门，同时抄送上一级化妆品卫生监督检验机构。

第七章 罚 则

第四十四条 本《条例》和本《实施细则》规定的处罚可以合并使用。

第四十五条 有下列行为之一者,处以警告的处罚,并可同时责令其限期改进:
(一) 具有违反《条例》第六条规定之一项的行为者;
(二) 直接从事化妆品生产的人员患有《条例》第七条所列疾病之一,未调离者;
(三) 具有违反《条例》第十三条第一款第(二)项、第(三)项规定之一的行为者;
(四) 涂改《化妆品生产企业卫生许可证》者;
(五) 涂改特殊用途化妆品批准文号者;
(六) 涂改进口化妆品卫生审查批件或批准文号者;
(七) 拒绝卫生监督者。

第四十六条 有下列行为之一者,处以停产或停止经营化妆品三十天以内的处罚,对经营者并可以处没收违法所得及违法所得二到三倍的罚款的处罚:
(一) 经警告处罚,责令限期改进后仍无改进者;
(二) 具有违反《条例》第六条规定至两项以上行为者;
(三) 具有违反《条例》第十三条第一款第(一)项、第(四)项、第(五)项规定之一的行为者;
(四) 经营单位转让、伪造、倒卖特殊用途化妆品批准文号者。
违反《条例》第六条规定者的停产处罚,可以是不合格部分的停产。

第四十七条 具有下列行为之一者,处以吊销《化妆品生产企业卫生许可证》的处罚:
(一) 经停产处罚后,仍无改进,确不具备化妆品生产卫生条件者;
(二) 转让、伪造、倒卖《化妆品生产企业卫生许可证》者。

第四十八条 有下列行为之一者,处以没收违法所得及违法所得2~3倍的罚款的处罚,并可以撤销特殊用途化妆品批准文号或进口化妆品批准文号:
(一) 生产企业转让、伪造、倒卖特殊用途化妆品批准文号者;
(二) 转让、伪造、倒卖进口化妆品生产审查批件或批准文号者。

第四十九条 《条例》中规定没收的产品,由卫生行政部门监督销毁。

第五十条 吊销《化妆品生产企业卫生许可证》、撤销批准文号由原批准机关批准。

第五十一条 当事人对卫生行政部门作出的具体行政行为不服,可以依照《条例》第三十条规定申请复议和提起诉讼。

第五十二条 对违反《条例》造成人体损伤或者发生中毒事故的,受害者可以依据《中华人民共和国民事诉讼法》向人民法院提起损害赔偿诉讼。

第五十三条 化妆品卫生监督员有以权谋私、滥用职权、弄虚作假、出具伪证、索贿受贿、泄露企业提供的技术资料等违纪行为的,经查证属实,没收受贿所得财物,由卫生行政部门视情节轻重给予行政处分,并可以撤销其化妆品卫生监督员资格。造成严重后果,构成犯罪的,由司法机关依法追究刑事责任。

第八章 附 则

第五十四条 《化妆品卫生标准》中未列出的检验项目,参照我国药品、食品或国家有关标准检验方法进行。

第五十五条 《条例》第七条中"直接从事化妆品生产的人员"是指在化妆品生产中从事配料、制作、半成品贮存、容器洗涤、灌装、小包装工作,以及经常到生产车间的管理、技术、检验人员。

第五十六条 《条例》第十条中特殊用途化妆品的含义是:
育发化妆品有助于毛发生长、减少脱发和断发的化妆品。
染发化妆品具有改变头发颜色作用的化妆品。

烫发化妆品具有改变头发弯曲度,并维持相对稳定的化妆品。
脱毛化妆品具有减少、消除体毛作用的化妆品。
美乳化妆品有助于乳房健美的化妆品。
健美化妆品有助于使体形健美的化妆品。
除臭化妆品用于消除腋臭的化妆品。
雀斑化妆品用于减轻皮肤表皮色素沉着的化妆品。
防晒化妆品具有吸收紫外线作用、减轻因日晒引起皮肤孙伤功能的化妆品。

第五十七条 《条例》第十一条中"对质量合格的产品应当附有合格标记"中的"合格标记",系指企业出厂产品检验合格证(章)。

第五十八条 《条例》第十五条中"首次进口的化妆品"指尚未获得国务院卫生行政部门批准的进口化妆品。

第五十九条 本《实施细则》第四十五条第一款第七项"拒绝卫生监督"是指以各种借口和手段妨碍或拖延卫生监督机构和卫生监督员依法履行化妆品卫生监督职责的行为。

第六十条 出口化妆品的卫生监督管理按照国家有关法律、法规规定执行。

第六十一条 化妆品卫生监督、监测检验按照国家财政部、物价局有关规定收费。

第六十二条 本《实施细则》自颁布之日起实施。以前颁布的部门规章与《条例》和本《实施细则》规定有抵触的,以《条例》和本《实施细则》为准。

化妆品行政许可申报受理规定

(国食药监许〔2009〕856号)

(2009年12月25日由国家食品药品监督管理局发布,2010年4月1日起施行,法规类型为部门规章)

第一条 为规范化妆品行政许可申报受理工作,保证行政许可申报受理工作公开、公平、公正,制定本规定。

第二条 化妆品行政许可是指化妆品新原料使用、国产特殊用途化妆品生产和化妆品首次进口等的审批工作。

第三条 本规定适用于《化妆品卫生监督条例》及其实施细则中规定的化妆品行政许可申报受理工作。

第四条 国家食品药品监督管理局负责化妆品行政许可申报受理管理工作。

第五条 国产化妆品行政许可申请人应是化妆品生产企业。国产化妆品新原料行政许可申请人应是化妆品原料生产企业或化妆品生产企业。

进口化妆品行政许可申请人应是进口化妆品生产企业。进口化妆品新原料行政许可申请人应是进口化妆品新原料生产企业或化妆品生产企业。同一申请人应委托一个在中国境内依法登记注册,并具有独立法人资格的单位作为在华申报责任单位,负责代理申报有关事宜。申请人可以变更在华申报责任单位。

第六条 申请人和在华申报责任单位应当按照国家有关法律、法规、标准和规范的要求申报化妆品行政许可,对申报资料负责并承担相应的法律责任。

第七条 申请人应当向国家食品药品监督管理局提出化妆品行政许可申请,按照本规定的要求提交有关资料。

第八条 首次申报前,行政许可在华申报责任单位授权书原件应在国家食品药品监督管理局行政受理机构(以下称受理机构)进行备案。

申请人申报化妆品行政许可,应登录国家食品药品监督管理局化妆品行政许可网上申报系统,并填写相应的化妆品行政许可申请表。

第九条 化妆品行政许可批件(备案凭证)有效期四年。

申请人申请延续化妆品行政许可批件(备案凭证)有效期的,应当在化妆品行政许可批件(备案凭证)期满4个月前提出申请。

因补发化妆品行政许可批件(备案凭证)而未能在规定时限内提出延续申请的,应当在领取补发化妆品行政许可批件(备案凭证)后15日内提出延续申请,但补发申请应当在该化妆品行政许可批件(备案凭证)期满4个月前提出。

第十条 申请人在化妆品行政许可批件(备案凭证)有效期内申请变更许可事项的,应当按照有关要求提出申请并提交相应资料。配方变更或可能涉及化妆品安全性的其他变更,应当按照新产品重新申报。变更后仍使用原名称的,应当在产品外包装标识上予以注明,以区别于变更前产品。

第十一条 化妆品行政许可批件(备案凭证)损毁或遗失的,应当及时提出补发申请,但不得同时提出延续或变更申请。

第十二条 收到国家食品药品监督管理局颁发的化妆品行政许可批件(备案凭证)后,存在下列情形的,应当一次性提出纠错申请:

(一)化妆品行政许可批件(备案凭证)打印错误;

(二)化妆品行政许可批件(备案凭证)编号错误;

(三)化妆品行政许可批件(备案凭证)中出现的其他错误。

本条所规定的纠错范围,不包括申请人申报错误。

第十三条 符合下列条件之一的,申请人可以使用同一产品名称重新申报:

(一)未在规定时限内提出申请延续化妆品行政许可批件(备案凭证)有效期的;

(二)终止申报后再次申报的;

(三)主动申请注销原化妆品行政许可批件(备案凭证)的;

(四)不予行政许可后再次申报的。

因含禁用物质、限用物质超标或卫生安全性检验结果不合格等涉及产品安全性的原因未获批准的产品,不得再次申报。

第十四条 生产企业跨境委托生产(含分装)化妆品的,其最后一道接触内容物的工序在境内完成的按国产产品申报,在境外完成的按进口产品申报。

已获得化妆品行政许可批件(备案凭证)后跨境委托关系发生变化的,应按有关改变生产现场的规定重新申报。

第十五条 两剂或两剂以上必须配合使用的产品,应按一个产品申报。由境内、境外不同生产企业各生产产品一部分的,申报资料分别按照国产产品和进口产品的有关规定提供。申报时,应当注明其产品按国产产品或进口产品申报。在化妆品行政许可批件(备案凭证)备注栏中应分别载明国产剂型和进口剂型的名称、生产企业和实际生产地址。

第十六条 受理机构在接收化妆品行政许可申报资料时,应向申请人出具"申报资料签收单",对申报资料进行形式审查,并在5个工作日内作出是否受理或补正的决定。

申报资料齐全、符合要求的,受理机构应当作出予以受理的决定,并出具"受理通知书"。不符合要求的,受理机构应当出具"申报资料补正通知书",一次性告知申请人需要补正的全部内容。逾期不告知的,自收到申报资料之日起即为受理。补正的申报资料仍不符合要求的，受理机构可以要求继续补正。

第十七条 存在以下情形的，受理机构应当作出不予受理的决定，并出具"不予受理通知书"：

（一）申请事项依法不需要取得行政许可的；

（二）申请事项依法不属于国家食品药品监督管理局行政许可职权范围的；

（三）除本规定第九条规定的情况外，超过规定期限提出延续申请的；

（四）其他属于不予受理范围的申请。

第十八条 受理机构出具的"受理通知书"、"申报资料补正通知书"、"不予受理通知书"，均应当注明出具日期，并加盖国家食品药品监督管理局行政许可受理专用印章。通知书一式两份，一份交申请人，一份存档。

第十九条 申报资料受理后，申请人依据评审意见补充、修改申报资料的，应直接提交国家食品药品监督管理局审评机构。代理申报的，应附已经备案的行政许可在华申报责任单位授权书复印件。补充资料应针对评审意见，一次性全部提交，并注明补充资料的日期、单位并加盖公章。补充资料不得同时更改评审意见未涉及的申报资料的其他内容。

第二十条 申请人向国家食品药品监督管理局提交行政许可申报资料后，在国家食品药品监督管理局作出受理决定前，可书面申请终止申报并索回全部申报资料。已受理的，申请人在技术审评意见作出前可书面要求撤回行政许可申请，可要求退回全部资料。申请人在接到"不予行政许可决定书"或"不予延续/变更决定书"之日起 6 个月内，可书面要求退回下列资料：

（一）产品在生产国（地区）允许生产和销售的证明文件、化妆品企业良好生产规范证明文件及其公证书，但多个产品同时申报并使用同一证明文件原件的除外；

（二）在有效期内的原化妆品行政许可批件（备案凭证）；

（三）延续时提交的申报资料。

第二十一条 国家食品药品监督管理局应当自受理之日起六十日内，组织对申请人提交的其申报产品中可能存在安全性风险物质的有关安全性评估资料进行审查。

第二十二条 申请人和在华申报责任单位提供虚假申报资料和样品的，国家食品药品监督管理局依据《中华人民共和国行政许可法》第七十八条的规定，对该申请不予受理或不予许可，对申请人和在华申报责任单位给予警告，并在一年内不受理该行政许可。

第二十三条 本规定由国家食品药品监督管理局负责解释。

第二十四条 本规定自 2010 年 4 月 1 日起施行。此前发布的化妆品卫生行政许可申报受理规定与本规定不一致的，以本规定为准。

附件：化妆品行政许可申报资料要求

进出口化妆品检验检疫监督管理办法

(国家质量监督检验检疫总局令第 143 号)

(2011 年 8 月 10 日由国家质量监督检验检疫总局发布;根据 2018 年 4 月 28 日海关总署令第 238 号《海关总署关于修改部分规章的决定》修改,根据 2018 年 5 月 29 日海关总署令第 240 号《海关总署关于修改部分规章的决定》修改,根据 2018 年 11 月 23 日海关总署令 243 号《海关总署关于修改部分规章的决定》修改;现行版本自 2018 年 11 月 23 日起施行;法规类型为部门规章)

第一章 总 则

第一条 为保证进出口化妆品的安全卫生质量,保护消费者身体健康,根据《中华人民共和国进出口商品检验法》及其实施条例、《化妆品卫生监督条例》和《国务院关于加强食品等产品安全监督管理的特别规定》等法律、行政法规的规定,制定本办法。

第二条 本办法适用于列入海关实施检验检疫的进出境商品目录及有关国际条约、相关法律、行政法规规定由海关检验检疫的化妆品(包括成品和半成品)的检验检疫及监督管理。

第三条 海关总署主管全国进出口化妆品检验检疫监督管理工作。
主管海关负责所辖区域进出口化妆品检验检疫监督管理工作。

第四条 进出口化妆品生产经营者应当依照法律、行政法规和相关标准从事生产经营活动,保证化妆品安全,对社会和公众负责,接受社会监督,承担社会责任。

第二章 进口化妆品检验检疫

第五条 主管海关根据我国国家技术规范的强制性要求以及我国与出口国家(地区)签订的协议、议定书规定的检验检疫要求对进口化妆品实施检验检疫。
我国尚未制定国家技术规范强制性要求的,可以参照海关总署指定的国外有关标准进行检验。

第六条 进口化妆品由口岸海关实施检验检疫。海关总署根据便利贸易和进口检验工作的需要,可以指定在其他地点检验。

第七条 海关对进口化妆品的收货人实施备案管理。进口化妆品的收货人应当如实记录进口化妆品流向,记录保存期限不得少于 2 年。

第八条① 进口化妆品的收货人或者其代理人应当按照海关总署相关规定报检,同时提供收货人备案号。
其中首次进口的化妆品应当符合下列要求:
(一)国家实施卫生许可的化妆品,应声明取得国家相关主管部门批准的进口化妆品卫生

---

① 根据海关总署公告 2020 年第 99 号《关于调整部分进出境货物监管要求的公告》,原第八条(一)修改为:国家实施卫生许可的化妆品,应声明取得国家相关主管部门批准的进口化妆品卫生许可批件,免于提交批件凭证;原(三)第 1 项,将"具有相关资质的机构出具的可能存在安全性风险物质的有关安全性评估资料"改为"产品安全性承诺"。

许可批件，免于提交批件凭证；

（二）国家实施备案的化妆品，应当凭备案凭证办理报检手续；

（三）国家没有实施卫生许可或者备案的化妆品，应当提供下列材料：

1. 产品安全性承诺；

2. 在生产国家（地区）允许生产、销售的证明文件或者原产地证明；

（四）销售包装化妆品成品除前三项外，还应当提交中文标签样张和外文标签及翻译件；

（五）非销售包装的化妆品成品还应当提供包括产品的名称、数/重量、规格、产地、生产批号和限期使用日期（生产日期和保质期）、加施包装的目的地名称、加施包装的工厂名称、地址、联系方式。

第九条　进口化妆品在取得检验检疫合格证明之前，应当存放在海关指定或者认可的场所，未经海关许可，任何单位和个人不得擅自调离、销售、使用。

第十条　海关受理报检后，对进口化妆品进行检验检疫，包括现场查验、抽样留样、实验室检验、出证等。

第十一条　现场查验内容包括货证相符情况、产品包装、标签版面格式、产品感官性状、运输工具、集装箱或者存放场所的卫生状况。

第十二条　进口化妆品成品的标签标注应当符合我国相关的法律、行政法规及国家技术规范的强制性要求。海关对化妆品标签内容是否符合法律、行政法规规定要求进行审核，对与质量有关的内容的真实性和准确性进行检验。

第十三条　进口化妆品的抽样应当按照国家有关规定执行，样品数量应当满足检验、复验、备查等使用需要。以下情况，应当加严抽样：

（一）首次进口的；

（二）曾经出现质量安全问题的；

（三）进口数量较大的。

抽样时，海关应当出具印有序列号、加盖检验检疫业务印章的《抽/采样凭证》，抽样人与收货人或者其代理人应当双方签字。

样品应当按照国家相关规定进行管理，合格样品保存至抽样后4个月，特殊用途化妆品合格样品保存至证书签发后一年，不合格样品应当保存至保质期结束。涉及案件调查的样品，应当保存至案件结束。

第十四条　需要进行实验室检验的，海关应当确定检验项目和检验要求，并将样品送具有相关资质的检验机构。检验机构应当按照要求实施检验，并在规定时间内出具检验报告。

第十五条　进口化妆品经检验检疫合格的，海关出具《入境货物检验检疫证明》，并列明货物的名称、品牌、原产国家（地区）、规格、数/重量、生产批号/生产日期等。进口化妆品取得《入境货物检验检疫证明》后，方可销售、使用。

进口化妆品经检验检疫不合格，涉及安全、健康、环境保护项目的，由海关责令当事人销毁，或者出具退货处理通知单，由当事人办理退运手续。其他项目不合格的，可以在海关的监督下进行技术处理，经重新检验检疫合格后，方可销售、使用。

第十六条　免税化妆品的收货人在向所在地直属海关申请备案时，应当提供本企业名称、地址、法定代表人、主管部门、经营范围、联系人、联系方式、产品清单等相关信息。

第十七条　离境免税化妆品应当实施进口检验，可免于加贴中文标签，免于标签的符合性检验。在《入境货物检验检疫证明》上注明该批产品仅用于离境免税店销售。

首次进口的离境免税化妆品，应当提供供货人出具的产品质量安全符合我国相关规定的声明、国外官方或者有关机构颁发的自由销售证明或者原产地证明、具有相关资质的机构出具的可能存在安全性风险物质的有关安全性评估资料、产品配方等。

海关总署对离岛免税化妆品实施检验检疫监督管理，具体办法另行制定。

第三章 出口化妆品检验检疫

第十八条 出口化妆品生产企业应当保证其出口化妆品符合进口国家（地区）标准或者合同要求。进口国家（地区）无相关标准且合同未有要求的，可以由海关总署指定相关标准。

第十九条① 出口化妆品由产地海关实施检验检疫，口岸海关实施口岸查验。

口岸海关应当将查验不合格信息通报产地海关，并按规定将不合格信息上报上级海关。

第二十条 出口化妆品生产企业应当建立质量管理体系并持续有效运行。海关对出口化妆品生产企业质量管理体系及运行情况进行日常监督检查。

第二十一条 出口化妆品生产企业应当建立原料采购、验收、使用管理制度，要求供应商提供原料的合格证明。

出口化妆品生产企业应当建立生产记录档案，如实记录化妆品生产过程的安全管理情况。

出口化妆品生产企业应当建立检验记录制度，依照相关规定要求对其出口化妆品进行检验，确保产品合格。

上述记录应当真实，保存期不得少于2年。

第二十二条 出口化妆品的发货人或者其代理人应当按照海关总署相关规定报检。其中首次出口的化妆品应当提供以下文件：

（一）出口化妆品生产企业备案材料；

（二）自我声明。声明企业已经取得化妆品生产许可证，且化妆品符合进口国家（地区）相关法规和标准的要求，正常使用不会对人体健康产生危害等内容；

（三）销售包装化妆品成品应当提交外文标签样张和中文翻译件。

第二十三条 海关受理报检后，对出口化妆品进行检验检疫，包括现场查验、抽样留样、实验室检验、出证等。

第二十四条 现场查验内容包括货证相符情况、产品感官性状、产品包装、标签版面格式、运输工具、集装箱或者存放场所的卫生状况。

第二十五条 出口化妆品的抽样应当按照国家有关规定执行，样品数量应当满足检验、复验、备查等使用需要。

抽样时，海关应当出具印有序列号、加盖检验检疫业务印章的《抽/采样凭证》，抽样人与发货人或者其代理人应当双方签字。

样品应当按照国家相关规定进行管理，合格样品保存至抽样后4个月，特殊用途化妆品合格样品保存至证书签发后一年，不合格样品应当保存至保质期结束。涉及案件调查的样品，应当保存至案件结束。

第二十六条 需要进行实验室检验的，海关应当确定检验项目和检验要求，并将样品送具有相关资质的检验机构。检验机构应当按照要求实施检验，并在规定时间内出具检验报告。

第二十七条 出口化妆品经检验检疫合格，进口国家（地区）对检验检疫证书有要求的，应当按照要求同时出具有关检验检疫证书。

出口化妆品经检验检疫不合格的，可以在海关的监督下进行技术处理，经重新检验检疫合格的，方准出口。不能进行技术处理或者技术处理后重新检验仍不合格的，不准出口。

第二十八条 来料加工全部复出口的化妆品，来料进口时，能够提供符合拟复出口国家（地区）法规或者标准的证明性文件的，可免于按照我国标准进行检验；加工后的产品，按照

---

① 根据海关总署公告2020年第99号《关于调整部分进出境货物监管要求的公告》，删除原第十九条，同时相应调整排序。

进口国家（地区）的标准进行检验检疫。

第四章 非贸易性化妆品检验检疫

第二十九条 化妆品卫生许可或者备案用样品、企业研发和宣传用的非试用样品，进口报检时应当由收货人或者其代理人提供样品的使用和处置情况说明及非销售使用承诺书，入境口岸海关进行审核备案，数量在合理使用范围的，可免于检验。收货人应当如实记录化妆品流向，记录保存期限不得少于2年。

第三十条 进口非试用或者非销售用的展品，报检时应当提供展会主办（主管）单位出具的参展证明，可以免予检验。展览结束后，在海关监督下作退回或者销毁处理。

第三十一条 携带、邮寄进境的个人自用化妆品（包括礼品），需要在入境口岸实施检疫的，应当实施检疫。

第三十二条 外国及国际组织驻华官方机构进口自用化妆品，进境口岸所在地海关实施查验。符合外国及国际组织驻华官方机构自用物品进境检验检疫相关规定的，免于检验。

第五章 监督管理

第三十三条 报检人对检验结果有异议而申请复验的，按照国家有关规定进行复验。

第三十四条 海关对进出口化妆品的生产经营者实施分类管理制度。

第三十五条 海关对进口化妆品的收货人、出口化妆品的生产企业和发货人实施诚信管理。对有不良记录的，应当加强检验检疫和监督管理。

第三十六条 海关总署对进出口化妆品安全实施风险监测制度，组织制定和实施年度进出口化妆品安全风险监控计划。主管海关根据海关总署进出口化妆品安全风险监测计划，组织对本辖区进出口化妆品实施监测并上报结果。

主管海关应当根据进出口化妆品风险监测结果，在风险分类的基础上调整对进出口化妆品的检验检疫和监管措施。

第三十七条 海关总署对进出口化妆品建立风险预警与快速反应机制。进出口化妆品发生质量安全问题，或者国内外发生化妆品质量安全问题可能影响到进出口化妆品安全时，海关总署和主管海关应当及时启动风险预警机制，采取快速反应措施。

第三十八条 海关总署可以根据风险类型和程度，决定并公布采取以下快速反应措施：

（一）有条件地限制进出口，包括严密监控、加严检验、责令召回等；

（二）禁止进出口，就地销毁或者作退运处理；

（三）启动进出口化妆品安全应急预案。

主管海关负责快速反应措施的实施工作。

第三十九条 对不确定的风险，海关总署可以参照国际通行做法在未经风险评估的情况下直接采取临时性或者应急性的快速反应措施。同时，及时收集和补充有关信息和资料，进行风险评估，确定风险的类型和程度。

第四十条 进口化妆品存在安全问题，可能或者已经对人体健康和生命安全造成损害的，收货人应当主动召回并立即向所在地海关报告。收货人应当向社会公布有关信息，通知销售者停止销售，告知消费者停止使用，做好召回记录。收货人不主动召回的，主管海关可以责令召回。必要时，由海关总署责令其召回。

出口化妆品存在安全问题，可能或者已经对人体健康和生命安全造成损害的，出口化妆品生产企业应当采取有效措施并立即向所在地海关报告。

主管海关应当将辖区内召回情况及时向海关总署报告。

第四十一条 海关对本办法规定必须经海关检验的进出口化妆品以外的进出口化妆品，根据国家规定实施抽查检验。

第六章 法律责任

第四十二条 未经海关许可的,擅自将尚未经海关检验合格的进口化妆品调离指定或者认可监管场所,有违法所得的,由海关处违法所得 3 倍以下罚款,最高不超过 3 万元;没有违法所得的,处 1 万元以下罚款。

第四十三条 将进口非试用或者非销售用的化妆品展品用于试用或者销售,有违法所得的,由海关处违法所得 3 倍以下罚款,最高不超过 3 万元;没有违法所得的,处 1 万元以下罚款。

第四十四条 不履行退运、销毁义务的,由海关处以 1 万元以下罚款。

第四十五条 海关工作人员泄露所知悉的商业秘密的,依法给予行政处分,有违法所得的,没收违法所得;构成犯罪的,依法追究刑事责任。

第四十六条 进出口化妆品生产经营者、检验检疫工作人员有其他违法行为的,按照相关法律、行政法规的规定处理。

第七章 附 则

第四十七条 本办法下列用语的含义是:

(一)化妆品是指以涂、擦、散布于人体表面任何部位(表皮、毛发、指趾甲、口唇等)或者口腔粘膜、牙齿,以达到清洁、消除不良气味、护肤、美容和修饰目的的产品;

(二)化妆品半成品是指除最后一道"灌装"或者"分装"工序外,已完成其他全部生产加工工序的化妆品;

(三)化妆品成品包括销售包装化妆品成品和非销售包装化妆品成品;

(四)销售包装化妆品成品是指以销售为主要目的,已有销售包装,与内装物一起到达消费者手中的化妆品成品;

(五)非销售包装化妆品成品是指最后一道接触内容物的工序已经完成,但尚无销售包装的化妆品成品。

第四十八条 本办法由海关总署负责解释。

第四十九条 本办法自 2012 年 2 月 1 日起施行。原国家出入境检验检疫局 2000 年 4 月 1 日施行的《进出口化妆品监督检验管理办法》(局令 21 号)同时废止。

进口化妆品境内收货人备案、进口记录和销售记录管理规定

(国家质量监督检验检疫总局公告 2016 年第 77 号)

(2016 年 8 月 15 日由国家质量监督检验检疫总局发布,2017 年 3 月 1 日起施行,法规类型为规范性文件)

第一章 总 则

第一条 为加强进口化妆品的溯源管理,保障进口化妆品质量安全,根据《中华人民共

和国进出口商品检验法》及其实施条例、《化妆品卫生监督条例》及其实施细则、《国务院关于加强食品等产品安全监督管理的特别规定》和《进出口化妆品检验检疫监督管理办法》等法律、法规及规章的规定，制定本规定。

第二条 本规定适用于进口化妆品境内收货人（以下简称收货人）的备案、进口记录和销售记录（以下简称"进口和销售记录"）管理，以及为完成进口和销售记录所必需的生产经营信息记录的监督管理；其中进口记录是指收货人记载化妆品及其相关进口信息的纸质或者电子文件，销售记录是指记载收货人将进口化妆品提供给化妆品经营者的纸质或者电子文件。

第三条 国家质检总局主管收货人备案的监督管理工作。国家质检总局设在各地的出入境检验检疫机构（以下简称检验检疫机构）负责收货人备案申请的受理、备案资料信息审核。进口化妆品结关地检验检疫机构负责进口化妆品的进口和销售记录的监督管理工作。

第四条 收货人应当建立完善的化妆品进口和销售记录制度并严格执行。

第二章 进口化妆品境内收货人备案

第五条 收货人应当向其工商注册登记地检验检疫机构申请备案，并对所提供备案信息的真实性负责。

第六条 收货人可于化妆品进口前申请备案。申请备案须提供以下材料：

（一）填制准确完备的收货人备案申请表（见附件1）；

（二）工商营业执照、统一社会信用代码登记证书、法定代表人身份证明、对外贸易经营者备案登记表等的复印件并交验正本；

（三）企业质量安全管理制度；

（四）与化妆品安全相关的组织机构设置、部门职能和岗位职责；

（五）拟经营的化妆品种类、存放场所；

（六）2年内曾从事化妆品进口、加工和销售的，应当提供相关说明（化妆品品种、数量）；

（七）自理报检的，应当提供自理报检单位备案登记证明书复印件并交验正本。

第七条 备案申请资料真实、齐全的，检验检疫机构应当受理，并在5个工作日内完成备案工作。

第八条 备案的信息发生变化时，收货人应当及时提出修改申请，由检验检疫机构审核同意后，予以修改。

第三章 进口和销售记录

第九条 收货人应当建立化妆品进口记录，并指派专人负责。

第十条 收货人建立的化妆品进口记录应当包括以下内容：

进口化妆品的名称、品牌、规格、数重量、货值、生产批号及限制使用日期或生产日期及保质期、原产地、贸易国家或者地区、生产加工企业名称及信息记录号、出口商（代理商）名称及信息记录号、施检机构、目的地、报检单号、入境时间、存放地点、联系人及电话等内容。记录格式见附件2。

第十一条 为完成进口和销售记录，境内收货人应为向其提供化妆品的境外生产企业和出口商（代理商）填写有关信息，信息包括：企业名称、地址、国家（地区）、联系人、联系方式、化妆品种类及填写人信息等内容，获得境外生产企业信息记录号和境外出口商（代理商）信息记录号，并对信息的真实性负责。境外生产企业和出口商（代理商）也可自行填写其有关信息。企业应对所记录信息的真实性负责。

第十二条 收货人应当保存如下进口记录档案材料：贸易合同、提单、根据需要出具的国

（境）外官方相关证书、报检单的复印件、检验检疫机构出具的《入境货物检验检疫证明》等文件副本。

第十三条 收货人应当建立进口化妆品销售记录（化妆品进口后直接用于零售的除外），指派专人负责。

第十四条 进口化妆品销售记录应当包括销售流向记录及召回记录等内容。

销售流向记录应当包括进口化妆品名称、规格、数量、生产批号及限制使用日期或生产日期及保质期、销售日期、购货单位名称及联系方式、化妆品召回后处理方式等信息。记录格式见附件3。

召回记录应当包括涉及的进口化妆品名称、规格、数量、生产批号及限制使用日期或生产日期及保质期、召回原因、自查分析、应急处理方式、后续改进措施等信息。记录格式见附件4。

第十五条 收货人应当保存如下销售记录档案材料：购销合同、销售发票留底联、出库单等文件原件或者复印件，自用化妆品的收货人还应当保存加工使用记录等资料。

第十六条 收货人应当妥善保存化妆品进口和销售记录，防止污染、破损和遗失。化妆品进口和销售记录保存时间不得少于产品保质期满后6个月；没有明确保质期的，保存期限不得少于2年。

第四章 监督管理

第十七条 收货人在申请备案时提供虚假备案资料和信息的，不予备案；已备案的，取消备案编号。

收货人转让、借用、篡改备案编号的，取消备案编号。

第十八条 检验检疫机构对已获得备案的收货人备案信息实施监督抽查，校验有关证明材料或者现场校验收货人所提供的备案信息。对备案信息不正确、不完善的，应当要求其更正、完善备案信息。不按要求及时更正、完善信息的，取消备案编号。

第十九条 检验检疫机构应当随时对收货人的化妆品进口和销售记录进行监督检查。对进口和销售记录填写不正确、不完善的，应当要求其更正、完善。不按要求及时更正、完善的，应加严进口化妆品检验检疫监管措施。

第二十条 收货人或者其代理人在对进口化妆品进行报检时，应当按照国家质检总局的规定提供报检材料，在报检单中注明收货人名称及备案编号，检验检疫机构应当核对备案编号和收货人名称等信息与备案信息的一致性，与备案信息不一致的，告知其更正相关信息；对未备案的，报检时应当提供报检材料及本规定第六条所列材料，未提前备案的，可加严进口化妆品检验检疫监管措施。

第五章 附则

第二十一条 本规定所称收货人指中国大陆境内（不包括香港、澳门）与外方签订贸易合同的收货人。

第二十二条 本规定自2017年3月1日起施行。

附件：1. 收货人备案申请表（略）
    2. 化妆品进口记录（略）
    3. 进口化妆品销售记录（略）
    4. 进口化妆品收货人召回记录（略）

关于调整化妆品进口环节消费税的通知

（财关税〔2016〕48号）

（2016年9月30日由财政部、国家税务总局发布，2016年10月1日起施行，法规类型为规范性文件）

为引导合理消费，经国务院批准，对化妆品的消费税政策进行调整，现将有关问题通知如下：

一、调整化妆品进口环节消费税税目税率，具体如下：

（一）将征收范围调整为高档美容修饰类化妆品、高档护肤类化妆品。高档美容修饰类和高档护肤类化妆品界定标准为进口完税价格在10元/毫升（克）或15元/片（张）及以上。调整后的税目见附件。

（二）将进口环节消费税税率由30%下调为15%。

二、本通知自2016年10月1日起执行。

附件：化妆品进口环节消费税税目税率表

附件

化妆品进口环节消费税税目税率表

序号	ex	税则号列	商品名称	税率
1	ex	33030000	香水及花露水	15%
2	ex	33041000	唇用化妆品	15%
3	ex	33042000	眼用化妆品	15%
4	ex	33043000	指（趾）甲化妆品	15%
5	ex	33049100	粉，不论是否压紧	15%
6	ex	33049900	其他美容化妆品	15%

备注：
1. "ex"标识表示非全税目商品。
2. 仅对上表进口完税价格在10元/毫升（克）或15元/片（张）及以上的商品征收消费税。

关于在全国范围实施进口非特殊用途化妆品备案管理有关事宜的公告

(国家药品监督管理局公告 2018 年第 88 号)

(2018 年 11 月 7 日由国家药品监督管理局发布，2018 年 11 月 7 日起施行，法规类型为规范性文件)

为贯彻落实《国务院关于在全国推开"证照分离"改革的通知》（国发〔2018〕35 号）要求，现就在全国范围实施进口非特殊用途化妆品备案管理工作有关事宜公告如下：

一、自 2018 年 11 月 10 日起，首次进口非特殊用途化妆品由现行审批管理和自贸试验区试点实施备案管理，调整为全国统一备案管理，国家药品监督管理部门不再受理进口非特殊用途化妆品行政许可申请。

二、进口化妆品生产企业应当在产品进口前，委托境内责任人登录国家药品监管局政务网站（www.nmpa.gov.cn）"网上办事"栏目，通过"进口非特殊用途化妆品备案管理系统"网络平台，办理备案手续，取得电子版备案凭证后方可进口。备案产品按照"国妆网备进字（境内责任人所在省份简称）+四位年份数字+六位顺序编号"的规则进行编号。

三、境内责任人注册地在天津、辽宁、上海、浙江、福建、河南、湖北、广东、重庆、四川、陕西等前期已经开展自贸试验区试点实施进口非特殊用途化妆品备案管理的省（市）行政区域范围内的，在备案系统填报上传完成电子版资料后，向所在地省级食品药品监督管理部门办理备案。有关省级食品药品监管部门应当及时制定本行政区域内备案管理相关办事指南，并向社会公开。境内责任人注册地在其他省（区、市）行政区域范围内的，在网上备案系统填报上传完成电子版资料后，向国家药品监督管理部门办理备案。

四、已经备案产品拟在境内责任人所在地省（区、市）行政区域以外的口岸进口的，应当通过备案系统补充填报进口口岸和收货人等相关信息后方可进口。

五、申请进口非特殊用途化妆品备案的进口化妆品生产企业，应当参照原食品药品监管总局发布的《关于发布上海市浦东新区进口非特殊用途化妆品备案管理工作程序（暂行）的公告》（2017 年第 10 号）相关要求，进行境内责任人授权、备案系统用户名称注册、产品备案信息报送、备案信息凭证打印等相关工作。

关于进口非特殊用途化妆品检验报告、境内化妆品企业委托境外企业生产等有关事宜，参照原食品药品监管总局办公厅《关于明确浦东新区试点实施进口非特殊用途化妆品备案检验报告要求等有关事宜的通知》（食药监办药化管〔2017〕72 号）执行。

六、2018 年 11 月 10 日前申报行政许可且已被国家药品监督管理部门受理的进口非特殊用途化妆品，申报单位可在 2018 年 11 月 20 日前向国家药品监督管理部门撤回原行政许可申请，后续由境内责任人按照本公告相关要求备案进口。逾期未撤回的，国家药品监督管理部门将按照原程序继续开展技术审核，符合要求的核发纸质版进口非特殊用途化妆品备案凭证。

2018 年 11 月 10 日前申请进口非特殊用途化妆品行政许可尚未取得批件的产品，后续可按照本公告相关要求办理备案，涉及产品安全性原因未获批准的除外。

七、按照原审批管理相关法规要求，已获进口非特殊用途化妆品行政许可，在许可有效期内可继续持国家药品监督管理部门核发的纸质版凭证办理进口，期间需要补发或纠错凭证的，按原有规定办理。

在许可有效期结束后仍需继续进口，或者有效期结束前原行政许可事项发生变更的，应当按照本公告要求重新办理备案手续后方可进口。

八、各级药品监管部门应当加大备案进口产品的事中、事后监管力度，加强与海关等有关部门的协调配合，及时通报产品质量安全信息，会同有关部门依法查处相关违法违规行为。

特此公告。

机电产品

进口成套设备检验和监督管理实施细则

(国检监〔1993〕38号)

(1993年3月9日由国家进出口商品检验局发布,1993年4月1日起施行,法规类型为部门规章)

第一章 总 则

第一条 为加强进口成套设备检验和监督管理工作,确保设备的质量和安全,维护国家利益和对外贸易各方的合法权益,根据《中华人民共和国进出口商品检验法》及其实施条例和国务院转发的《关于进口成套设备检验工作的试行规定》,制定本细则。

第二条 本细则所述的成套设备系指完整的生产线、成套装置设施(含工程项目和技术改造项目中的成套装置设施和与国产设备配套组成的成套设备中的进口关键设备)。

第三条 一切进口成套设备都必须在合同约定的期限内进行检验。未经检验的成套设备、材料不准安装使用。

第四条 进口成套设备,由商检机构实施检验或者组织实施检验;进口大型成套设备,由商检机构实施驻现场监督检查,收用货单位(包括建设单位,下同)应认真落实各项同检验工作,其主管部门应加强领导和组织协调工作。

第五条 进口大型成套设备的收用货单位应设立专门的检验机构并经所在地商检机构考核认可。进口一般成套设备的收用货单位也应指定专职检验人员,并经所在地商检机构考核认可。商检机构应对大型成套设备的建设现场派员进驻并设置办公室。

第六条 进口成套设备的质量及技术条件由买卖双方在合同中约定,有关设备的安全、卫生及在运行过程中对环境的污染必须符合我国有关法律、法规及强制性标准的规定。

进口成套设备的检验要求见本细则附件一。

第七条 进口大型成套设备的收用货单位应根据本细则第六条规定和《检验大纲导则》(另发),制定检验计划和实施方案,报上级主管部门审查批准后送商检机构备案。并由商检机构驻现场办公室依照检验计划和实施方案对检验工作实施监督检查。

一般成套设备由所在地商检机构或者由所在地商检机构会同收用货单位制定检验计划和实施方案。

收用货单位应于对外贸易合同生效后三十日内向商检机构提供合同(包括合同附件)副本。

第二章 装运前预检验、监造或监装

第八条 对大型成套设备和在国内不具备检验条件、到货后不能进行解体检验的一般成套设备，订货单位应当在对外贸易合同中订明在出口国进行装运前预检验、监造或监装条款。

收用货单位应当依照对外贸易合同的约定认真落实在出口国装运前的预检验、监造或者监装，主管部门应当加强监督；商检机构可以根据需要派出检验人员参加或者组织实施装运前预检验、监造或者监装。

第九条 收用货单位派出执行出国预检验、监造或者监装的人员按照商检法实施条例第四十七条的规定须经商检机构认可后方能承担出国预检验、监造或者监装的工作。

第十条 出国预检验、监造或监装人员按照《出国预检验、监造或监装检查要点》（见附件二）拟定检验方案并在出国后予以认真实施。对方案中重要内容实施确有困难，需要修改的，以及检验中发现的重要问题应及时报告有关主管部门和商检机构。

第十一条 进口成套设备在预检验、监造或监装中发现有不符合合同和有关规定的，应要求发货方予以返修、换货、整理或其他妥善处理。出国检验人员可根据需要对进口成套设备实施封识管理。

第十二条 出国检验人员在实施检验中应做好检验记录，并按检验项目写出检验报告，由出国检验的主要负责人签署意见后报有关主管部门和商检机构。

第三章 口岸登记

第十三条 进口成套设备到货后，由收用货单位或其代理接运单位向口岸或者到达站商检机构办理进口商品登记。海关凭商检机构在报关单上加盖的印章验放。

第十四条 进口成套设备在口岸或者到达站卸货时发现残损或短缺的，收用货单位或其代理接运单位应取得承运部门签证并及时向口岸或者到达站商检机构申请残损或者数量鉴定。卸货单位对残损部分应分别卸货，分别存放，防止残损扩大。

第十五条 口岸或者到达站商检机构应及时将"到货流向单"或"到货通知单"送到货地商检机构。

第四章 到货地检验和监督管理

第十六条 收用货单位应在进口成套设备到达安装使用地点三日内，持进口到货通知单、装箱单、提单等必要的单证，向所在地商检机构中者其驻现场办公室申报开箱检验。

对开箱后不易恢复包装和安全保管的精密设备等，可根据对外贸易双方的协议，留待安装时一并开箱检验。

第十七条 经开相检验合格的进口成套设备、材料由商检机构出具《检验情况通知单》。收用货单位的设备管理部门凭《检验情况通知单》或者对外贸易双方会签并经商检机构审核备案的"开箱检验记录"等单证发放设备、材料，供安装使用。

第十八条 对经出国预检验、监造的进口成套设备或项目，到货后经开箱点验未发现异常情况，属于下列情况之一者，由商检机构对出国预检验合格报告及有关证单进行审核后出具《检验情况通知单》。

（一）经出国检验、监督合格，其质量性能在装运及保管中不会发生变化的；

（二）经出国检验、监造合格，在国内不具备检验条件的；

（三）经出国检验、监造合格，到货后不能进行解体检验的。

第十九条 安装单位应按照检验计划和具体实施方案的要求进行安装调试，并逐项记录。商检机构应对安装调试工作实施监督检查，对未经检验的进口成套设备、材料和经检验不合格的，视情况签发《不准安装使用通知单》，并根据需要对有关设备、材料进行封识管理。不合格的设备、材料经技术处理，并向商检机构重新报验，经检验合格后，方可以安装使用。

第二十条 成套设备的试运转和试生产的考核，按对外贸易合同约定由收用货单位进行的，商检机构实施与收用货单位共同检验或监督检查；对外贸易合同约定由贸易双方共同进行的，商检机构实施监督检查。经考核合格，贸易双方验收签字，商检机构签发合格单位证后，收用货单位方能投产使用。

第二十一条 收用货单位在进口成套设备质量保证期内必须认真做好使用及维修记录，并在保证期满前一个月进行全面检查，将检查结果报上级主管部门及商检机构销案。发现问题要及时报请商检机构检验出证。

第二十二条 属下列情况之一者，由商检机构检验并出具检验证书：
（一）合同约定由商检机构检验出证的；
（二）合同约定由贸易双方检验，而卖方代表不在场，由收用货单位检验发现问题的；
（三）贸易双方对检验结果有争议，需由商检机构复验或组织复验的；
（四）卖方代表已签字认赔，但仍需凭商检机构的证书向分包厂索赔的；
（五）卖方委托收用货单位对能修复的设备进行修理后，需商检机构出具证明的。

第五章 附 则

第二十三条 收用货单位应为商检机构及派出人员实施进口成套设备的检验和监督管理提供必要的办公场所和检验条件。

第二十四条 商检机构依照本细则实施进口成套设备的检验，按国家物价局和财政部发布的《进出口商品检验、鉴定收费办法》及收费标准的规定收费。

第二十五条 对违反本细则规定的，按照《中华人民共和国进出口商品检验法》及其实施条例有关规定查处。

第二十六条 本细则由国家进出口商品检验局负责解释。

第二十七条 本细则自一九九三年四月一日起执行。

附件：1. 进口成套设备的检验要求（略）
　　　2. 出国予检验、监造、监装要点（略）

机电产品进口配额管理实施细则

（对外贸易经济合作部令 2001 年第 23 号）

(2001 年 12 月 20 日由对外贸易经济合作部发布，2002 年 1 月 1 日起施行，法规类型为部门规章）

第一条 为规范机电产品进口配额管理，依据《中华人民共和国货物进出口管理条例》和《机电产品进口管理办法》，制定本细则。

第二条 本细则适用于进口单位将配额机电产品进口到中华人民共和国关境内的行为。

第三条 中华人民共和国对外贸易经济合作部（简称为外经贸部）负责会同海关总署制定、调整和公布机电产品进口配额目录，编制全国年度机电产品进口配额计划并组织实施。

第四条 外经贸部采用电子网络系统或者其他方式，与海关等有关行政管理部门进行数据交换、核查和反馈，负责对全国机电产品进口配额的执行情况进行检查、监督。

各省、自治区、直辖市和计划单列市、沿海开放城市、经济特区外经贸主管机构和国务院有关部门机电产品进出口办公室（简称为地方外经贸主管机构、部门机电办），负责对本地区、本部门机电产品进口配额的执行情况进行检查、监督并向外经贸部报告。

第五条 外经贸部应当于每年 7 月 31 日前公布下一年度全国机电产品进口配额总量。

外经贸部可以根据需要对年度机电产品配额总量进行调整，并在实施前 21 天予以公布。

第六条 申请机电产品进口配额的资格与条件：

（一）申请进口单位应当在近三年内没有逃汇、套汇、骗取出口退税、走私等违法、违规行为；

（二）申请进口单位应当具有所申请配额产品的经营权；

（三）申请进口单位应当具有连续三年进口、销售所申请配额产品的实际有效业绩；

（四）申请进口单位应当具有与所申请配额数量相适应的生产、销售、维修、服务和配件供应能力；

（五）申请进口单位应当具有良好的财务状况；

（六）新增的申请进口单位，可不具备本条（三）项规定的条件；

（七）申请自用的可不具备本条（二）、（三）、（四）、（五）项规定的资格与条件，但是应当提交合理的申请理由和适当的配额申请数量。

第七条 进口配额的申请与分配时间：

（一）每年 8 月 1 日至 8 月 31 日，申请进口单位向外经贸部提交下一年度机电产品进口配额申请，逾期不予接受申请；

（二）每年 10 月 31 日前，外经贸部进行配额分配，向获得配额的申请进口单位签发《机电产品进口配额证明》。

第八条 进口配额的再分配时间：

（一）持有配额的进口单位最迟于每年 9 月 1 日前，应当将当年不能用完的配额许可证交回外经贸部；

（二）外经贸部应当于每年 9 月 1 日起的 10 个工作日内，对交回的配额许可证所载明的配额进行再分配。

第九条 进口配额的分配原则：

（一）保障科研、教育、文化、卫生及其他社会公益事业进口自用的需要；

（二）优先考虑生产、销售、服务能力强的进口单位的申请；

（三）考虑申请进口单位近三年进口该配额产品的实际有效业绩；

（四）考虑将年度配额总量的一定比例分配给新增的申请进口单位；

（五）上一年度配额全部用完的，如提出要求应当适当增加下一年度配额量；上一年度配额未全部用完，并且在规定期限内没有交回未用完配额的，应当扣减下一年度配额量。

（六）对某些进口配额采用招标方式分配，具体管理办法由外经贸部制定和公布。

第十条 申请《机电产品进口配额证明》的程序：

进口属于配额管理的机电产品，申请进口单位应当如实填写《机电产品进口申请表》（如附件一）一式二份，提供申请报告及其他有关文件，向相关的地方外经贸主管机构、部门机电办办理核实手续。未设立机电办的部门，申请进口单位应当向本单位工商注册地或者法人登记地的地方外经贸主管机构办理核实手续。

经相关的地方外经贸主管机构、部门机电办核实，申请进口单位应当在规定的配额申请期限内持相关文件和《机电产品进口申请表》向商务部申领《机电产品进口配额证明》（如附件二）。

第十一条　进口单位持外经贸部签发的《机电产品进口配额证明》申领《进口配额许可证》，申领有效期为《机电产品进口配额证明》签发当年，在有效期内未申领《进口配额许可证》的，《机电产品进口配额证明》失效。

第十二条　《机电产品进口配额证明》一式五联。第一联（蓝色，有防伪底纹）为申领《进口配额许可证》凭证，第二联（白底绿色）为订货凭证，第三联（深红色，有防伪底纹）为海关备案凭证，第四联（白底红色）为银行售、付汇凭证，第五联（白底黑色）为配额管理机关存档。

第十三条　进口单位领取《机电产品进口配额证明》后，在有效期内因特殊原因需要变更《机电产品进口配额证明》中的进口单位、贸易方式、产品用途、产品名称、数量、金额（变化幅度超过10%的）以及设备状态等项目内容的，应当持原《机电产品进口配额证明》到原发证机关申请办理变更、换证手续；原发证机关应当收回旧证，并在换发的新证的备注栏打印"换证"字样。实际用汇额不超过原定用汇额10%的，不需变更《机电产品进口配额证明》。进口单位持《机电产品进口配额证明》申领《进口配额许可证》时，不得变更《机电产品进口配额证明》中的进口单位、贸易方式、产品用途、产品名称、数量、金额（变化幅度超过10%的）以及设备状态等项目内容。

第十四条　《机电产品进口配额证明》如有遗失，应当立即向原进口配额管理机关、原许可证管理机关和报关口岸海关三方同时挂失。如无不良后果，进口单位可向外经贸部申请补发。

第十五条　未按本细则规定申请办理《机电产品进口配额证明》及《进口配额许可证》，先行对外签约的，外经贸部不予补办进口配额证明，海关等行政主管部门依据法律、行政法规的规定作出处理。

第十六条　有下列情形之一的，也适用本细则：

（一）进口配额产品的零部件，构成整机特征的；

（二）加工贸易项下进口配额产品用于生产内销产品或留作自用的；

（三）外商投资企业进口配额产品用于生产内销产品或内销的；

（四）租赁贸易、补偿贸易等贸易方式进口配额产品的；

（五）以无偿援助、捐赠或者经济往来赠送等方式进口配额产品的；

（六）我国驻外机构或者境外施工企业在境外购置配额产品，需调回自用的；

（七）其他法律、行政法规另有规定的。

第十七条　有下列情形之一的，不适用本细则：

（一）加工贸易项下进口复出口的；

（二）将配额产品进口到我国保税区、出口加工区并用于复出口的；

（三）由海关监管，暂时进口配额产品的；

（四）外商投资企业投资和自用进口配额产品的；

（五）其他法律、行政法规另有规定的。

第十八条　本细则由外经贸部负责解释。过去有关规定凡与本细则不一致的，以本细则为准。

第十九条　本细则自二〇〇二年一月一日起施行。

附件：1. 机电产品进口申请表（略）
　　　2. 机电产品进口配额证明（略）

机电产品自动进口许可实施办法

(商务部 海关总署令2008年第6号)

(2008年4月7日由商务部、海关总署发布;根据2018年10月10日商务部令2018年第7号《商务部关于修改部分规章的决定》修改,根据2019年11月30日商务部令2019年第1号《商务部关于废止和修改部分规章的决定》修改;现行版本自2019年11月30日起施行;法规类型为部门规章)

第一条 为了对部分自由进口的机电产品的进口情况进行监测和统计,根据《中华人民共和国对外贸易法》、《中华人民共和国货物进出口管理条例》、《货物自动进口许可管理办法》及《机电产品进口管理办法》,制定本办法。

第二条 本办法适用于将列入自动进口许可的机电产品(含相应的旧机电产品,下同)进口到中华人民共和国关境内的行为。

第三条 商务部负责全国机电产品自动进口许可的管理工作,会同海关总署等有关部门制定、调整并公布实行自动进口许可的机电产品目录。

商务部委托各省、自治区、直辖市、计划单列市、新疆生产建设兵团、沿海开放城市、经济特区机电产品进出口办公室和国务院有关部门机电产品进出口办公室(简称为地方、部门机电办)负责有关机电产品自动进口许可管理和《中华人民共和国自动进口许可证》(以下简称自动进口许可证,式样格式见附件1)的签发工作。

外经贸部、海关总署在各自的职责范围内,对申请、使用机电产品自动进口许可证的活动进行监督检查。

第四条 一般贸易(包括外商投资企业进口内销料件)、易货贸易、租赁、援助与赠送、捐赠等方式进口,以及我国驻外机构或者境外企业在境外购置需调回自用的属于自动进口许可机电产品目录的产品均需申请《中华人民共和国自动进口许可证》(以下简称《自动进口许可证》)。

第五条 进口属于自动进口许可的机电产品,进口单位在办理海关手续前,应当向商务部或其委托的机构申请《自动进口许可证》。

凡申请进口法律、行政法规规定应当招标的机电产品,进口单位应当在签订合同之前进行招标。

第六条 进口单位申请《自动进口许可证》,应当提供以下材料:

(一)机电产品进口申请表(见附件)。

(二)营业执照复印件。

(三)进口订货合同。

(四)如属于下列情况的,还应提供以下材料:

1. 进口国家实行强制性认证的机电产品的,应提供《中国国家强制性产品认证证书》或《免予办理强制性产品认证证明》;

2. 投资项目下进口机电产品的,应提供项目投资主管机构出具的项目审批、核准或者备案文件(复印件);

3. 进口旧机电产品的,应提供检验机构出具的装运前报告;

4. 进口旧机电产品用于翻新（含再制造，下同）的，应提供可从事翻新业务的相关证明材料；

5. 进口采用国际招标方式采购的机电产品，应提供机电产品国际招标中标通知书。

6. 上述规定的材料可通过国家政务服务系统联网查询的，可不再提交。

（五）商务部规定的其他需要提交的材料。

进口单位应当对所提交的申请材料的真实性负责，经营活动应遵守国家法律、行政法规的规定。

第七条 进口《自动进口许可机电产品目录》的机电产品，还应当符合下列法律、行政法规的规定：

（一）符合《中华人民共和国标准化法》有关保障人体健康和人身财产安全的标准、强制执行标准的规定；

（二）符合《中华人民共和国环境保护法》等环境保护法律、行政法规的规定；

（三）符合《中华人民共和国大气污染防治法》等大气环境保护法律、行政法规的规定；

（四）符合《中华人民共和国认证认可条例》的有关规定；

（五）进口烟草加工机械应符合《中华人民共和国烟草专卖法》及《中华人民共和国烟草专卖法实施细则》的有关规定；

（六）进口计量器具应符合《中华人民共和国计量法》和《中华人民共和国进口计量器具监督管理办法》的有关规定；

（七）进口无线电发射设备应符合《中华人民共和国无线电管理条例》的有关规定；

（八）进口卫星电视接收设备应符合《卫星电视地面接收设施管理规定》的有关规定；

（九）进口电子游戏机产品应符合《娱乐场所管理条例》的有关规定；

（十）进口音频视频复制生产设备应符合《音像制品管理条例》的有关规定；

（十一）符合我国参加的双边和多边贸易协定的有关规定；

（十二）其他法律、行政法规有规定的。

第八条 机电产品《自动进口许可证》的申请程序如下：

（一）进口列入《自动进口许可机电产品目录》的产品，进口单位应当向商务部或地方、部门机电办申请办理自动进口许可手续。

（二）申请可通过书面形式或网上申请方式提交。

1. 书面申请程序：申请进口单位可到发证机构领取或从商务部授权网站下载（可复印）《机电产品进口申请表》，与其他相关书面材料一并提交到相应的主管机构。

2. 网上申请程序：申请进口单位登录商务部授权网站进入全国机电产品进口单证管理系统，按要求如实在线填写《机电产品进口申请表》并提交相应的主管机构。

第九条 机电产品《自动进口许可证》的签发程序如下：

（一）进口属于地方、部门机电办办理的机电产品，地方或者部门机电办自收到内容正确、形式完备的《机电产品进口申请表》和相关材料后，应当立即签发《自动进口许可证》；在特殊情况下，最长不超过 10 个工作日。

（二）进口属于商务部办理的机电产品，地方、部门机电办收到齐备的申请材料后 3 个工作日内将核实后的电子数据转报商务部。商务部在收到相应数据后，应当立即签发《自动进口许可证》；在特殊情况下，最长不超过 10 个工作日。

第十条 申请进口单位所提交的材料不实，商务部及地方、部门机电办可不予签发机电产品《自动进口许可证》。

第十一条 进口单位凭加盖自动进口许可证专用章的《自动进口许可证》向银行办理售付汇手续，向海关办理通关手续。

进口列入《自动进口许可机电产品目录》的旧机电产品的，进口单位须持《自动进口许可证》和其他必要材料按海关规定办理通关手续。

第十二条 机电产品《自动进口许可证》实行"一批一证"或"非一批一证"管理。

"一批一证"是指同一份《自动进口许可证》不得分批次累计报关使用。

"非一批一证"是指同1份《自动进口许可证》在有效期内可以分批次累计报关使用，但累计使用不得超过6次。海关在《自动进口许可证》原件"海关验放签注栏"内以正楷字体批注后，海关留存复印件，最后1次使用后，海关留存正本。

第十三条 商务部根据海关留存的《自动进口许可证》使用记录，对《自动进口许可证》项下机电产品的进口情况进行统计。

第十四条 《自动进口许可证》在公历年内有效，有效期为6个月。实际用汇额低于或不超过原定用汇额10%的，不需变更《自动进口许可证》。

在有效期内，需要变更《自动进口许可证》中有关项目内容的，进口单位应当持原《自动进口许可证》到原签发机构申请办理变更换证手续。对交货期较长的产品，在有效期内需要延期的，进口单位应当持原《自动进口许可证》到原签发机构申请办理延期手续。

第十五条 《自动进口许可证》如有遗失，进口单位应当立即向原发证机构书面报告挂失。原发证机构收到挂失报告后，经核实后决定是否补发。

第十六条 进口单位已申领的《自动进口许可证》，如未使用或确定不需要使用时，应当及时交回原发证机构。

第十七条 有下列进口属于自动进口许可的机电产品情形之一的，适用本办法：

（一）外商投资企业进口用于国内销售或加工后国内销售的。

外商投资企业在外商投资数额之外以自有资金进口新机电产品以及进口旧机电产品的。

外商投资企业在投资额内进口新机电产品，经过使用，未到海关监管年限，企业要求提前解除监管并在境内自用或转内销的，参照进口时的状态办理相关手续。

（二）加工贸易项下进口的作价设备及加工贸易项下进口机电产品用于内销、内销产品或者留作自用的。

加工贸易项下进口的不作价设备在海关监管期内，原设备使用单位申请提前解除监管或监管期已满但设备不再由原单位使用的。

（三）从海关特殊监管区域和海关保税监管场所进入（境内）区外的。

（四）租赁贸易、补偿贸易等贸易方式进口机电产品的。

（五）无偿援助、捐赠或经济往来赠送等方式进口机电产品的。

（六）其他法律、行政法规有规定的。

第十八条 有下列进口属于自动进口许可机电产品情形之一的，不适用本办法：

（一）外商投资企业在投资总额内作为投资和自用进口的新机电产品的。

（二）加工贸易项下进口的不作价设备监管期满后留在原企业使用的；加工贸易项下为复出口而进口的。

（三）从境外进入海关特殊监管区域或海关保税监管场所及海关特殊监管区域或海关保税监管场所之间进出的。

从（境内）区外进入海关特殊监管区域或海关保税监管场所，供区内（场所内）企业使用和供区内（场所内）基础设施建设项目所需的机器设备转出区外（场所外）的。

（四）由海关监管，暂时进口后复出口或暂时出口后复进口的。

（五）进口货样和广告品、实验品，每批次价值不超过5000元人民币的。

（六）其他法律、行政法规另有规定的。

第十九条 本办法由外经贸部、海关总署负责解释。

第二十条 本细则自 2008 年 5 月 1 日起施行。原《机电产品自动进口管理实施细则》(外经贸部、海关总署 2001 年第 25 号令) 同时废止。

附件：机电产品进口申请表（略）

机电产品进口管理办法

（商务部　海关总署　国家质量监督检验检疫总局令 2008 年第 7 号）

(2008 年 4 月 7 日由商务部、海关总署、国家质量监督检验检疫总局发布，根据 2018 年 10 月 10 日商务部令 2018 年第 7 号《商务部关于修改部分规章的决定》修改，现行版本自 2018 年 10 月 10 日起施行，法规类型为部门规章)

第一章 总 则

第一条 为促进对外贸易健康发展，贯彻国家产业政策，维护市场秩序，依据《中华人民共和国对外贸易法》、《中华人民共和国海关法》及《中华人民共和国货物进出口管理条例》等相关法律、行政法规，制定本办法。

第二条 本办法所称机电产品（含旧机电产品），是指机械设备、电气设备、交通运输工具、电子产品、电器产品、仪器仪表、金属制品等及其零部件、元器件。机电产品的具体范围见附件。

本办法所称旧机电产品是指具有下列情形之一的机电产品：（一）已经使用（不含使用前测试、调试的设备），仍具备基本功能和一定使用价值的；（二）未经使用，但超过质量保证期（非保修期）的；（三）未经使用，但存放时间过长，部件产生明显有形损耗的；（四）新旧部件混装的；（五）经过翻新的。

第三条 本办法适用于将机电产品进口到中华人民共和国关境内的行为。

第四条 进口机电产品应当符合我国有关安全、卫生和环境保护等法律、行政法规和技术标准等的规定。

第五条 商务部负责全国机电产品进口管理工作。国家机电产品进出口办公室设在商务部。

各省、自治区、直辖市、计划单列市、新疆生产建设兵团、沿海开放城市、经济特区机电产品进出口办公室和国务院有关部门机电产品进出口办公室（简称为地方、部门机电办）受商务部委托，负责本地区、本部门机电产品进口管理工作。

第六条 国家对机电产品进口实行分类管理，即分为禁止进口、限制进口和自由进口三类。

基于进口监测需要，对部分自由进口的机电产品实行自动进口许可。

第二章 禁止进口

第七条 有下列情形之一的机电产品，禁止进口：

（一）为维护国家安全、社会公共利益或者公共道德，需要禁止进口的；

（二）为保护人的健康或者安全，保护动物、植物的生命或者健康，保护环境，需要禁止

进口的;

（三）依照其他法律、行政法规的规定，需要禁止进口的;

（四）根据中华人民共和国所缔结或者参加的国际条约、协定的规定，需要禁止进口的。

第八条 商务部会同海关总署相关部门制定、调整并公布《禁止进口机电产品目录》。

国家根据旧机电产品对国家安全、社会公共利益以及安全、卫生、健康、环境保护可能产生危害的程度，将超过规定制造年限的旧机电产品，合并列入上述目录。

第三章 限制进口

第九条 有下列情形之一的机电产品，限制进口：

（一）为维护国家安全、社会公共利益或者公共道德，需要限制进口的;

（二）为保护人的健康或者安全，保护动物、植物的生命或者健康，保护环境，需要限制进口的;

（三）为建立或者加快建立国内特定产业，需要限制进口的;

（四）为保障国家国际金融地位和国际收支平衡，需要限制进口的;

（五）依照其他法律、行政法规的规定，需要限制进口的;

（六）根据中华人民共和国所缔结或者参加的国际条约、协定的规定，需要限制进口的。

第十条 商务部会同海关总署制定、调整并公布《限制进口机电产品目录》。限制进口的机电产品，实行配额、许可证管理。

商务部、海关总署在各自的职责范围内，对申请、使用机电产品进口配额、许可证的活动进行监督检查。

第十一条 国家限制进口的旧机电产品称为重点旧机电产品。

商务部会同海关总署制定、调整并公布《重点旧机电产品进口目录》。

重点旧机电产品进口实行进口许可证管理。

第十二条 《限制进口机电产品目录》及《重点旧机电产品进口目录》至迟应当在实施前21天公布。在紧急情况下，应当不迟于实施之日公布。

第十三条 实行配额管理的限制进口机电产品，依据国务院颁布的有关进口货物配额管理办法的规定实施管理。

第十四条 实行进口许可证管理的机电产品，地方、部门机电办核实进口单位的申请材料后，向商务部提交。商务部审核申请材料，并在20日内决定是否签发《中华人民共和国进口许可证》（以下简称《进口许可证》）。进口单位持《进口许可证》按海关规定办理通关手续。

进口重点旧机电产品，进口单位持《进口许可证》和其他必要材料 按海关规定办理通关手续。

第十五条 商务部会同海关总署制定并公布《机电产品进口许可管理实施办法》，商务部会同海关总署制定并公布《重点旧机电产品进口管理办法》。

第四章 自动进口许可

第十六条 为了监测机电产品进口情况，国家对部分自由进口的机电产品实行自动进口许可。

第十七条 商务部会同海关总署等有关部门制定、调整并公布实行自动进口许可的机电产品目录。

实行自动进口许可的机电产品目录至迟应当在实施前21天公布。

商务部、海关总署在各自的职责范围内，对申请、使用机电产品自动进口许可证的活动进行监督检查。

第十八条　进口实行自动进口许可的机电产品，进口单位应当在办理海关报关手续前，向商务部或地方、部门机电办申领《中华人民共和国自动进口许可证》（以下简称《自动进口许可证》），并持《自动进口许可证》按海关规定办理通关手续。

进口属于自动进口许可的旧机电产品（不含重点旧机电产品），进口单位持自动进口许可证和其他必要材料按海关规定办理通关手续。

第十九条　商务部会同海关总署制定并公布《机电产品自动进口许可实施办法》。

第五章　进口监控与监督

第二十条　商务部负责对全国机电产品进口情况进行统计、分析与监测。

地方、部门机电办应当依照国家统计制度的规定，及时向商务部报送本地区、本部门机电产品进口统计数据和资料。

第二十一条　经监测，如机电产品进口出现异常情况，商务部应当及时通知有关部门，并依法进行调查。

第二十二条　商务部及地方、部门机电办可以对限制进口的机电产品的进口情况依法进行检查。进口单位应当配合与协助检查，检查部门应当为进口单位保守商业秘密。

第二十三条　进口单位不得从事下列行为：

（一）进口属于禁止进口管理的机电产品，或者未经批准、许可进口属于限制进口管理的机电产品；

（二）超出批准、许可的范围进口属于限制进口管理的机电产品；

（三）伪造、变造或者买卖机电产品进口证件（包括《进口许可证》、《自动进口许可证》，下同）；

（四）以欺骗或者其他不正当手段获取机电产品进口证件；

（五）非法转让机电产品进口证件；

（六）未按法定程序申请进口；

（七）其他违反法律、行政法规有关进口机电产品规定的行为。

第六章　法律责任

第二十四条　进口单位有第二十三条规定的行为之一并构成犯罪的，依法追究刑事责任，尚不构成犯罪的，由公安、海关等具有行政处罚权的行政机关依法对相关当事人作出处理。

第二十五条　进口单位对国家行政机关作出的有关行政决定或行政处罚决定不服的，可依法申请行政复议或者提起行政诉讼。

第二十六条　进口管理工作人员玩忽职守、徇私舞弊、滥用职权的，根据情节轻重，由相应的行政主管部门按有关规定给予处罚；构成犯罪的，依法追究刑事责任。

第七章　附　则

第二十七条　下列情形，从以下规定：

（一）加工贸易项下进口的作价设备，适用本办法。

（二）加工贸易项下进口外商提供的不作价设备，除旧加工设备需要办理入境检验检疫手续外，免于办理机电产品进口证件。海关监管不作价设备，监管期限为5年。监管期满后，设备留在原企业继续使用的，经企业申请海关可解除监管，企业免于办理机电产品进口证件和入境检验检疫手续；监管期内，原设备使用单位申请提前解除监管，或监管期满后设备不再由原企业使用的，适用本办法。

加工贸易项下进口机电产品用于内销、内销产品或者留作自用的，适用本办法。

（三）外商投资企业进口机电产品用于国内销售或用于加工后国内销售的和外商投资额外以自有资金进口新机电产品，以及进口旧机电产品的，适用本办法。

外商投资企业在投资额内进口新机电产品，经过使用，未到海关监管年限，企业要求提前解除监管并在境内自用或转内销的，适用本办法，并参照进口时的状态办理相关手续，海关凭相应的机电产品进口证件和检验检疫证明办理解除监管手续。

（四）从境外进入海关特殊监管区域或海关保税监管场所及海关特殊监管区域或海关保税监管场所之间进出的机电产品，免于办理进口证件，但属于旧机电产品的，必须办理检验检疫手续，由海关监管；从海关特殊监管区域和海关保税监管场所进入（境内）区外的机电产品，适用本办法。

从境内海关特殊监管区外进入海关特殊监管区域，供区内企业使用和供区内基础设施建设项目所需的机器设备转出区外的，如属于旧机电产品，不适用本办法。

（五）租赁贸易、补偿贸易等贸易方式进口机电产品的，适用本办法。

（六）无偿援助、捐赠或者经济往来赠送等方式进口机电产品的，适用本办法。

第二十八条 有下列情形之一的，不适用本办法：

（一）外商投资企业在投资总额内作为投资和自用进口新机电产品的；

（二）加工贸易项下为复出口而进口机电产品的；

（三）由海关监管，暂时进口后复出口或暂时出口后复进口的；

（四）进口机电产品货样、广告物品、实验品的，每批次价值不超过5000元人民币的；

（五）其他法律、行政法规另有规定的。

第二十九条 依据我国法律、法规或者我国与有关国际金融组织、外国政府贷款国达成的协议的规定，经国际招标后中标的机电产品的进口依照本办法执行。

第三十条 列入《禁止进口货物目录》的旧机电产品，在符合环境保护、安全生产的条件下，经商务部同意，可以进境维修（含再制造）并复出境。

我国驻外机构或者境外企业（中方控股）在境外购置的机电产品需调回自用的，如涉及《禁止进口货物目录》的旧机电产品，在境外购置时若为新品的，经商务部同意，可调回自用。

第三十一条 本办法所称维修，是指通过维护、修理、检测、升级或其他维修处置，使原产品（件）局部受损功能恢复或原有功能升级的生产活动。

本办法所称再制造，是指将主体部分不具备原设计性能但具备循环再生价值的原产品（件）完全拆解，经采用专门的工艺、技术对拆解的零部件进行修复、加工，产业化组装生产出再生成品，恢复或超过原产品（件）性能的生产活动。

本办法所称翻新，是指将主体部分不具备设计性能的原产品（件）通过维护、修理、检测、升级或其他处置，使原件局部受损性能恢复或原有功能升级等；或者将主体部分不具备设计性能的原产品（件）中可利用部分与新的原料、配件一同重新投入进行拆解、修复、加工或组装，恢复原产品（件）基本的使用功能或超过原件性能的活动。

第三十二条 机电产品各类进口管理证件，包括纸质证件或电子证书，可按规定通过提交纸质或电子材料的方式申请。

第三十三条 本办法由商务部、海关总署负责解释。以往有关规定凡与本办法不一致的，以本办法为准。

第三十四条 本办法自二〇〇八年五月一日起施行。原《机电产品进口管理办法》（外经贸部、海关总署、质检总局2001年第10号令）、《机电产品自动进口许可管理实施细则》（外经贸部2001年第25号令）、《关于加强旧机电产品进口的通知》（国经贸机〔1997〕877号）、

《关于加强旧机电产品进口管理的补充通知》(国经贸机〔1998〕555号)、《关于进一步明确加工贸易项下外商提供的不作价进口设备解除海关监管有关问题的通知》(署法发2001年420号)、《关于进一步明确加工贸易项下外商提供的不作价进口设备解除海关监管有关问题的通知》(署法发2002年348号)、《关于"不作价设备"解除监管问题的紧急通知》(署法发〔2002〕1号)、《海关总署办公厅关于明确加工贸易项下进口旧机电产品管理有关问题的通知》(署办法〔2002〕211号)、《关于重申进口旧机电产品有关管理的通知》(国质检联2001年42号)、《关于进口机电产品备案与办理进口许可工作的衔接问题的通知》质检办检联〔2003〕279号同时废止。

附件：机电产品范围（略）

机电产品国际招标投标实施办法（试行）

（商务部令2014年第1号）

（2014年2月21日由商务部发布，2014年4月1日起施行，法规类型为部门规章）

第一章 总 则

第一条 为了规范机电产品国际招标投标活动，保护国家利益、社会公共利益和招标投标活动当事人的合法权益，提高经济效益，保证项目质量，根据《中华人民共和国招标投标法》（以下简称招标投标法）、《中华人民共和国招标投标法实施条例》（以下简称招标投标法实施条例）等法律、行政法规以及国务院对有关部门实施招标投标活动行政监督的职责分工，制定本办法。

第二条 在中华人民共和国境内进行机电产品国际招标投标活动，适用本办法。

本办法所称机电产品国际招标投标活动，是指中华人民共和国境内的招标人根据采购机电产品的条件和要求，在全球范围内以招标方式邀请潜在投标人参加投标，并按照规定程序从投标人中确定中标人的一种采购行为。

本办法所称机电产品，是指机械设备、电气设备、交通运输工具、电子产品、电器产品、仪器仪表、金属制品等及其零部件、元器件。机电产品的具体范围见附件1。

第三条 机电产品国际招标投标活动应当遵循公开、公平、公正、诚实信用和择优原则。机电产品国际招标投标活动不受地区或者部门的限制。

第四条 商务部负责管理和协调全国机电产品的国际招标投标工作，制定相关规定；根据国家有关规定，负责调整、公布机电产品国际招标范围；负责监督管理全国机电产品国际招标代理机构（以下简称招标机构）；负责利用国际组织和外国政府贷款、援助资金（以下简称国外贷款、援助资金）项目机电产品国际招标投标活动的行政监督；负责组建和管理机电产品国际招标评标专家库；负责建设和管理机电产品国际招标投标电子公共服务和行政监督平台。

各省、自治区、直辖市、计划单列市、新疆生产建设兵团、沿海开放城市及经济特区商务主管部门、国务院有关部门机电产品进出口管理机构负责本地区、本部门的机电产品国际招标投标活动的行政监督和协调；负责本地区、本部门所属招标机构的监督和管理；负责本地区、本部门机电产品国际招标评标专家的日常管理。

各级机电产品进出口管理机构（以下简称主管部门）及其工作人员应当依法履行职责，不得以任何方式非法干涉招标投标活动。主管部门的工作人员对监督检查过程中知悉的国家秘密、商业秘密，应当依法予以保密。

第五条 商务部委托专门网站为机电产品国际招标投标活动提供公共服务和行政监督的平台（以下简称招标网）。机电产品国际招标投标应当在招标网上完成招标项目建档、招标过程文件存档和备案、资格预审公告发布、招标公告发布、评审专家抽取、评标结果公示、异议投诉、中标结果公告等招标投标活动的相关程序，但涉及国家秘密的招标项目除外。

招标网承办单位应当在商务部委托的范围内提供网络服务，应当遵守法律、行政法规以及本办法的规定，不得损害国家利益、社会公共利益和招投标活动当事人的合法权益，不得泄露应当保密的信息，不得拒绝或者拖延办理委托范围内事项，不得利用委托范围内事项向有关当事人收取费用。

第二章 招标范围

第六条 通过招标方式采购原产地为中国关境外的机电产品，属于下列情形的必须进行国际招标：

（一）关系社会公共利益、公众安全的基础设施、公用事业等项目中进行国际采购的机电产品；

（二）全部或者部分使用国有资金投资项目中进行国际采购的机电产品；

（三）全部或者部分使用国家融资项目中进行国际采购的机电产品；

（四）使用国外贷款、援助资金项目中进行国际采购的机电产品；

（五）政府采购项目中进行国际采购的机电产品；

（六）其他依照法律、行政法规的规定需要国际招标采购的机电产品。

已经明确采购产品的原产地在中国关境内的，可以不进行国际招标。必须通过国际招标方式采购的，任何单位和个人不得将前款项目化整为零或者向国内招标等其他任何方式规避国际招标。

商务部制定、调整并公布本条第一项所列项目包含主要产品的国际招标范围。

第七条 有下列情形之一的，可以不进行国际招标：

（一）国（境）外赠送或无偿援助的机电产品；

（二）采购供生产企业及科研机构研究开发用的样品样机；

（三）单项合同估算价在国务院规定的必须进行招标的标准以下的；

（四）采购旧机电产品；

（五）采购供生产配套、维修用零件、部件；

（六）采购供生产企业生产需要的专用模具；

（七）根据法律、行政法规的规定，其他不适宜进行国际招标采购的机电产品。

招标人不得为适用前款规定弄虚作假规避招标。

第八条 鼓励采购人采用国际招标方式采购不属于依法必须进行国际招标项目范围内的机电产品。

第三章 招　标

第九条 招标人应当在所招标项目确立、资金到位或资金来源落实并具备招标所需的技术资料和其他条件后开展国际招标活动。

按照国家有关规定需要履行项目审批、核准手续的依法必须进行招标的项目，其招标范围、招标方式、招标组织形式应当先获得项目审批、核准部门的审批、核准。

第十条 国有资金占控股或者主导地位的依法必须进行机电产品国际招标的项目，应当公开招标；但有下列情形之一的，可以邀请招标：

（一）技术复杂、有特殊要求或者受自然环境限制，只有少量潜在投标人可供选择；

（二）采用公开招标方式的费用占项目合同金额的比例过大。

有前款第二项所列情形，属于本办法第九条第二款规定的项目，招标人应当在招标前向相应的主管部门提交项目审批、核准部门审批、核准邀请招标方式的文件；其他项目采用邀请招标方式应当由招标人申请相应的主管部门作出认定。

第十一条 招标人采用委托招标的，有权自行选择招标机构为其办理招标事宜。任何单位和个人不得以任何方式为招标人指定招标机构。

招标人自行办理招标事宜的，应当具有与招标项目规模和复杂程度相适应的技术、经济等方面专业人员，具备编制国际招标文件（中、英文）和组织评标的能力。依法必须进行招标的项目，招标人自行办理招标事宜的，应当向相应主管部门备案。

第十二条 招标机构应当具备从事招标代理业务的营业场所和相应资金；具备能够编制招标文件（中、英文）和组织评标的相应专业力量；拥有一定数量的取得招标职业资格的专业人员。

招标机构从事机电产品国际招标代理业务，应当在招标网免费注册，注册时应当在招标网在线填写机电产品国际招标机构登记表。

招标机构应当在招标人委托的范围内开展招标代理业务，任何单位和个人不得非法干涉。招标机构从事机电产品国际招标业务的人员应当为与本机构依法存在劳动合同关系的员工。招标机构可以依法跨区域开展业务，任何地区和部门不得以登记备案等方式加以限制。

招标机构代理招标业务，应当遵守招标投标法、招标投标法实施条例和本办法关于招标人的规定；在招标活动中，不得弄虚作假，损害国家利益、社会公共利益和招标人、投标人的合法权益。

招标人应当与被委托的招标机构签订书面委托合同，载明委托事项和代理权限，合同约定的收费标准应当符合国家有关规定。

招标机构不得接受招标人违法的委托内容和要求；不得在所代理的招标项目中投标或者代理投标，也不得为所代理的招标项目的投标人提供咨询。

招标机构管理办法由商务部另行制定。

第十三条 发布资格预审公告、招标公告或发出投标邀请书前，招标人或招标机构应当在招标网上进行项目建档，建档内容包括项目名称、招标人名称及性质、招标方式、招标组织形式、招标机构名称、资金来源及性质、委托招标金额、项目审批或核准部门、主管部门等。

第十四条 招标人采用公开招标方式的，应当发布招标公告。

招标人采用邀请招标方式的，应当向3个以上具备承担招标项目能力、资信良好的特定法人或者其他组织发出投标邀请书。

第十五条 资格预审公告、招标公告或者投标邀请书应当载明下列内容：

（一）招标项目名称、资金到位或资金来源落实情况。

（二）招标人或招标机构名称、地址和联系方式。

（三）招标产品名称、数量、简要技术规格。

（四）获取资格预审文件或者招标文件的地点、时间、方式和费用。

（五）提交资格预审申请文件或者投标文件的地点和截止时间。

（六）开标地点和时间。

（七）对资格预审申请人或者投标人的资格要求。

第十六条 招标人不得以招标投标法实施条例第三十二条规定的情形限制、排斥潜在投标人或者投标人。

第十七条 公开招标的项目，招标人可以对潜在投标人进行资格预审。资格预审按照招标投标法实施条例的有关规定执行。国有资金占控股或者主导地位的依法必须进行招标的项目，资格审查委员会及其成员应当遵守本办法有关评标委员会及其成员的规定。

第十八条 编制依法必须进行机电产品国际招标的项目的资格预审文件和招标文件，应当使用机电产品国际招标标准文本。

第十九条 招标人根据所采购机电产品的特点和需要编制招标文件。招标文件主要包括下列内容：

（一）招标公告或投标邀请书。
（二）投标人须知及投标资料表。
（三）招标产品的名称、数量、技术要求及其他要求。
（四）评标方法和标准。
（五）合同条款。
（六）合同格式。
（七）投标文件格式及其他材料要求：

1. 投标书；
2. 开标一览表；
3. 投标分项报价表；
4. 产品说明一览表；
5. 技术规格响应/偏离表；
6. 商务条款响应/偏离表；
7. 投标保证金银行保函；
8. 单位负责人授权书；
9. 资格证明文件；
10. 履约保证金银行保函；
11. 预付款银行保函；
12. 信用证样本；
13. 要求投标人提供的其他材料。

第二十条 招标文件中应当明确评标方法和标准。机电产品国际招标的评标一般采用最低评标价法。技术含量高、工艺或技术方案复杂的大型或成套设备招标项目可采用综合评价法进行评标。所有评标方法和标准应当作为招标文件不可分割的一部分并对潜在投标人公开。招标文件中没有规定的评标方法和标准不得作为评标依据。

最低评标价法，是指在投标满足招标文件商务、技术等实质性要求的前提下，按照招标文件中规定的价格评价因素和方法进行评价，确定各投标人的评标价格，并按投标人评标价格由低到高的顺序确定中标候选人的评标方法。

综合评价法，是指在投标满足招标文件实质性要求的前提下，按照招标文件中规定的各项评价因素和方法对投标进行综合评价后，按投标人综合评价的结果由优至劣的顺序确定中标候选人的评标方法。

综合评价法应当由评价内容、评价标准、评价程序及推荐中标候选人原则等组成。综合评价法应当根据招标项目的具体需求，设定商务、技术、价格、服务及其他评价内容的标准，并对每一项评价内容赋予相应的权重。

机电产品国际招标投标综合评价法实施规范由商务部另行制定。

第二十一条 招标文件的技术、商务等条款应当清晰、明确、无歧义，不得设立歧视性条款或不合理的要求排斥潜在投标人。招标文件编制内容原则上应当满足 3 个以上潜在投标人能够参与竞争。招标文件的编制应当符合下列规定：

（一）对招标文件中的重要条款（参数）应当加注星号（"*"），并注明如不满足任一带星号（"*"）的条款（参数）将被视为不满足招标文件实质性要求，并导致投标被否决。构成投标被否决的评审依据除重要条款（参数）不满足外，还可以包括超过一般条款（参数）中允许偏离的最大范围、最多项数。

采用最低评标价法评标的，评标依据中应当包括：一般商务和技术条款（参数）在允许偏离范围和条款数内进行评标价格调整的计算方法，每个一般技术条款（参数）的偏离加价一般为该设备投标价格的 0.5%，最高不得超过该设备投标价格的 1%，投标文件中没有单独列出该设备分项报价的，评标价格调整时按投标总价计算；交货期、付款条件等商务条款的偏离加价计算方法在招标文件中可以另行规定。

采用综合评价法的，应当集中列明招标文件中所有加注星号（"*"）的重要条款（参数）。

（二）招标文件应当明确规定在实质性响应招标文件要求的前提下投标文件分项报价允许缺漏项的最大范围或比重，并注明如缺漏项超过允许的最大范围或比重，该投标将被视为实质性不满足招标文件要求，并将导致投标被否决。

（三）招标文件应当明确规定投标文件中投标人应当小签的相应内容，其中投标文件的报价部分、重要商务和技术条款（参数）响应等相应内容应当逐页小签。

（四）招标文件应当明确规定允许的投标货币和报价方式，并注明该条款是否为重要商务条款。招标文件应当明确规定不接受选择性报价或者附加条件的报价。

（五）招标人设有最高投标限价的，应当在招标文件中明确最高投标限价或者最高投标限价的计算方法。招标人不得规定最低投标限价。

（六）招标文件应当明确规定评标依据以及对投标人的业绩、财务、资信等商务条款和技术参数要求，不得使用模糊的、无明确界定的术语或指标作为重要商务或技术条款（参数）或以此作为价格调整的依据。招标文件对投标人资质提出要求的，应当列明所要求资质的名称及其认定机构和提交证明文件的形式，并要求相应资质在规定的期限内真实有效。

（七）招标人可以在招标文件中将有关行政监督部门公布的信用信息作为对投标人的资格要求的依据。

（八）招标文件内容应当符合国家有关安全、卫生、环保、质量、能耗、标准、社会责任等法律法规的规定。

（九）招标文件允许联合体投标的，应当明确规定对联合体牵头人和联合体各成员的资格条件及其他相应要求。

（十）招标文件允许投标人提供备选方案的，应当明确规定投标人在投标文件中只能提供一个备选方案并注明主选方案，且备选方案的投标价格不得高于主选方案。

<u>（十一）招标文件应当明确计算评标总价时关境内、外产品的计算方法，并应当明确指定到货地点。除国外贷款、援助资金项目外，评标总价应当包含货物到达招标人指定到货地点之前的所有成本及费用。其中：</u>

关境外产品为：CIF 价+进口环节税+国内运输、保险费等（采用 CIP、DDP 等其他报价方式的，参照此方法计算评标总价）；其中投标截止时间前已经进口的产品为：销售价（含进口环节税、销售环节增值税）+国内运输、保险费。关境内制造的产品为：出厂价（含增值税）+消费税（如适用）+国内运输、保险费等。有价格调整的，计算评标总价时，应当包含偏离加价。

（十二）招标文件应当明确投标文件的大写金额和小写金额不一致时，以大写金额为准；

投标总价金额与按分项报价汇总金额不一致的,以分项报价金额计算结果为准;分项报价金额小数点有明显错位的,应以投标总价为准,并修改分项报价;应当明确招标文件、投标文件和评标报告使用语言的种类;使用两种以上语言的,应当明确当出现表述内容不一致时以何种语言文本为准。

第二十二条 招标文件应当载明投标有效期,以保证招标人有足够的时间完成组织评标、定标以及签订合同。投标有效期从招标文件规定的提交投标文件的截止之日起算。

第二十三条 招标人在招标文件中要求投标人提交投标保证金的,投标保证金不得超过招标项目估算价的2%。投标保证金有效期应当与投标有效期一致。

依法必须进行招标的项目的境内投标单位,以现金或者支票形式提交的投标保证金应当从其基本账户转出。

投标保证金可以是银行出具的银行保函或不可撤销信用证、转账支票、银行即期汇票,也可以是招标文件要求的其他合法担保形式。

联合体投标的,应当以联合体共同投标协议中约定的投标保证金缴纳方式予以提交,可以是联合体中的一方或者共同提交投标保证金,以一方名义提交投标保证金的,对联合体各方均具有约束力。

招标人不得挪用投标保证金。

第二十四条 招标人或招标机构应当在资格预审文件或招标文件开始发售之日前将资格预审文件或招标文件发售稿上传招标网存档。

第二十五条 依法必须进行招标的项目的资格预审公告和招标公告应当在符合法律规定的媒体和招标网上发布。

第二十六条 招标人应当确定投标人编制投标文件所需的合理时间。依法必须进行招标的项目,自招标文件开始发售之日起至投标截止之日止,不得少于20日。

招标文件的发售期不得少于5个工作日。

招标人发售的纸质招标文件和电子介质的招标文件具有同等法律效力,除另有约定的,出现不一致时以纸质招标文件为准。

第二十七条 招标公告规定未领购招标文件不得参加投标的,招标文件发售期截止后,购买招标文件的潜在投标人少于3个的,招标人可以依照本办法重新招标。重新招标后潜在投标人或投标人仍少于3个的,可以依照本办法第四十六条第二款有关规定执行。

第二十八条 开标前,招标人、招标机构和有关工作人员不得向他人透露已获取招标文件的潜在投标人的名称、数量以及可能影响公平竞争的有关招标投标的其他信息。

第二十九条 招标人可以对已发出的资格预审文件或者招标文件进行必要的澄清或者修改。澄清或者修改的内容可能影响资格预审申请文件或者投标文件编制的,招标人或招标机构应当在提交资格预审文件截止时间至少3日前,或者投标截止时间至少15日前,以书面形式通知所有获取资格预审文件或者招标文件的潜在投标人,并上传招标网存档;不足3日或者15日的,招标人或招标机构应当顺延提交资格预审申请文件或者投标文件的截止时间。该澄清或者修改内容为资格预审文件或者招标文件的组成部分。澄清或者修改的内容涉及到与资格预审公告或者招标公告内容不一致的,应当在原资格预审公告或者招标公告发布的媒体和招标网上发布变更公告。

因异议或投诉处理而导致对资格预审文件或者招标文件澄清或者修改的,应当按照前款规定执行。

第三十条 招标人顺延投标截止时间的,至少应当在招标文件要求提交投标文件的截止时间3日前,将变更时间书面通知所有获取招标文件的潜在投标人,并在招标网上发布变更公告。

第三十一条 除不可抗力原因外,招标文件或者资格预审文件发出后,不予退还;招标人在发布招标公告、发出投标邀请书后或者发出招标文件或资格预审文件后不得终止招标。

招标人终止招标的,应当及时发布公告,或者以书面形式通知被邀请的或者已经获取资格预审文件、招标文件的潜在投标人。已经发售资格预审文件、招标文件或者已经收取投标保证金的,招标人应当及时退还所收取的资格预审文件、招标文件的费用,以及所收取的投标保证金及银行同期存款利息。

第四章 投 标

第三十二条 投标人是响应招标、参加投标竞争的法人或其他组织。

与招标人存在利害关系可能影响招标公正性的法人或其他组织不得参加投标;接受委托参与项目前期咨询和招标文件编制的法人或其他组织不得参加受托项目的投标,也不得为该项目的投标人编制投标文件或者提供咨询。

单位负责人为同一人或者存在控股、管理关系的不同单位,不得参加同一招标项目包投标,共同组成联合体投标的除外。

违反前三款规定的,相关投标均无效。

第三十三条 投标人应当根据招标文件要求编制投标文件,并根据自己的商务能力、技术水平对招标文件提出的要求和条件在投标文件中作出真实的响应。投标文件的所有内容在投标有效期内应当有效。

第三十四条 投标人对加注星号("＊")的重要技术条款(参数)应当在投标文件中提供技术支持资料。

技术支持资料以制造商公开发布的印刷资料、检测机构出具的检测报告或招标文件中允许的其他形式为准,凡不符合上述要求的,应当视为无效技术支持资料。

第三十五条 投标人应当提供在开标日前3个月内由其开立基本账户的银行开具的银行资信证明的原件或复印件。

第三十六条 潜在投标人或者其他利害关系人对资格预审文件有异议的,应当在提交资格预审申请文件截止时间2日前向招标人或招标机构提出,并将异议内容上传招标网;对招标文件有异议的,应当在投标截止时间10日前向招标人或招标机构提出,并将异议内容上传招标网。招标人或招标机构应当自收到异议之日起3日内作出答复,并将答复内容上传招标网;作出答复前,应当暂停招标投标活动。

第三十七条 招标人编制的资格预审文件、招标文件的内容违反法律、行政法规的强制性规定,违反公开、公平、公正和诚实信用原则,影响资格预审结果或者潜在投标人投标的,依法必须进行招标的项目的招标人应当在修改资格预审文件或者招标文件后重新招标。

第三十八条 投标人在招标文件要求的投标截止时间前,应当在招标网免费注册,注册时应当在招标网在线填写招投标注册登记表,并将由投标人加盖公章的招投标注册登记表及工商营业执照(复印件)提交至招标网;境外投标人提交所在地登记证明材料(复印件),投标人无印章的,提交由单位负责人签字的招投标注册登记表。投标截止时间前,投标人未在招标网完成注册的不得参加投标,有特殊原因的除外。

第三十九条 投标人在招标文件要求的投标截止时间前,应当将投标文件送达招标文件规定的投标地点。投标人可以在规定的投标截止时间前书面通知招标人,对已提交的投标文件进行补充、修改或撤回。补充、修改的内容应当作为投标文件的组成部分。投标人不得在投标截止时间后对投标文件进行补充、修改。

第四十条 投标人应当按照招标文件要求对投标文件进行包装和密封。投标人在投标截止时间前提交价格变更等相关内容的投标声明的,应与开标一览表一并或者单独密封,并加施明显标记，以便在开标时一并唱出。

第四十一条 未通过资格预审的申请人提交的投标文件，以及逾期送达或者不按照招标文件要求密封的投标文件，招标人应当拒收。

招标人或招标机构应当如实记载投标文件的送达时间和密封情况，并存档备查。

第四十二条 招标文件允许联合体投标的，两个以上法人或者其他组织可以组成一个联合体，以一个投标人的身份共同投标。

联合体各方均应当具备承担招标项目的相应能力；国家有关规定或者招标文件对投标人资格条件有规定的，联合体各方均应当具备规定的相应资格条件。由同一专业的单位组成的联合体，按照资质等级较低的单位确定资质等级。

联合体各方应当签订共同投标协议，明确约定各方拟承担的工作和责任，并将共同投标协议连同投标文件一并提交招标人。联合体中标的，联合体各方应当共同与招标人签订合同，就中标项目向招标人承担连带责任。

联合体各方在同一招标项目包中以自己名义单独投标或者参加其他联合体投标的，相关投标均无效。

第四十三条 投标人应当按照招标文件的要求，在提交投标文件截止时间前将投标保证金提交给招标人或招标机构。

投标人在投标截止时间前撤回已提交的投标文件，招标人或招标机构已收取投标保证金的，应当自收到投标人书面撤回通知之日起5日内退还。

投标截止后投标人撤销投标文件的，招标人可以不退还投标保证金。招标人主动要求延长投标有效期但投标人拒绝的，招标人应当退还投标保证金。

第四十四条 投标人发生合并、分立、破产等重大变化的，应当及时书面告知招标人。投标人不再具备资格预审文件、招标文件规定的资格条件或者其投标影响招标公正性的，其投标无效。

第四十五条 禁止招标投标法实施条例第三十九条、第四十条、第四十一条、第四十二条所规定的投标人相互串通投标、招标人与投标人串通投标、投标人以他人名义投标或者以其他方式弄虚作假的行为。

第五章 开标和评标

第四十六条 开标应当在招标文件确定的提交投标文件截止时间的同一时间公开进行；开标地点应当为招标文件中预先确定的地点。开标由招标人或招标机构主持，邀请所有投标人参加。

投标人少于3个的，不得开标，招标人应当依照本办法重新招标；开标后认定投标人少于3个的应当停止评标，招标人应当依照本办法重新招标。重新招标后投标人仍少于3个的，可以进入两家或一家开标评标；按国家有关规定需要履行审批、核准手续的依法必须进行招标的项目，报项目审批、核准部门审批、核准后可以不再进行招标。

认定投标人数量时，两家以上投标人的投标产品为同一家制造商或集成商生产的，按一家投标人认定。对两家以上集成商或代理商使用相同制造商产品作为其项目包的一部分，且相同产品的价格总和均超过该项目包各自投标总价60%的，按一家投标人认定。

对于国外贷款、援助资金项目，资金提供方规定当投标截止时间到达时，投标人少于3个可直接进入开标程序的，可以适用其规定。

第四十七条 开标时，由投标人或者其推选的代表检查投标文件的密封情况，也可以由招标人委托的公证机构检查并证明；经确认无误后，由工作人员当众拆封，宣读投标人名称、投标价格和投标文件的其他主要内容。

招标人在招标文件要求提交投标文件的截止时间前收到的所有投标文件，开标时都应当当众予以拆封、宣读。

投标人的开标一览表、投标声明（价格变更或其他声明）都应当在开标时一并唱出，否则在评标时不予认可。投标总价中不应当包含招标文件要求以外的产品或服务的价格。

第四十八条 投标人对开标有异议的，应当在开标现场提出，招标人或招标机构应当当场作出答复，并制作记录。

第四十九条 招标人或招标机构应当在开标时制作开标记录，并在开标后3个工作日内上传招标网存档。

第五十条 评标由招标人依照本办法组建的评标委员会负责。依法必须进行招标的项目，其评标委员会由招标人的代表和从事相关领域工作满8年并具有高级职称或者具有同等专业水平的技术、经济等相关领域专家组成，成员人数为5人以上单数，其中技术、经济等方面专家人数不得少于成员总数的2/3。

第五十一条 依法必须进行招标的项目，机电产品国际招标评标所需专家原则上由招标人或招标机构在招标网上从国家、地方两级专家库内相关专业类别中采用随机抽取的方式产生。任何单位和个人不得以明示、暗示等任何方式指定或者变相指定参加评标委员会的专家成员。但技术复杂、专业性强或者国家有特殊要求，采取随机抽取方式确定的专家难以保证其胜任评标工作的特殊招标项目，报相应主管部门后，可以由招标人直接确定评标专家。

抽取评标所需的评标专家的时间不得早于开标时间3个工作日；同一项目包评标中，来自同一法人单位的评标专家不得超过评标委员会总人数的1/3。

随机抽取专家人数为实际所需专家人数。一次招标金额在1000万美元以上的国际招标项目包，所需专家的1/2以上应当从国家级专家库中抽取。

抽取工作应当使用招标网评标专家随机抽取自动通知系统。除专家不能参加和应当回避的情形外，不得废弃随机抽取的专家。

机电产品国际招标评标专家及专家库管理办法由商务部另行制定。

第五十二条 与投标人或其制造商有利害关系的人不得进入相关项目的评标委员会，评标专家不得参加与自己有利害关系的项目评标，且应当主动回避；已经进入的应当更换。主管部门的工作人员不得担任本机构负责监督项目的评标委员会成员。

依法必须进行招标的项目的招标人非因招标投标法、招标投标法实施条例和本办法规定的事由，不得更换依法确定的评标委员会成员。更换评标委员会的专家成员应当依照本办法第五十一条规定进行。

第五十三条 评标委员会成员名单在中标结果确定前应当保密，如有泄密，除追究当事人责任外，还应当报相应主管部门后及时更换。

评标前，任何人不得向评标专家透露其即将参与的评标项目招标人、投标人的有关情况及其他应当保密的信息。

招标人和招标机构应当采取必要的措施保证评标在严格保密的情况下进行。任何单位和个人不得非法干预、影响评标的过程和结果。

泄密影响中标结果的，中标无效。

第五十四条 招标人应当向评标委员会提供评标所必需的信息，但不得向评标委员会成员明示或者暗示其倾向或者排斥特定投标人。

招标人应当根据项目规模和技术复杂程度等因素合理确定评标时间。超过1/3的评标委员会成员认为评标时间不够的，招标人应当适当延长。

评标过程中，评标委员会成员有回避事由、擅离职守或者因健康等原因不能继续评标的，应当于评标当日报相应主管部门后按照所缺专家的人数重新随机抽取，及时更换。被更换的评标委员会成员作出的评审结论无效,由更换后的评标委员会成员重新进行评审。

第五十五条 评标委员会应当在开标当日开始进行评标。有特殊原因当天不能评标的,应当将投标文件封存,并在开标后48小时内开始进行评标。评标委员会成员应当依照招标投标法、招标投标法实施条例和本办法的规定,按照招标文件规定的评标方法和标准,独立、客观、公正地对投标文件提出评审意见。招标文件没有规定的评标方法和标准不得作为评标的依据。

评标委员会成员不得私下接触投标人,不得收受投标人给予的财物或者其他好处,不得向招标人征询确定中标人的意向,不得接受任何单位或者个人明示或者暗示提出的倾向或者排斥特定投标人的要求,不得有其他不客观、不公正履行职务的行为。

第五十六条 采用最低评标价法评标的,在商务、技术条款均实质性满足招标文件要求时,评标价格最低者为排名第一的中标候选人;采用综合评价法评标的,在商务、技术条款均实质性满足招标文件要求时,综合评价最优者为排名第一的中标候选人。

第五十七条 在商务评议过程中,有下列情形之一者,应予否决投标:

(一)投标人或其制造商与招标人有利害关系可能影响招标公正性的;

(二)投标人参与项目前期咨询或招标文件编制的;

(三)不同投标人单位负责人为同一人或者存在控股、管理关系的;

(四)投标文件未按招标文件的要求签署的;

(五)投标联合体没有提交共同投标协议的;

(六)投标人的投标书、资格证明材料未提供,或不符合国家规定或者招标文件要求的;

(七)同一投标人提交两个以上不同的投标方案或者投标报价的,但招标文件要求提交备选方案的除外;

(八)投标人未按招标文件要求提交投标保证金或保证金金额不足、保函有效期不足、投标保证金形式或出具投标保函的银行不符合招标文件要求的;

(九)投标文件不满足招标文件加注星号("*")的重要商务条款要求的;

(十)投标报价高于招标文件设定的最高投标限价的;

(十一)投标有效期不足的;

(十二)投标人有串通投标、弄虚作假、行贿等违法行为的;

(十三)存在招标文件中规定的否决投标的其他商务条款的。

前款所列材料在开标后不得澄清、后补;招标文件要求提供原件的,应当提供原件,否则将否决其投标。

第五十八条 对经资格预审合格、且商务评议合格的投标人不能再因其资格不合格否决其投标,但在招标周期内该投标人的资格发生了实质性变化不再满足原有资格要求的除外。

第五十九条 技术评议过程中,有下列情形之一者,应予否决投标:

(一)投标文件不满足招标文件技术规格中加注星号("*")的重要条款(参数)要求,或加注星号("*")的重要条款(参数)无符合招标文件要求的技术资料支持的;

(二)投标文件技术规格中一般参数超出允许偏离的最大范围或最多项数的;

(三)投标文件技术规格中的响应与事实不符或虚假投标的;

(四)投标人复制招标文件的技术规格相关部分内容作为其投标文件中一部分的;

(五)存在招标文件中规定的否决投标的其他技术条款的。

第六十条 采用最低评标价法评标的,价格评议按下列原则进行:

(一)按招标文件中的评标依据进行评标。计算评标价格时,对需要进行价格调整的部分,要依据招标文件和投标文件的内容加以调整并说明。投标总价中包含的招标文件要求以外的产品或服务,在评标时不予核减;

（二）除国外贷款、援助资金项目外，计算评标总价时，以货物到达招标人指定到货地点为依据；

（三）招标文件允许以多种货币投标的，在进行价格评标时，应当以开标当日中国银行总行首次发布的外币对人民币的现汇卖出价进行投标货币对评标货币的转换以计算评标价格。

第六十一条　采用综合评价法评标时，按下列原则进行：

（一）评标办法应当充分考虑每个评价指标所有可能的投标响应，且每一种可能的投标响应应当对应一个明确的评价值，不得对应多个评价值或评价值区间，采用两步评价方法的除外。

对于总体设计、总体方案等难以量化比较的评价内容，可以采取两步评价方法：第一步，评标委员会成员独立确定投标人该项评价内容的优劣等级，根据优劣等级对应的评价值算术平均后确定该投标人该项评价内容的平均等级；第二步，评标委员会成员根据投标人的平均等级，在对应的分值区间内给出评价值。

（二）价格评价应当符合低价优先、经济节约的原则，并明确规定评议价格最低的有效投标人将获得价格评价的最高评价值，价格评价的最大可能评价值和最小可能评价值应当分别为价格最高评价值和零评价值。

（三）评标委员会应当根据综合评价值对各投标人进行排名。综合评价值相同的，依照价格、技术、商务、服务及其他评价内容的优先次序，根据分项评价值进行排名。

第六十二条　招标文件允许备选方案的，评标委员会对有备选方案的投标人进行评审时，应当以主选方案为准进行评标。备选方案应当实质性响应招标文件要求。凡提供两个以上备选方案或者未按要求注明主选方案的，该投标应当被否决。凡备选方案的投标价格高于主选方案的，该备选方案将不予采纳。

第六十三条　投标人应当根据招标文件要求和产品技术要求列出供货产品清单和分项报价。投标人投标报价缺漏项超出招标文件允许的范围或比重的，为实质性偏离招标文件要求，评标委员会应当否决其投标。缺漏项在招标文件允许的范围或比重内的，评标时应当要求投标人确认缺漏项是否包含在投标价中，确认包含的，将其他有效投标中该项的最高价计入其评标总价，并依据此评标总价对其一般商务和技术条款（参数）偏离进行价格调整；确认不包含的，评标委员会应当否决其投标；签订合同时以投标价为准。

第六十四条　投标文件中有含义不明确的内容、明显文字或者计算错误，评标委员会认为需要投标人作出必要澄清、说明的，应当书面通知该投标人。投标人的澄清、说明应当采用书面形式在评标委员会规定的时间内提交，并不得超出投标文件的范围或者改变投标文件的实质性内容。

投标人的投标文件不响应招标文件加注星号（"*"）的重要商务和技术条款（参数），或加注星号（"*"）的重要技术条款（参数）未提供符合招标文件要求的技术支持资料的，评标委员会不得要求其进行澄清或后补。

评标委员会不得暗示或者诱导投标人作出澄清、说明，不得接受投标人主动提出的澄清、说明。

第六十五条　评标委员会经评审，认为所有投标都不符合招标文件要求的，可以否决所有投标。

依法必须进行招标的项目的所有投标被否决的，招标人应当依照本办法重新招标。

第六十六条　评标完成后，评标委员会应当向招标人提交书面评标报告和中标候选人名单。中标候选人应当不超过3个，并标明排序。

评标委员会的每位成员应当分别填写评标委员会成员评标意见表（见附件2），评标意见表是评标报告必不可少的一部分。评标报告应当由评标委员会全体成员签字。对评标结果有不同意见的评标委员会成员应当以书面形式说明其不同意见和理由，评标报告应当注明该不同意见。评标委员会成员拒绝在评标报告上签字又不说明其不同意见和理由的，视为同意评标结果。

专家受聘承担的具体项目评审工作结束后，招标人或者招标机构应当在招标网对专家的能力、水平、履行职责等方面进行评价，评价结果分为优秀、称职和不称职。

第六章 评标结果公示和中标

第六十七条 依法必须进行招标的项目，招标人或招标机构应当依据评标报告填写《评标结果公示表》，并自收到评标委员会提交的书面评标报告之日起3日内在招标网上进行评标结果公示。评标结果应当一次性公示，公示期不得少于3日。

采用最低评标价法评标的，《评标结果公示表》中的内容包括"中标候选人排名"、"投标人及制造商名称"、"评标价格"和"评议情况"等。每个投标人的评议情况应当按商务、技术和价格评议三个方面在《评标结果公示表》中分别填写，填写的内容应当明确说明招标文件的要求和投标人的响应内容。对一般商务和技术条款（参数）偏离进行价格调整的，在评标结果公示时，招标人或招标机构应当明确公示价格调整的依据、计算方法、投标文件偏离内容及相应的调整金额。

采用综合评价法评标的，《评标结果公示表》中的内容包括"中标候选人排名"、"投标人及制造商名称"、"综合评价值"、"商务、技术、价格、服务及其他等大类评价项目的评价值"和"评议情况"等。每个投标人的评议情况应当明确说明招标文件的要求和投标人的响应内容。

使用国外贷款、援助资金的项目，招标人或招标机构应当自收到评标委员会提交的书面评标报告之日起3日内向资金提供方报送评标报告，并自获其出具不反对意见之日起3日内在招标网上进行评标结果公示。资金提供方对评标报告有反对意见的，招标人或招标机构应当及时将资金提供方的意见报相应的主管部门，并依照本办法重新招标或者重新评标。

第六十八条 评标结果进行公示后，各方当事人可以通过招标网查看评标结果公示的内容。招标人或招标机构应当应投标人的要求解释公示内容。

第六十九条 投标人或者其他利害关系人对依法必须进行招标的项目的评标结果有异议的，应当于公示期内向招标人或招标机构提出，并将异议内容上传招标网。招标人或招标机构应当在收到异议之日起3日内作出答复，并将答复内容上传招标网；作出答复前，应当暂停招标投标活动。

异议答复应当对异议问题逐项说明，但不得涉及其他投标人的投标秘密。未在评标报告中体现的不满足招标文件要求的其他方面的偏离不能作为答复异议的依据。

经原评标委员会按照招标文件规定的方法和标准审查确认，变更原评标结果的，变更后的评标结果应当依照本办法进行公示。

第七十条 招标人根据评标委员会提出的书面评标报告和推荐的中标候选人确定中标人。招标人也可以授权评标委员会直接确定中标人。国有资金占控股或者主导地位的依法必须进行招标的项目，以及使用国外贷款、援助资金的项目，招标人应当确定排名第一的中标候选人为中标人。排名第一的中标候选人放弃中标、因不可抗力不能履行合同、不按招标文件要求提交履约保证金，或者被查实存在影响中标结果的违法行为等情形，不符合中标条件的，招标人可以按照评标委员会提出的中标候选人名单排序依次确定其他中标候选人为中标人，也可以重新招标。

第七十一条 评标结果公示无异议的，公示期结束后该评标结果自动生效并进行中标结果公告；评标结果公示有异议，但是异议答复后10日内无投诉的，异议答复10日后按照异议处理结果进行公告；评标结果公示有投诉的，相应主管部门做出投诉处理决定后，按照投诉处理决定进行公告。

第七十二条 依法必须进行招标的项目，中标人确定后，招标人应当在中标结果公告后20日内向中标人发出中标通知书，并在中标结果公告后15日内将评标情况的报告（见附件3）提交至相应的主管部门。中标通知书也可以由招标人委托其招标机构发出。

使用国外贷款、援助资金的项目，异议或投诉的结果与报送资金提供方的评标报告不一致的，招标人或招标机构应当按照异议或投诉的结果修改评标报告，并将修改后的评标报告报送资金提供方，获其不反对意见后向中标人发出中标通知书。

第七十三条 中标结果公告后15日内，招标人或招标机构应当在招标网完成该项目包招标投标情况及其相关数据的存档。存档的内容应当与招标投标实际情况一致。

第七十四条 中标候选人的经营、财务状况发生较大变化或者存在违法行为，招标人认为可能影响其履约能力的，应当在发出中标通知书前由原评标委员会按照招标文件规定的方法和标准审查确认。

第七十五条 中标通知书对招标人和中标人具有法律效力。中标通知书发出后，招标人改变中标结果的，或者中标人放弃中标项目的，应当依法承担法律责任。

第七十六条 招标人和中标人应当自中标通知书发出之日起30日内，依照招标投标法、招标投标法实施条例和本办法的规定签订书面合同，合同的标的、价款、质量、履行期限等主要条款应当与招标文件和中标人的投标文件的内容一致。招标人或中标人不得拒绝或拖延与另一方签订合同。招标人和中标人不得再行订立背离合同实质性内容的其他协议。

招标人最迟应当在书面合同签订后5日内向中标人和未中标的投标人退还投标保证金及银行同期存款利息。

第七十七条 招标文件要求中标人提交履约保证金的，中标人应当按照招标文件的要求提交。履约保证金不得超过中标合同金额的10%。

第七十八条 中标产品来自关境外的，由招标人按照国家有关规定办理进口手续。

第七十九条 中标人应当按照合同约定履行义务，完成中标项目。中标人不得向他人转让中标项目，也不得将中标项目肢解后分别向他人转让。

第八十条 依法必须进行招标的项目，在国际招标过程中，因招标人的采购计划发生重大变更等原因，经项目主管部门批准，报相应的主管部门后，招标人可以重新组织招标。

第八十一条 招标人或招标机构应当按照有关规定妥善保存招标委托协议、资格预审公告、招标公告、资格预审文件、招标文件、资格预审申请文件、投标文件、异议及答复等相关资料，以及与评标相关的评标报告、专家评标意见、综合评价法评价原始记录表等资料，并对评标情况和资料严格保密。

第七章 投诉与处理

第八十二条 投标人或者其他利害关系人认为招标投标活动不符合法律、行政法规及本办法规定的，可以自知道或者应当知道之日起10日内向相应主管部门投诉。就本办法第三十六条规定事项进行投诉的，潜在投标人或者其他利害关系人应当在自领购资格预审文件或招标文件10日内向相应的主管部门提出；就本办法第四十八条规定事项进行投诉的，投标人或者其他利害关系人应当在自开标10日内向相应的主管部门提出；就本办法第六十九条规定事项进行投诉的，投标人或者其他利害关系人应当在自评标结果公示结束10日内向相应的主管部门提出。

就本办法第三十六条、第四十八条、第六十九条规定事项投诉的，应当先向招标人提出异议，异议答复期间不计算在前款规定的期限内。就异议事项投诉的，招标人或招标机构应当在该项目被网上投诉后3日内,将异议相关材料提交相应的主管部门。

第八十三条 投诉人应当于投诉期内在招标网上填写《投诉书》(见附件4)(就异议事项进行投诉的,应当提供异议和异议答复情况及相关证明材料),并将由投诉人单位负责人或单位负责人授权的人签字并盖章的《投诉书》、单位负责人证明文件及相关材料在投诉期内送达相应的主管部门。境外投诉人所在企业无印章的,以单位负责人或单位负责人授权的人签字为准。

投诉应当有明确的请求和必要的证明材料。投诉有关材料是外文的,投诉人应当同时提供其中文译本,并以中文译本为准。

投诉人应保证其提出投诉内容及相应证明材料的真实性及来源的合法性,并承担相应的法律责任。

第八十四条 主管部门应当自收到书面投诉书之日起3个工作日内决定是否受理投诉,并将是否受理的决定在招标网上告知投诉人。主管部门应当自受理投诉之日起30个工作日内作出书面处理决定(见附件5),并将书面处理决定在招标网上告知投诉人;需要检验、检测、鉴定、专家评审的,以及监察机关依法对与招标投标活动有关的监察对象实施调查并可能影响投诉处理决定的,所需时间不计算在内。使用国外贷款、援助资金的项目,需征求资金提供方意见的,所需时间不计算在内。

主管部门在处理投诉时,有权查阅、复制有关文件、资料,调查有关情况,相关单位和人员应当予以配合。必要时,主管部门可以责令暂停招标投标活动。

主管部门在处理投诉期间,招标人或招标机构应当就投诉的事项协助调查。

第八十五条 有下列情形之一的投诉,不予受理:

(一)就本办法第三十六条、第四十八条、第六十九条规定事项投诉,其投诉内容在提起投诉前未按照本办法的规定提出异议的;

(二)投诉人不是投标人或者其他利害关系人的;

(三)《投诉书》未按本办法有关规定签字或盖章,或者未提供单位负责人证明文件的;

(四)没有明确请求的,或者未按本办法提供相应证明材料的;

(五)涉及招标评标过程具体细节、其他投诉人的商业秘密或其他投标人的投标文件具体内容但未能说明内容真实性和来源合法性的;

(六)未在规定期限内在招标网上提出的;

(七)未在规定期限内将投诉书及相关证明材料送达相应主管部门的。

第八十六条 在评标结果投诉处理过程中,发现招标文件重要商务或技术条款(参数)出现内容错误、前后矛盾或与国家相关法律法规不一致的情形,影响评标结果公正性的,当次招标无效,主管部门将在招标网上予以公布。

第八十七条 招标人对投诉的内容无法提供充分解释和说明的,主管部门可以自行组织或者责成招标人、招标机构组织专家就投诉的内容进行评审。

就本办法第三十六条规定事项投诉的,招标人或招标机构应当从专家库中随机抽取3人以上单数评审专家。评审专家不得作为同一项目包的评标专家。

就本办法第六十九条规定事项投诉的,招标人或招标机构应当从国家级专家库中随机抽取评审专家,国家级专家不足时,可由地方级专家库中补充,但国家级专家不得少于2/3。评审专家不得包含参与该项目包评标的专家,并且专家人数不得少于评标专家人数。

第八十八条 投诉人拒绝配合主管部门依法进行调查的,被投诉人不提交相关证据、依据和其他有关材料的,主管部门按照现有可获得的材料对相关投诉依法作出处理。

第八十九条 投诉处理决定作出前,经主管部门同意,投诉人可以撤回投诉。投诉人申请撤回投诉的,应当以书面形式提交给主管部门,并同时在网上提出撤回投诉申请。已经查实投诉内容成立的，投诉人撤回投诉的行为不影响投诉处理决定。投诉人撤回投诉的，不得以同一的事实和理由再次进行投诉。

第九十条 主管部门经审查，对投诉事项可作出下列处理决定：

（一）投诉内容未经查实前，投诉人撤回投诉的，终止投诉处理；

（二）投诉缺乏事实根据或者法律依据的，以及投诉人捏造事实、伪造材料或者以非法手段取得证明材料进行投诉的，驳回投诉；

（三）投诉情况属实，招标投标活动确实存在不符合法律、行政法规和本办法规定的，依法作出招标无效、投标无效、中标无效、修改资格预审文件或者招标文件等决定。

第九十一条 商务部在招标网设立信息发布栏，包括下列内容：

（一）投诉汇总统计，包括年度内受到投诉的项目、招标人、招标机构名称和投诉处理结果等；

（二）招标机构代理项目投诉情况统计，包括年度内项目投诉数量、投诉率及投诉处理结果等；

（三）投标人及其他利害关系人投诉情况统计，包括年度内项目投诉数量、投诉率及不予受理投诉、驳回投诉、不良投诉（本办法第九十六条第四项的投诉行为）等；

（四）违法统计，包括年度内在招标投标活动过程中违反相关法律、行政法规和本办法的当事人、项目名称、违法情况和处罚结果。

第九十二条 主管部门应当建立投诉处理档案，并妥善保存。

第八章 法律责任

第九十三条 招标人对依法必须进行招标的项目不招标或化整为零以及以其他任何方式规避国际招标的，由相应主管部门责令限期改正，可以处项目合同金额 0.5% 以上 1% 以下的罚款；对全部或者部分使用国有资金的项目，可以通告项目主管机构暂停项目执行或者暂停资金拨付；对单位直接负责的主管人员和其他直接责任人员依法给予处分。

第九十四条 招标人有下列行为之一的，依照招标投标法、招标投标法实施条例的有关规定处罚：

（一）依法应当公开招标而采用邀请招标的；

（二）以不合理的条件限制、排斥潜在投标人的，对潜在投标人实行歧视待遇的，强制要求投标人组成联合体共同投标的，或者限制投标人之间竞争的；

（三）招标文件、资格预审文件的发售、澄清、修改的时限，或者确定的提交资格预审申请文件、投标文件的时限不符合规定的；

（四）不按照规定组建评标委员会，或者确定、更换评标委员会成员违反规定的；

（五）接受未通过资格预审的单位或者个人参加投标，或者接受应当拒收的投标文件的；

（六）违反规定，在确定中标人前与投标人就投标价格、投标方案等实质性内容进行谈判的；

（七）不按照规定确定中标人的；

（八）不按照规定对异议作出答复，继续进行招标投标活动的；

（九）无正当理由不发出中标通知书，或者中标通知书发出后无正当理由改变中标结果的；

（十）无正当理由不与中标人订立合同，或者在订立合同时向中标人提出附加条件的；

（十一）不按照招标文件和中标人的投标文件与中标人订立合同，或者与中标人订立背离合同实质性内容的协议的；

（十二）向他人透露已获取招标文件的潜在投标人的名称、数量或者可能影响公平竞争的有关招标投标的其他情况的,或者泄露标底的。

第九十五条 招标人有下列行为之一的,给予警告,并处3万元以下罚款;该行为影响到评标结果的公正性的,当次招标无效:

(一)与投标人相互串通、虚假招标投标的;
(二)以不正当手段干扰招标投标活动的;
(三)不履行与中标人订立的合同的;
(四)除本办法第九十四条第十二项所列行为外,其他泄漏应当保密的与招标投标活动有关的情况、材料或信息的;
(五)对主管部门的投诉处理决定拒不执行的;
(六)其他违反招标投标法、招标投标法实施条例和本办法的行为。

第九十六条 投标人有下列行为之一的,依照招标投标法、招标投标法实施条例的有关规定处罚:

(一)与其他投标人或者与招标人相互串通投标的;
(二)以向招标人或者评标委员会成员行贿的手段谋取中标的;
(三)以他人名义投标或者以其他方式弄虚作假,骗取中标的;
(四)捏造事实、伪造材料或者以非法手段取得证明材料进行投诉的。

有前款所列行为的投标人不得参与该项目的重新招标。

第九十七条 投标人有下列行为之一的,当次投标无效,并给予警告,并处3万元以下罚款:

(一)虚假招标投标的;
(二)以不正当手段干扰招标、评标工作的;
(三)投标文件及澄清资料与事实不符,弄虚作假的;
(四)在投诉处理过程中,提供虚假证明材料的;
(五)中标通知书发出之前与招标人签订合同的;
(六)中标的投标人不按照其投标文件和招标文件与招标人签订合同的或提供的产品不符合投标文件的;
(七)其他违反招标投标法、招标投标法实施条例和本办法的行为。

有前款所列行为的投标人不得参与该项目的重新招标。

第九十八条 中标人有下列行为之一的,依照招标投标法、招标投标法实施条例的有关规定处罚:

(一)无正当理由不与招标人订立合同的,或者在签订合同时向招标人提出附加条件的;
(二)不按照招标文件要求提交履约保证金的;
(三)不履行与招标人订立的合同的。

有前款所列行为的投标人不得参与该项目的重新招标。

第九十九条 招标机构有下列行为之一的,依照招标投标法、招标投标法实施条例的有关规定处罚:

(一)与招标人、投标人串通损害国家利益、社会公共利益或者他人合法权益的;
(二)在所代理的招标项目中投标、代理投标或者向该项目投标人提供咨询的;
(三)参加受托编制标底项目的投标或者为该项目的投标人编制投标文件、提供咨询的;
(四)泄漏应当保密的与招标投标活动有关的情况和资料的。

第一百条 招标机构有下列行为之一的,给予警告,并处3万元以下罚款;该行为影响到整个招标公正性的,当次招标无效:

(一)与招标人、投标人相互串通、搞虚假招标投标的;

（二）在进行机电产品国际招标机构登记时填写虚假信息或提供虚假证明材料的；

（三）无故废弃随机抽取的评审专家的；

（四）不按照规定及时向主管部门报送材料或者向主管部门提供虚假材料的；

（五）未在规定的时间内将招标投标情况及其相关数据上传招标网，或者在招标网上发布、公示或存档的内容与招标公告、招标文件、投标文件、评标报告等相应书面内容存在实质性不符的；

（六）不按照本办法规定对异议作出答复的，或者在投诉处理的过程中未按照主管部门要求予以配合的；

（七）因招标机构的过失，投诉处理结果为招标无效或中标无效，6个月内累计2次，或一年内累计3次的；

（八）不按照本办法规定发出中标通知书或者擅自变更中标结果的；

（九）其他违反招标投标法、招标投标法实施条例和本办法的行为。

第一百零一条　评标委员会成员有下列行为之一的，依照招标投标法、招标投标法实施条例的有关规定处罚：

（一）应当回避而不回避的；

（二）擅离职守的；

（三）不按照招标文件规定的评标方法和标准评标的；

（四）私下接触投标人的；

（五）向招标人征询确定中标人的意向或者接受任何单位或者个人明示或者暗示提出的倾向或者排斥特定投标人的要求的；

（六）暗示或者诱导投标人作出澄清、说明或者接受投标人主动提出的澄清、说明的；

（七）对依法应当否决的投标不提出否决意见的；

（八）向他人透露对投标文件的评审和比较、中标候选人的推荐以及与评标有关的其他情况的。

第一百零二条　评标委员会成员有下列行为之一的，将被从专家库名单中除名，同时在招标网上予以公告：

（一）弄虚作假，谋取私利的；

（二）在评标时拒绝出具明确书面意见的；

（三）除本办法第一百零一条第八项所列行为外，其他泄漏应当保密的与招标投标活动有关的情况和资料的；

（四）与投标人、招标人、招标机构串通的；

（五）专家1年内2次被评价为不称职的；

（六）专家无正当理由拒绝参加评标的；

（七）其他不客观公正地履行职责的行为，或违反招标投标法、招标投标法实施条例和本办法的行为。

前款所列行为影响中标结果的，中标无效。

第一百零三条　除评标委员会成员之外的其他评审专家有本办法第一百零一条和第一百零二条所列行为之一的，将被从专家库名单中除名，同时在招标网上予以公告。

第一百零四条　招标网承办单位有下列行为之一的，商务部予以警告并责令改正；情节严重的或拒不改正的，商务部可以中止或终止其委托服务协议；给招标投标活动当事人造成损失的，应当承担赔偿责任；构成犯罪的，依法追究刑事责任：

（一）超出商务部委托范围从事与委托事项相关活动的；

（二）利用承办商务部委托范围内事项向有关当事人收取费用的；

（三）无正当理由拒绝或者延误潜在投标人于投标截止时间前在招标网免费注册的；

（四）泄露应当保密的与招标投标活动有关情况和资料的；

（五）在委托范围内，利用有关当事人的信息非法获取利益的；

（六）擅自修改招标人、投标人或招标机构上传资料的；

（七）与招标人、投标人、招标机构相互串通，搞虚假招标投标的；

（八）其他违反招标投标法、招标投标法实施条例及本办法的。

第一百零五条 主管部门在处理投诉过程中，发现被投诉人单位直接负责的主管人员和其他直接责任人员有违法、违规或者违纪行为的，应当建议其行政主管机关、纪检监察部门给予处分；情节严重构成犯罪的，移送司法机关处理。

第一百零六条 主管部门不依法履行职责，对违反招标投标法、招标投标法实施条例和本办法规定的行为不依法查处，或者不按照规定处理投诉、不依法公告对招标投标当事人违法行为的行政处理决定的，对直接负责的主管人员和其他直接责任人员依法给予处分。

主管部门工作人员在招标投标活动监督过程中徇私舞弊、滥用职权、玩忽职守，构成犯罪的，依法追究刑事责任。

第一百零七条 出让或者出租资格、资质证书供他人投标的，依照法律、行政法规的规定给予行政处罚；构成犯罪的，依法追究刑事责任。

第一百零八条 依法必须进行招标的项目的招标投标活动违反招标投标法、招标投标法实施条例和本办法的规定，对中标结果造成实质性影响，且不能采取补救措施予以纠正的，招标、投标、中标无效，应当依照本办法重新招标或者重新评标。

重新评标应当由招标人依照本办法组建新的评标委员会负责。前一次参与评标的专家不得参与重新招标或者重新评标。依法必须进行招标的项目，重新评标的结果应当依照本办法进行公示。

除法律、行政法规和本办法规定外，招标人不得擅自决定重新招标或重新评标。

第一百零九条 本章规定的行政处罚，由相应的主管部门决定。招标投标法、招标投标法实施条例已对实施行政处罚的机关作出规定的除外。

第九章 附 则

第一百一十条 不属于工程建设项目，但属于固定资产投资项目的机电产品国际招标投标活动，按照本办法执行。

第一百一十一条 与机电产品有关的设计、方案、技术等国际招标投标，可参照本办法执行。

第一百一十二条 使用国外贷款、援助资金进行机电产品国际招标的，应当按照本办法的有关规定执行。贷款方、资金提供方对招标投标的具体条件和程序有不同规定的，可以适用其规定，但违背中华人民共和国的国家安全或社会公共利益的除外。

第一百一十三条 机电产品国际招标投标活动采用电子招标投标方式的，应当按照本办法和国家有关电子招标投标的规定执行。

第一百一十四条 本办法所称"单位负责人"，是指单位法定代表人或者法律、行政法规规定代表单位行使职权的主要负责人。

第一百一十五条 本办法所称"日"为日历日，期限的最后一日是国家法定节假日的，顺延到节假日后的次日为期限的最后一日。

第一百一十六条 本办法中 CIF、CIP、DDP 等贸易术语，应当根据国际商会（ICC）现行最新版本的《国际贸易术语解释通则》的规定解释。

第一百一十七条 本办法由商务部负责解释。

第一百一十八条 本办法自 2014 年 4 月 1 日起施行。《机电产品国际招标投标实施办法》（商务部 2004 年第 13 号令）同时废止。

附件：1. 机电产品范围（略）
　　　2. 评标委员会成员评标意见表（略）
　　　3. 评标情况的报告（略）
　　　4. 投诉书（略）
　　　5. 投诉处理决定书（略）

进口旧机电产品检验监督管理办法

（国家质量监督检验检疫总局令第 171 号）

（2015 年 11 月 23 日由国家质量监督检验检疫总局发布；根据 2017 年 2 月 27 日国家质量监督检验检疫总局令第 187 号《国家质量监督检验检疫总局关于修改〈进口旧机电产品检验监督管理办法〉的决定》修改，根据 2018 年 4 月 28 日海关总署令第 238 号《海关总署关于修改部分规章的决定》修改，根据 2018 年 5 月 29 日海关总署令第 240 号《海关总署关于修改部分规章的决定》修改，根据 2018 年 11 月 23 日海关总署令第 243 号《海关总署关于修改部分规章的决定》修改；现行版本自 2018 年 11 月 23 日起施行；法规类型为部门规章）

第一章　总　则

第一条　为了规范进口旧机电产品的检验监督管理工作，根据《中华人民共和国进出口商品检验法》及其实施条例以及中华人民共和国缔结或者参加的双边或者多边条约、协定和其他具有条约性质的文件的有关规定，制定本办法。

第二条　本办法适用于国家允许进口的、在中华人民共和国境内销售、使用的旧机电产品的检验监督管理。

本办法所称旧机电产品是指具有下列情形之一的机电产品：

（一）已经使用（不含使用前测试、调试的设备），仍具备基本功能和一定使用价值的；

（二）未经使用，但是超过质量保证期（非保修期）的；

（三）未经使用，但是存放时间过长，部件产生明显有形损耗的；

（四）新旧部件混装的；

（五）经过翻新的。

第三条　海关总署主管全国进口旧机电产品检验监督管理工作。

主管海关负责所辖地区进口旧机电产品检验监督管理工作。

第四条　进口旧机电产品应当符合法律法规对安全、卫生、健康、环境保护、防止欺诈、节约能源等方面的规定，以及国家技术规范的强制性要求。

第五条　进口旧机电产品应当实施口岸查验、目的地检验以及监督管理。价值较高、涉及人身财产安全、健康、环境保护项目的高风险进口旧机电产品，还需实施装运前检验。

需实施装运前检验的进口旧机电产品清单由海关总署制定并在海关总署网站上公布。

进口旧机电产品的装运前检验结果与口岸查验、目的地检验结果不一致的，以口岸查验、目的地检验结果为准。

第六条 旧机电产品的进口商应当诚实守信,对社会和公众负责,对其进口的旧机电产品承担质量主体责任。

第二章 装运前检验

第七条 需实施装运前检验的进口旧机电产品,其收、发货人或者其代理人应当按照海关总署的规定申请主管海关或者委托检验机构实施装运前检验。

海关总署不予指定检验机构从事进口旧机电产品装运前检验。

装运前检验应当在货物启运前完成。

第八条 收、发货人或者其代理人申请海关实施装运前检验的,海关可以根据需要,组织实施或者派出检验人员参加进口旧机电产品装运前检验。

第九条 进口旧机电产品装运前检验应当按照国家技术规范的强制性要求实施。

装运前检验内容包括:

(一)对安全、卫生、健康、环境保护、防止欺诈、能源消耗等项目做出初步评价;

(二)核查产品品名、数量、规格(型号)、新旧、残损情况是否与合同、发票等贸易文件所列相符;

(三)是否包括、夹带禁止进口货物。

第十条 检验机构接受委托实施装运前检验的,应当诚实守信,按照本办法第九条以及海关总署的规定实施装运前检验。

第十一条 海关或者检验机构应当在完成装运前检验工作后,签发装运前检验证书,并随附装运前检验报告。

检验证书及随附的检验报告应当符合以下要求:

(一)检验依据准确、检验情况明晰、检验结果真实;

(二)有统一、可追溯的编号;

(三)检验报告应当包含检验依据、检验对象、现场检验情况、装运前检验机构及授权签字人签名等要求;

(四)检验证书不应含有检验报告中检验结论及处理意见为不符合本办法第四条规定的进口旧机电产品;

(五)检验证书及随附的检验报告文字应当为中文,若出具中外文对照的,以中文为准;

(六)检验证书应当有明确的有效期限,有效期限由签发机构根据进口旧机电产品情况确定,一般为半年或一年。

工程机械的检验报告除满足上述要素外,还应当逐台列明名称、HS编码、规格型号、产地、发动机号/车架号、制造日期(年)、运行时间(小时)、检测报告、维修记录、使用说明书核查情况等内容。

第三章 进口旧机电产品检验

第十二条 进口旧机电产品运抵口岸后,收货人或者其代理人应当凭合同、发票、装箱单、提单等资料向海关办理报检手续。需实施装运前检验的,报检前还应当取得装运前检验证书。

第十三条 口岸海关对进口旧机电产品实施口岸查验。

实施口岸查验时,应当对报检资料进行逐批核查。必要时,对进口旧机电产品与报检资料是否相符进行现场核查。

口岸查验的其他工作按口岸查验的相关规定执行。

第十四条 目的地海关对进口旧机电产品实施目的地检验。

第十五条 海关对进口旧机电产品的目的地检验内容包括：一致性核查，安全、卫生、环境保护等项目检验。

（一）一致性核查：

1. 核查产品是否存在外观及包装的缺陷或者残损；

2. 核查产品的品名、规格、型号、数量、产地等货物的实际状况是否与报检资料及装运前检验结果相符；

3. 对进口旧机电产品的实际用途实施抽查，重点核查特殊贸易方式进口旧机电产品的实际使用情况是否与申报情况一致。

（二）安全项目检验：

1. 检查产品表面缺陷、安全标识和警告标记；

2. 检查产品在静止状态下的电气安全和机械安全；

3. 检验产品在运行状态下的电气安全和机械安全，以及设备运行的可靠性和稳定性。

（三）卫生、环境保护项目检验：

1. 检查产品卫生状况，涉及食品安全项目的食品加工机械及家用电器是否符合相关强制性标准；

2. 检测产品在运行状态下的噪声、粉尘含量、辐射以及排放物是否符合标准；

3. 检验产品是否符合我国能源效率有关限定标准。

（四）对装运前检验发现的不符合项目采取技术和整改措施的有效性进行验证，对装运前检验未覆盖的项目实施检验；必要时对已实施的装运前检验项目实施抽查。

（五）其他项目的检验依照同类机电产品检验的有关规定执行。

第十六条 经目的地检验，涉及人身财产安全、健康、环境保护项目不合格的，由海关责令收货人销毁、退运；其他项目不合格的，可以在海关的监督下进行技术处理，经重新检验合格的，方可销售或者使用。

经目的地检验不合格的进口旧机电产品，属成套设备及其材料的，签发不准安装使用通知书。经技术处理，并经海关重新检验合格的，方可安装使用。

第四章 监督管理

第十七条 海关对进口旧机电产品收货人及其代理人、进口商及其代理人、装运前检验机构及相关活动实施监督管理。

第十八条 检验机构应当对其所出具的装运前检验证书及随附的检验报告的真实性、准确性负责。

海关在进口旧机电产品检验监管工作中，发现检验机构出具的检验证书及随附的检验报告存在违反本办法第十一条规定，情节严重或引起严重后果的，可以发布警示通报并决定在一定时期内不予认可其出具的检验证书及随附的检验报告，但最长不得超过3年。

第十九条 进口旧机电产品的进口商应当建立产品进口、销售和使用记录制度，如实记录进口旧机电产品的品名、规格、数量、出口商和购货者名称及联系方式、交货日期等内容。记录应当真实，保存期限不得少于2年。

海关可以对本辖区内进口商的进口、销售和使用记录进行检查。

第二十条 海关对进口旧机电产品检验监管过程中发现的质量安全问题依照风险预警及快速反应的有关规定进行处置。

第二十一条 海关工作人员在履行进口旧机电产品检验监管职责中，对所知悉的商业秘密负有保密义务。

海关履行进口旧机电产品检验监管职责，应当遵守法律，维护国家利益，依照法定职权和法定程序严格执法，接受监督。

第五章 法律责任

第二十二条 擅自销售、使用未报检或者未经检验的进口旧机电产品，由海关按照《中华人民共和国进出口商品检验法实施条例》没收违法所得，并处进口旧机电产品货值金额5%以上20%以下罚款；构成犯罪的，依法追究刑事责任。

第二十三条 销售、使用经法定检验、抽查检验或者验证不合格的进口旧机电产品，由海关按照《中华人民共和国进出口商品检验法实施条例》责令停止销售、使用，没收违法所得和违法销售、使用的进口旧机电产品，并处违法销售、使用的进口旧机电产品货值金额等值以上3倍以下罚款；构成犯罪的，依法追究刑事责任。

第二十四条 擅自调换海关抽取的样品或者海关检验合格的进口旧机电产品的，由海关按照《中华人民共和国进出口商品检验法实施条例》责令改正，给予警告；情节严重的，并处旧机电产品货值金额10%以上50%以下罚款。

第二十五条 进口旧机电产品的收货人、代理报检企业或者报检人员不如实提供进口旧机电产品的真实情况，取得海关的有关单证，或者对法定检验的进口旧机电产品不予报检，逃避进口旧机电产品检验的，由海关按照《中华人民共和国进出口商品检验法实施条例》没收违法所得，并处进口旧机电产品货值金额5%以上20%以下罚款。

第二十六条 进口国家允许进口的旧机电产品未按照规定进行装运前检验的，按照国家有关规定予以退货；情节严重的，由海关按照《中华人民共和国进出口商品检验法实施条例》并处100万元以下罚款。

第二十七条 伪造、变造、买卖、盗窃或者使用伪造、变造的海关出具的装运前检验证书及检验报告，构成犯罪的，依法追究刑事责任；尚不够刑事处罚的，由海关按照《中华人民共和国进出口商品检验法实施条例》责令改正，没收违法所得，并处商品货值金额等值以下罚款。

第二十八条 海关工作人员在履行进口旧机电产品检验监管职责中应当秉公执法、忠于职守，不得滥用职权、玩忽职守、徇私舞弊；违法失职的，依法追究责任。

第六章 附 则

第二十九条 经特殊监管区进口的旧机电产品，按照本办法执行。

第三十条 进口旧机电产品涉及的动植物检疫和卫生检疫工作，按照进出境动植物检疫和国境卫生检疫法律法规的规定执行。

第三十一条 进口国家禁止进口的旧机电产品，应当予以退货或者销毁。

第三十二条 本办法由海关总署负责解释。

第三十三条 本办法自2016年1月1日起施行。国家质量监督检验检疫总局于2002年12月31日发布的《进口旧机电产品检验监督管理办法》和2003年8月18日发布的《进口旧机电产品检验监督程序规定》同时废止。

关于进一步简化旧机电设备进口手续的通知

(商产发〔2009〕166号)

(2009年4月10日由商务部、海关总署、国家质量监督检验检疫总局发布,2009年4月10日起施行,法规类型为规范性文件)

各省、自治区、直辖市、计划单列市和新疆生产建设兵团商务主管部门,各部门机电产品进出口办公室、广东分署、各直属海关,各直属出入境检验检疫局:

为贯彻落实国务院关于保持对外贸易稳定增长的要求,服务于钢铁、汽车、电子信息等十大产业调整振兴规划,促进我国经济平稳较快发展,经研究,对企业(含各类研究机构、大专院校等)自用进口的用于生产、研发或展览等技术水平较高、数量合理、仍有较长使用年限的旧机电设备,实行以下便利化措施:

一、简化旧机电设备进口证件申领手续

(一)涉及自动进口许可管理,且不需装船前预检验的旧机电设备,企业可凭进口合同等资料直接向机电产品进口管理部门申请办理自动进口许可证;若需进行装船前预检验,仍按现有规定办理。办理时限均不超过5个工作日。

(二)涉及进口许可证管理的旧机电设备,仍按现有规定办理。若设备的制造年限不超过5年,企业提交完备的申请材料后,各级机电产品进口管理部门应从速办理,办理时限不超过10个工作日。

二、对旧机电设备进口企业提供通关便利

海关按照旧机电设备进口企业所属类别对其进行分类管理,并按照《企业分类管理措施目录》,对其中的AA、A类企业提供相应的通关便利。

三、对进口旧机电设备给予检验检疫便利

(一)根据申请资料能够判定设备状态良好且安全、卫生和环保风险较小的旧机电设备,可免于装运前检验,仅实施到货检验。

(二)根据申请资料判定在安全、卫生或环保方面存在较大风险的旧机电设备,以及造纸、化工、冶金等大型成套设备,均按现有规定实施装运前检验。

确需进行装船前检验的,境外检验机构应克服困难,在最短工作时限内完成检验。到货检验仍按照现有规定执行,确保进口旧机电设备无环境污染、安全隐患等问题。

各进口管理部门不得受理《禁止进口货物目录(第二批)》中列明禁止进口的旧机电产品的进口证件、检验和报关申请。本通知所指旧机电设备不包括生活、办公用或用于消费的电子电器产品,或销售用各类机电产品。

特此通知。

关于调整进口旧机电产品检验监管的公告

(国家质量监督检验检疫总局公告 2014 年第 145 号)

(2014 年 12 月 31 日由国家质量监督检验检疫总局发布,2014 年 12 月 31 日起施行,法规类型为规范性文件)

根据《国务院关于取消和调整一批行政审批项目等事项的决定》(国发〔2014〕50 号)的要求和《中华人民共和国进出口商品检验法》(以下简称《商检法》)、《中华人民共和国进出口商品检验法实施条例》(以下简称《商检法实施条例》)的规定,现对进口旧机电产品检验监管业务进行调整。

一、取消对进口旧机电产品实施备案管理。

二、根据《商检法实施条例》的规定,保留对国家允许进口的旧机电产品实施检验监管的相关措施,包括装运前检验、口岸查验、到货检验以及监督管理。整理并公布《实施检验监管的进口旧机电产品目录》(见附件 1)、《进口旧机电产品检验监管措施清单(2014 年版)》(以下简称《检验监管措施清单》,见附件 2)。

三、列入《检验监管措施清单》管理措施表 1 的进口旧机电产品为禁止入境货物。

四、列入《检验监管措施清单》管理措施表 2 的旧机电产品进口时,收用货单位凭出入境检验检疫机构或检验机构(此前承担进口旧机电产品装运前检验业务的检验机构名单见附件 3)出具的装运前检验证书及相关必备材料向入境口岸检验检疫机构(以下简称口岸机构)申报;未按照规定进行装运前检验的,按照法律法规规定处置。

五、进口未列入《检验监管措施清单》的旧机电产品,无需实施装运前检验。收用货单位凭《旧机电产品进口声明》(见附件 4)及相关必备材料向口岸机构申报。

列入《检验监管措施清单》内且属于"出境维修复进口""暂时出口复进口""出口退货复进口""国内转移复进口"4 种特殊情况旧机电产品进口时,收用货单位凭《免〈进口旧机电产品装运前检验证书〉进口特殊情况声明》(见附件 5)及相关必备材料向口岸机构申报。

列入《检验监管措施清单》管理措施表 1 第 1 项、第 2 项内,但经国家特别许可的旧机电产品进口时,收用货单位凭《旧机电产品进口特别声明(1)》(见附件 6-1)及相关必备材料向口岸机构申报。

列入《检验监管措施清单》管理措施表 1 第 3 项、第 4 项内,但制冷介质为非氟氯烃物质(CFCs)的旧机电产品进口时,收用货单位凭《旧机电产品进口特别声明(2)》(见附件 6-2)及相关必备材料向口岸机构申报。

六、为方便收用货单位进口旧机电产品,减少收用货单位因对进口旧机电产品检验监管政策、流程不熟悉而造成的困难,收用货单位在旧机电产品进口前,可以通过"进口旧机电产品质量安全管理信息服务平台"(http://jjd.aqsiq.gov.cn:6889)进行在线咨询。

本公告自发布之日起生效。本公告生效日之前由出入境检验检疫机构签发的《进口旧机电产品装运前预检验备案书》《进口旧机电产品免装运前预检验证明书》在有效期内可继续使用。《关于调整进口旧机电产品检验监管工作的通知》(国质检〔2009〕605 号)同时废止。

附件：1. 实施检验监管的进口旧机电产品目录
2. 进口旧机电产品检验监管措施清单（2014 年版）
3. 此前承担进口旧机电产品装运前检验业务的检验机构名单（略）
4. 旧机电产品进口声明（略）
5. 免《进口旧机电产品装运前检验证书》进口特殊情况声明（略）
6-1. 旧机电产品进口特别声明（1）（略）
6-2. 旧机电产品进口特别声明（2）（略）

附件 1

实施检验监管的进口旧机电产品目录

产品类别	涉及的 HS 编号
一、金属制品	7309、7310、7311、7321、7322、7611、7612（除 76121、7612901 外）、7613、7615109010
二、机械及设备	84 章（除 8401、84061、8407101、8407102、8407210、8407290、84091、8409911、8412101090、8412800010、8412800020、8412901020、8412901090、8428909020、8479891、8479901、8483101、84871 外）
三、电器及电子产品	85 章（除 8526101、8526109001、8526109011、8526109091、8526919010、8548100000 外）
四、运输工具	86 章； 87 章（除 8710 外）
五、仪器仪表	9006～9008、9010～9013、9015（除 9015800010、9015800020、9015900010 外）、9018～9031、9032（除 9032899002、9032900001 外）、9033
六、医用家具、办公家具、金属家具、各种灯具及照明装置	9402、9403
七、其他（含电子乐器、儿童带轮玩具、带动力装置的玩具及模型、健身器械等）	7011；9207；95043、95045、95049021、95049029、9506911、9506919、950699、9508

附件 2

进口旧机电产品检验监管措施清单
（2014 年版）

管理措施表 1

国家规定禁止进口的旧机电产品（4 类）		
序号	产品目录或范围	管理措施
1	《旧机电产品禁止进口目录》（详见外经贸部、海关总署、质检总局公告 2001 年第 37 号）	擅自进口的，检验检疫机构应按照《商检法实施条例》规定通知海关作退运处理，情节严重的应予处罚。
2	旧玻壳、旧显像管、再生显像管及显像器等。（详见质检总局、发改委、信息部、海关总署、工商总局、认监委公告 2005 年第 134 号附表）	同上。
3	带有以氯氟烃物质为制冷剂的工业、商业用压缩机的旧机电产品。（详见商务部、海关总署、国家质检总局、国家环保总局公告 2005 年第 117 号附件）	同上。
4	带有以氯氟烃物质为制冷剂、发泡剂的旧家用电器和以氯氟烃为生产工厂的家用电器用压缩机的旧机电产品。（详见环保总局、发改委、商务部、海关总署、质检总局 环函〔2007〕200 号附件）	同上。

管理措施表2

(一) 涉及人身健康安全、卫生、环境保护的旧机电设备/产品（15类）

序号	设备/产品名称	设备/产品涉及的范围及描述	管理措施
1	化工（含石油化工）生产设备	包括但不限于：原油加工设备，乙烯、丙烯装置，合成氨装置，化肥设备，化工原料生产装置，染料生产设备，橡胶、塑料生产设备，化工生产用空气系统（真空泵、压缩机、风机、提纯塔、精馏塔、蒸馏塔、热交换装置、液化器、发酵器、反应器）配备的控制系统、输送系统、检测设备。	须经检验检疫机构或检验机构实施装运前检验（进口特殊情况除外），确认旧机电设备安全、卫生、环保要求能够符合我国法律法规和技术规范；未实施装运前检验擅自进口的，检验检疫机构应按照《商检法实施条例》规定通知海关作退运处理，情节严重的应予处罚。
2	能源、动力设备	包括但不限于：汽轮、水轮、风力、燃气、燃油发电机组，空气及其他气体压缩机、冷冻机及热泵，与以上设备（机械）配备的控制系统、变压系统、传导系统、检测系统。	同上。
3	电子工业专用设备	包括但不限于：制造半导体单晶柱或晶凸的设备，制造半导体器件或集成电路用的设备，在印刷电路板上封装元器件的设备，与以上设备配备的控制系统、输送系统、检测设备。	同上。
4	冶金工业设备	包括但不限于：冶炼设备，压延加工设备，焦化设备，碳素制品设备，耐火材料设备，与以上设备配套的控制系统、输送系统、检测设备。	同上。
5	通讯设备	包括但不限于：光通讯设备，移动通讯设备，卫星地面站设备，与以上设备配套的控制系统、检测设备。	同上。
6	建材生产设备	包括但不限于：水泥生产、玻璃生产及加工设备，人造纤维板生产设备，与以上设备配备的控制系统、检测设备。	同上。
7	工程施工机械	包括但不限于：起重机，叉车，升降机，推土机，装载机及平地机，铲运机，摊铺机及压路机，机械铲，挖掘机及机械装载机，打桩机及拔桩机，凿岩机及掘进机，工程钻机。	同上。
8	金属切削机床	包括但不限于：加工中心，单工位组合机床及多工位组合机床，车床（包括车削中心），钻床，镗床，铣床，攻丝机，磨床，刨床，插床，拉床，切齿机，切断机。	同上。
9	金属非切削机床	包括但不限于：激光、超声波、放电等处理金属材料的加工机床，锻造或冲压机床，弯曲、折叠、矫直、剪切、冲孔、开槽机床，液压、机械压力机。	同上。
10	纺织生产机械	包括但不限于：化纤挤压、拉伸、变形或切割设备，纺织纤维预处理设备，纺纱机械，织机，后整理设备。	同上。
11	食品加工机械	包括但不限于：奶制品生产设备，饮料生产、灌装设备，糕点及食品设备，果蔬加工设备，制糖及糖果生产设备，制酒设备，肉类加工设备。	同上。
12	农牧林业加工机械	包括但不限于：拖拉机、联合收割机、棉花采摘机、机动喷粉机械、机动脱粒机、饲料粉碎机、插秧机、侧草机、木材加工设备。	同上。
13	印刷机械	包括但不限于：制版设备、印刷设备、装订设备。	同上。
14	纸浆、造纸及纸制品机械	包括但不限于：纸浆设备，造纸设备，纸或纸板整理设备，切纸机，纸、纸板及纸盟包装机。	同上。
15	电气产品	包括但不限于：电阻加热炉及烘箱，电阻焊机器及装置、电弧焊机器及装置，通过感应或介质损耗对材料进行热处理的设备，粒子加速器，电镀、电解或电泳设备及装置，激光器。	同上。

(二) 国家特殊需要的旧机电产品（2类）

序号	涉及产品范围及描述	管理措施
16	国家特别许可准予进口的、列入《进口旧机电产品检验监管措施清单》（2014年版）管理措施表1的旧机电产品。	须经检验检疫机构或检验机构实施装运前检验（进口特殊情况除外），确认旧机电产品安全、卫生、环保要求能够符合我国法律法规和技术规范；未实施装运前检验擅自进口的，检验检疫机构应按照《商检法实施条例》规定通知海关作退运处理，情节严重的应予处罚。
17	省级以上政府管理部门明确批准进口的国家限制投资、限制进口的产业、产品或技术目录内的产业、产品或技术涉及的旧机电产品。	同上。

关于旧机电产品进口管理有关问题的公告

(国家质量监督检验检疫总局　商务部　海关总署公告 2015 年第 76 号)

(2015 年 6 月 17 日由国家质量监督检验检疫总局、商务部、海关总署发布,2015 年 6 月 17 日起施行,法规类型为规范性文件)

根据《国务院关于取消和调整一批行政审批项目等事项的决定》(国发〔2014〕50 号)的要求,质检总局已取消进口旧机电产品备案行政审批。为保护环境、确保消费者安全和健康,规范进口秩序,现将加强旧机电产品进口管理要求公告如下:

一、关于调整进口旧机电产品的备案管理

(一)《重点旧机电产品进口管理办法》(商务部、海关总署、质检总局令 2008 年第 5 号)、《机电产品进口自动许可实施办法》(商务部、海关总署令 2008 年第 6 号)、《机电产品进口管理办法》(商务部、海关总署、质检总局令 2008 年第 7 号)中涉及进口旧机电产品备案管理的相关规定不再执行。检验检疫机构在对符合条件的产品出具《入境货物通关单》时,备注栏内标注"旧机电产品"字样。

(二)根据《机电产品进口自动许可实施办法》(商务部、海关总署令 2008 年第 6 号)第六条第(四)款,"进口旧机电产品的,应提供国家质检总局授权或许可的检验检疫机构出具的进口产品的预检验报告。"需要提供预检验报告的进口产品范围按照《质检总局关于调整进口旧机电产品检验监管的公告》(质检总局 2014 年第 145 号)中《进口旧机电产品检验监管措施清单》管理措施表 2 执行。

二、关于加强进口旧机电产品现场检验

纳入《应逐批实施现场检验的旧机电产品目录》(见附件)的旧机电产品(原生产厂售后服务维修除外),由口岸检验检疫机构逐批依据相关产品国家技术规范的强制性要求实施现场检验。经检验,凡不符合安全、卫生、环境保护要求的,由检验检疫机构责令收货人销毁,或出具退货处理通知单并书面告知海关,海关凭退货处理通知单办理退运手续。

本公告自发布之日起生效。

附件:应逐批实施现场检验的旧机电产品目录

附件

应逐批实施现场检验的旧机电产品目录

序号	商品编码	商品名称
1	8415.1010-8415.9090	空调
2	8418.1010-8418.9999	电冰箱
3	8471.3010-8471.5090	计算机类设备
4	8528.4100-8528.5990	显示器

续表

序号	商品编码	商品名称
5	8443.3211-8443.3219	打印机
6	8471.6040-8471.9000	其他计算机输入输出部件及自动数据处理设备的其他部件
7	8516.5	微波炉
8	8516.603	电饭锅
9	8517.1100-8517.6990	电话机及移动通讯设备
10	8443.3110-8443.3190，8443.3290	传真机
11	8469.0011-8469.0030	打字机
12	8521.1011-8521.9019	录像机、放像机及激光视盘机
13	8525.8011-8525.8039	摄像机、摄录一体机及数字相机
14	8528.7110-8528.7300	电视机
15	8534.0010-8534.0090	印刷电路
16	8540.1100-8540.9990	热电子管、冷阴极管或光阴极管等
17	8542.3100-8542.9000	集成电路及微电子组件
18	8443.3911-8443.3924	复印机

关于进口旧机电产品装运前检验有关问题的公告

（国家质量监督检验检疫总局公告2017年第83号）

(2017年9月30日由国家质量监督检验检疫总局发布，2017年9月30日起施行，法规类型为规范性文件)

为全面贯彻落实国务院关于取消和调整行政审批事项的改革决定，切实加强取消进口旧机电产品装运前检验机构指定后续监督管理，现就有关问题公告如下：

一、目前质检总局正在起草《进口旧机电产品检验监督管理办法》实施细则，拟对从事进口旧机电产品装运前检验的机构实施信息备案、风险管理、诚信管理等措施。质检总局将抓紧推动实施细则的制定工作，尽快向社会公布。

二、目前已在质检总局进行信息备案的装运前检验机构名单见附件。

附件：进口旧机电产品装运前检验机构备案名单（略）

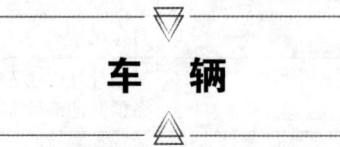

车 辆

进口汽车检验管理办法

（国家质量监督检验检疫总局令第1号）

（1999年11月22日由国家质量监督检验检疫总局发布；根据2018年4月28日海关总署令第238号《海关总署关于修改部分规章的决定》修改，根据2018年5月29日海关总署令第240号《海关总署关于修改部分规章的决定》修改；现行版本自2018年7月1日起施行；法规类型为部门规章）

第一条 为加强进口汽车检验管理工作，根据《中华人民共和国进出口商品检验法》（以下简称《商检法》）及其实施条例，制定本办法。

第二条 海关总署主管全国进口汽车检验监管工作，进口汽车入境口岸海关负责进口汽车入境检验工作，用户所在地海关负责进口汽车质保期内的检验管理工作。

第三条 对转关到内地的进口汽车，视通关所在地为口岸，由通关所在地海关按照本办法负责检验。

第四条 进口汽车的收货人或者代理人在货物运抵入境口岸后，应当凭合同、发票、提（运）单、装箱单等单证以及有关技术资料向口岸海关报检。

第五条 进口汽车入境口岸海关对进口汽车的检验包括：一般项目检验、安全性能检验和品质检验。

第六条 一般项目检验。在进口汽车入境时逐台核查安全标志，并进行规格、型号、数量、外观质量、随车工具、技术文件和零备件等项目的检验。

第七条 安全性能检验。按国家有关汽车的安全环保等法律法规、强制性标准和《进出口汽车安全检验规程》（SN/T0792-1999）实施检验。

第八条 品质检验。品质检验及其标准、方法等应在合同或合同附件中明确规定，进口合同无规定或规定不明确的，按《进出口汽车品质检验规程》（SN/T0791-1999）检验。

整批第一次进口的新型号汽车总数大于300台（含300台，按同一合同、同一型号、同一生产厂家计算）或总值大于一百万美元（含一百万美元）的必须实施品质检验。

批量总数小于300台或总值小于一百万美元的新型号进口汽车和非首次进口的汽车，海关视质量情况，对品质进行抽查检验。

品质检验的情况应抄报海关总署及有关主管海关。

第九条 海关对进口汽车的检验，可采取海关自检、与有关单位共同检验和认可检测单位检验等方式，由海关签发有关检验凭证。

第十条 对大批量进口汽车，外贸经营单位和收用货主管单位应在对外贸易合同中约定在出口国装运前进行预检验、监造或监装,海关可根据需要派出检验人员参加或者组织实施在出口国的检验。

第十一条 经检验合格的进口汽车,由口岸海关签发"入境货物检验检疫证明",并一车一单签发"进口机动车辆随车检验单"。对进口汽车实施品质检验的,"入境货物检验检疫证明"须加附"品质检验报告"。

经检验不合格的,海关出具检验检疫证书,供有关部门对外索赔。

第十二条 进口汽车的销售单位凭海关签发的"进口机动车辆随车检验单"等有关单证到当地工商行政管理部门办理进口汽车国内销售备案手续。

第十三条 用户在国内购买进口汽车时必须取得海关签发的"进口机动车辆随车检验单"和购车发票。在办理正式牌证前,到所在地海关登检、换发"进口机动车辆检验证明",作为到车辆管理机关办理正式牌证的依据。

第十四条 经登记的进口汽车,在质量保证期内,发现质量问题,用户应向所在地海关申请检验出证。

第十五条 各直属海关根据工作需要可委托或指定经考核符合条件的汽车检测线承担进口汽车安全性能的检测工作,并报海关总署备案。海关总署对实施进口汽车检验的检测线的测试和管理能力进行监督抽查。

第十六条 海关对未获得进口安全质量许可证书或者虽然已获得进口安全质量许可证书但未加贴检验检疫安全标志的、未按本办法检验登记的进口汽车,按《商检法》及《商检法实施条例》的有关规定处理。

第十七条 进口摩托车等其他进口机动车辆由收货人所在地海关参照本办法负责检验。

第十八条 各直属海关每半年将进口汽车质量分析报海关总署,并于7月15日和次年1月15日以前报出。

第十九条 本办法由海关总署负责解释。

第二十条 本办法自2000年1月1日起施行。原国家商检局下发的《国家商检局关于贯彻全国进出口汽车检验工作会议精神的通知》(国检检〔1990〕468号文)和《国家商检局关于启用新的"进口机动车辆随车检验单"和统一制作"进口车辆检验专用章"的通知》(国检检〔1994〕30号文)同时废止。

外商投资企业投资自用进口汽车管理办法

(〔2000〕外经贸资发第376号)

(2000年7月21日由对外贸易经济合作部、海关总署发布,2000年7月21日起施行,法规类型为规范性文件)

一、为规范外商投资企业投资自用进口汽车的管理,特制订本办法。

二、本办法适用于依法批准设立的中外合资企业、中外合作企业和外资企业(包括设在保税区、出口加工区内的外商投资企业,以下简称企业)。

三、本办法所指企业自用进口汽车包括小轿车、越野车及客车,具体商品编码见附表。

四、企业自用进口汽车所需资金总额按海关完税价格计算,不得超过企业注册资本的15%;并应按以下标准根据项目建设进度逐步配备:

（一）企业注册资本中，外方出资额在 500 万美元以下的企业，在其经营期限内累计可进口不超过 4 辆汽车，其中小轿车不超过 2 辆；

（二）企业注册资本中，外方出资额在 500 万美元及以上，1000 万美元以下的企业，在其经营期限内累计可进口不超过 6 辆汽车，其中小轿车不超过 3 辆；

（三）企业注册资本中，外方出资额在 1000 万美元及以上，3000 万美元以下的企业，在其经营期限内累计可进口不超过 8 辆汽车，其中小轿车不超过 4 辆；

（四）企业注册资本中，外方出资额在 3000 万美元以上的企业，在其经营期限内累计可进口不超过 10 辆汽车其中小轿车不超过 5 辆。

五、各省级外经贸外资管理部门每年根据企业的实际需求，按照规定的配车标准编制外商投资企业投资自用汽车进口计划，报外经贸部审核汇总纳入年度机电产品进口配额方案，报经国务院批准后，由外经贸部下达给各省级外经贸外资管理部门执行。

六、各省级外经贸外资管理部门要严格按照外经贸部下达的外商投资企业投资自用汽车进口计划及本管理办法所规定的配车标准审批管理，不得超标准审批。

七、企业凭外经贸部或省级外经贸外资管理部门出具的汽车进口配额批准文件向发证机关申领进口许可证，海关凭进口许可证验放。

八、企业因特殊原因，需进口汽车、小轿车数量超过本管理办法所规定的配车标准的，应通过所在地省级外经贸外资管理部门报外经贸部核准。外经贸部核准后，企业凭所在地省级外经贸外资管理部门出具的进口配额批准文件向发证机关申领进口许可证。

九、境外常设驻华机构及人员、三资企业外方常驻人员、外国专家进口的汽车仍按现行有关规定办理。

十、1996 年 3 月 31 日前依法批准设立的外商投资企业购买国产汽车，可按有关规定继续享受免税优惠政策，购买的国产汽车和进口汽车应合并计算在上述配车标准之内。

十一、本管理办法由外经贸部负责解释，此前凡与本管理办法不一致的有关规定，均以本管理办法为准。

十二、本管理办法自发布之日起执行。

附：企业自用进口汽车商品目录

关于执行《汽车产业发展政策》有关问题的公告

（海关总署　国家发展和改革委员会　商务部公告 2005 年第 44 号）

（2005 年 9 月 14 日由海关总署、国家发展和改革委员会、商务部发布，2005 年 9 月 14 日起施行，法规类型为规范性文件）

为贯彻落实《汽车产业发展政策》的有关规定，现将有关执行问题公告如下：

一、关于实行指定进口口岸管理的汽车范围问题

除《中华人民共和国进出口税则》货品名称为手扶拖拉机（87011000）、履带式牵引车、拖拉机（87013000）、轮式拖拉机（87019011）、其他拖拉机（87019019）、其他牵引车

(87019090)、雪地行走专用车及高尔夫球车（87031000）、非公路用电动轮货运自卸车（87041030）的整车外，列入税则号列 8701－8706 和 8716 的汽车及 8429 的轮式自行机械整车，实行指定进口口岸管理。

汽车零部件、关键件进口不实行指定进口口岸管理；汽车生产企业进口全散件（CKD）或半散件（SKD）的，可在国家指定进口口岸外的企业所在地海关办理报关手续；汽车生产企业进口的构成整车特征的汽车零部件应当在企业所在地海关办理进口报关手续。

二、关于进口汽车海关签发《货物进口证明书》问题

除挂车、半挂车和轮式自行机械车外，对实行指定进口口岸管理的汽车整车，进口时，海关签发"一车一证"的汽车用《货物进口证明书》，《货物进口证明书》数据与公安部实行电子联网。

对进口挂车、半挂车、轮式专用机械车，海关签发"一批一证"的非汽车用《货物进口证明书》；其他未列入第一条实行指定进口口岸管理范围的车辆，应进口经营者要求，海关可签发"一批一证"的非汽车用《货物进口证明书》。非汽车用《货物进口证明书》数据与公安部不实行电子联网。

对从非指定进口口岸进口的以展览为目的的进口汽车，展览后需留在国内的，海关可按转关方式从指定进口口岸凭商务部门签发的进口口岸为该口岸的《自动进口许可证》办理进口手续，并签发"一车一证"的汽车用《货物进口证明书》，《货物进口证明书》数据与公安部电子联网。

三、关于海关对指定进口口岸保税区内汽车管理问题

为实现政策平稳过渡，并尽快妥善处理保税区内存放的以进入国内市场为目的的汽车，现规定如下：

（一）办理海关登记备案与确认手续

对 2005 年 9 月 30 日前运抵保税区以进入国内市场为目的的进口汽车，经营者可凭仓库存储清单和原始合同向所在地海关办理登记备案（登记备案表见附件，可复印），海关审核确认后在登记备案表上加盖印章。2004 年 12 月 31 日前和 2005 年 1 月 1 日至 9 月 30 日间运抵保税区的车辆应当分别登记。

（二）办理进口许可手续

经海关审核确认后，如经营者具备小轿车经营资格，该经营者可凭登记备案表，按现行申请程序向商务部办理《自动进口许可证》；如经营者不具备小轿车经营资格，须与具备小轿车经营资格的企业签订协议，由具备小轿车经营资格的企业凭协议和登记备案表，按现行申请程序向商务部办理《自动进口许可证》。

（三）办理进口报关手续

2004 年 12 月 31 日前运抵保税区以进入国内市场为目的的进口汽车，须在 2005 年 12 月 31 日前向海关办理进口报关、纳税等手续；2005 年 1 月 1 日至 2005 年 9 月 30 日间运抵保税区以进入国内市场为目的的进口汽车，须在 2005 年 10 月 31 日前向海关办理进口报关、纳税等手续。

（四）保税区内存放的以进入国内市场为目的进口汽车在上述规定时间内不能办理进口报关手续的，应当全部实际退运出境。自 2005 年 10 月 1 日起，以进入国内市场为目的的汽车应直接在口岸海关办理进口报关、纳税等手续，保税区不得再存放以进入国内市场为目的的进口汽车，保税区海关将不再为此类汽车办理进口报关、纳税等手续。

特此公告。

附件：1. 保税区仓储汽车（2004 年 12 月 31 日前）存放登记备案表（略）

2. 保税区仓储汽车（2005年1月1日—9月30日）存放登记备案表（略）

关于进口汽车成套散件认定问题的公告

（海关总署公告2006年第19号）

（2006年4月24日由海关总署发布，2006年4月24日起施行，法规类型为规范性文件）

　　为了规范汽车成套散件进口管理，现就持汽车成套散件许可证进口的汽车成套散件的认定问题公告如下：

　　一、汽车各大总成（系统）中，车身总成（车门须与车体分离）、发动机总成、变速箱总成（或发动机与变速箱共同组成动力总成）、前后桥总成、车架总成、转向系统、制动系统以独立总成（系统）或者以独立总成（系统）的散件方式进口的，方可视为汽车成套散件。

　　二、对持凭成套散件许可证的进口汽车散件，海关应当严格按照其报验状态，根据本公告第一条的规定办理归类、征税和验放等手续。

　　本公告自公布之日起施行。对本公告公布之前已经由境外发运并于2006年7月1日前报关进口的汽车成套散件，仍按照原做法办理。

　　特此公告。

关于在汽车整车进口口岸之间开展进口汽车整车转关业务的公告

（海关总署公告2014年第5号）

（2014年1月9日由海关总署发布，2014年1月9日起施行，法规类型为规范性文件）

　　为更好地促进地方外向型经济发展，充分发挥已设立的汽车整车进口口岸的作用，海关总署决定在汽车整车进口口岸之间开展进口汽车整车转关业务。现就有关事项公告如下：

　　一、在汽车整车进口口岸之间办理进口汽车整车转关手续，应当符合下列条件：

　　（一）办理转关运输的进口整车应当具备全程提单；

　　（二）承运转关进口整车的运输企业及其运输工具应当在海关办理备案登记手续，并安装定位监控装置；

　　（三）进口整车转关应当采用符合海关监管要求和装卸标准的集装箱装载运输。

　　二、进口整车的经营单位应当按照《中华人民共和国海关关于转关货物监管办法》（署令〔2001〕第89号）有关转关申报的规定，向海关办理进口整车转关手续。

　　三、本公告自发布之日起执行。

　　特此公告。

关于《货物进口证明书》相关事宜的公告

(海关总署公告2015年第34号)

(2015年7月29日由海关总署发布，2015年7月29日起施行，法规类型为规范性文件)

为规范《货物进口证明书》（以下简称"证明书"）管理，便利进口货物收货人或其代理人（以下简称"收货人"）办理证明书签发手续，现将有关事项公告如下：

一、证明书是指依据国家有关法律、行政法规、规章和国际公约的要求，海关在办结进口货物放行手续后，应进口货物收货人的申请所签发的证明文书。

下列情况，收货人可在办结进口货物放行手续后向海关申请签发证明书：

（一）进口汽车和摩托车整车；

（二）有特殊管理规定，明确需签发证明书的进口货物；

（三）我国所加入或缔结的国际公约要求缔约国履行签发证明书义务的进口货物；

（四）海关同意签发证明书的进口货物。

下列情况，海关不予签发证明书：

（一）暂时进境、修理物品、加工贸易、租赁贸易等将复运出境的货物（包括进口汽车和摩托车整车，下同）；

（二）复运进境的原出口货物；

（三）自境外进入海关特殊监管区域或保税监管场所的保税货物；

（四）海关特殊监管区域或保税监管场所之间进出的保税货物。

外国驻华使领馆、国际组织驻华代表机构及其人员、外商常驻机构及其常驻人员、其他非居民长期旅客等从境外进口的车辆，以及海关罚没、变卖的进口车辆仍按现行规定办理。

二、对进口汽车和摩托车整车，收货人可在向海关办理报关手续后，通过相同报关单预录入系统补充并提交汽车、摩托车具体数据，向海关申请签发证明书。

汽车具体数据包括商品项号、商品名称、规格型号、动力类型、发动机号/电动机号、排气量/电动机功率、车辆识别代号、颜色、原产国、出厂日期；摩托车具体数据包括商品项号、商品名称、规格型号、发动机号、排气量、车辆识别代号、颜色、原产国、出厂日期。

三、海关办结货物进口放行手续后，对符合本公告第一条签发条件的进口货物，可应收货人申请签发证明书。

进口汽车、摩托车整车证明书实行"一车一证"管理，即一辆汽车或摩托车仅签发一份证明书，证面签注内容获取自进口货物报关单和收货人向海关提交的补充数据；其他进口货物证明书实行"一批一证"管理，即一份进口报关单仅签发一份证明书，因报关单申报商品项较多而无法打印在一份证明书上的，实行分页签发。

四、收货人应自进口货物放行之日起三年内向海关提出签发证明书申请。因报关单申报或补传数据错误原因造成证明书数据错误的，收货人应当自证明书签发之日起三年内向原签发地海关提出换发申请。进口汽车、摩托车整车证明书因故遗失的，车辆合法所有人应当自证明书签发之日起三年内向原签发地海关提出补发申请，其他货物证明书一律不予补发。

对于超出前款规定受理时限的，海关不予受理其申请。

五、进口汽车、摩托车整车证明书因故遗失的，当前合法所有人可向原签发地海关申请补发，并递交以下材料：

（一）书面申请，申请中应如实说明车辆及证明书合法获得的来源，以及丢失的时间、地点和过程等有关情况；委托代理人的，应出具代理权限明确的《授权委托书》；

（二）申请人为原进口货物报关单经营单位、收货单位或其代理人的，需提供原进口单证复印件，其他申请人需提供购车发票、合同、协议或其他合法获得证明；

（三）公安部门报案丢失的受案证明；

（四）在省级报纸上刊登的遗失声明；

（五）申请人为法人或其他非法人组织的，应当提供营业执照、组织机构代码证副本或类似证明材料；申请人为自然人的，应当提供身份证明，委托他人办理补发手续的，还应当递交委托书及被委托人的身份证明材料；

（六）海关认为必要的其他材料。

海关受理申请后对原进口事实和证明书签发情况进行核实，并向公安部门核查上牌信息，经核实无误的，海关向申请人补发相关证明书。

六、已签发证明书的进口货物因故需退运或复运出境的，收货人应将证明书交还原签发地海关，并由海关对证明书予以作废。

七、证明书一经签发，不得在证面直接进行涂改，对于确需修改的，收货人应当在本公告第四条规定时间内向原签发地海关申请换发。

八、证明书签发内容应与进口货物办结海关验放手续时的状态信息相符。货物在境内因故发生变化或更换部件，造成与证明书签发内容不符的，海关不予受理换发或更改申请。

九、进口汽车、摩托车整车证明书仅限于公安交通管理部门在办理核发进口汽车、摩托车牌证手续时使用，不作抵押等其他用途使用，也不具有作为其他行政管理机关管理依据的效力和作用。

十、进口汽车、摩托车整车证明书和其他进口货物证明书的签发商品范围及相关管理要求，仍按海关总署、国家发改委、商务部2005年第44号公告执行。

特此公告。

关于进一步规范进口机动车环保项目检验的公告

（海关总署公告2019年第168号）

（2019年10月28日由海关总署发布，2019年11月1日起施行，法规类型为规范性文件）

为进一步加强生态环境保护，打好污染防治攻坚战，推进进口机动车节能减排，确保进口机动车符合国家环保标准，根据《中华人民共和国进出口商品检验法》《中华人民共和国大气污染防治法》，海关总署决定进一步规范进口机动车环保项目检验。现将有关事宜公告如下：

一、各地海关按照《汽油车污染物排放限值及测量方法（双怠速法及简易工况法）》（GB18285-2018）、《柴油车污染物排放限值及测量方法（自由加速法及加载减速法）》（GB3847-2018）要求，实施进口机动车环保项目外观检验、车载诊断系统检查，并按不低于同车型进口数量1%的比例实施排气污染物检测。海关对监测到环保风险信息需通过型式试验实施风险评估的车型，可按阶段环保达标标准开展型式试验。

二、进口企业应提前解除影响环保检测的运输模式或功能锁定状态。无法手动切换两驱驱动模式的全时四驱车和适时四驱等车辆,不能实施简易工况法或加载减速法检测的,可按双怠速法或自由加速法实施检测。

三、进口企业应承担遵守国家环保法律法规的主体责任,确保进口机动车符合国家环保技术规范的强制性要求。进口企业的相关车型应符合机动车和非道路移动机械环保信息公开要求。对列入强制性产品认证目录的机动车应完成环保项目型式试验,取得强制性产品认证证书。对最大设计总质量不超3500kg的M1、M2类和N1类车辆,应符合轻型汽车燃料消耗量标识管理规定。

四、进口企业获知机动车因设计、生产缺陷或不符合规定的环境保护耐久性要求导致排放大气污染物超过标准的,环保信息公开与进口机动车不符的,在实施环保召回或环保信息公开修改的同时,应当及时向海关总署报告相应风险消减措施。

本公告自2019年11月1日起实施。

特此公告。

中华人民共和国船舶登记条例

（国务院令第 155 号）

（1994 年 6 月 2 日由国务院发布，根据 2014 年 7 月 29 日国务院令第 653 号《国务院关于修改部分行政法规的决定》修改，现行版本自 2014 年 7 月 29 日起施行，法规类型为行政法规）

第一章 总 则

第一条 为了加强国家对船舶的监督管理，保障船舶登记有关各方的合法权益，制定本条例。

第二条 下列船舶应当依照本条例规定进行登记：
(一) 在中华人民共和国境内有住所或者主要营业所的中国公民的船舶。
(二) 依据中华人民共和国法律设立的主要营业所在中华人民共和国境内的企业法人的船舶。但是，在该法人的注册资本中有外商出资的，中方投资人的出资额不得低于 50%。
(三) 中华人民共和国政府公务船舶和事业法人的船舶。
(四) 中华人民共和国港务监督机构认为应当登记的其他船舶。
军事船舶、渔业船舶和体育运动船艇的登记依照有关法规的规定办理。

第三条 船舶经依法登记，取得中华人民共和国国籍，方可悬挂中华人民共和国国旗航行；未经登记的，不得悬挂中华人民共和国国旗航行。

第四条 船舶不得具有双重国籍。凡在外国登记的船舶，未中止或者注销原登记国国籍的，不得取得中华人民共和国国籍。

第五条 船舶所有权的取得、转让和消灭，应当向船舶登记机关登记；未经登记的，不得对抗第三人。

船舶由二个以上的法人或者个人共有的，应当向船舶登记机关登记；未经登记的，不得对抗第三人。

第六条 船舶抵押权、光船租赁权的设定、转移和消灭，应当向船舶登记机关登记；未经登记的，不得对抗第三人。

第七条 中国籍船舶上应持适任证书的船员，必须持有相应的中华人民共和国船员适任证书。

第八条 中华人民共和国港务监督机构是船舶登记主管机关。

各港的港务监督机构是具体实施船舶登记的机关（以下简称船舶登记机关），其管辖范围由中华人民共和国港务监督机构确定。

第九条 船舶登记港为船籍港。

船舶登记港由船舶所有人依据其住所或者主要营业所所在地就近选择，但是不得选择2个或者2个以上的船舶登记港。

第十条 一艘船舶只准使用一个名称。

船名由船籍港船舶登记机关核定。船名不得与登记在先的船舶重名或者同音。

第十一条 船舶登记机关应当建立船舶登记簿。

船舶登记机关应当允许利害关系人查阅船舶登记簿。

第十二条 国家所有的船舶由国家授予具有法人资格的全民所有制企业经营管理的，本条例有关船舶所有人的规定适用于该法人。

第二章 船舶所有权登记

第十三条 船舶所有人申请船舶所有权登记，应当向船籍港船舶登记机关交验足以证明其合法身份的文件，并提供有关船舶技术资料和船舶所有权取得的证明文件的正本、副本。

就购买取得的船舶申请船舶所有权登记的，应当提供下列文件：

（一）购船发票或者船舶的买卖合同和交接文件；

（二）原船籍港船舶登记机关出具的船舶所有权登记注销证明书；

（三）未进行抵押的证明文件或者抵押权人同意被抵押船舶转让他人的文件。

就新造船舶申请船舶所有权登记的，应当提供船舶建造合同和交接文件。但是，就建造中的船舶申请船舶所有权登记的，仅需提供船舶建造合同；就自造自用船舶申请船舶所有权登记的，应当提供足以证明其所有权取得的文件。

就因继承、赠与、依法拍卖以及法院判决取得的船舶申请船舶所有权登记的，应当提供具有相应法律效力的船舶所有权取得的证明文件。

第十四条 船籍港船舶登记机关应当对船舶所有权登记申请进行审查核实；对符合本条例规定的，应当自收到申请之日起7日内向船舶所有人颁发船舶所有权登记证书，授予船舶登记号码，并在船舶登记簿中载明下列事项：

（一）船舶名称、船舶呼号；

（二）船籍港和登记号码、登记标志；

（三）船舶所有人的名称、地址及其法定代表人的姓名；

（四）船舶所有权的取得方式和取得日期；

（五）船舶所有权登记日期；

（六）船舶建造商名称、建造日期和建造地点；

（七）船舶价值、船体材料和船舶主要技术数据；

（八）船舶的曾用名、原船籍港以及原船舶登记的注销或者中止的日期；

（九）船舶为数人共有的，还应当载明船舶共有人的共有情况；

（十）船舶所有人不实际使用和控制船舶的，还应当载明光船承租人或者船舶经营人的名称、地址及其法定代表人的姓名；

（十一）船舶已设定抵押权的，还应当载明船舶抵押权的设定情况。

船舶登记机关对不符合本条例规定的，应当自收到申请之日起7日内书面通知船舶所有人。

第三章 船舶国籍

第十五条 船舶所有人申请船舶国籍，除应当交验依照本条例取得的船舶所有权登记证书

外,还应当按照船舶航区相应交验下列文件:

(一)航行国际航线的船舶,船舶所有人应当根据船舶的种类交验法定的船舶检验机构签发的下列有效船舶技术证书:

1. 国际吨位丈量证书;
2. 国际船舶载重线证书;
3. 货船构造安全证书;
4. 货船设备安全证书;
5. 乘客定额证书;
6. 客船安全证书;
7. 货船无线电报安全证书;
8. 国际防止油污证书;
9. 船舶航行安全证书;
10. 其他有关技术证书。

(二)国内航行的船舶,船舶所有人应当根据船舶的种类交验法定的船舶检验机构签发的船舶检验证书簿和其他有效船舶技术证书。

从境外购买具有外国国籍的船舶,船舶所有人在申请船舶国籍时,还应当提供原船籍港船舶登记机关出具的注销原国籍的证明文件或者将于重新登记时立即注销原国籍的证明书。

对经审查符合本条例规定的船舶,船籍港船舶登记机关予以核准并发给船舶国籍证书。

第十六条 依照本条例第十三条规定申请登记的船舶,经核准后,船舶登记机关发给船舶国籍证书。船舶国籍证书的有效期为5年。

第十七条 向境外出售新造的船舶,船舶所有人应当持船舶所有权取得的证明文件和有效船舶技术证书,到建造地船舶登记机关申请办理临时船舶国籍证书。

从境外购买新造的船舶,船舶所有人应当持船舶所有权取得的证明文件和有效船舶技术证书,到中华人民共和国驻外大使馆、领事馆申请办理临时船舶国籍证书。

境内异地建造船舶,需要办理临时船舶国籍证书的,船舶所有人应当持船舶建造合同和交接文件以及有效船舶技术证书,到建造地船舶登记机关申请办理临时船舶国籍证书。

在境外建造船舶,船舶所有人应当持船舶建造合同和交接文件以及有效船舶技术证书,到中华人民共和国驻外大使馆、领事馆申请办理临时船舶国籍证书。

以光船条件从境外租进船舶,光船承租人应当持光船租赁合同和原船籍港船舶登记机关出具的中止或者注销原国籍的证明书,或者将于重新登记时立即中止或者注销原国籍的证明书到船舶登记机关申请办理临时船舶国籍证书。

对经审查符合本条例规定的船舶,船舶登记机关或者中华人民共和国驻外大使馆、领事馆予以核准并发给临时船舶国籍证书。

第十八条 临时船舶国籍证书的有效期一般不超过1年。

以光船租赁条件从境外租进的船舶,临时船舶国籍证书的期限可以根据租期确定,但是最长不得超过2年。光船租赁合同期限超过2年的,承租人应当在证书有效期内,到船籍港船舶登记机关申请换发临时船舶国籍证书。

第十九条 临时船舶国籍证书和船舶国籍证书具有同等法律效力。

第四章 船舶抵押权登记

第二十条 对20总吨以上的船舶设定抵押权时,抵押权人和抵押人应当持下列文件到船籍港船舶登记机关申请办理船舶抵押权登记:

(一)双方签字的书面申请书;

（二）船舶所有权登记证书或者船舶建造合同；
（三）船舶抵押合同。
该船舶设定有其他抵押权的，还应当提供有关证明文件。
船舶共有人就共有船舶设定抵押权时，还应当提供 2/3 以上份额或者约定份额的共有人的同意证明文件。

第二十一条 对经审查符合本条例规定的，船籍港船舶登记机关应当自收到申请之日起 7 日内将有关抵押人、抵押权人和船舶抵押情况以及抵押登记日期载入船舶登记簿和船舶所有权登记证书，并向抵押权人核发船舶抵押权登记证书。

第二十二条 船舶抵押权登记，包括下列主要事项：
（一）抵押权人和抵押人的姓名或者名称、地址；
（二）被抵押船舶的名称、国籍，船舶所有权登记证书的颁发机关和号码；
（三）所担保的债权数额、利息率、受偿期限。
船舶登记机关应当允许公众查询船舶抵押权的登记状况。

第二十三条 船舶抵押权转移时，抵押权人和承转人应当持船舶抵押权转移合同到船籍港船舶登记机关申请办理抵押权转移登记。
对经审查符合本条例规定的，船籍港船舶登记机关应当将承转人作为抵押权人载入船舶登记簿和船舶所有权登记证书，并向承转人核发船舶抵押权登记证书，封存原船舶抵押权登记证书。
办理船舶抵押权转移前，抵押权人应当通知抵押人。

第二十四条 同一船舶设定 2 个以上抵押权的，船舶登记机关应当按照抵押权登记申请日期的先后顺序进行登记，并在船舶登记簿上载明登记日期。
登记申请日期为登记日期；同日申请的，登记日期应当相同。

第五章 光船租赁登记

第二十五条 有下列情形之一的，出租人、承租人应当办理光船租赁登记：
（一）中国籍船舶以光船条件出租给本国企业的；
（二）中国企业以光船条件租进外国籍船舶的；
（三）中国籍船舶以光船条件出租境外的。

第二十六条 船舶在境内出租时，出租人和承租人应当在船舶起租前，持船舶所有权登记证书、船舶国籍证书和光船租赁合同正本、副本，到船籍港船舶登记机关申请办理光船租赁登记。
对经审查符合本条例规定的，船籍港船舶登记机关应当将船舶租赁情况分别载入船舶所有权登记证书和船舶登记簿，并向出租人、承租人核发船舶租赁登记证明书各 1 份。

第二十七条 船舶以光船条件出租境外时，出租人应当持本条例第二十六条规定的文件到船籍港船舶登记机关申请办理光船租赁登记。
对经审查符合本条例规定的，船籍港船舶登记机关应当依本条例第四十二条规定中止或者注销其船舶国籍，并发给船舶租赁登记证明书一式 2 份。

第二十八条 以光船条件从境外租进船舶，承租人应当比照本条例第九条规定确定船籍港，并在船舶起租前持下列文件，到船舶登记机关申请办理光船租赁登记：
（一）光船租赁合同正本、副本；
（二）法定的船舶检验机构签发的有效船舶技术证书；
（三）原船籍港船舶登记机关出具的中止或者注销船舶国籍证明书，或者将于重新登记时立即中止或者注销船舶国籍的证明书。

对经审查符合本条例规定的，船舶登记机关应当发给光船租赁登记证明书，并应当依照本条例第十七条的规定发给临时船舶国籍证书，在船舶登记簿上载明原登记国。

第二十九条 需要延长光船租赁期限的，出租人、承租人应当在光船租赁合同期满前15日，持光船租赁登记证明书和续租合同正本、副本，到船舶登记机关申请办理续租登记。

第三十条 在光船租赁期间，未经出租人书面同意，承租人不得申请光船转租登记。

第六章 船舶标志和公司旗

第三十一条 船舶应当具有下列标志：
（一）船首两舷和船尾标明船名；
（二）船尾船名下方标明船籍港；
（三）船名、船籍港下方标明汉语拼音；
（四）船首和船尾两舷标明吃水标尺；
（五）船舶中部两舷标明载重线。

受船型或者尺寸限制不能在前款规定的位置标明标志的船舶，应当在船上显著位置标明船名和船籍港。

第三十二条 船舶所有人设置船舶烟囱标志、公司旗，可以向船籍港船舶登记机关申请登记，并按照规定提供标准设计图纸。

第三十三条 同一公司的船舶只准使用一个船舶烟囱标志、公司旗。

船舶烟囱标志、公司旗由船籍港船舶登记机关审核。

船舶烟囱标志、公司旗不得与登记在先的船舶烟囱标志、公司旗相同或者相似。

第三十四条 船籍港船舶登记机关对经核准予以登记的船舶烟囱标志、公司旗应当予以公告。

业经登记的船舶烟囱标志、公司旗属登记申请人专用，其他船舶或者公司不得使用。

第七章 变更登记和注销登记

第三十五条 船舶登记项目发生变更时，船舶所有人应当持船舶登记的有关证明文件和变更证明文件，到船籍港船舶登记机关办理变更登记。

第三十六条 船舶变更船籍港时，船舶所有人应当持船舶国籍证书和变更证明文件，到原船籍港船舶登记机关申请办理船籍港变更登记。对经审查符合本条例规定的，原船籍港船舶登记机关应当在船舶国籍证书签证栏内注明，并将船舶有关登记档案转交新船籍港船舶登记机关，船舶所有人再到新船籍港船舶登记机关办理登记。

第三十七条 船舶共有情况发生变更时，船舶所有人应当持船舶所有权登记证书和有关船舶共有情况变更的证明文件，到船籍港船舶登记机关办理有关变更登记。

第三十八条 船舶抵押合同变更时，抵押权人和抵押人应当持船舶所有权登记证书、船舶抵押权登记证书和船舶抵押合同变更的证明文件，到船籍港船舶登记机关办理变更登记。

对经审查符合本条例规定的，船籍港船舶登记机关应当在船舶所有权登记证书和船舶抵押权登记证书以及船舶登记簿上注明船舶抵押合同的变更事项。

第三十九条 船舶所有权发生转移时，原船舶所有人应当持船舶所有权登记证书、船舶国籍证书和其他有关证明文件到船籍港船舶登记机关办理注销登记。

对经审查符合本条例规定的，船籍港船舶登记机关应当注销该船舶在船舶登记簿上的所有权登记以及与之相关的登记，收回有关登记证书，并向船舶所有人出具相应的船舶登记注销证明书。向境外出售的船舶，船舶登记机关可以根据具体情况出具注销国籍的证明书或者将于重新登记时立即注销国籍的证明书。

第四十条 船舶灭失（含船舶拆解、船舶沉没）和船舶失踪，船舶所有人应当自船舶灭失（含船舶拆解、船舶沉没）或者船舶失踪之日起 3 个月内持船舶所有权登记证书、船舶国籍证书和有关船舶灭失（含船舶拆解、船舶沉没）、船舶失踪的证明文件，到船籍港船舶登记机关办理注销登记。经审查核实，船籍港船舶登记机关应当注销该船舶在船舶登记簿上的登记，收回有关登记证书，并向船舶所有人出具船舶登记注销证明书。

第四十一条 船舶抵押合同解除，抵押权人和抵押人应当持船舶所有权登记证书、船舶抵押权登记证书和经抵押人签字的解除抵押合同的文件，到船籍港船舶登记机关办理注销登记。对经审查符合本条例规定的，船籍港船舶登记机关应当注销其在船舶所有权登记证书和船舶登记簿上的抵押登记的记录。

第四十二条 以光船条件出租到境外的船舶，出租人除依照本条例第二十七条规定办理光船租赁登记外，还应当办理船舶国籍的中止或者注销登记。船籍港船舶登记机关应当封存原船舶国籍证书，发给中止或者注销船舶国籍证明书。特殊情况下，船籍港船舶登记机关可以发给将于重新登记时立即中止或者注销船舶国籍的证明书。

第四十三条 光船租赁合同期满或者光船租赁关系终止，出租人应当自光船租赁合同期满或者光船租赁关系终止之日起 15 日内，持船舶所有权登记证书、光船租赁合同或者终止光船租赁关系的证明文件，到船籍港船舶登记机关办理光船租赁注销登记。

以光船条件出租到境外的船舶，出租人还应当提供承租人所在地船舶登记机关出具的注销船舶国籍证明书或者将于重新登记时立即注销船舶国籍的证明书。

经核准后，船籍港船舶登记机关应当注销其在船舶所有权登记证书和船舶登记簿上的光船租赁登记的记录，并发还原船舶国籍证书。

第四十四条 以光船条件租进的船舶，承租人应当自光船租赁合同期满或者光船租赁关系终止之日起 15 日内，持光船租赁合同、终止光船租赁关系的证明文件，到船籍港船舶登记机关办理注销登记。

以光船条件从境外租进的船舶，还应当提供临时船舶国籍证书。

经核准后，船籍港船舶登记机关应当注销其在船舶登记簿上的光船租赁登记，收回临时船舶国籍证书，并出具光船租赁登记注销证明书和临时船舶国籍注销证明书。

第八章 船舶所有权登记证书、船舶国籍证书的换发和补发

第四十五条 船舶国籍证书有效期届满前 1 年内，船舶所有人应当持船舶国籍证书和有效船舶技术证书，到船籍港船舶登记机关办理证书换发手续。

第四十六条 船舶所有权登记证书、船舶国籍证书污损不能使用的，持证人应当向船籍港船舶登记机关申请换发。

第四十七条 船舶所有权登记证书、船舶国籍证书遗失的，持证人应当书面叙明理由，附具有关证明文件，向船籍港船舶登记机关申请补发。

船籍港船舶登记机关应当在当地报纸上公告声明原证书作废。

第四十八条 船舶所有人在境外发现船舶国籍证书遗失或者污损时，应当向中华人民共和国驻外大使馆、领事馆申请办理临时船舶国籍证书，但是必须在抵达本国第一个港口后及时向船籍港船舶登记机关申请换发船舶国籍证书。

第九章 法律责任

第四十九条 假冒中华人民共和国国籍，悬挂中华人民共和国国旗航行的，由船舶登记机关依法没收该船舶。

中国籍船舶假冒外国国籍，悬挂外国国旗航行的，适用前款规定。

第五十条 隐瞒在境内或者境外的登记事实，造成双重国籍的，由船籍港船舶登记机关吊

1041

销其船舶国籍证书，并视情节处以下列罚款：

（一）500 总吨以下的船舶，处 2000 元以上、1 万元以下的罚款；

（二）501 总吨以上、10000 总吨以下的船舶，处以 1 万元以上、5 万元以下的罚款；

（三）10001 总吨以上的船舶，处以 5 万元以上、20 万元以下的罚款。

第五十一条　违反本条例规定，有下列情形之一的，船籍港船舶登记机关可以视情节给予警告、根据船舶吨位处以本条例第五十条规定的罚款数额的 50% 直至没收船舶登记证书：

（一）在办理登记手续时隐瞒真实情况、弄虚作假的；

（二）隐瞒登记事实，造成重复登记的；

（三）伪造、涂改船舶登记证书的。

第五十二条　不按照规定办理变更或者注销登记的，或者使用过期的船舶国籍证书或者临时船舶国籍证书的，由船籍港船舶登记机关责令其补办有关登记手续；情节严重的，可以根据船舶吨位处以本条例第五十条规定的罚款数额的 10%。

第五十三条　违反本条例规定，使用他人业经登记的船舶烟囱标志、公司旗的，由船籍港船舶登记机关责令其改正；拒不改正的，可以根据船舶吨位处以本条例第五十条规定的罚款数额的 10%；情节严重的，并可以吊销其船舶国籍证书或者临时船舶国籍证书。

第五十四条　船舶登记机关的工作人员滥用职权、徇私舞弊、玩忽职守、严重失职的，由所在单位或者上级机关给予行政处分；构成犯罪的，依法追究刑事责任。

第五十五条　当事人对船舶登记机关的具体行政行为不服的，可以依照国家有关法律、行政法规的规定申请复议或者提起行政诉讼。

第十章　附　则

第五十六条　本条例下列用语的含义是：

（一）"船舶"系指各类机动、非机动船舶以及其他水上移动装置，但是船舶上装备的救生艇筏和长度小于 5 米的艇筏除外。

（二）"渔业船舶"系指从事渔业生产的船舶以及属于水产系统为渔业生产服务的船舶。

（三）"公务船舶"系指用于政府行政管理目的的船舶。

第五十七条　除公务船舶外，船舶登记机关按照规定收取船舶登记费。船舶登记费的收费标准和管理办法，由国务院财政部门、物价行政主管部门会同国务院交通行政主管部门制定。

第五十八条　船舶登记簿、船舶国籍证书、临时船舶国籍证书、船舶所有权登记证书、船舶抵押权登记证书、光船租赁登记证明书、申请书以及其他证明书的格式，由中华人民共和国港务监督机构统一制定。

第五十九条　本条例自 1995 年 1 月 1 日起施行。

关于船舶进口有关事项的规定

（对外贸易经济合作部公告 2001 年第 38 号）

（2001 年 12 月 21 日由对外贸易经济合作部发布，2002 年 1 月 1 日起施行，法规类型为部门规章）

根据《中华人民共和国货物进出口管理条例》、《中华人民共和国对外贸易经济合作部、海关总署、国家质量监督检验检疫总局2001年第10号令》，现将船舶进口管理有关事项法规如下：

一、申请进口船舶，须经过充分的技术经济论证，并经上级主管部门批准。

二、申请进口船舶，申请单位需申报下列材料：

（一）申请进口报告；

（二）机电产品进口申请表一式两份；

（三）营业执照复印件；

（四）有关项目的批复复印件。

三、申请进口船舶的程序为：申请进口单位持本法规要求提交的申报材料，经所在地区外经贸主管机构办理转报，到对外贸易经济合作部（简称商务部）申请办理批准进口手续。商务部在30天内审核并决定是否签发《机电产品进口许可证》或在10个工作日内签发《自动进口许可证》，海关凭《机电产品进口许可证》或《自动进口许可证》验放。

四、申请进口旧船舶，申请单位须对拟进口船舶进行技术性能检验，须由中华人民共和国海事局、中华人民共和国渔业船舶检验局对拟进口船舶进行船检，必要时，需提供交通主管部门签发的水路运输许可证或农业部远洋渔业企业资格证书（复印件）。申请单位在申请进口旧船舶时，须出具中华人民共和国海事局或中华人民共和国渔业船舶检验局开具的《旧船舶进口技术评定书》（附件1）或《旧渔业船舶进口技术评定书》（附件2），各类旧船舶船龄的限制年限详见《旧船舶船龄目录》（附件3）。

五、本法规自2002年1月1日起执行，过去有关法规与本法规不符的，以本法规为准。

附件：1.《旧船舶进口技术评定书》（略）

2.《旧渔业船舶进口技术评定书》（略）

3.《旧渔业船舶进口技术评定书》（略）

老旧运输船舶管理规定

（交通部令2006年第8号）

（2006年7月5日由交通部发布；根据2009年11月30日交通运输部令2009年第14号《关于修改〈老旧运输船舶管理规定〉的决定》第一次修正，根据2014年9月5日交通运输部令2014年第14号《关于修改〈老旧运输船舶管理规定〉的决定》第二次修正，根据2017年5月23日交通运输部令2017年第16号《关于修改〈老旧运输船舶管理规定〉的决定》第三次修正；现行版本自2017年5月23日起施行；法规类型为部门规章）

第一章 总 则

第一条 为加强老旧运输船舶管理，优化水路运力结构，提高船舶技术水平，保障水路运输安全，促进水路运输事业健康发展，根据《国内水路运输管理条例》，制定本规定。

第二条 本规定适用于拥有中华人民共和国国籍、从事水路运输的海船和河船。

第三条 本规定中下列用语的含义是：

（一）船龄，是指船舶自建造完工之日起至现今的年限；

（二）购置、光租外国籍船舶船龄，是指船舶自建造完工之日起至国务院商务主管部门或其授权的部门和机构签发的《机电产品进口许可证》或《自动进口许可证》签发之日的年限；

（三）老旧运输船舶，是指船龄在本规定第四条、第五条规定的最低船龄以上的运输船舶；

（四）报废船舶，是指永久不能从事水路运输的船舶；

（五）废钢船，是指永久不能从事水路运输的钢质船舶；

（六）单壳油船，是指未设有符合国内船舶检验规范规定的双层底舱和双层边舱的油船（含油驳）。

第四条　老旧海船分为以下类型：

（一）船龄在 10 年以上的高速客船，为一类老旧海船；

（二）船龄在 10 年以上的客滚船、客货船、客渡船、客货渡船（包括旅客列车轮渡）、旅游船、客船，为二类老旧海船；

（三）船龄在 12 年以上的油船（包括沥青船）、散装化学品船、液化气船，为三类老旧海船；

（四）船龄在 18 年以上的散货船、矿砂船，为四类老旧海船；

（五）船龄在 20 年以上的货滚船、散装水泥船、冷藏船、杂货船、多用途船、集装箱船、木材船、拖轮、推轮、驳船等，为五类老旧海船。

第五条　老旧河船分为以下类型：

（一）船龄在 10 年以上的高速客船，为一类老旧河船；

（二）船龄在 10 年以上的客滚船、客货船、客渡船、客货渡船（包括旅客列车轮渡）、旅游船、客船，为二类老旧河船；

（三）船龄在 16 年以上的油船（包括沥青船）、散装化学品船、液化气船，为三类老旧河船；

（四）船龄在 18 年以上的散货船、矿砂船，为四类老旧河船；

（五）船龄在 20 年以上的货滚船、散装水泥船、冷藏船、杂货船、多用途船、集装箱船、木材船、拖轮、推轮、驳船（包括油驳）等，为五类老旧河船。

第六条　国家对老旧运输船舶实行分类技术监督管理制度，对已达到强制报废船龄的运输船舶实施强制报废制度。

第七条　根据本规定和其他有关规定，交通运输部对全国老旧运输船舶的市场准入和营运进行管理，县级以上地方人民政府交通运输主管部门或者负责水路运输管理的机构（以下统称水路运输管理部门）实施本行政区域的老旧运输船舶的市场准入和营运管理工作。

海事管理机构根据有关法律、行政法规和本规定对老旧运输船舶实施安全监督管理。

第二章　船舶购置、光租、改建管理

第八条　购置外国籍船舶或者以光船租赁条件租赁外国籍船舶从事水路运输，船舶必须符合本规定附录规定的购置、光租外国籍船舶的船龄要求，其船体、主要机电设备和安全、防污染设备等应当符合船舶法定检验技术规则。

购置、光租外国籍油船，其船体应当符合《经 1978 年议定书修订的 1973 年国际防止船舶造成污染公约》附则 I《防止油类污染规则》规定的要求。

第九条　本规定所称购置外国籍船舶、以光船租赁条件租赁外国籍船舶，包括已经从国外购置或者以光船租赁条件租赁，但尚未在中国取得合法船舶检验证书、船舶国籍证书的外国籍船舶，以及通过拍卖方式购置的外国籍船舶。

第十条　任何组织和个人不得购置外国籍废钢船从事水路运输，也不得以光船租赁条件租赁外国籍废钢船从事水路运输。

第十一条 超过本规定报废船龄的外国籍船舶不得从事国内水路运输。

第十二条 根据运力供求情况和保障运输安全的需要,交通运输部可以决定在特定的旅客运输航线和散装液体危险货物运输航线、水域暂停购置或者光租外国籍一、二、三类船舶从事水路运输。

第十三条 购置外国籍船舶或者以光船租赁条件租赁外国籍船舶改为中国籍船舶经营水路运输,购置人、承租人应当了解船舶的船龄和技术状况,并按下列程序办理有关手续:

(一)购置或者光租外国籍一、二、三类船舶前,应当按照国家有关规定向设区的市级人民政府水路运输管理部门提出增加运力的申请,并报经具有许可权限的部门批准;购置或者光租外国籍四、五类船舶,应当按有关规定在签订购置或者光租意向后15个工作日内向所在地设区的市级人民政府水路运输管理部门备案;

(二)购置外国籍船舶或者以光船租赁条件租赁外国籍船舶后,应依法向海事管理机构认可的船舶检验机构申请初次检验,取得其签发的船舶检验证书;

(三)购置外国籍船舶或者以光船租赁条件租赁外国籍船舶取得船舶检验证书后,应依法向海事管理机构申请船舶登记、光船租赁登记,取得其签发的船舶所有权登记证书、船舶国籍证书或者光船租赁登记证明书及临时船舶国籍证书;

(四)购置外国籍船舶或者以光船租赁条件租赁外国籍船舶取得船舶国籍证书或者光船租赁登记证明书及临时船舶国籍证书后,经营国内水路运输的,应当按有关规定申领并取得船舶营运证;经营国际运输的,于投入运营前15日向交通运输部备案。交通运输部应当自收到备案材料之日起3日内出具备案证明书。

第十四条 船舶检验机构应当严格按照有关船舶法定检验技术规则和本规定对购置的外国籍船舶或者以光船租赁条件租赁的外国籍船舶进行检验。

第十五条 船舶登记机关应当严格按照有关船舶登记规定和本规定对购置的外国籍船舶或者以光船租赁条件租赁的外国籍船舶进行登记。

第十六条 交通运输部和水路运输管理部门应当按国家有关水路运输经营管理规定和本规定对经营水路运输的申请进行审核,符合条件的,发给船舶营运证或者国际船舶备案证明书。

第十七条 四类、五类船舶不得改为一类、二类、三类船舶从事水路运输,三类船舶之间不得相互改建从事水路运输。

第十八条 改建一、二、三类老旧运输船舶,应当按运力变更的规定报原许可机关批准。

改建老旧运输船舶,必须向海事管理机构认可的船舶检验机构申请建造检验。

船舶检验机构对改建的老旧运输船舶签发船舶检验证书,应当注明改建日期,但不得改变船舶建造日期。

第十九条 老旧运输船舶经过改建,与改建前不属本规定的同一船舶类型的,其特别定期检验船龄、强制报废船龄适用于改建后老旧运输船舶类型的规定。

第三章 船舶营运管理

第二十条 船舶所有人或者经营人应采取有效措施,加强老旧运输船舶的跟踪管理,适当缩短船舶设备检修、养护检查周期和各种电气装置的绝缘电阻测量周期,严禁失修失养。

第二十一条 船舶所有人或者经营人改变老旧运输船舶的用途或航区,必须向海事管理机构认可的船舶检验机构申请临时检验,核定载重线和乘客定额、船舶构造及设备的安全性能,必要时重新丈量总吨位和净吨位。

第二十二条 海事管理机构在现场监督检查时,发现从事国内运输的老旧运输船舶不能提供有效的船舶营运证件的,应当通知船舶经营人所在地设区的市级人民政府水路运输管理部门依法处理。

第二十三条 海事管理机构应当对从事国际运输的中国籍老旧运输船舶和进出我国港口的达到本规定老旧船舶年限的外国籍运输船舶加强监督检查。

第二十四条 对处于不适航状态或者有其他妨碍、可能妨碍水上交通安全的老旧运输船舶，海事管理机构依照有关法律、行政法规的规定禁止其进港、离港，或责令其停航、改航、驶向指定地点。

第二十五条 船舶所有人或者经营人应当按照国家有关规定，向海事管理机构认可的船舶检验机构申请对营运中的老旧运输船舶定期检验。经检验不合格的，不得经营水路运输。

第二十六条 老旧运输船舶达到本规定附录规定的特别定期检验的船龄，继续经营水路运输的，船舶所有人或经营人应当在达到特别定期检验船龄的前后半年内向海事管理机构认可的船舶检验机构申请特别定期检验，取得相应的船舶检验证书，并报船舶营运证或者国际船舶备案证明书的发证机关备案。

第二十七条 经特别定期检验合格、继续经营水路运输的老旧运输船舶，船舶所有人或者经营人应当自首次特别定期检验届满一年后每年申请一次特别定期检验，取得相应的船舶检验证书，并报船舶营运证或者国际船舶备案证明书的发证机关备案。

交通运输部和水路运输管理部门发现老旧运输船舶的技术状况可能影响航行安全的，应当通知海事管理机构。

老旧运输船舶的技术状况可能影响航行安全的，海事管理机构应当责成船舶所有人或经营人向船舶检验机构申请临时检验。

第二十八条 未按本规定第二十六条、第二十七条的规定申请特别定期检验或者经特别定期检验不合格的老旧运输船舶，应予以报废。

第二十九条 达到本规定附录规定的强制报废船龄的船舶，应予以报废。

船舶检验证书、船舶营运证的有效期最长不得超过本规定附录规定的船舶强制报废船龄的日期。

第三十条 船舶报废后，其船舶营运证或者国际船舶备案证明书自报废之日起失效，船舶所有人或者经营人应在船舶报废之日起十五日内将船舶营运证或者国际船舶备案证明书交回原发证机关予以注销。其船舶检验证书由原发证机关加注"不得从事水路运输"字样。

第三十一条 禁止使用已经报废的船舶从事水路运输。

禁止使用报废船舶的设备及其他零部件拼装运输船舶从事水路运输。

第三十二条 报废船舶改作趸船、水上娱乐设施以及其他非运输设施，应符合国家有关规定。

第四章 监督和处罚

第三十三条 交通运输部和水路运输管理部门、海事管理机构应当按照有关法律、行政法规、规章的规定，对老旧运输船舶进行监督检查。

老旧运输船舶所有人或者经营人应当接受交通运输部和水路运输管理部门、海事管理机构依法进行的监督检查，如实提交有关证书、资料或者情况，不得拒绝、隐匿或者弄虚作假。

第三十四条 老旧运输船舶所有人或者经营人违反本规定第十三条第（四）项的规定，使用未取得船舶营运证的船舶从事水路运输的，按《国内水路运输管理条例》第三十四条第一款的规定给予行政处罚。

第三十五条 违反本规定第三十条的规定，未将报废船舶的船舶营运证或者国际船舶备案证明书交回原发证机关的，责令改正，可以处1000元以下的罚款。

第三十六条 船舶所有人或者经营人违反本规定有关船舶登记、检验规定的，由海事管理机构按有关法律、行政法规、规章规定给予行政处罚。

第三十七条　交通运输部和水路运输管理部门、海事管理机构的工作人员玩忽职守、徇私舞弊、滥用职权的，依法给予行政处分。

第五章　附　则

第三十八条　为满足保护国家利益和加强安全管理的需要，交通运输部可以对本规定的有关船龄进行临时调整。

第三十九条　为保护水域环境，对已投入营运但未达到强制报废船龄的单壳油船实行限期淘汰。具体时间和实施范围由交通运输部另行公布。

第四十条　仅从事水上工程作业的船舶，以及仅从事港区内作业的拖船、工作船等船舶，不适用本规定。

以上船舶和其他非营运船舶从事水路运输时，适用本规定。

第四十一条　对从事中国港口至外国港口间运输的一、二类船舶，需要对船龄作出限制规定的，由双边商定。

第四十二条　本规定自 2006 年 8 月 1 日起施行。2001 年 4 月 9 日交通部公布的《老旧运输船舶管理规定》（交通部令 2001 年第 2 号）同时废止。

海南出入境游艇检疫管理办法

（国家质量监督检验检疫总局令第 153 号）

（2013 年 6 月 5 日由国家质量监督检验检疫总局发布；根据 2018 年 4 月 28 日海关总署令第 238 号《海关总署关于修改部分规章的决定》修改，根据 2018 年 5 月 29 日海关总署令第 240 号《海关总署关于修改部分规章的决定》修改；现行版本自 2018 年 7 月 1 日起施行；法规类型为部门规章）

第一章　总　则

第一条　为防止疫病疫情传入传出，规范海南出入境游艇检疫，根据《中华人民共和国国境卫生检疫法》及其实施细则、《中华人民共和国进出境动植物检疫法》及其实施条例、《国际卫生条例》等法律法规和国务院有关规定，制定本办法。

第二条　本办法适用于从海南出境、入境游艇的检疫和监督管理工作。

第三条　海关总署主管全国出入境游艇检疫监督管理工作。

海口海关负责海南出入境游艇检疫和监督管理工作。

第四条　海南出入境游艇检疫监督管理遵循先行先试、监管有效、简化手续、方便快捷的原则。

第二章　入境检疫

第五条　入境游艇必须在最先抵达的口岸接受检疫。

海关可以对入境游艇实施电讯检疫、锚地检疫、靠泊检疫或者随船检疫。

第六条　艇方或者其代理人应当在游艇抵达口岸前，向入境口岸海关申报下列事项：

（一）游艇名称、国籍、预定抵达检疫地点的日期和时间；

（二）发航港、最后寄港；
（三）游艇操作人员和其他艇上人员数量及健康状况；
（四）依法应当向海关申报并接受检疫的动植物、动植物产品和其他检疫物。

第七条 艇方或者其代理人应当在游艇到达检疫地点前 12 小时将确定到达的日期和时间通知海关。

第八条 无重大疫病疫情时，艇方或者其代理人可以向海关申请电讯检疫，并提供《交通工具卫生证书》、《船舶免予卫生控制措施证书/船舶卫生控制措施证书》。

未持有上述证书的，海关可以先予实施电讯检疫，艇方或者其代理人在游艇抵达检疫地点后应当申请补办。

第九条 有下列情形之一的游艇，艇方或者其代理人应当主动向海关报告，由海关在检疫锚地或者海关指定的地点实施检疫：
（一）来自受染地区的；
（二）来自动植物疫区，国家有明确要求的；
（三）有受染病人、疑似受染病人，或者有人非因意外伤害而死亡并死因不明的；
（四）发现有啮齿动物异常死亡的。

第十条 除实施电讯检疫的以及本办法第九条规定的检疫以外的其他游艇，由海关在口岸开放码头或者经海关同意的游艇停泊水域或者码头实施靠泊检疫。

需要办理口岸临时开放手续的，按照相关规定执行。

第十一条 受入境检疫的游艇应当按照规定悬挂检疫信号等候查验，在检疫完毕并签发《船舶入境检疫证书》后，方可解除检疫信号、上下人员、装卸行李等物品。

不具备悬挂检疫信号条件的，入境时应当在检疫地点等候查验，并尽早通知海关实施检疫。

第十二条 办理入境检疫手续时，艇方或者其代理人应当向海关提交《出/入境游艇检疫总申报单》、《船舶免予卫生控制措施证书/船舶卫生控制措施证书》、游艇操作人员及随艇人员名单与相关资料，必要时提供游艇航行等相关记录。来自黄热病疫区的，还应当提供艇上人员《预防接种证书》。

不能提供《船舶免予卫生控制措施证书/船舶卫生控制措施证书》的，艇方或者其代理人在游艇入境后应当向海关申请补办。

第十三条 海关依法对入境游艇上的受染病人实施隔离，对疑似受染病人实施不超过受染传染病潜伏期的留验或者就地诊验。

第十四条 入境游艇有下列情形之一的，应当实施检疫处理：
（一）来自受染地区的；
（二）被受染病人、疑似受染病人污染的；
（三）发现有与人类健康有关的医学媒介生物，超过国家卫生标准的；
（四）发现有动物一类、二类传染病、寄生虫病或者进境植物检疫性有害生物的。

第十五条 入境游艇在中国境内停留期间，艇上人员不得将所装载的动植物、动植物产品和其他检疫物带离游艇；需要带离时，应当向海关报检，相关程序及要求按照《出入境人员携带物检疫管理办法》及其他法律法规的相关规定执行。

游艇上装载有禁止进境的动植物、动植物产品和其他检疫物的，海关应当做封存或者销毁处理。

第十六条 携带犬、猫（以下简称宠物）入境的，每人每次限带 1 只，携带人应当向海关提供输出国家或者地区官方动物检疫机构出具的有效检疫证书和疫苗接种证书。宠物应当具有芯片或者其他有效身份证明。

第十七条 来自非狂犬病发生国家或者地区的宠物,经查验证书符合要求且现场检疫合格的,可以办理宠物入境随行手续。

来自狂犬病发生国家或者地区的宠物,应当在海关指定的隔离场所隔离30天。

工作犬,如导盲犬、搜救犬等,携带人提供相应证明且现场检疫合格的,可以免于隔离检疫。

海关对隔离检疫的宠物实行监督检查。

第十八条 入境宠物有下列情形之一的,禁止带离游艇:

(一)入境宠物无输出国家或者地区官方动物检疫机构出具的有效检疫证书和疫苗接种证书的;

(二)数量超过限额的;

(三)现场检疫不合格的。

第十九条 入境游艇经检疫查验合格的,由海关签发《船舶入境检疫证书》等证单。

第三章 出境检疫

第二十条 游艇出境时,应当在出境3小时前向出境口岸海关申报并办理出境检疫手续。办理出境检疫手续后出现人员变动或者其他特殊情况24小时内不能出境的,须重新办理。

游艇在入境口岸停留不足24小时出境的,经海关同意,在办理入境手续时,可以同时办理出境手续。

第二十一条 办理出境检疫手续时,艇方或者其代理人应当向海关提交《出/入境游艇检疫总申报单》、游艇操作人员及随艇人员名单等有关资料。入境时已提交且无变动的,经艇方或者其代理人书面声明,可以免予提供。

第二十二条 出境游艇经检疫查验合格的,由海关签发《交通工具出境卫生检疫证书》等证单。

第四章 监督管理

第二十三条 游艇入境后,发现受染病人或者突发公共卫生事件,或者有人非因意外伤害而死亡并死因不明的,艇方或者其代理人应当及时向到达的口岸海关报告,接受临时检疫。

第二十四条 游艇在境内航行、停留期间,不得擅自启封、动用海关在艇上封存的物品。

游艇上的生活垃圾、泔水、动植物性废弃物等,艇方应当放置于密封的容器中,在离艇前应当实施必要的检疫处理。

第二十五条 海关对游艇实施卫生监督,对卫生状况不良和可能导致传染病传播或者检疫性有害生物传播扩散的因素提出改进意见,并监督指导采取必要的检疫处理措施。

第二十六条 海关对游艇专用停泊水域或者码头、游艇俱乐部实施卫生监督,游艇俱乐部和艇方或者其代理人应当予以配合。

第二十七条 游艇停泊水域或者码头,满足下列条件的,经海关同意,可以在该水域或者码头实施检疫:

(一)具备管理和回收游艇废弃物、垃圾等的能力;

(二)具备对废弃物、垃圾等进行无害化处理的能力;

(三)具备相关的口岸检验检疫设施,满足海关查验和检疫处理的需求。

第二十八条 游艇在境内停留期间发生传染病疫情或者突发公共卫生事件等,海关应当及时启动应急预案,科学应对,妥善处置,防止疫病疫情扩散传播。

第二十九条 海关根据需要可以在游艇码头等场所设立工作点,实行驻点服务。

第五章　法律责任

第三十条　有下列违法行为之一的，由海关处以警告或者 100 元以上 5000 元以下的罚款：

（一）入境、出境的游艇，在入境检疫之前或者在出境检疫之后，擅自上下人员，装卸行李、货物等物品的；

（二）入境、出境的游艇拒绝接受检疫或者抵制卫生监督，拒不接受检疫处理的；

（三）伪造或者涂改卫生检疫证单的；

（四）瞒报携带禁止进境的微生物、人体组织、生物制品、血液及其制品或者其他可能引起传染病传播的动物和物品的；

（五）携带动植物、动植物产品和其他检疫物入境，未依法办理检疫审批手续或者未按照检疫审批的规定执行的。

第三十一条　有下列违法行为之一的，由海关处以 1000 元以上 1 万元以下的罚款：

（一）未经检疫或者未经检疫合格的入境、出境游艇，擅自离开检疫地点，逃避查验的；

（二）隐瞒疫情或者伪造情节的；

（三）未实施检疫处理，擅自排放压舱水，移下垃圾、污物等物品的；

（四）未实施检疫处理，擅自移运尸体、骸骨的。

第三十二条　未经检疫查验，从游艇上移下传染病病人造成传染病传播危险的，由海关处以 5000 元以上 3 万元以下的罚款。

第三十三条　有下列违法行为之一的，由海关处以 3000 元以上 3 万元以下的罚款：

（一）未经海关许可擅自将随艇进境、过境动植物、动植物产品和其他检疫物卸离游艇或者运递的；

（二）擅自调离或者处理在海关指定的隔离场所中隔离检疫的动植物的；

（三）擅自开拆、损毁检验检疫封识或者标志的；

（四）擅自抛弃随艇过境的动物尸体、排泄物、铺垫材料或者其他废弃物，或者未按规定处理游艇上的泔水、动植物性废弃物的；

（五）艇上人员违反本办法规定，携带无官方动物检疫证书，或者检疫发现有疫病疫情的宠物上岸的。

第三十四条　艇上人员有其他应当申报而未申报，或者申报的内容与实际不符的，由海关处以警告或者 5000 元以下的罚款。

第三十五条　出入境人员拒绝、阻碍海关及其工作人员依法执行职务的，依法移送有关部门处理。

第三十六条　受行政处罚的当事人应当在出境前履行海关作出的行政处罚决定。当事人向指定的银行缴纳罚款确有困难，经当事人提出，海关及其执法人员可以当场收缴罚款。当场收缴罚款的，必须向当事人出具罚款收据。

执法人员当场收缴的罚款，应当自收缴罚款之日起 2 日内，交至行政机关；在水上当场收缴的罚款，应当自抵岸之日起 2 日内交至行政机关；行政机关应当在 2 日内将罚款缴付指定的银行。

第三十七条　海关工作人员应当秉公执法、忠于职守，不得滥用职权、玩忽职守、徇私舞弊；违法失职的，依法追究责任。

第六章　附　则

第三十八条　本办法所称：

"游艇"仅限于用于游览观光、休闲娱乐等活动的具备机械推进动力装置的船舶。

"艇方"是指游艇所有人或者其使用人。

"艇上人员"包括游艇上的操作人员以及乘坐游艇的所有人员。

"游艇俱乐部"包括为出入境游艇提供游艇靠泊、保管及使用服务的依法成立的游艇俱乐部、游艇会以及其他组织。

"受染"是指受到感染或者污染（包括核放射、生物、化学因子），或者携带感染源或者污染源，包括携带医学媒介生物和宿主，可能引起国际关注的传染病或者构成其他严重公共卫生危害的。

"受染嫌疑"是指海关认为已经暴露于或者可能暴露于严重公共卫生危害，并且有可能成为传染源或者污染源。

"受染人（物）"是指受到感染或者污染或者携带感染源或者污染源以至于构成公共卫生风险的人员、宠物、行李、物品、游艇等。

"受染地区"是指需采取卫生措施的特定地理区域。

第三十九条 经海关总署批准，其他地区出入境游艇检疫监督管理工作可以参照本办法执行。

第四十条 本办法由海关总署负责解释。

第四十一条 本办法自2013年8月1日起施行。

出入境邮轮检疫管理办法

（国家质量监督检验检疫总局令第185号）

（2016年10月25日由国家质量监督检验检疫总局发布；根据2018年4月28日海关总署令第238号《海关总署关于修改部分规章的决定》修改，根据2018年5月29日海关总署令第240号《海关总署关于修改部分规章的决定》修改；现行版本自2018年7月1日起施行；法规类型为部门规章）

第一章 总 则

第一条 为了规范出入境邮轮检疫监管工作，防止疫病疫情传播，促进邮轮经济发展，根据《中华人民共和国国境卫生检疫法》及其实施细则、《中华人民共和国动植物检疫法》及其实施条例、《中华人民共和国食品安全法》及其实施条例、《中华人民共和国传染病防治法》及其实施办法、《突发公共卫生事件应急条例》《国际航行船舶进出中华人民共和国口岸检查办法》等法律法规的规定，制定本办法。

第二条 本办法适用于对进出中华人民共和国境口岸的外国籍邮轮和航行国际航线的中华人民共和国籍邮轮及相关经营、服务单位的检疫监督管理。

第三条 海关总署统一管理全国出入境邮轮检疫监管工作。

主管海关负责所辖口岸的出入境邮轮检疫监管工作。

第二章 风险管理

第四条 海关对出入境邮轮实施风险管理。

第五条 海关总署根据邮轮卫生状况、运营方及其代理人检疫风险控制能力、信用等级、

1051

现场监管情况及其他相关因素,制定邮轮检疫风险评估技术方案,确定邮轮检疫风险等级划分标准。

第六条 邮轮运营方负责建立并运行邮轮公共卫生安全体系,包括:

(一)食品安全控制计划;

(二)饮用水安全控制计划;

(三)娱乐用水安全控制计划;

(四)医学媒介生物监测计划;

(五)邮轮公共场所卫生制度;

(六)废弃物管理制度;

(七)胃肠道疾病的监测与控制体系;

(八)突发公共卫生事件应对工作机制。

第七条 邮轮运营方负责建立邮轮有害生物综合管理措施(IPM)计划,开展相关监测、防治和报告工作,控制有害生物扩散。

第八条 邮轮运营方或者其代理人按照自愿原则,可以向母港所在地海关提出风险评估申请,申请时应当提交以下资料:

(一)邮轮检疫风险评估申请书;

(二)邮轮的通风系统、生活用水供应系统、饮用水净化系统、污水处理系统的结构图。

第九条 海关总署负责组织邮轮风险评估工作,确定邮轮检疫风险等级,并对外公布。

主管海关根据风险等级确定邮轮检疫方式、卫生监督内容及频次并实施动态分类管理。

第三章 入境检疫查验

第十条 在邮轮入境前 24 小时或者离开上一港口后,邮轮负责人或者其代理人应当向入境口岸海关申报,提交沿途寄港、靠泊计划、人员健康情况、《船舶免予卫生控制措施/卫生控制措施证书》等信息。

如申报内容有变化,邮轮负责人或者其代理人应当及时向海关更正。

第十一条 入境邮轮应当依法接受检疫查验。

邮轮负责人或者其代理人应当向最先到达的入境口岸海关申请办理入境检疫手续,经海关准许,方可入境。

接受入境检疫的邮轮,在检疫完成以前,未经海关许可,不准上下人员,不准装卸货物、行李、邮包等物品。

第十二条 入境邮轮应当按照规定悬挂检疫信号,在指定地点等候检疫。在海关签发入境检疫证书或者通知检疫完毕之前,不得解除检疫信号。

检验检疫人员登轮检疫时,邮轮负责人或者其代理人应当配合开展工作。

第十三条 海关根据入境邮轮申报信息及邮轮检疫风险等级确定检疫方式,及时通知邮轮负责人或者其代理人,检疫方式有:

(一)靠泊检疫;

(二)随船检疫;

(三)锚地检疫;

(四)电讯检疫。

第十四条 有下列情形之一的,海关可以对入境邮轮实施随船检疫:

(一)首次入境,且入境前 4 周内停靠过海关总署公告、警示通报列明的发生疫情国家或者地区;

(二)首次入境,且公共卫生体系风险不明的;

（三）为便利通关需要，邮轮负责人或者其代理人申请，海关认为有必要的。

参加随船检疫人员应当为邮轮检疫在岗人员，且具有医学专业背景或者接受过系统性船舶卫生检疫业务培训的。

第十五条 有下列情形之一的，海关应当对入境邮轮实施锚地检疫：

（一）来自检疫传染病受染地区，邮轮上报告有疑似检疫传染病病例，且根据要求需对密切接触者采取集中隔离观察的；

（二）海关总署公告、警示通报有明确要求的；

（三）海关总署评定检疫风险较高的；

（四）有本办法第十四条第一款第（一）（二）项规定的情形而未实施随船检疫的；

（五）邮轮负责人或者其代理人申请，海关认为有必要的。

第十六条 邮轮经风险评估，检疫风险较低的，经邮轮负责人或者其代理人申请，海关可以实施电讯检疫。

第十七条 有本办法第十四条、第十五条、第十六条规定以外的其他情形或者在紧急情况下，海关对邮轮实施靠泊检疫。

第十八条 海关工作人员对入境邮轮实施的检疫查验内容包括：

（一）在登轮前，检查邮轮是否悬挂检疫信号；

（二）核查《船舶免于卫生控制措施证书/船舶卫生控制措施证书》、食品从业人员健康证明、来自黄热病疫区交通工具上船员和旅客的预防接种证书；

（三）检查邮轮医疗设施、航海日志、医疗日志，询问船员、旅客的健康监测情况，可以要求邮轮运营方或者其代理人签字确认；

（四）检查食品饮用水安全、医学媒介生物控制、废弃物处置和卫生状况；

（五）检查公共卫生安全体系其他相关内容。

第十九条 完成入境检疫后，对未发现染疫的邮轮，检验检疫人员应当立即签发《船舶入境卫生检疫证》；对需要实施检疫处理措施的邮轮，经检疫处理合格后，予以签发《船舶入境检疫证》。

邮轮负责人收到《船舶入境卫生检疫证》或者《船舶入境检疫证》，方可解除入境邮轮检疫信号，准予人员上下、货物装卸等。

第二十条 入境旅客、邮轮员工及其他人员应当接受检疫。

入境邮轮在中国境内停留期间，旅客、邮轮员工及其他人员不得将动植物、动植物产品和其他检疫物带离邮轮；需要带离时，应当向口岸海关申报。

第四章　出境检疫查验

第二十一条 出境邮轮在离港前4个小时，邮轮负责人或者其代理人应当向出境口岸海关申报邮轮出境检疫信息。

第二十二条 海关对出境邮轮实施检疫，未完成检疫事项的邮轮不得出境。

出境检疫完毕后，海关工作人员对出境邮轮应当签发《交通工具出境卫生检疫证书》。

海关可以根据风险评估情况确定是否实施登轮检疫。

第二十三条 对邮轮实施出境检疫完毕后，除引航员和经海关许可的人员外，其他人员不得上下邮轮，不准装卸行李、邮包、货物等物品。违反上述规定，该邮轮必须重新实施出境检疫。

出境检疫完毕后超过24小时仍未开航的出境邮轮，应当重新实施出境检疫。

第五章　检疫处理

第二十四条 有下列情形之一的，邮轮运营方应当按照海关要求，组织实施检疫处理：

（一）海关总署发布公告或者警示通报等有明确要求的；
（二）发现存在与人类健康有关的医学媒介生物或者有毒有害物质的；
（三）发现有《中华人民共和国进出境动植物检疫法》第十八条规定的名录中所列病虫害的；
（四）法律、法规规定的其他应当实施检疫处理的情形。

邮轮上泔水、动植物性废弃物及其存放场所、容器应当实施检疫处理。

检疫处理工作应当由获得许可的检疫处理单位实施并接受海关监督。

第二十五条　邮轮上有禁止进境的动植物、动植物产品和其他检疫物的，在中国境内停留期间，不得卸离或者带离邮轮。发现有害生物扩散风险或者潜在风险的，邮轮运营方应当主动采取防范措施，并及时向海关报告。

第二十六条　经检疫处理合格的，且需下一港跟踪的邮轮，出发港海关应当及时将有关信息报送至下一港海关。

第六章　突发公共卫生事件处置

第二十七条　发生下列情形之一，邮轮负责人或者其代理人应当及时采取有效的应急处置措施，立即向口岸海关进行突发公共卫生事件报告：
（一）航行途中有人员发生疑似传染病死亡或者不明原因死亡的；
（二）发现传染病受染人或者疑似受染人，且可能构成公共卫生风险的；
（三）航行过程中 6 小时内出现 6 例及以上的消化道疾病病例，或者邮轮上有 1% 及以上的船员或者旅客患消化道疾病的；
（四）邮轮航行途中 24 小时内出现 2‰ 以上的船员或者旅客患呼吸道传染病的；
（五）发生群体性不明原因疾病的；
（六）邮轮负责人或者其代理人认为应当报告的其他情形。

第二十八条　突发公共卫生事件报告内容应当包括：
（一）事件的基本情况，包括启运港、靠泊港和沿途寄港、停靠日期、病名或者主要症状、总人数、患病人数、死亡人数等；
（二）患病人员的监测日志、医疗记录和调查记录等；
（三）邮轮上所采取的应急处置措施及所取得的效果；
（四）法律法规要求的其他信息和资料。

第二十九条　邮轮发生突发公共卫生事件时，应当遵循统一指挥、职责明确、科学高效、反应及时、优先救治的原则。海关应当对人员医疗救治工作给予检疫便利。

第三十条　邮轮运营方应当建立完善的突发公共卫生事件处置能力，包括配备具有处置突发事件能力的专业人员、建立应急处置预案、定期开展培训和演练等。

发生突发公共卫生事件时，邮轮运营方及其代理人应当配合海关做好应急处置工作。

第三十一条　海关应当建立突发公共卫生事件的应急处置机制，做好联防联控工作，定期开展培训和演练，指导、协调邮轮运营方做好邮轮突发公共卫生事件的现场处置工作。

第三十二条　邮轮发生突发公共卫生事件时，应当依法对受染人员实施隔离，隔离期限根据医学检查结果确定；对疑似受染人员依法实施就地诊验或者留验，就地诊验或者留验期限自该人员离开感染环境的时候算起，不超过该传染病的最长潜伏期。

邮轮上发生突发公共卫生事件时，邮轮运营方可以提出申请，经海关同意，在邮轮上实施隔离留验；对不具备隔离留验条件的，应当转送至指定医疗机构。

第七章　监督管理

第三十三条　海关总署可以根据邮轮检疫风险等级确定监督管理的重点、方式和频次。

海关可以以抽查、专项检查、全项目检查等方式进行监管。必要时，可以实施采样检测。

第三十四条 检验检疫人员按照下列要求对出入境邮轮实施卫生监督：

（一）公共卫生安全管理制度是否完善；

（二）食品饮用水安全；

（三）客舱、甲板、餐厅、酒吧、影剧院、游泳池、浴池等公共场卫生状况是否保持良好；

（四）是否保持无感染源或者污染源，包括无医学媒介生物和宿主，并确保医学媒介生物控制措施的有效运行；

（五）保持废弃物密闭储存，或者具备无害化处理能力；

（六）保留完整规范的医疗记录、药品消耗及补充记录；

（七）是否建立完善的压舱水排放报告机制。

第三十五条 中国籍邮轮上的食品生产经营单位、公共场所应当取得海关颁发的国境口岸卫生许可证后方可从事生产经营活动。

第三十六条 检验检疫人员按照下列要求对出入境邮轮食品安全实施监督管理：

（一）邮轮上的食品从业人员应当持有有效的健康证明，并经过职业培训，能够按照食品安全控制要求进行操作；

（二）邮轮运营方应当向持有有效国境口岸卫生许可证的食品生产经营单位采购食品或者餐饮服务；

（三）应当建立食品进货查验制度，并保存相关档案。

第三十七条 海关对境外直供邮轮的进境食品，可以参照过境检疫模式进行监管：

（一）境外直供邮轮的动植物源性食品和水果的入境口岸、运输路线、出境口岸等相关事项，应当向配送地直属海关备案；

（二）境外直供邮轮的动植物源性食品和水果应当使用集装箱装载，按照规定的路线运输，集装箱在配送邮轮前不得开箱；

（三）境外直供邮轮食品在配送时应当接受开箱检疫。开箱时，应当由检验检疫人员现场监督，经查验铅封、核对货物种类和数量、实施检疫后方可配送邮轮。

境外直供邮轮食品不得用于其他用途。

第三十八条 对经监督管理不合格的邮轮，海关应当通知邮轮负责人或者其代理人进行整改，整改符合要求后，邮轮方可出入境。

第八章 法律责任

第三十九条 根据《中华人民共和国国境卫生检疫法》及其实施细则所规定的应当受行政处罚的行为是指：

（一）应当接受入境检疫的船舶，不悬挂检疫信号的；

（二）入境、出境的交通工具，在入境检疫之前或者在出境检疫之后，擅自上下人员，装卸行李、货物、邮包等物品的；

（三）拒绝接受检疫或者抵制卫生监督，拒不接受卫生处理的；

（四）伪造或者涂改检疫单、证，不如实申报疫情的；

（五）未经检疫的入境、出境交通工具，擅自离开检疫地点，逃避查验的；

（六）隐瞒疫情或者伪造情节的；

（七）未经检疫处理，擅自排放压舱水，移下垃圾、污物等控制的物品的；

（八）未经检疫处理，擅自移运尸体、骸骨的；

（九）未经海关检查，从交通工具上移下传染病人造成传染病传播危险的。

具有第（一）至第（四）项行为的，由海关处以警告或者100元以上5000元以下的罚款。

具有第（五）至第（八）项行为的，处以1000元以上1万元以下的罚款。

具有第（九）项行为的，处以5000元以上3万元以下的罚款。

第四十条 违反本办法，有下列情况之一的，由海关视情节轻重给予警告，或者处以3万元以下罚款：

（一）邮轮负责人或者其代理人未按照本办法第十条、第二十一条规定履行申报义务；

（二）邮轮运营方或者邮轮上食品生产经营单位向未持有有效国境口岸卫生许可证的食品生产经营单位采购食品的；

（三）中国籍邮轮上食品生产经营单位、公共场所未取得有效国境口岸卫生许可证，从事生产经营活动的；

（四）食品、饮用水及公共场所不符合相关法律法规及卫生标准要求，邮轮运营方拒不整改的；

（五）发生突发公共卫生事件时，邮轮运营方或者其代理人未按照海关要求及时报告或者未按照本办法第二十九条、第三十条规定实施卫生处理、除害处理、封存或者销毁处理的；

（六）邮轮运营方或者其代理人、邮轮上的食品从业人员违反本办法第二十七条、第二十八条规定的。

第四十一条 违反国境卫生检疫规定，引起检疫传染病传播或者有引起检疫传染病传播严重危险，构成犯罪的，依法追究刑事责任；尚不构成犯罪或者犯罪情节显著轻微依法不需要判处刑罚的，由海关处5000元以上3万元以下罚款。

第四十二条 有下列违法行为之一的，依法追究刑事责任；尚不构成犯罪或者犯罪情节显著轻微依法不需要判处刑罚的，由海关处2万元以上5万元以下的罚款：

（一）引起重大动植物疫情的；

（二）伪造、变造动植物检疫单证、印章、标志、封识的。

引起重大动植物疫情危险，情节严重的依法追究刑事责任。

第九章 附 则

第四十三条 定班客轮可以参照本办法实施管理。

第四十四条 本办法由海关总署负责解释。

第四十五条 本办法自2017年1月1日起施行。

远洋渔业管理规定

（农业农村部令2020年第2号）

（2020年2月10日由农业农村部发布，2020年4月1日起施行，法规类型为部门规章）

第一章 总 则

第一条 为加强远洋渔业管理，维护国家和远洋渔业企业及从业人员的合法权益，养护和可持续利用海洋渔业资源，促进远洋渔业持续、健康发展，根据《中华人民共和国渔业法》

及有关法律、行政法规，制定本规定。

　　第二条　本规定所称远洋渔业，是指中华人民共和国公民、法人和其他组织到公海和他国管辖海域从事海洋捕捞以及与之配套的加工、补给和产品运输等渔业活动，但不包括到黄海、东海和南海从事的渔业活动。

　　第三条　国家支持、促进远洋渔业可持续发展，建立规模合理、布局科学、装备优良、配套完善、管理规范、生产安全的现代化远洋渔业产业体系。

　　第四条　农业农村部主管全国远洋渔业工作，负责全国远洋渔业的规划、组织和管理，会同国务院其他有关部门对远洋渔业企业执行国家有关法规和政策的情况进行监督。

　　省级人民政府渔业行政主管部门负责本行政区域内远洋渔业的规划、组织和监督管理。

　　市、县级人民政府渔业行政主管部门协助省级渔业行政主管部门做好远洋渔业相关工作。

　　第五条　国家鼓励远洋渔业企业依法自愿成立远洋渔业协会，加强行业自律管理，维护成员合法权益。

　　第六条　农业农村部对远洋渔业实行项目审批管理和企业资格认定制度，并依法对远洋渔业船舶和船员进行监督管理。

　　第七条　远洋渔业项目审批和企业资格认定通过农业农村部远洋渔业管理系统办理。

　　申请人应当提供的渔业船舶检验证书、渔业船舶登记证等法定证照、权属证明，在全国渔船动态管理系统、远洋渔业管理系统或者部门间核查能够查询到有效信息的，可以不再提供纸质材料。

第二章　远洋渔业项目申请和审批

　　第八条　同时具备下列条件的企业，可以从事远洋渔业，申请开展远洋渔业项目：

　　（一）在我国市场监管部门登记，具有独立法人资格，经营范围包括海洋（远洋）捕捞；

　　（二）拥有符合要求的适合从事远洋渔业的合法渔业船舶；

　　（三）具有承担项目运营和意外风险的经济实力；

　　（四）有熟知远洋渔业政策、相关法律规定、国外情况并具有3年以上远洋渔业生产及管理经验的专职经营管理人员；

　　（五）申请前的3年内没有被农业农村部取消远洋渔业企业资格的记录，企业主要负责人和项目负责人申请前的3年内没有在被农业农村部取消远洋渔业企业资格的企业担任主要负责人和项目负责人的记录。

　　第九条　符合本规定第八条条件的企业申请开展远洋渔业项目的，应当通过所在地省级人民政府渔业行政主管部门提出，经省级人民政府渔业行政主管部门审核同意后报农业农村部审批。中央直属企业直接报农业农村部审批。

　　省级人民政府渔业行政主管部门应当在10日内完成审核。

　　第十条　申请远洋渔业项目时，应当报送以下材料：

　　（一）项目申请报告。申请报告应当包括企业基本情况和条件、项目组织和经营管理计划、已开展远洋渔业项目（如有）的情况等内容，同时填写《申请远洋渔业项目基本情况表》（见附表一）。

　　（二）项目可行性研究报告。

　　（三）到他国管辖海域作业的，提供与外方的合作协议或他国政府主管部门同意入渔的证明、我驻项目所在国使（领）馆的意见；境外成立独资或合资企业的，还需提供我国商务行政主管部门出具的《企业境外投资证书》和入渔国有关政府部门出具的企业注册证明。到公海作业的，填报《公海渔业捕捞许可证申请书》（见附表二）。

　　（四）拟派渔船所有权证书、登记（国籍）证书、远洋渔船检验证书。属制造、更新改造、购置或进口的专业远洋渔船，需同时提供农业农村部《渔业船网工具指标批准书》；属非专业远洋渔船（具有国内有效渔业捕捞许可证转产从事远洋渔业的渔船），需同时提供国内《海洋渔业捕捞许可证》；属进口渔船，需同时提供国家机电进出口办公室批准文件。

（五）农业农村部要求的其他材料。

第十一条 农业农村部收到符合本规定第十条要求的远洋渔业项目申请后，在15个工作日内作出是否批准的决定。特殊情况需要延长决定期限的，应当及时告知申请企业延长决定期限的理由。

经审查批准远洋渔业项目申请的，农业农村部书面通知申请项目企业及其所在地省级人民政府渔业行政主管部门，并抄送国务院其他有关部门。

从事公海捕捞作业的，农业农村部批准远洋渔业项目的同时，颁发《公海渔业捕捞许可证》。

经审查不予批准远洋渔业项目申请的，农业农村部将决定及理由书面通知申请项目企业。

第十二条 对已经实施的远洋渔业项目，农业农村部根据以下不同情况分别进行确认：

（一）从国内港口离境的渔船，依据海事行政主管部门颁发的《国际航行船舶出口岸许可证》进行确认；

（二）在海上转移渔场或变更渔船所有人的渔船，依据远洋渔业项目批准文件进行确认；

（三）船舶证书到期的渔船，依据发证机关换发的有效证书进行确认；

（四）因入渔需要变更渔船国籍的，依据渔船的中国国籍中止或注销证明、入渔国政府主管部门签发的捕捞许可证和渔船登记证书、检验证书及中文翻译件进行确认。

第十三条 取得农业农村部远洋渔业项目批准后，企业持批准文件和其他有关材料，办理远洋渔业船舶和船员证书等有关手续。

第十四条 到他国管辖海域从事捕捞作业的远洋渔业项目开始执行后，企业项目负责人应当持农业农村部远洋渔业项目批准文件到我驻外使（领）馆登记，接受使（领）馆的监督和指导。

第十五条 企业在项目执行期间，应当按照农业农村部的规定及时、准确地向所在地省级人民政府渔业行政主管部门等单位报告下列情况，由省级人民政府渔业行政主管部门等单位汇总后报农业农村部：

（一）投产各渔船渔获量、主要品种、产值等生产情况。除另有规定外，应当于每月10日前按要求报送上月生产情况；

（二）自捕水产品运回情况，按照海关总署和农业农村部的要求报告；

（三）农业农村部或国际渔业管理组织要求报告的其他情况。

第十六条 远洋渔业项目执行过程中需要改变作业国家（地区）或海域、作业类型、入渔方式、渔船数量（包括更换渔船）、渔船所有人以及重新成立独资或合资企业的，应当提供本规定第十条规定的与变更内容有关的材料，按照本规定第九条规定的程序事先报农业农村部批准。其中改变作业国家的，除提供第十条第（三）项规定的材料外，还应当提供我驻原项目所在国使（领）馆的意见。

第十七条 项目终止或执行完毕后，远洋渔业企业应当及时向省级人民政府渔业行政主管部门报告，提交项目执行情况总结，经省级人民政府渔业行政主管部门报农业农村部办理远洋渔业项目终止手续。

远洋渔业企业应当将终止项目的渔船开回国内，并在渔船入境之日起5个工作日内，将海事行政主管部门出具的《船舶进口岸手续办妥通知单》和渔政渔港监督部门出具的渔船停港证明报农业农村部。

远洋渔船终止远洋渔业项目或远洋渔业项目无法继续执行的，企业应于项目终止或停止之日起 18 个月内对渔船予以妥善处置，因客观原因未能在 18 个月内处置完毕的，可适当延长处置时间，但最长不得超过 36 个月。期限届满仍未妥善处置的，由省级人民政府渔业行政主管部门按《渔业船舶登记办法》等有关规定注销渔船登记。

第三章　远洋渔业企业资格认定和年审

第十八条　对于已获农业农村部批准并开始实施远洋渔业项目的企业，其生产经营情况正常，认真遵守有关法律、法规和本规定，未发生严重违规事件的，农业农村部授予其远洋渔业企业资格，并颁发《农业农村部远洋渔业企业资格证书》。

取得《农业农村部远洋渔业企业资格证书》的企业，可以根据有关规定享受国家对远洋渔业的支持政策。

第十九条　农业农村部对远洋渔业企业资格和远洋渔业项目进行年度审查。对审查合格的企业，换发当年度《农业农村部远洋渔业企业资格证书》；对审查合格的渔船，延续确认当年度远洋渔业项目。

申请年审的远洋渔业企业应当于每年 1 月 15 日以前向所在地省级人民政府渔业行政主管部门报送下列材料：

（一）上年度远洋渔业项目执行情况报告。

（二）《远洋渔业企业资格和项目年审登记表》（见附表三）。

（三）有效的渔业船舶所有权证书、国籍证书和检验证书。其中，在他国注册登记的渔船需提供登记国政府主管部门签发的渔船登记和检验证书及中文翻译件。在他国注册登记的渔船如已更新改造，还应提供原船证书注销证明及中文翻译件。

（四）到他国管辖海域从事捕捞作业的，还应提供入渔国政府主管部门颁发的捕捞许可证和企业注册证明及中文翻译件，我驻入渔国使（领）馆出具的意见等。

省级人民政府渔业行政主管部门应当对有关材料进行认真审核，对所辖区域的远洋渔业企业资格和船舶的远洋渔业项目提出审核意见，于 2 月 15 日前报农业农村部。

农业农村部于 3 月 31 日前将远洋渔业企业资格审查和远洋渔业项目确认结果书面通知省级人民政府渔业行政主管部门和有关企业，抄送国务院有关部门。

第四章　远洋渔业船舶和船员

第二十条　远洋渔船应当经渔业船舶检验机构技术检验合格、渔港监督部门依法登记，取得相关证书，符合我国法律、法规和有关国际条约的管理规定。

不得使用未取得相关证书的渔船从事远洋渔业生产。

不得使用被有关区域渔业管理组织公布的从事非法、不报告和不受管制渔业活动的渔船从事远洋渔业生产。

第二十一条　<u>制造、更新改造、购置、进口远洋渔船或更新改造非专业远洋渔船开展远洋渔业的，应当根据《渔业捕捞许可管理规定》事先报农业农村部审批。</u>

淘汰的远洋渔船，应当实施报废处置。

根据他国法律规定，远洋渔船需要加入他国国籍方可在他国海域作业的，应当按《渔业船舶登记办法》有关规定，办理中止或注销中国国籍登记。

第二十二条　远洋渔船应当从国家对外开放口岸出境和入境，随船携带登记（国籍）证书、检验证书、《公海捕捞许可证》以及该船适用的国际公约要求的有关证书。

第二十三条　在我国注册登记的远洋渔船，悬挂中华人民共和国国旗，按国家有关规定进行标识；在他国注册登记的远洋渔船，按登记国规定悬挂旗帜、进行标识。国际渔业组织对远洋渔船标识有规定的，按其规定执行。

第二十四条 专业远洋渔船不得在我国管辖海域从事渔业活动。

经批准到公海或他国管辖海域从事捕捞作业的非专业远洋渔船，出境前应当将《海洋渔业捕捞许可证》交回原发证机关暂存，在实施远洋渔业项目期间禁止在我国管辖海域从事渔业活动。在终止远洋渔业项目并办妥相关手续后，按《渔业捕捞许可管理规定》从原发证机构领回《海洋渔业捕捞许可证》后，方可在国内海域从事渔业生产。

第二十五条 远洋渔船应当按照规定填写渔捞日志，并接受渔业行政主管部门的监督检查。

第二十六条 远洋渔船应当按规定配备与管理船员。

远洋渔业船员应当按规定接受培训，经考试或考核合格取得相应的渔业船员证书后才能上岗，并持有海员证或护照等本人有效出入境证件。外籍、港澳台船员的管理按照国家有关规定执行。

远洋渔业船员、远洋渔业企业及项目负责人和经营管理人员应当学习国际渔业法律法规、安全生产和涉外知识，参加渔业行政主管部门或其委托机构组织的培训。

第五章 安全生产

第二十七条 远洋渔业企业承担安全生产主体责任，应当按规定设置安全生产管理机构或配备安全生产管理人员，建立安全生产责任制。

远洋渔业企业的法定代表人和主要负责人，对本企业的安全生产工作全面负责；远洋渔业项目负责人，对项目的执行、生产经营管理、渔船活动和船员负监管责任；远洋渔船船长对渔船海上航行、生产作业和锚泊安全等负直接责任。

第二十八条 远洋渔业企业应当与其聘用的远洋渔业船员或远洋渔业船员所在单位直接签订合同，为远洋渔业船员办理有关保险，按时发放工资，保障远洋渔业船员的合法权益，不得向远洋渔业船员收取不合理费用。

远洋渔业企业不得聘用未取得有效渔业船员证书的人员作为远洋渔业船员，聘用的远洋渔业船员不得超过农业农村部远洋渔业项目批准文件核定的船员数。

第二十九条 远洋渔业企业应当在远洋渔业船员出境前对其进行安全生产、外事纪律和法律知识等培训教育。

远洋渔业船员在境外应当遵守所在国法律、法规和有关国际条约、协定的规定，尊重当地的风俗习惯。

第三十条 远洋渔船船长应当认真履行《渔业船员管理办法》规定的有关职责，确保渔船正常航行和依法进行渔业生产，严禁违法进入他国管辖水域生产。

按照我国加入的国际公约或区域渔业组织要求，远洋渔船在公海或他国管辖水域被要求登临检查时，船长应当核实执法船舶及人员身份，配合经授权的执法人员对渔船实施登临检查。禁止逃避执法检查或以暴力、危险等方法抗拒执法检查。

第三十一条 到公海作业的远洋渔船，应当按照农业农村部远洋渔业项目批准文件和《公海渔业捕捞许可证》限定的作业海域、类型、时限、品种和配额作业，遵守我国缔结或者参加的国际条约、协定。

到他国管辖海域作业的远洋渔船，应当遵守我国与该国签订的渔业协议及该国的法律法规。

远洋渔船作业时应当与未授权作业海域外部界限保持安全的缓冲距离，避免赴有关国家争议海域作业。

第三十二条 远洋渔船在通过他国管辖水域前，应妥善保存渔获、捆绑覆盖渔具，并按有关规定提前通报。通过他国管辖水域时，应保持连续和匀速航行，填写航行日志，禁止从事捕捞、渔获物转运、补给等任何渔业生产活动。

渔船在他国港口内或通过他国管辖海域时，不得丢弃船上渔获物或其他杂物，不得排放油污、污水及从事其他损坏海洋生态环境的行为。

第六章 监督管理

第三十三条 禁止远洋渔业企业、渔船和船员从事、支持或协助非法、不报告和不受管制的渔业活动。

第三十四条 农业农村部发布远洋渔业从业人员"黑名单"。存在严重违法违规行为、对重大安全生产责任事故负主要责任和引发远洋渔业涉外违规事件的企业主要管理人员、项目负责人和船长，纳入远洋渔业从业人员"黑名单"管理。

纳入远洋渔业从业人员"黑名单"的企业主要管理人员、项目负责人，3年内不得在远洋渔业企业担任主要管理人员或项目负责人。纳入远洋渔业从业人员"黑名单"的船长自被吊销职务船员证书之日起，5年内不得申请渔业船员证书。

第三十五条 农业农村部根据管理需要对远洋渔船进行船位和渔获情况监测。远洋渔船应当根据农业农村部制定的监测计划安装渔船监测系统（VMS），并配备持有技术培训合格证的船员，保障系统正常工作，及时、准确提供真实信息。

农业农村部可根据有关国际组织的要求或管理需要向远洋渔船派遣国家观察员。远洋渔业企业和远洋渔船有义务接纳国家观察员或有关国际渔业组织派遣的观察员，协助并配合观察员工作，不得安排观察员从事与其职责无关的工作。

第三十六条 两个以上远洋渔业企业在同一国家（地区）或海域作业，或从事同品种、同类型作业，应当建立企业自我协调和自律机制，接受行业协会的指导，配合政府有关部门进行协调和管理。

第三十七条 远洋渔业企业、渔船和船员在国外发生涉外事件时，应当立即如实向农业农村部、企业所在地省级人民政府渔业行政主管部门和有关驻外使（领）馆报告，省级人民政府渔业行政主管部门接到报告后，应当立即核实情况，并提出处理意见报农业农村部和省级人民政府，由农业农村部协调提出处理意见通知驻外使领馆。发生重大涉外事件需要对外交涉的，由农业农村部商外交部提出处理意见，进行交涉。

远洋渔船发生海难等海上安全事故时，远洋渔业企业应当立即组织自救互救，并按规定向农业农村部、企业所在地省级人民政府渔业行政主管部门报告。需要紧急救助的，按照有关国际规则和国家规定执行。发生违法犯罪事件时，远洋渔业企业应当立即向所在地公安机关和边防部门报告，做好伤员救治、嫌疑人控制、现场保护等工作。

远洋渔业企业和所在地各级人民政府渔业行政主管部门应当认真负责、迅速、妥善处理涉外和海上安全事件。

第三十八条 各级人民政府渔业行政主管部门及其所属的渔政渔港监督管理机构应当会同有关部门，加强远洋渔船在国内渔业港口的监督与管理，严格执行渔船进出渔港报告制度。

除因人员病急、机件故障、遇难、避风等特殊情况外，禁止被有关国际渔业组织纳入非法、不报告和不受管制渔业活动名单的船舶进入我国港口。因人员病急、机件故障、遇难、避风等特殊情况或非法进入我国港口的，由港口所在地省级人民政府渔业行政主管部门会同同级港口、海关、边防等部门，在农业农村部、外交部等国务院有关部门指导下，依据我国法律、行政法规及我国批准或加入的相关国际条约，进行调查处理。

第七章 罚 则

第三十九条 远洋渔业企业、渔船或船员有下列违法行为的，由省级以上人民政府渔业行政主管部门或其所属的渔政渔港监督管理机构根据《中华人民共和国渔业法》《中华人民共和国野生动物保护法》和有关法律、法规予以处罚。对已经取得农业农村部远洋渔业企业资格的企业，农业农村部视情节轻重和影响大小，暂停或取消其远洋渔业企业资格。

（一）未经农业农村部批准擅自从事远洋渔业生产，或未取得《公海渔业捕捞许可证》从事公海捕捞生产的；

（二）申报或实施远洋渔业项目时隐瞒真相、弄虚作假的；

（三）不按农业农村部批准的或《公海渔业捕捞许可证》规定的作业类型、场所、时限、品种和配额生产，或未经批准进入他国管辖水域作业的；

（四）使用入渔国或有管辖权的区域渔业管理组织禁用的渔具、渔法进行捕捞，或捕捞入渔国或有管辖权的区域渔业管理组织禁止捕捞的鱼种、珍贵濒危水生野生动物或其他海洋生物的；

（五）未取得有效的船舶证书，或不符合远洋渔船的有关规定，或违反本规定招聘或派出远洋渔业船员的；

（六）妨碍或拒绝渔业行政主管部门监督管理，或在公海、他国管辖海域妨碍、拒绝有管辖权的执法人员进行检查的；

（七）不按规定报告情况和提供信息，或故意报告和提供不真实情况和信息，或不按规定填报渔捞日志的；

（八）拒绝接纳国家观察员或有管辖权的区域渔业管理组织派出的观察员或妨碍其正常工作的；

（九）故意关闭、移动、干扰船位监测、渔船自动识别等设备或故意报送虚假信息的，擅自更改船名、识别码、渔船标识或渔船参数，或擅自更换渔船主机的；

（十）被有关国际渔业组织认定从事、支持或协助了非法、不报告和不受管制的渔业活动的；

（十一）发生重大安全生产责任事故的；

（十二）发生涉外违规事件，造成严重不良影响的；

（十三）其他依法应予处罚的行为。

第四十条 被暂停农业农村部远洋渔业企业资格的企业，整改后经省级人民政府渔业行政主管部门和农业农村部审查合格的，可恢复其远洋渔业企业资格和所属渔船远洋渔业项目。1年内经整改仍不合格的，取消其农业农村部远洋渔业企业资格。

第四十一条 当事人对渔业行政处罚有异议的，可按《中华人民共和国行政复议法》和《中华人民共和国行政诉讼法》的有关规定申请行政复议或提起行政诉讼。

第四十二条 各级人民政府渔业行政主管部门工作人员有不履行法定义务、玩忽职守、徇私舞弊等行为，尚不构成犯罪的，由所在单位或上级主管机关予以行政处分。

第八章 附　则

第四十三条 本规定所称远洋渔船是指中华人民共和国公民、法人或其他组织所有并从事远洋渔业活动的渔业船舶，包括捕捞渔船和渔业辅助船。远洋渔业船员是指在远洋渔船上工作的所有船员，包括职务船员。

本规定所称省级人民政府渔业行政主管部门包括计划单列市人民政府渔业行政主管部门。

第四十四条 本规定自2020年4月1日起施行。农业部2003年4月18日发布、2004年7月1日修正、2016年5月30日修正的《远洋渔业管理规定》同时废止。

关于旧船舶进口技术勘验有关事项的公告

(海事局公告 2018 年第 31 号)

(2018 年 12 月 29 日由海事局发布，2019 年 1 月 1 日起施行，法规类型为规范性文件)

根据《商务部关于修改规章的决定》(商务部令 2018 年第 7 号)，《重点旧机电产品进口管理办法》对旧船舶进口技术勘验和评定工作进行了调整。为确保旧船舶进口管理工作平稳有序，现将有关事项公告如下：

1. 按照规定，旧船舶申请进口单位购置或者光租外国籍船舶变更为中国籍船舶的，中华人民共和国海事局不再出具《旧船舶进口技术评定书》。

2. 自 2019 年 1 月 1 日起，旧船舶申请进口单位应按照有关规定和工作程序，向船舶检验机构申请技术勘验，并取得其出具的《旧船舶进口检验报告》。

特此公告。

关于对国际航行船舶加注燃料油实行出口退税政策的公告

(财政部　国家税务总局　海关总署公告 2020 年第 4 号)

(2020 年 1 月 22 日由财政部、国家税务总局、海关总署发布，2020 年 2 月 1 日起施行，法规类型为规范性文件)

现将国际航行船舶加注燃料油出口退税政策公告如下：

一、对国际航行船舶在我国沿海港口加注的燃料油，实行出口退(免)税政策，增值税出口退税率为 13%。

本公告所述燃料油，是指产品编码为"27101922"的产品。

二、海关对进入出口监管仓为国际航行船舶加注的燃料油出具出口货物报关单，纳税人凭此出口货物报关单等相关材料向税务部门申报出口退(免)税。

三、本公告自 2020 年 2 月 1 日起施行。本公告所述燃料油适用的退税率，以出口货物报关单上注明的出口日期界定。

中华人民共和国食品安全法

(主席令第9号)

(2009年2月28日第十一届全国人民代表大会常务委员会第七次会议通过;2015年4月24日第十二届全国人民代表大会常务委员会第十四次会议修订,根据2018年12月29日第十三届全国人民代表大会常务委员会第七次会议《关于修改〈中华人民共和国产品质量法〉等五部法律的决定》修正;现行版本自2018年12月29日起施行;法规类型为法律)

第一章 总 则

第一条 为了保证食品安全,保障公众身体健康和生命安全,制定本法。
第二条 在中华人民共和国境内从事下列活动,应当遵守本法:
(一)食品生产和加工(以下称食品生产),食品销售和餐饮服务(以下称食品经营);
(二)食品添加剂的生产经营;
(三)用于食品的包装材料、容器、洗涤剂、消毒剂和用于食品生产经营的工具、设备(以下称食品相关产品)的生产经营;
(四)食品生产经营者使用食品添加剂、食品相关产品;
(五)食品的贮存和运输;
(六)对食品、食品添加剂、食品相关产品的安全管理。
供食用的源于农业的初级产品(以下称食用农产品)的质量安全管理,遵守《中华人民共和国农产品质量安全法》的规定。但是,食用农产品的市场销售、有关质量安全标准的制定、有关安全信息的公布和本法对农业投入品作出规定的,应当遵守本法的规定。
第三条 食品安全工作实行预防为主、风险管理、全程控制、社会共治,建立科学、严格的监督管理制度。
第四条 食品生产经营者对其生产经营食品的安全负责。
食品生产经营者应当依照法律、法规和食品安全标准从事生产经营活动,保证食品安全,诚信自律,对社会和公众负责,接受社会监督,承担社会责任。
第五条 国务院设立食品安全委员会,其职责由国务院规定。
国务院食品安全监督管理部门依照本法和国务院规定的职责,对食品生产经营活动实施监督管理。
国务院卫生行政部门依照本法和国务院规定的职责,组织开展食品安全风险监测和风险评估,会同国务院食品安全监督管理部门制定并公布食品安全国家标准。

国务院其他有关部门依照本法和国务院规定的职责，承担有关食品安全工作。

第六条 县级以上地方人民政府对本行政区域的食品安全监督管理工作负责，统一领导、组织、协调本行政区域的食品安全监督管理工作以及食品安全突发事件应对工作，建立健全食品安全全程监督管理工作机制和信息共享机制。

县级以上地方人民政府依照本法和国务院的规定，确定本级食品安全监督管理、卫生行政部门和其他有关部门的职责。有关部门在各自职责范围内负责本行政区域的食品安全监督管理工作。

县级人民政府食品安全监督管理部门可以在乡镇或者特定区域设立派出机构。

第七条 县级以上地方人民政府实行食品安全监督管理责任制。上级人民政府负责对下一级人民政府的食品安全监督管理工作进行评议、考核。县级以上地方人民政府负责对本级食品安全监督管理部门和其他有关部门的食品安全监督管理工作进行评议、考核。

第八条 县级以上人民政府应当将食品安全工作纳入本级国民经济和社会发展规划，将食品安全工作经费列入本级政府财政预算，加强食品安全监督管理能力建设，为食品安全工作提供保障。

县级以上人民政府食品安全监督管理部门和其他有关部门应当加强沟通、密切配合，按照各自职责分工，依法行使职权，承担责任。

第九条 食品行业协会应当加强行业自律，按照章程建立健全行业规范和奖惩机制，提供食品安全信息、技术等服务，引导和督促食品生产经营者依法生产经营，推动行业诚信建设，宣传、普及食品安全知识。

消费者协会和其他消费者组织对违反本法规定，损害消费者合法权益的行为，依法进行社会监督。

第十条 各级人民政府应当加强食品安全的宣传教育，普及食品安全知识，鼓励社会组织、基层群众性自治组织、食品生产经营者开展食品安全法律、法规以及食品安全标准和知识的普及工作，倡导健康的饮食方式，增强消费者食品安全意识和自我保护能力。

新闻媒体应当开展食品安全法律、法规以及食品安全标准和知识的公益宣传，并对食品安全违法行为进行舆论监督。有关食品安全的宣传报道应当真实、公正。

第十一条 国家鼓励和支持开展与食品安全有关的基础研究、应用研究，鼓励和支持食品生产经营者为提高食品安全水平采用先进技术和先进管理规范。

国家对农药的使用实行严格的管理制度，加快淘汰剧毒、高毒、高残留农药，推动替代产品的研发和应用，鼓励使用高效低毒低残留农药。

第十二条 任何组织或者个人有权举报食品安全违法行为，依法向有关部门了解食品安全信息，对食品安全监督管理工作提出意见和建议。

第十三条 对在食品安全工作中做出突出贡献的单位和个人，按照国家有关规定给予表彰、奖励。

第二章　食品安全风险监测和评估

第十四条 国家建立食品安全风险监测制度，对食源性疾病、食品污染以及食品中的有害因素进行监测。

国务院卫生行政部门会同国务院食品安全监督管理等部门，制定、实施国家食品安全风险监测计划。

国务院食品安全监督管理部门和其他有关部门获知有关食品安全风险信息后，应当立即核实并向国务院卫生行政部门通报。对有关部门通报的食品安全风险信息以及医疗机构报告的食源性疾病等有关疾病信息，国务院卫生行政部门应当会同国务院有关部门分析研究，认为必要的，及时调整国家食品安全风险监测计划。

省、自治区、直辖市人民政府卫生行政部门会同同级食品安全监督管理等部门，根据国家食品安全风险监测计划，结合本行政区域的具体情况，制定、调整本行政区域的食品安全风险监测方案，报国务院卫生行政部门备案并实施。

第十五条　承担食品安全风险监测工作的技术机构应当根据食品安全风险监测计划和监测方案开展监测工作，保证监测数据真实、准确，并按照食品安全风险监测计划和监测方案的要求报送监测数据和分析结果。

食品安全风险监测工作人员有权进入相关食用农产品种植养殖、食品生产经营场所采集样品、收集相关数据。采集样品应当按照市场价格支付费用。

第十六条　食品安全风险监测结果表明可能存在食品安全隐患的，县级以上人民政府卫生行政部门应当及时将相关信息通报同级食品安全监督管理等部门，并报告本级人民政府和上级人民政府卫生行政部门。食品安全监督管理等部门应当组织开展进一步调查。

第十七条　国家建立食品安全风险评估制度，运用科学方法，根据食品安全风险监测信息、科学数据以及有关信息，对食品、食品添加剂、食品相关产品中生物性、化学性和物理性危害因素进行风险评估。

国务院卫生行政部门负责组织食品安全风险评估工作，成立由医学、农业、食品、营养、生物、环境等方面的专家组成的食品安全风险评估专家委员会进行食品安全风险评估。食品安全风险评估结果由国务院卫生行政部门公布。

对农药、肥料、兽药、饲料和饲料添加剂等的安全性评估，应当有食品安全风险评估专家委员会的专家参加。

食品安全风险评估不得向生产经营者收取费用，采集样品应当按照市场价格支付费用。

第十八条　有下列情形之一的，应当进行食品安全风险评估：

（一）通过食品安全风险监测或者接到举报发现食品、食品添加剂、食品相关产品可能存在安全隐患的；

（二）为制定或者修订食品安全国家标准提供科学依据需要进行风险评估的；

（三）为确定监督管理的重点领域、重点品种需要进行风险评估的；

（四）发现新的可能危害食品安全因素的；

（五）需要判断某一因素是否构成食品安全隐患的；

（六）国务院卫生行政部门认为需要进行风险评估的其他情形。

第十九条　国务院食品安全监督管理、农业行政等部门在监督管理工作中发现需要进行食品安全风险评估的，应当向国务院卫生行政部门提出食品安全风险评估的建议，并提供风险来源、相关检验数据和结论等信息、资料。属于本法第十八条规定情形的，国务院卫生行政部门应当及时进行食品安全风险评估，并向国务院有关部门通报评估结果。

第二十条　省级以上人民政府卫生行政、农业行政部门应当及时相互通报食品、食用农产品安全风险监测信息。

国务院卫生行政、农业行政部门应当及时相互通报食品、食用农产品安全风险评估结果等信息。

第二十一条　食品安全风险评估结果是制定、修订食品安全标准和实施食品安全监督管理的科学依据。

经食品安全风险评估，得出食品、食品添加剂、食品相关产品不安全结论的，国务院食品安全监督管理等部门应当依据各自职责立即向社会公告，告知消费者停止食用或者使用，并采取相应措施，确保该食品、食品添加剂、食品相关产品停止生产经营；需要制定、修订相关食品安全国家标准的，国务院卫生行政部门应当会同国务院食品安全监督管理部门立即制定、修订。

第二十二条 国务院食品安全监督管理部门应当会同国务院有关部门,根据食品安全风险评估结果、食品安全监督管理信息,对食品安全状况进行综合分析。对经综合分析表明可能具有较高程度安全风险的食品,国务院食品安全监督管理部门应当及时提出食品安全风险警示,并向社会公布。

第二十三条 县级以上人民政府食品安全监督管理部门和其他有关部门、食品安全风险评估专家委员会及其技术机构,应当按照科学、客观、及时、公开的原则,组织食品生产经营者、食品检验机构、认证机构、食品行业协会、消费者协会以及新闻媒体等,就食品安全风险评估信息和食品安全监督管理信息进行交流沟通。

第三章 食品安全标准

第二十四条 制定食品安全标准,应当以保障公众身体健康为宗旨,做到科学合理、安全可靠。

第二十五条 食品安全标准是强制执行的标准。除食品安全标准外,不得制定其他食品强制性标准。

第二十六条 食品安全标准应当包括下列内容:
(一)食品、食品添加剂、食品相关产品中的致病性微生物,农药残留、兽药残留、生物毒素、重金属等污染物质以及其他危害人体健康物质的限量规定;
(二)食品添加剂的品种、使用范围、用量;
(三)专供婴幼儿和其他特定人群的主辅食品的营养成分要求;
(四)对与卫生、营养等食品安全要求有关的标签、标志、说明书的要求;
(五)食品生产经营过程的卫生要求;
(六)与食品安全有关的质量要求;
(七)与食品安全有关的食品检验方法与规程;
(八)其他需要制定为食品安全标准的内容。

第二十七条 食品安全国家标准由国务院卫生行政部门会同国务院食品安全监督管理部门制定、公布,国务院标准化行政部门提供国家标准编号。

食品中农药残留、兽药残留的限量规定及其检验方法与规程由国务院卫生行政部门、国务院农业行政部门会同国务院食品安全监督管理部门制定。

屠宰畜、禽的检验规程由国务院农业行政部门会同国务院卫生行政部门制定。

第二十八条 制定食品安全国家标准,应当依据食品安全风险评估结果并充分考虑食用农产品安全风险评估结果,参照相关的国际标准和国际食品安全风险评估结果,并将食品安全国家标准草案向社会公布,广泛听取食品生产经营者、消费者、有关部门等方面的意见。

食品安全国家标准应当经国务院卫生行政部门组织的食品安全国家标准审评委员会审查通过。食品安全国家标准审评委员会由医学、农业、食品、营养、生物、环境等方面的专家以及国务院有关部门、食品行业协会、消费者协会的代表组成,对食品安全国家标准草案的科学性和实用性等进行审查。

第二十九条 对地方特色食品,没有食品安全国家标准的,省、自治区、直辖市人民政府卫生行政部门可以制定并公布食品安全地方标准,报国务院卫生行政部门备案。食品安全国家标准制定后,该地方标准即行废止。

第三十条 国家鼓励食品生产企业制定严于食品安全国家标准或者地方标准的企业标准,在本企业适用,并报省、自治区、直辖市人民政府卫生行政部门备案。

第三十一条 省级以上人民政府卫生行政部门应当在其网站上公布制定和备案的食品安全国家标准、地方标准和企业标准,供公众免费查阅、下载。

对食品安全标准执行过程中的问题，县级以上人民政府卫生行政部门应当会同有关部门及时给予指导、解答。

第三十二条 省级以上人民政府卫生行政部门应当会同同级食品安全监督管理、农业行政等部门，分别对食品安全国家标准和地方标准的执行情况进行跟踪评价，并根据评价结果及时修订食品安全标准。

省级以上人民政府食品安全监督管理、农业行政等部门应当对食品安全标准执行中存在的问题进行收集、汇总，并及时向同级卫生行政部门通报。

食品生产经营者、食品行业协会发现食品安全标准在执行中存在问题的，应当立即向卫生行政部门报告。

第四章 食品生产经营

第一节 一般规定

第三十三条 食品生产经营应当符合食品安全标准，并符合下列要求：

（一）具有与生产经营的食品品种、数量相适应的食品原料处理和食品加工、包装、贮存等场所，保持该场所环境整洁，并与有毒、有害场所以及其他污染源保持规定的距离；

（二）具有与生产经营的食品品种、数量相适应的生产经营设备或者设施，有相应的消毒、更衣、盥洗、采光、照明、通风、防腐、防尘、防蝇、防鼠、防虫、洗涤以及处理废水、存放垃圾和废弃物的设备或者设施；

（三）有专职或者兼职的食品安全专业技术人员、食品安全管理人员和保证食品安全的规章制度；

（四）具有合理的设备布局和工艺流程，防止待加工食品与直接入口食品、原料与成品交叉污染，避免食品接触有毒物、不洁物；

（五）餐具、饮具和盛放直接入口食品的容器，使用前应当洗净、消毒，炊具、用具用后应当洗净，保持清洁；

（六）贮存、运输和装卸食品的容器、工具和设备应当安全、无害，保持清洁，防止食品污染，并符合保证食品安全所需的温度、湿度等特殊要求，不得将食品与有毒、有害物品一同贮存、运输；

（七）直接入口的食品应当使用无毒、清洁的包装材料、餐具、饮具和容器；

（八）食品生产经营人员应当保持个人卫生，生产经营食品时，应当将手洗净，穿戴清洁的工作衣、帽等；销售无包装的直接入口食品时，应当使用无毒、清洁的容器、售货工具和设备；

（九）用水应当符合国家规定的生活饮用水卫生标准；

（十）使用的洗涤剂、消毒剂应当对人体安全、无害；

（十一）法律、法规规定的其他要求。

非食品生产经营者从事食品贮存、运输和装卸的，应当符合前款第六项的规定。

第三十四条 禁止生产经营下列食品、食品添加剂、食品相关产品：

（一）用非食品原料生产的食品或者添加食品添加剂以外的化学物质和其他可能危害人体健康物质的食品，或者用回收食品作为原料生产的食品；

（二）致病性微生物，农药残留、兽药残留、生物毒素、重金属等污染物质以及其他危害人体健康的物质含量超过食品安全标准限量的食品、食品添加剂、食品相关产品；

（三）用超过保质期的食品原料、食品添加剂生产的食品、食品添加剂；

（四）超范围、超限量使用食品添加剂的食品；

（五）营养成分不符合食品安全标准的专供婴幼儿和其他特定人群的主辅食品；

（六）腐败变质、油脂酸败、霉变生虫、污秽不洁、混有异物、掺假掺杂或者感官性状异常的食品、食品添加剂；

（七）病死、毒死或者死因不明的禽、畜、兽、水产动物肉类及其制品；

（八）未按规定进行检疫或者检疫不合格的肉类，或者未经检验或者检验不合格的肉类制品；

（九）被包装材料、容器、运输工具等污染的食品、食品添加剂；

（十）标注虚假生产日期、保质期或者超过保质期的食品、食品添加剂；

（十一）无标签的预包装食品、食品添加剂；

（十二）国家为防病等特殊需要明令禁止生产经营的食品；

（十三）其他不符合法律、法规或者食品安全标准的食品、食品添加剂、食品相关产品。

第三十五条 国家对食品生产经营实行许可制度。从事食品生产、食品销售、餐饮服务，应当依法取得许可。但是，销售食用农产品，不需要取得许可。

县级以上地方人民政府食品安全监督管理部门应当依照《中华人民共和国行政许可法》的规定，审核申请人提交的本法第三十三条第一款第一项至第四项规定要求的相关资料，必要时对申请人的生产经营场所进行现场核查；对符合规定条件的，准予许可；对不符合规定条件的，不予许可并书面说明理由。

第三十六条 食品生产加工小作坊和食品摊贩等从事食品生产经营活动，应当符合本法规定的与其生产经营规模、条件相适应的食品安全要求，保证所生产经营的食品卫生、无毒、无害，食品安全监督管理部门应当对其加强监督管理。

县级以上地方人民政府应当对食品生产加工小作坊、食品摊贩等进行综合治理，加强服务和统一规划，改善其生产经营环境，鼓励和支持其改进生产经营条件，进入集中交易市场、店铺等固定场所经营，或者在指定的临时经营区域、时段经营。

食品生产加工小作坊和食品摊贩等的具体管理办法由省、自治区、直辖市制定。

第三十七条 利用新的食品原料生产食品，或者生产食品添加剂新品种、食品相关产品新品种，应当向国务院卫生行政部门提交相关产品的安全性评估材料。国务院卫生行政部门应当自收到申请之日起六十日内组织审查；对符合食品安全要求的，准予许可并公布；对不符合食品安全要求的，不予许可并书面说明理由。

第三十八条 生产经营的食品中不得添加药品，但是可以添加按照传统既是食品又是中药材的物质。按照传统既是食品又是中药材的物质目录由国务院卫生行政部门会同国务院食品安全监督管理部门制定、公布。

第三十九条 国家对食品添加剂生产实行许可制度。从事食品添加剂生产，应当具有与所生产食品添加剂品种相适应的场所、生产设备或者设施、专业技术人员和管理制度，并依照本法第三十五条第二款规定的程序，取得食品添加剂生产许可。

生产食品添加剂应当符合法律、法规和食品安全国家标准。

第四十条 食品添加剂应当在技术上确有必要且经过风险评估证明安全可靠，方可列入允许使用的范围；有关食品安全国家标准应当根据技术必要性和食品安全风险评估结果及时修订。

食品生产经营者应当按照食品安全国家标准使用食品添加剂。

第四十一条 生产食品相关产品应当符合法律、法规和食品安全国家标准。对直接接触食品的包装材料等具有较高风险的食品相关产品，按照国家有关工业产品生产许可证管理的规定实施生产许可。食品安全监督管理部门应当加强对食品相关产品生产活动的监督管理。

第四十二条 国家建立食品安全全程追溯制度。

食品生产经营者应当依照本法的规定，建立食品安全追溯体系，保证食品可追溯。国家鼓励食品生产经营者采用信息化手段采集、留存生产经营信息，建立食品安全追溯体系。

国务院食品安全监督管理部门会同国务院农业行政等有关部门建立食品安全全程追溯协作机制。

第四十三条 地方各级人民政府应当采取措施鼓励食品规模化生产和连锁经营、配送。

国家鼓励食品生产经营企业参加食品安全责任保险。

第二节　生产经营过程控制

第四十四条 食品生产经营企业应当建立健全食品安全管理制度，对职工进行食品安全知识培训，加强食品检验工作，依法从事生产经营活动。

食品生产经营企业的主要负责人应当落实企业食品安全管理制度，对本企业的食品安全工作全面负责。

食品生产经营企业应当配备食品安全管理人员，加强对其培训和考核。经考核不具备食品安全管理能力的，不得上岗。食品安全监督管理部门应当对企业食品安全管理人员随机进行监督抽查考核并公布考核情况。监督抽查考核不得收取费用。

第四十五条 食品生产经营者应当建立并执行从业人员健康管理制度。患有国务院卫生行政部门规定的有碍食品安全疾病的人员，不得从事接触直接入口食品的工作。

从事接触直接入口食品工作的食品生产经营人员应当每年进行健康检查，取得健康证明后方可上岗工作。

第四十六条 食品生产企业应当就下列事项制定并实施控制要求，保证所生产的食品符合食品安全标准：

（一）原料采购、原料验收、投料等原料控制；

（二）生产工序、设备、贮存、包装等生产关键环节控制；

（三）原料检验、半成品检验、成品出厂检验等检验控制；

（四）运输和交付控制。

第四十七条 食品生产经营者应当建立食品安全自查制度，定期对食品安全状况进行检查评价。生产经营条件发生变化，不再符合食品安全要求的，食品生产经营者应当立即采取整改措施；有发生食品安全事故潜在风险的，应当立即停止食品生产经营活动，并向所在地县级人民政府食品安全监督管理部门报告。

第四十八条 国家鼓励食品生产经营企业符合良好生产规范要求，实施危害分析与关键控制点体系，提高食品安全管理水平。

对通过良好生产规范、危害分析与关键控制点体系认证的食品生产经营企业，认证机构应当依法实施跟踪调查；对不再符合认证要求的企业，应当依法撤销认证，及时向县级以上人民政府食品安全监督管理部门通报，并向社会公布。认证机构实施跟踪调查不得收取费用。

第四十九条 食用农产品生产者应当按照食品安全标准和国家有关规定使用农药、肥料、兽药、饲料和饲料添加剂等农业投入品，严格执行农业投入品使用安全间隔期或者休药期的规定，不得使用国家明令禁止的农业投入品。禁止将剧毒、高毒农药用于蔬菜、瓜果、茶叶和中草药材等国家规定的农作物。

食用农产品的生产企业和农民专业合作经济组织应当建立农业投入品使用记录制度。

县级以上人民政府农业行政部门应当加强对农业投入品使用的监督管理和指导，建立健全农业投入品安全使用制度。

第五十条 食品生产者采购食品原料、食品添加剂、食品相关产品，应当查验供货者的许可证和产品合格证明；对无法提供合格证明的食品原料，应当按照食品安全标准进行检验；不得采购或者使用不符合食品安全标准的食品原料、食品添加剂、食品相关产品。

食品生产企业应当建立食品原料、食品添加剂、食品相关产品进货查验记录制度,如实记录食品原料、食品添加剂、食品相关产品的名称、规格、数量、生产日期或者生产批号、保质期、进货日期以及供货者名称、地址、联系方式等内容,并保存相关凭证。记录和凭证保存期限不得少于产品保质期满后六个月;没有明确保质期的,保存期限不得少于二年。

第五十一条 食品生产企业应当建立食品出厂检验记录制度,查验出厂食品的检验合格证和安全状况,如实记录食品的名称、规格、数量、生产日期或者生产批号、保质期、检验合格证号、销售日期以及购货者名称、地址、联系方式等内容,并保存相关凭证。记录和凭证保存期限应当符合本法第五十条第二款的规定。

第五十二条 食品、食品添加剂、食品相关产品的生产者,应当按照食品安全标准对所生产的食品、食品添加剂、食品相关产品进行检验,检验合格后方可出厂或者销售。

第五十三条 食品经营者采购食品,应当查验供货者的许可证和食品出厂检验合格证或者其他合格证明(以下称合格证明文件)。

食品经营企业应当建立食品进货查验记录制度,如实记录食品的名称、规格、数量、生产日期或者生产批号、保质期、进货日期以及供货者名称、地址、联系方式等内容,并保存相关凭证。记录和凭证保存期限应当符合本法第五十条第二款的规定。

实行统一配送经营方式的食品经营企业,可以由企业总部统一查验供货者的许可证和食品合格证明文件,进行食品进货查验记录。

从事食品批发业务的经营企业应当建立食品销售记录制度,如实记录批发食品的名称、规格、数量、生产日期或者生产批号、保质期、销售日期以及购货者名称、地址、联系方式等内容,并保存相关凭证。记录和凭证保存期限应当符合本法第五十条第二款的规定。

第五十四条 食品经营者应当按照保证食品安全的要求贮存食品,定期检查库存食品,及时清理变质或者超过保质期的食品。

食品经营者贮存散装食品,应当在贮存位置标明食品的名称、生产日期或者生产批号、保质期、生产者名称及联系方式等内容。

第五十五条 餐饮服务提供者应当制定并实施原料控制要求,不得采购不符合食品安全标准的食品原料。倡导餐饮服务提供者公开加工过程,公示食品原料及其来源等信息。

餐饮服务提供者在加工过程中应当检查待加工的食品及原料,发现有本法第三十四条第六项规定情形的,不得加工或者使用。

第五十六条 餐饮服务提供者应当定期维护食品加工、贮存、陈列等设施、设备;定期清洗、校验保温设施及冷藏、冷冻设施。

餐饮服务提供者应当按照要求对餐具、饮具进行清洗消毒,不得使用未经清洗消毒的餐具、饮具;餐饮服务提供者委托清洗消毒餐具、饮具的,应当委托符合本法规定条件的餐具、饮具集中消毒服务单位。

第五十七条 学校、托幼机构、养老机构、建筑工地等集中用餐单位的食堂应当严格遵守法律、法规和食品安全标准;从供餐单位订餐的,应当从取得食品生产经营许可的企业订购,并按照要求对订购的食品进行查验。供餐单位应当严格遵守法律、法规和食品安全标准,当餐加工,确保食品安全。

学校、托幼机构、养老机构、建筑工地等集中用餐单位的主管部门应当加强对集中用餐单位的食品安全教育和日常管理,降低食品安全风险,及时消除食品安全隐患。

第五十八条 餐具、饮具集中消毒服务单位应当具备相应的作业场所、清洗消毒设备或者设施,用水和使用的洗涤剂、消毒剂应当符合相关食品安全国家标准和其他国家标准、卫生规范。

餐具、饮具集中消毒服务单位应当对消毒餐具、饮具进行逐批检验,检验合格后方可出厂，并应当随附消毒合格证明。消毒后的餐具、饮具应当在独立包装上标注单位名称、地址、联系方式、消毒日期以及使用期限等内容。

第五十九条　食品添加剂生产者应当建立食品添加剂出厂检验记录制度，查验出厂产品的检验合格证和安全状况，如实记录食品添加剂的名称、规格、数量、生产日期或者生产批号、保质期、检验合格证号、销售日期以及购货者名称、地址、联系方式等相关内容，并保存相关凭证。记录和凭证保存期限应当符合本法第五十条第二款的规定。

第六十条　食品添加剂经营者采购食品添加剂，应当依法查验供货者的许可证和产品合格证明文件，如实记录食品添加剂的名称、规格、数量、生产日期或者生产批号、保质期、进货日期以及供货者名称、地址、联系方式等内容，并保存相关凭证。记录和凭证保存期限应当符合本法第五十条第二款的规定。

第六十一条　集中交易市场的开办者、柜台出租者和展销会举办者，应当依法审查入场食品经营者的许可证，明确其食品安全管理责任，定期对其经营环境和条件进行检查，发现其有违反本法规定行为的，应当及时制止并立即报告所在地县级人民政府食品安全监督管理部门。

第六十二条　网络食品交易第三方平台提供者应当对入网食品经营者进行实名登记，明确其食品安全管理责任；依法应当取得许可证的，还应当审查其许可证。

网络食品交易第三方平台提供者发现入网食品经营者有违反本法规定行为的，应当及时制止并立即报告所在地县级人民政府食品安全监督管理部门；发现严重违法行为的，应当立即停止提供网络交易平台服务。

第六十三条　国家建立食品召回制度。食品生产者发现其生产的食品不符合食品安全标准或者有证据证明可能危害人体健康的，应当立即停止生产，召回已经上市销售的食品，通知相关生产经营者和消费者，并记录召回和通知情况。

食品经营者发现其经营的食品有前款规定情形的，应当立即停止经营，通知相关生产经营者和消费者，并记录停止经营和通知情况。食品生产者认为应当召回的，应当立即召回。由于食品经营者的原因造成其经营的食品有前款规定情形的，食品经营者应当召回。

食品生产经营者应当对召回的食品采取无害化处理、销毁等措施，防止其再次流入市场。但是，对因标签、标志或者说明书不符合食品安全标准而被召回的食品，食品生产者在采取补救措施且能保证食品安全的情况下可以继续销售；销售时应当向消费者明示补救措施。

食品生产经营者应当将食品召回和处理情况向所在地县级人民政府食品安全监督管理部门报告；需要对召回的食品进行无害化处理、销毁的，应当提前报告时间、地点。食品安全监督管理部门认为必要的，可以实施现场监督。

食品生产经营者未依照本条规定召回或者停止经营的，县级以上人民政府食品安全监督管理部门可以责令其召回或者停止经营。

第六十四条　食用农产品批发市场应当配备检验设备和检验人员或者委托符合本法规定的食品检验机构，对进入该批发市场销售的食用农产品进行抽样检验；发现不符合食品安全标准的，应当要求销售者立即停止销售，并向食品安全监督管理部门报告。

第六十五条　食用农产品销售者应当建立食用农产品进货查验记录制度，如实记录食用农产品的名称、数量、进货日期以及供货者名称、地址、联系方式等内容，并保存相关凭证。记录和凭证保存期限不得少于六个月。

第六十六条　进入市场销售的食用农产品在包装、保鲜、贮存、运输中使用保鲜剂、防腐剂等食品添加剂和包装材料等食品相关产品，应当符合食品安全国家标准。

第三节　标签、说明书和广告

第六十七条　预包装食品的包装上应当有标签。标签应当标明下列事项：

（一）名称、规格、净含量、生产日期；
（二）成分或者配料表；
（三）生产者的名称、地址、联系方式；
（四）保质期；
（五）产品标准代号；
（六）贮存条件；
（七）所使用的食品添加剂在国家标准中的通用名称；
（八）生产许可证编号；
（九）法律、法规或者食品安全标准规定应当标明的其他事项。

专供婴幼儿和其他特定人群的主辅食品，其标签还应当标明主要营养成分及其含量。

食品安全国家标准对标签标注事项另有规定的，从其规定。

第六十八条 食品经营者销售散装食品，应当在散装食品的容器、外包装上标明食品的名称、生产日期或者生产批号、保质期以及生产经营者名称、地址、联系方式等内容。

第六十九条 生产经营转基因食品应当按照规定显著标示。

第七十条 食品添加剂应当有标签、说明书和包装。标签、说明书应当载明本法第六十七条第一款第一项至第六项、第八项、第九项规定的事项，以及食品添加剂的使用范围、用量、使用方法，并在标签上载明"食品添加剂"字样。

第七十一条 食品和食品添加剂的标签、说明书，不得含有虚假内容，不得涉及疾病预防、治疗功能。生产经营者对其提供的标签、说明书的内容负责。

食品和食品添加剂的标签、说明书应当清楚、明显，生产日期、保质期等事项应当显著标注，容易辨识。

食品和食品添加剂与其标签、说明书的内容不符的，不得上市销售。

第七十二条 食品经营者应当按照食品标签标示的警示标志、警示说明或者注意事项的要求销售食品。

第七十三条 食品广告的内容应当真实合法，不得含有虚假内容，不得涉及疾病预防、治疗功能。食品生产经营者对食品广告内容的真实性、合法性负责。

县级以上人民政府食品安全监督管理部门和其他有关部门以及食品检验机构、食品行业协会不得以广告或者其他形式向消费者推荐食品。消费者组织不得以收取费用或者其他牟取利益的方式向消费者推荐食品。

第四节 特殊食品

第七十四条 国家对保健食品、特殊医学用途配方食品和婴幼儿配方食品等特殊食品实行严格监督管理。

第七十五条 保健食品声称保健功能，应当具有科学依据，不得对人体产生急性、亚急性或者慢性危害。

保健食品原料目录和允许保健食品声称的保健功能目录，由国务院食品安全监督管理部门会同国务院卫生行政部门、国家中医药管理部门制定、调整并公布。

保健食品原料目录应当包括原料名称、用量及其对应的功效；列入保健食品原料目录的原料只能用于保健食品生产，不得用于其他食品生产。

第七十六条 使用保健食品原料目录以外原料的保健食品和首次进口的保健食品应当经国务院食品安全监督管理部门注册。但是，首次进口的保健食品中属于补充维生素、矿物质等营养物质的，应当报国务院食品安全监督管理部门备案。其他保健食品应当报省、自治区、直辖市人民政府食品安全监督管理部门备案。

进口的保健食品应当是出口国（地区）主管部门准许上市销售的产品。

第七十七条　依法应当注册的保健食品，注册时应当提交保健食品的研发报告、产品配方、生产工艺、安全性和保健功能评价、标签、说明书等材料及样品，并提供相关证明文件。国务院食品安全监督管理部门经组织技术审评，对符合安全和功能声称要求的，准予注册；对不符合要求的，不予注册并书面说明理由。对使用保健食品原料目录以外原料的保健食品作出准予注册决定的，应当及时将该原料纳入保健食品原料目录。

依法应当备案的保健食品，备案时应当提交产品配方、生产工艺、标签、说明书以及表明产品安全性和保健功能的材料。

第七十八条　保健食品的标签、说明书不得涉及疾病预防、治疗功能，内容应当真实，与注册或者备案的内容相一致，载明适宜人群、不适宜人群、功效成分或者标志性成分及其含量等，并声明"本品不能代替药物"。保健食品的功能和成分应当与标签、说明书相一致。

第七十九条　保健食品广告除应当符合本法第七十三条第一款的规定外，还应当声明"本品不能代替药物"；其内容应当经生产企业所在地省、自治区、直辖市人民政府食品安全监督管理部门审查批准，取得保健食品广告批准文件。省、自治区、直辖市人民政府食品安全监督管理部门应当公布并及时更新已经批准的保健食品广告目录以及批准的广告内容。

第八十条　特殊医学用途配方食品应当经国务院食品安全监督管理部门注册。注册时，应当提交产品配方、生产工艺、标签、说明书以及表明产品安全性、营养充足性和特殊医学用途临床效果的材料。

特殊医学用途配方食品广告适用《中华人民共和国广告法》和其他法律、行政法规关于药品广告管理的规定。

第八十一条　婴幼儿配方食品生产企业应当实施从原料进厂到成品出厂的全过程质量控制，对出厂的婴幼儿配方食品实施逐批检验，保证食品安全。

生产婴幼儿配方食品使用的生鲜乳、辅料等食品原料、食品添加剂等，应当符合法律、行政法规的规定和食品安全国家标准，保证婴幼儿生长发育所需的营养成分。

婴幼儿配方食品生产企业应当将食品原料、食品添加剂、产品配方及标签等事项向省、自治区、直辖市人民政府食品安全监督管理部门备案。

婴幼儿配方乳粉的产品配方应当经国务院食品安全监督管理部门注册。注册时，应当提交配方研发报告和其他表明配方科学性、安全性的材料。

不得以分装方式生产婴幼儿配方乳粉，同一企业不得用同一配方生产不同品牌的婴幼儿配方乳粉。

第八十二条　保健食品、特殊医学用途配方食品、婴幼儿配方乳粉的注册人或者备案人应当对其提交材料的真实性负责。

省级以上人民政府食品安全监督管理部门应当及时公布注册或者备案的保健食品、特殊医学用途配方食品、婴幼儿配方乳粉目录，并对注册或者备案中获知的企业商业秘密予以保密。

保健食品、特殊医学用途配方食品、婴幼儿配方乳粉生产企业应当按照注册或者备案的产品配方、生产工艺等技术要求组织生产。

第八十三条　生产保健食品、特殊医学用途配方食品、婴幼儿配方食品和其他专供特定人群的主辅食品的企业，应当按照良好生产规范的要求建立与所生产食品相适应的生产质量管理体系，定期对该体系的运行情况进行自查，保证其有效运行，并向所在地县级人民政府食品安全监督管理部门提交自查报告。

第五章　食品检验

第八十四条　食品检验机构按照国家有关认证认可的规定取得资质认定后，方可从事食品检验活动。但是，法律另有规定的除外。

食品检验机构的资质认定条件和检验规范，由国务院食品安全监督管理部门规定。

符合本法规定的食品检验机构出具的检验报告具有同等效力。

县级以上人民政府应当整合食品检验资源，实现资源共享。

第八十五条 食品检验由食品检验机构指定的检验人独立进行。

检验人应当依照有关法律、法规的规定，并按照食品安全标准和检验规范对食品进行检验，尊重科学，恪守职业道德，保证出具的检验数据和结论客观、公正，不得出具虚假检验报告。

第八十六条 食品检验实行食品检验机构与检验人负责制。食品检验报告应当加盖食品检验机构公章，并有检验人的签名或者盖章。食品检验机构和检验人对出具的食品检验报告负责。

第八十七条 县级以上人民政府食品安全监督管理部门应当对食品进行定期或者不定期的抽样检验，并依据有关规定公布检验结果，不得免检。进行抽样检验，应当购买抽取的样品，委托符合本法规定的食品检验机构进行检验，并支付相关费用；不得向食品生产经营者收取检验费和其他费用。

第八十八条 对依照本法规定实施的检验结论有异议的，食品生产经营者可以自收到检验结论之日起七个工作日内向实施抽样检验的食品安全监督管理部门或者其上一级食品安全监督管理部门提出复检申请，由受理复检申请的食品安全监督管理部门在公布的复检机构名录中随机确定复检机构进行复检。复检机构出具的复检结论为最终检验结论。复检机构与初检机构不得为同一机构。复检机构名录由国务院认证认可监督管理、食品安全监督管理、卫生行政、农业行政等部门共同公布。

采用国家规定的快速检测方法对食用农产品进行抽查检测，被抽查人对检测结果有异议的，可以自收到检测结果时起四小时内申请复检。复检不得采用快速检测方法。

第八十九条 食品生产企业可以自行对所生产的食品进行检验，也可以委托符合本法规定的食品检验机构进行检验。

食品行业协会和消费者协会等组织、消费者需要委托食品检验机构对食品进行检验的，应当委托符合本法规定的食品检验机构进行。

第九十条 食品添加剂的检验，适用本法有关食品检验的规定。

第六章 食品进出口

第九十一条 国家出入境检验检疫部门对进出口食品安全实施监督管理。

第九十二条 进口的食品、食品添加剂、食品相关产品应当符合我国食品安全国家标准。

进口的食品、食品添加剂应当经出入境检验检疫机构依照进出口商品检验相关法律、行政法规的规定检验合格。

进口的食品、食品添加剂应当按照国家出入境检验检疫部门的要求随附合格证明材料。

第九十三条 进口尚无食品安全国家标准的食品，由境外出口商、境外生产企业或者其委托的进口商向国务院卫生行政部门提交所执行的相关国家（地区）标准或者国际标准。国务院卫生行政部门对相关标准进行审查，认为符合食品安全要求的，决定暂予适用，并及时制定相应的食品安全国家标准。进口利用新的食品原料生产的食品或者进口食品添加剂新品种、食品相关产品新品种，依照本法第三十七条的规定办理。

出入境检验检疫机构按照国务院卫生行政部门的要求，对前款规定的食品、食品添加剂、食品相关产品进行检验。检验结果应当公开。

第九十四条 境外出口商、境外生产企业应当保证向我国出口的食品、食品添加剂、食品相关产品符合本法以及我国其他有关法律、行政法规的规定和食品安全国家标准的要求，并对标签、说明书的内容负责。

进口商应当建立境外出口商、境外生产企业审核制度，重点审核前款规定的内容；审核不合格的，不得进口。

发现进口食品不符合我国食品安全国家标准或者有证据证明可能危害人体健康的，进口商应当立即停止进口，并依照本法第六十三条的规定召回。

第九十五条 境外发生的食品安全事件可能对我国境内造成影响，或者在进口食品、食品添加剂、食品相关产品中发现严重食品安全问题的，国家出入境检验检疫部门应当及时采取风险预警或者控制措施，并向国务院食品安全监督管理、卫生行政、农业行政部门通报。接到通报的部门应当及时采取相应措施。

县级以上人民政府食品安全监督管理部门对国内市场上销售的进口食品、食品添加剂实施监督管理。发现存在严重食品安全问题的，国务院食品安全监督管理部门应当及时向国家出入境检验检疫部门通报。国家出入境检验检疫部门应当及时采取相应措施。

第九十六条 向我国境内出口食品的境外出口商或者代理商、进口食品的进口商应当向国家出入境检验检疫部门备案。向我国境内出口食品的境外食品生产企业应当经国家出入境检验检疫部门注册。已经注册的境外食品生产企业提供虚假材料，或者因其自身的原因致使进口食品发生重大食品安全事故的，国家出入境检验检疫部门应当撤销注册并公告。

国家出入境检验检疫部门应当定期公布已经备案的境外出口商、代理商、进口商和已经注册的境外食品生产企业名单。

第九十七条 进口的预包装食品、食品添加剂应当有中文标签；依法应当有说明书的，还应当有中文说明书。标签、说明书应当符合本法以及我国其他有关法律、行政法规的规定和食品安全国家标准的要求，并载明食品的原产地以及境内代理商的名称、地址、联系方式。预包装食品没有中文标签、中文说明书或者标签、说明书不符合本条规定的，不得进口。

第九十八条 进口商应当建立食品、食品添加剂进口和销售记录制度，如实记录食品、食品添加剂的名称、规格、数量、生产日期、生产或者进口批号、保质期、境外出口商和购货者名称、地址及联系方式、交货日期等内容，并保存相关凭证。记录和凭证保存期限应当符合本法第五十条第二款的规定。

第九十九条 出口食品生产企业应当保证其出口食品符合进口国（地区）的标准或者合同要求。

出口食品生产企业和出口食品原料种植、养殖场应当向国家出入境检验检疫部门备案。

第一百条 国家出入境检验检疫部门应当收集、汇总下列进出口食品安全信息，并及时通报相关部门、机构和企业：

（一）出入境检验检疫机构对进出口食品实施检验检疫发现的食品安全信息；

（二）食品行业协会和消费者协会等组织、消费者反映的进口食品安全信息；

（三）国际组织、境外政府机构发布的风险预警信息及其他食品安全信息，以及境外食品行业协会等组织、消费者反映的食品安全信息；

（四）其他食品安全信息。

国家出入境检验检疫部门应当对进出口食品的进口商、出口商和出口食品生产企业实施信用管理，建立信用记录，并依法向社会公布。对有不良记录的进口商、出口商和出口食品生产企业，应当加强对其进出口食品的检验检疫。

第一百零一条 国家出入境检验检疫部门可以对向我国境内出口食品的国家（地区）的食品安全管理体系和食品安全状况进行评估和审查，并根据评估和审查结果，确定相应检验检疫要求。

第七章　食品安全事故处置

第一百零二条　国务院组织制定国家食品安全事故应急预案。

县级以上地方人民政府应当根据有关法律、法规的规定和上级人民政府的食品安全事故应急预案以及本行政区域的实际情况,制定本行政区域的食品安全事故应急预案,并报上一级人民政府备案。

食品安全事故应急预案应当对食品安全事故分级、事故处置组织指挥体系与职责、预防预警机制、处置程序、应急保障措施等作出规定。

食品生产经营企业应当制定食品安全事故处置方案,定期检查本企业各项食品安全防范措施的落实情况,及时消除事故隐患。

第一百零三条　发生食品安全事故的单位应当立即采取措施,防止事故扩大。事故单位和接收病人进行治疗的单位应当及时向事故发生地县级人民政府食品安全监督管理、卫生行政部门报告。

县级以上人民政府农业行政等部门在日常监督管理中发现食品安全事故或者接到事故举报,应当立即向同级食品安全监督管理部门通报。

发生食品安全事故,接到报告的县级人民政府食品安全监督管理部门应当按照应急预案的规定向本级人民政府和上级人民政府食品安全监督管理部门报告。县级人民政府和上级人民政府食品安全监督管理部门应当按照应急预案的规定上报。

任何单位和个人不得对食品安全事故隐瞒、谎报、缓报,不得隐匿、伪造、毁灭有关证据。

第一百零四条　医疗机构发现其接收的病人属于食源性疾病病人或者疑似病人的,应当按照规定及时将相关信息向所在地县级人民政府卫生行政部门报告。县级人民政府卫生行政部门认为与食品安全有关的,应当及时通报同级食品安全监督管理部门。

县级以上人民政府卫生行政部门在调查处理传染病或者其他突发公共卫生事件中发现与食品安全相关的信息,应当及时通报同级食品安全监督管理部门。

第一百零五条　县级以上人民政府食品安全监督管理部门接到食品安全事故的报告后,应当立即会同同级卫生行政、农业行政等部门进行调查处理,并采取下列措施,防止或者减轻社会危害:

(一)开展应急救援工作,组织救治因食品安全事故导致人身伤害的人员;

(二)封存可能导致食品安全事故的食品及其原料,并立即进行检验;对确认属于被污染的食品及其原料,责令食品生产经营者依照本法第六十三条的规定召回或者停止经营;

(三)封存被污染的食品相关产品,并责令进行清洗消毒;

(四)做好信息发布工作,依法对食品安全事故及其处理情况进行发布,并对可能产生的危害加以解释、说明。

发生食品安全事故需要启动应急预案的,县级以上人民政府应当立即成立事故处置指挥机构,启动应急预案,依照前款和应急预案的规定进行处置。

发生食品安全事故,县级以上疾病预防控制机构应当对事故现场进行卫生处理,并对与事故有关的因素开展流行病学调查,有关部门应当予以协助。县级以上疾病预防控制机构应当向同级食品安全监督管理、卫生行政部门提交流行病学调查报告。

第一百零六条　发生食品安全事故,设区的市级以上人民政府食品安全监督管理部门应当立即会同有关部门进行事故责任调查,督促有关部门履行职责,向本级人民政府和上一级人民政府食品安全监督管理部门提出事故责任调查处理报告。

涉及两个以上省、自治区、直辖市的重大食品安全事故由国务院食品安全监督管理部门依照前款规定组织事故责任调查。

第一百零七条 调查食品安全事故，应当坚持实事求是、尊重科学的原则，及时、准确查清事故性质和原因，认定事故责任，提出整改措施。

调查食品安全事故，除了查明事故单位的责任，还应当查明有关监督管理部门、食品检验机构、认证机构及其工作人员的责任。

第一百零八条 食品安全事故调查部门有权向有关单位和个人了解与事故有关的情况，并要求提供相关资料和样品。有关单位和个人应当予以配合，按照要求提供相关资料和样品，不得拒绝。

任何单位和个人不得阻挠、干涉食品安全事故的调查处理。

第八章 监督管理

第一百零九条 县级以上人民政府食品安全监督管理部门根据食品安全风险监测、风险评估结果和食品安全状况等，确定监督管理的重点、方式和频次，实施风险分级管理。

县级以上地方人民政府组织本级食品安全监督管理、农业行政等部门制定本行政区域的食品安全年度监督管理计划，向社会公布并组织实施。

食品安全年度监督管理计划应当将下列事项作为监督管理的重点：

（一）专供婴幼儿和其他特定人群的主辅食品；

（二）保健食品生产过程中的添加行为和按照注册或者备案的技术要求组织生产的情况，保健食品标签、说明书以及宣传材料中有关功能宣传的情况；

（三）发生食品安全事故风险较高的食品生产经营者；

（四）食品安全风险监测结果表明可能存在食品安全隐患的事项。

第一百一十条 县级以上人民政府食品安全监督管理部门履行食品安全监督管理职责，有权采取下列措施，对生产经营者遵守本法的情况进行监督检查：

（一）进入生产经营场所实施现场检查；

（二）对生产经营的食品、食品添加剂、食品相关产品进行抽样检验；

（三）查阅、复制有关合同、票据、账簿以及其他有关资料；

（四）查封、扣押有证据证明不符合食品安全标准或者有证据证明存在安全隐患以及用于违法生产经营的食品、食品添加剂、食品相关产品；

（五）查封违法从事生产经营活动的场所。

第一百一十一条 对食品安全风险评估结果证明食品存在安全隐患，需要制定、修订食品安全标准的，在制定、修订食品安全标准前，国务院卫生行政部门应当及时会同国务院有关部门规定食品中有害物质的临时限量值和临时检验方法，作为生产经营和监督管理的依据。

第一百一十二条 县级以上人民政府食品安全监督管理部门在食品安全监督管理工作中可以采用国家规定的快速检测方法对食品进行抽查检测。

对抽查检测结果表明可能不符合食品安全标准的食品，应当依照本法第八十七条的规定进行检验。抽查检测结果确定有关食品不符合食品安全标准的，可以作为行政处罚的依据。

第一百一十三条 县级以上人民政府食品安全监督管理部门应当建立食品生产经营者食品安全信用档案，记录许可颁发、日常监督检查结果、违法行为查处等情况，依法向社会公布并实时更新；对有不良信用记录的食品生产经营者增加监督检查频次，对违法行为情节严重的食品生产经营者，可以通报投资主管部门、证券监督管理机构和有关的金融机构。

第一百一十四条 食品生产经营过程中存在食品安全隐患，未及时采取措施消除的，县级以上人民政府食品安全监督管理部门可以对食品生产经营者的法定代表人或者主要负责人进行责任约谈。食品生产经营者应当立即采取措施，进行整改，消除隐患。责任约谈情况和整改情况应当纳入食品生产经营者食品安全信用档案。

第一百一十五条 县级以上人民政府食品安全监督管理等部门应当公布本部门的电子邮件地址或者电话,接受咨询、投诉、举报。接到咨询、投诉、举报,对属于本部门职责的,应当受理并在法定期限内及时答复、核实、处理;对不属于本部门职责的,应当移交有权处理的部门并书面通知咨询、投诉、举报人。有权处理的部门应当在法定期限内及时处理,不得推诿。对查证属实的举报,给予举报人奖励。

有关部门应当对举报人的信息予以保密,保护举报人的合法权益。举报人举报所在企业的,该企业不得以解除、变更劳动合同或者其他方式对举报人进行打击报复。

第一百一十六条 县级以上人民政府食品安全监督管理等部门应当加强对执法人员食品安全法律、法规、标准和专业知识与执法能力等的培训,并组织考核。不具备相应知识和能力的,不得从事食品安全执法工作。

食品生产经营者、食品行业协会、消费者协会等发现食品安全执法人员在执法过程中有违反法律、法规规定的行为以及不规范执法行为的,可以向本级或者上级人民政府食品安全监督管理等部门或者监察机关投诉、举报。接到投诉、举报的部门或者机关应当进行核实,并将经核实的情况向食品安全执法人员所在部门通报;涉嫌违法违纪的,按照本法和有关规定处理。

第一百一十七条 县级以上人民政府食品安全监督管理等部门未及时发现食品安全系统性风险,未及时消除监督管理区域内的食品安全隐患的,本级人民政府可以对其主要负责人进行责任约谈。

地方人民政府未履行食品安全职责,未及时消除区域性重大食品安全隐患的,上级人民政府可以对其主要负责人进行责任约谈。

被约谈的食品安全监督管理等部门、地方人民政府应当立即采取措施,对食品安全监督管理工作进行整改。

责任约谈情况和整改情况应当纳入地方人民政府和有关部门食品安全监督管理工作评议、考核记录。

第一百一十八条 国家建立统一的食品安全信息平台,实行食品安全信息统一公布制度。国家食品安全总体情况、食品安全风险警示信息、重大食品安全事故及其调查处理信息和国务院确定需要统一公布的其他信息由国务院食品安全监督管理部门统一公布。食品安全风险警示信息和重大食品安全事故及其调查处理信息的影响限于特定区域的,也可以由有关省、自治区、直辖市人民政府食品安全监督管理部门公布。未经授权不得发布上述信息。

县级以上人民政府食品安全监督管理、农业行政部门依据各自职责公布食品安全日常监督管理信息。

公布食品安全信息,应当做到准确、及时,并进行必要的解释说明,避免误导消费者和社会舆论。

第一百一十九条 县级以上地方人民政府食品安全监督管理、卫生行政、农业行政部门获知本法规定需要统一公布的信息,应当向上级主管部门报告,由上级主管部门立即报告国务院食品安全监督管理部门;必要时,可以直接向国务院食品安全监督管理部门报告。

县级以上人民政府食品安全监督管理、卫生行政、农业行政部门应当相互通报获知的食品安全信息。

第一百二十条 任何单位和个人不得编造、散布虚假食品安全信息。

县级以上人民政府食品安全监督管理部门发现可能误导消费者和社会舆论的食品安全信息,应当立即组织有关部门、专业机构、相关食品生产经营者等进行核实、分析,并及时公布结果。

第一百二十一条 县级以上人民政府食品安全监督管理等部门发现涉嫌食品安全犯罪的,

应当按照有关规定及时将案件移送公安机关。对移送的案件，公安机关应当及时审查；认为有犯罪事实需要追究刑事责任的，应当立案侦查。

公安机关在食品安全犯罪案件侦查过程中认为没有犯罪事实，或者犯罪事实显著轻微，不需要追究刑事责任，但依法应当追究行政责任的，应当及时将案件移送食品安全监督管理等部门和监察机关，有关部门应当依法处理。

公安机关商请食品安全监督管理、生态环境等部门提供检验结论、认定意见以及对涉案物品进行无害化处理等协助的，有关部门应当及时提供，予以协助。

第九章　法律责任

第一百二十二条　违反本法规定，未取得食品生产经营许可从事食品生产经营活动，或者未取得食品添加剂生产许可从事食品添加剂生产活动的，由县级以上人民政府食品安全监督管理部门没收违法所得和违法生产经营的食品、食品添加剂以及用于违法生产经营的工具、设备、原料等物品；违法生产经营的食品、食品添加剂货值金额不足一万元的，并处五万元以上十万元以下罚款；货值金额一万元以上的，并处货值金额十倍以上二十倍以下罚款。

明知从事前款规定的违法行为，仍为其提供生产经营场所或者其他条件的，由县级以上人民政府食品安全监督管理部门责令停止违法行为，没收违法所得，并处五万元以上十万元以下罚款；使消费者的合法权益受到损害的，应当与食品、食品添加剂生产经营者承担连带责任。

第一百二十三条　违反本法规定，有下列情形之一，尚不构成犯罪的，由县级以上人民政府食品安全监督管理部门没收违法所得和违法生产经营的食品，并可以没收用于违法生产经营的工具、设备、原料等物品；违法生产经营的食品货值金额不足一万元的，并处十万元以上十五万元以下罚款；货值金额一万元以上的，并处货值金额十五倍以上三十倍以下罚款；情节严重的，吊销许可证，并可以由公安机关对其直接负责的主管人员和其他直接责任人员处五日以上十五日以下拘留：

（一）用非食品原料生产食品、在食品中添加食品添加剂以外的化学物质和其他可能危害人体健康的物质，或者用回收食品作为原料生产食品，或者经营上述食品；

（二）生产经营营养成分不符合食品安全标准的专供婴幼儿和其他特定人群的主辅食品；

（三）经营病死、毒死或者死因不明的禽、畜、兽、水产动物肉类，或者生产经营其制品；

（四）经营未按规定进行检疫或者检疫不合格的肉类，或者生产经营未经检验或者检验不合格的肉类制品；

（五）生产经营国家为防病等特殊需要明令禁止生产经营的食品；

（六）生产经营添加药品的食品。

明知从事前款规定的违法行为，仍为其提供生产经营场所或者其他条件的，由县级以上人民政府食品安全监督管理部门责令停止违法行为，没收违法所得，并处十万元以上二十万元以下罚款；使消费者的合法权益受到损害的，应当与食品生产经营者承担连带责任。

违法使用剧毒、高毒农药的，除依照有关法律、法规规定给予处罚外，可以由公安机关依照第一款规定给予拘留。

第一百二十四条　违反本法规定，有下列情形之一，尚不构成犯罪的，由县级以上人民政府食品安全监督管理部门没收违法所得和违法生产经营的食品、食品添加剂，并可以没收用于违法生产经营的工具、设备、原料等物品；违法生产经营的食品、食品添加剂货值金额不足一万元的，并处五万元以上十万元以下罚款；货值金额一万元以上的，并处货值金额十倍以上二十倍以下罚款；情节严重的，吊销许可证：

（一）生产经营致病性微生物，农药残留、兽药残留、生物毒素、重金属等污染物质以及其他危害人体健康的物质含量超过食品安全标准限量的食品、食品添加剂；

（二）用超过保质期的食品原料、食品添加剂生产食品、食品添加剂，或者经营上述食品、食品添加剂；

（三）生产经营超范围、超限量使用食品添加剂的食品；

（四）生产经营腐败变质、油脂酸败、霉变生虫、污秽不洁、混有异物、掺假掺杂或者感官性状异常的食品、食品添加剂；

（五）生产经营标注虚假生产日期、保质期或者超过保质期的食品、食品添加剂；

（六）生产经营未按规定注册的保健食品、特殊医学用途配方食品、婴幼儿配方乳粉，或者未按注册的产品配方、生产工艺等技术要求组织生产；

（七）以分装方式生产婴幼儿配方乳粉，或者同一企业以同一配方生产不同品牌的婴幼儿配方乳粉；

（八）利用新的食品原料生产食品，或者生产食品添加剂新品种，未通过安全性评估；

（九）食品生产经营者在食品安全监督管理部门责令其召回或者停止经营后，仍拒不召回或者停止经营。

除前款和本法第一百二十三条、第一百二十五条规定的情形外，生产经营不符合法律、法规或者食品安全标准的食品、食品添加剂的，依照前款规定给予处罚。

生产食品相关产品新品种，未通过安全性评估，或者生产不符合食品安全标准的食品相关产品的，由县级以上人民政府食品安全监督管理部门依照第一款规定给予处罚。

第一百二十五条　违反本法规定，有下列情形之一的，由县级以上人民政府食品安全监督管理部门没收违法所得和违法生产经营的食品、食品添加剂，并可以没收用于违法生产经营的工具、设备、原料等物品；违法生产经营的食品、食品添加剂货值金额不足一万元的，并处五千元以上五万元以下罚款；货值金额一万元以上的，并处货值金额五倍以上十倍以下罚款；情节严重的，责令停产停业，直至吊销许可证：

（一）生产经营被包装材料、容器、运输工具等污染的食品、食品添加剂；

（二）生产经营无标签的预包装食品、食品添加剂或者标签、说明书不符合本法规定的食品、食品添加剂；

（三）生产经营转基因食品未按规定进行标示；

（四）食品生产经营者采购或者使用不符合食品安全标准的食品原料、食品添加剂、食品相关产品。

生产经营的食品、食品添加剂的标签、说明书存在瑕疵但不影响食品安全且不会对消费者造成误导的，由县级以上人民政府食品安全监督管理部门责令改正；拒不改正的，处二千元以下罚款。

第一百二十六条　违反本法规定，有下列情形之一的，由县级以上人民政府食品安全监督管理部门责令改正，给予警告；拒不改正的，处五千元以上五万元以下罚款；情节严重的，责令停产停业，直至吊销许可证：

（一）食品、食品添加剂生产者未按规定对采购的食品原料和生产的食品、食品添加剂进行检验；

（二）食品生产经营企业未按规定建立食品安全管理制度，或者未按规定配备或者培训、考核食品安全管理人员；

（三）食品、食品添加剂生产经营者进货时未查验许可证和相关证明文件，或者未按规定建立并遵守进货查验记录、出厂检验记录和销售记录制度；

（四）食品生产经营企业未制定食品安全事故处置方案；

（五）餐具、饮具和盛放直接入口食品的容器，使用前未经洗净、消毒或者清洗消毒不合

格,或者餐饮服务设施、设备未按规定定期维护、清洗、校验;

(六)食品生产经营者安排未取得健康证明或者患有国务院卫生行政部门规定的有碍食品安全疾病的人员从事接触直接入口食品的工作;

(七)食品经营者未按规定要求销售食品;

(八)保健食品生产企业未按规定向食品安全监督管理部门备案,或者未按备案的产品配方、生产工艺等技术要求组织生产;

(九)婴幼儿配方食品生产企业未将食品原料、食品添加剂、产品配方、标签等向食品安全监督管理部门备案;

(十)特殊食品生产企业未按规定建立生产质量管理体系并有效运行,或者未定期提交自查报告;

(十一)食品生产经营者未定期对食品安全状况进行检查评价,或者生产经营条件发生变化,未按规定处理;

(十二)学校、托幼机构、养老机构、建筑工地等集中用餐单位未按规定履行食品安全管理责任;

(十三)食品生产企业、餐饮服务提供者未按规定制定、实施生产经营过程控制要求。

餐具、饮具集中消毒服务单位违反本法规定用水,使用洗涤剂、消毒剂,或者出厂的餐具、饮具未按规定检验合格并随附消毒合格证明,或者未按规定在独立包装上标注相关内容的,由县级以上人民政府卫生行政部门依照前款规定给予处罚。

食品相关产品生产者未按规定对生产的食品相关产品进行检验的,由县级以上人民政府食品安全监督管理部门依照第一款规定给予处罚。

食用农产品销售者违反本法第六十五条规定的,由县级以上人民政府食品安全监督管理部门依照第一款规定给予处罚。

第一百二十七条 对食品生产加工小作坊、食品摊贩等的违法行为的处罚,依照省、自治区、直辖市制定的具体管理办法执行。

第一百二十八条 违反本法规定,事故单位在发生食品安全事故后未进行处置、报告的,由有关主管部门按照各自职责分工责令改正,给予警告;隐匿、伪造、毁灭有关证据的,责令停产停业,没收违法所得,并处十万元以上五十万元以下罚款;造成严重后果的,吊销许可证。

第一百二十九条 违反本法规定,有下列情形之一的,由出入境检验检疫机构依照本法第一百二十四条的规定给予处罚:

(一)提供虚假材料,进口不符合我国食品安全国家标准的食品、食品添加剂、食品相关产品;

(二)进口尚无食品安全国家标准的食品,未提交所执行的标准并经国务院卫生行政部门审查,或者进口利用新的食品原料生产的食品或者进口食品添加剂新品种、食品相关产品新品种,未通过安全性评估;

(三)未遵守本法的规定出口食品;

(四)进口商在有关主管部门责令其依照本法规定召回进口的食品后,仍拒不召回。

违反本法规定,进口商未建立并遵守食品、食品添加剂进口和销售记录制度、境外出口商或者生产企业审核制度的,由出入境检验检疫机构依照本法第一百二十六条的规定给予处罚。

第一百三十条 违反本法规定,集中交易市场的开办者、柜台出租者、展销会的举办者允许未依法取得许可的食品经营者进入市场销售食品,或者未履行检查、报告等义务的,由县级以上人民政府食品安全监督管理部门责令改正,没收违法所得,并处五万元以上二十万元以下罚款;造成严重后果的,责令停业,直至由原发证部门吊销许可证;使消费者的合法权益受到损害的，应当与食品经营者承担连带责任。

食用农产品批发市场违反本法第六十四条规定的，依照前款规定承担责任。

第一百三十一条 违反本法规定，网络食品交易第三方平台提供者未对入网食品经营者进行实名登记、审查许可证，或者未履行报告、停止提供网络交易平台服务等义务的，由县级以上人民政府食品安全监督管理部门责令改正，没收违法所得，并处五万元以上二十万元以下罚款；造成严重后果的，责令停业，直至由原发证部门吊销许可证；使消费者的合法权益受到损害的，应当与食品经营者承担连带责任。

消费者通过网络食品交易第三方平台购买食品，其合法权益受到损害的，可以向入网食品经营者或者食品生产者要求赔偿。网络食品交易第三方平台提供者不能提供入网食品经营者的真实名称、地址和有效联系方式的，由网络食品交易第三方平台提供者赔偿。网络食品交易第三方平台提供者赔偿后，有权向入网食品经营者或者食品生产者追偿。网络食品交易第三方平台提供者作出更有利于消费者承诺的，应当履行其承诺。

第一百三十二条 违反本法规定，未按要求进行食品贮存、运输和装卸的，由县级以上人民政府食品安全监督管理等部门按照各自职责分工责令改正，给予警告；拒不改正的，责令停产停业，并处一万元以上五万元以下罚款；情节严重的，吊销许可证。

第一百三十三条 违反本法规定，拒绝、阻挠、干涉有关部门、机构及其工作人员依法开展食品安全监督检查、事故调查处理、风险监测和风险评估的，由有关主管部门按照各自职责分工责令停产停业，并处二千元以上五万元以下罚款；情节严重的，吊销许可证；构成违反治安管理行为的，由公安机关依法给予治安管理处罚。

违反本法规定，对举报人以解除、变更劳动合同或者其他方式打击报复的，应当依照有关法律的规定承担责任。

第一百三十四条 食品生产经营者在一年内累计三次因违反本法规定受到责令停产停业、吊销许可证以外处罚的，由食品安全监督管理部门责令停产停业，直至吊销许可证。

第一百三十五条 被吊销许可证的食品生产经营者及其法定代表人、直接负责的主管人员和其他直接责任人员自处罚决定作出之日起五年内不得申请食品生产经营许可，或者从事食品生产经营管理工作、担任食品生产经营企业食品安全管理人员。

因食品安全犯罪被判处有期徒刑以上刑罚的，终身不得从事食品生产经营管理工作，也不得担任食品生产经营企业食品安全管理人员。

食品生产经营者聘用人员违反前两款规定的，由县级以上人民政府食品安全监督管理部门吊销许可证。

第一百三十六条 食品经营者履行了本法规定的进货查验等义务，有充分证据证明其不知道所采购的食品不符合食品安全标准，并能如实说明其进货来源的，可以免予处罚，但应当依法没收其不符合食品安全标准的食品；造成人身、财产或者其他损害的，依法承担赔偿责任。

第一百三十七条 违反本法规定，承担食品安全风险监测、风险评估工作的技术机构、技术人员提供虚假监测、评估信息的，依法对技术机构直接负责的主管人员和技术人员给予撤职、开除处分；有执业资格的，由授予其资格的主管部门吊销执业证书。

第一百三十八条 违反本法规定，食品检验机构、食品检验人员出具虚假检验报告的，由授予其资质的主管部门或者机构撤销该食品检验机构的检验资质，没收所收取的检验费用，并处检验费用五倍以上十倍以下罚款，检验费用不足一万元的，并处五万元以上十万元以下罚款；依法对食品检验机构直接负责的主管人员和食品检验人员给予撤职或者开除处分；导致发生重大食品安全事故的，对直接负责的主管人员和食品检验人员给予开除处分。

违反本法规定，受到开除处分的食品检验机构人员，自处分决定作出之日起十年内不得从事食品检验工作；因食品安全违法行为受到刑事处罚或者因出具虚假检验报告导致发生重大食品安全事故受到开除处分的食品检验机构人员，终身不得从事食品检验工作。食品检验机构聘用不得从事食品检验工作的人员的，由授予其资质的主管部门或者机构撤销该食品检验机构的检验资质。

食品检验机构出具虚假检验报告，使消费者的合法权益受到损害的，应当与食品生产经营者承担连带责任。

第一百三十九条　违反本法规定，认证机构出具虚假认证结论，由认证认可监督管理部门没收所收取的认证费用，并处认证费用五倍以上十倍以下罚款，认证费用不足一万元的，并处五万元以上十万元以下罚款；情节严重的，责令停业，直至撤销认证机构批准文件，并向社会公布；对直接负责的主管人员和负有直接责任的认证人员，撤销其执业资格。

认证机构出具虚假认证结论，使消费者的合法权益受到损害的，应当与食品生产经营者承担连带责任。

第一百四十条　违反本法规定，在广告中对食品作虚假宣传，欺骗消费者，或者发布未取得批准文件、广告内容与批准文件不一致的保健食品广告的，依照《中华人民共和国广告法》的规定给予处罚。

广告经营者、发布者设计、制作、发布虚假食品广告，使消费者的合法权益受到损害的，应当与食品生产经营者承担连带责任。

社会团体或者其他组织、个人在虚假广告或者其他虚假宣传中向消费者推荐食品，使消费者的合法权益受到损害的，应当与食品生产经营者承担连带责任。

违反本法规定，食品安全监督管理等部门、食品检验机构、食品行业协会以广告或者其他形式向消费者推荐食品，消费者组织以收取费用或者其他牟取利益的方式向消费者推荐食品的，由有关主管部门没收违法所得，依法对直接负责的主管人员和其他直接责任人员给予记大过、降级或者撤职处分；情节严重的，给予开除处分。

对食品作虚假宣传且情节严重的，由省级以上人民政府食品安全监督管理部门决定暂停销售该食品，并向社会公布；仍然销售该食品的，由县级以上人民政府食品安全监督管理部门没收违法所得和违法销售的食品，并处二万元以上五万元以下罚款。

第一百四十一条　违反本法规定，编造、散布虚假食品安全信息，构成违反治安管理行为的，由公安机关依法给予治安管理处罚。

媒体编造、散布虚假食品安全信息的，由有关主管部门依法给予处罚，并对直接负责的主管人员和其他直接责任人员给予处分；使公民、法人或者其他组织的合法权益受到损害的，依法承担消除影响、恢复名誉、赔偿损失、赔礼道歉等民事责任。

第一百四十二条　违反本法规定，县级以上地方人民政府有下列行为之一的，对直接负责的主管人员和其他直接责任人员给予记大过处分；情节较重的，给予降级或者撤职处分；情节严重的，给予开除处分；造成严重后果的，其主要负责人还应当引咎辞职：

（一）对发生在本行政区域内的食品安全事故，未及时组织协调有关部门开展有效处置，造成不良影响或者损失；

（二）对本行政区域内涉及多环节的区域性食品安全问题，未及时组织整治，造成不良影响或者损失；

（三）隐瞒、谎报、缓报食品安全事故；

（四）本行政区域内发生特别重大食品安全事故，或者连续发生重大食品安全事故。

第一百四十三条　违反本法规定，县级以上地方人民政府有下列行为之一的，对直接负责的主管人员和其他直接责任人员给予警告、记过或者记大过处分；造成严重后果的，给予降级或者撤职处分：

（一）未确定有关部门的食品安全监督管理职责，未建立健全食品安全全程监督管理工作

机制和信息共享机制,未落实食品安全监督管理责任制;

(二)未制定本行政区域的食品安全事故应急预案,或者发生食品安全事故后未按规定立即成立事故处置指挥机构、启动应急预案。

第一百四十四条 违反本法规定,县级以上人民政府食品安全监督管理、卫生行政、农业行政等部门有下列行为之一的,对直接负责的主管人员和其他直接责任人员给予记大过处分;情节较重的,给予降级或者撤职处分;情节严重的,给予开除处分;造成严重后果的,其主要负责人还应当引咎辞职:

(一)隐瞒、谎报、缓报食品安全事故的;

(二)未按规定查处食品安全事故,或者接到食品安全事故报告未及时处理,造成事故扩大或者蔓延的;

(三)经食品安全风险评估得出食品、食品添加剂、食品相关产品不安全结论后,未及时采取相应措施,造成食品安全事故或者不良社会影响的;

(四)对不符合条件的申请人准予许可,或者超越法定职权准予许可的;

(五)不履行食品安全监督管理职责,导致发生食品安全事故。

第一百四十五条 违反本法规定,县级以上人民政府食品安全监督管理、卫生行政、农业行政等部门有下列行为之一,造成不良后果的,对直接负责的主管人员和其他直接责任人员给予警告、记过或者记大过处分;情节较重的,给予降级或者撤职处分;情节严重的,给予开除处分:

(一)在获知有关食品安全信息后,未按规定向上级主管部门和本级人民政府报告,或者未按规定相互通报的;

(二)未按规定公布食品安全信息的;

(三)不履行法定职责,对查处食品安全违法行为不配合,或者滥用职权、玩忽职守、徇私舞弊。

第一百四十六条 食品安全监督管理等部门在履行食品安全监督管理职责过程中,违法实施检查、强制等执法措施,给生产经营者造成损失的,应当依法予以赔偿,对直接负责的主管人员和其他直接责任人员依法给予处分。

第一百四十七条 违反本法规定,造成人身、财产或者其他损害的,依法承担赔偿责任。生产经营者财产不足以同时承担民事赔偿责任和缴纳罚款、罚金时,先承担民事赔偿责任。

第一百四十八条 消费者因不符合食品安全标准的食品受到损害的,可以向经营者要求赔偿损失,也可以向生产者要求赔偿损失。接到消费者赔偿要求的生产经营者,应当实行首负责任制,先行赔付,不得推诿;属于生产者责任的,经营者赔偿后有权向生产者追偿;属于经营者责任的,生产者赔偿后有权向经营者追偿。

生产不符合食品安全标准的食品或者经营明知是不符合食品安全标准的食品,消费者除要求赔偿损失外,还可以向生产者或者经营者要求支付价款十倍或者损失三倍的赔偿金;增加赔偿的金额不足一千元的,为一千元。但是,食品的标签、说明书存在不影响食品安全且不会对消费者造成误导的瑕疵的除外。

第一百四十九条 违反本法规定,构成犯罪的,依法追究刑事责任。

第十章 附 则

第一百五十条 本法下列用语的含义:

食品,指各种供人食用或者饮用的成品和原料以及按照传统既是食品又是中药材的物品,但是不包括以治疗为目的的物品。

食品安全,指食品无毒、无害,符合应当有的营养要求,对人体健康不造成任何急性、亚急性或者慢性危害。

预包装食品，指预先定量包装或者制作在包装材料、容器中的食品。

食品添加剂，指为改善食品品质和色、香、味以及为防腐、保鲜和加工工艺的需要而加入食品中的人工合成或者天然物质，包括营养强化剂。

用于食品的包装材料和容器，指包装、盛放食品或者食品添加剂用的纸、竹、木、金属、搪瓷、陶瓷、塑料、橡胶、天然纤维、化学纤维、玻璃等制品和直接接触食品或者食品添加剂的涂料。

用于食品生产经营的工具、设备，指在食品或者食品添加剂生产、销售、使用过程中直接接触食品或者食品添加剂的机械、管道、传送带、容器、用具、餐具等。

用于食品的洗涤剂、消毒剂，指直接用于洗涤或者消毒食品、餐具、饮具以及直接接触食品的工具、设备或者食品包装材料和容器的物质。

食品保质期，指食品在标明的贮存条件下保持品质的期限。

食源性疾病，指食品中致病因素进入人体引起的感染性、中毒性等疾病，包括食物中毒。

食品安全事故，指食源性疾病、食品污染等源于食品，对人体健康有危害或者可能有危害的事故。

第一百五十一条　转基因食品和食盐的食品安全管理，本法未作规定的，适用其他法律、行政法规的规定。

第一百五十二条　铁路、民航运营中食品安全的管理办法由国务院食品安全监督管理部门会同国务院有关部门依照本法制定。

保健食品的具体管理办法由国务院食品安全监督管理部门依照本法制定。

食品相关产品生产活动的具体管理办法由国务院食品安全监督管理部门依照本法制定。

国境口岸食品的监督管理由出入境检验检疫机构依照本法以及有关法律、行政法规的规定实施。

军队专用食品和自供食品的食品安全管理办法由中央军事委员会依照本法制定。

第一百五十三条　国务院根据实际需要，可以对食品安全监督管理体制作出调整。

第一百五十四条　本法自2015年10月1日起施行。

中华人民共和国食品安全法实施条例

（国务院令第557号）

（2009年7月20日由国务院发布；根据2016年2月6日国务院令第666号《国务院关于修改部分行政法规的决定》修订，2019年3月26日国务院第42次常务会议修订通过；现行版本自2019年12月1日起施行；法规类型为行政法规）

第一章　总　则

第一条　根据《中华人民共和国食品安全法》（以下简称食品安全法），制定本条例。

第二条　食品生产经营者应当依照法律、法规和食品安全标准从事生产经营活动，建立健全食品安全管理制度，采取有效措施预防和控制食品安全风险，保证食品安全。

第三条　国务院食品安全委员会负责分析食品安全形势，研究部署、统筹指导食品安全工作，提出食品安全监督管理的重大政策措施，督促落实食品安全监督管理责任。县级以上地方人民政府食品安全委员会按照本级人民政府规定的职责开展工作。

第四条 县级以上人民政府建立统一权威的食品安全监督管理体制，加强食品安全监督管理能力建设。

县级以上人民政府食品安全监督管理部门和其他有关部门应当依法履行职责，加强协调配合，做好食品安全监督管理工作。

乡镇人民政府和街道办事处应当支持、协助县级人民政府食品安全监督管理部门及其派出机构依法开展食品安全监督管理工作。

第五条 国家将食品安全知识纳入国民素质教育内容，普及食品安全科学常识和法律知识，提高全社会的食品安全意识。

第二章 食品安全风险监测和评估

第六条 县级以上人民政府卫生行政部门会同同级食品安全监督管理等部门建立食品安全风险监测会商机制，汇总、分析风险监测数据，研判食品安全风险，形成食品安全风险监测分析报告，报本级人民政府；县级以上地方人民政府卫生行政部门还应当将食品安全风险监测分析报告同时报上一级人民政府卫生行政部门。食品安全风险监测会商的具体办法由国务院卫生行政部门会同国务院食品安全监督管理等部门制定。

第七条 食品安全风险监测结果表明存在食品安全隐患，食品安全监督管理等部门经进一步调查确认有必要通知相关食品生产经营者的，应当及时通知。

接到通知的食品生产经营者应当立即进行自查，发现食品不符合食品安全标准或者有证据证明可能危害人体健康的，应当依照食品安全法第六十三条的规定停止生产、经营，实施食品召回，并报告相关情况。

第八条 国务院卫生行政、食品安全监督管理等部门发现需要对农药、肥料、兽药、饲料和饲料添加剂等进行安全性评估的，应当向国务院农业行政部门提出安全性评估建议。国务院农业行政部门应当及时组织评估，并向国务院有关部门通报评估结果。

第九条 国务院食品安全监督管理部门和其他有关部门建立食品安全风险信息交流机制，明确食品安全风险信息交流的内容、程序和要求。

第三章 食品安全标准

第十条 国务院卫生行政部门会同国务院食品安全监督管理、农业行政等部门制定食品安全国家标准规划及其年度实施计划。国务院卫生行政部门应当在其网站上公布食品安全国家标准规划及其年度实施计划的草案，公开征求意见。

第十一条 省、自治区、直辖市人民政府卫生行政部门依照食品安全法第二十九条的规定制定食品安全地方标准，应当公开征求意见。省、自治区、直辖市人民政府卫生行政部门应当自食品安全地方标准公布之日起30个工作日内，将地方标准报国务院卫生行政部门备案。国务院卫生行政部门发现备案的食品安全地方标准违反法律、法规或者食品安全国家标准的，应当及时予以纠正。

食品安全地方标准依法废止的，省、自治区、直辖市人民政府卫生行政部门应当及时在其网站上公布废止情况。

第十二条 保健食品、特殊医学用途配方食品、婴幼儿配方食品等特殊食品不属于地方特色食品，不得对其制定食品安全地方标准。

第十三条 食品安全标准公布后，食品生产经营者可以在食品安全标准规定的实施日期之前实施并公开提前实施情况。

第十四条 食品生产企业不得制定低于食品安全国家标准或者地方标准要求的企业标准。食品生产企业制定食品安全指标严于食品安全国家标准或者地方标准的企业标准的,应当报省、自治区、直辖市人民政府卫生行政部门备案。

食品生产企业制定企业标准的,应当公开,供公众免费查阅。

第四章　食品生产经营

第十五条 食品生产经营许可的有效期为5年。

食品生产经营者的生产经营条件发生变化,不再符合食品生产经营要求的,食品生产经营者应当立即采取整改措施;需要重新办理许可手续的,应当依法办理。

第十六条 国务院卫生行政部门应当及时公布新的食品原料、食品添加剂新品种和食品相关产品新品种目录以及所适用的食品安全国家标准。

对按照传统既是食品又是中药材的物质目录,国务院卫生行政部门会同国务院食品安全监督管理部门应当及时更新。

第十七条 国务院食品安全监督管理部门会同国务院农业行政等有关部门明确食品安全全程追溯基本要求,指导食品生产经营者通过信息化手段建立、完善食品安全追溯体系。

食品安全监督管理等部门应当将婴幼儿配方食品等针对特定人群的食品以及其他食品安全风险较高或者销售量大的食品的追溯体系建设作为监督检查的重点。

第十八条 食品生产经营者应当建立食品安全追溯体系,依照食品安全法的规定如实记录并保存进货查验、出厂检验、食品销售等信息,保证食品可追溯。

第十九条 食品生产经营企业的主要负责人对本企业的食品安全工作全面负责,建立并落实本企业的食品安全责任制,加强供货者管理、进货查验和出厂检验、生产经营过程控制、食品安全自查等工作。食品生产经营企业的食品安全管理人员应当协助企业主要负责人做好食品安全管理工作。

第二十条 食品生产经营企业应当加强对食品安全管理人员的培训和考核。食品安全管理人员应当掌握与其岗位相适应的食品安全法律、法规、标准和专业知识,具备食品安全管理能力。食品安全监督管理部门应当对企业食品安全管理人员进行随机监督抽查考核。考核指南由国务院食品安全监督管理部门制定、公布。

第二十一条 食品、食品添加剂生产经营者委托生产食品、食品添加剂的,应当委托取得食品生产许可、食品添加剂生产许可的生产者生产,并对其生产行为进行监督,对委托生产的食品、食品添加剂的安全负责。受托方应当依照法律、法规、食品安全标准以及合同约定进行生产,对生产行为负责,并接受委托方的监督。

第二十二条 食品生产经营者不得在食品生产、加工场所贮存依照本条例第六十三条规定制定的名录中的物质。

第二十三条 对食品进行辐照加工,应当遵守食品安全国家标准,并按照食品安全国家标准的要求对辐照加工食品进行检验和标注。

第二十四条 贮存、运输对温度、湿度等有特殊要求的食品,应当具备保温、冷藏或者冷冻等设备设施,并保持有效运行。

第二十五条 食品生产经营者委托贮存、运输食品的,应当对受托方的食品安全保障能力进行审核,并监督受托方按照保证食品安全的要求贮存、运输食品。受托方应当保证食品贮存、运输条件符合食品安全的要求,加强食品贮存、运输过程管理。

接受食品生产经营者委托贮存、运输食品的,应当如实记录委托方和收货方的名称、地址、联系方式等内容。记录保存期限不得少于贮存、运输结束后2年。

非食品生产经营者从事对温度、湿度等有特殊要求的食品贮存业务的,应当自取得营业执照之日起 30 个工作日内向所在地县级人民政府食品安全监督管理部门备案。

　　第二十六条　餐饮服务提供者委托餐具饮具集中消毒服务单位提供清洗消毒服务的，应当查验、留存餐具饮具集中消毒服务单位的营业执照复印件和消毒合格证明。保存期限不得少于消毒餐具饮具使用期限到期后 6 个月。

　　第二十七条　餐具饮具集中消毒服务单位应当建立餐具饮具出厂检验记录制度，如实记录出厂餐具饮具的数量、消毒日期和批号、使用期限、出厂日期以及委托方名称、地址、联系方式等内容。出厂检验记录保存期限不得少于消毒餐具饮具使用期限到期后 6 个月。消毒后的餐具饮具应当在独立包装上标注单位名称、地址、联系方式、消毒日期和批号以及使用期限等内容。

　　第二十八条　学校、托幼机构、养老机构、建筑工地等集中用餐单位的食堂应当执行原料控制、餐具饮具清洗消毒、食品留样等制度，并依照食品安全法第四十七条的规定定期开展食堂食品安全自查。

　　承包经营集中用餐单位食堂的，应当依法取得食品经营许可，并对食堂的食品安全负责。集中用餐单位应当督促承包方落实食品安全管理制度，承担管理责任。

　　第二十九条　食品生产经营者应当对变质、超过保质期或者回收的食品进行显著标示或者单独存放在有明确标志的场所，及时采取无害化处理、销毁等措施并如实记录。

　　食品安全法所称回收食品，是指已经售出，因违反法律、法规、食品安全标准或者超过保质期等原因，被召回或者退回的食品，不包括依照食品安全法第六十三条第三款的规定可以继续销售的食品。

　　第三十条　县级以上地方人民政府根据需要建设必要的食品无害化处理和销毁设施。食品生产经营者可以按照规定使用政府建设的设施对食品进行无害化处理或者予以销毁。

　　第三十一条　食品集中交易市场的开办者、食品展销会的举办者应当在市场开业或者展销会举办前向所在地县级人民政府食品安全监督管理部门报告。

　　第三十二条　网络食品交易第三方平台提供者应当妥善保存入网食品经营者的登记信息和交易信息。县级以上人民政府食品安全监督管理部门开展食品安全监督检查、食品安全案件调查处理、食品安全事故处置确需了解有关信息的，经其负责人批准，可以要求网络食品交易第三方平台提供者提供，网络食品交易第三方平台提供者应当按照要求提供。县级以上人民政府食品安全监督管理部门及其工作人员对网络食品交易第三方平台提供者提供的信息依法负有保密义务。

　　第三十三条　生产经营转基因食品应当显著标示，标示办法由国务院食品安全监督管理部门会同国务院农业行政部门制定。

　　第三十四条　禁止利用包括会议、讲座、健康咨询在内的任何方式对食品进行虚假宣传。食品安全监督管理部门发现虚假宣传行为的，应当依法及时处理。

　　第三十五条　保健食品生产工艺有原料提取、纯化等前处理工序的，生产企业应当具备相应的原料前处理能力。

　　第三十六条　特殊医学用途配方食品生产企业应当按照食品安全国家标准规定的检验项目对出厂产品实施逐批检验。

　　特殊医学用途配方食品中的特定全营养配方食品应当通过医疗机构或者药品零售企业向消费者销售。医疗机构、药品零售企业销售特定全营养配方食品的，不需要取得食品经营许可，但是应当遵守食品安全法和本条例关于食品销售的规定。

　　第三十七条　特殊医学用途配方食品中的特定全营养配方食品广告按照处方药广告管理，其他类别的特殊医学用途配方食品广告按照非处方药广告管理。

　　第三十八条　对保健食品之外的其他食品，不得声称具有保健功能。

对添加食品安全国家标准规定的选择性添加物质的婴幼儿配方食品,不得以选择性添加物质命名。

第三十九条 特殊食品的标签、说明书内容应当与注册或者备案的标签、说明书一致。销售特殊食品,应当核对食品标签、说明书内容是否与注册或者备案的标签、说明书一致,不一致的不得销售。省级以上人民政府食品安全监督管理部门应当在其网站上公布注册或者备案的特殊食品的标签、说明书。

特殊食品不得与普通食品或者药品混放销售。

第五章 食品检验

第四十条 对食品进行抽样检验,应当按照食品安全标准、注册或者备案的特殊食品的产品技术要求以及国家有关规定确定的检验项目和检验方法进行。

第四十一条 对可能掺杂掺假的食品,按照现有食品安全标准规定的检验项目和检验方法以及依照食品安全法第一百一十一条和本条例第六十三条规定制定的检验项目和检验方法无法检验的,国务院食品安全监督管理部门可以制定补充检验项目和检验方法,用于对食品的抽样检验、食品安全案件调查处理和食品安全事故处置。

第四十二条 依照食品安全法第八十八条的规定申请复检的,申请人应当向复检机构先行支付复检费用。复检结论表明食品不合格的,复检费用由复检申请人承担;复检结论表明食品合格的,复检费用由实施抽样检验的食品安全监督管理部门承担。

复检机构无正当理由不得拒绝承担复检任务。

第四十三条 任何单位和个人不得发布未依法取得资质认定的食品检验机构出具的食品检验信息,不得利用上述检验信息对食品、食品生产经营者进行等级评定,欺骗、误导消费者。

第六章 食品进出口

第四十四条 进口商进口食品、食品添加剂,应当按照规定向出入境检验检疫机构报检,如实申报产品相关信息,并随附法律、行政法规规定的合格证明材料。

第四十五条 进口食品运达口岸后,应当存放在出入境检验检疫机构指定或者认可的场所;需要移动的,应当按照出入境检验检疫机构的要求采取必要的安全防护措施。大宗散装进口食品应当在卸货口岸进行检验。

第四十六条 国家出入境检验检疫部门根据风险管理需要,可以对部分食品实行指定口岸进口。

第四十七条 国务院卫生行政部门依照食品安全法第九十三条的规定对境外出口商、境外生产企业或者其委托的进口商提交的相关国家(地区)标准或者国际标准进行审查,认为符合食品安全要求的,决定暂予适用并予以公布;暂予适用的标准公布前,不得进口尚无食品安全国家标准的食品。

食品安全国家标准中通用标准已经涵盖的食品不属于食品安全法第九十三条规定的尚无食品安全国家标准的食品。

第四十八条 进口商应当建立境外出口商、境外生产企业审核制度,重点审核境外出口商、境外生产企业制定和执行食品安全风险控制措施的情况以及向我国出口的食品是否符合食品安全法、本条例和其他有关法律、行政法规的规定以及食品安全国家标准的要求。

第四十九条 进口商依照食品安全法第九十四条第三款的规定召回进口食品的,应当将食品召回和处理情况向所在地县级人民政府食品安全监督管理部门和所在地出入境检验检疫机构报告。

第五十条 国家出入境检验检疫部门发现已经注册的境外食品生产企业不再符合注册要求

的，应当责令其在规定期限内整改，整改期间暂停进口其生产的食品；经整改仍不符合注册要求的，国家出入境检验检疫部门应当撤销境外食品生产企业注册并公告。

第五十一条　对通过我国良好生产规范、危害分析与关键控制点体系认证的境外生产企业，认证机构应当依法实施跟踪调查。对不再符合认证要求的企业，认证机构应当依法撤销认证并向社会公布。

第五十二条　境外发生的食品安全事件可能对我国境内造成影响，或者在进口食品、食品添加剂、食品相关产品中发现严重食品安全问题的，国家出入境检验检疫部门应当及时进行风险预警，并可以对相关的食品、食品添加剂、食品相关产品采取下列控制措施：

（一）退货或者销毁处理；

（二）有条件地限制进口；

（三）暂停或者禁止进口。

第五十三条　出口食品、食品添加剂的生产企业应当保证其出口食品、食品添加剂符合进口国家（地区）的标准或者合同要求；我国缔结或者参加的国际条约、协定有要求的，还应当符合国际条约、协定的要求。

第七章　食品安全事故处置

第五十四条　食品安全事故按照国家食品安全事故应急预案实行分级管理。县级以上人民政府食品安全监督管理部门会同同级有关部门负责食品安全事故调查处理。

县级以上人民政府应当根据实际情况及时修改、完善食品安全事故应急预案。

第五十五条　县级以上人民政府应当完善食品安全事故应急管理机制，改善应急装备，做好应急物资储备和应急队伍建设，加强应急培训、演练。

第五十六条　发生食品安全事故的单位应当对导致或者可能导致食品安全事故的食品及原料、工具、设备、设施等，立即采取封存等控制措施。

第五十七条　县级以上人民政府食品安全监督管理部门接到食品安全事故报告后，应当立即会同同级卫生行政、农业行政等部门依照食品安全法第一百零五条的规定进行调查处理。食品安全监督管理部门应当对事故单位封存的食品及原料、工具、设备、设施等予以保护，需要封存而事故单位尚未封存的应当直接封存或者责令事故单位立即封存，并通知疾病预防控制机构对与事故有关的因素开展流行病学调查。

疾病预防控制机构应当在调查结束后向同级食品安全监督管理、卫生行政部门同时提交流行病学调查报告。

任何单位和个人不得拒绝、阻挠疾病预防控制机构开展流行病学调查。有关部门应当对疾病预防控制机构开展流行病学调查予以协助。

第五十八条　国务院食品安全监督管理部门会同国务院卫生行政、农业行政等部门定期对全国食品安全事故情况进行分析，完善食品安全监督管理措施，预防和减少事故的发生。

第八章　监督管理

第五十九条　设区的市级以上人民政府食品安全监督管理部门根据监督管理工作需要，可以对下级人民政府食品安全监督管理部门负责日常监督管理的食品生产经营者实施随机监督检查，也可以组织下级人民政府食品安全监督管理部门对食品生产经营者实施异地监督检查。

设区的市级以上人民政府食品安全监督管理部门认为必要的，可以直接调查处理下级人民政府食品安全监督管理部门管辖的食品安全违法案件，也可以指定其他下级人民政府食品安全监督管理部门调查处理。

第六十条　国家建立食品安全检查员制度，依托现有资源加强职业化检查员队伍建设，强化考核培训，提高检查员专业化水平。

第六十一条 县级以上人民政府食品安全监督管理部门依照食品安全法第一百一十条的规定实施查封、扣押措施，查封、扣押的期限不得超过30日；情况复杂的，经实施查封、扣押措施的食品安全监督管理部门负责人批准，可以延长，延长期限不得超过45日。

第六十二条 网络食品交易第三方平台多次出现入网食品经营者违法经营或者入网食品经营者的违法经营行为造成严重后果的，县级以上人民政府食品安全监督管理部门可以对网络食品交易第三方平台提供者的法定代表人或者主要负责人进行责任约谈。

第六十三条 国务院食品安全监督管理部门会同国务院卫生行政等部门根据食源性疾病信息、食品安全风险监测信息和监督管理信息等，对发现的添加或者可能添加到食品中的非食品用化学物质和其他可能危害人体健康的物质，制定名录及检测方法并予以公布。

第六十四条 县级以上地方人民政府卫生行政部门应当对餐具饮具集中消毒服务单位进行监督检查，发现不符合法律、法规、国家相关标准以及相关卫生规范等要求的，应当及时调查处理。监督检查的结果应当向社会公布。

第六十五条 国家实行食品安全违法行为举报奖励制度，对查证属实的举报，给予举报人奖励。举报人举报所在企业食品安全重大违法犯罪行为的，应当加大奖励力度。有关部门应当对举报人的信息予以保密，保护举报人的合法权益。食品安全违法行为举报奖励办法由国务院食品安全监督管理部门会同国务院财政等有关部门制定。

食品安全违法行为举报奖励资金纳入各级人民政府预算。

第六十六条 国务院食品安全监督管理部门应当会同国务院有关部门建立守信联合激励和失信联合惩戒机制，结合食品生产经营者信用档案，建立严重违法生产经营者黑名单制度，将食品安全信用状况与准入、融资、信贷、征信等相衔接，及时向社会公布。

第九章　法律责任

第六十七条 有下列情形之一的，属于食品安全法第一百二十三条至第一百二十六条、第一百三十二条以及本条例第七十二条、第七十三条规定的情节严重情形：

（一）违法行为涉及的产品货值金额2万元以上或者违法行为持续时间3个月以上；

（二）造成食源性疾病并出现死亡病例，或者造成30人以上食源性疾病但未出现死亡病例；

（三）故意提供虚假信息或者隐瞒真实情况；

（四）拒绝、逃避监督检查；

（五）因违反食品安全法律、法规受到行政处罚后1年内又实施同一性质的食品安全违法行为，或者因违反食品安全法律、法规受到刑事处罚后又实施食品安全违法行为；

（六）其他情节严重的情形。

对情节严重的违法行为处以罚款时，应当依法从重从严。

第六十八条 有下列情形之一的，依照食品安全法第一百二十五条第一款、本条例第七十五条的规定给予处罚：

（一）在食品生产、加工场所贮存依照本条例第六十三条规定制定的名录中的物质；

（二）生产经营的保健食品之外的食品的标签、说明书声称具有保健功能；

（三）以食品安全国家标准规定的选择性添加物质命名婴幼儿配方食品；

（四）生产经营的特殊食品的标签、说明书内容与注册或者备案的标签、说明书不一致。

第六十九条 有下列情形之一的，依照食品安全法第一百二十六条第一款、本条例第七十五条的规定给予处罚：

（一）接受食品生产经营者委托贮存、运输食品，未按照规定记录保存信息；

（二）餐饮服务提供者未查验、留存餐具饮具集中消毒服务单位的营业执照复印件和消毒合格证明；

（三）食品生产经营者未按照规定对变质、超过保质期或者回收的食品进行标示或者存放，或者未及时对上述食品采取无害化处理、销毁等措施并如实记录；

（四）医疗机构和药品零售企业之外的单位或者个人向消费者销售特殊医学用途配方食品中的特定全营养配方食品；

（五）将特殊食品与普通食品或者药品混放销售。

第七十条 除食品安全法第一百二十五条第一款、第一百二十六条规定的情形外，食品生产经营者的生产经营行为不符合食品安全法第三十三条第一款第五项、第七项至第十项的规定，或者不符合有关食品生产经营过程要求的食品安全国家标准的，依照食品安全法第一百二十六条第一款、本条例第七十五条的规定给予处罚。

第七十一条 餐具饮具集中消毒服务单位未按照规定建立并遵守出厂检验记录制度的，由县级以上人民政府卫生行政部门依照食品安全法第一百二十六条第一款、本条例第七十五条的规定给予处罚。

第七十二条 从事对温度、湿度等有特殊要求的食品贮存业务的非食品生产经营者，食品集中交易市场的开办者、食品展销会的举办者，未按照规定备案或者报告的，由县级以上人民政府食品安全监督管理部门责令改正，给予警告；拒不改正的，处1万元以上5万元以下罚款；情节严重的，责令停产停业，并处5万元以上20万元以下罚款。

第七十三条 利用会议、讲座、健康咨询等方式对食品进行虚假宣传的，由县级以上人民政府食品安全监督管理部门责令消除影响，有违法所得的，没收违法所得；情节严重的，依照食品安全法第一百四十条第五款的规定进行处罚；属于单位违法的，还应当依照本条例第七十五条的规定对单位的法定代表人、主要负责人、直接负责的主管人员和其他直接责任人员给予处罚。

第七十四条 食品生产经营者生产经营的食品符合食品安全标准但不符合食品所标注的企业标准规定的食品安全指标的，由县级以上人民政府食品安全监督管理部门给予警告，并责令食品经营者停止经营该食品，责令食品生产企业改正；拒不停止经营或者改正的，没收不符合企业标准规定的食品安全指标的食品，货值金额不足1万元的，并处1万元以上5万元以下罚款，货值金额1万元以上的，并处货值金额5倍以上10倍以下罚款。

第七十五条 食品生产经营企业等单位有食品安全法规定的违法情形，除依照食品安全法的规定给予处罚外，有下列情形之一的，对单位的法定代表人、主要负责人、直接负责的主管人员和其他直接责任人员处以其上一年度从本单位取得收入的1倍以上10倍以下罚款：

（一）故意实施违法行为；

（二）违法行为性质恶劣；

（三）违法行为造成严重后果。

属于食品安全法第一百二十五条第二款规定情形的，不适用前款规定。

第七十六条 食品生产经营者依照食品安全法第六十三条第一款、第二款的规定停止生产、经营，实施食品召回，或者采取其他有效措施减轻或者消除食品安全风险，未造成危害后果的，可以从轻或者减轻处罚。

第七十七条 县级以上地方人民政府食品安全监督管理等部门对有食品安全法第一百二十三条规定的违法情形且情节严重，可能需要行政拘留的，应当及时将案件及有关材料移送同级公安机关。公安机关认为需要补充材料的，食品安全监督管理等部门应当及时提供。公安机关经审查认为不符合行政拘留条件的，应当及时将案件及有关材料退回移送的食品安全监督管理等部门。

第七十八条　公安机关对发现的食品安全违法行为，经审查没有犯罪事实或者立案侦查后认为不需要追究刑事责任，但依法应当予以行政拘留的，应当及时作出行政拘留的处罚决定；不需要予以行政拘留但依法应当追究其他行政责任的，应当及时将案件及有关材料移送同级食品安全监督管理等部门。

第七十九条　复检机构无正当理由拒绝承担复检任务的，由县级以上人民政府食品安全监督管理部门给予警告，无正当理由1年内2次拒绝承担复检任务的，由国务院有关部门撤销其复检机构资质并向社会公布。

第八十条　发布未依法取得资质认定的食品检验机构出具的食品检验信息，或者利用上述检验信息对食品、食品生产经营者进行等级评定，欺骗、误导消费者的，由县级以上人民政府食品安全监督管理部门责令改正，有违法所得的，没收违法所得，并处10万元以上50万元以下罚款；拒不改正的，处50万元以上100万元以下罚款；构成违反治安管理行为的，由公安机关依法给予治安管理处罚。

第八十一条　食品安全监督管理部门依照食品安全法、本条例对违法单位或者个人处以30万元以上罚款的，由设区的市级以上人民政府食品安全监督管理部门决定。罚款具体处罚权限由国务院食品安全监督管理部门规定。

第八十二条　阻碍食品安全监督管理等部门工作人员依法执行职务，构成违反治安管理行为的，由公安机关依法给予治安管理处罚。

第八十三条　县级以上人民政府食品安全监督管理等部门发现单位或者个人违反食品安全法第一百二十条第一款规定，编造、散布虚假食品安全信息，涉嫌构成违反治安管理行为的，应当将相关情况通报同级公安机关。

第八十四条　县级以上人民政府食品安全监督管理部门及其工作人员违法向他人提供网络食品交易第三方平台提供者提供的信息的，依照食品安全法第一百四十五条的规定给予处分。

第八十五条　违反本条例规定，构成犯罪的，依法追究刑事责任。

第十章　附　则

第八十六条　本条例自2019年12月1日起施行。

关于加强食品等产品安全监督管理的特别规定

（国务院令第503号）

（2007年7月26日由国务院发布，2007年7月26日起施行，法规类型为行政法规）

第一条　为了加强食品等产品安全监督管理，进一步明确生产经营者、监督管理部门和地方人民政府的责任，加强各监督管理部门的协调、配合，保障人体健康和生命安全，制定本规定。

第二条　本规定所称产品除食品外，还包括食用农产品、药品等与人体健康和生命安全有关的产品。

对产品安全监督管理，法律有规定的，适用法律规定；法律没有规定或者规定不明确的，适用本规定。

第三条　生产经营者应当对其生产、销售的产品安全负责，不得生产、销售不符合法定要求的产品。

依照法律、行政法规规定生产、销售产品需要取得许可证照或者需要经过认证的，应当按照法定条件、要求从事生产经营活动。不按照法定条件、要求从事生产经营活动或者生产、销售不符合法定要求产品的，由农业、卫生、质检、商务、工商、药品等监督管理部门依据各自职责，没收违法所得、产品和用于违法生产的工具、设备、原材料等物品，货值金额不足5000元的，并处5万元罚款；货值金额5000元以上不足1万元的，并处10万元罚款；货值金额1万元以上的，并处货值金额10倍以上20倍以下的罚款；造成严重后果的，由原发证部门吊销许可证照；构成非法经营罪或者生产、销售伪劣商品罪等犯罪的，依法追究刑事责任。生产经营者不再符合法定条件、要求，继续从事生产经营活动的，由原发证部门吊销许可证照，并在当地主要媒体上公告被吊销许可证照的生产经营者名单；构成非法经营罪或者生产、销售伪劣商品罪等犯罪的，依法追究刑事责任。

依法应当取得许可证照而未取得许可证照从事生产经营活动的，由农业、卫生、质检、商务、工商、药品等监督管理部门依据各自职责，没收违法所得、产品和用于违法生产的工具、设备、原材料等物品，货值金额不足1万元的，并处10万元罚款；货值金额1万元以上的，并处货值金额10倍以上20倍以下的罚款；构成非法经营罪的，依法追究刑事责任。

有关行业协会应当加强行业自律，监督生产经营者的生产经营活动；加强公众健康知识的普及、宣传，引导消费者选择合法生产经营者生产、销售的产品以及有合法标识的产品。

第四条　生产者生产产品所使用的原料、辅料、添加剂、农业投入品，应当符合法律、行政法规的规定和国家强制性标准。

违反前款规定，违法使用原料、辅料、添加剂、农业投入品的，由农业、卫生、质检、商务、药品等监督管理部门依据各自职责没收违法所得，货值金额不足5000元的，并处2万元罚款；货值金额5000元以上不足1万元的，并处5万元罚款；货值金额1万元以上的，并处货值金额5倍以上10倍以下的罚款；造成严重后果的，由原发证部门吊销许可证照；构成生产、销售伪劣商品罪的，依法追究刑事责任。

第五条　销售者必须建立并执行进货检查验收制度，审验供货商的经营资格，验明产品合格证明和产品标识，并建立产品进货台账，如实记录产品名称、规格、数量、供货商及其联系方式、进货时间等内容。从事产品批发业务的销售企业应当建立产品销售台账，如实记录批发的产品品种、规格、数量、流向等内容。在产品集中交易场所销售自制产品的生产企业应当比照从事产品批发业务的销售企业的规定，履行建立产品销售台账的义务。进货台账和销售台账保存期限不得少于2年。销售者应当向供货商按照产品生产批次索要符合法定条件的检验机构出具的检验报告或者由供货商签字或者盖章的检验报告复印件；不能提供检验报告或者检验报告复印件的产品，不得销售。

违反前款规定的，由工商、药品监督管理部门依据各自职责责令停止销售；不能提供检验报告或者检验报告复印件销售产品的，没收违法所得和违法销售的产品，并处货值金额3倍的罚款；造成严重后果的，由原发证部门吊销许可证照。

第六条　产品集中交易市场的开办企业、产品经营柜台出租企业、产品展销会的举办企业，应当审查入场销售者的经营资格，明确入场销售者的产品安全管理责任，定期对入场销售者的经营环境、条件、内部安全管理制度和经营产品是否符合法定要求进行检查，发现销售不符合法定要求产品或者其他违法行为的，应当及时制止并立即报告所在地工商行政管理部门。

违反前款规定的，由工商行政管理部门处以1000元以上5万元以下的罚款；情节严重的，责令停业整顿；造成严重后果的，吊销营业执照。

第七条　出口产品的生产经营者应当保证其出口产品符合进口国（地区）的标准或者合同要求。法律规定产品必须经过检验方可出口的，应当经符合法律规定的机构检验合格。

出口产品检验人员应当依照法律、行政法规规定和有关标准、程序、方法进行检验,对其出具的检验证单等负责。

出入境检验检疫机构和商务、药品等监督管理部门应当建立出口产品的生产经营者良好记录和不良记录,并予以公布。对有良好记录的出口产品的生产经营者,简化检验检疫手续。

出口产品的生产经营者逃避产品检验或者弄虚作假的,由出入境检验检疫机构和药品监督管理部门依据各自职责,没收违法所得和产品,并处货值金额3倍的罚款;构成犯罪的,依法追究刑事责任。

第八条 进口产品应当符合我国国家技术规范的强制性要求以及我国与出口国(地区)签订的协议规定的检验要求。

质检、药品监督管理部门依据生产经营者的诚信度和质量管理水平以及进口产品风险评估的结果,对进口产品实施分类管理,并对进口产品的收货人实施备案管理。进口产品的收货人应当如实记录进口产品流向。记录保存期限不得少于2年。

质检、药品监督管理部门发现不符合法定要求产品时,可以将不符合法定要求产品的进货人、报检人、代理人列入不良记录名单。进口产品的进货人、销售者弄虚作假的,由质检、药品监督管理部门依据各自职责,没收违法所得和产品,并处货值金额3倍的罚款;构成犯罪的,依法追究刑事责任。进口产品的报检人、代理人弄虚作假的,取消报检资格,并处货值金额等值的罚款。

第九条 生产企业发现其生产的产品存在安全隐患,可能对人体健康和生命安全造成损害的,应当向社会公布有关信息,通知销售者停止销售,告知消费者停止使用,主动召回产品,并向有关监督管理部门报告;销售者应当立即停止销售该产品。销售者发现其销售的产品存在安全隐患,可能对人体健康和生命安全造成损害的,应当立即停止销售该产品,通知生产企业或者供货商,并向有关监督管理部门报告。

生产企业和销售者不履行前款规定义务的,由农业、卫生、质检、商务、工商、药品等监督管理部门依据各自职责,责令生产企业召回产品、销售者停止销售,对生产企业并处货值金额3倍的罚款,对销售者并处1000元以上5万元以下的罚款;造成严重后果的,由原发证部门吊销许可证照。

第十条 县级以上地方人民政府应当将产品安全监督管理纳入政府工作考核目标,对本行政区域内的产品安全监督管理负总责,统一领导、协调本行政区域内的监督管理工作,建立健全监督管理协调机制,加强对行政执法的协调、监督;统一领导、指挥产品安全突发事件应对工作,依法组织查处产品安全事故;建立监督管理责任制,对各监督管理部门进行评议、考核。质检、工商和药品等监督管理部门应当在所在地同级人民政府的统一协调下,依法做好产品安全监督管理工作。

县级以上地方人民政府不履行产品安全监督管理的领导、协调职责,本行政区域内一年多次出现产品安全事故、造成严重社会影响的,由监察机关或者任免机关对政府的主要负责人和直接负责的主管人员给予记大过、降级或者撤职的处分。

第十一条 国务院质检、卫生、农业等主管部门在各自职责范围内尽快制定、修改或者起草相关国家标准,加快建立统一管理、协调配套、符合实际、科学合理的产品标准体系。

第十二条 县级以上人民政府及其部门对产品安全实施监督管理,应当按照法定权限和程序履行职责,做到公开、公平、公正。对生产经营者同一违法行为,不得给予2次以上罚款的行政处罚;对涉嫌构成犯罪、依法需要追究刑事责任的,应当依照《行政执法机关移送涉嫌犯罪案件的规定》,向公安机关移送。

农业、卫生、质检、商务、工商、药品等监督管理部门应当依据各自职责对生产经营者进行监督检查,并对其遵守强制性标准、法定要求的情况予以记录,由监督检查人员签字后归档。监督检查记录应当作为其直接负责主管人员定期考核的内容。公众有权查阅监督检查记录。

第十三条 生产经营者有下列情形之一的，农业、卫生、质检、商务、工商、药品等监督管理部门应当依据各自职责采取措施，纠正违法行为，防止或者减少危害发生，并依照本规定予以处罚：

（一）依法应当取得许可证照而未取得许可证照从事生产经营活动的；

（二）取得许可证照或者经过认证后，不按照法定条件、要求从事生产经营活动或者生产、销售不符合法定要求产品的；

（三）生产经营者不再符合法定条件、要求继续从事生产经营活动的；

（四）生产者生产产品不按照法律、行政法规的规定和国家强制性标准使用原料、辅料、添加剂、农业投入品的；

（五）销售者没有建立并执行进货检查验收制度，并建立产品进货台账的；

（六）生产企业和销售者发现其生产、销售的产品存在安全隐患，可能对人体健康和生命安全造成损害，不履行本规定的义务的；

（七）生产经营者违反法律、行政法规和本规定的其他有关规定的。

农业、卫生、质检、商务、工商、药品等监督管理部门不履行前款规定职责、造成后果的，由监察机关或者任免机关对其主要负责人、直接负责的主管人员和其他直接责任人员给予记大过或者降级的处分；造成严重后果的，给予其主要负责人、直接负责的主管人员和其他直接责任人员撤职或者开除的处分；其主要负责人、直接负责的主管人员和其他直接责任人员构成渎职罪的，依法追究刑事责任。

违反本规定，滥用职权或者有其他渎职行为的，由监察机关或者任免机关对其主要负责人、直接负责的主管人员和其他直接责任人员给予过或者记大过的处分；造成严重后果的，给予其主要负责人、直接负责的主管人员和其他直接责任人员降级或者撤职的处分；其主要负责人、直接负责的主管人员和其他直接责任人员构成渎职罪的，依法追究刑事责任。

第十四条 农业、卫生、质检、商务、工商、药品等监督管理部门发现违反本规定的行为，属于其他监督管理部门职责的，应当立即书面通知并移交有权处理的监督管理部门处理。有权处理的部门应当立即处理，不得推诿；因不立即处理或者推诿造成后果的，由监察机关或者任免机关对其主要负责人、直接负责的主管人员和其他直接责任人员给予记大过或者降级的处分。

第十五条 农业、卫生、质检、商务、工商、药品等监督管理部门履行各自产品安全监督管理职责，有下列职权：

（一）进入生产经营场所实施现场检查；

（二）查阅、复制、查封、扣押有关合同、票据、账簿以及其他有关资料；

（三）查封、扣押不符合法定要求的产品，违法使用的原料、辅料、添加剂、农业投入品以及用于违法生产的工具、设备；

（四）查封存在危害人体健康和生命安全重大隐患的生产经营场所。

第十六条 农业、卫生、质检、商务、工商、药品等监督管理部门应当建立生产经营者违法行为记录制度，对违法行为的情况予以记录并公布；对有多次违法行为记录的生产经营者，吊销许可证照。

第十七条 检验检测机构出具虚假检验报告，造成严重后果的，由授予其资质的部门吊销其检验检测资质；构成犯罪的，对直接负责的主管人员和其他直接责任人员依法追究刑事责任。

第十八条 发生产品安全事故或者其他对社会造成严重影响的产品安全事件时，农业、卫生、质检、商务、工商、药品等监督管理部门必须在各自职责范围内及时作出反应，采取措施，控制事态发展，减少损失，依照国务院规定发布信息，做好有关善后工作。

第十九条　任何组织或者个人对违反本规定的行为有权举报。接到举报的部门应当为举报人保密。举报经调查属实的，受理举报的部门应当给予举报人奖励。

农业、卫生、质检、商务、工商、药品等监督管理部门应当公布本单位的电子邮件地址或者举报电话；对接到的举报，应当及时、完整地进行记录并妥善保存。举报的事项属于本部门职责的，应当受理，并依法进行核实、处理、答复；不属于本部门职责的，应当转交有权处理的部门，并告知举报人。

第二十条　本规定自公布之日起施行。

出口食品生产企业申请国外卫生注册管理办法

（国家认证认可监督管理委员会公告2002年第15号）

（2002年12月19日由国家认证认可监督管理委员会发布，2003年1月18日起施行，法规类型为部门规章）

第一条　为规范出口食品生产企业申请国外卫生注册工作，根据《中华人民共和国进出口商品检验法》和国家质量监督检验检疫总局《出口食品生产企业卫生注册登记管理规定》，制定本办法。

第二条　国家认证认可监督管理委员会（以下简称国家认监委）主管全国出口食品生产企业国外卫生注册工作。各直属出入境检验检疫局（以下简称直属检验检疫局）负责所辖地区出口食品生产企业申请国外卫生注册的评审和注册企业的监督管理工作。

第三条　出口食品生产企业向国外申请卫生注册应当具备以下条件：

（一）已获得出口食品生产企业卫生注册证书或者卫生登记证书；

（二）卫生质量管理体系符合拟申请卫生注册的国家或者地区有关法律法规的要求；

（三）产品的质量安全卫生稳定，最近一年内未出现安全卫生质量问题；

（四）能够维护国家的声誉和企业的信誉。

第四条　出口食品生产企业申请国外卫生注册，应当向所在地直属检验检疫局提出书面申请，并提供能够证明符合本办法第三条规定条件的有关资料以及厂区平面图、车间平面图、工艺流程图、卫生质量体系文件、主要生产工序的图片和国外要求的其他相关资料等。

第五条　受理申请的直属检验检疫局，应当组成评审小组（评审人员至少3人，其中主任评审员不少于2人），在20个工作日内完成对申请材料和有关资料的审查。申请材料和有关资料符合要求的，应当组织对申请企业进行现场评审。申请材料和有关资料不符合要求的，应当通知申请企业在30日内对申请材料和有关资料进行补正，逾期未补正的，视为撤回申请。

第六条　评审依据：

（一）《出口食品生产企业卫生注册登记管理规定》规定的卫生注册评审依据；

（二）有关国家或者地区的有关法律法规及其主管当局规定的技术规范和卫生管理要求。

第七条　经现场评审不符合要求的，申请企业6个月内不得重新提出申请。

第八条　评审组应当做好现场评审记录，出具评审报告，对评审结果负责。

第九条　申请企业经评审符合要求的，各直属检验检疫局应当填写《出口食品生产企业申请国外卫生注册推荐表》（格式附后），并连同有关申请材料（必要时）一并上报国家认监委。各直属检验检疫局应当按照相关国家或者地区的注册申请要求，逐项核实推荐所需的申请材料和有关资料。

第十条 各直属检验检疫局上报的出口食品生产企业申请国外卫生注册材料，经国家认监委审核符合要求的，由国家认监委（以"中华人民共和国国家认证认可监督管理局"的名义）统一向有关国家或者地区的主管当局推荐。各直属检验检疫局上报的出口食品生产企业申请国外卫生注册材料，经国家认监委审核不符合要求的，不予对外推荐。

国家认监委对被推荐企业卫生条件等需要核实的，可以直接组成评审组进行复审，经复审不符合要求的，不予对外推荐。

第十一条 有关国家或者地区主管当局要求来华对出口食品生产企业进行检查或者复查的，由国家认监委组织安排，有关直属检验检疫局负责通知被检查企业。

第十二条 获得国外卫生注册的企业，应当保证本企业能够持续满足卫生注册条件，可以随时接受有关国家或者地区主管当局的检查。

第十三条 获得国外卫生注册的企业，由所在地直属检验检疫局按照《出口食品生产企业卫生注册登记管理规定》和有关国家或者地区主管当局规定的要求，对其实施监督管理。

第十四条 直属检验检疫局对获得国外卫生注册企业的监督管理工作应当指定专门机构负责。

第十五条 对获得国外卫生注册的出口食品生产企业的卫生注册登记编号，实行专厂、专号、专用管理。注册企业不得将其他企业加工的产品以本企业注册登记编号出口。违反专厂、专号、专用管理规定，国家认监委可吊销其国外卫生注册。被吊销国外卫生注册的企业，自被吊销之日起一年内不得申请国外卫生注册。

第十六条 各地出入境检验检疫机构受理出口食品报检时，应当对出口食品生产企业的卫生注册编号进行验证。对违反专厂、专号、专用的，不得受理报检、放行。

第十七条 出口食品生产企业注册证书或者登记证书被吊销或者自动失效的，其获得国外卫生注册的资格自动失效。各直属检验检疫局应当将上述情况及时报国家认监委。

第十八条 获得国外卫生注册的出口食品生产企业，其出口产品在国外出现质量安全卫生问题，造成不良影响的，由国家认监委吊销其对国外卫生注册资格，并向国外相关机构通报。被吊销国外卫生注册资格的企业，自被吊销之日起 3 年内不得申请恢复对相关国家的注册资格。

第十九条 获得国外卫生注册的出口食品生产企业，连续 12 个月未向有关国家或者地区出口注册产品的，应当在恢复对有关国家或者地区出口注册产品前 30 日内，向所在地直属检验检疫局申请复查。经复查合格的企业，方可向有关国家或者地区出口产品。

第二十条 对出口食品生产企业进行评审、复审和接待国外官方检查、复查的费用由申请对国外卫生注册的企业承担。

第二十一条 本办法由国家认监委负责解释。

第二十二条 本办法自 2003 年 1 月 18 日起施行。原国家进出口商品检验局 1993 年 4 月 24 日发布的《出口食品生产企业向国外卫生注册管理规定》（国检监〔1993〕125 号）和原国家出入境检验检疫局 1999 年 1 月 12 日发布的《关于规范推荐出口食品加工企业对国外注册做法的通知》（国检认〔1999〕6 号），同时废止。

进出口食品安全管理办法

(国家质量监督检验检疫总局令第 144 号)

(2011 年 9 月 13 日由国家质量监督检验检疫总局发布；根据 2016 年 10 月 18 日国家质量监督检验检疫总局令 184 号《国家质量监督检验检疫总局关于修改和废止部分规章的决定》修改，根据 2018 年 11 月 23 日海关总署令第 243 号《海关总署关于修改部分规章的决定》修改；现行版本自 2018 年 11 月 23 日起施行；法规类型为部门规章)

第一章 总 则

第一条 为保证进出口食品安全，保护人类、动植物生命和健康，根据《中华人民共和国食品安全法》(以下简称食品安全法)及其实施条例、《中华人民共和国进出口商品检验法》及其实施条例、《中华人民共和国进出境动植物检疫法》及其实施条例和《国务院关于加强食品等产品安全监督管理的特别规定》等法律法规的规定，制定本办法。

第二条 本办法适用于进出口食品的检验检疫及监督管理。

进出口食品添加剂、食品相关产品、水果、食用活动物的安全管理依照有关规定执行。

第三条 海关总署主管全国进出口食品安全监督管理工作。

主管海关负责所辖区域进出口食品安全监督管理工作。

第四条 海关总署对进口食品境外生产企业实施注册管理，对向中国境内出口食品的出口商或者代理商实施备案管理，对进口食品实施检验，对出口食品生产企业实施备案管理，对出口食品原料种植、养殖场实施备案管理，对出口食品实施监督、抽检，对进出口食品实施分类管理、对进出口食品生产经营者实施诚信管理。

第五条 进出口食品生产经营者应当依法从事生产经营活动，对社会和公众负责，保证食品安全，诚实守信，接受社会监督，承担社会责任。

第六条 海关从事进出口食品安全监督管理的人员应当具有相关的专业知识，尽职尽责。

第二章 食品进口

第七条 海关总署依据法律法规规定对向中国出口食品的国家或者地区的食品安全管理体系和食品安全状况进行评估，并根据进口食品安全监督管理需要进行回顾性审查。

海关总署依据法律法规规定、食品安全国家标准要求、国内外疫情疫病和有毒有害物质风险分析结果，结合前款规定的评估和审查结果，确定相应的检验检疫要求。

第八条 进口食品应当符合中国食品安全国家标准和相关检验检疫要求。食品安全国家标准公布前，按照现行食用农产品质量安全标准、食品卫生标准、食品质量标准和有关食品的行业标准中强制执行的标准实施检验。

首次进口尚无食品安全国家标准的食品，海关应当按照国务院卫生行政部门决定暂予适用的标准进行检验。

第九条 海关总署对向中国境内出口食品的境外食品生产企业实施注册制度，注册工作按照海关总署相关规定执行。

向中国境内出口食品的出口商或者代理商应当向海关总署备案。申请备案的出口商或者代理商应当按照备案要求提供企业备案信息，并对信息的真实性负责。

注册和备案名单应当在海关总署网站公布。

第十条 进口食品需要办理进境动植物检疫审批手续的，应当取得《中华人民共和国进境动植物检疫许可证》后方可进口。

第十一条 对进口可能存在动植物疫情疫病或者有毒有害物质的高风险食品实行指定口岸入境。指定口岸条件及名录由海关总署制定并公布。

第十二条 进口食品的进口商或者其代理人应当按照规定，持下列材料向海关报检：

（一）合同、发票、装箱单、提单等必要的凭证；

（二）相关批准文件；

（三）法律法规、双边协定、议定书以及其他规定要求提交的输出国家（地区）官方检疫（卫生）证书；

（四）首次进口预包装食品，应当提供进口食品标签样张和翻译件。

报检时，进口商或者其代理人应当将所进口的食品按照品名、品牌、原产国（地区）、规格、数/重量、总值、生产日期（批号）及海关总署规定的其他内容逐一申报。

第十三条 海关对进口商或者其代理人提交的报检材料进行审核，符合要求的，受理报检。

第十四条 进口食品的包装和运输工具应当符合安全卫生要求。

第十五条 进口预包装食品的中文标签、中文说明书应当符合中国法律法规的规定和食品安全国家标准的要求。

第十六条 海关应当对标签内容是否符合法律法规和食品安全国家标准要求以及与质量有关内容的真实性、准确性进行检验，包括格式版面检验和标签标注内容的符合性检测。

进口食品标签、说明书中强调获奖、获证、产区及其他内容的，或者强调含有特殊成分的，应当提供相应证明材料。

第十七条 进口食品在取得检验检疫合格证明之前，应当存放在海关指定或者认可的场所，未经海关许可，任何单位和个人不得动用。

第十八条 进口食品经检验检疫合格的，由海关出具合格证明，准予销售、使用。海关出具的合格证明应当逐一列明货物品名、品牌、原产国（地区）、规格、数/重量、生产日期（批号），没有品牌、规格的，应当标明"无"。

进口食品经检验检疫不合格的，由海关出具不合格证明。涉及安全、健康、环境保护项目不合格的，由海关责令当事人销毁，或者出具退货处理通知单，由进口商办理退运手续。其他项目不合格的，可以在海关的监督下进行技术处理，经重新检验合格后，方可销售、使用。

第十九条 海关对进口食品的进口商实施备案管理。进口商应当事先向所在地海关申请备案，并提供以下材料：

（一）填制准确完备的进口商备案申请表；

（二）与食品安全相关的组织机构设置、部门职能和岗位职责；

（三）拟经营的食品种类、存放地点；

（四）2年内曾从事食品进口、加工和销售的，应当提供相关说明（食品品种、数量）；

海关核实企业提供的信息后，准予备案。

第二十条 进口食品的进口商应当建立食品进口和销售记录制度，如实记录进口食品的卫生证书编号、品名、规格、数量、生产日期（批号）、保质期、出口商和购货者名称及联系方式、交货日期等内容。记录应当真实，保存期限不得少于2年。

主管海关应当对本辖区内进口商的进口和销售记录进行检查。

第二十一条 海关总署对进口食品安全实行风险监测制度，组织制定和实施年度进口食品安全风险监测计划。

主管海关根据海关总署进口食品安全风险监测计划，组织对进口食品进行风险监测，上报结果。

海关应当根据进口食品安全风险监测结果，在风险分析的基础上调整对相关进口食品的检验检疫和监管措施。

第二十二条 进口食品原料全部用于加工后复出口的，海关按照出口食品目的国（地区）技术规范的强制性要求或者贸易合同要求进行检验。

第二十三条 海关发现不符合法定要求的进口食品时，可以将不符合法定要求的进口食品境外生产企业和出口商、国内进口商、报检人、代理人列入不良记录名单；对有违法行为并受到行政处罚的，可以将其列入违法企业名单并对外公布。

第三章 食品出口

第二十四条 出口食品生产经营者应当保证其出口食品符合进口国家（地区）的标准或者合同要求。

进口国家（地区）无相关标准且合同未有要求的，应当保证出口食品符合中国食品安全国家标准。

第二十五条 出口食品生产企业应当建立完善的质量安全管理体系。

出口食品生产企业应当建立原料、辅料、食品添加剂、包装材料容器等进货查验记录制度。

出口食品生产企业应当建立生产记录档案，如实记录食品生产过程的安全管理情况。

出口食品生产企业应当建立出厂检验记录制度，依照本办法规定的要求对其出口食品进行检验，检验合格后方可报检。

上述记录应当真实，保存期限不得少于2年。

第二十六条 海关总署对出口食品生产企业实施备案制度，备案工作按照海关总署相关规定执行。

第二十七条 主管海关负责对辖区内出口食品生产企业质量安全管理体系运行情况进行监督管理。

第二十八条 海关总署对出口食品原料种植、养殖场实施备案管理。出口食品原料种植、养殖场应当向所在地海关办理备案手续。

实施备案管理的原料品种目录（以下称目录）和备案条件由海关总署另行制定。出口食品的原料列入目录的，应当来自备案的种植、养殖场。

海关总署统一公布备案的原料种植、养殖场名单。

第二十九条 备案种植、养殖场所在地海关对备案种植、养殖场实施监督、检查，对达不到备案要求的，及时向所在地政府相关主管部门、出口食品生产企业所在地海关通报。

生产企业所在地海关应当及时向备案种植、养殖场所在地海关通报种植、养殖场提供原料的质量安全和卫生情况。

第三十条 种植、养殖场应当建立原料的生产记录制度，生产记录应当真实，记录保存期限不得少于2年。备案种植、养殖场应当依照进口国家（地区）食品安全标准和中国有关规定使用农业化学投入品，并建立疫情疫病监测制度。备案种植、养殖场应当为其生产的每一批原料出具出口食品加工原料供货证明文件。

第三十一条 海关总署对出口食品安全实施风险监测制度，组织制定和实施年度出口食品安全风险监测计划。

主管海关根据海关总署出口食品安全风险监测计划，组织对本辖区内出口食品实施监测，上报结果。

海关应当根据出口食品安全风险监测结果，在风险分析基础上调整对相关出口食品的检验检疫和监管措施。

第三十二条 出口食品的出口商或者其代理人应当按照规定，凭合同、发票、装箱单、出厂合格证明、出口食品加工原料供货证明文件等必要的凭证和相关批准文件向出口食品生产企业所在地海关报检。报检时，应当将所出口的食品按照品名、规格、数/重量、生产日期逐一申报。

第三十三条 直属海关根据出口食品分类管理要求、本地出口食品品种、以往出口情况、安全记录和进口国家（地区）要求等相关信息，通过风险分析制定本辖区出口食品抽检方案。

海关按照抽检方案和相应的工作规范、规程以及有关要求对出口食品实施抽检。

有双边协定的，按照其要求对出口食品实施抽检。

第三十四条 出口食品符合出口要求的，由海关根据需要出具证书。出口食品进口国家（地区）对证书形式和内容有新要求的，经海关总署批准后，海关方可对证书进行变更。

出口食品经检验检疫不合格的，由海关出具不合格证明。依法可以进行技术处理的，应当在海关的监督下进行技术处理，合格后方准出口；依法不能进行技术处理或者经技术处理后仍不合格的，不准出口。

第三十五条 出口食品的包装和运输方式应当符合安全卫生要求，并经检验检疫合格。

第三十六条 对装运出口易腐烂变质食品、冷冻食品的集装箱、船舱、飞机、车辆等运载工具，承运人、装箱单位或者其代理人应当在装运前向海关申请清洁、卫生、冷藏、密固等适载检验；未经检验或者经检验不合格的，不准装运。

第三十七条 出口食品生产企业应当在运输包装上注明生产企业名称、备案号、产品品名、生产批号和生产日期。海关应当在出具的证单中注明上述信息。进口国家（地区）或者合同有特殊要求的，在保证产品可追溯的前提下，经直属海关同意，标注内容可以适当调整。

需要加施检验检疫标志的，按照海关总署规定加施。

第三十八条 出口食品经产地海关检验检疫符合出口要求运往口岸的，产地海关可以采取监视装载、加施封识或者其他方式实施监督管理。

第三十九条 出口食品经产地海关检验检疫符合出口要求的，口岸海关按照规定实施抽查，口岸抽查不合格的，不得出口。

口岸海关应当将有关信息及时通报产地海关，并按照规定上报。产地海关应当根据不合格原因采取相应监管措施。

第四十条 海关发现不符合法定要求的出口食品时，可以将其生产经营者列入不良记录名单；对有违法行为并受到行政处罚的，可以将其列入违法企业名单并对外公布。

第四章　风险预警及相关措施

第四十一条 海关总署对进出口食品实施风险预警制度。

进出口食品中发现严重食品安全问题或者疫情的，以及境内外发生食品安全事件或者疫情可能影响到进出口食品安全的，海关当及时采取风险预警及控制措施。

第四十二条 海关应当建立进出口食品安全信息收集网络，收集和整理食品安全信息，主要包括：

（一）海关对进出口食品实施检验检疫发现的食品安全信息；

（二）行业协会、消费者反映的进口食品安全信息；

（三）国际组织、境外政府机构发布的食品安全信息、风险预警信息，以及境外行业协会等组织、消费者反映的食品安全信息；

（四）其他食品安全信息。

第四十三条　海关对经核准、整理的食品安全信息，按照规定的要求和程序向海关总署报告并向地方政府、有关部门通报。

第四十四条　海关按照相关规定对收集到的食品安全信息进行风险分析研判，确定风险信息级别。

第四十五条　海关应当根据食品安全风险信息的级别发布风险预警通报。海关总署视情况可以发布风险预警通告，并决定采取以下控制措施：
（一）有条件地限制进出口，包括严密监控、加严检验、责令召回等；
（二）禁止进出口，就地销毁或者作退运处理；
（三）启动进出口食品安全应急处置预案。
海关负责组织实施风险预警及控制措施。

第四十六条　海关总署可以参照国际通行做法，对不确定的风险直接发布风险预警通报或者风险预警通告，并采取本办法第四十五条规定的控制措施。同时及时收集和补充有关信息和资料，进行风险分析。

第四十七条　进出口食品安全风险已不存在或者已降低到可接受的程度时，应当及时解除风险预警通报和风险预警通告及控制措施。

第四十八条　进口食品存在安全问题，已经或者可能对人体健康和生命安全造成损害的，进口食品进口商应当主动召回并向所在地海关报告。进口食品进口商应当向社会公布有关信息，通知销售者停止销售，告知消费者停止使用，做好召回食品情况记录。
海关接到报告后应当组织核查，根据产品影响范围按照规定上报。
进口食品进口商不主动实施召回的，由直属海关向其发出责令召回通知书并报告海关总署。必要时，海关总署可以责令其召回。海关总署可以发布风险预警通报或者风险预警通告，并采取本办法第四十五条规定的措施以及其他避免危害发生的措施。

第四十九条　发现出口的食品存在安全问题，已经或者可能对人体健康和生命安全造成损害的，出口食品生产经营者应当采取措施，避免和减少损害的发生，并立即向所在地海关报告。

第五十条　海关在依法履行进出口食品检验检疫监督管理职责时有权采取下列措施：
（一）进入生产经营场所实施现场检查；
（二）查阅、复制、查封、扣押有关合同、票据、账簿以及其他有关资料；
（三）查封、扣押不符合法定要求的产品，违法使用的原料、辅料、添加剂、农业投入品以及用于违法生产的工具、设备；
（四）查封存在危害人体健康和生命安全重大隐患的生产经营场所。

第五十一条　海关应当按照有关规定将采取的控制措施向海关总署报告并向地方政府、有关部门通报。
海关总署按照有关规定将相关食品安全信息及采取的控制措施向有关部门通报。

第五章　法律责任

第五十二条　违反本办法第十七条指定场所监管相关规定，没有违法所得的，由海关责令改正，处1万元以下罚款。

第五十三条　销售、使用经检验不符合食品安全国家标准的进口食品，由海关按照食品安全法第一百二十九条、第一百二十四条的规定给予处罚。

第五十四条　进口商有下列情形之一的，由海关按照食品安全法第一百二十九条、第一百二十六条的规定给予处罚：

（一）未建立食品进口和销售记录制度的；

（二）建立的食品进口和销售记录没有如实记录进口食品的卫生证书编号、品名、规格、数量、生产日期（批号）、保质期、出口商和购货者名称及联系方式、交货日期等内容的；

（三）建立的食品进口和销售记录保存期限少于2年的。

第五十五条　出口食品原料种植、养殖场有下列情形之一的，由海关责令改正，有违法所得的，处违法所得3倍以下罚款，最高不超过3万元；没有违法所得的，处1万元以下罚款：

（一）出口食品原料种植、养殖过程中违规使用农业化学投入品的；

（二）相关记录不真实或者保存期限少于2年的。

出口食品生产企业生产出口食品使用的原料未按照规定来自备案基地的，按照前款规定给予处罚。

第五十六条　有下列情形之一的，由海关按照食品安全法第一百二十九条、第一百二十四条的规定给予处罚：

（一）未报检或者未经监督、抽检合格擅自出口的；

（二）擅自调换经海关监督、抽检并已出具检验检疫证明的出口食品的。

第五十七条　进出口食品生产经营者、海关及其工作人员有其他违法行为的，按照相关法律法规的规定处理。

第六章　附　则

第五十八条　进出口食品生产经营者包括进出口食品的生产企业、进出口商和代理商。

第五十九条　进出海关特殊监管区域的食品以及边境小额和互市贸易进出口食品的检验检疫监督管理，按照海关总署有关规定办理。

第六十条　以快件、邮寄和旅客携带方式进出口食品的，应当符合海关总署相关规定。

第六十一条　进出用作样品、礼品、赠品、展示品等非贸易性的食品，进口用作免税经营的、使领馆自用的食品，出口用作使领馆、中国企业驻外人员等自用的食品，按照国家有关规定办理。

第六十二条　供香港、澳门特别行政区、台湾地区的食品，国家有另行规定的，从其规定。

第六十三条　本办法由海关总署负责解释。

第六十四条　本办法自2012年3月1日起施行。

进口食品境外生产企业注册管理规定

（国家质量监督检验检疫总局令第145号）

（2012年3月22日由国家质量监督检验检疫总局发布，根据2018年11月23日海关总署令第243号《海关总署关于修改部分规章的决定》修改，现行版本自2018年11月23日起施行，法规类型为部门规章）

第一章　总　则

第一条　为加强进口食品境外食品生产企业的监督管理，根据《中华人民共和国食品安全法》及其实施条例、《中华人民共和国进出口商品检验法》及其实施条例等法律、行政法规的规定，制定本规定。

第二条　向中国输出食品的境外生产、加工、储存企业（以下统称进口食品境外生产企业）的注册及其监督管理适用本规定。

第三条　海关总署统一负责进口食品境外生产企业的注册及其监督管理工作。

第四条　《进口食品境外生产企业注册实施目录》（以下简称《目录》）由海关总署负责制定、调整并公布。

《目录》内不同产品类别的注册评审程序和技术要求，由海关总署另行制定、发布。

第五条　《目录》内食品的境外生产企业，应当获得注册后，其产品方可进口。

第二章　注册条件与程序

第六条　进口食品境外生产企业注册条件：

（一）企业所在国家（地区）的与注册相关的兽医服务体系、植物保护体系、公共卫生管理体系等经评估合格；

（二）向我国出口的食品所用动植物原料应当来自非疫区；向我国出口的食品可能存在动植物疫病传播风险的，企业所在国家（地区）主管当局应当提供风险消除或者可控的证明文件和相关科学材料。

（三）企业应当经所在国家（地区）相关主管当局批准并在其有效监管下，其卫生条件应当符合中国法律法规和标准规范的有关规定。

第七条　进口食品境外生产企业申请注册，应通过其所在国家（地区）主管当局或其他规定的方式向海关总署推荐，并提交符合本办法第六条规定条件的证明性文件以及下列材料，提交的有关材料应当为中文或者英文文本。

（一）所在国（地区）相关的动植物疫情、兽医卫生、公共卫生、植物保护、农药兽药残留、食品生产企业注册管理和卫生要求等方面的法律法规，所在国（地区）主管当局机构设置和人员情况及法律法规执行等方面的书面资料；

（二）申请注册的境外食品生产企业名单；

（三）所在国家（地区）主管当局对其推荐企业的检疫、卫生控制实际情况的评估答卷；

（四）所在国家（地区）主管当局对其推荐的企业符合中国法律、法规要求的声明；

（五）企业注册申请书，必要时提供厂区、车间、冷库的平面图，工艺流程图等。

第八条　海关总署应当组织相关专家或指定机构对境外食品生产企业所在国家（地区）主管当局或其他规定方式提交的资料进行审查，并根据工作需要，组成评审组进行实地评审，评审组成员应当2人以上。

从事评审的人员，应当经海关总署考核合格。

第九条　评审组应当按照《目录》中不同产品类别的评审程序和要求完成评审工作，并向海关总署提交评审报告。

海关总署应当按照工作程序对评审报告进行审查，做出是否注册的决定。符合注册要求的，予以注册，并书面通告境外食品生产企业所在国家（地区）的主管当局；不予注册的，应当书面通告境外食品生产企业所在国家（地区）的主管当局，并说明理由。

海关总署应当定期统一公布获得注册的境外食品生产企业名单。

第十条　注册有效期为4年。

境外食品生产企业需要延续注册的，应当在注册有效期届满前一年，通过其所在国家（地区）主管当局或其他规定的方式向海关总署提出延续注册申请。

逾期未提出延续注册申请的，海关总署注销对其注册，并予以公告。

第十一条 已获得注册的境外食品生产企业的注册事项发生变更时,应当通过其所在国家(地区)主管当局或其他规定的方式及时通报海关总署,海关总署根据具体变更情况做出相应处理。

第十二条 已获得注册的境外食品生产企业应当在其向我国境内出口的食品外包装上如实标注注册编号。

禁止冒用或者转让注册编号。

第三章 注册管理

第十三条 海关总署依法对《目录》内食品的境外生产企业进行监督管理,必要时组织相关专家或指定机构进行复查。

第十四条 经复查发现已获得注册的境外食品生产企业不能持续符合注册要求的,海关总署应当暂停其注册资格并暂停进口相关产品,同时向其所在国家(地区)主管当局通报,并予以公告。

境外食品生产企业所在国家(地区)主管当局应当监督需要整改的企业在规定期限内完成整改,并向海关总署提交书面整改报告和符合中国法律法规要求的书面声明。经海关总署审查合格后,方可继续向我国出口食品。

第十五条 已获得注册的境外食品生产企业有下列情形之一的,海关总署应当撤销其注册,同时向其所在国家(地区)主管当局通报,予以公告:

(一)因境外食品生产企业的原因造成相关进口食品发生重大食品安全事故的;

(二)其产品进境检验检疫中发现不合格情况,情节严重的;

(三)经查发现食品安全卫生管理存在重大问题,不能保证其产品安全卫生的;

(四)整改后仍不符合注册要求的;

(五)提供虚假材料或者隐瞒有关情况的;

(六)出租、出借、转让、倒卖、涂改注册编号的。

第十六条 列入《目录》内的进口食品入境时,海关应当验核其是否由获得注册的企业生产,注册编号是否真实、准确,经验核发现不符合法定要求的,依照《中华人民共和国进出口商品检验法》等相关法律、行政法规予以处理。

第十七条 进口国家实行注册管理而未获得注册的境外食品生产企业生产的食品的,依据《中华人民共和国进出口商品检验法实施条例》第四十九条,由海关责令其停止进口,没收违法所得,并处商品货值金额10%以上、50%以下的罚款。

第四章 附 则

第十八条 国际组织或者向我国境内出口食品的国家(地区)主管当局发布疫情通告,或者产品在进境检验检疫中发现疫情、公共卫生失控等严重问题,海关总署公告暂停进口该国家(地区)相关食品期间,海关总署不予接受该国家(地区)主管当局推荐其相关食品生产企业注册。

第十九条 境外食品生产企业所在国家(地区)主管当局应当协助海关总署委派的评审组完成实地评审和复查工作。

第二十条 香港特别行政区、澳门特别行政区和台湾地区向中国大陆出口《目录》内食品的生产、加工、储存企业的注册管理,参照本规定执行。

第二十一条 本规定中所在国家(地区)主管当局包括境外食品生产企业所在国家(地区)负责相关食品安全卫生的官方部门、官方授权机构及行业组织等。

第二十二条 本规定由海关总署负责解释。

第二十三条 本规定自 2012 年 5 月 1 日起施行。原国家质量监督检验检疫总局 2002 年 3 月 14 日公布的《进口食品国外生产企业注册管理规定》同时废止。

进口食品国外生产企业注册程序

[国认注（2001）35 号]

（2001 年 12 月 25 日由国家认证认可监督管理委员会发布，2002 年 4 月 1 日起施行，法规类型为规范性文件）

第一条 为加强对进口食品国外生产企业注册和实施工厂审查工作，根据《进口食品国外生产企业注册管理规范》，制定本程序。

第二条 中华人民共和国国家认证认可监督管理局（以下简称国家认证认可监督管理局）负责进口食品注册管理和组织实施。

凡向中国输出《实施企业注册的进口食品目录》所列食品的国外生产企业，必须先向国家认证认可监督管理局提交进口食品卫生注册的书面申请。

第三条 国外生产企业向中国申请注册，必须由所在国（地区）主管食品安全卫生控制的当局填写符合规定内容的食品安全卫生控制的调查问卷，并进行自我评估。

第四条 国家认证认可监督管理局在接到国外生产企业提交的进口食品卫生注册书面申请、所在国（地区）食品安全卫生控制当局填写的调查问卷及相关的审查材料后，组织专家进行材料评估。

第五条 材料经专家审查并符合注册要求的，国家认证认可监督管理局将通知申请人安排实地评审；对不符合要求的，通知申请人补充材料或者通知其不受理申请的理由。

第六条 对国外生产企业的实地评审

国家认证认可监督管理局派出评审组对国外生产企业进行实地评审。评审内容包括：对所在国（地区）有关食品安全卫生控制体系的验证、对生产企业卫生质量体系的运行状况的评审。

（一）实地验证

1. 实地验证是对国外生产企业所在国（地区）食品安全卫生控制体系实际运作情况实施的验证。根据需要，可以对农药、兽药残留监控体系与疫病监控体系等进行专项验证。

2. 实地验证计划应当根据调查问卷中的有关内容制定并实施。

3. 评审组应当会同国外主管当局的代表确认实地验证计划和实地验证的程序。

4. 评审组应当做好实地验证记录。

（二）对企业的实地评审

1. 召开见面会。由评审组组长介绍评审要求，确认评审过程、保密承诺等。

2. 要求被审查企业现场提供资料。国外生产企业至少应当提供本企业的卫生质量体系控制计划、计划执行和验证记录等。

3. 现场评审。评审组依据《中华人民共和国食品卫生法》和相应的食品生产企业卫生规范要求对申请食品注册的企业进行现场评审，评审的内容应当包括企业的生产卫生条件和从原料至成品整个生产、加工、储存、运输过程各环节的安全卫生控制。

评审组对生产企业进行现场评审，应当作好现场记录。必要时，还应当现场摄影以补充相关记录。

4. 评审分析。评审组按评审进程的需要，召开内部会议研究讨论：（1）评审的进度；（2）对观察结果形成统一看法，尤其是明确不符合项及其严重程度；（3）评价生产企业卫生质量体系的运作状况；（4）在评审中需要及时解决的其他问题；（5）形成评审初步报告。

5. 情况通报。评审组在现场评审结束后可召开通报会，向企业客观陈述现场评审中发现的问题，对企业的自我解释，做好记录。

评审组对评审的生产企业是否通过现场评审不做出最终结论。

（三）评审组应当写出评审工作报告，提交国家认证认可监督管理局。

评审组起草的评审报告至少应当包括下列内容：

1. 评审的目的和背景；
2. 验证和评审的概况（评审组成员，被评审企业名单）；
3. 该类食品工业的状况；
4. 对输出国（地区）食品安全卫生控制体系的验证情况；
5. 企业食品生产的卫生控制状况和存在问题；
6. 对生产企业的评审结果；
7. 结论和推荐意见。

第七条 国家认证认可监督管理局组织对评审报告进行技术审查。

第八条 国家认证认可监督管理局将评审情况向输出国（地区）主管当局反馈并征求意见。

第九条 国家认证认可监督管理局在考虑国外主管当局意见的基础上，形成最终评审报告及被批准注册的国外生产企业名单，并通报国外主管当局。

第十条 国家认证认可监督管理局定期对外公布获得卫生注册的国外生产企业名单。

第十一条 国家认证认可监督管理局对已注册的进口食品国外生产企业实施监督管理。包括：

（一）对国外生产企业实施定期或不定期的复查

国家认证认可监督管理局可根据对进口食品的检验和监管情况以及进口食品存在问题的危害程度，确定是否对国外生产企业进行溯源性检查或复查。

（二）对食品安全卫生控制体系的重新评估

1. 当输出国（地区）的食品生产的法律、法规、规范和标准发生变化时，应当及时向国家认证认可监督管理局通报。必要时，国家认证认可监督管理局对其食品安全卫生控制体系进行重新评估。

2. 当输出国（地区）由于发生重大疫情或者公共卫生失控等严重问题而暂停进口时，国家认证认可监督管理局可根据情况对其食品安全卫生控制体系进行重新评估。

（三）取消国外生产企业注册资格

1. 在国家认证认可监督管理局定期或者不定期复查中，发现食品注册企业所在国（地区）的食品安全卫生控制体系或者食品注册企业存在安全卫生问题或者隐患，将通报所在国（地区）主管当局，并作出要求企业在规定时间内整改或者取消该企业注册资格的决定。

2. 已获得注册的国外生产企业的产品经检验检疫发现有严重的卫生控制问题或者多次出现卫生质量事故，国家认证认可监督管理局将通报其所在国（地区）主管当局，并取消该企业的注册资格。

3. 对已获得注册的国外生产企业向中国出口非本企业产品或将注册编号转让给其他企业的，国家认证认可监督管理局将通报其所在国（地区）主管当局，并取消该企业的注册资格。

(四)已注册企业情况变更的备案

已注册的国外生产企业更改企业名称、生产场所、生产工艺、注册产品品种、卫生质量体系等,必须经所在国(地区)主管当局核查并签署意见后,报国家认证认可监督管理局办理变更备案手续。其中,注册产品品种、生产场所、生产工艺、卫生质量体系发生重大变化者,国家认证认可监督管理局将要求其重新办理注册。

第十二条 本程序由国家认证认可监督管理局负责解释。

保健食品注册与备案管理办法

(国家食品药品监督管理总局令第 22 号)

(2016 年 2 月 26 日由国家食品药品监督管理总局发布,2016 年 7 月 1 日起施行,法规类型为部门规章)

第一章 总 则

第一条 为规范保健食品的注册与备案,根据《中华人民共和国食品安全法》,制定本办法。

第二条 在中华人民共和国境内保健食品的注册与备案及其监督管理适用本办法。

第三条 保健食品注册,是指食品药品监督管理部门根据注册申请人申请,依照法定程序、条件和要求,对申请注册的保健食品的安全性、保健功能和质量可控性等相关申请材料进行系统评价和审评,并决定是否准予其注册的审批过程。

保健食品备案,是指保健食品生产企业依照法定程序、条件和要求,将表明产品安全性、保健功能和质量可控性的材料提交食品药品监督管理部门进行存档、公开、备查的过程。

第四条 保健食品的注册与备案及其监督管理应当遵循科学、公开、公正、便民、高效的原则。

第五条 国家食品药品监督管理总局负责保健食品注册管理,以及首次进口的属于补充维生素、矿物质等营养物质的保健食品备案管理,并指导监督省、自治区、直辖市食品药品监督管理部门承担的保健食品注册与备案相关工作。

省、自治区、直辖市食品药品监督管理部门负责本行政区域内保健食品备案管理,并配合国家食品药品监督管理总局开展保健食品注册现场核查等工作。

市、县级食品药品监督管理部门负责本行政区域内注册和备案保健食品的监督管理,承担上级食品药品监督管理部门委托的其他工作。

第六条 国家食品药品监督管理总局行政受理机构(以下简称受理机构)负责受理保健食品注册和接收相关进口保健食品备案材料。

省、自治区、直辖市食品药品监督管理部门负责接收相关保健食品备案材料。

国家食品药品监督管理总局保健食品审评机构(以下简称审评机构)负责组织保健食品审评,管理审评专家,并依法承担相关保健食品备案工作。

国家食品药品监督管理总局审核查验机构(以下简称查验机构)负责保健食品注册现场核查工作。

第七条 保健食品注册申请人或者备案人应当具有相应的专业知识,熟悉保健食品注册管理的法律、法规、规章和技术要求。

保健食品注册申请人或者备案人应当对所提交材料的真实性、完整性、可溯源性负责，并对提交材料的真实性承担法律责任。

保健食品注册申请人或者备案人应当协助食品药品监督管理部门开展与注册或者备案相关的现场核查、样品抽样、复核检验和监督管理等工作。

第八条　省级以上食品药品监督管理部门应当加强信息化建设，提高保健食品注册与备案管理信息化水平，逐步实现电子化注册与备案。

第二章　注　册

第九条　生产和进口下列产品应当申请保健食品注册：

（一）使用保健食品原料目录以外原料（以下简称目录外原料）的保健食品；

（二）首次进口的保健食品（属于补充维生素、矿物质等营养物质的保健食品除外）。

首次进口的保健食品，是指非同一国家、同一企业、同一配方申请中国境内上市销售的保健食品。

第十条　产品声称的保健功能应当已经列入保健食品功能目录。

第十一条　国产保健食品注册申请人应当是在中国境内登记的法人或者其他组织；进口保健食品注册申请人应当是上市保健食品的境外生产厂商。

申请进口保健食品注册的，应当由其常驻中国代表机构或者由其委托中国境内的代理机构办理。

境外生产厂商，是指产品符合所在国（地区）上市要求的法人或者其他组织。

第十二条　申请保健食品注册应当提交下列材料：

（一）保健食品注册申请表，以及申请人对申请材料真实性负责的法律责任承诺书；

（二）注册申请人主体登记证明文件复印件；

（三）产品研发报告，包括研发人、研发时间、研制过程、中试规模以上的验证数据，目录外原料及产品安全性、保健功能、质量可控性的论证报告和相关科学依据，以及根据研发结果综合确定的产品技术要求等；

（四）产品配方材料，包括原料和辅料的名称及用量、生产工艺、质量标准，必要时还应当按照规定提供原料使用依据、使用部位的说明、检验合格证明、品种鉴定报告等；

（五）产品生产工艺材料，包括生产工艺流程简图及说明，关键工艺控制点及说明；

（六）安全性和保健功能评价材料，包括目录外原料及产品的安全性、保健功能试验评价材料，人群食用评价材料；功效成分或者标志性成分、卫生学、稳定性、菌种鉴定、菌种毒力等试验报告，以及涉及兴奋剂、违禁药物成分等检测报告；

（七）直接接触保健食品的包装材料种类、名称、相关标准等；

（八）产品标签、说明书样稿；产品名称中的通用名与注册的药品名称不重名的检索材料；

（九）3个最小销售包装样品；

（十）其他与产品注册审评相关的材料。

第十三条　申请首次进口保健食品注册，除提交本办法第十二条规定的材料外，还应当提交下列材料：

（一）产品生产国（地区）政府主管部门或者法律服务机构出具的注册申请人为上市保健食品境外生产厂商的资质证明文件；

（二）产品生产国（地区）政府主管部门或者法律服务机构出具的保健食品上市销售一年以上的证明文件，或者产品境外销售以及人群食用情况的安全性报告；

（三）产品生产国（地区）或者国际组织与保健食品相关的技术法规或者标准；
（四）产品在生产国（地区）上市的包装、标签、说明书实样。

由境外注册申请人常驻中国代表机构办理注册事务的，应当提交《外国企业常驻中国代表机构登记证》及其复印件；境外注册申请人委托境内的代理机构办理注册事项的，应当提交经过公证的委托书原件以及受委托的代理机构营业执照复印件。

第十四条　受理机构收到申请材料后，应当根据下列情况分别作出处理：
（一）申请事项依法不需要取得注册的，应当即时告知注册申请人不受理；
（二）申请事项依法不属于国家食品药品监督管理总局职权范围的，应当即时作出不予受理的决定，并告知注册申请人向有关行政机关申请；
（三）申请材料存在可以当场更正的错误的，应当允许注册申请人当场更正；
（四）申请材料不齐全或者不符合法定形式的，应当当场或者在5个工作日内一次告知注册申请人需要补正的全部内容，逾期不告知的，自收到申请材料之日起即为受理；
（五）申请事项属于国家食品药品监督管理总局职权范围，申请材料齐全、符合法定形式，注册申请人按照要求提交全部补正申请材料的，应当受理注册申请。

受理或者不予受理注册申请，应当出具加盖国家食品药品监督管理总局行政许可受理专用章和注明日期的书面凭证。

第十五条　受理机构应当在受理后3个工作日内将申请材料一并送交审评机构。

第十六条　审评机构应当组织审评专家对申请材料进行审查，并根据实际需要组织查验机构开展现场核查，组织检验机构开展复核检验，在60个工作日内完成审评工作，并向国家食品药品监管管理总局提交综合审评结论和建议。

特殊情况下需要延长审评时间的，经审评机构负责人同意，可以延长20个工作日，延长决定应当及时书面告知申请人。

第十七条　审评机构应当组织对申请材料中的下列内容进行审评，并根据科学依据的充足程度明确产品保健功能声称的限定用语：
（一）产品研发报告的完整性、合理性和科学性；
（二）产品配方的科学性，及产品安全性和保健功能；
（三）目录外原料及产品的生产工艺合理性、可行性和质量可控性；
（四）产品技术要求和检验方法的科学性和复现性；
（五）标签、说明书样稿主要内容以及产品名称的规范性。

第十八条　审评机构在审评过程中可以调阅原始资料。

审评机构认为申请材料不真实、产品存在安全性或者质量可控性问题，或者不具备声称的保健功能的，应当终止审评，提出不予注册的建议。

第十九条　审评机构认为需要注册申请人补正材料的，应当一次告知需要补正的全部内容。注册申请人应当在3个月内按照补正通知的要求一次提供补充材料；审评机构收到补充材料后，审评时间重新计算。

注册申请人逾期未提交补充材料或者未完成补正，不足以证明产品安全性、保健功能和质量可控性的，审评机构应当终止审评，提出不予注册的建议。

第二十条　审评机构认为需要开展现场核查的，应当及时通知查验机构按照申请材料中的产品研发报告、配方、生产工艺等技术要求进行现场核查，并对下线产品封样送复核检验机构检验。

查验机构应当自接到通知之日起30个工作日内完成现场核查，并将核查报告送交审评机构。

核查报告认为申请材料不真实、无法溯源复现或者存在重大缺陷的，审评机构应当终止审评,提出不予注册的建议。

第二十一条 复核检验机构应当严格按照申请材料中的测定方法以及相关说明进行操作,对测定方法的科学性、复现性、适用性进行验证,对产品质量可控性进行复核检验,并应当自接受委托之日起60个工作日内完成复核检验,将复核检验报告送交审评机构。

复核检验结论认为测定方法不科学、无法复现、不适用或者产品质量不可控的,审评机构应当终止审评,提出不予注册的建议。

第二十二条 首次进口的保健食品境外现场核查和复核检验时限,根据境外生产厂商的实际情况确定。

第二十三条 保健食品审评涉及的试验和检验工作应当由国家食品药品监督管理总局选择的符合条件的食品检验机构承担。

第二十四条 审评机构认为申请材料真实,产品科学、安全、具有声称的保健功能,生产工艺合理、可行和质量可控,技术要求和检验方法科学、合理的,应当提出予以注册的建议。

审评机构提出不予注册建议的,应当同时向注册申请人发出拟不予注册的书面通知。注册申请人对通知有异议的,应当自收到通知之日起20个工作日内向审评机构提出书面复审申请并说明复审理由。复审的内容仅限于原申请事项及申请材料。

审评机构应当自受理复审申请之日起30个工作日内作出复审决定。改变不予注册建议的,应当书面通知注册申请人。

第二十五条 审评机构作出综合审评结论及建议后,应当在5个工作日内报送国家食品药品监督管理总局。

第二十六条 国家食品药品监督管理总局应当自受理之日起20个工作日内对审评程序和结论的合法性、规范性以及完整性进行审查,并作出准予注册或者不予注册的决定。

第二十七条 现场核查、复核检验、复审所需时间不计算在审评和注册决定的期限内。

第二十八条 国家食品药品监督管理总局作出准予注册或者不予注册的决定后,应当自作出决定之日起10个工作日内,由受理机构向注册申请人发出保健食品注册证书或者不予注册决定。

第二十九条 注册申请人对国家食品药品监督管理总局作出不予注册的决定有异议的,可以向国家食品药品监督管理总局提出书面行政复议申请或者向法院提出行政诉讼。

第三十条 保健食品注册人转让技术的,受让方应当在转让方的指导下重新提出产品注册申请,产品技术要求等应当与原申请材料一致。

审评机构按照相关规定简化审评程序。符合要求的,国家食品药品监督管理总局应当为受让方核发新的保健食品注册证书,并对转让方保健食品注册予以注销。

受让方除提交本办法规定的注册申请材料外,还应当提交经公证的转让合同。

第三十一条 保健食品注册证书及其附件所载明内容变更的,应当由保健食品注册人申请变更并提交书面变更的理由和依据。

注册人名称变更的,应当由变更后的注册申请人申请变更。

第三十二条 已经生产销售的保健食品注册证书有效期届满需要延续的,保健食品注册人应当在有效期届满6个月前申请延续。

获得注册的保健食品原料已经列入保健食品原料目录,并符合相关技术要求,保健食品注册人申请变更注册,或者期满申请延续注册的,应当按照备案程序办理。

第三十三条 申请变更国产保健食品注册的,除提交保健食品注册变更申请表(包括申请人对申请材料真实性负责的法律责任承诺书)、注册申请人主体登记证明文件复印件、保健食品注册证书及其附件的复印件外,还应当按照下列情形分别提交材料:

(一)改变注册人名称、地址的变更申请,还应当提供该注册人名称、地址变更的证明材料；

（二）改变产品名称的变更申请，还应当提供拟变更后的产品通用名与已经注册的药品名称不重名的检索材料；

（三）增加保健食品功能项目的变更申请，还应当提供所增加功能项目的功能学试验报告；

（四）改变产品规格、保质期、生产工艺等涉及产品技术要求的变更申请，还应当提供证明变更后产品的安全性、保健功能和质量可控性与原注册内容实质等同的材料、依据及变更后3批样品符合产品技术要求的全项目检验报告；

（五）改变产品标签、说明书的变更申请，还应当提供拟变更的保健食品标签、说明书样稿。

第三十四条　申请延续国产保健食品注册的，应当提交下列材料：

（一）保健食品延续注册申请表，以及申请人对申请材料真实性负责的法律责任承诺书；

（二）注册申请人主体登记证明文件复印件；

（三）保健食品注册证书及其附件的复印件；

（四）经省级食品药品监督管理部门核实的注册证书有效期内保健食品的生产销售情况；

（五）人群食用情况分析报告、生产质量管理体系运行情况的自查报告以及符合产品技术要求的检验报告。

第三十五条　申请进口保健食品变更注册或者延续注册的，除分别提交本办法第三十三条、第三十四条规定的材料外，还应当提交本办法第十三条第一款（一）、（二）、（三）、（四）项和第二款规定的相关材料。

第三十六条　变更申请的理由依据充分合理，不影响产品安全性、保健功能和质量可控性的，予以变更注册；变更申请的理由依据不充分、不合理，或者拟变更事项影响产品安全性、保健功能和质量可控性的，不予变更注册。

第三十七条　申请延续注册的保健食品的安全性、保健功能和质量可控性符合要求的，予以延续注册。

申请延续注册的保健食品的安全性、保健功能和质量可控性依据不足或者不再符合要求，在注册证书有效期内未进行生产销售的，以及注册人未在规定时限内提交延续申请的，不予延续注册。

第三十八条　接到保健食品延续注册申请的食品药品监督管理部门应当在保健食品注册证书有效期届满前作出是否准予延续的决定。逾期未作出决定的，视为准予延续注册。

第三十九条　准予变更注册或者延续注册的，颁发新的保健食品注册证书，同时注销原保健食品注册证书。

第四十条　保健食品变更注册与延续注册的程序未作规定的，可以适用本办法关于保健食品注册的相关规定。

第三章　注册证书管理

第四十一条　保健食品注册证书应当载明产品名称、注册人名称和地址、注册号、颁发日期及有效期、保健功能、功效成分或者标志性成分及含量、产品规格、保质期、适宜人群、不适宜人群、注意事项。

保健食品注册证书附件应当载明产品标签、说明书主要内容和产品技术要求等。

产品技术要求应当包括产品名称、配方、生产工艺、感官要求、鉴别、理化指标、微生物指标、功效成分或者标志性成分含量及检测方法、装量或者重量差异指标（净含量及允许负偏差指标）、原辅料质量要求等内容。

第四十二条 保健食品注册证书有效期为 5 年。变更注册的保健食品注册证书有效期与原保健食品注册证书有效期相同。

第四十三条 国产保健食品注册号格式为：国食健注 G+4 位年代号+4 位顺序号；进口保健食品注册号格式为：国食健注 J+4 位年代号+4 位顺序号。

第四十四条 保健食品注册有效期内，保健食品注册证书遗失或者损坏的，保健食品注册人应当向受理机构提出书面申请并说明理由。因遗失申请补发的，应当在省、自治区、直辖市食品药品监督管理部门网站上发布遗失声明；因损坏申请补发的，应当交回保健食品注册证书原件。

国家食品药品监督管理总局应当在受理后 20 个工作日内予以补发。补发的保健食品注册证书应当标注原批准日期，并注明"补发"字样。

第四章 备　案

第四十五条 生产和进口下列保健食品应当依法备案：
（一）使用的原料已经列入保健食品原料目录的保健食品；
（二）首次进口的属于补充维生素、矿物质等营养物质的保健食品。

首次进口的属于补充维生素、矿物质等营养物质的保健食品，其营养物质应当是列入保健食品原料目录的物质。

第四十六条 国产保健食品的备案人应当是保健食品生产企业，原注册人可以作为备案人；进口保健食品的备案人，应当是上市保健食品境外生产厂商。

第四十七条 备案的产品配方、原辅料名称及用量、功效、生产工艺等应当符合法律、法规、规章、强制性标准以及保健食品原料目录技术要求的规定。

第四十八条 申请保健食品备案，除应当提交本办法第十二条第（四）、（五）、（六）、（七）、（八）项规定的材料外，还应当提交下列材料：
（一）保健食品备案登记表，以及备案人对提交材料真实性负责的法律责任承诺书；
（二）备案人主体登记证明文件复印件；
（三）产品技术要求材料；
（四）具有合法资质的检验机构出具的符合产品技术要求全项目检验报告；
（五）其他表明产品安全性和保健功能的材料。

第四十九条 申请进口保健食品备案的，除提交本办法第四十八条规定的材料外，还应当提交本办法第十三条第一款（一）、（二）、（三）、（四）项和第二款规定的相关材料。

第五十条 食品药品监督管理部门收到备案材料后，备案材料符合要求的，当场备案；不符合要求的，应当一次性告知备案人补正相关材料。

第五十一条 食品药品监督管理部门应当完成备案信息的存档备查工作，并发放备案号。对备案的保健食品，食品药品监督管理部门应当按照相关要求的格式制作备案凭证，并将备案信息表中登载的信息在其网站上公布。

国产保健食品备案号格式为：食健备 G+4 位年代号+2 位省级行政区域代码+6 位顺序编号；进口保健食品备案号格式为：食健备 J+4 位年代号+00+6 位顺序编号。

第五十二条 已经备案的保健食品，需要变更备案材料的，备案人应当向原备案机关提交变更说明及相关证明文件。备案材料符合要求的，食品药品监督管理部门应当将变更情况登载于变更信息中，将备案材料存档备查。

第五十三条 保健食品备案信息应当包括产品名称、备案人名称和地址、备案登记号、登记日期以及产品标签、说明书和技术要求。

第五章　标签、说明书

第五十四条　申请保健食品注册或者备案的,产品标签、说明书样稿应当包括产品名称、原料、辅料、功效成分或者标志性成分及含量、适宜人群、不适宜人群、保健功能、食用量及食用方法、规格、贮藏方法、保质期、注意事项等内容及相关制定依据和说明等。

第五十五条　保健食品的标签、说明书主要内容不得涉及疾病预防、治疗功能,并声明"本品不能代替药物"。

第五十六条　保健食品的名称由商标名、通用名和属性名组成。

商标名,是指保健食品使用依法注册的商标名称或者符合《商标法》规定的未注册的商标名称,用以表明其产品是独有的、区别于其他同类产品。

通用名,是指表明产品主要原料等特性的名称。

属性名,是指表明产品剂型或者食品分类属性等的名称。

第五十七条　保健食品名称不得含有下列内容:

(一) 虚假、夸大或者绝对化的词语;

(二) 明示或者暗示预防、治疗功能的词语;

(三) 庸俗或者带有封建迷信色彩的词语;

(四) 人体组织器官等词语;

(五) 除"®"之外的符号;

(六) 其他误导消费者的词语。

保健食品名称不得含有人名、地名、汉语拼音、字母及数字等,但注册商标作为商标名、通用名中含有符合国家规定的含字母及数字的原料名除外。

第五十八条　通用名不得含有下列内容:

(一) 已经注册的药品通用名,但以原料名称命名或者保健食品注册批准在先的除外;

(二) 保健功能名称或者与表述产品保健功能相关的文字;

(三) 易产生误导的原料简写名称;

(四) 营养素补充剂产品配方中部分维生素或者矿物质;

(五) 法律法规规定禁止使用的其他词语。

第五十九条　备案保健食品通用名应当以规范的原料名称命名。

第六十条　同一企业不得使用同一配方注册或者备案不同名称的保健食品;不得使用同一名称注册或者备案不同配方的保健食品。

第六章　监督管理

第六十一条　国家食品药品监督管理总局应当及时制定并公布保健食品注册申请服务指南和审查细则,方便注册申请人申报。

第六十二条　承担保健食品审评、核查、检验的机构和人员应当对出具的审评意见、核查报告、检验报告负责。

保健食品审评、核查、检验机构和人员应当依照有关法律、法规、规章的规定,恪守职业道德,按照食品安全标准、技术规范等对保健食品进行审评、核查和检验,保证相关工作科学、客观和公正。

第六十三条　参与保健食品注册与备案管理工作的单位和个人,应当保守在注册或者备案中获知的商业秘密。

属于商业秘密的,注册申请人和备案人在申请注册或者备案时应当在提交的资料中明确相关内容和依据。

第六十四条　食品药品监督管理部门接到有关单位或者个人举报的保健食品注册受理、审评、核查、检验、审批等工作中的违法违规行为后，应当及时核实处理。

第六十五条　除涉及国家秘密、商业秘密外，食品药品监督管理部门应当自完成注册或者备案工作之日起20个工作日内根据相关职责在网站公布已经注册或者备案的保健食品目录及相关信息。

第六十六条　有下列情形之一的，国家食品药品监督管理总局根据利害关系人的请求或者依据职权，可以撤销保健食品注册证书：

（一）行政机关工作人员滥用职权、玩忽职守作出准予注册决定的；

（二）超越法定职权或者违反法定程序作出准予注册决定的；

（三）对不具备申请资格或者不符合法定条件的注册申请人准予注册的；

（四）依法可以撤销保健食品注册证书的其他情形。

注册人以欺骗、贿赂等不正当手段取得保健食品注册的，国家食品药品监督管理总局应当予以撤销。

第六十七条　有下列情形之一的，国家食品药品监督管理总局应当依法办理保健食品注册注销手续：

（一）保健食品注册有效期届满，注册人未申请延续或者国家食品药品监管总局不予延续的；

（二）保健食品注册人申请注销的；

（三）保健食品注册人依法终止的；

（四）保健食品注册依法被撤销，或者保健食品注册证书依法被吊销的；

（五）根据科学研究的发展，有证据表明保健食品可能存在安全隐患，依法被撤回的；

（六）法律、法规规定的应当注销保健食品注册的其他情形。

第六十八条　有下列情形之一的，食品药品监督管理部门取消保健食品备案：

（一）备案材料虚假的；

（二）备案产品生产工艺、产品配方等存在安全性问题的；

（三）保健食品生产企业的生产许可被依法吊销、注销的；

（四）备案人申请取消备案的；

（五）依法应当取消备案的其他情形。

第七章　法律责任

第六十九条　保健食品注册与备案违法行为，食品安全法等法律法规已有规定的，依照其规定。

第七十条　注册申请人隐瞒真实情况或者提供虚假材料申请注册的，国家食品药品监督管理总局不予受理或者不予注册，并给予警告；申请人在1年内不得再次申请注册该保健食品；构成犯罪的，依法追究刑事责任。

第七十一条　注册申请人以欺骗、贿赂等不正当手段取得保健食品注册证书的，由国家食品药品监督管理总局撤销保健食品注册证书，并处1万元以上3万元以下罚款。被许可人在3年内不得再次申请注册；构成犯罪的，依法追究刑事责任。

第七十二条　有下列情形之一的，由县级以上人民政府食品药品监督管理部门处1万元以上3万元以下罚款，构成犯罪的，依法追究刑事责任。

（一）擅自转让保健食品注册证书的；

（二）伪造、涂改、倒卖、出租、出借保健食品注册证书的。

第七十三条　食品药品监督管理部门及其工作人员对不符合条件的申请人准予注册，或者超越法定职权准予注册的,依照食品安全法第一百四十四条的规定予以处理。

食品药品监督管理部门及其工作人员在注册审评过程中滥用职权、玩忽职守、徇私舞弊的,依照食品安全法第一百四十五条的规定予以处理。

第八章 附 则

第七十四条 申请首次进口保健食品注册和办理进口保健食品备案及其变更的,应当提交中文材料,外文材料附后。中文译本应当由境内公证机构进行公证,确保与原文内容一致;申请注册的产品质量标准(中文本),必须符合中国保健食品质量标准的格式。境外机构出具的证明文件应当经生产国(地区)的公证机构公证和中国驻所在国使领馆确认。

第七十五条 本办法自2016年7月1日起施行。2005年4月30日公布的《保健食品注册管理办法(试行)》(原国家食品药品监督管理局令第19号)同时废止。

特殊医学用途配方食品注册管理办法

(国家食品药品监督管理总局令第24号)

(2016年3月7日由国家食品药品监督管理总局发布,2016年7月1日起施行,法规类型为部门规章)

第一章 总 则

第一条 为规范特殊医学用途配方食品注册行为,加强注册管理,保证特殊医学用途配方食品质量安全,根据《中华人民共和国食品安全法》等法律法规,制定本办法。

第二条 在中华人民共和国境内生产销售和进口的特殊医学用途配方食品的注册管理,适用本办法。

第三条 特殊医学用途配方食品注册,是指国家食品药品监督管理总局根据申请,依照本办法规定的程序和要求,对特殊医学用途配方食品的产品配方、生产工艺、标签、说明书以及产品安全性、营养充足性和特殊医学用途临床效果进行审查,并决定是否准予注册的过程。

第四条 特殊医学用途配方食品注册管理,应当遵循科学、公开、公平、公正的原则。

第五条 国家食品药品监督管理总局负责特殊医学用途配方食品的注册管理工作。

国家食品药品监督管理总局行政受理机构(以下简称受理机构)负责特殊医学用途配方食品注册申请的受理工作。

国家食品药品监督管理总局食品审评机构(以下简称审评机构)负责特殊医学用途配方食品注册申请的审评工作。

国家食品药品监督管理总局审查核验机构(以下简称核查机构)负责特殊医学用途配方食品注册审评过程中的现场核查工作。

第六条 国家食品药品监督管理总局组建由食品营养、临床医学、食品安全、食品加工等领域专家组成的特殊医学用途配方食品注册审评专家库。

第七条 国家食品药品监督管理总局应当加强信息化建设,提高特殊医学用途配方食品注册管理信息化水平。

第二章 注 册

第一节 申请与受理

第八条 特殊医学用途配方食品注册申请人（以下简称申请人）应当为拟在我国境内生产并销售特殊医学用途配方食品的生产企业和拟向我国境内出口特殊医学用途配方食品的境外生产企业。

申请人应当具备与所生产特殊医学用途配方食品相适应的研发、生产能力，设立特殊医学用途配方食品研发机构，配备专职的产品研发人员、食品安全管理人员和食品安全专业技术人员，按照良好生产规范要求建立与所生产食品相适应的生产质量管理体系，具备按照特殊医学用途配方食品国家标准规定的全部项目逐批检验的能力。

研发机构中应当有食品相关专业高级职称或者相应专业能力的人员。

第九条 申请特殊医学用途配方食品注册，应当向国家食品药品监督管理总局提交下列材料：

（一）特殊医学用途配方食品注册申请书；
（二）产品研发报告和产品配方设计及其依据；
（三）生产工艺资料；
（四）产品标准要求；
（五）产品标签、说明书样稿；
（六）试验样品检验报告；
（七）研发、生产和检验能力证明材料；
（八）其他表明产品安全性、营养充足性以及特殊医学用途临床效果的材料。

申请特定全营养配方食品注册，还应当提交临床试验报告。

申请人应当对其申请材料的真实性负责。

第十条 受理机构对申请人提出的特殊医学用途配方食品注册申请，应当根据下列情况分别作出处理：

（一）申请事项依法不需要进行注册的，应当即时告知申请人不受理；
（二）申请事项依法不属于国家食品药品监督管理总局职权范围的，应当即时作出不予受理的决定，并告知申请人向有关行政机关申请；
（三）申请材料存在可以当场更正的错误的，应当允许申请人当场更正；
（四）申请材料不齐全或者不符合法定形式的，应当当场或者在 5 个工作日内一次告知申请人需要补正的全部内容，逾期不告知的，自收到申请材料之日起即为受理；
（五）申请事项属于国家食品药品监督管理总局职权范围，申请材料齐全、符合法定形式，或者申请人按照要求提交全部补正申请材料的，应当受理注册申请。

受理机构受理或者不予受理注册申请，应当出具加盖国家食品药品监督管理总局行政许可受理专用章和注明日期的书面凭证。

第二节 审查与决定

第十一条 审评机构应当对申请材料进行审查，并根据实际需要组织对申请人进行现场核查、对试验样品进行抽样检验、对临床试验进行现场核查和对专业问题进行专家论证。

第十二条 核查机构应当自接到审评机构通知之日起 20 个工作日内完成对申请人的研发能力、生产能力、检验能力等情况的现场核查，并出具核查报告。

核查机构应当通知申请人所在地省级食品药品监督管理部门参与现场核查，省级食品药品监督管理部门应当派员参与现场核查。

第十三条　审评机构应当委托具有法定资质的食品检验机构进行抽样检验。

检验机构应当自接受委托之日起 30 个工作日内完成抽样检验。

第十四条　核查机构应当自接到审评机构通知之日起 40 个工作日内完成对临床试验的真实性、完整性、准确性等情况的现场核查，并出具核查报告。

第十五条　审评机构可以从特殊医学用途配方食品注册审评专家库中选取专家，对审评过程中遇到的问题进行论证，并形成专家意见。

第十六条　审评机构应当自收到受理材料之日起 60 个工作日内根据核查报告、检验报告以及专家意见完成技术审评工作，并作出审查结论。

审评过程中需要申请人补正材料的，审评机构应当一次告知需要补正的全部内容。申请人应当在 6 个月内一次补正材料。补正材料的时间不计算在审评时间内。

特殊情况下需要延长审评时间的，经审评机构负责人同意，可以延长 30 个工作日，延长决定应当及时书面告知申请人。

第十七条　审评机构认为申请材料真实，产品科学、安全，生产工艺合理、可行和质量可控，技术要求和检验方法科学、合理的，应当提出予以注册的建议。

审评机构提出不予注册建议的，应当向申请人发出拟不予注册的书面通知。申请人对通知有异议的，应当自收到通知之日起 20 个工作日内向审评机构提出书面复审申请并说明复审理由。复审的内容仅限于原申请事项及申请材料。

审评机构应当自受理复审申请之日起 30 个工作日内作出复审决定。改变不予注册建议的，应当书面通知注册申请人。

第十八条　国家食品药品监督管理总局应当自受理申请之日起 20 个工作日内对特殊医学用途配方食品注册申请作出是否准予注册的决定。

现场核查、抽样检验、复审所需要的时间不计算在审评和注册决定的期限内。

对于申请进口特殊医学用途配方食品注册的，应根据境外生产企业的实际情况，确定境外现场核查和抽样检验时限。

第十九条　国家食品药品监督管理总局作出准予注册决定的，受理机构自决定之日起 10 个工作日内颁发、送达特殊医学用途配方食品注册证书；作出不予注册决定的，应当说明理由，受理机构自决定之日起 10 个工作日内发出特殊医学用途配方食品不予注册决定，并告知申请人享有依法申请行政复议或者提起行政诉讼的权利。

特殊医学用途配方食品注册证书有效期限为 5 年。

第二十条　特殊医学用途配方食品注册证书及附件应当载明下列事项：

（一）产品名称；

（二）企业名称、生产地址；

（三）注册号及有效期；

（四）产品类别；

（五）产品配方；

（六）生产工艺；

（七）产品标签、说明书。

特殊医学用途配方食品注册号的格式为：国食注字 TY+4 位年号+4 位顺序号，其中 TY 代表特殊医学用途配方食品。

第三节　变更与延续注册

第二十一条　申请人需要变更特殊医学用途配方食品注册证书及其附件载明事项的，应当

向国家食品药品监督管理总局提出变更注册申请,并提交下列材料:
(一) 特殊医学用途配方食品变更注册申请书;
(二) 变更注册证书及其附件载明事项的证明材料。

第二十二条 申请人变更产品配方、生产工艺等可能影响产品安全性、营养充足性以及特殊医学用途临床效果的事项,国家食品药品监督管理总局应当进行实质性审查,并在本办法第十八条规定的期限内完成变更注册工作。

申请人变更企业名称、生产地址名称等不影响产品安全性、营养充足性以及特殊医学用途临床效果的事项,国家食品药品监督管理总局应当进行核实,并自受理之日起10个工作日内作出是否准予变更注册的决定。

第二十三条 国家食品药品监督管理总局准予变更注册申请的,向申请人换发注册证书,原注册号不变,证书有效期不变;不予批准变更注册申请的,应当作出不予变更注册决定。

第二十四条 特殊医学用途配方食品注册证书有效期届满,需要继续生产或者进口的,应当在有效期届满6个月前,向国家食品药品监督管理总局提出延续注册申请,并提交下列材料:
(一) 特殊医学用途配方食品延续注册申请书;
(二) 特殊医学用途配方食品质量安全管理情况;
(三) 特殊医学用途配方食品质量管理体系自查报告;
(四) 特殊医学用途配方食品跟踪评价情况。

第二十五条 国家食品药品监督管理总局根据需要对延续注册申请进行实质性审查,并在本办法第十八条规定的期限内完成延续注册工作。逾期未作决定的,视为准予延续。

第二十六条 国家食品药品监督管理总局准予延续注册的,向申请人换发注册证书,原注册号不变,证书有效期自批准之日起重新计算;不批准延续注册申请的,应当作出不予延续注册决定。

第二十七条 有下列情形之一的,不予延续注册:
(一) 注册人未在规定时间内提出延续注册申请的;
(二) 注册产品连续12个月内在省级以上监督抽检中出现3批次以上不合格的;
(三) 企业未能保持注册时生产、检验能力的;
(四) 其他不符合法律法规以及产品安全性、营养充足性和特殊医学用途临床效果要求的情形。

第二十八条 特殊医学用途配方食品变更注册与延续注册程序,本节未作规定的,适用本章第一节、第二节的相关规定。

第三章 临床试验

第二十九条 特定全营养配方食品需要进行临床试验的,由申请人委托符合要求的临床试验机构出具临床试验报告。临床试验报告应当包括完整的统计分析报告和数据。

第三十条 临床试验应当按照特殊医学用途配方食品临床试验质量管理规范开展。
特殊医学用途配方食品临床试验质量管理规范由国家食品药品监督管理总局发布。

第三十一条 申请人组织开展多中心临床试验的,应当明确组长单位和统计单位。

第三十二条 申请人应当对用于临床试验的试验样品和对照样品的质量安全负责。
用于临床试验的试验样品应当由申请人生产并经检验合格,生产条件应当符合特殊医学用途配方食品良好生产规范。

第四章 标签和说明书

第三十三条 特殊医学用途配方食品的标签,应当依照法律、法规、规章和食品安全国家标准的规定进行标注。

第三十四条 特殊医学用途配方食品的标签和说明书的内容应当一致,涉及特殊医学用途配方食品注册证书内容的,应当与注册证书内容一致,并标明注册号。

标签已经涵盖说明书全部内容的,可以不另附说明书。

第三十五条 特殊医学用途配方食品标签、说明书应当真实准确、清晰持久、醒目易读。

第三十六条 特殊医学用途配方食品标签、说明书不得含有虚假内容,不得涉及疾病预防、治疗功能。生产企业对其提供的标签、说明书的内容负责。

第三十七条 特殊医学用途配方食品的名称应当反映食品的真实属性,使用食品安全国家标准规定的分类名称或者等效名称。

第三十八条 特殊医学用途配方食品标签、说明书应当按照食品安全国家标准的规定在醒目位置标示下列内容:

(一)请在医生或者临床营养师指导下使用;

(二)不适用于非目标人群使用;

(三)本品禁止用于肠外营养支持和静脉注射。

第五章 监督检查

第三十九条 特殊医学用途配方食品生产企业应当按照批准注册的产品配方、生产工艺等技术要求组织生产,保证特殊医学用途配方食品安全。

特殊医学用途配方食品生产企业提出的变更注册申请未经批准前,应当严格按照已经批准的注册证书及其附件载明的内容组织生产,不得擅自改变生产条件和要求。

特殊医学用途配方食品生产企业提出的变更注册申请经批准后,应当严格按照变更后的特殊医学用途配方食品注册证书及其附件载明的内容组织生产。

第四十条 参与特殊医学用途配方食品注册申请受理、技术审评、现场核查、抽样检验、临床试验等工作的人员和专家,应当保守注册中知悉的商业秘密。

申请人应当按照国家有关规定对申请材料中的商业秘密进行标注并注明依据。

第四十一条 有下列情形之一的,国家食品药品监督管理总局根据利害关系人的请求或者依据职权,可以撤销特殊医学用途配方食品注册:

(一)工作人员滥用职权、玩忽职守作出准予注册决定的;

(二)超越法定职权作出准予注册决定的;

(三)违反法定程序作出准予注册决定的;

(四)对不具备申请资格或者不符合法定条件的申请人准予注册的;

(五)食品生产许可证被吊销的;

(六)依法可以撤销注册的其他情形。

第四十二条 有下列情形之一的,国家食品药品监督管理总局应当依法办理特殊医学用途配方食品注册注销手续:

(一)企业申请注销的;

(二)有效期届满未延续的;

(三)企业依法终止的;

(四)注册依法被撤销、撤回,或者注册证书依法被吊销的;

(五)法律法规规定应当注销注册的其他情形。

第六章 法律责任

第四十三条 申请人隐瞒真实情况或者提供虚假材料申请注册的,国家食品药品监督管理总局不予受理或者不予注册,并给予警告;申请人在1年内不得再次申请注册。

第四十四条 被许可人以欺骗、贿赂等不正当手段取得注册证书的,由国家食品药品监督管理总局撤销注册证书,并处1万元以上3万元以下罚款;申请人在3年内不得再次申请注册。

第四十五条 伪造、涂改、倒卖、出租、出借、转让特殊医学用途配方食品注册证书的,由县级以上食品药品监督管理部门责令改正,给予警告,并处1万元以下罚款;情节严重的,处1万元以上3万元以下罚款。

第四十六条 注册人变更不影响产品安全性、营养充足性以及特殊医学用途临床效果的事项,未依法申请变更的,由县级以上食品药品监督管理部门责令改正,给予警告;拒不改正的,处1万元以上3万元以下罚款。

注册人变更产品配方、生产工艺等影响产品安全性、营养充足性以及特殊医学用途临床效果的事项,未依法申请变更的,由县级以上食品药品监督管理部门依照食品安全法第一百二十四条第一款的规定进行处罚。

第四十七条 食品药品监督管理部门及其工作人员对不符合条件的申请人准予注册,或者超越法定职权准予注册的,依照食品安全法第一百四十四条的规定给予处理。

食品药品监督管理部门及其工作人员在注册审批过程中滥用职权、玩忽职守、徇私舞弊的,依照食品安全法第一百四十五条的规定给予处理。

第七章 附 则

第四十八条 特殊医学用途配方食品,是指为满足进食受限、消化吸收障碍、代谢紊乱或者特定疾病状态人群对营养素或者膳食的特殊需要,专门加工制成的配方食品,包括适用于0月龄至12月龄的特殊医学用途婴儿配方食品和适用于1岁以上人群的特殊医学用途配方食品。

第四十九条 适用于0月龄至12月龄的特殊医学用途婴儿配方食品包括无乳糖配方食品或者低乳糖配方食品、乳蛋白部分水解配方食品、乳蛋白深度水解配方食品或者氨基酸配方食品、早产或者低出生体重婴儿配方食品、氨基酸代谢障碍配方食品和母乳营养补充剂等。

第五十条 适用于1岁以上人群的特殊医学用途配方食品,包括全营养配方食品、特定全营养配方食品、非全营养配方食品。

全营养配方食品,是指可以作为单一营养来源满足目标人群营养需求的特殊医学用途配方食品。

特定全营养配方食品,是指可以作为单一营养来源满足目标人群在特定疾病或者医学状况下营养需求的特殊医学用途配方食品。常见特定全营养配方食品有:糖尿病全营养配方食品,呼吸系统疾病全营养配方食品,肾病全营养配方食品,肿瘤全营养配方食品,肝病全营养配方食品,肌肉衰减综合征全营养配方食品,创伤、感染、手术及其他应激状态全营养配方食品,炎性肠病全营养配方食品,食物蛋白过敏全营养配方食品,难治性癫痫全营养配方食品,胃肠道吸收障碍、胰腺炎全营养配方食品,脂肪酸代谢异常全营养配方食品,肥胖、减脂手术全营养配方食品。

非全营养配方食品,是指可以满足目标人群部分营养需求的特殊医学用途配方食品,不适用于作为单一营养来源。常见非全营养配方食品有:营养素组件(蛋白质组件、脂肪组件、碳水化合物组件)、电解质配方,增稠组件,流质配方和氨基酸代谢障碍配方。

第五十一条 医疗机构配制供病人食用的营养餐不适用本办法。

第五十二条 本办法自2016年7月1日起施行。

出口食品生产企业备案管理规定

（国家质量监督检验检疫总局令第 192 号）

（2017 年 11 月 14 日由国家质量监督检验检疫总局发布，根据 2018 年 11 月 23 日海关总署令第 243 号《海关总署关于修改部分规章的决定》修改，现行版本自 2018 年 11 月 23 日起施行，法规类型为部门规章）

第一章 总则

第一条 为加强出口食品生产企业食品安全卫生管理，规范出口食品生产企业备案管理工作，依据《中华人民共和国食品安全法》《中华人民共和国进出口商品检验法》及其实施条例等有关法律、行政法规的规定，制定本规定。

第二条 国家实行出口食品生产企业备案管理制度。

第三条 在中华人民共和国境内的出口食品生产企业备案管理工作适用本规定。

第四条 海关总署负责统一组织实施全国出口食品生产企业备案管理工作。

主管海关具体实施所辖区域内出口食品生产企业备案和监督检查工作。

第五条 出口食品生产企业应当建立和实施以危害分析和预防控制措施为核心的食品安全卫生控制体系，该体系还应当包括食品防护计划。出口食品生产企业应当保证食品安全卫生控制体系有效运行，确保出口食品生产、加工、储存过程持续符合我国相关法律法规和出口食品生产企业安全卫生要求，以及进口国（地区）相关法律法规要求。

第二章 备案程序与要求

第六条 出口食品生产企业未依法履行备案法定义务或者经备案审查不符合要求的，其产品不予出口。

第七条 出口食品生产企业申请备案时，应当向所在地海关提交以下文件和证明材料，并对其真实性负责：

（一）企业承诺符合相关法律法规和要求的自我声明；

（二）企业生产条件、产品生产加工工艺、食品原辅料和食品添加剂使用以及卫生质量管理人员等基本情况。

第八条 海关应当自出口食品生产企业申请备案之日起 5 日内，对出口食品生产企业提交的备案材料进行初步审查，材料齐全并符合法定形式的，予以受理；材料不齐全或者不符合法定形式的，应当一次性告知出口食品生产企业需要补正的全部内容。

第九条 海关应当在受理备案申请后组织专家评审，并出具专家评审报告。专家评审主要采取文件评审方式，对进口国（地区）有特殊注册要求或者风险程度较高的企业，可以实施现场评审。

前款规定的专家评审时间不计算在海关备案审查和决定期限内。

第十条 对依法取得资质的认证机构出具的危害分析和关键控制点（HACCP）认证结果或者其他等效的食品安全卫生控制体系认证结果，评审时应当予以采信。

出口食品生产企业声明已经建立以危害分析和预防控制措施为核心的食品安全卫生控制体

系并有效运行的,评审时可以结合企业信用记录适当采信。

第十一条 海关应当对备案申请进行审查,并自受理备案申请之日起 20 日内作出是否准予备案的决定。20 日内不能作出决定的,经本海关负责人批准,可以延长 10 日,并应当将延长期限的理由告知申请人。准予备案的,自作出决定之日起 10 日内,向企业颁发《出口食品生产企业备案证明》(以下简称《备案证明》);不予备案的,应当书面告知企业并说明理由。

第十二条 海关总署和直属海关应当公布从事专家评审工作的人员名单,并通过持续培训,不断提高评审人员的专业水平和能力。

第十三条 《备案证明》有效期为 5 年。

出口食品生产企业需要延续《备案证明》有效期的,应当在其有效期届满 30 日前,向所在地海关提出延续申请。海关应当在《备案证明》有效期届满前作出是否准予延续的决定。

第十四条 出口食品生产企业的企业名称、法定代表人、营业执照等备案事项发生变更的,应当自发生变更之日起 15 日内,向所在地海关申请办理变更手续。

出口食品生产企业生产地址搬迁、新建或者改建生产车间以及食品安全卫生控制体系发生重大变更等情况的,应当在变更前向所在地海关报告,并重新办理备案。

第十五条 出口食品生产企业应当建立食品安全卫生控制体系运行及出口食品生产记录档案,记录和凭证的保存期限不得少于食品保质期满后 6 个月;没有明确保质期的,保存期限不得少于 2 年。

第十六条 出口食品生产企业应当于每年 1 月底前向其所在地海关提交上一年度报告。

出口食品生产企业发生食品安全卫生问题的,应当及时向所在地海关报告,并提交相关材料、原因分析和整改计划。海关应当对整改情况进行现场监督检查。

第三章 监督管理

第十七条 海关总署对主管海关实施的出口食品生产企业备案工作进行指导和监督。

主管海关应当依法对所辖区域内的出口食品生产企业进行监督检查。发现违法违规行为的,应当及时查处,并将处理结果上报海关总署。

第十八条 海关应当按照出口食品生产企业备案编号规则对予以备案的出口食品生产企业进行编号管理。

第十九条 海关应当在风险分析的基础上,结合企业信用记录,对出口食品生产企业进行分类管理,确定不同的监督检查方式,并根据监督检查结果进行动态调整。

监督检查可以采取报告审查、现场检查和专项检查等方式进行。

第二十条 海关可以将对出口食品生产企业的监督检查和对相关认证活动的监督检查结合进行。

第二十一条 主管海关应当公布本辖区出口食品生产企业备案名录。海关总署统一公布全国出口食品生产企业备案名录。

海关在监管中获悉食品安全风险信息,根据工作职责需要向地方农业、食药、市场监管等监管部门通报的,应当及时通报。

第二十二条 海关应当建立出口食品生产企业备案管理档案,及时审查汇总企业年度报告、监督检查情况、违法违规行为等信息,并纳入企业信用记录。

第二十三条 认证机构对其出具的危害分析和关键控制点(HACCP)认证结果或者其他等效的食品安全卫生控制体系认证结果承担相应法律责任。

获得前款规定认证的出口食品生产企业存在严重问题,认证机构未及时进行处理的,自发现之日起 1 年内不予以采信认证机构相关认证结果。

认证机构因违法行为被查处的,自发现之日起 2 年内不予以采信其相关认证结果。

第二十四条 出口食品生产企业存在违法违规行为的，海关可以约谈企业相关负责人。

第二十五条 出口食品生产企业有下列情形之一的，海关应当责令其限期整改，整改期间不受理企业相关食品的出口报检：

（一）出口食品因企业自身安全卫生方面的问题在1年内被进口国（地区）主管当局通报3次以上的；

（二）出口食品经检验检疫时发现存在安全卫生问题的；

（三）不能持续符合备案条件，出口食品存在安全卫生隐患的。

第二十六条 出口食品生产企业有下列情形之一的，海关应当撤销《备案证明》，予以公布，并向海关总署报告：

（一）出口食品发生重大安全卫生事故的；

（二）出口食品生产、加工过程中有非法添加非食用物质、违规使用食品添加剂或者采用不适合人类食用的方法生产、加工食品等行为的；

（三）出租、出借、转让、倒卖、涂改《备案证明》的；

（四）不接受海关监督管理，或者在接受监督管理时隐瞒有关情况、提供虚假材料，且拒不改正的；

（五）存在本规定第二十五条所述情形，经整改后仍不能符合要求的；

（六）依法应当撤销《备案证明》的其他情形。

第二十七条 出口食品生产企业有下列情形之一的，海关应当注销《备案证明》，予以公布，并向海关总署报告：

（一）《备案证明》有效期届满，未申请延续的；

（二）出口食品生产企业依法终止或者申请注销的；

（三）《备案证明》依法被撤销的；

（四）依法应当注销《备案证明》的其他情形。

第四章 法律责任

第二十八条 出口食品生产企业有下列情形之一的，责令改正，给予警告：

（一）未按照本规定保存相关档案或者提交年度报告的；

（二）发生食品安全卫生问题，未按照本规定及时向所在地海关报告的；

（三）未按照本规定办理变更或者重新备案的。

第二十九条 出口食品生产企业违反《中华人民共和国食品安全法》《中华人民共和国进出口商品检验法》及其实施条例等有关法律、行政法规规定的，依照相关规定追究其法律责任。

第三十条 海关工作人员在实施备案和监督管理工作中，滥用职权、徇私舞弊、玩忽职守的，依法给予行政处分；构成犯罪的，依法追究刑事责任。

第五章 附 则

第三十一条 出口食品生产企业需要办理国外（境外）卫生注册的，应当按照本规定取得《备案证明》，依据我国和进口国（地区）有关要求，向其所在地海关提出申请，并由海关总署统一对外推荐。

海关在监管中发现获得国外（境外）卫生注册的企业不能持续符合进口国（地区）注册要求，或者其《备案证明》已被依法撤销、注销的，应当报海关总署取消其对外推荐注册资格。

第三十二条 本规定中海关实施行政许可的期限以工作日计算，不含法定节假日。

第三十三条 本规定所称的出口食品生产企业不包括出口食品添加剂、食品相关产品的生产、加工、储存企业。

第三十四条 供港澳食品、边境小额和互市贸易出口食品,海关总署另有规定的,从其规定。

第三十五条 本规定由海关总署负责解释。

第三十六条 本规定自 2018 年 1 月 1 日起施行。国家质检总局于 2011 年 7 月 26 日公布的《出口食品生产企业备案管理规定》同时废止。

进出口食品添加剂检验检疫监督管理工作规范

(国家质量监督检验检疫总局公告 2011 年第 52 号)

(2011 年 4 月 18 日由国家质量监督检验检疫总局发布,2011 年 6 月 1 日起施行,法规类型为规范性文件)

第一章 总 则

第一条 为规范进出口食品添加剂检验监管工作,确保进出口产品质量安全,保护公众人身健康,根据《中华人民共和国食品安全法》及其实施条例、《中华人民共和国进出口商品检验法》及其实施条例、《中华人民共和国进出境动植物检疫法》及其实施条例,以及《国务院关于加强食品等产品安全监督管理的特别规定》等有关法律法规规定,制定本规范。

第二条 本规范适用于列入《出入境检验检疫机构实施检验检疫的进出境商品目录》内进出口食品添加剂的检验检疫监督管理工作。

食品添加剂的使用和非食品添加剂用化工原料的检验检疫监督管理不适用本规范,依照有关规定执行。

第三条 国家质量监督检验检疫总局(以下简称国家质检总局)统一管理全国进出口食品添加剂的检验检疫和监督管理工作。

国家质检总局设在各地的出入境检验检疫机构(以下简称检验检疫机构)负责所辖区域进出口食品添加剂的检验检疫和监督管理工作。

第二章 食品添加剂进口

第四条 进口食品添加剂应当符合下列条件之一:

(一)有食品安全国家标准的;

(二)经国务院卫生行政管理部门批准、发布列入我国允许使用食品添加剂目录的;

(三)列入《食品添加剂使用卫生标准》(GB2760)、《食品营养强化剂使用卫生标准》(GB14880)的;

(四)列入"食品安全法实施前已有进口记录但尚无食品安全国家标准的食品添加剂目录"(见附录)的。

除符合上列四项条件之一外,应当办理进境动植物检疫许可的,还应取得进境动植物检疫许可证。

第五条 进口食品添加剂应当有包装、中文标签、中文说明书。中文标签、中文说明书应当符合中国法律法规的规定和食品安全国家标准的要求。

食品添加剂说明书应置于食品添加剂的外包装以内,并避免与添加剂直接接触。

进口食品添加剂标签、说明书和包装不得分离。

第六条 食品添加剂的标签应直接标注在最小销售单元包装上。

食品添加剂标签应标明以下事项:

(一)名称(相关标准中的通用名称)、规格、净含量;

(二)成分(表)或配料(表),采用相关标准中的通用名称;

(三)原产国(地)及境内代理商的名称、地址、联系方式;

(四)生产日期(批号)和保质期;

(五)产品标准代号;

(六)符合本规范第四条(二)的食品添加剂标签,应标明卫生部准予进口的证明文件号和经卫生部批准或认可的产品质量标准;

(七)贮存条件;

(八)使用范围、用量、使用方法;

(九)复合添加剂中各单一品种的通用名称、辅料的名称和含量,按含量由大到小排列(各单一品种必须具有相同的使用范围);

(十)"食品添加剂"字样;

(十一)中国食品安全法律、法规或者食品安全国家标准规定必须标明的其他事项。

第七条 食品添加剂进口企业(以下称进口企业)应按照规定向海关报关地的检验检疫机构报检,报检时应当提供如下资料:

(一)注明产品用途(食品加工用)的贸易合同,或者贸易合同中买卖双方出具的用途声明(食品加工用);

(二)食品添加剂完整的成分说明;

(三)进口企业是经营企业的,应提供加盖进口企业公章的工商营业执照或经营许可证复印件;进口企业是食品生产企业的,应提供加盖进口企业公章的食品生产许可证复印件;

(四)特殊情况下还应提供下列材料:

1. 需办理进境检疫审批的,应提供进境动植物检疫许可证。

2. 首次进口食品添加剂新品种,应提供卫生部准予进口的有关证明文件和经卫生部批准或认可的产品质量标准和检验方法标准文本。

3. 首次进口食品添加剂,应提供进口食品添加剂中文标签样张、说明书,并应在报检前经检验检疫机构审核合格。

4. 进口食品添加剂全部用来加工后复出口的,应提供输入国或者地区的相关标准或技术要求,或者在合同中注明产品质量安全项目和指标要求。

5. 检验检疫机构要求的其他资料。

第八条 检验检疫机构对进口企业提交的报检材料进行审核,符合要求的,受理报检。

第九条 检验检疫机构按照以下要求对进口食品添加剂实施检验检疫:

(一)食品安全国家标准;

(二)双边协议、议定书、备忘录;

(三)国家质检总局、卫生部《关于进口食品、食品添加剂检验有关适用标准问题的公告》(2009年第72号公告)附件中列明的进口食品添加剂适用标准;

(四)首次进口添加剂新品种的,应当按照卫生部批准或认可的产品质量标准和检验方法标准检验;

(五)食品安全法实施前已有进口记录但尚无食品安全国家标准的,在食品安全国家标准

发布实施之前,按照卫生部指定标准检验,没有卫生部指定标准的按原进口记录中指定的标准实施检验;

(六)国家质检总局规定的检验检疫要求;

(七)贸易合同中高于本条(一)至(六)规定的技术要求。

第十条 进口食品添加剂的内外包装和运输工具应符合相关食品质量安全要求,并经检验检疫合格。

进口食品添加剂属于危险品的,其包装容器应符合危险货物包装容器管理的相关要求。

第十一条 检验检疫机构按照相关检验规程和标准对进口食品添加剂实施现场检验检疫。

(一)核对货物的名称、数(重)量、包装、生产日期、承载工具号码、输出国家或者地区等是否与所提供的报检单证相符;

(二)检查标签、说明书是否与经检验检疫机构审核合格的样张和样本一致;检查标签、说明书的内容是否符合中国法律法规的规定和食品安全国家标准的要求。

(三)检查包装、容器是否完好,是否超过保质期,有无腐败变质,承运工具是否清洁、卫生。

(四)其他需要实施现场检验检疫的项目。

第十二条 现场检验检疫有下列情形之一的,检验检疫机构可直接判定为不合格:

(一)不属于本规范第四条规定的食品添加剂品种的;

(二)无生产、保质期,超过保质期或者腐败变质的;

(三)感官检查发现产品的色、香、味、形态、组织等存在异常情况,混有异物或被污染的;

(四)容器、包装密封不良、破损、渗漏严重,内容物受到污染;

(五)使用来自国际组织宣布为严重核污染地区的原料生产的;

(六)货证不符;

(七)标签及说明书内容与报检前向检验检疫机构提供的样张和样本不一致;

(八)其他不符合中国法律法规规定、食品安全国家标准或者质检总局检验检疫要求的情况。

第十三条 检验检疫机构按照相关检验规程、标准规定的要求抽取检测样品,送实验室对质量规格、安全卫生项目和标签内容的真实性、准确性进行检测验证。

取样量应满足检测及存样的需要。检测样品采集、传递、制备、贮存等全过程应受控,不应有污染,以保证所检样品的真实性。

第十四条 经检验检疫合格的,检验检疫机构出具合格证明。合格证明中应注明判定产品合格所依据的标准,包括标准的名称、编号。

第十五条 经检验检疫不合格的,按以下方式处理:

(一)涉及安全卫生项目不合格的,出具不合格证明,责成进口企业按规定程序实施退运或销毁。

不合格证明中应注明判定产品不合格所依据的标准,包括标准的名称、编号。

(二)非安全卫生项目不合格的,可在检验检疫机构的监督下进行技术处理或改作他用,经重新检验合格后,方可销售、使用。

第十六条 检验检疫机构应当按照有关规定将进口食品添加剂不合格信息及时报国家质检总局。

第十七条 进口食品添加剂分港卸货的,先期卸货港检验检疫机构应当以书面形式将检验检疫结果及处理情况及时通知其他分卸港所在地检验检疫机构;需要对外出证的,由卸毕港检验检疫机构汇总后出具证书。

第十八条 进口企业应当建立食品添加剂质量信息档案,如实记录以下内容:
(一)进口时向检验检疫机构申报的报检号、品名、数/重量、包装、生产和输出国家或者地区、生产日期、保质期等内容;
(二)国外出口商、境外生产企业名称及其在所在国家或者地区获得的资质证书号;
(三)进口食品添加剂中文标签样张、中文说明书样本;
(四)检验检疫机构签发的检验检疫证单;
(五)进口食品添加剂流向等信息。
档案保存期限不得少于2年,且不能少于保质期。
第十九条 检验检疫机构对进口企业的质量信息档案进行审查,审查不合格的,将其列入不良记录企业名单,对其进口的食品添加剂实施加严检验检疫措施。

第三章 食品添加剂出口

第二十条 食品添加剂出口企业(以下简称出口企业)应当保证其出口的食品添加剂符合进口国家或者地区技术法规、标准及合同要求。
进口国家或者地区无相关标准且合同未有要求的,应当保证出口食品添加剂符合中国食品安全国家标准;无食品安全国家标准的,应当符合食品安全地方标准;无食品安全国家标准和食品安全地方标准的,应当符合经省级卫生行政部门备案的企业标准。
第二十一条 检验检疫机构按照《出口工业产品企业分类管理办法》(质检总局令第113号),对食品添加剂生产企业实施分类管理。
第二十二条 出口食品添加剂应当是符合下列要求:
(一)获得生产许可;
(二)食品安全法实施之前获得卫生许可,且卫生许可证在有效期内;
(三)应当获得并已经获得法律、法规要求的其他许可。
第二十三条 出口食品添加剂应当有包装、标签、说明书。
(一)标签应当直接标注在最小销售单元的包装上。
(二)说明书应置于食品添加剂的外包装以内,并避免与添加剂直接接触。
(三)标签、说明书和包装是一个整体,不得分离。
第二十四条 出口食品添加剂内外包装应符合相关食品质量安全要求,其承载工具需要进行适载检验的应按规定进行适载检验,并经检验检疫合格。
出口食品添加剂属于危险品的,其包装容器应符合危险货物包装容器管理的相关要求。
第二十五条 出口食品添加剂标签应标明以下事项:
(一)名称(标准中的通用名称)、规格、净含量;
(二)生产日期(生产批次号)和保质期;
(三)成分(表)或配料(表);
(四)产品标准代号;
(五)贮存条件;
(六)"食品添加剂"字样;
(七)进口国家或者地区对食品添加剂标签的其他要求。
第二十六条 出口企业应当对拟出口的食品添加剂按照相关标准进行检验,并在检验合格后向产地检验检疫机构报检,报检时应提供下列材料:
(一)注明产品用途(食品加工用)的贸易合同,或者贸易合同中买卖双方出具的用途声明(食品加工用);
(二)产品检验合格证明原件。检验合格证明中应列明检验依据的标准,包括标准的名称、编号；

（三）出口企业是经营企业的，应提供工商营业执照或者经营许可证复印件。

（四）食品添加剂标签样张和说明书样本；

（五）国家质检总局要求的其他材料。

第二十七条 检验检疫机构对出口企业提交的报检材料进行审核，符合要求的，受理报检。

第二十八条 检验检疫机构按照下列要求对出口食品添加剂实施检验检疫：

（一）进口国家或者地区技术法规、标准；

（二）双边协议、议定书、备忘录；

（三）合同中列明的质量规格要求；

（四）没有本条（一）至（三）的，可以按照中国食品安全国家标准检验；

（五）没有本条（一）至（四）的，可以按照中国食品安全地方标准检验；

（六）没有本条（一）至（五）的，可以按照经省级卫生行政部门备案的企业标准检验。

（七）国家质检总局规定的其他检验检疫要求；

第二十九条 检验检疫机构按照相关检验规程和标准对出口食品添加剂实施现场检验检疫：

（一）核对货物的名称、数（重）量、生产日期、批号、包装、唛头、出口企业名称等是否与报检时提供的资料相符；

（二）核对货物标签是否与报检时提供的标签样张一致，检查标签中与质量有关内容的真实性、准确性。

（三）包装、容器是否完好，有无潮湿发霉现象，有无腐败变质，有无异味。

（四）其他需要实施现场检验检疫的项目。

第三十条 现场检验检疫合格后，检验检疫机构对来自不同监管类别生产企业的产品按照相关检验规程、标准要求，对抽取的检测样品进行规格、安全卫生项目和标签内容的符合性检测验证，必要时对标签上所有标识的内容进行检测。

取样量应满足检验、检测及存样的需要。检测样品采集、传递、制备、贮存的全过程应受控，不应有污染，以保证所检样品的真实性。

第三十一条 经检验检疫合格的，出具《出境货物通关单》或《出境货物换证凭单》，根据需要出具检验证书。检验证单中注明判定产品合格所依据的标准，包括标准的名称和编号。

第三十二条 检验检疫不合格的，按以下方式处理：

（一）经有效方法处理并重新检验检疫合格的，按本规范第三十一条办理；

（二）无有效处理方法或者经过处理后重新检验检疫仍不合格的，出具不合格证明，不准出口。

第三十三条 口岸检验检疫机构按照出口货物查验换证的相关规定查验货物。

（一）查验合格的，签发合格证明，准予出口。

（二）查验不合格的，不予放行，并将有关信息通报产地检验检疫机构，必要时抽取检测样本，进行质量规格、安全卫生项目检测。产地检验检疫机构应根据不合格情况采取相应监管措施。

第三十四条 检验检疫机构应当按照相关规定建立生产企业分类管理档案和出口企业诚信档案，建立良好记录和不良记录企业名单。

第三十五条 出口企业应当建立质量信息档案并接受检验检疫机构的核查。产品信息档案应至少包括出口产品的如下信息：

（一）出口报检号、品名、数（重）量、包装、进口国家或者地区、生产批次号；

（二）境外进口企业名称；

（三）国内供货企业名称及相关批准文件号；

（四）食品添加剂标签样张、说明书样本；
（五）检验检疫机构出具的检验检疫证单。
档案保存期不得少于 2 年，且不能少于保质期。

第三十六条　出口食品添加剂被境内外检验检疫机构检出有质量安全卫生问题的，检验检疫机构核实有关情况后，实施加严检验检疫监管措施。

第四章　监督管理

第三十七条　国家质检总局对进出口食品添加剂实施风险预警和快速反应制度。
进出口食品添加剂检验检疫监管中发现严重质量安全问题或疫情的，或者境内外发生的食品安全事故、国内有关部门通报或者用户投诉食品出现质量安全卫生问题涉及进出口食品添加剂的，国家质检总局应当及时采取风险预警或者控制措施，并向国务院卫生行政等部门通报。

第三十八条　检验检疫机构在检验检疫监管过程中发现严重质量安全问题可能影响到食品安全或者获知有关风险信息后，应当启动食品安全应急处置预案，开展追溯调查，按照有关规定进行处理，并于 24 小时内逐级上报至国家质检总局。

第三十九条　进出口企业发现其生产、经营的食品添加剂存在安全隐患，可能影响食品安全，或者其出口产品在境外涉嫌引发食品安全事件时，应当采取控制或者避免危害发生的措施，主动召回产品，并向所在地检验检疫机构报告。检验检疫机构对召回实施监督管理。
进出口企业不履行召回义务的，由所在地直属检验检疫机构向其发出责令召回通知书，并报告国家质检总局。国家质检总局按有关规定进行处理。

第四十条　对经国务院卫生行政部门信息核实、风险已经明确，或经风险评估后确认有风险的出入境食品添加剂，国家质检总局可采取快速反应措施。

第四十一条　进出保税区、出口加工区等的食品添加剂，以及进境非贸易性的食品添加剂样品的检验检疫监督管理，按照国家质检总局的有关规定办理。

第五章　附　则

第四十二条　本规范下列用语的含义是：
（一）食品添加剂，指可以作为改善食品品质和色、香、味以及为防腐、保鲜和加工工艺的需要而加入食品中的人工合成或者天然物质。
（二）非食品添加剂用化工原料，是指与食品添加剂具有相同化学构成，进出口时共用同一个 HS 编码，但不用于食品生产加工的化学物质。在进出口报检时以"非食品加工用"，与食品添加剂区分。
（三）产品检验合格证明，是指具备全项目出厂检验能力的生产企业自行检验出具的，或不具备产品出厂检验能力的生产企业或者出口企业委托有资质的检验机构进行检验并出具的证明其产品检验合格的文件。

第四十三条　本规范由国家质检总局负责解释。

第四十四条　本规范自 2011 年 6 月 1 日起施行。自施行之日起，其他相关进出口食品添加剂检验检疫管理规定与本规范不一致的，以本规范为准。

关于发布《进口食品进出口商备案管理规定》及《食品进口记录和销售记录管理规定》的公告

（国家质量监督检验检疫总局公告2012年第55号）

（2012年4月5日由国家质量监督检验检疫总局发布，2012年10月1日起施行，法规类型为规范性文件）

为进一步加强进口食品安全监管，根据《中华人民共和国食品安全法》及其实施条例、《国务院关于加强食品等产品安全监督管理的特别规定》《进出口食品安全管理办法》等法律、行政法规、规章的规定，国家质检总局制定了《进口食品进出口商备案管理规定》和《食品进口记录和销售记录管理规定》，现予以批准发布，自2012年10月1日起施行。

附件：1.《进口食品进出口商备案管理规定》
　　　2.《食品进口记录和销售记录管理规定》

附件1

进口食品进出口商备案管理规定

第一章 总则

第一条 为掌握进口食品进出口商信息及进口食品来源和流向，保障进口食品可追溯性，有效处理进口食品安全事件，保障进口食品安全，根据《中华人民共和国食品安全法》、《国务院关于加强食品等产品安全监督管理的特别规定》和《进出口食品安全管理办法》等法律、行政法规、规章的规定，制定本规定。

第二条 本规定适用于向中国大陆境内（不包括香港、澳门）出口食品的境外出口商或者代理商，以及境内进口食品的收货人（以下统称进出口商）的备案管理。

本规定附表所列经营食品种类之外的产品，如食品添加剂、食品相关产品、部分粮食种、部分油籽类、水果、食用活动物等依照有关规定执行。

第三条 国家质检总局主管进口食品进出口商备案的监督管理工作，建立进口食品进出口商备案管理系统（以下简称备案管理系统），负责公布和调整进口食品进出口商备案名单。

国家质检总局设在各地的出入境检验检疫机构（以下简称检验检疫机构）负责进口食品收货人备案申请的受理、备案资料信息审核，以及在食品进口时对进出口商备案信息的核查等工作。

第二章 出口商或者代理商备案

第四条 向中国出口食品的出口商或者代理商，应当向国家质检总局申请备案，并对所提供备案信息的真实性负责。

第五条 出口商或者代理商应当通过备案管理系统填写并提交备案申请表（附件1），提供出口商或者代理商名称、所在国家或者地区、地址、联系人姓名、电话、经营食品种类、填表人姓名、电话等信息，并承诺所提供信息真实有效。出口商或者代理商应当保证在发生紧急情况时可以通过备案信息与相关人员取得联系。

出口商或者代理商提交备案信息后，获得备案管理系统生成的备案编号和查询编号，凭备案编号和查询编号查询备案进程或者修改备案信息。

第六条 出口商或者代理商地址、电话等发生变化时，应当及时通过备案管理系统进行修改。备案管理系统保存出口商或者代理商的所提交的信息以及信息修改情况。出口商或者代理商名称发生变化时，应当重新申请备案。

第七条 国家质检总局对完整提供备案信息的出口商或者代理商予以备案。备案管理系统生成备案出口商或者代理商名单，并在国家质检总局网站公布。公布名单的信息包括：备案出口商或者代理商名称及所在国家或者地区。

第三章 进口食品收货人备案

第八条 进口食品收货人（以下简称收货人），应当向其工商注册登记地检验检疫机构申请备案，并对所提供备案信息的真实性负责。

第九条 收货人应当于食品进口前向所在地检验检疫机构申请备案。申请备案须提供以下材料：

（一）填制准确完备的收货人备案申请表；

（二）工商营业执照、组织机构代码证书、法定代表人身份证明、对外贸易经营者备案登记表等的复印件并交验正本；

（三）企业质量安全管理制度；

（四）与食品安全相关的组织机构设置、部门职能和岗位职责；

（五）拟经营的食品种类、存放地点；

（六）2年内曾从事食品进口、加工和销售的，应当提供相关说明（食品品种、数量）；

（七）自理报检的，应当提供自理报检单位备案登记证明书复印件并交验正本。检验检疫机构核实企业提供的信息后，准予备案。

第十条 收货人在提供上述纸质文件材料的同时，应当通过备案管理系统填写并提交备案申请表（附件2），提供收货人名称、地址、联系人姓名、电话、经营食品种类、填表人姓名、电话以及承诺书等信息。收货人应当保证在发生紧急情况时可以通过备案信息与相关人员取得联系。

收货人提交备案信息后，获得备案管理系统生成的申请号和查询编号，凭申请号和查询编号查询备案进程或者修改备案信息。

第十一条 收货人名称、地址、电话等发生变化时，应当及时通过备案管理系统提出修改申请，由检验检疫机构审核同意后，予以修改。备案管理系统保存收货人所提交的信息以及信息修改情况。

第十二条 备案申请资料齐全的，检验检疫机构应当受理并在5个工作日内完成备案工作。

第十三条 检验检疫机构对收货人的备案资料及电子信息核实后，发放备案编号。备案管理系统生成备案收货人名单，并在国家质检总局网站公布。公布名单的信息包括：备案收货人名称、所在地直属出入境检验检疫局名称等。

第四章 监督管理

第十四条 检验检疫部门对已获得备案的进口食品进出口商备案信息实施监督抽查。各地检验检疫机构通过对进口食品所载信息核查出口商或者代理商的备案信息，通过查验有关证明材料或者现场核查收货人所提供的备案信息。

对备案信息不符合要求的,应当要求其更正、完善备案信息。不按要求及时更正、完善信息的,应当将有关信息录入进出口食品生产经营企业不良信誉记录。

第十五条 进口食品的收货人或者其代理人在对进口食品进行报检时,应当在报检单中注明进口食品进出口商名称及备案编号。检验检疫机构应当核对备案编号与进口食品进出口商名称等信息与备案信息的一致性,对未备案或者与备案信息不一致的,告知其完成备案或者更正相关信息。

第十六条

(一) 出口商或者代理商在申请备案时提供虚假备案资料和信息的,不予备案;已备案的,取消备案编号。

出口商或者代理商向中国出口的食品存在疫情或者质量安全问题的,纳入信誉记录管理,并加强其进口食品检验检疫;对于其他违规行为,按照相关法律法规规定处理。

(二) 收货人在申请备案时提供虚假备案资料和信息的,不予备案;已备案的,取消备案编号。

收货人转让、借用、篡改备案编号的,纳入信誉记录管理,并加强其进口食品检验检疫。

第五章 附 则

第十七条 本规定自 2012 年 10 月 1 日起施行。

附件:1. 出口商或者代理商备案申请表(略)
　　　2. 收货人备案申请表(略)

附件 2

食品进口记录和销售记录管理规定

第一条 为掌握进口食品来源和流向,确保进口食品可追溯性,加强食品进口记录和销售记录的监督管理,依据《中华人民共和国食品安全法》及其实施条例、《国务院关于加强食品等产品安全监督管理的特别规定》、《进出口食品安全管理办法》等法律、行政法规、规章的要求,制定本规定。

第二条 本规定适用于出入境检验检疫机构对食品进口记录和销售记录的监督管理。《进口食品进出口商备案管理规定》附件 1 所列经营食品种类之外的产品,如食品添加剂、食品相关产品、部分粮食品种、部分油籽类、水果、食用活动物等依照有关规定执行。

第三条 食品进口记录是指记载食品及其相关进口信息的纸质或者电子文件。

进口食品销售记录是指记载进口食品收货人(以下简称"收货人")将进口食品提供给食品经营者或者消费者的纸质或者电子文件。

第四条 收货人应当建立完善的食品进口记录和销售记录制度并严格执行。

第五条 进口食品结关地出入境检验检疫机构负责进口食品的进口记录和销售记录的监督管理工作。

第六条 收货人应当建立专门的食品进口记录,并指派专人负责。

第七条 收货人建立的食品进口记录应当包括以下内容:

进口食品的名称、品牌、规格、数重量、货值、生产批号、生产日期、保质期、原产地、输出国家或者地区、生产企业名称及在华注册号、出口商或者代理商备案编号、名称及联系方式、贸易合同号、进口口岸、目的地、根据需要出具的国(境)外官方或者官方授权机构出具的相关证书编号、报检单号、入境时间、存放地点、联系人及电话等内容。记录格式见附件1。

第八条 收货人应当保存如下进口记录档案材料：贸易合同、提单、根据需要出具的国（境）外官方相关证书、报检单的复印件、出入境检验检疫机构出具的《入境货物检验检疫证明》、《卫生证书》等文件副本。

第九条 收货人应当建立专门的进口食品销售记录（食品进口后直接用于零售的除外），指派专人负责。

第十条 进口食品销售记录应当包括销售流向记录、销售对象投诉及召回记录等内容。

销售流向记录应当包括进口食品名称、规格、数重量、生产日期、生产批号、销售日期、购货人（使用人）名称及联系方式、出库单号、发票流水编号、食品召回后处理方式等信息。记录格式见附件2。

销售对象投诉及召回记录应当包括涉及的进口食品名称、规格、数重量、生产日期、生产批号、召回或者销售对象投诉原因、自查分析、应急处理方式、后续改进措施等信息。记录格式见附件3。

第十一条 收货人应当保存如下销售记录档案材料：购销合同、销售发票留底联、出库单等文件原件或者复印件，自用食品的收货人还应当保存加工使用记录等资料。

第十二条 收货人应当妥善保存食品进口和销售记录，防止污染、破损和遗失。食品进口和销售记录保存时间不得少于2年。

第十三条 进口食品结关地出入境检验检疫机构应当对收货人的食品进口和销售记录进行检查。

第十四条 本规定所称收货人指中国大陆境内（不包括香港、澳门）与外方签订贸易合同的实际收货人。

第十五条 本规定自2012年10月1日起实行。

附件：1. 食品进口记录（略）
　　　2. 进口食品销售记录（略）
　　　3. 进口食品销售对象投诉及召回记录（略）

出口食品原料种植场备案管理规定

（国家质量监督检验检疫总局公告2012年第56号）

（2012年4月5日由国家质量监督检验检疫总局发布，2012年4月5日起施行，法规类型为规范性文件）

第一章 总 则

第一条 为加强出口食品原料质量安全管理，根据《中华人民共和国食品安全法》及其实施条例、《国务院关于加强食品等产品安全监督管理的特别规定》和《进出口食品安全管理办法》等有关规定，制定本规定。

第二条 本规定适用于国家质量监督检验检疫总局（以下简称国家质检总局）规定实施备案管理的原料品种目录中原料种植场的备案和监督管理。

第三条 国家质检总局主管全国出口食品原料种植场备案管理工作。

国家质检总局设在各地的出入境检验检疫机构（以下简称检验检疫机构）负责所辖区域出口食品原料种植场的备案和监督检查工作。

第四条 国家质检总局鼓励各级检验检疫机构在与地方政府有关部门建立合作机制框架下，共同做好出口食品原料种植场的备案工作。

第二章 备案申请

第五条 出口食品生产加工企业、种植场、农民专业合作经济组织或者行业协会等具有独立法人资格的组织均可以作为申请人向种植场所在地的检验检疫机构提出备案申请。

第六条 备案种植场应当具备以下条件：

（一）有合法经营种植用地的证明文件；

（二）土地相对固定连片，周围具有天然或者人工的隔离带（网），符合当地检验检疫机构根据实际情况确定的土地面积要求；

（三）大气、土壤和灌溉用水符合国家有关标准的要求，种植场及周边无影响种植原料质量安全的污染源；

（四）有专门部门或者专人负责农药等农业投入品的管理，有适宜的农业投入品存放场所，农业投入品符合中国或者进口国家（地区）有关法规要求；

（五）有完善的质量安全管理制度，应当包括组织机构、农业投入品使用管理制度、疫情疫病监测制度、有毒有害物质控制制度、生产和追溯记录制度等；

（六）配置与生产规模相适应、具有植物保护基本知识的专职或者兼职植保员；

（七）法律法规规定的其他条件。

第七条 申请人应当在种植生产季开始前3个月向种植场所在地的检验检疫机构提交书面备案申请，并提供以下材料，一式二份：

（一）出口食品原料种植场备案申请表（附表1）；

（二）申请人工商营业执照或者其他独立法人资格证明的复印件；

（三）申请人合法使用土地的有效证明文件以及种植场平面图；

（四）种植场的土壤和灌溉用水的检测报告；

（五）要求种植场建立的各项质量安全管理制度，包括组织机构、农业投入品管理制度、疫情疫病监测制度、有毒有害物质控制制度、生产和追溯记录制度等；

（六）种植场负责人或者经营者、植保员身份证复印件，植保员有关资格证明或者相应学历证书复印件；

（七）种植场常用农业化学品清单；

（八）法律法规规定的其他材料。

上述资料均需种植场申请人加盖本单位公章。

第三章 受理与审核

第八条 申请人提交材料齐全的，种植场所在地检验检疫机构应当受理备案申请。

申请人提交材料不齐全的，种植场所在地检验检疫机构应当当场或者在接到申请后5个工作日内一次性书面告知申请人补正，以申请人补正材料之日为受理日期。

第九条 种植场所在地检验检疫机构受理申请后，应当根据本规定第六条和第七条的规定进行文件审核，必要时可以实施现场审核。审核须填写《出口食品原料种植场备案审核记录表》（附表2）。

第十条 审核符合条件的，给予备案编号，编号规则为"省（自治区、直辖市）行政区划代码（6位）+产品代码（拼音首位字母）+5位流水号"。不符合条件的，不予备案，由种植场所在地的检验检疫机构书面通知申请人，并告知不予备案原因。

第十一条 审核工作应当自受理之日起 20 个工作日内完成。

第四章 监督管理

第十二条 种植场所在地检验检疫机构负责对备案种植场实施监督检查。

第十三条 种植场所在地检验检疫机构对备案种植场每年至少实施一次监督检查。监督检查包括以下内容：

（一）种植场及周围环境、土壤和灌溉用水等状况；

（二）农业投入品管理和使用情况；

（三）种植场病虫害防治情况；

（四）种植品种、面积以及采收、销售情况；

（五）种植场的资质、植保员资质变更情况；

（六）质量安全管理制度运行情况；

（七）种植场生产记录，包括出具原料供货证明文件等情况；

（八）法律、法规规定的其他内容。

检验检疫机构对备案种植场进行监督检查，应当记录监督检查的情况和处理结果，填写《出口食品原料种植场监督检查记录表》（附表3），并告知申请人。监督检查记录经监督检查人员和种植场签字后归档。

第十四条 种植场负责人、植保员等发生变化的，种植场申请人应当自变更之日起 30 天内向种植场所在地检验检疫机构申请办理种植场备案变更手续。

种植场申请人更名、种植场位置或者面积发生重大变化、种植场及周边种植环境有较大改变，以及其他较大变更情况，种植场申请人应当自变更之日起 30 天内重新申请种植场备案。

第十五条 备案种植场有下列情形之一的，检验检疫机构应当书面通知种植场申请人限期整改：

（一）周围种植环境有污染风险的；

（二）存放我国和进口国家（地区）禁用农药以及不按规定使用农药的；

（三）产品中有毒有害物质检测结果不合格的；

（四）产品中检出的有毒有害物质与申明使用的农药、化肥等农业投入品明显不符的；

（五）种植场负责人、植保员发生变化后 30 天内未申请变更的；

（六）实际原料供货量超出种植场生产能力的；

（七）种植场各项记录不完整，相关制度未有效落实的；

（八）法律、法规规定其他需要改正的。

第十六条 备案种植场有下列情形之一的，检验检疫机构可以取消其备案编号：

（一）转让、借用、篡改种植场备案编号的；

（二）对重大疫情及质量安全问题隐瞒或谎报的；

（三）拒绝接受检验检疫机构监督检查的；

（四）使用中国或进口国家（地区）禁用农药的；

（五）产品中有毒有害物质超标一年内达到 2 次的；

（七）用其他种植场原料冒充本种植场原料的；

（八）种植场备案主体更名、种植场位置或者面积发生重大变化、种植场及周边种植环境有较大改变，以及其他较大变更情况，种植场备案主体未按规定重新申请备案的；

（九）2 年内未种植或提供出口食品原料的；

（十）法律法规规定的其他情形。

第五章 上报和公布

第十七条 各直属检验检疫机构（以下简称直属局）应当对本辖区内新增、取消和变更备案种植场信息进行汇总，填写《出口食品原料种植场备案情况统计表》（附表4）于每季度最后1个月28日前上报国家质检总局。种植场和对应生产加工企业不在同一直属局管辖的，种植场所在地的直属局还应当每季度将备案信息通报生产加工企业所在地的直属局，生产加工企业所在地直属局应当及时将产品中检出的有毒有害物质超标信息反馈给基地所在地直属局。

第十八条 国家质检总局在其网站上统一公布备案种植场名单。

第六章 附 则

第十九条 出口食品原料种植场有违法行为的，检验检疫机构依照有关法律法规的规定处理。

第二十条 国家质检总局此前发布的出口食品原料种植基地备案的相关规定与本规定不符的，以本规定为准。供港澳蔬菜种植基地备案管理按照国家质检总局的有关规定执行。

第二十一条 本规定由国家质检总局负责解释。

第二十二条 本规定自发布之日起施行。

进口食品接触产品检验监管工作规范

（国家质量监督检验检疫总局公告2016年第31号）

（2016年3月28日由国家质量监督检验检疫总局发布，2016年4月10日起施行，法规类型为规范性文件）

1. 总则

1.1 目的

为规范和加强进口食品接触产品检验监管工作，保障进口食品接触产品质量安全，根据《中华人民共和国食品安全法》及其实施条例、《中华人民共和国进出口商品检验法》及其实施条例、《国务院关于加强食品等产品安全监督管理特别规定》《缺陷消费品召回管理办法》等法律法规，制定本规范。

1.2 适用范围

1.2.1 本规范适用于《出入境检验检疫机构实施检验检疫的进出境商品目录》内检验监管条件包括M或R的进口食品接触产品的检验和监督管理。主要包括：与食品或食品添加剂接触的纸、竹木、金属、搪瓷、陶瓷、塑料、橡胶、天然纤维、化学纤维、玻璃等材质及其复合材质的容器、用具和餐具。

1.2.2 进出口食品包装及预期与食品接触的机械、电器产品的检验监管按照其他相关规定执行。

1.3 职责

1.3.1 国家质量监督检验检疫总局（以下简称国家质检总局）主管全国进口食品接触产品的检验监督管理工作。

1.3.2 国家质检总局设在各地的出入境检验检疫机构（以下简称检验检疫机构）负责辖

区内进口食品接触产品的检验监督管理工作。

1.4 管理方式

进口食品接触产品检验监督管理工作包括产品备案、产品检验及监督管理等。

2. 产品备案

2.1 国家质检总局对进口食品接触产品实施备案管理。各直属检验检疫机构负责辖区内进口食品接触产品的备案工作。

2.2 食品接触产品进口商或者进口代理商（以下称备案申请人）可根据需要，持以下资料向检验检疫机构申请备案。

（1）《进口食品接触产品备案申请表》（附1）；

（2）备案申请人的《企业法人营业执照》的复印件（加盖公章）；

（3）备案申请人出具的《进口食品接触产品符合性声明》（附2）；

（4）进口食品接触产品的材质说明，应明确主要成分的构成和化学名称。与食品直接接触部分的材质与产品其他部分材质不同的，应对与食品直接接触部分的材质单独进行说明；

（5）进口产品的品牌、型号、产地、照片、标签及说明书等资料；

（6）进口食品接触产品新品种的，备案申请人应按规定提供卫生行政部门出具的相关文件；

（7）进口食品接触产品追溯制度文件。

2.3 检验检疫机构收到备案申请后，应对备案申请人资格及其提供资料进行审核。审核合格的，检验检疫机构应签发《进口食品接触产品备案申请受理通知书》（附3），审核不合格的，应及时通知备案申请人进行补正。

备案申请人应将与申请内容一致、具有代表性的样品送具有资质的实验室进行检测，并在取得检测报告后，及时将其提交检验检疫机构审核。备案申请人提供的样品数量应当满足专项检测和留样的需要。

2.4 备案申请人资格、备案申请资料和产品检测报告均通过审核的，检验检疫机构应及时向备案申请人签发《进口食品接触产品备案书》（附4）。

2.5 进口食品接触产品备案书代码编号规则：采用阿拉伯数字和英文大写字母共10位表示，前两位为产品代码JS，中间两位为各直属检验检疫机构代码（附5），之后两位是年份，最后4位为备案流水号。如北京局2016年第1份准予备案的进口食品接触产品备案书代码为"JS11160001"。

2.6 《进口食品接触产品备案书》有效期为3年。有效期内，备案人有下列情形之一的，检验检疫机构可取消其《进口食品接触产品备案书》，并在6个月内对申请人备案申请不予受理：

（1）伪造、变造或使用伪造、变造的《进口食品接触产品备案书》；

（2）经检验检疫机构检验，发现申请人申报的备案产品与其《进口食品接触产品备案书》不符的；

（3）经检验检疫机构抽查检验，发现不符合食品接触产品安全国家标准的。

2.7 各直属检验检疫机构应每年定期将备案情况及其后续变更情况向国家质检总局报告。

3. 产品检验

3.1 进口商或代理商在进口食品接触产品报检时，除按照规定提交相关资料外，还应提供《进口食品接触产品符合性声明》。已经备案的进口食品接触产品，还应同时提交《进口食品接触产品备案书》（复印件加盖公章）。

3.2 对已备案进口食品接触产品，检验检疫机构应逐批核查进口产品与《进口食品接触产品备案书》的符合性。

检验检疫机构对已备案并经货证核查合格的进口食品接触产品实施抽查检验检测。同一进口商、同一品牌、材质的进口食品接触产品的年度抽查比例不少于进口批次的5%，每个批次抽查不少于当次进口规格型号种类的5%。

3.3 对未备案的进口食品接触产品,检验检疫机构对其实施批批查验,且年度实验室检测比例不低于进口批次的30%。对首次进口的食品接触产品必须进行实验室检测。

进口食品接触产品的检验,可采用包括现场查验、风险评估、合格保证等措施及组合的合格评定方式。

3.4 进口食品接触产品或其销售包装上的标签、说明书内容应使用规范的汉字,但不包括商标,同时应符合以下要求:

(1)应标注产品名称、材质、生产国家或地区、进口商的名称、联系方式以及地址;

(2)限期使用的产品,应当在显著位置清晰地标明使用期限;

(3)由于使用不当,容易造成产品本身损坏或者可能危及人身、财产安全的产品,应当有适用条件、警示标志或者中文警示说明;

3.5 检验依据

进口食品接触产品按照我国对食品相关产品的规定和标准实施检验(相关标准目录参见附6)。尚未制定食品安全国家标准的,按照相关法律规定执行。

3.6 经检验不合格的进口食品接触产品,涉及安全、卫生、环境保护项目不合格的,由检验检疫机构出具《检验检疫处理通知单》,责令当事人退运或销毁。其他项目不合格的,可以在检验检疫机构的监督下进行技术处理,经重新检验合格后,方可销售、使用。

4. 监督管理

4.1 质量追溯

检验检疫机构应保存进口食品接触产品有关备案资料,保存期限不得少于3年。

检验检疫机构应要求进口食品接触产品的进口商或者代理商建立食品接触产品的追溯管理档案,应包括但不限于以下内容:

(1)供应商溯源管理制度;

(2)进口食品接触产品检测报告;

(3)进口食品接触产品的详细记录,包括:品名、规格、数量、批号、进口日期、制造商和分销商名称及联系方式、交货日期等内容。记录保存期限不得少于2年。

4.2 风险预警及缺陷召回

有关进口食品接触产品的风险预警和缺陷召回,检验检疫机构应根据国家质检总局的有关规定执行。

5. 附则

5.1 本工作规范由国家质检总局负责解释。

5.2 本工作规范自2016年4月10日起施行。

5.3 《关于印发〈进出口食品接触产品检验监管工作规范(试行)〉的通知》(国质检检〔2010〕683号)自本工作规范施行之日起废止。

关于境外进入综合保税区食品检验放行有关事项的公告

(海关总署公告 2019 年第 29 号)

(2019 年 2 月 2 日由海关总署发布，2019 年 2 月 2 日起施行，法规类型为规范性文件)

为贯彻落实《国务院关于促进综合保税区高水平开放高质量发展的若干意见》(国发〔2019〕3 号)，对境外进入综合保税区的食品实施"抽样后即放行"监管。现就有关事项公告如下：

一、综合保税区内进口的食品，需要进入境内的，可在综合保税区进行合格评定，分批放行；凡需要进行实验室检测的，可在满足以下条件的基础上抽样后即予以放行：

(一)进口商承诺进口食品符合我国食品安全国家标准和相关检验要求(包括包装要求和储存、运输温度要求等)。

(二)进口商已建立完善的食品进口记录和销售记录制度并严格执行。

二、经实验室检测发现安全卫生项目不合格的，进口商应按照《食品安全法》的规定采取主动召回措施，并承担相应的法律责任。

本公告自发布之日起实施。

特此公告。

关于进出口预包装食品标签检验监督管理有关事宜的公告

(海关总署公告 2019 年第 70 号)

(2019 年 4 月 22 日由海关总署发布，2019 年 4 月 22 日起施行，法规类型为规范性文件)

为贯彻落实国务院深化"放管服"改革要求，进一步提高口岸通关效率，依据《中华人民共和国食品安全法》及其实施条例、《中华人民共和国进出口商品检验法》及其实施条例等法律法规规定，现就进出口预包装食品标签检验监督管理有关事宜公告如下：

一、自 2019 年 10 月 1 日起，取消首次进口预包装食品标签备案要求。进口预包装食品标签作为食品检验项目之一，由海关依照食品安全和进出口商品检验相关法律、行政法规的规定检验。

二、进口商应当负责审核其进口预包装食品的中文标签是否符合我国相关法律、行政法规规定和食品安全国家标准要求。审核不合格的，不得进口。

三、进口预包装食品被抽中现场查验或实验室检验的，进口商应当向海关人员提交其合格证明材料、进口预包装食品的标签原件和翻译件、中文标签样张及其他证明材料。

四、海关收到有关部门通报、消费者举报进口预包装食品标签涉嫌违反有关规定的，应当进行核实，一经确认，依法进行处置。

五、入境展示、样品、免税经营(离岛免税除外)、使领馆自用、旅客携带以及通过邮寄、快件、跨境电子商务等形式入境的预包装食品标签监管，按有关规定执行。

六、出口预包装食品生产企业应当保证其出口的预包装食品标签符合进口国（地区）的标准或者合同要求。

七、《关于调整进出口食品、化妆品标签审核制度的公告》（原质检总局 2006 年第 44 号公告）、《关于运行进口预包装食品标签管理系统的公告》（原质检总局 2011 年第 59 号公告）、《关于实施〈进出口预包装食品标签检验监督管理规定〉的公告》（原质检总局 2012 年第 27 号公告）自 2019 年 10 月 1 日起废止，此前已备案的进口预包装食品标签信息同时作废。

特此公告。

动植物

中华人民共和国进出境动植物检疫法

(主席令第 53 号)

(1991 年 10 月 30 日第七届全国人民代表大会常务委员会第二十二次会议通过,根据 2009 年 8 月 27 日第十一届全国人民代表大会常务委员会第十次会议《全国人民代表大会常务委员会关于修改部分法律的决定》修正,现行版本自 2009 年 8 月 27 日起施行,法规类型为法律)

第一章 总 则

第一条 为防止动物传染病、寄生虫病和植物危险性病、虫、杂草以及其他有害生物(以下简称病虫害)传入、传出国境,保护农、林、牧、渔业生产和人体健康,促进对外经济贸易的发展,制定本法。

第二条 进出境的动植物、动植物产品和其他检疫物,装载动植物、动植物产品和其他检疫物的装载容器、包装物,以及来自动植物疫区的运输工具,依照本法规定实施检疫。

第三条 国务院设立动植物检疫机关(以下简称国家动植物检疫机关),统一管理全国进出境动植物检疫工作。国家动植物检疫机关在对外开放的口岸和进出境动植物检疫业务集中的地点设立的口岸动植物检疫机关,依照本法规定实施进出境动植物检疫。

贸易性动物产品出境的检疫机关,由国务院根据情况规定。

国务院农业行政主管部门主管全国进出境动植物检疫工作。

第四条 口岸动植物检疫机关在实施检疫时可以行使下列职权:

(一)依照本法规定登船、登车、登机实施检疫;

(二)进入港口、机场、车站、邮局以及检疫物的存放、加工、养殖、种植场所实施检疫,并依照规定采样;

(三)根据检疫需要,进入有关生产、仓库等场所,进行疫情监测、调查和检疫监督管理;

(四)查阅、复制、摘录与检疫物有关的运行日志、货运单、合同、发票及其他单证。

第五条 国家禁止下列各物进境:

(一)动植物病原体(包括菌种、毒种等)、害虫及其他有害生物;

(二)动植物疫情流行的国家和地区的有关动植物、动植物产品和其他检疫物;

(三)动物尸体;

(四)土壤。

口岸动植物检疫机关发现有前款规定的禁止进境物的,作退回或者销毁处理。

因科学研究等特殊需要引进本条第一款规定的禁止进境物的,必须事先提出申请,经国家动植物检疫机关批准。

本条第一款第二项规定的禁止进境物的名录,由国务院农业行政主管部门制定并公布。

第六条 国外发生重大动植物疫情并可能传入中国时,国务院应当采取紧急预防措施,必要时可以下令禁止来自动植物疫区的运输工具进境或者封锁有关口岸;受动植物疫情威胁地区的地方人民政府和有关口岸动植物检疫机关,应当立即采取紧急措施,同时向上级人民政府和国家动植物检疫机关报告。

邮电、运输部门对重大动植物疫情报告和送检材料应当优先传送。

第七条 国家动植物检疫机关和口岸动植物检疫机关对进出境动植物、动植物产品的生产、加工、存放过程,实行检疫监督制度。

第八条 口岸动植物检疫机关在港口、机场、车站、邮局执行检疫任务时,海关、交通、民航、铁路、邮电等有关部门应当配合。

第九条 动植物检疫机关检疫人员必须忠于职守,秉公执法。

动植物检疫机关检疫人员依法执行公务,任何单位和个人不得阻挠。

第二章 进境检疫

第十条 输入动物、动物产品、植物种子、种苗及其他繁殖材料的,必须事先提出申请,办理检疫审批手续。

第十一条 通过贸易、科技合作、交换、赠送、援助等方式输入动植物、动植物产品和其他检疫物的,应当在合同或者协议中订明中国法定的检疫要求,并订明必须附有输出国家或者地区政府动植物检疫机关出具的检疫证书。

第十二条 货主或者其代理人应当在动植物、动植物产品和其他检疫物进境前或者进境时持输出国家或者地区的检疫证书、贸易合同等单证,向进境口岸动植物检疫机关报检。

第十三条 装载动物的运输工具抵达口岸时,口岸动植物检疫机关应当采取现场预防措施,对上下运输工具或者接近动物的人员、装载动物的运输工具和被污染的场地作防疫消毒处理。

第十四条 输入动植物、动植物产品和其他检疫物,应当在进境口岸实施检疫。未经口岸动植物检疫机关同意,不得卸离运输工具。

输入动植物,需隔离检疫的,在口岸动植物检疫机关指定的隔离场所检疫。

因口岸条件限制等原因,可以由国家动植物检疫机关决定将动植物、动植物产品和其他检疫物运往指定地点检疫。在运输、装卸过程中,货主或者其代理人应当采取防疫措施。指定的存放、加工和隔离饲养或者隔离种植的场所,应当符合动植物检疫和防疫的规定。

第十五条 输入动植物、动植物产品和其他检疫物,经检疫合格的,准予进境;海关凭口岸动植物检疫机关签发的检疫单证或者在报关单上加盖的印章验放。

输入动植物、动植物产品和其他检疫物,需调离海关监管区检疫的,海关凭口岸动植物检疫机关签发的《检疫调离通知单》验放。

第十六条 输入动物,经检疫不合格的,由口岸动植物检疫机关签发《检疫处理通知单》,通知货主或者其代理人作如下处理:

(一)检出一类传染病、寄生虫病的动物,连同其同群动物全群退回或者全群扑杀并销毁尸体;

(二)检出二类传染病、寄生虫病的动物,退回或者扑杀,同群其他动物在隔离场或者其他指定地点隔离观察。

输入动物产品和其他检疫物经检疫不合格的,由口岸动植物检疫机关签发《检疫处理通知单》，通知货主或者其代理人作除害、退回或者销毁处理。经除害处理合格的，准予进境。

第十七条 输入植物、植物产品和其他检疫物，经检疫发现有植物危险性病、虫、杂草的，由口岸动植物检疫机关签发《检疫处理通知单》，通知货主或者其代理人作除害、退回或者销毁处理。经除害处理合格的，准予进境。

第十八条 本法第十六条第一款第一项、第二项所称一类、二类动物传染病、寄生虫病的名录和本法第十七条所称植物危险性病、虫、杂草的名录，由国务院农业行政主管部门制定并公布。

第十九条 输入动植物、动植物产品和其他检疫物，经检疫发现有本法第十八条规定的名录之外，对农、林、牧、渔业有严重危害的其他病虫害的，由口岸动植物检疫机关依照国务院农业行政主管部门的规定，通知货主或者其代理人作除害、退回或者销毁处理。经除害处理合格的，准予进境。

第三章 出境检疫

第二十条 货主或者其代理人在动植物、动植物产品和其他检疫物出境前，向口岸动植物检疫机关报检。

出境前需经隔离检疫的动物，在口岸动植物检疫机关指定的隔离场所检疫。

第二十一条 输出动植物、动植物产品和其他检疫物，由口岸动植物检疫机关实施检疫，经检疫合格或者经除害处理合格的，准予出境；海关凭口岸动植物检疫机关签发的检疫证书或者在报关单上加盖的印章验放。检疫不合格又无有效方法作除害处理的，不准出境。

第二十二条 经检疫合格的动植物、动植物产品和其他检疫物，有下列情形之一的，货主或者其代理人应当重新报检：

（一）更改输入国家或者地区，更改后的输入国家或者地区又有不同检疫要求的；

（二）改换包装或者原未拼装后来拼装的；

（三）超过检疫规定有效期限的。

第四章 过境检疫

第二十三条 要求运输动物过境的，必须事先商得中国国家动植物检疫机关同意，并按照指定的口岸和路线过境。

装载过境动物的运输工具、装载容器、饲料和铺垫材料，必须符合中国动植物检疫的规定。

第二十四条 运输动植物、动植物产品和其他检疫物过境的，由承运人或者押运人持货运单和输出国家或者地区政府动植物检疫机关出具的检疫证书，在进境时向口岸动植物检疫机关报检，出境口岸不再检疫。

第二十五条 过境的动物经检疫合格的，准予过境；发现有本法第十八条规定的名录所列的动物传染病、寄生虫病的，全群动物不准过境。

过境动物的饲料受病虫害污染的，作除害、不准过境或者销毁处理。

过境的动物的尸体、排泄物、铺垫材料及其他废弃物，必须按照动植物检疫机关的规定处理，不得擅自抛弃。

第二十六条 对过境植物、动植物产品和其他检疫物，口岸动植物检疫机关检查运输工具或者包装，经检疫合格的，准予过境；发现有本法第十八条规定的名录所列的病虫害的，作除害处理或者不准过境。

第二十七条 动植物、动植物产品和其他检疫物过境期间，未经动植物检疫机关批准，不得开拆包装或者卸离运输工具。

第五章 携带、邮寄物检疫

第二十八条 携带、邮寄植物种子、种苗及其他繁殖材料进境的,必须事先提出申请,办理检疫审批手续。

第二十九条 禁止携带、邮寄进境的动植物、动植物产品和其他检疫物的名录,由国务院农业行政主管部门制定并公布。

携带、邮寄前款规定的名录所列的动植物、动植物产品和其他检疫物进境的,作退回或者销毁处理。

第三十条 携带本法第二十九条规定的名录以外的动植物、动植物产品和其他检疫物进境的,在进境时向海关申报并接受口岸动植物检疫机关检疫。

携带动物进境的,必须持有输出国家或者地区的检疫证书等证件。

第三十一条 邮寄本法第二十九条规定的名录以外的动植物、动植物产品和其他检疫物进境的,由口岸动植物检疫机关在国际邮件互换局实施检疫,必要时可以取回口岸动植物检疫机关检疫;未经检疫不得运递。

第三十二条 邮寄进境的动植物、动植物产品和其他检疫物,经检疫或者除害处理合格后放行;经检疫不合格又无有效方法作除害处理的,作退回或者销毁处理,并签发《检疫处理通知单》。

第三十三条 携带、邮寄出境的动植物、动植物产品和其他检疫物,物主有检疫要求的,由口岸动植物检疫机关实施检疫。

第六章 运输工具检疫

第三十四条 来自动植物疫区的船舶、飞机、火车抵达口岸时,由口岸动植物检疫机关实施检疫。发现有本法第十八条规定的名录所列的病虫害的,作不准带离运输工具、除害、封存或者销毁处理。

第三十五条 进境的车辆,由口岸动植物检疫机关作防疫消毒处理。

第三十六条 进出境运输工具上的泔水、动植物性废弃物,依照口岸动植物检疫机关的规定处理,不得擅自抛弃。

第三十七条 装载出境的动植物、动植物产品和其他检疫物的运输工具,应当符合动植物检疫和防疫的规定。

第三十八条 进境供拆船用的废旧船舶,由口岸动植物检疫机关实施检疫,发现有本法第十八条规定的名录所列的病虫害的,作除害处理。

第七章 法律责任

第三十九条 违反本法规定,有下列行为之一的,由口岸动植物检疫机关处以罚款:

(一)未报检或者未依法办理检疫审批手续的;

(二)未经口岸动植物检疫机关许可擅自将进境动植物、动植物产品或者其他检疫物卸离运输工具或者运递的;

(三)擅自调离或者处理在口岸动植物检疫机关指定的隔离场所中隔离检疫的动植物的。

第四十条 报检的动植物、动植物产品或者其他检疫物与实际不符的,由口岸动植物检疫机关处以罚款;已取得检疫单证的,予以吊销。

第四十一条 违反本法规定,擅自开拆过境动植物、动植物产品或者其他检疫物的包装的,擅自将过境动植物、动植物产品或者其他检疫物卸离运输工具的,擅自抛弃过境动物的尸体、排泄物、铺垫材料或者其他废弃物的,由动植物检疫机关处以罚款。

第四十二条 违反本法规定，引起重大动植物疫情的，依照刑法有关规定追究刑事责任。

第四十三条 伪造、变造检疫单证、印章、标志、封识，依照刑法有关规定追究刑事责任。

第四十四条 当事人对动植物检疫机关的处罚决定不服的，可以在接到处罚通知之日起十五日内向作出处罚决定的机关的上一级机关申请复议；当事人也可以在接到处罚通知之日起十五日内直接向人民法院起诉。

复议机关应当在接到复议申请之日起六十日内作出复议决定。当事人对复议决定不服的，可以在接到复议决定之日起十五日内向人民法院起诉。复议机关逾期不作出复议决定的，当事人可以在复议期满之日起十五日内向人民法院起诉。

当事人逾期不申请复议也不向人民法院起诉，又不履行处罚决定的，作出处罚决定的机关可以申请人民法院强制执行。

第四十五条 动植物检疫机关检疫人员滥用职权，徇私舞弊，伪造检疫结果，或者玩忽职守，延误检疫出证，构成犯罪的，依法追究刑事责任；不构成犯罪的，给予行政处分。

第八章 附 则

第四十六条 本法下列用语的含义是：

（一）"动物"是指饲养、野生的活动物，如畜、禽、兽、蛇、龟、鱼、虾、蟹、贝、蚕、蜂等；

（二）"动物产品"是指来源于动物未经加工或者虽经加工但仍有可能传播疫病的产品，如生皮张、毛类、肉类、脏器、油脂、动物水产品、奶制品、蛋类、血液、精液、胚胎、骨、蹄、角等；

（三）"植物"是指栽培植物、野生植物及其种子、种苗及其他繁殖材料等；

（四）"植物产品"是指来源于植物未经加工或者虽经加工但仍有可能传播病虫害的产品，如粮食、豆、棉花、油、麻、烟草、籽仁、干果、鲜果、蔬菜、生药材、木材、饲料等；

（五）"其他检疫物"是指动物疫苗、血清、诊断液、动植物性废弃物等。

第四十七条 中华人民共和国缔结或者参加的有关动植物检疫的国际条约与本法有不同规定的，适用该国际条约的规定。但是，中华人民共和国声明保留的条款除外。

第四十八条 口岸动植物检疫机关实施检疫依照规定收费。收费办法由国务院农业行政主管部门会同国务院物价等有关主管部门制定。

第四十九条 国务院根据本法制定实施条例。

第五十条 本法自1992年4月1日起施行。1982年6月4日国务院发布的《中华人民共和国进出口动植物检疫条例》同时废止。

中华人民共和国进出境动植物检疫法实施条例

（国务院令第206号）

（1996年12月2日由国务院发布，1997年1月1日起施行，法规类型为行政法规）

第一章 总 则

第一条 根据《中华人民共和国进出境动植物检疫法》（以下简称进出境动植物检疫法）

的规定,制定本条例。

第二条 下列各物,依照进出境动植物检疫法和本条例的规定实施检疫:
(一)进境、出境、过境的动植物、动植物产品和其他检疫物;
(二)装载动植物、动植物产品和其他检疫物的装载容器、包装物、铺垫材料;
(三)来自动植物疫区的运输工具;
(四)进境拆解的废旧船舶;
(五)有关法律、行政法规、国际条约规定或者贸易合同约定应当实施进出境动植物检疫的其他货物、物品。

第三条 国务院农业行政主管部门主管全国进出境动植物检疫工作。
中华人民共和国动植物检疫局(以下简称国家动植物检疫局)统一管理全国进出境动植物检疫工作,收集国内外重大动植物疫情,负责国际间进出境动植物检疫的合作与交流。
国家动植物检疫局在对外开放的口岸和进出境动植物检疫业务集中的地点设立的口岸动植物检疫机关,依照进出境动植物检疫法和本条例的规定,实施进出境动植物检疫。

第四条 国(境)外发生重大动植物疫情并可能传入中国时,根据情况采取下列紧急预防措施:
(一)国务院可以对相关边境区域采取控制措施,必要时下令禁止来自动植物疫区的运输工具进境或者封锁有关口岸;
(二)国务院农业行政主管部门可以公布禁止从动植物疫情流行的国家和地区进境的动植物、动植物产品和其他检疫物的名录;
(三)有关口岸动植物检疫机关可以对可能受病虫害污染的本条例第二条所列进境各物采取紧急检疫处理措施;
(四)受动植物疫情威胁地区的地方人民政府可以立即组织有关部门制定并实施应急方案,同时向上级人民政府和国家动植物检疫局报告。
邮电、运输部门对重大动植物疫情报告和送检材料应当优先传送。

第五条 享有外交、领事特权与豁免的外国机构和人员公用或者自用的动植物、动植物产品和其他检疫物进境,应当依照进出境动植物检疫法和本条例的规定实施检疫;口岸动植物检疫机关查验时,应当遵守有关法律的规定。

第六条 海关依法配合口岸动植物检疫机关,对进出境动植物、动植物产品和其他检疫物实行监督。具体办法由国务院农业行政主管部门会同海关总署制定。

第七条 进出境动植物检疫法所称动植物疫区和动植物疫情流行的国家与地区的名录,由国务院农业行政主管部门确定并公布。

第八条 对贯彻执行进出境动植物检疫法和本条例做出显著成绩的单位和个人,给予奖励。

第二章 检疫审批

第九条 输入动物、动物产品和进出境动植物检疫法第五条第一款所列禁止进物的检疫审批,由国家动植物检疫局或者其授权的口岸动植物检疫机关负责。
输入植物种子、种苗及其他繁殖材料的检疫审批,由植物检疫条例规定的机关负责。

第十条 符合下列条件的,方可办理进境检疫审批手续:
(一)输出国家或者地区无重大动植物疫情;
(二)符合中国有关动植物检疫法律、法规、规章的规定;
(三)符合中国与输出国家或者地区签订的有关双边检疫协定(含检疫协议、备忘录等,下同)。

第十一条 检疫审批手续应当在贸易合同或者协议签订前办妥。

第十二条 携带、邮寄植物种子、种苗及其他繁殖材料进境的，必须事先提出申请，办理检疫审批手续；因特殊情况无法事先办理的，携带人或者邮寄人应当在口岸补办检疫审批手续，经审批机关同意并经检疫合格后方准进境。

第十三条 要求运输动物过境的，货主或者其代理人必须事先向国家动植物检疫局提出书面申请，提交输出国家或者地区政府动植物检疫机关出具的疫情证明、输入国家或者地区政府动植物检疫机关出具的准许该动物进境的证件，并说明拟过境的路线，国家动植物检疫局审查同意后，签发《动物过境许可证》。

第十四条 因科学研究等特殊需要，引进出入境动植物检疫法第五条第一款所列禁止进境物，办理禁止进境物特许检疫审批手续时，货主、物主或者其代理人必须提交书面申请，说明其数量、用途、引进方式、进境后的防疫措施，并附具有关口岸动植物检疫机关签署的意见。

第十五条 办理进境检疫审批手续后，有下列情况之一的，货主、物主或者其代理人应当重新申请办理检疫审批手续：

（一）变更进境物的品种或者数量的；

（二）变更输出国家或者地区的；

（三）变更进境口岸的；

（四）超过检疫审批有效期的。

第三章　进境检疫

第十六条 进出境动植物检疫法第十一条所称中国法定的检疫要求，是指中国的法律、行政法规和国务院农业行政主管部门规定的动植物检疫要求。

第十七条 国家对向中国输出动植物产品的国外生产、加工、存放单位，实行注册登记制度。具体办法由国务院农业行政主管部门制定。

第十八条 输入动植物、动植物产品和其他检疫物的，货主或者其代理人应当在进境前或者进境时向进境口岸动植物检疫机关报检。属于调离海关监管区检疫的，运达指定地点时，货主或者其代理人应当通知有关口岸动植物检疫机关。属于转关货物的，货主或者其代理人应当在进境时向进境口岸动植物检疫机关申报；到达指运地时，应当向指运地口岸动植物检疫机关报检。

输入种畜禽及其精液、胚胎的，应当在进境前30日报检；输入其他动物的，应当在进境前15日报检；输入植物种子、种苗及其他繁殖材料的，应当在进境前7日报检。

动植物性包装物、铺垫材料进境时，货主或者其代理人应当及时向口岸动植物检疫机关申报；动植物检疫机关可以根据具体情况对申报物实施检疫。

前款所称动植物性包装物、铺垫材料，是指直接用作包装物、铺垫材料的动物产品和植物、植物产品。

第十九条 向口岸动植物检疫机关报检时，应当填写报检单，并提交输出国家或者地区政府动植物检疫机关出具的检疫证书、产地证书和贸易合同、信用证、发票等单证；依法应当办理检疫审批手续的，还应当提交检疫审批单。无输出国家或者地区政府动植物检疫机关出具的有效检疫证书，或者未依法办理检疫审批手续的，口岸动植物检疫机关可以根据具体情况，作退回或者销毁处理。

第二十条 输入的动植物、动植物产品和其他检疫物运达口岸时，检疫人员可以到运输工具上和货物现场实施检疫，核对货、证是否相符，并可以按照规定采取样品。承运人、货主或者其代理人应当向检疫人员提供装载清单和有关资料。

第二十一条 装载动物的运输工具抵达口岸时,上下运输工具或者接近动物的人员,应当接受口岸动植物检疫机关实施的防疫消毒,并执行其采取的其他现场预防措施。

第二十二条 检疫人员应当按照下列规定实施现场检疫:

(一)动物:检查有无疫病的临床症状。发现疑似感染传染病或者已死亡的动物时,在货主或者押运人的配合下查明情况,立即处理。动物的铺垫材料、剩余饲料和排泄物等,由货主或者其代理人在检疫人员的监督下,作除害处理。

(二)动物产品:检查有无腐败变质现象,容器、包装是否完好。符合要求的,允许卸离运输工具。发现散包、容器破裂的,由货主或者其代理人负责整理完好,方可卸离运输工具。根据情况,对运输工具的有关部位及装载动物产品的容器、外表包装、铺垫材料、被污染场地等进行消毒处理。需要实施实验室检疫的,按照规定采取样品。对易滋生植物害虫或者混藏杂草种子的动物产品,同时实施植物检疫。

(三)植物、植物产品:检查货物和包装物有无病虫害,并按照规定采取样品。发现病虫害并有扩散可能时,及时对该批货物、运输工具和装卸现场采取必要的防疫措施。对来自动物传染病疫区或者易带动物传染病和寄生虫病病原体并用作动物饲料的植物产品,同时实施动物检疫。

(四)动植物性包装物、铺垫材料:检查是否携带病虫害、混藏杂草种子、沾带土壤,并按照规定采取样品。

(五)其他检疫物:检查包装是否完好及是否被病虫害污染。发现破损或者被病虫害污染时,作除害处理。

第二十三条 对船舶、火车装运的大宗动植物产品,应当就地分层检查;限于港口、车站的存放条件,不能就地检查的,经口岸动植物检疫机关同意,也可以边卸载边疏运,将动植物产品运往指定的地点存放。在卸货过程中经检疫发现疫情时,应当立即停止卸货,由货主或者其代理人按照口岸动植物检疫机关的要求,对已卸和未卸货物作除害处理,并采取防止疫情扩散的措施;对被病虫害污染的装卸工具和场地,也应当作除害处理。

第二十四条 输入种用大中家畜的,应当在国家动植物检疫局设立的动物隔离检疫场所隔离检疫45日;输入其他动物的,应当在口岸动植物检疫机关指定的动物隔离检疫场所隔离检疫30日。动物隔离检疫场所管理办法,由国务院农业行政主管部门制定。

第二十五条 进境的同一批动植物产品分港卸货时,口岸动植物检疫机关只对本港卸下的货物进行检疫,先期卸货港的口岸动植物检疫机关应当将检疫及处理情况及时通知其他分卸港的口岸动植物检疫机关;需要对外出证的,由卸毕港的口岸动植物检疫机关汇总后统一出具检疫证书。

在分卸港实施检疫中发现疫情并必须进行船上熏蒸、消毒时,由该分卸港的口岸动植物检疫机关统一出具检疫证书,并及时通知其他分卸港的口岸动植物检疫机关。

第二十六条 对输入的动植物、动植物产品和其他检疫物,按照中国的国家标准、行业标准以及国家动植物检疫局的有关规定实施检疫。

第二十七条 输入动植物、动植物产品和其他检疫物,经检疫合格的,由口岸动植物检疫机关在报关单上加盖印章或者签发《检疫放行通知单》;需要调运进境口岸海关监管区检疫的,由进境口岸动植物检疫机关签发《检疫调离通知单》。货主或者其代理人凭口岸动植物检疫机关在报关单上加盖的印章或者签发的《检疫放行通知单》、《检疫调离通知单》办理报关、运递手续。海关对输入的动植物、动植物产品和其他检疫物,凭口岸动植物检疫机关在报关单上加盖的印章或者签发的《检疫放行通知单》、《检疫调离通知单》验放。运输、邮电部门凭单运递,运递期间国内其他检疫机关不再检疫。

第二十八条 输入动植物、动植物产品和其他检疫物,经检疫不合格的,由口岸动植物检疫机关签发《检疫处理通知单》，通知货主或者其代理人在口岸动植物检疫机关的监督和技术指导下，作除害处理；需要对外索赔的，由口岸动植物检疫机关出具检疫证书。

第二十九条　国家动植物检疫局根据检疫需要，并商输出动植物、动植物产品国家或者地区政府有关机关同意，可以派检疫人员进行预检、监装或者产地疫情调查。

第三十条　海关、边防等部门截获的非法进境的动植物、动植物产品和其他检疫物，应当就近交由口岸动植物检疫机关检疫。

第四章　出境检疫

第三十一条　货主或者其代理人依法办理动植物、动植物产品和其他检疫物的出境报检手续时，应当提供贸易合同或者协议。

第三十二条　对输入国要求中国对向其输出的动植物、动植物产品和其他检疫物的生产、加工、存放单位注册登记的，口岸动植物检疫机关可以实行注册登记，并报国家动植物检疫局备案。

第三十三条　输出动物，出境前需经隔离检疫的，在口岸动植物检疫机关指定的隔离场所检疫。输出植物、动植物产品和其他检疫物的，在仓库或者货场实施检疫；根据需要，也可以在生产、加工过程中实施检疫。

待检出境植物、动植物产品和其他检疫物，应当数量齐全、包装完好、堆放整齐、唛头标记明显。

第三十四条　输出动植物、动植物产品和其他检疫物的检疫依据：

（一）输入国家或者地区和中国有关动植物检疫规定；

（二）双边检疫协定；

（三）贸易合同中订明的检疫要求。

第三十五条　经启运地口岸动植物检疫机关检疫合格的动植物、动植物产品和其他检疫物，运达出境口岸时，按照下列规定办理：

（一）动物应当经出境口岸动植物检疫机关临床检疫或者复检；

（二）植物、动植物产品和其他检疫物从启运地随原运输工具出境的，由出境口岸动植物检疫机关验证放行；改换运输工具出境的，换证放行；

（三）植物、动植物产品和其他检疫物到达出境口岸后拼装的，因变更输入国家或者地区而有不同检疫要求的，或者超过规定的检疫有效期的，应当重新报检。

第三十六条　输出动植物、动植物产品和其他检疫物，经启运地口岸动植物检疫机关检疫合格的，运达出境口岸时，运输、邮电部门凭启运地口岸动植物检疫机关签发的检疫单证运递，国内其他检疫机关不再检疫。

第五章　过境检疫

第三十七条　运输动植物、动植物产品和其他检疫物过境（含转运，下同）的，承运人或者押运人应当持货运单和输出国家或者地区政府动植物检疫机关出具的证书，向进境口岸动植物检疫机关报检；运输动物过境的，还应当同时提交国家动植物检疫局签发的《动物过境许可证》。

第三十八条　过境动物运达进境口岸时，由进境口岸动植物检疫机关对运输工具、容器的外表进行消毒并对动物进行临床检疫，经检疫合格的，准予过境。进境口岸动植物检疫机关可以派检疫人员监运至出境口岸，出境口岸动植物检疫机关不再检疫。

第三十九条　装载过境植物、动植物产品和其他检疫物的运输工具和包装物、装载容器必须完好。经口岸动植物检疫机关检查，发现运输工具或者包装物、装载容器有可能造成途中散漏的，承运人或者押运人应当按照口岸动植物检疫机关的要求，采取密封措施；无法采取密封措施的，不准过境。

第六章 携带、邮寄物检疫

第四十条 携带、邮寄植物种子、种苗及其他繁殖材料进境，未依法办理检疫审批手续的，由口岸动植物检疫机关作退回或者销毁处理。邮件作退回处理的，由口岸动植物检疫机关在邮件及发递单上批注退回原因；邮件作销毁处理的，由口岸动植物检疫机关签发通知单，通知寄件人。

第四十一条 携带动植物、动植物产品和其他检疫物进境的，进境时必须向海关申报并接受口岸动植物检疫机关检疫。海关应当将申报或者查获的动植物、动植物产品和其他检疫物及时交由口岸动植物检疫机关检疫。未经检疫的，不得携带进境。

第四十二条 口岸动植物检疫机关可以在港口、机场、车站的旅客通道、行李提取处等现场进行检查，对可能携带动植物、动植物产品和其他检疫物而未申报的，可以进行查询并抽检其物品，必要时可以开包（箱）检查。

旅客进出境检查现场应当设立动植物检疫台位和标志。

第四十三条 携带动物进境的，必须持有输出动物的国家或者地区政府动植物检疫机关出具的检疫证书，经检疫合格后放行；携带犬、猫等宠物进境的，还必须持有疫苗接种证书。没有检疫证书、疫苗接种证书的，由口岸动植物检疫机关作限期退回或者没收销毁处理。作限期退回处理的，携带人必须在规定的时间内持口岸动植物检疫机关签发的截留凭证，领取并携带出境；逾期不领取的，作自动放弃处理。

携带植物、动植物产品和其他检疫物进境，经现场检疫合格的，当场放行；需要作实验室检疫或者隔离检疫的，由口岸动植物检疫机关签发截留凭证。截留检疫合格的，携带人持截留凭证向口岸动植物检疫机关领回；逾期不领回的，作自动放弃处理。

禁止携带、邮寄进出境动植物检疫法第二十九条规定的名录所列动植物、动植物产品和其他检疫物进境。

第四十四条 邮寄进境的动植物、动植物产品和其他检疫物，由口岸动植物检疫机关在国际邮件互换局（含国际邮件快递公司及其他经营国际邮件的单位，以下简称邮局）实施检疫。邮局应当提供必要的工作条件。

经现场检疫合格的，由口岸动植物检疫机关加盖检疫放行章，交邮局运递。需要作实验室检疫或者隔离检疫的，口岸动植物检疫机关应当向邮局办理交接手续；检疫合格的，加盖检疫放行章，交邮局运递。

第四十五条 携带、邮寄进境的动植物、动植物产品和其他检疫物，经检疫不合格又无有效方法作除害处理的，作退回或者销毁处理，并签发《检疫处理通知单》交携带人、寄件人。

第七章 运输工具检疫

第四十六条 口岸动植物检疫机关对来自动植物疫区的船舶、飞机、火车，可以登船、登机、登车实施现场检疫。有关运输工具负责人应当接受检疫人员的询问并在询问记录上签字，提供运行日志和装载货物的情况，开启舱室接受检疫。

口岸动植物检疫机关应当对前款运输工具可能隐藏病虫害的餐车、配餐间、厨房、储藏室、食品舱等动植物产品存放、使用场所和泔水、动植物性废弃物的存放场所以及集装箱箱体等区域或者部位，实施检疫；必要时，作防疫消毒处理。

第四十七条 来自动植物疫区的船舶、飞机、火车，经检疫发现有进出境动植物检疫法第十八条规定的名录所列病虫害的，必须作熏蒸、消毒或者其他除害处理。发现有禁止进境的动植物、动植物产品和其他检疫物的，必须作封存或者销毁处理；作封存处理的，在中国境内停留或者运行期间，未经口岸动植物检疫机关许可，不得启封动用。对运输工具上的泔水、动植物性废弃物及其存放场所、容器，应当在口岸动植物检疫机关的监督下作除害处理。

第四十八条 来自动植物疫区的进境车辆，由口岸动植物检疫机关作防疫消毒处理。装载进境动植物、动植物产品和其他检疫物的车辆，经检疫发现病虫害的，连同货物一并作除害处理。装运供应香港、澳门地区的动物的回空车辆，实施整车防疫消毒。

第四十九条 进境拆解的废旧船舶，由口岸动植物检疫机关实施检疫。发现病虫害的，在口岸动植物检疫机关监督下作除害处理。发现有禁止进境的动植物、动植物产品和其他检疫物的，在口岸动植物检疫机关的监督下作销毁处理。

第五十条 来自动植物疫区的进境运输工具经检疫或者经消毒处理合格后，运输工具负责人或者其代理人要求出证的，由口岸动植物检疫机关签发《运输工具检疫证书》或者《运输工具消毒证书》。

第五十一条 进境、过境运输工具在中国境内停留期间，交通员工和其他人员不得将所装载的动植物、动植物产品和其他检疫物带离运输工具；需要带离时，应当向口岸动植物检疫机关报检。

第五十二条 装载动物出境的运输工具，装载前应当在口岸动植物检疫机关监督下进行消毒处理。

装载植物、动植物产品和其他检疫物出境的运输工具，应当符合国家有关动植物防疫和检疫的规定。发现危险性病虫害或者超过规定标准的一般性病虫害的，作除害处理后方可装运。

第八章 检疫监督

第五十三条 国家动植物检疫局和口岸动植物检疫机关对进出境动植物、动植物产品的生产、加工、存放过程，实行检疫监督制度。具体办法由国务院农业行政主管部门制定。

第五十四条 进出境动物和植物种子、种苗及其他繁殖材料，需要隔离饲养、隔离种植的，在隔离期间，应当接受口岸动植物检疫机关的检疫监督。

第五十五条 从事进出境动植物检疫熏蒸、消毒处理业务的单位和人员，必须经口岸动植物检疫机关考核合格。

口岸动植物检疫机关对熏蒸、消毒工作进行监督、指导，并负责出具熏蒸、消毒证书。

第五十六条 口岸动植物检疫机关可以根据需要，在机场、港口、车站、仓库、加工厂、农场等生产、加工、存放进出境动植物、动植物产品和其他检疫物的场所实施动植物疫情监测，有关单位应当配合。

未经口岸动植物检疫机关许可，不得移动或者损坏动植物疫情监测器具。

第五十七条 口岸动植物检疫机关根据需要，可以对运载进出境动植物、动植物产品和其他检疫物的运输工具、装载容器加施动植物检疫封识或者标志；未经口岸动植物检疫机关许可，不得开拆或者损毁检疫封识、标志。

动植物检疫封识和标志由国家动植物检疫局统一制发。

第五十八条 进境动植物、动植物产品和其他检疫物，装载动植物、动植物产品和其他检疫物的装载容器、包装物，运往保税区（含保税工厂、保税仓库等）的，在进境口岸依法实施检疫；口岸动植物检疫机关可以根据具体情况实施检疫监督；经加工复运出境的，依照进出境动植物检疫法和本条例有关出境检疫的规定办理。

第九章 法律责任

第五十九条 有下列违法行为之一的，由口岸动植物检疫机关处5000元以下的罚款：

（一）未报检或者未依法办理检疫审批手续或者未按检疫审批的规定执行的；
（二）报检的动植物、动植物产品和其他检疫物与实际不符的。

有前款第（二）项所列行为，已取得检疫单证的，予以吊销。

第六十条 有下列违法行为之一的，由口岸动植物检疫机关处 3000 元以上 3 万元以下的罚款：

（一）未经口岸动植物检疫机关许可擅自将进境、过境动植物、动植物产品和其他检疫物卸离运输工具或者运递的；
（二）擅自调离或者处理在口岸动植物检疫机关指定的隔离场所内隔离检疫的动植物的；
（三）擅自开拆过境动植物、动植物产品和其他检疫物的包装，或者擅自开拆、损毁动植物检疫封识或者标志的；
（四）擅自抛弃过境动物的尸体、排泄物、铺垫材料或者其他废弃物，或者未按规定处理运输工具上的泔水、动植物性废弃物的。

第六十一条 依照本法第十七条、第三十二条的规定注册登记的生产、加工、存放动植物、动植物产品和其他检疫物的单位，进出境的上述物品经检疫不合格的，除依照本法有关规定作退回、销毁或者除害处理外，情节严重的，由口岸动植物检疫机关注销注册登记。

第六十二条 有下列违法行为之一的，依法追究刑事责任；尚不构成犯罪或者犯罪情节显著轻微依法不需要判处刑罚的，由口岸动植物检疫机关处 2 万元以上 5 万元以下的罚款：

（一）引起重大动植物疫情的；
（二）伪造、变造动植物检疫单证、印章、标志、封识的。

第六十三条 从事进出境动植物检疫熏蒸、消毒处理业务的单位和人员，不按照规定进行熏蒸和消毒处理的，口岸动植物检疫机关可以视情节取消其熏蒸、消毒资格。

第十章 附 则

第六十四条 进出境动植物检疫法和本条例下列用语的含义：

（一）"植物种子、种苗及其他繁殖材料"，是指栽培、野生的可供繁殖的植物全株或者部分，如植株、苗木（含试管苗）、果实、种子、砧木、接穗、插条、叶片、芽体、块根、块茎、鳞茎、球茎、花粉、细胞培养材料等；
（二）"装载容器"，是指可以多次使用、易受病虫害污染并用于装载进出境货物的容器，如笼、箱、桶、筐等；
（三）"其他有害生物"，是指动物传染病、寄生虫病和植物危险性病、虫、杂草以外的各种危害动植物的生物有机体、病原微生物，以及软体类、啮齿类、螨类、多足虫类动物和危险性病虫的中间寄主、媒介生物等；
（四）"检疫证书"，是指动植物检疫机关出具的关于动植物、动植物产品和其他检疫物健康或者卫生状况的具有法律效力的文件，如《动物检疫证书》、《植物检疫证书》、《动物健康证书》、《兽医卫生证书》、《熏蒸/消毒证书》等。

第六十五条 对进出境动植物、动植物产品和其他检疫物因实施检疫或者按照规定作熏蒸、消毒、退回、销毁等处理所需费用或者招致的损失，由货主、物主或者其代理人承担。

第六十六条 口岸动植物检疫机关依法实施检疫，需要采取样品时，应当出具采样凭单；验余的样品，货主、物主或者其代理人应当在规定的期限内领回；逾期不领回的，由口岸动植物检疫机关按照规定处理。

第六十七条 贸易性动物产品出境的检疫机关，由国务院根据情况规定。

第六十八条 本条例自 1997 年 1 月 1 日起施行。

植物检疫条例实施细则（林业部分）

（林业部令第4号）

（1994年7月26日由林业部发布，根据2011年1月25日国家林业局令第26号《国家林业局关于废止和修改部分部门规章的决定》修改，现行版本自2011年1月25日起施行，法规类型为部门规章）

第一条 根据《植物检疫条例》的规定，制定本细则。

第二条 林业部主管全国森林植物检疫（以下简称森检）工作。县级以上地方林业主管部门主管本地区的森检工作。

县级以上地方林业主管部门应当建立健全森检机构，由其负责执行本地区的森检任务。

国有林业局所属的森检机构负责执行本单位的森检任务，但是，须经省级以上林业主管部门确认。

第三条 森检员应当由具有林业专业、森保专业助理工程师以上技术职称的人员或者中等专业学校毕业、连续从事森保工作两年以上的技术员担任。

森检员应当经过省级以上林业主管部门举办的森检培训班培训并取得成绩合格证书，由省、自治区、直辖市林业主管部门批准，发给《森林植物检疫员证》。

森检员执行森检任务时，必须穿着森检制服、佩带森检标志和出示《森林植物检疫员证》。

第四条 县级以上地方林业主管部门或者其所属的森检机构可以根据需要在林业工作站、国有林场、国有苗圃、贮木场、自然保护区、木材检查站及有关车站、机场、港口、仓库等单位，聘请兼职森检员协助森检机构开展工作。

兼职森检员应当经过县级以上地方林业主管部门举办的森检培训班培训并取得成绩合格证书，由县级以上地方林业主管部门批准，发给兼职森检员证。

兼职森检员不得签发《植物检疫证书》。

第五条 森检人员在执行森检任务时有权行使下列职权：

（一）进入车站、机场、港口、仓库和森林植物及其产品的生产、经营、存放等场所，依照规定实施现场检疫或者复检、查验植物检疫证书和进行疫情监测调查；

（二）依法监督有关单位或者个人进行消毒处理、除害处理、隔离试种和采取封锁、消灭等措施；

（三）依法查阅、摘录或者复制与森检工作有关的资料，收集证据。

第六条 应施检疫的森林植物及其产品包括：

（一）林木种子、苗木和其他繁殖材料；

（二）乔木、灌木、竹类、花卉和其他森林植物；

（三）木材、竹材、药材、果品、盆景和其他林产品。

第七条 确定森检对象及补充森检对象，按照《森林植物检疫对象确定管理办法》的规定办理。补充森检对象名单应当报林业部备案，同时通报有关省、自治区、直辖市林业主管部门。

第八条 疫区、保护区应当按照有关规定划定、改变或者撤销，并采取严格的封锁、消灭等措施,防止森检对象传出或者传入。

在发生疫情的地区,森检机构可以派人参加当地的道路联合检查站或者木材检查站;发生特大疫情时,经省、自治区、直辖市人民政府批准可以设立森检检查站,开展森检工作。

第九条 地方各级森检机构应当每隔三至五年进行一次森检对象普查。

省级林业主管部门所属的森检机构编制森检对象分布至县的资料,报林业部备查;县级林业主管部门所属的森检机构编制森检对象分布至乡的资料,报上一级森检机构备查。

危险性森林病、虫疫情数据由林业部指定的单位编制印发。

第十条 属于森检对象、国外新传入或者国内突发危险性森林病、虫的特大疫情由林业部发布;其他疫情由林业部授权的单位公布。

第十一条 森检机构对新发现的森检对象和其他危险性森林病、虫,应当及时查清情况,立即报告当地人民政府和所在省、自治区、直辖市林业主管部门,采取措施,彻底消灭,并由省、自治区、直辖市林业主管部门向林业部报告。

第十二条 生产、经营应实施检疫的森林植物及其产品的单位和个人,应当在生产和经营之前向当地森检机构备案,并在生产期间或者调运之前向当地森检机构申请产地检疫。对检疫合格的,由森检机构发给《产地检疫合格证》;对检疫不合格的,由森检机构发给《检疫处理通知单》。产地检疫的技术要求按照《国内森林植物检疫技术规程》的规定执行。

第十三条 林木种子、苗木和其他繁殖材料的繁育单位,必须有计划地建立无森检对象的种苗繁育基地、母树林基地。

禁止使用带有危险性森林病、虫的林木种子、苗木和其他繁殖材料育苗或者造林。

第十四条 应施检疫的森林植物及其产品运出发生疫情的县级行政区域之前以及调运林木种子、苗木和其他繁殖材料必须经过检疫,取得《植物检疫证书》。

《植物检疫证书》由省、自治区、直辖市森检机构按规定格式统一印制。

《植物检疫证书》按一车(即同一运输工具)一证核发。

第十五条 省际间调运应施检疫的森林植物及其产品,调入单位必须事先征得所在地的省、自治区、直辖市森检机构同意并向调出单位提出检疫要求;调出单位必须根据该检疫要求向所在地的省、自治区、直辖市森检机构或其委托的单位申请检疫。对调入的应施检疫的森林植物及其产品,调入单位所在地的省、自治区、直辖市的森检机构应当查验检疫证书,必要时可以复检。

检疫要求应当根据森检对象、补充森检对象的分布资料和危险性森林病、虫疫情数据提出。

第十六条 出口的应施检疫的森林植物及其产品,在省际间调运时应当按照本细则的规定实施检疫。

从国外进口的应施检疫的森林植物及其产品再次调运出省、自治区、直辖市时,存放时间在一个月以内的,可以凭原检疫单证发给《植物检疫证书》,不收检疫费和证书工本费;存放时间虽未超过一个月但存放地疫情比较严重、可能染疫的,应当按照本细则的规定实施检疫。

第十七条 调运检疫时,森检机构应当按照《国内森林植物检疫技术规程》的规定受理报检和实施检疫,根据当地疫情普查资料、产地检疫合格证和现场检疫检验、室内检疫检验结果,确认是否带有森检对象、补充森检对象或者检疫要求中提出的危险性森林病、虫。对检疫合格的,发给《植物检疫证书》;对发现森检对象、补充森检对象或者危险性森林病、虫的,发给《检疫处理通知单》,责令托运人在指定地点进行除害处理,合格后发给《植物检疫证书》;对无法进行彻底除害处理的,应当停止调运,责令改变用途、控制使用或者就地销毁。

第十八条 森检机构应当自受理检疫申请之日起二十日内实施检疫并核发检疫单证。二十日内不能作出决定的,经森检机构所属的林业主管部门负责人批准,可以延长十日,并告知申请人。

第十九条 调运检疫时，森检机构对可能被森检对象、补充森检对象或者检疫要求中的危险性森林病、虫污染的包装材料、运载工具、场地、仓库等也应实施检疫。如已被污染，托运人应按森检机构的要求进行除害处理。

因实施检疫发生的车船停留、货物搬运、开拆、取样、储存、消毒处理等费用，由托运人承担。复检时发现森检对象、补充森检对象或者检疫要求中的危险性森林病、虫的，除害处理费用由收货人承担。

第二十条 调运应施检疫的森林植物及其产品时，《植物检疫证书》（正本）应当交给交通运输部门或者邮政部门随货运寄，由收货人保存备查。

第二十一条 未取得《植物检疫证书》调运应施检疫的森林植物及其产品的，森检机构应当进行补检，在调运途中被发现的，向托运人收取补检费；在调入地被发现的，向收货人收取补检费。

第二十二条 对省际间发生的森检技术纠纷，由有关省、自治区、直辖市森检机构协商解决；协商解决不了的，报林业部指定的单位或者专家认定。

第二十三条 从国外引进林木种子、苗木和其他繁殖材料，引进单位或者个人应当向所在地的省、自治区、直辖市森检机构提出申请，填写《引进林木种子、苗木和其他繁殖材料检疫审批单》，办理引种检疫审批手续；国务院有关部门所属的在京单位从国外引进林木种子、苗木和其他繁殖材料时，应当向林业部森检管理机构或者其指定的森检单位申请办理检疫审批手续。引进后需要分散到省、自治区、直辖市种植的，应当在申请办理引种检疫审批手续前征得分散种植地所在省、自治区、直辖市森检机构的同意。

引进单位或者个人应当在有关的合同或者协议中订明审批的检疫要求。

森检机构应当自受理引进申请后二十日内作出决定。

第二十四条 从国外引进的林木种子、苗木和其他繁殖材料，有关单位或者个人应当按照审批机关确认的地点和措施进行种植。对可能潜伏有危险性森林病、虫的，一年生植物必须隔离试种一个生长周期，多年生植物至少隔离试种二年以上。经省、自治区、直辖市森检机构检疫，证明确实不带危险性森林病、虫的，方可分散种植。

第二十五条 对森检对象的研究，不得在该森检对象的非疫情发生区进行。因教学、科研需要在非疫情发生区进行时，应当经省、自治区、直辖市林业主管部门批准，并采取严密措施防止扩散。

第二十六条 对森检对象的研究，不得在该森检对象的非疫情发生区进行。因教学、科研需要在非疫情发生区进行时，应当经省、自治区、直辖市林业主管部门批准，并采取严密措施防止扩散。

第二十七条 按照《植物检疫条例》第十六条的规定，进行疫情调查和采取消灭措施所需的紧急防治费和补助费，由省、自治区、直辖市在每年的农村造林和林木保护补助费中安排。

第二十八条 各级林业主管部门应当根据森检工作的需要，建设检疫检验室、除害处理设施、检疫隔离试种苗圃等设施。

第二十九条 有下列成绩之一的单位和个人，由人民政府或者林业主管部门给予奖励：

（一）与违反森检法规行为作斗争事迹突出的；

（二）在封锁、消灭森检对象工作中有显著成绩的；

（三）在森检技术研究和推广工作中获得重大成果或者显著效益的；

（四）防止危险性森林病、虫传播蔓延作出重要贡献的。

第三十条 有下列行为之一的，森检机构应当责令纠正，可以处以50元至2000元罚款：

造成损失的，应当责令赔偿；构成犯罪的，由司法机关依法追究刑事责任：

（一）未依照规定办理《植物检疫证书》或者在报检过程中弄虚作假的；

（二）伪造、涂改、买卖、转让植物检疫单证、印章、标志、封identifiable的；

（三）未依照规定调运、隔离试种或者生产应施检疫的森林植物及其产品的；

（四）违反规定，擅自开拆森林植物及其产品的包装，调换森林植物及其产品，或者擅自改变森林植物及其产品的规定用途的；

（五）违反规定，引起疫情扩散的。

有前款第（一）、（二）、（三）、（四）项所列情形之一，尚不构成犯罪的，森检机构可以没收非法所得。

对违反规定调运的森林植物及其产品，森检机构有权予以封存、没收、销毁或者责令改变用途。销毁所需费用由责任人承担。

第三十一条 森检人员在工作中徇私舞弊、玩忽职守造成重大损失的，由其所在单位或者上级主管机关给予行政处分；构成犯罪的，由司法机关依法追究刑事责任。

第三十二条 当事人对森检机构的行政处罚决定不服的，可以自接到处罚通知书之日起六十日内提起行政复议；对复议决定不服的，可以自接到复议决定书之日起十五日内向人民法院提起诉讼。当事人逾期不申请复议或者不起诉又不履行行政处罚决定的，森检机构可以申请人民法院强制执行或者依法强制执行。

第三十三条 本细则中规定的《植物检疫证书》、《产地检疫合格证》、《检疫处理通知单》、《森林植物检疫员证》和《引进林木种子、苗木和其他繁殖材料检疫审批单》等检疫单证的格式，由林业部制定。

第三十四条 本细则由林业部负责解释。

第三十五条 本细则自发布之日起施行。1984年9月17日林业部发布的《〈植物检疫条例〉实施细则（林业部分）》同时废止。

植物检疫条例实施细则（农业部分）

（农业部令第5号）

（1995年2月25日由农业部发布；根据1997年12月25日农业部令第39号第一次修订，根据2004年7月1日农业部令第38号《关于修订农业行政许可规章和规范性文件的决定》第二次修订，根据2007年11月8日农业部令第6号《农业部现行规章清理结果》第三次修订；现行版本自2007年11月8日起施行；法规类型为部门规章）

第一章 总 则

第一条 根据《植物检疫条例》第二十三条的规定，制定本细则。

第二条 本细则适用于国内农业植物检疫，不包括林业和进出境植物检疫。

第三条 农业部主管全国农业植物检疫工作，其执行机构是所属的植物检疫机构；各省、自治区、直辖市农业主管部门主管本地区的农业植物检疫工作；县级以上地方各级农业主管部门所属的植物检疫机构负责执行本地区的植物检疫任务。

第四条 各级植物检疫机构的职责范围：

（一）农业部所属植物检疫机构的主要职责：
1. 提出有关植物检疫法规、规章及检疫工作长远规划的建议；
2. 贯彻执行《植物检疫条例》，协助解决执行中出现的问题；
3. 调查研究和总结推广植物检疫工作经验，汇编全国植物检疫资料，拟定全国重点植物检疫对象的普查、疫区划定、封锁和防治消灭措施的实施方案；
4. <u>负责国外引进种子、苗木和其他繁殖材料（国家禁止进境的除外）的检疫审批；</u>
5. 组织植物检疫技术的研究和示范；
6. 培训、管理植物检疫干部及技术人员。

（二）省级植物检疫机构的主要职责：
1. 贯彻《植物检疫条例》及国家发布的各项植物检疫法令、规章制度，制定本省的实施计划和措施；
2. 检查并指导地、县级植物检疫机构的工作；
3. 拟订本省的《植物检疫实施办法》、《补充的植物检疫对象及应施检疫的植物、植物产品名单》和其他植物检疫规章制度；
4. 拟订省内划定疫区和保护区的方案，提出全省检疫对象的普查、封锁和控制消灭措施，组织开展植物检疫技术的研究和推广；
5. 培训、管理地、县级检疫干部和技术人员，总结、交流检疫工作经验，汇编检疫技术资料；
6. <u>签发植物检疫证书，承办授权范围内的国外引种检疫审批和省间调运应施检疫的植物、植物产品的检疫手续，监督检查引种单位进行消毒处理和隔离试种；</u>
7. <u>在车站、机场、港口、仓库及其他有关场所执行植物检疫任务。</u>

（三）地（市）、县级植物检疫机构的主要职责：
1. 贯彻《植物检疫条例》及国家、地方各级政府发布的植物检疫法令和规章制度，向基层干部和农民宣传普及检疫知识；
2. 拟订和实施当地的植物检疫工作计划；
3. 开展检疫对象调查，编制当地的检疫对象分布资料，负责检疫对象的封锁、控制和消灭工作；
4. 在种子、苗木和其他繁殖材料的繁育基地执行产地检疫。按照规定承办应施检疫的植物、植物产品的调运检疫手续。对调入的应施检疫的植物、植物产品，必要时进行复检。监督和指导引种单位进行消毒处理和隔离试种；
5. 监督指导有关部门建立无检疫对象的种子、苗木繁育、生产基地；
6. 在当地车站、机场、港口、仓库及其他有关场所执行植物检疫任务。

第五条 各级植物检疫机构必须配备一定数量的专职植物检疫人员，并逐步建立健全相应的检疫实验室和检验室。

专职植物检疫员应当是具有助理农艺师以上技术职务、或者虽无技术职务而具有中等专业学历、从事植保工作三年以上的技术人员，并经培训考核合格，由省级农业主管部门批准，报农业部备案后，发给专职植物检疫员证。各级植物检疫机构可根据工作需要，在种苗繁育、生产及科研等有关单位聘请兼职植物检疫员或特邀植物检疫员协助开展工作。兼职检疫员由所在单位推荐，经聘请单位审查合格后，发给聘书。

省级植物检疫机构应充实、健全植物检疫实验室，地（市）、县级植物检疫机构应根据情况逐步建立健全检验室，按照《植物检疫操作规程》进行检验，为植物检疫签证提供科学依据。

第六条 植物检疫证书的签发：

（一）省间调运种子、苗木等繁殖材料及其他应施检疫的植物、植物产品，由省级植物检疫机构及其授权的地（市）、县级植物检疫机构签发植物检疫证书；省内种子、苗木及其他应施检疫的植物、植物产品的调运，由地（市）、县级植物检疫机构签发检疫证书。

（二）植物检疫证书应加盖签证机关植物检疫专用章，并由专职植物检疫员署名签发；授权签发的省间调运植物检疫证书还应当盖有省级植物检疫机构的植物检疫专用章。

（三）植物检疫证书式样由农业部统一制定。证书一式四份，正本一份，副本三份。正本交货主随货单寄运，副本一份由货主交收寄、托运单位留存，一份交收货单位或个人所在地（县）植物检疫机构（省间调运寄给调入省植物检疫机构），一份留签证的植物检疫机构。

第七条 植物检疫机构应当自受理检疫申请之日起20日内作出审批决定，检疫和专家评审所需时间除外。

第八条 植物检疫人员着装办法以及服装、标志式样等由农业部、财政部统一制定。

第二章 检疫范围

第九条 农业植物检疫范围包括粮、棉、油、麻、桑、茶、糖、菜、烟、果（干果除外）、药材、花卉、牧草、绿肥、热带作物等植物、植物的各部分，包括种子、块根、块茎、球茎、鳞茎、接穗、砧木、试管苗、细胞繁殖体等繁殖材料，以及来源于上述植物、未经加工或者虽经加工但仍有可能传播疫情的植物产品。

全国植物检疫对象和应施检疫的植物、植物产品名单，由农业部统一制定；各省、自治区、直辖市补充的植物检疫对象和应施检疫的植物、植物产品名单，由各省、自治区、直辖市农业主管部门制定，并报农业部备案。

第十条 根据《植物检疫条例》第七条和第八条第三款的规定，省间调运植物、植物产品，属于下列情况的必须实施检疫：

（一）凡种子、苗木和其他繁殖材料，不论是否列入应施检疫的植物、植物产品名单和运往何地，在调运之前，都必须经过检疫；

（二）列入全国和省、自治区、直辖市应施检疫的植物、植物产品名单的植物产品，运出发生疫情的县级行政区域之前，必须经过检疫；

（三）对可能受疫情污染的包装材料、运载工具、场地、仓库等也应实施检疫。

第三章 植物检疫对象的划区、控制和消灭

第十一条 各级植物检疫机构对本辖区的植物检疫对象原则上每隔三至五年调查一次，重点对象要每年调查。根据调查结果编制检疫对象分布资料，并报上一级植物检疫机构；

农业部编制全国农业植物检疫对象分布至县的资料，各省、自治区、直辖市编制分布至乡的资料，并报农业部备案。

第十二条 全国植物检疫对象、国外新传入和国内突发性的危险性病、虫、杂草的疫情，由农业部发布；各省、自治区、直辖市补充的植物检疫对象的疫情，由各省、自治区、直辖市农业主管部门发布，并报农业部备案。

第十三条 划定疫区和保护区，要同时制定相反的封锁、控制、消灭或保护措施。在发生疫情的地区，植物检疫机构可以按照《植物检疫条例》第五条第三款的规定，派人参加道路联合检查站或者经省、自治区、直辖市人民政府批准，设立植物检疫检查站，开展植物检疫工作。各省、自治区、直辖市植物检疫机构应当就本辖区内设立或者撤销的植物检疫检查站名称、地点等报农业部备案。

疫区内的种子、苗木及其他繁殖材料和应施检疫的植物、植物产品，只限在疫区内种植、使用，禁止运出疫区；如因特殊情况需要运出疫区的，必须事先征得所在地省级植物检疫机构

批准，调出省外的，应经农业部批准。

　　第十四条　疫区内的检疫对象，在达到基本消灭或已取得控制蔓延的有效办法以后，应按照疫区划定时的程序，办理撤销手续，经批准后明文公布。

第四章　调运检疫

　　第十五条　根据《植物检疫条例》第九条和第十条规定，省间调运应施检疫的植物、植物产品，按照下列程序实施检疫：

　　（一）调入单位或个人必须事先征得所在地的省、自治区、直辖市植物检疫机构或其授权的地（市）、县级植物检疫机构同意，并取得检疫要求书；

　　（二）调出地的省、自治区、直辖市植物检疫机构或其授权的当地植物检疫机构，凭调出单位或个人提供的调入地检疫要求书受理报检，并实施检疫；

　　（三）邮寄、承运单位一律凭有效的植物检疫证书正本收寄、承运应施检疫的植物、植物产品。

　　第十六条　调出单位所在地的省、自治区、直辖市植物检疫机构或其授权的地（市）、县级植物检疫机构，按下列不同情况签发植物检疫证书：

　　（一）在无植物检疫对象发生地区调运植物、植物产品，经核实后签发植物检疫证书；

　　（二）在零星发生植物检疫对象的地区调运种子、苗木等繁殖材料时，应凭产地检疫合格证签发植物检疫证书；

　　（三）对产地植物检疫对象发生情况不清楚的植物、植物产品，必须按照《调运检疫操作规程》进行检疫，证明不带植物检疫对象后，签发植物检疫证书。

　　在上述调运检疫过程中，发现有检疫对象时，必须严格进行除害处理，合格后，签发植物检疫证书；未经除害处理或处理不合格的，不准放行。

　　第十七条　调入地植物检疫机构，对来自发生疫情的县级行政区域的应检植物、植物产品，或者其他可能带有检疫对象的应检植物、植物产品可以进行复检。复检中发现问题的，应当与原签证植物检疫机构共同查清事实，分清责任，由复检的植物检疫机构按照《植物检疫条例》的规定予以处理。

第五章　产地检疫

　　第十八条　各级植物检疫机构对本辖区的原种场、良种场、苗圃以及其他繁育基地，按照国家和地方制定的《植物检疫操作规程》实施产地检疫，有关单位或个人应给予必要的配合和协助。

　　第十九条　种苗繁育单位或个人必须有计划地在无植物检疫对象分布的地区建立种苗繁育基地。新建的良种场、原种场、苗圃等，在选址以前，应征求当地植物检疫机构的意见；植物检疫机构应帮助种苗繁育单位选择符合检疫要求的地方建立繁育基地。

　　已经发生检疫对象的良种场、原种场、苗圃等，应立即采取有效措施封锁消灭。在检疫对象未消灭以前，所繁育的材料不准调入无病区；经过严格除害处理并经植物检疫机构检疫合格的，可以调运。

　　第二十条　试验、示范、推广的种子、苗木和其他繁殖材料，必须事先经过植物检疫机构检疫，查明确实不带植物检疫对象的，发给植物检疫证书后，方可进行试验、示范和推广。

第六章　国外引种检疫

　　第二十一条　从国外引进种子、苗木和其他繁殖材料（国家禁止进境的除外），实行农业部和省、自治区、直辖市农业主管部门两级审批。

种苗的引进单位或者代理进口单位应当在对外签订贸易合同、协议三十日前向种苗种植地的省、自治区、直辖市植物检疫机构提出申请,办理国外引种检疫审批手续。引种数量较大的,由种苗种植地的省、自治区、直辖市植物检疫机构审核并签署意见后,报农业部农业司或其授权单位审批。

国务院有关部门所属的在京单位、驻京部队单位、外国驻京机构等引种,应当在对外签订贸易合同、协议三十日前向农业部农业司或其授权单位提出申请,办理国外引种检疫审批手续。

国外引种检疫审批管理办法由农业部另行制定。

第二十二条 从国外引进种子、苗木等繁殖材料,必须符合下列检疫要求:

(一)引进种子、苗木和其他繁殖材料的单位或者代理单位必须在对外贸易合同或者协议中订明中国法定的检疫要求,并订明输出国家或者地区政府植物检疫机关出具检疫证书,证明符合中国的检疫要求。

(二)引进单位在申请引种前,应当安排好试种计划。引进后,必须在指定的地点集中进行隔离试种,隔离试种的时间,一年生作物不得少于一个生育周期,多年生作物不得少于二年。

在隔离试种期内,经当地植物检疫机关检疫,证明确实不带检疫对象的,方可分散种植。如发现检疫对象或者其他危险性病、虫、杂草,应认真按植物检疫机构的意见处理。

第二十三条 各省、自治区、直辖市农业主管部门应根据需要逐步建立植物检疫隔离试种场(圃)。

第七章 奖励和处罚

第二十四条 凡执行《植物检疫条例》有下列突出成绩之一的单位和个人,由农业部、各省、自治区、直辖市人民政府或者农业主管部门给予奖励。

(一)在开展植物检疫对象和危险性病、虫、杂草普查方面有显著成绩的;

(二)在植物检疫对象的封锁、控制、消灭方面有显著成绩的;

(三)在积极宣传和模范执行《植物检疫条例》、植物检疫规章制度、与违反《植物检疫条例》行为作斗争等方面成绩突出的;

(四)在植物检疫技术的研究和应用上有重大突破的;

(五)铁路、交通、邮政、民航等部门和当地植物检疫机构密切配合,贯彻执行《植物检疫条例》成绩显著的。

第二十五条 有下列违法行为之一,尚未构成犯罪的,由植物检疫机构处以罚款:

(一)在报检过程中故意谎报受检物品种类、品种,隐瞒受检物品数量、受检作物面积,提供虚假证明材料的;

(二)在调运过程中擅自开拆检讫的植物、植物产品,调换或者夹带其他未经检疫的植物、植物产品,或者擅自将非л用用植物、植物产品作І用的;

(三)伪造、涂改、买卖、转让植物检疫单证、印章、标志、封识的;

(四)违反《植物检疫条例》第七条、第八条第一款、第十条规定之一,擅自调运植物、植物产品的;

(五)违反《植物检疫条例》第十一条规定,试验、生产、推广带有植物检疫对象的种子、苗木和其他繁殖材料,或者违反《植物检疫条例》第十三条规定,未经批准在非疫区进行检疫对象活体试验研究的;

(六)违反《植物检疫条例》第十二条第二款规定,不在指定地点种植或者不按要求隔离试种,或者隔离试种期间擅自分散种子、苗木和其他繁殖材料的。

罚款按以下标准执行：

对于非经营活动中的违法行为，处以 1000 元以下罚款；对于经营活动中的违法行为，有违法所得的，处以违法所得 3 倍以下罚款，但最高不得超过 30000 元；没有违法所得的，处以 10000 元以下罚款。

有本条第一款（二）、（三）、（四）、（五）、（六）项违法行为之一，引起疫情扩散的，责令当事人销毁或者除害处理。

有本条第一款违法行为之一，造成损失的，植物检疫机构可以责令其赔偿损失。

有本条第一款（二）、（三）、（四）、（五）、（六）项违法行为之一，以赢利为目的的，植物检疫机构可以没收当事人的非法所得。

第八章 附 则

第二十六条 国内植物检疫收费按照国家有关规定执行。

第二十七条 本实施细则所称"以上"、"以下"，均包括本数在内。

本实施细则所称"疫情"，是指全国植物检疫对象、各省、自治区、直辖市补充的植物检疫对象、国外新传入的和国内突发性的危险性病、虫、杂草以及植物检疫对象和危险性病、虫、杂草的发生、分布情况。

第二十八条 植物检疫规章和规范性文件的制定，必须以国务院发布的《植物检疫条例》为准，任何与《植物检疫条例》相违背的规章和规范性文件，均属无效。

第二十九条 本实施细则由农业部负责解释。

第三十条 本实施细则自公布之日起施行。1983 年 10 月 20 日农牧渔业部发布的《植物检疫条例实施细则（农业部分）》同时废止。

农业野生植物保护办法

(农业部令第 21 号)

(2002 年 9 月 6 日由农业部发布；根据 2004 年 7 月 1 日农业部令第 38 号《关于修订农业行政许可规章和规范性文件的决定》修订，根据 2013 年 12 月 31 日农业部令 2013 年第 5 号《农业部关于修订部分规章的决定》修订，根据 2016 年 5 月 30 日农业部令 2016 年第 3 号修改；现行版本自 2016 年 6 月 1 日起施行；法规类型为部门规章)

第一章 总 则

第一条 为保护和合理利用珍稀、濒危野生植物资源，保护生物多样性，加强野生植物管理，根据《中华人民共和国野生植物保护条例》（以下简称《条例》），制定本办法。

第二条 本办法所称野生植物是指符合《条例》第二条第二款规定的野生植物，包括野生植物的任何部分及其衍生物。

第三条 农业部按照《条例》第八条和本办法第二条规定的范围，主管全国野生植物的监督管理工作，并设立野生植物保护管理办公室负责全国野生植物监督管理的日常工作。

农业部野生植物保护管理办公室由部内有关司局组成。

县级以上地方人民政府农业（畜牧、渔业）行政主管部门（以下简称农业行政主管部门）

依据《条例》和本办法规定负责本行政区域内野生植物监督管理工作。

第二章 野生植物保护

第四条 国家重点保护野生植物名录的制定和调整由农业部野生植物保护管理办公室提出初步意见，经农业部野生植物保护专家审定委员会审定通过后，由农业部按照《条例》第十条第二款的规定报国务院批准公布。

第五条 农业部和省级农业行政主管部门负责在国家重点保护野生植物物种天然集中分布区域，划定并建立国家级或省级国家重点保护野生植物类型自然保护区。

国家级和省级国家重点保护野生植物类型自然保护区的建立，按照《中华人民共和国自然保护区条例》有关规定执行。

第六条 县级以上地方人民政府农业行政主管部门可以在国家级或省级野生植物类型保护区以外的其他区域，建立国家重点保护野生植物保护点或者设立保护标志。

国家重点保护野生植物保护点和保护标志的具体管理办法，由农业部野生植物保护管理办公室负责统一制定。

第七条 农业部根据需要，组织野生植物资源调查，建立国家重点保护野生植物资源档案，为确定国家重点保护野生植物名录及保护方案提供依据。

第八条 农业部建立国家重点保护野生植物监测制度，对国家重点保护野生植物进行动态监测。

第九条 县级以上农业行政主管部门所属的农业环境监测机构，负责监视、监测本辖区内环境质量变化对国家或地方重点保护野生植物生长情况的影响，并将监视、监测情况及时报送农业行政主管部门。

第十条 在国家重点保护野生植物生长地或周边地区实施建设项目，建设单位应当在该建设项目环境影响评价报告书中对是否影响野生植物生存环境作出专项评价。

建设项目所在区域农业行政主管部门依据《条例》规定，对上述专项评价进行审查，并根据审查结果对建设项目提出具体意见。

第十一条 对国家重点保护野生植物及其生长环境造成危害的单位和个人，应当及时采取补救措施，并报当地农业行政主管部门，接受调查处理。

第十二条 各级农业行政主管部门应当积极开展野生植物保护的宣传教育工作。

第三章 野生植物管理

第十三条 禁止采集国家一级保护野生植物。有下列情形之一，确需进行少量采集的，应当申请办理采集许可证：

（一）进行科学考察、资源调查，应当从野外获取野生植物标本的；

（二）进行野生植物人工培育、驯化，应当从野外获取种源的；

（三）承担省部级以上科研项目，应当从野外获取标本或实验材料的；

（四）因国事活动需要，应当提供并从野外获取野生植物活体的；

（五）因调控野生植物种群数量、结构，经科学论证应当采集的。

第十四条 申请采集国家重点保护野生植物，有下列情形之一的，不予发放采集许可证：

（一）申请人有条件以非采集的方式获取野生植物的种源、产品或者达到其目的的；

（二）采集申请不符合国家或地方有关规定，或者采集申请的采集方法、采集时间、采集地点、采集数量不当的；

（三）根据野生植物资源现状不宜采集的。

第十五条 申请采集国家重点保护野生植物，应当填写《国家重点保护野生植物采集申请表》，经采集地县级农业行政主管部门签署审核意见后，向采集地省级农业行政主管部门或其授权的野生植物保护管理机构申请办理采集许可证。

采集城市园林或风景名胜区内的国家重点保护野生植物，按照《条例》第十六条第三款和前款有关规定办理。

第十六条 申请采集国家一级重点保护野生植物的，还应当提供以下材料：

（一）进行科学考察、资源调查，需要从野外获取野生植物标本的，或者进行野生植物人工培育、驯化，需要从野外获取种源的，应当提供省级以上行政主管部门批复的项目审批文件、项目任务书（合同书）及执行方案（均为复印件）。

（二）承担省级以上科研项目，需要从野外获取标本或实验材料的，应当提供项目审批文件、项目任务书（合同书）及执行方案（均为复印件）。

（三）因国事活动，需要提供并从野外获取野生植物活体的，应当出具国务院外事行政主管部门的证明文件（复印件）。

（四）因调控野生植物种群数量、结构，经科学论证需要采集的，应当出具省级以上农业行政主管部门或省部级以上科研机构的论证报告或说明。

第十七条 负责签署审核意见的农业行政主管部门应当自受理申请之日起20日内签署审核意见。同意采集的，报送上级农业行政主管部门审批。

负责核发采集许可的农业行政主管部门或其授权的野生植物保护管理机构，应当在收到下级农业行政主管部门报来的审核材料之日起20日内，作出批准或不批准的决定，并及时通知申请者。

接受授权的野生植物保护管理机构在作出批准或者不批准的决定之前，应当征求本部门业务主管单位的意见。

农业行政主管部门或其授权的野生植物保护管理机构核发采集许可证后，应当抄送同级环境保护行政主管部门备案。

省级农业行政主管部门或其授权的野生植物保护管理机构核发采集许可证后，应当向农业部备案。

第十八条 取得采集许可证的单位和个人，应当按照许可证规定的植物种（或亚种）、数量、地点、期限和方式进行采集。采集作业完成后，应当及时向批准采集的农业行政主管部门或其授权的野生植物保护管理机构申请查验。

县级农业行政主管部门对在本辖区内的采集国家或地方重点保护野生植物的活动，应当进行实时监督检查，并应及时向批准采集的农业行政主管部门或其授权的野生植物保护管理机构报告监督检查结果。

第十九条 出售、收购国家二级保护野生植物的，应当填写《出售、收购国家重点保护二级野生植物申请表》，省级农业行政主管部门或其授权的野生植物保护管理机构自收到申请之日起20日内完成审查，作出是否批准的决定，并通知申请者。

由野生植物保护管理机构负责批准的，野生植物保护管理机构在做出批准或者不批准的决定之前，应当征求本部门业务主管单位的意见。

第二十条 出售、收购国家二级保护野生植物的许可为一次一批。

出售、收购国家二级保护野生植物的许可文件应当载明野生植物的物种名称（或亚种名）、数量、期限、地点及获取方式、来源等项内容。

第二十一条 国家重点保护野生植物的采集限定采集方式和规定禁采期。

国家重点保护野生植物的采集方式和禁采期由省级人民政府农业行政主管部门负责规定。

禁止在禁采期内或者以非法采集方式采集国家重点保护野生植物。

第二十二条 出口国家重点保护野生植物，或者进出口中国参加的国际公约所限制进出口的野生植物，应当填报《国家重点保护野生植物进出口许可申请表》，并经申请者所在地省级农业行政主管部门签署审核意见后，报农业部办理《国家重点保护野生植物进出口许可审批表》。农业部应当自收到省级农业行政主管部门报来的审核材料之日起20日作出是否批准的决定，并通知申请者。

农业部野生植物保护管理办公室在报批前应当征求部内相关业务司局的意见。

农业部野生植物保护管理办公室应当将签发的进出口许可审批表抄送国务院环境保护部门和国家濒危物种进出口管理机构。

第二十三条 申请出口国家重点保护野生植物，或者进出口中国参加的国际公约所限制进出口的野生植物的，应当提供以下材料：

（一）国家重点保护野生植物进出口许可申请表。

（二）申请单位的法人证明文件复印件。

（三）进出口合同（协议）复印件。

（四）出口野生植物及其产品的，应当提供省级以上农业行政主管部门或其授权机构核发的《国家重点保护野生植物采集许可证》复印件；野生植物来源为收购的，还应当提供省级农业行政主管部门出具的出售、收购审批件及购销合同（均为复印件）。

（五）出口含有国家重点保护农业野生植物成分产品的，应当提供由产品生产单位所在地省级以上农业行政主管部门认可的产品成分及规格的说明，以及产品成分检验报告。

（六）以贸易为目的的，还应当提供国务院外经贸部门或授权机构核发的进出口企业资格证书复印件。

第二十四条 经省级农业行政主管部门批准进行野外考察的外国人，应当在地方农业行政主管部门有关人员的陪同下，按照规定的时间、区域、路线、植物种类进行考察。

考察地省级农业行政主管部门或其授权的野生植物保护管理机构应当对外国人在本行政区域内的考察活动进行现场监督检查，并及时将监督检查情况报告农业部野生植物保护管理办公室。

外国人野外科学考察结束离境之前，应当向省级农业行政主管部门提交此次科学考察的报告副本。

第四章 奖励与处罚

第二十五条 在野生植物资源保护、科学研究、培育利用、宣传教育及其管理工作中成绩显著的单位和个人，县级以上人民政府农业行政主管部门予以表彰和奖励。

第二十六条 违反本办法规定，依照《条例》的有关规定追究法律责任。

第五章 附 则

第二十七条 本办法规定的《国家重点保护野生植物采集申请表》、《国家重点保护野生植物采集许可证》、《国家重点保护野生植物进出口许可申请表》和《国家重点保护野生植物进出口许可审批表》等文书格式，由农业部规定。有关表格由农业部野生植物保护管理办公室统一监制。《出售、收购国家重点保护二级野生植物申请表》等其他文书格式由省级农业行政主管部门规定。

第二十八条 本办法由农业部负责解释。

第二十九条 本办法自2002年10月1日起施行。

进境植物繁殖材料检疫管理办法

(国家出入境检验检疫局令第 10 号)

(1999 年 12 月 9 日由国家出入境检验检疫局发布；根据 2018 年 4 月 28 日海关总署令第 238 号《海关总署关于修改部分规章的决定》修改，根据 2018 年 5 月 29 日海关总署令第 240 号《海关总署关于修改部分规章的决定》修改；现行版本自 2018 年 7 月 1 日起施行；法规类型为部门规章)

第一章 总 则

第一条 为防止植物危险性有害生物随进境植物繁殖材料传入我国，保护我国农林生产安全，根据《中华人民共和国进出境动植物检疫法》及其实施条例等有关法律、法规的规定，制定本办法。

第二条 本办法适用于通过各种方式进境的贸易性和非贸易性植物繁殖材料（包括贸易、生产、来料加工、代繁、科研、交换、展览、援助、赠送以及享有外交、领事特权与豁免权的外国机构和人员公用或自用的进境植物繁殖材料）的检疫管理。

第三条 海关总署统一管理全国进境植物繁殖材料的检疫工作，主管海关负责所辖地区的进境繁殖材料的检疫和监督管理工作。

第四条 本办法所称植物繁殖材料是植物种子、种苗及其他繁殖材料的统称，指栽培、野生的可供繁殖的植物全株或者部分，如植株、苗木（含试管苗）、果实、种子、砧木、接穗、插条、叶片、芽体、块根、块茎、鳞茎、球茎、花粉、细胞培养材料（含转基因植物）等。

第五条 对进境植物繁殖材料的检疫管理以有害生物风险评估为基础，按检疫风险高低实行风险分级管理。

各类进境植物繁殖材料的风险评估由海关总署负责并公布其结果。

第二章 检疫审批

第六条 输入植物繁殖材料的，必须事先办理检疫审批手续，并在贸易合同中列明检疫审批提出的检疫要求。进境植物繁殖材料的检疫审批根据以下不同情况分别由相应部门负责：

（一）因科学研究、教学等特殊原因，需从国外引进禁止进境的植物繁殖材料的，引种单位、个人或其代理人须按照有关规定向海关总署申请办理特许检疫审批手续。

（二）引进非禁止进境的植物繁殖材料的，引种单位、个人或其代理人须按照有关规定向国务院农业或林业行政主管部门及各省、自治区、直辖市农业（林业）厅（局）申请办理国外引种检疫审批手续。

（三）携带或邮寄植物繁殖材料进境的，因特殊原因无法事先办理检疫审批手续的，携带人或邮寄人应当向入境口岸所在地直属海关申请补办检疫审批手续。

（四）因特殊原因引带有土壤或生长介质的植物繁殖材料的，引种单位、个人或其代理人须向海关总署申请办理输入土壤和生长介质的特许检疫审批手续。

第七条 海关总署在办理特许检疫审批手续时，将根据审批物原产地的植物疫情、入境后的用途、使用方式，提出检疫要求，并指定入境口岸。入境口岸或该审批物隔离检疫所在地的直属海关对存放、使用或隔离检疫场所的防疫措施和条件进行核查，并根据有关检疫要求进行检疫。

第八条 引种单位、个人或者其代理人应当在植物繁殖材料进境前取得《进境动植物检疫许可证》或者《引进种子、苗木检疫审批单》，并在进境前 10—15 日向入境口岸直属海关办理备案手续。

对不符合有关规定的检疫审批单，直属海关可拒绝办理备案手续。

第三章 进境检疫

第九条 海关总署根据需要，对向我国输出植物繁殖材料的国外植物繁殖材料种植场（圃）进行检疫注册登记，必要时商输出国（或地区）官方植物检疫部门同意后，可派检疫人员进行产地疫情考察和预检。

第十条 引种单位、个人或者其代理人在《进境动植物检疫许可证》或者《引进种子、苗木检疫审批单》核查备案后，应当在植物繁殖材料进境前 7 日凭输出国家（或地区）官方植物检疫部门出具的植物检疫证书、产地证书、贸易合同、发票以及其他必要的单证向指定的海关报检。

受引种单位委托引种的，报检时还需提供有关的委托协议。

第十一条 植物繁殖材料到达入境口岸时，检疫人员要核对货证是否相符，按品种、数（重）量、产地办理核销手续。

第十二条 对进境植物繁殖材料的检疫，必须严格按照有关国家标准、行业标准以及相关规定实施。

第十三条 进境植物繁殖材料经检疫后，根据检疫结果分别作如下处理：

（一）属于低风险的，经检疫未发现危险性有害生物，限定的非检疫性有害生物未超过有关规定的，给予放行；检疫发现危险性有害生物，或限定的非检疫性有害生物超过有关规定的，经有效的检疫处理后，给予放行；未经有效处理的，不准入境。

（二）属于高、中风险的，经检疫未发现检疫性有害生物，限定的非检疫性有害生物未超过有关规定的，运往指定的隔离检疫圃隔离检疫；经检疫发现检疫性有害生物，或限定的非检疫性有害生物超过有关规定，经有效的检疫处理后，运往指定的隔离检疫圃隔离检疫；未经有效处理的，不准入境。

第四章 隔离检疫

第十四条 所有高、中风险的进境植物繁殖材料必须在海关指定的隔离检疫圃进行隔离检疫。

海关凭指定隔离检疫圃出具的同意接收函和隔离检疫方案办理调离检疫手续，并对有关植物繁殖材料进入隔离检疫圃实施监管。

第十五条 需调离入境口岸所在地直属海关辖区进行隔离检疫的进境繁殖材料，入境口岸海关凭隔离检疫所在地直属海关出具的同意调入函予以调离。

第十六条 进境植物繁殖材料的隔离检疫圃按照设施条件和技术水平等分为国家隔离检疫圃、专业隔离检疫圃和地方隔离检疫圃。海关对隔离检疫圃的检疫管理按照"进境植物繁殖材料隔离检疫圃管理办法"执行。

第十七条 高风险的进境植物繁殖材料必须在国家隔离检疫圃隔离检疫。

因承担科研、教学等需要引进高风险的进境植物繁殖材料，经报海关总署批准后，可在专业隔离检疫圃实施隔离检疫。

第十八条 海关对进境植物繁殖材料的隔离检疫实施检疫监督。未经海关同意，任何单位或个人不得擅自调离、处理或使用进境植物繁殖材料。

第十九条 隔离检疫圃负责对进境隔离检疫圃植物繁殖材料的日常管理和疫情记录，发现重要疫情应及时报告所在地海关。

第二十条　隔离检疫结束后，隔离检疫圃负责出具隔离检疫结果和有关检疫报告。隔离检疫圃所在地海关负责审核有关结果和报告，结合进境检疫结果做出相应处理，并出具相关单证。

在地方隔离检疫圃隔离检疫的，由负责检疫的海关出具隔离检疫结果和报告。

第五章　检疫监督

第二十一条　海关对进境植物繁殖材料的运输、加工、存放和隔离检疫等过程，实施检疫监督管理。承担进境植物繁殖材料运输、加工、存放和隔离检疫的单位，必须严格按照海关的检疫要求，落实防疫措施。

第二十二条　引种单位或代理进口单位须向所在地海关办理登记备案手续；隔离检疫圃须经海关考核认可。

第二十三条　进境植物繁殖材料到达入境口岸后，未经海关许可不得卸离运输工具。因口岸条件限制等原因，经海关批准，可以运往指定地点检疫、处理。在运输装卸过程中，引种单位、个人或者其代理人应当采取有效防疫措施。

第二十四条　供展览用的进境植物繁殖材料，在展览期间，必须接受所在地海关的检疫监管，未经其同意，不得改作他用。展览结束后，所有进境植物繁殖材料须作销毁或退回处理，如因特殊原因，需改变用途的，按正常进境的检疫规定办理。展览遗弃的植物繁殖材料、生长介质或包装材料在海关监督下进行无害化处理。

第二十五条　对进入保税区（含保税工厂、保税仓库等）的进境植物繁殖材料须外包装完好，并接受海关的监管。需离开保税区在国内作繁殖用途的，按本办法规定办理。

第二十六条　海关根据需要应定期对境内的进境植物繁殖材料主要种植地进行疫情调查和监测，发现疫情要及时上报。

第六章　附　则

第二十七条　对违反本办法的单位和个人，依照《中华人民共和国进出境动植物检疫法》及其实施条例予以处罚。

第二十八条　本办法由海关总署负责解释。

第二十九条　本办法自2000年1月1日起施行。

进境栽培介质检疫管理办法

（国家质量监督检验检疫总局令第13号）

（1999年12月9日由国家质量监督检验检疫总局发布；根据2018年3月6日国家质量监督检验检疫总局令第196号《国家质量监督检验检疫总局关于废止和修改部分规章的决定》修改，根据2018年4月28日海关总署令第238号《海关总署关于修改部分规章的决定》修改，根据2018年5月29日海关总署令第240号《海关总署关于修改部分规章的决定》修改，根据2018年11月23日海关总署令第243号《海关总署关于修改部分规章的决定》修改；现行版本自2018年11月23日起施行；法规类型为部门规章）

第一章　总　则

第一条　为了防止植物危险性有害生物随进境栽培介质传入我国，根据《中华人民共和国进出境动植物检疫法》及其实施条例,制定本办法。

第二条 本办法适用于进境的、除土壤外的所有由一种或几种混合的具有贮存养分、保持水分、透气良好和固定植物等作用的人工或天然固体物质组成的栽培介质。

第三条 海关总署统一管理全国进境栽培介质的检疫审批工作。主管海关负责所辖地区进境栽培介质的检疫和监管工作。

第二章 检疫审批

第四条 使用进境栽培介质的单位必须事先提出申请,并应当在贸易合同或协议签订前办理检疫审批手续。

第五条 办理栽培介质进境检疫审批手续必须符合下列条件:
(一)栽培介质输出国或者地区无重大植物疫情发生;
(二)栽培介质必须是新合成或加工的,从工厂出品至运抵我国国境要求不超过四个月,且未经使用;
(三)进境栽培介质中不得带有土壤。

第六条① 使用进境栽培介质的单位应当如实填写海关进境动植物检疫许可证申请表,并附具栽培介质的成分检验、加工工艺流程、防止有害生物及土壤感染的措施等有关材料。

第七条 经审查合格,由海关总署签发海关进境动植物检疫许可证,并签署进境检疫要求,指定其进境口岸和限定其使用范围和时间。

第三章 进境检疫

第八条 输入栽培介质的货主或者其代理人,应当在进境前取得检疫审批,向进境口岸海关报检时应当提供输出国官方植物检疫证书、贸易合同和发票等单证。检疫证书上必须注明栽培介质经检疫符合中国的检疫要求。

第九条 栽培介质进境时,主管海关对进境栽培介质及其包装和填充物实施检疫。必要时,可提取部分样品送交海关总署指定的有关实验室,确认是否与审批时所送样品一致。

经检疫未发现病原真菌、细菌和线虫、昆虫、软体动物及其他有害生物的栽培介质,准予放行。

第十条 携带有其他危险性有害生物的栽培介质,经实施有效除害处理并经检疫合格后,准予放行。

第十一条 对以下栽培介质做退回或销毁处理:
(一)未按规定办理检疫审批手续的;
(二)带有土壤的;
(三)带有我国进境植物检疫一、二类危险性有害生物或对我国农、林、牧、渔业有严重危害的其他危险性有害生物,又无有效除害处理办法的;
(四)进境栽培介质与审批品种不一致的。

第四章 检疫监管

第十二条 海关总署对向我国输出贸易性栽培介质的国外生产、加工、存放单位实行注册登记制度。必要时,商输出国有关部门同意,派检疫人员赴产地进行预检、监装或者产地疫情调查。

---

① 根据海关总署公告 2020 年第 99 号《关于调整部分进出境货物监管要求的公告》,删除原第六条第一项中"有害生物检疫报告"及第二项。

第十三条 主管海关应对栽培介质进境后的使用范围和使用过程进行定期检疫监管和疫情检测，发现疫情和问题及时采取相应的处理措施，并将情况上报海关总署。对直接用于植物栽培的，监管时间至少为被栽培植物的一个生长周期。

第十四条 带有栽培介质的进境参展盆栽植物必须具备严格的隔离措施。进境时应更换栽培介质并对植物进行洗根处理，如确需保活而不能进行更换栽培介质处理的盆栽植物，必须按有关规定向海关总署办理进口栽培介质审批手续，但不需预先提供样品。

第十五条 带有栽培介质的进境参展植物在参展期间由参展地海关进行检疫监管；展览结束后需要在国内销售的应按有关贸易性进境栽培介质检疫规定办理。

第五章 附 则

第十六条 对违反本办法的有关当事人，依照《中华人民共和国进出境动植物检疫法》及其实施条例给予处罚。

第十七条 本办法由海关总署负责解释。

第十八条 本办法自 2000 年 1 月 1 日起执行。

进境动植物检疫审批管理办法

（国家质量监督检验检疫总局令第 25 号）

（2002 年 8 月 2 日由国家质量监督检验检疫总局发布；根据 2015 年 11 月 25 日国家质量监督检验检疫总局令第 170 号《国家质量监督检验检疫总局关于修改〈进境动植物检疫审批管理办法〉的决定》修改，根据 2018 年 4 月 28 日海关总署令第 238 号《海关总署关于修改部分规章的决定》修改，根据 2018 年 5 月 29 日海关总署令第 240 号《海关总署关于修改部分规章的决定》修改；现行版本自 2018 年 7 月 1 日起施行；法规类型为部门规章）

第一章 总 则

第一条 为进一步加强对进境动植物检疫审批的管理工作，防止动物传染病、寄生虫病和植物危险性病虫杂草以及其他有害生物的传入，根据《中华人民共和国进出境动植物检疫法》（以下简称进出境动植物检疫法）及其实施条例的有关规定，制定本办法。

第二条 本办法适用于对进出境动植物检疫法及其实施条例以及国家有关规定需要审批的进境动物（含过境动物）、动植物产品和需要特许审批的禁止进境物的检疫审批。

海关总署根据法律法规的有关规定以及国务院有关部门发布的禁止进境物名录，制定、调整并发布需要检疫审批的动植物及其产品名录。

第三条 海关总署统一管理本办法所规定的进境动植物检疫审批工作。海关总署或者海关总署授权的其他审批机构（以下简称审批机构）负责签发《中华人民共和国进境动植物检疫许可证》（以下简称《检疫许可证》）和《中华人民共和国进境动植物检疫许可证申请未获批准通知单》（以下简称《检疫许可证申请未获批准通知单》）。

各直属海关（以下简称初审机构）负责所辖地区进境动植物检疫审批申请的初审工作。

第二章 申 请

第四条 申请办理检疫审批手续的单位（以下简称申请单位）应当是具有独立法人资格

并直接对外签订贸易合同或者协议的单位。

过境动物的申请单位应当是具有独立法人资格并直接对外签订贸易合同或者协议的单位或者其代理人。

第五条 申请单位应当在签订贸易合同或者协议前，向审批机构提出申请并取得《检疫许可证》。

过境动物在过境前，申请单位应当向海关总署提出申请并取得《检疫许可证》。

第六条 申请单位应当按照规定如实填写并提交《中华人民共和国进境动植物检疫许可证申请表》（以下简称《检疫许可证申请表》），需要初审的，由进境口岸初审机构进行初审；加工、使用地不在进境口岸初审机构所辖地区内的货物，必要时还需由使用地初审机构初审。

申请单位应当向初审机构提交下列材料：

（一）申请单位的法人资格证明文件（复印件）；

（二）输入动物需要在临时隔离场检疫的，应当填写《进境动物临时隔离检疫场许可证申请表》；

（三）输入动物肉类、脏器、肠衣、原毛（含羽毛）、原皮、生的骨、角、蹄、蚕茧和水产品等由海关总署公布的定点企业生产、加工、存放的，申请单位需提供与定点企业签订的生产、加工、存放的合同；

（四）办理动物过境的，应当说明过境路线，并提供输出国家或者地区官方检疫部门出具的动物卫生证书（复印件）和输入国家或者地区官方检疫部门出具的准许动物进境的证明文件；

（五）因科学研究等特殊需要，引进进出境动植物检疫法第五条第一款所列禁止进境物的，必须提交书面申请，说明其数量、用途、引进方式、进境后的防疫措施、科学研究的立项报告及相关主管部门的批准立项证明文件；

第三章 审核批准

第七条 初审机构对申请单位检疫审批申请进行初审的内容包括：

（一）申请单位提交的材料是否齐全，是否符合本办法第四条、第六条的规定；

（二）输出和途经国家或者地区有无相关的动植物疫情；

（三）是否符合中国有关动植物检疫法律法规和部门规章的规定；

（四）是否符合中国与输出国家或者地区签订的双边检疫协定（包括检疫协议、议定书、备忘录等）；

（五）进境后需要对生产、加工过程实施检疫监督的动植物及其产品，审查其运输、生产、加工、存放及处理等环节是否符合检疫防疫及监管条件，根据生产、加工企业的加工能力核定其进境数量；

（六）可以核销的进境动植物产品，应当按照有关规定审核其上一次审批的《检疫许可证》的使用、核销情况。

第八条 初审合格的，由初审机构签署初审意见。同时对考核合格的动物临时隔离检疫场出具《进境动物临时隔离检疫场许可证》。对需要实施检疫监管的进境动植物产品，必要时出具对其生产加工存放单位的考核报告。由初审机构将所有材料上报海关总署审核。

初审不合格的，将申请材料退回申请单位。

第九条 同一申请单位对同一品种、同一输出国家或者地区、同一加工、使用单位一次只能办理1份《检疫许可证》。

第十条 海关总署或者初审机构认为必要时，可以组织有关专家对申请进境的产品进行风险分析，申请单位有义务提供有关资料和样品进行检测。

第十一条 海关总署根据审核情况,自初审机构受理申请之日起二十日内签发《检疫许可证》或者《检疫许可证申请未获批准通知单》。二十日内不能做出许可决定的,经海关总署负责人批准,可以延长十日,并应当将延长期限的理由告知申请单位。

第四章 许可单证的管理和使用

第十二条 《检疫许可证申请表》、《检疫许可证》和《检疫许可证申请未获批准通知单》由海关总署统一印制和发放。

《检疫许可证》由海关总署统一编号。

第十三条 《检疫许可证》的有效期分别为 3 个月或者一次有效。除对活动物签发的《检疫许可证》外,不得跨年度使用。

第十四条 按照规定可以核销的进境动植物产品,在许可数量范围内分批进口、多次报检使用《检疫许可证》的,进境口岸海关应当在《检疫许可证》所附检疫物进境核销表中进行核销登记。

第十五条 有下列情况之一的,申请单位应当重新申请办理《检疫许可证》:

(一) 变更进境检疫物的品种或者超过许可数量百分之五以上的;

(二) 变更输出国家或者地区的;

(三) 变更进境口岸、指运地或者运输路线的。

第十六条 有下列情况之一的,《检疫许可证》失效、废止或者终止使用:

(一) 《检疫许可证》有效期届满未延续的,海关总署应当依法办理注销手续;

(二) 在许可范围内,分批进口、多次报检使用的,许可数量全部核销完毕的,海关总署应当依法办理注销手续;

(三) 国家依法发布禁止有关检疫物进境的公告或者禁令后,海关总署可以撤回已签发的《检疫许可证》;

(四) 申请单位违反检疫审批的有关规定,海关总署可以撤销已签发的《检疫许可证》。

第十七条 申请单位取得许可证后,不得买卖或者转让。口岸海关在受理报检时,必须审核许可证的申请单位与检验检疫证书上的收货人、贸易合同的签约方是否一致,不一致的不得受理报检。

第五章 附 则

第十八条 申请单位违反本办法规定的,由海关依据有关法律法规的规定予以处罚。

第十九条 海关总署可以授权直属海关对其所辖地区进境动植物检疫审批申请进行审批,签发《检疫许可证》或者出具《检疫许可证申请未获批准通知单》。

第二十条 海关及其工作人员在办理进境动植物检疫审批工作时,必须遵循公开、公正、透明的原则,依法行政,忠于职守,自觉接受社会监督。

海关工作人员违反法律法规及本办法规定,滥用职权,徇私舞弊,故意刁难的,由其所在单位或者上级机构按照规定查处。

第二十一条 本办法由海关总署负责解释。

第二十二条 本办法自 2002 年 9 月 1 日起施行。

公布进境动植物检疫审批名录

(国家质量监督检验检疫总局公告2002年第2号)

(2002年1月8日由国家质量监督检验检疫总局发布,2002年1月8日起施行,法规类型为规范性文件)

为进一步规范进境动植物检疫审批工作,根据《中华人民共和国进出境动植物检疫法》及其实施条例和其他有关规章的相关规定,现将须办理检疫审批的进境动植物、动植物产品和其他检疫物名录予以公布(见附件)。有关事项公告如下:

一、凡名录中规定须办理检疫审批的动植物、动植物产品和其他检疫物,进口单位均须按照有关进境动植物检疫审批的规定,到国家质量监督检验检疫总局(以下简称国家质检总局)办理进境检疫审批手续。

二、西藏自治区与邻近国家开展的边境小额贸易并在西藏自治区内销售使用的进境动植物产品,除偶蹄动物产品外,由西藏检验检疫局审批。

三、对名录中规定须办理检疫审批的动植物、动植物产品和其他检疫物,口岸检验检疫机构必须凭《中华人民共和国进境动植物检疫许可证》正本接受报检。

四、2001年各直属检验检疫局已经发放的《中华人民共和国进境动植物检疫许可证》至2002年2月28日全部废止。

五、引进植物种子和苗木的进境审批办法,按农业部、国家林业局的相关规定执行。

附件:进境动植物检疫审批名录

附件

进境动植物检疫审批名录

一、动物检疫审批

(一)活动物:动物(指饲养、野生的活动物如畜、禽、兽、蛇、龟、虾、蟹、贝、蚕、蜂等)、胚胎、精液、受精卵、种蛋及其他动物遗传物质;

(二)食用性动物产品:肉类及其产品(含脏器)、动物水产品、蛋类及其制品、奶及其制品;

(三)非食用性动物产品:皮张类、毛类、骨蹄角及其产品、明胶、蚕茧、动物源性饲料及饲料添加剂、饲料用乳清粉、鱼粉、肉粉、骨粉、肉骨粉、油脂、血粉、血液等,含有动物成份的有机肥料。

二、植物检疫审批

(一)果蔬类:新鲜水果、番茄、茄子、辣椒果实;

(二)烟草类:烟叶及烟草薄片;

(三)粮谷类:小麦、玉米、稻谷、大麦、黑麦、燕麦、高粱等及其加工产品,如大米、麦芽、面粉等;

(四)豆类:大豆、绿豆、豌豆、赤豆、蚕豆、鹰嘴豆等;

（五）薯类：马铃薯、木薯、甘薯等及其加工产品；
（六）饲料类：麦麸、豆饼、豆粕等；
（七）其他类：植物栽培介质。
三、特许审批
动植物病原体（包括菌种、毒种等）、害虫以及其他有害生物，动植物疫情流行国家和地区的有关动植物、动植物产品和其他检疫物，动物尸体，土壤。
植物检疫特许审批名录按《中华人民共和国进境植物检疫禁止进境物名录》执行。
四、过境动物检疫审批
过境动物。

取消进境检疫审批规定的植物产品名录

（国家质量监督检验检疫总局公告2003年第43号）

（2003年5月8日由国家质量监督检验检疫总局发布，2003年6月1日起施行，法规类型为规范性文件）

为完善进境动植物检疫审批工作，经过风险分析，确定玉米淀粉、马铃薯淀粉、木薯淀粉及其他淀粉、变性及改性淀粉、冷冻马铃薯条（包括冷冻马铃薯球、冷冻马铃薯饼、冷冻马铃薯坯、冷冻油炸马铃薯条）、陶瓷土粉、植物生长营养液（不含动物成分或未经加工的植物成分和有毒有害物质）等8类植物产品系进口前已经加工处理，其携带有害生物风险较低。自2003年6月1日起，取消上述8类植物产品的进境动植物检疫审批规定。有关企业在进口上述8类植物产品前不需办理进境动植物检疫许可证，但在入境时应主动向检验检疫机构报检，接受检验检疫。

各地检验检疫机构要继续加强对上述8类植物产品的检验检疫工作，确保其符合我国检验检疫要求。

特此公告。

附件：取消进境检疫审批规定的植物产品名录

附件

取消进境检疫审批规定的植物产品名录

商品编码	商品名称及备注	海关监管条件	检验检疫类别
11081200	玉米淀粉	A/B	P.R/Q.S
11081300	马铃薯淀粉	A/B	P.R/Q.S
11081400	木薯淀粉	A/B	P.R/Q.S
11081900	其他淀粉	A/B	P.R/Q.S

续表

商品编码	商品名称及备注	海关监管条件	检验检疫类别
35051000	变性淀粉、改性淀粉（包括马铃薯、甘薯、木薯、玉米的变性淀粉、改性淀粉）	无	无
20041000	冷东马铃薯条（包括冷冻马铃薯球、冷冻马铃薯饼、冷冻马铃薯坯、冷冻油炸马铃薯条）	A/B	P.R/Q.S
25070000	陶瓷土粉	无	无
31010090	植物生长营养液（不含动物成分或未经加工的植物成分和有毒有害物质）	无	无

1. 海关监管条件：A—实施进境检验检疫；B—实施出境检验检疫；
2. 检验检疫类别：P—进境动植物、动植物产品检疫；R—进口食品卫生监督检验；Q—出境动植物、动植物产品检疫；S—出口食品卫生监督检验。

关于取消某些动植物产品的进境检疫审批规定的公告

(国家质量监督检验检疫总局公告2004年第111号)

(2004年8月30日由国家质量监督检验检疫总局发布，2004年8月30日起施行，法规类型为规范性文件)

为了进一步完善进境动植物检疫审批工作，经过风险评估，决定自2004年9月1日起，取消以下动植物产品的进境建议审批规定：

动物产品：蓝湿（干）皮、已鞣制皮毛、洗净羽绒、洗净毛、碳化毛、毛条、贝壳类、水产品、蜂产品、蛋制品（不含鲜蛋）、奶制品（鲜奶除外）、熟制肉类产品（如香肠、火腿、肉类罐头、食用高温炼制动物油脂）；

植物产品：粮食加工品（大米、面粉、米粉、淀粉等）、薯类加工品（马铃薯细粉等）、植物源性饲料添加剂、乳酸菌、酵母菌。

有关企业在进口上述动植物产品前不需办理进境动物检疫许可证。但在上述货物入境时应按规定向检验检疫机构报检，依法进行检验检疫。

来（进）料加工复出口的肉类改为按年度审批，各直属检验检疫根据企业的《中华人民共和国海关进料加工登记手册》或《中华人民共和国海关来料加工登记手册》或《中华人民共和国海关对外商投资企业履行产品出口合同所需进口料件加工复出口》和企业的实际加工能力进行核销。

特此公告。

关于取消部分产品进境动植物检疫审批的公告

(海关总署公告2018年第51号)

(2018年5月29日由海关总署发布,2018年6月1日起施行,法规类型为规范性文件)

根据《进境动植物检疫审批管理办法》(质检总局令第25号公布,质检总局令第170号、海关总署令第238号修改),经风险评估,决定自2018年6月1日起,取消对部分产品(清单见附件)实施进境动植物检疫审批。

上述产品进口前,相关企业不需再申请办理进境动植物检疫许可证,但货物入境时应当按照规定向海关申报,依法接受检验检疫。

特此公告。

附件:取消进境动植物检疫审批的产品清单

中华人民共和国种子法

(主席令第34号)

(2000年7月8日第九届全国人民代表大会常务委员会第十六次会议通过;根据2004年8月28日第十届全国人民代表大会常务委员会第十一次会议《关于修改〈中华人民共和国种子法〉的决定》第一次修正,根据2013年6月29日第十二届全国人民代表大会常务委员会第三次会议《关于修改〈中华人民共和国文物保护法〉等十二部法律的决定》第二次修正,2015年11月4日第十二届全国人民代表大会常务委员会第十七次会议修订;现行版本自2016年1月1日起施行;法规类型为法律)

第一章 总 则

第一条 为了保护和合理利用种质资源,规范品种选育、种子生产经营和管理行为,保护植物新品种权,维护种子生产经营者、使用者的合法权益,提高种子质量,推动种子产业化,发展现代种业,保障国家粮食安全,促进农业和林业的发展,制定本法。

第二条 在中华人民共和国境内从事品种选育、种子生产经营和管理等活动,适用本法。

本法所称种子,是指农作物和林木的种植材料或者繁殖材料,包括籽粒、果实、根、茎、苗、芽、叶、花等。

第三条 国务院农业、林业主管部门分别主管全国农作物种子和林木种子工作;县级以上地方人民政府农业、林业主管部门分别主管本行政区域内农作物种子和林木种子工作。

各级人民政府及其有关部门应当采取措施,加强种子执法和监督,依法惩处侵害农民权益的种子违法行为。

第四条 国家扶持种质资源保护工作和选育、生产、更新、推广使用良种，鼓励品种选育和种子生产经营相结合，奖励在种质资源保护工作和良种选育、推广等工作中成绩显著的单位和个人。

第五条 省级以上人民政府应当根据科教兴农方针和农业、林业发展的需要制定种业发展规划并组织实施。

第六条 省级以上人民政府建立种子储备制度，主要用于发生灾害时的生产需要及余缺调剂，保障农业和林业产安全。对储备的种子应当定期检验和更新。种子储备的具体办法由国务院规定。

第七条 转基因植物品种的选育、试验、审定和推广应当进行安全性评价，并采取严格的安全控制措施。国务院农业、林业主管部门应当加强跟踪监管并及时公告有关转基因植物品种审定和推广的信息。具体办法由国务院规定。

第二章 种质资源保护

第八条 国家依法保护种质资源，任何单位和个人不得侵占和破坏种质资源。

禁止采集或者采伐国家重点保护的天然种质资源。因科研等特殊情况需要采集或者采伐的，应当经国务院或者省、自治区、直辖市人民政府的农业、林业主管部门批准。

第九条 国家有计划地普查、收集、整理、鉴定、登记、保存、交流和利用种质资源，定期公布可供利用的种质资源目录。具体办法由国务院农业、林业主管部门规定。

第十条 国务院农业、林业主管部门应当建立种质资源库、种质资源保护区或者种质资源保护地。省、自治区、直辖市人民政府农业、林业主管部门可以根据需要建立种质资源库、种质资源保护区、种质资源保护地。种质资源库、种质资源保护区、种质资源保护地的种质资源属公共资源，依法开放利用。

占用种质资源库、种质资源保护区或者种质资源保护地的，需经原设立机关同意。

第十一条 国家对种质资源享有主权，任何单位和个人向境外提供种质资源，或者与境外机构、个人开展合作研究利用种质资源的，应当向省、自治区、直辖市人民政府农业、林业主管部门提出申请，并提交国家共享惠益的方案；受理申请的农业、林业主管部门经审核，报国务院农业、林业主管部门批准。

从境外引进种质资源的，依照国务院农业、林业主管部门的有关规定办理。

第三章 品种选育、审定与登记

第十二条 国家支持科研院所及高等院校重点开展育种的基础性、前沿性和应用技术研究，以及常规作物、主要造林树种种和无性繁殖材料选育等公益性研究。

国家鼓励种子企业充分利用公益性研究成果，培育具有自主知识产权的优良品种；鼓励种子企业与科研院所及高等院校构建技术研发平台，建立以市场为导向、资本为纽带、利益共享、风险共担的产学研相结合的种业技术创新体系。

国家加强种业科技创新能力建设，促进种业科技成果转化，维护种业科技人员的合法权益。

第十三条 由财政资金支持形成的育种发明专利权和植物新品种权，除涉及国家安全、国家利益和重大社会公共利益的外，授权项目承担者依法取得。

由财政资金支持为主形成的育种成果的转让、许可等应当依法公开进行，禁止私自交易。

第十四条 单位和个人因林业主管部门为选育林木良种建立测定林、试验林、优树收集区、基因库等而减少经济收入的，批准建立的林业主管部门应当按照国家有关规定给予经济补偿。

第十五条 国家对主要农作物和主要林木实行品种审定制度。主要农作物品种和主要林木品种在推广前应当通过国家级或者省级审定。由省、自治区、直辖市人民政府林业主管部门确定的主要林木品种实行省级审定。

申请审定的品种应当符合特异性、一致性、稳定性要求。

主要农作物品种和主要林木品种的审定办法由国务院农业、林业主管部门规定。审定办法应当体现公正、公开、科学、效率的原则，有利于产量、品质、抗性等的提高与协调，有利于适应市场和生活消费需要的品种的推广。在制定、修改审定办法时，应当充分听取育种者、种子使用者、生产经营者和相关行业代表意见。

第十六条 国务院和省、自治区、直辖市人民政府的农业、林业主管部门分别设立由专业人员组成的农作物品种和林木品种审定委员会。品种审定委员会承担主要农作物品种和主要林木品种的审定工作，建立包括申请文件、品种审定试验数据、种子样品、审定意见和审定结论等内容的审定档案，保证可追溯。在审定通过的品种依法公布的相关信息中应当包括审定意见情况，接受监督。

品种审定实行回避制度。品种审定委员会委员、工作人员及相关测试、试验人员应当忠于职守，公正廉洁。对单位和个人举报或者监督检查发现的上述人员的违法行为，省级以上人民政府农业、林业主管部门和有关机关应当及时依法处理。

第十七条 实行选育生产经营相结合，符合国务院农业、林业主管部门规定条件的种子企业，对其自主研发的主要农作物品种、主要林木品种可以按照审定办法自行完成试验，达到审定标准的，品种审定委员会应当颁发审定证书。种子企业对试验数据的真实性负责，保证可追溯，接受省级以上人民政府农业、林业主管部门和社会的监督。

第十八条 审定未通过的农作物品种和林木品种，申请人有异议的，可以向原审定委员会或者国家级审定委员会申请复审。

第十九条 通过国家级审定的农作物品种和林木良种由国务院农业、林业主管部门公告，可以在全国适宜的生态区域推广。通过省级审定的农作物品种和林木良种由省、自治区、直辖市人民政府农业、林业主管部门公告，可以在本行政区域内适宜的生态区域推广；其他省、自治区、直辖市属于同一适宜生态区的地域引种农作物品种、林木良种的，引种者应当将引种的品种和区域报所在省、自治区、直辖市人民政府农业、林业主管部门备案。

引种本地区没有自然分布的林木品种，应当按照国家引种标准通过试验。

第二十条 省、自治区、直辖市人民政府农业、林业主管部门应当完善品种选育、审定工作的区域协作机制，促进优良品种的选育和推广。

第二十一条 审定通过的农作物品种和林木良种出现不可克服的严重缺陷等情形不宜继续推广、销售的，经原审定委员会审核确认后，撤销审定，由原公告部门发布公告，停止推广、销售。

第二十二条 国家对部分非主要农作物实行品种登记制度。列入非主要农作物登记目录的品种在推广前应当登记。

实行品种登记的农作物范围应当严格控制，并根据保护生物多样性、保证消费安全和用种安全的原则确定。登记目录由国务院农业主管部门制定和调整。

申请者申请品种登记应当向省、自治区、直辖市人民政府农业主管部门提交申请文件和种子样品，并对其真实性负责，保证可追溯，接受监督检查。申请文件包括品种的种类、名称、来源、特性、育种过程以及特异性、一致性、稳定性测试报告等。

省、自治区、直辖市人民政府农业主管部门自受理品种登记申请之日起二十个工作日内，对申请者提交的申请文件进行书面审查，符合要求的，报国务院农业主管部门予以登记公告。

对已登记品种存在申请文件、种子样品不实的，由国务院农业主管部门撤销该品种登记，并将该申请者的违法信息记入社会诚信档案，向社会公布；给种子使用者和其他种子生产经营者造成损失的，依法承担赔偿责任。

对已登记品种出现不可克服的严重缺陷等情形的，由国务院农业主管部门撤销登记，并发布公告，停止推广。

非主要农作物品种登记办法由国务院农业主管部门规定。

第二十三条 应当审定的农作物品种未经审定的，不得发布广告、推广、销售。

应当审定的林木品种未经审定通过的，不得作为良种推广、销售，但生产确需使用的，应当经林木品种审定委员会认定。

应当登记的农作物品种未经登记的，不得发布广告、推广，不得以登记品种的名义销售。

第二十四条 在中国境内没有经常居所或者营业场所的境外机构、个人在境内申请品种审定或者登记的，应当委托具有法人资格的境内种子企业代理。

第四章 新品种保护

第二十五条 国家实行植物新品种保护制度。对国家植物品种保护名录内经过人工选育或者发现的野生植物加以改良，具备新颖性、特异性、一致性、稳定性和适当命名的植物品种，由国务院农业、林业主管部门授予植物新品种权，保护植物新品种权所有人的合法权益。植物新品种权的内容和归属、授予条件、申请和受理、审查与批准，以及期限、终止和无效等依照本法、有关法律和行政法规规定执行。

国家鼓励和支持种业科技创新、植物新品种培育及成果转化。取得植物新品种权的品种得到推广应用的，育种者依法获得相应的经济利益。

第二十六条 一个植物新品种只能授予一项植物新品种权。两个以上的申请人分别就同一个品种申请植物新品种权的，植物新品种权授予最先申请的人；同时申请的，植物新品种权授予最先完成该品种育种的人。

对违反法律、危害社会公共利益、生态环境的植物新品种，不授予植物新品种权。

第二十七条 授予植物新品种权的植物新品种名称，应当与相同或者相近的植物属或者种中已知品种的名称相区别。该名称经授权后即为该植物新品种的通用名称。

下列名称不得用于授权品种的命名：

（一）仅以数字表示的；

（二）违反社会公德的；

（三）对植物新品种的特征、特性或者育种者身份等容易引起误解的。

同一植物品种在申请新品种保护、品种审定、品种登记、推广、销售时只能使用同一个名称。生产推广、销售的种子应当与申请植物新品种保护、品种审定、品种登记时提供的样品相符。

第二十八条 完成育种的单位或者个人对其授权品种，享有排他的独占权。任何单位或者个人未经植物新品种权所有人许可，不得生产、繁殖或者销售该授权品种的繁殖材料，不得为商业目的将该授权品种的繁殖材料重复使用于生产另一品种的繁殖材料；但是本法、有关法律、行政法规另有规定的除外。

第二十九条 在下列情况下使用授权品种的，可以不经植物新品种权所有人许可，不向其支付使用费，但不得侵犯植物新品种权所有人依照本法、有关法律、行政法规享有的其他权利：

（一）利用授权品种进行育种及其他科研活动的；

（二）农民自繁自用授权品种的繁殖材料。

第三十条 为了国家利益或者社会公共利益，国务院农业、林业主管部门可以作出实施植物新品种权强制许可的决定，并予以登记和公告。

取得实施强制许可的单位或者个人不享有独占的实施权，并且无权允许他人实施。

第五章 种子生产经营

第三十一条 从事种子进出口业务的种子生产经营许可证，由省、自治区、直辖市人民政府农业、林业主管部门审核，国务院农业、林业主管部门核发。

从事主要农作物杂交种子及其亲本种子、林木良种种子的生产经营以及实行选育生产经营相结合，符合国务院农业、林业主管部门规定条件的种子企业的种子生产经营许可证，由生产经营者所在地县级人民政府农业、林业主管部门审核，省、自治区、直辖市人民政府农业、林业主管部门核发。

前两款规定以外的其他种子的生产经营许可证，由生产经营者所在地县级以上地方人民政府农业、林业主管部门核发。

只从事非主要农作物种子和非主要林木种子生产的，不需要办理种子生产经营许可证。

第三十二条 申请取得种子生产经营许可证的，应当具有与种子生产经营相适应的生产经营设施、设备及专业技术人员，以及法规和国务院农业、林业主管部门规定的其他条件。

从事种子生产的，还应当同时具有繁殖种子的隔离和培育条件，具有无检疫性有害生物的种子生产地点或者县级以上人民政府林业主管部门确定的采种林。

申请领取具有植物新品种权的种子生产经营许可证的，应当征得植物新品种权所有人的书面同意。

第三十三条 种子生产经营许可证应当载明生产经营者名称、地址、法定代表人、生产种子的品种、地点和种子经营的范围、有效期限、有效区域等事项。

前款事项发生变更的，应当自变更之日起三十日内，向原核发许可证机关申请变更登记。

除本法另有规定外，禁止任何单位和个人无种子生产经营许可证或者违反种子生产经营许可证的规定生产、经营种子。禁止伪造、变造、买卖、租借种子生产经营许可证。

第三十四条 种子生产应当执行种子生产技术规程和种子检验、检疫规程。

第三十五条 在林木种子生产基地内采集种子的，由种子生产基地的经营者组织进行，采集种子应当按照国家有关标准进行。

禁止抢采掠青、损坏母树，禁止在劣质林内、劣质母树上采集种子。

第三十六条 种子生产经营者应当建立和保存包括种子来源、产地、数量、质量、销售去向、销售日期和有关责任人员等内容的生产经营档案，保证可追溯。种子生产经营档案的具体载明事项，种子生产经营档案及种子样品的保存期限由国务院农业、林业主管部门规定。

第三十七条 农民个人自繁自用的常规种子有剩余的，可以在当地集贸市场上出售、串换，不需要办理种子生产经营许可证。

第三十八条 种子生产经营许可证的有效区域由发证机关在其管辖范围内确定。种子生产经营者在种子生产经营许可证载明的有效区域设立分支机构的，专门经营不再分装的包装种子的，或者受具有种子生产经营许可证的种子生产经营者以书面委托生产、代销其种子的，不需要办理种子生产经营许可证，但应当向当地农业、林业主管部门备案。

实行选育生产经营相结合，符合国务院农业、林业主管部门规定条件的种子企业的生产经营许可证的有效区域为全国。

第三十九条 未经省、自治区、直辖市人民政府林业主管部门批准，不得收购珍贵树木种子和本级人民政府规定限制收购的林木种子。

第四十条 销售的种子应当加工、分级、包装。但是不能加工、包装的除外。

大包装或者进口种子可以分装；实行分装的，应当标注分装单位，并对种子质量负责。

第四十一条 销售的种子应当符合国家或者行业标准，附有标签和使用说明。标签和使用说明标注的内容应当与销售的种子相符。种子生产经营者对标注内容的真实性和种子质量负责。

标签应当标注种子类别、品种名称、品种审定或者登记编号、品种适宜种植区域及季节、生产经营者及注册地、质量指标、检疫证明编号、种子生产经营许可证编号和信息代码，以及国务院农业、林业主管部门规定的其他事项。

销售授权品种种子的，应当标注品种权号。

销售进口种子的，应当附有进口审批文号和中文标签。

销售转基因植物品种种子的，必须用明显的文字标注，并应当提示使用时的安全控制措施。

种子生产经营者应当遵守有关法律、法规的规定，诚实守信，向种子使用者提供种子生产者信息、种子的主要性状、主要栽培措施、适应性等使用条件的说明、风险提示与有关咨询服务，不得作虚假或者引人误解的宣传。

任何单位和个人不得非法干预种子生产经营者的生产经营自主权。

第四十二条 种子广告的内容应当符合本法和有关广告的法律、法规的规定，主要性状描述等应当与审定、登记公告一致。

第四十三条 运输或者邮寄种子应当依照有关法律、行政法规的规定进行检疫。

第四十四条 种子使用者有权按照自己的意愿购买种子，任何单位和个人不得非法干预。

第四十五条 国家对推广使用林木良种造林给予扶持。国家投资或者国家投资为主的造林项目和国有林业单位造林，应当根据林业主管部门制定的计划使用林木良种。

第四十六条 种子使用者因种子质量问题或者因种子的标签和使用说明标注的内容不真实，遭受损失的，种子使用者可以向出售种子的经营者要求赔偿，也可以向种子生产者或者其他经营者要求赔偿。赔偿额包括购种价款、可得利益损失和其他损失。属于种子生产者或者其他经营者责任的，出售种子的经营者赔偿后，有权向种子生产者或者其他经营者追偿；属于出售种子的经营者责任的，种子生产者或者其他经营者赔偿后，有权向出售种子的经营者追偿。

第六章　种子监督管理

第四十七条 农业、林业主管部门应当加强对种子质量的监督检查。种子质量管理办法、行业标准和检验方法，由国务院农业、林业主管部门制定。

农业、林业主管部门可以采用国家规定的快速检测方法对生产经营的种子品种进行检测，检测结果可以作为行政处罚依据。被检查人对检测结果有异议的，可以申请复检，复检不得采用同一检测方法。因检测结果错误给当事人造成损失的，依法承担赔偿责任。

第四十八条 农业、林业主管部门可以委托种子质量检验机构对种子质量进行检验。

承担种子质量检验的机构应当具备相应的检测条件、能力，并经省级以上人民政府有关主管部门考核合格。

种子质量检验机构应当配备种子检验员。种子检验员应当具有中专以上有关专业学历，具备相应的种子检验技术能力和水平。

第四十九条 禁止生产经营假、劣种子。农业、林业主管部门和有关部门依法打击生产经营假、劣种子的违法行为，保护农民合法权益，维护公平竞争的市场秩序。

下列种子为假种子：

（一）以非种子冒充种子或者以此种品种种子冒充其他品种种子的；

（二）种子种类、品种与标签标注的内容不符或者没有标签的。

下列种子为劣种子：
（一）质量低于国家规定标准的；
（二）质量低于标签标注指标的；
（三）带有国家规定的检疫性有害生物的。

第五十条　农业、林业主管部门是种子行政执法机关。种子执法人员依法执行公务时应当出示行政执法证件。农业、林业主管部门依法履行种子监督检查职责时，有权采取下列措施：
（一）进入生产经营场所进行现场检查；
（二）对种子进行取样测试、试验或者检验；
（三）查阅、复制有关合同、票据、账簿、生产经营档案及其他有关资料；
（四）查封、扣押有证据证明违法生产经营的种子，以及用于违法生产经营的工具、设备及运输工具等；
（五）查封违法从事种子生产经营活动的场所。

农业、林业主管部门依照本法规定行使职权，当事人应当协助、配合，不得拒绝、阻挠。

农业、林业主管部门所属的综合执法机构或者受其委托的种子管理机构，可以开展种子执法相关工作。

第五十一条　种子生产经营者依法自愿成立种子行业协会，加强行业自律管理，维护成员合法权益，为成员和行业发展提供信息交流、技术培训、信用建设、市场营销和咨询等服务。

第五十二条　种子生产经营者可自愿向具有资质的认证机构申请种子质量认证。经认证合格的，可以在包装上使用认证标识。

第五十三条　由于不可抗力原因，为生产需要必须使用低于国家或者地方规定标准的农作物种子的，应当经用种地县级以上地方人民政府批准；林木种子应当经用种地省、自治区、直辖市人民政府批准。

第五十四条　从事品种选育和种子生产经营以及管理的单位和个人应当遵守有关植物检疫法律、行政法规的规定，防止植物危险性病、虫、杂草及其他有害生物的传播和蔓延。

禁止任何单位和个人在种子生产基地从事检疫性有害生物接种试验。

第五十五条　省级以上人民政府农业、林业主管部门应当在统一的政府信息发布平台上发布品种审定、品种登记、新品种保护、种子生产经营许可、监督管理等信息。

国务院农业、林业主管部门建立植物品种标准样品库，为种子监督管理提供依据。

第五十六条　农业、林业主管部门及其工作人员，不得参与和从事种子生产经营活动。

第七章　种子进出口和对外合作

第五十七条　进口种子和出口种子必须实施检疫，防止植物危险性病、虫、杂草及其他有害生物传入境内和传出境外，具体检疫工作按照有关植物进出境检疫法律、行政法规的规定执行。

第五十八条　从事种子进出口业务的，除具备种子生产经营许可证外，还应当依照国家有关规定取得种子进出口许可。

从境外引进农作物、林木种子的审定权限，农作物、林木种子的进口审批办法，引进转基因植物品种的管理办法，由国务院规定。

第五十九条　进口种子的质量，应当达到国家标准或者行业标准。没有国家标准或者行业标准的，可以按照合同约定的标准执行。

第六十条　为境外制种进口种子的，可以不受本法第五十八条第一款的限制，但应当具有对外制种合同，进口的种子只能用于制种，其产品不得在境内销售。

从境外引进农作物或者林木试用种，应当隔离栽培，收获物也不得作为种子销售。

第六十一条 禁止进出口假、劣种子以及属于国家规定不得进出口的种子。

第六十二条 国家建立种业国家安全审查机制。境外机构、个人投资、并购境内种子企业,或者与境内科研院所、种子企业开展技术合作,从事品种研发、种子生产经营的审批管理依照有关法律、行政法规的规定执行。

第八章 扶持措施

第六十三条 国家加大对种业发展的支持。对品种选育、生产、示范推广、种质资源保护、种子储备以及制种大县给予扶持。

国家鼓励推广使用高效、安全制种采种技术和先进适用的制种采种机械,将先进适用的制种采种机械纳入农机具购置补贴范围。

国家积极引导社会资金投资种业。

第六十四条 国家加强种业公益性基础设施建设。

对优势种子繁育基地内的耕地,划入基本农田保护区,实行永久保护。优势种子繁育基地由国务院农业主管部门商所在省、自治区、直辖市人民政府确定。

第六十五条 对从事农作物和林木品种选育、生产的种子企业,按照国家有关规定给予扶持。

第六十六条 国家鼓励和引导金融机构为种子生产经营和收储提供信贷支持。

第六十七条 国家支持保险机构开展种子生产保险。省级以上人民政府可以采取保险费补贴等措施,支持发展种业生产保险。

第六十八条 国家鼓励科研院所及高等院校与种子企业开展育种科技人员交流,支持本单位的科技人员到种子企业从事育种成果转化活动;鼓励育种科研人才创新创业。

第六十九条 国务院农业、林业主管部门和异地繁育种子所在地的省、自治区、直辖市人民政府应当加强对异地繁育种子工作的管理和协调,交通运输部门应当优先保证种子的运输。

第九章 法律责任

第七十条 农业、林业主管部门不依法作出行政许可决定,发现违法行为或者接到对违法行为的举报不予查处,或者有其他未依照本法规定履行职责的行为的,由本级人民政府或者上级人民政府有关部门责令改正,对负有责任的主管人员和其他直接责任人员依法给予处分。

违反本法第五十六条规定,农业、林业主管部门工作人员从事种子生产经营活动的,依法给予处分。

第七十一条 违反本法第十六条规定,品种审定委员会委员和工作人员不依法履行职责,弄虚作假、徇私舞弊的,依法给予处分;自处分决定作出之日起五年内不得从事品种审定工作。

第七十二条 品种测试、试验和种子质量检验机构伪造测试、试验、检验数据或者出具虚假证明的,由县级以上人民政府农业、林业主管部门责令改正,对单位处五万元以上十万元以下罚款,对直接负责的主管人员和其他直接责任人员处一万元以上五万元以下罚款;有违法所得的,并处没收违法所得;给种子使用者和其他种子生产经营者造成损失的,与种子生产经营者承担连带责任;情节严重的,由省级以上人民政府有关主管部门取消种子质量检验资格。

第七十三条 违反本法第二十八条规定,有侵犯植物新品种权行为的,由当事人协商解决,不愿协商或者协商不成的,植物新品种权所有人或者利害关系人可以请求县级以上人民政府农业、林业主管部门进行处理,也可以直接向人民法院提起诉讼。

县级以上人民政府农业、林业主管部门,根据当事人自愿的原则,对侵犯植物新品种权所造成的损害赔偿可以进行调解。调解达成协议的,当事人应当履行;当事人不履行协议或者调解未达成协议的，植物新品种权所有人或者利害关系人可以依法向人民法院提起诉讼。

侵犯植物新品种权的赔偿数额按照权利人因被侵权所受到的实际损失确定；实际损失难以确定的，可以按照侵权人因侵权所获得的利益确定。权利人的损失或者侵权人获得的利益难以确定的，可以参照该植物新品种权许可使用费的倍数合理确定。赔偿数额应当包括权利人为制止侵权行为所支付的合理开支。侵犯植物新品种权，情节严重的，可以在按照上述方法确定数额的一倍以上三倍以下确定赔偿数额。

权利人的损失、侵权人获得的利益和植物新品种权许可使用费均难以确定的，人民法院可以根据植物新品种权的类型、侵权行为的性质和情节等因素，确定给予三百万元以下的赔偿。

县级以上人民政府农业、林业主管部门处理侵犯植物新品种权案件时，为了维护社会公共利益，责令侵权人停止侵权行为，没收违法所得和种子；货值金额不足五万元的，并处一万元以上二十五万元以下罚款；货值金额五万元以上的，并处货值金额五倍以上十倍以下罚款。

假冒授权品种的，由县级以上人民政府农业、林业主管部门责令停止假冒行为，没收违法所得和种子；货值金额不足五万元的，并处一万元以上二十五万元以下罚款；货值金额五万元以上的，并处货值金额五倍以上十倍以下罚款。

第七十四条 当事人就植物新品种的申请权和植物新品种权的权属发生争议的，可以向人民法院提起诉讼。

第七十五条 违反本法第四十九条规定，生产经营假种子的，由县级以上人民政府农业、林业主管部门责令停止生产经营，没收违法所得和种子，吊销种子生产经营许可证；违法生产经营的货值金额不足一万元的，并处一万元以上十万元以下罚款；货值金额一万元以上的，并处货值金额十倍以上二十倍以下罚款。

因生产经营假种子犯罪被判处有期徒刑以上刑罚的，种子企业或者其他单位的法定代表人、直接负责的主管人员自刑罚执行完毕之日起五年内不得担任种子企业的法定代表人、高级管理人员。

第七十六条 违反本法第四十九条规定，生产经营劣种子的，由县级以上人民政府农业、林业主管部门责令停止生产经营，没收违法所得和种子；违法生产经营的货值金额不足一万元的，并处五千元以上五万元以下罚款；货值金额一万元以上的，并处货值金额五倍以上十倍以下罚款；情节严重的，吊销种子生产经营许可证。

因生产经营劣种子犯罪被判处有期徒刑以上刑罚的，种子企业或者其他单位的法定代表人、直接负责的主管人员自刑罚执行完毕之日起五年内不得担任种子企业的法定代表人、高级管理人员。

第七十七条 违反本法第三十二条、第三十三条规定，有下列行为之一的，由县级以上人民政府农业、林业主管部门责令改正，没收违法所得和种子；违法生产经营的货值金额不足一万元的，并处三千元以上三万元以下罚款；货值金额一万元以上的，并处货值金额三倍以上五倍以下罚款；可以吊销种子生产经营许可证：

（一）未取得种子生产经营许可证生产经营种子的；

（二）以欺骗、贿赂等不正当手段取得种子生产经营许可证的；

（三）未按照种子生产经营许可证的规定生产经营种子的；

（四）伪造、变造、买卖、租借种子生产经营许可证的。

被吊销种子生产经营许可证的单位，其法定代表人、直接负责的主管人员自处罚决定作出之日起五年内不得担任种子企业的法定代表人、高级管理人员。

第七十八条 违反本法第二十一条、第二十二条、第二十三条规定，有下列行为之一的，由县级以上人民政府农业、林业主管部门责令停止违法行为，没收违法所得和种子，并处二万元以上二十万元以下罚款；

（一）对应当审定未经审定的农作物品种进行推广、销售的；
（二）作为良种推广、销售应当审定未经审定的林木品种的；
（三）推广、销售应当停止推广、销售的农作物品种或者林木良种的；
（四）对应当登记未经登记的农作物品种进行推广，或者以登记品种的名义进行销售的；
（五）对已撤销登记的农作物品种进行推广，或者以登记品种的名义进行销售的。

违反本法第二十三条、第四十二条规定，对应当审定未经审定或者应当登记未经登记的农作物品种发布广告，或者广告中有关品种的主要性状描述的内容与审定、登记公告不一致的，依照《中华人民共和国广告法》的有关规定追究法律责任。

第七十九条 违反本法第五十八条、第六十条、第六十一条规定，有下列行为之一的，由县级以上人民政府农业、林业主管部门责令改正，没收违法所得和种子；违法生产经营的货值金额不足一万元的，并处三千元以上三万元以下罚款；货值金额一万元以上的，并处货值金额三倍以上五倍以下罚款；情节严重的，吊销种子生产经营许可证：

（一）未经许可进出口种子的；
（二）为境外制种的种子在境内销售的；
（三）从境外引进农作物或者林木种子进行引种试验的收获物作为种子在境内销售的；
（四）进出口假、劣种子或者属于国家规定不得进出口的种子。

第八十条 违反本法第三十六条、第三十八条、第四十条、第四十一条规定，有下列行为之一的，由县级以上人民政府农业、林业主管部门责令改正，处二千元以上二万元以下罚款：

（一）销售的种子应当包装而没有包装的；
（二）销售的种子没有使用说明或者标签内容不符合规定的；
（三）涂改标签的；
（四）未按规定建立、保存种子生产经营档案的；
（五）种子生产经营者在异地设立分支机构、专门经营不再分装的包装种子或者受委托生产、代销种子，未按规定备案的。

第八十一条 违反本法第八条规定，侵占、破坏种质资源，私自采集或者采伐国家重点保护的天然种质资源的，由县级以上人民政府农业、林业主管部门责令停止违法行为，没收种质资源和违法所得，并处五千元以上五万元以下罚款；造成损失的，依法承担赔偿责任。

第八十二条 违反本法第十一条规定，向境外提供或者从境外引进种质资源，或者与境外机构、个人开展合作研究利用种质资源的，由国务院或者省、自治区、直辖市人民政府的农业、林业主管部门没收种质资源和违法所得，并处二万元以上二十万元以下罚款。

未取得农业、林业主管部门的批准文件携带、运输种质资源出境的，海关应当将该种质资源扣留，并移送省、自治区、直辖市人民政府农业、林业主管部门处理。

第八十三条 违反本法第三十五条规定，抢采掠青、损坏母树或者在劣质林内、劣质母树上采种的，由县级以上人民政府林业主管部门责令停止采种行为，没收所采种子，并处所采种子货值金额二倍以上五倍以下罚款。

第八十四条 违反本法第三十九条规定，收购珍贵树木种子或者限制收购的林木种子的，由县级以上人民政府林业主管部门没收所收购的种子，并处收购种子货值金额二倍以上五倍以下罚款。

第八十五条 违反本法第十七条规定，种子企业有造假行为的，由省级以上人民政府农业、林业主管部门处一百万元以上五百万元以下罚款；不得再依照本法第十七条的规定申请品种审定；给种子使用者和其他种子生产经营者造成损失的，依法承担赔偿责任。

第八十六条 违反本法第四十五条规定，未根据林业主管部门制定的计划使用林木良种的，由同级人民政府林业主管部门责令限期改正；逾期未改正的，处三千元以上三万元以下罚款。

第八十七条 违反本法第五十四条规定，在种子生产基地进行检疫性有害生物接种试验的，由县级以上人民政府农业、林业主管部门责令停止试验，处五千元以上五万元以下罚款。

第八十八条 违反本法第五十条规定，拒绝、阻挠农业、林业主管部门依法实施监督检查的，处二千元以上五万元以下罚款，可以责令停产停业整顿；构成违反治安管理行为的，由公安机关依法给予治安管理处罚。

第八十九条 违反本法第十三条规定，私自交易育种成果，给本单位造成经济损失的，依法承担赔偿责任。

第九十条 违反本法第四十四条规定，强迫种子使用者违背自己的意愿购买、使用种子，给使用者造成损失的，应当承担赔偿责任。

第九十一条 违反本法规定，构成犯罪的，依法追究刑事责任。

第十章 附　则

第九十二条 本法下列用语的含义是：

（一）种质资源是指选育植物新品种的基础材料，包括各种植物的栽培种、野生种的繁殖材料以及利用上述繁殖材料人工创造的各种植物的遗传材料。

（二）品种是指经过人工选育或者发现并经过改良，形态特征和生物学特性一致，遗传性状相对稳定的植物群体。

（三）主要农作物是指稻、小麦、玉米、棉花、大豆。

（四）主要林木由国务院林业主管部门确定并公布；省、自治区、直辖市人民政府林业主管部门可以在国务院林业主管部门确定的主要林木之外确定其他八种以下的主要林木。

（五）林木良种是指通过审定的主要林木品种，在一定的区域内，其产量、适应性、抗性等方面明显优于当前主栽材料的繁殖材料和种植材料。

（六）新颖性是指申请植物新品种权的品种在申请日前，经申请权人自行或者同意销售、推广其种子，在中国境内未超过一年；在境外，木本或者藤本植物未超过六年，其他植物未超过四年。

本法施行后新列入国家植物品种保护名录的植物的属或者种，从名录公布之日起一年内提出植物新品种权申请的，在境内销售、推广该品种种子未超过四年的，具备新颖性。

除销售、推广行为丧失新颖性外，下列情形视为已丧失新颖性：

1. 品种经省、自治区、直辖市人民政府农业、林业主管部门依据播种面积确认已经形成事实扩散的；

2. 农作物品种已审定或者登记两年以上未申请植物新品种权的。

（七）特异性是指一个植物品种有一个以上性状明显区别于已知品种。

（八）一致性是指一个植物品种的特性除可预期的自然变异外，群体内个体间相关的特征或者特性表现一致。

（九）稳定性是指一个植物品种经过反复繁殖后或者在特定繁殖周期结束时，其主要性状保持不变。

（十）已知品种是指已受理申请或者已通过品种审定、品种登记、新品种保护，或者已经销售、推广的植物品种。

（十一）标签是指印制、粘贴、固定或者附着在种子、种子包装物表面的特定图案及文字说明。

第九十三条 草种、烟草种、中药材种、食用菌菌种的种质资源管理和选育、生产经营、管理等活动，参照本法执行。

第九十四条　本法自 2016 年 1 月 1 日起施行。

国外引种检疫审批管理办法

[〔1993〕农（农）字第 18 号]

（1993 年 11 月 10 日由农业部发布，根据 1999 年 6 月 3 日农农发〔1999〕7 号《关于进一步加强国外引种检疫审批管理工作的通知》修改，现行版本自 1999 年 6 月 3 日起施行，法规类型为部门规章）

第一条　为了加强对国外（含境外，下同）引进种子、苗木和其他繁殖材料的检疫管理，根据《植物检疫条例》第十二条的规定，制定本办法。

第二条　从国外引进种子、苗木和其他繁殖材料，实行农业部和各省、自治区、直辖市农业厅（局）两级审批，其执行机构是农业部全国植物保护总站和各省、自治区、直辖市农业厅（局）植物检疫（植保植检）站。

第三条　引进种子、苗木和其他繁殖材料的单位或代理进口单位（以下统称引种单位）必须在对外贸易合同或者协议中，列入《引进种子、苗木检疫审批单》上所提对外植物检疫要求，并订明必须附有输出国家或者地区政府植物检疫机关出具的植物检疫证书，证明符合我国所提对外植物检疫要求。

第四条　引种检疫申请

（一）引种单位应当在对外签订贸易合同、协议 30 日前，申请办理国外引种检疫审批手续。

（二）国务院和中央各部门所属在京单位、驻京部队单位、外国驻京机构等，向农业部全国植物保护总站提出申请；各省、自治区、直辖市有关单位和中央京外单位向种植地的省、自治区、直辖市农业厅（局）植物检疫（撩倪值检）站提出申请。

（三）引种单位提出申请时，必须按规定的格式及要求填写《引进种子、苗木检疫审批申请书》（附件 1）；引进生产用种苗须同时提供有效的进口种苗权证明材料。报农业部全国植物保护总站审批的生产用种苗，还须提供种植地的省、自治区、直辖市农业厅（局）植物检疫（植保植硷）站签署的有关种苗的疫情监测报告。

（四）引种单位应调查了解引进植物在原产地的病虫发生情况，并在申请时向检疫审批单位提供有关疫情资料，对于引进数量较大、疫情不清，与农业安全生产密切相关的种苗，引种单位应事先进行有检疫人员参加的种苗原产地疫情调查。

第五条　检疫审批

（一）检疫审批单位自收到《引进种子、苗木检疫审批申请书》之日起 15 天内予以审批或签复。

（二）农作物种质资源和科研试验材料引进，国务院和中央各部门所属在京单位、驻京部队单位、外国驻京机构等，由农业部全国植物保护总站审批；各省、自治区、直辖市有关单位和中央京外单位由种植地的省、自治区、直辖市农业厅（局）植物检疫（植保植检）站审批，热带作物种质资源交换引进由农业部农垦司签署意见后，报农业部全国植物保护总站审批，种质资源和科研试验材料检疫审批限量见附件 2。

（三）国际区域性试验和对外制种的种苗引进，由种植地的省、自治区、直辖市农业厅

（局）植物检疫（值保植检）站签署意见后，报农业部全国植物保护总站审批。

（四）生产用种苗的引进

1. 对于新引进的（指从未引进和近三年内未引进）的作物或品种的引进，必须事先少量隔离试种（种子以 2 亩地，苗木以 50 株用量为限），引种单位在申请引进前，应安排好隔离试种计划，隔离试种条件符合检疫要求后，由种植地的省、自治区、直辖市农业厅（局）植物检疫（植保植检）站审批。

2. 已在当地多年引进，经疫情监测，符合检疫要求的作物或品种，引种数量在"生产用种苗引种检疫审批限量"（见附件 3）内的，由种植地的省、自治区、直辖市农业厅（局）植物检疫（植保植检）站审批（国务院和中央各部门所属在京单位、驻京部队单位、外国驻京机构等，由农业部全国植物保护总站审批）；引种数量超过审批限量的，由种植地的省、自治区、直辖市农业厅（局）植物检疫（植保植检）站签署意见后，报农业部全国植物保护总站审批。

（五）《引进种子、苗木检疫审批单》（附件 4）的有效期限一般为 6 个月，特殊情况有效期限可适当延长，但最长有效期限不得超过一年。

引种单位办理检疫审批后，《引进种子、苗木检疫审批单》已逾有效期限或需要改变引进种苗的品种、数量、输出国家或者地区的，均须重新办理检疫审批手续。

第六条 种苗入境后检疫

（一）引进种苗经口岸动植物检疫机关检疫后，《引进种子、苗木检疫审批单》回执由口岸动植物检疫机关及时寄回种审批单位核查。

（二）种苗引进后，引种单位必须按照《引进种子、苗木检疫审批单》上指定的地点进行引进种苗隔离试种或者隔离种植。隔离试种或者隔离种植期限，一年生植物不得小于一个生育周期，多年生植物不得少于两年。隔离试种或者隔离种植期间，由种植地的省农业厅（局）植物检疫（植保植检）站负责疫情监测，并签署症情监测报告。必要时，由全国植物保护总站组织重点疫情监测。

（三）在隔离种植期间，发现疫情的，引进单位必须在检疫部门的指导和监督下，及时采取封锁，控制和消灭措施，严防疫情扩散，并承担实施检疫处理的全部费用。

第七条 检疫审批管理

（一）国外引种检疫审批实行季度报表制度。各省、自治区、直辖市植物检疫（植保植检）站应当在每新季度开始第一个月十日内，将上一季度"引进种苗检疫审批及疫情监测情况"（见附件 5）上报全国植物保护总站。发现重大疫情时，应当及时报告。

（二）"国外引种检疫审批限量表"，由全国植物保护总站根据疫情变化情况和农业生产发展的实际需要，进行修订。

《引进种子、苗木检疫审批申请书》、《引进种子、苗木检疫审批单》由农业部全国植物保护总站统一制定格式，各省、自治区、直辖市农业厅（局）统一翻印。

（三）国外引种检疫审批费、种植期间疫情监测费按国家有关规定收取。因实施重点疫情调查的检疫费用由引种单位承担。

第八条 违反本办法规定的，按国家有关植物检疫规定处罚。

第九条 本办法自发布之日起施行，1980 年 8 月 12 日农业部关于印发《引进种子、苗木检疫审批单》的函和 1990 年 8 月 13 日农业部印发《关于国外引种检疫审批工作的补充规定（试行）》的通知同时废止。

进出口农作物种子（苗）管理暂行办法①

（农业部令第14号）

（1997年3月28日由农业部发布，根据2003年7月8日农业部令第30号《农作物种质资源管理办法》修改，现行版本自2003年10月1日起施行，法规类型为部门规章）

第一章 总 则

第一条 为了进一步贯彻有关种子管理法规，加强种质资源管理，促进我国农作物种子（苗）的对外贸易与合作交流，特制定本办法。

第二条 本办法中进出口农作物种子（苗）（以下简称农作物种子）包括从国（境）外引进和与国（境）外交流研究用种质资源（以下简称进出口种质资源）、进出口生产用种子。进出口生产用种子包括试验用种子、大田用商品种子和对外制种用种子。

第三条 从事进出口生产用种子业务和向国（境）外提供种质资源的单位应当具备中国法人资格。禁止个人从事进出口生产用种子业务和向国（境）外提供种质资源。进出口大田用商品种子，应当具有与其进出口种子类别相符的种子生产、经营权及进出口权；没有进出口权的，由农业部指定的具有农作物种子进出口权的单位代理。

第二章 进出口生产用种子的管理

第四条 进出口生产用种子，由所在地省级农业行政主管部门审核，农业部审批。

第五条 进口试验用种子应坚持少而精的原则。每个进口品种，种子以10亩播量，苗木以100株为限。

第六条 进口试验用种子应在国家或省品种审定委员会的统一安排指导下进行试验。

第七条 申请进口大田用商品种子，应符合下列条件：

（一）品种应当经国家或省级农作物品种审定委员会审定通过，国内暂时没有开展审定工作而生产上又急需的作物种类品种，应当提交至少2个生育周期的引种试验报告。

（二）种子质量应当达到国家标准或行业标准；对没有国家标准或行业标准的，可以在合同中约定或参考有关国际标准。

第八条 进口对外制种用种子，不受本办法第七条限制，但繁殖的种子不得在国内销售。

第九条 从事进口大田用商品种子业务的单位应当在每年八月底以前将下一年度进口种子计划上报所在省级农业行政主管部门，由省级农业行政主管部门汇总后于十月底前报农业部。

第十条 国家鼓励种子出口，但列入种质资源"不对外交换的"和未列入目录的品种及杂交作物亲本种子原则上不允许出口。特殊情况，应报经农业部批准。

第十一条 进出口生产用种子的申请和审批：

（一）进出口单位向审核机关提出申请，按规定的格式及要求填写《进（出）口农作物种子（苗）审批表》（见附件三），提交进出口种子品种说明；办理进口对外制种用种子，应提

---

① 本办法附件略，原第二章进出口种质资源的管理已于2003年7月8日由《农作物种质资源管理办法》废止。

交对外制种合同（或协议书）；办理进出口大田用商品种子，应提交有关《种子经营许可证》、《营业执照》和种子进出口权的证明文件。审核机关同意后，再转报审批机关审批。

（二）经审批机关审批同意，加盖"中华人民共和国农业部进出口农作物种子审批专用章"。种子进出口单位，持有效《进出口农作物种子（苗）审批表》批件到植物检疫机关办理检疫审批手续。办理进口农作物种子的，由农业部出具《动植物苗种进口免税审批证明》（见附件四），作为海关免税放行的依据。

第三章 进出口农作物种子管理的监督

第十二条 品资所应当在每季度开始的第一个月十日前，将上一季度进出口种质资源审批情况报农业部；每年1月10日前向农业部报上一年度工作总结。

第十三条 农业行政主管部门和有关部门工作人员违反本办法规定办理进出口审批或检疫审批的，由本单位或上级机关给予行政处分；构成犯罪的，交由司法机关追究其刑事责任。

第四章 附 则

第十四条 《进出口农作物种子（苗）审批表》由农业部统一印制；《对外交流农作物种质资源申请表》、《对外提供农作物种质资源准许证》由农业部委托品资所统一印制。

第十五条 《进出口农作物种子（苗）审批表》的有效期为6个月，《动植物苗种进口免税审批证明》、《对外交流农作物种质资源准许证》的有效期为3个月。超过有效期限或需要改变进出口种子的品种、数量、进出口国家或地区的，均需重新办理审批手续。

第十六条 进出口农作物种子应办理植物检疫手续，具体办法按《中华人民共和国进出境动植物检疫法》、《中华人民共和国植物检疫条例》及有关植物检疫规章规定办理。

第十七条 本办法由农业部负责解释。

第十八条 本办法自发布之日起施行。

饲料及添加剂

饲料和饲料添加剂管理条例

(国务院令第 266 号)

(1999 年 5 月 29 日由国务院发布;根据 2001 年 11 月 29 日国务院令第 327 号《国务院关于修改〈饲料和饲料添加剂管理条例〉的决定》第一次修订,2011 年 10 月 26 日国务院第 177 次常务会议修订通过,根据 2013 年 12 月 7 日国务院令 654 号《国务院关于修改部分行政法规的决定》第二次修订,根据 2016 年 2 月 6 日国务院令第 666 号《国务院关于修改部分行政法规的决定》第三次修订,根据 2017 年 3 月 1 日国务院令第 676 号《国务院关于修改和废止部分行政法规的决定》第四次修订;现行版本自 2017 年 3 月 1 日起施行;法规类型为行政法规)

第一章 总 则

第一条 为了加强对饲料、饲料添加剂的管理,提高饲料、饲料添加剂的质量,保障动物产品质量安全,维护公众健康,制定本条例。

第二条 本条例所称饲料,是指经工业化加工、制作的供动物食用的产品,包括单一饲料、添加剂预混合饲料、浓缩饲料、配合饲料和精料补充料。

本条例所称饲料添加剂,是指在饲料加工、制作、使用过程中添加的少量或者微量物质,包括营养性饲料添加剂和一般饲料添加剂。

饲料原料目录和饲料添加剂品种目录由国务院农业行政主管部门制定并公布。

第三条 国务院农业行政主管部门负责全国饲料、饲料添加剂的监督管理工作。

县级以上地方人民政府负责饲料、饲料添加剂管理的部门(以下简称饲料管理部门),负责本行政区域饲料、饲料添加剂的监督管理工作。

第四条 县级以上地方人民政府统一领导本行政区域饲料、饲料添加剂的监督管理工作,建立健全监督管理机制,保障监督管理工作的开展。

第五条 饲料、饲料添加剂生产企业、经营者应当建立健全质量安全制度,对其生产、经营的饲料、饲料添加剂的质量安全负责。

第六条 任何组织或者个人有权举报在饲料、饲料添加剂生产、经营、使用过程中违反本条例的行为,有权对饲料、饲料添加剂监督管理工作提出意见和建议。

第二章 审定和登记

第七条 国家鼓励研制新饲料、新饲料添加剂。

研制新饲料、新饲料添加剂,应当遵循科学、安全、有效、环保的原则,保证新饲料、新饲料添加剂的质量安全。

第八条 研制的新饲料、新饲料添加剂投入生产前，研制者或者生产企业应当向国务院农业行政主管部门提出审定申请，并提供该新饲料、新饲料添加剂的样品和下列资料：

（一）名称、主要成分、理化性质、研制方法、生产工艺、质量标准、检测方法、检验报告、稳定性试验报告、环境影响报告和污染防治措施；

（二）国务院农业行政主管部门指定的试验机构出具的该新饲料、新饲料添加剂的饲喂效果、残留消解动态以及毒理学安全性评价报告。

申请新饲料添加剂审定的，还应当说明该新饲料添加剂的添加目的、使用方法，并提供该饲料添加剂残留可能对人体健康造成影响的分析评价报告。

第九条 国务院农业行政主管部门应当自受理申请之日起5个工作日内，将新饲料、新饲料添加剂的样品和申请资料交全国饲料评审委员会，对该新饲料、新饲料添加剂的安全性、有效性及其对环境的影响进行评审。

全国饲料评审委员会由养殖、饲料加工、动物营养、毒理、药理、代谢、卫生、化工合成、生物技术、质量标准、环境保护、食品安全风险评估等方面的专家组成。全国饲料评审委员会对新饲料、新饲料添加剂的评审采取评审会议的形式，评审会议应当有9名以上全国饲料评审委员会专家参加，根据需要也可以邀请1至2名全国饲料评审委员会专家以外的专家参加，参加评审的专家对评审事项具有表决权。评审会议应当形成评审意见和会议纪要，并由参加评审的专家审核签字；有不同意见的，应当注明。参加评审的专家应当依法公平、公正履行职责，对评审资料保密，存在回避事由的，应当主动回避。

全国饲料评审委员会应当自收到新饲料、新饲料添加剂的样品和申请资料之日起9个月内出具评审结果并提交国务院农业行政主管部门；但是，全国饲料评审委员会决定由申请人进行相关试验的，经国务院农业行政主管部门同意，评审时间可以延长3个月。

国务院农业行政主管部门应当自收到评审结果之日起10个工作日内作出是否核发新饲料、新饲料添加剂证书的决定；决定不予核发的，应当书面通知申请人并说明理由。

第十条 国务院农业行政主管部门核发新饲料、新饲料添加剂证书，应当同时按照职责权限公布该新饲料、新饲料添加剂的产品质量标准。

第十一条 新饲料、新饲料添加剂的监测期为5年。新饲料、新饲料添加剂处于监测期的，不受理其他就该新饲料、新饲料添加剂的生产申请和进口登记申请，但超过3年不投入生产的除外。

生产企业应当收集处于监测期的新饲料、新饲料添加剂的质量稳定性及其对动物产品质量安全的影响等信息，并向国务院农业行政主管部门报告；国务院农业行政主管部门应当对新饲料、新饲料添加剂的质量安全状况组织跟踪监测，证实其存在安全问题的，应当撤销新饲料、新饲料添加剂证书并予以公告。

第十二条 向中国出口中国境内尚未使用但出口国已经批准生产和使用的饲料、饲料添加剂的，由出口方驻中国境内的办事机构或者其委托的中国境内代理机构向国务院农业行政主管部门申请登记，并提供该饲料、饲料添加剂的样品和下列资料：

（一）商标、标签和推广应用情况；

（二）生产地批准生产、使用的证明和生产地以外其他国家、地区的登记资料；

（三）主要成分、理化性质、研制方法、生产工艺、质量标准、检测方法、检验报告、稳定性试验报告、环境影响报告和污染防治措施；

（四）国务院农业行政主管部门指定的试验机构出具的该饲料、饲料添加剂的饲喂效果、残留消解动态以及毒理学安全性评价报告。

申请饲料添加剂进口登记的，还应当说明该饲料添加剂的添加目的、使用方法，并提供该饲料添加剂残留可能对人体健康造成影响的分析评价报告。

国务院农业行政主管部门应当依照本条例第九条规定的新饲料、新饲料添加剂的评审程序组织评审，并决定是否核发饲料、饲料添加剂进口登记证。

首次向中国出口中国境内已经使用且出口国已经批准生产和使用的饲料、饲料添加剂的，应当依照本条第一款、第二款的规定申请登记。国务院农业行政主管部门应当自受理申请之日起10个工作日内对申请资料进行审查；审查合格的，将样品交由指定的机构进行复核检测；复核检测合格的，国务院农业行政主管部门应当在10个工作日内核发饲料、饲料添加剂进口登记证。

饲料、饲料添加剂进口登记证有效期为5年。进口登记证有效期满需要继续向中国出口饲料、饲料添加剂的，应当在有效期届满6个月前申请续展。

禁止进口未取得饲料、饲料添加剂进口登记证的饲料、饲料添加剂。

第十三条 国家对已经取得新饲料、新饲料添加剂证书或者饲料、饲料添加剂进口登记证的、含有新化合物的饲料、饲料添加剂的申请人提交的其自己所取得且未披露的试验数据和其他数据实施保护。

自核发证书之日起6年内，对其他申请人未经已取得新饲料、新饲料添加剂证书或者饲料、饲料添加剂进口登记证的申请人同意，使用前款规定的数据申请新饲料、新饲料添加剂审定或者饲料、饲料添加剂进口登记的，国务院农业行政主管部门不予审定或者登记；但是，其他申请人提交其自己所取得的数据的除外。

除下列情形外，国务院农业行政主管部门不得披露本条第一款规定的数据：

（一）公共利益需要；

（二）已采取措施确保该类信息不会被不正当地进行商业使用。

第三章　生产、经营和使用

第十四条 设立饲料、饲料添加剂生产企业，应当符合饲料工业发展规划和产业政策，并具备下列条件：

（一）有与生产饲料、饲料添加剂相适应的厂房、设备和仓储设施；

（二）有与生产饲料、饲料添加剂相适应的专职技术人员；

（三）有必要的产品质量检验机构、人员、设施和质量管理制度；

（四）有符合国家规定的安全、卫生要求的生产环境；

（五）有符合国家环境保护要求的污染防治措施；

（六）国务院农业行政主管部门制定的饲料、饲料添加剂质量安全管理规范规定的其他条件。

第十五条 申请从事饲料、饲料添加剂生产的企业，申请人应当向省、自治区、直辖市人民政府饲料管理部门提出申请。省、自治区、直辖市人民政府饲料管理部门应当自受理申请之日起10个工作日内进行书面审查；审查合格的，组织进行现场审核，并根据审核结果在10个工作日内作出是否核发生产许可证的决定。

生产许可证有效期为5年。生产许可证有效期满需要继续生产饲料、饲料添加剂的，应当在有效期届满6个月前申请续展。

第十六条 饲料添加剂、添加剂预混合饲料生产企业取得生产许可证后，由省、自治区、直辖市人民政府饲料管理部门按照国务院农业行政主管部门的规定，核发相应的产品批准文号。

第十七条 饲料、饲料添加剂生产企业应当按照国务院农业行政主管部门的规定和有关标准，对采购的饲料原料、单一饲料、饲料添加剂、药物饲料添加剂、添加剂预混合饲料和用于饲料添加剂生产的原料进行查验或者检验。

饲料生产企业使用限制使用的饲料原料、单一饲料、饲料添加剂、药物饲料添加剂、添加剂预混合饲料生产饲料的，应当遵守国务院农业行政主管部门的限制性规定。禁止使用国务院农业行政主管部门公布的饲料原料目录、饲料添加剂品种目录和药物饲料添加剂品种目录以外的任何物质生产饲料。

饲料、饲料添加剂生产企业应当如实记录采购的饲料原料、单一饲料、饲料添加剂、药物饲料添加剂、添加剂预混合饲料和用于饲料添加剂生产的原料的名称、产地、数量、保质期、许可证明文件编号、质量检验信息、生产企业名称或者供货者名称及其联系方式、进货日期等。记录保存期限不得少于2年。

第十八条 饲料、饲料添加剂生产企业，应当按照产品质量标准以及国务院农业行政主管部门制定的饲料、饲料添加剂质量安全管理规范和饲料添加剂安全使用规范组织生产，对生产过程实施有效控制并实行生产记录和产品留样观察制度。

第十九条 饲料、饲料添加剂生产企业应当对生产的饲料、饲料添加剂进行产品质量检验；检验合格的，应当附具产品质量检验合格证。未经产品质量检验、检验不合格或者未附具产品质量检验合格证的，不得出厂销售。

饲料、饲料添加剂生产企业应当如实记录出厂销售的饲料、饲料添加剂的名称、数量、生产日期、生产批次、质量检验信息、购货者名称及其联系方式、销售日期等。记录保存期限不得少于2年。

第二十条 出厂销售的饲料、饲料添加剂应当包装，包装应当符合国家有关安全、卫生的规定。

饲料生产企业直接销售给养殖者的饲料可以使用罐装车运输。罐装车应当符合国家有关安全、卫生的规定，并随罐装车附具符合本条例第二十一条规定的标签。

易燃或者其他特殊的饲料、饲料添加剂的包装应当有警示标志或者说明，并注明储运注意事项。

第二十一条 饲料、饲料添加剂的包装上应当附具标签。标签应当以中文或者适用符号标明产品名称、原料组成、产品成分分析保证值、净重或者净含量、贮存条件、使用说明、注意事项、生产日期、保质期、生产企业名称以及地址、许可证明文件编号和产品质量标准等。加入药物饲料添加剂的，还应当标明"加入药物饲料添加剂"字样，并标明其通用名称、含量和休药期。乳和乳制品以外的动物源性饲料，还应当标明"本产品不得饲喂反刍动物"字样。

第二十二条 饲料、饲料添加剂经营者应当符合下列条件：

（一）有与经营饲料、饲料添加剂相适应的经营场所和仓储设施；

（二）有具备饲料、饲料添加剂使用、贮存等知识的技术人员；

（三）有必要的产品质量管理和安全管理制度。

第二十三条 饲料、饲料添加剂经营者进货时应当查验产品标签、产品质量检验合格证和相应的许可证明文件。

饲料、饲料添加剂经营者不得对饲料、饲料添加剂进行拆包、分装，不得对饲料、饲料添加剂进行再加工或者添加任何物质。

禁止经营用国务院农业行政主管部门公布的饲料原料目录、饲料添加剂品种目录和药物饲料添加剂品种目录以外的任何物质生产的饲料。

饲料、饲料添加剂经营者应当建立产品购销台账，如实记录购销产品的名称、许可证明文件编号、规格、数量、保质期、生产企业名称或者供货者名称及其联系方式、购销时间等。购销台账保存期限不得少于2年。

第二十四条 向中国出口的饲料、饲料添加剂应当包装，包装应当符合中国有关安全、卫生的规定,并附具符合本条例第二十一条规定的标签。

向中国出口的饲料、饲料添加剂应当符合中国有关检验检疫的要求,由出入境检验检疫机构依法实施检验检疫,并对其包装和标签进行核查。包装和标签不符合要求的,不得入境。

境外企业不得直接在中国销售饲料、饲料添加剂。境外企业在中国销售饲料、饲料添加剂的,应当依法在中国境内设立销售机构或者委托符合条件的中国境内代理机构销售。

第二十五条 养殖者应当按照产品使用说明和注意事项使用饲料。在饲料或者动物饮用水中添加饲料添加剂的,应当符合饲料添加剂使用说明和注意事项的要求,遵守国务院农业行政主管部门制定的饲料添加剂安全使用规范。

养殖者使用自行配制的饲料的,应当遵守国务院农业行政主管部门制定的自行配制饲料使用规范,并不得对外提供自行配制的饲料。

使用限制使用的物质养殖动物的,应当遵守国务院农业行政主管部门的限制性规定。禁止在饲料、动物饮用水中添加国务院农业行政主管部门公布禁用的物质以及对人体具有直接或者潜在危害的其他物质,或者直接使用上述物质养殖动物。禁止在反刍动物饲料中添加乳和乳制品以外的动物源性成分。

第二十六条 国务院农业行政主管部门和县级以上地方人民政府饲料管理部门应当加强饲料、饲料添加剂质量安全知识的宣传,提高养殖者的质量安全意识,指导养殖者安全、合理使用饲料、饲料添加剂。

第二十七条 饲料、饲料添加剂在使用过程中被证实对养殖动物、人体健康或者环境有害的,由国务院农业行政主管部门决定禁用并予以公布。

第二十八条 饲料、饲料添加剂生产企业发现其生产的饲料、饲料添加剂对养殖动物、人体健康有害或者存在其他安全隐患的,应当立即停止生产,通知经营者、使用者,向饲料管理部门报告,主动召回产品,并记录召回和通知情况。召回的产品应当在饲料管理部门监督下予以无害化处理或者销毁。

饲料、饲料添加剂经营者发现其销售的饲料、饲料添加剂具有前款规定情形的,应当立即停止销售,通知生产企业、供货者和使用者,向饲料管理部门报告,并记录通知情况。

养殖者发现其使用的饲料、饲料添加剂具有本条第一款规定情形的,应当立即停止使用,通知供货者,并向饲料管理部门报告。

第二十九条 禁止生产、经营、使用未取得新饲料、新饲料添加剂证书的新饲料、新饲料添加剂以及禁用的饲料、饲料添加剂。

禁止经营、使用无产品标签、无生产许可证、无产品质量标准、无产品质量检验合格证的饲料、饲料添加剂。禁止经营、使用无产品批准文号的饲料添加剂、添加剂预混合饲料。禁止经营、使用未取得饲料、饲料添加剂进口登记证的进口饲料、进口饲料添加剂。

第三十条 禁止对饲料、饲料添加剂作具有预防或者治疗动物疾病作用的说明或者宣传。但是,饲料中添加药物饲料添加剂的,可以对所添加的药物饲料添加剂的作用加以说明。

第三十一条 国务院农业行政主管部门和省、自治区、直辖市人民政府饲料管理部门应当按照职责权限对全国或者本行政区域饲料、饲料添加剂的质量安全状况进行监测,并根据监测情况发布饲料、饲料添加剂质量安全预警信息。

第三十二条 国务院农业行政主管部门和县级以上地方人民政府饲料管理部门,应当根据需要定期或者不定期组织实施饲料、饲料添加剂监督抽查;饲料、饲料添加剂监督抽查检测工作由国务院农业行政主管部门或者省、自治区、直辖市人民政府饲料管理部门指定的具有相应技术条件的机构承担。饲料、饲料添加剂监督抽查不得收费。

国务院农业行政主管部门和省、自治区、直辖市人民政府饲料管理部门应当按照职责权限公布监督抽查结果,并可以公布具有不良记录的饲料、饲料添加剂生产企业、经营者名单。

第三十三条　县级以上地方人民政府饲料管理部门应当建立饲料、饲料添加剂监督管理档案，记录日常监督检查、违法行为查处等情况。

第三十四条　国务院农业行政主管部门和县级以上地方人民政府饲料管理部门在监督检查中可以采取下列措施：

（一）对饲料、饲料添加剂生产、经营、使用场所实施现场检查；

（二）查阅、复制有关合同、票据、账簿和其他相关资料；

（三）查封、扣押有证据证明用于违法生产饲料的饲料原料、单一饲料、饲料添加剂、药物饲料添加剂、添加剂预混合饲料，用于违法生产饲料添加剂的原料，用于违法生产饲料、饲料添加剂的工具、设施，违法生产、经营、使用的饲料、饲料添加剂；

（四）查封违法生产、经营饲料、饲料添加剂的场所。

第四章　法律责任

第三十五条　国务院农业行政主管部门、县级以上地方人民政府饲料管理部门或者其他依照本条例规定行使监督管理权的部门及其工作人员，不履行本条例规定的职责或者滥用职权、玩忽职守、徇私舞弊的，对直接负责的主管人员和其他直接责任人员，依法给予处分；直接负责的主管人员和其他直接责任人员构成犯罪的，依法追究刑事责任。

第三十六条　提供虚假的资料、样品或者采取其他欺骗方式取得许可证明文件的，由发证机关撤销相关许可证明文件，处5万元以上10万元以下罚款，申请人3年内不得就同一事项申请行政许可。以欺骗方式取得许可证明文件给他人造成损失的，依法承担赔偿责任。

第三十七条　假冒、伪造或者买卖许可证明文件的，由国务院农业行政主管部门或者县级以上地方人民政府饲料管理部门按照职责权限收缴或者吊销、撤销相关许可证明文件；构成犯罪的，依法追究刑事责任。

第三十八条　未取得生产许可证生产饲料、饲料添加剂的，由县级以上地方人民政府饲料管理部门责令停止生产，没收违法所得、违法生产的产品和用于违法生产饲料的饲料原料、单一饲料、饲料添加剂、药物饲料添加剂、添加剂预混合饲料以及用于违法生产饲料添加剂的原料，违法生产的产品货值金额不足1万元的，并处1万元以上5万元以下罚款，货值金额1万元以上的，并处货值金额5倍以上10倍以下罚款；情节严重的，没收其生产设备，生产企业的主要负责人和直接负责的主管人员10年内不得从事饲料、饲料添加剂生产、经营活动。

已经取得生产许可证，但不再具备本条例第十四条规定的条件而继续生产饲料、饲料添加剂的，由县级以上地方人民政府饲料管理部门责令停止生产、限期改正，并处1万元以上5万元以下罚款；逾期不改正的，由发证机关吊销生产许可证。

已经取得生产许可证，但未取得产品批准文号而生产饲料添加剂、添加剂预混合饲料的，由县级以上地方人民政府饲料管理部门责令停止生产，没收违法所得、违法生产的产品和用于违法生产饲料的饲料原料、单一饲料、饲料添加剂、药物饲料添加剂以及用于违法生产饲料添加剂的原料，限期补办产品批准文号，并处违法生产的产品货值金额1倍以上3倍以下罚款；情节严重的，由发证机关吊销生产许可证。

第三十九条　饲料、饲料添加剂生产企业有下列行为之一的，由县级以上地方人民政府饲料管理部门责令改正，没收违法所得、违法生产的产品和用于违法生产饲料的饲料原料、单一饲料、饲料添加剂、药物饲料添加剂、添加剂预混合饲料以及用于违法生产饲料添加剂的原料，违法生产的产品货值金额不足1万元的，并处1万元以上5万元以下罚款，货值金额1万元以上的，并处货值金额5倍以上10倍以下罚款；情节严重的，由发证机关吊销、撤销相关许可证明文件，生产企业的主要负责人和直接负责的主管人员10年内不得从事饲料、饲料添加剂生产、经营活动；构成犯罪的，依法追究刑事责任：

（一）使用限制使用的饲料原料、单一饲料、饲料添加剂、药物饲料添加剂、添加剂预混合饲料生产饲料，不遵守国务院农业行政主管部门的限制性规定的；

（二）使用国务院农业行政主管部门公布的饲料原料目录、饲料添加剂品种目录和药物饲料添加剂品种目录以外的物质生产饲料的；

（三）生产未取得新饲料、新饲料添加剂证书的新饲料、新饲料添加剂或者禁用的饲料、饲料添加剂的。

第四十条 饲料、饲料添加剂生产企业有下列行为之一的，由县级以上地方人民政府饲料管理部门责令改正，处1万元以上2万元以下罚款；拒不改正的，没收违法所得、违法生产的产品和用于违法生产饲料的饲料原料、单一饲料、饲料添加剂、药物饲料添加剂、添加剂预混合饲料以及用于违法生产饲料添加剂的原料，并处5万元以上10万元以下罚款；情节严重的，责令停止生产，可以由发证机关吊销、撤销相关许可证明文件：

（一）不按照国务院农业行政主管部门的规定和有关标准对采购的饲料原料、单一饲料、饲料添加剂、药物饲料添加剂、添加剂预混合饲料和用于饲料添加剂生产的原料进行查验或者检验的；

（二）饲料、饲料添加剂生产过程中不遵守国务院农业行政主管部门制定的饲料、饲料添加剂质量安全管理规范和饲料添加剂安全使用规范的；

（三）生产的饲料、饲料添加剂未经产品质量检验的。

第四十一条 饲料、饲料添加剂生产企业不依照本条例规定实行采购、生产、销售记录制度或者产品留样观察制度的，由县级以上地方人民政府饲料管理部门责令改正，处1万元以上2万元以下罚款；拒不改正的，没收违法所得、违法生产的产品和用于违法生产饲料的饲料原料、单一饲料、饲料添加剂、药物饲料添加剂、添加剂预混合饲料以及用于违法生产饲料添加剂的原料，处2万元以上5万元以下罚款，并可以由发证机关吊销、撤销相关许可证明文件。

饲料、饲料添加剂生产企业销售的饲料、饲料添加剂未附具产品质量检验合格证或者包装、标签不符合规定的，由县级以上地方人民政府饲料管理部门责令改正；情节严重的，没收违法所得和违法销售的产品，可以处违法销售的产品货值金额30%以下罚款。

第四十二条 不符合本条例第二十二条规定的条件经营饲料、饲料添加剂的，由县级人民政府饲料管理部门责令限期改正；逾期不改正的，没收违法所得和违法经营的产品，违法经营的产品货值金额不足1万元的，并处2000元以上2万元以下罚款，货值金额1万元以上的，并处货值金额2倍以上5倍以下罚款；情节严重的，责令停止经营，并通知工商行政管理部门，由工商行政管理部门吊销营业执照。

第四十三条 饲料、饲料添加剂经营者有下列行为之一的，由县级人民政府饲料管理部门责令改正，没收违法所得和违法经营的产品，违法经营的产品货值金额不足1万元的，并处2000元以上2万元以下罚款，货值金额1万元以上的，并处货值金额2倍以上5倍以下罚款；情节严重的，责令停止经营，并通知工商行政管理部门，由工商行政管理部门吊销营业执照；构成犯罪的，依法追究刑事责任：

（一）对饲料、饲料添加剂进行再加工或者添加物质的；

（二）经营无产品标签、无生产许可证、无产品质量检验合格证的饲料、饲料添加剂的；

（三）经营无产品批准文号的饲料添加剂、添加剂预混合饲料的；

（四）经营用国务院农业行政主管部门公布的饲料原料目录、饲料添加剂品种目录和药物饲料添加剂品种目录以外的物质生产的饲料的；

（五）经营未取得新饲料、新饲料添加剂证书的新饲料、新饲料添加剂或者未取得饲料、饲料添加剂进口登记证的进口饲料、进口饲料添加剂以及禁用的饲料、饲料添加剂的。

第四十四条 饲料、饲料添加剂经营者有下列行为之一的，由县级人民政府饲料管理部门责令改正，没收违法所得和违法经营的产品，并处 2000 元以上 1 万元以下罚款：
（一）对饲料、饲料添加剂进行拆包、分装的；
（二）不依照本条例规定实行产品购销台账制度的；
（三）经营的饲料、饲料添加剂失效、霉变或者超过保质期的。

第四十五条 对本条例第二十八条规定的饲料、饲料添加剂，生产企业不主动召回的，由县级以上地方人民政府饲料管理部门责令召回，并监督生产企业对召回的产品予以无害化处理或者销毁；情节严重的，没收违法所得，并处应召回的产品货值金额 1 倍以上 3 倍以下罚款，可以由发证机关吊销、撤销相关许可证明文件；生产企业对召回的产品不予以无害化处理或者销毁的，由县级人民政府饲料管理部门代为销毁，所需费用由生产企业承担。

对本条例第二十八条规定的饲料、饲料添加剂，经营者不停止销售的，由县级以上地方人民政府饲料管理部门责令停止销售；拒不停止销售的，没收违法所得，处 1000 元以上 5 万元以下罚款；情节严重的，责令停止经营，并通知工商行政管理部门，由工商行政管理部门吊销营业执照。

第四十六条 饲料、饲料添加剂生产企业、经营者有下列行为之一的，由县级以上地方人民政府饲料管理部门责令停止生产、经营，没收违法所得和违法生产、经营的产品，违法生产、经营的产品货值金额不足 1 万元的，并处 2000 元以上 2 万元以下罚款，货值金额 1 万元以上的，并处货值金额 2 倍以上 5 倍以下罚款；构成犯罪的；依法追究刑事责任：
（一）在生产、经营过程中，以非饲料、非饲料添加剂冒充饲料、饲料添加剂或者以此种饲料、饲料添加剂冒充他种饲料、饲料添加剂的；
（二）生产、经营无产品质量标准或者不符合产品质量标准的饲料、饲料添加剂的；
（三）生产、经营的饲料、饲料添加剂与标签标示的内容不一致的。

饲料、饲料添加剂生产企业有前款规定的行为，情节严重的，由发证机关吊销、撤销相关许可证明文件；饲料、饲料添加剂经营者有前款规定的行为，情节严重的，通知工商行政管理部门，由工商行政管理部门吊销营业执照。

第四十七条 养殖者有下列行为之一的，由县级人民政府饲料管理部门没收违法使用的产品和非法添加物质，对单位处 1 万元以上 5 万元以下罚款，对个人处 5000 元以下罚款；构成犯罪的，依法追究刑事责任：
（一）使用未取得新饲料、新饲料添加剂证书的新饲料、新饲料添加剂或者未取得饲料、饲料添加剂进口登记证的进口饲料、进口饲料添加剂的；
（二）使用无产品标签、无生产许可证、无产品质量标准、无产品质量检验合格证的饲料、饲料添加剂的；
（三）使用无产品批准文号的饲料添加剂、添加剂预混合饲料的；
（四）在饲料或者动物饮用水中添加饲料添加剂，不遵守国务院农业行政主管部门制定的饲料添加剂安全使用规范的；
（五）使用自行配制的饲料，不遵守国务院农业行政主管部门制定的自行配制饲料使用规范的；
（六）使用限制使用的物质养殖动物，不遵守国务院农业行政主管部门的限制性规定的；
（七）在反刍动物饲料中添加乳和乳制品以外的动物源性成分的。

在饲料或者动物饮用水中添加国务院农业行政主管部门公布禁用的物质以及对人体具有直接或者潜在危害的其他物质，或者直接使用上述物质养殖动物的，由县级以上地方人民政府饲料管理部门责令其对饲喂了违禁物质的动物进行无害化处理，处 3 万元以上 10 万元以下罚款；构成犯罪的，依法追究刑事责任。

第四十八条 养殖者对外提供自行配制的饲料的，由县级人民政府饲料管理部门责令改正,处2000元以上2万元以下罚款。

第五章 附 则

第四十九条 本条例下列用语的含义:

(一)饲料原料,是指来源于动物、植物、微生物或者矿物质,用于加工制作饲料但不属于饲料添加剂的饲用物质。

(二)单一饲料,是指来源于一种动物、植物、微生物或者矿物质,用于饲料产品生产的饲料。

(三)添加剂预混合饲料,是指由两种(类)或者两种(类)以上营养性饲料添加剂为主,与载体或者稀释剂按照一定比例配制的饲料,包括复合预混合饲料、微量元素预混合饲料、维生素预混合饲料。

(四)浓缩饲料,是指主要由蛋白质、矿物质和饲料添加剂按照一定比例配制的饲料。

(五)配合饲料,是指根据养殖动物营养需要,将多种饲料原料和饲料添加剂按照一定比例配制的饲料。

(六)精料补充料,是指为补充草食动物的营养,将多种饲料原料和饲料添加剂按照一定比例配制的饲料。

(七)营养性饲料添加剂,是指为补充饲料营养成分而掺入饲料中的少量或者微量物质,包括饲料级氨基酸、维生素、矿物质微量元素、酶制剂、非蛋白氮等。

(八)一般饲料添加剂,是指为保证或者改善饲料品质、提高饲料利用率而掺入饲料中的少量或者微量物质。

(九)药物饲料添加剂,是指为预防、治疗动物疾病而掺入载体或者稀释剂的兽药的预混合物质。

(十)许可证明文件,是指新饲料、新饲料添加剂证书,饲料、饲料添加剂进口登记证,饲料、饲料添加剂生产许可证,饲料添加剂、添加剂预混合饲料产品批准文号。

第五十条 药物饲料添加剂的管理,依照《兽药管理条例》的规定执行。

第五十一条 本条例自2012年5月1日起施行。

进出口饲料和饲料添加剂检验检疫监督管理办法

(国家质量监督检验检疫总局令第118号)

(2009年7月20日由国家质量监督检验检疫总局发布;根据2016年10月18日国家质量监督检验检疫总局令第184号《国家质量监督检验检疫总局关于修改和废止部分规章的决定》修改,根据2018年4月28日海关总署令第238号《海关总署关于修改部分规章的决定》修改,根据2018年5月29日海关总署令第240号《海关总署关于修改部分规章的决定》修改,根据2018年11月23日海关总署令第243号《海关总署关于修改部分规章的决定》修改;现行版本自2018年11月23日起施行;法规类型为部门规章)

第一章 总 则

第一条 为规范进出口饲料和饲料添加剂的检验检疫监督管理工作,提高进出口饲料和饲料添加剂安全水平，保护动物和人体健康，根据《中华人民共和国进出境动植物检疫法》及其实施条例、《中华人民共和国进出口商品检验法》及其实施条例、《国务院关于加强食品等产品安全监督管理的特别规定》等有关法律法规规定，制定本办法。

第二条 本办法适用于进口、出口及过境饲料和饲料添加剂（以下简称饲料）的检验检疫和监督管理。

作饲料用途的动植物及其产品按照本办法的规定管理。

药物饲料添加剂不适用本办法。

第三条 海关总署统一管理全国进出口饲料的检验检疫和监督管理工作。

主管海关负责所辖区域进出口饲料的检验检疫和监督管理工作。

第二章 风险管理

第四条 海关总署对进出口饲料实施风险管理，包括在风险分析的基础上，对进出口饲料实施的产品风险分级、企业分类、监管体系审查、风险监控、风险警示等措施。

第五条 海关按照进出口饲料的产品风险级别，采取不同的检验检疫监管模式并进行动态调整。

第六条 海关根据进出口饲料的产品风险级别、企业诚信程度、安全卫生控制能力、监管体系有效性等，对注册登记的境外生产、加工、存放企业（以下简称境外生产企业）和国内出口饲料生产、加工、存放企业（以下简称出口生产企业）实施企业分类管理，采取不同的检验检疫监管模式并进行动态调整。

第七条 海关总署按照饲料产品种类分别制定进口饲料的检验检疫要求。对首次向中国出口饲料的国家或者地区进行风险分析，对曾经或者正在向中国出口饲料的国家或者地区进行回顾性审查，重点审查其饲料安全监管体系。根据风险分析或者回顾性审查结果，制定调整并公布允许进口饲料的国家或者地区名单和饲料产品种类。

第八条 海关总署对进出口饲料实施风险监控，制定进出口饲料年度风险监控计划，编制年度风险监控报告。直属海关结合本地实际情况制定具体实施方案并组织实施。

第九条 海关总署根据进出口饲料安全形势、检验检疫中发现的问题、国内外相关组织机构通报的问题以及国内外市场发生的饲料安全问题，在风险分析的基础上及时发布风险警示信息。

第三章 进口检验检疫

第一节 注册登记

第十条 海关总署对允许进口饲料的国家或者地区的生产企业实施注册登记制度，进口饲料应当来自注册登记的境外生产企业。

第十一条 境外生产企业应当符合输出国家或者地区法律法规和标准的相关要求，并达到与中国有关法律法规和标准的等效要求，经输出国家或者地区主管部门审查合格后向海关总署推荐。推荐材料应当包括：

（一）企业信息：企业名称、地址、官方批准编号；

（二）注册产品信息：注册产品名称、主要原料、用途等；

（三）官方证明：证明所推荐的企业已经主管部门批准，其产品允许在输出国家或者地区自由销售。

第十二条 海关总署应当对推荐材料进行审查。

审查不合格的，通知输出国家或者地区主管部门补正。

审查合格的，经与输出国家或者地区主管部门协商后，海关总署派出专家到输出国家或者地区对其饲料安全监管体系进行审查，并对申请注册登记的企业进行抽查。对抽查不符合要求的企业，不予注册登记，并将原因向输出国家或者地区主管部门通报；对抽查符合要求的及未被抽查的其他推荐企业，予以注册登记，并在海关总署官方网站上公布。

第十三条 注册登记的有效期为 5 年。

需要延期的境外生产企业，由输出国家或者地区主管部门在有效期届满前 6 个月向海关总署提出延期。必要时，海关总署可以派出专家到输出国家或者地区对其饲料安全监管体系进行回顾性审查，并对申请延期的境外生产企业进行抽查，对抽查符合要求的及未被抽查的其他申请延期境外生产企业，注册登记有效期延长 5 年。

第十四条 经注册登记的境外生产企业停产、转产、倒闭或者被输出国家或者地区主管部门吊销生产许可证、营业执照的，海关总署注销其注册登记。

第二节 检验检疫

第十五条 进口饲料需要办理进境动植物检疫许可证的，应当按照相关规定办理进境动植物检疫许可证。

第十六条 货主或者其代理人应当在饲料入境前或者入境时向海关报检，报检时应当提供原产地证书、贸易合同、提单、发票等，并根据对产品的不同要求提供输出国家或者地区检验检疫证书。

第十七条 海关按照以下要求对进口饲料实施检验检疫：

（一）中国法律法规、国家强制性标准和相关检验检疫要求；

（二）双边协议、议定书、备忘录；

（三）《进境动植物检疫许可证》列明的要求。

第十八条 海关按照下列规定对进口饲料实施现场查验：

（一）核对货证：核对单证与货物的名称、数（重）量、包装、生产日期、集装箱号码、输出国家或者地区、生产企业名称和注册登记号等是否相符；

（二）标签检查：标签是否符合饲料标签国家标准；

（三）感官检查：包装、容器是否完好，是否超过保质期，有无腐败变质，有无携带有害生物，有无土壤、动物尸体、动物排泄物等禁止进境物。

第十九条 现场查验有下列情形之一的，海关签发《检验检疫处理通知单》，由货主或者其代理人在海关的监督下，作退回或者销毁处理：

（一）输出国家或者地区未被列入允许进口的国家或者地区名单的；

（二）来自非注册登记境外生产企业的产品；

（三）来自注册登记境外生产企业的非注册登记产品；

（四）货证不符的；

（五）标签不符合标准且无法更正的；

（六）超过保质期或者腐败变质的；

（七）发现土壤、动物尸体、动物排泄物、检疫性有害生物，无法进行有效的检疫处理的。

第二十条 现场查验发现散包、容器破裂的，由货主或者代理人负责整理完好。包装破损且有传播动植物疫病风险的，应当对所污染的场地、物品、器具进行检疫处理。

第二十一条 海关对来自不同类别境外生产企业的产品按照相应的检验检疫监管模式抽取样品，出具《抽/采样凭证》，送实验室进行安全卫生项目的检测。

被抽取样品送实验室检测的货物，应当调运到海关指定的待检存放场所等待检测结果。

第二十二条 经检验检疫合格的,海关签发《入境货物检验检疫证明》,予以放行。

经检验检疫不合格的,海关签发《检验检疫处理通知书》,由货主或者其代理人在海关的监督下,作除害、退回或者销毁处理,经除害处理合格的准予进境;需要对外索赔的,由海关出具相关证书。海关应当将进口饲料检验检疫不合格信息上报海关总署。

第二十三条 货主或者其代理人未取得海关出具的《入境货物检验检疫证明》前,不得擅自转移、销售、使用进口饲料。

第二十四条 进口饲料分港卸货的,先期卸货港海关应当以书面形式将检验检疫结果及处理情况及时通知其他分卸港所在地海关;需要对外出证的,由卸毕港海关汇总后出具证书。

第三节 监督管理

第二十五条 进口饲料包装上应当有中文标签,标签应当符合中国饲料标签国家标准。

散装的进口饲料,进口企业应当在海关指定的场所包装并加施饲料标签后方可入境,直接调运到海关指定的生产、加工企业用于饲料生产的,免于加施标签。

国家对进口动物源性饲料的饲用范围有限制的,进入市场销售的动物源性饲料包装上应当注明饲用范围。

第二十六条 海关对饲料进口企业(以下简称进口企业)实施备案管理。进口企业应当在首次报检前或者报检时向所在地海关备案。

第二十七条 进口企业应当建立经营档案,记录进口饲料的报检号、品名、数/重量、包装、输出国家或者地区、国外出口商、境外生产企业名称及其注册登记号、《入境货物检验检疫证明》、进口饲料流向等信息,记录保存期限不得少于2年。

第二十八条 海关对备案进口企业的经营档案进行定期审查,审查不合格的,将其列入不良记录企业名单,对其进口的饲料加严检验检疫。

第二十九条 国外发生的饲料安全事故涉及已经进口的饲料、国内有关部门通报或者用户投诉进口饲料出现安全卫生问题的,海关应当开展追溯性调查,并按照国家有关规定进行处理。

进口的饲料存在前款所列情形,可能对动物和人体健康和生命安全造成损害的,饲料进口企业应当主动召回,并向海关报告。进口企业不履行召回义务的,海关可以责令进口企业召回并将其列入不良记录企业名单。

第四章 出口检验检疫

第一节 注册登记

第三十条[①] 海关总署对出口饲料的出口生产企业实施注册登记制度,出口饲料应当来自注册登记的出口生产企业。

出境饲料及饲料添加剂生产企业,输入国家或地区无注册登记要求的,免于向海关注册登记。

第三十一条 申请注册登记的企业应当符合下列条件:

(一)厂房、工艺、设备和设施。

1. 厂址应当避开工业污染源,与养殖场、屠宰场、居民点保持适当距离;

2. 厂房、车间布局合理,生产区与生活区、办公区分开;

---

① 根据海关总署公告2020年第99号《关于调整部分进出境货物监管要求的公告》,增加"出境饲料及饲料添加剂生产企业,输入国家或地区无注册登记要求的,免于向海关注册登记。"

3. 工艺设计合理，符合安全卫生要求；

4. 具备与生产能力相适应的厂房、设备及仓储设施；

5. 具备有害生物（啮齿动物、苍蝇、仓储害虫、鸟类等）防控设施。

（二）具有与其所生产产品相适应的质量管理机构和专业技术人员。

（三）具有与安全卫生控制相适应的检测能力。

（四）管理制度。

1. 岗位责任制度；

2. 人员培训制度；

3. 从业人员健康检查制度；

4. 按照危害分析与关键控制点（HACCP）原理建立质量管理体系，在风险分析的基础上开展自检自控；

5. 标准卫生操作规范（SSOP）；

6. 原辅料、包装材料合格供应商评价和验收制度；

7. 饲料标签管理制度和产品追溯制度；

8. 废弃物、废水处理制度；

9. 客户投诉处理制度；

10. 质量安全突发事件应急管理制度。

（五）海关总署按照饲料产品种类分别制定的出口检验检疫要求。

第三十二条 出口生产企业应当向所在地直属海关申请注册登记，并提交下列材料：

（一）《出口饲料生产、加工、存放企业检验检疫注册登记申请表》；

（二）国家饲料主管部门有审查、生产许可、产品批准文号等要求的，须提供获得批准的相关证明文件；

（三）生产工艺流程图，并标明必要的工艺参数（涉及商业秘密的除外）；

（四）厂区平面图，并提供重点区域的照片或者视频资料；

（五）申请注册登记的产品及原料清单。

第三十三条 直属海关应当对申请材料及时进行审查，根据下列情况在 5 日内作出受理或者不予受理决定，并书面通知申请人：

（一）申请材料存在可以当场更正的错误的，允许申请人当场更正；

（二）申请材料不齐全或者不符合法定形式的，应当当场或者在 5 日内一次书面告知申请人需要补正的全部内容，逾期不告知的，自收到申请材料之日起即为受理；

（三）申请材料齐全、符合法定形式或者申请人按照要求提交全部补正申请材料的，应当受理申请。

第三十四条 直属海关应当在受理申请后组成评审组，对申请注册登记的出口生产企业进行现场评审。评审组应当在现场评审结束后向直属海关提交评审报告。

第三十五条 直属海关应当自受理申请之日起 20 日内对申请人的申请事项作出是否准予注册登记的决定；准予注册登记的，颁发《出口饲料生产、加工、存放企业检验检疫注册登记证》（以下简称《注册登记证》）。

直属海关自受理申请之日起 20 日内不能作出决定的，经直属海关负责人批准，可以延长 10 日，并应当将延长期限的理由告知申请人。

第三十六条 《注册登记证》自颁发之日起生效，有效期 5 年。

属于同一企业、位于不同地点、具有独立生产线和质量管理体系的出口生产企业应当分别申请注册登记。

每一注册登记出口生产企业使用一个注册登记编号。经注册登记的出口生产企业的注册登记编号专厂专用。

第三十七条 出口生产企业变更企业名称、法定代表人、产品品种、生产能力等的，应当在变更后30日内向所在地直属海关提出书面申请，填写《出口饲料生产、加工、存放企业检验检疫注册登记申请表》，并提交与变更内容相关的资料。

变更企业名称、法定代表人的，由直属海关审核有关资料后，直接办理变更手续。

变更产品品种或者生产能力的，由直属海关审核有关资料并组织现场评审，评审合格后，办理变更手续。

企业迁址的，应当重新向直属海关申请办理注册登记手续。

因停产、转产、倒闭等原因不再从事出口饲料业务的，应当向所在地直属海关办理注销手续。

第三十八条 获得注册登记的出口生产企业需要延续注册登记有效期的，应当在有效期届满前3个月按照本办法规定提出申请。

第三十九条 直属海关应当在完成注册登记、变更或者注销工作后30日内，将相关信息上报海关总署备案。

第四十条 进口国家或者地区要求提供注册登记的出口生产企业名单的，由直属海关审查合格后，上报海关总署。海关总署组织进行抽查评估后，统一向进口国家或者地区主管部门推荐并办理有关手续。

第二节 检验检疫

第四十一条 海关按照下列要求对出口饲料实施检验检疫：

（一）输入国家或者地区检验检疫要求；

（二）双边协议、议定书、备忘录；

（三）中国法律法规、强制性标准和相关检验检疫要求；

（四）贸易合同或者信用证注明的检疫要求。

第四十二条 饲料出口前，货主或者代理人应当凭贸易合同、出厂合格证明等单证向产地海关报检。海关对所提供的单证进行审核，符合要求的受理报检。

第四十三条 受理报检后，海关按照下列规定实施现场检验检疫：

（一）核对货证：核对单证与货物的名称、数（重）量、生产日期、批号、包装、唛头、出口生产企业名称或者注册登记号等是否相符；

（二）标签检查：标签是否符合要求；

（三）感官检查：包装、容器是否完好，有无腐败变质，有无携带有害生物，有无土壤、动物尸体、动物排泄物等。

第四十四条 海关对来自不同类别出口生产企业的产品按照相应的检验检疫监管模式抽取样品，出具《抽/采样凭证》，送实验室进行安全卫生项目的检测。

第四十五条 经检验检疫合格的，海关出具《出境货物换证凭单》、检验检疫证书等相关证书；检验检疫不合格的，经有效方法处理并重新检验检疫合格的，可以按照规定出具相关单证，予以放行；无有效方法处理或者虽经处理重新检验检疫仍不合格的，不予放行，并出具《出境货物不合格通知单》。

第四十六条 出境口岸海关按照出境货物换证查验的相关规定查验，重点检查货证是否相符。查验不合格的，不予放行。

第四十七条 产地海关与出境口岸海关应当及时交流信息。

在检验检疫过程中发现安全卫生问题，应当采取相应措施，并及时上报海关总署。

第三节 监督管理

第四十八条 取得注册登记的出口饲料生产、加工企业应当遵守下列要求：

（一）有效运行自检自控体系；

（二）按照进口国家或者地区的标准或者合同要求生产出口产品；

（三）遵守我国有关药物和添加剂管理规定，不得存放、使用我国和进口国家或者地区禁止使用的药物和添加物；

（四）出口饲料的包装、装载容器和运输工具应当符合安全卫生要求。标签应当符合进口国家或者地区的有关要求。包装或者标签上应当注明生产企业名称或者注册登记号、产品用途；

（五）建立企业档案，记录生产过程中使用的原辅料名称、数（重）量及其供应商、原料验收、半产品及成品自检自控、入库、出库、出口、有害生物控制、产品召回等情况，记录档案至少保存2年；

（六）如实填写《出口饲料监管手册》，记录海关监管、抽样、检查、年审情况以及国外官方机构考察等内容。

取得注册登记的饲料存放企业应当建立企业档案，记录存放饲料名称、数/重量、货主、入库、出库、有害生物防控情况，记录档案至少保留2年。

第四十九条 海关对辖区内注册登记的出口生产企业实施日常监督管理，内容包括：

（一）环境卫生；

（二）有害生物防控措施；

（三）有毒有害物质自检自控的有效性；

（四）原辅料或者其供应商变更情况；

（五）包装物、铺垫材料和成品库；

（六）生产设备、用具、运输工具的安全卫生；

（七）批次及标签管理情况；

（八）涉及安全卫生的其他内容；

（九）《出口饲料监管手册》记录情况。

第五十条 海关对注册登记的出口生产企业实施年审，年审合格的在《注册登记证》（副本）上加注年审合格记录。

第五十一条 海关对饲料出口企业（以下简称出口企业）实施备案管理。出口企业应当在首次报检前或者报检时向所在地海关备案。

出口与生产为同一企业的，不必办理备案。

第五十二条 出口企业应当建立经营档案并接受海关的核查。档案应当记录出口饲料的报检号、品名、数（重）量、包装、进口国家或者地区、国外进口商、供货企业名称及其注册登记号等信息，档案至少保留2年。

第五十三条 海关应当建立注册登记的出口生产企业以及出口企业诚信档案，建立良好记录企业名单和不良记录企业名单。

第五十四条 出口饲料被国内外海关检出疫病、有毒有害物质超标或者其他安全卫生质量问题的，海关核实有关情况后，实施加严检验检疫监管措施。

第五十五条 注册登记的出口生产企业和备案的出口企业发现其生产、经营的相关产品可能受到污染并影响饲料安全，或者其出口产品在国外涉嫌引发饲料安全事件时，应当在24小时内报告所在地海关，同时采取控制措施，防止不合格产品继续出厂。海关接到报告后，应当于24小时内逐级上报至海关总署。

第五十六条 已注册登记的出口生产企业发生下列情况之一的,由直属海关撤回其注册登记:
（一）准予注册登记所依据的客观情况发生重大变化,达不到注册登记条件要求的;
（二）注册登记内容发生变更,未办理变更手续的;
（三）年审不合格的。

第五十七条 有下列情形之一的,直属海关根据利害关系人的请求或者依据职权,可以撤销注册登记:
（一）直属海关工作人员滥用职权、玩忽职守作出准予注册登记的;
（二）超越法定职权作出准予注册登记的;
（三）违反法定程序作出准予注册登记的;
（四）对不具备申请资格或者不符合法定条件的出口生产企业准予注册登记的;
（五）依法可以撤销注册登记的其他情形。
出口生产企业以欺骗、贿赂等不正当手段取得注册登记的,应当予以撤销。

第五十八条 有下列情形之一的,直属海关应当依法办理注册登记的注销手续:
（一）注册登记有效期届满未延续的;
（二）出口生产企业依法终止的;
（三）企业因停产、转产、倒闭等原因不再从事出口饲料业务的;
（四）注册登记依法被撤销、撤回或者吊销的;
（五）因不可抗力导致注册登记事项无法实施的;
（六）法律、法规规定的应当注销注册登记的其他情形。

第五章 过境检验检疫

第五十九条 运输饲料过境的,承运人或者押运人应当持货运单和输出国家或者地区主管部门出具的证书,向入境口岸海关报检,并书面提交过境运输路线。

第六十条 装载过境饲料的运输工具和包装物、装载容器应当完好,经入境口岸海关检查,发现运输工具或者包装物、装载容器有可能造成途中散漏的,承运人或者押运人应当按照口岸海关的要求,采取密封措施;无法采取密封措施的,不准过境。

第六十一条 输出国家或者地区未被列入第七条规定的允许进口的国家或者地区名单的,应当获得海关总署的批准方可过境。

第六十二条 过境的饲料,由入境口岸海关查验单证,核对货证相符,加施封识后放行,并通知出境口岸海关,由出境口岸海关监督出境。

第六章 法律责任

第六十三条 有下列情形之一的,由海关按照《国务院关于加强食品等产品安全监督管理的特别规定》予以处罚:
（一）存放、使用我国或者进口国家或者地区禁止使用的药物、添加剂以及其他原料的;
（二）以非注册登记饲料生产、加工企业生产的产品冒充注册登记出口生产企业产品的;
（三）明知有安全隐患,隐瞒不报,拒不履行事故报告义务继续进出口的;
（四）拒不履行产品召回义务的。

第六十四条 有下列情形之一的,由海关按照《中华人民共和国进出境动植物检疫法实施条例》处 3000 元以上 3 万元以下罚款:
（一）未经海关批准,擅自将进口、过境饲料卸离运输工具或者运递的;
（二）擅自开拆过境饲料的包装,或者擅自开拆、损毁动植物检疫封识或者标志的。

第六十五条 有下列情形之一的，依法追究刑事责任；尚不构成犯罪或者犯罪情节显著轻微依法不需要判处刑罚的，由海关按照《中华人民共和国进出境动植物检疫法实施条例》处 2 万元以上 5 万元以下的罚款：

（一）引起重大动植物疫情的；

（二）伪造、变造动植物检疫单证、印章、标志、封识的。

第六十六条 有下列情形之一，有违法所得的，由海关处以违法所得 3 倍以下罚款，最高不超过 3 万元；没有违法所得的，处以 1 万元以下罚款：

（一）使用伪造、变造的动植物检疫单证、印章、标志、封识的；

（二）使用伪造、变造的输出国家或者地区主管部门检疫证明文件的；

（三）使用伪造、变造的其他相关证明文件的；

（四）拒不接受海关监督管理的。

第六十七条 海关工作人员滥用职权，故意刁难，徇私舞弊，伪造检验结果，或者玩忽职守，延误检验出证，依法给予行政处分；构成犯罪的，依法追究刑事责任。

第七章 附 则

第六十八条 本办法下列用语的含义是：

饲料：指经种植、养殖、加工、制作的供动物食用的产品及其原料，包括饲料用活动物、饲料用（含饵料用）冰鲜冷冻动物产品及水产品、加工动物蛋白及油脂、宠物食品及咬胶、饲草类、青贮料、饲料粮谷类、糠麸饼粕渣类、加工植物蛋白及植物粉类、配合饲料、添加剂预混合饲料等。

饲料添加剂：指饲料加工、制作、使用过程中添加的少量或者微量物质，包括营养性饲料添加剂、一般饲料添加剂等。

加工动物蛋白及油脂：包括肉粉（畜禽）、肉骨粉（畜禽）、鱼粉、鱼油、鱼膏、虾粉、鱿鱼肝粉、鱿鱼粉、乌贼膏、乌贼粉、鱼精粉、干贝精粉、血粉、血浆粉、血球粉、血细胞粉、血清粉、发酵血粉、动物下脚料粉、羽毛粉、水解羽毛粉、水解毛发蛋白粉、皮革蛋白粉、蹄粉、角粉、鸡杂粉、肠膜蛋白粉、明胶、乳清粉、乳粉、蛋粉、干蚕蛹及其粉、骨粉、骨灰、骨炭、骨制磷酸氢钙、虾壳粉、蛋壳粉、骨胶、动物油渣、动物脂肪、饲料级混合油、干虫及其粉等。

出厂合格证明：指注册登记的出口饲料或者饲料添加剂生产、加工企业出具的，证明其产品经本企业自检自控体系评定为合格的文件。

第六十九条 本办法由海关总署负责解释。

第七十条 本办法自 2009 年 9 月 1 日起施行。自施行之日起，进出口饲料有关检验检疫管理的规定与本办法不一致的，以本办法为准。

进口饲料和饲料添加剂登记管理办法

（农业部令 2014 年第 2 号）

(2014 年 1 月 13 日由农业部发布，2014 年 7 月 1 日起施行，法规类型为部门规章)

第一条 为加强进口饲料、饲料添加剂监督管理，保障动物产品质量安全，根据《饲料和饲料添加剂管理条例》，制定本办法。

第二条 本办法所称饲料，是指经工业化加工、制作的供动物食用的产品，包括单一饲料、添加剂预混合饲料、浓缩饲料、配合饲料和精料补充料。

本办法所称饲料添加剂，是指在饲料加工、制作、使用过程中添加的少量或者微量物质，包括营养性饲料添加剂和一般饲料添加剂。

第三条 境外企业首次向中国出口饲料、饲料添加剂，应当向农业部申请进口登记，取得饲料、饲料添加剂进口登记证；未取得进口登记证的，不得在中国境内销售、使用。

第四条 境外企业申请进口登记，应当委托中国境内代理机构办理。

第五条 申请进口登记的饲料、饲料添加剂，应当符合生产地和中国的相关法律法规、技术规范的要求。

生产地未批准生产、使用或者禁止生产、使用的饲料、饲料添加剂，不予登记。

第六条 申请饲料、饲料添加剂进口登记，应当向农业部提交真实、完整、规范的申请资料（中英文对照，一式两份）和样品。

第七条 申请资料包括：

（一）饲料、饲料添加剂进口登记申请表。

（二）委托书和境内代理机构资质证明：境外企业委托其常驻中国代表机构代理登记的，应当提供委托书原件和《外国企业常驻中国代表机构登记证》复印件；委托境内其他机构代理登记的，应当提供委托书原件和代理机构法人营业执照复印件。

（三）生产地批准生产、使用的证明，生产地以外其他国家、地区的登记资料，产品推广应用情况。

（四）进口饲料的产品名称、组成成分、理化性质、适用范围、使用方法；进口饲料添加剂的产品名称、主要成分、理化性质、产品来源、使用目的、适用范围、使用方法。

（五）生产工艺、质量标准、检测方法和检验报告。

（六）生产地使用的标签、商标和中文标签式样。

（七）微生物产品或者发酵制品，还应当提供权威机构出具的菌株保藏证明。

向中国出口本办法第十三条规定的饲料、饲料添加剂的，还应当提交以下申请资料：

（一）有效组分的化学结构鉴定报告或动物、植物、微生物的分类鉴定报告。

（二）农业部指定的试验机构出具的产品有效性评价试验报告、安全性评价试验报告（包括靶动物耐受性评价报告、毒理学安全评价报告、代谢和残留评价报告等）；申请饲料添加剂进口登记的，还应当提供该饲料添加剂在养殖产品中的残留可能对人体健康造成影响的分析评价报告。

（三）稳定性试验报告、环境影响报告。

（四）在饲料产品中有最高限量要求的，还应当提供最高限量值和有效组分在饲料产品中的检测方法。

第八条 产品样品应当符合以下要求：

（一）每个产品提供3个批次、每个批次2份的样品，每份样品不少于检测需要量的5倍；

（二）必要时提供相关的标准品或者化学对照品。

第九条 农业部自受理申请之日起10个工作日内对申请资料进行审查；审查合格的，通知申请人将样品交由农业部指定的检验机构进行复核检测。

第十条 复核检测包括质量标准复核和样品检测。检测方法有国家标准和行业标准的，优先采用国家标准或者行业标准；没有国家标准和行业标准的，采用申请人提供的检测方法；必要时，检验机构可以根据实际情况对检测方法进行调整。

检验机构应当在3个月内完成复核检测工作，并将复核检测报告报送农业部，同时抄送申请人。

第十一条 境外企业对复核检测结果有异议的,应当自收到复核检测报告之日起 15 个工作日内申请复检。

第十二条 复核检测合格的,农业部在 10 个工作日内核发饲料、饲料添加剂进口登记证,并予以公告。

第十三条 申请进口登记的饲料、饲料添加剂有下列情形之一的,由农业部依照新饲料、新饲料添加剂的评审程序组织评审:

(一)向中国出口中国境内尚未使用但生产地已经批准生产和使用的饲料、饲料添加剂的;

(二)饲料添加剂扩大适用范围的;

(三)饲料添加剂含量规格低于饲料添加剂安全使用规范要求的,但由饲料添加剂与载体或者稀释剂按照一定比例配制的除外;

(四)饲料添加剂生产工艺发生重大变化的;

(五)农业部已核发新饲料、新饲料添加剂证书的产品,自获证之日起超过 3 年未投入生产的;

(六)存在质量安全风险的其他情形。

第十四条 饲料、饲料添加剂进口登记证有效期为 5 年。

饲料、饲料添加剂进口登记证有效期满需要继续向中国出口饲料、饲料添加剂的,应当在有效期届满 6 个月前申请续展。

第十五条 申请续展应当提供以下资料:

(一)进口饲料、饲料添加剂续展登记申请表;

(二)进口登记证复印件;

(三)委托书和境内代理机构资质证明;

(四)生产地批准生产、使用的证明;

(五)质量标准、检测方法和检验报告;

(六)生产地使用的标签、商标和中文标签式样。

第十六条 有下列情形之一的,申请续展时还应当提交样品进行复核检测:

(一)根据相关法律法规、技术规范,需要对产品质量安全检测项目进行调整的;

(二)产品检测方法发生改变的;

(三)监督抽查中有不合格记录的。

第十七条 进口登记证有效期内,进口饲料、饲料添加剂的生产场所迁址,或者产品质量标准、生产工艺、适用范围等发生变化的,应当重新申请登记。

第十八条 进口饲料、饲料添加剂在进口登记证有效期内有下列情形之一的,应当申请变更登记:

(一)产品的中文或外文商品名称改变的;

(二)申请企业名称改变的;

(三)生产厂家名称改变的;

(四)生产地址名称改变的。

第十九条 申请变更登记应当提供以下资料:

(一)进口饲料、饲料添加剂变更登记申请表;

(二)委托书和境内代理机构资质证明;

(三)进口登记证原件;

(四)变更说明及相关证明文件。

农业部在受理变更登记申请后 10 个工作日内作出是否准予变更的决定。

第二十条 从事进口饲料、饲料添加剂登记工作的相关单位和人员，应当对申请人提交的需要保密的技术资料保密。

第二十一条 境外企业应当依法在中国境内设立销售机构或者委托符合条件的中国境内代理机构销售进口饲料、饲料添加剂。

境外企业不得直接在中国境内销售进口饲料、饲料添加剂。

第二十二条 境外企业应当在取得饲料、饲料添加剂进口登记证之日起 6 个月内，在中国境内设立销售机构或者委托销售代理机构并报农业部备案。

前款规定的销售机构或者销售代理机构发生变更的，应当在 1 个月内报农业部重新备案。

第二十三条 进口饲料、饲料添加剂应当包装，包装应当符合中国有关安全、卫生的规定，并附具符合规定的中文标签。

第二十四条 进口饲料、饲料添加剂在使用过程中被证实对养殖动物、人体健康或环境有害的，由农业部公告禁用并撤销进口登记证。

饲料、饲料添加剂进口登记证有效期内，生产地禁止使用该饲料、饲料添加剂产品或者撤销其生产、使用许可的，境外企业应当立即向农业部报告，由农业部撤销进口登记证并公告。

第二十五条 境外企业发现其向中国出口的饲料、饲料添加剂对养殖动物、人体健康有害或者存在其他安全隐患的，应当立即通知其在中国境内的销售机构或者销售代理机构，并向农业部报告。

境外企业在中国境内的销售机构或者销售代理机构应当主动召回前款规定的产品，记录召回情况，并向销售地饲料管理部门报告。

召回的产品应当在县级以上地方人民政府饲料管理部门监督下予以无害化处理或者销毁。

第二十六条 农业部和县级以上地方人民政府饲料管理部门，应当根据需要定期或者不定期组织实施进口饲料、饲料添加剂监督抽查；进口饲料、饲料添加剂监督抽查检测工作由农业部或者省、自治区、直辖市人民政府饲料管理部门指定的具有相应技术条件的机构承担。

进口饲料、饲料添加剂监督抽查检测，依据进口登记过程中复核检测确定的质量标准进行。

第二十七条 农业部和省级人民政府饲料管理部门应当及时公布监督抽查结果，并可以公布具有不良记录的境外企业及其销售机构、销售代理机构名单。

第二十八条 从事进口饲料、饲料添加剂登记工作的相关人员，不履行本办法规定的职责或者滥用职权、玩忽职守、徇私舞弊的，依法给予处分；构成犯罪的，依法追究刑事责任。

第二十九条 提供虚假资料、样品或者采取其他欺骗手段申请进口登记的，农业部对该申请不予受理或者不予批准，1 年内不再受理该境外企业和登记代理机构的进口登记申请。

提供虚假资料、样品或者采取其他欺骗方式取得饲料、饲料添加剂进口登记证的，由农业部撤销进口登记证，对登记代理机构处 5 万元以上 10 万元以下罚款，3 年内不再受理该境外企业和登记代理机构的进口登记申请。

第三十条 其他违反本办法的行为，依照《饲料和饲料添加剂管理条例》的有关规定处罚。

第三十一条 本办法自 2014 年 7 月 1 日起施行。农业部 2000 年 8 月 17 日公布、2004 年 7 月 1 日修订的《进口饲料和饲料添加剂登记管理办法》同时废止。

质检总局关于修订进出口饲料和饲料添加剂风险级别及检验检疫监管方式的公告

(国家质量监督检验检疫总局公告 2015 年第 144 号)

(2015 年 12 月 7 日由国家质量监督检验检疫总局发布,2015 年 12 月 7 日起施行,法规类型为规范性文件)

根据《进出口饲料和饲料添加剂检验检疫监督管理办法》(质检总局第 118 号令)的规定,现将修订后的进出口饲料和饲料添加剂风险级别及检验检疫监管方式予以公布(见附件)。质检总局 2009 年第 79 号公告同时废止。质检总局将根据风险分析结果适时调整风险级别及检验检疫监管方式并公布。

附件:进出口饲料和饲料添加剂风险级别及检验检疫监管方式

附件

进出口饲料和饲料添加剂风险级别及检验检疫监管方式

类别	种类		风险级别	进口检验检疫监管方式	出口检验检疫监管方式
动物源性饲料	饵料用活动物		Ⅰ级	进口前须申请并取得《进境动植物检疫许可证》;进口时查验检疫证书并实施检疫;对进口后的隔离、加工场所实施检疫监督。	符合进口国家或地区的要求
	饲料用(含饵料用)冰鲜冷冻动物产品		Ⅰ级	进口前须申请并取得《进境动植物检疫许可证》;进口时查验检疫证书并实施检疫;对进口后的加工场所实施检疫监督。	符合进口国家或地区的要求
	饲料用(含饵料用)水产品		Ⅲ级	进口时查验检疫证书并实施检疫。	符合进口国家或地区的要求
	加工动物蛋白及油脂		Ⅱ级	进口前须申请并取得《进境动植物检疫许可证》(另有规定的按照相关要求执行);进口时查验检疫证书并实施检疫。	符合进口国家或地区的要求
	宠物食品和咬胶	生的宠物食品	Ⅰ级	进口前须申请并取得《进境动植物检疫许可证》;进口时查验检疫证书并实施检疫,对进口后的加工场所实施检疫监督。	符合进口国家或地区的要求
		其他	Ⅱ级	进口前须申请并取得《进境动植物检疫许可证》(另有规定的按照相关要求执行);进口时查验检疫证书并实施检疫。	符合进口国家或地区的要求

续表

类别	种类		风险级别	进口检验检疫监管方式	出口检验检疫监管方式
植物源性饲料	饲料粮谷类		Ⅰ级	进口前须申请并取得《进境动植物检疫许可证》；进口时查验检疫证书并实施检疫；对进口后的加工场所实施检疫监督。	符合进口国家或地区的要求
	饲料用草籽		Ⅰ级	进口前须申请并取得《进境动植物检疫许可证》；进口时查验检疫证书并实施检疫；对进口后的加工场所实施检疫监督。	符合进口国家或地区的要求
	饲草类		Ⅱ级	进口前须申请并取得《进境动植物检疫许可证》（另有规定的按照相关要求执行）；进口时查验检疫证书并实施检疫。	符合进口国家或地区的要求
	加工植物蛋白、糠麸饼粕渣类	来自TCK疫区的麦麸	Ⅰ级	进口前须申请并取得《进境动植物检疫许可证》；进口时查验检疫证书并实施检疫；对进口后的加工场所实施检疫监督。	符合进口国家或地区的要求
		其他	Ⅱ级	进口前须申请并取得《进境动植物检疫许可证》（另有规定的按照相关要求执行）；进口时查验检疫证书并实施检疫。	符合进口国家或地区的要求
	青贮料		Ⅲ级	进口时查验检疫证书并实施检疫。	符合进口国家或地区的要求
	植物粉类		Ⅲ级	进口时查验检疫证书并实施检疫。	符合进口国家或地区的要求
	配合饲料		Ⅱ级	进口前须申请并取得《进境动植物检疫许可证》（另有规定的按照相关要求执行）；进口时查验检疫证书并实施检疫。	符合进口国家或地区的要求
饲料添加剂、添加剂预混合饲料	含动物源性成份		Ⅱ级	进口前须申请并取得《进境动植物检疫许可证》（另有规定的按照相关要求执行）；进口时查验检疫证书并实施检疫。	符合进口国家或地区的要求
	不含动物源性成分但含植物源性成份		按所含的植物源性成份分级	参照对应植物源性成份的监管方式。	符合进口国家或地区的要求
	其他		Ⅳ级	进口时实施检疫。	符合进口国家或地区的要求

宠物饲料规范性文件

（农业农村部公告第 20 号）

（2018 年 5 月 4 日由农业农村部发布，2018 年 6 月 1 日起施行，法规类型为规范性文件）

为进一步加强宠物饲料管理，规范宠物饲料市场，促进宠物饲料行业发展，我部在全面梳理《饲料和饲料添加剂管理条例》（以下简称《条例》）及其配套规章适用规定、充分考虑宠物饲料特殊性和管理需要的基础上，制定了《宠物饲料管理办法》《宠物饲料生产企业许可条件》《宠物饲料标签规定》《宠物饲料卫生规定》《宠物配合饲料生产许可申报材料要求》《宠物添加剂预混合饲料生产许可申报材料要求》等规范性文件，现予公布，并就有关事项公告如下。

一、2018 年 6 月 1 日前，已经按照《条例》及其配套规章规定取得饲料生产许可证的宠物配合饲料、宠物添加剂预混合饲料生产企业，可以在生产许可证有效期内继续从事生产经营活动；有效期届满需要继续生产经营的，按照本公告规范性文件的有关规定申请办理饲料生产许可证。

二、根据《宠物饲料管理办法》产品分类规定被纳入生产许可管理，且本公告发布前已经生产宠物配合饲料、宠物添加剂预混合饲料但尚未取得饲料生产许可证的企业，应当在 2019 年 9 月 1 日前按照本公告规范性文件的有关规定申请办理并取得饲料生产许可证。

三、2018 年 6 月 1 日前，已经按照《条例》及其配套规章规定取得进口登记证的进口宠物配合饲料、进口宠物添加剂预混合饲料产品，可以在进口登记证有效期内继续进口销售；有效期届满需要继续进口销售的，按照本公告规范性文件的有关规定申请办理进口登记证。

四、根据《宠物饲料管理办法》产品分类规定被纳入进口登记管理，且本公告发布前已经在中国境内进口销售但未取得进口登记证的进口宠物配合饲料、进口宠物添加剂预混合饲料产品，应当在 2019 年 9 月 1 日前按照本公告规范性文件的有关规定申请办理并取得进口登记证。

五、自 2018 年 6 月 1 日起，申请从事宠物配合饲料、宠物添加剂预混合饲料生产，或者申请办理宠物配合饲料、宠物添加剂预混合饲料进口登记，按照本公告规范性文件的有关规定执行。

六、宠物配合饲料、宠物添加剂预混合饲料生产企业核发饲料生产许可证。根据企业申报情况，饲料生产许可证上的产品类别应当分别标示宠物配合饲料、宠物添加剂预混合饲料；产品品种应当分别标示固态宠物配合饲料、半固态宠物配合饲料、液态宠物配合饲料、固态宠物添加剂预混合饲料、半固态宠物添加剂预混合饲料、液态宠物添加剂预混合饲料。

七、2018 年 6 月 1 日前，已经按照《条例》及其配套规章规定取得供宠物直接食用的混合型饲料添加剂生产许可证和进口登记证的生产企业和进口产品，应当根据《宠物饲料管理办法》产品分类规定，在 2019 年 9 月 1 日前按照本公告规范性文件的有关规定申请办理并取得饲料生产许可证和进口登记证。

八、供宠物饲料生产企业使用的混合型饲料添加剂、添加剂预混合饲料的管理不适用本公告规范性文件的规定，其生产、经营、使用和进口按照《条例》及其配套规章中有关混合型饲料添加剂、添加剂预混合饲料的管理要求执行。

九、宠物饲料生产企业应当按照《宠物饲料标签规定》的要求制定产品标签，2019年9月1日以后生产的国产和进口宠物饲料产品所附具的标签，应当符合《宠物饲料标签规定》的要求。

十、宠物饲料生产企业应当切实加强对产品卫生指标的控制，2019年1月1日以后生产的国产和进口宠物饲料产品的卫生指标，应当符合《宠物饲料卫生规定》的要求。

十一、根据《宠物饲料管理办法》有关规定，自2018年6月1日起，有关宠物添加剂预混合饲料生产企业已经获得的相关产品的批准文号、其他宠物饲料生产企业已经获得的饲料生产许可证，不再作为宠物饲料检查、执法的依据和内容。

十二、本公告规定的有关管理过渡期结束后，各级饲料管理部门开展宠物饲料监管执法工作，应当按照本公告规范性文件的有关规定执行。

十三、各级饲料管理部门要继续加强宠物饲料监督管理工作，除本公告第二条、第四条规定的情形外，对于其他未取得许可证明文件生产或者进口宠物配合饲料、宠物添加剂预混合饲料的违法行为，应当按照《条例》有关规定从严处罚。

附件：1. 宠物饲料管理办法
　　　2. 宠物饲料生产企业许可条件（略）
　　　3. 宠物饲料标签规定（略）
　　　4. 宠物饲料卫生规定（略）
　　　5. 宠物配合饲料生产许可申报材料要求（略）
　　　6. 宠物添加剂预混合饲料生产许可申报材料要求（略）

附件1

宠物饲料管理办法

第一条 为加强宠物饲料管理，保障宠物饲料产品质量安全，促进宠物饲料行业发展，根据《饲料和饲料添加剂管理条例》，制定本办法。

第二条 本办法所称宠物饲料，是指经工业化加工、制作的供宠物直接食用的产品，也称为宠物食品，包括宠物配合饲料、宠物添加剂预混合饲料和其他宠物饲料。

宠物配合饲料，是指为满足宠物不同生命阶段或者特定生理、病理状态下的营养需要，将多种饲料原料和饲料添加剂按照一定比例配制的饲料，单独使用即可满足宠物全面营养需要。

宠物添加剂预混合饲料，是指为满足宠物对氨基酸、维生素、矿物质微量元素、酶制剂等营养性饲料添加剂的需要，由营养性饲料添加剂与载体或者稀释剂按照一定比例配制的饲料。

其他宠物饲料，是指为实现奖励宠物、与宠物互动或者刺激宠物咀嚼、撕咬等目的，将几种饲料原料和饲料添加剂按照一定比例配制的饲料。

第三条 申请从事宠物配合饲料、宠物添加剂预混合饲料生产的企业，应当符合《宠物饲料生产企业许可条件》的要求，向生产地省级人民政府饲料管理部门提出申请，并依法取得饲料生产许可证。

第四条 宠物饲料生产企业应当按照有关规定和标准，对采购的饲料原料、添加剂预混合饲料和饲料添加剂进行查验或者检验；使用饲料添加剂的，应当遵守《饲料添加剂品种目录》《饲料添加剂安全使用规范》等限制性规定。禁止使用《饲料原料目录》《饲料添加剂品种目录》以外的任何物质生产宠物饲料。

宠物饲料生产企业应当如实记录采购的饲料原料、添加剂预混合饲料、饲料添加剂的名称、产地、数量、保质期、许可证明文件编号、质量检验信息、生产企业名称或者供货者名称及其联系方式、进货日期等。记录保存期限不得少于 2 年。

第五条 宠物配合饲料、宠物添加剂预混合饲料生产企业应当按照产品质量标准、《饲料质量安全管理规范》组织生产，对生产过程实施有效控制并实行生产记录和产品留样观察制度。

其他宠物饲料生产企业应当按照产品质量标准组织生产，建立健全采购、生产、检验、销售、仓储等管理制度，对生产过程实施有效控制并实行生产记录和产品留样观察制度。

第六条 宠物饲料生产企业应当对其生产的产品进行质量检验；检验合格的，应当附具产品质量检验合格证。未经产品质量检验、检验不合格或者未附具产品质量检验合格证的，不得出厂销售。

宠物饲料生产企业应当如实记录出厂销售的宠物饲料产品的名称、数量、生产日期、生产批次、质量检验信息、购货者名称及其联系方式、销售日期等。记录保存期限不得少于 2 年。

第七条 出厂销售的宠物饲料产品应当包装，包装应当符合国家有关安全、卫生的规定。

第八条 宠物饲料产品的包装上应当附具标签。标签应当符合《宠物饲料标签规定》的要求。

第九条 宠物饲料生产企业应当采取有效措施保障产品质量安全。宠物饲料产品的卫生指标应当符合《宠物饲料卫生规定》的要求。

第十条 宠物饲料经营者进货时应当查验宠物饲料产品标签、产品质量检验合格证；对宠物配合饲料、宠物添加剂预混合饲料产品，还应当查验饲料生产许可证、进口登记证等许可证明文件。

宠物饲料经营者不得对宠物饲料产品进行拆包、分装，不得对宠物饲料产品进行再加工或者添加任何物质。

禁止经营无产品标签、无产品质量标准、无产品质量检验合格证的宠物饲料。禁止经营标签不符合《宠物饲料标签规定》要求的宠物饲料。禁止经营用《饲料原料目录》《饲料添加剂品种目录》以外的任何物质生产的宠物饲料。

禁止经营无生产许可证的宠物配合饲料、宠物添加剂预混合饲料。禁止经营未取得进口登记证的进口宠物配合饲料、宠物添加剂预混合饲料。

第十一条 宠物饲料经营者应当建立产品购销台账，如实记录购销宠物饲料产品的名称、许可证明文件编号、规格、数量、保质期、生产企业名称或者供货者名称及其联系方式、购销时间等。购销台账保存期限不得少于 2 年。

第十二条 网络宠物饲料产品交易第三方平台提供者，应当对入网的宠物饲料经营者进行实名登记，督促经营者认真履行宠物饲料产品质量安全管理责任和义务，保障平台上销售的宠物饲料产品符合本办法要求。

第十三条 宠物饲料生产企业发现其生产的产品可能对宠物健康有害或者存在其他安全隐患的，应当立即停止生产，通知经营者、使用者，向饲料管理部门报告，主动召回产品，并记录召回和通知情况。召回的产品应当在饲料管理部门的监督下，予以无害化处理或者销毁。

宠物饲料经营者发现其销售的宠物饲料产品有前款规定情形的，应当立即停止销售，通知生产企业、供货者和使用者，向饲料管理部门报告，并记录通知情况。

第十四条 境外宠物饲料生产企业向中国出口宠物配合饲料、宠物添加剂预混合饲料的，应当委托境外企业驻中国境内的办事机构或者中国境内代理机构向国务院农业行政主管部门申请登记，并依法取得进口登记证。

第十五条 向中国境内出口的宠物饲料，应当包装并附具符合《宠物饲料标签规定》要求的中文标签；产品卫生指标应当符合《宠物饲料卫生规定》的要求；宠物配合饲料、宠物添加剂预混合饲料还应当符合进口登记产品的备案标准要求。

生产向中国境内出口的宠物饲料所使用的饲料原料和饲料添加剂应当符合《饲料原料目录》《饲料添加剂品种目录》的要求，并遵守《饲料添加剂品种目录》《饲料添加剂安全使用规范》的规定。

第十六条　国务院农业行政主管部门和县级以上人民政府饲料管理部门，应当根据需要定期或者不定期组织实施宠物饲料产品监督抽查。

国务院农业行政主管部门和省级人民政府饲料管理部门应当按照职责权限公布监督抽查结果，并可以公布具有不良记录的宠物饲料生产企业、经营者以及为经营者提供服务的第三方交易平台名单。

第十七条　未取得饲料生产许可证生产宠物配合饲料、宠物添加剂预混合饲料的，依据《饲料和饲料添加剂管理条例》第三十八条进行处罚。

第十八条　宠物饲料生产企业违反本办法规定，使用《饲料原料目录》《饲料添加剂品种目录》以外的物质生产宠物饲料的，或者不遵守国务院农业行政主管部门的限制性规定的，依据《饲料和饲料添加剂管理条例》第三十九条进行处罚。

第十九条　宠物饲料生产企业未对采购的饲料原料、添加剂预混合饲料和饲料添加剂进行查验或者检验的，或者未对生产的宠物饲料进行产品质量检验的，依据《饲料和饲料添加剂管理条例》第四十条进行处罚。

第二十条　宠物配合饲料、宠物添加剂预混合饲料生产企业不遵守《饲料质量安全管理规范》的，依据《饲料和饲料添加剂管理条例》第四十条进行处罚。

第二十一条　宠物饲料生产企业未实行采购、生产、销售记录制度或者产品留样观察制度的，依据《饲料和饲料添加剂管理条例》第四十一条进行处罚。

第二十二条　宠物饲料产品未附具产品质量检验合格证或者包装、标签不符合规定的，依据《饲料和饲料添加剂管理条例》第四十一条进行处罚。

第二十三条　宠物饲料经营者有下列行为之一的，依据《饲料和饲料添加剂管理条例》第四十三条进行处罚：

（一）对经营的宠物饲料产品进行再加工或者添加物质的；

（二）经营无产品标签、无产品质量检验合格证的宠物饲料的；经营无生产许可证的宠物配合饲料、宠物添加剂预混合饲料的；

（三）经营用《饲料原料目录》《饲料添加剂品种目录》以外的物质生产的宠物饲料的；

（四）经营未取得进口登记证的进口宠物配合饲料、宠物添加剂预混合饲料的。

第二十四条　宠物饲料经营者有下列行为之一的，依据《饲料和饲料添加剂管理条例》第四十四条进行处罚：

（一）对宠物饲料产品进行拆包、分装的；

（二）未实行产品购销台账制度的；

（三）经营的宠物饲料产品失效、霉变或者超过保质期的。

第二十五条　对本办法第十五条规定的宠物饲料产品，生产企业不主动召回的，依据《饲料和饲料添加剂管理条例》第四十五条进行处罚。

第二十六条　宠物饲料生产企业、经营者有下列行为之一的，依据《饲料和饲料添加剂管理条例》第四十六条进行处罚：

（一）生产、经营无产品质量标准或者不符合产品质量标准的宠物饲料产品的；

（二）生产、经营的宠物饲料产品与标签标示的内容不一致的。

第二十七条　本办法仅适用于宠物犬、宠物猫饲料的管理。其他种类宠物饲料的管理要求另行规定。

第二十八条　本办法自 2018 年 6 月 1 日起施行。

海关管制篇

进出口许可

有关化学品及相关设备和技术出口管制办法

(对外贸易经济合作部 国家经济贸易委员会 海关总署令2002年第33号)

(2002年10月18日由对外贸易经济合作部、国家经济贸易委员会、海关总署发布,2002年11月19日起施行,法规类型为部门规章)

第一条 为加强对有关化学品及相关设备和技术的出口管制,维护国家安全和社会公共利益,制定本办法。

第二条 本办法所称有关化学品及相关设备和技术的出口,是指本办法附件《有关化学品及相关设备和技术出口管制清单》(以下简称《管制清单》)所列的物项和技术的贸易性出口以及对外赠送、展览、科技合作、援助、服务和以其他方式进行的技术转移。

第三条 有关化学品及相关设备和技术的出口应当遵守国家的有关法律、行政法规和本办法的规定,不得损害国家安全和社会公共利益。

第四条 国家对有关化学品及相关设备和技术出口实行严格管理,防止《管制清单》所列物项和技术被用于化学武器目的。

第五条 国家对《管制清单》所列物项和技术的出口实行许可制度。未经许可,任何单位和个人不得出口《管制清单》所列物项和技术。

第六条 有关化学品及相关设备和技术出口的接受方应当保证,不将中国提供的有关化学品及相关设备和技术用于储存、加工、生产、处理化学武器或用于生产化学武器前体化学品;未经中国政府允许,不得将中国提供的有关化学品及相关设备和技术用于申明的最终用途以外的用途或者向申明的最终用户以外的第三方转让。

第七条 从事有关化学品及相关设备和技术出口的经营者,须经对外贸易经济合作部(以下简称外经贸部)登记。未经登记,任何单位或个人不得经营有关化学品及相关设备和技术出口。具体登记办法由商务部规定。

第八条 出口《管制清单》所列物项和技术,应当向外经贸部提出申请,填写有关化学品及相关设备和技术出口申请表(以下简称出口申请表),并提交下列文件:

(一)出口经营者从事有关化学品及相关设备和技术出口的经营资格证明;

(二)出口经营者的法定代表人、主要经营管理人以及经办人的身份证明;

(三)合同或协议的副本;

(四)有关化学品及相关设备和技术的技术说明;

(五)最终用户和最终用途证明;

(六)接受方依照本办法第六条规定提供的保证文书;

(七) 商务部要求提交的其他文件。

第九条 出口经营者应如实填写出口申请表，出口申请表由商务部统一印制。

第十条 商务部应当自收到出口申请表和本办法第八条规定的文件之日起进行审查，或会同国务院有关部门进行审查，并在45个工作日内作出许可或不许可的决定。

第十一条 对国家安全、社会公共利益或外交政策有重大影响的有关化学品及相关设备和技术出口，商务部应当会同有关部门报国务院批准。

报国务院批准的，不受本办法第十条规定时限的限制。

第十二条 有关化学品及相关设备和技术出口申请经审查许可的，由商务部颁发有关化学品及相关设备和技术出口许可证件（以下简称出口许可证件），并书面通知海关。

第十三条 出口许可证件持有人改变原申请出口的有关化学品及相关设备和技术的，应当交回原出口许可证件，并依照本办法的有关规定，重新申请出口许可证件。

第十四条 有关化学品及相关设备和技术出口时，出口经营者应当向海关出具出口许可证件，依照海关规定办理海关手续。

第十五条 接受方违反其依照本办法第六条规定做出的保证，或出现《管制清单》所规定的可被用于化学武器目的的有关化学品及相关设备和技术扩散危险时，商务部应当对已经颁发的出口许可证件予以中止或撤销，并书面通知海关。

第十六条 出口经营者知道或应当知道所出口的有关化学品及相关设备和技术将被接受方直接用于化学武器目的或化学武器前体化学品生产目的，无论该物项或技术是否列入《管制清单》，都不应当出口。

第十七条 经国务院批准，商务部会同国务院有关部门，可临时决定对《管制清单》以外的特定物项和技术的出口依照本办法实施管制。

前款规定的特定物项和技术的出口，应当依照本办法的规定经过许可。

第十八条 未经许可擅自出口有关化学品及相关设备和技术，或擅自超出许可范围出口有关化学品及相关设备和技术的，依照刑法关于走私罪、非法经营罪、泄露国家秘密罪或其他罪的规定，依法追究刑事责任；尚不够刑事处罚的，区别不同情况，依照海关法的有关规定处罚，或由商务部给予警告，处非法所得1倍以上5倍以下的罚款；商务部并可以撤销其对外贸易经营许可。

第十九条 伪造、变造、买卖或通过欺骗等其他不正当手段获取有关化学品及相关设备和技术出口许可证件，依照刑法关于非法经营罪或伪造、变造、买卖国家机关公文、证件、印章罪的规定，依法追究刑事责任；尚不够刑事处罚的，依照海关法的有关规定处罚；商务部并可以撤销其对外贸易经营许可。

第二十条 对有关化学品及相关设备和技术出口实施管制的国家工作人员，滥用职权、玩忽职守或利用职务上的便利收受、索取他人财物的，依照刑法关于滥用职权罪、玩忽职守罪、受贿罪或其他罪的规定，依法追究刑事责任；尚不够刑事处罚的，依法给予行政处分。

第二十一条 商务部可以会同国务院有关部门，根据实际情况对《管制清单》进行调整。

第二十二条 本办法自2002年11月19日起施行。

附件：有关化学品及相关设备和技术出口管制清单（略）

货物自动进口许可管理办法

(商务部 海关总署令2004年第26号)

(2004年12月9日由商务部、海关总署发布,根据2018年10月10日商务部令2018年第7号《商务部关于修改部分规章的决定》修改,现行版本自2018年10月10日起施行,法规类型为部门规章)

第一条 为了对部分货物的进口实行有效监测,规范货物自动进口许可管理,根据《中华人民共和国对外贸易法》和《中华人民共和国货物进出口管理条例》,制定本办法。

第二条 从事货物进口的对外贸易经营者或者其他单位,将属于《自动进口许可管理货物目录》内的商品,进口到中华人民共和国境内,适用本办法。

第三条 中华人民共和国商务部(以下简称商务部)根据监测货物进口情况的需要,对部分进口货物实行自动许可管理,并至少在实施前21天公布其目录。

第四条 自动进口许可管理货物目录由商务部会同海关总署等有关部门制定、调整和公布。

商务部、海关总署等有关部门在各自的职责范围内,对申请、使用货物自动进口许可证的活动进行监督检查。

第五条 商务部配额许可证事务局、商务部驻有关地方特派员办事处和受商务部委托的各省、自治区、直辖市、计划单列市、新疆生产建设兵团商务主管部门以及地方、部门机电产品进出口办公室或者法律、行政法规规定的机构(以下简称发证机构)负责货物自动进口许可管理和《中华人民共和国自动进口许可证》(以下简称自动进口许可证)的签发工作。

商务部制定和公布货物自动进口许可证分级发证机构名单。

第六条 《自动进口许可证》(样表见附件一)和自动进口许可证专用章(样章见附件二)由商务部负责统一监制并发放至发证机构。各发证机构必须指定专人保管,专管专用。

第七条 进口属于自动进口许可管理的货物,收货人(包括进口商和进口用户)在办理海关报关手续前,应向所在地或相应的发证机构提交自动进口许可证申请,并取得《自动进口许可证》。

凡申请进口法律法规规定应当招标采购的货物,收货人应当依法招标。

海关凭加盖自动进口许可证专用章的《自动进口许可证》办理验放手续。银行凭《自动进口许可证》办理售汇和付汇手续。

第八条 收货人申请自动进口许可证,应当提交以下材料:

1. 收货人从事货物进出口的资格证书、备案登记文件或者外商投资企业批准证书或营业执照(复印件)(以上证书、文件仅限公历年度内初次申领者提交);

2. 自动进口许可证申请表(式样见附件三);

3. 货物进口合同;

4. 属于委托代理进口的,应当提交委托代理进口协议(正本);

5. 对进口货物用途或者最终用户法律法规有特定规定的,应当提交进口货物用途或者最终用户符合国家规定的证明材料;

6. 针对不同商品在《目录》中列明的应当提交的材料;

7. 商务部规定的其他应当提交的材料。

收货人应当对所提交材料的真实性负责,并保证其有关经营活动符合国家法律规定。

第九条 收货人可以直接向发证机构书面申请《自动进口许可证》,也可以通过网上申请。

书面申请:收货人可以到发证机构领取或者从相关网站下载《自动进口许可证申请表》(可复印)等有关材料,按要求如实填写,并采用送递、邮寄或者其他适当方式,与本办法规定的其他材料一并递交发证机构。

网上申请:收货人应当先到省级商务主管部门申领用于收货人身份认证的电子认证证书和电子钥匙。申请时,登录相关网站,进入相关申领系统,按要求如实在线填写《自动进口许可证申请表》等资料。同时向发证机构提交本办法规定的有关材料。

第十条 许可申请内容正确且形式完备的,发证机构收到后应当予以签发《自动进口许可证》,最多不超过10个工作日。

第十一条 收货人符合国家关于从事自动进口许可货物有关法律法规要求的,可申请和获得《自动进口许可证》。

第十二条 以下列方式进口自动许可货物的,可以免领《自动进口许可证》。

1. 加工贸易项下进口并复出口的(原油、成品油除外);
2. 外商投资企业作为投资进口或者投资额内生产自用的;
3. 货样广告品、实验品进口,每批次价值不超过5000元人民币的;
4. 暂时进口的海关监管货物;
5. 国家法律法规规定其他免领《自动进口许可证》的。

第十三条 进入海关特殊监管区域或保税场所的属自动进口许可管理的货物,不适用本办法。从海关特殊监管区域或保税场所进口自动许可管理货物的,除本办法第十二条规定外,仍应当领取自动进口许可证。

第十四条 加工贸易进口自动许可管理货物,应当按有关规定复出口。因故不能复出口而转内销的,按现行加工贸易转内销有关审批程序申领《自动进口许可证》,各商品具体申领规定详见《自动进口许可管理货物目录》。

第十五条 国家对自动进口许可管理货物采取临时禁止进口或者进口数量限制措施的,自临时措施生效之日起,停止签发《自动进口许可证》。

第十六条 收货人已申领的《自动进口许可证》,如未使用,应当在有效期内交回原发证机构,并说明原因。发证机构对收货人交回的《自动进口许可证》予以撤销。

《自动进口许可证》如有遗失,收货人应当立即向原发证机构以及自动进口许可证证面注明的进口口岸地海关书面报告挂失。原发证机构收到挂失报告后,经核实无不良后果的,予以重新补发。

《自动进口许可证》自签发之日起1个月后未领证的,发证机构可予以收回并撤销。

第十七条 海关对散装货物溢短装数量在货物总量正负5%以内的予以免证验放。对原油、成品油、化肥、钢材四种大宗货物的散装货物溢短装数量在货物总量正负3%以内予以免证验放。

第十八条 商务部对《自动进口许可证》项下货物原则上实行"一批一证"管理,对部分货物也可实行"非一批一证"管理。

"一批一证"指:同一份《自动进口许可证》不得分批次累计报关使用。同一进口合同项下,收货人可以申请并领取多份《自动进口许可证》。

"非一批一证"指:同一份《自动进口许可证》在有效期内可以分批次累计报关使用,但累计使用不得超过六次。海关在《自动进口许可证》原件"海关验放签注栏"内批注后,海关留存复印件，最后一次使用后，海关留存正本。

对"非一批一证"进口实行自动进口许可管理的大宗散装商品，每批货物进口时，按其实际进口数量核扣自动进口许可证额度数量；最后一批货物进口时，其溢装数量按该自动进口许可证实际剩余数量并在规定的允许溢装上限内计算。

第十九条　《自动进口许可证》在公历年度内有效，有效期为6个月。

第二十条　《自动进口许可证》需要延期或者变更，一律在原发证机构重新办理，旧证同时撤销，并在新证备注栏中注明原证号。

实行"非一批一证"的自动进口许可证需要延期或者变更，核减原证已报关数量后，按剩余数量发放新证。

第二十一条　未申领《自动进口许可证》，擅自进口自动进口许可管理货物的，由海关依照有关法律、行政法规的规定处理、处罚；构成犯罪的，依法追究刑事责任。

第二十二条　伪造、变造、买卖《自动进口许可证》或者以欺骗等不正当手段获取《自动进口许可证》的，依照有关法律、行政法规的规定处罚；构成犯罪的，依法追究刑事责任。

第二十三条　自动进口许可证发证管理实施细则由商务部依据本办法另行制定。

第二十四条　本办法由商务部、海关总署负责解释。

第二十五条　本办法自2005年1月1日起施行。此前有关管理规定与本办法不一致的，以本办法为准。

附件：《自动进口许可管理货物目录》（略）

两用物项和技术进出口许可证管理办法

（商务部　海关总署令2005年第29号）

（2005年12月31日由商务部、海关总署发布，2006年1月1日起施行，法规类型为部门规章）

第一章　总　则

第一条　为维护国家安全和社会公共利益，履行我国在缔结或者参加的国际条约、协定中所承担的义务，加强两用物项和技术进出口许可证管理，依据《中华人民共和国对外贸易法》、《中华人民共和国海关法》和有关行政法规的规定，制定本办法。

第二条　本办法所称有关行政法规系指《中华人民共和国核出口管制条例》、《中华人民共和国核两用品及相关技术出口管制条例》、《中华人民共和国导弹及相关物项和技术出口管制条例》、《中华人民共和国生物两用品及相关设备和技术出口管制条例》、《中华人民共和国监控化学品管理条例》、《中华人民共和国易制毒化学品管理条例》及《有关化学品及相关设备和技术出口管制办法》。

本办法所称两用物项和技术是指前款有关行政法规管制的物项和技术。

第三条　商务部是全国两用物项和技术进出口许可证的归口管理部门，负责制定两用物项和技术进出口许可证管理办法及规章制度，监督、检查两用物项和技术进出口许可证管理办法的执行情况，处罚违规行为。

第四条 商务部会同海关总署制定和发布《两用物项和技术进出口许可证管理目录》（见附件1，以下简称《管理目录》）。商务部和海关总署可以根据情况对《管理目录》进行调整，并以公告形式发布。

第五条 商务部委托商务部配额许可证事务局（以下简称许可证局）统一管理、指导全国各发证机构的两用物项和技术进出口许可证发证工作，许可证局对商务部负责。

许可证局和商务部委托的省级商务主管部门为两用物项和技术进出口许可证发证机构（以下简称发证机构），省级商务主管部门在许可证局的统一管理下，负责委托范围内两用物项和技术进出口许可证的发证工作。《两用物项和技术进出口许可证发证机构名单》附后（见附件2）。

第六条 以任何方式进口或出口，以及过境、转运、通运《管理目录》中的两用物项和技术，均应申领两用物项和技术进口或出口许可证（许可证格式见附件3）。

两用物项和技术在境外与保税区、出口加工区等海关特殊监管区域、保税场所之间进出的，适用前款规定。

两用物项和技术在境内与保税区、出口加工区等海关特殊监管区域、保税场所之间进出的，或者在上述海关监管区域、保税场所之间进出的，无需办理两用物项和技术进出口许可证。

第七条 两用物项和技术进出口时，进出口经营者应当向海关出具两用物项和技术进出口许可证，依照海关法的有关规定，海关凭两用物项和技术进出口许可证接受申报并办理验放手续。

第八条 根据有关行政法规的规定，出口经营者知道或者应当知道，或者得到国务院相关行政主管部门通知，其拟出口的物项和技术存在被用于大规模杀伤性武器及其运载工具风险的，无论该物项和技术是否列入《管理目录》，都应当申请出口许可，并按照本办法办理两用物项和技术出口许可证。

出口经营者在出口过程中，如发现拟出口的物项和技术存在被用于大规模杀伤性武器及其运载工具风险的，应及时向国务院相关行政主管部门报告，并积极配合采取措施中止合同的执行。

第九条 两用物项和技术的进出口经营者应当主动向海关出具两用物项和技术进出口许可证，进出口经营者未向海关出具两用物项和技术进出口许可证而产生的相关法律责任由进出口经营者自行承担。

海关有权对进出口经营者进口或者出口的商品是否属于两用物项和技术提出质疑，进出口经营者应按规定向相关行政主管部门申请进口或者出口许可，或者向商务主管部门申请办理不属于管制范围的相关证明。省级商务主管部门受理其申请，提出处理意见后报商务部审定。对进出口经营者未能出具两用物项和技术进口或者出口许可证或者商务部相关证明（格式见附件4）的，海关不予办理有关手续。

第十条 实施临时进出口管制的两用物项和技术的进出口许可证管理，适用本办法。

第二章 两用物项和技术进出口许可证的申领和签发

第十一条 进出口经营者获相关行政主管部门批准文件后，凭批准文件到所在地发证机构申领两用物项和技术进口或者出口许可证（在京的中央企业向许可证局申领），其中：

（一）核、核两用品、生物两用品、有关化学品、导弹相关物项、易制毒化学品和计算机进出口的批准文件为商务主管部门签发的两用物项和技术进口或者出口批复单。其中，核材料的出口凭国防科工委的批准文件办理相关手续。

外商投资企业进出口易制毒化学品凭《商务部外商投资企业易制毒化学品进口批复单》

或《商务部外商投资企业易制毒化学品出口批复单》申领进出口许可证。

（二）监控化学品进出口的批准文件为国家履行禁止化学武器公约工作领导小组办公室签发的监控化学品进口或者出口核准单。监控化学品进出口经营者向许可证局申领两用物项和技术进出口许可证。

第十二条　通过对外交流、交换、合作、赠送、援助、服务等形式出口两用物项和技术的，视为正常出口，出口经营者应按规定申请出口许可，并按本办法办理两用物项和技术出口许可证。

第十三条　两用物项和技术进出口许可证实行网上申领。申领两用物项和技术进出口许可证时应提交下列文件：

（一）本办法第十一条规定的有关批准文件。

（二）进出口经营者公函（介绍信）原件、进出口经营者领证人员的有效身份证明以及网上报送的两用物项和技术进出口许可证申领表。

如因异地申领等特殊情况，需要委托他人申领两用物项和技术进出口许可证的，被委托人应提供进出口经营者出具的委托公函（其中应注明委托理由和被委托人身份）原件和被委托人的有效身份证明。

第十四条　发证机构收到相关行政主管部门批准文件（含电子文本、数据）和相关材料并经核对无误后，应在3个工作日内签发两用物项和技术进口或者出口许可证。

第十五条　两用物项和技术进口许可证实行"非一批一证"制和"一证一关"制，同时在两用物项和技术进口许可证备注栏内打印"非一批一证"字样。

两用物项和技术出口许可证实行"一批一证"制和"一证一关"制。同一合同项下的同一商品如需分批办理出口许可证，出口经营者应在申领时提供相关行政主管部门签发的相应份数的两用物项和技术出口批准文件。同一次申领分批量最多不超过十二批。

"非一批一证"制是指每证在有效期内可多次报关使用，但最多不超过十二次，由海关在许可证背面"海关验放签注栏"内逐批核减数量；"一批一证"制是指每证只能报关使用一次；"一证一关"制是指每证只能在一个海关报关使用。

第十六条　两用物项和技术进出口许可证一式四联。第一联为办理海关手续联；第二联为海关留存核对联；第三联为银行办理结汇联；第四联为发证机构留存联。

第十七条　进出口经营者在申领两用物项和技术进出口许可证时，应如实申报，不得弄虚作假，严禁以假合同、假文件等欺骗或其他不正当手段获取两用物项和技术进出口许可证。

第三章　特殊情况的处理

第十八条　"一批一证"制的大宗、散装的两用物项在报关时溢装数量不得超过两用物项和技术出口许可证所列出口数量的5%。"非一批一证"制的大宗、散装两用物项，每批进口时，按其实际进口数量进行核扣，最后一批进口物项报关时，其溢装数量按该两用物项和技术进口许可证实际剩余数量并在规定的溢装上限5%内计算。

第十九条　赴境外参加或举办展览会运出境外的展品，参展单位（出口经营者）应凭出境经济贸易展览会审批部门批准办展的文件，按规定申请两用物项和技术出口许可，并按本办法办理两用物项和技术出口许可证。

对于非卖展品，应在两用物项和技术出口许可证备注栏内注明"非卖展品"字样。参展单位应在展览会结束后六个月内，将非卖展品如数运回境内，由海关凭有关出境时的单证予以核销。在特殊情况下，可向海关申请延期，但延期最长不得超过六个月。

第二十条　运出境外的两用物项和技术的货样或实验用样品，视为正常出口，出口经营者应按规定申请两用物项和技术出口许可，并按本办法办理两用物项和技术出口许可证。

第二十一条 进出境人员随身携带药品类易制毒化学品药品制剂和高锰酸钾的，按照《易制毒化学品管理条例》中的规定执行，并接受海关监管。

第二十二条 对于民用航空零部件等两用物项和技术以特定海关监管方式出口的管理另有规定的，依照其规定。

第二十三条 凡两用物项和技术出口涉及国营贸易管理和出口配额管理商品的，出口经营者须具备相应的资格条件。

第四章 监督检查

第二十四条 两用物项和技术进出口许可证仅限于申领许可证的进出口经营者使用。两用物项和技术进出口许可证不得买卖、转让、涂改、伪造和变造。

第二十五条 两用物项和技术进出口许可证应在批准的有效期内使用，逾期自动失效，海关不予验放。

第二十六条 两用物项和技术进出口许可证有效期一般不超过一年。

两用物项和技术进出口许可证跨年度使用时，在有效期内只能使用到次年3月31日，逾期发证机构将根据原许可证有效期换发许可证。

第二十七条 两用物项和技术进出口许可证一经签发，任何单位和个人不得更改证面内容。如需对证面内容进行更改，进出口经营者应当在许可证有效期内向相关行政主管部门重新申请进出口许可，并凭原许可证和新的批准文件向发证机构申领两用物项和技术进出口许可证。

第二十八条 两用物项和技术进口许可证证面的进口商、收货人应分别与海关进口货物报关单的经营单位、收货单位相一致；两用物项和技术出口许可证证面的出口商、发货人应分别与海关出口货物报关单的经营单位、发货单位相一致。

第二十九条 已领取的两用物项和技术进出口许可证发生遗失的，进出口经营者应当立即向相关行政主管部门和原发证机构及许可证证面注明的口岸地海关书面报告，并在全国性经济类报刊登载"遗失声明"。发证机构凭遗失声明，并核实该证确未通关后，可注销该许可证，并依据原许可证内容签发新证。

第三十条 进出口经营者应妥善保存两用物项和技术进出口的文件和有关资料五年，以备相关行政主管部门检查。

第三十一条 任何单位和个人均可向商务部或海关举报进出口经营者违反国家有关法律、行政法规和本办法规定的行为。商务部和海关应为举报者保密，并依法对违规行为予以查处。对查证属实的，主管机关按有关规定可给予举报者奖励。

第三十二条 发证机构应及时传送发证数据，保证进出口经营者顺利报关和海关核查；对海关反馈的核查数据应认真核对，定时检查两用物项和技术进出口许可证的使用情况并找出存在的问题。许可证局应当每季度将核对后的海关反馈核查数据报商务部。

第三十三条 各发证机构不得越权或者超范围发放两用物项和技术进出口许可证。越权或者超范围发放的两用物项和技术进出口许可证无效。

对于前款所涉进出口许可证，一经查实，商务部予以吊销。对海关在实际监管或者案件处理过程中发现的涉及上述许可证的问题，发证机构应当给予明确回复。

第三十四条 商务部授权许可证局对各发证机构进行检查。检查的内容为发证机构执行本办法的情况，重点是检查是否有越权或者超发证范围违章发证以及其他违反本办法的问题。检查的方式，实行各发证机构定期或者不定期自查与许可证局抽查相结合的办法。

许可证局应当将检查的情况向商务部报告。

第五章　法律责任

第三十五条　未经许可,或者超出许可范围进出口两用物项和技术的,依照有关法律、行政法规处罚;构成犯罪的,依法追究刑事责任。

第三十六条　违反本办法规定,走私两用物项和技术的,由海关依照《中华人民共和国海关法》、《中华人民共和国海关行政处罚实施条例》的有关规定给予行政处罚;构成犯罪的,依法追究刑事责任。

第三十七条　伪造、变造或者买卖两用物项和技术进出口许可证的,依照刑法关于非法经营罪或者伪造、变造、买卖国家机关公文、证件、印章罪的规定,依法追究刑事责任;尚不够刑事处罚的,依照《中华人民共和国海关法》及有关法律、行政法规的规定给予行政处罚。以欺骗或者其他不正当手段获取两用物项和技术进出口许可证的,商务部依法吊销其许可证,并可给予警告,或处三万元以下罚款。

第三十八条　对违反第十九条规定,未将属于两用物项和技术出口许可证管理的非卖展品按期如数运回由海关核销的,由海关按有关规定处理,并将有关情况通知商务部和出境经济贸易展览会审批机构。商务部可给予该组展单位和参展单位警告,或对组展单位处一万元以下罚款。

第三十九条　依据《中华人民共和国对外贸易法》,商务部可自第三十五条至三十八条规定的行政处罚决定生效之日起或者刑事处罚判决生效之日起一年以上三年以下的期限内,禁止违法行为人从事有关的对外贸易经营活动。

第四十条　对违反本办法第三十三条,越权或者超范围发证的发证机构,商务部可暂停或者取消对其发证委托。

第四十一条　发证机构工作人员玩忽职守、徇私舞弊或者滥用职权,构成犯罪的,依法追究刑事责任;尚不构成犯罪的,应当调离工作岗位,并依法给予行政处分。

第六章　附　则

第四十二条　商务部对委托的发证机构进行调整时,自调整之日起,原发证机构不得再签发两用物项和技术进出口许可证。进出口经营者在发证机构调整前申领的两用物项和技术进出口许可证在有效期内继续有效。

第四十三条　本办法由商务部和海关总署按照各自职责负责解释。

第四十四条　本办法自二〇〇六年一月一日起施行。

《敏感物项和技术出口许可证暂行管理办法》(商务部、海关总署2003年第9号令),商务部、海关总署2003年第74号公告,《海关总署关于保税区内企业经营航空发动机修理等业务出境监管问题的通知》(署法发〔2004〕235号),《海关总署办公厅 外经贸部办公厅关于敏感物项和技术出口证件海关验放问题的通知》(署办发〔2002〕89号),《政法司、监管司关于明确敏感物项和技术出口许可证海关监管问题的通知》(政法函〔2004〕2号)同时废止。

《货物出口许可证管理办法》(商务部2004年27号令)和《货物进口许可证管理办法》(商务部2004年28号令)与本办法不一致的,以本办法为准。

民用航空零部件出口分类管理办法

(商务部 海关总署令2006年第6号)

(2006年8月1日由商务部、海关总署发布，2006年9月1日起施行，法规类型为部门规章)

第一条 为完善两用物项和技术出口管制，便利民用航空零部件出口，依据《中华人民共和国对外贸易法》和《中华人民共和国导弹及相关物项和技术出口管制条例》，制定本办法。

第二条 本办法所称民用航空零部件，是指受《中华人民共和国导弹及相关物项和技术出口管制条例》管制、用于民用航空用途的物项（名称及海关编码见《两用物项和技术进出口许可证管理办法》附件1《两用物项和技术进出口许可证管理目录》中"导弹及相关物项和技术出口管制清单所列物项和技术"部分）。

第三条 民用航空零部件的出口实行许可证件分类管理制度。

以"修理物品"（代码：1300）、"暂时进出货物"（代码：2600）、"保税仓库货物"（代码：1233）、"租赁不满一年"（代码：1500）和"租赁贸易"（代码：1523）出口的民用航空零部件，实行出口许可批件管理。

以前款规定的海关监管方式以外的其他方式出口的民用航空零部件，仍按照《两用物项和技术进出口许可证管理办法》（商务部、海关总署2005年第29号令）的规定实行两用物项和技术出口许可证管理。

第四条 民用航空零部件出口经营者（以下简称出口经营者）申请《出口许可批件》，应向商务部提出，并提交以下材料：

（一）出口许可申请书；

（二）拟出口的民用航空零部件名称（包括所含型号）、生产国和生产商的说明；

（三）出口用途、报关口岸、进口国（地区）的情况说明；

（四）出口经营者遵守国家出口管制法律法规及相关规定的保证文书；

（五）《中华人民共和国导弹及相关物项和技术出口管制条例》要求提交的其他文件。

第五条 商务部收到齐备有效的申请材料后予以受理，对符合条件的申请，在《中华人民共和国导弹及相关物项和技术出口管制条例》规定的审查时限内，颁发《出口许可批件》。

《出口许可批件》应包括载明出口经营者、海关监管方式、进口国（地区）、民用航空零部件名称及海关编码（包括所含型号）、批件有效期和报关口岸（样式见附件）。

第六条 出口经营者凭《出口许可批件》，在批件有效期内可多次办理海关通关手续，报关次数及出口数量不限。

第七条 海关凭商务部颁发的《出口许可批件》原件办理本办法第三条第二款所列民用航空器零部件出口验放手续，并留存《出口许可批件》复印件与报关单一并归档。《出口许可批件》原件退出口经营者或其代理人。

第八条 出口经营者在《出口许可批件》有效期截止后30日内，将其在该《出口许可批件》项下出口的民用航空零部件的出口时间、型号、数量、贸易方式、进口国（地区）、进口商、最终用户、最终用途和报关口岸等有关情况报商务部。

第九条 民用航空零部件出口的有关合同、发票、账册、单据、记录、文件、业务函电、录音录像制品和其他资料，出口经营者应至少保存5年，以备商务部抽查。

第十条 出口经营者违反本办法规定的，商务部给予警告，处3万元以下罚款。必要时，可依据《中华人民共和国对外贸易法》和相关法律法规，责令其限期改正，撤销其《出口许可批件》，并可在3年内不受理其《出口许可批件》申请，或者禁止其在1年以上3年以下的期限内从事有关货物的出口经营活动。

出口经营者违反相关出口管制法律法规的，依照有关规定进行处罚。

第十一条 本办法由商务部和海关总署按照各自职责负责解释。

第十二条 本办法自公布之日起30日后施行。

附件：《出口许可批件》样式（略）

重点旧机电产品进口管理办法

（商务部　海关总署　国家质量监督检验检疫总局令2008年第5号）

（2008年4月7日由商务部、海关总署、国家质量监督检验检疫总局发布；根据2018年10月10日商务部令2018年第7号《商务部关于废止和修改部分规章的决定》修改，根据2019年11月30日商务部令2019年第1号《商务部关于废止和修改部分规章的决定》修改；现行版本自2019年11月30日起施行；法规类型为部门规章）

第一条 为维护国家安全、社会公共利益，保护人的健康或者安全，保护动物、植物的生命或者健康，保护环境，依据《中华人民共和国对外贸易法》、《中华人民共和国进出口商品检验法》、《中华人民共和国行政许可法》、《中华人民共和国海关法》以及《中华人民共和国货物进出口管理条例》、《中华人民共和国进出口商品检验法实施条例》等相关法律和行政法规，制定本办法。

第二条 本办法适用于将重点旧机电产品进口到中华人民共和国关境内的行为。

境外进入海关特殊监管区域或海关保税监管场所的重点旧机电产品，以及（境内）区外进入海关特殊监管区域后再出区的重点旧机电产品，不适用本办法。

境外进入海关特殊监管区域或海关保税监管场所的重点旧机电产品，再从海关特殊监管区域或海关保税监管场所进入（境内）区外的重点旧机电产品，适用本办法。

第三条 重点旧机电产品是指涉及国家安全、社会公共利益、人的健康或者安全、动植物的生命或者健康、污染环境的旧机电产品。对重点旧机电产品实行限制进口管理。

第四条 《重点旧机电产品进口目录》纳入《进口许可证管理货物目录》，由商务部会同海关总署制定、调整并公布。

第五条 商务部负责全国重点旧机电产品进口管理工作。

商务部、海关总署在各自的职责范围内，对进口重点旧机电产品的活动进行监督检查。

第六条 重点旧机电产品进口实行进口许可证管理。商务部负责重点旧机电产品进口申请的审批工作，商务部配额许可证事务局负责《进口许可证》（见附件1）的发证工作。

第七条 重点旧机电产品进口应由最终用户提出申请。进口重点旧机电产品用于翻新（含再制造）的，应由具备从事翻新业务资质的单位提出申请。

第八条 申请进口重点旧机电产品,申请进口单位应当向商务部提供以下材料:
(一)申请进口的重点旧机电产品用途说明。
(二)《机电产品进口申请表》(见附件2)。
(三)营业执照(复印件)。
(四)申请进口的重点旧机电产品的制造年限证明材料。
(五)申请进口单位提供设备状况说明。
(六)其他相关法律、行政法规规定需要提供的文件。

第九条 从事翻新业务进口重点旧机电产品的单位,国家规定有资质要求的,还须提供已取得相关资质证明的书面承诺。

第十条 进口旧船舶的申请进口单位,须提供第八条第一至第三款所列材料以及船舶检验机构出具的《旧船舶进口检验报告》或中华人民共和国渔业船舶检验局出具的《旧渔业船舶进口技术评定书》。

第十一条 进口单位可以通过网上申请或书面申请向商务部提出重点旧机电产品的进口申请。

书面申请程序:
(1)申请进口单位可到发证机构领取或从商务部授权网站下载《机电产品进口申请表》(可复印);
(2)按要求如实填写《机电产品进口申请表》(须在规格型号栏中填写设备制造日期,旧船舶类则填写技术评定书号);
(3)同时提供本办法第八条至第十条规定的相关书面材料;
(4)地方、部门机电办核实相关材料后报商务部。

网上申请程序:
(1)申请进口单位登录商务部授权网站,进入全国机电产品进口单证管理系统;
(2)按要求如实在线填写《机电产品进口申请表》(须在规格型号栏中填写设备制造日期,旧船舶类则填写技术评定书号);
(3)地方、部门机电办核实相关信息后报商务部。

网上申请时不能随《机电产品进口申请表》一并提交的本《办法》第八条至第十条规定的相关书面材料,应经相应的地方、部门机电办核实后报商务部。

申请进口单位所提供的申请材料应当真实、有效。

第十二条 申请进口单位申请材料齐全后,商务部应正式受理,并向申请进口单位出具受理通知单。

商务部如认为申请材料不符合要求的,应在收到申请材料后的5个工作日内一次性告知申请进口单位,要求申请进口单位说明有关情况、补充相关文件或对相关填报内容进行调整。

第十三条 正式受理申请后,商务部如认为有必要,可征求相关部门或行业协会的意见。

第十四条 商务部应当遵循下列要求审核申请:
(一)申请进口重点旧机电产品应当符合国家安全和公共利益的要求,符合保护人的健康或者安全、动植物的生命或者健康的要求。
(二)申请进口重点旧机电产品须符合我国有关安全、卫生、环境保护等国家技术规范的强制性要求。
(三)申请进口单位所申请进口的重点旧机电产品应当与其经营范围相符合。
(四)申请进口单位连续3年内无走私罪、走私行为、偷、逃汇、倒卖进口证件等不法行为。
(五)遵守其他法律、行政法规的有关规定。

第十五条 商务部应在正式受理后 20 日内决定是否批准进口申请。
如需征求相关部门或行业协会意见的,商务部应在正式受理后 35 日内决定是否批准进口申请。

第十六条 商务部配额许可证事务局凭商务部的批准文件发放《进口许可证》。

第十七条 进口重点旧机电产品经过检验检疫合格后,方可进口。
中华人民共和国海事局及其委托机构负责对进口旧船舶进行检验;中国渔业船舶检验局负责对进口旧渔船进行检验;中国民航总局负责对进口旧飞机进行检验。
海关负责对其他所有进口重点旧机电产品进行检疫,并负责对进口除旧船舶和航空器之外的重点旧机电产品进行检验。

第十八条 《进口许可证》一式四联。
进口单位凭《进口许可证》对外签约,向银行购汇,并持《进口许可证》("商品名称"栏后标注"(旧)"字样)和其他必要材料向海关办理通关手续。

第十九条 《进口许可证》实行"一批一证"或"非一批一证"管理。
"一批一证"是指同一份《进口许可证》不得分批次累计报关使用。
"非一批一证"是指同一份《进口许可证》在有效期内可以分批次累计报关使用,但累计使用不得超过十二次。海关在《进口许可证》原件(第一联)"海关验放签注栏"内以正楷字体批注后,海关留存复印件,最后一次使用后,海关留存正本。

第二十条 《进口许可证》有效期为 1 年,且当年有效,特殊情况下需要跨年度使用时,有效期最长不得超过次年 3 月 31 日。
在有效期内因特殊原因需要变更《进口许可证》中有关项目内容的,进口单位应当持原《进口许可证》到原发证机构申请办理变更换证手续;原发证机构应当收回旧证。实际用汇额不超过原定用汇额 10%的,不需变更《进口许可证》。
因特殊原因需要对《进口许可证》延期的,进口单位应当在有效期内到原发证机构申请办理延期换证手续,《进口许可证》只能延期 1 次,最长可延长 3 个月。
实行"非一批一证"的《进口许可证》需要延期或变更、核减原证已报关数量后,按剩余数量发放新证。

第二十一条 《进口许可证》如有遗失,进口单位应当立即向原发证机关挂失。经原证机关核实后,如无不良后果,予以重新补发。

第二十二条 本办法由商务部、海关总署负责解释。

第二十三条 本办法自二〇〇八年五月一日起施行。

附件:1. 进口许可证(样本)(略)
  2. 机电产品进口申请表(略)

消耗臭氧层物质进出口管理办法

(环境保护部 商务部 海关总署令第 26 号)

(2014 年 1 月 27 日由环境保护部、商务部、海关总署发布,根据 2019 年 8 月 22 日生态环境部令第 7 号《生态环境部关于废止、修改部分规章的决定》修改,现行版本自 2019 年 8 月 22 日起施行,法规类型为部门规章)

第一条 为履行《关于消耗臭氧层物质的蒙特利尔议定书》及其修正案,加强对我国消耗臭氧层物质进出口管理,根据《消耗臭氧层物质管理条例》,制定本办法。

第二条 本办法适用于以任何形式进出口列入《中国进出口受控消耗臭氧层物质名录》的消耗臭氧层物质的活动;通过捐赠、货样、广告物品、退运等方式将列入《中国进出口受控消耗臭氧层物质名录》的消耗臭氧层物质运入、运出中华人民共和国关境,其他法律法规另有规定的,从其规定。

《中国进出口受控消耗臭氧层物质名录》由国务院环境保护主管部门会同国务院商务主管部门、海关总署制定、调整和公布。

第三条 国家对列入《中国进出口受控消耗臭氧层物质名录》的消耗臭氧层物质实行进出口配额许可证管理。

第四条 国务院环境保护主管部门、国务院商务主管部门和海关总署联合设立国家消耗臭氧层物质进出口管理机构,对消耗臭氧层物质的进出口实行统一监督管理。

第五条 国务院环境保护主管部门根据消耗臭氧层物质淘汰进展情况,商国务院商务主管部门确定国家消耗臭氧层物质年度进出口配额总量,并在每年 12 月 20 日前公布下一年度进出口配额总量。

第六条 从事消耗臭氧层物质进出口的单位(以下简称"进出口单位")应当具有法人资格,并依法办理对外贸易经营者备案登记手续。

第七条 进出口单位应当在每年 10 月 31 日前向国家消耗臭氧层物质进出口管理机构申请下一年度进出口配额,并提交下一年度消耗臭氧层物质进出口配额申请书和年度进出口计划表。

初次申请进出口配额的进出口单位,还应当提交法人营业执照和对外贸易经营者备案登记表,以及前三年消耗臭氧层物质进出口业绩。

申请进出口属于危险化学品的消耗臭氧层物质的单位,还应当提交安全生产监督管理部门核发的危险化学品生产、使用或者经营许可证。

未按时提交上述材料或者提交材料不齐全的,国家消耗臭氧层物质进出口管理机构不予受理配额申请。

第八条 国家消耗臭氧层物质进出口管理机构在核定进出口单位的年度进出口配额申请时,应当综合考虑下列因素:

(一)遵守法律法规情况;

(二)前三年消耗臭氧层物质进出口业绩;

(三)上一年度消耗臭氧层物质进出口计划及配额完成情况;

(四)管理水平和环境保护措施落实情况;

（五）其他影响消耗臭氧层物质进出口的因素。

第九条 国家消耗臭氧层物质进出口管理机构应当在每年12月20日前对进出口单位的进出口配额做出发放与否的决定，并予以公告。

第十条 在年度进出口配额指标内，进出口单位需要进出口消耗臭氧层物质的，应当向国家消耗臭氧层物质进出口管理机构申请领取进出口受控消耗臭氧层物质审批单，并提交下列材料：

（一）消耗臭氧层物质进出口申请书；

（二）对外贸易合同或者订单等相关材料，非生产企业还应当提交合法生产企业的供货证明；

（三）国家消耗臭氧层物质进出口管理机构认为需要提供的其他材料。

出口回收的消耗臭氧层物质的单位依法申请领取进出口受控消耗臭氧层物质审批单后，方可办理其他手续。

特殊用途的消耗臭氧层物质的出口，进出口单位应当提交进口国政府部门出具的进口许可证或者其他官方批准文件等材料。

第十一条 国家消耗臭氧层物质进出口管理机构应当自受理进出口申请之日起二十个工作日内完成审查，作出是否签发消耗臭氧层物质进出口审批单的决定，并对获准签发消耗臭氧层物质进出口审批单的进出口单位名单进行公示；未予批准的，应当书面通知申请单位并说明理由。

第十二条 消耗臭氧层物质进出口审批单实行一单一批制。审批单有效期为九十日，不得超期或者跨年度使用。

第十三条 进出口单位应当持进出口审批单，向所在地省级商务主管部门所属的发证机构申请领取消耗臭氧层物质进出口许可证。在京中央企业向国务院商务主管部门授权的发证机构申请领取消耗臭氧层物质进出口许可证。

消耗臭氧层物质进出口许可证实行一批一证制。每份进出口许可证只能报关使用一次，当年有效，不得跨年度使用。

进出口许可证的申领和管理按照国务院商务主管部门有关规定执行。

第十四条 进出口单位凭商务主管部门签发的消耗臭氧层物质进出口许可证向海关办理通关手续。

第十五条 进出口单位在领取消耗臭氧层物质进出口许可证后，实际进出口的数量少于批准的数量的，应当在完成通关手续之日起二十个工作日内向国家消耗臭氧层物质进出口管理机构报告实际进出口数量等信息。

进出口单位在领取消耗臭氧层物质进出口许可证后，实际未发生进出口的，应当在进出口许可证有效期届满之日起二十个工作日内向国家消耗臭氧层物质进出口管理机构报告。

第十六条 消耗臭氧层物质在中华人民共和国境内的海关特殊监管区域、保税监管场所与境外之间进出的，进出口单位应当依照本办法的规定申请领取进出口审批单、进出口许可证；消耗臭氧层物质在中华人民共和国境内的海关特殊监管区域、保税监管场所与境内其他区域之间进出的，或者在上述海关特殊监管区域、保税监管场所之间进出的，不需要申请领取进出口审批单、进出口许可证。

第十七条 进出口单位应当按照进出口审批单或者进出口许可证载明的内容从事消耗臭氧层物质的进出口活动。发生与进出口审批单或者进出口许可证载明的内容不符的情形的，进出口单位应当重新申请领取进出口审批单或者进出口许可证。

第十八条 国家消耗臭氧层物质进出口管理机构建立消耗臭氧层物质进出口数据信息管理系统，收集、汇总消耗臭氧层物质的进出口数据信息。

国务院环境保护主管部门、商务主管部门、海关总署以及省级环境保护主管部门应当建立信息共享机制，及时通报消耗臭氧层物质进出口、进出口单位信息和违法情况等信息。

第十九条　县级以上环境保护主管部门、商务主管部门、海关等有关部门有权依法对进出口单位的消耗臭氧层物质进出口活动进行监督检查。被检查单位必须如实反映情况，提供必要资料，不得拒绝和阻碍。检查部门对监督检查中知悉的商业秘密负有保密义务。

第二十条　进出口单位当年不能足额使用的进出口配额，应当于当年 10 月 31 日前报告并交还国家消耗臭氧层物质进出口管理机构。国家消耗臭氧层物质进出口管理机构可以根据实际情况对年度配额进行调整分配。

进出口单位未按期交还进出口配额并且在当年年底前未足额使用的，国家消耗臭氧层物质进出口管理机构可以核减或者取消其下一年度的进出口配额。

第二十一条　进出口单位以欺骗、贿赂等不正当手段取得消耗臭氧层物质进出口年度配额、消耗臭氧层物质进出口审批单或者进出口许可证的，依照《中华人民共和国行政许可法》的规定，由国家消耗臭氧层物质进出口管理机构撤销其消耗臭氧层物质进出口审批单，或者由商务主管部门撤销其消耗臭氧层物质进出口许可证，并由国家消耗臭氧层物质进出口管理机构酌情核减或者取消进出口单位本年度或者下一年度的进出口配额；构成犯罪的，依法移送司法机关追究刑事责任。

进出口单位对本办法第七条、第十条要求申请人提交的数据、材料有谎报、瞒报情形的，国家消耗臭氧层物质进出口管理机构除给予前款规定处罚外，还应当将违法事实通报给进出口单位所在地县级以上地方环境保护主管部门，并由进出口单位所在地县级以上地方环境保护主管部门依照《消耗臭氧层物质管理条例》第三十八条的规定予以处罚。

第二十二条　进出口单位倒卖、出租、出借进出口审批单或者进出口许可证的，由国家消耗臭氧层物质进出口管理机构撤销其消耗臭氧层物质进出口审批单，或者由商务主管部门撤销其消耗臭氧层物质进出口许可证，并由国家消耗臭氧层物质进出口管理机构取消其当年配额，禁止其三年内再次申请消耗臭氧层物质进出口配额；构成犯罪的，依法移送司法机关追究刑事责任。

第二十三条　进出口单位使用虚假进出口审批单或者进出口许可证的，由国家消耗臭氧层物质进出口管理机构取消其当年进出口配额，禁止其再次申请消耗臭氧层物质进出口配额；构成犯罪的，依法移送司法机关追究刑事责任。

第二十四条　进出口单位无进出口许可证或者超出进出口许可证的规定进出口消耗臭氧层物质的，或者违反海关有关规定进出口消耗臭氧层物质的，或者走私消耗臭氧层物质的，由海关依法处罚；构成犯罪的，依法移送司法机关追究刑事责任。国家消耗臭氧层物质进出口管理机构可以根据进出口单位违法行为情节轻重，禁止其再次申请消耗臭氧层物质进出口配额。

第二十五条　负有消耗臭氧层物质进出口监督管理职责的部门及其工作人员有下列行为之一的，对直接负责的主管人员和其他直接责任人员，依法给予处分；构成犯罪的，依法移送司法机关追究刑事责任：

（一）违反本办法规定发放消耗臭氧层物质进出口配额的；

（二）违反本办法规定签发消耗臭氧层物质进出口审批单或者进出口许可证的；

（三）对发现的违反本办法的行为不依法查处的；

（四）在办理消耗臭氧层物质进出口以及实施监督检查的过程中，索取、收受他人财物或者谋取其他利益的；

（五）其他徇私舞弊、滥用职权、玩忽职守行为。

第二十六条　本办法规定的消耗臭氧层物质进出口配额申请书、年度进出口计划表、消耗臭氧层物质进出口申请书、进出口受控消耗臭氧层物质审批单、消耗臭氧层物质进出口单位年度环保备案表、回收证明等文件格式由国家消耗臭氧层物质进出口管理机构统一制定并公布。

第二十七条　本办法由国务院环境保护主管部门商国务院商务主管部门、海关总署解释。

第二十八条　本办法自2014年3月1日起施行。原国家环境保护总局发布的《消耗臭氧层物质进出口管理办法》(环发〔1999〕278号)和原国家环境保护总局、原对外经济贸易合作部、海关总署发布的《关于加强对消耗臭氧层物质进出口管理的规定》(环发〔2000〕85号)同时废止。

中华人民共和国海关总署关于禁止劳改产品出口的通告

(署监一〔1991〕1560号)

(1991年11月2日由海关总署发布,1991年11月2日起施行,法规类型为规范性文件)

一、经国务院同意,对外经济贸易部、司法部于1991年10年10日联合发布《关于重申禁止劳改产品出口的规定》,规定禁止劳改产品出口。据此,各海关对任何部门或企业申报出口的劳改产品,一律不接受报,依法予以扣留,并比照《中华人民共和国海关法行政处罚实施细则》第十七条的规定处理。

二、对以藏匿、伪装、瞒报、伪报或者其他手法逃避海关监管,出口劳改产品,由海关比照《中华人民共和国海关法行政处罚实施细则》第三条和第五条的规定处理;情节严重构成犯罪的,依法移送司法机关追究刑事责任。

三、本通告自发布之日起实行。

关于公布禁止向朝鲜出口的两用物项和技术清单的公告

(商务部　工业和信息化部　海关总署　国家原子能机构公告2013年第59号)

(2013年9月23日由商务部、工业和信息化部、海关总署、国家原子能机构发布,2013年9月23日起施行,法规类型为规范性文件)

为执行联合国安理会有关决议,根据《中华人民共和国对外贸易法》,禁止向朝鲜出口本公告所公布的与大规模杀伤性武器及其运载工具相关的两用物项和技术(详见附件)。本公告自公布之日起执行。

附件:禁止向朝鲜出口的两用物项和技术清单

关于增列禁止向朝鲜出口的两用物项和技术清单的公告

（商务部 工业和信息化部 海关总署 国家原子能机构公告 2016 年第 22 号）

（2016 年 6 月 14 日由商务部、工业和信息化部、国家原子能机构、海关总署发布，2016 年 6 月 14 日起施行，法规类型为规范性文件）

为执行联合国安理会有关决议，根据《中华人民共和国对外贸易法》，禁止向朝鲜出口本公告所公布的与大规模杀伤性武器及其运载工具相关的两用物项和技术。本公告自公布之日起执行。

附件：增列禁止向朝鲜出口的两用物项和技术清单

附件

增列禁止向朝鲜出口的两用物项和技术清单

本清单根据联合国安理会第 2270 号决议，依据联合国安理会 S/2016/308 文件制定。
物项、材料、设备、货物和技术：
A. 可用于核或导弹的物项
1. 环磁铁：具有下列两个特性的永磁材料：
  （a）外径与内径之比小于或等于 1.6：1 的环形磁铁；
  （b）使用以下磁性材料制造：铝-镍-钴、铁氧体、钐-钴或钕-铁-硼。
2. 具有下列两个特性的马氏体时效钢：
  （a）其在 293K（20℃）下极限抗拉强度能达到 1500 兆帕或更大；
  （b）呈管状或柱形实心体，外部直径等于或大于 75 毫米。
3. 呈板形和薄条形、具有以下两个特性的磁性合金材料：
  （a）厚度等于或小于 0.05 毫米；或高度等于或小于 25 毫米；
  （b）使用以下任何磁性合金材料制造：铁-铬-钴、铁-铬-钒、铁-铬-钴钒或铁-铬。
4. 具有以下所有特性的变频器（也称为转换器或逆变器），以及专门为此设计的软件：
  （a）多相频率输出；
  （b）能够提供 40W 或更高功率；
  （c）在 600 赫兹~2000 赫兹范围内工作。
技术说明：
  1. 变频器又称转换器或逆变器。
  2. 被称为或在市场上销售的电子测试设备、交流电源、变速电机驱动装置或变频驱动装置可能会达到所列指标。
5. 具有下列两个特性的高强度铝合金：
  （a）在 293K（20℃）时的极限抗拉强度"能够"达到 415 兆帕或更大；

（b）呈管状或柱形实心体，外部直径等于或大于 75 毫米。

技术说明："能够"一词包括热处理前后的铝合金。

6. 纤维或纤丝材料，预浸料坯：

（a）具有以下所有特性的碳、芳族聚酰氨、玻璃的纤维或纤丝材料：

  （1）比模量为 $3.18×10^6$ 米或更大；

  （2）比抗拉强度为 $7.62×10^4$ 米或更大；

（b）预浸料坯：所述的碳、芳族聚酰氨、玻璃的纤维或纤丝材料制成并浸渍了热固性树脂的连续的细线、粗丝、纱或宽度不超过 30 毫米的带。

7. 绕线机及相关设备，如下：

（a）具有以下所有特性的绕线机：

  （1）具有定位、缠绕和卷绕动作可在 2 个或更多个轴线上进行调节和编制程序；

  （2）专门设计用于制造纤维和纤丝材料的复合结构或铺层制品；

  （3）"能够"卷绕直径等于或大于 75 毫米的圆柱管；

（b）上文（a）项所述的绕线机用的调节和编程器；

（c）上文（a）项所述的绕线机用的芯轴。

8. INFCIRC/254/Rev. 9/Part2 和 S/2014/253 号文件所述的滚压成形机床

9. 激光焊接设备

10. 4 轴和 5 轴数控机床

11. 等离子切割设备

12. 金属氢化物，例如氢化锆

B. 可用于化学/生物武器的物项

1. 适合生产化学战剂的其他化学品

- 氯化铝（7446-70-0）
- 二氯甲烷（75-09-2）
- N,N-二甲基苯胺（121-69-7）
- 异丙基溴（75-26-3）
- 异丙醚（108-20-3）
- 一异丙胺（75-31-0）
- 溴化钾（7758-02-3）
- 吡啶（110-86-1）
- 溴化钠（7647-15-6）
- 金属钠（7440-23-5）
- 三氧化硫（7446-11-9）
- 三正丁胺（102-82-9）
- 三乙胺（121-44-8）
- 三甲胺（75-50-3）

2. 达到 S/2006/853 和 Corr. 1 中所述性能参数的反应容器、反应器、搅拌器、换热器、冷凝器、泵、阀门、储罐、容器、接收器和蒸馏或吸收柱体。

制造商的指定最大流量大于 0.6 立方米/小时的单密封泵和外壳（泵体），为这种泵设计的预制外壳内壁、叶轮、转子或射流泵喷嘴，与正在处理的化学品直接接触的所有表面都由任何下列材料制成：

(a) 镍或按重量计算镍含量超过40%的合金；

(b) 按重量计算镍含量和铬含量分别超过25%和20%的合金；

(c) 含氟聚合物（按重量计算氟含量超过35%的高分子或橡胶材料）；

(d) 玻璃或玻璃内壁（包括陶化或釉化涂层）；

(e) 石墨或碳素石墨；

(f) 钽和钽合金；

(g) 钛及钛合金；

(h) 锆和锆合金；

(i) 陶瓷；

(j) 硅铁（高硅铁合金）；或

(k) 铌（钶）或铌合金。

3. 常规或湍流气流清洁空气室和自足性HEPA风扇过滤装置，可用于P3或P4（BSL3、BSL4、L3、L4）防护设施。

关于增列禁止向朝鲜出口的两用物项和技术清单的公告

（商务部　工业和信息化部　国防科工局

国家原子能机构　海关总署公告2017年第9号）

（2017年1月25日由商务部、工业和信息化部、国防科工局、国家原子能机构、海关总署发布，2017年1月25日起施行，法规类型为规范性文件）

为执行联合国安理会有关决议，根据《中华人民共和国对外贸易法》第十六条和第十八条规定，禁止向朝鲜出口本公告所公布的与大规模杀伤性武器及其运载工具相关的两用物项和技术、常规武器两用品。本公告自公布之日起执行。

附件：增列禁止向朝鲜出口的两用物项和技术清单

关于禁止向朝鲜出口有关大规模杀伤性武器及其运载工具相关的两用物项和技术、常规武器两用品的公告

（商务部　工业和信息化部　国防科工局　国家原子能机构
海关总署公告2018年第17号）

（2018年2月5日由商务部、工业和信息化部、国家国防科技工业局、国家原子能机构、海关总署发布，2018年2月5日起施行，法规类型为规范性文件）

为执行联合国安理会第2371号决议，根据《中华人民共和国对外贸易法》第十六条和第十八条规定，禁止向朝鲜出口本公告所公布的与大规模杀伤性武器及其运载工具相关的两用物项和技术、常规武器两用品。本公告自公布之日起执行。

附件：增列禁止向朝鲜出口的两用物项和技术清单

关于对军民两用无人驾驶航空飞行器实施临时出口管制的公告

（商务部　海关总署　国家国防科技工业局
中国人民解放军总装备部公告2015年第20号）

（2015年6月25日由商务部、海关总署、国家国防科技工业局、中国人民解放军总装备部发布，2015年7月1日起施行，法规类型为规范性文件）

根据《中华人民共和国导弹及相关物项和技术出口管制条例》第十七条，经国务院、中央军事委员会批准，现决定对下列三类军民两用无人驾驶航空飞行器实施临时出口管制：

一、射/航程等于或大于300千米的无人驾驶航空飞行器系统。
二、具有下列任一特征的，具备自主飞行控制和导航能力的无人驾驶航空飞行器系统：
1. 包含容量为20升以上的气雾剂布撒系统/装置；或
2. 经设计或改进后能配备容量20升以上的气雾剂布撒系统/装置。
三、具有下列任一特征的，具备操作员从视距外控制飞行能力的无人驾驶航空飞行器系统：
1. 包含容量为20升以上的气雾剂布撒系统/装置；或
2. 经设计或改进后能配备容量20升以上的气雾剂布撒系统/装置。

注：为娱乐或竞赛专门设计的模型飞机不属于上述三类的管制范围。

上述三类无人驾驶航空飞行器的海关商品编号为 8802110010 和 8802200011。

依照《中华人民共和国导弹及相关物项和技术出口管制条例》的规定，上述无人驾驶航空飞行器经许可后方可出口，海关凭商务部签发的《两用物项和技术出口许可证》办理验放手续。

临时出口管制措施自 2015 年 7 月 1 日起实施。

固体废物

固体废物进口管理办法

(环境保护部 商务部 国家发展和改革委员会 海关总署
国家质量监督检验检疫总局令第 12 号)

(2011 年 4 月 8 日由环境保护部、商务部、国家发展和改革委员会、海关总署、国家质量监督检验检疫总局发布,2011 年 8 月 1 日起施行,法规类型为部门规章)

第一章 总 则

第一条 为了规范固体废物进口环境管理,防止进口固体废物污染环境,根据《中华人民共和国固体废物污染环境防治法》和有关法律、行政法规,制定本办法。

第二条 本办法所称固体废物,是指在生产、生活和其他活动中产生的丧失原有利用价值或者虽未丧失利用价值但被抛弃或者放弃的固态、半固态、液态和置于容器中的气态的物品、物质以及法律、行政法规规定纳入固体废物管理的物品、物质。

本办法所称固体废物进口,是指将中华人民共和国境外的固体废物运入中华人民共和国境内的活动。

第三条 本办法适用于以任何方式进口固体废物的活动。

通过赠送、出口退运进境、提供样品等方式将固体废物运入中华人民共和国境内的,进境修理产生的未复运出境固体废物以及出境修理或者出料加工中产生的复运进境固体废物的,除另有规定外,也适用本办法。

第四条 禁止转让固体废物进口相关许可证。

本办法所称转让固体废物进口相关许可证,是指:

(一)出售或者出租、出借固体废物进口相关许可证;

(二)使用购买或者租用、借用的固体废物进口相关许可证进口固体废物;

(三)将进口的固体废物全部或者部分转让给固体废物进口相关许可证载明的利用企业以外的单位或者个人。

第五条 禁止中华人民共和国境外的固体废物进境倾倒、堆放、处置。

禁止固体废物转口贸易。

未取得固体废物进口相关许可证的进口固体废物不得存入海关监管场所,包括保税区、出口加工区、保税物流园区、保税港区等海关特殊监管区域和保税物流中心(A/B 型)、保税仓库等海关保税监管场所(以下简称"海关特殊监管区域和场所")。

除另有规定外,进口固体废物不得办理转关手续(废纸除外)。

第六条　国务院环境保护行政主管部门对全国固体废物进口环境管理工作实施统一监督管理。国务院商务主管部门、国务院经济综合宏观调控部门、海关总署和国务院质量监督检验检疫部门在各自的职责范围内负责固体废物进口相关管理工作。

县级以上地方环境保护行政主管部门对本行政区域内固体废物进口环境管理工作实施监督管理。各级商务主管部门、经济综合宏观调控部门、海关、出入境检验检疫部门在各自职责范围内对固体废物进口实施相关监督管理。

国务院环境保护行政主管部门会同国务院商务主管部门、国务院经济综合宏观调控部门、海关总署、国务院质量监督检验检疫部门建立固体废物进口管理工作协调机制，实行固体废物进口管理信息共享，协调处理固体废物进口及经营活动监督管理工作的重要事务。

第七条　任何单位和个人有权向各级环境保护行政主管部门、商务主管部门、经济综合宏观调控部门、海关和出入境检验检疫部门，检举违反固体废物进口监管程序和进口固体废物造成污染的行为。

第二章　一般规定

第八条　禁止进口危险废物。禁止经中华人民共和国过境转移危险废物。
禁止以热能回收为目的进口固体废物。
禁止进口不能用作原料或者不能以无害化方式利用的固体废物。
禁止进口境内产生量或者堆存量大且尚未得到充分利用的固体废物。
禁止进口尚无适用国家环境保护控制标准或者相关技术规范等强制性要求的固体废物。
禁止以凭指示交货（TO ORDER）方式承运固体废物入境。

第九条　对可以弥补境内资源短缺，且根据国家经济、技术条件能够以无害化方式利用的可用作原料的固体废物，按照其加工利用过程的污染排放强度，实行限制进口和自动许可进口分类管理。

第十条　国务院环境保护行政主管部门会同国务院商务主管部门、国务院经济综合宏观调控部门、海关总署、国务院质量监督检验检疫部门制定、调整并公布禁止进口、限制进口和自动许可进口的固体废物目录。

第十一条　禁止进口列入禁止进口目录的固体废物。
进口列入限制进口或者自动许可进口目录的固体废物，必须取得固体废物进口相关许可证。

第十二条　进口固体废物应当采取防扬散、防流失、防渗漏或者其他防止污染环境的措施。

第十三条　进口固体废物的装运、申报应当符合海关规定，有关规定由海关总署另行制定。

第十四条　进口固体废物必须符合进口可用作原料的固体废物环境保护控制标准或者相关技术规范等强制性要求。经检验检疫，不符合进口可用作原料的固体废物环境保护控制标准或者相关技术规范等强制性要求的固体废物，不得进口。

第十五条　申请和审批进口固体废物，按照风险最小化原则，实行"就近口岸"报关。

第十六条　国家对进口可用作原料的固体废物的国外供货商实行注册登记制度。向中国出口可用作原料的固体废物的国外供货商，应当取得国务院质量监督检验检疫部门颁发的注册登记证书。

国家对进口可用作原料的固体废物的国内收货人实行注册登记制度。进口可用作原料的固体废物的国内收货人在签订对外贸易合同前，应当取得国务院质量监督检验检疫部门颁发的注册登记证书。

第十七条 国务院环境保护行政主管部门对加工利用进口废五金电器、废电线电缆、废电机等环境风险较大的固体废物的企业，实行定点企业资质认定管理。管理办法由国务院环境保护行政主管部门制定。

第十八条 国家鼓励限制进口的固体废物在设定的进口废物"圈区管理"园区内加工利用。

进口废物"圈区管理"应当符合法律、法规和国家标准要求。进口废物"圈区管理"园区的建设规范和要求由国务院环境保护行政主管部门会同国务院商务主管部门、国务院经济综合宏观调控部门、海关总署、国务院质量监督检验检疫部门制定。

第十九条 出口加工区内的进口固体废物利用企业以加工贸易方式进口固体废物的，必须持有固体废物进口相关许可证。

出口加工区以外的进口固体废物利用企业以加工贸易方式进口固体废物的，必须持有商务主管部门签发的有效的《加工贸易业务批准证》、海关核发的有效的加工贸易手册（账册）和固体废物进口相关许可证。

以加工贸易方式进口的固体废物或者加工成品因故无法出口需内销的，加工贸易企业无须再次申领固体废物进口相关许可证；未经加工的原进口固体废物仅限留作本企业自用。

第三章　固体废物进口许可管理

第二十条 进口列入限制进口目录的固体废物，应当经国务院环境保护行政主管部门会同国务院对外贸易主管部门审查许可。进口列入自动许可进口目录的固体废物，应当依法办理自动许可手续。

第二十一条 固体废物进口相关许可证当年有效。

固体废物进口相关许可证应当在有效期内使用，无论是否使用完毕逾期均自行失效。

固体废物进口相关许可证因故在有效期内未使用完的，利用企业应当在有效期届满30日前向发证机关提出延期申请。发证机关扣除已使用的数量后，重新签发固体废物进口相关许可证，并在备注栏中注明"延期使用"和原证证号。

固体废物进口相关许可证只能延期一次，延期最长不超过60日。

第二十二条 固体废物进口相关许可证实行"一证一关"管理。一般情况下固体废物进口相关许可证为"非一批一证"制，如要实行"一批一证"，应当同时在固体废物进口相关许可证备注栏内打印"一批一证"字样。

"一证一关"指固体废物进口相关许可证只能在一个海关报关；"一批一证"指固体废物进口相关许可证在有效期内一次报关使用；"非一批一证"指固体废物进口相关许可证在有效期内可以多次报关使用，由海关逐批签注核减进口数量，最后一批进口时，允许溢装上限为固体废物进口相关许可证实际余额的3%，且不论是否仍有余额，海关将在签注后留存正本存档。

第二十三条 固体废物进口相关许可证上载明的事项发生变化的，利用企业应当按照申请程序重新申请领取固体废物进口相关许可证。

发证机关受理申请后，注销原证，并公告注销的证书编号。

第二十四条 进口固体废物审批管理所需费用，按照国家有关规定执行。

第四章　检验检疫与海关手续

第二十五条 进口固体废物的承运人在受理承运业务时，应当要求货运委托人提供下列证明材料：

（一）固体废物进口相关许可证；

(二)进口可用作原料的固体废物国内收货人注册登记证书;
(三)进口可用作原料的固体废物国外供货商注册登记证书;
(四)进口可用作原料的固体废物装运前检验证书。

第二十六条 对进口固体废物,由国务院质量监督检验检疫部门指定的装运前检验机构实施装运前检验;检验合格的,出具装运前检验证书。

进口的固体废物运抵固体废物进口相关许可证列明的口岸后,国内收货人应当持固体废物进口相关许可证报检检疫联、装运前检验证书以及其他必要单证,向口岸出入境检验检疫机构报检。

出入境检验检疫机构经检验检疫,对符合国家环境保护控制标准或者相关技术规范等强制性要求的,出具《入境货物通关单》,并备注"经初步检验检疫,未发现不符合国家环境保护控制标准要求的物质";对不符合国家环境保护控制标准或者相关技术规范等强制性要求的,出具检验检疫处理通知书,并及时通知口岸海关和口岸所在地省、自治区、直辖市环境保护行政主管部门。

口岸所在地省、自治区、直辖市环境保护行政主管部门收到进口固体废物检验检疫不合格的通知后,应当及时通知利用企业所在地省、自治区、直辖市环境保护行政主管部门和国务院环境保护行政主管部门。

对于检验结果不服的,申请人应当根据进出口商品复验工作的有关规定申请复验。国务院质量监督检验检疫部门或者出入境检验检疫机构可以根据检验工作的实际情况,会同同级环境保护行政主管部门共同实施复验工作。

第二十七条 除另有规定外,对限制进口类或者自动许可进口类可用作原料的固体废物,应当持固体废物进口相关许可证和出入境检验检疫机构出具的《入境货物通关单》等有关单证向海关办理进口验放手续。

第二十八条 进口者对海关将其所进口的货物纳入固体废物管理范围不服的,可以依法申请行政复议,也可以向人民法院提起行政诉讼。

海关怀疑进口货物的收货人申报的进口货物为固体废物的,可以要求收货人送口岸检验检疫部门进行固体废物属性检验,必要时,海关可以直接送口岸检验检疫部门进行固体废物属性检验,并按照检验结果处理。

口岸检验检疫部门应当出具检验结果,并注明是否属于固体废物。

海关或者收货人对口岸所在地检验检疫部门的检验结论有异议的,国务院环境保护行政主管部门会同海关总署、国务院质量监督检验检疫部门指定专门鉴别机构对进口的货物、物品是否属于固体废物和固体废物类别进行鉴别。

《固体废物鉴别导则》及有关鉴别程序和办法由国务院环境保护行政主管部门会同海关总署、国务院质量监督检验检疫部门制定。

检验或者鉴别期间,海关不接受企业担保放行的申请。对货物在检验或者鉴别期间产生的相关费用以及损失,由进口货物的收货人自行承担。

本条所涉进口固体废物的鉴别,应当以《固体废物鉴别导则》为依据。

第二十九条 将境外的固体废物进境倾倒、堆放、处置的,进口属于禁止进口的固体废物或者未经许可擅自进口固体废物的,以及检验不合格的进口固体废物,由口岸海关依法责令进口者或者承运人在规定的期限内将有关固体废物原状退运至原出口国,进口者或者承运人承担相应责任和费用,并不免除其办理海关手续的义务,进口者或者承运人不得放弃有关固体废物。

收货人无法确认的进境固体废物,由承运人向海关提出退运申请或者可以由海关依法责令承运人退运。承运人承担相应责任和费用,并不免除其办理海关手续的义务。

第三十条 对当事人拒不退运或者超过3个月不退运出境的固体废物，口岸海关会同口岸出入境检验检疫机构和口岸所在地环境保护行政主管部门对进口者或者承运人采取强制措施予以退运。

第三十一条 对确属无法退运出境或者海关决定不予退运的固体废物，经进口者向口岸海关申请（进口者不明时由承运人或者负有连带责任的第三人申请），参考就近原则，由海关以拍卖或者委托方式移交省、自治区、直辖市环境保护行政主管部门认定的具有无害化利用或者处置能力的单位进行综合利用或者无害化处置，相关滞港费用和处置费用由进口者承担，进口者不明的由承运人承担。

对委托综合利用或者无害化处置扣除处理费用后产生的收益，应当由具有无害化利用或者处置能力的单位交由海关上缴国库。各级海关未经批准，不得拍卖国家禁止进口的固体废物。具体管理办法由海关总署会同国务院环境保护行政主管部门另行制定。

第三十二条 海关应当将退运等后续处理情况通报出入境检验检疫机构和口岸所在地省、自治区、直辖市环境保护行政主管部门。

口岸所在地省、自治区、直辖市环境保护行政主管部门应当通知进口固体废物利用企业所在地省、自治区、直辖市环境保护行政主管部门和国务院环境保护行政主管部门。

出入境检验检疫机构和环境保护行政主管部门应当根据具体情况对有关单位做出处理。

第五章　监督管理

第三十三条 进口的固体废物必须全部由固体废物进口相关许可证载明的利用企业作为原料利用。

第三十四条 进口固体废物利用企业应当以环境无害化方式对进口的固体废物进行加工利用。

由海关以拍卖或者委托方式移交处理的进口固体废物的利用或者处置单位，必须对所承担的进口固体废物全部进行综合利用或者无害化处置。

第三十五条 进口固体废物利用企业应当建立经营情况记录簿，如实记载每批进口固体废物的来源、种类、重量或者数量、去向、接收、拆解、利用、贮存的时间，运输者的名称和联系方式，进口固体废物加工利用后的残余物种类、重量或者数量、去向等情况。经营记录簿及相关单据、影像资料等原始凭证应当至少保存5年。

进口固体废物利用企业应当对污染物排放进行日常定期监测。监测报告应当至少保存5年。

进口固体废物利用企业应当按照国务院环境保护行政主管部门的规定，定期向所在地省、自治区、直辖市环境保护行政主管部门报告进口固体废物经营情况和环境监测情况。省、自治区、直辖市环境保护行政主管部门汇总后报国务院环境保护行政主管部门。

固体废物的进口者、代理商、承运人等其他经营单位，应当记录所代理的进口固体废物的来源、种类、重量或者数量、去向等情况，并接受有关部门的监督检查。记录资料及相关单据、影像资料等原始凭证应当至少保存3年。

第三十六条 省、自治区、直辖市环境保护行政主管部门应当组织对进口固体废物利用企业进行实地检查和监督性监测，发现有下列情形之一的，应当在5个工作日内报知国务院环境保护行政主管部门：

（一）隐瞒有关情况或者提供虚假材料申请固体废物进口相关许可证或者转让固体废物进口相关许可证；

（二）超过国家或者地方规定的污染物排放标准，或者超过总量控制指标排放污染物；

（三）对进口固体废物加工利用后的残余物未进行无害化利用或者处置；

（四）未按规定报告进口固体废物经营情况和环境监测情况，或者在报告时弄虚作假。

国务院环境保护行政主管部门和省、自治区、直辖市环境保护行政主管部门应当将有关情况记录存档，作为审批固体废物进口相关许可证的依据。

各级环境保护行政主管部门、商务主管部门、经济综合宏观调控部门、海关、出入境检验检疫部门，有权依据各自的职责对与进口固体废物有关的单位进行监督检查。

被检查的单位应当如实反映情况，提供必要的材料。检查机关应当为被检查的单位保守技术秘密和业务秘密。

检查机关进行现场检查时，可以采取现场监测、采集样品、查阅或者复制相关资料等措施。

检查人员进行现场检查，应当出示证件。

第六章 海关特殊监管区域和场所的特别规定

第三十七条 固体废物从境外进入海关特殊监管区域和场所时，有关单位应申领固体废物进口相关许可证，并申请检验检疫。固体废物从海关特殊监管区域和场所进口到境内区外或者在海关特殊监管区域和场所之间进出的，无需办理固体废物进口相关许可证。

第三十八条 海关特殊监管区域和场所内单位不得以转口货物为名存放进口固体废物。

第三十九条 海关特殊监管区域和场所内单位产生的未复运出境的残次品、废品、边角料、受灾货物等，如属于限制进口或者自动许可进口的固体废物，其在境内与海关特殊监管区域和场所之间进出，或者在海关特殊监管区域和场所之间进出，免于提交固体废物进口相关许可证。出入境检验检疫机构不实施检验。

第四十条 海关特殊监管区域和场所内单位产生的未复运出境的残次品、废品、边角料、受灾货物等，如属于禁止进口的固体废物，需出区进行利用或者处置的，应当由产生单位或者收集单位向海关特殊监管区域和场所行政管理部门和所在地设区的市级环境保护行政主管部门提出申请，并提交如下申请材料：

（一）转移固体废物出区申请书；

（二）申请单位和接收单位签订的合同；

（三）接收单位的经年检合格的营业执照；

（四）拟转移的区内固体废物的产生过程及工艺、成分分析报告、物理化学性质登记表；

（五）接收单位利用或者处置废物方式的说明，包括废物利用或者处置设施的地点、类型、处理能力及利用或者处置过程中产生的废气、废水、废渣的处理方法等的介绍资料；

（六）证明接收单位能对区内固体废物以环境无害化方式进行利用或者处置的材料；出区废物是危险废物的，须提供接收单位所持的《危险废物经营许可证》复印件，并加盖接收单位章。

第四十一条 海关特殊监管区域和场所行政管理部门和所在地设区的市级环境保护行政主管部门受理出区申请后，作出准予或者不准予出区的决定，批准文件有效期1年。

出入境检验检疫机构凭海关特殊监管区域和场所行政管理部门和所在地设区的市级环境保护行政主管部门批准文件办理通关单，并对固体废物免于实施检验。海关凭海关特殊监管区域和场所行政管理部门和所在地设区的市级环境保护行政主管部门批准文件按规定办理有关手续。

第四十二条 海关特殊监管区域和场所内单位产生的固体废物，出区跨省转移、贮存、处置的，须按照《中华人民共和国固体废物污染环境防治法》第二十三条的规定向有关省、自治区、直辖市环境保护行政主管部门提出申请。

海关特殊监管区域和场所内单位产生的固体废物属于危险废物或者废弃电器电子产品的，

出区时须依法执行危险废物管理或者废弃电器电子产品管理的有关制度。

第七章 罚 则

第四十三条 违反本办法规定，将中华人民共和国境外的固体废物进境倾倒、堆放、处置，进口属于禁止进口的固体废物或者未经许可擅自进口限制进口的固体废物，或者以原料利用为名进口不能用作原料的固体废物的，由海关依据《中华人民共和国固体废物污染环境防治法》第七十八条的规定追究法律责任，并可以由发证机关撤销其固体废物进口相关许可证。

违反本办法规定，以进口固体废物名义经中华人民共和国过境转移危险废物的，由海关依据《中华人民共和国固体废物污染环境防治法》第七十九条的规定追究法律责任，并可以由发证机关撤销其固体废物进口相关许可证。

违反本办法规定，走私进口固体废物的，由海关按照有关法律、行政法规的规定进行处罚；构成犯罪的，依法追究刑事责任。

第四十四条 对已经非法入境的固体废物，按照《中华人民共和国固体废物污染环境防治法》第八十条的规定进行处理。

第四十五条 违反本办法规定，转让固体废物进口相关许可证的，由发证机关撤销其固体废物进口相关许可证；构成犯罪的，依法追究刑事责任。

第四十六条 以欺骗、贿赂等不正当手段取得固体废物进口相关许可证的，依据《中华人民共和国行政许可法》的规定，由发证机关撤销其固体废物进口相关许可证；构成犯罪的，依法追究刑事责任。

第四十七条 违反本办法规定，对进口固体废物加工利用后的残余物未进行无害化利用或者处置的，由所在地县级以上环境保护行政主管部门根据《中华人民共和国固体废物污染环境防治法》第六十八条第（二）项的规定责令停止违法行为，限期改正，并处1万元以上10万元以下的罚款；逾期拒不改正的，可以由发证机关撤销其固体废物进口相关许可证。造成污染环境事故的，按照《固体废物污染环境防治法》第八十二条的规定办理。

第四十八条 违反本办法规定，未执行经营情况记录簿制度、未履行日常环境监测或者未按规定报告进口固体废物经营情况和环境环境监测情况的，由所在地县级以上环境保护行政主管部门责令限期改正，可以并处3万元以下罚款；逾期拒不改正的，可以由发证机关撤销其固体废物进口相关许可证。

第四十九条 违反检验检疫有关规定进口固体废物的，按照《中华人民共和国进出口商品检验法》、《中华人民共和国进出口商品检验法实施条例》等规定进行处罚。

违反海关有关规定进口固体废物的，按照《中华人民共和国海关法》和《中华人民共和国海关行政处罚实施条例》等规定进行处罚。

擅自进口禁止进口、不符合国家环境保护控制标准或者相关技术规范强制性要求的固体废物，经海关责令退运，超过3个月怠于履行退运义务的，由海关依照《中华人民共和国海关行政处罚实施条例》的规定进行处罚。

第五十条 进口固体废物监督管理人员贪污受贿、玩忽职守、徇私舞弊或者滥用职权，依法给予行政处分；构成犯罪的，依法追究刑事责任。

第八章 附 则

第五十一条 本办法中由设区的市级环境保护行政主管部门行使的监管职责，在直辖市行政区域以及省、自治区直辖的县级行政区域内，由省、自治区、直辖市环境保护行政主管部门行使。

第五十二条 固体废物运抵关境即视为进口行为发生。

第五十三条　进口固体废物利用企业是指实际从事进口固体废物拆解、加工利用活动的企业。

第五十四条　来自中国香港、澳门特别行政区和中国台湾地区固体废物的进口管理依照本办法执行。

第五十五条　本办法自 2011 年 8 月 1 日起施行。

国务院环境保护行政主管部门、国务院商务主管部门、国务院经济综合宏观调控部门、海关总署、国务院质量监督检验检疫部门在本办法实施前根据各自职责发布的进口固体废物管理有关规定、通知与本办法不一致的，以本办法为准。

进口可用作原料的固体废物检验检疫监督管理办法

（国家质量监督检验检疫总局令第 194 号）

（2017 年 12 月 8 日国家质量监督检验检疫总局令第 194 号发布；根据 2018 年 4 月 28 日海关总署令第 238 号《海关总署关于修改部分规章的决定》修改，根据 2018 年 5 月 29 日海关总署令第 240 号《海关总署关于修改部分规章的决定》修改，根据 2018 年 11 月 23 日海关总署令第 243 号《海关总署关于修改部分规章的决定》修改；现行版本自 2018 年 11 月 23 日起施行；法规类型为部门规章）

第一章　总　则

第一条　为加强进口可用作原料的固体废物检验检疫监督管理，保护环境，根据《中华人民共和国进出口商品检验法》及其实施条例、《中华人民共和国国境卫生检疫法》及其实施细则、《中华人民共和国进出境动植物检疫法》及其实施条例、《中华人民共和国固体废物污染环境防治法》等有关法律法规规定，制定本办法。

第二条　本办法适用于进口可用作原料的固体废物（以下简称废物原料）的检验检疫和监督管理。

进口废物原料应当属于可用作原料的再生资源，具有可利用价值。

进口废物原料应当符合中国法律法规、国家环境保护控制标准和国家技术规范的其他强制性要求。

第三条　海关总署主管全国进口废物原料的检验检疫和监督管理工作。

主管海关负责所辖区域进口废物原料的检验检疫和监督管理。

第四条　国家对进口废物原料的国外供货商（以下简称供货商）、国内收货人（以下简称收货人）实行注册登记制度。供货商、收货人在签订对外贸易合同前，应当取得注册登记。

注册登记有效期为 5 年。

第五条　国家对进口废物原料实行装运前检验制度。进口废物原料在装运前，应当由海关或者承担装运前检验的检验机构（以下简称装运前检验机构）实施装运前检验并出具装运前检验证书。

海关总署不予指定检验机构从事进口废物原料装运前检验。

海关总署对装运前检验和装运前检验机构依法实施监督管理。

第六条　进口废物原料到货后，由海关依法实施检验检疫监管。

收货人应当在进口废物原料入境口岸向海关报检,报检前应当取得本办法第五条规定的装运前检验证书。

第七条 海关总署对进口废物原料实行检验检疫风险预警和快速反应管理。

第八条 海关总署对供货商、收货人、装运前检验机构实施诚信管理。

进口废物原料供货商、收货人、装运前检验机构应当按照中国法律法规规定从事进口废物原料生产经营及装运前检验活动,保证进口废物原料符合中国法律法规规定和相关技术要求。

第二章 供货商注册登记

第九条 海关总署负责进口废物原料供货商注册登记申请的受理、审查、批准和监督管理工作。

第十条 申请供货商注册登记应当符合下列条件:

(一)具有所在国家(地区)合法的经营资质;

(二)在其所在国家(地区)具有固定的办公场所及相应基础设施;

(三)熟悉并遵守中国出入境检验检疫、环境保护、固体废物管理的法律法规及相关标准;

(四)获得ISO9001质量管理体系或RIOS体系等认证;

(五)具有对所供废物原料进行环保质量控制的措施和能力,保证其所供废物原料符合中国出入境检验检疫、环境保护、固体废物管理的国家技术规范的强制性要求;

(六)具备放射性检测设备、设施及检测能力;

(七)近3年内未发生过重大的安全、卫生、环保、欺诈等问题。

第十一条 申请人应当凭以下材料办理进口废物原料供应商注册登记:

(一)注册登记申请书;

(二)经公证的税务登记文件,有商业登记文件的还需提供经公证的商业登记文件;

(三)组织机构、部门和岗位职责的说明;

(四)标明尺寸的固定办公场所平面图,有加工场地的,还应当提供加工场地平面图,3张以上能全面展现上述场所和场地实景的照片;

(五)ISO9001质量管理体系或者RIOS体系等认证证书彩色复印件;

(六)委托代理人提出注册登记申请的,应当提交委托书原件以及委托双方身份证明复印件。

提交的文字材料,应当使用中文或者中英文对照文本。

第十二条 海关总署对申请人提出的注册登记申请,应当根据下列情况分别作出处理:

(一)申请材料不齐全或者不符合法定形式的,应当当场或者在收到申请材料后5日内一次告知申请人需要补正的全部内容,逾期不告知的,自收到申请材料之日起即为受理;

(二)申请材料齐全、符合法定形式,或者申请人按照海关总署的要求提交全部补正申请材料且补正材料符合法定形式的,应当予以受理;

(三)未在规定期限内补正有关申请材料的,应当终止办理注册登记,并书面告知申请人;

(四)未按照要求全部补正申请材料或者补正后申请材料仍不符合法定形式的,不予受理,并书面告知申请人。

第十三条 海关总署应当自受理注册登记申请之日起10日内组成专家评审组,实施书面评审。

评审组应当在评审工作结束后作出评审结论,向海关总署提交评审报告。

第十四条 海关总署应当自受理注册登记申请之日起20日内,作出是否准予注册登记的决定。

海关总署对审查合格的，准予注册登记并颁发注册登记证书；对审查不合格的，不予注册登记，并书面说明理由，告知申请人享有依法申请行政复议或者提起行政诉讼的权利。

第十五条 供货商注册登记内容发生变化的，应当自变化之日起30天内向海关总署提出变更申请，并按照本办法第十一条规定办理。

涉及注册登记证书内容变更的，供货商申请变更时应当交回原证书。海关总署批准的变更涉及原注册登记证书内容的，应当重新颁发证书。

供货商的名称、商业登记地址、法定代表人三项中累计两项及以上发生变化的，应当重新向海关总署申请注册登记。

第十六条 供货商需要延续注册登记有效期的，应当在注册登记有效期届满90天前向海关总署提出延续申请，并按照本办法第十一条规定办理。

供货商未按规定期限提出延续申请的，海关总署可以认定为不符合注册登记延续的法定条件，不予受理该申请。注册登记有效期届满后，注册登记自动失效。

第十七条 海关总署应当根据供货商的申请，在注册登记有效期届满前作出是否准予延续注册登记的决定；逾期未作出决定的，视为准予延续。

第十八条 海关总署作出不予受理注册登记、终止办理注册登记、不予注册登记决定的，申请人可以向海关总署重新申请注册登记，并按本办法第十一条的规定办理。

第三章　收货人注册登记

第十九条 直属海关负责所辖区域收货人注册登记申请的受理、审查、批准和监督管理工作。

第二十条 申请收货人注册登记应当符合下列条件：

（一）具有合法进口经营资质的加工利用企业；

（二）具有固定的办公场所及相应基础设施，具备放射性检测设备及检测能力；

（三）熟悉并遵守中国出入境检验检疫、环境保护、固体废物管理的法律法规及相关标准；

（四）具有对废物原料进行环保质量控制及加工利用的措施和能力，并建立相应的管理制度，保证废物原料符合中国出入境检验检疫、环境保护、固体废物管理的国家技术规范的强制性要求。

第二十一条 申请人应当凭以下材料办理进口废物原料供应商注册登记：

（一）注册登记申请书；

（二）环保部门批准从事进口固体废物加工利用的证明文件。

第二十二条 直属海关对申请人提出的收货人注册登记申请，应当根据下列情况分别作出处理：

（一）申请材料不齐全或者不符合法定形式的，应当当场或者在5日内一次告知申请人需要补正的全部内容，逾期不告知的，自收到申请材料之日起即为受理；

（二）申请材料齐全、符合法定形式，或者申请人按照海关的要求提交全部补正申请材料且补正材料符合法定形式的，应当予以受理；

（三）未在规定期限内补正有关申请材料的，应当终止办理注册登记，并书面告知申请人；

（四）未按照要求全部补正申请材料或者补正后申请材料仍不符合法定形式的，不予受理该申请。

第二十三条 直属海关应当自受理申请之日起10日内组成专家评审组，实施书面评审和现场核查。

评审组应当在评审工作结束后作出评审结论,向直属海关提交评审报告。

第二十四条 直属海关应当自受理注册登记申请之日起20日内,作出是否准予注册登记的决定。

直属海关对审查合格的,准予注册登记并颁发注册登记证书;对审查不合格的,不予注册登记,并书面说明理由,告知申请人享有依法申请行政复议或者提起行政诉讼的权利。

第二十五条 收货人注册登记内容发生变化的,应当自变化之日起30天内向批准注册登记的直属海关提出变更申请,并按本办法第二十一条的规定办理。

涉及注册登记证书内容变更的,收货人申请变更时应当将原证书交回。直属海关批准的变更涉及原注册登记证书内容的,应当重新颁发证书。

收货人的名称、商业登记地址、法定代表人三项中累计两项及以上发生变化的,应当重新向直属海关提出注册登记申请。

第二十六条 收货人需要延续注册登记有效期的,应当在注册登记有效期届满90天前向批准注册登记的直属海关提出延续申请,并按本办法第二十一条的规定办理。

第二十七条 直属海关应当在注册登记有效期届满前,作出是否准予延续注册登记决定。

收货人未按时提交延续申请的,直属海关可以认定为不符合注册登记延续的法定条件,不予受理该申请。注册登记有效期届满后,注册登记自动失效。

第二十八条 直属海关作出不予受理注册登记、终止办理注册登记、不予注册登记决定的,申请人可以重新申请注册登记,并按本办法第二十一条的规定办理。

第四章 装运前检验

第二十九条 海关总署负责开发、维护进口废物原料装运前检验电子管理系统(以下简称装运前检验电子管理系统),实现装运前检验工作信息化管理。

第三十条 供货商应当在废物原料装运前,通过装运前检验电子管理系统申请海关或者委托装运前检验机构实施装运前检验。

海关、装运前检验机构应当通过进口废物原料装运前检验电子管理系统受理供货商的装运前检验申请、录入装运前检验结果、签发装运前检验证书。

第三十一条 装运前检验机构应当是在所在国家(地区)合法注册的检验机构。

装运前检验机构应当提前将下列信息向海关总署备案:

(一)经公证的所在国家(地区)合法注册的第三方检验机构资质证明;

(二)所在国家(地区)固定的办公和经营场所信息;

(三)通过ISO/IEC17020认可的证明材料;

(四)从事装运前检验的废物原料种类;

(五)装运前检验证书授权签字人信息及印签样式。

提交的信息,应当使用中文或者中英文对照文本。

对提交材料完备的装运前检验机构,由海关总署对外公布。

第三十二条 海关、装运前检验机构应当在境外装货地或者发货地,按照中国国家环境保护控制标准、相关技术规范的强制性要求和装运前检验规程实施装运前检验。

第三十三条 海关、装运前检验机构对经其检验合格的废物原料签发电子和纸质的装运前检验证书。

检验证书应当符合以下要求:

(一)检验依据准确、检验情况明晰、检验结果真实;

(二)有统一、可追溯的编号;

（三）检验证书应当为中文或者中英文，以中文为准；
（四）检验证书有效期不超过 90 天。

第三十四条 海关在口岸到货检验检疫监管中发现货证不符或者环保项目不合格的，实施装运前检验的海关或者装运前检验机构应当向海关总署报告装运前检验情况，并提供记录检验过程等情况的图像和书面资料。

第三十五条 装运前检验机构及其关联机构不能申请或者代理申请供货商注册登记，不能从事废物原料的生产和经营活动。

第三十六条 装运前检验机构备案信息发生变化的，应当自变化之日起 30 天内向海关总署提交变更材料，并按照本办法第三十一条的规定办理。

第三十七条 海关总署对已备案的装运前检验机构实施分类管理，按照诚信管理的原则将已备案的装运前检验机构分为 A、B 两类。

符合下列条件的装运前检验机构，按照自愿原则可以申请成为 A 类装运前检验机构：
（一）从事检验鉴定业务 5 年以上；
（二）具有与装运前检验业务相适应的检验人员及检测设备；
（三）具备按照中国环境保护、固体废物管理的国家技术规范的强制性要求和海关总署关于进口废物原料装运前检验有关规定开展检验的能力。
（四）遵守法律法规，重视企业信用管理工作，严格履行承诺，具有较健全的质量管理体系，服务质量稳定。

不符合本条前款规定的装运前检验机构，列入 B 类装运前检验机构。

第五章 到货检验检疫

第三十八条 废物原料运抵口岸后，收货人或者其代理人应当凭合同、发票、装箱单、提/运单等单证向入境口岸海关报检，接受检验检疫监管。进口废物原料应当取得装运前检验证书。

属于限制类废物原料的，收货人或者其代理人还应当取得进口许可证明。海关对进口许可证件电子数据进行系统自动比对验核。

第三十九条 海关应当依照检验检疫相关法律法规和规程、国家环境保护控制标准或者国家技术规范的其他强制性要求在入境口岸对进口废物原料实施检验检疫监管，根据污染程度实施消毒、熏蒸等卫生处理，未经检疫处理，不得放行。

海关总署可以依法指定在其他地点检验检疫。

第四十条 由 B 类装运前检验机构实施装运前检验的进口废物原料，海关应当实施全数检验。

第四十一条 海关实施进口废物原料检验检疫监管工作的场所应当符合进口废物原料检验检疫场所建设规范的要求。

第四十二条 从事进口废物原料检验检疫监管工作的人员应当经过海关总署的培训并考试合格。

第四十三条 海关对经检验检疫未发现不符合国家环境保护控制标准、国家技术规范的其他强制性要求的进口废物原料，予以放行；对不符合国家环境保护控制标准、国家技术规范的其他强制性要求的，责令退运；对发现动植物疫情的，要实施有效的检疫除害处理措施，如无有效处理措施则依法作退回或者销毁处理，并实施检疫监管。

第六章 监督管理

第四十四条 供货商和收货人应当依照注册登记的业务范围开展供货、进口等活动。

收货人所进口的废物原料,仅限用于自行加工利用,不得以任何方式交付其他单位、组织或者个人。

供货商、收货人及其关联机构不能从事废物原料装运前检验业务。

第四十五条 海关总署、主管海关可以依照职责对供货商、收货人、装运前检验机构实施现场检查、验证、追踪货物环保质量状况等形式的监督管理。

第四十六条 装运前检验机构应当遵守中国相关法律法规和海关总署的有关规定,以第三方的身份独立、公正地开展进口废物原料装运前检验工作,并对其所出具的装运前检验证书的真实性、准确性负责。

第四十七条 海关总署或者主管海关在进口废物原料检验监管工作中,发现装运前检验机构存在下列情形之一的,海关总署可以发布警示通报并决定在一定时期内不予认可其出具的装运前检验证书,但最长不超过3年:

(一)出具的装运前检验证书存在违反本办法第三十三条规定的;

(二)装运前检验机构存在违反本办法第三十五条、第四十六条、第五十九条规定情形的。

第四十八条 供货商、收货人有下列情形之一的,海关总署、直属海关依照职权撤销其注册登记:

(一)申请注册登记的地址不存在的;

(二)供货商商业登记文件无效、税务文件无效的;

(三)收货人营业执照无效的;

(四)法定代表人不存在的;

(五)隐瞒有关情况或者提供虚假材料取得注册登记的;

(六)以欺骗、贿赂等不正当手段取得注册登记的。

第四十九条 海关总署、主管海关对供货商、收货人和装运前检验机构实施A、B、C三类风险预警及快速反应管理。

第五十条 对源自特定国家(地区)、特定类别的废物原料,海关可以根据不同的风险预警类别采取加严检验、全数检验或者不予受理报检等措施。

第一节 供货商监督管理

第五十一条 供货商发生下列情形之一的,由海关总署实施A类风险预警措施,主管海关1年内不受理其所供废物原料进口报检申请:

(一)废物原料存在严重疫情风险的;

(二)废物原料存在严重货证不符,经查确属供货商责任的;

(三)B类预警期间再次被检出环保项目不合格或者重大疫情的。

第五十二条 供货商发生下列情形之一的,由海关总署实施B类风险预警措施,主管海关对其所供废物原料实施为期不少于180天且不少于100批的全数检验:

(一)1年内货证不符或者环保项目不合格累计3批及以上的;

(二)检疫不合格并具有较大疫情风险的;

(三)供货商注册登记内容发生变更,未在规定期限内向海关总署办理变更手续的;

(四)注册登记被撤销后重新获得注册登记的;

(五)按本办法第五十一条实施的A类风险预警措施解除后,恢复受理进口报检申请的;

(六)现场检查发现质量管理体系存在严重缺陷的。

第五十三条 供货商发生下列情形之一的,由海关总署实施C类风险预警措施,主管海关对供货商所供的废物原料实施加严检验:

（一）废物原料环保项目不合格的；
（二）需采取风险管控措施的。

第五十四条 供货商发生下列情形之一的，海关总署撤销其注册登记：
（一）输出的废物原料环保项目严重不合格的；
（二）输出的废物原料应当退运，供货商不配合收货人退运的；
（三）输出的废物原料应当退运，自主管海关出具环保项目不合格证明之日起6个月内，因供货商原因未将废物原料退运出境的；
（四）将已退运的不合格废物原料再次运抵中国大陆地区的；
（五）将注册登记证书或者注册登记编号转让其他企业使用的；
（六）提供虚假材料，包括提供虚假入境证明文件的；
（七）输出废物原料时存在弄虚作假等欺诈行为的；
（八）不接受海关监督管理，情节严重的；
（九）违反本办法第四十四条第一款规定，超出业务范围供货的；
（十）违反本办法第四十四条第三款规定，供货商或者其关联机构从事装运前检验的；
（十一）不再具备本办法第十条规定的条件的。

第二节 收货人监督管理

第五十五条 收货人发生下列情形之一的，由海关总署实施A类风险预警措施，主管海关1年内不受理其废物原料进口报检申请：
（一）废物原料存在严重货证不符，经查确属收货人责任的；
（二）B类预警期间再次被检出环保项目不合格或者重大疫情，经查确属收货人责任的。

第五十六条 收货人发生下列情形之一的，海关总署实施B类风险预警措施，主管海关对其报检的废物原料实施为期不少于180天且不少于100批的全数检验：
（一）废物原料存在货证不符、申报不实，经查确属收货人责任的；
（二）收货人注册登记内容发生变更，未在规定期限内向直属海关办理变更手续的；
（三）1年内货证不符或者环保项目不合格累计3批及以上，经查确属收货人责任的；
（四）注册登记被撤销后重新获得注册登记的；
（五）按本办法第五十五条实施的A类风险预警措施解除后，恢复受理进口报检申请的；
（六）现场检查发现质量控制体系存在缺陷的。

第五十七条 收货人发生下列情形之一的，海关总署实施C类风险预警措施，主管海关对其报检的废物原料实施加严检验：
（一）废物原料环保项目不合格的；
（二）需采取风险管控措施的。

第五十八条 收货人发生下列情形之一的，直属海关撤销其注册登记：
（一）伪造、变造、买卖或者使用伪造、变造的有关证件的；
（二）提供虚假材料，包括提供虚假入境证明文件的；
（三）将注册登记证书或者注册登记编号转让其他企业使用的；
（四）进口废物原料时存在弄虚作假等欺诈行为的；
（五）进口废物原料不合格拒不退运的；
（六）进口废物原料不合格，主管海关出具环保项目不合格证明后6个月内因收货人原因未将不合格货物退运出境的；
（七）不接受海关监督管理，情节严重的；
（八）违反本办法第四十四条规定的；

（九）不再具备本办法第二十条规定的条件的。

第三节 装运前检验机构监督管理

第五十九条 装运前检验机构发生下列情形之一的，海关总署实施 A 类风险预警措施，主管海关不受理经其实施装运前检验的废物原料进口报检申请：

（一）经其实施装运前检验的废物原料，1 个月内被主管海关检出环保项目不合格累计 5 批及以上且环保项目不合格检出率达 0.5% 及以上的；

（二）经其实施装运前检验的废物原料，1 年内被主管海关检出环保项目严重不合格累计 3 批及以上的；

（三）给未实施装运前检验的废物原料出具装运前检验证书的；

（四）B 类预警期间，经其实施装运前检验的废物原料再次被主管海关检出环保项目不合格的；

（五）不接受监督管理，情节严重的。

第六十条 装运前检验机构发生下列情形之一的，海关总署实施 B 类风险预警措施，主管海关对经其实施装运前检验的废物原料实施为期不少于 180 天且不少于 1000 批的全数检验：

（一）经其实施装运前检验的废物原料，1 个月内被主管海关检出环保项目不合格累计 3 批及以上且环保项目不合格检出率达 0.5% 以上的；

（二）经其实施装运前检验的废物原料，被主管海关检出环保项目严重不合格的；

（三）经其实施装运前检验的废物原料，被主管海关检出环保项目不合格，装运前检验机构未按照规定向海关总署报告有关情况的；

（四）未按照规定实施装运前检验出具装运前检验证书的；

（五）日常监管中发现质量管理体系存在缺陷的；

（六）按照本办法第五十九条实施的 A 类风险预警措施解除后，恢复受理进口报检申请的。

第六十一条 装运前检验机构发生下列情形之一的，海关总署实施 C 类风险预警措施，主管海关对其实施装运前检验的废物原料实施加严检验：

（一）装运前检验机构备案信息发生变化，未按照规定要求提交变更材料的；

（二）经其实施装运前检验的废物原料，被主管海关检出环保项目不合格情况未达到本办法第五十九条、第六十条规定的预警条件的；

（三）需要采取风险管控措施的。

第七章 法律责任

第六十二条 供货商、收货人因隐瞒有关情况或者提供虚假材料被不予受理或者不予注册登记的，海关总署或者直属海关给予警告；供货商、收货人在 1 年内不得再次提起申请。

第六十三条 供货商、收货人以欺骗、贿赂等不正当手段取得注册登记后被撤销注册登记的，在 3 年内不得再次提起申请；构成犯罪的，依法追究刑事责任。

第六十四条 进口可用作原料的固体废物，供货商、收货人未取得注册登记，或者未进行装运前检验的，按照国家有关规定责令退货；情节严重的，由海关按照《中华人民共和国进出口商品检验法实施条例》的规定并处 10 万元以上 100 万元以下罚款。

第六十五条 进口废物原料的收货人不如实提供进口废物原料的真实情况，取得海关有关证单的，由海关按照《中华人民共和国进出口商品检验法实施条例》的规定没收违法所得，并处进口废物原料货值金额 5% 以上 20% 以下罚款。

第六十六条 收货人违反本办法第四十四条第一款规定超出业务范围开展进口活动的，由海关责令改正；情节严重的，处3万元以下罚款。

第六十七条 进口废物原料检验检疫工作人员玩忽职守、徇私舞弊或者滥用职权，依法给予行政处分；构成犯罪的，依法追究其刑事责任。

第八章 附 则

第六十八条 对从境外进入保税区、出口加工区、自贸区等特殊监管区域的废物原料的管理，依照本办法执行。

第六十九条 通过赠送、出口退运进境、提供样品等方式进境物品属于允许进口的废物原料的，除另有规定外，依照本办法执行。

海关特殊监管区和场所内单位在生产加工过程中产生的废品、残次品、边角料以及受灾货物属于废物原料需出区进入国内的，免于实施进口检验。

第七十条 对进口废船舶，海关依法实施检验检疫，免于提交供货商注册登记证书和装运前检验证书。

第七十一条 对外籍船舶、航空器及器材在境内维修产生的废物原料，海关依法实施检验检疫，免于提交供货商注册登记证书、收货人注册登记证书、装运前检验证书和进口许可证明。

第七十二条 本办法中的"日"为工作日，不含法定节假日；"天"为自然日，含法定节假日。

第七十三条 来自中国香港、澳门和台湾地区的废物原料的检验检疫监督管理依照本办法执行。

第七十四条 进口废物原料的供货商、收货人向海关提交的所有文件均以中文文本为准。

第七十五条 海关根据业务需要，可以聘请相关专业人员辅助现场核查工作。

第七十六条 供货商、收货人注册登记和装运前检验机构管理实施细则，由海关总署另行制定。

第七十七条 本办法由海关总署负责解释。

第七十八条 本办法自2018年2月1日起施行。原国家检验检疫局1999年11月22日发布的《进口废物原料装运前检验机构认可管理办法（试行）》（国家出入境检验检疫局令第2号）、国家质检总局2009年8月21日发布的《进口可用作原料的固体废物检验检疫监督管理办法》（国家质检总局令第119号）同时废止。

进口可用作原料的固体废物装运前检验监督管理实施细则

（海关总署公告2018年第48号）

（2018年5月28日由海关总署发布，2018年6月1日起施行，法规类型为规范性文件）

第一章 总 则

第一条 为加强和规范对进口可用作原料的固体废物（以下简称"废物原料"）装运前检验和装运前检验机构的监督管理，根据《中华人民共和国进出口商品检验法实施条例》《进口可用作原料的固体废物检验检疫监督管理办法》，制定本细则。

第二条 本细则适用于进口废物原料装运前检验活动、装运前检验机构的备案管理,以及相关的监督管理工作。

第三条 海关总署负责对装运前检验实施监督管理,对装运前检验机构实施备案管理,并对其活动依法实施监督管理。

第四条 海关总署不予指定检验机构从事进口废物原料装运前检验。

第五条 海关总署对进口废物原料装运前检验机构实施备案管理。第三方检验机构在从事废物原料装运前检验业务之前,应当向海关总署提出备案申请。

第六条 海关总署对装运前检验机构实施风险预警及快速反应管理。

第七条 装运前检验机构应当遵守中国相关法律法规和海关总署的有关规定,以第三方身份独立、公正地开展进口废物原料装运前检验工作,并对其所出具的装运前检验证书的真实性、准确性负责。

第八条 装运前检验机构及其关联机构不能申请或者代理申请供货商注册登记,不能从事废物原料的生产和经营活动。

第二章 装运前检验

第九条 装运前检验是指在进口废物原料运往中国境内之前,依照中国法律法规、国家环境保护控制标准和国家技术规范的其他强制性要求,以及装运前检验规程等的要求,由装运前检验机构对其进行检验、监装和施加封识,然后出具装运前检验证书的行为。

第十条 装运前检验机构应当在进口废物原料的境外装货地或者发货地,按照中国国家环境保护控制标准、相关技术规范的强制性要求和装运前检验规程实施装运前检验。

第十一条 根据装运前检验工作质量风险特性与管理要求,装运前检验机构应当在其合法注册所在的国家或地区开展装运前检验活动。

第十二条 装运前检验机构应当具备与其实施装运前检验活动相适应的规模、检验人员数量和检验设施设备,确保经其检验的废物原料符合中国法律法规、国家环境保护控制标准和国家技术规范的其他强制性要求。

第十三条 装运前检验机构应当分别设置检验、授权签字等关键岗位,保持相互独立,同时制定任职的专业背景条件,持续接受业务培训和教育,确保检验员、授权签字人熟悉掌握与废物原料有关的中国法律法规、国家环境保护控制标准和国家技术规范的其他强制性要求,以及相关的管理规定。

第十四条 装运前检验机构应当依据本细则第十条的规定,制定适合本机构情况的装运前检验工作程序或者作业指导书,规范现场装运前检验活动。

第十五条 装运前检验机构应当依靠自身检验能力,完整地实施检验、监装和施加封识等工作程序,并对其工作质量负全责,不得委托其他机构、组织或人员实施。

第十六条 装运前检验机构应当以适当方式,真实、完整、可追溯地记录其实施的装运前检验活动过程,并妥善贮存、保管检验原始记录,至少保存5年。

第三章 备案管理

第十七条 装运前检验机构应当提前向海关总署备案,并提交以下材料:

(一)备案申请书(见附件1);

(二)经公证的所在国家(地区)合法注册的第三方检验机构资质证明;

(三)固定的办公地点、检验场所使用权证明材料;办公场所和经营场所平面图,能全面展现上述场所实景的视频或者5张以上照片;

(四)ISO/IEC17020体系认证证书彩色复印件及相关质量管理体系文件;

（五）从事装运前检验的废物原料种类；
（六）装运前检验证书授权签字人信息及印签样式；
（七）公司章程。
提交的备案申请材料应当使用中文或者中英文对照文本。

第十八条　备案申请人在准备好申请材料后，将全套材料提交海关总署，以海关总署收到的书面申请资料为准。

第十九条　海关总署在收到备案申请书面材料后，根据下列情况分别处理：

（一）备案申请材料不齐全，或者不符合要求的，当场或者5个工作日内一次性告知备案申请人需要补正的全部内容，要求备案申请人须在30天内补正完毕；

（二）备案申请材料齐全、符合要求的，或者备案申请人补正材料后，经审查材料齐全、符合规定要求的，予以受理；

（三）逾期未补正的，终止办理备案；

（四）未按照要求全部补正备案申请材料或者补正后备案申请材料仍不符合要求的，不予受理。

第二十条　海关总署自受理装运前检验机构备案申请之日起10个工作日内组成专家组，按照《进口可用作原料的固体废物装运前检验机构备案审核记录表》（见附件2）的要求，审核申请人资格、申请材料的完整性、符合性等情况。

专家组应当在审核工作结束后作出审核结论，向海关总署提交审核报告。

第二十一条　海关总署自收到审核报告之日起10个工作日内作出是否同意备案的意见。审核合格的，同意备案，签发《进口可用作原料的固体废物装运前检验机构备案证书》（见附件3）；审核不合格的，不予备案。

第二十二条　海关总署自受理备案申请之日起20个工作日内作出同意备案或不予备案的意见。专家组审核时间不计算在内，但应将专家组审核所需时间书面告知备案申请人。

第二十三条　海关总署应及时将已备案的装运前检验机构的信息对外公开。
装运前检验机构的联系电话、传真、电子邮件发生变化的，应当及时告知海关总署。

第二十四条　装运前检验机构拟增加实施装运前检验的废物原料种类，或者机构名称、商业登记地址、法定代表人、出资方或所有权发生变化的，应在变化后的30天内向海关总署申请重新备案。

申请重新备案的流程按照本章第十七条的规定实施。

第二十五条　装运前检验机构通过提供虚假材料、隐瞒有关情况取得备案，海关总署可以撤销其备案。

被撤销备案的装运前检验机构，3年内不得再申请备案。

第四章　监督管理

第二十六条　海关总署依照职责对装运前检验机构及其装运检验工作实施现场检查、验证、追踪货物环保质量状况等形式的监督管理。

装运前检验机构不接受、不配合监督管理的，海关总署可以撤销其备案。

第二十七条　装运前检验机构出现（但不限于）以下情况时，海关总署可视需要随时安排监督检查：

（一）备案要求或机构的备案信息发生变化时；

（二）需要对投诉或其他情况反映进行核实调查；

（三）被海关总署实施风险预警措施的；

（四）发现装运前检验工作质量问题的；

（五）未按规定报送年度报告或在年度报告中隐瞒有关情况的；

（六）海关总署认为有必要进行的专项检查验证时。

监督检查方式可以是现场检查，也可以是其他方式，如书面调查、文件审核等。

第二十八条 检查人员进行现场检查时，可以采取现场见证、采集样品、查阅或者复制相关资料等措施。被检查的机构应当如实反映情况，提供必要的材料。检查人员应当为被检查的机构保守技术秘密和业务秘密。

第二十九条 装运前检验机构应当积极主动配合做好现场检查的各项准备工作，协助检查人员办理有关进出境手续。

海关总署决定采取文件审核方式实施监督检查的，被检查机构应当在收到通知后的10天内，将存在问题的有关说明材料和证明文件提交海关总署。

第三十条 检查人员按照《进口可用作原料的固体废物装运前检验机构现场检查记录表》（见附件4）实施现场检查。重点检查以下方面的真实性、有效性和符合性：

（一）向海关总署提交的备案信息文件；

（二）确保装运前检验活动的独立性和公正性的制度措施；

（三）质量管理体系运行情况；

（四）现场见证被检查机构按照中国环境保护、固体废物管理的国家技术规范的强制性要求和海关总署关于进口废物原料装运前检验有关规定开展检验的能力。

第三十一条 对于现场检查发现的不符合项，被检查机构应当及时实施纠正，需要时提出预防措施，并在2个月内完成。检查组应对纠正预防措施的有效性进行验证。如需再次进行现场验证，被检查机构应当配合。

纠正预防措施验证完毕后，检查人员汇总最终检查结果和意见，形成现场检查报告提交海关总署。

第三十二条 海关总署对现场检查报告，或者装运前检验机构提交的说明材料进行审查，必要时可要求检验机构补充提交证据。

现场检查报告和说明材料可作为海关总署确定或调整机构管理类别，以及撤销备案的依据。

第三十三条 经装运前检验机构实施装运前检验的进口废物原料，在口岸到货检验中被发现货证不符或者环保项目不合格的，装运前检验机构应当在收到海关总署通知后的15日内，向海关总署报告相关批次废物原料的装运前检验情况，并提供记录检验过程等情况的图像和书面资料。

第三十四条 海关总署或者各地海关在进口废物原料检验监管工作中，发现装运前检验机构存在下列情形之一的，海关总署可以发布警示通报并决定在一定时期内不予认可其出具的装运前检验证书，但最长不超过3年：

（一）出具的装运前检验证书存在违反《进口可用作原料的固体废物检验检疫监管管理办法》第三十三条规定的；

（二）装运前检验机构存在违反《进口可用作原料的固体废物检验检疫监管管理办法》第三十五条、第四十六条、第五十九条规定情形的。

第三十五条 装运前检验机构应当在每年度第一个月内向海关总署报送上一年度的工作报告（见附件5）。报告内容包括机构现状及经营管理情况、装运前检验业务的实施情况、检验发现的不合格情况、受到的投诉举报和被调查情况，以及其他需要报告的情况等。

第五章　附　　则

第三十六条 如无特指，本细则中所称"日"均为工作日，不含法定节假日；"天"为自然日，含法定节假日。

第三十七条　本细则由海关总署负责解释。

第三十八条　本细则自 2018 年 6 月 1 日起施行。

附件：1. 进口可用作原料的固体废物装运前检验机构备案申请书（略）
2. 进口可用作原料的固体废物装运前检验机构备案审核记录表（略）
3. 进口可用作原料的固体废物装运前检验机构备案证书（略）
4. 进口可用作原料的固体废物装运前检验机构现场检查记录表（略）
5. 进口可用作原料的固体废物装运前检验机构年度报告书（略）

质检总局关于取消进口可用作原料的固体废物装运前检验机构指定有关问题的公告

（国家质量监督检验检疫总局公告 2016 年第 79 号）

（2016 年 8 月 15 日由国家质量监督检验检疫总局发布，2016 年 8 月 15 日起施行，法规类型为规范性文件）

《国务院关于第六批取消与调整行政审批项目的决定》（国发〔2012〕52 号）取消了"进口可用作原料的固体废物、进口旧机电产品装运前检验机构指定"，《国务院关于废止和修改部分行政法规的决定》（国务院令第 638 号）删去了《中华人民共和国进出口商品检验法实施条例》第二十二条第一款、第二款中的"经国家质检总局指定的"的表述。质检总局在《进口旧机电产品检验监督管理办法》（质检总局令第 171 号）中已对"进口旧机电产品装运前检验机构指定"进行了调整，进一步完善了后续监督管理内容。为全面贯彻落实国务院决定，现就有关问题公告如下：

一、自本公告发布之日起，质检总局不再指定进口可用作原料的固体废物装运前检验机构。

二、《进口可用作原料的固体废物检验检疫监督管理办法》（质检总局令第 119 号）已完成修订起草工作，目前已进入合法性审查阶段。质检总局将抓紧推动规章修订进程，尽快向社会公布。

三、进口可用作原料的固体废物装运前检验机构指定取消后，后续监管措施将按照修订后的《进口可用作原料的固体废物检验检疫监督管理办法》（质检总局令第 119 号）实施。在新的规章发布实施前，暂由原获得指定的装运前检验机构实施进口可用作原料的固体废物装运前检验。

质检总局关于进口可用作原料的固体废物国外供货商和国内收货人注册登记工作有关问题的公告

(国家质量监督检验检疫总局公告 2013 年第 57 号)

(2013 年 4 月 25 日由国家质量监督检验检疫总局发布，2013 年 4 月 25 日起施行，法规类型为规范性文件)

《质量监督检验检疫行政许可实施办法》(质检总局令第 149 号，以下简称《办法》) 已于 2013 年 1 月 1 日起实施。为贯彻落实《办法》，规范进口可用作原料的固体废物国外供货商、国内收货人注册登记工作，现就有关事宜公告如下：

一、自 2013 年 6 月 1 日起，《进口可用作原料的固体废物国外供货商注册登记申请受理通知书》(质检总局公告 2009 年第 98 号附件 2)、《进口可用作原料的固体废物国外供货商注册登记申请补正材料通知书》(质检总局公告 2009 年第 98 号附件 3)、《进口可用作原料的固体废物国外供货商注册登记申请不予受理通知书》(质检总局公告 2009 年第 98 号附件 4)、《进口可用作原料的固体废物国外供货商注册登记申请不予注册登记通知书》(质检总局公告 2009 年第 98 号附件 7) 分别更名为：《进口可用作原料的固体废物国外供货商注册登记申请受理决定书》(见附件 1)、《进口可用作原料的固体废物国外供货商注册登记申请材料补正告知书》(见附件 2)、《进口可用作原料的固体废物国外供货商注册登记申请不予受理决定书》(见附件 3)、《进口可用作原料的固体废物国外供货商不予注册登记决定书》(见附件 4)。

自 2013 年 6 月 1 日起，作出准予注册登记决定的，应出具《进口可用作原料的固体废物国外供货商准予注册登记决定书》(见附件 5) 并颁发注册登记证书 (见附件 6)。

二、自 2013 年 6 月 1 日起，《进口可用作原料的固体废物国内收货人注册登记申请受理通知书》(质检总局公告 2009 年第 91 号附件 3)、《进口可用作原料的固体废物国内收货人注册登记申请补正材料通知书》(质检总局公告 2009 年第 91 号附件 4)、《进口可用作原料的固体废物国内收货人注册登记申请不予受理通知书》(质检总局公告 2009 年第 91 号附件 5)、《进口可用作原料的固体废物国内收货人注册登记不予注册登记通知书》(质检总局公告 2009 年第 91 号附件 7) 分别更名为：《进口可用作原料的固体废物国内收货人注册登记申请受理决定书》(见附件 7)、《进口可用作原料的固体废物国内收货人注册登记申请材料补正告知书》(见附件 8)、《进口可用作原料的固体废物国内收货人注册登记申请不予受理决定书》(见附件 9)、《进口可用作原料的固体废物国内收货人注册登记不予注册登记决定书》(见附件 10)。

自 2013 年 6 月 1 日起，作出准予注册登记决定的，应出具《进口可用作原料的固体废物国内收货人准予注册登记决定书》(见附件 11) 并颁发注册登记证书 (见附件 12)。

三、自本公告公布之日起，国家质检总局公告 2009 年第 98 号附件 2、附件 3、附件 4、附件 6、附件 7 和 2009 年第 91 号附件 3、附件 4、附件 5、附件 7、附件 10 同时废止。

特此公告。

附件：1. 进口可用作原料的固体废物国外供货商注册登记申请受理决定书 (略)
      2. 进口可用作原料的固体废物国外供货商注册登记申请材料补正告知书 (略)
      3. 进口可用作原料的固体废物国外供货商注册登记申请不予受理决定书 (略)

4. 进口可用作原料的固体废物国外供货商不予注册登记决定书（略）
5. 进口可用作原料的固体废物国外供货商准予注册登记决定书（略）
6. 进口可用作原料的固体废物国外供货商注册登记证书（略）
7. 进口可用作原料的固体废物国内收货人注册登记申请受理决定书（略）
8. 进口可用作原料的固体废物国内收货人注册登记申请材料补正告知书（略）
9. 进口可用作原料的固体废物国内收货人注册登记申请不予受理决定书（略）
10. 进口可用作原料的固体废物国内收货人注册登记不予注册登记决定书（略）
11. 进口可用作原料的固体废物国内收货人注册登记准予注册登记决定书（略）
12. 进口可用作原料的固体废物国内收货人注册登记证书（略）

进口可用作原料的固体废物国内收货人注册登记管理实施细则

（海关总署公告 2018 年第 57 号）

（2018 年 6 月 15 日由海关总署发布，2018 年 8 月 1 日起施行，法规类型为规范性文件）

第一章 总 则

第一条 为加强和规范进口可用作原料的固体废物（以下简称"废物原料"）国内收货人（以下简称"收货人"）的注册登记及其监督管理，依据《中华人民共和国进出口商品检验法实施条例》《进口可用作原料的固体废物检验检疫监督管理办法》，制定本细则。

第二条 本细则适用于进口废物原料收货人的注册登记和监督管理工作。收货人注册登记管理包括注册登记的受理、审查、批准和监督管理等事项。

第三条 海关总署主管全国进口废物原料的检验检疫和监督管理工作。直属海关负责所辖区域收货人注册登记申请的受理、审查、批准和监督管理工作。

第四条 申请进口废物原料收货人注册登记的企业，应当先取得海关进出口货物收发货人注册登记。

第五条 收货人应当依照注册登记的业务范围开展进口等活动。

收货人所进口的废物原料，仅限用于自行加工利用，不得以任何方式交付其他单位、组织或者个人。

收货人及其关联机构不能从事废物原料装运前检验业务。

第六条 申请收货人注册登记应当符合下列条件：

（一）具有合法进口经营资质的加工利用企业；

（二）具有固定的办公场所及相应基础设施；具备放射性检测设备及检测能力；

（三）熟悉并遵守中国出入境检验检疫、环境保护、固体废物管理的法律法规及相关标准；

（四）具有对废物原料进行环保质量控制及加工利用的措施和能力，并建立相应的管理制度，保证废物原料符合中国出入境检验检疫、环境保护、固体废物管理的国家技术规范的强制性要求。

第二章 受 理

第七条 申请人应当通过进境货物检验检疫监管系统提交注册登记申请，并在网络提交注册登记申请成功后的 30 天内向直属海关提交以下书面材料：

（一）通过申请系统生成并打印的注册登记申请书（见附件 1）；

（二）环保部门批准从事进口固体废物加工利用的书面证明文件。

第八条 直属海关对申请人提出的收货人注册登记申请，应当根据下列情况分别作出处理：

（一）申请材料不齐全或者不符合法定形式的，应当当场或者在收到书面材料后 5 日内一次告知申请人需要补正的全部内容，通知申请人在 30 天内补正。逾期不告知的，自收到申请材料之日起即为受理。

（二）申请材料齐全、符合法定形式，或者申请人按照海关要求提交全部补正申请材料且补正材料符合法定形式的，予以受理。

（三）未在规定期限内补正有关申请材料的，终止办理注册登记。

（四）未按照要求全部补正申请材料或者补正后申请材料仍不符合法定形式的，不予受理该申请。

第三章 审查和批准

第九条 直属海关应当自受理申请之日起 10 日内组成专家评审组，实施书面评审和现场核查。

第十条 审查分为书面评审和现场核查两部分进行，以验证申请资料的真实性、有效性和一致性，查证收货人企业内部管理及质量控制措施的有效性，评估其进口废物原料符合中国环境保护控制标准要求的能力。

第十一条 评审组负责对申请人提供的书面材料进行书面评审以及对书面评审合格的申请人进行现场核查。评审组由收货人所在地直属海关组织，由 2~5 人组成，可视情况邀请主要进口口岸直属海关参加，并可根据业务需要，聘请相关专业人员辅助现场核查工作。评审工作实行组长责任制。评审组组长负责评审的组织和协调工作。

第十二条 经对申请人所提交书面材料的真实性、有效性、一致性进行书面评审后，评审组应当填写《进口可用作原料的固体废物国内收货人注册登记书面评审记录》（见附件 2），并做出书面评审结论。

第十三条 对书面评审合格的申请人，评审组应当按照《进口可用作原料的固体废物国内收货人注册登记现场核查程序》（见附件 3）和《进口可用作原料的固体废物国内收货人注册登记现场核查记录表》（见附件 4）中的核查要求进行现场核查。核查过程中应注重收集相关证据，认真做好核查记录，并对评为"不符合"的核查项目填写不符合项报告。

第十四条 经评审组现场核查，可以对申请人做出以下 3 种核查结论：合格、有条件通过、不合格。

第十五条 被判为现场核查有条件通过的，申请人应在规定的期限内，对存在的不符合项进行整改，申请人整改完毕，经评审组跟踪核查通过后，现场核查合格；否则，现场核查不合格。

第十六条 评审组应当在评审工作结束后作出评审结论，向直属海关提交评审报告。

第十七条 直属海关自收到评审报告之日起 10 日内做出是否准予注册登记的决定。

第十八条 对评审合格的申请人，准予注册登记，按照《进口可用作原料的固体废物国内收货人注册登记证书编号规则》（见附件 5）编制证书号，颁发《进口可用作原料的固体废物国内收货人注册登记证书》（以下简称"注册登记证书"，见附件 6）。

第十九条 注册登记证书有效期为 5 年。

第二十条 对书面评审不合格、现场核查不合格或者新发现存在违反我国法律法规情况的,不予注册登记。

第二十一条 海关总署和直属海关根据情况可对评审组的工作质量进行监督和抽查。

第四章 变更、重新申请和延续

第二十二条 收货人注册登记内容发生变化的,应当自变化之日起30天内向批准注册登记的直属海关提出变更申请,并按本细则第七条的规定提交相应材料。

第二十三条 直属海关应当自受理收货人变更注册登记申请之日起20日内,做出是否准予变更注册登记的决定。

第二十四条 涉及注册登记证书内容变更的,收货人申请变更时应将原证书交回。直属海关批准的变更涉及原注册登记证书内容的,应当重新颁发证书。

第二十五条 收货人的名称、商业登记地址、法定代表人3项中累计两项以上发生变化的,应当重新向直属海关提出注册登记申请。

第二十六条 收货人需要延续注册登记有效期的,应当在注册登记证书有效期届满90天前向批准注册登记的直属海关提出延续申请,并按本细则第七条的规定提交相应材料。

第二十七条 直属海关应当自受理收货人延续注册登记申请之日起20日内,作出是否准予延续注册登记决定。

收货人未按时提交延续申请的,直属海关可以认定为不符合注册登记延续的法定条件,不予受理该申请。注册登记有效期届满后,注册登记自动失效。

第二十八条 直属海关作出不予受理注册登记、终止办理注册登记、不予注册登记决定的,申请人可以重新申请注册登记,并按本细则第二、三章的规定办理。

第五章 监督管理

第二十九条 海关对收货人实施信用管理,可以依照职责对收货人实施现场检查、验证、追踪货物环保质量状况等形式的监督管理。

第三十条 直属海关对本辖区的收货人进行监督管理的主要内容包括:
(一)核查收货人有无违反我国进口废物原料相关法律法规和有关规定的行为;
(二)掌握收货人环保项目不合格废物原料的退运情况;
(三)抽查其质量控制体系是否正常;
(四)其他监督管理工作。

第三十一条 直属海关发现非本辖区收货人存在违法行为的,应及时通报出具注册登记证书的直属海关;对于发现收货人涉嫌走私违法犯罪行为的,应当按照有关管辖规定及时移送相关部门处理。

第三十二条 海关总署、直属海关对收货人实施A、B、C共3类风险预警及快速反应管理。

第三十三条 收货人发生下列情形之一的,由海关总署实施A类风险预警措施,主管海关1年内不受理其废物原料进口报检申请:
(一)废物原料存在严重货证不符,经查确属收货人责任的;
(二)B类预警期间再次被检出环保项目不合格或者重大疫情,经查确属收货人责任的。

第三十四条 收货人发生下列情形之一的,海关总署实施B类风险预警措施,主管海关对其报检的废物原料实施为期不少于180天且不少于100批的全数检验:
(一)废物原料存在货证不符、申报不实,经查确属收货人责任的;
(二)收货人注册登记内容发生变更,未在规定期限内向直属海关办理变更手续的;
(三)1年内货证不符或者环保项目不合格累计3批及以上,经查确属收货人责任的;

（四）注册登记被撤销后重新获得注册登记的；
（五）按本办法第三十三条实施的 A 类风险预警措施解除后，恢复受理进口报检申请的；
（六）现场检查发现质量控制体系存在缺陷的。

第三十五条 收货人发生下列情形之一的，海关总署实施 C 类风险预警措施，主管海关对其报检的废物原料实施加严检验。
（一）废物原料环保项目不合格的；
（二）需采取风险管控措施的。

第三十六条 收货人因隐瞒有关情况或者提供虚假材料被不予受理或者不予注册登记的，直属海关给予警告，收货人在 1 年内不得再次提起申请。

收货人以欺骗、贿赂等不正当手段取得注册登记后被撤销注册登记的，在 3 年内不得再次提起申请；构成犯罪的，依法追究刑事责任。

收货人因走私违法犯罪受到刑事或者行政处罚，以及涉嫌走私违法犯罪但拒不到案接受调查的，由直属海关撤销其注册登记资格，不得再申请注册登记。

第六章 附 则

第三十七条 本细则下列用语的含义：
收货人指进口废物原料对外贸易合同的买方，同时为实际从事进口废物原料加工利用的企业。
全数检验指对以集装箱、汽车或列车装运的废物原料每箱、车、车皮均实施掏箱或落地检验，散运的废物原料每舱均实施落地检验。

第三十八条 变更、延续注册登记的审查和批准的程序适用第三章的程序实施。视变更注册登记的不同情形，直属海关可仅进行书面评审。

第三十九条 进口废物原料收货人申请注册登记的工作程序按照《进口可用作原料的固体废物国内收货人申请注册登记基本流程图》（见附件 7）执行。

第四十条 从事进口废物原料收货人注册登记评审的人员应为取得海关总署废物原料检验检疫监管岗位资格的人员。

第四十一条 海关总署建立进口废物原料国内收货人注册登记数据库和信息管理系统，对收货人注册登记信息进行统一管理，实现信息共享。

第四十二条 负责进口废物原料收货人注册登记评审的单位和人员，应对收货人的商业机密、技术信息保密，维护其合法权益。

第四十三条 直属海关应按有关规定，建立健全进口废物原料收货人注册登记管理工作档案。

第四十四条 本细则中的"日"为工作日，不含法定节假日；"天"为自然日，含法定节假日。

第四十五条 本细则由海关总署负责解释。

第四十六条 本细则自 2018 年 8 月 1 日起试行。《进口可用作原料的固体废物国内收货人注册登记管理实施细则（试行）》（原质检总局公告 2009 年第 91 号公布）同时废止。

附件：1. 进口可用作原料的固体废物国内收货人注册登记申请书（略）
   2. 进口可用作原料的固体废物国内收货人注册登记书面评审记录（略）
   3. 进口可用作原料的固体废物国内收货人注册登记现场核查程序
   4. 进口可用作原料的固体废物国内收货人注册登记现场核查记录表（略）
   5. 进口可用作原料的固体废物国内收货人注册登记证书编号规则

6. 进口可用作原料的固体废物国内收货人注册登记证书（略）
7. 进口可用作原料的固体废物国内收货人申请注册登记基本流程图（略）

附件3

进口可用作原料的固体废物国内收货人注册登记现场核查程序

一、由评审组长召开会议向被评审国内收货人的管理者介绍考核的范围、目的、依据及审核的计划、方法和程序，以及评审组所需的资源和设施，评审组和被审核方之间的联系方法，保密承诺等事项。

二、评审组根据考核计划，按抽样的方法到约定的部门进行现场查证，收集客观的评审证据。评审组在查证过程中，要按照《进口可用作原料的固体废物国内收货人注册登记现场核查记录表》中的核查要求，逐项核查该表栏目中的要求事项并做好记录，做出判定。对现场查证过程中发现有不符合项的，要形成不符合项报告。

三、评审组根据核查进程的需要，召开内部会议研究讨论：
1. 核查的进度；
2. 评价国内收货人的内部管理及质量控制的情况；
3. 讨论评审员提交的不符合项报告，对核查发现（及其证据）形成一致意见；
4. 核查中需要解决的其他问题；
5. 形成核查意见。

现场核查过程中，评审组长应加强与被评审国内收货人的管理者的沟通和交流，出具的不符合项报告要由被评审国内收货人的代表签字确认。此外，双方要商定不符合项的纠正和跟踪验证的时间、方式等。

四、评审组长主持召开总结会，向被评审国内收货人的管理者及相关人员介绍审核发现，宣布审核意见和跟踪验证的时间、方式。

五、评审组应当在评审工作结束后作出评审结论，向直属海关提交评审报告。

附件5

进口可用作原料的固体废物国内收货人注册登记证书编号规则

注册登记证书号由9位编码组成，编号规则为：B+直属海关机构代码（前2位）+2位年份代码+注册登记国内收货人顺序号（4位），例如：B43180001，表示济南海关2018年颁发的第1份进口可用作原料的固体废物国内收货人注册登记证书。

各直属海关2位代码列表如下：

北京关区	01	福州关区	35	湛江关区	67
天津关区	02	厦门关区	37	江门关区	68
石家庄区	04	南昌关区	40	南宁关区	72
太原关区	05	青岛海关	42	成都关区	79
满洲里关	06	济南海关	43	重庆关区	80
呼特关区	07	郑州关区	46	贵阳海关	83
沈阳关区	08	武汉海关	47	昆明关区	86

续表

大连海关	09	长沙关区	49	拉萨海关	88
长春关区	15	广东分署	50	西安关区	90
哈尔滨区	19	广州海关	51	乌关区	94
上海关区	22	黄埔关区	52	兰州关区	95
南京海关	23	深圳海关	53	银川关区	96
杭州关区	29	拱北关区	57	西宁关区	97
宁波关区	31	汕头海关	60		
合肥海关	33	海口关区	64		

进口可用作原料的固体废物国外供货商注册登记管理实施细则

(海关总署公告2018年第91号)

(2018年7月6日由海关总署发布，2018年8月1日起施行，法规类型为规范性文件)

第一章 总 则

第一条 为加强和规范进口可用作原料的固体废物（以下简称"废物原料"）国外供货商（以下简称"供货商"）的注册登记及其监督管理，依据《中华人民共和国进出口商品检验法实施条例》《进口可用作原料的固体废物检验检疫监督管理办法》，制定本细则。

第二条 本细则适用于进口废物原料供货商注册登记申请的受理、审查、批准和监督管理等事项。

第三条 海关总署负责进口废物原料供货商注册登记申请的受理、审查、批准和监督管理工作。

第四条 进口废物原料供货商在签订贸易合同前，应当取得注册登记。

第五条 申请供货商注册登记应当符合下列条件：

（一）具有所在国家（地区）合法的经营资质；

（二）在其所在国家（地区）具有固定的办公场所及相应基础设施；

（三）熟悉并遵守中国出入境检验检疫、环境保护、固体废物管理的法律法规及相关标准；

（四）获得ISO9001质量管理体系或RIOS体系等认证；

（五）具有对所供废物原料进行环保质量控制的措施和能力，保证其所供废物原料符合中国出入境检验检疫、环境保护、固体废物管理的国家技术规范的强制性要求；

（六）具备放射性检测设备、设施及检测能力；

（七）近3年内未发生过重大的安全、卫生、环保、欺诈等问题。

第二章 受理、审查和批准

第六条 申请人应当通过进境货物检验检疫监管系统提交注册登记申请，并在网络提交注册登记申请成功后的 30 天内向海关总署提交以下书面材料：

（一）通过申请系统生成并打印的注册登记申请书（见附件1）；

（二）经公证的税务登记文件，有商业登记文件的还需提供经公证的商业登记文件；

（三）组织机构、部门和岗位职责的说明；

（四）标明尺寸的固定办公场所平面图，有加工场地的，还应当提供加工场地平面图，3张以上能全面展现上述场所和场地实景的照片；

（五）ISO9001 质量管理体系或者 RIOS 体系等认证证书彩色复印件；

（六）委托代理人提出注册登记申请的，应当提交委托书原件以及委托双方身份证明复印件。

提交的文字材料，应当使用中文或者中英文对照文本。

第七条　海关总署对申请人提出的注册登记申请，应当根据下列情况分别作出处理：

（一）书面材料不齐全或者不符合法定形式的，应当当场或者在收到书面材料后 5 日内一次告知申请人需要补正的全部内容，要求申请人须在 30 天内补正完毕。逾期不告知的，自收到书面材料之日起即为受理；

（二）申请材料齐全、符合法定形式，或者申请人按照海关总署的要求提交全部补正申请材料且补正材料符合法定形式的，予以受理；

（三）未在规定期限内补正有关申请材料的，终止办理注册登记，并书面告知申请人；

（四）未按照要求全部补正申请材料或者补正后申请材料仍不符合法定形式的，不予受理，并书面告知申请人。

第八条　海关总署应当自受理注册登记申请之日起 10 日内组成专家评审组，实施书面评审。

评审组应当在评审工作结束后作出评审结论，向海关总署提交评审报告。

第九条　海关总署应当自受理注册登记申请之日起 20 日内，作出是否准予注册登记的决定。

第十条　海关总署对审查合格的，准予注册登记并颁发《进口可用作原料的固体废物国外供货商注册登记证书》（见附件2，以下简称"注册登记证书"）；对审查不合格的，不予注册登记，并书面说明理由，告知申请人享有依法申请行政复议或者提起行政诉讼的权利。

第十一条　进口废物原料供货商注册登记证书有效期为 5 年。

第十二条　海关总署根据情况可对评审组的工作质量进行监督和抽查。

第三章　变更、重新申请和延续

第十三条　供货商注册登记内容发生变化的，应当自变化之日起 30 天内向海关总署提出变更申请，并按照本细则第六条的规定办理。

第十四条　海关总署应当自受理供货商变更注册登记申请之日起 20 日内，作出是否准予变更注册登记的决定。

第十五条　涉及注册登记证书内容变更的，供货商申请变更时应当交回原证书。海关总署批准的变更涉及原注册登记证书内容的，应当重新颁发证书。

第十六条　供货商的名称、商业登记地址、法定代表人三项中累计两项以上发生变化的，应当重新向海关总署申请注册登记。

第十七条　供货商需要延续注册登记有效期的，应当在注册登记有效期届满 90 天前向海关总署提出延续申请，并按照本细则第六条的规定办理。

供货商未按规定期限提出延续申请的，海关总署可以认定为不符合注册登记延续的法定条件，不予受理该申请。注册登记有效期届满后，注册登记自动失效。

第十八条 海关总署应当自受理供货商延续注册登记申请之日起 20 日内作出是否准予延续注册登记的决定;逾期未作出决定的,视为准予延续。

第十九条 海关总署作出不予受理注册登记、终止办理注册登记、不予注册登记决定的,申请人可以向海关总署重新申请注册登记,并按本细则第六条的规定办理。

第四章 监督管理

第二十条 供货商应当依照注册登记范围开展供货活动。

供货商及其关联机构不能从事废物原料装运前检验业务。

第二十一条 海关总署对供货商实施企业信用管理,可以依照职责对供货商实施现场检查、验证、追踪货物环保质量状况等形式的监督管理,包括:

(一)检查被预警供货商质量管理体系整改情况;

(二)按照《进口可用作原料的固体废物国外供货商现场检查记录》(见附件 3)进行不定期的现场检查;

(三)其他监督管理工作。

第二十二条 海关总署对供货商实施 A、B、C 三类风险预警及快速反应管理。

第二十三条 供货商发生下列情形之一的,由海关总署实施 A 类风险预警措施,各地海关 1 年内不受理其所供废物原料进口报检申请:

(一)废物原料存在严重疫情风险的;

(二)废物原料存在严重货证不符,经查确属供货商责任的;

(三)B 类预警期间再次被检出环保项目不合格或者重大疫情的。

第二十四条 供货商发生下列情形之一的,由海关总署实施 B 类风险预警措施,各地海关对其所供废物原料实施为期不少于 180 天且不少于 100 批的全数检验:

(一)1 年内货证不符或者环保项目不合格累计 3 批及以上的;

(二)检疫不合格并具有较大疫情风险的;

(三)供货商注册登记内容发生变更,未在规定期限内向海关总署办理变更手续的;

(四)注册登记被撤销后重新获得注册登记的;

(五)按本细则第二十三条实施的 A 类风险预警措施解除后,恢复受理进口报检申请的;

(六)现场检查发现质量管理体系存在严重缺陷的。

第二十五条 供货商发生下列情形之一的,由海关总署实施 C 类风险预警措施,各地海关对供货商所供的废物原料实施加严检验:

(一)废物原料环保项目不合格的;

(二)需采取风险管控措施的。

第五章 附 则

第二十六条 全数检验指对以集装箱、汽车或列车装运的废物原料每箱、车、车皮均实施掏箱或落地检验,散运的废物原料每舱均实施落地检验。

第二十七条 供货商申请注册登记的工作程序按照《进口可用作原料的固体废物国外供货商申请注册登记基本流程图》(见附件 4)执行。

第二十八条 变更和延续注册登记申请的受理、审查和批准程序适用第二章的程序实施。

第二十九条 通过赠送、提供样品等方式向中国境内输出废物原料的供货商,除另有规定外,依照本细则管理。

第三十条 本细则中的"日"为工作日,不含法定节假日;"天"为自然日,含法定节假日。

第三十一条　中国香港、澳门和台湾地区的废物原料供货商注册登记依照本细则执行。
第三十二条　进口废物原料供货商向海关总署提交的所有文件均以中文文本为准。
第三十三条　本细则由海关总署负责解释。
第三十四条　本细则自 2018 年 8 月 1 日起施行。《进口可用作原料的固体废物国外供货商注册登记管理实施细则》（原质检总局公告 2009 年第 98 号公布）同时废止。

附件：1. 进口可用作原料的固体废物国外供货商注册登记申请书（略）
　　　2. 进口可用作原料的固体废物国外供货商注册登记证书（略）
　　　3. 进口可用作原料的固体废物国外供货商注册登记现场检查记录（略）
　　　4. 进口可用作原料的固体废物国外供货商注册登记基本流程图（略）

质检总局关于明确进口木及软木废料检验监管有关问题的公告

（国家质量监督检验检疫总局公告 2017 年第 6 号）

（2017 年 1 月 18 日由国家质量监督检验检疫总局发布，2017 年 1 月 18 日起施行，法规类型为规范性文件）

为防止固体废物非法进口，保护国门安全、环境安全，现就进口木及软木废料监管有关问题进一步明确如下：

一、下列三类商品已列入《环境保护部、商务部、发展改革委、海关总署、质检总局联合公告（2014 年第 80 号）附件 3《非限制进口类可用作原料的固体废物目录》》木及软木废料，应当按照固体废物实施进口管理。

（一）木屑棒（HS 编码 4401310000）；
（二）其他锯末、木废料及碎片（HS 编码 4401390000）；
（三）软木废料（HS 编码 4501901000）。

根据我国固体废物管理、进出口商品检验等法律法规规定，对进口限制类和非限制类固体废物应当严格落实供货商和收货人注册登记、境外装运前检验、口岸到货检验检疫及后续监督管理制度。

二、《固体废物进口管理办法》（环境保护部、商务部、发展改革委、海关总署、质检总局联合令第 12 号）第八条第二款规定，"禁止以热能回收为目的进口固体废物"。据此规定，上述三类商品或三个编码进口的生物质颗粒燃料，用于燃烧的木屑棒、棕榈壳，其他用于燃烧的木及软木废料等商品，属于我国禁止进口的固体废物。

三、进口本公告第一项所列商品，收货人或者其代理人报检时应当向检验检疫部门提供情况说明，声明用途和加工利用单位（格式文本见附件 1）。检验检疫部门按进口废物原料检验检疫监管规定受理报检、实施检验检疫监管。对经检验检疫合格放行的，检验检疫部门应将进口废物原料检验检疫情况通报企业声明的加工利用单位所在地县级及以上环保部门（格式文本见附件 2）。

附件：1. 进口木及软木废料情况说明格式文本（略）
　　　2. 进口木及软木废料检验检疫监管情况通报函格式文本（略）

关于发布《进口废物管理目录》(2017 年) 的公告

(环境保护部　商务部　国家发展和改革委员会　海关总署
国家质量监督检验检疫总局联合公告 2017 年第 39 号)

(2017 年 8 月 10 日由环境保护部、商务部、国家发展和改革委员会、海关总署、国家质量监督检验检疫总局发布;根据 2018 年 4 月 13 日生态环境部、商务部、国家发展和改革委员会、海关总署联合公告 2018 年第 6 号《关于调整〈进口废物管理目录〉的公告》修改,根据 2018 年 12 月 21 日生态环境部、商务部、国家发展和改革委员会、海关总署公告 2018 年第 68 号《关于调整〈进口废物管理目录〉的公告》修改;现行版本自 2019 年 7 月 1 日起施行;法规类型为规范性文件)

根据《中华人民共和国固体废物污染环境防治法》《控制危险废物越境转移及其处置巴塞尔公约》《固体废物进口管理办法》和有关法律法规,环境保护部、商务部、发展改革委、海关总署、质检总局对现行的《禁止进口固体废物目录》《限制进口类可用作原料的固体废物目录》和《非限制进口类可用作原料的固体废物目录》进行了调整和修订:

将来自生活源的废塑料 (8 个品种)、未经分拣的废纸 (1 个品种)、废纺织原料 (11 个品种)、钒渣 (4 个品种) 等 4 类 24 种固体废物,从《限制进口类可用作原料的固体废物目录》调整列入《禁止进口固体废物目录》。

本公告自 2017 年 12 月 31 日起执行。环境保护部、商务部、发展改革委、海关总署、质检总局 2014 年第 80 号公告,环境保护部、商务部、发展改革委、海关总署、质检总局 2017 年第 3 号公告同时废止。

特此公告。

附件:1. 禁止进口固体废物目录

2. 限制进口类可用作原料的固体废物目录

3. 非限制进口类可用作原料的固体废物目录

关于调整《进口废物管理目录》的公告

(生态环境部 商务部 国家发展和改革委员会 海关总署联合公告2018年第6号)

(2018年4月13日由生态环境部、商务部、国家发展和改革委员会、海关总署发布,2018年12月31日起施行,法规类型为规范性文件)

为进一步规范固体废物进口管理,防治环境污染,根据《中华人民共和国固体废物污染环境防治法》《固体废物进口管理办法》及有关法律法规,生态环境部、商务部、发展改革委、海关总署对现行的《限制进口类可用作原料的固体废物目录》《非限制进口类可用作原料的固体废物目录》和《禁止进口固体废物目录》进行以下调整:

一、将废五金类、废船、废汽车压件、冶炼渣、工业来源废塑料等16个品种固体废物(见附件1),从《限制进口类可用作原料的固体废物目录》调入《禁止进口固体废物目录》,自2018年12月31日起执行。

二、将不锈钢废碎料、钛废碎料、木废碎料等16个品种固体废物(见附件2),从《限制进口类可用作原料的固体废物目录》《非限制进口类可用作原料的固体废物目录》调入《禁止进口固体废物目录》,自2019年12月31日起执行。

《进口废物管理目录》(环境保护部、商务部、发展改革委、海关总署、质检总局2017年第39号公告)所附目录与本公告不一致的,以本公告为准。

特此公告。

附件:1. 2018年年底调整为禁止进口的固体废物目录
      2. 2019年年底调整为禁止进口的固体废物目录

附件1

2018年年底调整为禁止进口的固体废物目录

序号	海关商品编号	废物名称	简称	其他要求或注释
1	2618001001	主要含锰的冶炼钢铁产生的粒状熔渣,含锰量>25%(包括熔渣砂)	含锰大于25%的冶炼钢铁产生的粒状熔渣	
2	2619000010	轧钢产生的氧化皮	轧钢产生的氧化皮	
3	2619000030	含铁大于80%的冶炼钢铁产生的渣钢铁	含铁大于80%的冶炼钢铁产生的渣钢铁	

续表

序号	海关商品编号	废物名称	简称	其他要求或注释
4	3915100000	乙烯聚合物的废碎料及下脚料	乙烯聚合物的废碎料及下脚料，不包括铝塑复合膜	工业来源废塑料（指在塑料生产及塑料制品加工过程中产生的热塑性下脚料、边角料和残次品）
5			铝塑复合膜	
6	3915200000	苯乙烯聚合物的废碎料及下脚料	苯乙烯聚合物的废碎料及下脚料	
7	3915300000	氯乙烯聚合物的废碎料及下脚料	氯乙烯聚合物的废碎料及下脚料	
8	3915901000	聚对苯二甲酸乙二酯废碎料及下脚料	PET的废碎料及下脚料，不包括废PET饮料瓶（砖）	
9			废PET饮料瓶（砖）	
10	3915909000	其他塑料的废碎料及下脚料	其他塑料的废碎料及下脚料，不包括废光盘破碎料	
11			废光盘破碎料	
12	7204490010	废汽车压件	废汽车压件	
13	7204490020	以回收钢铁为主的废五金电器	以回收钢铁为主的废五金电器	
14	7404000010	以回收铜为主的废电机等（包括废电机、电线、电缆、五金电器）	以回收铜为主的废电机等	
15	7602000010	以回收铝为主的废电线等（包括废电线、电缆、五金电器）	以回收铝为主的废电线等	
16	8908000000	供拆卸的船舶及其他浮动结构体	废船	

备注：海关商品编号栏仅供参考。

附件 2

2019 年年底调整为禁止进口的固体废物目录

序号	海关商品编号	废物名称	简称	其他要求或注释
1	4401310000	木屑棒	木废料	
2	4401390000	其他锯末、木废料及碎片		
3	4501901000	软木废料	软木废料	
4	7204210000	不锈钢废碎料	不锈钢废碎料	
5	8101970000	钨废碎料	钨废碎料	
6	8104200000	镁废碎料	镁废碎料	
7	8106001092	其他未锻轧铋废碎料	铋废碎料	
8	8108300000	钛废碎料	钛废碎料	
9	8109300000	锆废碎料	锆废碎料	
10	8112921010	未锻轧锗废碎料	锗废碎料	
11	8112922010	未锻轧的钒废碎料	钒废碎料	
12	8112924010	铌废碎料	铌废碎料	
13	8112929011	未锻轧的铪废碎料	铪废碎料	
14	8112929091	未锻轧的镓、铼废碎料	镓、铼废碎料	
15	8113001010	颗粒或粉末状碳化钨废碎料	颗粒或粉末状碳化钨废碎料	
16	8113009010	其他碳化钨废碎料,颗粒或粉末除外	其他碳化钨废碎料,颗粒或粉末除外	

备注:海关商品编号栏仅供参考。

关于调整《进口废物管理目录》的公告

(生态环境部 商务部 国家发展和改革委员会 海关总署公告2018年第68号)

(2018 年 12 月 21 日由生态环境部、商务部、国家发展和改革委员会、海关总署发布,2019 年 7 月 1 日起施行,法规类型为规范性文件)

为进一步规范固体废物进口管理,防治环境污染,根据《中华人民共和国固体废物污染环境防治法》《固体废物进口管理办法》及有关法律法规,生态环境部、商务部、发展改革委、海关总署对现行的《非限制进口类可用作原料的固体废物目录》和《限制进口类可用作原料的固体废物目录》进行以下调整:

将废钢铁、铜废碎料、铝废碎料等8个品种固体废物(见附件),从《非限制进口类可用作原料的固体废物目录》调入《限制进口类可用作原料的固体废物目录》,自 2019 年 7 月 1 日起执行。

《进口废物管理目录》（环境保护部、商务部、发展改革委、海关总署、质检总局2017年第39号公告）所附目录与本公告不一致的，以本公告为准。

特此公告。

附件：2019年7月1日起调整为限制进口的固体废物目录

附件

2019年7月1日起调整为限制进口的固体废物目录

序号	海关商品编号	废物名称	证书名称	适用环境保护控制标准	其他要求或注释
1	7204100000	铸铁废碎料	废钢铁	GB 16487.6	
2	7204290000	其他合金钢废碎料	废钢铁	GB 16487.6	
3	7204300000	镀锡钢铁废碎料	废钢铁	GB 16487.6	
4	7204410000	机械加工中产生的钢铁废料（机械加工指车、刨、铣、磨、锯、锉、剪、冲加工）	废钢铁	GB 16487.6	
5	7204490090	未列明钢铁废碎料	废钢铁	GB 16487.6	
6	7204500000	供再熔的碎料钢铁锭	废钢铁	GB 16487.6	
7	7404000090	其他铜废碎料	铜废碎料	GB 16487.7	
8	7602000090	其他铝废碎料	铝废碎料	GB 16487.7	

备注：海关商品编号栏仅供参考。

关于发布限定固体废物进口口岸的公告

（海关总署 生态环境部公告2018年第79号）

（2018年6月27日由海关总署、生态环境部发布，2019年1月1日起施行，法规类型为规范性文件）

为进一步规范固体废物进口管理，防治环境污染，根据《中华人民共和国固体废物污染环境防治法》《固体废物进口管理办法》《国务院办公厅关于印发禁止洋垃圾入境推进固体废物进口管理制度改革实施方案的通知》及有关法律法规，海关总署、生态环境部对限定固体废物进口口岸事项公告如下：

一、国家允许进口的固体废物应当从《限定固体废物进口口岸目录》（详见附件）进口，并办理报关手续。

二、进口者申领固体废物进口许可证时应填写《限定固体废物进口口岸目录》中的关区代码。

《中华人民共和国环境保护部 中华人民共和国海关总署公告 2013 年第 40 号》同时废止。
本公告自 2019 年 1 月 1 日起执行。
特此公告。

附件：限定固体废物进口口岸目录

附件

限定固体废物进口口岸目录

序号	直属海关	关区代码	口岸名称	运输方式
1	天津海关	0202	天津港口岸新港港区	海运
2	石家庄海关	0412	唐山港口岸曹妃甸港区	海运
3	大连海关	0908	大连港口岸大窑湾港区	海运
4	上海海关	2225	上海港口岸外高桥港区	海运
5	上海海关	2248	上海港口岸洋山港区	海运
6	南京海关	2327	太仓港口岸	海运
7	杭州海关	2981	嘉兴港口岸	海运
8	宁波海关	3104	宁波港口岸北仑港区	海运
9	福州海关	3508	福州港口岸江阴港区	海运
10	厦门海关	3708	厦门港口岸海沧港区	海运
11	青岛海关	4258	青岛港口岸	海运
12	广州海关	5119	南海港口岸	海运
13	广州海关	5166	南沙港口岸	海运
14	深圳海关	5304/5349	深圳蛇口港口岸	海运
15	黄埔海关	5216	虎门港口岸	海运
16	江门海关	6821	新会港口岸	海运
17	湛江海关	6711	湛江港口岸霞山港区	海运
18	南宁海关	7203	梧州港口岸	河运

其他相关

化学品首次进口及有毒化学品进出口环境管理规定

(环管〔1994〕140号)

(1994年3月16日由国家环境保护局、海关总署、对外贸易经济合作部发布,根据2007年10月8日环保总局令第41号《关于废止、修改部分规章和规范性文件的决定》修改,现行版本自2007年10月8日起施行,法规类型为部门规章)

第一章 总 则

第一条 为了保护人体健康和生态环境,加强化学品首次进口和有毒化学品进出口的环境管理,执行《关于化学品国际贸易资料交流的伦敦准则》(1989年修正本)(以下简称《伦敦准则》),制定本规定。

第二条 在中华人民共和国管辖领域内从事化学品进出口活动必须遵守本规定。

第三条 本规定适用于化学品的首次进口和列入《中国禁止或严格限制的有毒化学品名录》(以下简称《名录》)的化学品进出口的环境管理。

食品添加剂、医药、兽药、化妆品和放射性物质不适用本规定。

第四条 本规定中下列用语的含义是:

(一)"化学品"是指人工制造的或者是从自然界取得的化学物质,包括化学物质本身、化学混合物或者化学配制物中的一部分,以及作为工业化学品和农药使用的物质。

(二)"禁止的化学品"是指因损害健康和环境而被禁止使用的化学品。

(三)"严格限制的化学品"是指因损害健康和环境而被禁止使用,但经授权在一些特殊情况下仍可使用的化学品。

(四)"有毒化学品"是指进入环境后通过环境蓄积、生物累积、生物转化或化学反应等方式损害健康和环境,或者通过接触对人体具有严重危害和具有潜在危险的化学品。

(五)"化学品首次进口",是指外商或其代理人向中国出口其未曾在中国登记过的化学品,即使同种化学品已有其他外商或其代理人在中国进行了登记,仍被视为化学品首次进口。

(六)"事先知情同意"是指为保护人类健康和环境目的而被禁止或严格限制的化学品的国际运输,必须在进口国指定的国家主管部门同意的情况下进行。

(七)"出口"和"进口"是指通过中华人民共和国海关办理化学品进出境手续的活动,但不包括过境运输。

第二章 监督管理

第五条 国家环境保护局对化学品首次进口和有毒化学品进出口实施统一的环境监督管

理，负责全面执行《伦敦准则》的事先知情同意程序，发布中国禁止或严格限制的有毒化学品名录，实施化学品首次进口和列入《名录》内的有毒化学品进出口的环境管理登记和审批，签发《化学品进（出）口环境管理登记证》和《有毒化学品进（出）口环境管理放行通知单》，发布首次进口化学品登记公告。

第六条　中华人民共和国海关对列入《名录》的有毒化学品的进出口凭国家环境保护局签发的《有毒化学品进（出）口环境管理放行通知单》（见附件）验放。

对外贸易经济合作部根据其职责协同国家环境保护局对化学品首次进口和有毒化学品进出口环境管理登记申请资料的有关内容进行审查和对外公布《中国禁止或严格限制的有毒化学品名录》。

第七条　国家环境保护局设立国家有毒化学品评审委员会，负责对申请进出口环境管理登记的化学品的综合评审工作，对实施本规定所涉及的技术事务向国家环境保护局提供咨询意见。国家有毒化学品评审委员会由环境、卫生、农业、化工、外贸、商检、海关及其他有关方面的管理人员和技术专家组成，每届任期三年。

第八条　地方各级环境保护行政主管部门依据本规定对本辖区的化学品首次进口及有毒化学品进出口进行环境监督管理。

第三章　登记管理

第九条　每次外商及其代理人向中国出口和国内从国外进口列入《名录》中的工业化学品或农药之前，均需向国家环境保护局提出有毒化学品进口环境管理登记申请。对准予进口的发给《化学品进（出）口环境管理登记证》和《有毒化学品进（出）口环境管理放行通知单》（以下简称《通知单》）。《通知单》实行一批一证制，每份《通知单》在有效时间内中能报关使用一次。

第十条　申请出口列入《名录》的化学品，必须向国家环境保护局提出有毒化学品出口环境管理登记申请。

国家环境保护局受理申请后，应通知进口国主管部门，在收到进口国主管部门同意进口的通知后，发给申请人准许有毒化学品出口的《化学品进（出）口环境管理登记证》。对进口国主管部门不同意进口的化学品，不予登记，不准出口，并通知申请人。

第十一条　国家环境保护局签发的《化学品进（出）口环境管理登记证》须加中华人民共和国国家环境保护局化学品进出口环境管理登记审批章。国内外为进口或出口列入《名录》的有毒化学品而申请的《化学品进（出）口环境管理登记证》为绿色证，外商或其代理人为首次向中国出口化学品而申请的《化学品进（出）口环境管理登记证》为粉色证，临时登记证为白色证。

第十二条　《有毒化学品进（出）口环境管理放行通知单》第一联由国家环境保护局留存，第二联（正本）交申请人用以报关，第三联发送中华人民共和国国家进出口商品检验局。

第十三条　申请化学品进出口环境管理登记的审查期限从收到符合登记资料要求的申请之日起计算，对化学品首次进口登记申请的审查期不超过一百八十天，对列入《名录》的有毒化学品进出口登记申请的审查期不超过三十天。

第十四条　国家环境保护局审批化学品进出口环境管理登记申请时，有权向申请人提出质询和要求补充有关资料。国家环境保护局应当为申请提交的资料和样品保守技术秘密。

第十五条　化学品首次进口环境管理登记申请表和有毒化学品进出口环境管理登记申请表、化学品进出口环境管理登记证和临时登记证、有毒化学品进出口环境管理放行通知单，由国家环境保护局统一监制。

第四章 防止污染口岸环境

第十六条 进出口化学品的分类、包装、标签和运输，按照国际或国内有关危险货物运输规则的规定执行。

第十七条 在装卸、贮存和运输化学品的过程中，必须采取有效的预防和应急措施，防止污染环境。

第十八条 因包装损坏或者不符合要求而造成或者可能造成口岸污染的，口岸主管部门应立即采取措施，防止和消除污染，并及时通知当地环境保护行政主管部门，进行调查处理。防止和消除其污染的费用由有关责任人承担。

第五章 罚 则

第十九条 违反本规定，未进行化学品进出口环境管理登记而进出口化学品的，由海关根据海关行政处罚实施细则有关规定处以罚款，并责令当事人补办登记手续，对经补办登记申请但未获准登记的，责令退回货物。

第二十条 进出口化学品造成中国口岸污染的，由当地环境保护行政主管部门予以处罚。

第二十一条 违反国家外贸管制规定而进出口化学品的，由外贸行政主管部门依照有关规定予以处罚。

第六章 附 则

第二十二条 因实验需要，首次进口且年进口量不足 50 公斤的化学品免于登记（《中国禁止或严格限制的有毒化学品名录》中的化学品除外）。

第二十三条 化学品进出口环境管理登记收费办法另行制定。

第二十四条 本规定由国家环境保护局负责解释。

第二十五条 本规定自 1994 年 5 月 1 日起施行。

中华人民共和国海关进出境印刷品及音像制品监管办法

（海关总署令第 161 号）

（2007 年 4 月 18 日由海关总署发布，根据 2018 年 11 月 23 日海关总署令第 243 号《海关总署关于修改部分规章的决定》修改，现行版本自 2018 年 11 月 23 日起施行，法规类型为部门规章）

第一条 为了规范海关对进出境印刷品及音像制品的监管，根据《中华人民共和国海关法》（以下简称《海关法》）及其他有关法律、行政法规的规定，制定本办法。

第二条 本办法适用于海关对运输、携带、邮寄进出境的印刷品及音像制品的监管。

进出境摄影底片、纸型、绘画、剪贴、手稿、手抄本、复印件及其他含有文字、图像、符号等内容的货物、物品的，海关按照本办法有关进出境印刷品的监管规定进行监管。

进出境载有图文声像信息的磁、光、电存储介质的，海关按照本办法有关进出境音像制品的监管规定进行监管。

第三条 进出境印刷品及音像制品的收发货人、所有人及其代理人，应当依法如实向海关申报，并且接受海关监管。

第四条　载有下列内容之一的印刷品及音像制品，禁止进境：
（一）反对宪法确定的基本原则的；
（二）危害国家统一、主权和领土完整的；
（三）危害国家安全或者损害国家荣誉和利益的；
（四）攻击中国共产党，诋毁中华人民共和国政府的；
（五）煽动民族仇恨、民族歧视，破坏民族团结，或者侵害民族风俗、习惯的；
（六）宣扬邪教、迷信的；
（七）扰乱社会秩序，破坏社会稳定的；
（八）宣扬淫秽、赌博、暴力或者教唆犯罪的；
（九）侮辱或者诽谤他人，侵害他人合法权益的；
（十）危害社会公德或者民族优秀文化传统的；
（十一）国家主管部门认定禁止进境的；
（十二）法律、行政法规和国家规定禁止的其他内容。

第五条　载有下列内容之一的印刷品及音像制品，禁止出境：
（一）本办法第四条所列内容；
（二）涉及国家秘密的；
（三）国家主管部门认定禁止出境的。

第六条　印刷品及音像制品进出境，海关难以确定是否载有本办法第四条、第五条规定内容的，依据国务院有关行政主管部门或者其指定的专门机构的审查、鉴定结论予以处理。

第七条　个人自用进境印刷品及音像制品在下列规定数量以内的，海关予以免税验放：
（一）单行本发行的图书、报纸、期刊类出版物，每人每次10册（份）以下；
（二）单碟（盘）发行的音像制品，每人每次20盘以下；
（三）成套发行的图书类出版物，每人每次3套以下；
（四）成套发行的音像制品，每人每次3套以下。

第八条　超出本办法第七条规定的数量，但是仍在合理数量以内的个人自用进境印刷品及音像制品，不属于本办法第九条规定情形的，海关应当按照《中华人民共和国进出口关税条例》有关进境物品进口税的征收规定对超出规定数量的部分予以征税放行。

第九条　有下列情形之一的，海关对全部进境印刷品及音像制品按照进口货物依法办理相关手续：
（一）个人携带、邮寄单行本发行的图书、报纸、期刊类出版物进境，每人每次超过50册（份）的；
（二）个人携带、邮寄单碟（盘）发行的音像制品进境，每人每次超过100盘的；
（三）个人携带、邮寄成套发行的图书类出版物进境，每人每次超过10套的；
（四）个人携带、邮寄成套发行的音像制品进境，每人每次超过10套的；
（五）其他构成货物特征的。

有前款所列情形的，进境印刷品及音像制品的收发货人、所有人及其代理人可以依法申请退运其进境印刷品及音像制品。

第十条　个人携带、邮寄进境的宗教类印刷品及音像制品在自用、合理数量范围内的，准予进境。

超出个人自用、合理数量进境或者以其他方式进口的宗教类印刷品及音像制品，海关凭国家宗教事务局、其委托的省级政府宗教事务管理部门或者国务院其他行政主管部门出具的证明予以征税验放。无相关证明的，海关按照《中华人民共和国海关行政处罚实施条例》（以下简称《实施条例》）的有关规定予以处理。

散发性宗教类印刷品及音像制品，禁止进境。

第十一条　印刷品及音像制品的进口业务，由国务院有关行政主管部门批准或者指定经营。未经批准或者指定，任何单位或者个人不得经营印刷品及音像制品进口业务。

其他单位或者个人进口印刷品及音像制品，应当委托国务院相关行政主管部门指定的进口经营单位向海关办理进口手续。

第十二条　除国家另有规定外，进口报纸、期刊、图书类印刷品，经营单位应当凭国家新闻出版主管部门的进口批准文件、目录清单、有关报关单证以及其他需要提供的文件向海关办理进口手续。

第十三条　进口音像制品成品或者用于出版的音像制品母带（盘）、样带（盘），经营单位应当持《中华人民共和国文化部进口音像制品批准单》（以下简称《批准单》）、有关报关单证及其他需要提供的文件向海关办理进口手续。

第十四条　非经营音像制品性质的单位进口用于本单位宣传、培训及广告等目的的音像制品，应当按照海关的要求交验《批准单》、合同、有关报关单证及其他需要提供的文件；数量总计在200盘以下的，可以免领《批准单》。

第十五条　随机器设备同时进口，以及进口后随机器设备复出口的记录操作系统、设备说明、专用软件等内容的印刷品及音像制品进口时，进口单位应当按照海关的要求交验合同、发票、有关报关单证及其他需要提供的文件，但是可以免领《批准单》等批准文件。

第十六条　境外赠送进口的印刷品及音像制品，受赠单位应当向海关提交赠送方出具的赠送函和受赠单位的接受证明及有关清单。

接受境外赠送的印刷品超过100册或者音像制品超过200盘的，受赠单位除向海关提交上述单证外，还应当取得有关行政主管部门的批准文件。海关对有关行政主管部门的批准文件电子数据进行系统自动比对验核。

第十七条　出口印刷品及音像制品，相关单位应当依照有关法律、法规的规定，向海关办理出口手续。

第十八条　用于展览、展示的印刷品及音像制品进出境，主办或者参展单位应当按照国家有关规定向海关办理暂时进出境手续。

第十九条　运输、携带、邮寄国家禁止进出境的印刷品及音像制品进出境，如实向海关申报的，予以收缴，或者责令退回，或者在海关监管下予以销毁或者进行技术处理。

运输、携带、邮寄国家限制进出境的印刷品及音像制品进出境，如实向海关申报，但是不能提交许可证件的，予以退运。

第二十条　下列进出境印刷品及音像制品，由海关按照放弃货物、物品依法予以处理：

（一）收货人、货物所有人、进出境印刷品及音像制品所有人声明放弃的；

（二）在海关规定期限内未办理海关手续或者无人认领的；

（三）无法投递又无法退回的。

第二十一条　违反本办法，构成走私行为、违反海关监管规定行为或者其他违反《海关法》行为的，由海关依照《海关法》和《实施条例》的有关规定予以处理；构成犯罪的，依法追究刑事责任。

第二十二条　进入保税区、出口加工区及其他海关特殊监管区域和保税监管场所的印刷品及音像制品的通关手续，依照有关规定办理。

第二十三条　享有外交特权和豁免的外国驻中国使馆、领馆及人员，联合国及其专门机构以及其他与中国政府签有协议的国际组织驻中国代表机构及人员进出境印刷品及音像制品，依照有关规定办理。

第二十四条　各类境外企业或者组织在境内常设代表机构或者办事处（不包括外国人员子女学校）及各类非居民长期旅客、留学回国人员、短期多次往返旅客进出境公用或者自用印刷品及音像制品数量的核定和通关手续，依照有关规定办理。

第二十五条　本办法下列用语的含义：

印刷品，是指通过将图像或者文字原稿制为印版，在纸张或者其他常用材料上翻印的内容相同的复制品。

音像制品，是指载有内容的唱片、录音带、录像带、激光视盘、激光唱盘等。

散发性宗教类印刷品及音像制品，是指运输、携带、邮寄进境，不属于自用、合理数量范围并且具有明显传播特征、违反国家宗教事务法规及有关政策的印刷品及音像制品。

以下，包括本数在内。

第二十六条　本办法由海关总署负责解释。

第二十七条　本办法自 2007 年 6 月 1 日起施行。1991 年 6 月 11 日海关总署令第 21 号发布的《中华人民共和国海关对个人携带和邮寄印刷品及音像制品进出境管理规定》同时废止。

音像制品进口管理办法

（新闻出版总署　海关总署令 2011 年第 53 号）

(2011 年 4 月 6 日由新闻出版总署、海关总署发布，2011 年 4 月 6 日起施行，法规类型为部门规章)

第一章　总　则

第一条　为了加强对音像制品进口的管理，促进国际文化交流与合作，丰富人民群众的文化生活，根据《音像制品管理条例》及国家有关规定，制定本办法。

第二条　本办法所称音像制品，是指录有内容的录音带、录像带、唱片、激光唱盘、激光视盘等。

第三条　凡从外国进口音像制品成品和进口用于出版及其他用途的音像制品，适用本办法。

前款所称出版，包括利用信息网络出版。

音像制品用于广播电视播放的，适用广播电视法律、行政法规。

第四条　新闻出版总署负责全国音像制品进口的监督管理和内容审查等工作。

县级以上地方人民政府新闻出版行政部门依照本办法负责本行政区域内的进口音像制品的监督管理工作。

各级海关在其职责范围内负责音像制品进口的监督管理工作。

第五条　音像制品进口经营活动应当遵守宪法和有关法律、法规，坚持为人民服务和为社会主义服务的方向，传播有益于经济发展和社会进步的思想、道德、科学技术和文化知识。

第六条　国家禁止进口有下列内容的音像制品：

（一）反对宪法确定的基本原则的；

（二）危害国家统一、主权和领土完整的；

（三）泄漏国家秘密、危害国家安全或者损害国家荣誉和利益的；

（四）煽动民族仇恨、民族歧视，破坏民族团结，或者侵害民族风俗、习惯的；

（五）宣扬邪教、迷信的；

（六）扰乱社会秩序，破坏社会稳定的；

（七）宣扬淫秽、赌博、暴力或者教唆犯罪的；

（八）侮辱或者诽谤他人，侵害他人合法权益的；

（九）危害社会公德或者民族优秀文化传统的；

（十）有法律、行政法规和国家规定禁止的其他内容的。

第七条　国家对设立音像制品成品进口单位实行许可制度。

第二章　进口单位

第八条　音像制品成品进口业务由新闻出版总署批准的音像制品成品进口单位经营；未经批准，任何单位或者个人不得从事音像制品成品进口业务。

第九条　设立音像制品成品进口经营单位，应当具备以下条件：

（一）有音像制品进口经营单位的名称、章程；

（二）有符合新闻出版总署认定条件的主办单位及其主管机关；

（三）有确定的业务范围；

（四）具有进口音像制品内容初审能力；

（五）有与音像制品进口业务相适应的资金；

（六）有固定的经营场所；

（七）法律、行政法规和国家规定的其他条件。

第十条　设立音像制品成品进口经营单位，应当向新闻出版总署提出申请，经审查批准，取得新闻出版总署核发的音像制品进口经营许可证件后，持证到工商行政管理部门依法领取营业执照。

设立音像制品进口经营单位，还应当依照对外贸易法律、行政法规的规定办理相应手续。

第十一条　图书馆、音像资料馆、科研机构、学校等单位进口供研究、教学参考的音像制品成品，应当委托新闻出版总署批准的音像制品成品进口经营单位办理进口审批手续。

第十二条　音像出版单位可以在批准的出版业务范围内从事进口音像制品的出版业务。

第三章　进口审查

第十三条　国家对进口音像制品实行许可管理制度，应在进口前报新闻出版总署进行内容审查，审查批准取得许可文件后方可进口。

第十四条　新闻出版总署设立音像制品内容审查委员会，负责审查进口音像制品的内容。委员会下设办公室，负责进口音像制品内容审查的日常工作。

第十五条　进口音像制品成品，由音像制品成品进口经营单位向新闻出版总署提出申请并报送以下文件和材料：

（一）进口录音或录像制品报审表；

（二）进口协议草案或订单；

（三）节目样片、中外文歌词；

（四）内容审查所需的其他材料。

第十六条　进口用于出版的音像制品，应当向新闻出版总署提出申请并报送以下文件和材料：

（一）进口录音或录像制品报审表；

（二）版权贸易协议中外文文本草案，原始版权证明书，版权授权书和国家版权局的登记文件；

（三）节目样片；

（四）中外文曲目、歌词或对白；

（五）内容审查所需的其他材料。

第十七条　进口用于展览、展示的音像制品，由展览、展示活动主办单位提出申请，并将音像制品目录和样片报新闻出版总署进行内容审查。海关按暂时进口货物管理。

第十八条　进口单位不得擅自更改报送新闻出版总署进行内容审查样片原有的名称和内容。

第十九条　新闻出版总署自受理进口音像制品申请之日起 30 日内作出批准或者不批准的决定。批准的，发给进口音像制品批准单；不批准的，应当说明理由。

进口音像制品批准单内容不得更改，如需修改，应重新办理。进口音像制品批准单一次报关使用有效，不得累计使用。其中，属于音像制品成品的，批准单当年有效；属于用于出版的音像制品的，批准单有效期限为 1 年。

第四章　进口管理

第二十条　未经审查批准进口的音像制品，任何单位和个人不得出版、复制、批发、零售、出租和营业性放映。

第二十一条　任何单位和个人不得将供研究、教学参考或者用于展览、展示的进口音像制品进行经营性复制、批发、零售、出租和营业性放映。

用于展览、展示的进口音像制品确需在境内销售、赠送的，在销售、赠送前，必须依照本办法按成品进口重新办理批准手续。

第二十二条　进口单位与外方签订的音像制品进口协议或者合同应当符合中国法律、法规的规定。

第二十三条　出版进口音像制品，应当符合新闻出版总署批准文件要求，不得擅自变更节目名称和增删节目内容，要使用经批准的中文节目名称；外语节目应当在音像制品及封面包装上标明中外文名称；出版进口音像制品必须在音像制品及其包装的明显位置标明国家版权局的登记文号和新闻出版总署进口批准文号；利用信息网络出版进口音像制品必须在相关节目页面标明以上信息。

第二十四条　在经批准进口出版的音像制品版权授权期限内，音像制品进口经营单位不得进口该音像制品成品。

第二十五条　出版进口音像制品使用的语言文字应当符合国家公布的语言文字规范。

第二十六条　进口单位持新闻出版总署进口音像制品批准单向海关办理音像制品的进口报关手续。

第二十七条　个人携带和邮寄音像制品进出境，应以自用、合理数量为限，并按照海关有关规定办理。

第二十八条　随机器设备同时进口以及进口后随机器设备复出口的记录操作系统、设备说明、专用软件等内容的音像制品，不适用本办法，海关验核进口单位提供的合同、发票等有效单证验放。

第五章　罚　则

第二十九条　未经批准，擅自从事音像制品成品进口经营活动的，依照《音像制品管理条例》第三十九条的有关规定给予处罚。

第三十条　有下列行为之一的，由县级以上新闻出版行政部门责令停止违法行为，给予警告，没收违法音像制品和违法所得；违法经营额 1 万元以上的，并处违法经营额 5 倍以上 10 倍以下的罚款；违法经营额不足 1 万元的，并处 5 万元以下罚款；情节严重的，并责令停业整顿或者由原发证机关吊销许可证：

（一）出版未经新闻出版总署批准擅自进口的音像制品；

（二）批发、零售、出租或者放映未经新闻出版总署批准进口的音像制品的；

（三）批发、零售、出租、放映供研究、教学参考或者用于展览、展示的进口音像制品的。

第三十一条 违反本办法，出版进口音像制品未标明本办法规定内容的，由省级以上新闻出版行政部门责令改正，给予警告，情节严重的，并责令停业整顿或者由原发证机关吊销许可证。

第三十二条 违反本办法，有下列行为之一的，由省级以上新闻出版行政部门责令改正，给予警告，可并处 3 万元以下的罚款：

（一）出版进口音像制品使用语言文字不符合国家公布的语言文字规范的；

（二）出版进口音像制品，违反本办法擅自变更节目名称、增删节目内容的。

擅自增删经审查批准进口的音像制品内容导致其含有本办法第六条规定的禁止内容的，按照《音像制品管理条例》有关条款进行处罚。

第三十三条 违反海关法及有关管理规定的，由海关依法处理。

第六章 附 则

第三十四条 从中国香港特别行政区、澳门特别行政区和台湾地区进口音像制品，参照本办法执行。

第三十五条 电子出版物的进口参照本办法执行。

第三十六条 本办法由新闻出版总署负责解释。涉及海关业务的，由海关总署负责解释。

第三十七条 本办法自公布之日起施行，2002 年 6 月 1 日文化部、海关总署发布的《音像制品进口管理办法》同时废止。

出版物进口备案管理办法

（国家新闻出版广电总局 海关总署令第 12 号）

（2017 年 1 月 22 日由国家新闻出版广电总局、海关总署发布，2017 年 3 月 1 日起施行，法规类型为部门规章）

第一条 为规范出版物进口备案行为，加强出版物进口管理，根据《出版管理条例》《音像制品管理条例》等法规，制定本办法。

第二条 在中华人民共和国境内从事出版物进口活动，适用本办法。

本办法所称出版物，是指进口的图书、报纸、期刊、音像制品（成品）及电子出版物（成品）、数字文献数据库等。

本办法所称出版物进口经营单位，是指依照《出版管理条例》设立的从事出版物进口业务的单位。

第三条 出版物进口经营单位应当按照许可的业务范围从事出版物进口经营活动。

第四条 出版物进口经营单位应当按照《出版管理条例》及本办法的要求，向省级以上出版行政主管部门办理进口出版物备案手续。出版物进口经营单位提供备案材料不齐备或不真实的，不予备案。

负责备案的省、自治区、直辖市出版行政主管部门应将相关备案信息报国家新闻出版广电总局。国家新闻出版广电总局对省、自治区、直辖市出版行政主管部门的备案工作进行检查指导。

第五条 进口图书的，出版物进口经营单位应当于进口前向省级以上出版行政主管部门申请办理进口备案手续。申请备案时，需提交备案申请和出版物进口经营单位出具的审查意见，备案申请包括以下信息：

（一）图书名称；

（二）出版机构；

（三）进口来源国家（地区）；

（四）作者；

（五）国际标准出版代码（ISBN）；

（六）语种；

（七）数量；

（八）类别；

（九）进口口岸；

（十）订购方；

（十一）需要提交的其他材料。

第六条 省级以上出版行政主管部门在受理出版物进口经营单位进口图书备案申请材料之日起20个工作日内完成图书目录的备案手续。准予备案的，负责备案的出版行政主管部门为出版物进口经营单位出具通关函。出版物进口经营单位应当向海关交验通关函，海关按规定办理报关验放手续，没有通关函海关不予放行。

第七条 进口音像制品（成品）及电子出版物（成品）的，出版物进口经营单位应当按照《音像制品进口管理办法》《电子出版物出版管理规定》的要求，履行相应进口审批手续。出版物进口经营单位应当向海关交验批准文件，海关按规定办理报关验放手续，没有批准文件海关不予放行。

第八条 出版物进口经营单位进口音像制品（成品）及电子出版物（成品）后15个工作日内报国家新闻出版广电总局备案。报送备案时，需按音像制品（成品）及电子出版物（成品）的实际进口情况提交以下信息：

（一）名称；

（二）出版机构；

（三）进口来源国家（地区）；

（四）国际标准音像制品编码（ISRC）或电子出版物编码等；

（五）语种；

（六）数量；

（七）类别；

（八）进口口岸；

（九）载体形式；

（十）进口通关放行日期；

（十一）进口批准文号；

（十二）订购方；

（十三）需要提交的其他材料。

第九条 进口后的音像制品（成品）及电子出版物（成品）的使用，应当符合其他法律法规等相关规定。

第十条 进口报纸、期刊的，出版物进口经营单位应当按照《订户订购进口出版物管理办法》的要求，履行相应进口审批手续。出版物进口经营单位应当向海关交验批准文件，海关按规定办理报关验放手续，没有批准文件海关不予放行。

第十一条 出版物进口经营单位进口报纸、期刊后，每季度报国家新闻出版广电总局备案，同时抄送所在地省、自治区、直辖市出版行政主管部门。报送备案时，需按照实际进口情况提交以下信息：

（一）报刊名称；
（二）出版机构；
（三）进口来源国家（地区）；
（四）国际标准连续出版物号（ISSN）；
（五）语种；
（六）数量；
（七）类别；
（八）进口口岸；
（九）刊期；
（十）进口通关放行日期；
（十一）订户；
（十二）需要提交的其他材料。

第十二条 通过信息网络进口到境内的境外数字文献数据库，必须由国务院出版行政主管部门批准的有境外数字文献数据库网络进口资质的出版物进口经营单位进口。出版物进口经营单位办理境外数字文献数据库进口时，应当严格按照《出版管理条例》《音像制品管理条例》《订户订购进口出版物管理办法》等法规规章及相关规定，对其进口的境外数字文献数据库进行内容审查（含进口前内容审查和进口后更新内容审查），分类办理数字文献数据库进口备案、审批手续。

第十三条 出版物进口经营单位进口境外数字文献数据库后，于每个自然年年末报国家新闻出版广电总局备案。报送备案时，需按境外数字文献数据库实际进口信息提供以下材料：

（一）名称；
（二）境外供应商；
（三）进口来源国家（地区）；
（四）语种；
（五）用户数量；
（六）类别；
（七）开通时间；
（八）当前合同起止年月；
（九）进口金额；
（十）国内订购单位；
（十一）动态监管人员；
（十二）监管设施的IP地址；
（十三）监管方式；
（十四）需要提交的其他材料。

第十四条 出版物进口经营单位应当对实际进口出版物进行内容审查并每月定期向国家新闻出版广电总局提交审读报告。

第十五条 出版物进口经营单位未按本办法要求履行备案手续的,根据《出版管理条例》第六十七条的规定,由省级以上出版行政主管部门责令改正,给予警告;情节严重的,责令限期停业整顿或者由原发证机关吊销许可证。

第十六条 出版物进口经营单位未履行审读责任,进口含有《出版管理条例》第二十五条、第二十六条禁止内容的,根据《出版管理条例》第六十二条的规定,由省级以上出版行政主管部门责令停止违法行为,没收出版物、违法所得,违法经营额1万元以上的,并处违法经营额5倍以上10倍以下的罚款;违法经营额不足1万元的,可以处5万元以下的罚款;情节严重的,责令限期停业整顿或者由原发证机关吊销许可证。

第十七条 出版物进口经营单位备案时提交的材料不齐备、不真实或违反本办法其他规定的,由省级以上出版行政主管部门责令停止进口行为,并给予警告;情节严重的,处3万元以下罚款。

第十八条 本办法由国家新闻出版广电总局会同海关总署负责解释。

第十九条 本办法自2017年3月1日起施行。

民用爆炸物品进出口管理办法

(工业和信息化部 公安部 海关总署令第21号)

(2012年3月19日由工业和信息化部、公安部、海关总署发布,2012年9月1日起施行,法规类型为部门规章)

第一条 为了加强对民用爆炸物品进出口的管理,维护国家经济秩序,保障社会公共安全,根据《民用爆炸物品安全管理条例》,制定本办法。

第二条 进出口民用爆炸物品,适用本办法。

本办法所称民用爆炸物品,是指用于非军事目的、列入民用爆炸物品品名表的各类火药、炸药及其制品和雷管、导火索等点火、起爆器材。

第三条 工业和信息化部负责民用爆炸物品进出口的审批。

公安机关负责民用爆炸物品境内运输的安全监督管理。

海关负责民用爆炸物品进出口环节的管理。

第四条 进出口民用爆炸物品,应当依照本办法的规定逐单申请办理审批手续。

严禁进出口未经工业和信息化部核发《民用爆炸物品进/出口审批单》的民用爆炸物品。

第五条 取得《民用爆炸物品生产许可证》的企业可以申请进口用于本企业生产的民用爆炸物品原材料(含半成品),出口本企业生产的民用爆炸物品(含半成品)。

取得《民用爆炸物品销售许可证》的企业可以申请进出口其《民用爆炸物品销售许可证》核定品种范围内的民用爆炸物品。

第六条 申请进出口民用爆炸物品,应当向工业和信息化部提交下列材料:

(一)民用爆炸物品进出口申请报告及已填写相关内容的《民用爆炸物品进/出口审批单》(一式五份);

(二)工商营业执照原件及复印件;

（三）《民用爆炸物品生产许可证》或者《民用爆炸物品销售许可证》原件及复印件；

（四）企业法定代表人及经办人的身份证明原件及复印件；

（五）进出口合同原件、复印件及中文译本（译本应当加盖申请人的公章，下同）；

（六）进口民用爆炸物品，应当提交具备与进口量相适应的仓储条件和满足行业安全要求的证明材料、不低于我国现行产品标准的证明材料、符合国家有关安全运输和储存标准的证明材料、符合《民用爆炸物品警示标识、登记标识通则》的证明材料、符合国家有关环保标准的证明材料和产品使用说明（相关材料应当提供中文译本）；

（七）出口民用爆炸物品，应当提交民用爆炸物品进口国的许可文件原件、复印件及中文译本、最终用户证明和最终用途证明；

（八）法律、行政法规规定的其他材料。

工业和信息化部验证有关材料的真实性后，将有关材料原件退还申请人。

第七条　工业和信息化部对申请材料进行审查。申请材料不齐全或者不符合法定形式的，应当当场或者在五个工作日内一次告知申请人需要补正的全部内容；逾期不告知的，自收到申请材料之日起即为受理。

申请材料齐全、符合法定形式，或者已按要求提交全部补正申请材料的，应当予以受理，并出具受理通知书。

第八条　工业和信息化部自受理申请之日起二十个工作日内作出是否批准的决定。批准进出口民用爆炸物品的，应当向申请人核发《民用爆炸物品进/出口审批单》；不予批准的，应当书面告知申请人。

国家禁止进口或者明令淘汰的民用爆炸物品，工业和信息化部不予批准进口。

《民用爆炸物品进/出口审批单》实行"一批一单"和"一单一关"管理。

第九条　进出口企业应当将获准进出口的民用爆炸物品的品种和数量等信息向收货地或者出境口岸所在地县级人民政府公安机关备案，并同时向所在地省级民用爆炸物品行业主管部门备案。

运输民用爆炸物品，应当依法取得公安机关核发的《民用爆炸物品运输许可证》。

第十条　企业进出口民用爆炸物品的，凭《民用爆炸物品进/出口审批单》向口岸海关办理进出口手续。

第十一条　违反海关有关规定进出口民用爆炸物品的，依照海关法律、行政法规及规章的规定处理。

第十二条　海关无法确定进出口物品是否属于民用爆炸物品的，由进出口企业将物品样品送交具有民用爆炸物品检测资质的机构鉴定，海关依据有关鉴定结论实施进出口管理。

第十三条　民用爆炸物品在海关特殊监管区域或者场所与境外之间进出的，应当依据本办法的规定办理审批手续，接受监督和管理。

第十四条　以不正当手段取得民用爆炸物品进出口批准文件的，由工业和信息化部撤销其民用爆炸物品进出口批准文件，申请人在三年内不得再次申请进出口民用爆炸物品。

第十五条　未经批准或者超出批准范围进出口民用爆炸物品的，依照有关法律、行政法规的规定处罚。

第十六条　进出口民用爆炸物品未按照规定向公安机关备案的，由公安机关依照《民用爆炸物品安全管理条例》第四十六条的规定处罚。

第十七条　民用爆炸物品进出口企业涂改、倒卖或者以其他形式非法转让《民用爆炸物品进/出口审批单》的，由工业和信息化部责令限期改正，予以警告，并处三万元以下的罚款。

第十八条　民用爆炸物品进出口管理人员在民用爆炸物品进出口管理活动中滥用职权、玩忽职守、徇私舞弊或者违反《中华人民共和国行政许可法》等有关规定的，依法给予处理；

构成犯罪的，依法追究刑事责任。

第十九条 国家禁止进出口的民用爆炸物品目录，由工业和信息化部、海关总署按照《中华人民共和国对外贸易法》的有关规定商请对外贸易主管部门制定、调整并公布。

第二十条 硝酸铵的进口，按照国家有关规定管理。硝酸铵的出口，由工业和信息化部委托省级民用爆炸物品行业主管部门参照本办法的规定管理。

第二十一条 《民用爆炸物品进/出口审批单》的式样由工业和信息化部会同海关总署制定。

第二十二条 本办法自 2012 年 9 月 1 日起施行。

关于启用民用爆炸物品进/出口审批单的公告

（工业和信息化部公告 2008 年第 5 号）

(2008 年 9 月 23 日由工业和信息化部发布，2008 年 10 月 1 日起施行，法规类型为规范性文件)

根据《民用爆炸物品安全管理条例》及国务院批准的《工业和信息化部主要职责内设机构和人员编制规定》，原国防科工委负责的民爆进出口审批职能已划转到工业和信息化部，由安全生产司负责审批。现就有关事项公告如下：

一、自 2008 年 10 月 1 日起，启用工业和信息化部监制的《民用爆炸物品进/出口审批单》和工业和信息化部行政审批专用章。《民用爆炸物品进/出口审批单》实行"一批一证"。

二、自 2008 年 10 月 1 日起，进出口民用爆炸物品的收货人或其代理人须持《民用爆炸物品进/出口审批单》向海关办理进出口手续。

三、2008 年 10 月 1 日前签发的《民用爆破器材产品进口申请审批表》和民用爆炸物品《军品出口许可证》，10 月 1 日前有效。10 月 1 日后，请有关单位向工业和信息化部申领《民用爆炸物品进/出口审批单》。

特此公告。

附件：1. 民用爆炸物品进口审批单（略）
　　　2. 民用爆炸物品出口审批单（略）

关于调整《密码产品和含有密码技术的设备进口管理目录》的公告

（国家密码管理局　海关总署公告 2013 年第 27 号）

(2013 年 12 月 31 日由国家密码管理局、海关总署发布，2014 年 1 月 1 日起施行，法规类型为规范性文件)

根据《商用密码管理条例》，现将调整后的《密码产品和含有密码技术的设备进口管理目录》予以发布，自 2014 年 1 月 1 日起执行。国密局第 18 号公告发布的《密码产品和含有密码技术的设备进口管理目录（第一批）》同时废止。

特此公告。

附件：《密码产品和含有密码技术的设备进口管理目录》

附件

密码产品和含有密码技术的设备进口管理目录

（2013 年 12 月调整）

序号	海关商品编号	商品名称	计量单位
1	8443311010	静电感光式多功能一体加密传真机（可与自动数据处理设备或网络连接）	台
2	8443319020	其他多功能一体加密传真机（兼有打印、复印中一种及以上功能的机器）	台
3	8443329010	其他加密传真机（可与自动数据处理设备或网络连接）	台
4	8517110010	无绳加密电话机	台
5	8517180010	其他加密电话机	台
6	8517622910	光通讯加密路由器	台
7	8517623210	非光通讯加密以太网络交换机	台
8	8517623610	非光通讯加密路由器	台
9	8543709950	密码机、密码卡（不包括数字电视智能卡、蓝牙模块和用于知识产权保护的加密狗）	台

野生动植物进出口证书管理办法

（国家林业局　海关总署令第 34 号）

（2014 年 2 月 9 日由国家林业局、海关总署发布，2014 年 5 月 1 日起施行，法规类型为部门规章）

第一章　总　则

第一条　为了规范野生动植物进出口证书管理，根据《中华人民共和国濒危野生动植物进出口管理条例》、《国务院对确需保留的行政审批项目设定行政许可的决定》及《濒危野生动植物种国际贸易公约》（以下简称公约）等规定，制定本办法。

第二条　通过货运、邮递、快件和旅客携带等方式进出口野生动植物及其产品的，适用本办法的规定。

第三条 依法进出口野生动植物及其产品的,实行野生动植物进出口证书管理。
野生动植物进出口证书包括允许进出口证明书和物种证明。
进出口列入《进出口野生动植物种商品目录》(以下简称商品目录)中公约限制进出口的濒危野生动植物及其产品、出口列入商品目录中国家重点保护的野生动植物及其产品的,实行允许进出口证明书管理。
进出口列入前款商品目录中的其他野生动植物及其产品的,实行物种证明管理。
商品目录由中华人民共和国濒危物种进出口管理办公室(以下简称国家濒管办)和海关总署共同制定、调整并公布。
第四条 允许进出口证明书和物种证明由国家濒管办核发;国家濒管办办事处代表国家濒管办核发允许进出口证明书和物种证明。
国家濒管办办事处核发允许进出口证明书和物种证明的管辖区域由国家濒管办确定并予以公布。
允许进出口证明书和物种证明由国家濒管办组织统一印制。
第五条 国家濒管办及其办事处依法对被许可人使用允许进出口证明书和物种证明进出口野生动植物及其产品的情况进行监督检查。
第六条 禁止进出口列入国家《禁止进出口货物目录》的野生动植物及其产品。

第二章 允许进出口证明书核发

第一节 申 请

第七条 申请核发允许进出口证明书的,申请人应当根据申请的内容和国家濒管办公布的管辖区域向国家濒管办或者其办事处提出申请。
第八条 申请核发允许进出口证明书的,申请人应当提交下列材料:
(一)允许进出口证明书申请表。申请人为单位的,应当加盖本单位印章;申请人为个人的,应当有本人签字或者印章。
(二)国务院野生动植物主管部门的进出口批准文件。
(三)进出口合同。但是以非商业贸易为目的个人所有的野生动植物及其产品进出口的除外。
(四)身份证明材料。申请人为单位的,应当提交营业执照复印件或者其他身份证明;申请人为个人的,应当提交身份证件复印件。
(五)进出口含野生动植物成份的药品、食品等产品的,应当提交物种成份含量表和产品说明书。
(六)出口野生动植物及其产品的,应当提交证明野外或者人工繁育等来源类型的材料。
(七)国家濒管办公示的其他应当提交的材料。
第九条 申请进出口公约附录所列的野生动植物及其产品的,申请人还应当提交下列材料:
(一)进口公约附录所列野生动植物及其产品的,应当提交境外公约管理机构核发的允许出口证明材料。公约规定由进口国先出具允许进口证明材料的除外。
(二)进出口活体野生动物的,应当提交证明符合公约规定的装运条件的材料。其中,进口公约附录 I 所列活体野生动物的,还应当提交接受者在笼舍安置、照管等方面的文字和图片材料。
(三)出口公约附录 I 所列野生动植物及其产品,或者进口后再出口公约附录 I 所列活体野生动植物的,应当提交境外公约管理机构核发的允许进口证明材料。公约规定由出口国先出具允许出口证明材料的除外。

与非公约缔约国之间进行野生动植物及其产品进出口的，申请人提交的证明材料应当是在公约秘书处注册的机构核发的允许进出口证明材料。

第十条 进口后再出口野生动植物及其产品的，应当提交经海关签注的允许进出口证明书复印件和海关进口货物报关单复印件。进口野生动植物原料加工后再出口的，还应当提交相关生产加工的转换计划及说明；以加工贸易方式进口后再出口野生动植物及其产品的，提交海关核发的加工贸易手册复印件或者电子化手册、电子账册相关内容（表头及相关表体部分）打印件。

以加工贸易方式进口野生动植物及其产品的，应当提交海关核发的加工贸易手册复印件或者电子化手册、电子账册相关内容（表头及相关表体部分）打印件。

第十一条 申请人委托代理人代为申请的，应当提交代理人身份证明和委托代理合同；申请商业性进出口的，还应当提交申请人或者代理人允许从事对外贸易经营活动的资质证明。

第二节 审查与决定

第十二条 国家濒管办及其办事处在收到核发允许进出口证明书的申请后，对申请材料齐全、符合法定形式的，应当出具受理通知书；对申请材料不齐或者不符合法定形式的，应当出具补正材料通知书，并一次性告知申请人需要补正的全部内容。对依法应当不予受理的，应当告知申请人并说明理由，出具不予受理通知书。

第十三条 国家濒管办及其办事处核发允许进出口证明书，需要咨询国家濒危种进出口科学机构意见的、需要向境外相关机构核实允许进出口证明材料的，或者需要对出口的野生动植物及其产品进行实地核查的，应当在出具受理通知书时，告知申请人。

咨询意见、核实允许进出口证明材料和实地核查所需时间不计入核发允许进出口证明书工作日之内。

第十四条 有下列情形之一的，国家濒管办及其办事处不予核发允许进出口证明书：

（一）申请内容不符合《中华人民共和国濒危野生动植物进出口管理条例》或者公约规定的。

（二）申请内容与国务院野生动植物主管部门的进出口批准文件不符的。

（三）经国家濒危物种进出口科学机构认定可能对本物种或者其他相关物种野外种群的生存造成危害的。

（四）因申请人的原因，致使核发机关无法进行实地核查的。

（五）提供虚假申请材料的。

第十五条 国家濒管办及其办事处自收到申请之日起20个工作日内，对准予行政许可的，应当核发允许进出口证明书；对不予行政许可的，应当作出不予行政许可的书面决定，并说明理由，同时告知申请人享有的权利。

国家濒管办及其办事处作出的不予行政许可的书面决定应当抄送国务院野生动植物主管部门。

在法定期限内不能作出决定的，经国家濒管办负责人批准，可以延长10个工作日，并将延长期限的理由告知申请人。

第十六条 对准予核发允许进出口证明书的，申请人在领取允许进出口证明书时，应当按照国家规定缴纳野生动植物进出口管理费。

第十七条 允许进出口证明书的有效期不得超过180天。

第十八条 被许可人需要对允许进出口证明书上记载的进出口岸、境外收发货人进行变更的，应当在允许进出口证明书有效期届满前向原发证机关提出书面变更申请。

被许可人需要延续允许进出口证明书有效期的，应当在允许进出口证明书有效期届满 15 日前向原发证机关提出书面延期申请。

原发证机关应当根据申请，在允许进出口证明书有效期届满前作出是否准予变更或者延期的决定。

第十九条 允许进出口证明书损坏的，被许可人可以在允许进出口证明书有效期届满前向原发证机关提出补发的书面申请并说明理由，同时将已损坏的允许进出口证明书交回原发证机关。

原发证机关应当根据申请，在允许进出口证明书有效期届满前作出是否准予补发的决定。

第二十条 进出口野生动植物及其产品的，被许可人应当在自海关放行之日起 30 日内，将海关验讫的允许进出口证明书副本和海关进出口货物报关单复印件交回原发证机关。进口野生动植物及其产品的，还应当同时交回境外公约管理机构核发的允许进出口证明材料正本。

未实施进出口野生动植物及其产品活动的，被许可人应当在允许进出口证明书有效期届满后 30 日内将允许进出口证明书退回原发证机关。

第二十一条 有下列情形之一的，国家濒管办及其办事处应当注销允许进出口证明书：

（一）允许进出口证明书依法被撤回、撤销的。

（二）允许进出口证明书有效期届满未延续的。

（三）被许可人死亡或者依法终止的。

（四）因公约或者法律法规调整致使允许进出口证明书许可事项不能实施的。

（五）因不可抗力致使允许进出口证明书许可事项无法实施的。

第二十二条 允许进出口证明书被注销的，申请人不得继续使用该允许进出口证明书从事进出口活动，并应当及时将允许进出口证明书交回原发证机关。

第三章 物种证明核发

第一节 申 请

第二十三条 申请核发物种证明的，申请人应当根据申请的内容和国家濒管办公布的管辖区域向国家濒管办或者其办事处提出申请。

第二十四条 申请核发物种证明的，申请人应当提交下列材料：

（一）物种证明申请表。申请人为单位的，应当加盖本单位印章；申请人为个人的，应当有本人签字或者加盖印章。

（二）进出口合同。但是以非商业贸易为目的个人所有的野生动植物及其产品进出口的除外。

（三）身份证明材料。申请人为单位的，应当提交营业执照复印件或者其他身份证明；申请人为个人的，应当提交身份证件复印件。

（四）进出口含野生动植物成份的药品、食品等产品的，应当提交物种成份含量表和产品说明书。

（五）出口野生动植物及其产品的，应当提交合法来源证明材料。

（六）进口野生动植物及其产品的，应当提交境外相关机构核发的原产地证明、植物检疫证明或者提货单等能够证明进口野生动植物及其产品真实性的材料。

（七）进口的活体野生动物属于外来陆生野生动物的，应当提交国务院陆生野生动物主管部门同意引进的批准文件。

（八）进口后再出口野生动植物及其产品的，应当提交加盖申请人印章并经海关签注的物种证明复印件或者海关进口货物报关单复印件。

（九）国家濒管办公示的其他应当提交的材料。

第二十五条 申请人委托代理人代为申请的，应当提交代理人身份证明和委托代理合同；申请商业性进出口的，还应当提交申请人或者代理人允许从事对外贸易经营活动的资质证明。

第二节 审查与决定

第二十六条 国家濒管办及其办事处在收到核发物种证明的申请后，对申请材料齐全、符合法定形式的，应当出具受理通知书；对申请材料不齐或者不符合法定形式的，应当出具补正材料通知书，并一次性告知申请人需要补正的全部内容。对依法应当不予受理的，应当告知申请人并说明理由，出具不予受理通知书。

第二十七条 有下列情形之一的，国家濒管办及其办事处不予核发物种证明：
（一）不能证明其来源合法的。
（二）提供虚假申请材料的。

第二十八条 国家濒管办及其办事处自收到申请之日起20个工作日内，对准予行政许可的，应当核发物种证明；对不予行政许可的，应当作出不予行政许可的书面决定，并说明理由，同时告知申请人享有的权利。

在法定期限内不能作出决定的，经国家濒管办负责人批准，可以延长10个工作日，并将延长期限的理由告知申请人。

第二十九条 物种证明分为一次使用和多次使用两种。

第三十条 对于同一物种、同一货物类型并在同一报关口岸多次进出口野生动植物及其产品的，申请人可以向国家濒管办指定的办事处申请核发多次使用物种证明；但属于下列情形的，不得申请核发多次使用物种证明：
（一）出口国家保护的有益的或者有重要经济、科学研究价值的陆生野生动物及其产品的。
（二）进口或者进口后再出口与国家保护的有益的或者有重要经济、科学研究价值的陆生野生动物同名的陆生野生动物及其产品的。
（三）出口与国家重点保护野生植物同名的人工培植来源的野生植物及其产品的。
（四）进口或者进口后再出口与国家重点保护野生动植物同名的野生动植物及其产品的。
（五）进口或者进口后再出口非原产我国的活体陆生野生动物的。
（六）国家濒管办公示的其他情形。

第三十一条 一次使用的物种证明有效期不得超过180天。多次使用的物种证明有效期不得超过360天。

第三十二条 被许可人需要对物种证明上记载的进出口口岸、境外收发货人进行变更的，应当在物种证明有效期届满前向原发证机关提出书面变更申请。

被许可人需要延续物种证明有效期的，应当在物种证明有效期届满15日前向原发证机关提出书面延期申请。

原发证机关应当根据申请，在物种证明有效期届满前作出是否准予变更或者延期的决定。

第三十三条 物种证明损坏的，被许可人可以在物种证明有效期届满前向原发证机构提出补发的书面申请并说明理由，同时将已损坏的物种证明交回原发证机关。

原发证机关应当根据申请，在物种证明有效期届满前作出是否准予补发的决定。

第四章 进出境监管

第三十四条 进出口商品目录中的野生动植物及其产品的，应当向海关主动申报并同时提交允许进出口证明书或者物种证明，并按照允许进出口证明书或者物种证明规定的种类、数量、口岸、期限完成进出口活动。

第三十五条 进出口商品目录中的野生动植物及其产品的，其申报内容与允许进出口证明书或者物种证明中记载的事项不符的，由海关依法予以处理。但申报进出口的数量未超过允许进出口证明书或者物种证明规定，且其他申报事项一致的除外。

第三十六条 公约附录所列野生动植物及其产品需要过境、转运、通运的，不需申请核发野生动植物进出口证书。

第三十七条 对下列事项有疑义的，货物进、出境所在地直属海关可以征求国家濒管办或者其办事处的意见：

（一）允许进出口证明书或者物种证明的真实性、有效性。

（二）境外公约管理机构核发的允许进出口证明材料的真实性、有效性。

（三）野生动植物物种的种类、数量。

（四）进出境货物或者物品是否为濒危野生动植物及其产品或者是否含有濒危野生动植物种成份。

（五）海关质疑的其他情况。

国家濒管办或者其办事处应当及时回复意见。

第三十八条 海关在允许进出口证明书和物种证明中记载进出口野生动植物及其产品的数量，并在办结海关手续后，将允许进出口证明书副本返还持证者。

第三十九条 在境外与保税区、出口加工区等海关特殊监管区域、保税监管场所之间进出野生动植物及其产品的，申请人应当向海关交验允许进出口证明书或者物种证明。

在境内与保税区、出口加工区等海关特殊监管区域、保税监管场所之间进出野生动植物及其产品的，或者在上述海关特殊监管区域、保税监管场所之间进出野生动植物及其产品的，无须办理允许进出口证明书或者物种证明。

第五章 附 则

第四十条 本办法所称允许进出口证明书包括濒危野生动植物种国际贸易公约允许进出口证明书和中华人民共和国野生动植物允许进出口证明书。

本办法所称物种证明是指非进出口野生动植物种商品目录物种证明。

第四十一条 从不属于任何国家管辖的海域获得的野生动植物及其产品，进入中国领域的，参照本办法对进口野生动植物及其产品的有关规定管理。

第四十二条 本办法关于期限没有特别规定的，适用行政许可法有关期限的规定。

第四十三条 本办法由国家林业局、海关总署共同解释。

第四十四条 本办法自2014年5月1日起实施。

进出口野生动植物种商品目录

（国家濒管办 海关总署公告2018年第1号）

（2018年1月30日由国家濒管办、海关总署发布，2018年2月1日起施行，法规类型为行政法规）

为履行《濒危野生动植物种国际贸易公约》，根据《中华人民共和国野生动物保护法》、

《中华人民共和国海关法》、《中华人民共和国森林法》、《中华人民共和国野生植物保护条例》、《中华人民共和国濒危野生动植物进出口管理条例》等法律法规的规定，现发布《进出口野生动植物种商品目录》，自 2018 年 2 月 1 日起施行。中华人民共和国濒危物种进出口管理办公室、海关总署 2017 年第 6 号公告发布的《进出口野生动植物种商品目录》同时废止。

附件：进出口野生动植物种商品目录

关于公布进出口农药管理名录

（农业部　海关总署公告第 2203 号）

（2014 年 12 月 31 日由农业部、海关总署发布，2015 年 1 月 1 日起施行，法规类型为规范性文件）

为加强对进出口农药的监督管理，现对《中华人民共和国进出口农药管理名录》进行调整，自 2015 年 1 月 1 日起施行。2012 年 12 月 28 日发布的《中华人民共和国进出口农药管理名录》同时废止。

自 2015 年 1 月 1 日起，农药进出口单位应按照新名录中的商品编码及其对应的商品名称向农业部申请办理农药进出口管理放行手续。2015 年 1 月 1 日前办理的《农药进出口登记管理放行通知单》在有效期内可继续使用。

特此公告。

附件：中华人民共和国进出口农药管理名录

关于进口兽药的海关监管验放的有关问题的公告

（海关总署公告 2001 年第 7 号）

（2001 年 7 月 12 日由海关总署发布，2001 年 8 月 1 日起施行，法规类型为规范性文件）

根据《海关总署关于验放进口兽药的通知》[(88) 署货字第 725 号]，现就进口兽药的海关监管验放的有关问题明确规定如下：

一、对进口企业申报的兽药，或对进口企业申报属人畜共用的兽药，海关凭农业部指定的口岸兽药监察所在进口货物报关单上加盖的"已接受报验"的印章办理有关验放手续。

二、对进口的兽药，因企业申报不实或伪报用途所产生的后果，企业应承担相应的法律责任。

本公告自2001年8月1日起执行。

黄金及黄金制品进出口管理办法

（中国人民银行　海关总署令2015年第1号）

（2015年3月4日由中国人民银行、海关总署发布，根据2020年4月16日中国人民银行、海关总署令2020年第3号《中国人民银行海关总署关于修改〈黄金及黄金制品进出口管理办法〉的决定》修改，现行版本自2015年4月1日起施行，法规类型为部门规章）

第一条　为了规范黄金及黄金制品进出口行为，加强黄金及黄金制品进出口管理，根据《中华人民共和国中国人民银行法》、《中华人民共和国海关法》和《国务院对确需保留的行政审批项目设定行政许可的决定》等法律法规，制定本办法。

第二条　本办法所称黄金是指未锻造金，黄金制品是指半制成金和金制成品等。

第三条　中国人民银行是黄金及黄金制品进出口主管部门，对黄金及黄金制品进出口实行准许证制度。

中国人民银行根据国家宏观经济调控需求，可以对黄金及黄金制品进出口的数量进行限制性审批。

列入《黄金及黄金制品进出口管理目录》的黄金及黄金制品进口或出口通关时，应当向海关提交中国人民银行及其分支机构签发的《中国人民银行黄金及黄金制品进出口准许证》（附1）。

中国人民银行会同海关总署制定、调整并公布《黄金及黄金制品进出口管理商品目录》。

第四条　法人、其他组织以下列贸易方式进出口黄金及黄金制品的，应当按照本办法办理《中国人民银行黄金及黄金制品进出口准许证》：

（一）一般贸易；

（二）加工贸易转内销及境内购置黄金原料以加工贸易方式出口黄金制品的；

（三）海关特殊监管区域、保税监管场所与境内区外之间进出口的。

个人、法人或者其他组织因公益事业捐赠进口黄金及黄金制品的，应当按照本办法办理《中国人民银行黄金及黄金制品进出口准许证》。

个人携带黄金及黄金制品进出境的管理规定，由中国人民银行会同海关总署制定。

第五条　国家黄金储备进出口由中国人民银行办理。

金质铸币（包括金质贵金属纪念币）进出口由中国人民银行指定机构办理。

第六条　获得黄金进出口资格的市场主体应当承担平衡国内黄金市场实物供求的责任，进出口黄金应当在国务院批准的黄金现货交易所内登记，并完成初次交易。

第七条　黄金进出口和公益事业捐赠黄金制品进口申请由中国人民银行受理和审批。

黄金制品进出口申请由中国人民银行地市级以上分支机构受理，中国人民银行上海总部、各分行、营业管理部、省会（首府）城市中心支行，深圳市中心支行审批。

第八条　申请黄金进出口（除因公益事业捐赠进口黄金）的，应当具备法人资格，近2年内无相关违法违规行为，并且具备下列条件之一：

（一）是国务院批准的黄金交易所的金融机构会员或做市商，具备黄金业务专业人员、完善的黄金业务风险控制制度和稳定的黄金进出口渠道，所开展的黄金市场业务符合相关政策或管理规定，并且申请前两个年度黄金现货交易活跃、自营交易量排名前列；

（二）是国务院批准的黄金交易所的综合类会员，年矿产金10吨以上、其生产过程中的污染物排放达到国家环保标准，在境外黄金矿产投资规模达5000万美元以上，取得境外金矿或者共生、伴生金矿开采权，已形成矿产金生产能力，所开展的业务符合国内外相关政策或管理规定，申请前两个年度黄金现货交易活跃、自营交易量排名前列的矿产企业；

（三）在国内有连续3年且每年不少于2亿元人民币的纳税记录，在境外有色金属投资1亿美元以上，取得境外金矿或共生、伴生金矿开采权，已形成矿产金生产能力，所开展的业务符合国内外相关政策或管理规定的矿产企业；

（四）承担国家贵金属纪念币生产任务进口黄金的生产企业；

（五）为取得国际黄金市场品牌认证资格进出口黄金的精炼企业。

第九条　申请黄金制品进出口（除因公益事业捐赠进口黄金制品）的，应当具备法人或其他组织资格，近2年内无相关违法违规行为，并且具备下列条件之一：

（一）生产、加工或者使用相关黄金制品的企业，有必要的生产场所、设备和设施，生产过程中的污染物排放达到国家环保标准，有连续3年且年均不少于100万元人民币的纳税记录；

（二）适用海关认证企业管理的外贸经营企业，有连续3年且年均不少于300万元人民币的纳税记录；

（三）因国家科研项目、重点课题需要使用黄金制品的教育机构、科学研究机构等。

第十条　申请黄金进出口的，应当向中国人民银行提交下列材料：

（一）书面申请，应当载明申请人的名称、住所（办公场所）、企业概况、进出口黄金的用途和计划数量等业务情况说明；

（二）《黄金及黄金制品进出口申请表》（附2）；

（三）加盖公章的企业法人营业执照复印件；

（四）黄金进出口合同及其复印件；

（五）加盖公章的《中华人民共和国组织机构代码证》复印件；

（六）申请人近2年有无违法行为的说明材料；

（七）银行业金融机构还应当提供内部黄金业务风险控制制度有关材料；

（八）黄金矿产的生产企业还应当提交省级环保部门出具的污染物排放许可证件和年度达标检测报告复印件、商务部门有关境外投资批复文件复印件、银行汇出汇款证明书复印件，境外国家或者地区开采黄金有关证明，企业近3年的纳税记录，申请出口黄金的还应当提交在国务院批准的黄金现货交易所的登记证明。

第十一条　申请黄金制品进出口的，应当向申请人住所地的中国人民银行地市级以上分支机构提交下列材料：

（一）书面申请，应当载明申请人的名称、住所（办公场所）、企业概况、进出口黄金制品的用途和计划数量等业务情况说明；

（二）《黄金及黄金制品进出口申请表》；

（三）加盖公章的企业法人营业执照、事业单位法人证书等法定登记证书复印件；

（四）黄金制品进出口合同复印件；

（五）加盖备案登记章的《对外贸易经营者备案表》或《外商投资企业批准证书》；

（六）申请人近2年有无违法行为的说明材料；

（七）生产、加工或者使用黄金制品的企业还应当提交近3年的企业纳税记录，地市级环

1301

保部门出具的污染物排放许可证件和年度达标检测报告及其复印件；

（八）从事外贸经营的企业还应当提交适用海关认证企业管理的有关证明材料、近3年的企业纳税记录；

（九）教育机构、科学研究机构还应当提交承担国家科研项目、重点课题的证明材料；

（十）出口黄金制品的企业还应当提交在国内取得黄金原料的增值税发票等证明材料。

前款其他材料未发生变更再次申请黄金制品进出口的，只需提交前款第二项和第四项材料，教育机构、科学研究机构还应当提交前款第九项材料，出口黄金制品的企业还应当提交前款第十项规定的有关材料；前款其他材料发生变更的，比照初次申请办理。

第十二条 加工贸易因故转内销的黄金制品、转内销商品中进口料件是《黄金及黄金制品进出口管理目录》范围内商品的、在境内购置黄金原料以加工贸易方式出口黄金制品的，适用本办法第九条第一项规定的申请条件。

因加工贸易转内销的，应当按照本办法第十一条规定报送申请材料，同时，还应当提交有正当理由需要转内销的说明材料、加工贸易业务批准证复印件、加工贸易合同等材料及其复印件。

境内购置黄金原料以加工贸易方式出口黄金制品的，企业应当在加工贸易手册设立（变更）时向海关申报境内购置黄金情况，并提交《中国人民银行黄金及黄金制品进出口准许证》。

第十三条 个人、法人或者其他组织因公益事业捐赠进口黄金及黄金制品的，应当由受赠人向中国人民银行提交下列材料：

（一）符合《中华人民共和国公益事业捐赠法》规定的捐赠协议；

（二）事业单位法人证书或社会团体法人登记证书等法定登记证书及其复印件；

（三）《黄金及黄金制品进出口申请表》。

第十四条 中国人民银行应当自受理黄金及黄金制品进出口申请之日起20个工作日内做出行政许可决定。

第十五条 中国人民银行地市级分支机构应当自受理黄金制品进出口申请之日起20个工作日内将初步审查意见和全部申请材料直接报送上一级机构。上一级机构应当在收到初步审查意见和全部申请材料后20个工作日内做出行政许可决定。

中国人民银行上海总部，各分行、营业管理部、省会（首府）城市中心支行，深圳市中心支行直接受理黄金制品进出口申请的，应当自受理之日起20个工作日内做出行政许可决定。

第十六条 需要对申请材料的实质内容进行核实的，中国人民银行及其分支机构可以对申请人进行核查，核查应当由两名以上工作人员进行。

第十七条 被许可人在办理黄金及黄金制品货物进出口时，凭《中国人民银行黄金及黄金制品进出口准许证》向海关办理有关手续。

《中国人民银行黄金及黄金制品进出口准许证》实行一批一证，自签发日起40个工作日内使用。被许可人有正当理由需要延期的，可以在凭证有效期届满5个工作日前持原证向发证机构申请办理一次延期手续。

第十八条 中国人民银行及其分支机构有权对被许可人从事行政许可事项的活动进行监督检查，被许可人应当予以配合。

第十九条 被许可人应当按照中国人民银行及其分支机构的规定，及时上报黄金及黄金制品进出口许可的执行情况并且提供有关材料。

第二十条 除本办法第四条规定外，以下方式进出的黄金及黄金制品免予办理《中国人民银行黄金及黄金制品进出口准许证》，由海关实施监管：

（一）通过加工贸易方式进出的；

（二）海关特殊监管区域、保税监管场所与境外之间进出的；
（三）海关特殊监管区域、保税监管场所之间进出的；
（四）以维修、退运、暂时进出境方式进出境的。

第二十一条 除本办法第四条、第五条和第二十条规定之外，个人、法人和其他组织不得以其他任何方式进出口黄金及黄金制品。国家另有规定的除外。

第二十二条 个人、法人和其他组织进出口黄金及黄金制品应当遵守国家反洗钱和反恐怖融资有关规定。

第二十三条 黄金及黄金制品进出口发生的外汇收支，应当按照外汇管理规定办理。

第二十四条 被许可人不得有下列行为：
（一）转让、出借黄金及黄金制品进出口证件；
（二）使用伪造、变造的黄金及黄金制品进出口证件；
（三）骗取或者采用其他不正当手段获取黄金及黄金制品进出口证件；
（四）超越进出口行政许可品种、规格、数量范围；
（五）虚假捐赠进口黄金及黄金制品；
（六）进口黄金未按照规定在黄金现货交易所登记、交易；
（七）以囤积居奇等方式恶意操纵黄金交易价格，或有欺诈等其他侵犯投资者权益行为；
（八）违反黄金市场及黄金衍生品交易相关政策或管理规定；
（九）拒绝中国人民银行及其分支机构监督检查，或者在监督检查过程中隐瞒有关情况、提供虚假材料。

被许可人有前款所列行为之一的，中国人民银行及其分支机构可以暂停受理其进出口申请；情节严重的，按照《中华人民共和国中国人民银行法》第四十六条规定予以处罚。

第二十五条 中国人民银行及其分支机构可以依法撤销被许可人的黄金及黄金制品进出口证件。

第二十六条 违反本办法规定进出口黄金及黄金制品，构成走私行为或者违反海关监管规定等违法行为的，由海关依照《中华人民共和国海关法》、《中华人民共和国海关行政处罚实施条例》等法律法规处理；构成犯罪的，依法移交司法机关追究刑事责任。

第二十七条 本办法由中国人民银行、海关总署负责解释。

第二十八条 本办法自 2015 年 4 月 1 日起施行。

附件：1. 中国人民银行黄金及黄金制品进出口准许证（略）
　　　2. 黄金及黄金制品进出口申请有（略）

关于黄金及黄金制品进出口准许证事宜的公告

(中国人民银行 海关总署联合公告 2016 年第 9 号)

(2016 年 4 月 26 日由中国人民银行、海关总署发布,2016 年 6 月 1 日起施行,法规类型为规范性文件)

根据《黄金及黄金制品进出口管理办法》(中国人民银行 海关总署令〔2015〕第 1 号发布),为进一步简化审批手续,促进贸易便利化,中国人民银行、海关总署决定开展《中国人民银行黄金及黄金制品进出口准许证》(以下简称《准许证》)"非一批一证"(正、背面样式见附件)管理试点工作,现将有关事宜公告如下:

一、黄金及黄金制品进出口业务频繁的法人可以按照《黄金及黄金制品进出口管理办法》的条件和审批流程,申请"非一批一证"《准许证》。

二、实行"非一批一证"的《准许证》可以在有效期内、不超过规定数量和批次报关使用。具体做法是,海关在《准许证》正本背面"海关验放签注栏"内逐笔签注核减进(出)口的数量,报关批次最多不超过 12 次。

三、"非一批一证"《准许证》自签发之日起 6 个月内有效,逾期自行失效。

四、在"非一批一证"《准许证》允许进(出)口的数量、批次未使用完之前,海关留存每次已签注的"非一批一证"《准许证》复印件。"非一批一证"《准许证》允许进(出)口的数量、批次核扣完毕,由海关收存。

五、"非一批一证"《准许证》未使用过或未使用完毕的,被许可人应在《准许证》有效期满后 10 个工作日内将证件交回核发机构。

六、实行"非一批一证"《准许证》管理试点海关为北京、上海、广州、南京、青岛、深圳海关。其他海关,仍按照现行规定办理。

七、实行"非一批一证"《准许证》管理试点后,中国人民银行及其分支机构将对核发的《准许证》使用情况加强监督管理。"非一批一证"《准许证》的被许可人,应在"非一批一证"《准许证》有效期满后 10 个工作日内将黄金及黄金制品进出口情况(包括批次、验放日期、实际进出口数量等)报送中国人民银行及其分支机构。

八、本公告自 2016 年 6 月 1 日起施行。

附件:中国人民银行黄金及黄金制品进出口准许证(非一批一证)(略)

关务技术篇

中华人民共和国海关进出口货物商品归类管理规定

(海关总署令第 158 号)

(2007 年 3 月 2 日由海关总署发布；根据 2014 年 3 月 13 日海关总署令第 218 号《海关总署关于修改部分规章的决定》修改，根据 2018 年 1 月 31 日海关总署公告 2018 年第 14 号《关于实施〈中华人民共和国海关预裁定管理暂行办法〉有关事项的公告》修改；现行版本自 2018 年 2 月 1 日起施行；法规类型为部门规章)

第一条 为了规范进出口货物的商品归类，保证商品归类结果的准确性和统一性，根据《中华人民共和国海关法》（以下简称《海关法》）、《中华人民共和国进出口关税条例》（以下简称《关税条例》）及其他有关法律、行政法规的规定，制定本规定。

第二条 本规定所称的商品归类是指以《商品名称及编码协调制度公约》商品分类目录体系下，以《中华人民共和国进出口税则》为基础，按照《进出口税则商品及品目注释》、《中华人民共和国进出口税则本国子目注释》以及海关总署发布的关于商品归类的行政裁定、商品归类决定的要求，确定进出口货物商品编码的活动。

第三条 进出口货物收发货人或者其代理人（以下简称收发货人或者其代理人）对进出口货物进行商品归类，以及海关依法审核确定商品归类，适用本规定。

第四条 进出口货物的商品归类应当遵循客观、准确、统一的原则。

第五条 进出口货物的商品归类应当按照收发货人或者其代理人向海关申报时货物的实际状态确定。以提前申报方式进出口的货物，商品归类应当按照货物运抵海关监管场所时的实际状态确定。法律、行政法规和海关总署规章另有规定的，按照有关规定办理。

第六条 收发货人或者其代理人应当按照法律、行政法规规定以及海关要求如实、准确申报其进出口货物的商品名称、规格型号等，并且对其申报的进出口货物进行商品归类，确定相应的商品编码。

第七条 由同一运输工具同时运抵同一口岸并且属于同一收货人、使用同一提单的多种进口货物，按照商品归类规则应当归入同一商品编码的，该收货人或者其代理人应当将有关商品一并归入该商品编码向海关申报。法律、行政法规和海关总署规章另有规定的，按照有关规定办理。

第八条 收发货人或者其代理人向海关提供的资料涉及商业秘密，要求海关予以保密的，应当事前向海关提出书面申请，并且具体列明需要保密的内容，海关应当依法为其保密。

收发货人或者其代理人不得以商业秘密为理由拒绝向海关提供有关资料。

第九条 海关应当依法对收发货人或者其代理人申报的进出口货物商品名称、规格型号、商品编码等进行审核。

第十条 海关在审核收发货人或者其代理人申报的商品归类事项时，可以依照《海关法》和《关税条例》的规定行使下列权力，收发货人或者其代理人应当予以配合：

（一）查阅、复制有关单证、资料；

（二）要求收发货人或者其代理人提供必要的样品及相关商品资料；

（三）组织对进出口货物实施化验、检验，并且根据海关认定的化验、检验结果进行商品归类。

第十一条 海关可以要求收发货人或者其代理人提供确定商品归类所需的资料,必要时可以要求收发货人或者其代理人补充申报。

收发货人或者其代理人隐瞒有关情况,或者拖延、拒绝提供有关单证、资料的,海关可以根据其申报的内容依法审核确定进出口货物的商品归类。

第十二条 海关经审核认为收发货人或者其代理人申报的商品编码不正确的,可以根据《中华人民共和国海关进出口货物征税管理办法》有关规定,按照商品归类的有关规则和规定予以重新确定,并且根据《中华人民共和国海关进出口货物报关单修改和撤销管理办法》等有关规定通知收发货人或者其代理人对报关单进行修改、删除。

第十三条 收发货人或者其代理人申报的商品编码需要修改的,应当按照进出口货物报关单修改和撤销的相关规定办理。

第十四条 海关对货物的商品归类审核完毕前,收发货人或者其代理人要求放行货物的,应当按照海关事务担保的有关规定提供担保。

国家对进出境货物有限制性规定,应当提供许可证件而不能提供的,以及法律、行政法规规定不得担保的其他情形,海关不得办理担保放行。

第十五条 海关总署可以依据有关法律、行政法规规定,对进出口货物作出具有普遍约束力的商品归类决定。

进出口相同货物,应当适用相同的商品归类决定。

第十六条 商品归类决定由海关总署对外公布。

第十七条 作出商品归类决定所依据的法律、行政法规以及其他相关规定发生变化的,商品归类决定同时失效。

商品归类决定失效的,应当由海关总署对外公布。

第十八条 海关总署发现商品归类决定存在错误的,应当及时予以撤销。

撤销商品归类决定的,应当由海关总署对外公布。被撤销的商品归类决定自撤销之日起失效。

第十九条 因商品归类引起退税或者补征、追征税款以及征收滞纳金的,按照有关法律、行政法规以及海关总署规章的规定办理。

第二十条 违反本规定,构成走私行为、违反海关监管规定行为或者其他违反《海关法》行为的,由海关依照《海关法》和《中华人民共和国海关行政处罚实施条例》的有关规定予以处理;构成犯罪的,依法追究刑事责任。

第二十一条 本规定由海关总署负责解释。

第二十二条 本规定自 2007 年 5 月 1 日起施行。2000 年 2 月 24 日海关总署令第 80 号发布的《中华人民共和国海关进出口商品预归类暂行办法》同时废止。

中华人民共和国海关审定进出口货物完税价格办法

(海关总署令第 213 号)

(2013 年 12 月 25 日由海关总署发布,2014 年 2 月 1 日起施行,法规类型为部门规章)

第一章 总 则

第一条 为了正确审查确定进出口货物的完税价格,根据《中华人民共和国海关法》(以下简称《海关法》)、《中华人民共和国进出口关税条例》的规定,制定本办法。

第二条 海关审查确定进出口货物的完税价格,应当遵循客观、公平、统一的原则。

第三条 海关审查确定进出口货物的完税价格,适用本办法。

内销保税货物完税价格的确定,准许进口的进境旅客行李物品、个人邮递物品以及其他个人自用物品的完税价格的确定,涉嫌走私的进出口货物、物品的计税价格的核定,不适用本办法。

第四条 海关应当按照国家有关规定,妥善保管纳税义务人提供的涉及商业秘密的资料,除法律、行政法规另有规定外,不得对外提供。

纳税义务人可以书面向海关提出为其保守商业秘密的要求,并且具体列明需要保密的内容,但是不得以商业秘密为理由拒绝向海关提供有关资料。

第二章 进口货物的完税价格

第一节 进口货物完税价格确定方法

第五条 进口货物的完税价格,由海关以该货物的成交价格为基础审查确定,并且应当包括货物运抵中华人民共和国境内输入地点起卸前的运输及其相关费用、保险费。

第六条 进口货物的成交价格不符合本章第二节规定的,或者成交价格不能确定的,海关经了解有关情况,并且与纳税义务人进行价格磋商后,依次以下列方法审查确定该货物的完税价格:

(一)相同货物成交价格估价方法;

(二)类似货物成交价格估价方法;

(三)倒扣价格估价方法;

(四)计算价格估价方法;

(五)合理方法。

纳税义务人向海关提供有关资料后,可以提出申请,颠倒前款第三项和第四项的适用次序。

第二节 成交价格估价方法

第七条 进口货物的成交价格,是指卖方向中华人民共和国境内销售该货物时买方为进口该货物向卖方实付、应付的,并且按照本章第三节的规定调整后的价款总额,包括直接支付的价款和间接支付的价款。

第八条 进口货物的成交价格应当符合下列条件:

(一)对买方处置或者使用进口货物不予限制,但是法律、行政法规规定实施的限制、对货物销售地域的限制和对货物价格无实质性影响的限制除外;

(二)进口货物的价格不得受到使该货物成交价格无法确定的条件或者因素的影响;

(三)卖方不得直接或者间接获得因买方销售、处置或者使用进口货物而产生的任何收益,或者虽然有收益但是能够按照本办法第十一条第一款第四项的规定做出调整;

(四)买卖双方之间没有特殊关系,或者虽然有特殊关系但是按照本办法第十七条、第十八条的规定未对成交价格产生影响。

第九条 有下列情形之一的,应当视为对买方处置或者使用进口货物进行了限制:

(一)进口货物只能用于展示或者免费赠送的;

(二)进口货物只能销售给指定第三方的;

(三)进口货物加工为成品后只能销售给卖方或者指定第三方的;

（四）其他经海关审查，认定买方对进口货物的处置或者使用受到限制的。

第十条 有下列情形之一的，应当视为进口货物的价格受到了使该货物成交价格无法确定的条件或者因素的影响：

（一）进口货物的价格是以买方向卖方购买一定数量的其他货物为条件而确定的；

（二）进口货物的价格是以买方向卖方销售其他货物为条件而确定的；

（三）其他经海关审查，认定货物的价格受到使该货物成交价格无法确定的条件或者因素影响的。

第三节 成交价格的调整项目

第十一条 以成交价格为基础审查确定进口货物的完税价格时，未包括在该货物实付、应付价格中的下列费用或者价值应当计入完税价格：

（一）由买方负担的下列费用：

1. 除购货佣金以外的佣金和经纪费；
2. 与该货物视为一体的容器费用；
3. 包装材料费用和包装劳务费用。

（二）与进口货物的生产和向中华人民共和国境内销售有关的，由买方以免费或者以低于成本的方式提供，并且可以按适当比例分摊的下列货物或者服务的价值：

1. 进口货物包含的材料、部件、零件和类似货物；
2. 在生产进口货物过程中使用的工具、模具和类似货物；
3. 在生产进口货物过程中消耗的材料；
4. 在境外进行的为生产进口货物所需的工程设计、技术研发、工艺及制图等相关服务。

（三）买方需向卖方或者有关方直接或者间接支付的特许权使用费，但是符合下列情形之一的除外：

1. 特许权使用费与该货物无关；
2. 特许权使用费的支付不构成该货物向中华人民共和国境内销售的条件。

（四）卖方直接或者间接从买方对该货物进口后销售、处置或者使用所得中获得的收益。

纳税义务人应当向海关提供本条所述费用或者价值的客观量化数据资料。纳税义务人不能提供的，海关与纳税义务人进行价格磋商后，按照本办法第六条列明的方法审查确定完税价格。

第十二条 在根据本办法第十一条第一款第二项确定应当计入进口货物完税价格的货物价值时，应当按照下列方法计算有关费用：

（一）由买方从与其无特殊关系的第三方购买的，应当计入的价值为购入价格；

（二）由买方自行生产或者从有特殊关系的第三方获得的，应当计入的价值为生产成本；

（三）由买方租赁获得的，应当计入的价值为买方承担的租赁成本；

（四）生产进口货物过程中使用的工具、模具和类似货物的价值，应当包括其工程设计、技术研发、工艺及制图等费用。

如果货物在被提供给卖方前已经被买方使用过，应当计入的价值为根据国内公认的会计原则对其进行折旧后的价值。

第十三条 符合下列条件之一的特许权使用费，应当视为与进口货物有关：

（一）特许权使用费是用于支付专利权或者专有技术使用权，且进口货物属于下列情形之一的：

1. 含有专利或者专有技术的；
2. 用专利方法或者专有技术生产的；

3. 为实施专利或者专有技术而专门设计或者制造的。
（二）特许权使用费是用于支付商标权，且进口货物属于下列情形之一的：
1. 附有商标的；
2. 进口后附上商标直接可以销售的；
3. 进口时已含有商标权，经过轻度加工后附上商标即可以销售的。
（三）特许权使用费是用于支付著作权，且进口货物属于下列情形之一的：
1. 含有软件、文字、乐曲、图片、图像或者其他类似内容的进口货物，包括磁带、磁盘、光盘或者其他类似载体的形式；
2. 含有其他享有著作权内容的进口货物。
（四）特许权使用费是用于支付分销权、销售权或者其他类似权利，且进口货物属于下列情形之一的：
1. 进口后可以直接销售的；
2. 经过轻度加工即可以销售的。

第十四条　买方不支付特许权使用费则不能购得进口货物，或者买方不支付特许权使用费则该货物不能以合同议定的条件成交，应当视为特许权使用费的支付构成进口货物向中华人民共和国境内销售的条件。

第十五条　进口货物的价款中单独列明的下列税收、费用，不计入该货物的完税价格：
（一）厂房、机械或者设备等货物进口后发生的建设、安装、装配、维修或者技术援助费用，但是保修费用除外；
（二）进口货物运抵中华人民共和国境内输入地点起卸后发生的运输及其相关费用、保险费；
（三）进口关税、进口环节海关代征税及其他国内税；
（四）为在境内复制进口货物而支付的费用；
（五）境内外技术培训及境外考察费用。
同时符合下列条件的利息费用不计入完税价格：
（一）利息费用是买方为购买进口货物而融资所产生的；
（二）有书面的融资协议的；
（三）利息费用单独列明的；
（四）纳税义务人可以证明有关利率不高于在融资当时当地此类交易通常应当具有的利率水平，且没有融资安排的相同或者类似进口货物的价格与进口货物的实付、应付价格非常接近的。

第四节　特殊关系

第十六条　有下列情形之一的，应当认为买卖双方存在特殊关系：
（一）买卖双方为同一家族成员的；
（二）买卖双方互为商业上的高级职员或者董事的；
（三）一方直接或者间接地受另一方控制的；
（四）买卖双方都直接或者间接地受第三方控制的；
（五）买卖双方共同直接或者间接地控制第三方的；
（六）一方直接或者间接地拥有、控制或者持有对方5%以上（含5%）公开发行的有表决权的股票或者股份的；
（七）一方是另一方的雇员、高级职员或者董事的；
（八）买卖双方是同一合伙的成员的。
买卖双方在经营上相互有联系，一方是另一方的独家代理、独家经销或者独家受让人，如果符合前款的规定，也应当视为存在特殊关系。

第十七条　买卖双方之间存在特殊关系，但是纳税义务人能证明其成交价格与同时或者大约同时发生的下列任何一款价格相近的，应当视为特殊关系未对进口货物的成交价格产生影响：

（一）向境内无特殊关系的买方出售的相同或者类似进口货物的成交价格；

（二）按照本办法第二十三条的规定所确定的相同或者类似进口货物的完税价格；

（三）按照本办法第二十五条的规定所确定的相同或者类似进口货物的完税价格。

海关在使用上述价格进行比较时，应当考虑商业水平和进口数量的不同，以及买卖双方有无特殊关系造成的费用差异。

第十八条　海关经对与货物销售有关的情况进行审查，认为符合一般商业惯例的，可以确定特殊关系未对进口货物的成交价格产生影响。

第五节　除成交价格估价方法以外的其他估价方法

第十九条　相同货物成交价格估价方法，是指海关以与进口货物同时或者大约同时向中华人民共和国境内销售的相同货物的成交价格为基础，审查确定进口货物的完税价格的估价方法。

第二十条　类似货物成交价格估价方法，是指海关以与进口货物同时或者大约同时向中华人民共和国境内销售的类似货物的成交价格为基础，审查确定进口货物的完税价格的估价方法。

第二十一条　按照相同或者类似货物成交价格估价方法的规定审查确定进口货物的完税价格时，应当使用与该货物具有相同商业水平且进口数量基本一致的相同或者类似货物的成交价格。使用上述价格时，应当以客观量化的数据资料，对该货物与相同或者类似货物之间由于运输距离和运输方式不同而在成本和其他费用方面产生的差异进行调整。

在没有前款所述的相同或者类似货物的成交价格的情况下，可以使用不同商业水平或者不同进口数量的相同或者类似货物的成交价格。使用上述价格时，应当以客观量化的数据资料，对因商业水平、进口数量、运输距离和运输方式不同而在价格、成本和其他费用方面产生的差异做出调整。

第二十二条　按照相同或者类似货物成交价格估价方法审查确定进口货物的完税价格时，应当首先使用同一生产商生产的相同或者类似货物的成交价格。

没有同一生产商生产的相同或者类似货物的成交价格的，可以使用同一生产国或者地区其他生产商生产的相同或者类似货物的成交价格。

如果有多个相同或者类似货物的成交价格，应当以最低的成交价格为基础审查确定进口货物的完税价格。

第二十三条　倒扣价格估价方法，是指海关以进口货物、相同或者类似进口货物在境内的销售价格为基础，扣除境内发生的有关费用后，审查确定进口货物完税价格的估价方法。该销售价格应当同时符合下列条件：

（一）是在该货物进口的同时或者大约同时，将该货物、相同或者类似进口货物在境内销售的价格；

（二）是按照货物进口时的状态销售的价格；

（三）是在境内第一销售环节销售的价格；

（四）是向境内无特殊关系方销售的价格；

（五）按照该价格销售的货物合计销售总量最大。

第二十四条　按照倒扣价格估价方法审查确定进口货物完税价格的，下列各项应当扣除：

（一）同等级或者同种类货物在境内第一销售环节销售时，通常的利润和一般费用（包括直接费用和间接费用）以及通常支付的佣金；

（二）货物运抵境内输入地点起卸后的运输及其相关费用、保险费；

（三）进口关税、进口环节海关代征税及其他国内税。

如果该货物、相同或者类似货物没有按照进口时的状态在境内销售，应纳税义务人要求，可以在符合本办法第二十三条规定的其他条件的情形下，使用经进一步加工后的货物的销售价格审查确定完税价格，但是应当同时扣除加工增值额。

前款所述的加工增值额应当依据与加工成本有关的客观量化数据资料、该行业公认的标准、计算方法及其他的行业惯例计算。

按照本条的规定确定扣除的项目时，应当使用与国内公认的会计原则相一致的原则和方法。

第二十五条 计算价格估价方法，是指海关以下列各项的总和为基础，审查确定进口货物完税价格的估价方法：

（一）生产该货物所使用的料件成本和加工费用；

（二）向境内销售同等级或者同种类货物通常的利润和一般费用（包括直接费用和间接费用）；

（三）该货物运抵境内输入地点起卸前的运输及相关费用、保险费。

按照前款的规定审查确定进口货物的完税价格时，海关在征得境外生产商同意并且提前通知有关国家或者地区政府后，可以在境外核实该企业提供的有关资料。

按照本条第一款的规定确定有关价值或者费用时，应当使用与生产国或者地区公认的会计原则相一致的原则和方法。

第二十六条 合理方法，是指当海关不能根据成交价格估价方法、相同货物成交价格估价方法、类似货物成交价格估价方法、倒扣价格估价方法和计算价格估价方法确定完税价格时，海关根据本办法第二条规定的原则，以客观量化的数据资料为基础审查确定进口货物完税价格的估价方法。

第二十七条 海关在采用合理方法确定进口货物的完税价格时，不得使用以下价格：

（一）境内生产的货物在境内的销售价格；

（二）可供选择的价格中较高的价格；

（三）货物在出口地市场的销售价格；

（四）以本办法第二十五条规定之外的价值或者费用计算的相同或者类似货物的价格；

（五）出口到第三国或者地区的货物的销售价格；

（六）最低限价或者武断、虚构的价格。

第三章 特殊进口货物的完税价格

第二十八条 运往境外修理的机械器具、运输工具或者其他货物，出境时已向海关报明，并且在海关规定的期限内复运进境的，应当以境外修理费和料件费为基础审查确定完税价格。

出境修理货物复运进境超过海关规定期限的，由海关按照本办法第二章的规定审查确定完税价格。

第二十九条 运往境外加工的货物，出境时已向海关报明，并且在海关规定期限内复运进境的，应当以境外加工费和料件费以及该货物复运进境的运输及其相关费用、保险费为基础审查确定完税价格。

出境加工货物复运进境超过海关规定期限的，由海关按照本办法第二章的规定审查确定完税价格。

第三十条　经海关批准的暂时进境货物，应当缴纳税款的，由海关按照本办法第二章的规定审查确定完税价格。经海关批准留购的暂时进境货物，以海关审查确定的留购价格作为完税价格。

第三十一条　租赁方式进口的货物，按照下列方法审查确定完税价格：

（一）以租金方式对外支付的租赁货物，在租赁期间以海关审查确定的租金作为完税价格，利息应当予以计入；

（二）留购的租赁货物以海关审查确定的留购价格作为完税价格；

（三）纳税义务人申请一次性缴纳税款的，可以选择申请按照本办法第六条列明的方法确定完税价格，或者按照海关审查确定的租金总额作为完税价格。

第三十二条　减税或者免税进口的货物应当补税时，应当以海关审查确定的该货物原进口时的价格，扣除折旧部分价值作为完税价格，其计算公式如下：

$$完税价格 = 海关审查确定的该货物原进口时的价格 \times \left(1 - \frac{补税时实际已进口的时间（月）}{监管年限 \times 12}\right)$$

上述计算公式中"补税时实际已进口的时间"按月计算，不足 1 个月但是超过 15 日的，按照 1 个月计算；不超过 15 日的，不予计算。

第三十三条　易货贸易、寄售、捐赠、赠送等不存在成交价格的进口货物，海关与纳税义务人进行价格磋商后，按照本办法第六条列明的方法审查确定完税价格。

第三十四条　进口载有专供数据处理设备用软件的介质，具有下列情形之一的，应当以介质本身的价值或者成本为基础审查确定完税价格：

（一）介质本身的价值或者成本与所载软件的价值分列；

（二）介质本身的价值或者成本与所载软件的价值虽未分列，但是纳税义务人能够提供介质本身的价值或者成本的证明文件，或者能提供所载软件价值的证明文件。

含有美术、摄影、声音、图像、影视、游戏、电子出版物的介质不适用前款规定。

第四章　进口货物完税价格中的运输及其相关费用、保险费的计算

第三十五条　进口货物的运输及其相关费用，应当按照由买方实际支付或者应当支付的费用计算。如果进口货物的运输及其相关费用无法确定，海关应当按照该货物进口同期的正常运输成本审查确定。

运输工具作为进口货物，利用自身动力进境的，海关在审查确定完税价格时，不再另行计入运输及其相关费用。

第三十六条　进口货物的保险费，应当按照实际支付的费用计算。如果进口货物的保险费无法确定或者未实际发生，海关应当按照"货价加运费"两者总额的3‰计算保险费，其计算公式如下：

保险费 = （货价+运费）×3‰

第三十七条　邮运进口的货物，应当以邮费作为运输及其相关费用、保险费。

第五章　出口货物的完税价格

第三十八条　出口货物的完税价格由海关以该货物的成交价格为基础审查确定，并且应当包括货物运至中华人民共和国境内输出地点装载前的运输及其相关费用、保险费。

第三十九条　出口货物的成交价格，是指该货物出口销售时，卖方为出口该货物应当向买方直接收取和间接收取的价款总额。

第四十条　下列税收、费用不计入出口货物的完税价格：

（一）出口关税；
（二）在货物价款中单独列明的货物运至中华人民共和国境内输出地点装载后的运输及其相关费用、保险费。

第四十一条 出口货物的成交价格不能确定的，海关经了解有关情况，并且与纳税义务人进行价格磋商后，依次以下列价格审查确定该货物的完税价格：
（一）同时或者大约同时向同一国家或者地区出口的相同货物的成交价格；
（二）同时或者大约同时向同一国家或者地区出口的类似货物的成交价格；
（三）根据境内生产相同或者类似货物的成本、利润和一般费用（包括直接费用和间接费用）、境内发生的运输及其相关费用、保险费计算所得的价格；
（四）按照合理方法估定的价格。

第六章 完税价格的审查确定

第四十二条 纳税义务人向海关申报时，应当按照本办法的有关规定，如实向海关提供发票、合同、提单、装箱清单等单证。

根据海关要求，纳税义务人还应当如实提供与货物买卖有关的支付凭证以及证明申报价格真实、准确的其他商业单证、书面资料和电子数据。

货物买卖中发生本办法第二章第三节所列的价格调整项目的，或者发生本办法三十五条所列的运输及其相关费用的，纳税义务人应当如实向海关申报。

前款规定的价格调整项目或者运输及其相关费用如果需要分摊计算的，纳税义务人应当根据客观量化的标准进行分摊，并且同时向海关提供分摊的依据。

第四十三条 海关为审查申报价格的真实性、准确性，可以行使下列职权进行价格核查：
（一）查阅、复制与进出口货物有关的合同、发票、账册、结付汇凭证、单据、业务函电、录音录像制品和其他反映买卖双方关系及交易活动的商业单证、书面资料和电子数据；
（二）向进出口货物的纳税义务人及与其有资金往来或者有其他业务往来的公民、法人或者其他组织调查与进出口货物价格有关的问题；
（三）对进出口货物进行查验或者提取货样进行检验或者化验；
（四）进入纳税义务人的生产经营场所、货物存放场所，检查与进出口活动有关的货物和生产经营情况；
（五）经直属海关关长或者其授权的隶属海关关长批准，凭《中华人民共和国海关账户查询通知书》（见附件1）及有关海关工作人员的工作证件，可以查询纳税义务人在银行或者其他金融机构开立的单位账户的资金往来情况，并且向银行业监督管理机构通报有关情况；
（六）向税务部门查询了解与进出口货物有关的缴纳国内税情况。

海关在行使前款规定的各项职权时，纳税义务人及有关公民、法人或者其他组织应当如实反映情况，提供有关书面资料和电子数据，不得拒绝、拖延和隐瞒。

第四十四条 海关对申报价格的真实性、准确性有疑问时，或者认为买卖双方之间的特殊关系影响成交价格时，应当制发《中华人民共和国海关价格质疑通知书》（以下简称《价格质疑通知书》，见附件2），将质疑的理由书面告知纳税义务人或者其代理人，纳税义务人或者其代理人应当自收到《价格质疑通知书》之日起5个工作日内，以书面形式提供相关资料或者其他证据，证明其申报价格真实、准确或者双方之间的特殊关系未影响成交价格。

纳税义务人或者其代理人确有正当理由无法在规定时间内提供前款资料的，可以在规定期限届满前以书面形式向海关申请延期。

除特殊情况外，延期不得超过10个工作日。

第四十五条 海关制发《价格质疑通知书》后，有下列情形之一的，海关与纳税义务人

进行价格磋商后,按照本办法第六条或者第四十一条列明的方法审查确定进出口货物的完税价格:
(一)纳税义务人或者其代理人在海关规定期限内,未能提供进一步说明的;
(二)纳税义务人或者其代理人提供有关资料、证据后,海关经审核其所提供的资料、证据,仍然有理由怀疑申报价格的真实性、准确性的;
(三)纳税义务人或者其代理人提供有关资料、证据后,海关经审核其所提供的资料、证据,仍然有理由认为买卖双方之间的特殊关系影响成交价格的。

第四十六条 海关经过审查认为进口货物无成交价格的,可以不进行价格质疑,经与纳税义务人进行价格磋商后,按照本办法第六条列明的方法审查确定完税价格。

海关经过审查认为出口货物无成交价格的,可以不进行价格质疑,经与纳税义务人进行价格磋商后,按照本办法第四十一条列明的方法审查确定完税价格。

第四十七条 按照本办法规定需要价格磋商的,海关应当依法向纳税义务人制发《中华人民共和国海关价格磋商通知书》(见附件3)。纳税义务人应当自收到通知之日起5个工作日内与海关进行价格磋商。纳税义务人在海关规定期限内与海关进行价格磋商的,海关应当制作《中华人民共和国海关价格磋商纪录表》(见附件4)。

纳税义务人未在通知规定的时限内与海关进行磋商的,视为其放弃价格磋商的权利,海关可以直接使用本办法第六条或者第四十一条列明的方法审查确定进出口货物的完税价格。

第四十八条 对符合下列情形之一的,经纳税义务人书面申请,海关可以不进行价格质疑以及价格磋商,按照本办法第六条或者第四十一条列明的方法审查确定进出口货物的完税价格:
(一)同一合同项下分批进出口的货物,海关对其中一批货物已经实施估价的;
(二)进出口货物的完税价格在人民币10万元以下或者关税及进口环节海关代征税总额在人民币2万元以下的;
(三)进出口货物属于危险品、鲜活品、易腐品、易失效品、废品、旧品等的。

第四十九条 海关审查确定进出口货物的完税价格期间,纳税义务人可以在依法向海关提供担保后,先行提取货物。

第五十条 海关审查确定进出口货物的完税价格后,纳税义务人可以提出书面申请,要求海关就如何确定其进出口货物的完税价格做出书面说明。海关应当根据要求出具《中华人民共和国海关估价告知书》(见附件5)。

第七章 附 则

第五十一条 本办法中下列用语的含义:
境内,是指中华人民共和国海关关境内。
完税价格,是指海关在计征关税时使用的计税价格。
买方,是指通过履行付款义务,购入货物,并且为此承担风险,享有收益的自然人、法人或者其他组织。其中进口货物的买方是指向中华人民共和国境内购入进口货物的买方。
卖方,是指销售货物的自然人、法人或者其他组织。其中进口货物的卖方是指向中华人民共和国境内销售进口货物的卖方。
向中华人民共和国境内销售,是指将进口货物实际运入中华人民共和国境内,货物的所有权和风险由卖方转移给买方,买方为此向卖方支付价款的行为。
实付、应付价格,是指买方为购买进口货物而直接或者间接支付的价款总额,即作为卖方销售进口货物的条件,由买方向卖方或者为履行卖方义务向第三方已经支付或者将要支付的全部款项。

间接支付，是指买方根据卖方的要求，将货款全部或者部分支付给第三方，或者冲抵买卖双方之间的其他资金往来的付款方式。

购货佣金，是指买方为购买进口货物向自己的采购代理人支付的劳务费用。

经纪费，是指买方为购买进口货物向代表买卖双方利益的经纪人支付的劳务费用。

相同货物，是指与进口货物在同一国家或者地区生产的，在物理性质、质量和信誉等所有方面都相同的货物，但是表面的微小差异允许存在。

类似货物，是指与进口货物在同一国家或者地区生产的，虽然不是在所有方面都相同，但是却具有相似的特征，相似的组成材料，相同的功能，并且在商业中可以互换的货物。

大约同时，是指海关接受货物申报之日的大约同时，最长不应当超过前后 45 日。按照倒扣价格法审查确定进口货物的完税价格时，如果进口货物、相同或者类似货物没有在海关接受进口货物申报之日前后 45 日内在境内销售，可以将在境内销售的时间延长至接受货物申报之日前后 90 日内。

公认的会计原则，是指在有关国家或者地区会计核算工作中普遍遵循的原则性规范和会计核算业务的处理方法。包括对货物价值认定有关的权责发生制原则、配比原则、历史成本原则、划分收益性与资本性支出原则等。

特许权使用费，是指进口货物的买方为取得知识产权权利人及权利人有效授权人关于专利权、商标权、专有技术、著作权、分销权或者销售权的许可或者转让而支付的费用。

技术培训费用，是指基于卖方或者与卖方有关的第三方对买方派出的技术人员进行与进口货物有关的技术指导，进口货物的买方支付的培训师资及人员的教学、食宿、交通、医疗保险等其他费用。

软件，是指《计算机软件保护条例》规定的用于数据处理设备的程序和文档。

专有技术，是指以图纸、模型、技术资料和规范等形式体现的尚未公开的工艺流程、配方、产品设计、质量控制、检测以及营销管理等方面的知识、经验、方法和诀窍等。

轻度加工，是指稀释、混合、分类、简单装配、再包装或者其他类似加工。

同等级或者同种类货物，是指由特定产业或者产业部门生产的一组或者一系列货物中的货物，包括相同货物或者类似货物。

介质，是指磁带、磁盘、光盘。

价格核查，是指海关为确定进出口货物的完税价格，依法行使本办法第四十三条规定的职权，通过审查单证、核实数据、核对实物及相关账册等方法，对进出口货物申报成交价格的真实性、准确性以及买卖双方之间是否存在特殊关系影响成交价格进行的审查。

价格磋商，是指海关在使用除成交价格以外的估价方法时，在保守商业秘密的基础上，与纳税义务人交换彼此掌握的用于确定完税价格的数据资料的行为。

起卸前，是指货物起卸行为开始之前。

装载前，是指货物装载行为开始之前。

第五十二条 纳税义务人对海关确定完税价格有异议的，应当按照海关作出的相关行政决定依法缴纳税款，并且可以依法向上一级海关申请复议。对复议决定不服的，可以依法向人民法院提起行政诉讼。

第五十三条 违反本办法规定，构成走私行为、违反海关监管规定行为或者其他违反《海关法》行为的，由海关依照《海关法》和《中华人民共和国海关行政处罚实施条例》的有关规定予以处理；构成犯罪的，依法追究刑事责任。

第五十四条 本办法由海关总署负责解释。

第五十五条 本办法自 2014 年 2 月 1 日起施行。2006 年 3 月 28 日海关总署令第 148 号发布的《中华人民共和国海关审定进出口货物完税价格办法》同时废止。

附件：1. 海关账户查询通知书（略）
2. 海关价格质疑通知书（略）
3. 海关价格磋商通知书（略）
4. 海关价格磋商记录表（略）
5. 海关估价告知书（略）

进口货物价格预审核管理暂行规定

（署税发〔2011〕419号）

(2011年11月29日由海关总署发布，2011年11月29日起施行，法规类型为规范性文件)

第一条 为了提高通关效率，保证海关正确审定进口货物的完税价格，根据《中华人民共和国进出口关税条例》、《中华人民共和国海关进出口货物征税管理办法》、《中华人民共和国海关审定进出口货物完税价格办法》（以下简称《审价办法》）的有关规定，制定本规定。

第二条 本规定所称进口货物价格预审核（以下简称预审价），是指经企业申请，货物进口地海关在货物实际申报进口前对其完税价格进行审核，货物实际申报进口时，海关按照预审价确定的完税价格计征税款。

第三条 公式定价进口货物不适用本规定。

第四条 各直属海关关税职能部门（包括海关总署在直属海关设立的商品价格信息机构）负责本关区的预审价工作（以下简称预审价部门）。

第五条 适用A类、AA类管理的企业可以向预审价部门申请预审价。

第六条 各直属海关应该根据关区价格管理情况对本关区适用预审价的商品范围作出具体规定，主要包括以下商品：

（一）进口货物市场行情波动较大，审单部门和现场海关难以及时掌握价格资料的；

（二）进口货物价格资料不足，审单部门和现场海关多次提出价格咨询的；

（三）进口货物价格审核中存在疑难问题，审单部门和现场海关多次申请价格专业认定的；

（四）审单部门和现场海关审价存在其他困难的商品。

第七条 符合本规定第五条规定的企业（以下简称企业）进口符合本规定第六条规定商品的，可以在货物实际申报进口之前至少15个工作日，书面向货物进口地海关预审价部门提交预审价申请，并提交下列材料：

（一）《进口货物价格预审核申请单》（以下简称《预审价申请单》，详见附件1），每一份《预审价申请单》对应一份合同；

（二）合同、发票等与货物进口有关的商业单证；

（三）反映交易过程的业务函电及商品资料、价格行情等；

（四）海关要求提供的其他资料。

第八条 申请企业应当对申请内容和所提供资料的真实性和完整性负责。海关应当依法保守申请企业的商业秘密。

第九条 预审价部门应当在收到预审价申请后及时作出预审价结论并通知企业。预审价部门在审核企业预审价申请过程中，认为需要企业补充提供材料的，应及时通知申请企业补充材料。

第十条 预审价部门应当将预审价申请审核进展情况及时通知海关审单部门和现场海关。

对于在价格预审核期间或企业补充材料期间,货物实际申报进口的,企业应当立即通知预审价部门,预审价部门应当停止对企业预审价申请进行审核,并通知审单部门和现场海关按照《审价办法》及相关管理规定审查确定进口货物的完税价格;企业未按规定通知预审价部门的,接受申报的审单部门和现场海关负责审查确定进口货物的完税价格,并通知预审价部门停止对企业预审价申请进行审核。

第十一条 预审价部门应按照《审价办法》及相关管理规定对企业申请提交预审价的商品价格(以下简称申请价格)进行审核。

经审核认为企业申请价格符合成交价格有关规定的,预审价部门出具《进口货物价格预审核决定书》(以下简称《预审价决定书》,详见附件2)。《预审价决定书》仅对申请企业本次申请的货物有效。《预审价决定书》的有效期限为90天,特殊情况,经海关同意可以再延长30天。长期合同进口货物的《预审价决定书》有效期由海关按照合同履行期限确定。

经审核认为企业申请价格不符合成交价格有关规定或者成交价格不能确定的,预审价部门应出具《进口货物价格预审核告知书》,通知企业按照正常报关程序申报进口,同时通知海关审单部门和现场海关按照《审价办法》及相关管理规定审查确定进口货物的完税价格。

第十二条 在海关预审价申请审核期间或作出预审价结论后,预审价申请中内容发生变更的,企业应当立即向预审价部门书面说明理由,并重新提出预审价申请。

第十三条 预审价部门认为应当撤销原预审价结论并重新进行预审价的,应当及时通知申请企业、审单部门和现场海关。

预审价结论撤销时,有关货物尚未申报进口的,预审价部门可以接受企业重新提出的预审价申请;有关货物已经申报进口且已按照预审价确定的完税价格计征税款的,预审价部门应当重新审查确定货物的完税价格,审单部门和现场海关应当按照有关规定对已经征收的税款进行调整并办理相应的退补税手续。

第十四条 预审价结论经撤销的,或者《预审价决定书》有效期届满的,《预审价决定书》自动失效。

第十五条 企业经预审价申请获得预审价部门出具的《预审价决定书》的,应当在货物实际申报进口时,在报关单备注栏内填报《预审价决定书》编号,并随附《预审价决定书》复印件及进口申报所需的各项资料。

第十六条 审单部门和现场海关应当根据各自职责审核货物实际进口情况与《预审价决定书》有关内容的一致性,经审核无误的,按照预审价确定的完税价格计征税款。

审单部门和现场海关审核发现货物实际进口情况与《预审价决定书》有关内容不一致的,应当通知预审价部门,并按照《审价办法》及相关管理规定审查确定进口货物的完税价格。

第十七条 企业在货物申报和进口过程中违反海关管理规定的,海关依法按照相关规定处理。

关于修订公式定价进口货物审定完税价格有关规定的公告

(海关总署公告2015年第15号)

(2015年4月28日由海关总署发布,2015年5月1日起施行,法规类型为规范性文件)

为规范公式定价进口货物完税价格的审核,便利企业通关,根据《中华人民共和国进出口关税条例》和《中华人民共和国海关审定进出口货物完税价格办法》(以下简称《审价办法》)的规定,现将海关审定公式定价进口货物完税价格的有关规定公告如下:

一、本公告所称的公式定价,是指在向中华人民共和国境内销售货物所签订的合同中,买卖双方未以具体明确的数值约定货物价格,而是以约定的定价公式来确定货物结算价格的定价方式。对仅受成分含量、进口数量影响,进口时不能确定结算价格等的,不属于本公告管理范畴。

按照定价公式确定的结算价格是指买方为购买该货物实付、应付的价款总额。

二、对同时符合下列条件的进口货物,海关以买卖双方约定的定价公式所确定的结算价格为基础审定完税价格:

(一)在货物运抵中华人民共和国境内前,买卖双方已书面约定定价公式;

(二)结算价格取决于买卖双方均无法控制的客观条件和因素;

(三)自货物申报进口之日起6个月内,能够根据定价公式确定结算价格;

(四)结算价格符合《审价办法》中成交价格的有关规定。

三、纳税义务人应在公式定价合同项下首批货物进口前,向首批货物进口地海关或企业所在地海关提出备案申请,海关自收齐申请材料后5个工作日内完成备案,对符合本公告第一条规定的,出具《公式定价合同海关备案表》(详见附件1,以下简称《备案表》)。备案结果在全国海关互认,无需重复备案。

对于货物进口时能够确定结算价格的公式定价合同,纳税义务人无需向海关申请备案。

四、纳税义务人申请备案需提供的材料包括:

(一)进口货物合同(如有长期合同应一并提供);

(二)进口货物定价公式的作价标准、选价期、结算期、折扣等影响价格的要素,以及进口口岸、批次和数量等情况说明;

(三)其他相关材料。

五、海关经过审核,对符合本公告第二条规定的公式定价货物,在《备案表》中注明以结算价格为基础审查确定完税价格;对不符合本公告第二条规定的公式定价货物,在《备案表》中注明不符合公告第二条规定,按《审价办法》的相关规定审查确定完税价格。

六、纳税义务人进口公式定价货物,因故未能事先向海关备案的,应在申报进口的同时向海关办理备案手续。

七、经海关备案的合同发生变更的,纳税义务人应当在变更合同项下货物首次申报进口前,向原备案地海关重新备案。海关自收齐材料后5个工作日内出具备案结果。

八、纳税义务人申报进口已备案的公式定价货物时,应当在报关单备注栏中准确填写报备案号(填制要求详见附件2),并向海关提供确定货物完税价格所需的相关材料。

九、自货物申报进口之日起6个月内不能确定结算价格,海关根据《审价办法》的相关规定审定完税价格。特殊情况经备案地海关同意,可延长结算期限至9个月。

十、纳税义务人应在公式定价货物结算价格确定后10个工作日内向海关提供确定结算价格所需材料并办理相关手续。

十一、公式定价合同执行完毕后,海关实行总量核销。经核销发现实际进口数量与备案合同总量差异较大,超过备案商品溢短装合理范围的,海关应当按《审价办法》的有关规定重新审核合同条款,并可视情作出重新估价的决定。

十二、在本公告施行前已按海关总署2006年11号公告规定向海关备案,公告实施后拟继续履行经备案的公式定价合同的,应当在公告实施前重新办理相关手续。

本公告自2015年5月1日起施行,海关总署2006年11号公告同时废止。

特此公告。

附件：1. 公式定价合同海关备案表（样本）（略）
　　　2. 报关单填制要求（略）

关于修订飞机经营性租赁审定完税价格有关规定的公告

（海关总署公告 2016 年第 8 号）

（2016 年 1 月 29 日由海关总署发布，2016 年 1 月 29 日起施行，法规类型为规范性文件）

为进一步规范飞机经营性租赁完税价格审定工作，便利企业通关和海关管理，根据《中华人民共和国海关审定进出口货物完税价格办法》（海关总署令第 213 号，以下简称《审价办法》）及相关规定，现就有关事项公告如下：

一、租赁期间发生的由承租人承担的境外维修检修费用，按照《审价办法》第二十八条审价征税。

二、在飞机退租时，承租人因未符合飞机租赁贸易中约定的交还飞机条件而向出租人支付的补偿或赔偿费用，或为满足飞机交机条件而开展的维修检修所产生的维修检修费，无论发生在境内或境外，均按租金计入完税价格。

三、飞机租赁结束后未退还承租人的维修保证金，按租金计入完税价格。

四、对于出租人为纳税义务人，而由承租人依照合同约定，在合同规定的租金之外另行为出租人承担的预提所得税、营业税、增值税，属于间接支付的租金，应计入完税价格。

对于应计入完税价格的上述税款，应随下一次支付的租金一同向主管海关申报办理纳税手续；对于为支付最末一期租金而代缴的国内税收，承租人应在代缴税款后 30 日内向主管海关申报办理纳税手续。

五、在飞机租赁贸易中约定由承租方支付的与机身、零备件相关的保险，无论发生在境内或境外，属于间接支付的租金，应计入完税价格；与飞机租赁期间保持正常营运相关的保险费用，不计入完税价格。

承租人应于支付保险费用后 30 日内向主管海关申报办理纳税手续。

六、本公告自发布之日起实施，海关总署 2010 年第 47 号公告和 2011 年第 55 号公告同时废止。

本公告实施前已完成的维修检修，若在飞机租赁合同中约定应由承租人承担的，无论发生在境内或境外，其费用均按租金计入完税价格。其中飞机大修在境内进行的，承租人所支付费用发票中单独列明的增值税等国内税收、境内生产的零部件和材料费用及已征税的进口零部件和材料费用不计入完税价格。承租人应在支付维修检修费用后 30 日内向其所在地海关申报办理纳税手续。

本公告实施前已缴纳的国内税收比照本公告第四条办理。

本公告实施前已支付的保险费用比照本公告第五条办理，但如果航空保单无法区分飞机的机身、零备件一切险、第三者责任险、运营险等险种保费的，有关航空保费不计入租金的完税价格。

特此公告。

关于特许权使用费申报纳税手续有关问题的公告

(海关总署公告2019年第58号)

(2019年3月27日由海关总署发布,2019年5月1日起施行,法规类型为规范性文件)

为做好特许权使用费申报纳税工作,现就特许权使用费申报纳税手续有关事项公告如下:

一、本公告所称特许权使用费是指《中华人民共和国海关审定进出口货物完税价格办法》(海关总署令第213号公布,以下简称《审价办法》)第五十一条所规定的特许权使用费;应税特许权使用费是指按照《审价办法》第十一条、第十三条和第十四条规定,应计入完税价格的特许权使用费。

二、纳税义务人在填制报关单时,应当在"支付特许权使用费确认"栏目填报确认是否存在应税特许权使用费。出口货物、加工贸易及保税监管货物(内销保税货物除外)免予填报。

对于存在需向卖方或者有关方直接或者间接支付与进口货物有关的应税特许权使用费的,无论是否已包含在进口货物实付、应付价格中,都应在"支付特许权使用费确认"栏目填报"是"。

对于不存在向卖方或者有关方直接或者间接支付与进口货物有关的应税特许权使用费的,在"支付特许权使用费确认"栏目填报"否"。

三、纳税义务人在货物申报进口时已支付应税特许权使用费的,已支付的金额应填报在报关单"杂费"栏目,无需填报在"总价"栏目。海关按照接受货物申报进口之日适用的税率、计征汇率,对特许权使用费征收税款。

四、纳税义务人在货物申报进口时未支付应税特许权使用费的,应在每次支付后的30日内向海关办理申报纳税手续,并填写《应税特许权使用费申报表》(见附件)。报关单"监管方式"栏目填报"特许权使用费后续征税"(代码9500),"商品名称"栏目填报原进口货物名称,"商品编码"栏目填报原进口货物编码,"法定数量"栏目填报"0.1","总价"栏目填报每次支付的应税特许权使用费金额,"毛重"和"净重"栏目填报"1"。

海关按照接受纳税义务人办理特许权使用费申报纳税手续之日货物适用的税率、计征汇率,对特许权使用费征收税款。

五、因纳税义务人未按照本公告第二条规定填报"支付特许权使用费确认"栏目造成少征或漏征税款的,海关可以缴纳税款或者货物放行之日至海关发现违反规定行为之日止,按日加收少征或者漏征税款万分之五的滞纳金。

纳税义务人按照本公告第二条规定填报,但未按照本公告第四条规定期限向海关办理特许权使用费申报纳税手续造成少征或者漏征税款的,海关可以自其应办理申报纳税手续期限届满之日起至办理申报纳税手续之日或海关发现违反规定行为之日止,按日加收少征或者漏征税款万分之五的滞纳金。

对于税款滞纳金减免有关事宜,按照海关总署2015年第27号公告和海关总署2017年第32号公告的有关规定办理。

六、本公告自2019年5月1日起实施。海关总署2019年第18号公告附件《中华人民共和国海关进出口货物报关单填制规范》第四十六条"支付特许权使用费确认"的规定同时停止执行，按照本公告规定执行。

特此公告。

附件：应税特许权使用费申报表（略）

中华人民共和国进出口货物原产地条例

（国务院令第416号）

（2004年9月3日由国务院发布，根据2019年3月2日国务院令第709号《国务院关于修改部分行政法规的决定》修改，现行版本自2019年3月18日起施行，法规类型为行政法规）

第一条 为了正确确定进出口货物的原产地，有效实施各项贸易措施，促进对外贸易发展，制定本条例。

第二条 本条例适用于实施最惠国待遇、反倾销和反补贴、保障措施、原产地标记管理、国别数量限制、关税配额等非优惠性贸易措施以及进行政府采购、贸易统计等活动对进出口货物原产地的确定。

实施优惠性贸易措施对进出口货物原产地的确定，不适用本条例。具体办法依照中华人民共和国缔结或者参加的国际条约、协定的有关规定另行制定。

第三条 完全在一个国家（地区）获得的货物，以该国（地区）为原产地；两个以上国家（地区）参与生产的货物，以最后完成实质性改变的国家（地区）为原产地。

第四条 本条例第三条所称完全在一个国家（地区）获得的货物，是指：

（一）在该国（地区）出生并饲养的活的动物；

（二）在该国（地区）野外捕捉、捕捞、搜集的动物；

（三）从该国（地区）的活的动物获得的未经加工的物品；

（四）在该国（地区）收获的植物和植物产品；

（五）在该国（地区）采掘的矿物；

（六）在该国（地区）获得的除本条第（一）项至第（五）项范围之外的其他天然生成的物品；

（七）在该国（地区）生产过程中产生的只能弃置或者回收用作材料的废碎料；

（八）在该国（地区）收集的不能修复或者修理的物品，或者从该物品中回收的零件或者材料；

（九）由合法悬挂该国旗帜的船舶从其领海以外海域获得的海洋捕捞物和其他物品；

（十）在合法悬挂该国旗帜的加工船上加工本条第（九）项所列物品获得的产品；

（十一）从该国领海以外享有专有开采权的海床或者海床底土获得的物品；

（十二）在该国（地区）完全从本条第（一）项至第（十一）项所列物品中生产的产品。

第五条 在确定货物是否在一个国家（地区）完全获得时，不考虑下列微小加工或者处理：

（一）为运输、贮存期间保存货物而作的加工或者处理；

（二）为货物便于装卸而作的加工或者处理；

（三）为货物销售而作的包装等加工或者处理。

第六条 本条例第三条规定的实质性改变的确定标准,以税则归类改变为基本标准;税则归类改变不能反映实质性改变的,以从价百分比、制造或者加工工序等为补充标准。具体标准由海关总署会同商务部制定。

本条第一款所称税则归类改变,是指在某一国家(地区)对非该国(地区)原产材料进行制造、加工后,所得货物在《中华人民共和国进出口税则》中某一级的税目归类发生了变化。

本条第一款所称从价百分比,是指在某一国家(地区)对非该国(地区)原产材料进行制造、加工后的增值部分,超过所得货物价值一定的百分比。

本条第一款所称制造或者加工工序,是指在某一国家(地区)进行的赋予制造、加工后所得货物基本特征的主要工序。

世界贸易组织《协调非优惠原产地规则》实施前,确定进出口货物原产地实质性改变的具体标准,由海关总署会同商务部根据实际情况另行制定。

第七条 货物生产过程中使用的能源、厂房、设备、机器和工具的原产地,以及未构成货物物质成分或者组成部件的材料的原产地,不影响该货物原产地的确定。

第八条 随所装货物进出口的包装、包装材料和容器,在《中华人民共和国进出口税则》中与该货物一并归类的,该包装、包装材料和容器的原产地不影响所装货物原产地的确定;对该包装、包装材料和容器的原产地不再单独确定,所装货物的原产地即为该包装、包装材料和容器的原产地。

随所装货物进出口的包装、包装材料和容器,在《中华人民共和国进出口税则》中与该货物不一并归类的,依照本条例的规定确定该包装、包装材料和容器的原产地。

第九条 按正常配备的种类和数量随货物进出口的附件、备件、工具和介绍说明性资料,在《中华人民共和国进出口税则》中与该货物一并归类的,该附件、备件、工具和介绍说明性资料的原产地不影响该货物原产地的确定;对该附件、备件、工具和介绍说明性资料的原产地不再单独确定,该货物的原产地即为该附件、备件、工具和介绍说明性资料的原产地。

随货物进出口的附件、备件、工具和介绍说明性资料在《中华人民共和国进出口税则》中虽与该货物一并归类,但超出正常配备的种类和数量的,以及在《中华人民共和国进出口税则》中与该货物不一并归类的,依照本条例的规定确定该附件、备件、工具和介绍说明性资料的原产地。

第十条 对货物所进行的任何加工或者处理,是为了规避中华人民共和国关于反倾销、反补贴和保障措施等有关规定的,海关在确定该货物的原产地时可以不考虑这类加工和处理。

第十一条 进口货物的收货人按照《中华人民共和国海关法》及有关规定办理进口货物的海关申报手续时,应当依照本条例规定的原产地确定标准如实申报进口货物的原产地;同一批货物的原产地不同的,应当分别申报原产地。

第十二条 进口货物进口前,进口货物的收货人或者与进口货物直接相关的其他当事人,在有正当理由的情况下,可以书面申请海关对将要进口的货物的原产地作出预确定决定;申请人应当按照规定向海关提供作出原产地预确定决定所需的资料。

海关应当在收到原产地预确定书面申请及全部必要资料之日起150天内,依照本条例的规定对该进口货物作出原产地预确定决定,并对外公布。

第十三条 海关接受申报后,应当按照本条例的规定审核确定进口货物的原产地。

已作出原产地预确定决定的货物,自预确定决定作出之日起3年内实际进口时,经海关审核其实际进口的货物与预确定决定所述货物相符,且本条例规定的原产地确定标准未发生变化的,海关不再重新确定该进口货物的原产地;经海关审核其实际进口的货物与预确定决定所述货物不相符的,海关应当按照本条例的规定重新审核确定该进口货物的原产地。

第十四条 海关在审核确定进口货物原产地时,可以要求进口货物的收货人提交该进口货物的原产地证书,并予以审验;必要时,可以请求该货物出口国(地区)的有关机构对该货物的原产地进行核查。

第十五条 根据对外贸易经营者提出的书面申请,海关可以依照《中华人民共和国海关法》第四十三条的规定,对将要进口的货物的原产地预先作出确定原产地的行政裁定,并对外公布。

进口相同的货物,应当适用相同的行政裁定。

第十六条 国家对原产地标记实施管理。货物或者其包装上标有原产地标记的,其原产地标记所标明的原产地应当与依照本条例所确定的原产地相一致。

第十七条 出口货物发货人可以向海关、中国国际贸易促进委员会及其地方分会(以下简称签证机构),申请领取出口货物原产地证书。

第十八条 出口货物发货人申请领取出口货物原产地证书,应当在签证机构办理注册登记手续,按照规定如实申报出口货物的原产地,并向签证机构提供签发出口货物原产地证书所需的资料。

第十九条 签证机构接受出口货物发货人的申请后,应当按照规定审查确定出口货物的原产地,签发出口货物原产地证书;对不属于原产于中华人民共和国境内的出口货物,应当拒绝签发出口货物原产地证书。

出口货物原产地证书签发管理的具体办法,由海关总署会同国务院其他有关部门、机构另行制定。

第二十条 应出口货物进口国(地区)有关机构的请求,海关、签证机构可以对出口货物的原产地情况进行核查,并及时将核查情况反馈进口国(地区)有关机构。

第二十一条 用于确定货物原产地的资料和信息,除按有关规定可以提供或者经提供该资料和信息的单位、个人的允许,海关、签证机构应当对该资料和信息予以保密。

第二十二条 违反本条例规定申报进口货物原产地的,依照《中华人民共和国对外贸易法》、《中华人民共和国海关法》和《中华人民共和国海关行政处罚实施条例》的有关规定进行处罚。

第二十三条 提供虚假材料骗取出口货物原产地证书或者伪造、变造、买卖或者盗窃出口货物原产地证书的,由海关处 5000 元以上 10 万元以下的罚款;骗取、伪造、变造、买卖或者盗窃作为海关放行凭证的出口货物原产地证书的,处货值金额等值以下的罚款,但货值金额低于 5000 元的,处 5000 元罚款。有违法所得的,由海关没收违法所得。构成犯罪的,依法追究刑事责任。

第二十四条 进出口货物的原产地标记与依照本条例所确定的原产地不一致的,由海关责令改正。

第二十五条 确定进出口货物原产地的工作人员违反本条例规定的程序确定原产地的,或者泄露所知悉的商业秘密的,或者滥用职权、玩忽职守、徇私舞弊的,依法给予行政处分;有违法所得的,没收违法所得;构成犯罪的,依法追究刑事责任。

第二十六条 本条例下列用语的含义:

获得,是指捕捉、捕捞、搜集、收获、采掘、加工或者生产等。

货物原产地,是指依照本条例确定的获得某一货物的国家(地区)。

原产地证书,是指出口国(地区)根据原产地规则和有关要求签发的,明确指出该证中所列货物原产于某一特定国家(地区)的书面文件。

原产地标记,是指在货物或者包装上用来表明该货物原产地的文字和图形。

第二十七条 本条例自 2005 年 1 月 1 日起施行。1992 年 3 月 8 日国务院发布的《中华人民共和国出口货物原产地规则》、1986年12月6日海关总署发布的《中华人民共和国海关关于进口货物原产地的暂行规定》同时废止。

中华人民共和国海关进出口货物优惠原产地管理规定

(海关总署令第181号)

(2009年1月8日由海关总署发布，2009年3月1日起施行，法规类型为部门规章)

第一条 为了正确确定优惠贸易协定项下进出口货物的原产地，规范海关对优惠贸易协定项下进出口货物原产地管理，根据《中华人民共和国海关法》(以下简称《海关法》)、《中华人民共和国进出口关税条例》、《中华人民共和国进出口货物原产地条例》，制定本规定。

第二条 本规定适用于海关对优惠贸易协定项下进出口货物原产地管理。

第三条 从优惠贸易协定成员国或者地区(以下简称成员国或者地区)直接运输进口的货物，符合下列情形之一的，其原产地为该成员国或者地区，适用《中华人民共和国进出口税则》中相应优惠贸易协定对应的协定税率或者特惠税率(以下简称协定税率或者特惠税率)：

(一) 完全在该成员国或者地区获得或者生产的；

(二) 非完全在该成员国或者地区获得或者生产，但符合本规定第五条、第六条规定的。

第四条 本规定第三条第(一)项所称的"完全在该成员国或者地区获得或者生产"的货物是指：

(一) 在该成员国或者地区境内收获、采摘或者采集的植物产品；

(二) 在该成员国或者地区境内出生并饲养的活动物；

(三) 在该成员国或者地区领土或者领海开采、提取的矿产品；

(四) 其他符合相应优惠贸易协定项下完全获得标准的货物。

第五条 本规定第三条第(二)项中，"非完全在该成员国或者地区获得或者生产"的货物，按照相应优惠贸易协定规定的税则归类改变标准、区域价值成分标准、制造加工工序标准或者其他标准确定其原产地。

(一) 税则归类改变标准，是指原产于非成员国或者地区的材料在出口成员国或者地区境内进行制造、加工后，所得货物在《商品名称及编码协调制度》中税则归类发生了变化。

(二) 区域价值成分标准，是指出口货物船上交货价格(FOB)扣除该货物生产过程中该成员国或者地区非原产材料价格后，所余价款在出口货物船上交货价格(FOB)中所占的百分比。

(三) 制造加工工序标准，是指赋予加工后所得货物基本特征的主要工序。

(四) 其他标准，是指除上述标准之外，成员国或者地区一致同意采用的确定货物原产地的其他标准。

第六条 原产于优惠贸易协定某一成员国或者地区的货物或者材料在同一优惠贸易协定另一成员国或者地区境内用于生产另一货物，并构成另一货物组成部分的，该货物或者材料应当视为原产于另一成员国或者地区境内。

第七条 为便于装载、运输、储存、销售进行的加工、包装、展示等微小加工或者处理，不影响货物原产地确定。

第八条 运输期间用于保护货物的包装材料及容器不影响货物原产地确定。

第九条 在货物生产过程中使用，本身不构成货物物质成分，也不成为货物组成部件的材料或者物品，其原产地不影响货物原产地确定。

第十条 本规定第三条所称的"直接运输"是指优惠贸易协定项下进口货物从该协定成员国或者地区直接运输至中国境内，途中未经过该协定成员国或者地区以外的其他国家或者地区（以下简称其他国家或者地区）。

原产于优惠贸易协定成员国或者地区的货物，经过其他国家或者地区运输至中国境内，不论在运输途中是否转换运输工具或者作临时储存，同时符合下列条件的，应当视为"直接运输"：

（一）该货物在经过其他国家或者地区时，未做除使货物保持良好状态所必需处理以外的其他处理；

（二）该货物在其他国家或者地区停留的时间未超过相应优惠贸易协定规定的期限；

（三）该货物在其他国家或者地区作临时储存时，处于该国家或者地区海关监管之下。

第十一条 法律、行政法规规定的有权签发出口货物原产地证书的机构（以下简称签证机构）可以签发优惠贸易协定项下出口货物原产地证书。

第十二条 签证机构应依据本规定以及相应优惠贸易协定项下所确定的原产地规则签发出口货物原产地证书。

第十三条 海关总署应当对签证机构是否依照本规定第十二条规定签发优惠贸易协定项下出口货物原产地证书进行监督和检查。

签证机构应当定期向海关总署报送依据本规定第十二条规定签发优惠贸易协定项下出口货物原产地证书的有关情况。

第十四条 货物申报进口时，进口货物收货人或者其代理人应当按照海关的申报规定填制《中华人民共和国海关进口货物报关单》，申明适用协定税率或者特惠税率，并同时提交下列单证：

（一）货物的有效原产地证书正本，或者相关优惠贸易协定规定的原产地声明文件；

（二）货物的商业发票正本、运输单证等其他商业单证。

货物经过其他国家或者地区运输至中国境内，应当提交证明符合本规定第十条第二款规定的联运提单等证明文件；在其他国家或者地区临时储存的，还应当提交该国家或者地区海关出具的证明符合本规定第十条第二款规定的其他文件。

第十五条 进口货物收货人或者其代理人向海关提交的原产地证书应当同时符合下列要求：

（一）符合相应优惠贸易协定关于证书格式、填制内容、签章、提交期限等规定；

（二）与商业发票、报关单等单证的内容相符。

第十六条 原产地申报为优惠贸易协定成员国或者地区的货物，进口货物收货人及其代理人未依照本规定第十四条规定提交原产地证书、原产地声明的，应当在申报进口时就进口货物是否具备相应优惠贸易协定成员国或者地区原产资格向海关进行补充申报（格式见附件）。

第十七条 进口货物收货人或者其代理人依照本规定第十六条规定进行补充申报的，海关可以根据进口货物收货人或者其代理人的申请，按照协定税率或者特惠税率收取等值保证金后放行货物，并按照规定办理进口手续、进行海关统计。

海关认为需要对进口货物收货人或者其代理人提交的原产地证书的真实性、货物是否原产于优惠贸易协定成员国或者地区进行核查的，应当按照该货物适用的最惠国税率、普通税率或者其他税率收取相当于应缴税款的等值保证金后放行货物，并按照规定办理进口手续、进行海关统计。

第十八条　出口货物申报时，出口货物发货人应当按照海关的申报规定填制《中华人民共和国海关出口货物报关单》，并向海关提交原产地证书电子数据或者原产地证书正本的复印件。

第十九条　为确定货物原产地是否与进出口货物收发货人提交的原产地证书及其他申报单证相符，海关可以对进出口货物进行查验，具体程序按照《中华人民共和国海关进出口货物查验管理办法》有关规定办理。

第二十条　优惠贸易协定项下进出口货物及其包装上标有原产地标记的，其原产地标记所标明的原产地应当与依照本规定确定的货物原产地一致。

第二十一条　有下列情形之一的，进口货物不适用协定税率或者特惠税率：

（一）进口货物收货人或者其代理人在货物申报进口时没有提交符合规定的原产地证书、原产地声明，也未就进口货物是否具备原产资格进行补充申报的；

（二）进口货物收货人或者其代理人未提供商业发票、运输单证等其他商业单证，也未提交其他证明符合本规定第十四条规定的文件的；

（三）经查验或者核查，确认货物原产地与申报内容不符，或者无法确定货物真实原产地的；

（四）其他不符合本规定及相应优惠贸易协定规定的情形。

第二十二条　海关认为必要时，可以请求出口成员国或者地区主管机构对优惠贸易协定项下进口货物原产地进行核查。

海关也可以依据相应优惠贸易协定的规定就货物原产地开展核查访问。

第二十三条　海关认为必要时，可以对优惠贸易协定项下出口货物原产地进行核查，以确定其原产地。

应优惠贸易协定成员国或者地区要求，海关可以对出口货物原产地证书或者原产地进行核查，并应当在相应优惠贸易协定规定的期限内反馈核查结果。

第二十四条　进出口货物收发货人可以依照《中华人民共和国海关行政裁定管理暂行办法》有关规定，向海关申请原产地行政裁定。

第二十五条　海关总署可以依据有关法律、行政法规、海关规章的规定，对进出口货物作出具有普遍约束力的原产地决定。

第二十六条　海关对依照本规定获得的商业秘密依法负有保密义务。未经进出口货物收发货人同意，海关不得泄露或者用于其他用途，但是法律、行政法规及相关司法解释另有规定的除外。

第二十七条　违反本规定，构成走私行为、违反海关监管规定行为或者其他违反《海关法》行为的，由海关依照《海关法》、《中华人民共和国海关行政处罚实施条例》的有关规定予以处罚；构成犯罪的，依法追究刑事责任。

第二十八条　本规定下列用语的含义：

"生产"，是指获得货物的方法，包括货物的种植、饲养、开采、收获、捕捞、耕种、诱捕、狩猎、捕获、采集、收集、养殖、提取、制造、加工或者装配；

"非原产材料"，是指用于货物生产中的非优惠贸易协定成员国或者地区原产的材料，以及不明原产地的材料。

第二十九条　海关保税监管转内销货物享受协定税率或者特惠税率的具体实施办法由海关总署另行规定。

第三十条　本规定由海关总署负责解释。

第三十一条　本规定自 2009 年 3 月 1 日起施行。

附件：《中华人民共和国海关进出口货物优惠原产地管理规定》进口货物原产资格申明（略）

中华人民共和国海关关于最不发达国家特别优惠关税待遇进口货物原产地管理办法

（海关总署令第231号）

(2017年3月1日由海关总署发布，2017年4月1日起施行，法规类型为部门规章)

第一条 为了正确确定与我国建交的最不发达国家特别优惠关税待遇进口货物的原产地，促进我国与有关国家间的经贸往来，根据《中华人民共和国海关法》、《中华人民共和国进出口货物原产地条例》的有关规定，制定本办法。

第二条 本办法适用于从与我国建交的最不发达国家（以下称受惠国）进口并且享受特别优惠关税待遇货物的原产地管理。

第三条 进口货物符合下列条件之一的，其原产国为受惠国：
（一）完全在受惠国获得或者生产的；
（二）在受惠国境内全部使用符合本办法规定的原产材料生产的；
（三）在受惠国境内非完全获得或者生产，但是在该受惠国完成实质性改变的。

本条第一款第（三）项所称"实质性改变"，按照本办法第五条、第六条规定的标准予以确定。

原产于受惠国的货物，从受惠国直接运输至中国境内的，可以按照本办法规定申请适用《中华人民共和国进出口税则》（以下简称《税则》）中相应的特惠税率。

第四条 本办法第三条第一款第（一）项所称"完全在受惠国获得或者生产"的货物是指：
（一）在该受惠国出生并且饲养的活动物；
（二）在该受惠国从本条第（一）项所指的动物中获得的货物；
（三）在该受惠国收获、采摘或者采集的植物和植物产品；
（四）在该受惠国狩猎或者捕捞获得的货物；
（五）在该受惠国注册或者登记，并且合法悬挂该受惠国国旗的船只，在该受惠国根据符合其缔结的相关国际协定可以适用的国内法有权开发的境外水域得到的鱼类、甲壳类动物以及其他海洋生物；
（六）在该受惠国注册或者登记，并且合法悬挂该受惠国国旗的加工船上加工本条第（五）项所列货物获得的货物；
（七）在该受惠国开采或者提取的矿产品以及其他天然生成物质，或者从该受惠国根据符合其缔结的相关国际协定可以适用的国内法有权开采的境外水域、海床或者海床底土得到或者提取的除鱼类、甲壳类动物以及其他海洋生物以外的货物；
（八）在该受惠国消费过程中产生并且收集的仅适用于原材料回收的废旧物品；
（九）在该受惠国加工制造过程中产生的仅适用于原材料回收的废碎料；
（十）利用本条第（一）项至第（九）项所列货物在该受惠国加工所得的货物。

第五条 除《与我国建交的最不发达国家产品特定原产地规则》另有规定外，在受惠国境内使用非受惠国原产材料进行制造或者加工，所得货物在《税则》中的四位数级税则归类发生变化的，应当视为原产于该受惠国的货物。

使用非受惠国原产材料制造或者加工的货物，生产过程中所使用的非原产材料不符合本条第一款规定，但是按照《海关估价协定》确定的非原产材料成交价格不超过该货物价格的10%，并且符合本办法其他适用规定的，该货物仍然应当视为受惠国原产货物。

第六条　除《与我国建交的最不发达国家产品特定原产地规则》另有规定外，在受惠国境内使用非受惠国原产材料生产的货物，其区域价值成分不低于所得货物价格40%的，应当视为原产于该受惠国的货物。

本条第一款所称货物的区域价值成分应当按照下列方法计算比例：

$$区域价值成分 = \frac{货物价格 - 非原产材料价格}{货物价格} \times 100\%$$

其中，"货物价格"是指按照《海关估价协定》，在船上交货价格（FOB）基础上调整的货物价格。"非原产材料价格"是指按照《海关估价协定》确定的非原产材料的进口成本、运至目的港口或者地点的运费和保险费（CIF），包括不明原产地材料的价格。非原产材料由生产商在受惠国境内获得时，按照《海关估价协定》确定的成交价格，不包括将该非原产材料从供应商仓库运抵生产商所在地过程中产生的运费、保险费、包装费以及其他任何费用。

第七条　原产于中国的货物或者材料在受惠国境内被用于生产另一货物的，该货物或者材料应当视为受惠国的原产货物或者材料。

受惠国是特定区域性集团成员国的，该集团内其他受惠国的原产货物或者材料在该受惠国用于生产另一货物时，所使用的其他受惠国的原产货物或者材料可以视为该受惠国的原产货物或者材料。

第八条　下列微小加工或者处理不影响货物原产地确定：

（一）为确保货物在运输或者储藏期间处于良好状态而进行的处理；

（二）把物品零部件装配成完整品，或者将产品拆成零部件的简单装配或者拆卸；

（三）更换包装、分拆、组合包装；

（四）洗涤、清洁、除尘、除去氧化物、除油、去漆以及去除其他涂层；

（五）纺织品的熨烫或者压平；

（六）简单的上漆以及磨光工序；

（七）谷物以及大米的去壳、部分或者完全的漂白、抛光以及上光；

（八）食糖上色或者加味，或者形成糖块的操作；部分或者全部将晶糖磨粉；

（九）水果、坚果以及蔬菜的去皮、去核以及去壳；

（十）削尖、简单研磨或者简单切割；

（十一）过滤、筛选、挑选、分类、分级、匹配（包括成套物品的组合）、纵切、弯曲、卷绕、展开；

（十二）简单装瓶、装罐、装壶、装袋、装箱或者装盒、固定于纸板或者木板以及其他简单的包装工序；

（十三）在产品或者其包装上粘贴或者印刷标志、标签、标识以及其他类似的区别标记；

（十四）同类或者不同类产品的简单混合；糖与其他材料的混合；

（十五）测试或者校准；

（十六）仅仅用水或者其他物质稀释，未实质改变货物的性质；

（十七）干燥、加盐（或者盐渍）、冷藏、冷冻；

（十八）动物屠宰；

（十九）第（一）项至第（十八）项中两项或者多项工序的组合。

第九条 属于《税则》归类总规则三所规定的成套货物，其中全部货物均原产于某一受惠国的，该成套货物即为原产于该受惠国；其中部分货物非原产于该受惠国，但是按照本办法第六条确定的比例未超过该成套货物价格15%的，该成套货物仍应当视为原产于该受惠国。

第十条 在确定货物的原产地时，货物生产过程中使用、本身不构成货物物质成分、也不成为货物组成部件的下列材料或者物品，其原产地不影响货物原产地的确定：

（一）燃料、能源、催化剂以及溶剂；

（二）用于测试或者检验货物的设备、装置以及用品；

（三）手套、眼镜、鞋靴、衣服、安全设备以及用品；

（四）工具、模具以及型模；

（五）用于维护设备和厂房建筑的备件以及材料；

（六）在生产中使用或者用于运行设备和维护厂房建筑的润滑剂、油（滑）脂、合成材料以及其他材料；

（七）在货物生产过程中使用，未构成该货物组成成分，但是能够合理表明其参与了该货物生产过程的任何其他货物。

第十一条 货物适用税则归类改变标准的，在确定货物的原产地时，与货物一起申报进口并在《税则》中与该货物一并归类的包装、包装材料和容器，以及正常配备的附件、备件、工具以及介绍说明性材料，不单独开具发票的，其原产地不影响货物原产地的确定。

货物适用区域价值成分标准的，在计算货物的区域价值成分时，与货物一起申报进口并在《税则》中与该货物一并归类的包装、包装材料和容器，以及正常配备的附件、备件、工具以及介绍说明性材料的价格应当予以计算。

第十二条 本办法所称直接运输，是指受惠国原产货物从该受惠国直接运输至我国境内，途中未经过中国和该受惠国以外的其他国家或者地区（以下简称"其他国家或者地区"）。

受惠国原产货物经过其他国家或者地区运输至我国境内，不论在运输途中是否转换运输工具或者作临时储存，同时符合下列条件的，应当视为直接运输：

（一）未进入其他国家或者地区的贸易或者消费领域；

（二）该货物在经过其他国家或者地区时，未做除装卸或者其他为使货物保持良好状态所必需处理以外的其他处理；

（三）处于该国家或者地区海关的监管之下。

本条第二款规定情形下，相关货物进入其他国家或者地区停留时间最长不得超过6个月。

第十三条 海关有证据证明进口货物有规避本办法嫌疑的，该进口货物不得享受特别优惠关税待遇。

第十四条 进口货物收货人或者其代理人应当在运输工具申报进境之日起14日内按照海关的申报规定填制《中华人民共和国海关进口货物报关单》，申明适用特惠税率，并且同时提交下列单证，海关总署另有规定的除外：

（一）符合本办法规定，并且在有效期内的原产地证书（格式见附件1）或者原产地声明（格式见附件2）；

（二）货物的商业发票；

（三）货物的全程运输单证。

货物经过其他国家或者地区运输至中国境内的，还应当提交其他国家或者地区海关出具的证明文件或者海关认可的其他证明文件。

海关已经通过相关信息交换系统接收受惠国原产地证书、证明文件电子数据的，对于该受惠国的原产货物，进口货物收货人或者其代理人无需提交相应的纸本单证。

进口货物收货人或者其代理人提交的本条第一款第（三）项所述运输单证可以满足直接运输相关规定的，也无需提交本条第二款所述证明文件。

第十五条 除海关总署另有规定外，原产地申报为受惠国的进口货物，其进口货物收货人或者其代理人在申报进口时未提交有效原产地证书或者原产地声明，或者海关未接收到第十四条第三款所述电子数据的，应当在货物放行前就该进口货物是否具备受惠国原产资格向海关进行补充申报（格式见附件3）。

进口货物收货人或者其代理人依照前款规定就进口货物具备受惠国原产资格向海关进行补充申报并且依法提供相应税款担保的，海关按照规定办理进口手续，依照法律、行政法规规定不得办理担保的情形除外。由于提前放行等原因已经提交了与货物可能承担的最高税款总额相当的税款担保的，可以不再单独就货物是否具有原产资格提供担保。

进口货物收货人或者其代理人未按照有关规定向海关申报进口的，或者进口货物收货人或者其代理人在货物申报进口时未申明适用《税则》中的特惠税率，也未按照本条规定就该进口货物是否具备受惠国原产资格进行补充申报的，有关进口货物不适用《税则》中的特惠税率。

进口货物收货人或者其代理人在货物放行后向海关申请适用《税则》中特惠税率的，已征税款不予调整。

第十六条 进口货物收货人或者其代理人向海关提交的有效原产地证书应当同时符合下列条件：

（一）由受惠国政府指定的签证机构在货物不晚于出口后5个工作日内签发；

（二）符合本办法附件1所列格式，以英文填制；

（三）符合与受惠国通知中国海关的签证机构印章样本，以及海关或者口岸主管部门印章和签名相符等安全要求；

（四）所列的一项或者多项货物为同一批次的进口货物；

（五）具有不重复的有效原产地证书编号；

（六）注明确定货物具有原产资格的依据。

原产地证书自签发之日起1年内有效。

第十七条 海关已经应进口货物收货人或者其代理人申请依法作出原产地裁定，确认进口货物原产地为受惠国的，如果该裁定处于有效状态，据以作出该裁定的依据和事实也没有发生变化的，则该裁定项下货物进口时，进口货物收货人或者其代理人可以向海关提交原产地声明，申明适用《税则》中的特惠税率。

进口货物收货人或者其代理人向海关提交的原产地声明应当同时符合下列条件：

（一）符合本办法附件2所列格式，并且以中文填制；

（二）由进口货物收货人或者其代理人打印后填写并且正确署名；

（三）一份原产地声明只能对应一项裁定。

该声明自署名之日起1年内有效。

第十八条 海关对原产地证书的真实性、相关货物是否原产于相关受惠国或者是否符合本办法其他规定产生怀疑时，海关总署可以直接或者通过中国驻相关受惠国使领馆经济商务参赞处（室）向受惠国海关或者有效原产地证书签证机构提出核查要求，并且要求其自收到核查要求之日起180日内予以答复。必要时，经受惠国相关主管部门同意，海关总署可以派员访问受惠国的出口商或者生产商所在地，对受惠国主管机构的核查程序进行实地考察。

海关对进口货物收货人或者其代理人提交的原产地声明有疑问的，可以对出具该原产地声明的进口货物收货人或者其代理人开展核查，被核查的进口货物收货人或者其代理人应当自收到核查要求之日起180日内向海关提交书面答复。

未能在上述期限内收到答复的，该货物不得适用特惠税率。

在等待受惠国原产地证书核查结果期间,依照进口货物收货人或者其代理人的申请,海关可以依法选择按照该货物适用的最惠国税率、普通税率或者其他税率收取等值保证金后放行货物,并按规定办理进口手续、进行海关统计。核查完毕后,海关应当根据核查结果,立即办理退还保证金手续或者办理保证金转为进口税款手续,海关统计数据应当作相应修改。

对国家限制进口或者有违法嫌疑的进口货物,海关在原产地证书核查完毕前不得放行。

第十九条 有下列情形之一的,自货物进口之日起1年内,进口货物收货人或者其代理人可以在海关批准的担保期限内向海关申请解除税款担保:

(一)进口货物收货人或者其代理人已经按照本办法规定向海关进行补充申报并且提交了本办法第十四条所述有效原产地证书、原产地声明或者证明文件的;

(二)海关收到本办法第十四条第一款第(一)项、第二款所述电子数据的。

第二十条 同一批次进口的受惠国原产货物,经海关依法审定的完税价格不超过6000元人民币的,免予提交有效原产地证书或者原产地声明。

为规避本办法规定,一次或者多次进口货物的,不适用前款规定。

第二十一条 原产地证书被盗、遗失或者损毁,并且未经使用的,进口货物收货人或者其代理人可以要求该进口货物的出口人向受惠国原签证机构申请在原证书有效期内签发经核准的原产地证书真实副本。该副本应当在备注栏以英文注明"原产地证书正本(编号_____日期_____)经核准的真实副本"字样。经核准的原产地证书真实副本向海关提交后,原产地证书正本失效。原产地证书正本已经使用的,经核准的原产地证书副本无效。

第二十二条 有下列情形之一的,原产地证书可以在货物出口之日起1年内予以补发:

(一)由于不可抗力没有在货物不晚于出口后5个工作日内签发原产地证书的;

(二)授权机构确信已签发原产地证书,但由于不符合本办法第十六条规定,原产地证书未被海关接受的。

补发的原产地证书应当以英文注明"补发"字样。本条第一款第(一)项情形下,补发证书自货物实际出口之日起1年内有效;在第一款第(二)项情形下,补发证书的有效期应当与原原产地证书的有效期相一致。

第二十三条 具有下列情形之一的,进口货物不适用特惠税率:

(一)进口货物不具备受惠国原产资格;

(二)申报进口时,进口货物收货人或者其代理人没有按照本办法第十四条规定提交有效原产地证书或者原产地声明,也未就进口货物是否具备受惠国原产资格进行补充申报的;

(三)原产地证书或者原产地声明不符合本办法规定的;

(四)原产地证书所列货物与实际进口货物不符的;

(五)自受惠国海关或者签证机构收到原产地核查请求之日起180日内,海关没有收到受惠国海关或者签证机构答复结果,或者该答复结果未包含足以确定有效原产地证书真实性或者货物真实原产地信息的;

(六)自进口货物收货人或者其代理人收到原产地核查请求之日起180日内,海关没有收到进口货物收货人或者其代理人答复结果,或者该答复结果未包含足以确定有效原产地证书真实性或者货物真实原产地信息的;

(七)进口货物收货人或者其代理人存在其他不遵守本办法有关规定行为的。

第二十四条 海关对依照本办法规定获得的商业秘密依法负有保密义务。未经进口货物收货人同意,海关不得泄露或者用于其他用途,但是法律、行政法规及相关司法解释另有规定的除外。

第二十五条 违反本办法,构成走私行为、违反海关监管规定行为或者其他违反《中华人民共和国海关法》行为的,由海关依照《中华人民共和国海关法》和《中华人民共和国海关行政处罚实施条例》的有关规定予以处理；构成犯罪的，依法追究刑事责任。

第二十六条 本办法下列用语的含义：

受惠国，是指与中国签有对最不发达国家特别优惠关税待遇换文的国家或者地区；

材料，是指以物理形式构成另一货物的组成部分或者在生产另一货物的过程中所使用的货物，包括任何组件、零件、部件、成分或者原材料；

原产材料，是指根据本办法规定具备原产资格的材料；

生产，是指货物获得的方法，包括货物的种植、饲养、提取、采摘、采集、开采、收获、捕捞、诱捕、狩猎、制造、加工或者装配；

《海关估价协定》，是指作为《马拉喀什建立世贸组织协定》一部分的《关于履行1994年关税与贸易总协定第7条的协定》。

第二十七条 本办法中《与我国建交的最不发达国家产品特定原产地规则》和区域性集团名单由海关总署另行公告。

第二十八条 本办法由海关总署负责解释。

第二十九条 本办法自2017年4月1日起施行。2010年6月28日海关总署令第192号公布的《中华人民共和国海关最不发达国家特别优惠关税待遇进口货物原产地管理办法》、2013年7月1日海关总署令第210号公布的《海关总署关于修改〈中华人民共和国海关最不发达国家特别优惠关税待遇进口货物原产地管理办法〉的决定》同时废止。

附件：1. 原产地证书（略）
2. 原产地声明（略）
3. 《中华人民共和国海关进出口货物优惠原产地管理规定》进口货物原产资格申明（略）

关于优惠贸易协定项下符合"直接运输"单证事宜的公告

（海关总署公告2015年第57号）

（2015年12月7日由海关总署发布，2015年12月20日起施行，法规类型为规范性文件）

为便利各优惠贸易安排中"直接运输"条款的实施，对于经香港或澳门之外的第三方中转的进口货物，其收货人或者代理人（以下简称"进口人"）申报适用协定税率或特惠税率时向海关提交下列运输单证之一的，海关不再要求提交中转地海关出具的证明文件：

一、对空运或海运进口货物，经营国际快递业务的企业、民用航空运输企业、国际班轮运输经营者及其委托代理人出具的单份运输单证。该运输单证应在同一页上载明始发地为进口货物的原产国（地区）境内，且目的地为中国境内；原产于内陆国家（地区）的海运进口货物，始发地可为其海运始发地。

二、对已实现原产地电子数据交换的《海峡两岸经济合作框架协议》（ECFA）等协定项下集装箱运输货物，也可提交能够证明货物在运输过程中集装箱箱号、封志号未发生变动的全程运输单证。海关对上述运输单证有疑问的，进口人应当补充提交相关资料。

经香港、澳门中转货物的相关规定另行公告。

本公告自2015年12月20日起执行。海关总署公告2015年第8号同时废止。

海关税收篇

综合管理

中华人民共和国进出口关税条例

（国务院令第 392 号）

（2003 年 11 月 23 日由国务院发布；根据 2011 年 1 月 8 日国务院令第 588 号《国务院关于废止和修改部分行政法规的决定》第一次修订，根据 2013 年 12 月 7 日国务院令第 645 号《国务院关于修改部分行政法规的决定》第二次修订，根据 2016 年 2 月 6 日国务院令第 666 号《国务院关于修改部分行政法规的决定》第三次修订，根据 2017 年 3 月 1 日国务院令第 676 号《国务院关于修改和废止部分行政法规的决定》第四次修订；现行版本自 2017 年 3 月 1 日起施行；法规类型为行政法规）

第一章 总 则

第一条 为了贯彻对外开放政策，促进对外经济贸易和国民经济的发展，根据《中华人民共和国海关法》（以下简称《海关法》）的有关规定，制定本条例。

第二条 中华人民共和国准许进出口的货物、进境物品，除法律、行政法规另有规定外，海关依照本条例规定征收进出口关税。

第三条 国务院制定《中华人民共和国进出口税则》（以下简称《税则》）、《中华人民共和国进境物品进口税税率表》（以下简称《进境物品进口税税率表》），规定关税的税目、税则号列和税率，作为本条例的组成部分。

第四条 国务院设立关税税则委员会，负责《税则》和《进境物品进口税税率表》的税目、税则号列和税率的调整和解释，报国务院批准后执行；决定实行暂定税率的货物、税率和期限；决定关税配额税率；决定征收反倾销税、反补贴税、保障措施关税、报复性关税以及决定实施其他关税措施；决定特殊情况下税率的适用，以及履行国务院规定的其他职责。

第五条 进口货物的收货人、出口货物的发货人、进境物品的所有人，是关税的纳税义务人。

第六条 海关及其工作人员应当依照法定职权和法定程序履行关税征管职责，维护国家利益，保护纳税人合法权益，依法接受监督。

第七条 纳税义务人有权要求海关对其商业秘密予以保密，海关应当依法为纳税义务人保密。

第八条 海关对检举或者协助查获违反本条例行为的单位和个人，应当按照规定给予奖励，并负责保密。

第二章　进出口货物关税税率的设置和适用

第九条　进口关税设置最惠国税率、协定税率、特惠税率、普通税率、关税配额税率等税率。对进口货物在一定期限内可以实行暂定税率。

出口关税设置出口税率。对出口货物在一定期限内可以实行暂定税率。

第十条　原产于共同适用最惠国待遇条款的世界贸易组织成员的进口货物，原产于与中华人民共和国签订含有相互给予最惠国待遇条款的双边贸易协定的国家或者地区的进口货物，以及原产于中华人民共和国境内的进口货物，适用最惠国税率。

原产于与中华人民共和国签订含有关税优惠条款的区域性贸易协定的国家或者地区的进口货物，适用协定税率。

原产于与中华人民共和国签订含有特殊关税优惠条款的贸易协定的国家或者地区的进口货物，适用特惠税率。

原产于本条第一款、第二款和第三款所列以外国家或者地区的进口货物，以及原产地不明的进口货物，适用普通税率。

第十一条　适用最惠国税率的进口货物有暂定税率的，应当适用暂定税率；适用协定税率、特惠税率的进口货物有暂定税率的，应当从低适用税率；适用普通税率的进口货物，不适用暂定税率。

适用出口税率的出口货物有暂定税率的，应当适用暂定税率。

第十二条　按照国家规定实行关税配额管理的进口货物，关税配额内的，适用关税配额税率；关税配额外的，其税率的适用按照本条例第十条、第十一条的规定执行。

第十三条　按照有关法律、行政法规的规定对进口货物采取反倾销、反补贴、保障措施的，其税率的适用按照《中华人民共和国反倾销条例》、《中华人民共和国反补贴条例》和《中华人民共和国保障措施条例》的有关规定执行。

第十四条　任何国家或者地区违反与中华人民共和国签订或者共同参加的贸易协定及相关协定，对中华人民共和国在贸易方面采取禁止、限制、加征关税或者其他影响正常贸易的措施的，对原产于该国家或者地区的进口货物可以征收报复性关税，适用报复性关税税率。

征收报复性关税的货物、适用国别、税率、期限和征收办法，由国务院关税税则委员会决定并公布。

第十五条　进出口货物，应当适用海关接受该货物申报进口或者出口之日实施的税率。

进口货物到达前，经海关核准先行申报的，应当适用装载该货物的运输工具申报进境之日实施的税率。

转关运输货物税率的适用日期，由海关总署另行规定。

第十六条　有下列情形之一，需缴纳税款的，应当适用海关接受申报办理纳税手续之日实施的税率：

（一）保税货物经批准不复运出境的；

（二）减免税货物经批准转让或者移作他用的；

（三）暂时进境货物经批准不复运出境，以及暂时出境货物经批准不复运进境的；

（四）租赁进口货物，分期缴纳税款的。

第十七条　补征和退还进出口货物关税，应当按照本条例第十五条或者第十六条的规定确定适用的税率。

因纳税义务人违反规定需要追征税款的，应当适用该行为发生之日实施的税率；行为发生之日不能确定的，适用海关发现该行为之日实施的税率。

第三章 进出口货物完税价格的确定

第十八条 进口货物的完税价格由海关以符合本条第三款所列条件的成交价格以及该货物运抵中华人民共和国境内输入地点起卸前的运输及其相关费用、保险费为基础审查确定。

进口货物的成交价格，是指卖方向中华人民共和国境内销售该货物时买方为进口该货物向卖方实付、应付的，并按照本条例第十九条、第二十条规定调整后的价款总额，包括直接支付的价款和间接支付的价款。

进口货物的成交价格应当符合下列条件：

（一）对买方处置或者使用该货物不予限制，但法律、行政法规规定实施的限制、对货物转售地域的限制和对货物价格无实质性影响的限制除外；

（二）该货物的成交价格没有因搭售或者其他因素的影响而无法确定；

（三）卖方不得从买方直接或者间接获得因该货物进口后转售、处置或者使用而产生的任何收益，或者虽有收益但能够按照本条例第十九条、第二十条的规定进行调整；

（四）买卖双方没有特殊关系，或者虽有特殊关系但未对成交价格产生影响。

第十九条 进口货物的下列费用应当计入完税价格：

（一）由买方负担的购货佣金以外的佣金和经纪费；

（二）由买方负担的在审查确定完税价格时与该货物视为一体的容器的费用；

（三）由买方负担的包装材料费用和包装劳务费用；

（四）与该货物的生产和向中华人民共和国境内销售有关的，由买方以免费或者以低于成本的方式提供并可以按适当比例分摊的料件、工具、模具、消耗材料及类似货物的价款，以及在境外开发、设计等相关服务的费用；

（五）作为该货物向中华人民共和国境内销售的条件，买方必须支付的、与该货物有关的特许权使用费；

（六）卖方直接或者间接从买方获得的该货物进口后转售、处置或者使用的收益。

第二十条 进口时在货物的价款中列明的下列税收、费用，不计入该货物的完税价格：

（一）厂房、机械、设备等货物进口后进行建设、安装、装配、维修和技术服务的费用；

（二）进口货物运抵境内输入地点起卸后的运输及其相关费用、保险费；

（三）进口关税及国内税收。

第二十一条 进口货物的成交价格不符合本条例第十八条第三款规定条件的，或者成交价格不能确定的，海关经了解有关情况，并与纳税义务人进行价格磋商后，依次以下列价格估定该货物的完税价格：

（一）与该货物同时或者大约同时向中华人民共和国境内销售的相同货物的成交价格。

（二）与该货物同时或者大约同时向中华人民共和国境内销售的类似货物的成交价格。

（三）与该货物进口的同时或者大约同时，将该进口货物、相同或者类似进口货物在第一级销售环节销售给无特殊关系买方最大销售总量的单位价格，但应当扣除本条例第二十二条规定的项目。

（四）按照下列各项总和计算的价格：生产该货物所使用的料件成本和加工费用，向中华人民共和国境内销售同等级或者同种类货物通常的利润和一般费用，该货物运抵境内输入地点起卸前的运输及其相关费用、保险费。

（五）以合理方法估定的价格。

纳税义务人向海关提供有关资料后，可以提出申请，颠倒前款第（三）项和第（四）项的适用次序。

第二十二条 按照本条例第二十一条第一款第（三）项规定估定完税价格，应当扣除的项目是指：

（一）同等级或者同种类货物在中华人民共和国境内第一级销售环节销售时通常的利润和一般费用以及通常支付的佣金；

（二）进口货物运抵境内输入地点起卸后的运输及其相关费用、保险费；

（三）进口关税及国内税收。

第二十三条 以租赁方式进口的货物，以海关审查确定的该货物的租金作为完税价格。

纳税义务人要求一次性缴纳税款的，纳税义务人可以选择按照本条例第二十一条的规定估定完税价格，或者按照海关审查确定的租金总额作为完税价格。

第二十四条 运往境外加工的货物，出境时已向海关报明并在海关规定的期限内复运进境的，应当以境外加工费和料件费以及复运进境的运输及其相关费用和保险费审查确定完税价格。

第二十五条 运往境外修理的机械器具、运输工具或者其他货物，出境时已向海关报明并在海关规定的期限内复运进境的，应当以境外修理费和料件费审查确定完税价格。

第二十六条 出口货物的完税价格由海关以该货物的成交价格以及该货物运至中华人民共和国境内输出地点装载前的运输及其相关费用、保险费为基础审查确定。

出口货物的成交价格，是指该货物出口时卖方为出口该货物应当向买方直接收取和间接收取的价款总额。

出口关税不计入完税价格。

第二十七条 出口货物的成交价格不能确定的，海关经了解有关情况，并与纳税义务人进行价格磋商后，依次以下列价格估定该货物的完税价格：

（一）与该货物同时或者大约同时向同一国家或者地区出口的相同货物的成交价格。

（二）与该货物同时或者大约同时向同一国家或者地区出口的类似货物的成交价格。

（三）按照下列各项总和计算的价格：境内生产相同或者类似货物的料件成本、加工费用、通常的利润和一般费用，境内发生的运输及其相关费用、保险费。

（四）以合理方法估定的价格。

第二十八条 按照本条例规定计入或者不计入完税价格的成本、费用、税收，应当以客观、可量化的数据为依据。

第四章 进出口货物关税的征收

第二十九条 进口货物的纳税义务人应当自运输工具申报进境之日起14日内，出口货物的纳税义务人除海关特准的外，应当在货物运抵海关监管区后、装货的24小时以前，向货物的进出境地海关申报。进出口货物转关运输的，按照海关总署的规定执行。

进口货物到达前，纳税义务人经海关核准可以先行申报。具体办法由海关总署另行规定。

第三十条 纳税义务人应当依法如实向海关申报，并按照海关的规定提供有关确定完税价格、进行商品归类、确定原产地以及采取反倾销、反补贴或者保障措施等所需的资料；必要时，海关可以要求纳税义务人补充申报。

第三十一条 纳税义务人应当按照《税则》规定的目录条文和归类总规则、类注、章注、子目注释以及其他归类注释，对其申报的进出口货物进行商品归类，并归入相应的税则号列；海关应当依法审核确定该货物的商品归类。

第三十二条 海关可以要求纳税义务人提供确定商品归类所需的有关资料；必要时，海关可以组织化验、检验，并将海关认定的化验、检验结果作为商品归类的依据。

第三十三条 海关为审查申报价格的真实性和准确性，可以查阅、复制与进出口货物有关的合同、发票、账册、结付汇凭证、单据、业务函电、录音录像制品和其他反映买卖双方关系及交易活动的资料。

海关对纳税义务人申报的价格有怀疑并且所涉关税数额较大的，经直属海关关长或者其授权的隶属海关关长批准，凭海关总署统一格式的协助查询账户通知书及有关工作人员的工作证件，可以查询纳税义务人在银行或者其他金融机构开立的单位账户的资金往来情况，并向银行业监督管理机构通报有关情况。

第三十四条 海关对纳税义务人申报的价格有怀疑的，应将怀疑的理由书面告知纳税义务人，要求其在规定的期限内书面作出说明、提供有关资料。

纳税义务人在规定的期限内未作说明、未提供有关资料的，或者海关仍有理由怀疑申报价格的真实性和准确性的，海关可以不接受纳税义务人申报的价格，并按照本条例第三章的规定估定完税价格。

第三十五条 海关审查确定进出口货物的完税价格后，纳税义务人可以以书面形式要求海关就如何确定其进出口货物的完税价格作出书面说明，海关应当向纳税义务人作出书面说明。

第三十六条 进出口货物关税，以从价计征、从量计征或者国家规定的其他方式征收。

从价计征的计算公式为：应纳税额＝完税价格×关税税率

从量计征的计算公式为：应纳税额＝货物数量×单位税额

第三十七条 纳税义务人应当自海关填发税款缴款书之日起15日内向指定银行缴纳税款。纳税义务人未按期缴纳税款的，从滞纳税款之日起，按日加收滞纳税款万分之五的滞纳金。

海关可以对纳税义务人欠缴税款的情况予以公告。

海关征收关税、滞纳金等，应当制发缴款凭证，缴款凭证格式由海关总署规定。

第三十八条 海关征收关税、滞纳金等，应当按人民币计征。

进出口货物的成交价格以及有关费用以外币计价的，以中国人民银行公布的基准汇率折合为人民币计算完税价格；以基准汇率币种以外的外币计价的，按照国家有关规定套算为人民币计算完税价格。适用汇率的日期由海关总署规定。

第三十九条 纳税义务人因不可抗力或者在国家税收政策调整的情形下，不能按期缴纳税款，经依法提供税款担保后，可以延期缴纳税款，但是最长不得超过6个月。

第四十条 进出口货物的纳税义务人在规定的缴纳期限内有明显的转移、藏匿其应税货物以及其他财产迹象的，海关可以责令纳税义务人提供担保；纳税义务人不能提供担保的，海关可以按照《海关法》第六十一条的规定采取税收保全措施。

纳税义务人、担保人自缴纳税款期限届满之日起超过3个月仍未缴纳税款的，海关可以按照《海关法》第六十条的规定采取强制措施。

第四十一条 加工贸易的进口料件按照国家规定保税进口的，其制成品或者进口料件未在规定的期限内出口的，海关按照规定征收进口关税。

加工贸易的进口料件进境时按照国家规定征收进口关税的，其制成品或者进口料件在规定的期限内出口的，海关按照有关规定退还进境时已征收的关税税款。

第四十二条 暂时进境或者暂时出境的下列货物，在进境或者出境时纳税义务人向海关缴纳相当于应纳税款的保证金或者提供其他担保的，可以暂不缴纳关税，并应当自进境或者出境之日起6个月内复运出境或者复运进境；需要延长复运出境或者复运进境期限的，纳税义务人应当根据海关总署的规定向海关办理延期手续：

（一）在展览会、交易会、会议及类似活动中展示或者使用的货物；

（二）文化、体育交流活动中使用的表演、比赛用品；

（三）进行新闻报道或者摄制电影、电视节目使用的仪器、设备及用品；

（四）开展科研、教学、医疗活动使用的仪器、设备及用品；

（五）在本款第（一）项至第（四）项所列活动中使用的交通工具及特种车辆；

（六）货样；
（七）供安装、调试、检测设备时使用的仪器、工具；
（八）盛装货物的容器；
（九）其他用于非商业目的的货物。

第一款所列暂时进境货物在规定的期限内未复运出境的，或者暂时出境货物在规定的期限内未复运进境的，海关应当依法征收关税。

第一款所列可以暂时免征关税范围以外的其他暂时进境货物，应当按照该货物的完税价格和其在境内滞留时间与折旧时间的比例计算征收进口关税。具体办法由海关总署规定。

第四十三条 因品质或者规格原因，出口货物自出口之日起1年内原状复运进境的，不征收进口关税。

因品质或者规格原因，进口货物自进口之日起1年内原状复运出境的，不征收出口关税。

第四十四条 因残损、短少、品质不良或者规格不符原因，由进出口货物的发货人、承运人或者保险公司免费补偿或者更换的相同货物，进出口时不征收关税。被免费更换的原进口货物不退运出境或者原出口货物不退运进境的，海关应当对原进出口货物重新按照规定征收关税。

第四十五条 下列进出口货物，免征关税：
（一）关税税额在人民币50元以下的一票货物；
（二）无商业价值的广告品和货样；
（三）外国政府、国际组织无偿赠送的物资；
（四）在海关放行前损失的货物；
（五）进出境运输工具装载的途中必需的燃料、物料和饮食用品。

在海关放行前遭受损坏的货物，可以根据海关认定的受损程度减征关税。

法律规定的其他免征或者减征关税的货物，海关根据规定予以免征或者减征。

第四十六条 特定地区、特定企业或者有特定用途的进出口货物减征或者免征关税，以及临时减征或者免征关税，按照国务院的有关规定执行。

第四十七条 进口货物减征或者免征进口环节海关代征税，按照有关法律、行政法规的规定执行。

第四十八条 纳税义务人进出口减免税货物的，除另有规定外，应当在进出口该货物之前，按照规定持有关文件向海关办理减免税审批手续。经海关审查符合规定的，予以减征或者免征关税。

第四十九条 需由海关监管使用的减免税进口货物，在监管年限内转让或者移作他用需要补税的，海关应当根据该货物进口时间折旧估价，补征进口关税。

特定减免税进口货物的监管年限由海关总署规定。

第五十条 有下列情形之一的，纳税义务人自缴纳税款之日起1年内，可以申请退还关税，并应当以书面形式向海关说明理由，提供原缴款凭证及相关资料：
（一）已征进口关税的货物，因品质或者规格原因，原状退货复运出境的；
（二）已征出口关税的货物，因品质或者规格原因，原状退货复运进境，并已重新缴纳因出口而退还的国内环节有关税收的；
（三）已征出口关税的货物，因故未装运出口，申报退关的。

海关应当自受理退税申请之日起30日内查实并通知纳税义务人办理退还手续。纳税义务人应当自收到通知之日起3个月内办理有关退税手续。

按照其他有关法律、行政法规规定应当退还关税的，海关应当按照有关法律、行政法规的规定退税。

第五十一条 进出口货物放行后，海关发现少征或者漏征税款的，应当自缴纳税款或者货物放行之日起 1 年内，向纳税义务人补征税款。但因纳税义务人违反规定造成少征或者漏征税款的，海关可以自缴纳税款或者货物放行之日起 3 年内追征税款，并从缴纳税款或者货物放行之日起按日加收少征或者漏征税款万分之五的滞纳金。

海关发现海关监管货物因纳税义务人违反规定造成少征或者漏征税款的，应当自纳税义务人应缴纳税款之日起 3 年内追征税款，并从应缴纳税款之日起按日加收少征或者漏征税款万分之五的滞纳金。

第五十二条 海关发现多征税款的，应当立即通知纳税义务人办理退还手续。

纳税义务人发现多缴税款的，自缴纳税款之日起 1 年内，可以以书面形式要求海关退还多缴的税款并加算银行同期活期存款利息；海关应当自受理退税申请之日起 30 日内查实并通知纳税义务人办理退还手续。

纳税义务人应当自收到通知之日起 3 个月内办理有关退税手续。

第五十三条 按照本条例第五十条、第五十二条的规定退还税款、利息涉及从国库中退库的，按照法律、行政法规有关国库管理的规定执行。

第五十四条 报关企业接受纳税义务人的委托，以纳税义务人的名义办理报关纳税手续，因报关企业违反规定而造成海关少征、漏征税款的，报关企业对少征或者漏征的税款、滞纳金与纳税义务人承担纳税的连带责任。

报关企业接受纳税义务人的委托，以报关企业的名义办理报关纳税手续的，报关企业与纳税义务人承担纳税的连带责任。

除不可抗力外，在保管海关监管货物期间，海关监管货物损毁或者灭失的，对海关监管货物负有保管义务的人应当承担相应的纳税责任。

第五十五条 欠税的纳税义务人，有合并、分立情形的，在合并、分立前，应当向海关报告，依法缴清税款。纳税义务人合并时未缴清税款的，由合并后的法人或者其他组织继续履行未履行的纳税义务；纳税义务人分立时未缴清税款的，分立后的法人或者其他组织对未履行的纳税义务承担连带责任。

纳税义务人在减免税货物、保税货物监管期间，有合并、分立或者其他资产重组情形的，应当向海关报告。按照规定需要缴税的，应当依法缴清税款；按照规定可以继续享受减免税、保税待遇的，应当到海关办理变更纳税义务人的手续。

纳税义务人欠税或者在减免税货物、保税货物监管期间，有撤销、解散、破产或者其他依法终止经营情形的，应当在清算前向海关报告。海关应当依法对纳税义务人的应缴税款予以清缴。

第五章 进境物品进口税的征收

第五十六条 进境物品的关税以及进口环节海关代征税合并为进口税，由海关依法征收。

第五十七条 海关总署规定数额以内的个人自用进境物品，免征进口税。

超过海关总署规定数额但仍在合理数量以内的个人自用进境物品，由进境物品的纳税义务人在进境物品放行前按照规定缴纳进口税。

超过合理、自用数量的进境物品应当按照进口货物依法办理相关手续。

国务院关税税则委员会规定按货物征税的进境物品，按照本条例第二章至第四章的规定征收关税。

第五十八条 进境物品的纳税义务人是指：携带物品进境的入境人员、进境邮递物品的收件人以及以其他方式进口物品的收件人。

第五十九条 进境物品的纳税义务人可以自行办理纳税手续，也可以委托他人办理纳税手

1343

续。接受委托的人应当遵守本章对纳税义务人的各项规定。

　　第六十条　进口税从价计征。

　　进口税的计算公式为：进口税税额＝完税价格×进口税税率

　　第六十一条　海关应当按照《进境物品进口税税率表》及海关总署制定的《中华人民共和国进境物品归类表》、《中华人民共和国进境物品完税价格表》对进境物品进行归类、确定完税价格和确定适用税率。

　　第六十二条　进境物品，适用海关填发税款缴款书之日实施的税率和完税价格。

　　第六十三条　进口税的减征、免征、补征、追征、退还以及对暂准进境物品征收进口税参照本条例对货物征收进口关税的有关规定执行。

第六章　附　则

　　第六十四条　纳税义务人、担保人对海关确定纳税义务人、确定完税价格、商品归类、确定原产地、适用税率或者汇率、减征或者免征税款、补税、退税、征收滞纳金、确定计征方式以及确定纳税地点有异议的，应当缴纳税款，并可以依法向上一级海关申请复议。对复议决定不服的，可以依法向人民法院提起诉讼。

　　第六十五条　进口环节海关代征税的征收管理，适用关税征收管理的规定。

　　第六十六条　有违反本条例规定行为的，按照《海关法》、《中华人民共和国海关行政处罚实施条例》和其他有关法律、行政法规的规定处罚。

　　第六十七条　本条例自2004年1月1日起施行。1992年3月18日国务院修订发布的《中华人民共和国进出口关税条例》同时废止。

中华人民共和国海关进出口货物征税管理办法

（海关总署令第124号）

　　（2005年1月4日由海关总署发布；根据2010年11月26日海关总署令第198号《海关总署关于修改部分规章的决定》修改，根据2014年3月13日海关总署令第218号《海关总署关于修改部分规章的决定》修改，根据2017年12月20日海关总署令第235号《海关总署关于修改部分规章的决定》修改，根据2018年5月29日海关总署令第240号《海关总署关于修改部分规章的决定》修改；现行版本自2018年7月1日起施行；法规类型为部门规章）

第一章　总　则

　　第一条　为了保证国家税收政策的贯彻实施，加强海关税收管理，确保依法征税，保障国家税收，维护纳税义务人的合法权益，根据《中华人民共和国海关法》（以下简称《海关法》）、《中华人民共和国进出口关税条例》（以下简称《关税条例》）以及其他有关法律、行政法规的规定，制定本办法。

　　第二条　海关征税工作，应当遵循准确归类、正确估价、依率计征、依法减免、严肃退补、及时入库的原则。

　　第三条　进出口关税、进口环节海关代征税的征收管理适用本办法。

　　进境物品进口税和船舶吨税的征收管理按照有关法律、行政法规和部门规章的规定执行，有关法律、行政法规、部门规章未作规定的，适用本办法。

第四条 海关应当按照国家有关规定承担保密义务，妥善保管纳税义务人提供的涉及商业秘密的资料，除法律、行政法规另有规定外，不得对外提供。

纳税义务人可以书面向海关提出为其保守商业秘密的要求，并且具体列明需要保密的内容，但不得以商业秘密为理由拒绝向海关提供有关资料。

第二章 进出口货物税款的征收

第一节 申报与审核

第五条 纳税义务人进出口货物时应当依法向海关办理申报手续，按照规定提交有关单证。海关认为必要时，纳税义务人还应当提供确定商品归类、完税价格、原产地等所需的相关资料。提供的资料为外文的，海关需要时，纳税义务人应当提供中文译文并且对译文内容负责。

进出口减免税货物的，纳税义务人还应当提交主管海关签发的《进出口货物征免税证明》（以下简称《征免税证明》），但本办法第七十条所列减免税货物除外。

第六条 纳税义务人应当按照法律、行政法规和海关规章关于商品归类、审定完税价格和原产地管理的有关规定，如实申报进出口货物的商品名称、税则号列（商品编号）、规格型号、价格、运保费及其他相关费用、原产地、数量等。

第七条 为审核确定进出口货物的商品归类、完税价格、原产地等，海关可以要求纳税义务人按照有关规定进行补充申报。纳税义务人认为必要时，也可以主动要求进行补充申报。

第八条 海关应当按照法律、行政法规和海关规章的规定，对纳税义务人申报的进出口货物商品名称、规格型号、税则号列、原产地、价格、成交条件、数量等进行审核。

海关可以根据口岸通关和货物进出口的具体情况，在货物通关环节仅对申报内容作程序性审核，在货物放行后再进行申报价格、商品归类、原产地等是否真实、正确的实质性核查。

第九条 海关为审核确定进出口货物的商品归类、完税价格及原产地等，可以对进出口货物进行查验，组织化验、检验或者对相关企业进行核查。

经审核，海关发现纳税义务人申报的进出口货物税则号列有误的，应当按照商品归类的有关规则和规定予以重新确定。

经审核，海关发现纳税义务人申报的进出口货物价格不符合成交价格条件，或者成交价格不能确定的，应当按照审定进出口货物完税价格的有关规定另行估价。

经审核，海关发现纳税义务人申报的进出口货物原产地有误的，应当通过审核纳税义务人提供的原产地证明、对货物进行实际查验或者审核其他相关单证等方法，按照海关原产地管理的有关规定予以确定。

经审核，海关发现纳税义务人提交的减免税申请或者所申报的内容不符合有关减免税规定的，应当按照规定计征税款。

纳税义务人违反海关规定，涉嫌伪报、瞒报的，应当按照规定移交海关调查或者缉私部门处理。

第十条 纳税义务人在货物实际进出口前，可以按照有关规定向海关申请对进出口货物进行商品预归类、价格预审核或者原产地预确定。海关审核确定后，应当书面通知纳税义务人，并且在货物实际进出口时予以认可。

第二节 税款的征收

第十一条 海关应当根据进出口货物的税则号列、完税价格、原产地、适用的税率和汇

1345

率计征税款。

第十二条 海关应当按照《关税条例》有关适用最惠国税率、协定税率、特惠税率、普通税率、出口税率、关税配额税率或者暂定税率，以及实施反倾销措施、反补贴措施、保障措施或者征收报复性关税等适用税率的规定，确定进出口货物适用的税率。

第十三条 进出口货物，应当适用海关接受该货物申报进口或者出口之日实施的税率。

进口货物到达前，经海关核准先行申报的，应当适用装载该货物的运输工具申报进境之日实施的税率。

进口转关运输货物，应当适用指运地海关接受该货物申报进口之日实施的税率；货物运抵指运地前，经海关核准先行申报的，应当适用装载该货物的运输工具抵达指运地之日实施的税率。

出口转关运输货物，应当适用启运地海关接受该货物申报出口之日实施的税率。

经海关批准，实行集中申报的进出口货物，应当适用每次货物进出口时海关接受该货物申报之日实施的税率。

因超过规定期限未申报而由海关依法变卖的进口货物，其税款计征应当适用装载该货物的运输工具申报进境之日实施的税率。

因纳税义务人违反规定需要追征税款的进出口货物，应当适用违反规定的行为发生之日实施的税率；行为发生之日不能确定的，适用海关发现该行为之日实施的税率。

第十四条 已申报进境并且放行的保税货物、减免税货物、租赁货物或者已申报进出境并且放行的暂时进出境货物，有下列情形之一需缴纳税款的，应当适用海关接受纳税义务人再次填写报关单申报办理纳税及有关手续之日实施的税率：

（一）保税货物经批准不复运出境的；

（二）保税仓储货物转入国内市场销售的；

（三）减免税货物经批准转让或者移作他用的；

（四）可以暂不缴纳税款的暂时进出境货物，不复运出境或者进境的；

（五）租赁进口货物，分期缴纳税款的。

第十五条 补征或者退还进出口货物税款，应当按照本办法第十三条和第十四条的规定确定适用的税率。

第十六条 进出口货物的价格及有关费用以外币计价的，海关按照该货物适用税率之日所适用的计征汇率折合为人民币计算完税价格。完税价格采用四舍五入法计算至分。

海关每月使用的计征汇率为上一个月第三个星期三（第三个星期三为法定节假日的，顺延采用第四个星期三）中国人民银行公布的外币对人民币的基准汇率；以基准汇率币种以外的外币计价的，采用同一时间中国银行公布的现汇买入价和现汇卖出价的中间值（人民币元后采用四舍五入法保留4位小数）。如果上述汇率发生重大波动，海关总署认为必要时，可以另行规定计征汇率，并且对外公布。

第十七条 海关应当按照《关税条例》的规定，以从价、从量或者国家规定的其他方式对进出口货物征收关税。

海关应当按照有关法律、行政法规规定的适用税种、税目、税率和计算公式对进口货物计征进口环节海关代征税。

除另有规定外，关税和进口环节海关代征税按照下述计算公式计征：

从价计征关税的计算公式为：应纳税额＝完税价格×关税税率

从量计征关税的计算公式为：应纳税额＝货物数量×单位关税税额

计征进口环节增值税的计算公式为：应纳税额＝（完税价格＋实征关税税额＋实征消费税税额）×增值税税率

从价计征进口环节消费税的计算公式为：应纳税额＝〔（完税价格+实征关税税额）／（1-消费税税率）〕×消费税税率

从量计征进口环节消费税的计算公式为：应纳税额＝货物数量×单位消费税税额

第十八条 除另有规定外，海关应当在货物实际进境，并且完成海关现场接单审核工作之后及时填发税款缴款书。需要通过对货物进行查验确定商品归类、完税价格、原产地的，应当在查验核实之后填发或者更改税款缴款书。

纳税义务人收到税款缴款书后应当办理签收手续。

第十九条 海关税款缴款书一式六联，第一联（收据）由银行收款签章后交缴款单位或者纳税义务人；第二联（付款凭证）由缴款单位开户银行作为付出凭证；第三联（收款凭证）由收款国库作为收入凭证；第四联（回执）由国库盖章后退回海关财务部门；第五联（报查）国库收款后，关税专用缴款书退回海关，海关代征税专用缴款书送当地税务机关；第六联（存根）由填发单位存查。

第二十条 纳税义务人应当自海关填发税款缴款书之日起15日内向指定银行缴纳税款。逾期缴纳税款的，由海关自缴款期限届满之日起至缴清税款之日止，按日加收滞纳税款万分之五的滞纳金。纳税义务人应当自海关填发滞纳金缴款书之日起15日内向指定银行缴纳滞纳金。滞纳金缴款书的格式与税款缴款书相同。

缴款期限届满日遇星期六、星期日等休息日或者法定节假日的，应当顺延至休息日或者法定假日之后的第一个工作日。国务院临时调整休息日与工作日的，海关应当按照调整后的情况计算缴款期限。

第二十一条 关税、进口环节海关代征税、滞纳金等，应当按人民币计征，采用四舍五入法计算至分。

滞纳金的起征点为50元。

第二十二条 银行收讫税款日为纳税义务人缴清税款之日。纳税义务人向银行缴纳税款后，应当及时将盖有证明银行已收讫税款的业务印章的税款缴款书送交填发海关核签，海关据此办理核注手续。

海关发现银行未按照规定及时将税款足额划转国库的，应当将有关情况通知国库。

第二十三条 纳税义务人缴纳税款前不慎遗失税款缴款书的，可以向填发海关提出补发税款缴款书的书面申请。海关应当自接到纳税义务人的申请之日起2个工作日内审核确认并且重新予以补发。海关补发的税款缴款书内容应当与原税款缴款书完全一致。

纳税义务人缴纳税款后遗失税款缴款书的，可以自缴纳税款之日起1年内向填发海关提出确认其已缴清税款的书面申请，海关经审查核实后，应当予以确认，但不再补发税款缴款书。

第二十四条 纳税义务人因不可抗力或者国家税收政策调整不能按期缴纳税款的，依法提供税款担保后，可以向海关办理延期缴纳税款手续。

第二十五条 散装进出口货物发生溢短装的，按照以下规定办理：

（一）溢装数量在合同、发票标明数量3%以内的，或者短装的，海关应当根据审定的货物单价，按照合同、发票标明数量计征税款。

（二）溢装数量超过合同、发票标明数量3%的，海关应当根据审定的货物单价，按照实际进出口数量计征税款。

第二十六条 纳税义务人、担保人自缴款期限届满之日起超过3个月仍未缴纳税款或者滞纳金的，海关可以按照《海关法》第六十条的规定采取强制措施。

纳税义务人在规定的缴纳税款期限内有明显的转移、藏匿其应税货物以及其他财产迹象的，海关可以责令纳税义务人向海关提供税款担保。纳税义务人不能提供税款担保的，海关可以按照《海关法》第六十一条的规定采取税收保全措施。

采取强制措施和税收保全措施的具体办法另行规定。

第三章 特殊进出口货物税款的征收

第一节 无代价抵偿货物

第二十七条 进口无代价抵偿货物，不征收进口关税和进口环节海关代征税；出口无代价抵偿货物，不征收出口关税。

前款所称无代价抵偿货物是指进出口货物在海关放行后，因残损、短少、品质不良或者规格不符原因，由进出口货物的发货人、承运人或者保险公司免费补偿或者更换的与原货物相同或者与合同规定相符的货物。

第二十八条 纳税义务人应当在原进出口合同规定的索赔期内且不超过原货物进出口之日起3年内，向海关申报办理无代价抵偿货物的进出口手续。

第二十九条 纳税义务人申报进口无代价抵偿货物，应当提交买卖双方签订的索赔协议。

海关认为需要时，纳税义务人还应当提交具有资质的商品检验机构出具的原进口货物残损、短少、品质不良或者规格不符的检验证明书或者其他有关证明文件。

第三十条 纳税义务人申报出口无代价抵偿货物，应当提交买卖双方签订的索赔协议。

海关认为需要时，纳税义务人还应当提交具有资质的商品检验机构出具的原出口货物残损、短少、品质不良或者规格不符的检验证明书或者其他有关证明文件。

第三十一条 纳税义务人申报进出口的无代价抵偿货物，与退运出境或者退运进境的原货物不完全相同或者与合同规定不完全相符的，应当向海关说明原因。

海关经审核认为理由正当，且其税则号列未发生改变的，应当按照审定进出口货物完税价格的有关规定和原进出口货物适用的计征汇率、税率，审核确定其完税价格、计算应征税款。应征税款高于原进出口货物已征税款的，应当补征税款的差额部分。应征税款低于原进出口货物已征税款，且原进出口货物的发货人、承运人或者保险公司同时补偿货款的，海关应当退还补偿货款部分的相应税款；未补偿货款的，税款的差额部分不予退还。

纳税义务人申报进出口的免费补偿或者更换的货物，其税则号列与原货物的税则号列不一致的，不适用无代价抵偿货物的有关规定，海关应当按照一般进出口货物的有关规定征收税款。

第三十二条 纳税义务人申报进出口无代价抵偿货物，被更换的原进口货物不退运出境且不放弃交由海关处理的，或者被更换的原出口货物不退运进境的，海关应当按照接受无代价抵偿货物申报进出口之日适用的税率、计征汇率和有关规定对原进出口货物重新估价征税。

第三十三条 被更换的原进口货物退运出境时不征收出口关税。

被更换的原出口货物退运进境时不征收进口关税和进口环节海关代征税。

第二节 租赁进口货物

第三十四条 纳税义务人进口租赁货物，除另有规定外，应当向其所在地海关办理申报进口及申报纳税手续。

纳税义务人申报进口租赁货物，应当向海关提交租赁合同及其他有关文件。海关认为必要时，纳税义务人应当提供税款担保。

第三十五条 租赁进口货物自进境之日起至租赁结束办结海关手续之日止，应当接受海关监管。

一次性支付租金的，纳税义务人应当在申报租赁货物进口时办理纳税手续，缴纳税款。

分期支付租金的，纳税义务人应当在申报租赁货物进口时，按照第一期应当支付的租金办理纳税手续，缴纳相应税款；在其后分期支付租金时，纳税义务人向海关申报办理纳税手续应当不迟于每次支付租金后的第 15 日。纳税义务人未在规定期限内申报纳税的，海关按照纳税义务人每次支付租金后第 15 日该货物适用的税率、计征汇率征收相应税款，并且自本款规定的申报办理纳税手续期限届满之日起至纳税义务人申报纳税之日止按日加收应缴纳税款万分之五的滞纳金。

第三十六条 海关应当对租赁进口货物进行跟踪管理，督促纳税义务人按期向海关申报纳税，确保税款及时足额入库。

第三十七条 纳税义务人应当自租赁进口货物租期届满之日起 30 日内，向海关申请办结监管手续，将租赁进口货物复运出境。需留购、续租租赁进口货物的，纳税义务人向海关申报办理相关手续应当不迟于租赁进口货物租期届满后的第 30 日。

海关对留购的租赁进口货物，按照审定进口货物完税价格的有关规定和海关接受申报办理留购的相关手续之日该货物适用的计征汇率、税率，审核确定其完税价格、计征应缴纳的税款。

续租租赁进口货物的，纳税义务人应当向海关提交续租合同，并且按照本办法第三十四条和第三十五条的有关规定办理申报纳税手续。

第三十八条 纳税义务人未在本办法第三十七条第一款规定的期限内向海关申报办理留购租赁进口货物的相关手续的，海关除按照审定进口货物完税价格的有关规定和租期届满后第 30 日该货物适用的计征汇率、税率，审核确定其完税价格、计征应缴纳的税款外，还应当自租赁期限届满后 30 日起至纳税义务人申报纳税之日止按日加收应缴纳税款万分之五的滞纳金。

纳税义务人未在本办法第三十七条第一款规定的期限内向海关申报办理续租租赁进口货物的相关手续的，海关除按照本办法第三十五条的规定征收续租租赁进口货物应缴纳的税款外，还应当自租赁期限届满后 30 日起至纳税义务人申报纳税之日止按日加收应缴纳税款万分之五的滞纳金。

第三十九条 租赁进口货物租赁期未满终止租赁的，其租期届满之日为租赁终止日。

第三节 暂时进出境货物

第四十条 暂时进境或者暂时出境的货物，海关按照有关规定实施管理。

第四十一条 《关税条例》第四十二条第一款所列的暂时进出境货物，在海关规定期限内，可以暂不缴纳税款。

前款所述暂时进出境货物在规定期限届满后不再复运出境或者复运进境的，纳税义务人应当在规定期限届满前向海关申报办理进出口及纳税手续。海关按照有关规定征收税款。

第四十二条 《关税条例》第四十二条第一款所列范围以外的其他暂时进出境货物，海关按照审定进出口货物完税价格的有关规定和海关接受该货物申报进出境之日适用的计征汇率、税率，审核确定其完税价格、按月征收税款，或者在规定期限内货物复运出境或者复运进境时征收税款。

计征税款的期限为 60 个月。不足一个月但超过 15 天的，按一个月计征；不超过 15 天的，免予计征。计征税款的期限自货物放行之日起计算。

按月征收税款的计算公式为：

每月关税税额 = 关税总额 × (1/60)

每月进口环节代征税税额 = 进口环节代征税总额 × (1/60)

本条第一款所述暂时进出境货物在规定期限届满后不再复运出境或者复运进境的，纳税义务人应当在规定期限届满前向海关申报办理进出口及纳税手续，缴纳剩余税款。

第四十三条 暂时进出境货物未在规定期限内复运出境或者复运进境,且纳税义务人未在规定期限届满前向海关申请办理进出口及纳税手续的,海关除按照规定征收应缴纳的税款外,还应当自规定期限届满之日起至纳税义务人申报纳税之日止按日加收应缴纳税款万分之五的滞纳金。

第四十四条 本办法第四十一条至第四十三条中所称"规定期限"均包括暂时进出境货物延长复运出境或者复运进境的期限。

第四节 进出境修理货物和出境加工货物

第四十五条 纳税义务人在办理进境修理货物的进口申报手续时,应当向海关提交该货物的维修合同(或者含有保修条款的原出口合同),并且向海关提供进口税款担保或者由海关按照保税货物实施管理。进境修理货物应当在海关规定的期限内复运出境。

进境修理货物需要进口原材料、零部件的,纳税义务人在办理原材料、零部件进口申报手续时,应当向海关提供进口税款担保或者由海关按照保税货物实施管理。进口原材料、零部件只限用于进境修理货物的修理,修理剩余的原材料、零部件应当随进境修理货物一同复运出境。

第四十六条 进境修理货物及剩余进境原材料、零部件复运出境的,海关应当办理修理货物及原材料、零部件进境时纳税义务人提供的税款担保的退还手续;海关按照保税货物实施管理的,按照有关保税货物的管理规定办理。

因正当理由不能在海关规定期限内将进境修理货物复运出境的,纳税义务人应当在规定期限届满前向海关说明情况,申请延期复运出境。

第四十七条 进境修理货物未在海关允许期限(包括延长期,下同)内复运出境的,海关对其按照一般进出口货物的征税管理规定实施管理,将该货物进境时纳税义务人提供的税款担保转为税款。

第四十八条 纳税义务人在办理出境修理货物的出口申报手续时,应当向海关提交该货物的维修合同(或者含有保修条款的原进口合同)。出境修理货物应当在海关规定的期限内复运进境。

第四十九条 纳税义务人在办理出境修理货物复运进境的进口申报手续时,应当向海关提交该货物的维修发票等相关单证。

海关按照审定进口货物完税价格的有关规定和海关接受该货物申报复运进境之日适用的计征汇率、税率,审核确定其完税价格、计征进口税款。

因正当理由不能在海关规定期限内将出境修理货物复运进境的,纳税义务人应当在规定期限届满前向海关说明情况,申请延期复运进境。

第五十条 出境修理货物超过海关允许期限复运进境的,海关对其按照一般进口货物的征税管理规定征收进口税款。

第五十一条 纳税义务人在办理出境加工货物的出口申报手续时,应当向海关提交该货物的委托加工合同;出境加工货物属于征收出口关税的商品的,纳税义务人应当向海关提供出口税款担保。出境加工货物应当在海关规定的期限内复运进境。

第五十二条 纳税义务人在办理出境加工货物复运进境的进口申报手续时,应当向海关提交该货物的加工发票等相关单证。

海关按照审定进口货物完税价格的有关规定和海关接受该货物申报复运进境之日适用的计征汇率、税率,审核确定其完税价格、计征进口税款,同时办理解除该货物出境时纳税义务人提供税款担保的相关手续。

因正当理由不能在海关规定期限内将出境加工货物复运进境的,纳税义务人应当在规定期限届满前向海关说明情况,申请延期复运进境。

第五十三条 出境加工货物未在海关允许期限内复运进境的,海关对其按照一般进出口货物的征税管理规定实施管理,将该货物出境时纳税义务人提供的税款担保转为税款;出境加工货物复运进境时,海关按照一般进口货物的征税管理规定征收进口税款。

第五十四条 本办法第四十五条至第五十三条中所称"海关规定期限"和"海关允许期限",由海关根据进出境修理货物、出境加工货物的有关合同规定以及具体实际情况予以确定。

第五节　退运货物

第五十五条 因品质或者规格原因,出口货物自出口放行之日起1年内原状退货复运进境的,纳税义务人在办理进口申报手续时,应当按照规定提交有关单证和证明文件。经海关确认后,对复运进境的原出口货物不予征收进口关税和进口环节海关代征税。

第五十六条 因品质或者规格原因,进口货物自进口放行之日起1年内原状退货复运出境的,纳税义务人在办理出口申报手续时,应当按照规定提交有关单证和证明文件。经海关确认后,对复运出境的原进口货物不予征收出口关税。

第四章　进出口货物税款的退还与补征

第五十七条 海关发现多征税款的,应当立即通知纳税义务人办理退税手续。纳税义务人应当自收到海关通知之日起3个月内办理有关退税手续。

第五十八条 纳税义务人发现多缴纳税款的,自缴纳税款之日起1年内,可以向海关申请退还多缴的税款并且加算银行同期活期存款利息。

纳税义务人向海关申请退还税款及利息时,应当提交下列材料:

(一)《退税申请书》;

(二)可以证明应予退税的材料。

第五十九条 已缴纳税款的进口货物,因品质或者规格原因原状退货复运出境的,纳税义务人自缴纳税款之日起1年内,可以向海关申请退税。

纳税义务人向海关申请退税时,应当提交下列材料:

(一)《退税申请书》;

(二)收发货人双方关于退货的协议。

第六十条 已缴纳出口关税的出口货物,因品质或者规格原因原状退货复运进境,并且已重新缴纳因出口而退还的国内环节有关税收的,纳税义务人自缴纳税款之日起1年内,可以向海关申请退税。

纳税义务人向海关申请退税时,应当提交下列材料:

(一)《退税申请书》;

(二)收发货人双方关于退货的协议和税务机关重新征收国内环节税的证明。

第六十一条 已缴纳出口关税的货物,因故未装运出口申报退关的,纳税义务人自缴纳税款之日起1年内,可以向海关申请退税,并提交《退税申请书》。

第六十二条 散装进出口货物发生短装并且已征税放行的,如果该货物的发货人、承运人或者保险公司已对短装部分退还或者赔偿相应货款,纳税义务人自缴纳税款之日起1年内,可以向海关申请退还进口或者出口短装部分的相应税款。

纳税义务人向海关申请退税时,应当提交下列材料:

(一)《退税申请书》;

(二)具有资质的商品检验机构出具的相关检验证明书;

1351

（三）已经退款或者赔款的证明文件。

第六十三条 进出口货物因残损、品质不良、规格不符原因，或者发生本办法第六十二条规定以外的货物短少的情形，由进出口货物的发货人、承运人或者保险公司赔偿相应货款的，纳税义务人自缴纳税款之日起 1 年内，可以向海关申请退还赔偿货款部分的相应税款。

纳税义务人向海关申请退税时，应当提交下列材料：

（一）《退税申请书》；

（二）已经赔偿货款的证明文件。

第六十四条 海关收到纳税义务人的退税申请后应当进行审核。纳税义务人提交的申请材料齐全且符合规定形式的，海关应当予以受理，并且以海关收到申请材料之日作为受理之日；纳税义务人提交的申请材料不全或者不符合规定形式的，海关应当在收到申请材料之日起 5 个工作日内一次告知纳税义务人需要补正的全部内容，并且以海关收到全部补正申请材料之日为海关受理退税申请之日。

纳税义务人按照本办法第五十九条、第六十条或者第六十四条的规定申请退税的，海关认为需要时，可以要求纳税义务人提供具有资质的商品检验机构出具的原进口或者出口货物品质不良、规格不符或者残损、短少的检验证明书或者其他有关证明文件。

海关应当自受理退税申请之日起 30 日内查实并且通知纳税义务人办理退税手续或者不予退税的决定。纳税义务人应当自收到海关准予退税的通知之日起 3 个月内办理有关退税手续。

第六十五条 海关办理退税手续时，应当填发收入退还书，并且按照以下规定办理：

（一）按照本办法第五十八条规定应当同时退还多征税款部分所产生的利息的，应退利息按照海关填发收入退还书之日中国人民银行规定的活期储蓄存款利息率计算。计算应退利息的期限自纳税义务人缴纳税款之日起至海关填发收入退还书之日止。

（二）进口环节增值税已予抵扣的，该项增值税不予退还，但国家另有规定的除外。

（三）已征收的滞纳金不予退还。

退还税款、利息涉及从国库中退库的，按照法律、行政法规有关国库管理的规定以及有关规章规定的具体实施办法执行。

第六十六条 进出口货物放行后，海关发现少征税款的，应当自缴纳税款之日起 1 年内，向纳税义务人补征税款；海关发现漏征税款的，应当自货物放行之日起 1 年内，向纳税义务人补征税款。

第六十七条 因纳税义务人违反规定造成少征税款的，海关应当自缴纳税款之日起 3 年内追征税款；因纳税义务人违反规定造成漏征税款的，海关应当自货物放行之日起 3 年内追征税款。海关除依法追征税款外，还应当自缴纳税款或者货物放行之日起至海关发现违规行为之日止按日加收少征或者漏征税款万分之五的滞纳金。

因纳税义务人违反规定造成海关监管货物少征或者漏征税款的，海关应当自纳税义务人应缴纳税款之日起 3 年内追征税款，并且自应缴纳税款之日起至海关发现违规行为之日止按日加收少征或者漏征税款万分之五的滞纳金。

前款所称"应缴纳税款之日"是指纳税义务人违反规定的行为发生之日；该行为发生之日不能确定的，应当以海关发现该行为之日作为应缴纳税款之日。

第六十八条 海关补征或者追征税款，应当制发《海关补征税款告知书》。纳税义务人应当自收到《海关补征税款告知书》之日起 15 日内到海关办理补缴税款的手续。

纳税义务人未在前款规定期限内办理补税手续的，海关应当在规定期限届满之日填发税款缴款书。

第六十九条 根据本办法第三十五条、第三十八条、第四十三条、第六十七条的有关规定，因纳税义务人违反规定需在征收税款的同时加收滞纳金的，如果纳税义务人未在规定的

15 天缴款期限内缴纳税款,海关依照本办法第二十条的规定另行加收自缴款期限届满之日起至缴清税款之日止滞纳税款的滞纳金。

第五章 进出口货物税款的减征与免征

第七十条 纳税义务人进出口减免税货物,应当在货物进出口前,按照规定凭有关文件向海关办理减免税审核确认手续。下列减免税进出口货物无需办理减免税审核确认手续:

(一)关税、进口环节增值税或者消费税税额在人民币 50 元以下的一票货物;

(二)无商业价值的广告品和货样;

(三)在海关放行前遭受损坏或者损失的货物;

(四)进出境运输工具装载的途中必需的燃料、物料和饮食用品;

(五)其他无需办理减免税审核确认手续的减征或者免征税款的货物。

第七十一条 对于本办法第七十条第(三)项所列货物,纳税义务人应当在申报时或者自海关放行货物之日起 15 日内书面向海关说明情况,提供相关证明材料。海关认为需要时,可以要求纳税义务人提供具有资质的商品检验机构出具的货物受损程度的检验证明书。海关根据实际受损程度予以减征或者免征税款。

第七十二条 除另有规定外,纳税义务人应当向其主管海关申请办理减免税审核确认手续。海关按照有关规定予以审核,并且签发《征免税证明》。

第七十三条 特定地区、特定企业或者有特定用途的特定减免税进口货物,应当接受海关监管。

特定减免税进口货物的监管年限为:

(一)船舶、飞机:8 年;

(二)机动车辆:6 年;

(三)其他货物:3 年。

监管年限自货物进口放行之日起计算。

第七十四条 在特定减免税进口货物的监管年限内,纳税义务人应当自减免税货物放行之日起每年一次向主管海关报告减免税货物的状况;除经海关批准转让给其他享受同等税收优惠待遇的项目单位外,纳税义务人在补缴税款并且办理解除监管手续后,方可转让或者进行其他处置。

特定减免税进口货物监管年限届满时,自动解除海关监管。纳税义务人需要解除监管证明的,可以自监管年限届满之日起 1 年内,凭有关单证向海关申请领取解除监管证明。海关应当自接到纳税义务人的申请之日起 20 日内核实情况,并且填发解除监管证明。

第六章 进出口货物的税款担保

第七十五条 有下列情形之一,纳税义务人要求海关先放行货物的,应当按照海关初步确定的应缴税款向海关提供足额税款担保:

(一)海关尚未确定商品归类、完税价格、原产地等征税要件的;

(二)正在海关办理减免税审核确认手续的;

(三)正在海关办理延期缴纳税款手续的;

(四)暂时进出境的;

(五)进境修理和出境加工,按保税货物实施管理的除外;

(六)因残损、品质不良或者规格不符,纳税义务人申报进口或者出口无代价抵偿货物时,原进口货物尚未退运出境或者尚未放弃交由海关处理的,或者原出口货物尚未退运进境的;

（七）其他按照有关规定需要提供税款担保的。

第七十六条　除另有规定外，税款担保期限一般不超过6个月，特殊情况需要延期的，应当经主管海关核准。

税款担保一般应当为保证金、银行或者非银行金融机构的保函，但另有规定的除外。

银行或者非银行金融机构的税款保函，其保证方式应当是连带责任保证。税款保函明确规定保证期间的，保证期间应当不短于海关批准的担保期限。

第七十七条　在海关批准的担保期限内，纳税义务人履行纳税义务的，海关应当自纳税义务人履行纳税义务之日起5个工作日内办结解除税款担保的相关手续。

在海关批准的担保期限内，纳税义务人未履行纳税义务，对收取税款保证金的，海关应当自担保期限届满之日起5个工作日内完成保证金转为税款的相关手续；对银行或者非银行金融机构提供税款保函的，海关应当自担保期限届满之日起6个月内或者在税款保函规定的保证期间内要求担保人履行相应的纳税义务。

第七章　附　则

第七十八条　纳税义务人、担保人对海关确定纳税义务人、确定完税价格、商品归类、确定原产地、适用税率或者计征汇率、减征或者免征税款、补税、退税、征收滞纳金、确定计征方式以及确定纳税地点有异议的，应当按照海关作出的相关行政决定依法缴纳税款，并且可以依照《中华人民共和国行政复议法》和《中华人民共和国海关实施〈行政复议法〉办法》向上一级海关申请复议。对复议决定不服的，可以依法向人民法院提起诉讼。

第七十九条　违反本办法规定，构成违反海关监管规定行为、走私行为的，按照《海关法》、《中华人民共和国海关行政处罚实施条例》和其他有关法律、行政法规的规定处罚。构成犯罪的，依法追究刑事责任。

第八十条　保税货物和进出保税区、出口加工区、保税仓库及类似的保税监管场所的货物的税收管理，按照本办法规定执行。本办法未作规定的，按照有关法律、行政法规和海关规章的规定执行。

第八十一条　通过电子数据交换方式申报纳税和缴纳税款的管理办法，另行制定。

第八十二条　本办法所规定的文书由海关总署另行制定并且发布。

第八十三条　本办法由海关总署负责解释。

第八十四条　本办法自2005年3月1日起施行。1986年9月30日由中华人民共和国海关总署发布的《海关征税管理办法》同时废止。

中华人民共和国海关税收保全和强制措施暂行办法

（海关总署令第184号）

（2009年8月19日由海关总署发布，2009年9月1日起施行，法规类型为部门规章）

第一条　为了规范海关实施税收保全和强制措施，保障国家税收，维护纳税义务人的合法权益，根据《中华人民共和国海关法》、《中华人民共和国进出口关税条例》，制定本办法。

第二条　海关实施税收保全和强制措施，适用本办法。

第三条　进出口货物的纳税义务人在规定的纳税期限内有明显的转移、藏匿其应税货物以及其他财产迹象的,海关应当制发《中华人民共和国海关责令提供担保通知书》,要求纳税义务人在海关规定的期限内提供海关认可的担保。

纳税义务人不能在海关规定的期限内按照海关要求提供担保的,经直属海关关长或者其授权的隶属海关关长批准,海关应当采取税收保全措施。

第四条 依照本办法第三条规定采取税收保全措施的,海关应当书面通知纳税义务人开户银行或者其他金融机构(以下统称金融机构)暂停支付纳税义务人相当于应纳税款的存款。

因无法查明纳税义务人账户、存款数额等情形不能实施暂停支付措施的,应当扣留纳税义务人价值相当于应纳税款的货物或者其他财产。

纳税义务人的货物或者其他财产本身不可分割,又没有其他财产可以扣留的,被扣留货物或者其他财产的价值可以高于应纳税款。

第五条 海关通知金融机构暂停支付纳税义务人存款的,应当向金融机构制发《中华人民共和国海关暂停支付通知书》,列明暂停支付的款项和期限。

海关确认金融机构已暂停支付相应款项的,应当向纳税义务人制发《中华人民共和国海关暂停支付告知书》。

第六条 纳税义务人在规定的纳税期限内缴纳税款的,海关应当向金融机构制发《中华人民共和国海关暂停支付解除通知书》,解除对纳税义务人相应存款实施的暂停支付措施。

本条第一款规定情形下,海关还应当向纳税义务人制发《中华人民共和国海关暂停支付解除告知书》。

第七条 纳税义务人自海关填发税款缴款书之日起15内未缴纳税款的,经直属海关关长或者其授权的隶属海关关长批准,海关应当向金融机构制发《中华人民共和国海关扣缴税款通知书》,通知其从暂停支付的款项中扣缴相应税款。

海关确认金融机构已扣缴税款的,应当向纳税义务人制发《中华人民共和国海关扣缴税款告知书》。

第八条 海关根据本办法第四条规定扣留纳税义务人价值相当于应纳税款的货物或者其他财产的,应当向纳税义务人制发《中华人民共和国海关扣留通知书》,并随附扣留清单。

扣留清单应当列明被扣留货物或者其他财产的品名、规格、数量、重量等,品名、规格、数量、重量等当场无法确定的,应当尽可能完整地描述其外在特征。扣留清单应当由纳税义务人或者其代理人、保管人确认,并签字或者盖章。

第九条 纳税义务人自海关填发税款缴款书之日起15日内缴纳税款的,海关应当解除扣留措施,并向纳税义务人制发《中华人民共和国海关解除扣留通知书》,随附发还清单,将有关货物、财产发还纳税义务人。发还清单应当由纳税义务人或者其代理人确认,并签字或者盖章。

第十条 纳税义务人自海关填发税款缴款书之日起15内未缴纳税款的,海关应当向纳税义务人制发《中华人民共和国海关抵缴税款通知书》,依法变卖被扣留的货物或者其他财产,并以变卖所得抵缴税款。

本条第一款规定情形下,变卖所得不足以抵缴税款的,海关应当继续采取强制措施抵缴税款的差额部分;变卖所得抵缴税款及扣除相关费用后仍有余款的,应当发还纳税义务人。

第十一条 进出口货物的纳税义务人、担保人自规定的纳税期限届满之日起超过3个月未缴纳税款的,经直属海关关长或者其授权的隶属海关关长批准,海关可以依次采取下列强制措施:

(一)书面通知金融机构从其存款中扣缴税款;

(二)将应税货物依法变卖,以变卖所得抵缴税款;

(三)扣留并依法变卖其价值相当于应纳税款的货物或者其他财产,以变卖所得抵缴税款。

第十二条 有本办法第十一条规定情形,海关通知金融机构扣缴税款的,应当向金融机构制发《中华人民共和国海关扣缴税款通知书》,通知其从纳税义务人、担保人的存款中扣缴相应税款。

金融机构扣缴税款的,海关应当向纳税义务人、担保人制发《中华人民共和国海关扣缴税款告知书》。

第十三条 有本办法第十一条规定情形的,滞纳金按照自规定的纳税期限届满之日起至扣缴税款之日计征,并同时扣缴。

第十四条 有本办法第十一条规定情形,海关决定以应税货物、被扣留的价值相当于应纳税款的货物或者其他财产变卖并抵缴税款的,应当向纳税义务人、担保人制发《中华人民共和国海关抵缴税款告知书》。

本条第一款规定情形下,变卖所得不足以抵缴税款的,海关应当继续采取强制措施抵缴税款的差额部分;变卖所得抵缴税款及扣除相关费用后仍有余款的,应当发还纳税义务人、担保人。

第十五条 依照本办法第八条、第十四条扣留货物或者其他财产的,海关应当妥善保管被扣留的货物或者其他财产,不得擅自使用或者损毁。

第十六条 无法采取税收保全措施、强制措施,或者依照本办法规定采取税收保全措施、强制措施仍无法足额征收税款的,海关应当依法向人民法院申请强制执行,并按照法院要求提交相关材料。

第十七条 依照本办法第八条、第十四条扣留货物或者其他财产的,实施扣留的海关工作人员不得少于2人,并且应当出示执法证件。

第十八条 纳税义务人、担保人对海关采取税收保全措施、强制措施不服的,可以依法申请行政复议或者提起行政诉讼。

第十九条 纳税义务人在规定的纳税期限内已缴纳税款,海关未解除税收保全措施,或者采取税收保全措施、强制措施不当,致使纳税义务人、担保人的合法权益受到损失的,海关应当承担赔偿责任。

第二十条 送达本办法所列法律文书,应当由纳税义务人或者其代理人、担保人、保管人等签字或者盖章;纳税义务人或者其代理人、担保人、保管人等拒绝签字、盖章的,海关工作人员应当在有关法律文书上注明,并且由见证人签字或者盖章。

第二十一条 海关工作人员未依法采取税收保全措施、强制措施,损害国家利益或者纳税义务人、担保人合法权益,造成严重后果的,依法给予处分。构成犯罪的,依法追究刑事责任。

第二十二条 纳税义务人、担保人抗拒、阻碍海关依法采取税收保全措施、强制措施的,移交地方公安机关依法处理。构成犯罪的,依法追究刑事责任。

第二十三条 本办法所列法律文书由海关总署另行制定并公布。

第二十四条 本办法由海关总署负责解释。

第二十五条 本办法自2009年9月1日起施行。

国家限制进口机电产品进口零件、部件构成整机主要特征的确定原则和审批、征税的试行规定

(海关总署、国际经济委员会、对外经济贸易部〔87〕署税字448号)

(1987年6月1日由海关总署、国家经济委员会、对外经济贸易部发布，1987年6月1日起施行，法规类型为规范性文件)

一、为有利于国家加强对进口机电产品的管理，防止盲目进口，鼓励和促进机电产品的国产化，特制定本规定。

二、对于电冰箱、洗衣机、照像机、摩托车、汽车、空调器、汽车起重机等七种国家限制进口的机电产品，如其进口的零件、部件中包括以下所列各个部分，因其已具有整机特征，即应视同整机。

（一）电冰箱的箱体、压缩机、蒸发器、冷凝器；

（二）洗衣机的内胆、外壳、电动机；

（三）照相机的机壳、快门、取景器、镜头；

（四）摩托车的动力部分、承载部分；

（五）汽车的发动机总成、驱动桥总成、驾驶室（车身）总成、前桥总成、变速箱总成、车架总成（进口其中四部分，即应视同整机）；

（六）空调器的压缩机、热交换器、电动机、风扇；

（七）汽车起重机的下车；上车。

三、进口第二项所列的七种机电产品，即使所列的零件、部件、未全部进口，但进口的零件、部件每套价格总和达到同型号产品整机到岸价格的60%及以上的，也应视为已构成整机特征。

上款百分比的计算公式为：

(进口每套零件、部件到岸价格的总和/同型号产品整机到岸价格)×100%

四、对于电子计算机、电视机、录音机、手表、电视机显象管、电子显微镜、复印机、电子分色机、X射线断层检查仪（CT装置）、气流纺纱机、录（放）象机和录音录象磁带复制设备等十二种机电产品，如其进口零件、部件每套价格总和达到同型号产品整机到岸价格的60%及以上的，应视为构成整机特征。

上款百分比的计算公式与第三项的公式相同。

五、其他机电产品进口零件、部件构成整机主要特征的确定原则，参照第三项规定执行。

六、凡进口零件、部件已构成整机主要特征的，应按整机办理审批手续和申领进口许可证，海关凭经贸部核发的进口许可证放行，并按整机税率（订有成套散件税率的产品按成套散件税率）征收进口关税、增值税和进口调节税。

七、下列七种机电产品，进口所列部件之一者，虽不构成整机特征，应按国家限制进口机电产品的规定，办理审批手续，申领进口许可证，海关凭经贸部核发的许可证放行：

（一）电冰箱的压缩机；

（二）照相机的机身（包括机壳、快门、取景器三项）；

（三）摩托车的发动机、车架；
（四）汽车的发动机、驱动桥、驾驶室（或车身）；
（五）空调器的压缩机；
（六）汽车起重机的下车（包括底盘）；
（七）16 位以下微型机的 CPU 板；

八、为便于审批单位和口岸海关执行本规定，进口单位在进口上述机电产品的零件、部件时，需向海关申报同型号产品的整机进口价格，对于未申报整机到岸价格的，审批单位和海关都可对照同类商品的进口到岸价格自行核定。

九、对于伪报价格或伪报、瞒报规格、品种、借以逃避国家审批或偷漏关税的，应由主管部门按《中华人民共和国海关法》或其他有关规定论处。

关税配额

化肥进口关税配额管理暂行办法

（国家经济贸易委员会　海关总署令第27号）

（2002年1月15日由国家经济贸易委员会、海关总署发布，根据2018年10月10日商务部令2018年第7号《商务部关于修改部分规章的决定》修改，现行版本自2018年10月10日起施行，法规类型为部门规章）

第一章　总　则

第一条　为促进公平贸易，按照公开、公正、公平和非歧视的原则管理化肥进口，根据《中华人民共和国货物进出口管理条例》的有关规定，制定本办法。

第二条　本办法所称化肥进口关税配额是指在公历年度内，国家确定实行关税配额管理的化肥品种以及年度市场准入数量，在确定数量内的进口适用关税配额内税率，超过该数量的进口适用关税配额外税率。

第三条　化肥进口关税配额为全球配额。

第二章　化肥关税配额管理机构

第四条　商务部负责全国的化肥关税配额管理工作。

第五条　实行关税配额管理的化肥品种和年度配额总量由商务部对外公布，并同时公布由国务院关税税则委员会确定的关税配额商品税目及配额内外税率。化肥关税配额税号目录见附件一。

第六条　商务部负责化肥进口关税配额的总量管理、发放分配、组织实施和执行协调。

（一）商务部负责在化肥进口关税配额总量内，根据国民经济综合平衡及资源合理配置的要求，对化肥进口关税配额进行分配。

（二）商务部根据化肥关税配额的年度进口执行情况，对化肥进口关税配额的分配予以及时调整。

（三）商务部负责设立化肥进口关税配额咨询点，提供咨询。

（四）商务部对申请、使用化肥进口关税配额的活动进行监督检查。

商务部委托的化肥关税配额管理机构（以下简称"授权机构"）负责管辖范围内化肥进口关税配额的发证、统计、咨询和其他授权工作。委托机构名单另行公布。

第七条　海关对化肥进口关税配额商品依法实行监管、征税、稽查和统计，并负责定期公布化肥进口关税配额商品进口情况。

第三章 关税配额内进口

第八条 凡在中华人民共和国工商行政管理部门登记注册的企业（以下简称为"申请单位"），在其经营范围内均可向所在地区的委托机构申请化肥进口关税配额。

第九条 商务部将于每年的9月15日至10月14日公布下一年度的关税配额数量。

申请单位应当在每年的10月15日至10月30日向商务部提出化肥关税配额的申请。

申请单位有关关税配额的咨询可向商务部及其委托机构提出，应在10个工作日内答复。

第十条 尿素、磷酸二铵、复合肥的进口，依据本办法第十一条规定的原则进行分配。

第十一条 商务部分配关税配额时，应当考虑下列因素：

（一）申请单位以往的进口实绩；
（二）申请单位的生产能力、经营规模、销售状况；
（三）以往分配的配额是否得到充分使用；
（四）新的进口经营者的申请情况；
（五）申请配额的数量情况；
（六）其他需要考虑的因素。

第十二条 商务部根据各地区生产和市场需求，于每年12月31日前将化肥关税配额分配到进口用户。

商务部或者其委托机构依据本办法签发相应的《化肥进口关税配额证明》（式样格式见附件二），并加盖"化肥进口关税配额专用章"（式样格式见附件三）。《化肥进口关税配额证明》需要延期或变更的，一律重新办理，旧证同时撤消。

第十三条 进口化肥关税配额产品时，进口单位向海关提供《化肥进口关税配额证明》的，海关按配额内税率征税。进口关税配额内化肥，海关凭《化肥进口关税配额证明》验放，并按照贸易方式分别统计进口。

第十四条 《化肥进口关税配额证明》和"化肥进口关税配额专用章"由商务部统一监制。

第四章 关税配额有效期及调整

第十五条 化肥进口关税配额公历年度内有效，《化肥进口关税配额证明》在公历年度内有效期不超过180天。

化肥关税配额持有者，在配额证明有效期内未完成进口时，可以到原发证机构办理延期手续，最长期限不超过前款规定。

第十六条 化肥关税配额持有者，如在当年无法完成进口的，应当在9月15日前将配额证明退还原发证机构。

第十七条 商务部每年9月15日至30日受理重新分配关税配额的申请，并于当年10月15日前将退回的关税配额重新进行再分配。

第五章 国营贸易和非国营贸易

第十八条 国家对化肥进口实行国营贸易管理。国营贸易企业名单由商务部确定和公布。

第十九条 国营贸易企业按照公开、公平和公正的原则，根据正常的商业条件从事进口经营，不得以非商业因素选择供应商，不得拒绝其他企业或者组织的委托，也不得歧视非国营贸易企业。

第二十条 按照规定的资格和条件，有关企业可以向商务部申请成为非国营贸易企业，由商务部负责认定和公布。

第二十一条 国家可以安排一定数量的关税配额,由非国营贸易企业进口经营。其中:

(一)尿素每年不少于10%的关税配额安排非国营贸易企业进口经营;

(二)磷酸二铵第一年不少于10%的关税配额安排非国营贸易企业进口经营,以后每年增加5个百分点,最终非国营贸易进口比例达到49%;

(三)复合肥第一年不少于10%的关税配额安排非国营贸易企业进口经营,以后每年增加5个百分点,最终非国营贸易进口比例达到49%。

第六章 罚 则

第二十二条 进口关税配额仅限于申请单位自用,《化肥进口关税配额证明》不得转让或者倒卖。对违反规定的,商务部负责收回其《化肥进口关税配额证明》;情节严重的,取消其申请进口关税配额资格;构成犯罪的,依法追究刑事责任。

第二十三条 配额证明持有者未能在配额证明有效期内完成进口,又未在规定期限内将配额证明退还原发证机构的,商务部将相应扣减其下年度关税配额。

第七章 附 则

第二十四条 凡具有化肥进口经营权的企业均可按关税配额外税率进口化肥,没有数量限制,无须许可,海关凭进口合同按配额外税率征税验放。

第二十五条 对原产于与中华人民共和国订有关税互惠协议的国家或地区的进口关税配额化肥,按《中华人民共和国海关进出口税则》规定的配额内税率或者配额外优惠税率征税。

对原产于与中华人民共和国未订有关税互惠协议的国家或地区的进口关税配额化肥,按配额外普通税率征税;经国务院关税税则委员会特别批准,也可以按配额内税率或者配额外优惠税率征税。

第二十六条 化肥关税配额的进口经营、购汇等,按照国家有关规定执行。

第二十七条 本办法由商务部、海关总署负责解释。

第二十八条 本办法自二〇〇二年二月一日起施行。

附件:1. 化肥进口关税配额管理税目、税率表(略)
   2.《化肥进口关税配额证明》式样(略)
   3. "化肥进口关税配额证明专用章"印模(略)

农产品进口关税配额管理暂行办法[①]

（商务部 国家发展和改革委员会令2003年第4号）

（2003年9月27日由商务部、国家发展和改革委员会发布，现行版本自2005年12月7日起施行，法规类型为部门规章）

第一章 总 则

第一条 为有效实施农产品进口关税配额管理，建立统一、公平、公正、透明、可预见和非歧视的农产品进口关税配额管理体制，根据《中华人民共和国对外贸易法》、《中华人民共和国海关法》、《中华人民共和国货物进出口管理条例》和《中华人民共和国进出口关税条例》制定本办法。

第二条 在公历年度内，根据中国加入世界贸易组织货物贸易减让表所承诺的配额量，确定实施进口关税配额管理农产品的年度市场准入数量。

关税配额量内进口的农产品适用关税配额税率，配额量外进口的农产品按照《中华人民共和国进出口关税条例》的有关规定执行。

散装货物溢装部分按照本《办法》第十九条第二款的规定执行。

第三条 实施进口关税配额管理的农产品品种为：小麦（包括其粉、粒，以下简称小麦）、玉米（包括其粉、粒，以下简称玉米）、大米（包括其粉、粒，以下简称大米）、豆油、菜子油、棕榈油、食糖、棉花、羊毛以及毛条。

实施关税配额管理农产品相应的进口税目、税则号列及适用税率另行公布。

第四条 小麦、玉米、大米、豆油、菜子油、棕榈油、食糖、棉花进口关税配额分为国营贸易配额和非国营贸易配额。国营贸易配额须通过国营贸易企业进口；非国营贸易配额通过有贸易权的企业进口，有贸易权的最终用户也可以自行进口。

羊毛、毛条实施进口指定公司经营。进口经营按原外经贸部《货物进口指定经营管理办法》（外经贸部令2001年第21号）的有关规定执行。

第五条 农产品进口关税配额为全球配额。

第六条 符合第三条规定的农产品所有贸易方式的进口均纳入关税配额管理范围。

第七条 豆油、菜子油、棕榈油、食糖、羊毛、毛条进口关税配额由商务部分配。

小麦、玉米、大米、棉花进口关税配额由国家发展和改革委员会（以下简称"发展改革委"）会同商务部分配。

第八条 商务部、发展改革委分别委托各自的授权机构负责下列事项：

（一）受理申请者的申请并将申请转送商务部、发展改革委；

（二）受理咨询并将其转达商务部、发展改革委；

（三）通知申请者其申请中不符合要求之处，并提醒其修正；

（四）向经过批准的申请者发放《农产品进口关税配额证》。

[①] 根据2005年12月7日商务部公告2005年第93号，原法规中涉及豆油、棕榈油、菜子油的相关条款废止。

第九条 《农产品进口关税配额证》适用于一般贸易、加工贸易、易货贸易、边境小额贸易、援助、捐赠等贸易方式进口。

由境外进入保税仓库、保税区、出口加工区的产品，免予领取《农产品进口关税配额证》。

第二章 申 请

第十条 农产品进口关税配额的申请期为每年 10 月 15 日至 30 日（凭合同先来先领分配方式除外）。商务部、发展改革委分别于申请期前 1 个月在《国际商报》、《中国经济导报》以及商务部网站（http://www.mofcom.gov.cn/）、发展改革委网站（http://www.sdpc.gov.cn/）上公布每种农产品下一年度进口关税配额总量、关税配额申请条件及国务院关税税则委员会确定的关税配额农产品税则号列和适用税率。

豆油、菜子油、棕榈油、食糖、羊毛、毛条由商务部公布。小麦、玉米、大米、棉花由发展改革委公布。

第十一条 商务部授权机构负责受理本地区内豆油、菜子油、棕榈油、食糖、羊毛、毛条进口关税配额的申请。

发展改革委授权机构负责受理本地区内小麦、玉米、大米、棉花进口关税配额的申请。

第十二条 商务部授权机构根据公布的条件，受理申请者提交的豆油、菜子油、棕榈油、食糖、羊毛、毛条申请及有关资料，并于 11 月 30 日前将申请转报商务部（凭合同先来先领分配方式除外），同时抄报发展改革委。

发展改革委授权机构根据公布的条件，受理申请者提交的小麦、玉米、大米、棉花申请及有关资料，并于 11 月 30 日前将申请转报发展改革委，同时抄报商务部。

第三章 分 配

第十三条 农产品进口关税配额将根据申请者的申请数量和以往进口实绩、生产能力、其他相关商业标准或根据先来先领的方式进行分配。分配的最小数量将以每种农产品商业上可行的装运量确定。

第十四条 每年 1 月 1 日前，商务部、发展改革委通过各自授权机构向最终用户发放《农产品进口关税配额证》，并加盖"商务部农产品进口关税配额证专用章"或"国家发展和改革委员会农产品进口关税配额证专用章"。

国营贸易配额在《农产品进口关税配额证》上注明。

第四章 期 限

第十五条 年度农产品进口关税配额于每年 1 月 1 日开始实施，并在公历年度内有效。《农产品进口关税配额证》自每年 1 月 1 日起至当年 12 月 31 日有效。

实行凭合同先来先领分配方式的《农产品进口关税配额证》有效期，按公布的实施细则执行。

第十六条 当年 12 月 31 日前从始发港出运，需在下一年到货的进口关税配额农产品，最终用户需持《农产品进口关税配额证》及有关证明单证到原发证机构申请延期。原发证机构审核情况属实后可予以办理延期，但延期最迟不得超过下一年 2 月底。

第五章 执 行

第十七条 最终用户按国家相关商品进口经营的有关规定，自行或委托签订进口合同。

第十八条 加工贸易进口实行关税配额管理的农产品，海关凭企业提交的《加工贸易业务批准证》办理加工贸易合同备案手续，凭提交的在"贸易方式"栏目中注明"加工贸易"的《农产品进口关税配额证》办理通关验放手续。

加工贸易企业未能按规定期限加工复出口的，应在到期后 30 天内办理加工贸易合同核销手续。海关按加工贸易的有关规定执行。

第十九条 《农产品进口关税配额证》实行一证多批制，即最终用户需分多批进口的，凭《农产品进口关税配额证》可多次办理通关手续。最终用户须如实填写《农产品进口关税配额证》"最终用户进口填写栏"，填满后，需持该证到原发证机构换领未办理通关部分的配额证。

散装货物每批次进口溢装量不得超过该批次的 5%。

第二十条 自境外进入保税仓库、保税区、出口加工区的关税配额农产品由海关按现行规定验放并实施监管。

从保税仓库、保税区、出口加工区出库或出区进口的关税配额农产品，海关凭《农产品进口关税配额证》按进口货物管理的有关规定办理进口手续。

第二十一条 最终用户完成《农产品进口关税配额证》标明配额量的最后一批次进口报关后，于 20 个工作日内将海关签章的《农产品进口关税配额证》第一联（收货人办理海关手续联）原件交原发证机构。

最终用户将本年度未使用完的《农产品进口关税配额证》第一联（收货人办理海关手续联）原件于下一年 1 月底前交原发证机构。

第六章　调　整

第二十二条 分配给最终用户的国营贸易农产品进口关税配额量，在当年 8 月 15 日前未签订合同的，按本办法第七条规定的管理权限报商务部或发展改革委批准后，允许最终用户委托有贸易权的任何企业进口；有贸易权的最终用户可以自行进口。

第二十三条 持有农产品进口关税配额的最终用户当年无法将已申领到的全部配额量签订进口合同或已签订合同无法完成，须在 9 月 15 日前将无法完成的配额量交还原发证机构。

第二十四条 农产品进口关税配额再分配量的申请期为每年 9 月 1 日至 15 日（凭合同先来先领分配方式除外）。商务部、发展改革委分别于申请期前 1 个月在《国际商报》、《中国经济导报》以及商务部网站（http：//www.mofcom.gov.cn/）、发展改革委网站（http：//www.sdpc.gov.cn/）上公布关税配额再分配量的申请条件。申请者的申请需由授权机构分别转报商务部或发展改革委。

豆油、菜子油、棕榈油、食糖、羊毛、毛条由商务部公布。小麦、玉米、大米、棉花由发展改革委公布。

第二十五条 当年 8 月底前已完成所分配的全部农产品进口关税配额量，且将海关签章的《农产品进口关税配额证》第一联（收货人办理海关手续联）原件交原发证机构的最终用户，可申请关税配额再分配量。

第二十六条 每年 9 月 30 日前，商务部将豆油、菜子油、棕榈油、食糖、羊毛、毛条进口关税配额再分配量分配到最终用户（凭合同先来先领分配方式除外）；发展改革委会同商务部将小麦、玉米、大米、棉花关税配额再分配量分配到最终用户。

关税配额再分配量根据公布的申请条件，按照先来先领方式进行分配。分配的最小数量将以每种农产品商业上可行的装运量确定。

获得再分配配额量的最终用户可以通过有贸易权的企业进口，有贸易权的企业也可以自行进口。

第七章 罚 则

第二十七条 加工贸易企业未经许可，擅自将关税配额农产品保税进口料件或其制成品在国内销售的，按《中华人民共和国海关法》和《中华人民共和国海关法行政处罚实施细则》的有关规定处理。

第二十八条 对伪造、变造或者买卖《农产品进口关税配额证》的，依照有关法律对非法经营罪或者伪造、变造、买卖国家机关公文、证件、印章罪的规定，依法追究刑事责任。持有关税配额的最终用户有上述行为的，商务部、发展改革委及授权机构两年内不再受理其进口农产品关税配额的申请。

第二十九条 对伪造有关资料骗取《农产品进口关税配额证》的，除依法收缴其《农产品进口关税配额证》，两年内不再受理其进口关税配额的申请。

第三十条 最终用户违反本办法第二十三条规定，于当年未能完成分配其全部农产品进口关税配额量进口，截止到9月15日又未将当年不能实现进口的配额量交还原发证机构的，其下年度分配的关税配额量将按未完成的比例相应扣减。

第三十一条 最终用户连续两年未能完成分配其全部农产品进口关税配额量进口，并在该两年内每年9月15日前将当年不能使用的关税配额量交还原发证授权机构的，其下年度分配的关税配额量将按其最近一年未完成的比例相应扣减。

第三十二条 最终用户违反本办法第二十一条规定，未在规定时间将海关签章的《农产品进口关税配额证》第一联（收货人办理海关手续联）原件交原发证机构的，视同未完成进口，相应扣减其下年度关税配额量。

第三十三条 走私进口关税配额农产品，按关税配额量外进口适用的税率计算偷逃税金额，并按有关法律、行政法规的规定进行处罚。

第八章 附 则

第三十四条 有关农产品进口关税配额分配和再分配的咨询需以书面形式向商务部、发展改革委或其授权机构提出，商务部、发展改革委或其授权机构将在10个工作日内作出答复。

第三十五条 《农产品进口关税配额证》及"农产品进口关税配额证专用章"分别由商务部、发展改革委监制。

第三十六条 《农产品进口关税配额证》证面以下栏目：最终用户注册地区、关税配额证编号、最终用户名称、关税配额证有效期、贸易方式、商品名称、安排数量、国营贸易量、发证日期、报关口岸须用计算机打印。需要更改证面报关口岸的最终用户，到原发证机构修改换证。

第三十七条 关税配额农产品的进口购汇按国家有关规定执行。

第三十八条 本办法中的国营贸易企业指政府授予某些产品进口专营特权的企业。
国营贸易企业名单由商务部核定并公布。

第三十九条 本办法中的最终用户为直接申领到农产品进口关税配额的生产企业、贸易商、批发商和分销商等。

第四十条 本办法自公布之日起施行，2003年度农产品进口关税配额依照原《农产品进口关税配额管理暂行办法》（国家发展计划委员会令第19号）执行。

附件：农产品进口关税配额证（证样）（略）

关于执行《农产品进口关税配额管理暂行办法》有关问题的通知[①]

（署法发〔2004〕3号）

(2004年1月1日由海关总署发布，现行版本自2005年12月7日起施行，法规类型为规范性文件)

广东分署，天津、上海特派办，各直属海关：

　　为有效实施农产品进口关税配额管理，建立统一、公平、公正、透明、可预见和非歧视的农产品进口关税配额管理体制，商务部、发展改革委经商海关总署，于今年9月底发布了《农产品进口关税配额管理暂行办法》（商务部 发展改革委令2003年第4号，以下简称《办法》，见附件1）。近日，商务部、发展改革委又就启用"农产品进口关税配额证专用章"问题分别致函总署，现将《办法》和商务部、发展改革委关于启用"农产品进口关税配额证专用章"的函，以及"农产品进口关税配额证"样本转发你们，并就海关执行中的有关事项通知如下：

　　1. 实施进口关税配额管理的农产品品种为：小麦（包括其粉、粒）、玉米（包括其粉、粒）、大米（包括其粉、粒）、豆油、菜子油、棕榈油、食糖、棉花、羊毛以及毛条。

　　2. 所有贸易方式进口上述农产品均属于关税配额管理范围。海关凭商务部、发展改革委各自授权机构向最终用户发放的、并加盖"商务部农产品进口关税配额证专用章"或"国家发展和改革委员会农产品进口关税配额证专用章"的"农产品进口关税配额证"（详见附件2）办理验放手续。其中，以加工贸易方式进口上述农产品，海关凭企业提交的在"贸易方式"栏目中注明"加工贸易"的"农产品进口关税配额证"办理通关验放手续。加工贸易企业未能按规定期限加工复出口的，应在到期后30天内办理加工贸易合同核销手续，海关按加工贸易的有关规定执行，有关具体核销处理办法，我署将会商商务部、发展改革委另文下发。

　　3. 由境外进入保税仓库、保税区、出口加工区的上述农产品，不需提交"农产品进口关税配额证"，海关按现行规定验放并实施监管。从保税仓库、保税区、出口加工区出库或出区进口的关税配额农产品，海关凭"农产品进口关税配额证"按规定办理进口手续。

　　4. "农产品进口关税配额证"实行一证多批制，即最终用户需分多批进口的，凭"农产品进口关税配额证"可多次办理通关手续，直至海关核注栏填满为止。"农产品进口关税配额证"有效期为每年1月1日起至当年12月31日，如需要延期，应向原发证机构申请办理换证，但延期最迟不得超过下一年2月底。"农产品进口关税配额证"证面内容不得更改，如需更改，应到发证部门换发新证。

　　5. "农产品进口关税配额证"有关海关签注问题。"农产品进口关税配额证"一式三联，第一联"进口商办理海关手续 海关验放签注栏在背面"、第二联"海关留存核对"、第三联"发证机构留存"。进口企业第一次报关使用"农产品进口关税配额证"时，接受报关的海关直接留存第二联，无须签批，并将其与签注后的第一联复印件（包括正、反两面）一同附在报关单上存档；从第二次报关开始，海关仅在第一联背面签注，并留存签注后的第一联复印件（包括正、反两面）附在报关单上存档。"农产品进口关税配额证"第一联背面签注栏共计十

　　[①] 根据2005年12月7日商务部公告2005年第93号，原法规中涉及豆油、棕榈油、菜子油的相关条款废止。

行,海关每次签注时,请使用正楷字体清晰签注,并按从上至下顺序使用一行,直至十行签注栏全部签注满止,即使证面配额数仍有剩余额度,海关也不再接受该证。签注满或进口额度使用完的"农产品进口关税配额证"第一联正本,交由进口企业退还发证部门。

6. 自 2004 年 1 月 1 日起,《农产品进口关税配额管理暂行办法》(国家发展计划委员会令第 19 号)停止执行。

特此通知。

关于进口关税配额管理的大宗货物溢短装数量征税问题的通知

(署税发〔2013〕56号)

(2013 年 6 月 18 日由海关总署发布,2013 年 6 月 18 日起施行,法规类型为规范性文件)

为规范对实施进口关税配额的大宗货物溢短装数量的征税管理,经商国家发展改革委和商务部,现将有关问题明确如下:

一、对于一份进口关税配额证项下一次到货办理进口报关手续的货物(即"一证一批"货物)出现溢装时,实际到货的溢装数量不超过规定配额数量5%的,按照关税配额税率计征税款;

对超过5%的部分,根据实际情况按照其他应当适用的关税税率计征税款。

二、对于一份进口关税配额证项下分多批次到货,并分批办理进口报关手续的货物(即"非一证一批"货物),在每批货物进口时,按照关税配额税率计征税款,并根据实际到货数量对进口关税配额证数量进行核扣。最后一批货物进口时,对实际到货不超过该进口关税配额证剩余数量的部分和根据剩余数量计算的溢装数量不超过 5%的部分,按照关税配额税率计征税款;对超出部分,根据实际情况按照其他应当适用的关税税率计征税款。

三、对于实施关税配额管理的货物进口出现短装时,以实际到货数量按照关税配额税率计征税款。对其中"非一证一批"的货物,可按照上述第二条规定的原则办理。

在按照以上规定具体办理进口手续时,仍按照《海关总署关于散装货物进出口溢短装征税问题的通知》(署税发〔2005〕268 号)的有关规定执行。

海关总署、国家发展改革委、商务部关于进一步明确
关税配额农产品加工贸易政策执行有关问题的通知

(署加发〔2015〕17号)

(2015 年 1 月 8 日由海关总署、国家发展和改革委员会、商务部发布,2015 年 1 月 8 日起施行,法规类型为规范性文件)

广东分署、各直属海关,各省、自治区、直辖市、计划单列市发展改革委、商务主管部门:

为有效实施农产品进口关税配额管理,明确、统一和规范农产品加工贸易保税监管,现就

有关事项通知如下：

一、加工贸易项下实施进口关税配额管理的农产品品种为：小麦（包括其粉、粒）、玉米（包括其粉、粒）、大米（包括其粉、粒）、食糖、棉花、羊毛以及毛条。

二、关税配额农产品加工贸易手册设立（变更）时，海关加贸部门凭省级商务主管部门出具的业务批准文件为企业办理相关手续，并加强相关商品编号审核工作，对涉及关税配额外税率对应商品编号的，不予备案。

关税配额农产品加工贸易手册再次延期的，海关无需要求企业提供商务部批复文件，直接凭省级商务主管部门出具的批准文件办理。

三、加工贸易项下关税配额农产品办理内销手续时，海关加贸部门验核贸易方式为"一般贸易"关税配额证原件或关税配额外优惠关税税率配额证原件（以下简称一般贸易配额证）、商务部批复和省级商务主管部门出具的《内销批准证》（以下简称"内销批文"），内销批文注明的配额证号码应与一般贸易配额证原件号码一致。对内销批文未注明相应配额证号码或号码不一致的，视为无一般贸易配额证。

企业提交一般贸易配额证和内销批文的，海关加贸部门按关税配额税率或关税配额外暂定优惠关税税率对应的商品编号开具内销征税联系单；企业提交内销批文，无一般贸易配额证的，海关加贸部门按关税配额外税率对应的商品编号开具内销征税联系单。

四、加工贸易项下关税配额农产品办理进口通关手续时，海关通关部门验核贸易方式栏注明"加工贸易"字样的关税配额证或关税配额外优惠关税税率配额证，逐批次登记核扣进口数量。关税配额农产品办理内销征税通关手续时，通关部门按照内销征税联系单标明的商品编号审核内销征税报关单。有一般贸易配额证的，核扣相应内销数量，按关税配额税率或关税配额外暂定优惠关税税率计征税款和缓税利息；无一般贸易配额证的，按内销征税联系单标明的商品编号，按关税配额外税率计征税款和缓税利息。

五、加工贸易项下关税配额农产品因非不可抗力造成保税货物受灾的，如企业不能提交一般贸易配额证，海关加贸部门按关税配额外税率对应商品编号开具内销征税联系单；因不可抗力造成保税货物受灾的，按《中华人民共和国海关关于加工贸易边角料、剩余料件、残次品、副产品和受灾保税货物的管理办法》（海关总署令第111号公布，海关总署令第218号修订）的相关规定办理。

六、按现行规定，广东省内企业办理加工贸易手册设立（变更）和内销手续时，海关加贸部门不再收取商务主管部门批准文件，但在相应办理环节应加强对农产品进口关税配额证件的验核。

本通知内容自下发之日起执行，其他规范性文件与本通知不一致的，按照本通知执行。

特此通知。

特别关税

国务院关税税则委员会关于对原产于美国的部分进口商品加征关税的公告

(税委会公告〔2018〕1号)

(2018年4月4日由国务院关税税则委员会发布,法规类型为规范性文件)

2018年4月4日,美国政府发布了加征关税的商品清单,将对我输美的1333项500亿美元的商品加征25%的关税。美方这一措施违反了世界贸易组织规则,严重侵犯我国合法权益,威胁我国家发展利益。

根据我方在世界贸易组织项下的权利和义务,以及《中华人民共和国对外贸易法》和《中华人民共和国进出口关税条例》相关规定,经国务院批准,国务院关税税则委员会决定对原产于美国的大豆、汽车、化工品等14类106项商品加征25%的关税。有关事项如下:

一、加征关税的商品为大豆、汽车、化工品等14类106项商品。征税范围详见附表。

二、对原产于美国的附表所列进口商品,在现行征税方式、适用关税税率基础上加征25%的关税,现行保税、减免税政策不变(本次加征的关税不予减免)。

三、加征关税后有关进口税收计算公式:

关税=关税完税价格×(现行适用关税税率+加征关税税率)

从价定率商品进口环节消费税=进口环节消费税计税价格×消费税比例税率

复合计税商品进口环节消费税=进口环节消费税计税价格×消费税比例税率+进口数量×消费税定额税率

从价定率商品进口环节消费税计税价格=(关税完税价格+关税)÷(1−消费税比例税率)

复合计税商品进口环节消费税计税价格=(关税完税价格+关税+进口数量×消费税定额税率)÷(1−消费税比例税率)

进口环节增值税=进口环节增值税计税价格×进口环节增值税税率

进口环节增值税计税价格=关税完税价格+关税+进口环节消费税

四、实施时间另行公告。

附件:对美加征关税商品清单

国务院关税税则委员会关于对原产于美国 500 亿美元进口商品加征关税的公告

（税委会公告〔2018〕5 号）

（2018 年 6 月 16 日由国务院关税税则委员会发布，2018 年 6 月 16 日起施行，法规类型为规范性文件）

2018 年 6 月 15 日，美国政府发布了加征关税的商品清单，将对从中国进口的约 500 亿美元商品加征 25% 的关税，其中对约 340 亿美元商品自 2018 年 7 月 6 日起实施加征关税，同时就约 160 亿美元商品加征关税开始征求公众意见。美方这一措施违反了世界贸易组织相关规则，有悖于中美双方磋商已达成的共识，严重侵犯我方的合法权益，威胁我国国家和人民的利益。

根据《中华人民共和国对外贸易法》《中华人民共和国进出口关税条例》等法律法规和国际法基本原则，国务院关税税则委员会决定对原产于美国的 659 项约 500 亿美元进口商品加征 25% 的关税，其中 545 项约 340 亿美元商品自 2018 年 7 月 6 日起实施加征关税，对其余商品加征关税的实施时间另行公布。有关事项如下：

一、对农产品、汽车、水产品等 545 项商品，自 2018 年 7 月 6 日起实施加征关税，具体商品范围见附表 1。

二、对化工品、医疗设备、能源产品等 114 项商品，加征关税实施时间另行公告，具体商品范围见附表 2。

三、对原产于美国的附表 1 和 2 所列进口商品，在现行征税方式、适用关税税率基础上加征 25% 的关税，现行保税、减免税政策不变，此次加征的关税不予减免。

四、加征关税后有关进口税收计算公式：

关税＝按现行适用税率计算的应纳关税额＋关税完税价格×加征关税税率
从价定率商品进口环节消费税＝进口环节消费税计税价格×消费税比例税率
从量定额商品进口环节消费税＝进口数量×消费税定额税率
复合计税商品进口环节消费税＝进口环节消费税计税价格×消费税比例税率＋进口数量×消费税定额税率
从价定率商品进口环节消费税计税价格＝（关税完税价格＋关税）÷（1－消费税比例税率）
复合计税商品进口环节消费税计税价格＝（关税完税价格＋关税＋进口数量×消费税定额税率）÷（1－消费税比例税率）
进口环节增值税＝进口环节增值税计税价格×进口环节增值税税率
进口环节增值税计税价格＝关税完税价格＋关税＋进口环节消费税

附表：1. 对美加征关税商品清单一

2. 对美加征关税商品清单二

国务院关税税则委员会关于对原产于美国的部分进口商品(第二批)加征关税的公告

(税委会公告〔2018〕6号)

(2018年8月3日由国务院关税税则委员会发布,法规类型为规范性文件)

2018年7月11日,美国政府发布了对从中国进口的约2000亿美元商品加征关税的措施,并就该措施征求公众意见。8月2日,美方宣布拟对上述2000亿美元商品加征的关税税率由10%提高到25%。美方措施背离双方多次磋商共识,导致中美双方贸易摩擦升级,严重违反世界贸易组织相关规则,损害我国国家利益和人民利益。

根据《中华人民共和国对外贸易法》《中华人民共和国进出口关税条例》等法律法规和国际法基本原则,国务院关税税则委员会决定对原产于美国的5207个税目进口商品加征关税。该措施涉及自美进口贸易额约600亿美元。有关事项如下:

一、对附件1所列2493个税目商品加征25%的关税,对附件2所列1078个税目商品加征20%的关税,对附件3所列974个税目商品加征10%的关税,对附件4所列662个税目商品加征5%的关税,具体商品范围分别见附件1至附件4。

二、对原产于美国的附件所列进口商品,在现行征税方式、适用关税税率基础上分别加征相应关税,现行保税、减免税政策不变,此次加征的关税不予减免。

三、相关进口税收的计征:

加征关税税额=关税完税价格×加征关税税率
关税=按现行适用税率计算的应纳关税税额+加征关税税额

进口环节增值税、消费税按相关法律法规等规定计征。

四、实施日期另行公布。

附件:1. 对美加征25%关税商品清单

2. 对美加征20%关税商品清单

3. 对美加征10%关税商品清单

4. 对美加征 5% 关税商品清单

国务院关税税则委员会关于对原产于
美国约 160 亿美元进口商品加征关税的公告

(税委会公告〔2018〕7 号)

(2018 年 8 月 8 日由国务院关税税则委员会发布,2018 年 8 月 23 日起施行,法规类型为规范性文件)

根据《国务院关税税则委员会关于对原产于美国 500 亿美元进口商品加征关税的公告》(税委会公告〔2018〕5 号),现将对美加征关税商品清单二有关调整事项公告如下:

一、对美加征关税商品清单二的商品,以本公告附件为准,自 2018 年 8 月 23 日 12 时 01 分起实施加征关税。

二、其他事项按照税委会公告〔2018〕5 号执行。

附件:对美加征关税商品清单

国务院关税税则委员会关于对原产于
美国约 600 亿美元进口商品实施加征关税的公告

(税委会公告〔2018〕8 号)

(2018 年 9 月 18 日由国务院关税税则委员会发布,2018 年 9 月 24 日起施行,法规类型为规范性文件)

根据《国务院关税税则委员会关于对原产于美国的部分进口商品(第二批)加征关税的公告》(税委会公告〔2018〕6 号),现将有关实施事项公告如下:

一、对税委会公告〔2018〕6 号所附对美加征关税商品清单的商品,自 2018 年 9 月 24 日 12 时 01 分起加征关税,对其附件 1 所列 2493 个税目商品、附件 2 所列 1078 个税目商品加征 10% 的关税,对其附件 3 所列 974 个税目商品、附件 4 所列 662 个税目商品加征 5% 的关税。

二、其他事项按照税委会公告〔2018〕6 号执行。

国务院关税税则委员会关于对原产于美国的汽车及零部件暂停加征关税的公告

(税委会公告〔2018〕10号)

(2018年12月14日由国务院关税税则委员会发布,2019年1月1日至2019年3月31日有效,法规类型为规范性文件)

在二十国集团领导人布宜诺斯艾利斯峰会期间,习近平主席应邀同美国总统特朗普举行会晤,就中美经贸问题达成了重要共识。为落实两国元首共识,根据《中华人民共和国对外贸易法》《中华人民共和国进出口关税条例》等法律法规和国际法基本原则,国务院关税税则委员会决定对原产于美国的汽车及零部件暂停加征关税3个月,涉及211个税目。有关事项如下:

从2019年1月1日起至2019年3月31日,对附件1所列28个税目商品暂停征收《国务院关税税则委员会关于对原产于美国500亿美元进口商品加征关税的公告》(税委会公告〔2018〕5号)所加征25%的关税;对附件2所列116个税目商品暂停征收《国务院关税税则委员会关于对原产于美国约160亿美元进口商品加征关税的公告》(税委会公告〔2018〕7号)所加征25%的关税;对附件3所列67个税目商品暂停征收《国务院关税税则委员会关于对原产于美国约600亿美元进口商品实施加征关税的公告》(税委会公告〔2018〕8号)所加征5%的关税,具体商品范围分别见附件1-附件3。

附件: 1. 对美暂停加征25%关税商品清单一

2. 对美暂停加征25%关税商品清单二

3. 对美暂停加征5%关税商品清单

国务院关税税则委员会关于对原产于美国的汽车及
零部件继续暂停加征关税的公告

(税委会公告〔2019〕1号)

(2019年3月31日由国务院关税税则委员会发布,2019年4月1日起施行,法规类型为规范性文件)

为落实中美两国元首阿根廷会晤共识,继续为双方经贸磋商创造良好氛围,根据《中华人民共和国对外贸易法》、《中华人民共和国进出口关税条例》等法律法规,国务院关税税则委员会决定对原产于美国的汽车及零部件继续暂停加征关税。有关事项如下:

一、从2019年4月1日起,对《国务院关税税则委员会关于对原产于美国的汽车及零部件暂停加征关税的公告》(税委会公告〔2018〕10号)附件1所列28个税目商品,继续暂停征收《国务院关税税则委员会关于对原产于美国500亿美元进口商品加征关税的公告》(税委会公告〔2018〕5号)所加征25%的关税;对税委会公告〔2018〕10号附件2所列116个税目商品,继续暂停征收《国务院关税税则委员会关于对原产于美国约160亿美元进口商品加征关税的公告》(税委会公告〔2018〕7号)所加征25%的关税;对税委会公告〔2018〕10号附件3所列67个税目商品,继续暂停征收《国务院关税税则委员会关于对原产于美国约600亿美元进口商品实施加征关税的公告》(税委会公告〔2018〕8号)所加征5%的关税。

二、暂停加征关税措施截止时间另行通知。

国务院关税税则委员会关于试行
开展对美加征关税商品排除工作的公告

(税委会公告〔2019〕2号)

(2019年5月13日由国务院关税税则委员会发布,2019年5月13日起施行,法规类型为规范性文件)

根据《中华人民共和国海关法》《中华人民共和国对外贸易法》《中华人民共和国进出口关税条例》等有关法律法规规定,国务院关税税则委员会决定,试行开展对美加征关税商品排除工作,根据我国利益相关方的申请,将部分符合条件的商品排除出对美加征关税范围,采取暂不加征关税、具备退还税款条件的退还已加征关税税款等排除措施。对美加征关税商品排除工作试行办法见附件。

附件:对美加征关税商品排除工作试行办法

附件

对美加征关税商品排除工作试行办法

一、申请主体

申请主体为申请排除商品的利益相关方,包括从事相关商品进口、生产或使用的在华企业或其行业协(商)会。鼓励行业协(商)会代表其会员提出申请。

二、可申请排除的范围

可申请排除的范围为我已公布实施且未停止或未暂停加征关税的商品。第一批包括《国务院关税税则委员会关于对原产于美国 500 亿美元进口商品加征关税的公告》(税委会公告〔2018〕5 号)所附《对美加征关税商品清单一》商品,以及《国务院关税税则委员会关于对原产于美国约 160 亿美元进口商品加征关税的公告》(税委会公告〔2018〕7 号)所附《对美加征关税商品清单二》商品。第二批包括《国务院关税税则委员会关于对原产于美国的部分进口商品(第二批)加征关税的公告》(税委会公告〔2018〕6 号)所附的附件 1-4 商品。以上两批商品不包括汽车及零部件等已停止或已暂停加征关税的商品。

三、申请方式和时间

申请主体应通过财政部关税政策研究中心网址 http://gszx.mof.gov.cn,按要求填报并提交排除申请。第一批可申请排除的商品自 2019 年 6 月 3 日起接受申请,截止日期为 2019 年 7 月 5 日。第二批可申请排除的商品自 2019 年 9 月 2 日起接受申请,截止日期为 2019 年 10 月 18 日。

四、申请填报要求

申请排除一个税则税目(8 位,下同)商品填报一份表格。申请排除多个税则税目商品的,每个税则税目商品分别填报一份表格。同一个税则税目商品,企业已经向行业协(商)会提交信息,且已由行业协(商)会汇总填报的,企业不能重复填报。

申请主体应根据上述网址关于排除申请的具体说明和要求,完整填报排除申请信息,并应以事实和数据说明以下三方面申请理由:寻求商品替代来源面临的困难;加征关税对申请主体造成严重经济损害;加征关税对相关行业造成重大负面结构性影响(包括对行业发展、技术进步、就业、环境保护等方面的影响)或带来严重社会后果。填报不符合要求的将不予受理。

申请主体应对填报信息的真实性负责,经核查发现填报虚假信息的,对相关申请主体所填报排除申请将不予考虑。申请主体填报信息仅限于对美加征关税商品排除工作使用,未经申请主体同意不会向第三方公开,但应政府要求、法律政策需要等原因除外。

五、排除清单的公布

国务院关税税则委员会将组织对有效申请逐一进行审核,开展调查研究,听取相关专家、协会、部门的意见,并按程序制定、公布排除清单。

对排除清单内商品,自排除清单实施之日起一年内,不再加征我为反制美 301 措施所加征的关税;具备退还税款条件的,对已加征的关税税款予以退还,相关进口企业应自排除清单公布之日起 6 个月内按规定向海关申请办理。对排除清单公布前已经停止或已暂停加征关税的商品,已加征关税不予退还。

具备退还税款条件的主要有两种情形,一是排除清单按税则税目进行排除的,二是排除清单所列商品为税则税目中的一部分,且海关有条件退税的,如在税则税目基础上,海关有附加编码。

国务院关税税则委员会关于对原产于美国的部分进口商品提高加征关税税率的公告

(税委会公告〔2019〕3号)

(2019年5月13日由国务院关税税则委员会发布,2019年6月1日起施行,法规类型为规范性文件)

2019年5月9日,美国政府宣布,自2019年5月10日起,对从中国进口的2000亿美元清单商品加征的关税税率由10%提高到25%。美方上述措施导致中美经贸摩擦升级,违背中美双方关于通过磋商解决贸易分歧的共识,损害双方利益,不符合国际社会的普遍期待。

根据《中华人民共和国对外贸易法》《中华人民共和国进出口关税条例》等法律法规和国际法基本原则,国务院关税税则委员会决定,自2019年6月1日0时起,对原产于美国的部分进口商品提高加征关税税率。现将有关事项公告如下:

一、对《国务院关税税则委员会关于对原产于美国约600亿美元进口商品实施加征关税的公告》(税委会公告〔2018〕8号)中部分商品,提高加征关税税率,按照《国务院关税税则委员会关于对原产于美国的部分进口商品(第二批)加征关税的公告》(税委会公告〔2018〕6号)公告的税率实施。即:对附件1所列2493个税目商品,实施加征25%的关税;对附件2所列1078个税目商品,实施加征20%的关税;对附件3所列974个税目商品,实施加征10%的关税。对附件4所列595个税目商品,仍实施加征5%的关税。

二、其他事项按照税委会公告〔2018〕6号执行。

附件: 1. 对美实施加征25%关税商品清单

2. 对美实施加征20%关税商品清单

3. 对美实施加征10%关税商品清单

4. 对美实施加征5%关税商品清单

国务院关税税则委员会关于对原产于美国的部分进口商品（第三批）加征关税的公告

（税委会公告〔2019〕4号）

（2019年8月23日由国务院关税税则委员会发布，法规类型为规范性文件）

2019年8月15日，美国政府宣布，对从中国进口的约3000亿美元商品加征10%关税，分两批自2019年9月1日、12月15日起实施。美方措施导致中美经贸摩擦持续升级，极大损害中国、美国以及其他各国利益，也严重威胁多边贸易体制和自由贸易原则。

根据《中华人民共和国海关法》《中华人民共和国对外贸易法》《中华人民共和国进出口关税条例》等法律法规和国际法基本原则，国务院关税税则委员会决定，对原产于美国的5078个税目、约750亿美元进口商品加征关税。有关事项如下：

一、自2019年9月1日12时01分起，对附件1第一部分所列270个税目商品加征10%的关税，对附件1第二部分所列646个税目商品加征10%的关税，对附件1第三部分所列64个税目商品加征5%的关税，对附件1第四部分所列737个税目商品加征5%的关税，具体商品范围见附件1。

二、自2019年12月15日12时01分起，对附件2第一部分所列749个税目商品加征10%的关税，对附件2第二部分所列163个税目商品加征10%的关税，对附件2第三部分所列634个税目商品加征5%的关税，对附件2第四部分所列1815个税目商品加征5%的关税，具体商品范围见附件2。

三、对原产于美国的附件所列进口商品，在现行适用关税税率基础上分别加征相应关税，现行保税、减免税政策不变，此次加征的关税不予减免。

四、相关进口税收的计征：

加征关税税额＝关税完税价格×加征关税税率

关税＝按现行适用税率计算的应纳关税税额＋加征关税税额

进口环节增值税、消费税按相关法律法规等规定计征。

附件：1. 清单一

2. 清单二

国务院关税税则委员会关于对原产于美国的汽车及零部件恢复加征关税的公告

（税委会公告〔2019〕5号）

（2019年8月23日由国务院关税税则委员会发布，法规类型为规范性文件）

为落实中美两国元首阿根廷会晤共识，2018年12月14日，国务院关税税则委员会发布公告，从2019年1月1日起，对原产于美国的汽车及零部件暂停加征关税3个月。2019年3月31日，国务院关税税则委员会发布公告，从2019年4月1日起，继续对原产于美国的汽车及零部件暂停加征关税，暂停加征关税措施截止时间另行通知。

2019年5月9日，美国政府宣布，自2019年5月10日起，对从中国进口的2000亿美元清单商品加征的关税税率由10%提高到25%。2019年8月15日，美国政府宣布，对从中国进口的约3000亿美元商品加征10%关税，分两批自2019年9月1日、12月15日起实施。美方上述措施导致中美经贸摩擦持续升级，严重违背两国元首阿根廷会晤共识和大阪会晤共识。

根据《中华人民共和国海关法》《中华人民共和国对外贸易法》《中华人民共和国进出口关税条例》等法律法规和国际法基本原则，国务院关税税则委员会决定，自2019年12月15日12时01分起，对原产于美国的汽车及零部件恢复加征关税。现将有关事项公告如下：

对《国务院关税税则委员会关于对原产于美国的汽车及零部件暂停加征关税的公告》（税委会公告〔2018〕10号）附件1所列28个税目商品，恢复征收《国务院关税税则委员会关于对原产于美国500亿美元进口商品加征关税的公告》（税委会公告〔2018〕5号）所加征25%的关税；对税委会公告〔2018〕10号附件2所列116个税目商品，恢复征收《国务院关税税则委员会关于对原产于美国约160亿美元进口商品加征关税的公告》（税委会公告〔2018〕7号）所加征25%的关税；对税委会公告〔2018〕10号附件3所列67个税目商品恢复征收《国务院关税税则委员会关于对原产于美国约600亿美元进口商品实施加征关税的公告》（税委会公告〔2018〕8号）所加征5%的关税。

国务院关税税则委员会关于第一批对美加征关税商品第一次排除清单的公告

（税委会公告〔2019〕6号）

（2019年9月11日由国务院关税税则委员会发布，2019年9月11日至2020年9月16日有效，法规类型为规范性文件）

根据《国务院关税税则委员会关于试行开展对美加征关税商品排除工作的公告》（税委会公告〔2019〕2号），国务院关税税则委员会组织对申请主体提出的有效申请进行审核，并按程序决定，对第一批对美加征关税商品，第一次排除部分商品，分两个清单实施排除措施。有关事项公告如下：

对清单一所列商品，自 2019 年 9 月 17 日至 2020 年 9 月 16 日（一年），不再加征我为反制美 301 措施所加征的关税。对已加征的关税税款予以退还，相关进口企业应自排除清单公布之日起 6 个月内按规定向海关申请办理。

对清单二所列商品，自 2019 年 9 月 17 日至 2020 年 9 月 16 日（一年），不再加征我为反制美 301 措施所加征的关税。已加征的关税税款不予退还。

国务院关税税则委员会将继续开展对美加征关税商品排除工作，适时公布后续批次排除清单。

附件：1. 第一批对美加征关税商品第一次排除清单一

2. 第一批对美加征关税商品第一次排除清单二

国务院关税税则委员会关于暂不实施
对原产于美国的部分进口商品加征关税措施的公告

（税委会公告〔2019〕7 号）

(2019 年 12 月 15 日由国务院关税税则委员会发布，2019 年 12 月 15 日起施行，法规类型为规范性文件)

为落实中美双方近日关于经贸问题的磋商结果，根据《中华人民共和国海关法》《中华人民共和国对外贸易法》《中华人民共和国进出口关税条例》等法律法规和国际法基本原则，国务院关税税则委员会决定，暂不实施对原产于美国的部分进口商品的加征关税措施。有关事项如下：

一、自 2019 年 12 月 15 日 12 时 01 分起，对《国务院关税税则委员会关于对原产于美国的部分进口商品（第三批）加征关税的公告》（税委会公告〔2019〕4 号）附件 2 商品暂不实施税委会公告〔2019〕4 号所规定的加征关税措施。即：对税委会公告〔2019〕4 号附件 2 第一部分所列 749 个税目商品、第二部分所列 163 个税目商品，暂不征收税委会公告〔2019〕4 号所加征 10% 的关税；对附件 2 第三部分所列 634 个税目商品、第四部分所列 1815 个税目商品，暂不征收税委会公告〔2019〕4 号所加征 5% 的关税。实施时间另行通知。

二、自 2019 年 12 月 15 日 12 时 01 分起，暂不实施《国务院关税税则委员会关于对原产于美国的汽车及零部件恢复加征关税的公告》（税委会公告〔2019〕5 号）。即：自 2019 年 12 月 15 日 12 时 01 分起，对《国务院关税税则委员会关于对原产于美国的汽车及零部件暂停加征关税的公告》（税委会公告〔2018〕10 号）附件 1 所列 28 个税目商品，继续暂停征收《国务院关税税则委员会关于对原产于美国 500 亿美元进口商品加征关税的公告》（税委会公告〔2018〕5 号）所加征 25% 的关税；对税委会公告〔2018〕10 号附件 2 所列 116 个税目商品，继续暂停征收《国务院关税税则委员会关于对原产于美国约160亿美元进口商品加征关税的公告》（税委会公告〔2018〕7号）所加征25%的关税；对税委会公告〔2018〕10号附件3所列67个税目商品，继续暂停征收《国务院关税税则委员会关于对原产于美国约600亿美元进口商品实施加征关税的公告》（税委会公告〔2018〕8号）所加征5%的关税。实施时间另行通知。

国务院关税税则委员会关于第一批对美加征关税商品第二次排除清单的公告

（税委会公告〔2019〕8号）

（2019年12月19日由国务院关税税则委员会发布，2019年12月26日至2020年12月25日有效，法规类型为规范性文件）

根据《国务院关税税则委员会关于试行开展对美加征关税商品排除工作的公告》（税委会公告〔2019〕2号），国务院关税税则委员会组织对申请主体就第一批对美加征关税商品提出的有效申请完成了审核，决定排除其中部分商品，有关事项如下：

对附件清单所列商品，自2019年12月26日至2020年12月25日（一年），不再加征我为反制美301措施所加征的关税。已加征的关税税款不予退还。

附件：第一批对美加征关税商品第二次排除清单

国务院关税税则委员会关于调整对原产于美国的部分进口商品加征关税措施的公告

（税委会公告〔2020〕1号）

（2020年2月6日由国务院关税税则委员会发布，2020年2月14日起施行，法规类型为规范性文件）

为促进中美经贸关系健康稳定发展，根据《中华人民共和国海关法》、《中华人民共和国对外贸易法》、《中华人民共和国进出口关税条例》等法律法规和国际法基本原则，国务院关税税则委员会按程序决定，自2020年2月14日13时01分起，调整《国务院关税税则委员会关于对原产于美国的部分进口商品（第三批）加征关税的公告》（税委会公告〔2019〕4号）规定的加征税率。该公告附件1第一、二部分所列270个、646个税目商品的加征税率，由10%调整为5%；第三、四部分所列64个、737个税目商品的加征税率，由5%调整为2.5%。

除上述调整外，其他对美加征关税措施，继续按规定执行。

国务院关税税则委员会关于开展对美加征关税商品市场化采购排除工作的公告

（税委会公告〔2020〕2号）

（2020年2月17日由国务院关税税则委员会发布，2020年2月17日起施行，法规类型为规范性文件）

为更好满足我国消费者日益增长的需要，加快受理企业排除申请，根据《中华人民共和国海关法》、《中华人民共和国对外贸易法》、《中华人民共和国进出口关税条例》等有关法律法规规定，国务院关税税则委员会决定，开展对美加征关税商品市场化采购排除工作，根据相关中国境内企业的申请，对符合条件、按市场化和商业化原则自美采购的进口商品，在一定期限内不再加征我对美301措施反制关税。具体事项如下：

一、申请主体

申请主体为拟签订合同自美采购并进口相关商品的中国境内企业。

二、可申请排除的商品范围

可申请排除商品清单为部分我已公布实施且未停止或未暂停加征对美301措施反制关税的商品，见附件。对清单外商品，申请主体可提出增列排除商品的申请。对已出台和今后经批准出台的进口减免税政策项下自美进口商品，以及快件渠道进口商品，自动予以排除并免于申请。纳入对美加征关税商品排除清单、在排除期限内的商品，也无需进行申请。

三、申请方式和时间

申请主体应通过排除申报系统（财政部关税政策研究中心网址https：//gszx.mof.gov.cn），按要求填报并提交市场化采购排除申请。排除申报系统于2020年3月2日起接受申请。

四、申请填报要求

申请主体应根据上述网址关于排除申请的具体说明和要求，完整填写申请排除商品税则号列、采购计划金额等排除申请信息，以作为审核参考。申请增列排除商品的，还需填报加征关税对申请主体影响等必要说明。

申请主体应对填报信息的真实性负责，经核查发现填报虚假信息的，不考虑相关申请主体该项及后续若干批次的市场化采购排除申请。申请主体填报信息仅限于对美加征关税商品排除工作使用，未经申请主体同意不会向第三方公开，但法律法规和国家另有规定除外。

五、申请结果及采购实施

国务院关税税则委员会将根据申请主体填报信息，结合第一、二批对美加征关税商品排除申请情况，组织对有效申请逐一进行审核，并通过排除申报系统等方式，及时将排除申请结果通知申请主体。相关申请主体，自核准之日起一年内，进口核准金额范围内的商品不再加征我对美301措施反制关税；超出部分不予排除，需自行负担加征关税。核准前已加征的关税税款不予退还。对在进口合同中明确规定且数量在10%（含）以内的溢装商品，也适用上述排除措施。检验检疫等其他进口监管事项按现行规定执行。

申请主体需根据相关说明和要求，及时上传成交信息。经核准的采购计划，当月未成交部分在月底自动失效；超出当月采购计划的成交，需在规定时间内追加排除申请，经国务院关税则委员会核准后予以排除。申请主体应在进口报关前,根据拟报关信息,通过排除申报系统提交自我声明并领取排除编号。国务院关税税则委员会在自我声明提交后3个工作日内予以核准,由排除申报系统生成排除编号。申请主体在报关单上填写排除编号,按海关规定办理报关手续。

附件:可申请排除商品清单

国务院关税税则委员会关于第二批对美加征关税商品第一次排除清单的公告

(税委会公告〔2020〕3号)

(2020年2月21日由国务院关税税则委员会发布,2020年2月28日至2021年2月27日有效,法规类型为规范性文件)

根据《国务院关税税则委员会关于试行开展对美加征关税商品排除工作的公告》(税委会公告〔2019〕2号),国务院关税税则委员会组织对申请主体提出的有效申请进行审核,并按程序决定,对第二批对美加征关税商品,第一次排除其中部分商品,分两个清单实施排除措施。有关事项公告如下:

对清单一所列商品,自2020年2月28日至2021年2月27日(一年),不再加征我为反制美301措施所加征的关税。对已加征的关税税款予以退还,相关进口企业应自排除清单公布之日起6个月内按规定向海关申请办理。

对清单二所列商品,自2020年2月28日至2021年2月27日(一年),不再加征我为反制美301措施所加征的关税。已加征的关税税款不予退还。

国务院关税税则委员会将继续开展对美加征关税商品排除工作,适时公布后续批次排除清单。

附件:1. 第二批对美加征关税商品第一次排除清单一

2. 第二批对美加征关税商品第一次排除清单二

国务院关税税则委员会关于第二批对美加征关税商品第二次排除清单的公告

(税委会公告〔2020〕4号)

(2020年5月12日由国务院关税税则委员会发布,2020年5月12日起施行,法规类型为规范性文件)

根据《国务院关税税则委员会关于试行开展对美加征关税商品排除工作的公告》(税委会公告〔2019〕2号),国务院关税税则委员会组织对申请主体提出的有效申请进行审核,并按程序决定,对第二批对美加征关税商品,第二次排除其中部分商品,有关事项公告如下:

对附件清单所列商品,自2020年5月19日至2021年5月18日(一年),不再加征我为反制美301措施所加征的关税。对已加征的关税税款予以退还,相关进口企业应自排除清单公布之日起6个月内按规定向海关申请办理。

附件:第二批对美加征关税商品第二次排除清单

减免税

中华人民共和国海关进出口货物减免税管理办法

(海关总署令第179号)

(2008年12月29日由海关总署发布；根据2017年12月20日海关总署令第235号《海关总署关于修改部分规章的决定》修改，根据2018年5月29日海关总署令第240号《海关总署关于修改部分规章的决定》修改；现行版本自2018年7月1日起施行；法规类型为部门规章)

第一章 总 则

第一条 为了规范海关进出口货物减免税管理工作，保障行政相对人合法权益，根据《中华人民共和国海关法》(以下简称《海关法》)、《中华人民共和国进出口关税条例》(以下简称《关税条例》)及有关法律和行政法规的规定，制定本办法。

第二条 进出口货物减征或者免征关税、进口环节海关代征税(以下简称减免税)事务，除法律、行政法规另有规定外，海关依照本办法实施管理。

第三条 进出口货物减免税申请人(以下简称减免税申请人)应当向其所在地海关申请办理减免税备案、审批手续，特殊情况除外。

投资项目所在地海关与减免税申请人所在地海关不是同一海关的，减免税申请人应当向投资项目所在地海关申请办理减免税备案、审批手续。

投资项目所在地涉及多个海关的，减免税申请人可以向其所在地海关或者有关海关的共同上级海关申请办理减免税备案、审批手续。有关海关的共同上级海关可以指定相关海关办理减免税备案、审批手续。

投资项目由投资项目单位所属非法人分支机构具体实施的，在获得投资项目单位的授权并经投资项目所在地海关审核同意后，该非法人分支机构可以向投资项目所在地海关申请办理减免税备案、审批手续。

第四条 减免税申请人可以自行向海关申请办理减免税备案、审批、税款担保和后续管理业务等相关手续，也可以委托他人办理前述手续。

委托他人办理的，应当由被委托人凭减免税申请人出具的《减免税手续办理委托书》及其他相关材料向海关申请，海关审核同意后可准予被委托人办理相关手续。

第五条 已经在海关办理注册登记并取得报关注册登记证书的报关企业或者进出口货物收发货人可以接受减免税申请人委托，代为办理减免税相关事宜。

第二章 减免税备案

第六条 减免税申请人按照有关进出口税收优惠政策的规定申请减免税进出口相关货物，

海关需要事先对减免税申请人的资格或者投资项目等情况进行确认的，减免税申请人应当在申请办理减免税审批手续前，向主管海关申请办理减免税备案手续，并同时提交下列材料：

（一）《进出口货物减免税备案申请表》；

（二）事业单位法人证书、国家机关设立文件、社团登记证书、民办非企业单位登记证书、基金会登记证书等证明材料；

（三）相关政策规定的享受进出口税收优惠政策资格的证明材料。

第七条　海关收到减免税申请人的减免税备案申请后，应当审查确认所提交的申请材料是否齐全、有效，填报是否规范。

减免税申请人的申请材料符合规定的，海关应当予以受理，海关收到申请材料之日为受理之日；减免税申请人的申请材料不齐全或者不符合规定的，海关应当一次性告知减免税申请人需要补正的有关材料，海关收到全部补正的申请材料之日为受理之日。

不能按照规定向海关提交齐全、有效材料的，海关不予受理。

第八条　海关受理减免税申请人的备案申请后，应当对其主体资格、投资项目等情况进行审核。

经审核符合有关进出口税收优惠政策规定的，应当准予备案；经审核不予备案的，应当书面通知减免税申请人。

第九条　海关应当自受理之日起10个工作日内作出是否准予备案的决定。

因政策规定不明确或者涉及其他部门管理职责需与相关部门进一步协商、核实有关情况等原因在10个工作日内不能作出决定的，海关应当书面向减免税申请人说明理由。

有本条第二款规定情形的，海关应当自情形消除之日起15个工作日内作出是否准予备案的决定。

第十条　减免税申请人要求变更或者撤销减免税备案的，应当向主管海关递交申请。经审核符合相关规定的，海关应当予以办理。

变更或者撤销减免税备案应当由项目审批部门出具意见的，减免税申请人应当在申请变更或者撤销时一并提供。

第三章　减免税审批

第十一条　减免税申请人应当在货物申报进出口前，向主管海关申请办理进出口货物减免税审批手续，并同时提交下列材料：

（一）《进出口货物征免税申请表》；

（二）事业单位法人证书、国家机关设立文件、社团登记证书、民办非企业单位登记证书、基金会登记证书等证明材料；

（三）进出口合同、发票以及相关货物的产品情况资料；

（四）相关政策规定的享受进出口税收优惠政策资格的证明材料。

第十二条　海关收到减免税申请人的减免税审批申请后，应当审核确认所提交的申请材料是否齐全、有效，填报是否规范。对应当进行减免税备案的，还应当审核是否已经按照规定办理备案手续。

减免税申请人的申请材料符合规定的，海关应当予以受理，海关收到申请材料之日为受理之日；减免税申请人提交的申请材料不齐全或者不符合规定的，海关应当一次性告知减免税申请人需要补正的有关材料，海关收到全部补正的申请材料之日为受理之日。

不能按照规定向海关提交齐全、有效材料，或者未按照规定办理减免税备案手续的，海关不予受理。

第十三条　海关受理减免税申请人的减免税审批申请后，应当对进出口货物相关情况是否符合有关进出口税收优惠政策规定、进出口货物的金额、数量等是否在减免税额度内等情况进行审核。对应当进行减免税备案的，还需要对减免税申请人、进出口货物等是否符合备案情况进行审核。

经审核符合相关规定的，应当作出进出口货物征税、减税或者免税的决定，并签发《中华人民共和国海关进出口货物征免税证明》（以下简称《征免税证明》）。

第十四条　海关应当自受理减免税审批申请之日起10个工作日内作出是否准予减免税的决定。

有下列情形之一，不能在受理减免税审批申请之日起10个工作日内作出决定的，海关应当书面向减免税申请人说明理由：

（一）政策规定不明确或者涉及其他部门管理职责需要与相关部门进一步协商、核实有关情况的；

（二）需要对货物进行化验、鉴定以确定是否符合减免税政策规定的；

（三）因其他合理原因不能在本条第一款规定期限内作出决定的。

有本条第二款规定情形的，海关应当自情形消除之日起15个工作日内作出是否准予减免税的决定。

第十五条　减免税申请人申请变更或者撤销已签发的《征免税证明》的，应当在《征免税证明》有效期内向主管海关提出申请，说明理由，并提交相关材料。

经审核符合规定的，海关准予变更或者撤销。准予变更的，海关应当在变更完成后签发新的《征免税证明》，并收回原《征免税证明》。准予撤销的，海关应当收回原《征免税证明》。

第十六条　减免税申请人应当在《征免税证明》有效期内办理有关进出口货物通关手续。不能在有效期内办理，需要延期的，应当在《征免税证明》有效期内向海关提出延期申请。经海关审核同意，准予办理延长《征免税证明》有效期手续。

《征免税证明》可以延期一次，延期时间自有效期届满之日起算，延长期限不得超过6个月。海关总署批准的特殊情况除外。

《征免税证明》有效期限届满仍未使用的，该《征免税证明》效力终止。减免税申请人需要减免税进出口该《征免税证明》所列货物的，应当重新向海关申请办理。

第十七条　减免税申请人遗失《征免税证明》需要补办的，应当在《征免税证明》有效期内向主管海关提出申请。

经核实原《征免税证明》尚未使用的，主管海关应当重新签发《征免税证明》，原《征免税证明》同时作废。

原《征免税证明》已经使用的，不予补办。

第十八条　除国家政策调整等原因并经海关总署批准外，货物征税放行后，减免税申请人申请补办减免税审批手续的，海关不予受理。

第四章　减免税货物税款担保

第十九条　有下列情形之一的，减免税申请人可以向海关申请凭税款担保先予办理货物放行手续：

（一）主管海关按照规定已经受理减免税备案或者审批申请，尚未办理完毕的；

（二）有关进出口税收优惠政策已经国务院批准，具体实施措施尚未明确，海关总署已确认减免税申请人属于享受该政策范围的；

（三）其他经海关总署核准的情况。

第二十条　减免税申请人需要办理税款担保手续的，应当在货物申报进出口前向主管海关提出申请，并按照有关进出口税收优惠政策的规定向海关提交相关材料。

主管海关应当在受理申请之日起 7 个工作日内，作出是否准予担保的决定。准予担保的，应当出具《中华人民共和国海关准予办理减免税货物税款担保证明》（以下简称《准予担保证明》）；不准予担保的，应当出具《中华人民共和国海关不准予办理减免税货物税款担保决定》。

第二十一条 进出口地海关凭主管海关出具的《准予担保证明》，办理货物的税款担保和验放手续。

国家对进出口货物有限制性规定，应当提供许可证件而不能提供的，以及法律、行政法规规定不得担保的其他情形，进出口地海关不得办理减免税货物凭税款担保放行手续。

第二十二条 减免税货物税款担保期限不超过 6 个月，经主管海关核准可以予以延期，延期时间自税款担保期限届满之日起算，延长期限不超过 6 个月。

特殊情况仍需要延期的，应当经直属海关核准。

第二十三条 海关依照本办法规定延长减免税备案、审批手续办理时限的，减免税货物税款担保时限可以相应延长，主管海关应当及时通知减免税申请人向海关申请办理减免税货物税款担保延期的手续。

第二十四条 减免税申请人在减免税货物税款担保期限届满前未取得《征免税证明》，申请延长税款担保期限的，应当在《准予担保证明》规定期限届满的 10 个工作日以前向主管海关提出申请。主管海关应当在受理申请后 7 个工作日内，作出是否准予延长担保期限的决定。准予延长的，应当出具《中华人民共和国海关准予办理减免税货物税款担保延期证明》（以下简称《准予延期证明》）；不准予延长的，应当出具《中华人民共和国海关不准予办理减免税货物税款担保延期决定》。

减免税申请人按照海关要求申请延长减免税货物税款担保期限的，比照本条第一款规定办理。

进出口地海关凭《准予延期证明》办理减免税货物税款担保延期手续。

第二十五条 减免税申请人在减免税货物税款担保期限届满前取得《征免税证明》的，海关应当解除税款担保，办理征免税进出口手续。担保期限届满，减免税申请人未按照规定申请办理减免税货物税款担保延期手续的，海关应当要求担保人履行相应的担保责任或者将税款保证金转为税款。

第五章 减免税货物的处置

第二十六条 在进口减免税货物的海关监管年限内，未经海关许可，减免税申请人不得擅自将减免税货物转让、抵押、质押、移作他用或者进行其他处置。

第二十七条 按照国家有关规定在进口时免予提交许可证件的进口减免税货物，减免税申请人向海关申请进行转让、抵押、质押、移作他用或者其他处置时，按照规定需要补办许可证件的，应当补办有关许可证件。

第二十八条 在海关监管年限内，减免税申请人将进口减免税货物转让给进口同一货物享受同等减免税优惠待遇的其他单位的，应当按照下列规定办理减免税货物结转手续：

（一）减免税货物的转出申请人凭有关单证向转出地主管海关提出申请，转出地主管海关审核同意后，通知转入地主管海关。

（二）减免税货物的转入申请人向转入地主管海关申请办理减免税审批手续。转入地主管海关审核无误后签发《征免税证明》。

（三）转出、转入减免税货物的申请人应当分别向各自的主管海关申请办理减免税货物的出口、进口报关手续。转出地主管海关办理转出减免税货物的解除监管手续。结转减免税货物的监管年限应当连续计算。转入地主管海关在剩余监管年限内对结转减免税货物继续实施后续监管。

转入地海关和转出地海关为同一海关的，按照本条第一款规定办理。

第二十九条 在海关监管年限内，减免税申请人将进口减免税货物转让给不享受进口税收优惠政策或者进口同一货物不享受同等减免税优惠待遇的其他单位的，应当事先向减免税申请人主管海关申请办理减免税货物补缴税款和解除监管手续。

第三十条 在海关监管年限内，减免税申请人需要将减免税货物移作他用的，应当事先向主管海关提出申请。经海关批准，减免税申请人可以按照海关批准的使用地区、用途、企业将减免税货物移作他用。

本条第一款所称移作他用包括以下情形：

（一）将减免税货物交给减免税申请人以外的其他单位使用；

（二）未按照原定用途、地区使用减免税货物；

（三）未按照特定地区、特定企业或者特定用途使用减免税货物的其他情形。

除海关总署另有规定外，按照本条第一款规定将减免税货物移作他用的，减免税申请人还应当按照移作他用的时间补缴相应税款；移作他用时间不能确定的，应当提交相应的税款担保，税款担保不得低于剩余监管年限应补缴税款总额。

第三十一条 在海关监管年限内，减免税申请人要求以减免税货物向金融机构办理贷款抵押的，应当向主管海关提出书面申请。经审核符合有关规定的，主管海关可以批准其办理贷款抵押手续。

减免税申请人不得以减免税货物向金融机构以外的公民、法人或者其他组织办理贷款抵押。

第三十二条 减免税申请人以减免税货物向境内金融机构办理贷款抵押的，应当向海关提供下列形式的担保：

（一）与货物应缴税款等值的保证金；

（二）境内金融机构提供的相当于货物应缴税款的保函；

（三）减免税申请人、境内金融机构共同向海关提交《进口减免税货物贷款抵押承诺保证书》，书面承诺当减免税申请人抵押贷款无法清偿需要以抵押物抵偿时，抵押人或者抵押权人先补缴海关税款，或者从抵押物的折（变）价款中优先偿付海关税款。

减免税申请人以减免税货物向境外金融机构办理贷款抵押的，应当向海关提交本条第一款第（一）项或者第（二）项规定形式的担保。

第三十三条 海关在收到贷款抵押申请材料后，应当审核申请材料是否齐全、有效，必要时可以实地核查减免税货物情况，了解减免税申请人经营状况。

经审核同意的，主管海关应当出具《中华人民共和国海关准予进口减免税货物贷款抵押通知》。

第三十四条 海关同意以进口减免税货物办理贷款抵押的，减免税申请人应当于正式签订抵押合同、贷款合同之日起30日内将抵押合同、贷款合同正本或者复印件交海关备案。提交复印件备案的，减免税申请人应当在复印件上标注"与正本核实一致"，并予以签章。

抵押合同、贷款合同的签订日期不是同一日的，按照后签订的日期计算本条第一款规定的备案时限。

第三十五条 贷款抵押需要延期的，减免税申请人应当在贷款期限届满前20日内向主管海关申请办理贷款抵押的延期手续。

经审核同意的，主管海关签发准予延期通知，并出具《中华人民共和国海关准予办理进口减免税货物贷款抵押延期通知》。

第六章 减免税货物的管理

第三十六条 除海关总署另有规定外，在海关监管年限内，减免税申请人应当按照海关规定保管、使用进口减免税货物，并依法接受海关监管。

进口减免税货物的监管年限为：

（一）船舶、飞机：8年；

（二）机动车辆：6年；

（三）其他货物：3年。

监管年限自货物进口放行之日起计算。

第三十七条 在海关监管年限内，减免税申请人应当自进口减免税货物放行之日起，在每年的第1季度向主管海关递交《减免税货物使用状况报告书》，报告减免税货物使用状况。

减免税申请人未按照本条第一款规定向海关报告其减免税货物状况，向海关申请办理减免税备案、审批手续的，海关不予受理。

第三十八条 在海关监管年限内，减免税货物应当在主管海关核准的地点使用。需要变更使用地点，减免税申请人应当向主管海关提出申请，说明理由，经海关批准后方可变更使用地点。

减免税货物需要移出主管海关管辖地使用的，减免税申请人应当事先凭有关单证以及需要异地使用的说明材料向主管海关申请办理异地监管手续，经主管海关审核同意并通知转入地海关后，减免税申请人可以将减免税货物运至转入地海关管辖地，转入地海关确认减免税货物情况后进行异地监管。

减免税货物在异地使用结束后，减免税申请人应当及时向转入地海关申请办结异地监管手续，经转入地海关审核同意并通知主管海关后，减免税申请人应当将减免税货物运回主管海关管辖地。

第三十九条 在海关监管年限内，减免税申请人发生分立、合并、股东变更、改制等变更情形的，权利义务承受人（以下简称承受人）应当自营业执照颁发之日起30日内，向原减免税申请人的主管海关报告主体变更情况及原减免税申请人进口减免税货物的情况。

经海关审核，需要补征税款的，承受人应当向原减免税申请人主管海关办理补税手续；可以继续享受减免税待遇的，承受人应当按照规定申请办理减免税备案变更或者减免税货物结转手续。

第四十条 在海关监管年限内，因破产、改制或者其他情形导致减免税申请人终止，没有承受人的，原减免税申请人或者其他依法应当承担税及进口环节海关代征税缴纳义务的主体应当自资产清算之日起30日内向主管海关申请办理减免税货物的补缴税款和解除监管手续。

第四十一条 在海关监管年限内，减免税申请人要求将进口减免税货物退运出境或者出口的，应当报主管海关核准。

减免税货物退运出境或者出口后，减免税申请人应当凭出口报关单向主管海关办理原进口减免税货物的解除监管手续。

减免税货物退运出境或者出口的，海关不再对退运出境或者出口的减免税货物补征相关税款。

第四十二条 减免税货物海关监管年限届满的，自动解除监管。

在海关监管年限内的进口减免税货物，减免税申请人书面申请提前解除监管的，应当向主管海关申请办理补缴税款和解除监管手续。按照国家有关规定在进口时免予提交许可证件的进口减免税货物，减免税申请人还应当补交有关许可证件。

减免税申请人需要海关出具解除监管证明的，可以自办结补缴税款和解除监管等相关手续之日或者自海关监管年限届满之日起1年内，向主管海关申请领取解除监管证明。海关审核同意后出具《中华人民共和国海关进口减免税货物解除监管证明》。

第四十三条 在海关监管年限及其后3年内，海关依照《海关法》和《中华人民共和国海关稽查条例》有关规定对减免税申请人进口和使用减免税货物情况实施稽查。

第四十四条 减免税货物转让给进口同一货物享受同等减免税优惠待遇的其他单位的，不予恢复减免税货物转出申请人的减免税额度，减免税货物转入申请人的减免税额度按照海关审定的货物结转时的价格、数量或者应缴税款予以扣减。

减免税货物因品质或者规格原因原状退运出境，减免税申请人以无代价抵偿方式进口同一类型货物的，不予恢复其减免税额度；未以无代价抵偿方式进口同一类型货物的，减免税申请人在原减免税货物退运出境之日起3个月内向海关提出申请，经海关批准，可以恢复其减免税额度。

对于其他提前解除监管的情形，不予恢复减免税额度。

第四十五条 减免税货物因转让或者其他原因需要补征税款的，补税的完税价格以海关审定的货物原进口时的价格为基础，按照减免税货物已进口时间与监管年限的比例进行折旧，其计算公式如下：

$$补税的完税价格 = 海关审定的货物原进口时的价格 \times \left[1 - \frac{减免税货物已进口时间}{监管年限 \times 12} \right]$$

减免税货物已进口时间自减免税货物的放行之日起按月计算。不足1个月但超过15日的按1个月计算；不超过15日的，不予计算。

第四十六条 按照本办法第四十五条规定计算减免税货物补征税款的，已进口时间的截止日期按以下规定确定：

（一）转让减免税货物的，应当以海关接受减免税申请人申请办理补税手续之日作为计算其已进口时间的截止之日；

（二）减免税申请人未经海关批准，擅自转让减免税货物的，应当以货物实际转让之日作为计算其已进口时间的截止之日；转让之日不能确定的，应当以海关发现之日作为截止之日；

（三）在海关监管年限内，减免税申请人发生破产、撤销、解散或者其他依法终止经营情形的，已进口时间的截止日期应当为减免税申请人破产清算之日或者被依法认定终止生产经营活动的日期。

第四十七条 减免税申请人将减免税货物移作他用，应当补缴税款的，税款的计算公式为：

$$补缴税款 = 海关审定的货物原进口时的价格 \times 税率 \times \left[\frac{需补缴税款的时间}{监管年限 \times 12 \times 30} \right]$$

上述计算公式中的税率，应当按照《关税条例》的有关规定，采用相应的适用税率；需补缴税款的时间是指减免税货物移作他用的实际时间，按日计算，每日实际生产不满8小时或者超过8小时的均按1日计算。

第四十八条 海关在办理减免税货物异地监管、结转、主体变更、退运出口、解除监管、贷款抵押等后续管理事务时，应当自受理申请之日起10个工作日内作出是否同意的决定。

因特殊情形不能在10个工作日内作出决定的，海关应当书面向申请人说明理由。

第四十九条 海关总署对重大减免税事项实施备案管理。

第七章 附 则

第五十条 违反本办法，构成走私行为、违反海关监管规定行为或者其他违反海关法行为的，由海关依照《海关法》和《中华人民共和国海关行政处罚实施条例》有关规定予以处理；构成犯罪的，依法追究刑事责任。

第五十一条　本办法下列用语的含义：

进出口货物减免税申请人，是指根据有关进出口税收优惠政策和有关法律法规的规定，可以享受进出口税收优惠，并依照本办法向海关申请办理减免税相关手续的具有独立法人资格的企业事业单位、社会团体、国家机关；符合本办法第三条第四款规定的非法人分支机构；经海关总署审查确认的其他组织。

减免税申请人所在地海关，当减免税申请人为企业法人时，所在地海关是指其办理企业法人登记地的海关；当减免税申请人为国家机关、事业单位、社会团体等非企业法人组织时，所在地海关是指其住所地海关；当减免税申请人为符合本办法第三条第四款规定的非法人分支机构时，所在地海关是指该分支机构办理工商注册登记地的海关。

情形消除之日，是指因政策规定不明确等原因，海关总署或者直属海关发文明确之日。

减免税额度，是指根据有关进出口税收优惠政策规定确定的减免税申请人可以减税或者免税进出口货物的金额、数量，或者可以减征、免征的进出口关税及进口环节海关代征税的税款。

第五十二条　本办法所列文书格式由海关总署另行制定并公告。

第五十三条　本办法由海关总署负责解释。

第五十四条　本办法自2009年2月1日起施行。

关于公布减免税货物后续管理的报关单填制要求

（海关总署公告2007年第24号）

（2007年6月4日由海关总署发布，2007年6月4日起施行，法规类型为规范性文件）

为规范进口减免税货物在后续管理环节中的进出口申报行为，保证企业顺利办理已进口减免税货物的有关通关手续，根据海关通关作业规范化需要和海关减免税后续管理业务计算机管理系统（H2000减免税后续管理系统）在报关单填制方面的要求，现对减免税货物后续管理的报关单填制要求公告如下：

一、减免税货物退运出口，报关单的"备案号"栏目应填写《减免税进口货物同意退运证明》的编号；"监管方式"栏目应填写4561（退运货物）。

《减免税进口货物同意退运证明》编号规则为：RT+4位现场海关代码+2位年份代码+4位顺序号。"RT"为"减免税进口货物同意退运证明代码"。

二、减免税货物补税进口，报关单的"备案号"栏目应填写《减免税货物补税通知书》的编号；"监管方式"栏目应填写9700（后续补税）。

《减免税货物补税通知书》编号规则为：RB+4位现场海关代码+2位年份代码+4位顺序号。"RB"为"减免税货物补税通知书代码"。

三、减免税货物结转进口（转入），报关单"备案号"栏目应填写《进出口货物征免税证明》的编号；"监管方式"栏目按现行规范填写；"关联备案号"栏目应填本次减免税货物结转所申请的《减免税进口货物结转联系函》的编号。

相应的结转出口（转出），报关单"备案号"栏目应填写《减免税进口货物结转联系函》

的编号；"监管方式"栏目应填写 0500（减免设备结转）；"关联备案号"栏目应填写与该出口（转出）报关单相对应的进口（转入）报关单"备案号"栏目所填写的《进出口货物征免税证明》编号；"关联报关单"栏目应填写对应的进口（转入）报关单号。

《减免税进口货物结转联系函》编号规则为：RZ+4位现场海关代码+2位年份代码+4位顺序号。"RZ"为"减免税进口货物结转联系函代码"。

四、上述报关单其他栏目的填制要求，仍按照《中华人民共和国海关进出口货物报关单填制规范》（海关总署 2004 年第 34 号公告）的规定填制。

五、本次对减免税货物后续管理报关单填制的规范要求，自海关减免税货物后续管理业务纳入海关 H2000 减免税后续管理系统管理之日起实施。鉴于按照有关工作的安排，海关 H2000 减免税后续管理系统将分批陆续在各直属海关投入使用，因此，具体的实施日期由各直属海关提前对外公布。尚未将减免税货物后续管理业务纳入 H2000 减免税后续管理系统管理的海关，其关区范围所涉及的有关报关单填制仍按现行规定办理。

特此公告。

关于调整进口减免税货物监管年限的公告

（海关总署公告 2017 年第 51 号）

（2017 年 10 月 24 日由海关总署发布，2017 年 10 月 24 日起施行，法规类型为规范性文件）

为支持企业技术改造，加快设备更新，推动产业升级，海关总署决定调整进口减免税货物的监管年限。现将有关事项公告如下：

进口减免税货物的监管年限为：

（一）船舶、飞机：8 年；

（二）机动车辆：6 年；

（三）其他货物：3 年。

监管年限自货物进口放行之日起计算。

本公告自发布之日起施行。

特此公告。

关于推广减免税申请无纸化及取消减免税备案的公告

(海关总署公告2017年第58号)

(2017年12月10日由海关总署发布,2017年12月15日起施行,法规类型为规范性文件)

为深入推进全国海关通关一体化改革,进一步提高通关效率,海关总署决定,自2017年12月15日起,在全国海关推广减免税申请无纸化,同时取消减免税备案。现将有关事项公告如下:

一、除海关总署有明确规定外,减免税申请人或者其代理人(以下简称"申请人")可通过中国电子口岸QP预录入客户端减免税申报系统(以下简称"QP系统")向海关提交减免税申请表及随附单证资料电子数据,无需以纸质形式提交。

(一)海关根据审核需要要求提供纸质单证资料的,申请人应予提供。

(二)随附单证资料的电子扫描或转换文件格式标准,参照海关总署2014年第69号公告相关规定执行。

(三)办理减免税申请无纸化操作的规范见附件。

二、申请人可在首次办理进口货物减免税手续时一并向海关提交涉及主体资格、项目资质、免税进口额度(数量)等信息(以下简称"政策项目信息")相关材料,无需提前单独向海关办理政策项目备案。

(一)申请人登录QP系统向海关提交申请材料时,应通过"减免税申请"功能模块提交。

(二)申请人首次填报政策项目信息时,对征免性质为789的,应将《国家鼓励发展的内外资项目确认书》(以下简称《项目确认书》)中编号填入申请表;无《项目确认书》的,将海关提供的项目编号填入。

其他征免性质的政策项目编号由系统自动生成。

(三)申请人为同一政策或项目进口货物办理减免税手续时,应将该政策项目信息编号填入所有申请表中。

特此公告。

附件:办理减免税申请无纸化操作的规范

附件

办理减免税申请无纸化操作的规范

一、在满足海关减免税确认的前提下,申请人可简化上传随附单证:

(一)随附单证中涉及申请人主体资格、免税额度(数量)以及进口商业发票等,应全文上传。

(二)进口合同页数较多的,含有买卖双方及进口代理人的基本信息,进口货物的名称、规格型号、技术参数、单价及总价、生产国别,合同随附的供货清单,运输方式及付款条件、价格组成条款,双方签字等内容的页面应当上传。

进口合同有电子文本的，可上传合同的 PDF 格式文件，同时上传纸质合同的第一页和所有签章页。

进口合同为外文的，应将以下条款翻译成中文，并将翻译文本签章扫描上传：

1. 合同或协议标题；
2. 买卖双方、进口代理人的名称及相互之间关系；
3. 买卖双方的权利及义务；
4. 货物的名称、规格型号及技术参数、数量、单价、总价、生产国别或制造商、包装等；
5. 与货物价格及运输相关的条款（如采购条款、定价及支付条款、运输交付条款、保险条款等）；
6. 合同或协议授权事项（如经销协议的授权经销区域及授权范围、合同或协议授予的权利及义务）；
7. 合同或协议的终止条款；
8. 与商品数量及其价格有关的合同附件（如各型号零部件等的数量及价格清单等）；
9. 买卖双方、代理人的签字人及签字日期；
10. 其他与减免税审核确认有关的条款。

（三）进口货物相关技术资料和说明文件中，属于判定该货物能否享受优惠政策的内容应当上传。

二、通过"无纸申报"方式办理减免税手续的，申请人应按以下要求妥善保管纸质单证资料备海关核查：

（一）有专用库房或者独立区域；
（二）有专门的档案管理人员；
（三）按照征免税证明编号单独成档，分年度保存；
（四）建立索引，便于查找。

有关纸质单证资料的保管期限，为自向海关申请之日起，至进口货物海关监管年限结束再延长 3 年；与政策项目信息有关纸质单证资料的保管期限，为自向海关申请之日起，至该政策或项目最后一批进口货物海关监管年限结束再延长 3 年。

三、申请人以"无纸申报"方式办理减免税手续，有遗失、伪造、变造相关单证档案等情形的，暂停申请人"无纸申报"。

关于调整进口设备税收政策的通知

（国发〔1997〕37 号）

（1997 年 12 月 29 日由国务院发布，1998 年 1 月 1 日起施行，法规类型为规范性文件）

为进一步扩大利用外资，引进国外的先进技术和设备，促进产业结构的调整和技术进步，保持国民经济持续、快速、健康发展，国务院决定，自 1998 年 1 月 1 日起，对国家鼓励发展的国内投资项目和外商投资项目进口设备，在规定的范围内，免征关税和进口环节增值税。现就有关问题通知如下：

一、进口设备免税的范围

（一）对符合《外商投资产业指导目录》鼓励类和限制乙类，并转让技术的外商投资项目、在投资总额内进口的自用设备,除《外商投资项目不予免税的进口商品目录》所列商品外,免征关税和进口环节增值税。

外国政府贷款和国际金融组织贷款项目进口的自用设备、加工贸易外商提供的不作价进口设备,比照上款执行,即除《外商投资项目不予免税的进口商品目录》所列商品外,免征关税和进口环节增值税。

(二)对符合《当前国家重点鼓励发展的产业、产品和技术目录》的国内投资项目,在投资总额内进口的自用设备,除《国内投资项目不予免税的进口商品目录》所列商品外,免征关税和进口环节增值税。

(三)对符合上述规定的项目,按照合同随设备进口的技术及配套件、备件,也免征关税和进口环节增值税。

(四)在上述规定范围之外的进口设备减免税,由国务院决定。

二、进口设备免税的管理

(一)投资项目的可行性研究报告审批权限、程序,仍按国家现行有关规定执行。限额以上项目,由国家计委或国家经贸委分别审批。限额以下项目,由国务院授权的省级人民政府、国务院有关部门、计划单列市人民政府和国家试点企业集团审批,但外商投资项目须按《指导外商投资方向暂行规定》审批。审批机构在批复可行性研究报告时,对符合《外商投资产业指导目录》(附录1)鼓励类和限制乙类,或者《当前国家重点鼓励发展的产业、产品和技术目录》(附录2)的项目,或者利用外国政府贷款和国际金融组织贷款项目,按统一格式出具确认书。限额以下项目,应按项目投资性质,将确认书随可行性研究报告分别报国家计委或国家经贸委备案。对违反规定审批的单位,要严肃处理。

(二)项目单位凭项目可行性研究报告的审批机构出具的确认书,其中外商投资项目还须凭外经贸部门批准设立企业的文件和工商行政管理部门颁发的营业执照,到其主管海关办理进口免税手续。加工贸易单位进口外商提供的不作价设备,凭批准的加工贸易合同到其主管海关办理进口免税手续。海关根据这些手续并对照不予免税的商品目录进行审核。

(三)海关总署要对准予免税的项目统一编号,建立数据库,加强稽查,严格监管,并积极配合有关部门做好核查工作。

(四)各有关单位都要注意简化操作环节,精简审批程序,加快审批速度,使此项重大免税政策落到实处,收到实效。

三、结转项目进口设备的免税

(一)对1996年3月31日以前按国家规定程序批准的技术改造项目进口设备,从1998年1月1日起,按原批准的减免税设备范围,免征进口关税和进口环节增值税,由项目单位凭原批准文件到其主管海关办理免税手续。

(二)对1996年4月1日至1997年12月31日按国家规定程序批准设立的外商投资项目和国内投资项目的进口设备,以及1995年1月1日至1997年12月31日利用外国政府贷款和国际金融组织贷款项目的进口设备,从1998年1月1日起,除本规定明确不予免税的进口商品外,免征进口关税和进口环节增值税,由项目单位凭原批准的文件到其主管海关办理免税手续。

附录:1. 外商投资产业指导目录(略)
   2. 当前国家重点鼓励发展的产业、产品和技术目录(略)

关于进一步鼓励外商投资有关进口税收政策的通知

(署税〔1999〕791号)

(1999年11月22日由海关总署发布,1999年9月1日起施行,法规类型为规范性文件)

广东分署,各直属海关、院校:

根据国务院指示精神,为了鼓励外商投资,决定进一步扩大对外商投资企业的进口税收优惠政策,经商外经贸部、国家经贸委、财政部,现就有关问题通知如下:

一、对已设立的鼓励类和限制乙类外商投资企业、外商投资研究开发中心、先进技术型和产品出口型外商投资企业(以下简称五类企业)技术改造,在原批准的生产经营围内进口国内不能生产或性能不能满足需要的自用设备及其配套的技术、配件、备件,可按《国务院关于调整进口设备税收政策的通知》(国发〔1997〕37号)的规定免征进口关税和进口环节税。

(一)享受本条免税优惠政策应符合以下条件:

1. 资金来源应是五类企业投资总额以外的自有资金(具体是指企业储备基金、发展基金、折旧和税后利润,下同);

2. 进口商品用途:在原批准的生产经营范围内,对本企业原有设备更新(不包括成套设备和生产线)或维修;

3. 进口商品范围:国内不能生产或性能不能满足需要的设备(即不属于《国内投资项目不予免税的进口商品目录》的商品),以及与上述设备配套的技术、配件、备件(包括随设备进口或单独进口的)。

(2)征免税手续办理程序:

1. 进口证明的出具:由有关部门根据本条(一)款第1、2点的规定出具《外商投资企业进口更新设备、技术及配备件证明》(格式见附件1),其中:鼓励类、限制乙类外商投资企业由原出具项目确认书的部门出具(1997年12月31日以前批准设立的上述企业由原审批部门出具);外商投资研究开发中心由原审批部门(具体部门详见本通知第二条第(一)款第1点)出具;产品出口型企业和先进技术型企业由颁发《外商投资产品出口企业确认书》和《外商投资先进技术企业确认书》的外经贸部或省、自治区、直辖市、计划单列市的外经贸厅局出具。

2. 征免税证明的办理:企业所在地直属海关凭企业提交的上述进口证明、合同和进口许可证明等有关资料,并审核进口商品范围符合本条(一)款第3点的规定后出具征免证明。

(三)特殊规定:

1. 凡五类企业超出本条第(一)款第2点界定范围进行技术改造的,其进口证明应由国家或省级经贸委按审批权限出具《技术改造项目确认登记证明》(格式见附件2)。

2. 五类企业利用自有资金进行设备更新维修或技术改造,需进口属于《国内投资项目不予免税的进口商品目录》内的商品,如确属国内同类产品的性能不能满足需要的,由归口管理该类产品的国家行业主管部门审核并出具《外商投资企业设备更新或技术改造进口国内不能生产的同类设备证明》(格式见附件3),直属海关凭上述证明和《外商投资企业进口更新设备、技术及配备件证明》或《技术改造项目确认登记证明》及合同和进口许可证明等有关资料办理设备及配套技术的免税审批手续。

二、外商投资设立的研究开发中心,在投资总额内进口国内不能生产或性能不能满足需要的自用设备及其配套的技术、配件、备件,可按《国务院关于调整进口设备税收政策的通知》(国发〔1997〕37号)的规定免征进口关税和进口环节税。

(一)享受本条免税优惠政策应符合以下条件:

1. 享受单位应是经国家计委、国家经贸委、外经贸部以及各省、自治区、直辖市、计划单列市计委、经贸委、外经贸厅局批准,设立在外商投资企业内部或单独设立的专门从事产品或技术开发的研究机构;

2. 资金来源限于在投资总额内;

3. 进口商品范围:国内不能生产或性能不能满足需要的自用设备(指不属于《外商投资项目不予免税的进口商品目录》中的商品)及其配套的技术、配件、备件,但仅限于不构成生产规模的实验室或中试范畴,也不包括船舶、飞机、特种车辆和施工机械等。

(二)征免税手续办理程序:

1. 项目确认书的出具:按照上述研究机构的审批权限由国家计委、国家经贸委、对外经贸部以及各省、自治区、直辖市、计划单列市计委、经贸委、外经贸厅局按照本条第(一)款第1、2点的规定出具外商投资研究开发中心项目确认书。项目确认书的格式和内容与署税〔1997〕1062号文所附《国家鼓励发展的内外资项目确认书》相同。

2. 征免税证明的办理:企业所在地直属海关凭上述项目确认书及有关资料,比照署税〔1997〕1062号文的规定办理。

三、对符合中西部省、自治区、直辖市利用外资优势产业和优势项目目录(由国务院批准后另行发布,下同)的项目,在投资总额内进口国内不能生产或性能不能满足需要的自用设备及其配套的技术、配件、备件,除国发〔1997〕37号文规定的《外商投资项目不予免税的进口商品目录》外,免征进口关税和进口环节税。有关手续比照署税〔1997〕1062号文对外商投资项目的有关规定办理。

四、对符合中西部省、自治区、直辖市利用外资优势产业和优势项目目录的项目,在投资总额外利用自有资金进口享受税收优惠政策商品范围及免税手续比照本通知第一条对五类企业的有关规定办理。

五、符合本通知规定免税进口的货物为海关监管货物,企业不能擅自出售和转让。设备更新或技术改造而被替换的设备,如在本企业内继续使用,海关按监管年限进行管理,在监管年限内出售和转让给其他可享受进口设备税收优惠政策企业的,可免予补税,否则应照章征税。

六、企业所在地直属海关与进口地海关要加强联系配合,提高办事效率,直属海关经审核无误出具《进口货物征免税证明》后,尽快通知进口地海关办理免税验放。如企业所在地系非直属海关所在地,可由所在地处级海关受理初审,报送直属海关核准,出具征免税证明。总署将组织力量,尽快补充和调整《减免税管理系统》,将此项税收优惠政策纳入计算机管理。

七、此项税收优惠政策涉及的部门多、政策性强,各海关要认真学习领会文件精神,严格遵照执行,不得擅自扩大免税范围。要主动与地方政府和有关主管部门联系,做好宣传工作。

八、本通知自1999年9月1日起实施,但已征收的税款不予退还。在此日期以后报关进口,尚未办结征税手续的,按本通知的规定办结免税手续后,予以免税结案,已征收的保证金准予退还。

执行中的问题和情况,请及时报总署关税征管司。

附件:1. 外商投资企业进口更新设备、技术及配备件证明(略)

2. 技术改造项目确认登记证明(略)

3. 外商投资企业设备更新或技术改造进口国内不能生产的同类设备证明（略）

关于针对海关在执行相关进口税收优惠政策适用问题

（海关总署　国家发展和改革委员会　财政部　商务部公告2007年第35号）

（2007年7月18日由海关总署、国家发展和改革委员会、财政部、商务部发布，2007年7月20日起施行，法规类型为规范性文件）

为保证外商投资项目进口税收优惠政策的正确实施，营造规范、统一、公平的贸易环境，保障外商投资企业的合法权益，针对海关在执行相关进口税收优惠政策中遇到的问题，经研究，现将有关政策适用问题明确如下：

一、关于外商投资项目适用进口税收优惠政策问题

根据外商投资的法律法规规定，在中国境内依法设立，并领取中华人民共和国外商投资企业批准证书和外商投资企业营业执照等有关法律文件的中外合资经营企业、中外合作经营企业和外资企业（以下统称外商投资企业），所投资的项目符合《外商投资产业指导目录》中鼓励类或《中西部地区外商投资优势产业目录》的产业条目的，其在投资总额内进口的自用设备及随设备进口的配套技术、配件、备件（以下简称自用设备），除《外商投资项目不予免税的进口商品目录》所列商品外，免征关税和进口环节增值税。

2002年4月1日以前批准的外商投资限制乙类项目，以及1996年4月1日以前批准的外商投资项目，仍可享受上述外商投资项目进口税收优惠政策。但以上外商投资项目（包括鼓励类目），其项目单位须于2007年12月31日前按照现行规定持项目确认书或其他相关资料向海关申请办理减免税备案手续，并于2010年12月31日前向海关申请办理项目项下进口自用设备的减免税审批手续。逾期，海关不再受理上述减免税备案和审批申请。个别投资规模大，建设期长的外商投资项目，经海关总署商原出具项目确认书的国务院有关主管部门同意，可适当延长办理减免税审批手续的时限。

二、关于外商投资股份有限公司适用进口税收优惠政策问题

（一）中外投资者采取发起或募集方式在境内设立外商投资股份有限公司，或已设立的外商投资有限责任公司转变为外商投资股份有限公司，并且外资股比不低于25%，所投资的项目符合《外商投资产业指导目录》中鼓励类或《中西部地区外商投资优势产业目录》的产业条目的，其在投资总额内进口的自用设备，可以享受外商投资项目进口税收优惠政策。

（二）内资有限责任公司和股份有限公司转变为外资股比不低于25%的外商投资股份有限公司并且同时增资，所投资的项目符合《外商投资产业指导目录》中鼓励类或《中西部地区外商投资优势产业目录》的产业条目的，其增资部分对应的进口自用设备可享受外商投资项目进口税收优惠政策。但原项目（不含增资部分）项下进口的自用设备不能享受外商投资项目进口税收优惠政策。

（三）境内内资企业发行B股或发行海外股（H股、N股、S股、T股或红筹股）转化为外商投资股份有限公司，其投资项目一般不享受外商投资项目进口税收优惠政策。此类外商投资股份有限公司所投资的项目符合《外商投资产业指导目录》中鼓励类或《中西部地区外商投资优势产业目录》的产业条目的，其在投资总额内进口的自用设备，除《国内投资项目不予免税的进口商品目录》所列商品外，可以免征关税和进口环节增值税。此前已经国务院特

别批准按国内投资产业政策管理的此类外商投资股份有限公司,仍按原规定执行。

三、关于外国投资者的投资比例低于25%的外商投资企业的进口税收政策适用问题

(一)外国投资者的投资比例低于25%的外商投资企业,所投资的项目符合《外商投资产业指导目录》中鼓励类或《中西部地区外商投资优势产业目录》的产业条目的,其在投资总额内进口的自用设备,除《国内投资项目不予免税的进口商品目录》所列商品外,可以免征关税和进口环节增值税。

(二)持有外商投资企业批准证书的 A 股上市公司(以下简称外商投资上市公司)股权分置改革方案实施后,因增发新股或原外资法人股股东出售股份,使外资股比低于25%的,其投资项目不能享受外商投资项目进口税收优惠政策;之后即使原外资法人股股东通过回购股份等方式,使外资股比再次不低于25%的,其投资项目仍然不能享受外商投资项目进口税收优惠政策。对于股权分置改革方案实施后,外商投资上市公司增发新股,或原外资法人股股东出售股份,但外资股比不低于25%,所投资的项目符合《外商投资产业指导目录》中鼓励类或《中西部地区外商投资优势产业目录》的产业条目的,其在投资总额内进口的自用设备仍可享受外商投资项目进口税收优惠政策。

(三)外国投资者的投资比例低于25%的外商投资企业不能享受外商投资项目进口税收优惠政策,因此,此类企业不属于《海关总署关于进一步鼓励外商投资有关进口税收政策的通知》(署税〔1999〕791号)中规定的可享受有关税收优惠政策范围,不能利用自有资金免税进口自用设备。

四、关于外商投资企业境内再投资项目的进口税收政策适用问题

(一)外商投资企业向中西部地区再投资设立的企业或其通过投资控股的公司,注册资本中外资比例不低于25%,并取得外商投资企业批准证书,所投资的项目符合《外商投资产业指导目录》中鼓励类或《中西部地区外商投资优势产业目录》的产业条目的,其在投资总额内进口的自用设备,可享受外商投资项目进口税收优惠政策。

(二)外商投资企业向中西部以外地区再投资设立的企业,以及向中西部地区再投资设立的外资比例低于25%的企业(上述企业包括直接或间接含有外资成分的公司),所投资的项目仍按外商投资产业政策管理,其中符合《外商投资产业指导目录》中鼓励类或《中西部地区外商投资优势产业目录》的产业条目的,其在投资总额内进口的自用设备,除《国内投资项目不予免税的进口商品目录》所列商品外,可以免征关税和进口环节增值税。

五、本公告自2007年7月20日起执行。此前有关文件规定与本公告不一致的,以本公告为准。

特此公告。

关于调整《外商投资项目不予免税的进口商品目录》等目录商品税号

(海关总署公告2008年第65号)

(2008年9月2日由海关总署发布,2008年9月10日起施行,法规类型为规范性文件)

根据2008年版《中华人民共和国进出口税则》(以下简称《税则》)的税目调整情况,经商财政部,对此前下发的《外商投资项目不予免税的进口商品目录》(署税发〔2002〕81号的附件2)和《停止减免税的20种商品税号对照表》、《停止减免税的20种商品(餐料)

税号对照表》（海关总署2004年第7号公告的附件1、2）中的商品税则号列进行调整（详见附件），现就有关问题公告如下：

一、此次调整，主要是根据2008年版《税则》税目的调整以及上述目录、商品税号对照表所列有关商品的税则号列不够准确等情况，调整了相关商品的税则号列。

二、《外商投资项目不予免税的进口商品目录》所列商品和经国务院批准一律停止减免关税和进口环节增值税的20种商品的税则号列，自2008年9月10日起按照本公告的规定执行。

三、为保持政策的连续性，对于2008年9月10日以前海关按照有关政策规定和本次调整前的税则号列已出具的《进出口货物征免税证明》尚在有效期内的，允许继续使用，但不得延期。货物已经征税或免税进口的，税款不予调整。

四、对今后由于《税则》税目调整而造成有关目录中列名商品的税则号列与该商品当年应当适用的税则号列不一致的情况，进口有关目录中的商品，其税则号列应当按照当年版《税则》予以确定。

五、自2008年9月10日起，《海关总署关于执行〈外商投资产业指导目录〉有关问题的通知》（署税发〔2002〕81号）附件2所列《外商投资项目不予免税的进口商品目录》和海关总署2004年第7号公告停止执行。

特此公告。

附件：1. 外商投资项目不予免税的进口商品目录

2. 停止减免税的20种商品（不包括餐料）税则号列表

3. 停止减免税的20种商品（餐料）税则号列表

关于对外贸易救济措施进口产品停止执行进口减免税政策

（海关总署公告2009年第21号）

（2009年4月29日由海关总署发布，2009年5月1日起施行，法规类型为规范性文件）

经国务院批准，对实施对外贸易救济措施的进口产品停止执行进口减免税政策。现就有关执行事宜公告如下：

一、对从境外进口（包括从海关特殊监管区域出区进入到境内）的特定产品，自国务院关税税则委员会作出的对外贸易救济措施征税决定实施之日起，所有此类产品停止执行进口减免税政策，一律照章征收进口关税和进口环节税。

二、对执行进口减免税政策的有关产品在实施临时对外贸易救济措施期间，应先按照海关总署规定征收进口关税、进口环节税税款保证金和相应的对外贸易救济措施保证金,待有关对外贸易救济措施政策明确后再按照规定办理相关手续。

三、为便于执行该项政策,将目前正在实施对外贸易救济措施的产品作为公告附件一并对外公布。

四、自 2009 年 5 月 1 日起,申报进口的货物按照本公告规定执行。

特此公告。

附件:正在实施的对外贸易救济措施产品及文件汇总表

商务部办公厅关于进一步做好鼓励类
外商投资企业进口设备减免税有关工作的通知

(商办资函〔2017〕367 号)

(2017 年 9 月 5 日由商务部办公厅发布,2017 年 9 月 5 日起施行,法规类型为规范性文件)

各省、自治区、直辖市、计划单列市、新疆生产建设兵团、副省级城市商务主管部门,各自由贸易试验区、国家级经济技术开发区:

2016 年 9 月,第十二届全国人大常委会第二十二次会议审议通过对《外资企业法》等四部法律的修正案,决定将不涉及国家规定实施准入特别管理措施的外商投资企业设立及变更由审批改为备案管理。2016 年 10 月,商务部发布《外商投资企业设立及变更备案管理暂行办法》(商务部令 2016 年第 3 号)(以下简称《备案办法》),明确备案机构、备案程序、监督管理和法律责任等事项;2017 年 7 月,商务部发布《关于修订〈外商投资企业设立及变更备案管理暂行办法〉的决定》(商务部令 2017 年第 2 号),进一步完善相关规定。为深化外商投资管理体制改革,继续有效实施《国务院关于调整进口设备税收政策的通知》(国发〔1997〕37 号)进口设备税收政策,根据《商务部关于做好取消鼓励类外商投资企业项目确认审批后续工作的通知》(商资函〔2015〕160 号),现就进一步做好备案适用范围内鼓励类外商投资企业进口设备减免税有关工作通知如下:

一、自 2017 年 7 月 30 日起,对符合《外商投资产业指导目录》鼓励类条目或《中西部地区外商投资优势产业目录》条目并适用备案程序设立或增资的外商投资企业(以下简称"企业"),企业或其投资者通过外商投资综合管理信息系统(以下简称系统)在线填报相关备案报告表时,应填报外商投资鼓励类项目有关信息,包括:适用产业政策条目、项目性质、项目内容、项目投资总额(美元值)、进口设备用汇额(美元值)、项目建设年限等。企业投资经营活动涉及多项鼓励类产业政策条目的,应当按照相关条目分别填报上述信息。

对于上述外商投资鼓励类项目有关信息(进口设备用汇额和项目建设年限除外)发生变更的,备案机构应要求企业在线填报变更事项。对于增资的,应在变更事项中填报本次增资额和进口设备用汇额以及增资后的投资总额和进口设备总用汇额。

对于仅涉及进口设备用汇额和建设年限发生变更的,企业可向主管海关提交说明材料,由主管海关予以审核确认。

二、备案机构通过系统发布备案结果后,企业或其投资者可以向备案机构领取"备注"栏中含有外商投资鼓励类项目有关信息的《外商投资企业设立备案回执》或《外商投资企业变更备案回执》(以下统称《备案回执》)。

省级以下备案机构应将外商投资鼓励类项目有关信息及企业其他备案信息一并通过系统报送省级商务主管部门比对,收到反馈结果后,应通过系统告知企业或其投资者。企业或其投资者可以向备案机构领取《备案回执》。

三、备案机构应切实履行备案监督管理责任,依据《备案办法》对企业填报信息是否真实、准确、完整进行监督检查,发现企业存在违反鼓励类外商投资项目项下进口设备减免税相关法律法规规定的,应及时通报有关直属海关。

四、自2016年10月8日至本通知印发期间,适用备案程序已设立或增资的企业,对其中符合《外商投资产业指导目录》鼓励类条目或《中西部地区外商投资优势产业目录》条目,尚未根据《商务部关于做好取消鼓励类外商投资企业项目确认审批后续工作的通知》(商资函〔2015〕160号)办理进口设备减免税手续的,备案机构应当填写《外商投资鼓励类项目信息汇总表》(以下简称《汇总表》,格式见附表)。

省级以下备案机构应于2017年9月30日前将《汇总表》报所属省级商务主管部门比对汇总,省级商务主管部门应于2017年10月31日前,将所辖范围内比对汇总完毕的《汇总表》发送相关直属海关,抄送商务部(外资司)。

五、对外商投资企业的设立及变更涉及外商投资准入特别管理措施的,有关外商投资企业开展的鼓励类外商投资项目项下进口设备涉及减免税手续的相关事宜,仍按照《商务部关于做好取消鼓励类外商投资企业项目确认审批后续工作的通知》(商资函〔2015〕160号)规定办理。

六、本通知自发布之日起执行。对于执行中遇有问题,请各备案机构与各直属海关加强沟通、协调、配合,必要时向商务部(外资司)、海关总署(关税征管司)反映。

附件:外商投资鼓励类项目信息汇总表(略)

外商投资准入特别管理措施(负面清单)(2018年版)

(国家发展和改革委员会 商务部令第18号)

(2018年6月28日由国家发展和改革委员会、商务部发布,2018年7月28日起施行,法规类型为规范性文件)

《外商投资准入特别管理措施(负面清单)(2018年版)》已经党中央、国务院同意,现予以发布,自2018年7月28日起施行。2017年6月28日国家发展和改革委员会、商务部发布的《外商投资产业指导目录(2017年修订)》中的外商投资准入特别管理措施(外商投资准入负面清单)同时废止,鼓励外商投资产业目录继续执行。

附件:《外商投资准入特别管理措施(负面清单)(2018年版)》

鼓励外商投资产业目录(2019年版)

(国家发展和改革委员会　商务部令第27号)

(2019年6月30日由国家发展和改革委员会、商务部发布,2019年7月30日起施行,法规类型为规范性文件)

《鼓励外商投资产业目录(2019年版)》已经党中央、国务院同意,现予以发布,自2019年7月30日起施行。国家发展和改革委员会、商务部2017年6月28日发布的《外商投资产业指导目录(2017年修订)》鼓励类和2017年2月17日发布的《中西部地区外商投资优势产业目录(2017年修订)》同时废止。

附件:《鼓励外商投资产业目录(2019年版)》

关于执行《鼓励外商投资产业目录(2019年版)》有关问题的公告

(海关总署公告2019年第125号)

(2019年7月24日由海关总署发布,2019年7月30日起施行,法规类型为规范性文件)

国家发展和改革委、商务部第27号令公布了《鼓励外商投资产业目录(2019年版)》,规定自2019年7月30日起施行。现就海关执行中的有关问题公告如下:

一、自2019年7月30日起,对属于《鼓励外商投资产业目录(2019年版)》范围的外商投资项目(包括增资项目,下同),在投资总额内进口的自用设备以及按照合同随上述设备进口的技术和配套件、备件,除相关《外商投资项目不予免税的进口商品目录》和《进口不予免税的重大技术装备和产品目录》所列商品外,按照《国务院关于调整进口设备税收政策的通知》(国发〔1997〕37号)和海关总署公告2008年第103号及其他相关规定免征关税,照章征收进口环节增值税。

二、《鼓励外商投资产业目录(2019年版)》施行后,投资主管部门按照该目录出具的《国家鼓励发展的内外资项目确认书》以及商务主管部门按照该目录出具的外商投资企业设立(增资)批复或外商投资企业设立(变更)备案回执等相关文件中,有关外商投资项目适用的产业政策条目代码、项目性质种类分别为:

(一)《鼓励外商投资产业目录(2019年版)》中"全国鼓励外商投资产业目录"所列条目的代码由"T"和4位数字组成,例如,某外商投资项目适用"全国鼓励外商投资产业目录"第1条有关要求,则其适用产业政策条目及代码为"木本食用油料、调料和工业原料的种植及开发、生产(T0001)";

（二）《鼓励外商投资产业目录（2019年版）》中"中西部地区外商投资优势产业目录"所列条目的代码由"U"和4位数字组成，例如，某外商投资项目适用"中西部地区外商投资优势产业目录"山西省第7条有关要求，则其适用产业政策条目及代码为"煤层气和煤炭伴生资源综合开发利用（U1407）"；

（三）外商投资项目适用《鼓励外商投资产业目录（2019年版）》中"全国鼓励外商投资产业目录"所列条目的，"项目性质"为"中外合资"、"中外合作"、"外商独资"或"外资项目内资商品"。

外商投资项目适用《鼓励外商投资产业目录（2019年版）》中"中西部地区外商投资优势产业目录"所列条目的，"项目性质"为"外资中西部优势产业"。

三、为保持政策的连续性，对2019年7月30日以前（不含当日，下同）审批、核准或备案（以项目的审批、核准或完成备案的日期为准，下同）的外商投资项目，属于《外商投资产业指导目录（2017年修订）》鼓励类或者《中西部地区外商投资优势产业目录（2017年修订）》范围的，在投资总额内进口的自用设备以及按照合同随上述设备进口的技术和配套件、备件，可继续按照相关规定办理免征进口关税、照章征收进口环节增值税手续。但有关项目单位须取得投资主管部门于2020年8月1日以前出具的《国家鼓励发展的内外资项目确认书》、商务主管部门于2020年8月1日以前出具的外商投资企业设立（增资）批复或外商投资企业设立（变更）备案回执等相关文件（上述文件中"项目产业政策条目"或"适用产业政策条目"仍按项目适用的《外商投资产业指导目录（2017年修订）》鼓励类或《中西部地区外商投资优势产业目录（2017年修订）》有关条目及代码填写），按规定向海关办理减免税审核确认手续。

对于2019年7月30日以前审批、核准或备案的外商投资项目，同时属于《鼓励外商投资产业目录（2019年版）》范围的，有关项目单位取得投资主管部门按照《鼓励外商投资产业目录（2019年版）》出具的《国家鼓励发展的内外资项目确认书》、商务主管部门按照《鼓励外商投资产业目录（2019年版）》出具的外商投资企业设立（增资）批复或外商投资企业设立（变更）备案回执等相关文件的，可按规定向海关办理减免税审核确认手续。

四、对不属于《外商投资产业指导目录（2017年修订）》鼓励类、《中西部地区外商投资优势产业目录（2017年修订）》范围的外商投资在建项目，但属于《鼓励外商投资产业目录（2019年版）》范围的，该项目进口的自用设备以及按照合同随上述设备进口的技术和配套件、备件，可参照本公告第一条的规定享受进口税收优惠政策，但进口设备已经征税的，所征税款不予退还。

特此公告。

产业结构调整指导目录（2019年本）

（国家发展和改革委员会令第29号）

（2019年10月30日由国家发展和改革委员会发布，2020年1月1日起施行，法规类型为规范性文件）

《产业结构调整指导目录（2019年本）》已经2019年8月27日第2次委务会议审议通过，现予公布，自2020年1月1日起施行。《产业结构调整指导目录（2011年本）（修正）》

同时废止。

附件：产业结构调整指导目录（2019年本）

关于调整重大技术装备进口税收政策有关目录的通知

（财关税〔2019〕38号）

（2019年11月26日由财政部、工业和信息化部、海关总署、国家税务总局、国家能源局发布，2019年11月26日起施行，法规类型为规范性文件）

各省、自治区、直辖市、计划单列市财政厅（局）、工业和信息化主管部门，新疆生产建设兵团财政局，海关总署广东分署、各直属海关，国家税务总局各省、自治区、直辖市、计划单列市税务局，财政部各省、自治区、直辖市、计划单列市监管局：

根据近年来国内装备制造业及其配套产业的发展情况，在广泛听取产业主管部门、行业协会、企业代表等方面意见的基础上，财政部、工业和信息化部、海关总署、税务总局、能源局决定对重大技术装备进口税收政策有关目录进行修订。现通知如下：

一、《国家支持发展的重大技术装备和产品目录（2019年修订）》（见附件1）和《重大技术装备和产品进口关键零部件、原材料商品目录（2019年修订）》（见附件2）自2020年1月1日起执行，符合规定条件的国内企业为生产本通知附件1所列设备或产品而确有必要进口附件2所列商品，免征关税和进口环节增值税。附件1、2中列明执行年限的，有关装备、产品、零部件、原材料免税执行期限截至该年度12月31日。

二、《进口不予免税的重大技术装备和产品目录（2019年修订）》（见附件3）自2020年1月1日起执行。对2020年1月1日以后（含1月1日）批准的按照或比照《国务院关于调整进口设备税收政策的通知》（国发〔1997〕37号）有关规定享受进口税收优惠政策的下列项目和企业，进口附件3所列自用设备以及按照合同随上述设备进口的技术及配套件、备件，一律照章征收进口税收：

（一）国家鼓励发展的国内投资项目和外商投资项目；

（二）外国政府贷款和国际金融组织贷款项目；

（三）由外商提供不作价进口设备的加工贸易企业；

（四）中西部地区外商投资优势产业项目；

（五）《海关总署关于进一步鼓励外商投资有关进口税收政策的通知》（署税〔1999〕791号）规定的外商投资企业和外商投资设立的研究中心利用自有资金进行技术改造项目。

为保证《进口不予免税的重大技术装备和产品目录（2019年修订）》调整前已批准的上述项目顺利实施，对2019年12月31日前（含12月31日）批准的上述项目和企业在2020年6月30日前（含6月30日）进口设备，继续按照《财政部 发展改革委 工业和信息化部 海关总署 税务总局 能源局关于调整重大技术装备进口税收政策有关目录的通知》（财关税〔2018〕42号）附件3和《财政部 国家发展改革委 海关总署 国家税务总局关于调整〈国内投资项目不予免税的进口商品目录〉的公告》（2012年第83号）执行。

自 2020 年 7 月 1 日起对上述项目和企业进口《进口不予免税的重大技术装备和产品目录（2019 年修订）》中所列设备，一律照章征收进口税收。为保证政策执行的统一性，对有关项目和企业进口商品需对照《进口不予免税的重大技术装备和产品目录（2019 年修订）》和《国内投资项目不予免税的进口商品目录（2012 年调整）》审核征免税的，《进口不予免税的重大技术装备和产品目录（2019 年修订）》与《国内投资项目不予免税的进口商品目录（2012 年调整）》所列商品名称相同，或仅在《进口不予免税的重大技术装备和产品目录（2019 年修订）》中列名的商品，一律以《进口不予免税的重大技术装备和产品目录（2019 年修订）》所列商品及其技术规格指标为准。

三、自 2020 年 1 月 1 日起，《财政部 发展改革委 工业和信息化部 海关总署 税务总局 能源局关于调整重大技术装备进口税收政策有关目录的通知》（财关税〔2018〕42 号）予以废止。

附件：1. 国家支持发展的重大技术装备和产品目录（2019 年修订）

2. 重大技术装备和产品进口关键零部件、原材料商品目录（2019 年修订）

3. 进口不予免税的重大技术装备和产品目录（2019 年修订）

重大技术装备进口税收政策管理办法

（财关税〔2020〕2 号）

（2020 年 1 月 8 日由财政部、工业和信息化部、海关总署、国家税务总局、国家能源局发布，2020 年 1 月 8 日起施行，法规类型为规范性文件）

第一条 为提高我国企业的核心竞争力及自主创新能力，促进装备制造业的发展，贯彻落实国务院关于装备制造业振兴规划和加快振兴装备制造业有关调整进口税收政策的决定，制定本办法。

第二条 工业和信息化部会同财政部、海关总署、税务总局、能源局制定《国家支持发展的重大技术装备和产品目录》和《重大技术装备和产品进口关键零部件及原材料商品目录》后公布执行。对符合规定条件的企业及核电项目业主为生产国家支持发展的重大技术装备或产品而确有必要进口的部分关键零部件及原材料，免征关税和进口环节增值税。

第三条 对国内已能生产的重大技术装备和产品，由工业和信息化部会同财政部、海关总署、税务总局、能源局制定《进口不予免税的重大技术装备和产品目录》后公布执行。对按照或比照《国务院关于调整进口设备税收政策的通知》（国发〔1997〕37 号）规定享受进口税收优惠政策的下列项目和企业，进口《进口不予免税的重大技术装备和产品目录》中自用设备以及按照合同随上述设备进口的技术及配套件、备件，照章征收进口税收：

（一）国家鼓励发展的国内投资项目和外商投资项目；

（二）外国政府贷款和国际金融组织贷款项目；

（三）由外商提供不作价进口设备的加工贸易企业；

（四）中西部地区外商投资优势产业项目；

（五）《海关总署关于进一步鼓励外商投资有关进口税收政策的通知》（署税〔1999〕791号）规定的外商投资企业和外商投资设立的研究中心利用自有资金进行技术改造项目。

第四条 工业和信息化部会同财政部、海关总署、税务总局、能源局核定企业及核电项目业主免税资格，每年对新申请享受进口税收政策的企业及核电项目业主进行认定，每三年对已享受进口税收政策企业及核电项目业主进行复核。

第五条 取得免税资格的企业及核电项目业主可向主管海关提出申请，选择放弃免征进口环节增值税，只免征进口关税。企业及核电项目业主主动放弃免征进口环节增值税后36个月内不得再次申请免征进口环节增值税。

第六条 取得免税资格的企业及核电项目业主应按照《中华人民共和国海关进出口货物减免税管理办法》（海关总署第179号令）及海关有关规定办理有关重大技术装备或产品进口关键零部件及原材料的减免税手续。

第七条 财政部、工业和信息化部、海关总署、税务总局、能源局等有关部门及其工作人员在政策执行过程中，存在违反执行免税政策规定的行为，以及滥用职权、玩忽职守、徇私舞弊等违法违纪行为的，按照《中华人民共和国预算法》、《中华人民共和国公务员法》、《中华人民共和国监察法》《财政违法行为处罚处分条例》等国家有关规定追究相应责任；涉嫌犯罪的，依法移送司法机关处理。

第八条 工业和信息化部根据本办法另行制定并颁布实施《重大技术装备进口税收政策管理办法实施细则》。

科技开发用品免征进口税收暂行规定

（财政部 海关总署 国家税务总局令第44号）

（2007年1月31日由财政部、海关总署、国家税务总局发布，根据2011年6月14日财政部、海关总署、国家税务总局令第63号《财政部、海关总署、国家税务总局关于修改〈科技开发用品免征进口税收暂行规定〉和〈科学研究和教学用品免征进口税收规定〉的决定》修改，现行版本自2011年1月1日起施行，法规类型为部门规章）

第一条 为了鼓励科学研究和技术开发，促进科技进步，规范科技开发用品的免税进口行为，根据国务院关于同意对科教用品进口实行税收优惠政策的决定，制定本规定。

第二条 下列科学研究、技术开发机构，在2015年12月31日前，在合理数量范围内进口国内不能生产或者性能不能满足需要的科技开发用品，免征进口关税和进口环节增值税、消费税：

（一）科技部会同财政部、海关总署和国家税务总局核定的科技体制改革过程中转制为企业和进入企业的主要从事科学研究和技术开发工作的机构；

（二）国家发展和改革委员会会同财政部、海关总署和国家税务总局核定的国家工程研究中心；

（三）国家发展和改革委员会会同财政部、海关总署、国家税务总局和科技部核定的企业技术中心；

（四）科技部会同财政部、海关总署和国家税务总局核定的国家重点实验室和国家工程技术研究中心；

（五）财政部会同国务院有关部门核定的其他科学研究、技术开发机构。

第三条　免税进口科技开发用品的具体范围，按照本规定所附《免税进口科技开发用品清单》执行。

财政部会同有关部门根据科技开发用品的需求变化及国内生产发展情况，适时对《免税进口科技开发用品清单》进行调整。

第四条　依照本规定免税进口的科技开发用品，应当直接用于本单位的科学研究和技术开发，不得擅自转让、移作他用或者进行其他处置。

第五条　经海关核准的单位，其免税进口的科技开发用品可以用于其他单位的科学研究和技术开发活动。

第六条　违反规定，将免税进口的科技开发用品擅自转让、移作他用或者进行其他处置的，按照有关规定处罚，有关单位在1年内不得享受本税收优惠政策；依法被追究刑事责任的，有关单位在3年内不得享受本税收优惠政策。

第七条　海关总署根据本规定制定海关具体实施办法。

第八条　本规定自2007年2月1日起施行。

附件：免税进口科技开发用品清单

附件

免税进口科技开发用品清单

（一）研究开发、科学试验用的分析、测量、检查、计量、观测、发生信号的仪器、仪表及其附件。

（二）为科学研究、技术开发提供必要条件的科研实验用设备（用于中试和生产的设备除外）。

（三）计算机工作站，中型、大型计算机。

（四）在海关监管期内用于维修依照本规定已免税进口的仪器、仪表和设备或者用于改进、扩充该仪器、仪表和设备的功能而单独进口的专用零部件及配件。

（五）各种载体形式的图书、报刊、讲稿、计算机软件。

（六）标本、模型。

（七）实验用材料。

（八）实验用动物。

（九）研究开发、科学试验和教学用的医疗检测、分析仪器及其附件（限于医药类科学研究、技术开发机构）。

（十）优良品种植物及种子（限于农林类科学研究、技术开发机构）。

（十一）专业级乐器和音像资料（限于艺术类科学研究、技术开发机构）。

（十二）特殊需要的体育器材（限于体育类科学研究、技术开发机构）。

（十三）研究开发用的非汽油、柴油动力样车（限于汽车类研究开发机构）。

科学研究和教学用品免征进口税收规定

(财政部 海关总署 国家税务总局令第 45 号)

(2007 年 1 月 31 日由财政部、海关总署、国家税务总局发布;根据 2011 年 6 月 14 日财政部、海关总署、国家税务总局令第 65 号《财政部、海关总署、国家税务总局关于修改〈科技开发用品免征进口税收暂行规定〉和〈科学研究和教学用品免征进口税收规定〉的决定》修改,根据 2017 年 12 月 20 日财政部、海关总署、国家税务总局令第 93 号《财政部、海关总署、国家税务总局关于修改〈科学研究和教学用品免征进口税收规定〉的决定》修改;现行版本自 2018 年 1 月 1 日起施行;法规类型为部门规章)

第一条 为了促进科学研究和教育事业的发展,推动科教兴国战略的实施,规范科学研究和教学用品的免税进口行为,根据国务院关于同意对科教用品进口实行税收优惠政策的决定,制定本规定。

第二条 科学研究机构和学校,以科学研究和教学为目的,在合理数量范围内进口国内不能生产或者性能不能满足需要的科学研究和教学用品,免征进口关税和进口环节增值税、消费税。

第三条 本规定所称科学研究机构和学校,是指:
(一) 国务院部委、直属机构和省、自治区、直辖市、计划单列市所属专门从事科学研究工作的各类科研院所;
(二) 国家承认学历的实施专科及以上高等学历教育的高等学校;
(三) 财政部会同国务院有关部门核定的其他科学研究机构和学校。

第四条 免税进口科学研究和教学用品的具体范围,按照本规定所附《免税进口科学研究和教学用品清单》执行。

财政部会同国务院有关部门根据科学研究和教学用品的需求及国内生产发展情况,适时对《免税进口科学研究和教学用品清单》进行调整。

第五条 依照本规定免税进口的科学研究和教学用品,应当直接用于本单位的科学研究和教学,不得擅自转让、移作他用或者进行其他处置。

第六条 经海关核准的单位,其免税进口的科学研究和教学用品可用于其他单位的科学研究和教学活动。

第七条 违反规定,将免税进口的科学研究和教学用品擅自转让、移作他用或者进行其他处置的,按照有关规定处罚,有关单位在 1 年内不得享受本税收优惠政策;依法被追究刑事责任的,有关单位在 3 年内不得享受本税收优惠政策。

第八条 财政部、海关总署、税务总局等有关部门及其工作人员在政策执行过程中,存在违反本规定的行为,以及其他滥用职权、玩忽职守、徇私舞弊等违法违纪行为的,依照国家有关规定追究相应责任;涉嫌犯罪的,依法移送司法机关处理。

第九条 海关总署根据本规定制定海关具体实施办法。

第十条 本规定自 2007 年 2 月 1 日起施行。

附件:免税进口科学研究和教学用品清单

附件

免税进口科学研究和教学用品清单

（一）科学研究、科学试验和教学用的分析、测量、检查、计量、观测、发生信号的仪器、仪表及其附件。

（二）为科学研究和教学提供必要条件的科研实验用设备（用于中试和生产的设备除外）。

（三）计算机工作站，中型、大型计算机。

（四）在海关监管期内用于维修依照本规定已免税进口的仪器、仪表和设备或者用于改进、扩充该仪器、仪表和设备的功能而单独进口的专用零部件及配件。

（五）各种载体形式的图书、报刊、讲稿、计算机软件。

（六）标本、模型。

（七）教学用幻灯片。

（八）实验用材料。

（九）实验用动物。

（十）科学研究、科学试验和教学用的医疗检测、分析仪器及其附件（限于医药类院校、专业和医药类科学研究机构。经海关核准，上述进口单位以科学研究或教学为目的，在每5年每种1台的范围内，可将免税医疗检测、分析仪器用于其附属医院的临床活动）。

（十一）优良品种植物及种子（限于农林类科学研究机构和农林类院校、专业）。

（十二）专业级乐器和音像资料（限于艺术类科学研究机构和艺术类院校、专业）。

（十三）特殊需要的体育器材（限于体育类科学研究机构和体育类院校、专业）。

（十四）教练飞机（限于飞行类院校）。

（十五）教学实验船舶所用关键设备（限于航运类院校）。

（十六）科学研究用的非汽油、柴油动力样车（限于汽车类院校、专业）。

实施《科教用品免税规定》和《科技用品免税暂行规定》相关事宜

（海关总署公告2007年第13号）

（2017年3月30日由海关总署发布，2017年3月30日起施行，法规类型为规范性文件）

根据《科学研究和教学用品免征进口税收规定》（财政部海关总署 税务总局令第45号，以下简称《科教用品免税规定》）和《科技开发用品免征进口税收暂行规定》（财政部 海关总署 税务总局令第44号，以下简称《科技用品免税暂行规定》）的有关规定，现就海关实施《科教用品免税规定》和《科技用品免税暂行规定》的有关办法和相关事宜公告如下：

一、《科教用品免税规定》和本公告所称科学研究机构和学校是指：

（一）国务院各部委、直属机构和省、自治区、直辖市、计划单列市所属专门从事科学研究工作的各类科研院所；

（二）国家承认学历的大专及以上学历教育的高等学校，其中包括成人高等学校（广播电视大学、职工大学、教育学院、管理干部学院、农民高等学校、独立设置的函授学院等）；高等职业学校；中央党校及省、自治区、直辖市、计划单列市党校；

（三）财政部会同国务院有关部门核定的其他科研机构和学校。

二、《科技用品免税暂行规定》和本公告所称科学研究、技术开发机构(以下简称科技开发机构)是指:

(一)科技部会同财政部、海关总署和税务总局核定的科技体制改革过程中转制为企业和进入企业的主要从事科学研究和技术开发工作的机构;

(二)国家发展改革委会同财政部、海关总署和税务总局核定的国家工程研究中心;

(三)国家发展改革委会同财政部、海关总署、税务总局和科技部核定的企业技术中心;

(四)科技部会同财政部、海关总署和税务总局核定的国家重点实验室和国家工程技术研究中心;

(五)财政部会同国务院有关部门核定的其他科学研究、技术开发机构。

三、科学研究机构、学校进口《科教用品免税规定》附件"免税进口科学研究和教学用品清单"所列商品和科技开发机构进口《科技用品免税暂行规定》附件"免税进口科技开发用品清单"中所列商品均可予免征进口关税和进口环节增值税、消费税,其中:

(一)"免税进口科学研究和教学用品清单"和"免税进口科技开发用品清单"(以下统称"清单")第(一)项包括进行分析、测量、检查、计量、观测等工作必需的传感器或类似装置及其附件;

(二)"清单"第(二)项的"实验室设备"只限于为科学研究、教学和科技开发提供必要条件或与仪器、仪表配套使用的小型实验室设备、装置、专用器具和器械(国家规定不予免税的20种商品除外),如超低温设备、小型超纯水设备、小型发酵设备等,但不包括中试设备(详见附件1);

(三)"清单"第(三)项包括网络设备,如数据交换仪、路由器、集成器、防火墙;

(四)"清单"第(四)项所列用于维修、改进或扩充功能的零部件及配件只限于用于原享受科教用品、科技开发用品优惠政策免税进口并在海关监管期内的仪器、仪表和设备等的专用件;

(五)"免税进口科学研究和教学用品清单"第(八)项和"免税进口科技开发用品清单"第(七)项所列实验用材料是指科学研究、教学和科技开发实验中所需的试剂、生物中间体和制品、药物、同位素等特殊专用材料(详见附件2);

(六)"免税进口科学研究和教学用品清单"第(十)项和"免税进口科技开发用品清单"第(九)项所列的医疗检测、分析仪器及其附件是指医药类院校、专业和医药类科学研究机构及科技开发机构为科学研究、科学试验、教学和科技开发进口的医疗检测、分析仪器,但不包括用于手术、治疗的仪器设备,例如呼吸机、监护仪、心脏起搏器、牙科椅等;

(七)"免税进口科学研究和教学用品清单"第(十二)项和"免税进口科技开发用品清单"第(十一)项所列"专业级乐器"是指艺术类院校、专业和艺术类科学研究机构及科技开发机构进行创作、教学、科学研究和科技开发所需的弦乐类、管乐类、打击乐与弹拨乐类、键盘乐类、电子乐类等方面的专用乐器;"音像资料"是指上述院校、科学研究机构及科技开发机构进行教学、科学研究和科技开发专用的音像资料。

四、符合上述第一条、第二条规定的科学研究机构、学校和科技开发机构,首次申请免税进口科教用品或科技开发用品前,应持凭有关批准文件向单位所在地直属海关申请办理资格备案手续。其中:

(一)高等学校(包括成人高等学校、师范、医药类高等职业学校以及由国务院有关部门和单位主办的高等职业学校)持凭教育部批准设立的文件;国务院授权省、自治区、直辖市人民政府审批设立的高等职业学校,持凭省级人民政府批准设立的文件;

(二)国务院各部委、直属机构设立的科学研究机构持凭主管部门批准成立的文件、《事业单位法人证书》和科技部认定该单位为科学研究机构的有关文件;

（三）省、自治区、直辖市、计划单列市设立的科学研究机构持凭主管部门批准成立的文件、《事业单位法人证书》和同级科技主管部门认定该单位为科学研究机构的有关文件。其中，省、自治区、直辖市、计划单列市设立的厅局级科学研究机构还需持凭国家机构编制主管部门批准成立的文件；

（四）科技开发机构持凭国务院有关部门的核定文件。

经海关审核认定申请单位符合条件的，海关予以办理科教用品、科技开发用品免税资格备案。

五、经批准免税进口的科教用品和科技开发用品，应当直接用于本单位的科学研究、教学和科技开发活动，未经海关许可不得擅自转让、移作他用或进行其他处置。

六、免税进口科教用品、科技开发用品的单位，经海关核准后，其免税进口的仪器、设备可用于其他单位的科学研究、教学和科技开发活动，但不得移出本单位。

七、医药类院校、专业和医药类科学研究机构为从事科学研究、教学活动，需将免税进口的医疗检测、分析仪器放置于其经省级或省级以上的教育或卫生主管部门批准的附属医院临床使用的，须事先向海关提出申请并经海关核准。上述仪器经海关核准进口后，应由医药类院校、医药类专业所在院校和医药类科学研究机构进行登记管理。

前款规定的上述单位进口放置在附属医院使用的大中型医疗检测、分析仪器，按照主要功能和用途，限每所附属医院每种每5年1台；放置在附属医院使用的其他小型医疗检测、分析仪器应限制在合理数量内。

本科院校的附属医院一般应达到三级甲等水平，专科学校的附属医院一般应达到二级甲等以上水平。

八、违反有关规定，将免税进口的科教用品和科技开发用品擅自转让、移作他用或进行其他处置，依法被追究刑事责任的，有关单位自违法行为发现之日起3年内不得享受本税收优惠政策；按照有关规定被处罚但未被追究刑事责任的，有关单位自违规行为发现之日起1年内不得享受本税收优惠政策。

九、接受捐赠进口科教用品和科技开发用品按照本公告的规定办理。

十、上述规定自公告之日起实施。

特此公告。

附件：1. 为科学研究、教学和科技开发提供必要条件的实验设备、装置和器械（不包括中试设备）（略）
　　　2. 实验用材料（略）

关于继续执行研发机构采购设备增值税政策的公告

（财政部　商务部　国家税务总局公告2019年第91号）

（2019年11月11日由财政部、商务部、国家税务总局发布，2019年11月11日起施行，法规类型为规范性文件）

为了鼓励科学研究和技术开发，促进科技进步，继续对内资研发机构和外资研发中心采购国产设备全额退还增值税。现将有关事项公告如下：

一、适用采购国产设备全额退还增值税政策的内资研发机构和外资研发中心包括：

（一）科技部会同财政部、海关总署和税务总局核定的科技体制改革过程中转制为企业和进入企业的主要从事科学研究和技术开发工作的机构；

（二）国家发展改革委会同财政部、海关总署和税务总局核定的国家工程研究中心；

（三）国家发展改革委会同财政部、海关总署、税务总局和科技部核定的企业技术中心；

（四）科技部会同财政部、海关总署和税务总局核定的国家重点实验室（含企业国家重点实验室）和国家工程技术研究中心；

（五）科技部核定的国务院部委、直属机构所属从事科学研究工作的各类科研院所，以及各省、自治区、直辖市、计划单列市科技主管部门核定的本级政府所属从事科学研究工作的各类科研院所；

（六）科技部会同民政部核定或者各省、自治区、直辖市、计划单列市及新疆生产建设兵团科技主管部门会同同级民政部门核定的科技类民办非企业单位；

（七）工业和信息化部会同财政部、海关总署、税务总局核定的国家中小企业公共服务示范平台（技术类）；

（八）国家承认学历的实施专科及以上高等学历教育的高等学校（以教育部门户网站公布名单为准）；

（九）符合本公告第二条规定的外资研发中心；

（十）财政部会同国务院有关部门核定的其他科学研究机构、技术开发机构和学校。

二、外资研发中心，根据其设立时间，应分别满足下列条件：

（一）2009年9月30日及其之前设立的外资研发中心，应同时满足下列条件：

1. 研发费用标准：（1）对外资研发中心，作为独立法人的，其投资总额不低于500万美元；作为公司内设部门或分公司的非独立法人的，其研发总投入不低于500万美元；（2）企业研发经费年支出额不低于1000万元。

2. 专职研究与试验发展人员不低于90人。

3. 设立以来累计购置的设备原值不低于1000万元。

（二）2009年10月1日及其之后设立的外资研发中心，应同时满足下列条件：

1. 研发费用标准：作为独立法人的，其投资总额不低于800万美元；作为公司内设部门或分公司的非独立法人的，其研发总投入不低于800万美元。

2. 专职研究与试验发展人员不低于150人。

3. 设立以来累计购置的设备原值不低于2000万元。

外资研发中心须经商务主管部门会同有关部门按照上述条件进行资格审核认定。具体审核认定办法见附件1。在2018年12月31日（含）以前，初次取得退税资格或通过资格复审未满2年的，可继续享受至2年期满。

三、经核定的内资研发机构、外资研发中心，发生重大涉税违法失信行为的，不得享受退税政策。具体退税管理办法由税务总局会同财政部另行制定。相关研发机构的牵头核定部门应及时将内资研发机构、外资研发中心的新设、变更及撤销名单函告同级税务部门，并注明相关资质起止时间。

四、本公告的有关定义。

（一）本公告所述"投资总额"，是指商务主管部门发放的外商投资企业批准证书或设立、变更备案回执等文件所载明的金额。

（二）本公告所述"研发总投入"，是指外商投资企业专门为设立和建设本研发中心而投入的资产，包括即将投入并签订购置合同的资产（应提交已采购资产清单和即将采购资产的合同清单）。

（三）本公告所述"研发经费年支出额"，是指近两个会计年度研发经费年均支出额；不足两个完整会计年度的，可按外资研发中心设立以来任意连续12个月的实际研发经费支出额计算；现金与实物资产投入应不低于60%。

（四）本公告所述"专职研究与试验发展人员"，是指企业科技活动人员中专职从事基础研究、应用研究和试验发展三类项目活动的人员，包括直接参加上述三类项目活动的人员以及相关专职科技管理人员和为项目提供资料文献、材料供应、设备的直接服务人员，上述人员须与外资研发中心或其所在外商投资企业签订1年以上劳动合同，以外资研发中心提交申请的前一日人数为准。

（五）本公告所述"设备"，是指为科学研究、教学和科技开发提供必要条件的实验设备、装置和器械。在计算累计购置的设备原值时，应将进口设备和采购国产设备的原值一并计入，包括已签订购置合同并于当年内交货的设备（应提交购置合同清单及交货期限），上述采购国产设备应属于本公告《科技开发、科学研究和教学设备清单》所列设备（见附件2）。对执行中国产设备范围存在异议的，由主管税务机关逐级上报税务总局商财政部核定。

五、本公告规定的税收政策执行期限为2019年1月1日至2020年12月31日，具体从内资研发机构和外资研发中心取得退税资格的次月1日起执行。《财政部　商务部　国家税务总局关于继续执行研发机构采购设备增值税政策的通知》（财税〔2016〕121号）同时废止。

附件：1. 外资研发中心采购国产设备退税资格审核认定办法
　　　2. 科技开发、科学研究和教学设备清单

附件1

外资研发中心采购国产设备退税资格审核认定办法

为落实好外资研发中心（包括独立法人和非独立法人研发中心，以下简称研发中心）采购国产设备相关税收政策，特制定以下资格审核认定办法：

一、资格条件的审核

（一）各省、自治区、直辖市、计划单列市及新疆生产建设兵团商务主管部门会同同级财政、税务部门（以下简称审核部门），根据本地情况，制定审核流程和具体办法。研发中心应按本通知有关要求向其所在地商务主管部门提交申请材料。

（二）商务主管部门牵头召开审核部门联席会议，对研发中心上报的申请材料进行审核，按照本通知正文第二条所列条件和本审核认定办法要求，确定符合退税资格条件的研发中心名单。

（三）经审核，对符合退税资格条件的研发中心，由审核部门以公告形式联合发布，并将名单抄送商务部（外资司）、财政部（税政司）、国家税务总局（货物和劳务税司）备案。对不符合有关规定的，由商务主管部门根据联席会议的决定出具书面审核意见，并说明理由。上述公告或审核意见应在审核部门受理申请之日起45个工作日之内做出。

（四）审核部门每两年对已获得退税资格的研发中心进行资格复审。对于不再符合条件的研发中心取消其享受退税优惠政策的资格。

二、需报送的材料

研发中心申请采购国产设备退税资格，应提交以下材料：

（一）研发中心采购国产设备退税资格申请书和审核表；

（二）研发中心为独立法人的，应提交外商投资企业批准证书或设立、变更备案回执及营业执照复印件；研发中心为非独立法人的，应提交其所在外商投资企业的外商投资企业批准证书或设立、变更备案回执及营业执照复印件；

（三）验资报告及上一年度审计报告复印件；
（四）研发费用支出明细、设备购置支出明细和清单以及通知规定应提交的材料；
（五）专职研究与试验发展人员名册（包括姓名、工作岗位、劳动合同期限、联系方式）；
（六）审核部门要求提交的其他材料。

三、相关工作的管理
（一）在公告发布后，列入公告名单的研发中心，可按有关规定直接向其所在地税务部门申请办理采购国产设备退税手续。
（二）审核部门在共同审核认定研发中心资格的过程中，可到研发中心查阅有关资料，了解情况，核实其报送的申请材料的真实性。同时应注意加强对研发中心的政策指导和服务，提高工作效率。
（三）省级商务主管部门应将《外资研发中心采购设备免、退税资格审核表》有关信息及时录入外商投资综合管理信息系统研发中心选项。

附：外资研发中心采购设备免、退税资格审核表

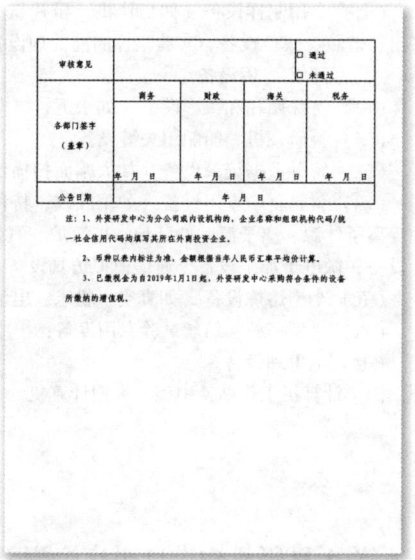

附件2

科技开发、科学研究和教学设备清单

科技开发、科学研究和教学设备，是指符合《中华人民共和国增值税暂行条例实施细则》（财政部 国家税务总局令第50号）第二十一条"固定资产"的相关规定，为科学研究、教学和科技开发提供必要条件的实验设备、装置和器械（不包括中试设备）。具体包括以下四类：

一、实验环境方面
（一）教学实验仪器及装置；

（二）教学示教、演示仪器及装置；
（三）超净设备（如换气、灭菌、纯水、净化设备等）；
（四）特殊实验环境设备（如超低温、超高温、高压、低压、强腐蚀设备等）；
（五）特殊电源、光源设备；
（六）清洗循环设备；
（七）恒温设备（如水浴、恒温箱、灭菌仪等）；
（八）小型粉碎、研磨制备设备。
二、样品制备设备和装置
（一）特种泵类（如分子泵、离子泵、真空泵、蠕动泵、蜗轮泵、干泵等）；
（二）培养设备（如培养箱、发酵罐等）；
（三）微量取样设备（如取样器、精密天平等）；
（四）分离、纯化、浓缩设备（如离心机、层析、色谱、萃取、结晶设备、旋转蒸发器等）；
（五）气体、液体、固体混合设备（如旋涡混合器等）；
（六）制气设备、气体压缩设备；
（七）专用制样设备（如切片机、压片机、镀膜机、减薄仪、抛光机等），实验用注射、挤出、造粒、膜压设备，实验室样品前处理设备。
三、实验室专用设备
（一）特殊照相和摄影设备（如水下、高空、高温、低温等）；
（二）科研飞机、船舶用关键设备；
（三）特种数据记录设备（如大幅面扫描仪、大幅面绘图仪、磁带机、光盘机等）；
（四）材料科学专用设备（如干胶仪、特种坩埚、陶瓷、图形转换设备、制版用干板、特种等离子体源、离子源、外延炉、扩散炉、溅射炉、离子刻蚀机、材料实验机等），可靠性试验设备，微电子加工设备，通信模拟仿真设备，通信环境试验设备；
（五）小型熔炼设备（如真空、粉末、电渣等），特殊焊接设备；
（六）小型染整、纺丝试验专用设备；
（七）电生理设备。
四、计算机工作站，中型、大型计算机。

关于科研机构进口医疗检测、分析仪器有关税收事项的通知

（财关税〔2015〕23号）

（2015年6月3日由财政部、海关总署、国家税务总局发布，2015年6月3日起施行，法规类型为规范性文件）

各省、自治区、直辖市、计划单列市财政厅（局）、国家税务局，新疆生产建设兵团财务局，海关总署广东分署、各直属海关：

为适应科学研究和科技开发工作发展实际，满足非医药类院校、专业和非医药类科学研究、科技开发机构免税进口医疗检测、分析仪器及其附件的潜在需求，经国务院批准，现对科

研机构进口医疗检测、分析仪器有关事项通知如下：

一、医药类院校、专业和医药类科学研究、科技开发机构免税进口医疗检测、分析仪器仍按《科学研究和教学用品免征进口税收暂行规定》（以下简称《科教用品政策》）和《科技开发用品免征进口税收暂行规定》（以下简称《科技开发用品政策》）执行。

二、取消对非医药类院校、专业和非医药类科学研究、科技开发机构免税进口医疗检测、分析仪器及其附件的主体资格限制，经海关核准，2015年12月31日前，对符合《科教用品政策》和《科技开发用品政策》主体资格的非医药类院校、专业和非医药类科学研究、科技开发机构在合理数量范围内进口国内不能生产或者性能不能满足需要的医疗检测、分析仪器及其附件，免征进口关税和进口环节增值税、消费税。

三、科研机构进口医疗检测、分析仪器及其附件的功能及数量应当与其科学研究、教学领域和任务相适应。

四、财政部会同有关部门对科研机构免税进口医疗检测、分析仪器的情况进行事中或事后核查。各直属海关于2016年1月31日前，将上一年度科研机构免税进口医疗检测、分析仪器的执行情况报送海关总署，同时抄报财政部和国家税务总局。

各政策享受主体如有违反规定的情况，除补交税款和按照有关规定处罚外，视情节轻重给予暂停免税资格或取消免税资格的处理。

五、本通知自下发之日起执行。

关于"十三五"期间支持科技创新进口税收政策的通知

（财关税〔2016〕70号）

（2016年12月27日由财政部、海关总署、国家税务总局发布，2016年1月1日起施行，法规类型为规范性文件）

各省、自治区、直辖市、计划单列市财政厅（局）、国家税务局，海关总署广东分署、各直属海关，新疆生产建设兵团财务局：

为深入实施创新驱动发展战略，发挥科技创新在全面创新中的引领作用，规范科学研究、科技开发和教学用品免税进口行为，经国务院批准，特制定支持科技创新进口税收政策，现将有关政策内容通知如下：

一、对科学研究机构、技术开发机构、学校等单位进口国内不能生产或者性能不能满足需要的科学研究、科技开发和教学用品，免征进口关税和进口环节增值税、消费税；对出版物进口单位为科研院所、学校进口用于科研、教学的图书、资料等，免征进口环节增值税。

二、本通知第一条中科学研究机构、技术开发机构、学校和出版物进口单位等是指：

（一）国务院部委、直属机构和省、自治区、直辖市、计划单列市所属从事科学研究工作的各类科研院所。

（二）国家承认学历的实施专科及以上高等学历教育的高等学校。

（三）国家发展改革委会同财政部、海关总署和国家税务总局核定的国家工程研究中心；国家发展改革委会同财政部、海关总署、国家税务总局和科技部核定的企业技术中心。

（四）科技部会同财政部、海关总署和国家税务总局核定的：1. 科技体制改革过程中转制为企业和进入企业的主要从事科学研究和技术开发工作的机构；2. 国家重点实验室及企业国家重点实验室；3. 国家工程技术研究中心。

（五）科技部会同民政部核定或者各省、自治区、直辖市、计划单列市及新疆生产建设兵团科技主管部门会同同级民政部门核定的科技类民办非企业单位。

（六）工业和信息化部会同财政部、海关总署、国家税务总局核定的国家中小企业公共服务示范平台（技术类）。

（七）各省、自治区、直辖市、计划单列市及新疆生产建设兵团商务主管部门会同同级财政、国税部门和外资研发中心所在地直属海关核定的外资研发中心。

（八）国家新闻出版广电总局批准的下列具有出版物进口许可的出版物进口单位：中国图书进出口（集团）总公司及其具有独立法人资格的子公司、中国经济图书进出口公司、中国教育图书进出口有限公司、北京中科进出口有限责任公司、中国科技资料进出口总公司、中国国际图书贸易集团有限公司。

（九）财政部会同有关部门核定的其他科学研究机构、技术开发机构、学校。

三、本通知第一条所述科学研究机构、技术开发机构、学校等单位进口国内不能生产或者性能不能满足需要的科学研究、科技开发和教学用品免税清单（含出版物进口单位为科研院所、学校进口用于科研、教学的图书、资料等），由财政部会同海关总署、国家税务总局制定并另行发布。

四、财政部会同有关部门根据科学研究、科技开发和教学用品需求变化及国内生产发展等情况，适时对第三条进口科学研究、科技开发和教学用品免税清单进行调整。

五、本通知有关的政策管理办法由财政部会同有关部门另行发布。

六、经海关审核同意，科学研究机构、技术开发机构、学校可将免税进口的科学研究、科技开发和教学用品用于其他单位的科学研究、科技开发和教学活动。

对纳入国家网络管理平台统一管理、符合本通知规定的免税进口的科学仪器设备，在符合监管条件的前提下，准予用于其他单位的科学研究、科技开发和教学活动。具体管理办法由科技部会同海关总署等有关部门另行制定并发布。

经海关审核同意，医院类高等学校、专业和科学研究机构以科学研究或教学为目的，可将免税进口的医疗检测、分析仪器及其附件用于其附属、所属医院的临床活动，或用于开展临床实验所需依托的其分立前附属、所属医院的临床活动。其中，大中型医疗检测、分析仪器，限每所医院每5年每种1台。

七、违反本通知规定，将免税进口的科学研究、科技开发和教学用品擅自转让、移作他用或者进行其他处置的，按照有关规定处罚，有关进口单位在1年内不得享受本通知规定的进口税收政策；依法被追究刑事责任的，有关进口单位在3年内不得享受本通知规定的进口税收政策。

八、海关总署根据本通知制定海关具体实施办法。

九、本通知自2016年1月1日起实施，2020年12月31日截止。自实施之日起，《财政部 科技部 民政部 海关总署 国家税务总局关于科技类民办非企业单位适用科学研究和教学用品进口税收政策的通知》（财关税〔2012〕54号）同时废止。

关于支持科技创新进口税收政策管理办法的通知

(财关税〔2016〕71号)

(2017年1月14日由财政部、教育部、国家发展和改革委员会、科技部、工业和信息化部、民政部、商务部、海关总署、国家税务总局、国家新闻出版广电总局发布,2016年1月1日起施行,法规类型为规范性文件)

各省、自治区、直辖市、计划单列市财政厅(局)、教育厅(局)、发展改革委、科技厅(委、局)、工业和信息化主管部门、民政厅(局)、商务厅(局)、国家税务局,海关总署广东分署、各直属海关,新疆生产建设兵团财务局、科技局、民政局、商务局:

为深入贯彻落实党中央、国务院关于创新驱动发展战略有关精神,发挥科技创新在全面创新中的引领作用,经国务院批准,财政部、海关总署、国家税务总局联合印发了《关于"十三五"期间支持科技创新进口税收政策的通知》(财关税〔2016〕70号)。为加强政策管理,现将支持科技创新进口税收政策管理办法通知如下:

一、国务院部委、直属机构所属从事科学研究工作的各类科研院所,由科技部核定名单,函告海关总署,并抄送本通知第八条出版物进口单位。此类科研院所持凭主管部门批准成立的文件、《事业单位法人证书》,按海关规定办理有关减免税手续。

各省、自治区、直辖市、计划单列市所属从事科学研究工作的各类科研院所,由本级科技主管部门核定名单,函告相关科研院所所在地直属海关,并抄送本通知第八条出版物进口单位。此类科研院所持凭主管部门批准成立的文件、《事业单位法人证书》,按海关规定办理有关减免税手续。

二、国家承认学历的实施专科及以上高等学历教育的高等学校,由教育部核定并在教育部门户网站公布,按海关规定办理有关减免税手续。

三、国家发展改革委会同财政部、海关总署和国家税务总局核定的国家工程研究中心的免税进口资格,按国家发展和改革委员会会同有关部门另行制定的国家工程研究中心管理办法确定。

国家发展改革委会同财政部、海关总署、国家税务总局和科技部核定的企业技术中心,按《国家企业技术中心认定管理办法》(国家发展改革委 科技部 财政部 海关总署 国家税务总局令第34号)确定免税资格,按海关规定办理有关减免税手续。

四、科技部会同财政部、海关总署和国家税务总局核定的科技体制改革过程中转制为企业和进入企业的主要从事科学研究和技术开发工作的机构、国家重点实验室、企业国家重点实验室、国家工程技术研究中心的免税进口管理办法由科技部会同有关部门另行制定。

五、科技部会同民政部核定或者各省、自治区、直辖市、计划单列市及新疆生产建设兵团科技主管部门会同同级民政部门核定的科技类民办非企业单位的免税进口管理办法见附件1。

六、工业和信息化部会同财政部、海关总署、国家税务总局核定的国家中小企业公共服务示范平台(技术类)的免税进口管理办法见附件2。

七、各省、自治区、直辖市、计划单列市及新疆生产建设兵团商务主管部门会同同级财政、国税部门和外资研发中心所在地直属海关核定的外资研发中心的免税进口管理办法见附件3。

八、国家新闻出版广电总局批准的下列具有出版物进口许可的出版物进口单位：中国图书进出口（集团）总公司及其具有独立法人资格的子公司、中国经济图书进出口公司、中国教育图书进出口有限公司、北京中科进出口有限责任公司、中国科技资料进出口总公司、中国国际图书贸易集团有限公司，按海关规定办理有关减免税手续。免税进口商品销售对象中的科研院所是指本通知第一条中经核定的科研院所；学校是指本通知第二条中经核定的高等学校。

出版物进口单位应在每年 3 月 31 日前将上一年度免税进口图书、资料等情况报财政部、海关总署、国家税务总局、国家新闻出版广电总局备案。备案信息应包括商品种类、进口额、免税进口商品的销售流向、使用单位等。

对出版物进口单位为科研院所、学校进口用于科研、教学的图书、资料等的免税范围，按进口科学研究、科技开发和教学用品免税清单中的"五、图书、文献、报刊及其他资料（包括只读光盘、微缩平片、胶卷、地球资料卫星照片、科技和教学声像制品）"执行。

九、财政部会同有关部门核定的其他科学研究机构、技术开发机构、学校，比照上述有关条款进行免税进口管理。

十、财政部等有关部门及其工作人员在政策执行过程中，存在违反执行免税政策规定的行为，以及滥用职权、玩忽职守、徇私舞弊等违法违纪行为的，按照《预算法》、《公务员法》、《行政监察法》、《财政违法行为处罚处分条例》等国家有关规定追究相应责任；涉嫌犯罪的，移送司法机关处理。

本通知自 2016 年 1 月 1 日起实施。

附件： 1. 科技类民办非企业单位免税进口科学研究、科技开发和教学用品管理办法（略）
2. 国家中小企业公共服务示范平台（技术类）免税进口科学研究、科技开发和教学用品管理办法（略）
3. 外资研发中心免税进口科学研究、科技开发和教学用品管理办法（略）

关于科技重大专项进口税收政策的通知

（财关税〔2010〕28 号）

（2010 年 7 月 24 日由财政部、科技部、国家发展和改革委员会、海关总署、国家税务总局发布，根据 2019 年 12 月 17 日财关税〔2019〕52 号《财政部、国家发展和改革委员会、国家税务总局、海关总署、科学技术部关于取消科技重大专项进口税收政策免税额度管理的通知》修改，现行版本自 2019 年 12 月 17 日起施行，法规类型为规范性文件）

各省、自治区、直辖市、计划单列市财政厅（局）、科技厅（委、局）、发展改革委、国家税务局，新疆生产建设兵团财务局、科技局、发展改革委，海关总署广东分署、各直属海关：

为贯彻落实国务院关于实施《国家中长期科学和技术发展规划纲要（2006—2020 年）》若干配套政策中有关科技重大专项进口税收政策的要求，扶持国家重大战略产品、关键共性技术和重大工程的研究开发，营造激励自主创新的环境，特制定《科技重大专项进口税收政策暂行规定》（见附件，以下简称《暂行规定》），现将有关事项通知如下：

一、自 2010 年 7 月 15 日起，对承担《国家中长期科学和技术发展规划纲要（2006—2020

年)》中民口科技重大专项项目(课题)的企业和大专院校、科研院所等事业单位(以下简称项目承担单位)使用中央财政拨款、地方财政资金、单位自筹资金以及其他渠道获得的资金进口项目(课题)所需国内不能生产的关键设备(含软件工具及技术)、零部件、原材料,免征进口关税和进口环节增值税。

二、项目承担单位在2010年7月15日至2011年12月31日期间进口物资申请享受免税政策的,应在2010年9月1日前向科技重大专项牵头组织单位提交申请文件,具体申请程序和要求见《暂行规定》,逾期不予受理。符合条件的项目承担单位自2010年7月15日起享受进口免税政策,可凭牵头组织单位出具的已受理申请的证明文件,向海关申请凭税款担保办理有关进口物资先予放行手续。

三、科技重大专项牵头组织单位应按《暂行规定》有关要求,受理和审核项目承担单位的申请文件,并在2010年10月1日前向财政部报送科技重大专项免税进口物资需求清单。财政部会同科技部、发展改革委、海关总署、国家税务总局等有关部门按照《暂行规定》有关要求,及时研究制定各科技重大专项免税进口物资清单。

四、项目承担单位应当在进口物资前按照有关规定,持有关材料向其所在地海关申请办理免税审批手续。

附件:科技重大专项进口税收政策暂行规定

附件

科技重大专项进口税收政策暂行规定

第一条 为贯彻落实国务院关于实施《国家中长期科学和技术发展规划纲要(2006—2020年)》若干配套政策中有关科技重大专项进口税收政策的要求,扶持国家重大战略产品、关键共性技术和重大工程的研究开发,营造激励自主创新的环境,特制定本规定。

第二条 承担科技重大专项项目(课题)的企业和大专院校、科研院所等事业单位(以下简称项目承担单位)使用中央财政拨款、地方财政资金、单位自筹资金以及其他渠道获得的资金进口项目(课题)所需国内不能生产的关键设备(含软件工具及技术)、零部件、原材料,免征进口关税和进口环节增值税。

第三条 本规定第二条所述科技重大专项是指列入《国家中长期科学和技术发展规划纲要(2006—2020年)》的民口科技重大专项,包括核心电子器件、高端通用芯片及基础软件产品,极大规模集成电路制造装备及成套工艺,新一代宽带无线移动通信网,高档数控机床与基础制造装备,大型油气田及煤层气开发,大型先进压水堆及高温气冷堆核电站,水体污染控制与治理,转基因生物新品种培育,重大新药创制,艾滋病和病毒性肝炎等重大传染病防治。

第四条 申请享受本规定进口税收政策的项目承担单位应当具备以下条件:
1. 独立的法人资格;
2. 经科技重大专项领导小组批准承担重大专项任务。

第五条 项目承担单位申请免税进口的设备、零部件、原材料应当符合以下要求:
1. 直接用于项目(课题)的科学研究、技术开发和应用;
2. 国内不能生产或者国产品性能不能满足要求的,且价值较高;
3. 申请免税进口设备的主要技术指标一般应优于当前实施的《国内投资项目不予免税的进口商品目录》所列设备。

第六条 为了提高财政资金和进口税收政策的使用效益,对于使用中央财政和地方财政安排的重大专项资金购置的仪器设备,在申报设备预算时,应当主动说明是否申请进口免税。

1421

第七条 各科技重大专项牵头组织单位（以下简称牵头组织单位）是落实进口税收政策的责任主体，负责受理和审核项目承担单位的申请文件、报送科技重大专项免税进口物资需求清单、出具《科技重大专项项目（课题）进口物资确认函》（格式见附件1，以下简称《进口物资确认函》）、报送政策落实情况报告等事宜。

有两个及以上牵头组织单位的科技重大专项，由第一牵头组织单位会同其他牵头组织单位共同组织落实上述事宜。科技重大专项牵头组织单位为企业的，由该专项领导小组组长单位负责审核项目承担单位的申请文件、报送科技重大专项免税进口物资需求清单、出具《进口物资确认函》。

第八条 财政部会同科技部、国家发展改革委、海关总署、国家税务总局等有关部门根据科技重大专项进口物资需求，结合国内外生产情况和供需状况，研究制定各科技重大专项免税进口物资清单，组织落实政策年度执行方案，定期评估政策的执行效果，并适时调整和完善政策。

第九条 项目承担单位是享受本进口税收政策和履行相应义务的责任主体。项目承担单位应在每年7月15日前向牵头组织单位提交下一年度进口免税申请文件（要求见附件2），项目承担单位在领取《进口物资确认函》之前，可凭牵头组织单位出具的已受理申请的证明文件，向海关申请凭税款担保办理有关进口物资先予放行手续。上年度已享受免税政策的项目承担单位尚未领取当年度《进口物资确认函》之前，可直接向海关申请凭税款担保办理有关进口物资先予放行手续。

第十条 项目承担单位应当在进口物资前，按照《中华人民共和国海关进出口货物减免税管理办法》（海关总署令第179号）的有关规定，持《进口物资确认函》等有关材料向其所在地海关申请办理免税审批手续。

对项目承担单位在《进口物资确认函》确定的范围内进口物资的免税申请，海关按照科技重大专项免税进口物资清单进行审核，并确定相关物资是否符合免税条件。

第十一条 为及时对政策进行绩效评价，享受本规定进口税收政策的单位，应在每年2月1日前将上一年度的政策执行情况如实上报牵头组织单位。牵头组织单位应在每年3月1日前向财政部报送科技重大专项进口税收政策落实情况报告，说明上一年度实际免税进口物资总体情况，同时抄送科技部、国家发展改革委、海关总署、国家税务总局。

牵头组织单位连续两年未按规定提交报告的，该科技重大专项停止享受本规定进口税收优惠政策1年。项目承担单位未按规定提交报告的，停止该单位享受本规定进口税收优惠政策1年。

第十二条 牵头组织单位应当按照本规定要求，切实做好科技重大专项进口税收政策执行的管理工作，保证政策执行的规范性、安全性和有效性。

项目承担单位应当严格按照本规定有关要求，如实申报材料、办理相关进口物资的免税申请和进口手续。项目承担单位违反规定，将免税进口物资擅自转让、销售、移作他用或者进行其他处置，除按照有关法律、法规及规定处理外，对于被依法追究刑事责任的，从违法行为发现之日起停止享受本规定进口税收优惠政策；尚不够追究刑事责任的，从违法行为发现之日起停止享受本规定进口税收优惠政策2年。

第十三条 经海关核准，有关项目承担单位免税进口的设备可用于其他单位的科学研究、教学活动和技术开发，但未经海关许可，免税进口的设备不得移出原项目承担单位。科技重大专项项目（课题）完成后，对于仍处于海关监管年限内的免税进口设备和剩余的少量原材料、零部件，项目承担单位可及时向所在地海关申请办理提前解除监管的手续，并免于补缴税款。

第十四条 本规定自2010年7月15日起施行。

附件：1. 科技重大专项项目（课题）进口物资确认函（略）
 2. 项目（课题）承担单位免税申请文件有关要求（略）

残疾人专用品免征进口税收暂行规定

(海关总署令第 61 号)

(1997 年 4 月 10 日由海关总署发布，1997 年 4 月 10 日起施行，法规类型为部门规章)

第一条 为了支持残疾人康复工作，有利于残疾人专用品进口，制定本规定。
第二条 进口下列残疾人专用品，免征进口关税和进口环节增值税、消费税：
（一）肢残者用的支辅具、假肢及其零部件、假眼、假鼻、内脏托带、矫形器、矫形鞋、非机动助行器、代步工具（不包括汽车、摩托车），生活自助具，特殊卫生用品；
（二）视力残疾者用的盲杖、导盲镜、助视器、盲人阅读器；
（三）语言、听力残疾者用的语言训练器；
（四）智力残疾者用的行为训练器，生活能力训练用品。
进口前款所列残疾人专用品，由纳税人直接在海关办理免税手续。
第三条 有关单位进口的国内不能生产的下列残疾人专用品，按隶属关系经民政部或者中国残疾人联合会批准，并报海关总署审核后，免征进口关税和进口环节增值税、消费税：
（一）残疾人康复及专用设备，包括床旁监护设备、中心监护设备、生化分析仪和超声诊断仪；
（二）残疾人特殊教育设备和职业教育设备；
（三）残疾人职业能力评估测试设备；
（四）残疾人专用劳动设备和劳动保护设备；
（五）残疾人文体活动专用设备；
（六）假肢专用生产、装配、检测设备，包括假肢专用铣磨机、假肢专用真空成型机、假肢专用平板加热器和假肢综合检测仪；
（七）听力残疾者用的助听器。
第四条 本规定第三条规定的有关单位，是指：
（一）民政部直属企事业单位和省、自治区、直辖市民政部门所属福利机构、假肢厂和荣誉军人康复医院（包括各类革命伤残军人休养院、荣军医院和荣军康复医院）；
（二）中国残疾人联合会（中国残疾人福利基金会）直属事业单位和省、自治区、直辖市残疾人联合会（残疾人福利基金会）所属福利机构和康复机构。
第五条 依据本规定免税进口的残疾人专用品，不得擅自移作他用。
违反前款规定，将免税进口的物品移作他用，构成走私罪的，依法追究刑事责任；尚不构成犯罪的，按走私行为或者违反海关监管规定的行为论处。
第六条 海关总署根据本规定制定实施办法。
第七条 本规定自发布之日起施行。

国家企业技术中心认定管理办法

（国家发展和改革委员会　科学技术部　财政部　海关总署　国家税务总局令第34号）

（2016年2月26日由国家发展和改革委员会、科学技术部、财政部、海关总署、国家税务总局发布，2016年4月1日起施行，法规类型为部门规章）

第一章　总　则

第一条　为深入实施创新驱动发展战略，贯彻落实《中共中央国务院关于深化科技体制改革加快国家创新体系建设的意见》，进一步强化企业技术创新主体地位，引导和支持企业增强技术创新能力，健全技术创新市场导向机制，规范国家企业技术中心管理，依据《中华人民共和国科学技术进步法》，特制定本办法。

第二条　本办法所称企业技术中心，是指企业根据市场竞争需要设立的技术研发与创新机构，负责制定企业技术创新规划、开展产业技术研发、创造运用知识产权、建立技术标准体系、凝聚培养创新人才、构建协同创新网络、推进技术创新全过程实施。

第三条　国家鼓励和支持企业建立技术中心，发挥企业在技术创新中的主体作用，建立健全企业主导产业技术研发创新的体制机制。国家根据创新驱动发展要求和经济结构调整需要，对创新能力强、创新机制好、引领示范作用大、符合条件的企业技术中心予以认定，并给予政策支持，鼓励引导行业骨干企业带动产业技术进步和创新能力提高。

第四条　国家发展改革委、科技部、财政部、海关总署、税务总局负责指导协调国家企业技术中心相关工作。国家发展改革委牵头开展国家企业技术中心的认定与运行评价。各省、自治区、直辖市、计划单列市及新疆生产建设兵团发展改革部门或地方人民政府指定的部门会同同级管理部门，负责国家企业技术中心的申报、管理等事项。

第二章　国家企业技术中心认定

第五条　国家企业技术中心的认定，原则上每年进行一次。地方政府主管部门根据国家发展改革委通知要求报送申请材料，受理截止日期为当年5月31日。

第六条　国家企业技术中心应当具备以下基本条件：

（一）企业在行业中具有显著的发展优势和竞争优势，具有行业领先的技术创新能力和水平；

（二）企业具有较好的技术创新机制，企业技术中心组织体系健全，创新效率和效益显著；

（三）有较高的研究开发投入，年度研究与试验发展经费支出额不低于1500万元；拥有技术水平高、实践经验丰富的技术带头人，专职研究与试验发展人员数不少于150人；

（四）具有比较完善的研究、开发、试验条件，技术开发仪器设备原值不低于2000万元；有较好的技术积累，重视前沿技术开发，具有开展高水平技术创新活动的能力；

（五）具有省级企业技术中心资格两年以上。

企业在申请受理截止日期前三年内，不得存在下列情况：

（一）因违反海关法及有关法律、行政法规，构成走私行为，受到刑事、行政处罚，或因严重违反海关监管规定受到行政处罚；

（二）因违反税收征管法及有关法律、行政法规，构成偷税、骗取出口退税等严重税收违法行为；

（三）司法、行政机关认定的其他严重违法失信行为。

第七条 地方政府主管部门会同同级管理部门，根据本办法及当年国家发展改革委发布的通知，推荐符合条件的企业技术中心，并将推荐企业技术中心名单及其申请材料（一式二份）报送国家发展改革委。申请材料主要包括企业技术中心申请报告、评价表及必要的证明材料。

第八条 母公司技术中心已是国家企业技术中心的，地方政府主管部门不得再推荐其下属子公司申请国家企业技术中心。但从事业务领域与母公司不同的子公司，可推荐其申请母公司国家企业技术中心分中心。

子公司技术中心已是国家企业技术中心的，地方政府主管部门在推荐其母公司申请国家企业技术中心时，应在推荐意见中明确提出将其子公司国家企业技术中心调整为分中心或撤销的意见。国家企业技术中心分中心的申请程序和要求与国家企业技术中心相同。

第九条 国家发展改革委委托第三方机构，依据评价指标体系对地方政府主管部门推荐的企业技术中心申请材料进行初评，并根据初评结果委托第三方机构组织专家评审。

国家发展改革委会同科技部、财政部、海关总署、税务总局，根据专家评审意见以及国家产业政策、国家进口税收税式支出的总体原则及年度方案等综合评估，确认认定结果，并通过国家发展改革委官方网站予以公示。

第十条 国家发展改革委会同科技部、财政部、海关总署、税务总局，在受理地方政府主管部门申报材料之日起90个工作日之内联合发文，向地方政府主管部门及同级管理部门通报认定结果。

第三章 运行评价

第十一条 国家发展改革委会同科技部、财政部、海关总署、税务总局，原则上每两年组织一次国家企业技术中心运行评价。国家发展改革委于评价年度下发评价通知。地方政府主管部门对国家企业技术中心评价材料真实性出具意见，并于评价年度的5月31日前将评价材料报送国家发展改革委。

评价材料主要包括国家企业技术中心工作总结、评价表及必要的证明材料。

第十二条 国家发展改革委委托第三方机构，依据评价指标体系，对地方政府主管部门报送的评价材料进行评价，并形成评价结果和评价报告。

第十三条 评价结果分为优秀、良好、基本合格和不合格：

（一）评价得分90分及以上为优秀；

（二）评价得分65分至90分（不含90分）为良好；

（三）评价得分60分至65分（不含65分）为基本合格；

（四）评价得分低于60分为不合格。

第十四条 国家发展改革委会同科技部、财政部、海关总署、税务总局对评价结果进行确认。国家发展改革委在受理评价材料之日起70个工作日内，向地方政府主管部门通报评价结果。

第四章 鼓励政策

第十五条 国家企业技术中心和国家企业技术中心分中心进口科技开发用品按照国家相关税收政策执行。

经海关确认后，国家企业技术中心可按有关规定，将免税进口的科技开发用品放置在其异地非独立法人分支机构使用。

第十六条 国家发展改革委结合企业技术中心创新能力建设、高技术产业化、战略性新兴产业发展等工作,对国家企业技术中心予以支持。

第十七条 国家支持国家企业技术中心承担中央财政科技计划(专项、基金等)的研发任务。

第五章 监督管理

第十八条 地方政府主管部门应于每年 8 月 30 日前,将国家企业技术中心所在企业发生更名、重组等变更情况报送国家发展改革委,同时抄送地方同级管理部门。

第十九条 国家发展改革委会同科技部、财政部、海关总署、税务总局,每年对地方政府主管部门报送的企业变更情况进行确认。

其中,对经确认取消国家企业技术中心资格的,自该国家企业技术中心所在企业发生更名、重组等变更之日起,停止享受科技开发用品免征进口税收政策。

第二十条 自国家企业技术中心所在企业发生更名、重组等变更之日起,该企业所属国家企业技术中心进口的有关科技开发用品,经海关审核符合有关规定,可办理凭税款担保放行手续。待国家企业技术中心所在企业更名情况确认后,根据确认结果办理已凭税款担保放行的有关进口科技开发用品的税款征免手续。

第二十一条 母公司技术中心已认定为国家企业技术中心的,其子公司原有国家企业技术中心的资格应予调整。其中,从事业务领域与母公司不同的,可调整为其母公司国家企业技术中心分中心;业务领域与母公司一致的,取消其国家企业技术中心资格。地方政府主管部门推荐母公司申请国家企业技术中心时,没有提出对其子公司国家企业技术中心调整意见的,视同母公司与子公司业务领域相同。

第二十二条 地方政府主管部门报送的企业材料和数据应当真实可靠。企业提供虚假材料和数据的行为,经核实,将纳入国家统一的信用信息平台。

第二十三条 有下列情况之一的,撤销国家企业技术中心资格:

(一)运行评价不合格;

(二)逾期未报送评价材料;

(三)提供虚假材料和数据;

(四)主要由于技术原因发生重大质量、安全事故;

(五)因违反海关法及有关法律、行政法规,构成走私行为,受到刑事、行政处罚,或因严重违反海关监管规定受到行政处罚;

(六)因违反税收征管法及有关法律、行政法规,构成偷税、骗取出口退税等严重税收违法行为;

(七)司法、行政机关认定的其他严重违法失信行为;

(八)企业被依法终止。

第二十四条 因本办法第二十三条第(一)、(二)项所列原因被撤销国家企业技术中心资格的,自撤销之日起,地方政府主管部门两年内不得再次推荐该企业。

因本办法第二十三条第(三)~(七)项所列原因被撤销国家企业技术中心资格的,自撤销之日起,地方政府主管部门三年内不得再次推荐该企业。地方政府主管部门负责指导和督促评价基本合格的国家企业技术中心改进工作。

第二十五条 各直属海关对推荐申请国家企业技术中心的企业和国家企业技术中心所在企业是否存在本办法第六条第二款(一)项、第二十三条第(五)项所列情况进行核查,具体核查要求由海关总署另行确定。

税务机关对推荐申请国家企业技术中心的企业和国家企业技术中心所在企业是否存在本办法第六条第二款第（二）项、第二十三条第（六）项情况进行核查，具体核查要求由税务总局另行确定。

第二十六条 国家发展改革委会同科技部、财政部、海关总署、税务总局联合发文，向地方政府主管部门及同级管理部门通报国家企业技术中心调整、撤销和更名结果。

第六章 附 则

第二十七条 各地方政府主管部门可参考本办法，结合本地实际，在职责范围内依法制定相应政策，支持企业技术中心建设。

第二十八条 本办法涉及的申请材料、评价材料和评价指标体系的内容和要求，由国家发展改革委商科技部、财政部、海关总署、税务总局后另行发布并适时调整。

第二十九条 依据《中华人民共和国政府信息公开条例》，国家企业技术中心认定的相关信息向社会公开。国家企业技术中心的认定、运行评价等，逐步实现网上办理。

第三十条 本办法自2016年4月1日起施行。《鼓励和支持大型企业和企业集团建立技术中心暂行办法》（国经贸〔1993〕261号）和《国家认定企业技术中心管理办法》（第53号令）同时废止。

第三十一条 本办法由国家发展改革委会同科技部、财政部、海关总署、税务总局负责解释。

科研院所、转制科研院所、国家重点实验室、企业国家重点实验室和国家工程技术研究中心免税进口科学研究、科技开发和教学用品管理办法

（国科发政〔2017〕280号）

（2017年9月22日由科技部、财政部、海关总署、国家税务总局发布，2016年1月1日起施行，法规类型为规范性文件）

第一条 根据《财政部 海关总署 国家税务总局关于"十三五"期间支持科技创新进口税收政策的通知》（财关税〔2016〕70号）和《财政部 教育部 国家发展改革委 科技部 工业和信息化部 民政部 商务部 海关总署 国家税务总局 国家新闻出版广电总局关于支持科技创新进口税收政策管理办法》（财关税〔2016〕71号）要求，为加强对科研院所、转制科研院所、国家重点实验室、企业国家重点实验室和国家工程技术研究中心免税进口科学研究、科技开发和教学用品的管理，特制定本办法。

第一章 科研院所

第二条 国务院部委、直属机构所属从事科学研究工作的各类科研院所是指由国务院各部门、直属机构举办，由中央编制部门批复成立，主要从事基础和前沿技术研究、公益研究、应用研究和技术开发的事业单位。

第三条 符合条件的科研院所，应向主管部门提出免税资格申请，提交中央编制部门或主

管部门批复文件、《事业单位法人证书》等申报材料。科研院所主管部门初步审核后，提交科技部进行核定。科技部根据《关于进一步完善科研事业单位机构设置审批的通知》（中央编办发〔2014〕3 号）等相关文件要求，核定符合免税资格的科研院所名单。科技部将核定符合条件的科研院所名单函告海关总署，注明享受政策起始时间，并抄送财政部、国家税务总局和科研院所主管部门。

第四条 符合免税资格条件的科研院所可持中央编制部门或主管部门批准成立的文件、《事业单位法人证书》，按规定向主管海关申请办理进口科学研究、科技开发和教学用品的减免税手续。

第五条 2016 年 1 月 1 日前成立的科研院所自 2016 年 1 月 1 日起享受支持科技创新进口税收政策。2016 年 1 月 1 日后成立的科研院所自《事业单位法人证书》有效期起始之日起享受支持科技创新进口税收政策。

第六条 省、自治区、直辖市、计划单列市所属的各类科研院所由本级科技主管部门商同级机构编制部门参照本办法有关要求作出规定。

第二章 转制院所

第七条 科技体制改革过程中转制为企业和进入企业的主要从事科学研究和技术开发工作的机构是指根据《国务院办公厅转发科技部等部门关于深化科研机构管理体制改革实施意见的通知》（国办发〔2000〕38 号），国务院部门（单位）所属科研机构已转制为企业或进入企业的主要从事科学研究和技术开发工作的机构（以下简称中央级转制院所），以及各省、自治区、直辖市、计划单列市所属已转制为企业或进入企业的主要从事科学研究和技术开发工作的机构（以下简称地方转制院所）。

第八条 科技部会同财政部、海关总署和国家税务总局对中央级转制院所进行审核。地方转制院所根据管辖权限由各省、自治区、直辖市、计划单列市科技部门进行初核，并将核定后符合条件的转制院所名单及成立时间报科技部，由科技部会同财政部、海关总署和国家税务总局进行复核。科技部将经核定符合条件的中央级转制院所名单及地方转制院所名单函告海关总署，注明享受政策起始时间，并抄送财政部和国家税务总局。

第九条 经核定的转为企业的转制院所可持企业法人登记证书和其他有关材料，按海关规定办理减免税手续；符合免税资格进入企业的转制院所持所属企业法人登记证书、所属企业承担减免税货物管理承诺书和其他有关材料，按规定向主管海关申请办理进口科学研究、科技开发和教学用品的减免税手续。

第十条 2016 年 1 月 1 日前转制的科研院所，自 2016 年 1 月 1 日起享受支持科技创新进口税收政策。2016 年 1 月 1 日后转制的科研院所，自取得企业法人登记证书之日起或批准进入企业之日起享受支持科技创新进口税收政策。

第三章 国家重点实验室和企业国家重点实验室

第十一条 科技部会同财政部、海关总署和国家税务总局核定符合条件的国家重点实验室和企业国家重点实验室名单。科技部将核定后的名单函告海关总署，注明依托单位和享受政策起始时间，并抄送财政部和国家税务总局。

第十二条 经核定的国家重点实验室和企业国家重点实验室可持依托单位组织机构代码证或企业法人登记证书、依托单位承担减免税货物管理承诺书和其他有关材料，按规定向海关申请办理进口科学研究、科技开发和教学用品的减免税手续。

第十三条 经核定的国家重点实验室和企业国家重点实验室，2016 年 1 月 1 日前批准建设的，自 2016 年 1 月 1 日起享受支持科技创新进口税收政策；2016 年 1 月 1 日后批准建设的，自科技部函中注明的日期开始享受支持科技创新进口税收政策。

第四章 国家工程技术研究中心

第十四条 科技部会同财政部、海关总署和国家税务总局核定国家工程技术研究中心名单。科技部将核定后的名单函告海关总署，注明依托单位和享受政策起始时间，并抄送财政部和国家税务总局。

第十五条 经核定的符合免税资格的国家工程技术研究中心可持依托单位组织机构代码证或企业法人登记证书、依托单位承担减免税货物管理承诺书和其他有关材料，按规定向海关申请办理进口科学研究、科技开发和教学用品的减免税手续。

第十六条 经核定的国家工程技术研究中心，2016年1月1日前成立的，自2016年1月1日起享受支持科技创新进口税收政策；2016年1月1日后成立的，自科技部函中注明的日期开始享受支持科技创新进口税收政策。

第五章 附　则

第十七条 符合免税资格的国务院部委、直属机构所属科研院所，科技体制改革过程中转制为企业和进入企业的科研院所，科技部会同财政部、海关总署和国家税务总局核定的国家重点实验室、企业国家重点实验室和国家工程技术研究中心，发生分立、合并、撤销和更名等情形的，科技部应及时按照本办法规定的程序重新审核相关单位的免税资格。省、自治区、直辖市、计划单列市所属的科研院所发生分立、合并、撤销和更名等情形的，同级科技主管部门应及时按照本办法规定的程序重新审核相关单位的免税资格。

经审核符合免税资格的单位，继续享受支持科技创新进口税收政策。经审核不符合免税资格的单位，自变更之日起，停止其享受支持科技创新进口税收政策。

科技部应及时将重新审核的结果函告海关总署，省、自治区、直辖市、计划单列市科技主管部门及时将重新审核的结果函告科研院所所在地直属海关，对停止享受支持科技创新进口税收政策的单位应在函告中明确停止享受政策日期。

在停止享受政策之日（含）后，有关单位向海关申报进口并已享受支持科技创新进口税收政策的科学研究、科技开发和教学用品，应补缴税款。

第十八条 经核定符合免税资格的上述单位免税进口范围，按照进口科学研究、科技开发和教学用品免税清单执行。

第十九条 上述单位在资格确认过程中有弄虚作假行为的，经科技部和地方科技主管部门查实后，撤销其免税资格，及时将有关情况通报海关总署及所在地直属海关，明确停止享受支持科技创新进口税收政策的日期。在停止享受政策之日（含）以后，有关单位向海关申报进口并已享受支持科技创新进口税收政策的科学研究、科技开发和教学用品，应补缴税款。

第二十条 上述单位因违反税收征管法及有关法律、行政法规，构成偷税、骗取出口退税等严重税收违法行为的，撤销其免税资格。

第二十一条 本办法自2016年1月1日起实施。

中华人民共和国海关对外国政府、国际组织无偿赠送及我国履行国际条约规定进口物资减免税的审批和管理办法

（海关总署令第 77 号）

（1999 年 8 月 5 日由海关总署发布，1999 年 9 月 15 日起施行，法规类型为部门规章）

第一条 根据《中华人民共和国海关法》和《中华人民共和国进出口关税条例》的有关规定，为加强海关对外国政府、国际组织无偿赠送及我国履行国际条约规定进口物资减免税的审批和管理工作，特制订本办法。

第二条 本办法下列用语的含义是：

外国政府是指外国国家的中央政府；

国际组织是指联合国各专门机构以及长期与我国有合作关系的其他国际组织（见附件1）；

国际条约是指依据《中华人民共和国缔结条约程序法》（见附件2）以"中华人民共和国"、"中华人民共和国政府"以及"中华人民共和国政府部门"名义同外国缔结协定或协议以及参加的国际条约。

第三条 外国政府、国际组织无偿赠送及我国履行国际条约规定进口物资的减免税范围包括：

（一）根据中国与外国政府、国际组织间的协定或协议，由外国政府、国际组织直接无偿赠送的物资或由其提供无偿赠款，由我国受赠单位按照协定或协议规定用途自行采购进口的物资；

（二）外国地方政府或民间组织受外国政府委托无偿赠送进口的物资；

（三）国际组织成员受国际组织委托无偿赠送进口的物资；

（四）我国履行国际条约规定减免税进口的物资。

第四条 外国政府、国际组织无偿赠送及我国履行国际条约规定进口物资减免税的审批单位：

（一）由受赠单位或项目执行单位向其所在地直属海关申请办理，经所在地直属海关审批。

（二）对于受赠单位或项目执行单位是多个且跨省、市、自治区的，可由我国政府主管部委统一向海关总署申请办理。经海关总署审批后，通知有关直属海关和进口地海关执行。

第五条 外国政府、国际组织无偿赠送及我国履行国际条约规定进口物资减免税的办理程序如下：

（一）受赠单位或项目执行单位应于首批物资进口前向所在地直属海关提交外国政府、国际组织的赠送函或含有减免税条款的协定、协议、国际条约的复印件备案。

（二）外国政府、国际组织临时无偿赠送进口的物资，如不能及时提交外国政府、国际组织的赠送函，也可提交外国驻我国大使馆、国际组织驻中国代表处的证明函。

（三）外国地方政府或民间组织受外国政府委托无偿赠送进口的物资，受赠单位或项目执行单位应向所在地直属海关提交外国政府的委托书，或外国驻我国大使馆的证明函。

（四）国际组织成员受国际组织委托无偿赠送进口的物资，受赠单位或项目执行单位应向所在地直属海关提交国际组织的委托书，或国际组织驻中国代表处的证明函。

（五）受赠单位或项目执行单位应于上述无偿赠送物资进口前，向所在地直属海关提出申请，除提交上述协定、协议和证明函外，应同时提交我国政府主管部委出具的《外国政府、国际组织无偿赠送及我国履行国际条约进口物资证明》（见附件3）和进口物资清单，经所在地直属海关审核无误后出具《进口货物征免税证明》，进口地海关凭以减免税验放。

第六条　海关对上述减免税审批工作，一般应在接到申请单位的申请之日起十个工作日内办结。如申请单位提交的有关材料不完整或不准确的，海关应在接到申请之日起五个工作日内通知申请单位补办。

第七条　上述减免税进口物资属海关监管货物，未经批准不得擅自转让、出售或移作他用。对违反本规定的，海关将依照《中华人民共和国海关法》及国家有关法律、法规的规定予以处罚。

第八条　本办法由海关总署负责解释。

第九条　本办法自一九九九年九月十五日起实施。

附件：1. 国际组织（略）
　　　2. 中华人民共和国缔结条约程序法（略）
　　　3. 外国政府、国际组织无偿赠送及我国履行国际条约进口物资证明（略）

中华人民共和国海关关于《扶贫、慈善性捐赠物资免征进口税收暂行办法》的实施办法

（海关总署令第90号）

（2001年12月13日由海关总署发布，根据2010年11月26日海关总署令第198号《海关总署关于修改部分规章的决定》修改，现行版本自2010年11月26日起施行，法规类型为部门规章）

第一条　根据《中华人民共和国海关法》和《扶贫、慈善性捐赠物资免征进口税收暂行办法》（以下简称《暂行办法》，见附件1）及国家有关法律、法规的规定，特制定本实施办法。

第二条　《暂行办法》所称的受赠人，是指国务院有关部门和各省、自治区、直辖市人民政府，以及从事人道救助和发展扶贫、慈善事业为宗旨的全国性的社会团体。包括中国红十字会总会、全国妇女联合会、中国残疾人联合会、中华慈善总会、中国初级卫生保健基金会和宋庆龄基金会。

本实施办法所称的使用人（使用单位），是指捐赠物资的直接使用者或负责分配该捐赠物资的单位或个人。

第三条　《暂行办法》所称的"公共图书馆和公共博物馆"是指：

（一）经省级以上文化行政管理部门认定、向社会开放的县（市）级以上单位管理的公益性图书馆。

（二）经省级以上文物行政管理部门认定、向公众开放的县（市）级以上单位管理的各类公益性博物馆。

第四条　《暂行办法》第六条各项所列的用于扶贫、慈善公益性事业的捐赠物资可予免

税,其中:

(一)"基本医疗药品"是指用于急救、治疗、防疫、消毒、抗菌等用途的药品和人体移植用的器官,但不包括保健药和营养药。

(二)"基本医疗器械"是指诊疗器械、手术器械、卫生检测器械、伤残修复器械、防疫防护器械、消毒灭菌器械。

(三)"教学仪器"是指《暂行办法》规定的学校、幼儿园专用于教学的检验、观察、计量、演示用的仪器和器具。

(四)"一般学习用品"是指《暂行办法》规定的学校、幼儿园教学和学生专用的文具、教具、婴幼儿玩具、标本、模型、切片、各类学习软件、实验室用器皿和试剂、学生服装(含鞋帽)和书包等。

(五)"直接用于环境保护的专用仪器"是指环保系统专用的空气质量与污染源废气监测仪器及治理设备、环境水质与污水监测仪器及治理设备、环境污染事故应急监测仪器、固体废物监测仪器及处置设备、辐射防护与电磁辐射监测仪器及设备、生态保护监测仪器及设备、噪声及振动监测仪器和实验室通用分析仪器及设备。

第五条 国际和外国医疗机构在我国从事慈善和人道医疗救助活动,供免费使用的医疗药品和器械及在治疗过程中使用的消耗性的医用卫生材料比照本规定办理。

第六条 扶贫、慈善捐赠进口物资由本规定第二条所述的受赠人接受捐赠并向海关出具接受捐赠物资进口证明申请免税。具体免税手续由最终使用人(使用单位)向项目所在地直属海关办理。国务院有关部门、本规定第二条所述的全国性的社会团体等受赠人接受境外捐赠的项目,由受赠人统一向北京海关申请免税。

第七条 扶贫、慈善捐赠进口物资的进口按以下规定办理免税手续:

(一)扶贫、慈善捐赠进口物资的使用人向其所在地直属海关申请免税时应当向海关提供如下单证:

1. 境外捐赠函正本;

2. 由受赠人出具的《政府部门或社会团体接受境外扶贫、慈善性捐赠物资进口证明》,并应随附《捐赠物资分配使用清单》(均为正本,详见附件2);

3. 属于国家规定限制进口商品应提交的有关许可证件(或其他单证)的复印件;

4. 海关规定应提交的其他单证。

(二)有关项目所在地直属海关凭前款所述的单证、对照《暂行办法》规定的免税物品范围进行审批后,办理扶贫、慈善性捐赠物资免税手续,出具《进出口货物征免税证明》,对超出《暂行办法》免税物资范围的,应照章征税。

由北京海关统一办理捐赠物资免税手续的,应将项目审批情况书面通知使用人(使用单位)所在地直属海关。

(三)有关直属海关对上述免税审批工作要运用《减免税管理系统》进行,并与有关进口地海关加强联系,密切配合。

(四)海关对上述减免税审批工作,应在受理申请之日起10个工作日内办结。如提交的有关材料不齐全或不准确的,海关应在接到申请之日起5个工作日内通知受赠人或使用人补充有关材料后再予受理。

第八条 上述免税进口物资属海关监管货物,在海关监管期限内,未经海关许可,不得抵押、质押、转让、移作他用或者进行其他处置。有关项目所在地海关应按现行规定做好后续监管工作。对违反本办法的,海关将依照《中华人民共和国海关法》及国家有关法律、法规的规定予以处罚。

第九条 本办法由海关总署负责解释。

第十条 本办法自 2002 年 1 月 1 日起实施。

慈善捐赠物资免征进口税收暂行办法

(财政部　海关总署　国家税务总局公告 2015 年第 102 号)

(2015 年 12 月 23 日由财政部、海关总署、国家税务总局发布，2016 年 4 月 1 日起施行，法规类型为部门规章)

第一条 为促进慈善事业的健康发展，支持慈善事业发挥扶贫济困积极作用，规范对慈善事业捐赠物资的进口管理，根据《中华人民共和国公益事业捐赠法》、《中华人民共和国海关法》和《中华人民共和国进出口关税条例》等有关规定，制定本办法。

第二条 对境外捐赠人无偿向受赠人捐赠的直接用于慈善事业的物资，免征进口关税和进口环节增值税。

第三条 本办法所称慈善事业是指非营利的慈善救助等社会慈善和福利事业，包括以捐赠财产方式自愿开展的下列慈善活动：

(一) 扶贫济困，扶助老幼病残等困难群体；

(二) 促进教育、科学、文化、卫生、体育等事业的发展；

(三) 防治污染和其他公害，保护和改善环境；

(四) 符合社会公共利益的其他慈善活动。

第四条 本办法所称境外捐赠人是指中华人民共和国关境外的自然人、法人或者其他组织。

第五条 本办法所称受赠人是指：

(一) 国务院有关部门和各省、自治区、直辖市人民政府。

(二) 中国红十字会总会、中华全国妇女联合会、中国残疾人联合会、中华慈善总会、中国初级卫生保健基金会、中国宋庆龄基金会和中国癌症基金会。

(三) 经民政部或省级民政部门登记注册且被评定为 5A 级的以人道救助和发展慈善事业为宗旨的社会团体或基金会。民政部或省级民政部门负责出具证明有关社会团体或基金会符合本办法规定的受赠人条件的文件。

第六条 本办法所称用于慈善事业的物资是指：

(一) 衣服、被褥、鞋帽、帐篷、手套、睡袋、毛毯及其他生活必需用品等。

(二) 食品类及饮用水（调味品、水产品、水果、饮料、烟酒等除外）。

(三) 医疗类包括医疗药品、医疗器械、医疗书籍和资料。其中，对于医疗药品及医疗器械捐赠进口，按照相关部门有关规定执行。

(四) 直接用于公共图书馆、公共博物馆、各类职业学校、高中、初中、小学、幼儿园教育的教学仪器、教材、图书、资料和一般学习用品。其中，教学仪器是指专用于教学的检验、观察、计量、演示用的仪器和器具；一般学习用品是指用于各类职业学校、高中、初中、小学、幼儿园教学和学生专用的文具、教具、体育用品、婴幼儿玩具、标本、模型、切片、各类学习软件、实验室用器皿和试剂、学生校服（含鞋帽）和书包等。

(五) 直接用于环境保护的专用仪器。包括环保系统专用的空气质量与污染源废气监测仪器及治理设备、环境水质与污水监测仪器及治理设备、环境污染事故应急监测仪器、固体废物监测仪器及处置设备、辐射防护与电磁辐射监测仪器及设备、生态保护监测仪器及设备、噪声及振动监测仪器和实验室通用分析仪器及设备。

（六）经国务院批准的其他直接用于慈善事业的物资。

本办法所称用于慈善事业的物资不包括国家明令停止减免进口税收的特定商品以及汽车、生产性设备、生产性原材料及半成品等。捐赠物资应为未经使用的物品（其中，食品类及饮用水、医疗药品应在保质期内），在捐赠物资内不得夹带危害环境、公共卫生和社会道德及进行政治渗透等违禁物品。

第七条　国际和外国医疗机构在我国从事慈善和人道医疗救助活动，供免费使用的医疗药品和器械及在治疗过程中使用的消耗性的医用卫生材料比照本办法执行。

第八条　符合本办法规定的进口捐赠物资，由受赠人向海关申请办理减免税手续，海关按规定进行审核确认。经审核同意免税进口的捐赠物资，由海关按规定进行监管。

第九条　进口的捐赠物资按国家规定属于配额、特定登记和进口许可证管理的商品的，受赠人应当向有关部门申请配额、登记证明和进口许可证，海关凭证验放。

第十条　经审核同意免税进口的捐赠物资，依照《中华人民共和国公益事业捐赠法》第三章有关条款进行使用和管理。

第十一条　免税进口的捐赠物资，未经海关审核同意，不得擅自转让、抵押、质押、移作他用或者进行其他处置。如有违反，按国家有关法律、法规和海关相关管理规定处理。

第十二条　本办法由财政部会同海关总署、国家税务总局解释。

第十三条　海关总署根据本办法制定具体实施办法。

第十四条　本办法自2016年4月1日起施行，《财政部 国家税务总局 海关总署关于发布〈扶贫、慈善性捐赠物资免征进口税收暂行办法〉的通知》（财税〔2000〕152号）同时废止。

关于实施《慈善捐赠物资免征进口税收暂行办法》有关事宜的公告

（海关总署公告2016年第17号）

（2016年3月21日由海关总署发布，2016年4月1日起施行，法规类型为规范性文件）

经国务院批准，对境外捐赠人无偿向受赠人捐赠的直接用于慈善事业的物资，免征进口关税和进口环节增值税。财政部、海关总署和国家税务总局2015年第102号公告公布了《慈善捐赠物资免征进口税收暂行办法》（以下简称《暂行办法》）。根据《暂行办法》的有关规定，现将海关实施《暂行办法》的有关事宜公告如下：

一、《暂行办法》所称的受赠人负责接受捐赠物资，并出具《受赠人接受境外慈善捐赠物资进口证明》及《捐赠物资分配使用清单》（样式详见附件）。

二、受赠人在申报进口捐赠物资前，应向其所在地海关办理减免税手续。受赠人也可委托使用人，由使用人向使用人所在地海关办理减免税手续。

国务院有关部门、中国红十字会总会、中华全国妇女联合会、中国残疾人联合会、中华慈善总会、中国初级卫生保健基金会、中国宋庆龄基金会、中国癌症基金会作为受赠人接受捐赠物资的，由受赠人统一向北京海关办理进口捐赠物资的减免税手续。

三、本公告所称的使用人，是指捐赠物资的直接使用者，或者负责分配该捐赠物资的单位。

四、受赠人或使用人向其所在地海关办理进口捐赠物资减免税手续时,应当提交以下材料:

(一)境外捐赠函(正本);

(二)由受赠人出具的《受赠人接受境外慈善捐赠物资进口证明》及《捐赠物资分配使用清单》(均为正本);

(三)受赠人属于经民政部或省级民政部门登记注册且被评定为5A级的以人道救助和发展慈善事业为宗旨的社会团体或基金会的,还应当提交由民政部或省级民政部门出具的证明该社会团体或基金会符合《暂行办法》规定的受赠人条件的文件(正本),以及5A级社会团体或基金会证书(正本及复印件);

(四)由使用人向使用人所在地海关办理减免税手续的,使用人应当提交受赠人委托其办理进口捐赠物资减免税手续的委托书(正本);

(五)海关认为需要提供的其他材料。

五、受赠人或使用人所在地海关凭受赠人或使用人提交的上述有关材料,对照《暂行办法》有关规定进行审核,办理有关进口捐赠物资的减免税手续。

进口地海关按照有关规定,办理进口捐赠物资的验放手续。

六、进口捐赠物资的减免税手续纳入海关减免税管理系统管理。进口捐赠物资的征免性质为:慈善捐赠(代码:802);对应的监管方式为:捐赠物资(代码:3612)。

七、进口捐赠物资按国家规定属于配额、特定登记和进口许可证管理的商品的,受赠人应当向有关部门申请配额、登记证明和进口许可证,进口地海关凭证验放。

八、免税进口的上述捐赠物资属于海关监管货物,在海关监管年限内,未经海关审核同意,不得擅自转让、抵押、质押、移作他用或者进行其他处置。

九、本公告由海关总署负责解释。

十、本公告自2016年4月1日起施行。

特此公告。

附件:《受赠人接受境外慈善捐赠物资进口证明》及《捐赠物资分配使用清单》样式(略)

关于防控新型冠状病毒感染的肺炎疫情进口物资免税政策的公告

(财政部 海关总署 国家税务总局公告2020年第6号)

(2020年2月1日由财政部、海关总署、国家税务总局发布,2020年2月1日起施行,法规类型为规范性文件)

根据财政部、海关总署和税务总局联合发布的《慈善捐赠物资免征进口税收暂行办法》(公告2015年第102号)等有关规定,境外捐赠人无偿向受赠人捐赠的用于防控新型冠状病毒感染的肺炎疫情(以下简称疫情)进口物资可免征进口税收。为进一步支持疫情防控工作,自2020年1月1日至3月31日,实行更优惠的进口税收政策,现公告如下:

一、适度扩大《慈善捐赠物资免征进口税收暂行办法》规定的免税进口范围,对捐赠用于疫情防控的进口物资，免征进口关税和进口环节增值税、消费税。

（1）进口物资增加试剂，消毒物品，防护用品，救护车、防疫车、消毒用车、应急指挥车。

（2）免税范围增加国内有关政府部门、企事业单位、社会团体、个人以及来华或在华的外国公民从境外或海关特殊监管区域进口并直接捐赠；境内加工贸易企业捐赠。捐赠物资应直接用于防控疫情且符合前述第（1）项或《慈善捐赠物资免征进口税收暂行办法》规定。

（3）受赠人增加省级民政部门或其指定的单位。省级民政部门将指定的单位名单函告所在地直属海关及省级税务部门。

无明确受赠人的捐赠进口物资，由中国红十字会总会、中华全国妇女联合会、中国残疾人联合会、中华慈善总会、中国初级卫生保健基金会、中国宋庆龄基金会或中国癌症基金会作为受赠人接收。

二、对卫生健康主管部门组织进口的直接用于防控疫情物资免征关税。进口物资应符合前述第一条第（1）项或《慈善捐赠物资免征进口税收暂行办法》规定。省级财政厅（局）会同省级卫生健康主管部门确定进口单位名单、进口物资清单，函告所在地直属海关及省级税务部门。

三、本公告项下免税进口物资，已征收的应免税款予以退还。其中，已征税进口且尚未申报增值税进项税额抵扣的，可凭主管税务机关出具的《防控新型冠状病毒感染的肺炎疫情进口物资增值税进项税额未抵扣证明》（见附件），向海关申请办理退还已征进口关税和进口环节增值税、消费税手续；已申报增值税进项税额抵扣的，仅向海关申请办理退还已征进口关税和进口环节消费税手续。有关进口单位应在2020年9月30日前向海关办理退税手续。

四、本公告项下免税进口物资，可按照或比照海关总署公告2020年第17号，先登记放行，再按规定补办相关手续。

附件：防控新型冠状病毒感染的肺炎疫情进口物资增值税进项税额未抵扣证明（略）

关于"十三五"期间进口种子种源税收政策的通知

（财关税〔2016〕26号）

（2016年4月29日由财政部、国家税务总局发布，根据2020年2月18日财关税〔2020〕4号《关于取消"十三五"进口种子种源税收政策免税额度管理的通知》修改，现行版本自2020年2月18日起施行，法规类型为规范性文件）

海关总署：

为支持引进和推广良种，加强物种资源保护，丰富我国动植物资源，发展优质、高产、高效农林业，经国务院批准，在"十三五"期间继续对进口种子（苗）、种畜（禽）、鱼种（苗）和种用野生动植物种源（以下统称"种子种源"）免征进口环节增值税（以下简称免税）。现将有关事项通知如下：

一、免税品种和范围包括：

（一）与农林业生产密切相关并直接用于或服务于农林业生产的进口种子（苗）、种畜（禽）和鱼种（苗），以及具备研究和培育繁殖条件的动植物科研院所、动物园、专业动植物保护单位、养殖场和种植园进口的用于科研、育种、繁殖的野生动植物种源。具体品种见所附的《进口种子种源免税货品清单》。

（二）军队、武警、公安、安全部门（含缉私警察）进口的警用工作犬以及进口的繁育用的工作犬精液及胚胎。

二、为加强对进口免税种子种源的管理，促进优质良种的引进，种子种源进口单位应向产业主管部门提出进口计划，产业主管部门汇总后向财政部提出免税进口建议，财政部会同海关总署和国家税务总局核定年度免税进口品种范围。进口单位在核定的年度免税范围内，按有关规定向海关申请办理免税手续。

三、未经核定或未列入年度免税范围的进口种子种源应照章征收进口环节增值税。

四、免税进口的种子种源进入国内市场后的税收问题，按国内有关税收规定执行。

五、上述政策有效期为2016年1月1日至2020年12月31日。

六、"十三五"期间进口种子种源税收政策管理办法另行通知。在该管理办法印发前，上述政策暂比照"十二五"期间进口种子种源免税政策相关管理办法执行。

附件：进口种子种源免税货品清单

关于"十三五"期间进口种子种源税收政策管理办法的通知

（财关税〔2016〕64号）

（2016年11月24日由财政部、海关总署、国家税务总局发布，根据2020年2月18日财关税〔2020〕4号《关于取消"十三五"进口种子种源税收政策免税额度管理的通知》修改，现行版本自2020年2月18日起施行，法规类型为规范性文件）

公安部、国家安全部、农业部、国家林业局、中央军委联合参谋部、武警总部，各省、自治区、直辖市、计划单列市财政厅（局）、国家税务局，新疆生产建设兵团财务局，海关总署广东分署、各直属海关：

经国务院批准，在"十三五"期间，即2016年1月1日至2020年12月31日，继续对进口种子（苗）、种畜（禽）、鱼种（苗）和种用野生动植物种源（以下简称种子种源）免征进口环节增值税（以下简称免税）。为加强种子种源进口免税政策管理，现将有关事项通知如下：

一、免税政策目标

种子种源进口免税政策旨在支持引进和推广良种，加强物种资源保护，丰富我国动植物资源，发展优质、高产、高效农林业，降低农林产品生产成本。

二、免税品种范围

（一）与农林业生产密切相关，并直接用于或服务于农林业生产的下列种子（苗）、种畜（禽）和鱼种（苗）（以下简称种子种苗）：

1. 用于种植和培育各种农作物和林木的种子（苗）；
2. 用于饲养以获得各种畜禽产品的种畜（禽）；

3. 用于培育和养殖的水产种（苗）；
4. 用于农林业科学研究与试验的种子（苗）、种畜（禽）和水产种（苗）。
（二）野生动植物种源。
（三）警用工作犬及其精液和胚胎。

三、免税申请条件

（一）种子种苗进口免税应同时符合以下条件：
1. 在免税货品清单内，即属于附件 1 第一至第三部分所列货品。
2. 直接用于或服务于农林业生产。免税进口的种子种苗不得用于度假村、俱乐部、高尔夫球场、足球场等消费场所或运动场所的建设和服务。

（二）野生动植物种源进口免税应同时符合以下条件：
1. 在免税货品清单内，即属于附件 1 第四部分所列货品。
2. 用于科研，或育种，或繁殖。进口单位应是具备研究和培育繁殖条件的动植物科研院所、动物园、专业动植物保护单位、养殖场和种植园。

（三）免税进口工作犬相关货品应为军队、武警、公安、安全部门（含缉私警察）进口的警用工作犬，以及繁育用的工作犬精液和胚胎。

四、免税政策操作流程

（一）种子种苗和野生动植物种源操作流程。

申请免税进口第二条（一）、（二）项下货品的进口单位，应向农业部或国家林业局（以下称产业主管部门）提出年度免税进口需求。产业主管部门汇总后向财政部提出年度免税进口建议，财政部会同海关总署和国家税务总局在附件 1 所列免税货品清单范围内，核定年度免税进口计划。产业主管部门在年度免税进口计划内为进口单位进行有关单据的标注工作。进口单位在产业主管部门标注的免税品种范围内，按有关规定向海关申请办理减免税手续。具体流程及要求如下：

1. 进口单位提出进口需求。

符合第三条（一）、（二）规定的进口单位，应按照产业主管部门相关规定，向其提出年度免税进口需求，说明需要免税进口的品种、最终用途等必要情况。其中，以科研为目的，申请免税进口野生动植物种源的，应说明科研项目简况，并在科研项目结束后 60 日内，向产业主管部门提供科研项目成果。

2. 产业主管部门提出免税进口建议。

产业主管部门不迟于当年 11 月 30 日，结合产业发展规划、进口单位免税进口需求以及免税进口计划执行情况，在附件 1 所列免税货品清单范围内，向财政部提出今后年度免税进口建议，并抄送海关总署和国家税务总局。

产业主管部门提出的免税进口建议，应涵盖其主管的全部免税进口货品，并按照附件 2 格式报送。

3. 财政部会同有关部门核定年度免税进口计划。

财政部会同海关总署、国家税务总局对产业主管部门报送的年度免税进口建议进行审核，在附件 1 所列免税货品清单范围内，核定年度免税进口品种。

经核定的年度免税进口计划在公历年度当年内有效，不得跨年度结转。除特殊情况外，已经核定的年度免税进口计划原则上不予追加。

4. 产业主管部门标注确认进口单位的免税进口品种。

产业主管部门在对动植物苗种进（出）口、种子苗木（种用）进口、野生动植物种源进（出）口审批的同时，应分别按照附件 3、4、5 表格，标注确认进口单位所进口的商品是否符合免税政策规定，并对可转让和销售的种子种源（仅限于附件 1 第 1～3 项，第 9～11 项，第

16~30 项、第 44~47 项货品）的免税品种范围，在"最终用途"栏内标注"可转让和销售"。

在当年免税进口计划印发之日前，对于上一年度免税进口计划中已列名的品种，产业主管部门在对进口审批的同时，标注确认免税进口品种，并对可转让和销售的种子种源（仅限于附件 1 第 1~3 项、第 9~11 项、第 16~30 项、第 44~47 项货品）的免税品种范围，在"最终用途"栏内标注"可转让和销售"。

5. 进口单位办理进口减免税手续。

进口单位应在附件 3、4、5 表格明确的有效期内，严格按照产业主管部门标注确认的免税品种、最终用途，按海关有关规定向海关申请办理减免税手续。

未经产业主管部门标注确认免税的进口货物应照章征收进口环节增值税。

（二）工作犬相关货品操作流程。

申请免税进口第二条（三）项下货品且符合第三条（三）项规定的进口单位，凭主管部门出具的证明有关工作犬和工作犬精液及胚胎属于免税品种范围的说明文件，以及其他相关材料，按有关规定向海关申请办理减免税手续。

五、免税政策监管

种子种源在免税进口后，由产业主管部门和工作犬相关货品的主管部门加强管理。产业主管部门和工作犬相关货品的主管部门应确保进口单位和免税进口种子种源的最终用途符合第三条规定。

免税进口的种子种源，除产业主管部门按第四条相关规定已标注"可转让和销售"的以外，未经合理种植试验、培育、养殖或饲养，不得擅自转让和销售。产业主管部门应在本通知印发后 2 个月内另行制定出台"合理种植试验、培育、养殖或饲养"的标准，并配合有关部门做好相关工作。对违反本通知规定的种子种源进口单位，暂停其 1 年免税资格；对依法被追究刑事责任的种子种源进口单位，暂停其 3 年免税资格。

从 2017 年起，产业主管部门每年不迟于 1 月 31 日向财政部报送上一年度免税进口计划执行情况。进口计划执行情况按照附件 6、7 格式提供，同时抄送海关总署和国家税务总局。

财政部将会同海关总署、国家税务总局等有关部门适时对政策执行情况进行监督检查。对擅自超出核定免税进口计划标注确认免税进口品种的产业主管部门，一经核实，财政部将会同海关总署、国家税务总局将有关情况函告产业主管部门，请其限期整改。

财政部、海关总署、国家税务总局及农业部、国家林业局等有关部门及其工作人员在种子种源进口免税政策执行过程中，存在违反执行免税政策规定的行为，以及滥用职权、玩忽职守、徇私舞弊等违法违纪行为的，按照《预算法》、《公务员法》、《行政监察法》、《财政违法行为处罚处分条例》等国家有关规定追究相应责任；涉嫌犯罪的，移送司法机关处理。

六、文件有效期

本通知有效期为 2016 年 1 月 1 日至 2020 年 12 月 31 日。

从印发之日起，对《财政部 国家税务总局关于"十二五"期间进口种子（苗）种畜（禽）鱼种（苗）和种用野生动植物种源税收问题的通知》（财关税〔2011〕9 号）、《财政部 海关总署 国家税务总局关于种子（苗）种畜（禽）鱼种（苗）和种用野生动植物种源免征进口环节增值税政策及 2011 年进口计划的通知》（财关税〔2011〕36 号）、《财政部 海关总署 国家税务总局关于印发〈"十二五"期间进口种子种源进口免税政策管理办法〉的通知》（财关税〔2011〕76 号）、《财政部 海关总署 国家税务总局关于调整 2015 年进口种子种源进口免税政策执行方式有关问题的通知》（财关税〔2015〕38 号）予以废止。

附件：1. 进口种子种源免税货品清单（略）
　　　2. 20XX 年种子种源免税进口计划建议表（略）

3. 中华人民共和国农业部动植物苗种进（出）口审批表（略）
4. 国家林业局种子苗木（种用）进口许可表（略）
5. 国家濒管办进口种用野生动植物种源确认表（略）
6. 20XX年种子（苗）、种畜（禽）和鱼种（苗）免税进口计划执行情况表（略）
7. 20XX年种用野生动植物种源免税进口计划执行情况表（略）

关于"十三五"期间在我国陆上特定地区开采石油（天然气）进口物资税收政策的通知

(财关税〔2016〕68号)

(2016年12月29日由财政部、海关总署、国家税务总局发布，根据2020年3月20日财关税〔2020〕6号《关于取消陆上特定地区石油（天然气）开采项目免税进口额度管理的通知》修订，现行版本自2020年3月20日起施行，法规类型为规范性文件)

为支持我国陆上特定地区石油（天然气）的勘探开发，经国务院批准，现将"十三五"期间在我国陆上特定地区开采石油（天然气）进口物资税收政策通知如下：

一、本通知所指陆上特定地区为：我国领土内的沙漠、戈壁荒漠（详见附1）和中外合作开采（指勘探和开发，下同）经国家批准的陆上石油（天然气）中标区块（对外谈判的合作区块视同中标区块）。

二、自2016年1月1日至2020年12月31日，在我国领土内的沙漠、戈壁荒漠（详见附1）进行石油（天然气）开采作业的自营项目，进口国内不能生产或性能不能满足要求，并直接用于开采作业的设备、仪器、零附件、专用工具（详见附3《开采陆上特定地区石油（天然气）免税进口物资清单》，以下简称《免税物资清单》），免征进口关税；在经国家批准的陆上石油（天然气）中标区块内进行石油（天然气）开采作业的中外合作项目，进口国内不能生产或性能不能满足要求，并直接用于开采作业的《免税物资清单》所列范围内的物资，免征进口关税和进口环节增值税。

三、符合本通知规定的开采项目项下免税进口的物资实行《免税物资清单》管理（管理规定见附2）。项目主管单位需按管理规定如实填报和出具《我国陆上特定地区开采石油（天然气）项目及其进口物资确认表》（详见附4）。

四、符合本通知规定的开采项目项下暂时进口《免税物资清单》所列的物资，准予免税。进口时海关按暂时进口货物办理手续。超出海关规定的暂时进口时限仍需继续使用的，经海关审核确认可予延期。在暂时进口（包括延期）期限内准予按本通知第二条规定免税。

五、符合本通知规定的沙漠、戈壁荒漠自营项目项下租赁进口《免税物资清单》所列的物资准予免征进口关税，符合本通知规定的中外合作项目项下租赁进口《免税物资清单》所列的物资准予免征进口关税和进口环节增值税。租赁进口《免税物资清单》以外的物资应按有关规定照章征税。

附件：1. 享受特定地区政策的地域范围
2. 关于在我国陆上特定地区开采石油（天然气）进口物资税收政策的管理规定

3. 开采陆上特定地区石油（天然气）免税进口物资清单

4. 我国陆上特定地区开采石油（天然气）项目及其进口物资确认表

附件1

享受特定地区政策的地域范围

单位：平方公里

所在地区	地域名称	分布地区	面积
新疆维吾尔自治区	塔克拉玛干沙漠	塔里木盆地	337600
	古尔班通古特沙漠	准噶尔盆地	48800
	库姆塔格沙漠	新疆东部地区	22800
	库木库里沙漠	阿尔金山山间盆地	2448
	鄯善库姆塔格沙漠	吐鲁番盆地	2500
	阿克别勒沙漠	焉耆盆地	674
	霍城沙漠	伊犁盆地	485
	福海沙漠	艾比湖东南	463
	乌苏沙漠	额尔齐斯河南侧	5513
	布尔津—哈巴巴阿—吉木乃沙漠		400
内蒙古自治区	巴丹吉林沙漠		6645
	腾格里沙漠		6405
	乌兰布和沙漠		1485
	库布其沙漠		2415
	毛乌素沙漠		4815
	浑善达克沙地		3210
	科尔沁沙地		6345
	呼伦贝尔沙地		720
青海省	柴达木盆地沙漠及戈壁荒漠沙漠	柴达木盆地	68367
西藏自治区	藏北戈壁荒漠区	藏北	600000

附件2

关于在我国陆上特定地区开采石油（天然气）进口物资税收政策的管理规定

一、根据国务院批准的有关"十三五"期间继续执行在我国陆上特定地区开采石油（天然气）进口物资税收政策的精神，特制定本规定。

二、本规定所指的免税进口物资是指在我国陆上特定地区进行石油（天然气）开采（指勘探和开发，下同）作业的项目所需进口的国内不能生产或性能不能满足要求，并直接用于勘探、开发作业的设备、仪器、零附件、专用工具，详见附3所列《免税物资清单》。

三、"十三五"期间，财政部不再单独印发经确认的开采项目清单，中国石油天然气集团有限公司、中国石油化工集团有限公司作为项目主管单位，依据有关部门出具的项目证明文件、《免税物资清单》，于当年内完成对符合政策规定范围的项目、项目执行单位及其免税进口物资单的认定，并按规定如实填报和出具《我国陆上特定地区开采石油（天然气）项目及其进口物资确认表》（以下简称《确认表》，格式详见附4）。

2015年已经财政部、海关总署和税务总局共同审核认定的项目，在"十三五"期间继续存续的，在存续期内继续享受本规定税收优惠政策，各项目主管单位按本条第一款出具《确认表》，并应在在续项目有效期结束前及时向财政部、海关总署、税务总局报备，明确项目截止时间。

对于"十三五"期间经各项目主管单位确定的项目，项目执行单位应持《确认表》等有关资料向海关申请办理进口减免税手续，办理减免税手续的具体办法由海关总署另行制定。

四、附3所列《免税物资清单》根据执行情况由财政部会同海关总署、税务总局等有关部门适时调整。海关对上述进口物资进行减免税审核确认时，以《免税物资清单》所列的货品名称和技术指标为准，税则号列作为参考。

五、在实际进口中，如有《免税物资清单》中未具体列名但需进口用于我国陆上特定地区开采石油（天然气）的设备、仪器、零附件、专用工具，由海关总署会同财政部、税务总局确定。

六、各项目主管单位应于每年3月底前将上一年度本单位政策执行情况汇总报财政部，并抄报海关总署、税务总局。财政部会同海关总署、税务总局等有关部门在政策执行期间，对各项目主管单位每年申报的新增自营免税执行情况进行核查，对申报的其他项目组织进行抽查，发现项目主管单位超出《免税物资清单》范围认定的，按有关规定处理，严重违反规定的，取消项目主管单位的免税资格；发现项

主管单位擅自超出政策规定的项目范围认定的，暂停该项目主管单位下一年度的免税资格。

七、对符合本规定用于开采陆上特定地区石油（天然气）的免税进口物资，在海关监管年限内，未经海关审核同意，不得抵押、质押、转让、移作他用或者进行其他处置。如有违反，按国家有关法律、法规及相关规定处理。

八、财政部、海关总署、税务总局等有关部门及其工作人员在免税政策执行过程中，存在违反执行免税政策规定的行为，以及滥用职权、玩忽职守、徇私舞弊等违法违纪行为的，按照《中华人民共和国预算法》、《中华人民共和国公务员法》、《中华人民共和国监察法》、《财政违法行为处罚处分条例》等国家有关规定追究相应责任；涉嫌犯罪的，依法移送司法机关处理。

九、本规定由财政部会同海关总署、税务总局负责解释。

十、本规定有效期为2016年1月1日至2020年12月31日。

关于"十三五"期间在我国海洋开采石油（天然气）进口物资免征进口税收的通知

（财关税〔2016〕69号）

（2016年12月29日由财政部、海关总署、国家税务总局发布，根据2020年3月20日财关税〔2020〕5号《关于取消海洋石油（天然气）开采项目免税进口额度管理的通知》修订，现行版本自2020年3月20日起施行，法规类型为规范性文件）

为支持我国海洋石油（天然气）的勘探开发，经国务院批准，现将"十三五"期间在我国海洋开采石油（天然气）进口物资税收政策通知如下：

一、自2016年1月1日至2020年12月31日，在我国海洋进行石油（天然气）开采作业（指勘探和开发，下同）的项目，进口国内不能生产或性能不能满足要求，并直接用于开采作业的设备、仪器、零附件、专用工具（详见附2所列《开采海洋石油（天然气）免税进口物资清单》，以下简称《免税物资清单》），免征进口关税和进口环节增值税。

二、本通知所指海洋为：我国内海、领海、大陆架以及其他海洋资源管辖海域（包括浅海滩涂）。

三、符合本通知规定的石油（天然气）开采项目项下免税进口的物资实行《免税物资清单》管理（管理规定见附1）。项目主管单位需按管理规定如实填报和出具《我国海洋开采石油（天然气）项目及其进口物资确认表》（格式详见附3）。

四、符合本通知规定的石油（天然气）开采项目项下暂时进口《免税物资清单》所列的

物资，准予免税。有关物资进口时，海关按暂时进口货物办理手续。上述暂时进口物资超出海关规定的暂时进口时限仍需继续使用的，经海关审核确认可予延期。在暂时进口（包括延期）期限内准予按本通知第一条规定免税。

五、符合本通知规定的石油（天然气）开采项目项下租赁进口《免税物资清单》所列的物资，准予按本通知第一条规定免税。租赁进口《免税物资清单》以外的物资应按有关规定照章征税。

六、1994 年 12 月 31 日之前批准的对外合作"老项目"与其他项目适用统一的《免税物资清单》。

附件：1. 关于在我国海洋开采石油（天然气）进口物资免征进口税收的管理规定

2. 开采海洋石油（天然气）免税进口物资清单

3. 我国海洋开采石油（天然气）项目及其进口物资确认表

关于扶持新型显示器件产业发展有关进口税收政策的通知

(财关税〔2016〕62号)

(2016年12月5日由财政部、海关总署、国家税务总局发布;根据2018年12月26日财关税〔2018〕60号《财政部、海关总署、税务总局关于调整新型显示器件及上游原材料、零部件生产企业进口物资清单的通知》修改,根据2019年12月17日财关税〔2019〕50号《财政部、海关总署、税务总局关于取消新型显示器件进口税收政策免税额度管理的通知》修改;现行版本自2019年12月17日起施行;法规类型为规范性文件)

各省、自治区、直辖市、计划单列市财政厅(局)、国家税务局,新疆生产建设兵团财务局,海关总署广东分署、各直属海关:

经国务院批准,为继续推动我国新型显示器件产业的发展,支持产业升级优化,"十三五"期间继续实施新型显示器件以及上游原材料、零部件生产企业进口物资的税收政策。现将有关内容通知如下:

一、自2016年1月1日至2020年12月31日,新型显示器件(包括薄膜晶体管液晶显示器件、有机发光二极管显示面板)生产企业进口国内不能生产的自用生产性(含研发用)原材料和消耗品,免征进口关税,照章征收进口环节增值税;进口建设净化室所需国内尚无法提供(即国内不能生产或性能不能满足)的配套系统以及维修进口生产设备所需零部件免征进口关税和进口环节增值税。

二、自2016年1月1日至2020年12月31日,对符合国内产业自主化发展规划的彩色滤光膜、偏光片等属于新型显示器件产业上游的关键原材料、零部件的生产企业进口国内不能生产的自用生产性原材料、消耗品,免征进口关税。

三、为有效实施政策,财政部、海关总署、国家税务总局会同相关部门制定了《关于新型显示器件及上游关键原材料、零部件生产企业进口物资税收政策的暂行规定》(见附件)。

四、财政部会同相关部门制定新型显示器件产业相关免税进口商品清单,并将根据国内配套产业的发展情况进行适时调整。

请各单位遵照执行。

附件:关于新型显示器件及上游关键原材料、零部件生产企业进口物资税收政策的暂行规定

关于有源矩阵有机发光二极管显示器件项目
进口设备增值税分期纳税政策的通知

(财关税〔2019〕47号)

(2019年12月16日由财政部、海关总署、国家税务总局发布,2019年12月16日起施行,法规类型为规范性文件)

各省、自治区、直辖市、计划单列市财政厅(局),新疆生产建设兵团财政局,海关总署广东分署、各直属海关,国家税务总局各省、自治区、直辖市、计划单列市税务局,财政部各地监管局,国家税务总局驻各地特派员办事处:

为支持新型显示产业发展,现将有源矩阵有机发光二极管(AMOLED)显示器件项目进口设备增值税分期纳税的有关政策通知如下:

一、对有源矩阵有机发光二极管(AMOLED)显示器件项目于2019年1月1日至2020年12月31日期间进口的关键新设备,准予在首台设备进口之后的6年(连续72个月)期限内,分期缴纳进口环节增值税,6年内每年(连续12个月)依次缴纳进口环节增值税总额的0%、20%、20%、20%、20%、20%,期间允许企业缴纳税款超过上述比例。

二、有源矩阵有机发光二极管(AMOLED)显示器件生产企业在分期纳税期间,按海关事务担保的规定,对未缴纳的税款提供海关认可的银行保证金或银行保函形式的税款担保,不予征收缓税利息和滞纳金。

三、对企业已经缴纳的进口环节增值税不予退还。

四、上述分期纳税有关政策的具体操作办法依照《关于有源矩阵有机发光二极管显示器件项目进口设备增值税分期纳税的暂行规定》(见附件)执行。

附件:关于有源矩阵有机发光二极管显示器件项目进口设备增值税分期纳税的暂行规定

附件

关于有源矩阵有机发光二极管显示器件项目进口设备增值税分期纳税的暂行规定

一、根据对有源矩阵有机发光二极管(AMOLED)显示器件项目实施进口设备增值税分期纳税有关政策的精神,特制定本规定。

二、承建有源矩阵有机发光二极管(AMOLED)显示器件项目的企业,向省级(含自治区、直辖市、计划单列市,下同)财政部门提交进口设备增值税分期纳税的申请,并抄送企业所在地直属海关、省级税务局。(一)企业申请文件需说明企业及项目有关情况,如项目建设进度、产能设计和初期产量、投产和量产时间、产品类型等,并附投资主管部门出具的项目备案(或核准)文件,如已取得鼓励类项目确认书应一并报送。(二)企业申报享受分期纳税政策的进口环节增值税总额,同时说明有关进口关键新设备的种类、金额以及进口起止时间等相关信息。(三)按照海关事务担保的规定,企业还应申报在分期纳税期间提供税款担保的具体方案,包括拟提供税款担保的种类、担保机构的名称、担保金额、次数、期限等内容。(四)经企业所在地直属海关同意后,企业在申报时可选择按季度或按月分期缴纳进口环节增值税的方式。

三、省级财政部门在接到相关企业申请文件后，会同企业所在地直属海关、省级税务局应在 1 个月内完成对企业申请文件的完整性和合规性的初审，并出具审核意见。初审应确保企业申请享受政策的设备属于 2019 年 1 月 1 日至 2020 年 12 月 31 日期间进口的关键新设备。企业申请及初审材料齐全后，由省级财政部门会同企业所在地直属海关、省级税务局将上述材料及时报送财政部、海关总署、税务总局。

四、财政部会同海关总署、税务总局对申报材料进行审核，确定准予分期纳税的总税额，并按此税额分期征缴。自企业申报的首台设备进口时间开始，第一年（即前 12 个月）不需缴纳设备进口环节增值税。从第二年开始，按季度或按月分期缴纳进口环节增值税：即从首台设备进口时间的次年所对应的季度开始，于每季度的最后 15 日内向企业所在地直属海关至少缴纳准予分期纳税总税额的 1/20；或从首台设备进口时间的次年所对应的月份开始，于每月的最后 10 日内向企业所在地直属海关至少缴纳准予分期纳税总税额的 1/60；期间允许企业缴纳税款超过上述比例。

五、财政部会同海关总署、税务总局对申请材料审核同意后，正式通知相关省级财政部门、企业所在地直属海关、省级税务局，由省级财政部门告知相关企业。相关企业按照申请文件中载明的税款担保方案提供海关认可的银行保证金或银行保函，到企业所在地直属海关办理准予分期纳税的有关手续。

六、在准予分期纳税的 6 个年度内，对经核定的准予分期缴纳的税款，不征收缓税利息和滞纳金。企业应主动配合海关履行纳税义务，否则不能享受分期纳税的有关优惠政策。

七、企业在分期纳税期间，如实际进口金额超出原申报金额 20%时，须及时向省级财政部门提交变更申请，并抄送企业所在地直属海关、省级税务局。省级财政部门会同企业所在地直属海关、省级税务局审核后，上报财政部、海关总署、税务总局。财政部会同海关总署、税务总局负责审核，若审核同意，则通知相关省级财政部门、企业所在地直属海关、省级税务局纳税方案的变更，由省级财政部门告知相关企业。如企业实际进口金额低于原申报金额 80%时，也可依照上述流程提交分期纳税方案的变更申请。

八、企业在最后一次纳税时，海关应对该项目全部应纳税款进行汇算清缴，并完成项目实际应纳税额的计征工作。企业所在地直属海关会同省级财政部门、省级税务局将企业在分期纳税期间的实际纳税情况汇总报送财政部、海关总署、税务总局。

九、财政、海关、税务部门及其工作人员在政策执行过程中，存在违反执行政策规定的行为，以及滥用职权、玩忽职守、徇私舞弊等违法违纪行为的，依照《中华人民共和国预算法》《中华人民共和国公务员法》《中华人民共和国监察法》《财政违法行为处罚处分条例》等国家有关规定追究相应责任；涉嫌犯罪的，依法移送司法机关处理。

十、本规定由财政部会同海关总署、税务总局负责解释。

口岸出境免税店管理暂行办法

(财关税〔2019〕15号)

(2019年5月17日由财政部、国家税务总局、海关总署、商务部、文化和旅游部发布，2019年5月17日起施行，法规类型为规范性文件)

第一条　为了规范口岸出境免税店管理工作，促进口岸出境免税店健康有序发展，根据有关法律法规和我国口岸出境免税店政策制定本办法。

第二条　中华人民共和国境内口岸出境免税店的设立申请、审批、招标投标、经营、监管等事项适用本办法。

第三条　本办法所称口岸出境免税店，是指设立在对外开放的机场、港口、车站和陆路出境口岸，向出境旅客销售免税商品的商店。

第四条　本办法所称免税商品，是指免征关税、进口环节税的进口商品和实行退（免）税（增值税、消费税）进入口岸出境免税店销售的国产商品。

第五条　免税商品的销售对象，为已办妥出境手续，即将登机、上船、乘车前往境外及出境交通工具上的旅客。

第六条　国家对口岸出境免税店实行特许经营。国家统筹安排口岸出境免税店的布局和建设。口岸出境免税店的布局选址应根据出入境旅客流量，结合区域布局因素，满足节约资源、保护环境、有序竞争、避免浪费、便于监管的要求。

第七条　设立口岸出境免税店的数量、口岸，由口岸所属的地方政府或中国民用航空局提出申请，财政部会同商务部、文化和旅游部、海关总署、税务总局审批。

第八条　免税商品的经营范围，严格限于海关核定的种类和品种。

第九条　除国务院另有规定外，对原经国务院批准具有免税品经营资质，且近5年有连续经营口岸或市内进出境免税店业绩的企业，放开经营免税店的地域和类别限制，准予企业平等竞标口岸出境免税店经营权。口岸出境免税店必须由具有免税品经营资质的企业绝对控股（持股比例大于50%）。

第十条　口岸出境免税店由招标人或口岸业主通过招标方式确定经营主体。设有口岸进、出境免税店的口岸应对口岸进、出境免税店统一招标。招标投标活动必须严格遵守《中华人民共和国招标投标法》《中华人民共和国招标投标法实施条例》等有关法律法规的规定。如果不具备招标条件，比如在进出境客流量较小、开店面积有限等特殊情况下，可提出申请，财政部会同有关部门核准，参照《中华人民共和国政府采购法》规定的竞争性谈判等其他方式确定经营主体。

第十一条　招标投标活动应当保证具有免税品经营资质的企业公平竞争。招标人不得设定歧视性条款，不得含有倾向、限制或排斥投标人的内容，不得以特定行政区域或者特定的业绩作为加分条件或者中标条件。

单位负责人为同一人或者存在控股、管理关系的不同单位，不得参加同一标段投标或者未划分标段的同一招标项目投标。

第十二条　合理规范口岸出境免税店租金比例和提成水平，避免片面追求"价高者得"。财务指标在评标中占比不得超过50%。财务指标是指投标报价中的价格部分，包括但不限于保底租金、销售提成等。招标人应根据口岸同类场地现有的租金、销售提成水平来确定最高投标限价并对外公布。租金单价原则上不得高于国内厅含税零售商业租金平均单价的 1.5 倍;销售提成不得高于国内厅含税零售商业平均提成比例的 1.2 倍。

  第十三条 应综合考虑企业的经营能力,甄选具有可持续发展能力的经营主体。经营品类,尤其是烟酒以外品类的丰富程度应是重要衡量指标。技术指标在评标中占比不得低于 50%。技术指标分值中,店铺布局和设计规划占比 20%;品牌招商占比 30%;运营计划占比 20%;市场营销及顾客服务占比 30%。品牌招商分值中,烟酒占比不得超过 50%。

  第十四条 规范评标工作程序。评标过程分为投标文件初审、问题澄清、讲标和比较评价三个阶段。每个阶段的评审应当出具评审报告。

  第十五条 中标人不得以装修费返还、税后利润返回、发展基金等方式对招标人进行变相补偿。招标人或所在政府不得通过补贴、财政返回等方式对中标人进行变相补偿。

  第十六条 新设立或经营合同到期的口岸出境免税店经营主体经招标或核准后,经营期限不超过 10 年。经营期间经营主体不得擅自变更口岸出境免税店中标时确定的经营面积。需扩大原批准时经营面积的,招标人或口岸业主需提出申请,财政部会同有关部门核准;需缩小原批准时经营面积的,招标人或口岸业主需提出申请报海关总署核准。协议到期后不得自动续约,应根据本办法第十条的规定重新确定经营主体。

  第十七条 招标人或口岸业主经招标或采用其他经核准的方式与免税品经营企业达成协议后,应按程序向财政部、商务部、文化和旅游部、海关总署、税务总局备案。

  备案时需提交以下材料:

  (一)经营主体合作协议(包括各股东持股比例、经营主体业务关联互补情况等。独资设立免税店除外);

  (二)经营主体的基本情况(包括企业性质、营业范围、生产经营、资产负债等方面);

  (三)口岸与经营主体设立口岸出境免税店的协议。

  第十八条 中标人经口岸出境免税店应当符合海关监管要求,经海关批准,并办理注册手续。

  第十九条 经营主体的股权结构、经营状况等基本情况发生重大变化时,招标人或口岸业主应按程序向财政部、商务部、文化和旅游部、海关总署、税务总局报告。若股权结构变动后,经营主体持股比例小于等于 50%,经批准设立的口岸出境免税店招标人或口岸业主需按照本办法第七条、第十条和第十八条的规定重新办理审批手续、确定经营主体。

  第二十条 机场口岸业主或招标人不得与中标人签订阻止其他免税品经营企业在机场设立免税商品提货点的排他协议,口岸所在地的省(自治区、直辖市)财政厅(局)对上述情况进行监督和管理。

  第二十一条 自批准设立口岸出境免税店之日起,招标人或口岸业主应当在 6 个月内完成招标。经营口岸出境免税店自海关批准之日起,经营主体应当在 1 年内完成免税店建设并开始营业。经批准设立的口岸出境免税店无正当理由未按照上述时限要求对外营业的,或者暂停经营 1 年以上的,招标人或口岸业主按照本办法第七条、第十条和第十八条的规定重新办理审批手续、确定经营主体。

  第二十二条 口岸所在地的省(自治区、直辖市)财政厅(局)对招标投标履行行政监督职责,主要包括对评标活动进行监督,负责受理投诉,对违法行为依法进行处罚等。财政部各地监管局按照财政部要求开展有关监管工作。

  第二十三条 口岸出境免税店应当缴纳免税商品特许经营费,具体办法按照财政部有关规定执行。

  第二十四条 口岸出境免税店销售的免税商品适用的增值税、消费税免税政策,相关管理办法由税务总局商财政部另行制定。

  第二十五条 财政部、商务部、文化和旅游部、海关总署、税务总局应加强相互联系和信息交换，并根据职责分工，加强协作配合，对口岸出境免税店工作实施有效管理。

  第二十六条 财政部、商务部、文化和旅游部、海关总署、税务总局可以定期对口岸出境免税店经营情况进行核查，发现违反相关法律法规和规章制度的，依法予以处罚。

  第二十七条 本办法自发布之日起施行。原《关于印发〈关于进一步加强免税业务集中统一管理的请示〉的通知》（财外字〔2000〕1号）与本办法相冲突的内容，以本办法为准。

通关管理篇

综合管理

中华人民共和国海关进出口货物申报管理规定

(海关总署令第 103 号)

(2003年9月18日由海关总署发布;根据2010年11月26日海关总署令第198号《海关总署关于修改部分规章的决定》修改,根据2014年3月13日海关总署令第218号《海关总署关于修改部分规章的决定》修改,根据2017年12月20日海关总署令第235号《海关总署关于修改部分规章的决定》修改,根据2018年4月28日海关总署令第238号《海关总署关于修改部分规章的决定》修改,根据2018年5月29日海关总署令第240号《海关总署关于修改部分规章的决定》修改,根据2018年11月23日海关总署令第243号《海关总署关于修改部分规章的决定》修改;现行版本自2018年11月23日起施行;法规类型为部门规章)

第一章 总 则

第一条 为了规范进出口货物的申报行为,依据《中华人民共和国海关法》(以下简称《海关法》)及国家进出口管理的有关法律、行政法规,制定本规定。

第二条 本规定中的"申报"是指进出口货物的收发货人、受委托的报关企业,依照《海关法》以及有关法律、行政法规和规章的要求,在规定的期限、地点,采用电子数据报关单或者纸质报关单形式,向海关报告实际进出口货物的情况,并且接受海关审核的行为。

第三条 除另有规定外,进出口货物的收发货人或者其委托的报关企业向海关办理各类进出口货物的申报手续,均适用本规定。

第四条 进出口货物的收发货人,可以自行向海关申报,也可以委托报关企业向海关申报。

向海关办理申报手续的进出口货物的收发货人、受委托的报关企业应当预先在海关依法办理登记注册。

第五条 申报采用电子数据报关单申报形式或者纸质报关单申报形式。电子数据报关单和纸质报关单均具有法律效力。

电子数据报关单申报形式是指进出口货物的收发货人、受委托的报关企业通过计算机系统按照《中华人民共和国海关进出口货物报关单填制规范》的要求向海关传送报关单电子数据并且备齐随附单证的申报方式。

纸质报关单申报形式是指进出口货物的收发货人、受委托的报关企业,按照海关的规定填制纸质报关单,备齐随附单证,向海关当面递交的申报方式。

进出口货物的收发货人、受委托的报关企业应当以电子数据报关单形式向海关申报,与随附单证一并递交的纸质报关单的内容应当与电子数据报关单一致;特殊情况下经海关同意,允许先采用纸质报关单形式申报,电子数据事后补报,补报的电子数据应当与纸质报关单内容一致。在向未使用海关信息化管理系统作业的海关申报时可以采用纸质报关单申报形式。

第六条 为进出口货物的收发货人、受委托的报关企业办理申报手续的人员,应当是在海关备案的报关人员。

第二章 申报要求

第七条 进出口货物的收发货人、受委托的报关企业应当依法如实向海关申报,对申报内容的真实性、准确性、完整性和规范性承担相应的法律责任。

第八条 进口货物的收货人、受委托的报关企业应当自运输工具申报进境之日起十四日内向海关申报。

进口转关运输货物的收货人、受委托的报关企业应当自运输工具申报进境之日起十四日内,向进境地海关办理转关运输手续,有关货物应当自运抵指运地之日起十四日内向指运地海关申报。

出口货物发货人、受委托的报关企业应当在货物运抵海关监管区后、装货的二十四小时以前向海关申报。

超过规定时限未向海关申报的,海关按照《中华人民共和国海关征收进口货物滞报金办法》征收滞报金。

第九条 本规定中的申报日期是指申报数据被海关接受的日期。不论以电子数据报关单方式申报或者以纸质报关单方式申报,海关以接受申报数据的日期为接受申报的日期。

以电子数据报关单方式申报的,申报日期为海关计算机系统接受申报数据时记录的日期,该日期将反馈给原数据发送单位,或者公布于海关业务现场,或者通过公共信息系统发布。

以纸质报关单方式申报的,申报日期为海关接受纸质报关单并且对报关单进行登记处理的日期。

第十条 电子数据报关单经过海关计算机检查被退回的,视为海关不接受申报,进出口货物收发货人、受委托的报关企业应当按照要求修改后重新申报,申报日期为海关接受重新申报的日期。

海关已接受申报的报关单电子数据,人工审核确认需要退回修改的,进出口货物收发货人、受委托的报关企业应当在 10 日内完成修改并且重新发送报关单电子数据,申报日期仍为海关接受原报关单电子数据的日期;超过 10 日的,原报关单无效,进出口货物收发货人、受委托的报关企业应当另行向海关申报,申报日期为海关再次接受申报的日期。

第十一条 进出口货物的收发货人以自己的名义,向海关申报的,报关单应当由进出口货物收发货人签名盖章,并且随附有关单证。

报关企业接受进出口货物的收发货人委托,以自己的名义或者以委托人的名义向海关申报的,应当向海关提交由委托人签署的授权委托书,并且按照委托书的授权范围办理有关海关手续。

第十二条 报关企业接受进出口货物收发货人委托办理报关手续的,应当与进出口货物收发货人签订有明确委托事项的委托协议,进出口货物收发货人应当向报关企业提供委托报关事项的真实情况。

报关企业接受进出口货物收发货人的委托,办理报关手续时,应当对委托人所提供情况的真实性、完整性进行合理审查,审查内容包括:

(一)证明进出口货物的实际情况的资料,包括进出口货物的品名、规格、用途、产地、贸易方式等;

（二）有关进出口货物的合同、发票、运输单据、装箱单等商业单据；
（三）进出口所需的许可证件及随附单证；
（四）海关总署规定的其他进出口单证。

报关企业未对进出口货物的收发货人提供情况的真实性、完整性履行合理审查义务或者违反海关规定申报的，应当承担相应的法律责任。

第十三条 进口货物的收货人，向海关申报前，因确定货物的品名、规格、型号、归类等原因，可以向海关提出查看货物或者提取货样的书面申请。海关审核同意的，派员到场实际监管。

查看货物或者提取货样时，海关开具取样记录和取样清单；提取货样的货物涉及动植物及产品以及其他须依法提供检疫证明的，应当在依法取得有关批准证明后提取。提取货样后，到场监管的海关关员与进口货物的收货人在取样记录和取样清单上签字确认。

第十四条 海关接受进出口货物的申报后，报关单证及其内容不得修改或者撤销；符合规定情形的，应当按照进出口货物报关单修改和撤销的相关规定办理。

第十五条 海关审核电子数据报关单时，需要进出口货物的收发货人、受委托的报关企业解释、说明情况或者补充材料的，收发货人、受委托的报关企业应当在接到海关通知后及时进行说明或者提供完备材料。

第十六条 海关审结电子数据报关单后，进出口货物的收发货人、受委托的报关企业应当自接到海关"现场交单"或者"放行交单"通知之日起10日内，持打印出的纸质报关单，备齐规定的随附单证并且签名盖章，到货物所在地海关递交书面单证并且办理相关海关手续。

确因节假日或者转关运输等其他特殊原因需要逾期向海关递交书面单证并且办理相关海关手续的，进出口货物的收发货人、受委托的报关企业应当事先向海关提出书面申请说明原因，经海关核准后在核准的期限内办理。其中，进出口货物收发货人自行报关的，由收发货人在申请书上签章；委托报关企业报关的，由报关企业和进出口货物收发货人双方共同在申请书上签章。

未在规定期限或者核准的期限内递交纸质报关单的，海关删除电子数据报关单，进出口货物的收发货人、受委托的报关企业应当重新申报。由此产生的滞报金按照《中华人民共和国海关征收进口货物滞报金办法》的规定办理。

现场交单审核时，进出口货物的收发货人、受委托的报关企业应当向海关递交与电子数据报关单内容一致的纸质报关单及随附单证。特殊情况下，个别内容不符的，经海关审核确认无违法情形的，由进出口货物收发货人、受委托的报关企业重新提供与报关单电子数据相符的随附单证或者提交有关说明的申请，电子数据报关单可以不予删除。其中，实际交验的进出口许可证件与申报内容不一致的，经海关认定无违反国家进出口贸易管制政策和海关有关规定的，可以重新向海关提交。

第十七条 企业可以通过计算机网络向海关进行联网实时申报。具体办法由海关总署另行制定。

第三章 特殊申报

第十八条 经海关批准，进出口货物的收发货人、受委托的报关企业可以在取得提（运）单或者载货清单（舱单）数据后，向海关提前申报。

在进出口货物的品名、规格、数量等已确定无误的情况下，经批准的企业可以在进口货物启运后、抵港前或者出口货物运入海关监管作业场所前3日内，提前向海关办理报关手续，并且按照海关的要求交验有关随附单证、进出口货物批准文件及其他需提供的证明文件。

验核提前申报的进出口货物许可证件有效期以海关接受申报之日为准。提前申报的进出口货物税率、汇率的适用,按照《中华人民共和国进出口关税条例》(以下简称《关税条例》)的有关规定办理。

第十九条 特殊情况下,经海关批准,进出口货物的收发货人、受委托的报关企业可以自装载货物的运输工具申报进境之日起 1 个月内向指定海关办理集中申报手续。

集中申报企业应当向海关提供有效担保,并且在每次货物进、出口时,按照要求向海关报告货物的进出口日期、运输工具名称、提(运)单号、税号、品名、规格型号、价格、原产地、数量、重量、收(发)货单位等海关监管所必需的信息,海关可以准许先予查验和提取货物。集中申报企业提取货物后,应当自装载货物的运输工具申报进境之日起 1 个月内向海关办理集中申报及征税、放行等海关手续。超过规定期限未向海关申报的,按照《中华人民共和国海关征收进口货物滞报金办法》征收滞报金。

集中申报采用向海关进行电子数据报关单申报的方式。

集中申报的进出口货物税率、汇率的适用,按照《关税条例》的有关规定办理。

第二十条 经电缆、管道、输送带或者其他特殊运输方式输送进出口的货物,经海关同意,可以定期向指定海关申报。

第二十一条 需要向海关申报知识产权状况的进出口货物,收发货人、受委托的报关企业应当按照海关要求向海关如实申报有关知识产权状况,并且提供能够证明申报内容真实的证明文件和相关单证。海关按规定实施保护措施。

第二十二条 海关对进出口货物申报价格、税则归类进行审查时,进出口货物的收发货人、受委托的报关企业应当按海关要求提交相关单证和材料。

第二十三条 需要进行补充申报的,进出口货物的收发货人、受委托的报关企业应当如实填写补充申报单,并且向海关递交。

第二十四条 转运、通运、过境货物及快件的申报规定,由海关总署另行制定。

第四章 申报单证

第二十五条 进出口货物的收发货人、受委托的报关企业应当取得国家实行进出口管理的许可证件,凭海关要求的有关单证办理报关纳税手续。海关对有关进出口许可证件电子数据进行系统自动比对验核。

前款规定的许可证件,海关与证件主管部门未实现联网核查,无法自动比对验核的,进出口货物收发货人、受委托的报关企业应当持有关许可证件办理海关手续。

第二十六条 向海关递交纸质报关单可以使用事先印制的规定格式报关单或者直接在 A4 型空白纸张上打印。

第二十七条 进、出口货物报关单应当随附的单证包括:
(一)合同;
(二)发票;
(三)装箱清单;
(四)载货清单(舱单);
(五)提(运)单;
(六)代理报关授权委托协议;
(七)进出口许可证件;
(八)海关总署规定的其他进出口单证。

第二十八条 货物实际进出口前,海关已对该货物做出预归类决定的,进出口货物的收发货人、受委托的报关企业在货物实际进出口申报时应当向海关提交《预归类决定书》。

第五章 报关单证明联、核销联的签发和补签

第二十九条 根据国家外汇、税务、海关对加工贸易等管理的要求，进出口货物的收发货人、受委托的报关企业办结海关手续后，可以向海关申请签发下列报关单证明联：

（一）用于办理付汇的货物贸易外汇管理B类、C类企业进口货物报关单证明联；

（二）用于办理收汇的货物贸易外汇管理B类、C类企业出口货物报关单证明联；

（三）用于办理加工贸易核销的海关核销联。

海关签发报关单证明联应当在打印出的报关单证明联的右下角规定处加盖已在有关部门备案的"验讫章"。

进出口货物的收发货人、受委托的报关企业在申领报关单证明联、海关核销联时，应当提供海关要求的有效证明。

第三十条 海关已签发的报关单证明联、核销联因遗失、损毁等特殊情况需要补签的，进出口货物的收发货人、受委托的报关企业应当自原证明联签发之日起1年内向海关提出书面申请，并且随附有关证明材料，海关审核同意后，可以予以补签。海关在证明联、核销联上注明"补签"字样。

第六章 附 则

第三十一条 保税区、出口加工区进出口的货物及进出保税区、出口加工区货物，加工贸易后续管理环节的内销、余料结转、深加工结转等，除另有规定外，按照本规定的规定在主管海关办理申报手续。

第三十二条 采用转关运输方式的进出口货物，按照《中华人民共和国海关关于转关货物的监管办法》办理申报手续。

第三十三条 进出口货物的收发货人、受委托的报关企业、报关员违反本规定的，依照《海关法》及《中华人民共和国海关行政处罚实施条例》等有关规定处罚。

第三十四条 本规定由海关总署负责解释。

第三十五条 本规定自2003年11月1日起施行。

海关总署关于开展"两步申报"改革试点的公告

（海关总署公告2019年第127号）

（2019年7月31日由海关总署发布，2019年8月24日起施行，法规类型为规范性文件）

为贯彻落实国务院"放管服"改革要求，进一步优化营商环境，促进贸易便利化，海关总署决定在部分海关开展进口货物"两步申报"改革试点。现就有关事项公告如下：

一、"两步申报"内容

在"两步申报"通关模式下，第一步，企业概要申报后经海关同意即可提离货物；第二步，企业在规定时间内完成完整申报。

（一）对应税货物，企业需提前向注册地直属海关关税职能部门提交税收担保备案申请，担保额度可根据企业税款缴纳情况循环使用。

（二）第一步概要申报。企业向海关申报进口货物是否属于禁限管制、是否依法需要检验

或检疫（是否属法检目录内商品及法律法规规定需检验或检疫的商品）、是否需要缴纳税款。

不属于禁限管制且不属于依法需检验或检疫的，申报 9 个项目，并确认涉及物流的 2 个项目，应税的须选择符合要求的担保备案编号；属于禁限管制的需增加申报 2 个项目；依法需检验或检疫的需增加申报 5 个项目（详见附件 1）。

（三）第二步完整申报。企业自运输工具申报进境之日起 14 日内完成完整申报，办理缴纳税款等其他通关手续。税款缴库后，企业担保额度自动恢复。如概要申报时选择不需要缴纳税款，完整申报时经确认为需要缴纳税款的，企业应当按照进出口货物报关单撤销的相关规定办理。

（四）加工贸易和海关特殊监管区域内企业以及保税监管场所的货物申报在使用金关二期系统开展"两步申报"时，第一步概要申报环节不使用保税核注清单，第二步完整申报环节报关单按原有模式，由保税核注清单生成。

（五）报关单申报项目填制要求按照《海关总署关于修订〈中华人民共和国海关进出口货物报关单填制规范〉的公告》（海关总署公告 2019 年第 18 号）执行。

（六）启动"两步申报"试点同时保留现有申报模式，企业可自行选择上述二种模式之一进行申报。

二、试点海关范围
（一）满洲里海关隶属十八里海关；
（二）杭州海关隶属钱江海关驻下沙办事处、舟山海关；
（三）宁波海关隶属梅山海关。
（四）青岛海关隶属烟台海关驻港口办事处、驻机场办事处；
（五）深圳海关隶属深圳湾海关、蛇口海关；
（六）黄埔海关隶属新港海关、穗东海关。

三、"两步申报"试点条件
试点期间，适用"两步申报"需同时满足下列条件：
（一）境内收发货人信用等级是一般信用及以上的；
（二）经由试点海关实际进境货物的；
（三）涉及的监管证件已实现联网核查的（见附件 2）。
转关业务暂不适用"两步申报"模式。
本公告自 2019 年 8 月 24 日起实施。
特此公告。

附件：1. 概要申报项目
2. 已实现联网的监管证件（略）

附件

概要申报项目

一、概要申报项目

境内收发货人、运输方式/运输工具名称及航次号、提运单号、监管方式、商品编号（6位）、商品名称、数量及单位、总价、原产国（地区）。

其中，商品编号（6位）填报《中华人民共和国进出口税则》和《中华人民共和国海关统计商品目录》确定编码的前 6 位；数量及单位填报成交数量、成交计量单位；总价填报同一项号下进口货物实际成交的商品总价格和币制，如果无法确定实际成交商品总价格则填报预估总价格。其他项目按照《中华人民共和国海关进出口货物报关单填制规范》要求填写。
二、货物物流项目
毛重、集装箱号。
三、属于禁限管理需增加的申报项目
许可证号/随附证件代码及随附证件编号、集装箱商品项号关系。
四、属于依法需要检验或检疫需增加的申报项目
产品资质（产品许可/审批/备案）、商品编号（10位）+检验检疫名称、货物属性、用途、集装箱商品项号关系。

中华人民共和国海关进出口货物集中申报管理办法

（海关总署令第169号）

（2008年1月24日由海关总署发布，根据2014年3月13日海关总署令第218号《海关总署关于修改部分规章的决定》修改，现行版本自2014年3月13日起施行，法规类型为部门规章）

第一条 为了便利进出口货物收发货人办理申报手续，提高进出口货物通关效率，规范对进出口货物的申报管理，根据《中华人民共和国海关法》（简称海关法）的有关规定，制定本办法。

第二条 本办法所称的集中申报是指经海关备案，进出口货物收发货人（以下简称收发货人）在同一口岸多批次进出口本办法第三条规定范围内货物，可以先以《中华人民共和国海关进口货物集中申报清单》（见附件1）或者《中华人民共和国海关出口货物集中申报清单》（见附件2）（以下统称《集中申报清单》）申报货物进出口，再以报关单集中办理海关手续的特殊通关方式。

进出口货物收发货人可以委托B类以上管理类别（含B类）的报关企业办理集中申报有关手续。

第三条 经海关备案，下列进出口货物可以适用集中申报通关方式：

（一）图书、报纸、期刊类出版物等时效性较强的货物；

（二）危险品或者鲜活、易腐、易失效等不宜长期保存的货物；

（三）公路口岸进出境的保税货物。

第四条 收发货人应当在货物所在地海关办理集中申报备案手续，加工贸易企业应当在主管地海关办理集中申报备案手续。

第五条 收发货人申请办理集中申报备案手续的，应当向海关提交《适用集中申报通关方式备案表》（以下简称《备案表》，见附件3），同时提供符合海关要求的担保，担保有效期最短不得少于3个月。

海关应当对收发货人提交的《备案表》进行审核。经审核符合本办法有关规定的，核准其备案。

涉嫌走私或者违规，正在被海关立案调查的收发货人、因进出口侵犯知识产权货物被海关依法给予行政处罚的收发货人、适用C类或者D类管理类别的收发货人进出口本办法第三条所列货物的，不适用集中申报通关方式。

第六条 在备案有效期内,收发货人可以适用集中申报通关方式。备案有效期限按照收发货人提交的担保有效期核定。

申请适用集中申报通关方式的货物、担保情况等发生变更时,收发货人应当向原备案地海关书面申请变更。

备案有效期届满可以延续。收发货人需要继续适用集中申报方式办理通关手续的,应当在备案有效期届满 10 日前向原备案地海关书面申请延期。

第七条 收发货人有下列情形之一的,停止适用集中申报通关方式:

(一)担保情况发生变更,不能继续提供有效担保的;

(二)涉嫌走私或者违规,正在被海关立案调查的;

(三)进出口侵犯知识产权货物,被海关依法给予行政处罚的;

(四)海关分类管理类别被降为 C 类或者 D 类的。

收发货人可以在备案有效期内主动申请终止适用集中申报通关方式。

第八条 收发货人在备案有效期届满前未向原备案地海关申请延期的,《备案表》效力终止。收发货人需要继续按照集中申报方式办理通关手续的,应当重新申请备案。

第九条 依照本办法规定以集中申报通关方式办理海关手续的收发货人,应当在载运进口货物的运输工具申报进境之日起 14 日内,出口货物在运抵海关监管区后、装货的 24 小时前填制《集中申报清单》向海关申报。

收货人在运输工具申报进境之日起 14 日后向海关申报进口的,不适用集中申报通关方式。收发货人应当以报关单向海关申报。

第十条 海关审核集中申报清单电子数据时,对保税货物核扣加工贸易手册(账册)或电子账册数据;对一般贸易货物核对集中申报备案数据。

经审核,海关发现集中申报清单电子数据与集中申报备案数据不一致的,应当予以退单。收发货人应当以报关单方式向海关申报。

第十一条 收发货人应当自海关审结集中申报清单电子数据之日起 3 日内,持《集中申报清单》及随附单证到货物所在地海关办理交单验放手续。属于许可证件管理的,收发货人还应当提交相应的许可证件,海关应当在相关证件上批注并留存复印件。

收发货人未在本条第一款规定期限办理相关海关手续的,海关删除集中申报清单电子数据,收发货人应当重新向海关申报。重新申报日期超过运输工具申报进境之日起 14 日的,应当以报关单申报。

第十二条 收发货人在清单申报后修改或者撤销集中申报清单的,参照进出口货物报关单修改和撤销的相关规定办理。

第十三条 收发货人应当对一个月内以《集中申报清单》申报的数据进行归并,填制进出口货物报关单,一般贸易货物在次月 10 日之前、保税货物在次月底之前到海关办理集中申报手续。

一般贸易货物集中申报手续不得跨年度办理。

第十四条 《集中申报清单》归并为同一份报关单的,各清单中的进出境口岸、经营单位、境内收发货人、贸易方式(监管方式)、起运国(地区)、装货港、运抵国(地区)、运输方式栏目以及适用的税率、汇率必须一致。

各清单中本条前款规定项目不一致的,收发货人应当分别归并为不同的报关单进行申报。对确实不能归并的,应当填写单独的报关单进行申报。

各清单归并为同一份报关单时,各清单中载明的商品项在商品编号、商品名称、规格型号、单位、原产国(地区)、单价和币制均一致的情况下可以进行数量和总价的合并。

第十五条 收发货人对《集中申报清单》申报的货物以报关单方式办理海关手续时,应当按照海关规定对涉税的货物办理税款缴纳手续。涉及许可证件管理的，应当提交海关批注过的相应许可证件。

第十六条 对适用集中申报通关方式的货物，海关按照接受清单申报之日实施的税率、汇率计征税费。

第十七条 收发货人办结集中申报海关手续后，海关按集中申报进出口货物报关单签发报关单证明联。"进出口日期"以海关接受报关单申报的日期为准。

第十八条 海关对集中申报的货物以报关单上的"进出口日期"为准列入海关统计。

第十九条 中华人民共和国境内其他地区进出海关特殊监管区域、保税监管场所的货物需要按照集中申报方式办理通关手续的，除海关另有规定以外，比照本办法办理。

第二十条 违反本办法，构成走私行为、违反海关监管规定行为或者其他违反海关法行为的，由海关依照海关法、《中华人民共和国海关行政处罚实施条例》等有关法律、行政法规的规定予以处理；构成犯罪的，依法追究刑事责任。

第二十一条 本办法由海关总署负责解释。

第二十二条 本办法自 2008 年 5 月 1 日起施行。

关于调整一般贸易方式进出口工业用钻的报关方式的公告

（海关总署公告 2018 年第 21 号）

(2018 年 3 月 2 日由海关总署发布，2018 年 3 月 2 日起施行，法规类型为规范性文件)

为便利企业运作，促进国内钻石市场平稳健康发展，海关总署决定调整一般贸易方式进出口工业用钻的报关方式，现将有关事项公告如下：

以一般贸易方式进出口工业用钻，即税号 71022100、71022900、71049011、71051020 项下钻石的，不集中在交易所海关办理报关手续，依法征收关税和进口环节增值税。

本公告自发布之日起施行。

特此公告。

中华人民共和国海关征收进口货物滞报金办法

（海关总署令第 128 号）

(2005 年 3 月 3 日由海关总署发布，根据 2014 年 3 月 13 日海关总署令第 218 号《海关总署关于修改部分规章的决定》修改，现行版本自 2014 年 3 月 13 日起施行，法规类型为部门规章)

第一章 总 则

第一条 为加强海关对进口货物的通关管理，加快口岸货物运转，促使进口货物收货人（包括受委托的报关企业，下同）及时申报，根据《中华人民共和国海关法》（以下简称《海关法》)以及有关法律、行政法规规定,制定本办法。

第二条 进口货物收货人超过规定期限向海关申报产生滞报,海关依法应当征收滞报金的,适用本办法。

第三条 滞报金应当由进口货物收货人于当次申报时缴清。进口货物收货人要求在缴清滞报金前先放行货物的,海关可以在其提供与应缴纳滞报金等额的保证金后放行。

第二章 滞报金的计算与征收

第四条 征收进口货物滞报金应当按日计征,以自运输工具申报进境之日起第十五日为起征日,以海关接受申报之日为截止日,起征日和截止日均计入滞报期间,另有规定的除外。

第五条 征收下列进口货物滞报金应当按照下列规定计算起征日:

(一)邮运进口货物应当以邮政企业向海关驻邮局办事机构申报总包之日起第十五日为起征日;

(二)转关运输货物在进境地申报的,应当以自载运进口货物的运输工具申报进境之日起第十五日为起征日;在指运地申报的,应当以自货物运抵指运地之日起第十五日为起征日;

邮运进口转关运输货物在进境地申报的,应当以自运输工具申报进境之日起第十五日为起征日;在指运地申报的,应当以自邮政企业向海关驻邮局办事机构申报总包之日起第十五日为起征日。

第六条 进口货物收货人向海关传送报关单电子数据申报后,未在规定期限或者核准的期限内递交纸质报关单以及随附单证,海关予以撤销报关单电子数据处理。进口货物收货人重新向海关申报,产生滞报的,按照本办法第四条规定计算滞报金起征日。

进口货物收货人申报后依法撤销原报关单电子数据重新申报的,以撤销原报关单之日起第十五日为起征日。

第七条 进口货物因收货人在运输工具申报进境之日起超过三个月未向海关申报,被海关提取作变卖处理后,收货人申请发还余款的,比照本办法第四条规定计征滞报金。滞报金的截止日为该三个月期限的最后一日。

第八条 进口货物因被行政扣留或者刑事扣押不能按期申报而产生滞报的,其扣留或者扣押期间不计算在滞报期间内。扣留或者扣押期间起止日根据决定行政扣留或者刑事扣押部门签发的有关文书确定。

第九条 滞报金的日征收金额为进口货物完税价格的千分之零点五,以人民币"元"为计征单位,不足人民币一元的部分免予计征。

征收滞报金的计算公式为:进口货物完税价格×0.5‰×滞报期间

滞报金的起征点为人民币 50 元。

第十条 海关征收进口货物滞报金时,应当向收货人出具滞报金缴款通知书。海关收取滞报金后,应当向收货人出具财政部统一印(监)制的票据。

不属于本办法第十二条所列的减免滞报金情形的,海关可以直接向收货人出具财政部统一印(监)制的票据,收货人持票据到海关指定的部门或者开户银行缴款,海关凭指定部门或者银行加盖收讫章的票据予以核注。

属于本办法第十二条所列的减免滞报金情形的,进口货物收货人收到滞报金缴款通知书后,应当按照本办法第十三条规定向海关申请减免进口货物滞报金。经海关审核批准免予征收滞报金的,由现场关员凭有关批复在系统中予以核注;如经海关审核仍需征收部分或者全部滞报金的,海关向收货人出具财政部统一印(监)制的票据,收货人持票据到海关指定的部门或者开户银行缴款,海关凭指定部门或者银行加盖收讫章的票据予以核注。

若通过中国电子口岸"网上税费支付"系统缴纳滞报金的,按照"网上税费支付"的操作程序办理滞报金的征收手续。

第十一条 转关运输货物在进境地产生滞报的,由进境地海关征收滞报金;在指运地产生滞报的,由指运地海关征收滞报金。

第三章 滞报金的减免

第十二条 有下列情形之一的,进口货物收货人可以向申报地海关申请减免滞报金:

(一)政府主管部门有关贸易管理规定变更,要求收货人补充办理有关手续或者政府主管部门延迟签发许可证件,导致进口货物产生滞报的;

(二)产生滞报的进口货物属于政府间或国际组织无偿援助和捐赠用于救灾、社会公益福利等方面的进口物资或其他特殊货物的;

(三)因不可抗力导致收货人无法在规定期限内申报,从而产生滞报的;

(四)因海关及相关司法、行政执法部门工作原因致使收货人无法在规定期限内申报,从而产生滞报的;

(五)其他特殊情况经海关批准的。

第十三条 进口货物收货人申请减免滞报金的,应当自收到海关滞报金缴款通知书之日起30个工作日内,以书面形式向申报地海关提交申请书,申请书应当加盖公章。

进口货物收货人提交申请材料时,应当同时提供政府主管部门或相关部门出具的相关证明材料。

收货人应当对申请书及相关证明材料的真实性、合法性、有效性承担法律责任。

第十四条 有下列情形之一的,海关不予征收滞报金:

(一)收货人在运输工具申报进境之日起超过三个月未向海关申报,进口货物被依法变卖处理,余款按《海关法》第三十条规定上缴国库的;

(二)进口货物收货人在申报期限内,根据《海关法》有关规定向海关提供担保,并在担保期限内办理有关进口手续的;

(三)进口货物收货人申报后依法撤销原报关单电子数据重新申报,因删单重报产生滞报的;

(四)进口货物办理直接退运的;

(五)进口货物应征收滞报金金额不满人民币50元的。

第四章 附则

第十五条 从境外进入保税区、出口加工区等海关特殊监管区域、以备案清单方式向海关申报的进口货物产生滞报的,参照本办法第九条计征滞报金。

第十六条 本办法规定的滞报金起征日遇有休息日或者法定节假日的,顺延至休息日或者法定节假日之后的第一个工作日。国务院临时调整休息日与工作日的,海关应当按照调整后的情况确定滞报金的起征日。

第十七条 本办法所指的进口货物完税价格是指《中华人民共和国进出口关税条例》第十八条规定的完税价格。

第十八条 本办法规定的滞报金缴款通知书采用统一格式,具体格式见附件。

第十九条 本办法由海关总署负责解释。

第二十条 本办法自2005年6月1日起施行。

关于滞报金票据电子化有关事宜的公告

（海关总署公告2020年第10号）

(2020年1月17日由海关总署发布，2020年1月17日起施行，法规类型为规范性文件)

根据财政票据电子化改革有关要求，为加强海关进口货物滞报金的征收和核算管理，决定滞报金征收启用《中央非税收入统一票据》电子票据。现就有关事宜公告如下：

一、自2020年1月17日起，海关向进口货物收货人征收进口货物滞报金时使用《中央非税收入统一票据》，原《海关进口货物滞报金专用票据》同时废止。

二、自2020年1月17日起，海关业务现场不再打印滞报金票据，进口货物收货人缴纳进口货物滞报金后可通过国际贸易"单一窗口"标准版、"互联网+海关"自行打印版式《中央非税收入统一票据》。

特此公告。

关于超期未报关进口货物、误卸或者溢卸的进境货物和放弃进口货物的处理办法

（海关总署令第91号）

(2001年12月20日由海关总署发布；根据2010年11月26日海关总署令第198号《海关总署关于修改部分规章的决定》修改，根据2014年3月13日海关总署令第218号《海关总署关于修改部分规章的决定》修改，根据2018年4月28日海关总署令第238号《海关总署关于修改部分规章的决定》修改，根据2018年11月23日海关总署令第243号《海关总署关于修改部分规章的决定》修改；现行版本自2018年11月23日起施行；法规类型为部门规章)

第一条 为了加强对超期未报关进口货物、误卸或者溢卸的进境货物和放弃进口货物的处理，根据《中华人民共和国海关法》的规定，制定本办法。

第二条 进口货物的收货人应当自运输工具申报进境之日起十四日内向海关申报。进口货物的收货人超过上述规定期限向海关申报的，由海关按照《中华人民共和国海关征收进口货物滞报金办法》的规定，征收滞报金；超过三个月未向海关申报的，其进口货物由海关提取依法变卖处理。

第三条 由进境运输工具载运进境并且因故卸至海关监管区或者其他经海关批准的场所，未列入进口载货清单、运单向海关申报进境的误卸或者溢卸的进境货物，经海关审定确实的，由载运该货物的原运输工具负责人，自该运输工具卸货之日起三个月内，向海关办理直接退运出境手续；或者由该货物的收发货人，自该运输工具卸货之日起三个月内，向海关办理退运或者申报进口手续。

前款所列货物，经载运该货物的原运输工具负责人，或者该货物的收发货人申请，海关批

准，可以延期三个月办理退运出境或者申报进口手续。

本条第一款所列货物，超过前两款规定的期限，未向海关办理退运出境或者申报进口手续的，由海关提取依法变卖处理。

第四条 进口货物的收货人或者其所有人声明放弃的进口货物，由海关提取依法变卖处理。

国家禁止或者限制进口的废物、对环境造成污染的货物不得声明放弃。除符合国家规定，并且办理申报进口手续，准予进口的外，由海关责令货物的收货人或者其所有人、载运该货物进境的运输工具负责人退运出境；无法退运的，由海关责令其在海关和有关主管部门监督下予以销毁或者进行其他妥善处理，销毁和处理的费用由收货人承担，收货人无法确认的，由相关运输工具负责人及承运人承担；违反国家有关法律法规的，由海关依法予以处罚，构成犯罪的，依法追究刑事责任。

第五条 保税货物、暂时进口货物超过规定的期限三个月，未向海关办理复运出境或者其他海关有关手续的；过境、转运和通运货物超过规定的期限三个月，未运输出境的，按照本办法第二条的规定处理。

第六条 超期未报关进口货物、误卸或者溢卸的进境货物和放弃进口货物属于海关实施检验检疫的进出境商品目录范围的，海关应当在变卖前进行检验、检疫，检验、检疫的费用与其他变卖处理实际支出的费用从变卖款中支付。

第七条 按照本办法第二条、第三条、第五条规定由海关提取依法变卖处理的超期未报、误卸或者溢卸等货物的所得价款，在优先拨付变卖处理实际支出的费用后，按照下列顺序扣除相关费用和税款：

（一）运输、装卸、储存等费用；

（二）进口关税；

（三）进口环节海关代征税；

（四）滞报金。

所得价款不足以支付同一顺序的相关费用的，按照比例支付。

扣除上述第（二）项进口关税的完税价格按照下列公式计算：

$$完税价格 = \frac{变卖所得价款 - 变卖费用 - 运储费用}{\frac{1 + 关税率 + 增值税率 + 关税率 \times 增值税率}{1 - 消费税率}}$$

实行从量、复合或者其他方式计征税款的货物，按照有关征税的规定计算和扣除税款。

按照本条第一款规定扣除相关费用和税款后，尚有余款的，自货物依法变卖之日起一年内，经进口货物收货人申请，予以发还。其中属于国家限制进口的，应当提交许可证件而不能提供的，不予发还；不符合进口货物收货人资格、不能证明对进口货物享有权利的，申请不予受理。逾期无进口货物收货人申请、申请不予受理或者不予发还的，余款上缴国库。

第八条 按照本办法第四条规定由海关提取依法变卖处理的放弃进口货物的所得价款，优先拨付变卖处理实际支出的费用后，再扣除运输、装卸、储存等费用。

所得价款不足以支付上述运输、装卸、储存等费用的，按比例支付。

按照本条第一款规定扣除相关费用后尚有余款的，上缴国库。

第九条 按照本办法第七条规定申请发还余款的，申请人应当提供证明其为该进口货物收货人的相关资料。经海关审核同意后，申请人应当按照海关对进口货物的申报规定，取得有关进口许可证件，凭有关单证补办进口申报手续。海关对有关进口许可证件电子数据进行系统自动比对验核。申报时没有有效进口许可证件的，由海关按照《中华人民共和国海关行政处罚实施条例》的规定处理。

第十条 进口货物的收货人自运输工具申报进境之日起三个月后、海关决定提取依法变卖处理前申请退运或者进口超期未报进口货物的，应当经海关审核同意，并按照有关规定向海关申报。申报进口的，应当按照《中华人民共和国海关征收进口货物滞报金办法》的规定，缴纳滞报金（滞报期间的计算，自运输工具申报进境之日的第 15 日起至货物申报进口之日止）。

第十一条 本办法第二条、第三条、第五条所列货物属于危险品或者鲜活、易腐、易烂、易失效、易变质、易贬值等不宜长期保存的货物的，海关可以根据实际情况，提前提取依法变卖处理。所得价款按照本办法第七条、第九条的规定办理。

第十二条 "进口货物收货人"，指经对外经济贸易主管部门登记或者核准有货物进口经营资格，并经海关报关注册登记的中华人民共和国关境内法人、其他组织或者个人。

第十三条 进出境物品所有人声明放弃的物品，在海关规定期限内未办理海关手续或者无人认领的物品，以及无法投递又无法退回的进境邮递物品，由海关按照本办法第二条、第四条等有关规定处理。

第十四条 本办法由海关总署解释。

第十五条 本办法自 2001 年 12 月 20 日起实施。

中华人民共和国海关事务担保条例

（国务院令第 581 号）

（2010 年 9 月 14 日由国务院发布，根据 2018 年 3 月 19 日国务院令第 698 号《国务院关于修改和废止部分行政法规的决定》修改，现行版本自 2018 年 3 月 19 日起施行，法规类型为行政法规）

第一条 为了规范海关事务担保，提高通关效率，保障海关监督管理，根据《中华人民共和国海关法》及其他有关法律的规定，制定本条例。

第二条 当事人向海关申请提供担保，承诺履行法律义务，海关为当事人办理海关事务担保，适用本条例。

第三条 海关事务担保应当遵循合法、诚实信用、权责统一的原则。

第四条 有下列情形之一的，当事人可以在办结海关手续前向海关申请提供担保，要求提前放行货物：

（一）进出口货物的商品归类、完税价格、原产地尚未确定的；

（二）有效报关单证尚未提供的；

（三）在纳税期限内税款尚未缴纳的；

（四）滞报金尚未缴纳的；

（五）其他海关手续尚未办结的。

国家对进出境货物、物品有限制性规定，应当提供许可证件而不能提供，以及法律、行政法规规定不得担保的其他情形，海关不予办理担保放行。

第五条 当事人申请办理下列特定海关业务的，按照海关规定提供担保：

（一）运输企业承担来往内地与港澳公路货物运输、承担海关监管货物境内公路运输的；

（二）货物、物品暂时进出境的；

（三）货物进境修理和出境加工的；

（四）租赁货物进口的；
（五）货物和运输工具过境的；
（六）将海关监管货物暂时存放在海关监管区外的；
（七）将海关监管货物向金融机构抵押的；
（八）为保税货物办理有关海关业务的。
当事人不提供或者提供的担保不符合规定的，海关不予办理前款所列特定海关业务。

第六条 进出口货物的纳税义务人在规定的纳税期限内有明显的转移、藏匿其应税货物以及其他财产迹象的，海关可以责令纳税义务人提供担保；纳税义务人不能提供担保的，海关依法采取税收保全措施。

第七条 有违法嫌疑的货物、物品、运输工具应当或者已经被海关依法扣留、封存的，当事人可以向海关提供担保，申请免予或者解除扣留、封存。

有违法嫌疑的货物、物品、运输工具无法或者不便扣留的，当事人或者运输工具负责人应当向海关提供等值的担保；未提供等值担保的，海关可以扣留当事人等值的其他财产。

有违法嫌疑的货物、物品、运输工具属于禁止进出境，或者必须以原物作为证据，或者依法应当予以没收的，海关不予办理担保。

第八条 法人、其他组织受到海关处罚，在罚款、违法所得或者依法应当追缴的货物、物品、走私运输工具的等值价款未缴清前，其法定代表人、主要负责人出境的，应当向海关提供担保；未提供担保的，海关可以通知出境管理机关阻止其法定代表人、主要负责人出境。

受海关处罚的自然人出境的，适用前款规定。

第九条 进口已采取临时反倾销措施、临时反补贴措施的货物应当提供担保的，或者进出口货物收发货人、知识产权权利人申请办理知识产权海关保护相关事务等，依照本条例的规定办理海关事务担保。法律、行政法规有特别规定的，从其规定。

第十条 按照海关总署的规定经海关认定的高级认证企业可以申请免除担保，并按照海关规定办理有关手续。

第十一条 当事人在一定期限内多次办理同一类海关事务的，可以向海关申请提供总担保。海关接受总担保的，当事人办理该类海关事务，不再单独提供担保。

总担保的适用范围、担保金额、担保期限、终止情形等由海关总署规定。

第十二条 当事人可以以海关依法认可的财产、权利提供担保，担保财产、权利的具体范围由海关总署规定。

第十三条 当事人以保函向海关提供担保的，保函应当以海关为受益人，并且载明下列事项：

（一）担保人、被担保人的基本情况；
（二）被担保的法律义务；
（三）担保金额；
（四）担保期限；
（五）担保责任；
（六）需要说明的其他事项。

担保人应当在保函上加盖印章，并注明日期。

第十四条 当事人提供的担保应当与其需要履行的法律义务相当，除本条例第七条第二款规定的情形外，担保金额按照下列标准确定：

（一）为提前放行货物提供的担保，担保金额不得超过可能承担的最高税款总额；
（二）为办理特定海关业务提供的担保，担保金额不得超过可能承担的最高税款总额或者海关总署规定的金额；

（三）因有明显的转移、藏匿应税货物以及其他财产迹象被责令提供的担保，担保金额不得超过可能承担的最高税款总额；

（四）为有关货物、物品、运输工具免予或者解除扣留、封存提供的担保，担保金额不得超过该货物、物品、运输工具的等值价款；

（五）为罚款、违法所得或者依法应当追缴的货物、物品、走私运输工具的等值价款未缴清前出境提供的担保，担保金额应当相当于罚款、违法所得数额或者依法应当追缴的货物、物品、走私运输工具的等值价款。

第十五条 办理担保，当事人应当提交书面申请以及真实、合法、有效的财产、权利凭证和身份或者资格证明等材料。

第十六条 海关应当自收到当事人提交的材料之日起5个工作日内对相关财产、权利等进行审核，并决定是否接受担保。当事人申请办理总担保的，海关应当在10个工作日内审核并决定是否接受担保。

符合规定的担保，自海关决定接受之日起生效。对不符合规定的担保，海关应当书面通知当事人不予接受，并说明理由。

第十七条 被担保人履行法律义务期限届满前，担保人和被担保人因特殊原因要求变更担保内容的，应当向接受担保的海关提交书面申请以及有关证明材料。海关应当自收到当事人提交的材料之日起5个工作日内作出是否同意变更的决定，并书面通知当事人，不同意变更的，应当说明理由。

第十八条 被担保人在规定的期限内未履行有关法律义务的，海关可以依法从担保财产、权利中抵缴。当事人以保函提供担保的，海关可以直接要求承担连带责任的担保人履行担保责任。

担保人履行担保责任的，不免除被担保人办理有关海关手续的义务。海关应当及时为被担保人办理有关海关手续。

第十九条 担保财产、权利不足以抵偿被担保人有关法律义务的，海关应当书面通知被担保人另行提供担保或者履行法律义务。

第二十条 有下列情形之一的，海关应当书面通知当事人办理担保财产、权利退还手续：

（一）当事人已经履行有关法律义务的；

（二）当事人不再从事特定海关业务的；

（三）担保财产、权利被海关采取抵缴措施后仍有剩余的；

（四）其他需要退还的情形。

第二十一条 自海关要求办理担保财产、权利退还手续的书面通知送达之日起3个月内，当事人无正当理由未办理退还手续的，海关应当发布公告。

自海关公告发布之日起1年内，当事人仍未办理退还手续的，海关应当将担保财产、权利依法变卖或者兑付后，上缴国库。

第二十二条 海关履行职责，金融机构等有关单位应当依法予以协助。

第二十三条 担保人、被担保人违反本条例，使用欺骗、隐瞒等手段提供担保的，由海关责令其继续履行法律义务，处5000元以上50000元以下的罚款；情节严重的，可以暂停被担保人从事有关海关业务或者撤销其从事有关海关业务的注册登记。

第二十四条 海关工作人员有下列行为之一的，给予处分；构成犯罪，依法追究刑事责任：

（一）违法处分担保财产、权利；

（二）对不符合担保规定的，违法办理有关手续致使国家利益遭受损失；

（三）对符合担保规定的，不予办理有关手续；

(四)与海关事务担保有关的其他违法行为。

第二十五条 担保人、被担保人对海关有关海关事务担保的具体行政行为不服的,可以依法向上一级海关申请行政复议或者向人民法院提起行政诉讼。

第二十六条 本条例自 2011 年 1 月 1 日起施行。

中华人民共和国海关关于进出口货物申请担保的管理办法

(署货字〔1987〕第 667 号)

(1987 年 7 月 1 由海关总署发布,1987 年 7 月 1 日起施行,法规类型为部门规章)

第一条 为促进对外经济贸易和科技文化交流,严密海关监管制度,保证国家税收,方便货物合法进出,根据《中华人民共和国海关法》,制定本办法。

第二条 本办法中下列用语的含义:

担保——以向海关缴纳保证金或提交保证函的方式,保证在一定期限内履行其承诺的义务的法律行为。

担保人——对货物的进出口或税款的缴纳承担法律责任的法人。

保证金——由担保人向海关缴纳现金的一种担保形式。

保证函——由担保人按照海关的要求向海关提交的、订有明确权利义务的一种担保文件。

销案——在规定期限内履行了事先规定的义务后,海关退还担保人已缴纳的保证金或注销已提交的保证函,以终止所承担的义务的海关手续。

第三条 在下列情况下,经海关审核同意,可接受担保申请:

(一)暂时进出口货物;

(二)国家限制进出口货物,已领取了进出口许可证件,因故不能及时提供的;

(三)进出口货物不能在报关时交验有关单证(如发票、合同、装箱清单等),而货物已运抵口岸,亟待提取或发运,要求海关先放行货物,后补交有关单证的;

(四)正在向海关申请办理减免税手续,而货物已运抵口岸,亟待提取或发运,要求海关缓办进出口纳税手续的;

(五)经海关同意,将海关未放行的货物暂时存放于海关监管区之外的场所的;

(六)因特殊情况经海关总署批准的。

第四条 对下列情况,海关不接受担保:

(一)进出口国家限制进出口的货物,未领到进出口货物许可证件的;

(二)进出口金银、濒危动植物、文物、中西药品、食品、体育及狩猎用枪支弹药和民用爆破器材、无线电器材、保密机等受国家有关规定管理的进出口货物,不能向海关交验有关主管部门批准文件或证明的。

第五条 担保人应向办理有关货物进出口手续的海关申请担保,并在该关办理销案手续。

第六条 担保方式分缴纳保证金和提交保证函两种。

出具保证函的担保人必须是中国法人。

对暂时进口货物报关人申请出具保证函担保的,按照《中华人民共和国海关对暂时进口货物监管办法》的有关规定办理。

第七条 对要求减免税的进口货物在未办结有关海关手续前,报关人申请担保要求先期放行货物，应支付保证金。保证金的金额应相当于有关货物的进口税费之和。

在担保期限内要求办理有关货物的进口手续的，经海关同意，可将保证金抵作税费，并向报关人补征不足部分或退还多余部分。

海关收取保证金后向报关人出具《中华人民共和国海关保证金收据》，报关人凭以在销案时向海关办理退还保证金手续。

对于应纳税货物，如要求用保证函缓缴税款，应由缓缴税单位的上级机构或开户银行担保。

第八条 凡采用保证函方式申请担保的，担保人应按照海关规定的格式填写保证函一式两份，并加盖印章，一份留海关备案，另一份交由报关人留存，凭以办理销案手续。

第九条 报关人必须于担保期满时向海关办理销案手续。对未能在担保期限内向海关办理销案手续的，海关可区分不同情况，按下列规定处理：

（一）将保证金抵作税款，责令报关人按规定补办出口手续，并处以罚款；

（二）责令担保人缴纳税款或通知银行扣缴税款，并处以罚款；

（三）暂停或取消报关人的报关资格。

第十条 进出境物品所有人申请提供担保的，可比照本办法办理有关手续。

第十一条 本办法自1987年7月1日起实行。

中华人民共和国海关暂时进出境货物管理办法

（海关总署令第233号）

（2017年12月8日由海关总署发布，2018年2月1日起施行，法规类型为部门规章）

第一章 总 则

第一条 为了规范海关对暂时进出境货物的监管，根据《中华人民共和国海关法》（以下简称《海关法》）、《中华人民共和国进出口关税条例》（以下简称《关税条例》）以及有关法律、行政法规的规定，制定本办法。

第二条 海关对暂时进境、暂时出境并且在规定的期限内复运出境、复运进境货物的管理适用本办法。

第三条 本办法所称暂时进出境货物包括：

（一）在展览会、交易会、会议以及类似活动中展示或者使用的货物；

（二）文化、体育交流活动中使用的表演、比赛用品；

（三）进行新闻报道或者摄制电影、电视节目使用的仪器、设备以及用品；

（四）开展科研、教学、医疗活动使用的仪器、设备和用品；

（五）在本款第（一）项至第（四）项所列活动中使用的交通工具以及特种车辆；

（六）货样；

（七）慈善活动使用的仪器、设备以及用品；

（八）供安装、调试、检测、修理设备时使用的仪器以及工具；

（九）盛装货物的包装材料；

（十）旅游用自驾交通工具及其用品；

（十一）工程施工中使用的设备、仪器以及用品；
（十二）测试用产品、设备、车辆；
（十三）海关总署规定的其他暂时进出境货物。

使用货物暂准进口单证册（以下称"ATA 单证册"）暂时进境的货物限于我国加入的有关货物暂准进口的国际公约中规定的货物。

第四条 暂时进出境货物的税收征管依照《关税条例》的有关规定执行。

第五条 除我国缔结或者参加的国际条约、协定以及国家法律、行政法规和海关总署规章另有规定外，暂时进出境货物免予交验许可证件。

第六条 暂时进出境货物除因正常使用而产生的折旧或者损耗外，应当按照原状复运出境、复运进境。

第二章 暂时进出境货物的监管

第七条 ATA 单证册持证人、非 ATA 单证册项下暂时进出境货物收发货人（以下简称"持证人、收发货人"）可以在申报前向主管地海关提交《暂时进出境货物确认申请书》，申请对有关货物是否属于暂时进出境货物进行审核确认，并且办理相关手续，也可以在申报环节直接向主管地海关办理暂时进出境货物的有关手续。

第八条 ATA 单证册持证人应当向海关提交有效的 ATA 单证册以及相关商业单据或者证明材料。

第九条 ATA 单证册项下暂时出境货物，由中国国际贸易促进委员会（中国国际商会）向海关总署提供总担保。

除另有规定外，非 ATA 单证册项下暂时进出境货物收发货人应当按照有关规定向主管地海关提供担保。

第十条 暂时进出境货物应当在进出境之日起 6 个月内复运出境或者复运进境。

因特殊情况需要延长期限的，持证人、收发货人应当向主管地海关办理延期手续，延期最多不超过 3 次，每次延长期限不超过 6 个月。延长期届满应当复运出境、复运进境或者办理进出口手续。

国家重点工程、国家科研项目使用的暂时进出境货物以及参加展期在 24 个月以上展览会的展览品，在前款所规定的延长期届满后仍需要延期的，由主管地直属海关批准。

第十一条 暂时进出境货物需要延长复运进境、复运出境期限的，持证人、收发货人应当在规定期限届满前向主管地海关办理延期手续，并且提交《货物暂时进/出境延期办理单》以及相关材料。

第十二条 暂时进出境货物可以异地复运出境、复运进境，由复运出境、复运进境地海关调取原暂时进出境货物报关单电子数据办理有关手续。

ATA 单证册持证人应当持 ATA 单证册向复运出境、复运进境地海关办理有关手续。

第十三条 暂时进出境货物需要进出口的，暂时进出境货物收发货人应当在货物复运出境、复运进境期限届满前向主管地海关办理进出口手续。

第十四条 暂时进出境货物收发货人在货物复运出境、复运进境后，应当向主管地海关办理结案手续。

第十五条 海关通过风险管理、信用管理等方式对暂时进出境业务实施监督管理。

第十六条 暂时进出境货物因不可抗力的原因受损，无法原状复运出境、复运进境的，持证人、收发货人应当及时向主管地海关报告，可以凭有关部门出具的证明材料办理复运出境、复运进境手续；因不可抗力的原因灭失的，经主管地海关核实后可以视为该货物已经复运出境、复运进境。

暂时进出境货物因不可抗力以外其他原因受损或者灭失的,持证人、收发货人应当按照货物进出口的有关规定办理海关手续。

第三章 暂时进出境展览品的监管

第十七条 境内展览会的办展人以及出境举办或者参加展览会的办展人、参展人(以下简称"办展人、参展人")可以在展览品进境或者出境前向主管地海关报告,并且提交展览品清单和展览会证明材料,也可以在展览品进境或者出境时,向主管地海关提交上述材料,办理有关手续。

对于申请海关派员监管的境内展览会,办展人、参展人应当在展览品进境前向主管地海关提交有关材料,办理海关手续。

第十八条 展览会需要在我国境内两个或者两个以上关区内举办的,对于没有向海关提供全程担保的进境展览品应当按照规定办理转关手续。

第十九条 下列在境内展览会期间供消耗、散发的用品(以下简称"展览用品"),由海关根据展览会的性质、参展商的规模、观众人数等情况,对其数量和总值进行核定,在合理范围内的,按照有关规定免征进口关税和进口环节税:

(一)在展览活动中的小件样品,包括原装进口的或者在展览期间用进口的散装原料制成的食品或者饮料的样品;

(二)为展出的机器或者器件进行操作示范被消耗或者损坏的物料;

(三)布置、装饰临时展台消耗的低值货物;

(四)展览期间免费向观众散发的有关宣传品;

(五)供展览会使用的档案、表格以及其他文件。

前款第(一)项所列货物,应当符合以下条件:

(一)由参展人免费提供并且在展览期间专供免费分送给观众使用或者消费的;

(二)单价较低,作广告样品用的;

(三)不适用于商业用途,并且单位容量明显小于最小零售包装容量的;

(四)食品以及饮料的样品虽未按照本款第(三)项规定的包装分发,但是确实在活动中消耗掉的。

第二十条 展览用品中的酒精饮料、烟草制品以及燃料不适用有关免税的规定。

本办法第十九条第一款第(一)项所列展览用品超出限量进口的,超出部分应当依法征税;第一款第(二)项、第(三)项、第(四)项所列展览用品,未使用或者未被消耗完的,应当复运出境,不复运出境的,应当按照规定办理进口手续。

第二十一条 海关派员进驻展览场所的,经主管地海关同意,展览会办展人可以就参展的展览品免予向海关提交担保。

展览会办展人应当提供必要的办公条件,配合海关工作人员执行公务。

第二十二条 未向海关提供担保的进境展览品在非展出期间应当存放在海关监管作业场所。因特殊原因需要移出的,应当经主管地海关同意,并且提供相应担保。

第二十三条 为了举办交易会、会议或者类似活动而暂时进出境的货物,按照本办法对展览品监管的有关规定进行监管。

第四章 ATA 单证册的管理

第二十四条 中国国际贸易促进委员会(中国国际商会)是我国 ATA 单证册的出证和担保机构,负责签发出境 ATA 单证册,向海关报送所签发单证册的中文电子文本,协助海关确认 ATA 单证册的真伪,并且向海关承担 ATA 单证册持证人因违反暂时进出境规定而产生的相关税费、罚款。

第二十五条 海关总署设立 ATA 核销中心，履行以下职责：

（一）对 ATA 单证册进行核销、统计以及追索；

（二）应成员国担保人的要求，依据有关原始凭证，提供 ATA 单证册项下暂时进出境货物已经进境或者从我国复运出境的证明；

（三）对全国海关 ATA 单证册的有关核销业务进行协调和管理。

第二十六条 海关只接受用中文或者英文填写的 ATA 单证册。

第二十七条 ATA 单证册发生损坏、灭失等情况的，ATA 单证册持证人应当持原出证机构补发的 ATA 单证册到主管地海关进行确认。

补发的 ATA 单证册所填项目应当与原 ATA 单证册相同。

第二十八条 ATA 单证册项下暂时进出境货物在境内外停留期限超过 ATA 单证册有效期的，ATA 单证册持证人应当向原出证机构续签 ATA 单证册。续签的 ATA 单证册经主管地海关确认后可以替代原 ATA 单证册。

续签的 ATA 单证册只能变更单证册有效期限和单证册编号，其他项目应当与原单证册一致。续签的 ATA 单证册启用时，原 ATA 单证册失效。

第二十九条 ATA 单证册项下暂时进境货物未能按照规定复运出境或者过境的，ATA 核销中心应当向中国国际贸易促进委员会（中国国际商会）提出追索。自提出追索之日起 9 个月内，中国国际贸易促进委员会（中国国际商会）向海关提供货物已经在规定期限内复运出境或者已经办理进口手续证明的，ATA 核销中心可以撤销追索；9 个月期满后未能提供上述证明的，中国国际贸易促进委员会（中国国际商会）应当向海关支付税费和罚款。

第三十条 ATA 单证册项下暂时进境货物复运出境时，因故未经我国海关核销、签注的，ATA 核销中心凭由另一缔约国海关在 ATA 单证上签注的该批货物从该国进境或者复运进境的证明，或者我国海关认可的能够证明该批货物已经实际离开我国境内的其他文件，作为已经从我国复运出境的证明，对 ATA 单证册予以核销。

第五章 附 则

第三十一条 违反本办法，构成走私行为、违反海关监管规定行为或者其他违反海关法行为的，由海关依照《海关法》和《中华人民共和国海关行政处罚实施条例》的有关规定予以处理；构成犯罪的，依法追究刑事责任。

第三十二条 从境外暂时进境的货物转入海关特殊监管区域和保税监管场所的，不属于复运出境。

第三十三条 对用于装载海关监管货物的进出境集装箱的监管不适用本办法。

第三十四条 暂时进出境物品超出自用合理数量的，参照本办法监管。

第三十五条 本办法有关用语的含义：

展览会、交易会、会议以及类似活动是指：

（一）贸易、工业、农业、工艺展览会，以及交易会、博览会；

（二）因慈善目的而组织的展览会或者会议；

（三）为促进科技、教育、文化、体育交流，开展旅游活动或者民间友谊而组织的展览会或者会议；

（四）国际组织或者国际团体组织代表会议；

（五）政府举办的纪念性代表大会。

在商店或者其他营业场所以销售国外货物为目的而组织的非公共展览会不属于本办法所称展览会、交易会、会议以及类似活动。

展览品是指：
（一）展览会展示的货物；
（二）为了示范展览会展出机器或者器具所使用的货物；
（三）设置临时展台的建筑材料以及装饰材料；
（四）宣传展示货物的电影片、幻灯片、录像带、录音带、说明书、广告、光盘、显示器材等；
（五）其他用于展览会展示的货物。

包装材料，是指按原状用于包装、保护、装填或者分离货物的材料以及用于运输、装卸或者堆放的装置。

主管地海关，是指暂时进出境货物进出境地海关。境内展览会、交易会、会议以及类似活动的主管地海关为其活动所在地海关。

第三十六条 本办法所规定的文书由海关总署另行制定并且发布。

第三十七条 本办法由海关总署负责解释。

第三十八条 本办法自2018年2月1日起施行。2007年3月1日海关总署令第157号公布的《中华人民共和国海关暂时进出境货物管理办法》、2013年12月25日海关总署令第212号公布的《海关总署关于修改〈中华人民共和国海关暂时进出境货物管理办法〉的决定》同时废止。

中华人民共和国海关暂时进出境货物监管操作规程

（署监发〔2013〕128号）

（2013年11月1日由海关总署发布，2013年11月1日起施行，法规类型为规范性文件）

第一章 总 则

第一条 根据《中华人民共和国海关法》、《中华人民共和国进出口关税条例》（以下简称《关税条例》）、《中华人民共和国海关暂时进出境货物管理办法》（以下简称《管理办法》）等有关法律、法规及规章的规定，制定本规程。

第二条 本规程适用于非ATA单证册项下暂时进出境货物，具体包括《管理办法》第三条第一款所列范围，其中：

"货样"是指用于展示、操作演示、供订货参考以及被检测、测试的货物样品，但不包括同一收发货人进出口超过合理数量的相同货物。

"工程施工中使用的设备、仪器及用品"是指中外合作项目中，外方自带进境且中方不需要对外支付费用的施工设备、仪器及用品。

"海关批准的其他暂时进出境货物"是指海关批准的属于国家重点项目和特殊需要的暂时进出境货物。

第三条 除我国缔结或参加的国际条约、协定及国家法律、行政法规和海关总署规章另有规定外，暂时进出境货物免于交验许可证件。

暂时进境汽车不受国家汽车产业政策规定的整车进口指定口岸限制。对符合《管理办法》第三条第一款所列暂时进境货物范围的二手（旧）汽车、右舵车，如能提交国家主管部门证明文件，可以办理暂时进境手续，但期满后必须复运出境。

第四条 暂时进出境货物的主管地海关为境内举办展览会、交易会、会议及类似活动所在地海关或者货物进出境地海关。通过转关运输方式进出境的暂时进出境货物，主管地海关为转关指运地或启运地海关。

第五条 经海关批准暂时进出境货物，除因正常使用而产生的折旧或损耗外，应当按照原状在规定的期限内复运出境或者进境。

暂时进境的货物转入保税区、出口加工区等海关特殊监管区域和保税监管场所的，不视为复运出境，在境一内停留的时间应当连续计算。

第二章 暂时进出境货物的核准

第六条 暂时进出境货物收发货人（以下简称"收发货人"）为货物暂时进出境的申请人。

收发货人可以自行向主管地海关提交货物暂时进出境申请，也可以委托代理人办理申请手续。

第七条 收发货人或其代理人提出货物暂时进出境申请时，主管地海关应当要求其提供以下材料：

（一）《货物暂时进/出境申请书》（以下简称《申请书》）；

（二）《暂时进出境货物清单》一式两份（以下简称《清单》，格式文本见附件1）；

（三）发票、合同或者协议以及其他相关单据；

（四）相关批准文件或者证明文件的正本及复印件；

（五）海关认为必要的其他材料。

举办展览会的，主管地海关还应当要求办展人、参展人在展览品进境或者出境20日前办理展览会备案手续，并提供展览会邀请函、展位确认书等相关材料。

第八条 《管理办法》第三条第一款中第（一）至（十一）项所列暂时进出境货物的申请由主管地直属海关或其授权的隶属海关负责核准；第（十二）项所列暂时进出境货物的申请由主管地直属海关受理后上报海关总署审批，经海关总署审批同意后，由主管地直属海关做出核准决定。

第九条 海关受理货物暂时进出境申请后，应当对其进出境目的、能否按原状复运出境或者进境、是否对外收取或支付费用等事项进行审核。经审核后，分别在《货物暂时进/出境审批表》（以下简称《审批表》，格式文本见附件2）上批注审核意见及日期，并自受理之日起20日内做出是否核准的决定。

需上报海关总署批准的货物暂时进出境申请，根据受理海关层级不同，按以下程序办理：

（一）隶属海关受理货物暂时进出境申请的，在《审批表》上分别批注审核意见及日期，并自受理之日起10日内报直属海关，直属海关应当自收到相关材料之日起10内审核后报海关总署审批；

（二）直属海关受理货物暂时进出境申请的，在《审批表》上分别批注审核意见及日期，并自受理之日起10日内将全部申请材料报海关总署审批。

第十条 海关决定批准或者不予批准货物暂时进出境申请后，应当制发《货物暂时进/出境申请批准决定书》或者《货物暂时进/出境申请不予批准决定书》（以下统称《审批决定书》），并对《审批决定书》进行编号（编号规则见附件3）、加盖行政公章，其中对批准申请的，还应当在《审批决定书》上批注批准复运出境或者进境的日期（于XX年XX月XX日前复运出/进境）。《审批决定书》一式两联，一联由海关留存，另一联随《清单》交收发货人或其代理人。

报经海关总署批准或不予批准申请的，由主管地直属海关制发《审批决定书》。

第十一条 在境内举办的展览会，主管地海关对办展人提交的有关材料审核后，应当对该展览会项下所有参展商进境展览品作出一次性行政许可决定。

进境巡展的展览品暂时进境申请由首个主管地海关一次性核准，展览品转至下一个主管地海关应当按照转关运输货物有关规定办理手续，并由转入地主管地海关继续实施监管。除新增展览项目外，转入地主管地海关凭首个主管地海关签章的行政许可文书，不再要求办展人再次提出展览品暂时进境申请。

第三章 税款担保及征收

第十二条 除另有规定外，经海关批准的暂时进出境货物，海关应当按照规定收取相当于应纳税款的保证金或者海关依法认可的其他担保。

在海关指定场所或者海关指派专人监管的场所举办展览会的，经主管地直属海关批准，办展人可以免于提交担保，但海关指定场所应当符合《中华人民共和国海关监管场所管理办法》（海关总署第171号令）监管要求。

对中央国家机关及所属单位主办的文化、体育等活动所需暂时进境的货物，由中央国家机关或者所属单位向海关总署提出保证函担保书面申请，经海关总署审核同意后，主管地海关按照规定办理货物暂时进出境手续。

第十三条 对《关税条例》第四十二条第一款所列暂时进出境货物，在收发货人或其代理人向海关缴纳相当于应纳税款的保证金或者提供其他担保后，海关准予暂时免纳关税和进口环节海关代征税。

第十四条 对《关税条例》第四十二条第一款所列范围以外的其他暂时进出境货物，海关按照审定进出口货物完税价格的有关规定和海关接受该货物申报进出境之日适用的计征汇率、税率，审核确定其完税价格，按月征收税款，或者在规定期限内货物复运出境或者进境时征收税款。

第十五条 暂时进出境货物在规定期限届满，经海关同意不再复运出境或者进境的，纳税义务人应当在规定期限届满前按照规定向海关办理纳税手续。

第十六条 暂时进出境货物未在规定期限内复运出境或者进境，且收发货人或其代理人未在规定期限届满前向海关申报办理进出口及纳税手续的，海关应当按照规定征收应缴税款，并且应当自规定期限届满之日起至收发货人或其代理人申报纳税之日止，按日加收应当缴纳税款万分之五的滞纳金。

第十七条 对暂时进出境货物征收税款的其他要求，按照《关税条例》、《中华人民共和国海关进出口货物征税管理办法》等规定办理。

第四章 暂时进出境货物的通关

第十八条 在接受货物暂时进出境申报时，海关应当要求收发货人或其代理人填制进出口货物报关单（以下简称报关单）一式两份，并审核以下材料和项目：

（一）审核《审批决定书》、《清单》、相关批准文件或者证明文件（正本及复印件），以及发票、合同或者协议（一式两份）；

（二）审核报关单相关项目应当符合《中华人民共和国海关进出口货物报关单填制规范》（以下简称《报关单填制规范》）的要求，其中：

1. "贸易方式"栏填报"暂时进出货物（2600）"或者"展览品（2700）"；

2. "标记唛码及备注"栏填报暂时进出境方式（"暂时进境"、"暂时出境"）、《审批决定书》编号、暂时进出境货物类别（按照《管理办法》第三条所列类别填报）、海关批准的复

运出境或者进境日期;

3. 对符合本规程第十三条所述暂予免征税率的货物,"征免性质"栏填报"299 其他法定";对符合第十四条所述应予征税的货物,"征免性质"栏填报"101 一般征税"。

(三)审核报关单内容与《审批决定书》及《清单》的一致性;

(四)审核相关担保凭证符合现行规定;

(五)审核海关认为必要的其他材料。

海关审核无误后应当接受申报,并分别在两份报关单上签章,同时在《审批决定书》上注明申报日期及报关单编号。一份报关单及随附单证连同《审批决定书》及《清单》复印件由海关留存,另一份报关单及随附单证加盖验讫骑缝章后交由收发货人或其代理人用于办理海关后续手续,《审批决定书》及《清单》正本退收发货人或其代理人。

第十九条　在办理暂时进出境货物复运进境或者出境时,海关应当要求收发货人或其代理人填制报关单,并审核以下材料和项目:

(一)审核《审批决定书》、《清单》;

(二)审核复运出境或者进境报关单相关项目应当符合《报关单填制规范》的要求,其中:

1."标记唛码及备注"栏填报暂时进出境方式("暂时进境复出境"、"暂时出境复进境");

2."关联报关单"栏填报对应的原暂时进出境报关单编号,原暂时进出境报关单多于一份的,其他报关单编号填报在"标记唛码及备注"栏。

(三)审核复运出境或者进境报关单相关内容与《审批决定书》、《清单》及原暂时进出境报关单的一致性;

(四)审核原暂时进出境报关单,确定暂时进出境货物在规定期限内复运出境或者进境,如办理过延期的,还应当审核《延期决定书》;

(五)审核海关认为必要的其他材料。

海关审核无误后应当接受申报,并在原暂时进出境报关单上批注复运出境或者进境日期及报关单编号,同时加盖核销章;暂时进出境货物分批复运出境或者进境的,应当在原暂时进出境报关单上批注当次复运出境或者进境数量及未核销数量,并加盖核销章。海关留存经批注的原暂时进出境报关单复印件及随附单据复印件,正本退收发货人或其代理人。

在相关货物复运出境或者进境后,海关签加盖验讫章的复运出境或者进境报关单,交由收发货人或其代理人凭以办理暂时进出境货物销案手续。

第二十条　暂时进出境货物如需转为正式进出口,海关应当要求收发货人或其代理人在货物复运出境或者进境期限届满 30 前提出申请,并审核以下材料:

(一)转为正式进出口的书面申请及货物清单;

(二)原暂时进出境报关单;

(三)《审批决定书》、《清单》;

(四)发票、合同或者协议;

(五)海关认为必要的其他材料。

海关受理暂时进出境货物拟转为正式进出口申请后,需由主管地直属海关自受理之日起 20 日内做出是否核准决定,并在进出口申请上批注意见。经审核批准的,按照规定办理进出口手续。

经海关同意在境内留购的暂时进境汽车,必须转车至整车进口指定口岸办理进口手续。

第二十一条　经海关批准暂时进出境货物转为正式进出口的,海关应当按照以下要求审核正式进出口报关单:

(一)"关联报关单"栏应当填报对应的原暂时进出境报关单编号,原暂时进出境报关单

多于一份的,其他报关单编号填报在"标记唛码及备注"栏;

(二)"运输方式"栏填报"其他运输"。

进出口货物涉及许可证件管理的,海关按照规定要求收发货人或代理人提交许可证件。

海关按照一般进出口货物办理通关手续后,签发加盖验讫章的正式进出口报关单,交由收发货人或代理人凭以办理暂时进出境货物销案手续。

第五章 暂时进出境货物的延期

第二十二条 经主管地直属海关批准,暂时进出境货物可以延期复运出境或者进境。海关应当要求收发货人或其代理人在规定期限届满 30 日前提出延期申请,延期次数最多不超过 3 次,每次延长期限不超过 6 个月。作为货样的暂时进境车辆(国家规定实施必检项目的测试车辆除外)自进境之日起 6 个月内必须复运出境,不得延期。测试用车辆及其零配件无论是否损毁,期满必须复运出境。

国家重点项目中使用的暂时进出境货物以及参加展期在 24 个月以上展览会的展览品,在 3 次延长期限届满后仍需延期的,由主管地直属海关审核后报海关总署审批。

除另有规定外,经海关批准的暂时进出境货物延长期限最长为 54 个月。

第二十三条 暂时进出境货物收发货人或其代理人申请延期的,主管地海关应当要求其提供以下材料:

(一)《货物暂时进/出境延期申请书》(以下简称《延期申请书》);

(二)《批准决定书》及《清单》;

(三)原暂时进出境报关单;

(四)延期原因报告;

(五)补充合同或协议;

(六)收发货人授权代理延期申请委托书;

(七)属于国家重点工程项目或科研项目的,提供有关证明文件;

(八)展览会延期的,提供原批准部门同意延期的批准文件或证明文件;

(九)海关认为必要的其他材料。

第二十四条 海关受理货物暂时进出境延期申请后,应当对其延期理由等内容进行审核,其中对申请暂时进境延期的,应当派员对延期用途、暂时进境货物状况等进行实地核查。

第二十五条 主管地隶属海关受理延期申请的,应当根据审核以及实地核查结果,于受理申请之日起 10 日内将审查意见及全部申请材料报送主管地直属海关。主管地直属海关应当于收到审查意见之日起 10 日内做出决定,制发《延期决定书》。

主管地直属海关受理延期申请的,应当根据审核以及实地核查结果,于受理之日起 20 日内做出决定,制发《中华人民共和国海关货物暂时进/出境延期申请批准决定书》或者《中华人民共和国海关货物暂时进/出境延期申请不予批准决定书》(以下统称《延期决定书》)。

需上报海关总署批准的,主管地直属海关应当根据审核以及实地核查结果,于受理申请之日起 10 日内将审查意见和全部申请材料上报海关总署。经海关总署审核后,由主管地直属海关制发《延期决定书》。

第二十六条 海关对《延期决定书》进行编号(编号规则见附件 3),并在《延期决定书》上批注原暂时进出境报关单编号、延期后复运出境或者进境期限。《延期决定书》一式两联,一联由海关留存,另一联交申请人。

第二十七条 海关核准暂时进出境货物延期后,该批货物的税款担保期限也应顺延至经核准的延期期限。

第六章 暂时进出境货物的销案

第二十八条 暂时进出境货物在规定期限内全部复运出境或者进境后，主管地海关应当审核留存以下材料：

（一）《审批决定书》及《清单》；

（二）原暂时进出境报关单和复运进出境报关单；

（三）批准延期的，审核留存《延期决定书》；

（四）涉及征税的，审核留存《海关税款缴款书》。

海关审核无误后，对相关暂时进出境货物的担保办理退转手续，并按实际征免情况修改原暂时进出境报关单"征免方式"栏目，免予征税的修改为"3 全免"，征税的修改为"4 特案"，办理销案手续。

第二十九条 暂时进出境货物转为正式进出口的，主管地海关应当审核留存以下材料：

（一）《审批决定书》及《清单》；

（二）原暂时进出境报关单；

（三）正式进出口报关单；

（四）批准延期的，应当审核留存桃期决定书》；

（五）涉及征税的，审核留存《海关税款缴款书》。

海关审核无误后，对相关暂时进出境货物的担保办理退转手续，并按实际征免情况修改原暂时进出境报关单"征免方式"栏目，免予征税的修改为"3 全免"，征税的修改为"4 特案"，办理销案手续。

第三十条 暂时进出境货物灭失或者失去使用价值的，海关视不同情形办理销案手续：

（一）暂时进出境货物因不可抗力原因受损无法按照原状复运出境或者进境的，主管地海关验核有关部门出具的证明材料后，按照本规程第十九条规定办理复运出境或者进境手续。

货物复运出境或者进境后，海关对相关暂时进出境货物的担保办理退转手续，并按实际征免情况修改原暂时进出境报关单"征免方式"栏目，办理销案手续。

（二）暂时进出境货物因不可抗力的原因灭失或者失去使用价值无法复运出境或者进境的，主管地海关验核有关部门出具的证明材料后，可以视为该批货物已经复运出境或者进境，并留存有关部门出具的证明材料、《审批决定书》、《清单》、原暂时进出境报关单，批准延期复运出境或者进境的，还应当审核留存《延期决定书》。

相关手续办理后，海关对相关暂时进出境货物的担保办理退转手续，并按实际征免情况修改原暂时进出境报关单"征免方式"栏目，办理销案手续。

（三）暂时进出境货物因其他原因受损或者灭失的，主管地海关按照货物进出口的有关规定办理相关手续后予以销案。

第三十一条 主管地海关应当要求办展人、参展人在进出境展览品办结海关手续后 30 日内申请办理展览会销案手续，海关核对展览品核销记录无误后准予销案。

第七章 附 则

第三十二条 主管地海关应当对《申请书》、《延期申请书》及随附单证以及行政许可文书整理存档，自销案之日起保存三年。

第三十三条 本规程规定的实施海关行政许可的期限以工作日计算，不含法定节假日。

第三十四条 举办交易会、会议或者类似活动暂时进出境的货物，按照本规程对展览品监管的有关规定办理。

第三十五条 用于装载海关监管货物的进出境集装箱、租赁贸易货物、对外承包工程进出口物资、进出境修理物品、对外收取或支付费用的货物等不适用本规程。

第三十六条 本规程未明确的行政许可相关事项，按照《中华人民共和国行政许可法》及《中华人民共和国海关实施<中华人民共和国行政许可法>办法》规定办理。

第三十七条 本规程由海关总署负责解释。

第三十八条 本规程自2013年11月1日起实施。

附件：1. 暂时进出境货物清单（略）
2. 货物暂时进/出境海关审批表（略）
3. 编号规则（略）

关于暂时进出境货物监管有关事宜的公告

（海关总署公告2019年第13号）

（2019年1月9日由海关总署发布，2019年1月9日起施行，法规类型为规范性文件）

为服务国家经济发展，加强对外交流与合作，促进贸易便利化，借鉴推广2018年首届中国国际进口博览会海关有关监管措施，现将有关事宜公告如下：

（一）经国务院批复同意，我国扩大接受《关于暂准进口的公约》（即《伊斯坦布尔公约》）附约B.2《关于专业设备的附约》和附约B.3《关于集装箱、托盘、包装物料、样品及其他与商业运营有关的进口货物的附约》。同时，对附约B.3中第2条第（2）项和第（3）项作出保留。

海关扩大接受"专业设备"和"商业样品"用途的暂时进境ATA单证册。暂时进境集装箱及配套的附件和设备、维修集装箱用零配件按照相关规定办理海关手续。

（二）海关签注ATA单证册项下暂时进出境货物的进出境期限与单证册有效期一致。

（三）从境外暂时进境的货物（ATA单证册项下暂时进境货物除外）转入海关特殊监管区域和保税监管场所的，主管地海关凭《中华人民共和国海关出口货物报关单》对暂时进境货物予以核销结案。

本公告自发布之日起施行。

特此公告。

关于暂时进境测试车辆监管有关事宜的公告

（海关总署公告2008年第12号）

（2008年2月26日由海关总署发布，2008年2月26日起施行，法规类型为规范性文件）

根据《中华人民共和国海关暂时进出境货物管理办法》，现就暂时进境测试车辆监管有关事宜公告如下：

一、测试用暂时进境车辆,按照国家相关规定实施必检项目的,如不能在6个月内复运出境,货物收发货人或其代理人应当向暂时进境核准地海关提出延期申请,并提交车辆测试部门出具的相关证明,经直属海关审核同意后,可以延期。在18个月延长期届满后仍需要延期的,由主管地直属海关报海关总署审批;对于非国家相关主管部门规定实施必检项目的暂时进境车辆,不能申请延期,期满必须复运出境。

二、国内客户定制的车辆,在完成国家有关部门规定必检项目测试后,如需进口,货物收发货人或其代理人应当向暂时进境申请核准地海关申请办理进口手续,并提交相关定制合同、发票及进口许可证件等单证和证明文件,经暂时进境核准地直属海关审批同意后,转关至国家指定整车进口口岸办理进口手续。

三、暂时进境测试用车辆的其他有关监管事宜仍按照《海关总署关于暂时进出境货物监管有关问题的公告》(2007年第48号公告)执行。

特此公告。

关于接受体育用品用途暂时进境 ATA 单证册的公告

(海关总署公告 2019 年第 193 号)

(2019 年 12 月 10 日由海关总署发布,2020 年 1 月 1 日起施行,法规类型为规范性文件)

为支持我国举办北京 2022 年冬奥会和冬残奥会等体育活动,依据有关货物暂准进口的国际公约规定,海关自 2020 年 1 月 1 日起,接受"体育用品"用途的暂时进境 ATA 单证册。对用于体育比赛、体育表演及训练等所必需的体育用品,可以使用 ATA 单证册办理暂时进境海关手续。

特此公告。

中华人民共和国海关进口货物直接退运管理办法

(海关总署令第 217 号)

(2014 年 3 月 12 日由海关总署发布;根据 2018 年 4 月 28 日海关总署令第 238 号《海关总署关于修改部分规章的决定》修改,根据 2018 年 5 月 29 日海关总署令第 240 号《海关总署关于修改部分规章的决定》修改;现行版本自 2018 年 7 月 1 日起施行;法规类型为部门规章)

第一条 为了加强对进口货物直接退运的管理,保护公民、法人或者其他组织的合法权益,根据《中华人民共和国海关法》(以下简称《海关法》)制定本办法。

第二条 货物进境后、办结海关放行手续前,进口货物收发货人、原运输工具负责人或者其代理人(以下统称当事人)将全部或者部分货物直接退运境外,以及海关根据国家有关规定责令直接退运的,适用本办法。

进口转关货物在进境地海关放行后,当事人办理退运手续的,不适用本办法,当事人应当按照一般退运手续办理。

第三条　货物进境后、办结海关放行手续前，有下列情形之一的，当事人可以向货物所在地海关办理直接退运手续：

（一）因为国家贸易管理政策调整，收货人无法提供相关证件的；

（二）属于错发、误卸或者溢卸货物，能够提供发货人或者承运人书面证明文书的；

（三）收发货人双方协商一致同意退运，能够提供双方同意退运的书面证明文书的；

（四）有关贸易发生纠纷，能够提供已生效的法院判决书、仲裁机构仲裁决定书或者无争议的有效货物所有权凭证的；

（五）货物残损或者检验检疫不合格，能够提供相关检验证明文书的。

第四条　办理直接退运手续的进口货物未向海关申报的，当事人应当向海关提交《进口货物直接退运表》以及证明进口实际情况的合同、发票、装箱清单、提运单或者载货清单等相关单证、证明文书，按照本办法第十条的规定填制报关单，办理直接退运的申报手续。

第五条　办理直接退运手续的进口货物已向海关申报的，当事人应当向海关提交《进口货物直接退运表》，先行办理报关单或者转关单删除手续。

本条第一款规定情形下，海关依法删除原报关单或者转关单数据的，当事人应当按照本办法第十条的规定填制报关单，办理直接退运的申报手续。

对海关已经确定布控、查验或者认为有走私违规嫌疑的货物，不予办理直接退运。布控、查验或者案件处理完毕后，按照海关有关规定处理。

第六条　货物进境后、办结海关放行手续前，有下列情形之一的，海关应当责令当事人将进口货物直接退运境外：

（一）货物属于国家禁止进口的货物，已经海关依法处理的；

（二）违反国家检验检疫政策法规，已经海关依法处理的；

（三）未经许可擅自进口属于限制进口的固体废物，已经海关依法处理的；

（四）违反国家有关法律、行政法规，应当责令直接退运的其他情形。

第七条　责令进口货物直接退运的，由海关根据相关政府行政主管部门出具的证明文书，向当事人制发《海关责令进口货物直接退运通知书》（以下简称《责令直接退运通知书》）。

第八条　当事人收到《责令直接退运通知书》之日起30日内，应当按照海关要求向货物所在地海关办理进口货物直接退运的申报手续。

第九条　当事人办理进口货物直接退运申报手续的，除另有规定外，应当先行填写出口报关单向海关申报，然后填写进口报关单办理直接退运申报手续，进口报关单应当在"关联报关单"栏填报出口报关单号。

第十条　进口货物直接退运的，除《中华人民共和国海关进出口货物报关单填制规范》外，还应当按照下列要求填制进出口货物报关单：

（一）"监管方式"栏均填写"直接退运"（代码"4500"）；

（二）"备注"栏填写《进口货物直接退运表》或者《责令直接退运通知书》编号。

第十一条　直接退运的货物，海关不审核进出口许可证或者其他监管证件，免于征收进出口环节税费及滞报金，不列入海关统计。

第十二条　由于承运人的责任造成货物错发、误卸或者溢卸的，当事人办理直接退运手续时可以免于填制报关单。

第十三条　进口货物直接退运应当从原进境地口岸退运出境。由于运输原因需要改变运输方式或者由另一口岸退运出境的，应当经由原进境地海关批准后，以转关运输方式出境。

第十四条　保税区、出口加工区以及其他海关特殊监管区域和保税监管场所进口货物的直接退运参照本办法有关规定办理。

第十五条 违反本办法，构成走私行为、违反海关监管规定行为或者其他违反《海关法》行为的，由海关依照《海关法》和《中华人民共和国海关行政处罚实施条例》的有关规定予以处理；构成犯罪的，依法追究刑事责任。

第十六条 《进口货物直接退运表》、《海关责令进口货物直接退运通知书》等法律文书，由海关总署另行制发公告。

第十七条 本办法由海关总署负责解释。

第十八条 本办法自公布之日起施行。2007年2月2日以海关总署令第156号公布的《中华人民共和国海关进口货物直接退运管理办法》同时废止。

中华人民共和国海关对过境货物监管办法

（海关总署令第38号）

（1992年9月1日由海关总署发布；根据2010年11月26日海关总署令第198号《海关总署关于修改部分规章的决定》修改，根据2018年5月29日海关总署令第240号《海关总署关于修改部分规章的决定》修改；现行版本自2018年7月1日起施行；法规类型为部门规章）

第一条 为维护国家的主权和利益，促进我国对外开放，加强海关对过境货物的监督管理，根据《中华人民共和国海关法》，特制定本办法。

第二条 本办法所称"过境货物"系指由境外启运，通过中国境内陆路继续运往境外的货物。

"经营人"指经国家经贸主管部门批准、认可具有国际货物运输代理业务经营权并拥有过境货物运输代理业务经营范围（国际多式联运）的企业。

"承运人"指经国家运输主管部门批准从事过境货物运输业务的企业。

第三条 对同我国签有过境货物协定的国家的过境货物，或属于同我国签有铁路联运协定国家收、发货的，按有关协定准予过境；对于同我国未签有上述协定国家的过境货物，应当经国家经贸、运输主管部门批准并向入境地海关备案后准予过境。

第四条 过境货物自进境起到出境止属海关监管货物，应当接受海关监管。未经海关许可，任何单位和个人不得开拆、提取、交付、发运、调换、改装、抵押、转让，或者更换标记。

第五条 装载过境货物的运输工具，应当具有海关认可的加封条件和装置。海关认为必要时，可以对过境货物及其装载装置加封。运输部门和经营人，应当负责保护海关封志的完整，任何人不得擅自开启或损毁。

第六条 经营人应当凭主管部门的批准文件，向海关申请办理报关注册登记手续。经海关核准后，才能负责办理报关事宜。

第七条 下列货物禁止过境：

（一）来自或运往我国停止或禁止贸易的国家和地区的货物。

（二）各种武器、弹药、爆炸物品及军需品（通过军事途径运输的除外）。

（三）各种烈性毒药、麻醉品和鸦片、吗啡、海洛因、可卡因等毒品。

（四）我国法律、法规禁止过境的其他货物、物品。

第八条 过境货物进境时，经营人应当向进境地海关如实申报，并递交下列单证：

（一）《中华人民共和国海关过境货物报关单》；
（二）过境货物运输单据（运单、装载清单、载货清单等）；
（三）海关需要的发票、装箱清单等其他单证。

第九条 海关认为必要时，可以查验过境货物。海关在查验过境货物时，经营人或承运人应当到场，按照海关的要求负责搬移货物，开拆和重封货物的包装，并在海关查验记录上签字。

第十条 过境货物经进境地海关审核无讹后，海关在运单上加盖"海关监管货物"戳记，并将两份《过境货物报关单》和过境货物清单制作关封后加盖"海关监管货物"专用章，连同上述运单一并交经营人。

经营人或承运人应当负责将进境地海关签发的关封完整及时地带交出境地海关。

第十一条 过境货物自进境之日起超过三个月未向海关申报的，海关视其为进口货物，按《中华人民共和国海关法》第三十条的有关规定处理。

第十二条 过境货物应当自进境之日起6个月内运输出境；在特殊情况下，经海关同意，可以延期，但延长期不得超过三个月。

过境货物在规定时间内不能出境的，海关按《中华人民共和国海关行政处罚实施条例》的有关规定处罚。

第十三条 过境货物在进境以后、出境之前，应当按照运输主管部门规定的路线运输，运输主管部门没有规定的，由海关指定。

根据实际情况，海关需要派员押运过境货物时，经营人或承运人应免费提供交通工具和执行监管任务的便利，并按照规定缴纳规费。

第十四条 过境货物进境后因换装运输工具等原因需卸地储存时，应当经海关批准并在海关监管下存入经海关指定或同意的仓库或场所。

第十五条 过境货物出境时，经营人应当向出境地海关申报，并交验进境地海关签发的关封和海关需要的其他单证。如货物有变动情况，经营人还应当提交书面证明。

第十六条 过境货物经出境地海关审核有关单证、关封或货物无讹后，由海关在运单上加盖放行章，在海关监管下出境。

第十七条 过境货物，由于不可抗力的原因，被迫在运输途中换装运输工具，起卸货物或遇有意外情况时，经营人或承运人应当立即报告所在地海关或附近海关，接受海关监管。

第十八条 过境货物在境内发生灭失和短少时（除不可抗力的原因外），应当由经营人负责向出境地海关补办进口纳税手续。

第十九条 对违反本办法有关规定情事的，海关依照《中华人民共和国海关法》和《中华人民共和国海关行政处罚实施条例》的有关规定处理。

第二十条 本办法由海关总署负责解释。

第二十一条 本办法自1992年12月1日起实施。

中华人民共和国海关关于转关货物监管办法

(海关总署令第89号)

(2001年9月30日由海关总署发布；根据2014年3月13日海关总署令第218号《海关总署关于修改部分规章的决定》修改，根据2017年12月20日海关总署令第235号《海关总署关于修改部分规章的决定》修改，根据2018年5月29日海关总署令第240号《海关总署关于修改部分规章的决定》修改；现行版本自2018年7月1日起施行；法规类型为部门规章)

第一章 总 则

第一条 为了加强对转关货物的监管，方便收发货人办理海关手续，根据《中华人民共和国海关法》制定本办法。

第二条 转关货物是海关监管货物，海关对进出口转关货物施加海关封志。

对商业封志完好的内支线船舶和铁路承运的转关货物，海关可以不施加海关封志。

可以办理转关手续的进出口货物范围由海关总署另行确定并且发布。

第三条 转关货物应当由已经在海关注册登记的承运人承运。海关对转关限定路线范围、限定途中运输时间，承运人应当按海关要求将货物运抵指定的场所。

海关根据工作需要，可以派员押运转关货物，货物收发货人或者其代理人、承运人应当提供方便。

第四条 转关货物的指运地或启运地应当设有经海关批准的海关监管作业场所。转关货物的存放、装卸、查验应当在海关监管作业场所内进行。特殊情况需要在海关监管作业场所以外存放、装卸、查验货物的，应当向海关事先提出申请，海关按照规定监管。

第五条 海关对转关货物的查验，由指运地或者启运地海关实施。进、出境地海关认为必要时也可以查验或者复验。

第六条 转关货物未经海关许可，不得开拆、提取、交付、发运、调换、改装、抵押、质押、留置、转让、更换标记、移作他用或者进行其他处置。

第七条 转关货物的收发货人或者代理人，可以采取以下三种方式办理转关手续：

（一）在指运地或者启运地海关以提前报关方式办理；

（二）在进境地或者启运地海关以直接填报转关货物申报单的直转方式办理；

（三）以由境内承运人或者其代理人统一向进境地或者启运地海关申报的中转方式办理。

第八条 转关货物申报的电子数据与书面单证具有同等的法律效力。对确因填报或者传输错误的数据，符合进出口货物报关单修改和撤销管理相关规定的，可以进行修改或者撤销。对海关已经决定查验的转关货物，不再允许修改或者撤销申报内容。

广东省内公路运输的《进境汽车载货清单》或者《出境汽车载货清单》视同转关申报书面单证，具有法律效力。

第九条 转关货物运输途中因交通意外等原因需要更换运输工具或者驾驶员的，承运人或者驾驶员应当通知附近海关；附近海关核实同意后，监管换装并书面通知进境地、指运地海关或者出境地、启运地海关。

第十条 转关货物在国内储运中发生损坏、短少、灭失情事时，除不可抗力外，承运人、货物所有人、存放场所负责人应承担税赋责任。

第二章 进口转关货物的监管

第十一条 转关货物应当自运输工具申报进境之日起 14 天内向进境地海关办理转关手续，在海关限定期限内运抵指运地海关之日起 14 天内，向指运地海关办理报关手续。逾期按照规定征收滞报金。

第十二条 进口转关货物，按货物到达指运地海关之日的税率和汇率征税。提前报关的，其适用的税率和汇率是指运地海关接收到进境地海关传输的转关放行信息之日的税率和汇率。如果货物运输途中税率和汇率发生重大调整，以转关货物运抵指运地海关之日的税率和汇率计算。

第十三条 提前报关的转关货物，进口货物收货人或者其代理人在进境地海关办理进口货物转关手续前，向指运地海关录入《进口货物报关单》电子数据，指运地海关提前受理电子申报，货物运抵指运地海关监管作业场所后，办理转关核销和接单验放等手续。

第十四条 提前报关的转关货物，其收货人或者代理人向指运地海关填报录入《进口货物报关单》后，计算机自动生成《进口转关货物申报单》并传输至进境地海关。

第十五条 提前报关的转关货物收货人或者代理人，应当向进境地海关提供《进口转关货物申报单》编号，并提交下列单证办理转关手续：

（一）《中华人民共和国海关境内汽车载运海关监管货物载货登记簿》（以下简称《汽车载货登记簿》）或《船舶监管簿》；

（二）提货单。

广东省内公路运输的，还应当交验《进境汽车载货清单》。

第十六条 提前报关的进口转关货物应当在电子数据申报之日起的 5 日内，向进境地海关办理转关手续。超过期限仍未到进境地海关办理转关手续的，指运地海关撤销提前报关的电子数据。

第十七条 直转的转关货物，货物收货人或者代理人在进境地录入转关申报数据，直接办理转关手续。

第十八条 直转的转关货物，货物收货人或者代理人应凭以下单证向进境地海关办理转关手续：

（一）《进口转关货物申报单》；广东省内公路运输的，交验《进境汽车载货清单》；

（二）《汽车载货登记簿》或者《船舶监管簿》。

第十九条 具有全程提运单、需换装境内运输工具的中转转关货物，收货人或者其代理人向指运地海关办理进口报关手续后，由境内承运人或者其代理人，批量办理货物转关手续。

第二十条 中转的转关货物，运输工具代理人应当凭以下单证向进境地海关办理转关手续：

（一）《进口转关货物申报单》；

（二）进口中转货物的按指运地目的港分列的舱单；

以空运方式进境的中转货物，提交联程运单。

第三章 出口转关货物的监管

第二十一条 出口提前报关的转关货物，由货物发货人或者其代理人在货物未运抵启运地海关监管作业场所前，向启运地海关填报录入《出口货物报关单》电子数据，启运地海关提前受理电子申报。货物应当于电子数据申报之日起 5 日内，运抵启运地海关监管作业场所，办理转关和验放等手续。超过期限的，启运地海关撤销提前报关的电子数据。

第二十二条 出口直转的转关货物,由货物发货人或者其代理人在货物运抵启运地海关监管作业场所后,向启运地海关填报录入《出口货物报关单》电子数据,启运地海关受理电子申报,办理转关和验放等手续。

第二十三条 提前报关和直转的出口转关货物,其发货人或者代理人应当在启运地填报录入《出口货物报关单》,在启运地海关办理出口通关手续后,计算机自动生成《出口转关货物申报单》数据,传送至出境地海关。

第二十四条 提前报关和直转的出口转关货物发货人或者代理人应当凭以下单证在启运地海关办理出口转关手续:

(一)《出口货物报关单》;

(二)《汽车载货登记簿》或者《船舶监管簿》;

(三)广东省内公路运输的,还应当递交《出境汽车载货清单》。

第二十五条 提前报关和直转的出口转关货物到达出境地后,发货人或者代理人应当凭《汽车载货登记簿》或者《船舶监管簿》和启运地海关签发的《出口货物报关单》和《出口转关货物申报单》或者《出境汽车载货清单》(广东省内公路运输),向出境地海关办理转关货物的出境手续。

第二十六条 具有全程提运单、需换装境内运输工具的出口中转货物,发货人向启运地海关办理出口报关手续后,由承运人或者其代理人按照出境运输工具分列舱单,批量办理货物转关手续。

第二十七条 出口中转货物,其发货人或者代理人向启运地海关办理出口通关手续后,运输工具代理人应当凭以下单证向启运地海关办理转关手续:

(一)《出口转关货物申报单》;

(二)按出境运输工具分列的舱单;

(三)《汽车载货登记簿》或者《船舶监管簿》。

经启运地海关核准后,签发《出口货物中转通知书》。出境地海关验核上述单证,办理中转货物的出境手续。

第二十八条 对需运抵出境地后才能确定出境运输工具,或者原定的运输工具名称、航班(次)、提单号发生变化的,可以在出境地补录或者修改相关数据,办理出境手续。

第四章 核 销

第二十九条 进口转关货物在运抵指运地海关监管作业场所后,指运地海关方可办理转关核销。

对于进口大宗散装转关货物分批运输的,在第一批货物运抵指运地海关监管作业场所后,指运地海关办理整批货物的转关核销手续,发货人或者代理人同时办理整批货物的进口报关手续。指运地海关按规定办理余下货物的验放。最后一批货物到齐后,指运地海关完成整批货物核销。

第三十条 出口转关货物在运抵出境地海关监管作业场所后,出境地海关方可办理转关核销。货物实际离境后,出境地海关核销清洁舱单并且反馈启运地海关,启运地海关凭以签发有关报关单证明联。

第三十一条 转关工具未办结转关核销的,不得再次承运转关货物。

第五章 附 则

第三十二条 本办法下列用语的含义是:

(一)转关货物系指:

1. 由进境地入境，向海关申请转关、运往另一设关地点办理进口海关手续的货物；
2. 在启运地已办理出口海关手续运往出境地，由出境地海关监管放行的货物。
（二）进境地：指货物进入关境的口岸。
（三）出境地：指货物离开关境的口岸。
（四）指运地：指进口转关货物运抵报关的地点。
（五）启运地：指出口转关货物报关发运的地点。
（六）承运人：指经海关核准，承运转关货物的企业。

第三十三条 本办法所规定的文书由海关总署另行制定并且发布。

第三十四条 本办法由海关总署负责解释。

第三十五条 本办法自2001年10月15日起实施。原《海关总署关于发布〈中华人民共和国海关广东地区陆路转关运输货物监管办法〉的通知》（署监〔2001〕21号）、《海关总署关于发布〈中华人民共和国海关关于长江沿线进出口转关运输货物监管办法〉的通知》（署监〔2001〕22号）、《关于发布〈中华人民共和国海关关于转关运输货物监管办法〉的通知》（署监一〔1992〕1377号）同时废止。

关于海运进出境中转集拼货物海关监管事项

（海关总署公告2018年第120号）

（2018年9月25日由海关总署发布，2018年12月1日起施行，法规类型为规范性文件）

为促进港口物流业发展，规范海运口岸进出境中转集拼货物海关监管，现就有关事项公告如下：

一、本公告所指进出境中转集拼货物（以下简称"中转集拼货物"）包括以下三种情况：
（一）需在境内拆拼的国际转运货物。
（二）与国际转运货物拼箱进境并在境内拆箱的进口货物。
（三）与国际转运货物拼箱出境的出口货物。

二、中转集拼货物境内拆拼箱作业应当在进境地口岸水路运输类海关监管作业场所（以下简称"作业场所"）内开展，并且满足以下条件：
（一）作业场所所处的海关监管区内应当配备满足海关监管需要的大型集装箱/车辆检查设备和辐射探测设备。
（二）作业场所内应当设置专门用于进出境中转集拼货物作业的仓库或者场地（以下简称"集拼作业区"），集拼作业区与作业场所其他区域应当进行物理隔离；集拼作业区内应当设置拆箱、拼箱、堆存、查验、查扣等作业功能区，各作业功能区间应当相对独立，并设有明显标识；堆存作业功能区应当按照货物类别分类堆存、分票独立存放；拆箱、拼箱作业功能区内应当配置货检X光机或者CT扫描设备。
（三）中转集拼货物拆拼等作业应当全部在集拼作业区内完成。
（四）集拼作业区内禁止存放非中转集拼货物。
（五）集拼作业区与海关联网的信息化管理系统，应当实现对货物进出集拼作业区、拆箱、位移、拼装等作业的系统管控，并且能够按照海关要求实现电子数据的传送、交换。

三、相关物流企业应当按照《中华人民共和国海关进出境运输工具舱单管理办法》（海关总署令第 172 号公布，根据海关总署令第 235 号、第 240 号修改）以及海关总署公告 2017 年第 56 号、2018 年第 93 号关于舱单电子数据传输时限、数据项、填制规范的规定，向海关舱单管理系统传输中转集拼货物的原始舱单、预配舱单、装载舱单、分拨申请、国际转运准单等电子数据。

四、中转集拼货物以总分提单形式拼箱进出境的，原始、预配舱单总提单的"货物海关状态代码"需填写为"MIX"（中转集拼货物），总提单项下分提单的"货物海关状态代码"按实际货物状态填写。

五、调整《国际转运准单数据项》传输要求，将"进境分提运单号"和"出境分提运单号"的填制条件由"—"调整为"条件"，中转集拼货物以总分提单形式拼箱进境或出境的，国际转运准单中需填写"进境分提运单号"或"出境分提运单号"。变更后的《国际转运准单数据项》详见附件。

六、中转集拼货物中的进口货物，应当自运输工具申报进境之日起十四日内向海关申报；国际转运货物，应当在三个月内复运出境，特殊情况下，经海关批准，可以延期三个月复运出境。

七、对于检疫风险高的进口肉类、水产品等食品，不允许开展中转集拼业务。对于允许中转集拼的食品，应当确保符合食品安全防护相关要求，不得造成食品污染，不得与危化品、废旧物品以及放射性物品等产品集拼。

八、作业场所经营人在作业过程中，发现中转集拼货物为国家禁止进出境货物的，应当及时向海关报告。

本公告内容自 2018 年 12 月 1 日起实施。

特此公告。

附件：国际转运准单数据项

附件

国际转运准单数据项

序号	中国海关数据元名称	WCO DATA MODEL 或 UNTDED 编号	填制条件	
			水运	空运
1	国际转运申报人	256 Representative person name	必填	必填
2	申报地海关代码	065 Customs office of declaration, coded	必填	必填
3	装货地代码	070 Place of loading, coded	必填	必填
4	进境航次航班编号	149 Conveyance reference number	必填	必填
5	进境运输工具代码	167 Identification of means of transport crossing the border, coded	必填	—
6	卸货地代码	080 Place of discharge, coded	必填	必填
7	出境航次航班编号	149 Conveyance reference number	必填	必填
8	出境运输工具代码	167 Identification of means of transport crossing the border, coded	必填	—

续表

序号	中国海关数据元名称	WCO DATA MODEL 或 UNTDED 编号	填制条件 水运	填制条件 空运
9	进境总提运单号	015 Transport document number	必填	必填
10	进境分提运单号	189 Associated transport document number	条件	条件
11	进境托运货物件数	146 Total number of packages	条件	必填
12	进境货物包装种类代码	141 Type of packages identification	条件	必填
13	进境货物总毛重	131 Total gross weight	条件	必填
14	出境总提运单号	015 Transport document number	必填	必填
15	出境分提运单号	189 Associated transport document number	条件	条件
16	出境托运货物件数	146 Total number of packages	条件	必填
17	出境货物包装种类代码	141 Type of packages identification	条件	必填
18	出境货物总毛重	131 Total gross weight	条件	必填
19	进境集装箱（器）编号	159 Equipment identification number	条件	—
20	出境集装箱（器）编号	159 Equipment identification number	条件	—
21	货物简要描述	138 Brief cargo description	必填	必填
22	备注	105 Free text	选填	选填

关于调整部分进口矿产品监管方式的公告

（海关总署公告2018年第134号）

（2018年10月19日由海关总署发布，2018年10月19日起施行，法规类型为规范性文件）

为进一步改善营商环境、压缩口岸通关时长，根据进口铁矿监管方式改革试行情况，经风险评估，决定将部分进口矿产品监管方式调整为"先放后检"。现就有关事项公告如下：

一、"先放"指进口矿产品经现场检验检疫（包括放射性检测、外来夹杂物检疫、数重量鉴定、外观检验以及取制样等）符合要求后，即可提离海关监管作业场所；"后检"指进口矿产品提离后实施实验室检测并签发证书。

二、对进口铁矿、锰矿、铬矿、铅矿及其精矿、锌矿及其精矿，采取"先放后检"监管方式。

三、现场检验检疫中如发现货物存在放射性超标、疑似或掺杂固体废物、货证不一致、外来夹杂物等情况，不适用"先放后检"监管方式。

四、海关完成合格评定并签发证书后，企业方可销售、使用进口矿产品。

五、监管中发现存在安全、卫生、环保、贸易欺诈等重大问题的，海关将依法依规进行处置，并适时调整监管方式。

本公告自发布之日起施行。

特此公告。

关于分段实施准入监管　加快口岸验放的公告

（海关总署公告2019年第160号）

（2019年10月16日由海关总署发布，2019年11月15日起施行，法规类型为规范性文件）

为进一步优化营商环境，促进贸易便利化，提升通关整体效能，海关总署决定对进口货物分段实施准入监管，加快口岸验放。现就有关事项公告如下：

一、货物准予提离

进口货物属于下列情形之一的，凭海关通知准予提离进境地口岸海关监管区：

（一）无海关检查要求的。

（二）仅有海关口岸检查要求且已完成口岸检查的。其中，进境地口岸海关监管区内不具备检查条件的，收货人可向海关申请在监管区外具备检查条件的特定场所或场地实施转场检查。

（三）仅有海关目的地检查要求的。

（四）既有海关口岸检查又有目的地检查要求，已完成口岸检查，或经进口货物收货人或其代理人（简称"收货人"）申请在进境地口岸合并实施且已完成相关检查的。

二、货物准予销售或使用

进口货物准予提离后，由企业自行运输和存放，凭海关放行通知准予销售或使用。其中，属于下列情形的，需办结海关相关手续方可放行：

（一）有海关目的地检查要求的，海关已完成检查。

（二）属于监管证件管理的，海关已核销相关监管证件。

（三）需进行合格评定的，海关已完成合格评定程序。

三、其他有关事项

收货人销售或使用进口货物依法应当办理其他手续的，按照相关规定办理。

本公告所称检查，是指海关在进境环节对进口货物依法实施的检疫、查验或商品检验作业。其中，口岸检查由进境地主管海关在进境地口岸实施，目的地检查由目的地主管海关在目的地实施。

本公告自2019年11月15日起实施。

特此公告。

关于调整进口大宗商品重量鉴定监管方式的公告

(海关总署公告 2019 年第 159 号)

(2019 年 10 月 17 日由海关总署发布,2019 年 11 月 1 日起施行,法规类型为规范性文件)

为深入贯彻落实国务院"放管服"改革要求,进一步优化口岸营商环境,提高贸易便利化水平,海关总署决定对进口大宗商品重量鉴定监管方式进行优化。现就有关事项公告如下:

一、将现行由海关对进口大宗商品逐批实施重量鉴定调整为海关依企业申请实施;必要时,海关依职权实施。

二、进口大宗商品收货人或者代理人需海关出具重量证书的,向海关提出申请,海关依企业申请实施重量鉴定并出具重量证书;进口大宗商品收货人或者代理人不需要海关出具重量证书的,海关不再实施重量鉴定。

三、进口大宗商品收货人或者代理人应如实向海关申报重量,海关对申报情况实施抽查验证。

本公告自 2019 年 11 月 1 日起施行。

特此公告。

中华人民共和国海关对进出境快件监管办法

(海关总署令第 104 号)

(2003 年 11 月 18 日由海关总署发布;根据 2006 年 3 月 28 日海关总署令第 147 号《海关总署关于修改〈中华人民共和国海关对进出境快件监管办法〉的决定》修改,根据 2010 年 11 月 26 日海关总署令第 198 号《海关总署关于修改部分规章的决定》修改,根据 2018 年 5 月 29 日海关总署令第 240 号《海关总署关于修改部分规章的决定》修改;现行版本自 2018 年 7 月 1 日起施行;法规类型为部门规章)

第一章 总 则

第一条 为加强海关对进出境快件的监管,便利进出境快件通关,根据《中华人民共和国海关法》及其他有关法律、行政法规,制定本办法。

第二条 本办法所称进出境快件是指进出境快件运营人以向客户承诺的快速商业运作方式承揽、承运的进出境货物、物品。

第三条 本办法所称进出境快件运营人(以下简称运营人)是指在中华人民共和国境内依法注册,在海关登记备案的从事进出境快件运营业务的国际货物运输代理企业。

第四条 运营人不得承揽、承运《中华人民共和国禁止进出境物品表》所列物品,如有发现,不得擅自处理,应当立即通知海关并协助海关进行处理。

未经中华人民共和国邮政部门批准，运营人不得承揽、承运私人信件。

第五条 运营人不得以任何形式出租、出借、转让本企业的进出境快件报关权，不得代理非本企业承揽、承运的货物、物品的报关。

第六条 未经海关许可，未办结海关手续的进出境快件不得移出海关监管场所，不得进行装卸、开拆、重换包装、更换标identity、提取、派送和发运等作业。

第二章 运营人登记

第七条 运营人申请办理进出境快件代理报关业务的，应当按照海关对国际货物运输代理企业的注册管理规定在所在地海关办理登记手续。

第八条 运营人在所在地海关办理登记手续应具备下列条件：

（一）内资国际货物运输代理企业及其分支机构已经获得国务院对外贸易主管部门或者其委托的备案机构办理的《国际货运代理企业备案表》；外商投资国际货物运输代理企业已经获得国务院对外贸易主管部门颁发的《外商投资企业批准证书》，获准经营进出境快件业务；外商投资国际货物运输代理企业分公司已经获得国务院对外贸易主管部门的批准文件，获准经营进出境快件业务。

（二）已经领取工商行政管理部门颁发的《企业法人营业执照》，准予或者核定其经营进出境快件业务。

（三）已经在海关办理报关企业注册登记手续。

（四）具有境内、外进出境快件运输网络和二个以上境外分支机构或代理人。

（五）具有本企业专用进出境快件标识、运单、运输车辆符合海关监管要求并经海关核准备案。

（六）具备实行电子数据交换方式报关的条件。

（七）快件的外包装上应标有符合海关自动化检查要求的条形码。

（八）与境外合作者（包括境内企业法人在境外设立的分支机构）的合作运输合同或协议。

第九条 进出境快件运营人不再具备本《办法》第八条所列条件之一或者在一年内没有从事进出境快件运营业务的，海关注销该运营人从事进出境快件报关的资格。

第三章 进出境快件分类

第十条 本办法将进出境快件分为文件类、个人物品类和货物类三类。

第十一条 文件类进出境快件是指法律、法规规定予以免税且无商业价值的文件、单证、票据及资料。

第十二条 个人物品类进出境快件是指海关法规规定自用、合理数量范围内的进出境的旅客分离运输行李物品、亲友间相互馈赠物品和其他个人物品。

第十三条 货物类进出境快件是指第十一条、第十二条规定以外的快件。

第四章 进出境快件监管

第十四条 进出境快件通关应当在经海关批准的专门监管场所内进行，如因特殊情况需要在专门监管场所以外进行的，需事先征得所在地海关同意。

运营人应当在海关对进出境快件的专门监管场所内设有符合海关监管要求的专用场地、仓库和设备。

对进出境快件专门监管场所的管理办法，由海关总署另行制定。

第十五条 进出境快件通关应当在海关正常办公时间内进行，如需在海关正常办公时间以外进行的，需事先征得所在地海关同意。

1493

第十六条　进境快件自运输工具申报进境之日起十四日内，出境快件在运输工具离境3小时之前，应当向海关申报。

第十七条　运营人应向海关传输或递交进出境快件舱单或清单，海关确认无误后接受申报；运营人需提前报关的，应当提前将进出境快件运输和抵达情况书面通知海关，并向海关传输或递交舱单或清单，海关确认无误后接受预申报。

第十八条　海关查验进出境快件时，运营人应派员到场，并负责进出境快件的搬移、开拆和重封包装。

海关对进出境快件中的个人物品实施开拆查验时，运营人应通知进出境快件的收件人或出境快件的发件人到场，收件人或发件人不能到场的，运营人应向海关提交其委托书，代理收/发件人的义务，并承担相应法律责任。

海关认为必要时，可对进出境快件予以径行开验、复验或者提取货样。

第十九条　除另有规定外，运营人办理进出境快件报关手续时，应当按本办法第十一条、第十二条、第十三条分类规定分别向海关提交有关报关单证并办理相应的报关、纳税手续。

第二十条　文件类进出境快件报关时，运营人应当向海关提交《中华人民共和国海关进出境快件KJ1报关单》、总运单（副本）和海关需要的其他单证。

第二十一条　个人物品类进出境快件报关时，运营人应当向海关提交《中华人民共和国海关进出境快件个人物品申报单》、每一进出境快件的分运单、进境快件收件人或出境快件发件人身份证件影印件和海关需要的其他单证。

第二十二条　货物类进境快件报关时，运营人应当按下列情形分别向海关提交报关单证：

对关税税额在《中华人民共和国进出口关税条例》规定的关税起征数额以下的货物和海关规定准予免税的货样、广告品，应提交《中华人民共和国海关进出境快件KJ2报关单》、每一进境快件的分运单、发票和海关需要的其他单证。

对应予征税的货样、广告品（法律、法规规定实行许可证件管理的、需进口付汇的除外），应提交《中华人民共和国海关进出境快件KJ3报关单》、每一进境快件的分运单、发票和海关需要的其他单证。

第二十三条　对第二十条、第二十一条、第二十二条规定以外的货物，按照海关对进口货物通关的规定办理。

第二十四条　货物类出境快件报关时，运营人应按下列情形分别向海关提交报关单证：对货样、广告品（法律、法规规定实行许可证件管理的、应征出口关税的、需出口收汇的、需出口退税的除外），应提交《中华人民共和国海关进出境快件KJ2报关单》、每一出境快件的分运单、发票和海关需要的其他单证。

对上述以外的其他货物，按照海关对出口货物通关的规定办理。

第五章　进出境专差快件

第二十五条　进出境专差快件是指运营人以专差押运方式承运进出境的空运快件。

第二十六条　运营人从事进出境专差快件经营业务，除应当按本办法第二章有关规定办理登记手续外，还应当将进出境专差快件的进出境口岸、时间、路线、运输工具航班、专差本人的详细情况、标志等向所在地海关登记。如有变更，应当于变更前5个工作日向所在地海关登记。

对符合上述条件的，所在地海关核发《中华人民共和国海关进出境专差快件登记证书》。运营人凭以办理进出境专差快件报关业务。

第二十七条　进出境专差快件应按行李物品方式托运，使用专用包装，并在总包装的显著位置标注运营人名称和"进出境专差快件"字样。

第六章　法律责任

第二十八条　违反本办法有走私违法行为的，海关按照《中华人民共和国海关法》、《中华人民共和国海关行政处罚实施条例》等有关法律、行政法规进行处理；构成犯罪的，依法追究刑事责任。

第七章　附　则

第二十九条　本办法所规定的文书由海关总署另行制定并且发布。

第三十条　本办法由海关总署负责解释。

第三十一条　本办法自二〇〇四年一月一日起施行。

出入境快件检验检疫管理办法

（国家质量监督检验检疫总局令第3号）

（2001年9月17日由国家质量监督检验检疫总局发布；根据2018年4月28日海关总署令第238号《海关总署关于修改部分规章的决定》修改，根据2018年5月29日海关总署令第240号《海关总署关于修改部分规章的决定》修改，根据2018年11月23日海关总署令第243号《海关总署关于修改部分规章的决定》修改；现行版本自2018年11月23日起施行；法规类型为部门规章）

第一章　总　则

第一条　为加强出入境快件的检验检疫管理，根据《中华人民共和国进出口商品检验法》《中华人民共和国进出境动植物检疫法》《中华人民共和国国境卫生检疫法》《中华人民共和国食品安全法》等有关法律法规的规定，制定本办法。

第二条　本办法所称出入境快件，是指依法经营出入境快件的企业（以下简称快件运营人），在特定时间内以快速的商业运输方式承运的出入境货物和物品。

第三条　依据本办法规定应当实施检验检疫的出入境快件包括：

（一）根据《中华人民共和国进出境动植物检疫法》及其实施条例和《中华人民共和国国境卫生检疫法》及其实施细则、以及有关国际条约、双边协议规定应当实施动植物检疫和卫生检疫的；

（二）列入海关实施检验检疫的进出境商品目录内的；

（三）属于实施进口安全质量许可制度、出口质量许可制度以及卫生注册登记制度管理的；

（四）其他有关法律法规规定应当实施检验检疫的。

第四条　海关总署统一管理全国出入境快件的检验检疫工作。

主管海关负责所辖地区出入境快件的检验检疫和监督管理工作。

第五条　快件运营人不得承运国家有关法律法规规定禁止出入境的货物或物品。

第六条　对应当实施检验检疫的出入境快件，未经检验检疫或者经检验检疫不合格的，不得运递。

第二章 报 检

第七条 快件运营人应按有关规定向海关办理报检手续。

第八条 快件运营人在申请办理出入境快件报检时,应提供报检单、总运单、每一快件的分运单、发票等有关单证,并应当符合下列要求:

(一)输入动物、动物产品、植物种子、种苗及其他繁殖材料的,应当取得相应的检疫审批许可证和检疫证明;

(二)因科研等特殊需要,输入禁止进境物的,应当取得海关总署签发的特许审批证明;

(三)属于微生物、人体组织、生物制品、血液及其制品等特殊物品的,应当取得相关审批;

(四)属于实施进口安全质量许可制度、出口质量许可证制度和卫生注册登记制度管理的,应提供有关证明。

第九条 入境快件到达海关监管区时,快件运营人应及时向所在地海关办理报检手续。

出境快件在其运输工具离境4小时前,快件运营人应向离境口岸海关办理报检手续。

第十条 快件运营人可以通过电子数据交换(EDI)的方式申请办理报检,海关对符合条件的,应予受理。

第三章 检验检疫及处理

第十一条 海关对出入境快件应以现场检验检疫为主,特殊情况的,可以取样作实验室检验检疫。

第十二条 海关对出入境快件实行分类管理:

A类:国家法律法规规定应当办理检疫许可证的快件;

B类:属于实施进口安全质量许可制度、出口质量许可制度以及卫生注册登记制度管理的快件;

C类:样品、礼品、非销售展品和私人自用物品;

D类:以上三类以外的货物和物品。

第十三条 入境快件的检验检疫:

(一)对A类快件,按照国家法律法规和相关检疫要求实施检疫;

(二)对B类快件,实施重点检验,审核进口安全质量许可证或者卫生注册证,查看有无进口安全质量许可认证标志或者卫生注册标志。无进口安全质量许可证、卫生注册证或者无进口安全质量许可标志或者卫生注册标志的,作暂扣或退货处理,必要时进行安全、卫生检测;

(三)对C类快件,免予检验,应实施检疫的,按有关规定实施检疫;

(四)对D类快件,按1%~3%的比例进行抽查检验。

第十四条 出境快件的检验检疫:

(一)对A类快件,依据输入国家或者地区和中国有关检验规定实施检疫;

(二)对B类快件,实施重点检验,审核出口质量许可证或者卫生注册证,查看有无相关检验检疫标志、封识。无出口质量许可证、卫生注册证或者相关检验检疫标志、封识的,不得出境;

(三)对C类快件,免予检验,物主有检疫要求的,实施检疫;

(四)对D类快件,按1%~3%的比例进行抽查检验。

第十五条 入境快件经检疫发现被检疫传染病病原体污染的或者带有动植物检疫危险性病虫害的以及根据法律法规规定须作检疫处理的,海关应当按规定实施卫生、除害处理。

第十六条 入境快件经检验不符合法律、行政法规规定的强制性标准或者其他必须执行的检验标准的，必须在海关的监督下进行技术处理。

第十七条　入境快件经检验检疫合格的，签发有关单证，予以放行；经检验检疫不合格但经实施有效检验检疫处理，符合要求的，签发有关单证，予以放行。

第十八条　入境快件有下列情形之一的，由海关作退回或者销毁处理，并出具有关证明：

（一）未取得检疫审批并且未能按规定要求补办检疫审批手续的；

（二）按法律法规或者有关国际条约、双边协议的规定，须取得输出国官方出具的检疫证明文件或者有关声明，而未能取得的；

（三）经检疫不合格又无有效方法处理的；

（四）本办法第二十二条所述的入境快件不能进行技术处理或者经技术处理后，重新检验仍不合格的；

（五）其他依据法律法规的规定须作退回或者销毁处理的。

第十九条　出境快件经检验检疫合格的，签发相关单证，予以放行。经检验检疫不合格的，不准出境。

第二十条　海关对出入境快件需作进一步检验检疫处理的，可以予以封存，并与快件运营人办理交接手续。封存期一般不得超过45日。

第二十一条　对出入境快件作出退回或者销毁处理的，海关应当办理有关手续并通知快件运营人。

第二十二条　快件运营人应当配合检验检疫工作，向海关提供有关资料和必要的工作条件、工作用具等，必要时应当派出人员协助工作。

第四章　附　则

第二十三条　对通过邮政出入境的邮寄物的检疫管理适用《进出境邮寄物检疫管理办法》。

第二十四条　对违反本办法规定的，依照有关法律法规的规定予以处罚。

第二十五条　本办法由海关总署负责解释。

第二十六条　本办法自2001年11月15日起施行。

关于升级新版快件通关管理系统相关事宜的公告

（海关总署公告2018年第119号）

（2018年9月21日由海关总署发布，2018年9月25日起施行，法规类型为规范性文件）

为实现快件领域关检融合，优化进出境快件监管，提高快件通关效率，海关总署决定于2018年9月25日对新版快件通关管理系统（以下简称新快件系统）进行升级，现将相关事宜公告如下：

一、海关总署2016年第19号公告中的文件类进出境快件（简称A类快件）、个人物品类进出境快件（简称B类快件）分类不变；对低值货物类进出境快件（简称C类快件）范围进行调整，C类快件是指价值在5000元人民币（不包括运、保、杂费等）及以下的货物，但符合以下条件之一的除外：

（一）涉及许可证件管制的；

（二）需要办理出口退税、出口收汇或者进口付汇的；
（三）一般贸易监管方式下依法应当进行检验检疫的；
（四）货样广告品监管方式下依法应当进行口岸检疫的。
二、升级后的新快件系统适用于 A、B、C 类快件报关。
三、A、B、C 类快件通关环节检验检疫有关系统停止使用。
四、快件运营人应当如实向海关申报，并按照海关要求提供相关材料。
本公告自 2018 年 9 月 25 日起实施。
特此公告。

关于市场采购贸易方式扩大试点的公告

（海关总署公告 2015 年第 67 号）

（2015 年 12 月 21 日由海关总署发布，2015 年 12 月 21 日起施行，法规类型为规范性文件）

根据《国务院办公厅关于促进进出口稳定增长的若干意见》（国办发〔2015〕55 号），市场采购贸易试点范围已扩大到江苏省海门叠石桥国际家纺城和浙江省海宁皮革城。为进一步促进市场采购贸易的健康稳定发展，规范对市场采购贸易的管理，根据《海关总署关于市场采购贸易监管办法及其监管方式有关事宜的公告》（海关总署公告〔2014〕54 号，以下简称"54 号公告"），现将海关监管方式"市场采购"（代码：1039）适用范围扩大到江苏省海门叠石桥国际家纺城和浙江省海宁皮革城内采购的出口商品，海关监管相关事宜按照 54 号公告第一项到第十项规定办理。

上述公告内容在江苏省海门叠石桥国际家纺城、浙江省海宁皮革城市场采购商品认定体系、涵盖市场采购贸易各方经营主体和贸易全流程的市场综合管理系统验收合格后正式实施，具体实施日期由南京海关、杭州海关另行发布。

市场采购贸易海关监管办法具体实施细则由南京海关、杭州海关负责制定实施。

自"市场采购"（1039）监管方式正式实施之日起 6 个月后，实施地区不再使用"旅游购物"（0139）监管方式。

特此公告。

关于市场采购贸易方式扩大试点的公告

(海关总署公告2016年第63号)

(2016年11月16日由海关总署发布,2016年11月16日起施行,法规类型为规范性文件)

根据《国务院关于促进外贸回稳向好的若干意见》(国发〔2016〕27号),为加快推进外贸新业态试点工作,促进外贸创新发展,市场采购贸易试点范围已扩大至江苏常熟服装城、广州花都皮革皮具市场、山东临沂商城工程物资市场、武汉汉口北国际商品交易中心、河北白沟箱包市场。为促进市场采购贸易的健康稳定发展,规范对市场采购贸易的管理,根据《海关总署关于市场采购贸易监管办法及其监管方式有关事宜的公告》(海关总署公告2014年54号,以下简称"54号公告"),现将海关监管方式"市场采购"(代码:1039)适用范围扩大到上述市场内采购的出口商品,海关监管相关事宜按照54号公告第一项到第十项规定办理。

上述公告内容在试点地区市场采购商品认定体系、涵盖市场采购贸易各方经营主体和贸易全流程的市场综合管理系统验收合格后正式实施,具体实施日期由南京、广州、青岛、武汉、石家庄海关另行发布。

市场采购贸易海关监管办法具体实施细则由试点地区直属海关负责制定实施。

自"市场采购"(1039)监管方式正式实施之日起6个月后,实施地区不再使用"旅游购物"(0139)监管方式。

特此公告。

关于修订市场采购贸易监管办法及其监管方式有关事宜的公告

(海关总署公告2019年第221号)

(2019年12月27日由海关总署发布,2019年12月27日起施行,法规类型为规范性文件)

为促进市场采购贸易的健康稳定发展,规范对市场采购贸易的管理,根据《中华人民共和国海关法》《中华人民共和国进出口商品检验法》《中华人民共和国进出境动植物检疫法》《中华人民共和国食品安全法》以及其他有关法律、行政法规,现就市场采购贸易方式出口商品海关监管有关事宜公告如下:

一、市场采购贸易方式,是指在经认定的市场集聚区采购商品,由符合条件的经营者办理出口通关手续的贸易方式。

市场采购贸易方式单票报关单的货值最高限额为15万美元。

以下出口商品不适用市场采购贸易方式:

(一)国家禁止或限制出口的商品;

(二) 未经市场采购商品认定体系确认的商品;
(三) 贸易管制主管部门确定的其他不适用市场采购贸易方式的商品。

二、从事市场采购贸易的对外贸易经营者,应当向市场集聚区所在地商务主管部门办理市场采购贸易经营者备案登记,并按照海关相关规定在海关办理进出口货物收发货人备案。

三、对外贸易经营者对其代理出口商品的真实性、合法性承担责任。经市场采购商品认定体系确认的商品信息应当通过市场综合管理系统与海关实现数据联网共享。对市场综合管理系统确认的商品,海关按照市场采购贸易方式实施监管。

四、每票报关单所对应的商品清单所列品种在5种以上的可以按以下方式实行简化申报:
(一) 货值最大的前5种商品,按货值从高到低在出口报关单上逐项申报;
(二) 其余商品以《中华人民共和国进出口税则》中"章"为单位进行归并,每"章"按价值最大商品的税号作为归并后的税号,货值、数量等也相应归并。

有下列情形之一的商品不适用简化申报:
1. 需征收出口关税的;
2. 实施检验检疫的;
3. 海关另有规定不适用简化申报的。

五、市场采购贸易出口商品应当在采购地海关申报,对于转关运输的市场采购贸易出口商品,由出境地海关负责转关运输的途中监管。

六、需在采购地实施检验检疫的市场采购贸易出口商品,其对外贸易经营者应建立合格供方、商品质量检查验收、商品溯源等管理制度,提供经营场所、仓储场所等相关信息,并在出口申报前向采购地海关提出检验检疫申请。

七、对外贸易经营者应履行产品质量主体责任,对出口市场在生产、加工、存放过程等方面有监管或官方证书要求的农产品、食品、化妆品,应符合相关法律法规规定或双边协议要求。

八、本公告中的采购地海关是指市场集聚区所在地的主管海关。
本公告中的市场集聚区是指经国家商务主管等部门认定的各类从事专业经营的商品城、专业市场和专业街。

九、市场采购海关监管方式代码为"1039",全(简)称"市场采购"。

十、市场采购出口商品实施海关统计。

本公告事宜自发布之日起执行,海关总署2014年第54号公告、原国家质检总局2012年第31号公告同时废止。

特此公告。

中华人民共和国海关关于大嶝对台小额商品交易市场管理办法

(海关总署令第163号)

(2007年8月31日由海关总署发布;根据2013年12月31日海关总署令第214号《海关总署关于修改〈中华人民共和国海关关于大嶝对台小额商品交易市场管理办法〉的决定》修改,根据2017年12月20日海关总署令第235号《海关总署关于修改部分规章的决定》修改;现行版本自2018年2月1日起施行;法规类型为部门规章)

第一条 为了加强大嶝对台小额商品交易市场(以下简称交易市场)的管理,维护交易市场的正常经营秩序,促进海峡两岸民间商品交流健康发展,根据《中华人民共和国海关法》(以下简称《海关法》)及其他有关法律、行政法规的规定制定本办法。

第二条 大嶝对台小额商品交易市场是经国家批准在厦门市翔安区大嶝岛内专门设立,用于开展对台民间小额商品交易活动,并且实行封闭管理的海关监管区。

第三条 对进出交易市场的货物、物品、运输工具,以及交易市场的有关场所,海关依法进行监督管理。

第四条 在交易市场内从事经营活动的法人和其他组织应当向海关办理备案登记手续。

第五条 台湾船舶及其人员运输或者携带进入交易市场的货物仅限原产于台湾的土特产品、生活日用小商品以及旅游商品,具体商品范围由海关总署另行确定并且发布。进入交易市场的台湾商品暂不征收进口关税和进口环节海关代征税。

国家限制进出口和实行许可证管理的商品,按照国家有关规定办理。从台湾进口到交易市场的台湾产卷烟,可以免于交验《自动进口许可证》。

国家禁止进出境的货物、物品不得进出交易市场。

第六条 进境运输工具负责人、进口货物收货人及其代理人应当如实向海关申报运进交易市场货物的品名、数量、价格等,并且按照海关要求交验有关单证。

第七条 进入交易市场的人员每日携带出交易市场的台湾商品总值在人民币 6000 元以下的,免征进口关税和进口环节海关代征税。超过人民币 6000 元的,超过部分按照一般贸易的管理规定办理进口手续。

仅限在规定数量内携带出交易市场的商品及数量限制由海关总署另行确定并且发布。超出规定数量的,应当按照一般贸易的管理规定办理进口手续。

第八条 从境外运入交易市场的货物和从交易市场运往境外的货物列入进、出口统计。从交易市场内运往市场外的货物,实施单项统计。

第九条 对台小额贸易公司从交易市场采购商品进口、台湾居民从交易市场采购商品出口以及进出交易市场专用码头的船舶,由海关按照原外经贸部、海关总署发布的《对台湾地区小额贸易的管理办法》进行管理。

第十条 在交易市场与专用码头之间运输台湾商品的运输工具,应当符合海关监管要求,并且办理有关手续。

第十一条 违反本办法,构成走私行为、违反海关监管规定行为或者其他违反《海关法》行为的,由海关依照《海关法》和《中华人民共和国海关行政处罚实施条例》的有关规定予以处理;构成犯罪的,依法追究刑事责任。

第十二条 本办法自 2007 年 10 月 1 日起施行。1999 年 3 月 3 日海关总署批准、1999 年 3 月 26 日厦门海关公布的《厦门海关对大嶝对台小额商品交易市场的监管办法》同时废止。

能源效率标识管理办法

(国家发展和改革委员会 国家质量监督检验检疫总局令第35号)

(2016年2月29日由国家发展和改革委员会、国家质量监督检验检疫总局发布,2016年6月1日起施行,法规类型为部门规章)

第一章 总 则

第一条 为加强节能管理,推动节能技术进步,提高用能产品能源效率,依据《中华人民共和国节约能源法》、《中华人民共和国产品质量法》、《中华人民共和国进出口商品检验法》及其实施条例、《中华人民共和国认证认可条例》,制定本办法。

第二条 本办法所称能源效率标识(以下简称能效标识),是指表示用能产品能源效率等级等性能指标的一种信息标识,属于产品符合性标志的范畴。

第三条 国家对节能潜力大、使用面广的用能产品实行能效标识管理。具体产品实行目录管理。

国家发展和改革委员会(以下简称国家发展改革委)、国家质量监督检验检疫总局(以下简称国家质检总局)和国家认证认可监督管理委员会(以下简称国家认监委)负责能效标识管理制度的建立并组织实施。国家发展改革委会同国家质检总局、国家认监委制定并公布《中华人民共和国实行能源效率标识的产品目录》(以下简称《目录》),规定统一适用的产品能效标准、实施规则、能效标识样式和规格。

第四条 地方各级人民政府管理节能工作的部门(以下简称地方节能主管部门)、地方各级质量技术监督部门和出入境检验检疫机构(以下简称地方质检部门),在各自职责范围内对所辖区域内能效标识的使用实施监督管理。

第五条 列入《目录》的用能产品生产者和进口商应当向国家质检总局和国家发展改革委授权的中国标准化研究院(以下简称授权机构)备案能效标识及相关信息。

第二章 能效标识的实施

第六条 生产者和进口商应当对列入《目录》的用能产品标注能效标识,根据国家统一规定的能效标识样式、规格以及标注规定印制和使用能效标识,并在产品包装物上或者使用说明书中予以说明。

列入《目录》的用能产品通过网络交易的,还应当在产品信息展示主页面醒目位置展示相应的能效标识。

在产品包装物、说明书、网络交易产品信息展示主页面以及广告宣传中使用的能效标识,可按比例放大或者缩小,并清晰可辨。

第七条 能效标识的名称为"中国能效标识"(英文名称为 CHINAENERGY LABEL),能效标识应当包括以下基本内容:

(一)生产者名称或者简称;

(二)产品规格型号;

(三)能效等级;

（四）能效指标；
（五）依据的能源效率强制性国家标准编号；
（六）能效信息码。
列入国家能效"领跑者"目录的产品，还应当包括能效"领跑者"相关信息。

第八条 列入《目录》的用能产品生产者和进口商，可以利用自有检测实验室或者委托依法取得资质认定的第三方检验检测机构，对产品进行检测，并依据能源效率强制性国家标准，确定产品能效等级。

企业自有检测实验室应当依据相关产品能源效率强制性国家标准规定的检测方法和要求进行检测，如实出具产品能效检测报告。

第三方检验检测机构接受生产者和进口商的委托，应当依据相关产品能源效率强制性国家标准规定的检测方法和要求进行检测，保证检测结果客观公正、真实准确，保守受检产品和企业的商业秘密，并承担相应法律责任。

第九条 利用自有检测实验室检测确定能效等级的生产者和进口商，应当保证其检测实验室具备按照能源效率强制性国家标准进行检测的能力，并鼓励其取得国家认可机构的认可。

利用自有检测实验室检测确定能效等级的生产者和进口商，对其检测实验室出具的产品能效检测报告负责，并承担相应法律责任。

第十条 列入《目录》的用能产品，生产者应当于出厂前、进口商应当于进口前向授权机构申请备案。能效标识备案应当提交以下材料：

（一）生产者营业执照或者登记注册证明复制件；进口商营业执照以及与境外生产者订立的相关合同复制件；
（二）产品能效检测报告；
（三）能效标识样本；
（四）产品基本配置清单等有关材料；
（五）利用自有检测实验室进行检测的，应当提供实验室检测能力证明材料（包括实验室人员能力、设备能力和检测管理规范），已经获得国家认可机构认可的，还应当提供相应认可证书复制件；利用第三方检验检测机构进行检测的，应当提供检验检测机构的资质认定证书复制件。
（六）由代理人提交备案材料的，应当有生产者或者进口商的委托代理文件等。
上述材料应当真实、准确、完整。
外文材料应当附有中文译本，并以中文文本为准。

第十一条 进境的列入《目录》的用能产品符合下列情形之一的，可以免于标注能效标识及备案：

（一）外国驻华使馆、领事馆或者国际组织驻华机构及其外交人员的自用物品；
（二）香港、澳门特别行政区政府驻大陆官方机构及其工作人员的自用物品；
（三）入境人员随身从境外带入境内的自用物品；
（四）外国政府援助、赠送的物品；
（五）为科研、测试所需的产品；
（六）为考核技术引进生产线所需的零部件；
（七）直接为最终用户维修目的所需的产品；
（八）工厂生产线、成套生产线配套所需的设备和部件（不包含办公用品）。

第十二条 能效标识内容发生变化的，应当重新备案。

第十三条 授权机构应当对生产者和进口商使用的能效标识及产品能效检测报告进行核

验。

第十四条 授权机构应当自收到完整备案材料之日起 10 个工作日内完成能效标识的备案工作，并于备案完成之日起 5 个工作日内公告备案的能效标识样本。

能效标识备案不收取费用。

第十五条 生产者和进口商应当对其标注的能效标识及相关信息的准确性负责。

第十六条 销售者（含网络商品经营者）应当建立并执行进货检查验收制度，验明列入《目录》的用能产品能效标识，不得销售应当标注而未标注能效标识的产品。

第三方交易平台（场所）经营者对通过平台（场所）销售的列入《目录》的用能产品应当建立能效标识检查监控制度，发现违反本办法规定行为的，应当及时采取措施制止。

第十七条 任何单位和个人不得伪造、冒用能效标识或者利用能效标识进行虚假宣传

第三章 监督管理

第十八条 国家质检总局负责组织实施对能效标识使用的监督检查、专项检查和验证管理。

地方质检部门负责对所辖区域内能效标识的使用实施监督检查、专项检查和验证管理，发现有违反本办法规定行为的，通报同级节能主管部门，并通知授权机构。

第十九条 授权机构应当撤销能效不合格产品生产者或者进口商的相关备案信息并及时公告。

第二十条 列入《目录》的用能产品生产者、进口商、销售者（含网络商品经营者）、第三方交易平台（场所）经营者、企业自有检测实验室和第三方检验检测机构应当接受监督检查、专项检查和验证管理。

企业自有检测实验室、第三方检验检测机构在能效检测中，伪造检验检测结果或者出具虚假能效检测报告的，授权机构自发现之日起一年内不再采信其检验检测结果。

第二十一条 授权机构应当建立规范的工作制度，客观、公正开展备案工作，保守备案产品和企业的商业秘密。

第二十二条 任何单位和个人对违反本办法规定的行为，可以向地方节能主管部门、地方质检部门举报。地方节能主管部门、地方质检部门应当及时调查处理，并为举报人保密，授权机构应当予以配合。

第二十三条 国家发展改革委、国家质检总局和国家认监委对违反本办法规定的行为建立信用记录，并纳入全国统一的信用信息共享交互平台。

第四章 罚 则

第二十四条 地方节能主管部门、地方质检部门依据《中华人民共和国节约能源法》等相关法律法规，在各自的职责范围内对违反本办法规定的行为进行处罚。

第二十五条 生产、进口、销售不符合能源效率强制性国家标准的用能产品，依据《中华人民共和国节约能源法》第七十条予以处罚。

第二十六条 在用能产品中掺杂、掺假，以假充真、以次充好，以不合格品冒充合格品的，或者进口属于掺杂、掺假，以假充真、以次充好，以不合格品冒充合格品的用能产品的，依据《中华人民共和国产品质量法》第五十条、《中华人民共和国进出口商品检验法》第三十五条的规定予以处罚。

第二十七条 违反本办法规定，应当标注能效标识而未标注的，未办理能效标识备案的，使用的能效标识不符合有关样式、规格等标注规定的（包括不符合网络交易产品能效标识展示要求的），伪造、冒用能效标识或者利用能效标识进行虚假宣传的，依据《中华人民共和国

节约能源法》第七十三条予以处罚。

第二十八条　违反本办法规定，企业自有检测实验室、第三方检验检测机构在能效检测中，伪造检验检测结果或者出具虚假能效检测报告的，依据《中华人民共和国产品质量法》、《检验检测机构资质认定管理办法》予以处罚。

第二十九条　从事能效标识管理的国家工作人员及授权机构工作人员，玩忽职守、滥用职权或者包庇纵容违法行为的，依法予以处分；构成犯罪的，依法追究刑事责任。

第五章　附　则

第三十条　本办法由国家发展改革委、国家质检总局负责解释。

第三十一条　本办法自2016年6月1日起施行。2004年8月13日国家发展改革委、国家质检总局令第17号发布的《能源效率标识管理办法》同时废止。

关于明确进口货物疏港分流有关事项的公告

（海关总署公告2018年第168号）

(2018年11月14日由海关总署发布，2019年1月1日起施行，法规类型为规范性文件)

根据《中华人民共和国海关进出境运输工具舱单管理办法》（海关总署令第172号公布，根据海关总署令第240号修改）有关规定，为进一步规范进口货物疏港分流作业，现对有关事宜公告如下：

一、对因港区不具备存放条件必须疏港分流的进口冻品、生鲜、特殊物品（微生物、人体组织、生物制品、血液及其制品等）、药品、危险化学品等特殊货物，海关监管作业场所经营人可申请开展疏港分流作业。除上述情况外，仅允许在防止货物阻塞港口的情况下，申请开展疏港分流作业。

二、进口货物疏港分流作业，应在同一港口范围内由一个港区向另一个港区，或由一个港区向从事公共堆存的海关监管作业场所开展。

三、进口固体废物禁止办理疏港分流业务。

四、疏港分流货物需开展境内公路运输的应施加海关封志或商业封志。

本公告自2019年1月1日起实施。

特此公告。

关于调整海南进出境游艇有关管理事项的公告

(海关总署公告2020年第80号)

(2020年7月9日由海关总署发布,2020年7月9日起施行,法规类型为规范性文件)

根据《国务院关于在中国(海南)自由贸易试验区暂时调整实施有关行政法规规定的通知》(国函〔2020〕88号),对中国(海南)自由贸易试验区内自驾游进境游艇,游艇所有人或其委托的代理人免于为游艇向海关提供担保。海关总署此前发布的公告规定与本公告不一致的,以本公告为准。

特此公告。

报关单填制

中华人民共和国海关进出口货物报关单修改和撤销管理办法

(海关总署令第 220 号)

(2014 年 3 月 13 日由海关总署发布,根据 2018 年 4 月 28 日海关总署令 238 号《海关总署关于修改部分规章的决定》修改,现行版本自 2018 年 5 月 1 日起施行,法规类型为部门规章)

第一条 为了加强对进出口货物报关单修改和撤销的管理,规范进出口货物收发货人或者其代理人的申报行为,保护其合法权益,根据《中华人民共和国海关法》(以下简称《海关法》)制定本办法。

第二条 进出口货物收发货人或者其代理人(以下统称当事人)修改或者撤销进出口货物报关单,以及海关要求对进出口货物报关单进行修改或者撤销的,适用本办法。

第三条 海关接受进出口货物申报后,报关单证及其内容不得修改或者撤销;符合规定情形的,可以修改或者撤销。

进出口货物报关单修改或者撤销后,纸质报关单和电子数据报关单应当一致。

第四条 进出口货物报关单的修改或者撤销,应当遵循修改优先原则;确实不能修改的,予以撤销。

第五条 有以下情形之一的,当事人可以向原接受申报的海关办理进出口货物报关单修改或者撤销手续,海关另有规定的除外:

(一)出口货物放行后,由于装运、配载等原因造成原申报货物部分或者全部退关、变更运输工具的;

(二)进出口货物在装载、运输、存储过程中发生溢短装,或者由于不可抗力造成灭失、短损等,导致原申报数据与实际货物不符的;

(三)由于办理退补税、海关事务担保等其他海关手续而需要修改或者撤销报关单数据的;

(四)根据贸易惯例先行采用暂时价格成交、实际结算时按商检品质认定或者国际市场实际价格付款方式需要修改申报内容的;

(五)已申报进口货物办理直接退运手续,需要修改或者撤销原进口货物报关单的;

(六)由于计算机、网络系统等技术原因导致电子数据申报错误的。

第六条 符合本办法第五条规定的,当事人应当向海关提交《进出口货物报关单修改/撤销表》和下列材料:

(一)符合第五条第(一)项情形的,应当提交退关、变更运输工具证明材料;

(二)符合第五条第(二)项情形的,应当提交相关部门出具的证明材料;

（三）符合第五条第（三）项情形的，应当提交签注海关意见的相关材料；

（四）符合第五条第（四）项情形的，应当提交全面反映贸易实际状况的发票、合同、提单、装箱单等单证，并如实提供与货物买卖有关的支付凭证以及证明申报价格真实、准确的其他商业单证、书面资料和电子数据；

（五）符合第五条第（五）项情形的，应当提交《进口货物直接退运表》或者《责令进口货物直接退运通知书》；

（六）符合第五条第（六）项情形的，应当提交计算机、网络系统运行管理方出具的说明材料；

（七）其他证明材料。

当事人向海关提交材料符合本条第一款规定，并且齐全、有效的，海关应当及时进行修改或者撤销。

第七条 由于报关人员操作或者书写失误造成申报内容需要修改或者撤销的，当事人应当向海关提交《进出口货物报关单修改/撤销表》和下列材料：

（一）可以证明进出口货物实际情况的合同、发票、装箱单、提运单或者载货清单等相关单证、证明文书；

（二）详细情况说明；

（三）其他证明材料。

海关未发现报关人员存在逃避海关监管行为的，可以修改或者撤销报关单。不予修改或者撤销的，海关应当及时通知当事人，并且说明理由。

第八条 海关发现进出口货物报关单需要修改或者撤销，可以采取以下方式主动要求当事人修改或者撤销：

（一）将电子数据报关单退回，并详细说明修改的原因和要求，当事人应当按照海关要求进行修改后重新提交，不得对报关单其他内容进行变更；

（二）向当事人制发《进出口货物报关单修改/撤销确认书》，通知当事人要求修改或者撤销的内容，当事人应当在5日内对进出口货物报关单修改或者撤销的内容进行确认，确认后海关完成对报关单的修改或者撤销。

第九条 除不可抗力外，当事人有以下情形之一的，海关可以直接撤销相应的电子数据报关单：

（一）海关将电子数据报关单退回修改，当事人未在规定期限内重新发送的；

（二）海关审结电子数据报关单后，当事人未在规定期限内递交纸质报关单的；

（三）出口货物申报后未在规定期限内运抵海关监管场所的；

（四）海关总署规定的其他情形。

第十条 海关已经决定布控、查验以及涉嫌走私或者违反海关监管规定的进出口货物，在办结相关手续前不得修改或者撤销报关单及其电子数据。

第十一条 已签发报关单证明联的进出口货物，当事人办理报关单修改或者撤销手续时应当向海关交回报关单证明联。

第十二条 由于修改或者撤销进出口货物报关单导致需要变更、补办进出口许可证件的，当事人应当取得相应的进出口许可证件。

第十三条 进出境备案清单的修改、撤销，参照本办法执行。

第十四条 违反本办法，构成走私行为、违反海关监管规定行为或者其他违反《海关法》行为的，由海关依照《海关法》和《中华人民共和国海关行政处罚实施条例》的有关规定予以处理；构成犯罪的，依法追究刑事责任。

第十五条 本办法由海关总署负责解释。

第十六条　本办法自公布之日起施行。2005年12月30日以海关总署令第143号公布的《中华人民共和国海关进出口货物报关单修改和撤销管理办法》同时废止。

关于明确成品油法定数量申报要求的公告

（海关总署公告2013年第10号）

（2013年3月8日由海关总署发布，2013年4月1日起施行，法规类型为规范性文件）

自2009年1月1日起，国家按照升（第二法定数量）对成品油计征进口环节消费税。海关总署陆续发布了2008年第99号公告、2009年第15号公告（已废止）和2010年第46号公告，对应税成品油商品的第二法定数量进行了规范。

为确保海关统计数据的准确性，便于企业在办理各类海关手续中遵循统一标准，经研究，现就成品油的法定数量申报要求补充规定如下：

一、进出口货物的收发货人及其代理人在向海关申报《中华人民共和国进出口税则》和《中华人民共和国海关统计商品目录》中商品品目"2710"项下商品时，其第二法定计量数量（计量单位为升）应统一按附件中给定公式，由第一法定数量（计量单位为千克）换算后向海关申报。

二、第一法定数量未在合同等报关单随附单证及其他相关单证中直接列明的，应先按照实际密度及体积计算并申报第一法定数量，再换算第二法定数量。零售包装的成品油，其第一法定数量应为扣除零售包装后的液体部分重量。按照商业惯例成品油通常会含有一定数量的水份，申报第一法定数量时不应扣除含水量。

三、本公告适用于进出口货物报关单、进出境货物备案清单等各类具有第二法定计量单位和法定数量栏目的海关单证的申报及修改。

四、本公告内容自2013年4月1日起执行。

特此公告。

附件：成品油第二法定数量换算公式（略）

通关作业无纸化进出口报关单证档案企业存储管理标准

（海关总署公告2014年第92号）

（2014年12月19日由海关总署发布，2015年1月1日起施行，法规类型为规范性文件）

本标准适用于通关作业无纸化模式下，经海关核准开展企业存单的企业，采用顺势留存、电子档案保存、纸质档案保存或电子档案托管的方式，对已结关报关单证进行存储管理的行为。

一、企业存储报关单证范围

企业存储报关单证是指进出口货物收发货人或其代理人在通关过程中及结关后,无需向海关递交并由企业保管的报关单及随附单证。

应列入企业保管的报关单及随附单证范围如下:

(一)进出口报关单和进出境备案清单。

(二)《中华人民共和国海关进出口货物申报管理规定》(海关总署令第 103 号)第二十七条明确的单证。包括:合同、发票、装箱清单、载货清单(舱单)、提(运)单、报关委托书/委托报关协议、进出口许可证件、电子或纸质加工贸易手册等随附单证。

(三)其他应随报关单归档的单证。

二、存储标准

(一)顺势留存。

1. 具备企业资源计划系统(ERP)或其他功能类似的企业管理系统;

2. 可按照《通关作业无纸化报关单证电子扫描或转换文件格式标准》要求输出报关单证电子数据文件;

3. 向海关开放系统端口,海关可以远程调阅报关单证电子数据。

(二)电子档案保存。

1. 具备符合海关电子报关单证档案管理规定的"企业电子报关单证档案管理系统";

2. 可以纸质单证样式展示、打印、导出报关单证或按照《通关作业无纸化报关单证电子扫描或转换文件格式标准》要求输出报关单证电子数据文件;

3. 向海关开放系统端口,海关可以远程调阅报关单证档案电子数据。

(三)纸质档案保存。

1. 符合海关纸质报关单证档案库房管理规定;

2. 配备专用计算机进行管理,建立报关单号与档案号对应关系。

(四)电子档案托管。

1. 具备符合海关电子报关单证档案管理规定的"第三方电子报关单证档案管理系统";

2. 及时、安全、完整地接收被托管企业的报关单证电子数据;

3. 能以纸质单证样式展示、打印、导出报关单证或按照《通关作业无纸化报关单证电子扫描或转换文件格式标准》要求输出报关单证电子数据文件;

4. 向海关开放系统端口,海关可以远程调阅报关单证档案电子数据;

5. 第三方托管企业应具备完善的保密制度,保证被托管企业数据不外泄。

三、管理要求

(一)企业应建立报关单证档案管理制度,指定专人负责报关单证档案管理工作,对理单、归档、调阅、移交、销毁等环节实施有效管理。

(二)海关在报关单结关后向存单企业发送待理单信息(顺势留存除外),企业应在 5 个工作日内完成理单归档,并及时将理单归档信息反馈海关;企业对电子报关单证理单时,应按海关认可的方式进行加签处理。

(三)涉及报关单证移交海关保管的,企业应于接到交单通知后 2 个工作日内到现场海关办理报关单证移交手续,企业应留存电子报关单证备份或纸质报关单证复印件,并在系统内或纸质档案上备注说明。

(四)如企业保管的报关单与海关保管的报关单不一致,应以海关保管的为准。

(五)存单企业所存的报关单证档案保存期为 5 年。对超过保存期限的报关单证档案,企业可向注册地海关报关单证档案管理部门报备转为企业自有档案并递交《报关单证档案转企业自有档案申请单》(见附表);其中以电子档案托管方式存储的单证档案,由托管方与被托管方协商解决转为企业自有档案后的保管问题。

(六)存单企业应接受海关的指导和培训,积极配合海关开展报关单证档案安全检查,及时整改安全隐患。存单企业不具备存单条件时,应及时移交注册地海关保管。

(七)存单企业如有遗失、伪造、变造单证档案或未经海关批准擅自对外调阅、复印、贩卖单证档案信息等行为,影响海关监管和报关单证档案管理安全的,海关应责令其限期整改;情节严重的不再享受企业存单和通关无纸化便利;构成犯罪的,依法追究刑事责任。

附表:报关单证档案转企业自有档案申请表(略)

关于增列海关监管方式代码的公告

(海关总署公告2014年第12号)

(2014年1月24日由海关总署发布,2014年2月10日起施行,法规类型为规范性文件)

为促进跨境贸易电子商务零售进出口业务发展,方便企业通关,规范海关管理,实现贸易统计,决定增列海关监管方式代码,现将有关事项公告如下:

一、增列海关监管方式代码"9610",全称"跨境贸易电子商务",简称"电子商务",适用于境内个人或电子商务企业通过电子商务交易平台实现交易,并采用"清单核放、汇总申报"模式办理通关手续的电子商务零售进出口商品(通过海关特殊监管区域或保税监管场所一线的电子商务零售进出口商品除外)。

二、以"9610"海关监管方式开展电子商务零售进出口业务的电子商务企业、监管场所经营企业、支付企业和物流企业应当按照规定向海关备案,并通过电子商务通关服务平台实时向电子商务通关管理平台传送交易、支付、仓储和物流等数据。

上述规定自2014年2月10日起实施。

特此公告。

关于增列海关监管方式代码的公告

(海关总署公告2014年第57号)

(2014年8月1日由海关总署发布,2014年7月30日起施行,法规类型为规范性文件)

为促进跨境贸易电子商务进出口业务发展,方便企业通关,规范海关管理,实施海关统计,决定增列海关监管方式代码,现将有关事项公告如下:

一、增列海关监管方式代码"1210",全称"保税跨境贸易电子商务",简称"保税电商"。适用于境内个人或电子商务企业在经海关认可的电子商务平台实现跨境交易,并通过海关特殊监管区域或保税监管场所进出的电子商务零售进出境商品（海关特殊监管区域、保税监管场所与境内区外（场所外）之间通过电子商务平台交易的零售进出口商品不适用该监管方式）。

"1210"监管方式用于进口时仅限经批准开展跨境贸易电子商务进口试点的海关特殊监管区域和保税物流中心（B型）。

二、以"1210"海关监管方式开展跨境贸易电子商务零售进出口业务的电子商务企业、海关特殊监管区域或保税监管场所内跨境贸易电子商务经营企业、支付企业和物流企业应当按照规定向海关备案，并通过电子商务平台实时传送交易、支付、仓储和物流等数据。

上述规定自2014年8月1日起实施。

特此公告。

关于调整部分监管方式代码名称及适用范围的公告

（海关总署公告2016年第37号）

（2016年6月20日由海关总署发布，2016年7月1日起施行，法规类型为规范性文件）

为规范海关业务管理，根据《关于进出口货样和广告品监管有关事项的公告》（海关总署2010年第33号），现对监管方式代码"3010"（货样广告品A）和"3039"（货样广告品B）的名称和适用范围作如下调整：

一、监管方式代码"3010"，简称"货样广告品"，全称"进出口的货样广告品"。适用于有进出口经营权的单位进出口货样广告品。暂时进出口的货样、广告品和驻华商业机构不复运出口的进口陈列样品不适用本监管方式。

二、取消监管方式代码"3039"（货样广告品B）。

上述规定自2016年7月1日起实施。

关于增列海关监管方式代码的公告

（海关总署公告2016年第75号）

（2016年12月5日由海关总署发布，2016年12月1日起施行，法规类型为规范性文件）

为促进跨境贸易电子商务进出口业务发展，方便企业通关，规范海关管理，实施海关统计，决定增列海关监管方式代码，现将有关事项公告如下：

一、增列海关监管方式代码"1239"，全称"保税跨境贸易电子商务A"，简称"保税电商A"。适用于境内电子商务企业通过海关特殊监管区域或保税物流中心（B型）一线进境的跨境电子商务零售进口商品。

二、天津、上海、杭州、宁波、福州、平潭、郑州、广州、深圳、重庆等10个城市开展跨境电子商务零售进口业务暂不适用"1239"监管方式。

上述规定自2016年12月1日起实施。

特此公告。

关于废止海关监管方式代码的公告

(海关总署公告2017年第34号)

(2017年7月27日由海关总署发布，2017年8月1日起施行，法规类型为规范性文件)

旅游商品小额贸易的相关政策已取消，为规范海关管理和贸易统计，决定废止海关监管方式代码"0139"，现将有关事项公告如下：

废止海关监管方式代码"0139"，全称"用于旅游者5万美元以下的出口小批量订货"，简称"旅游购物商品"。旅游购物商品是指境外旅游者用自带外汇购买的或委托境内企业托运出境5万美元以下的旅游商品或小批量订货。

上述规定自2017年8月1日起实施。

特此公告。

关于增列海关监管方式代码的公告

(海关总署公告2017年第41号)

(2017年9月4日由海关总署发布，2017年9月1日起施行，法规类型为规范性文件)

为促进对外投资，方便企业通关，规范海关业务管理，决定增列海关监管方式代码，现公告如下：

一、增列海关监管方式代码2210，简称"对外投资"，适用于境内企业在境外投资，以实物投资出口的设备、物资。

二、海关监管方式代码0110（一般贸易）的适用范围不再包括境内企业在境外投资以实物投资带出的设备、物资。

上述规定自2017年9月1日起实施。

特此公告。

关于增列海关监管方式的公告

(海关总署公告 2019 年第 20 号)

(2019 年 1 月 23 日由海关总署发布，2019 年 3 月 1 日起施行，法规类型为规范性文件)

为适应全国通关一体化改革要求，促进企业规范申报，规范海关业务管理，海关总署决定增列海关监管方式，现公告如下：

增列海关监管方式"特许权使用费后续征税"，代码9500，适用于纳税义务人在货物进口后支付特许权使用费，并在支付特许权使用费后的规定时限内向海关申报纳税。

本公告自 2019 年 3 月 1 日起实施。

特此公告。

关于规范一般贸易进口税则品目 8703 项下非中规车申报要求的公告

(海关总署公告 2017 年第 66 号)

(2017 年 12 月 26 日由海关总署发布，2018 年 1 月 1 日起施行，法规类型为规范性文件)

为进一步规范企业申报行为，降低通关制度性成本，根据《中华人民共和国海关进出口货物报关单填制规范》、《中华人民共和国海关进出口商品规范申报目录》及海关总署 2009 年第 49 号公告，现就一般贸易进口税则品目 8703 项下非中规车申报规范公告如下：

一、本公告所称非中规车，指针对中国大陆以外其他国家或地区市场设计生产但通过平行进口等贸易渠道进入中国大陆的车辆。

二、非中规车适用无纸化申报，同一批次进口的非同一型号车辆应分项申报。

三、企业申报时，应当同时填写"价格补充申报单"，作为报关单相关栏目完整申报的必要内容。其中，

"买方"栏填写进口车辆实际买方；

"卖方"栏填写进口车辆实际卖方；

"签约日期"栏填写实际买卖双方间签订正式销售合同的日期；

在"其他需要说明的情况"栏内依次填报：进口车辆年款、进口车辆型号及标准配置官网含税价格、所有选装配置及对应官网含税价格，各填报项目间用"/"分隔，前后均不加空格。

四、进口申报时主动进行补充申报的，在报关单备注栏填写"#已补充申报"。

五、如进口车辆实际买方与报关单收发货人（或消费使用单位）一致的，在备注栏填报"收发货人自营"（或"消费使用单位自营"）；两者不一致的，在备注栏填报"非自营"。

六、除原有报关单随附单据外，还需上传以下单证：

（一）原始合同、发票、箱单、付汇凭证等单证的扫描件。

（二）供货商采购发票、出口报关单、往来函电等；针对进口车辆采购流程作出的书面说明，体现完整贸易环节及每环节的利润、折扣比例情况。

（三）上传签约日当月的车辆官网截图，美规车辆可用车辆随附"车窗纸"扫描件代替。

（四）申报俄罗斯规、墨西哥规车辆，如出口商享受退税，需上传相关退税证明材料；无法完整提供的，书面说明单证缺失项及原因，并于申报之日起180天内，联系海关总署税收征管中心（上海）补充。

（五）中东规车辆需上传车辆主要配置信息。

七、进口申报时未同时补充申报的，在申报后2个工作日内向申报地现场海关补充申报。未按时补充申报的，海关将视情实施税收风险排查处置。

八、报关单规格型号栏、补充申报单和随附单证的填报指引见附件。报关单及补充申报单其他栏目填写要求按现有规定办理。

九、本公告自2018年1月1日起实施。

特此公告。

附件：具体填报指引

附件

具体填报指引

一、报关单规格型号栏

1. 原销售目的国车版、型：原销售目的国为美国、欧洲（除俄罗斯外）、俄罗斯、加拿大、墨西哥、中东等地的非中规车应分别填报"美规"、"欧规"、"俄规"、"加规"、"墨规"、"中东规"；对于非上述规制的非中规车应填报"其他非中规车"。

2. 型号：应填报"原型车品牌+型号"，型号应具体到细分型号，如宝马X5xDrive35i、路虎揽胜HSE等。

二、补充申报单

1. 进口车辆实际卖方：转让车辆所有权及风险、并收到车辆价款的销售方。

2. 进口车辆实际买方：获得车辆所有权、承担相关风险及付款义务的企业。

3. 签约日期：填报实际买卖双方间签订正式销售合同的日期，格式如"2017年10月24日"。

4. 进口车辆年款：指车款年份，并非车辆生产年份，如2017年生产的2018款车辆，应填报"2018款"。

5. 进口车辆型号：需完整填写品牌、细分型号及详细发动机型号，各项目间用"/"分隔。

6. 进口车辆所有选装配置：完整填写中文名称、外文名称和配置代码，如"全景天窗/Panorama/041CZ"。

7. 相关项目如没有，应填报为无，但应保留前后的"/"，如"无官网价格/"、"/无配置代码/"。

三、随附单证

1. 原始合同、发票：应体现货物实际买方、卖方。

2. 付汇凭证：应包括定金预付及应税佣金等。
3. 车辆官网截图：应体现车型基础价格、选配及费用；无官网价格的可不提供。

关于发布《中华人民共和国海关暂时进出境货物管理办法》格式文书及有关报关单填制规范的公告

（海关总署公告 2018 年第 12 号）

（2018 年 1 月 30 日由海关总署发布，2018 年 2 月 1 日起施行，法规类型为规范性文件）

根据《中华人民共和国海关暂时进出境货物管理办法》（海关总署令第 233 号，以下简称《管理办法》），海关总署制定了《暂时进出境货物确认申请书》（附件 1）、《中华人民共和国 XX 海关暂时进出境货物审核确认书》（附件 2）、《货物暂时进/出境延期办理单》（附件 3），现予以发布。同时，就有关报关单填制规范明确如下：

一、收发货人或其代理人申报货物暂时进出境的报关单填制规范：

（一）"监管方式"栏：

应当填报"暂时进出货物（2600）"或者"展览品（2700）"；

（二）"标记唛码及备注"栏：

1. 根据《管理办法》第三条第一款所列项目，应当填报暂时进出境货物类别，如：暂进六，暂出九；

2. 根据《管理办法》第十条规定，应当填报复运出境或者复运进境日期，期限应当在货物进出境之日起 6 个月内，如：20180815 前复运进境，20181020 前复运出境；

3. 根据《管理办法》第七条，向海关申请对有关货物是否属于暂时进出境货物进行审核确认的，应当填报《中华人民共和国 XX 海关暂时进出境货物审核确认书》编号，如：<ZS 海关审核确认书编号>，其中英文为大写字母，<>为英文半角；无此项目的，无需填写。

上述内容在"标记唛码及备注"栏内依次填报，项目间用"/"分隔，前后均不加空格。

二、收发货人或其代理人申报货物复运进境或者复运出境的报关单填制规范：

货物办理过延期的，应当在报关单"标记唛码及备注"栏填报《货物暂时进/出境延期办理单》的海关回执编号，如：<ZS 海关回执编号>，其中英文为大写字母，<>为英文半角；无此项目的，无需填写。

本公告自 2018 年 2 月 1 日起施行。

特此公告。

附件：1. 暂时进出境货物确认申请书（略）
   2. 中华人民共和国 XX 海关暂时进出境货物审核确认书（略）
   3. 货物暂时进/出境延期办理单（略）

中华人民共和国海关进出口货物报关单填制规范

（海关总署公告2019年第18号）

（2019年1月22日由海关总署发布，2019年2月1日起施行，法规类型为规范性文件）

《中华人民共和国海关进（出）口货物报关单》在本规范中采用"报关单"、"进口报关单"、"出口报关单"的提法。报关单各栏目的填制规范如下：

一、预录入编号

预录入编号指预录入报关单的编号，一份报关单对应一个预录入编号，由系统自动生成。

报关单预录入编号为18位，其中第1—4位为接受申报海关的代码（海关规定的《关区代码表》中相应海关代码），第5—8位为录入时的公历年份，第9位为进出口标志（"1"为进口，"0"为出口；集中申报清单"I"为进口，"E"为出口），后9位为顺序编号。

二、海关编号

海关编号指海关接受申报时给予报关单的编号，一份报关单对应一个海关编号，由系统自动生成。

报关单海关编号为18位，其中第1—4位为接受申报海关的代码（海关规定的《关区代码表》中相应海关代码），第5—8位为海关接受申报的公历年份，第9位为进出口标志（"1"为进口，"0"为出口；集中申报清单"I"为进口，"E"为出口），后9位为顺序编号。

三、境内收发货人

填报在海关备案的对外签订并执行进出口贸易合同的中国境内法人、其他组织名称及编码。编码填报18位法人和其他组织统一社会信用代码，没有统一社会信用代码的，填报其在海关的备案编码。

特殊情况下填报要求如下：

（一）进出口货物合同的签订者和执行者非同一企业的，填报执行合同的企业。

（二）外商投资企业委托进出口企业进口投资设备、物品的，填报外商投资企业，并在标记唛码及备注栏注明"委托某进出口企业进口"，同时注明被委托企业的18位法人和其他组织统一社会信用代码。

（三）有代理报关资格的报关企业代理其他进出口企业办理进出口报关手续时，填报委托的进出口企业。

（四）海关特殊监管区域收发货人填报该货物的实际经营单位或海关特殊监管区域内经营企业。

（五）免税品经营单位经营出口退税国产商品的，填报免税品经营单位名称。

四、进出境关别

根据货物实际进出境的口岸海关，填报海关规定的《关区代码表》中相应口岸海关的名称及代码。

特殊情况填报要求如下：

进口转关运输货物填报货物进境地海关名称及代码，出口转关运输货物填报货物出境地海关名称及代码。按转关运输方式监管的跨关区深加工结转货物，出口报关单填报转出地海关名称及代码，进口报关单填报转入地海关名称及代码。

在不同海关特殊监管区域或保税监管场所之间调拨、转让的货物，填报对方海关特殊监管区域或保税监管场所所在的海关名称及代码。

其他无实际进出境的货物，填报接受申报的海关名称及代码。

五、进出口日期

进口日期填报运载进口货物的运输工具申报进境的日期。出口日期指运载出口货物的运输工具办结出境手续的日期，在申报时免予填报。无实际进出境的货物，填报海关接受申报的日期。

进出口日期为8位数字，顺序为年（4位）、月（2位）、日（2位）。

六、申报日期

申报日期指海关接受进出口货物收发货人、受委托的报关企业申报数据的日期。以电子数据报关单方式申报的，申报日期为海关计算机系统接受申报数据时记录的日期。以纸质报关单方式申报的，申报日期为海关接受纸质报关单并对报关单进行登记处理的日期。本栏目在申报时免予填报。

申报日期为8位数字，顺序为年（4位）、月（2位）、日（2位）。

七、备案号

填报进出口货物收发货人、消费使用单位、生产销售单位在海关办理加工贸易合同备案或征、减、免税审核确认等手续时，海关核发的《加工贸易手册》、海关特殊监管区域和保税监管场所保税账册、《征免税证明》或其他备案审批文件的编号。

一份报关单只允许填报一个备案号。具体填报要求如下：

（一）加工贸易项下货物，除少量低值辅料按规定不使用《加工贸易手册》及以后续补税监管方式办理内销征税的外，填报《加工贸易手册》编号。

使用异地直接报关分册和异地深加工结转出口分册在异地口岸报关的，填报分册号；本地直接报关分册和本地深加工结转分册限制在本地报关，填报总册号。

加工贸易成品凭《征免税证明》转为减免税进口货物的，进口报关单填报《征免税证明》编号，出口报关单填报《加工贸易手册》编号。

对加工贸易设备、使用账册管理的海关特殊监管区域内减免税设备之间的结转，转入和转出企业分别填制进、出口报关单，在报关单"备案号"栏目填报《加工贸易手册》编号。

（二）涉及征、减、免税审核确认的报关单，填报《征免税证明》编号。

（三）减免税货物退运出口，填报《中华人民共和国海关进口减免税货物准予退运证明》的编号；减免税货物补税进口，填报《减免税货物补税通知书》的编号；减免税货物进口或结转进口（转入），填报《征免税证明》的编号；相应的结转出口（转出），填报《中华人民共和国海关进口减免税货物结转联系函》的编号。

（四）免税品经营单位经营出口退税国产商品的，免予填报。

八、境外收发货人

境外收货人通常指签订并执行出口贸易合同中的买方或合同指定的收货人，境外发货人通常指签订并执行进口贸易合同中的卖方。

填报境外收发货人的名称及编码。名称一般填报英文名称，检验检疫要求填报其他外文名称的，在英文名称后填报，以半角括号分隔；对于AEO互认国家（地区）企业的，编码填报AEO编码，填报样式为："国别（地区）代码+海关企业编码"，例如：新加坡AEO企业SG123456789012（新加坡国别代码+12位企业编码）；非互认国家（地区）AEO企业等其他情形，编码免予填报。

特殊情况下无境外收发货人的，名称及编码填报"NO"。

九、运输方式

运输方式包括实际运输方式和海关规定的特殊运输方式，前者指货物实际进出境的运输方式，按进出境所使用的运输工具分类；后者指货物无实际进出境的运输方式，按货物在境内的流向分类。

根据货物实际进出境的运输方式或货物在境内流向的类别，按照海关规定的《运输方式代码表》选择填报相应的运输方式。

（一）特殊情况填报要求如下：

1. 非邮件方式进出境的快递货物，按实际运输方式填报。
2. 进口转关运输货物，按载运货物抵达进境地的运输工具填报；出口转关运输货物，按载运货物驶离出境地的运输工具填报。
3. 不复运出（入）境而留在境内（外）销售的进出境展览品、留赠转卖物品等，填报"其他运输"（代码9）。
4. 进出境旅客随身携带的货物，填报"旅客携带"（代码L）。
5. 以固定设施（包括输油、输水管道和输电网等）运输货物的，填报"固定设施运输"（代码G）。

（二）无实际进出境货物在境内流转时填报要求如下：

1. 境内非保税区运入保税区货物和保税区退区货物，填报"非保税区"（代码0）。
2. 保税区运往境内非保税区货物，填报"保税区"（代码7）。
3. 境内存入出口监管仓库和出口监管仓库退仓货物，填报"监管仓库"（代码1）。
4. 保税仓库转内销货物或转加工贸易货物，填报"保税仓库"（代码8）。
5. 从境内保税物流中心外运入中心或从中心运往境内中心外的货物，填报"物流中心"（代码W）。
6. 从境内保税物流园区外运入园区或从园区内运往境内园区外的货物，填报"物流园区"（代码X）。
7. 保税港区、综合保税区与境内（区外）（非海关特殊监管区域、保税监管场所）之间进出的货物，填报"保税港区/综合保税区"（代码Y）。
8. 出口加工区、珠澳跨境工业区（珠海园区）、中哈霍尔果斯边境合作中心（中方配套区）与境内（区外）（非海关特殊监管区域、保税监管场所）之间进出的货物，填报"出口加工区"（代码Z）。
9. 境内运入深港西部通道港口岸区的货物以及境内进出中哈霍尔果斯边境合作中心中方区域的货物，填报"边境特殊海关作业区"（代码H）。
10. 经横琴新区和平潭综合实验区（以下简称综合试验区）二线指定申报通道运往境内区外或从境内经二线指定申报通道进入综合试验区的货物，以及综合试验区内按选择性征收关税申报的货物，填报"综合试验区"（代码T）。
11. 海关特殊监管区域内的流转、调拨货物，海关特殊监管区域、保税监管场所之间的流转货物，海关特殊监管区域与境内区外之间进出的货物，海关特殊监管区域外的加工贸易余料结转、深加工结转、内销货物，以及其他境内流转货物，填报"其他运输"（代码9）。

十、运输工具名称及航次号

填报载运货物进出境的运输工具名称或编号及航次号。填报内容应与运输部门向海关申报的舱单（载货清单）所列相应内容一致。

（一）运输工具名称具体填报要求如下：

1. 直接在进出境地或采用全国通关一体化通关模式办理报关手续的报关单填报要求如下：
（1）水路运输：填报船舶编号（来往港澳小型船舶为监管簿编号）或者船舶英文名称。
（2）公路运输：启用公路舱单前，填报该跨境运输车辆的国内行驶车牌号，深圳提前报关模式的报关单填报国内行驶车牌号+"/"+"提前报关"。启用公路舱单后，免予填报。
（3）铁路运输：填报车厢编号或交接单号。
（4）航空运输：填报航班号。
（5）邮件运输：填报邮政包裹单号。
（6）其他运输：填报具体运输方式名称，例如：管道、驮畜等。
2. 转关运输货物的报关单填报要求如下：
（1）进口。
A. 水路运输：直转、提前报关填报"@"+16位转关申报单预录入号（或13位载货清单号）；中转填报进境英文船名。
B. 铁路运输：直转、提前报关填报"@"+16位转关申报单预录入号；中转填报车厢编号。
C. 航空运输：直转、提前报关填报"@"+16位转关申报单预录入号（或13位载货清单号）；中转填报"@"。
D. 公路及其他运输：填报"@"+16位转关申报单预录入号（或13位载货清单号）。
E. 以上各种运输方式使用广东地区载货清单转关的提前报关货物填报"@"+13位载货清单号。
（2）出口。
A. 水路运输：非中转填报"@"+16位转关申报单预录入号（或13位载货清单号）。如多张报关单需要通过一张转关单转关的，运输工具名称字段填报"@"。
中转货物，境内水路运输填报驳船船名；境内铁路运输填报车名（主管海关4位关区代码+"TRAIN"）；境内公路运输填报车名（主管海关4位关区代码+"TRUCK"）。
B. 铁路运输：填报"@"+16位转关申报单预录入号（或13位载货清单号），如多张报关单需要通过一张转关单转关的，填报"@"。
C. 航空运输：填报"@"+16位转关申报单预录入号（或13位载货清单号），如多张报关单需要通过一张转关单转关的，填报"@"。
D. 其他运输方式：填报"@"+16位转关申报单预录入号（或13位载货清单号）。
3. 采用"集中申报"通关方式办理报关手续的，报关单填报"集中申报"。
4. 免税品经营单位经营出口退税国产商品的，免予填报。
5. 无实际进出境的货物，免予填报。
（二）航次号具体填报要求如下：
1. 直接在进出境地或采用全国通关一体化通关模式办理报关手续的报关单
（1）水路运输：填报船舶的航次号。
（2）公路运输：启用公路舱单前，填报运输车辆的8位进出境日期〔顺序为年（4位）、月（2位）、日（2位），下同〕。启用公路舱单后，填报货物运输批次号。
（3）铁路运输：填报列车的进出境日期。
（4）航空运输：免予填报。
（5）邮件运输：填报运输工具的进出境日期。
（6）其他运输方式：免予填报。
2. 转关运输货物的报关单

（1）进口。

A. 水路运输：中转转关方式填报"@"+进境干线船舶航次。直转、提前报关免予填报。

B. 公路运输：免予填报。

C. 铁路运输："@"+8位进境日期。

D. 航空运输：免予填报。

E. 其他运输方式：免予填报。

（2）出口。

A. 水路运输：非中转货物免予填报。中转货物：境内水路运输填报驳船航次号；境内铁路、公路运输填报6位启运日期〔顺序为年（2位）、月（2位）、日（2位）〕。

B. 铁路拼车拼箱捆绑出口：免予填报。

C. 航空运输：免予填报。

D. 其他运输方式：免予填报。

3. 免税品经营单位经营出口退税国产商品的，免予填报。

4. 无实际进出境的货物，免予填报。

十一、提运单号

填报进出口货物提单或运单的编号。一份报关单只允许填报一个提单或运单号，一票货物对应多个提单或运单时，应分单填报。

具体填报要求如下：

（一）直接在进出口地或采用全国通关一体化通关模式办理报关手续的。

1. 水路运输：填报进出口提单号。如有分提单，填报进出口提单号+"*"+分提单号。

2. 公路运输：启用公路舱单前，免予填报；启用公路舱单后，填报进出口总运单号。

3. 铁路运输：填报运单号。

4. 航空运输：填报总运单号+"_"+分运单号，无分运单的填报总运单号。

5. 邮件运输：填报邮运包裹单号。

（二）转关运输货物的报关单。

1. 进口。

（1）水路运输：直转、中转填报提单号。提前报关免予填报。

（2）铁路运输：直转、中转填报铁路运单号。提前报关免予填报。

（3）航空运输：直转、中转货物填报总运单号+"_"+分运单号。提前报关免予填报。

（4）其他运输方式：免予填报。

（5）以上运输方式进境货物，在广东省内用公路运输转关的，填报车牌号。

2. 出口。

（1）水路运输：中转货物填报提单号；非中转货物免予填报；广东省内汽车运输提前报关的转关货物，填报承运车辆的车牌号。

（2）其他运输方式：免予填报。广东省内汽车运输提前报关的转关货物，填报承运车辆的车牌号。

（三）采用"集中申报"通关方式办理报关手续的，报关单填报归并的集中申报清单的进出口起止日期〔按年（4位）月（2位）日（2位）年（4位）月（2位）日（2位）〕。

（四）无实际进出境的货物，免予填报。

十二、货物存放地点

填报货物进境后存放的场所或地点，包括海关监管作业场所、分拨仓库、定点加工厂、隔离检疫场、企业自有仓库等。

十三、消费使用单位/生产销售单位

（一）消费使用单位填报已知的进口货物在境内的最终消费、使用单位的名称，包括：

1. 自行进口货物的单位。
2. 委托进出口企业进口货物的单位。

（二）生产销售单位填报出口货物在境内的生产或销售单位的名称，包括：

1. 自行出口货物的单位。
2. 委托进出口企业出口货物的单位。
3. 免税品经营单位经营出口退税国产商品的，填报该免税品经营单位统一管理的免税店。

（三）减免税货物报关单的消费使用单位/生产销售单位应与《中华人民共和国海关进出口货物征免税证明》（以下简称《征免税证明》）的"减免税申请人"一致；保税监管场所与境外之间的进出境货物，消费使用单位/生产销售单位填报保税监管场所的名称（保税物流中心（B型）填报中心内企业名称）。

（四）海关特殊监管区域的消费使用单位/生产销售单位填报区域内经营企业（"加工单位"或"仓库"）。

（五）编码填报要求：

1. 填报18位法人和其他组织统一社会信用代码。
2. 无18位统一社会信用代码的，填报"NO"。

（六）进口货物在境内的最终消费或使用以及出口货物在境内的生产或销售的对象为自然人的，填报身份证号、护照号、台胞证号等有效证件号码及姓名。

十四、监管方式

监管方式是以国际贸易中进出口货物的交易方式为基础，结合海关对进出口货物的征税、统计及监管条件综合设定的海关对进出口货物的管理方式。其代码由4位数字构成，前两位是按照海关监管要求和计算机管理需要划分的分类代码，后两位是参照国际标准编制的贸易方式代码。

根据实际对外贸易情况按海关规定的《监管方式代码表》选择填报相应的监管方式简称及代码。一份报关单只允许填报一种监管方式。

特殊情况下加工贸易货物监管方式填报要求如下：

（一）进口少量低值辅料（即5000美元以下，78种以内的低值辅料）按规定不使用《加工贸易手册》的，填报"低值辅料"。使用《加工贸易手册》的，按《加工贸易手册》上的监管方式填报。

（二）加工贸易料件转内销货物以及按件办理进口手续的转内销成品、残次品、未完成品，填制进口报关单，填报"来料件内销"或"进料件内销"；加工贸易成品凭《征免税证明》转为减免税进口货物的，分别填制进、出口报关单，出口报关单填报"来料成品减免"或"进料成品减免"，进口报关单按照实际监管方式填报。

（三）加工贸易出口成品因故退运进口及复运出口的，填报"来料成品退换"或"进料成品退换"；加工贸易进口料件因换料退运出口及复运进口的，填报"来料料件退换"或"进料料件退换"；加工贸易过程中产生的剩余料件、边角料退运出口，以及进口料件因品质、规格等原因退运出口且不再更换同类货物进口的，分别填报"来料料件复出"、"来料边角料复出"、"进料料件复出"、"进料边角料复出"。

（四）加工贸易边角料内销和副产品内销，填制进口报关单，填报"来料边角料内销"或"进料边角料内销"。

（五）企业销毁处置加工贸易货物未获得收入，销毁处置货物为料件、残次品的，填报"料件销毁"；销毁处置货物为边角料、副产品的，填报"边角料销毁"。

企业销毁处置加工贸易货物获得收入的，填报为"进料边角料内销"或"来料边角料内销"。

（六）免税品经营单位经营出口退税国产商品的，填报"其他"。

十五、征免性质

根据实际情况按海关规定的《征免性质代码表》选择填报相应的征免性质简称及代码，持有海关核发的《征免税证明》的，按照《征免税证明》中批注的征免性质填报。一份报关单只允许填报一种征免性质。

加工贸易货物报关单按照海关核发的《加工贸易手册》中批注的征免性质简称及代码填报。特殊情况填报要求如下：

（一）加工贸易转内销货物，按实际情况填报（如一般征税、科教用品、其他法定等）。

（二）料件退运出口、成品退运进口货物填报"其他法定"。

（三）加工贸易结转货物，免予填报。

（四）免税品经营单位经营出口退税国产商品的，填报"其他法定"。

十六、许可证号

填报进（出）口许可证、两用物项和技术进（出）口许可证、两用物项和技术出口许可证（定向）、纺织品临时出口许可证、出口许可证（加工贸易）、出口许可证（边境小额贸易）的编号。

免税品经营单位经营出口退税国产商品的，免予填报。

一份报关单只允许填报一个许可证号。

十七、启运港

填报进口货物在运抵我国关境前的第一个境外装运港。

根据实际情况，按海关规定的《港口代码表》填报相应的港口名称及代码，未在《港口代码表》列明的，填报相应的国家名称及代码。货物从海关特殊监管区域或保税监管场所运至境内区外的，填报《港口代码表》中相应海关特殊监管区域或保税监管场所的名称及代码，未在《港口代码表》中列明的，填报"未列出的特殊监管区"及代码。

其他无实际进境的货物，填报"中国境内"及代码。

十八、合同协议号

填报进出口货物合同（包括协议或订单）编号。未发生商业性交易的免予填报。

免税品经营单位经营出口退税国产商品的，免予填报。

十九、贸易国（地区）

发生商业性交易的进口填报购自国（地区），出口填报售予国（地区）。未发生商业性交易的填报货物所有权拥有者所属的国家（地区）。

按海关规定的《国别（地区）代码表》选择填报相应的贸易国（地区）中文名称及代码。

二十、启运国（地区）/运抵国（地区）

启运国（地区）填报进口货物启始发出直接运抵我国或者在运输中转国（地）未发生任何商业性交易的情况下运抵我国的国家（地区）。

运抵国（地区）填报出口货物离开我国关境直接运抵或者在运输中转国（地区）未发生任何商业性交易的情况下最后运抵的国家（地区）。

不经过第三国（地区）转运的直接运输进出口货物，以进口货物的装货港所在国（地区）

为启运国（地区），以出口货物的指运港所在国（地区）为运抵国（地区）。

经过第三国（地区）转运的进出口货物，如在中转国（地区）发生商业性交易，则以中转国（地区）作为启运/运抵国（地区）。

按海关规定的《国别（地区）代码表》选择填报相应的启运国（地区）或运抵国（地区）中文名称及代码。

无实际进出境的货物，填报"中国"及代码。

二十一、经停港/指运港

经停港填报进口货物在运抵我国关境前的最后一个境外装运港。

指运港填报出口货物运往境外的最终目的港；最终目的港不可预知的，按尽可能预知的目的港填报。

根据实际情况，按海关规定的《港口代码表》选择填报相应的港口名称及代码。经停港/指运港在《港口代码表》中无港口名称及代码的，可选择填报相应的国家名称及代码。

无实际进出境的货物，填报"中国境内"及代码。

二十二、入境口岸/离境口岸

入境口岸填报进境货物从跨境运输工具卸离的第一个境内口岸的中文名称及代码；采取多式联运跨境运输的，填报多式联运货物最终卸离的境内口岸中文名称及代码；过境货物填报货物进入境内的第一个口岸的中文名称及代码；从海关特殊监管区域或保税监管场所进境的，填报海关特殊监管区域或保税监管场所的中文名称及代码。其他无实际进境的货物，填报货物所在地的城市名称及代码。

离境口岸填报装运出境货物的跨境运输工具离境的第一个境内口岸的中文名称及代码；采取多式联运跨境运输的，填报多式联运货物最初离境的境内口岸中文名称及代码；过境货物填报货物离境的第一个境内口岸的中文名称及代码；从海关特殊监管区域或保税监管场所离境的，填报海关特殊监管区域或保税监管场所的中文名称及代码。其他无实际出境的货物，填报货物所在地的城市名称及代码。

入境口岸/离境口岸类型包括港口、码头、机场、机场货运通道、边境口岸、火车站、车辆装卸点、车检场、陆路港、坐落在口岸的海关特殊监管区域等。按海关规定的《国内口岸编码表》选择填报相应的境内口岸名称及代码。

二十三、包装种类

填报进出口货物的所有包装材料，包括运输包装和其他包装，按海关规定的《包装种类代码表》选择填报相应的包装种类名称及代码。运输包装指提运单所列货物件数单位对应的包装，其他包装包括货物的各类包装，以及植物性铺垫材料等。

二十四、件数

填报进出口货物运输包装的件数（按运输包装计）。特殊情况填报要求如下：

（一）舱单件数为集装箱的，填报集装箱个数。

（二）舱单件数为托盘的，填报托盘数。

不得填报为零，裸装货物填报为"1"。

二十五、毛重（千克）

填报进出口货物及其包装材料的重量之和，计量单位为千克，不足一千克的填报为"1"。

二十六、净重（千克）

填报进出口货物的毛重减去外包装材料后的重量，即货物本身的实际重量，计量单位为千克，不足一千克的填报为"1"。

二十七、成交方式

根据进出口货物实际成交价格条款，按海关规定的《成交方式代码表》选择填报相应的成交方式代码。

无实际进出境的货物，进口填报 CIF，出口填报 FOB。

二十八、运费

填报进口货物运抵我国境内输入地点起卸前的运输费用、出口货物运至我国境内输出地点装载后的运输费用。

运费可按运费单价、总价或运费率三种方式之一填报，注明运费标记（运费标记"1"表示运费率，"2"表示每吨货物的运费单价，"3"表示运费总价），并按海关规定的《货币代码表》选择填报相应的币种代码。

免税品经营单位经营出口退税国产商品的，免予填报。

二十九、保费

填报进口货物运抵我国境内输入地点起卸前的保险费用、出口货物运至我国境内输出地点装载后的保险费用。

保费可按保险费总价或保险费率两种方式之一填报，注明保险费标记（保险费标记"1"表示保险费率，"3"表示保险费总价），并按海关规定的《货币代码表》选择填报相应的币种代码。

免税品经营单位经营出口退税国产商品的，免予填报。

三十、杂费

填报成交价格以外的、按照《中华人民共和国进出口关税条例》相关规定应计入完税价格或应从完税价格中扣除的费用。可按杂费总价或杂费率两种方式之一填报，注明杂费标记（杂费标记"1"表示杂费率，"3"表示杂费总价），并按海关规定的《货币代码表》选择填报相应的币种代码。

应计入完税价格的杂费填报为正值或正率，应从完税价格中扣除的杂费填报为负值或负率。

免税品经营单位经营出口退税国产商品的，免予填报。

三十一、随附单证及编号

根据海关规定的《监管证件代码表》和《随附单据代码表》选择填报除本规范第十六条规定的许可证件以外的其他进出口许可证件或监管证件、随附单据代码及编号。

本栏目分为随附单证代码和随附单证编号两栏，其中代码栏按海关规定的《监管证件代码表》和《随附单据代码表》选择填报相应证件代码；随附单证编号栏填报证件编号。

（一）加工贸易内销征税报关单（使用金关二期加贸管理系统的除外），随附单证代码栏填报"c"，随附单证编号栏填报海关审核通过的内销征税联系单号。

（二）一般贸易进出口货物，只能使用原产地证书申请享受协定税率或者特惠税率（以下统称优惠税率）的（无原产地声明模式），"随附单证代码"栏填报原产地证书代码"Y"，在"随附单证编号"栏填报"优惠贸易协定代码>"和"原产地证书编号"。可以使用原产地证书或者原产地声明申请享受优惠税率的（有原产地声明模式），"随附单证代码"栏填写"Y"，"随附单证编号"栏填报"优惠贸易协定代码>"、"C"（凭原产地证书申报）或"D"（凭原产地声明申报），以及"原产地证书编号（或者原产地声明序列号）"。一份报关单对应一份原产地证书或原产地声明。各优惠贸易协定代码如下：

"01"为"亚太贸易协定"；

"02"为"中国-东盟自贸协定"；

"03"为"内地与香港紧密经贸关系安排"（香港 CEPA）；
"04"为"内地与澳门紧密经贸关系安排"（澳门 CEPA）；
"06"为"台湾农产品零关税措施"；
"07"为"中国-巴基斯坦自贸协定"；
"08"为"中国-智利自贸协定"；
"10"为"中国-新西兰自贸协定"；
"11"为"中国-新加坡自贸协定"；
"12"为"中国-秘鲁自贸协定"；
"13"为"最不发达国家特别优惠关税待遇"；
"14"为"海峡两岸经济合作框架协议（ECFA）"；
"15"为"中国-哥斯达黎加自贸协定"；
"16"为"中国-冰岛自贸协定"；
"17"为"中国-瑞士自贸协定"；
"18"为"中国-澳大利亚自贸协定"；
"19"为"中国-韩国自贸协定"；
"20"为"中国-格鲁吉亚自贸协定"。

海关特殊监管区域和保税监管场所内销货物申请适用优惠税率的，有关货物进出海关特殊监管区域和保税监管场所以及内销时，已通过原产地电子信息交换系统实现电子联网的优惠贸易协定项下货物报关单，按照上述一般贸易要求填报；未实现电子联网的优惠贸易协定项下货物报关单，"随附单证代码"栏填报"Y"，"随附单证编号"栏填报"优惠贸易协定代码>"和"原产地证据文件备案号"。"原产地证据文件备案号"为进出口货物的收发货物人或者其代理人录入原产地证据文件电子信息后，系统自动生成的号码。

向香港或者澳门特别行政区出口用于生产香港 CEPA 或者澳门 CEPA 项下货物的原材料时，按照上述一般贸易填报要求填制报关单，香港或澳门生产厂商在香港工贸署或者澳门经济局登记备案的有关备案号填报在"关联备案"栏。

"单证对应关系表"中填报报关单上的申报商品项与原产地证书（原产地声明）上的商品项之间的对应关系。报关单上的商品序号与原产地证书（原产地声明）上的项目编号应一一对应，不要求顺序对应。同一批次进口货物可以在同一报关单中申报，不享受优惠税率的货物序号不填报在"单证对应关系表"中。

（三）各优惠贸易协定项下，免提交原产地证据文件的小金额进口货物"随附单证代码"栏填报"Y"，"随附单证编号"栏填报"协定代码>XJE00000"，"单证对应关系表"享惠报关单项号按实际填报，对应单证项号与享惠报关单项号相同。

三十二、标记唛码及备注

填报要求如下：

（一）标记唛码中除图形以外的文字、数字，无标记唛码的填报 N/M。

（二）受外商投资企业委托代理其进口投资设备、物品的进出口企业名称。

（三）与本报关单有关联关系的，同时在业务管理规范方面又要求填报的备案号，填报在电子数据报关单中"关联备案"栏。

保税间流转货物、加工贸易结转货物及凭《征免税证明》转内销货物，其对应的备案号填报在"关联备案"栏。

减免税货物结转进口（转入），"关联备案"栏填报本次减免税货物结转所申请的《中华人民共和国海关进口减免税货物结转联系函》的编号。

减免税货物结转出口（转出），"关联备案"栏填报与其相对应的进口（转入）报关单"备案号"栏中《征免税证明》的编号。

（四）与本报关单有关联关系的，同时在业务管理规范方面又要求填报的报关单号，填报在电子数据报关单中"关联报关单"栏。

保税间流转、加工贸易结转类的报关单，应先办理进口报关，并将进口报关单号填入出口报关单的"关联报关单"栏。

办理进口货物直接退运手续的，除另有规定外，应先填制出口报关单，再填制进口报关单，并将出口报关单号填报在进口报关单的"关联报关单"栏。

减免税货物结转出口（转出），应先办理进口报关，并将进口（转入）报关单号填入出口（转出）报关单的"关联报关单"栏。

（五）办理进口货物直接退运手续的，填报"<ZT>"+"海关审核联系单号或者《海关责令进口货物直接退运通知书》编号"+">"。办理固体废物直接退运手续的，填报"固体废物，直接退运表XX号/责令直接退运通知书XX号"。

（六）保税监管场所进出货物，在"保税/监管场所"栏填报本保税监管场所编码（保税物流中心（B型）填报本中心的国内地区代码），其中涉及货物在保税监管场所间流转的，在本栏填报对方保税监管场所代码。

（七）涉及加工贸易货物销毁处置的，填报海关加工贸易货物销毁处置申报表编号。

（八）当监管方式为"暂时进出货物"（代码2600）和"展览品"（代码2700）时，填报要求如下：

1. 根据《中华人民共和国海关暂时进出境货物管理办法》（海关总署令第233号，以下简称《管理办法》）第三条第一款所列项目，填报暂时进出境货物类别，如：暂进六、暂出九；

2. 根据《管理办法》第十条规定，填报复运出境或者复运进境日期，期限应在货物进出境之日起6个月内，如：20180815前复运进境，20181020前复运出境；

3. 根据《管理办法》第七条，向海关申请对有关货物是否属于暂时进出境货物进行审核确认的，填报《中华人民共和国XX海关暂时进出境货物审核确认书》编号，如：<ZS海关审核确认书编号>，其中英文为大写字母；无此项目的，无需填报。

上述内容依次填报，项目间用"/"分隔，前后均不加空格。

4. 收发货人或其代理人申报货物复运进境或者复运出境的：

货物办理过延期的，根据《管理办法》填报《货物暂时进/出境延期办理单》的海关回执编号，如：<ZS海关回执编号>，其中英文为大写字母；无此项目的，无需填报。

（九）跨境电子商务进出口货物，填报"跨境电子商务"。

（十）加工贸易副产品内销，填报"加工贸易副产品内销"。

（十一）服务外包货物进口，填报"国际服务外包进口货物"。

（十二）公式定价进口货物填报公式定价备案号，格式为："公式定价"+备案编号+"@"。对于同一报关单下有多项商品的，如某项或某几项商品为公式定价备案的，则备注栏内填报为："公式定价"+备案编号+"#"+商品序号+"@"。

（十三）进出口与《预裁定决定书》列明情形相同的货物时，按照《预裁定决定书》填报，格式为："预裁定+《预裁定决定书》编号"（例如：某份预裁定决定书编号为R-2-0100-2018-0001，则填报为"预裁定R-2-0100-2018-0001"）。

（十四）含归类行政裁定报关单，填报归类行政裁定编号，格式为："c"+四位数字编号，例如c0001。

（十五）已经在进入特殊监管区时完成检验的货物，在出区入境申报时，填报"预检验"字样，同时在"关联报检单"栏填报实施预检验的报关单号。

（十六）进口直接退运的货物，填报"直接退运"字样。

（十七）企业提供 ATA 单证册的货物，填报"ATA 单证册"字样。

（十八）不含动物源性低风险生物制品，填报"不含动物源性"字样。

（十九）货物自境外进入境内特殊监管区或者保税仓库的，填报"保税入库"或者"境外入区"字样。

（二十）海关特殊监管区域与境内区外之间采用分送集报方式进出的货物，填报"分送集报"字样。

（二十一）军事装备出入境的，填报"军品"或"军事装备"字样。

（二十二）申报 HS 为 3821000000、3002300000 的，属于下列情况的，填报要求为：属于培养基的，填报"培养基"字样；属于化学试剂的，填报"化学试剂"字样；不含动物源性成分的，填报"不含动物源性"字样。

（二十三）属于修理物品的，填报"修理物品"字样。

（二十四）属于下列情况的，填报"压力容器"、"成套设备"、"食品添加剂"、"成品退换"、"旧机电产品"等字样。

（二十五）申报 HS 为 2903890020（入境六溴环十二烷），用途为"其他（99）"的，填报具体用途。

（二十六）集装箱体信息填报集装箱号（在集装箱体上标示的全球唯一编号）、集装箱规格、集装箱商品项号关系（单个集装箱对应的商品项号，半角逗号分隔）、集装箱货重（集装箱箱体自重+装载货物重量，千克）。

（二十七）申报 HS 为 3006300000、3504009000、3507909010、3507909090、3822001000、3822009000，不属于"特殊物品"的，填报"非特殊物品"字样。"特殊物品"定义见《出入境特殊物品卫生检疫管理规定》（国家质量监督检验检疫总局令第 160 号公布，根据国家质量监督检验检疫总局令第 184 号、海关总署令第 238 号、第 240 号、第 243 号修改）。

（二十八）进出口列入目录的进出口商品及法律、行政法规规定须经入境检验检疫机构检验的其他进出口商品实施检验的，填报"应检商品"字样。

（二十九）申报时其他必须说明的事项。

三十三、项号

分两行填报。第一行填报报关单中的商品顺序编号；第二行填报备案序号，专用于加工贸易及保税、减免税等已备案、审批的货物，填报该项货物在《加工贸易手册》或《征免税证明》等备案、审批单证中的顺序编号。有关优惠贸易协定项下报关单填制要求按照海关总署相关规定执行。其中第二行特殊情况填报要求如下：

（一）深加工结转货物，分别按照《加工贸易手册》中的进口料件项号和出口成品项号填报。

（二）料件结转货物（包括料件、制成品和未完成品折料），出口报关单按照转出《加工贸易手册》中进口料件的项号填报；进口报关单按照转进《加工贸易手册》中进口料件的项号填报。

（三）料件复出货物（包括料件、边角料），出口报关单按照《加工贸易手册》中进口料件的项号填报；如边角料对应一个以上料件项号时，填报主要料件项号。料件退换货物（包括料件、不包括未完成品），进出口报关单按照《加工贸易手册》中进口料件的项号填报。

（四）成品退换货物，退运进境报关单和复运出境报关单按照《加工贸易手册》原出口成品的项号填报。

（五）加工贸易料件转内销货物（以及按料件办理进口手续的转内销制成品、残次品、未完成品）填制进口报关单，填报《加工贸易手册》进口料件的项号；加工贸易边角料、副产品内销，填报《加工贸易手册》中对应的进口料件项号。如边角料或副产品对应一个以上料件项号时，填报主要料件项号。

（六）加工贸易成品凭《征免税证明》转为减免税货物进口的，应先办理进口报关手续。进口报关单填报《征免税证明》中的项号，出口报关单填报《加工贸易手册》原出口成品项号，进、出口报关单货物数量应一致。

（七）加工贸易货物销毁，填报《加工贸易手册》中相应的进口料件项号。

（八）加工贸易副产品退运出口、结转出口，填报《加工贸易手册》中新增成品的出口项号。

（九）经海关批准实行加工贸易联网监管的企业，按海关联网监管要求，企业需申报报关清单的，应在向海关申报进出口（包括形式进出口）报关单前，向海关申报"清单"。一份报关清单对应一份报关单，报关单上的商品由报关清单归并而得。加工贸易电子账册报关单中项号、品名、规格等栏目的填制规范比照《加工贸易手册》。

三十四、商品编号

填报由 10 位数字组成的商品编号。前 8 位为《中华人民共和国进出口税则》和《中华人民共和国海关统计商品目录》确定的编码；9、10 位为监管附加编号。

三十五、商品名称及规格型号

分两行填报。第一行填报进出口货物规范的中文商品名称，第二行填报规格型号。具体填报要求如下：

（一）商品名称及规格型号应据实填报，并与进出口货物收发货人或受委托的报关企业所提交的合同、发票等相关单证相符。

（二）商品名称应当规范，规格型号应当足够详细，以能满足海关归类、审价及许可证件管理要求为准，可参照《中华人民共和国海关进出口商品规范申报目录》中对商品名称、规格型号的要求进行填报。

（三）已备案的加工贸易及保税货物，填报的内容必须与备案登记中同项号下货物的商品名称一致。

（四）对需要海关签发《货物进口证明书》的车辆，商品名称栏填报"车辆品牌+排气量（注明 cc）+车型（如越野车、小轿车等）"。进口汽车底盘不填报排气量。车辆品牌按照《进口机动车辆制造厂名称和车辆品牌中英文对照表》中"签注名称"一栏的要求填报。规格型号栏可填报"汽油型"等。

（五）由同一运输工具同时运抵同一口岸并且属于同一收货人、使用同一提单的多种进口货物，按照商品归类规则应当归入同一商品编号的，应当将有关商品一并归入该商品编号。商品名称填报一并归类后的商品名称；规格型号填报一并归类后商品的规格型号。

（六）加工贸易边角料和副产品内销，边角料复出口，填报其报验状态的名称和规格型号。

（七）进口货物收货人以一般贸易方式申报进口属于《需要详细列名申报的汽车零部件清单》（海关总署 2006 年第 64 号公告）范围内的汽车生产件的，按以下要求填报：

1. 商品名称填报进口汽车零部件的详细中文商品名称和品牌，中文商品名称与品牌之间用"/"相隔，必要时加注英文商业名称；进口的成套散件或者毛坯件应在品牌后加注"成套散件"、"毛坯"等字样，并与品牌之间用"/"相隔。

2. 规格型号填报汽车零部件的完整编号。在零部件编号前应当加注"S"字样,并与零部件编号之间用"/"相隔,零部件编号之后应当依次加注该零部件适用的汽车品牌和车型。汽车零部件属于可以适用于多种汽车车型的通用零部件的,零部件编号后应当加注"TY"字样,并用"/"与零部件编号相隔。与进口汽车零部件规格型号相关的其他需要申报的要素,或者海关规定的其他需要申报的要素,如"功率"、"排气量"等,应当在车型或"TY"之后填报,并用"/"与之相隔。汽车零部件报验状态是成套散件的,应当在"标记唛码及备注"栏内填报该成套散件装配后的最终完整品的零部件编号。

(八)进口货物收货人以一般贸易方式申报进口属于《需要详细列名申报的汽车零部件清单》(海关总署 2006 年第 64 号公告)范围内的汽车维修件的,填报规格型号时,应当在零部件编号前加注"W",并与零部件编号之间用"/"相隔;进口维修件的品牌与该零部件适用的整车厂牌不一致的,应当在零部件编号前加注"WF",并与零部件编号之间用"/"相隔。其余申报要求同上条执行。

(九)品牌类型。品牌类型为必填项目。可选择"无品牌"(代码 0)、"境内自主品牌"(代码 1)、"境内收购品牌"(代码 2)、"境外品牌(贴牌生产)"(代码 3)、"境外品牌(其他)"(代码 4)如实填报。其中,"境内自主品牌"是指由境内企业自主开发、拥有自主知识产权的品牌;"境内收购品牌"是指境内企业收购的原境外品牌;"境外品牌(贴牌生产)"是指境内企业代工贴牌生产中使用的境外品牌;"境外品牌(其他)"是指除代工贴牌生产以外使用的境外品牌。上述品牌类型中,除"境外品牌(贴牌生产)"仅用于出口外,其他类型均可用于进口和出口。

(十)出口享惠情况。出口享惠情况为出口报关单必填项目。可选择"出口货物在最终目的国(地区)不享受优惠关税"、"出口货物在最终目的国(地区)享受优惠关税"、"出口货物不能确定在最终目的国(地区)享受优惠关税"如实填报。进口货物报关单不填报该申报项。

(十一)申报进口已获 3C 认证的机动车辆时,填报以下信息:

1. 提运单日期。填报该项货物的提运单签发日期。
2. 质量保质期。填报机动车的质量保证期。
3. 发动机号或电机号。填报机动车的发动机号或电机号,应与机动车上打刻的发动机号或电机号相符。纯电动汽车、插电式混合动力汽车、燃料电池汽车为电机号,其他机动车为发动机号。
4. 车辆识别代码(VIN)。填报机动车车辆识别代码,须符合国家强制性标准《道路车辆 车辆识别代号(VIN)》(GB 16735)的要求。该项一般与机动车的底盘(车架号)相同。
5. 发票所列数量。填报对应发票中所列进口机动车的数量。
6. 品名(中文名称)。填报机动车中文品名,按《进口机动车辆制造厂名称和车辆品牌中英文对照表》(原质检总局 2004 年 52 号公告)的要求填报。
7. 品名(英文名称)。填报机动车英文品名,按《进口机动车辆制造厂名称和车辆品牌中英文对照表》(原质检总局 2004 年 52 号公告)的要求填报。
8. 型号(英文)。填报机动车型号,与机动车产品标牌上整车型号一栏相符。

(十二)进口货物收货人申报进口属于实施反倾销反补贴措施货物的,填报"原厂商中文名称"、"原厂商英文名称"、"反倾销税率"、"反补贴税率"和"是否符合价格承诺"等计税必要信息。

格式要求为:"|<><><><>"。"|"、"<"和">"均为英文半角符号。第一个"|"为在规格型号栏目中已填报的最后一个申报要素后系统自动生成或人工录入的分割符(若相关商

品税号无规范申报填报要求,则需要手工录入"|"),"|"后面5个"<>"内容依次为"原厂商中文名称"、"原厂商英文名称(如无原厂商英文名称,可填报以原厂商所在国或地区文字标注的名称,具体可参照商务部实施贸易救济措施相关公告中对有关原厂商的外文名称写法)"、"反倾销税率"、"反补贴税率"、"是否符合价格承诺"。其中,"反倾销税率"和"反补贴税率"填写实际值,例如,税率为30%,填写"0.3"。"是否符合价格承诺"填写"1"或者"0","1"代表"是","0"代表"否"。填报时,5个"<>"不可缺项,如第3、4、5项"<>"中无申报事项,相应的"<>"内内容可以为空,但"<>"需要保留。

三十六、数量及单位

分三行填报。

(一)第一行按进出口货物的法定第一计量单位填报数量及单位,法定计量单位以《中华人民共和国海关统计商品目录》中的计量单位为准。

(二)凡列明有法定第二计量单位的,在第二行按照法定第二计量单位填报数量及单位。无法定第二计量单位的,第二行为空。

(三)成交计量单位及数量填报在第三行。

(四)法定计量单位为"千克"的数量填报,特殊情况下填报要求如下:

1. 装入可重复使用的包装容器的货物,按货物扣除包装容器后的重量填报,如罐装同位素、罐装氧气及类似品等。

2. 使用不可分割包装材料和包装容器的货物,按货物的净重填报(即包括内层直接包装的净重重量),如采用供零售包装的罐头、药品及类似品等。

3. 按照商业惯例以公量重计价的商品,按公量重填报,如未脱脂羊毛、羊毛条等。

4. 采用以毛重作为净重计价的货物,可按毛重填报,如粮食、饲料等大宗散装货物。

5. 采用零售包装的酒类、饮料、化妆品,按照液体/乳状/膏状/粉状部分的重量填报。

(五)成套设备、减免税货物如需分批进口,货物实际进口时,按照实际报验状态确定数量。

(六)具有完整品或制成品基本特征的不完整品、未制成品,根据《商品名称及编码协调制度》归类规则按完整品归类的,按照构成完整品的实际数量填报。

(七)已备案的加工贸易及保税货物,成交计量单位必须与《加工贸易手册》中同项号下货物的计量单位一致,加工贸易边角料和副产品内销、边角料复出口,填报其报验状态的计量单位。

(八)优惠贸易协定项下进出口商品的成交计量单位必须与原产地证书上对应商品的计量单位一致。

(九)法定计量单位为立方米的气体货物,折算成标准状况(即摄氏零度及1个标准大气压)下的体积进行填报。

三十七、单价

填报同一项号下进出口货物实际成交的商品单位价格。无实际成交价格的,填报单位货值。

三十八、总价

填报同一项号下进出口货物实际成交的商品总价格。无实际成交价格的,填报货值。

三十九、币制

按海关规定的《货币代码表》选择相应的货币名称及代码填报,如《货币代码表》中无实际成交币种,需将实际成交货币按申报日外汇折算率折算成《货币代码表》列明的货币填报。

四十、原产国（地区）

原产国（地区）依据《中华人民共和国进出口货物原产地条例》、《中华人民共和国海关关于执行〈非优惠原产地规则中实质性改变标准〉的规定》以及海关总署关于各项优惠贸易协定原产地管理规章规定的原产地确定标准填报。同一批进出口货物的原产地不同的，分别填报原产国（地区）。进出口货物原产国（地区）无法确定的，填报"国别不详"。

按海关规定的《国别（地区）代码表》选择填报相应的国家（地区）名称及代码。

四十一、最终目的国（地区）

最终目的国（地区）填报已知的进出口货物的最终实际消费、使用或进一步加工制造国家（地区）。不经过第三国（地区）转运的直接运输货物，以运抵国（地区）为最终目的国（地区）；经过第三国（地区）转运的货物，以最后运往国（地区）为最终目的国（地区）。同一批进出口货物的最终目的国（地区）不同的，分别填报最终目的国（地区）。进出口货物不能确定最终目的国（地区）时，以尽可能预知的最后运往国（地区）为最终目的国（地区）。

按海关规定的《国别（地区）代码表》选择填报相应的国家（地区）名称及代码。

四十二、境内目的地/境内货源地

境内目的地填报已知的进口货物在国内的消费、使用地或最终运抵地，其中最终运抵地为最终使用单位所在的地区。最终使用单位难以确定的，填报货物进口时预知的最终收货单位所在地。

境内货源地填报出口货物在国内的产地或原始发货地。出口货物产地难以确定的，填报最早发运该出口货物的单位所在地。

海关特殊监管区域、保税物流中心（B型）与境外之间的进出境货物，境内目的地/境内货源地填报本海关特殊监管区域、保税物流中心（B型）所对应的国内地区。

按海关规定的《国内地区代码表》选择填报相应的国内地区名称及代码。境内目的地还需根据《中华人民共和国行政区划代码表》选择填报其对应的县级行政区名称及代码。无下属区县级行政区的，可选择填报地市级行政区。

四十三、征免

按照海关核发的《征免税证明》或有关政策规定，对报关单所列每项商品选择海关规定的《征减免税方式代码表》中相应的征减免税方式填报。

加工贸易货物报关单根据《加工贸易手册》中备案的征免规定填报；《加工贸易手册》中备案的征免规定为"保金"或"保函"的，填报"全免"。

四十四、特殊关系确认

根据《中华人民共和国海关审定进出口货物完税价格办法》（以下简称《审价办法》）第十六条，填报确认进出口行为中买卖双方是否存在特殊关系，有下列情形之一的，应当认为买卖双方存在特殊关系，应填报"是"，反之则填报"否"：

（一）买卖双方为同一家族成员的。

（二）买卖双方互为商业上的高级职员或者董事的。

（三）一方直接或者间接地受另一方控制的。

（四）买卖双方都直接或者间接地受第三方控制的。

（五）买卖双方共同直接或者间接地控制第三方的。

（六）一方直接或者间接地拥有、控制或者持有对方5%以上（含5%）公开发行的有表决权的股票或者股份的。

（七）一方是另一方的雇员、高级职员或者董事的。

（八）买卖双方是同一合伙的成员的。

买卖双方在经营上相互有联系，一方是另一方的独家代理、独家经销或者独家受让人，如果符合前款的规定，也应当视为存在特殊关系。

出口货物免予填报，加工贸易及保税监管货物（内销保税货物除外）免予填报。

四十五、价格影响确认

根据《审价办法》第十七条，填报确认纳税义务人是否可以证明特殊关系未对进口货物的成交价格产生影响，纳税义务人能证明其成交价格与同时或者大约同时发生的下列任何一款价格相近的，应视为特殊关系未对成交价格产生影响，填报"否"，反之则填报"是"：

（一）向境内无特殊关系的买方出售的相同或者类似进口货物的成交价格。

（二）按照《审价办法》第二十三条的规定所确定的相同或者类似进口货物的完税价格。

（三）按照《审价办法》第二十五条的规定所确定的相同或者类似进口货物的完税价格。

出口货物免予填报，加工贸易及保税监管货物（内销保税货物除外）免予填报。

四十六、支付特许权使用费确认

根据《审价办法》第十一条和第十三条，填报确认买方是否存在向卖方或者有关方直接或者间接支付与进口货物有关的特许权使用费，且未包括在进口货物的实付、应付价格中。

买方存在需向卖方或者有关方直接或者间接支付特许权使用费，且未包含在进口货物实付、应付价格中，并且符合《审价办法》第十三条的，在"支付特许权使用费确认"栏目填报"是"。

买方存在需向卖方或者有关方直接或者间接支付特许权使用费，且未包含在进口货物实付、应付价格中，但纳税义务人无法确认是否符合《审价办法》第十三条的，填报"是"。

买方存在需向卖方或者有关方直接或者间接支付特许权使用费且未包含在实付、应付价格中，纳税义务人根据《审价办法》第十三条，可以确认需支付的特许权使用费与进口货物无关的，填报"否"。

买方不存在向卖方或者有关方直接或者间接支付特许权使用费的，或者特许权使用费已经包含在进口货物实付、应付价格中的，填报"否"。

出口货物免予填报，加工贸易及保税监管货物（内销保税货物除外）免予填报。

四十七、自报自缴

进出口企业、单位采用"自主申报、自行缴税"（自报自缴）模式向海关申报时，填报"是"；反之则填报"否"。

四十八、申报单位

自理报关的，填报进出口企业的名称及编码；委托代理报关的，填报报关企业名称及编码。编码填报18位法人和其他组织统一社会信用代码。

报关人员填报在海关备案的姓名、编码、电话，并加盖申报单位印章。

四十九、海关批注及签章

供海关作业时签注。

相关用语的含义：

报关单录入凭单：指申报单位按报关单的格式填写的凭单，用作报关单预录入的依据。该凭单的编号规则由申报单位自行决定。

预录入报关单：指预录入单位按照申报单位填写的报关单凭单录入、打印由申报单位向海关申报，海关尚未接受申报的报关单。

报关单证明联：指海关在核实货物实际进出境后按报关单格式提供的，用作进出口货物收发货人向国税、外汇管理部门办理退税和外汇核销手续的证明文件。

本规范所述尖括号（<>）、逗号（,）、连接符（-）、冒号（:）等标点符号及数字，填报时都必须使用非中文状态下的半角字符。

关于优惠贸易协定项下进出口货物报关单填制规范的公告

（海关总署公告2016年第51号）

（2016年9月20日由海关总署发布，2016年10月1日起施行，法规类型为规范性文件）

为进一步规范和统一优惠贸易协定项下《中华人民共和国海关进（出）口货物报关单》和《中华人民共和国海关进（出）境货物备案清单》（以下统称"报关单"）的填制要求，现将有关事项公告如下：

一、一般填制要求

（一）办理海关申报手续时，只能使用原产地证书申请享受协定税率或者特惠税率（以下统称"优惠税率"）的优惠贸易协定项下货物（"无原产地声明模式"），应在报关单"随附单证栏"的"随附单证代码栏"填写"Y"，在"随附单证编号栏"填写"<优惠贸易协定代码>"和"原产地证书编号"。填写示例见附件1。

（二）可以使用原产地证书或者原产地声明申请享受优惠税率的优惠贸易协定项下货物（"有原产地声明模式"），应在报关单"随附单证栏"的"随附单证代码栏"填写"Y"，在"随附单证编号栏"填写"<优惠贸易协定代码>"、"C"（凭原产地证书申报）或"D"（凭原产地声明申报），以及"原产地证书编号（或者原产地声明序列号）"。填写示例见附件2。

（三）在"单证对应关系表"中应当填写报关单上的申报商品项与原产地证书（原产地声明）上的商品项之间的对应关系。报关单上的商品序号与原产地证书（原产地声明）上的项目编号应当一一对应，不要求顺序对应。享受和不享受协定税率或者特惠税率（以下统称"优惠税率"）的同一批次进口货物可以在同一张报关单中申报。不享受优惠税率的货物序号不填写在"单证对应关系表"中。填写示例见附件3。

"同一批次"进口货物指由同一运输工具同时运抵同一口岸，并且属于同一收货人，使用同一提单的进口货物。对于客观原因（集装箱货物因海河联运需大船换小船、因海陆联运需分车运输，陆路运输集装箱货物需大车换小车以及其他多式联运情况下同一批次货物在中转地需要分拆由多个小型运输工具进行中转运输的情况等）导致有关进口货物在运抵中国关境（运抵口岸）前必须分批运输的情况，不影响同一批次的认定。同一批次出口货物比照上述规定进行审核认定。

二、特殊填制要求

（一）海关特殊监管区域和保税监管场所（以下统称"区域（场所）"）内销货物拟申请适用优惠税率的，有关货物进出区域（场所）以及内销时的报关单填制要求如下：

1. 已通过原产地电子信息交换系统实现电子联网的优惠贸易协定项下货物报关单，按照本公告第一条（一）款的要求填制；

2. 未实现电子联网的优惠贸易协定项下货物报关单，应在"随附单证栏"的"随附单证代码栏"填写"Y"，在"随附单证编号栏"填写"<优惠贸易协定代码>"和"原产地证据文件备案号"。

"原产地证据文件备案号"为进出口货物的收发货物人或者其代理人录入原产地证据文件电子信息后,系统自动生成的号码。填写示例见附件4。

3. 本条(一)款第1和第2项所述的情况,均应当按照本公告第一条(三)款的要求填写"单证对应关系表"。

(二)向香港或者澳门特别行政区出口用于生产《内地与香港关于建立更紧密经贸关系的安排》(香港CEPA)或者《内地与澳门关于建立更紧密经贸关系的安排》(澳门CEPA)协定税率货物的原材料时,应当按照本公告第一条的要求填制报关单,香港或澳门生产厂商在香港工贸署或者澳门经济局登记备案的有关备案号填写在报关单的关联备案号栏。

已签署并实施的优惠贸易协定的代码、有无原产地声明模式及是否实现通过原产地电子信息交换系统传输原产地证据文件电子数据等情况见附件5。后续变动情况海关总署将另行公告。

本公告中原产地证据文件是指相关优惠贸易协定原产地管理办法所规定的原产地证书和原产地声明。

本公告自2016年10月1日起实施。自本公告实施之日起,海关总署公告2009年第6号废止,海关总署公告2016年第20号附件《中华人民共和国海关进出口货物报关单填制规范》中"十五、备案号"项下的第(三)项内容停止执行,海关总署公告2012年第18号第三条第二、三款停止执行,海关总署公告2008年第91号第三条停止执行,海关总署公告2008年第94号第三条关于"Y"、优惠贸易协定代码及原产证商品序号的填制规范按本公告执行,海关总署公告2010年第90号第四条停止执行。

特此公告。

附件:1. "无原产地声明模式"优惠贸易协定项下报关单随附单证栏填写示例
2. "有原产地声明模式"优惠贸易协定项下报关单随附单证栏填写示例
3. "单证对应关系表"填写示例
4. 未实现电子联网的优惠贸易协定项下进出区域(场所)报关单随附单证栏填写示例
5. 优惠贸易协定相关情况对照表

附件1

"无原产地声明模式"优惠贸易协定项下报关单随附单证栏填写示例

凭编号为EB14CA12345的原产地证书进出口ECFA项下货物,应在报关单随附单证栏的随附单证代码栏填写"Y",随附单证编号栏填写"<14>EB14CA12345"。

附件2

"有原产地声明模式"优惠贸易协定项下报关单随附单证栏填写示例

一、凭编号为12345678的原产地证书进出口中国-瑞士自贸协定项下货物,应在报关单随附单证栏的随附单证代码栏填写"Y",随附单证编号栏填写"<17>C12345678"。

二、凭序列号为00345201501010000000Abc的原产地声明进出口中国—瑞士自贸协定项下货物,应在报关单随附单证栏的随附单证代码栏填写"Y",随附单证编号栏填写"<17>D00345201501010000000Abc"。

附件3

"单证对应关系表"填写示例

例如:报关单第1、3、4、5、8、9、10项为享受某优惠贸易协定项下优惠税率的商品,且其分别对应原产地证书(或者原产地声明)第3、1、4、5、6、7、8项,则"单证对应关系表"应填写为:

报关单商品项号	对应原产地证书(或者原产地声明)项号
1	3
3	1
4	4
5	5
8	6
9	7
10	8

附件4

未实现电子联网的优惠贸易协定项下进出区域(场所)报关单随附单证栏填写示例

例如:凭编号为AB001234的原产地证书进口中国-哥斯达黎加自贸协定项下货物,企业录入原产证书电子信息后,系统自动生成的"原产地证据文件备案号"为T15415201500000040,应当在报关单随附单证栏的随附单证代码栏填写"Y",随附单证编号栏填写"<15> T15415201500000040"。

附件 5

优惠贸易协定相关情况对照表

优惠贸易协定名称	优惠贸易协定代码	原产地声明模式	是否实现传输原产地证据文件电子数据
亚太贸易协定	01	无	否（部分）
中国-东盟自贸协定	02	无	否
香港 CEPA	03	无	是
澳门 CEPA	04	无	是
台湾农产品零关税措施	06	无	否
中国-巴基斯坦自贸协定	07	无	否
中国-智利自贸协定	08	无	否
中国-新西兰自贸协定	10	有	是
中国-新加坡自贸协定	11	无	否
中国-秘鲁自贸协定	12	无	否
最不发达国家特别优惠关税待遇	13	有	否（部分）
海峡两岸经济合作框架协议（ECFA）	14	无	是
中国-哥斯达黎加自贸协定	15	无	否
中国-冰岛自贸协定	16	有	否
中国-瑞士自贸协定	17	有	否
中国-澳大利亚自贸协定	18	有	否
中国-韩国自贸协定	19	无	是

关于上线运行给予最不发达国家特别优惠关税待遇原产地证书签发系统有关事宜的公告

（海关总署公告 2020 年第 94 号）

（2020 年 8 月 18 日由海关总署发布，2020 年 9 月 10 日起施行，法规类型为规范性文件）

为进一步推动给予与我国建交的最不发达国家特别优惠关税待遇措施的实施，便利合规货物进口通关，海关总署决定自 2020 年 9 月 10 日起试点运行"特别优惠关税待遇原产地证书签发系统"。现将有关事项公告如下：

一、面向孟加拉人民共和国、尼日尔共和国、埃塞俄比亚联邦民主共和国、莫桑比克共和国、东帝汶民主共和国等5个国家签证机构开放在线签发特惠原产地证书功能。在线签发的证书以字母"E"作为首位编号。

二、进口货物收货人或者其代理人（以下简称进口人）凭以字母"E"为首位编号的原产地证书申请享受特惠税率的，按照海关总署2017年第67号公告对"已实现原产地电子信息交换的优惠贸易协定项下进口货物"的有关要求填制报关单，提交原产地单证。

三、进口人凭上述在线签发证书以外的原产地证书申请享受特惠税率的，仍按照海关总署2017年第67号公告对"尚未实现原产地电子信息交换的优惠贸易协定项下进口货物"的有关要求填制报关单，提交原产地单证。

特此公告。

关于中韩自贸协定原产地电子联网及进出口货物报关单填制规范有关事宜的公告

（海关总署公告2016年第39号）

（2016年6月28日由海关总署发布，2016年7月1日起施行，法规类型为规范性文件）

为进一步便利《中华人民共和国政府和大韩民国政府自由贸易协定》（以下简称《协定》）实施，自2016年7月1日起，中韩海关原产地电子信息交换系统将实时交换《协定》项下货物原产地数据。现就《协定》项下进出口货物报关单填制要求及相关事宜公告如下：

一、自2016年7月1日起，进口货物收货人或其代理人（以下简称进口人）须按照以下要求填制《中华人民共和国海关进口货物报关单》（以下简称进口报关单）：

（一）在"随附单证栏"的"随附单证代码栏"填写"Y"，在"随附单证栏"的"随附单证编号栏"填写"<19>原产地证书编号"。在"单证对应关系表"中填写进口报关单申报商品与原产地证书商品之间的对应关系。报关单商品序号与原产地证书项目编号应当一一对应。同一批次项下享受和不享受《协定》协定税率的商品可以在同一份报关单中申报，但是不享受协定税率商品的序号不能填写在"单证对应关系表"中。"单证对应关系表"填写示例见附件。

（二）进口报关单上申报的原产地证书编号与原产地证书所载编号一致。

（三）进口报关单上申报商品的成交计量单位与原产地证书上对应商品的计量单位一致。

（四）进口报关单上申报商品的数量不能大于原产地证书上对应商品的数量。

（五）进口报关单上的申报日期应当在原产地证书的有效期内。

（六）原产地证书所列的所有商品应当为同一批次货物。

二、进口报关单上申报商品的HS编码前6位应当与原产地证书上对应商品的HS编码前6位一致。

三、自2016年7月1日起，对于海关尚未收到有关原产地电子数据的进口货物，进口人申报进口时，报关单预录入客户端将提示不存在原产地证书电子信息。在2016年7月1日至9月30日期间（含9月30日当日，以下同），对于提示不存在原产地证书电子信息的情况，进口人可选择继续申报。

自2016年10月1日起,对于提示不存在原产地证书电子信息的情况,进口人应当按照现行规定申明适用《中韩自贸协定》协定税率并申请办理有关货物的担保放行手续。

四、自2016年7月1日起,出口货物发货人或其代理人(以下简称出口人)须按照本公告第一条的要求填制《中华人民共和国海关出口货物报关单》(以下简称出口报关单)。

同一原产地证书项下的出口货物应当在同一份出口报关单申报。

因特殊情况海关无法正常接收签证机构出口原产地证书电子数据,造成企业出口申报时报关单预录入客户端提示不存在原产地证书电子信息的,企业可按照海关告知要求办理通关手续。

五、对于出口人在货物出口时未按照本公告要求填制出口货物原产地信息的情况,海关可应出口人的申请办理出口报关单修改手续,补充有关原产地信息。

对于货物出口后原产地证书发生修改的情况,出口人可在签证机构补发有关原产地证书后告知海关有关情况;对于因原产地证书信息发生变化而需要修改出口报关单的,海关可应出口人的申请办理出口报关单修改手续,补充有关原产地信息。

六、自本公告施行之日起,海关总署2015年第63号公告第一条第(三)项和第二条第(二)项内容停止执行。

特此公告。

附件:"单证对应关系表"填写示例

附件

"单证对应关系表"填写示例

例如:报关单第1、3、4、5、8、9、10项为享受《中韩自贸协定》协定税率的商品,且其分别对应原产地证书第3、1、4、5、6、7、8项,则"单证对应关系表"应填写为:

报关单项号	对应随附单证项号
1	3
3	1
4	4
5	5
8	6
9	7
10	8

两岸海关电子信息交换系统上线运行及《海峡两岸经济合作框架协议》项下货物报关单填制规范相关事宜

(海关总署公告 2014 年第 22 号)

(2014 年 3 月 27 日由海关总署发布，2014 年 4 月 1 日起施行，法规类型为规范性文件)

为进一步便利《海峡两岸经济合作框架协议》(以下简称 ECFA) 项下货物贸易，两岸海关电子信息交换系统将于 2014 年 4 月 1 日上线运行，实时传输经出口方海关验核的 ECFA 项下货物原产地数据。现就该系统上线后 ECFA 项下进出口货物报关单填制要求及相关事宜公告如下：

一、自 2014 年 4 月 1 日起，进口货物收货人或其代理人（以下简称进口人）须按照以下要求填制《中华人民共和国海关进口货物报关单》（以下简称进口报关单）：

在"随附单证栏"的"随附单证代码栏"填写"Y"，在"随附单证栏"的"随附单证编号栏"填写"<14>"及"原产地证书编号"。在"单证对应关系表"中填写进口报关单申报商品与原产地证书商品之间的对应关系。报关单商品序号与原产地证书项目编号应当一一对应，不要求顺序对应。同一批次项下享受和不享受 ECFA 协定税率的商品可以在同一张报关单中申报。不享受协定税率的商品，其序号不填写在"单证对应关系表"中。"单证对应关系表"填写示例见附件。

二、自 2014 年 4 月 1 日起，对于海关尚未收到有关原产地电子数据的进口货物，进口人申报进口时，报关单预录入客户端将提示不存在原产地证书电子信息。

在 2014 年 4 月 1 日至 6 月 30 日期间（含 6 月 30 日，以下同），对于提示不存在原产地证书电子信息的情况，进口人可忽略提示内容并选择继续申报。

自 2014 年 7 月 1 日起，对于提示不存在原产地证书电子信息的情况，进口人应当按照现行规定申明并申请办理有关货物的担保放行手续。

三、自 2014 年 4 月 1 日起，使用已与海关联网的原产地证书向海关申报的出口货物，出口货物发货人或其代理人（以下简称出口人）须按照本公告第一条的要求填制《中华人民共和国海关出口货物报关单》（以下简称出口报关单）。

自 2014 年 6 月 2 日起，原产地证书预录入系统（以下简称证书系统）证书系统正式运行。使用未与海关联网的原产地证书向海关申报的出口货物，出口人应当在申报前预先通过证书系统录入有关原产地证书电子信息，并按照本公告第一条的要求填制出口报关单。

同一原产地证书项下的出口货物应当在同一份出口报关单申报。

四、对于出口人在货物出口时未按照本公告要求填制出口货物原产地信息的情况，出口人可以按照相关规定办理出口报关单修改手续，补充有关原产地信息。

对于货物出口后原产地证书发生修改的情况，出口人可在签证机构补发有关原产地证书后告知海关有关情况；对于因原产地证书信息发生变化而需要修改出口报关单的，可以按照相关规定办理出口报关单修改手续。

对于使用未与海关联网的原产地证书申报出口的货物，出口人在办理出口报关单修改手续前须通过证书系统补充或修改有关原产地证书电子信息。

特此公告。

附件:"单证对应关系表"填写示例

附件

"单证对应关系表"填写示例

例如:报关单第 1、3、4、5、8、9、10 项为享受 ECFA 协定税率的商品,且其分别对应原产地证书第 3、1、4、5、6、7、8 项,则"单证对应关系表"应填写为:

报关单项号	对应随附单证项号
1	3
3	1
4	4
5	5
8	6
9	7
10	8

信息联网

关于《特殊医学用途配方食品注册证书》等 5种监管证件实施联网核查的公告

（海关总署 国家市场监督管理总局公告2018年第142号）

（2018年10月17日由海关总署、国家市场监督管理总局总局发布，2018年10月17日起施行，法规类型为规范性文件）

为进一步优化口岸营商环境，提升跨境贸易便利化水平，海关总署、国家市场监督管理总局决定对《特殊医学用途配方食品注册证书》等5种监管证件实施电子数据联网核查。现将有关事项公告如下：

一、自公告发布之日起，在全国范围内实施《特殊医学用途配方食品注册证书》《保健食品注册证书或保健食品备案凭证》《婴幼儿配方乳粉产品配方注册证书》（以下简称证件）电子数据与进出口货物报关单电子数据的联网核查。

二、自2018年11月1日起，在全国范围内实施《强制性产品认证证书或证明性文件》《特种设备制造许可证及型式试验证书》电子数据与进出口货物报关单电子数据的联网核查。

三、市场监督管理部门根据相关法律法规签发证件，将证件电子数据传输至海关，海关在通关环节进行比对核查，并按规定办理进出口手续。联网核查实施前已签发的证件，企业可凭纸质证件在有效期内向海关办理进出口手续。

四、报关企业按照海关通关作业无纸化改革的规定，可采用无纸方式向海关申报。因海关和市场监督管理部门审核需要或计算机管理系统、通信网络故障等原因，可以转为有纸报关作业或补充提交纸质证件。

五、企业可登陆中国国际贸易"单一窗口"查询证件电子数据传输状态。

六、中国电子口岸数据中心为联网核查的技术支持部门。

中国电子口岸数据中心联系方式：010-95198。

特此公告。

关于实施《赴境外加工光盘进口备案证明》《音像制品（成品）进口批准单》联网核查的公告

（海关总署 中央宣传部公告2018年第146号）

（2018年10月18日由海关总署、中央宣传部发布，2018年10月18日起施行，法规类型为规范性文件）

为进一步优化口岸营商环境，促进跨境贸易便利化，海关总署、中央宣传部决定对《赴境外加工光盘进口备案证明》（以下简称《进口备案证明》）和《音像制品（成品）进口批准单》（以下简称《进口批准单》）实施电子数据联网核查。现将有关事项公告如下：

一、自本公告发布之日起，海关总署、中央宣传部共同对赴境外加工光盘启动《进口备案证明》电子数据与进口货物报关单电子数据的联网核查工作。

二、自2018年11月1日起，海关总署、中央宣传部共同对进口音像制品（成品）启动《进口批准单》电子数据与进口货物报关单电子数据的联网核查工作。

三、新闻出版部门根据相关法律法规及有关规定签发《进口备案证明》《进口批准单》，并实时将《进口备案证明》《进口批准单》电子数据传输至海关。海关在通关环节进行比对核查，并按规定办理相关手续。

四、进口企业应按照现行规定，如实规范向海关申报。对于在联网核查实施前已申领的《进口备案证明》《进口批准单》，企业可凭纸质证件于2018年12月31日前在有效期内向海关办理报关手续。《进口备案证明》《进口批准单》管理货物目录详见附件。

五、因计算机管理系统、通信网络故障等原因，无法正常实施联网核查的，企业可提交纸本材料并按照要求办理相关手续。

六、企业可登陆中国国际贸易"单一窗口"查询证件电子数据传输状态。

七、中国电子口岸数据中心为联网核查的技术支持部门。

中国电子口岸数据中心联系方式：010-95198。

特此公告。

附件：1. 2018年《赴境外加工光盘进口备案证明》管理货物目录（略）
　　　2. 2018年《音像制品（成品）进口批准单》管理货物目录（略）

关于《国（境）外引进农业种苗检疫审批单》等 3 种监管证件实施联网核查的公告

（海关总署　农业农村部　国家林业和草原局公告 2018 年第 141 号）

（2018 年 10 月 22 日由海关总署、农业农村部、国家林业和草原局发布，2018 年 10 月 22 日起施行，法规类型为规范性文件）

　　为进一步优化口岸营商环境，促进跨境贸易便利化，海关总署、农业农村部、国家林业和草原局决定对《国（境）外引进农业种苗检疫审批单》等 3 种监管证件实施电子数据联网核查。现将有关事项公告如下：

　　一、自本公告发布之日起，启动《国（境）外引进农业种苗检疫审批单》《引进林木种子、苗木检疫审批单》《农业转基因生物安全证书（进口）》（以下简称证件）电子数据与进出口货物报关单电子数据的联网核查。

　　二、农业农村、林业和草原管理部门根据相关法律法规的规定签发证件，实时将证件电子数据传输至海关，海关在通关环节进行比对核查，并按规定办理进口手续。联网核查实施前已签发的证件，企业可凭纸质证件在有效期内向海关办理进口手续。

　　三、报关企业按照海关通关作业无纸化改革的规定，可采用无纸方式向海关申报。因海关和农业农村、林业和草原管理部门审核需要，或计算机管理系统、通信网络故障等原因，可以转为有纸报关作业或补充提交纸质证件。

　　四、企业可登陆中国国际贸易"单一窗口"查询证件电子数据传输状态。

　　五、中国电子口岸数据中心为联网核查的技术支持部门。联系方式：010-95118。

　　特此公告。

关于实施《技术出口许可证》《技术出口合同登记证》和《援外项目任务通知函》联网核查的公告

（海关总署　商务部公告 2018 年第 147 号）

（2018 年 10 月 29 日由海关总署、商务部发布，2018 年 10 月 29 日起施行，法规类型为规范性文件）

　　为进一步优化口岸营商环境，促进跨境贸易便利化，海关总署、商务部决定对《技术出口许可证》、《技术出口合同登记证》和《援外项目任务通知函》实行电子数据联网核查。现将有关事项公告如下：

　　一、自本公告发布之日起，海关总署和商务部共同对技术贸易和援外物资启动《技术出口许可证》、《技术出口合同登记证》和《援外项目任务通知函》电子数据与进出口货物报关单电子数据的联网核查工作。

二、商务部及其授权发证机构根据相关法律法规及有关规定签发上述证件，并将有效电子数据传输至海关。海关在通关环节对证件信息进行比对核查，并按规定办理相关手续。

三、进出口企业应按照现行规定，如实规范向海关申报。对于在联网核查实施前已合法申领的上述证件，企业可凭纸质证件于 2018 年 12 月 31 日前在有效期内向海关办理报关手续。

四、因计算机管理系统、通信网络故障等原因，无法正常实施联网核查的，企业可提交纸本材料并按照要求办理相关手续。

五、企业可登陆中国国际贸易"单一窗口"查询证件电子数据传输状态。

六、中国电子口岸数据中心为联网核查的技术支持部门。

中国电子口岸数据中心联系方式：010-95198。

特此公告。

关于《进口药品通关单》等 7 种监管证件实施联网核查的公告

（海关总署　国家药品监督管理局公告 2018 年第 148 号）

（2018 年 10 月 29 日由海关总署、国家药品监督管理局发布，2018 年 10 月 29 日起施行，法规类型为规范性文件）

为进一步优化口岸营商环境，促进跨境贸易便利化，海关总署、国家药品监督管理局决定对《进口药品通关单》等 7 种监管证件实施电子数据联网核查。现将有关事项公告如下：

一、自本公告发布之日起，在全国范围内实施麻精药品进出口准许证（包括麻醉药品进口准许、麻醉药品出口准许、精神药物进口准许、精神药物出口准许）、进口医疗器械备案/注册证（包括医疗器械注册证、第一类医疗器械备案凭证），以及《进口特殊用途化妆品卫生许可批件》《进口非特殊用途化妆品卫生许可批件》电子数据与进出口货物报关单电子数据的联网核查。

二、自本公告发布之日起，在杭州、青岛海关开展《进口药品通关单》和蛋白同化制剂、肽类激素《药品进口准许证》《药品出口准许证》电子数据与进出口货物报关单电子数据的联网核查试点。

三、药品监督管理部门根据相关法律法规的规定签发上述证件，将证件电子数据传输至海关，海关在通关环节进行比对核查，并按规定办理进出口手续。联网核查实施前已签发的证件，企业可凭纸质证件在有效期内向海关办理进出口手续。

四、报关企业按照海关通关作业无纸化改革的规定，可采用无纸方式向海关申报。因海关和药品监督管理部门审核需要，或计算机管理系统、网络通信故障等原因，可以转为有纸报关作业或补充提交纸质证件。

五、企业可登陆中国国际贸易"单一窗口"查询证件电子数据传输状态。

六、中国电子口岸数据中心为联网核查的技术支持部门。

中国电子口岸数据中心联系方式：010-95198。

特此公告。

关于《进口药品通关单》等 3 种监管证件扩大实施联网核查的公告

(海关总署 国家药品监督管理局公告 2019 年第 56 号)

(2019 年 3 月 25 日由海关总署、国家药品监督管理局发布,2019 年 3 月 25 日起施行,法规类型为规范性文件)

为进一步优化口岸营商环境,促进跨境贸易便利化,海关总署、国家药品监督管理局决定在前期联网核查试点基础上,对《进口药品通关单》等 3 种监管证件全面实施电子数据联网核查。现将有关事项公告如下:

一、自本公告发布之日起,在全国范围内推广实施《进口药品通关单》《药品进口准许证》《药品出口准许证》电子数据与进出口货物报关单电子数据的联网核查。

二、药品监督管理部门根据相关法律法规的规定签发上述证件,将证件电子数据传输至海关,海关在通关环节进行比对核查,并按规定办理进出口手续。联网核查实施前已签发的证件,企业可凭纸质证件在有效期内向海关办理进出口手续。

三、报关企业按照海关通关作业无纸化改革的规定,可采用无纸方式向海关申报。因海关和药品监督管理部门审核需要,或计算机管理系统、网络通信故障等原因,可以转为有纸报关作业或补充提交纸质证件。

四、企业可登录中国国际贸易"单一窗口"查询证件电子数据传输状态。

五、中国电子口岸数据中心为联网核查的技术支持部门。

中国电子口岸数据中心联系方式:010-95198。

特此公告。

关于实施《进口广播电影电视节目带(片)提取单》联网核查的公告

(海关总署 国家电影局 国家广播电视总局公告 2018 年第 149 号)

(2018 年 10 月 29 日由海关总署、国家电影局、国家广播电视总局发布,2018 年 10 月 29 日起施行,法规类型为规范性文件)

为进一步优化口岸营商环境,促进跨境贸易便利化,海关总署、国家电影局和国家广播电视总局决定对《进口广播电影电视节目带(片)提取单》(以下简称"《进口提取单》")实行电子数据联网核查。现将有关事项公告如下:

一、自本公告发布之日起,海关总署、国家电影局和国家广播电视总局共同启动《进口提取单》电子数据与进口货物报关单电子数据的联网核查工作。

二、国家电影局、国家广播电视总局根据相关法律法规及有关规定签发《进口提取单》,并实时将《进口提取单》电子数据传输至海关。海关在通关环节进行比对核查,并按规定办理相关手续。

三、进口企业应按照现行规定，如实规范向海关申报。对于在联网核查实施前已合法申领的《进口提取单》，企业可凭纸质证件于2018年12月31日前在有效期内向海关办理报关手续。《进口广播电影电视节目带（片）提取单》管理货物目录详见附件。

四、因计算机管理系统、通信网络故障等原因，无法正常实施联网核查的，企业可提交纸本材料并按照要求办理相关手续。

五、企业可登陆中国国际贸易"单一窗口"查询证件电子数据传输状态。

六、中国电子口岸数据中心为联网核查的技术支持部门。

中国电子口岸数据中心联系方式：010-95198。

本公告自发布之日起实施。

特此公告。

附件：2018年《进口广播电影电视节目带（片）提取单》管理货物目录（略）

关于实施《古生物化石出境批件》联网核查的公告

（海关总署　自然资源部公告2018年第150号）

(2018年10月29日由海关总署、自然资源部发布，2018年10月29日起施行，法规类型为规范性文件)

为进一步优化口岸营商环境，促进跨境贸易便利化，海关总署、自然资源部决定对《古生物化石出境批件》实施电子数据联网核查。现将有关事项公告如下：

一、自2018年11月1日起，海关总署、自然资源部共同对古生物化石（参考海关商品编号：9705000020）出境启动《古生物化石出境批件》电子数据与出口货物报关单电子数据的联网核查工作。

二、自然资源主管部门根据相关法律法规及有关规定签发《古生物化石出境批件》，海关在通关环节对批件信息进行比对，并按规定办理相关手续。

三、出口企业应按照现行规定，如实规范向海关申报。对于在联网核查实施前已申领的《古生物化石出境批件》，企业可以凭有效期内的纸质证件于2018年12月31日前向海关办理报关手续。

四、因海关、自然资源主管部门审核需要及计算机管理系统、通信网络故障等原因，无法正常实施联网核查的，企业可提交纸本材料并按照要求办理相关手续。

五、企业可登陆中国国际贸易"单一窗口"查询证件电子数据传输状态。

六、中国电子口岸数据中心为联网核查的技术支持部门。

中国电子口岸数据中心联系方式：010-95198。

特此公告。

关于实施《银行调运人民币现钞进出境证明》《黄金及黄金制品进出口准许证》联网核查的公告

（海关总署 中国人民银行公告2018年第152号）

（2018年10月29日由海关总署、中国人民银行发布，2018年10月29日起施行，法规类型为规范性文件）

为进一步优化口岸营商环境，促进跨境贸易便利化，海关总署、中国人民银行决定对《银行调运人民币现钞进出境证明》（以下简称《人民币调运证明》）和《黄金及黄金制品进出口准许证》（以下简称《黄金准许证》）实施电子数据联网核查。现将有关事项公告如下：

一、自本公告发布之日起，海关总署、中国人民银行共同对人民币调运、黄金及黄金制品进出口启动《人民币调运证明》和《黄金准许证》电子数据与进出口货物报关单电子数据的联网核查工作。

二、人民银行主管部门根据相关法律法规及有关规定签发《人民币调运证明》和《黄金准许证》，并实时将《人民币调运证明》和《黄金准许证》电子数据传输至海关。海关在通关环节进行比对核查，并按规定办理相关手续。

三、进出口企业应按照现行规定，如实规范向海关申报。对于有效期在2019年4月30日内的《黄金准许证》，企业可以凭纸质证件向海关办理报关手续。

四、因海关和人民银行主管部门审核需要及计算机管理系统、通信网络故障等原因，无法正常实施联网核查的，企业可提交纸本材料并按照要求办理相关手续。

五、企业可登陆中国国际贸易"单一窗口"查询证件电子数据传输状态。

六、中国电子口岸数据中心为联网核查的技术支持部门。

中国电子口岸数据中心联系方式：010-95198。

特此公告。

关于实施《人类遗传资源材料出口、出境证明》联网核查的公告

（海关总署 科技部公告2018年第153号）

（2018年10月30日由海关总署、科技部发布，2018年11月1日起施行，法规类型为规范性文件）

为进一步优化口岸营商环境，促进跨境贸易便利化，海关总署、科技部决定对《人类遗传资源材料出口、出境证明》实施电子数据联网核查。现将有关事项公告如下：

一、自2018年11月1日起，海关总署、科技部共同对人类遗传资源材料启动《人类遗传资源材料出口、出境证明》电子数据与出口货物报关单电子数据的联网核查工作。

二、国家科技主管部门根据相关法律法规及有关规定签发《人类遗传资源材料出口、出境证明》，并实时将《人类遗传资源材料出口、出境证明》电子数据传输至海关。海关在通关环节进行比对核查，并按规定办理相关手续。

三、出口企业应按照现行规定，如实规范向海关申报。对于在联网核查实施前已申领的《人类遗传资源材料出口、出境证明》，企业可凭纸质证件于 2018 年 12 月 31 日前在有效期内向海关办理报关手续。

四、因海关、科技主管部门审核需要及计算机管理系统、通信网络故障等原因，无法正常实施联网核查的，企业可提交纸本材料并按照要求办理相关手续。

五、企业可登陆中国国际贸易"单一窗口"查询证件电子数据传输状态。

六、中国电子口岸数据中心为联网核查的技术支持部门。

中国电子口岸数据中心联系方式：010-95198。

特此公告。

强制性产品认证

进口许可制度民用商品入境验证管理办法

(国家质量监督检验检疫总局令第 6 号)

(2001 年 12 月 4 日由国家质量监督检验检疫总局发布,根据 2018 年 4 月 28 日海关总署令第 238 号《海关总署关于修改部分规章的决定》修改,现行版本自 2018 年 5 月 1 日起施行,法规类型为部门规章)

第一条 为加强对国家实行进口许可制度的民用商品的验证管理,保证进口商品符合安全、卫生、环保要求,依据《中华人民共和国进出口商品检验法》(以下简称《商检法》)及其实施条例和有关法律法规的规定,制定本办法。

第二条 本办法适用于对国家实行进口质量许可制度和强制性产品认证的民用商品(以下简称进口许可制度民用商品)的入境验证管理工作。

第三条 本办法所称入境验证是指:对进口许可制度民用商品,在通关入境时,由海关核查其是否取得必需的证明文件,抽取一定比例批次的商品进行标志核查,并按照进口许可制度规定的技术要求进行检测。

第四条 海关总署统一管理全国进口许可制度民用商品的入境验证管理工作。主管海关负责所辖地区进口许可制度民用商品的入境验证工作。

第五条 海关总署根据需要,制定、调整并公布海关实施入境验证的进口许可制度民用商品目录(以下简称《入境验证商品目录》)。

对列入《入境验证商品目录》的进口商品,由主管海关实施入境验证。

第六条 进口许可制度民用商品的收货人或其代理人,在办理进口报检时,应当提供进口许可制度规定的相关证明文件,并配合海关实施入境验证工作。

第七条 海关受理报检时,应当审查进口质量许可等证明文件。

第八条 属于法定检验检疫的进口许可制度民用商品,海关应当按照有关规定实施检验检疫,同时应当核查产品的相关标志是否真实有效。

第九条 不属于法定检验检疫的进口许可制度民用商品,主管海关可以根据需要,进行抽查检测。抽查检测的范围、具体实施程序,由海关总署另行规定。

第十条 进口许可制度民用商品经检验标志不符合规定或者抽查检测项目不合格的,由海关依照《商检法》及其实施条例的有关规定进行处理。

第十一条 本办法由海关总署负责解释。

第十二条 本办法自 2002 年 1 月 1 日起施行。

进口许可制度民用商品入境验证工作程序

(国质检检〔2002〕48号)

(2002年2月28日由国家质量监督检验检疫总局发布,2002年7月1日起施行,法规类型为规范性文件)

第一条 为贯彻落实《进口许可制度民用商品入境验证管理办法》(以下简称《管理办法》)和《关于实施进口许可制度民用商品入境验证管理的通知》(国质检检联〔2001〕192号)的要求,制定本工作程序。

第二条 本工作程序适用范围是国家质检总局公布的《入境验证商品目录》(海关监管条件为C)的进口民用商品口岸验证工作。

第三条 口岸检验检疫机构负责审核贸易关系人、代理人提供的合同、发票、提(运)单、装箱单、进口许可制度的许可证明文件(以下简称证明文件)等相关资料。许可证明文件真伪的查询网址为:www.cqc.com.cn。

第四条 经口岸检验检疫机构审核,对已获相应的进口许可制度许可的验证商品签发《入境货物通关单》,并在备注栏注明"入境验证产品"字样;不符合规定的,不予签发《入境货物通关单》。

第五条 口岸检验检疫机构根据《实施入境验证的进口商品目录》并结合属地实际情况和国家质检总局要求确定具体重点商品进行抽查检测,被抽查检测的验证商品的总批次为全年批量的3~5。抽查检测商品验证的内容为:相关文件审核、标志核查、型号规格确认、实物检测等。

国家质检总局对定为实物检测的验证商品,每年予以公布。对定为实物检测的验证商品,由口岸检验检疫机构负责抽封实物样品,送国家质检总局指定的、经认可的实验室(以下简称检验单位)检测。

第六条 检测单位自收实物样品之日起,须在5个工作日内完成实物检测,并出具检测报告。检测项目以常规安全项目为主。

第七条 进口许可制度民用商品的收货人或其代理人必须提供用于抽查检测的样品,样品检测完毕后按规定退还。实物检测所需有关费用列于各局年度预算。

第八条 经口岸验证,发现有下列情形者按如下程序处理:

1. 对于未获证明文件的商品,不予签发《入境货物通关单》;对于口岸验证发现到达口岸商品货证不符的,不予放行。并责成相关贸易关系人向经国家认证认可监督管理委员会指定的认证机构申请认证或补证,并加贴认证标志后,按第四条规定办理或放行。

对于伪造、假冒行为按《商检法》及其实施条例规定进行处罚。

2. 对已获证明文件但未加贴认证标志的商品,由口岸检验检疫机构视情况实施实物检测。实物检测合格的,口岸检验检疫机构应责成申报人通知相关责任人补贴标志后,予以放行。

3. 经实物检测不合格的,按《商检法》有关规定处理并将检测情况及时上报国家质检总局。

第九条 检验检疫机构对抽查检测的验证商品必须建立档案,妥善保存。

第十条 检验检疫机构每半年将《入境验证商品目录》的进口民用商品的入境验证情况上报国家质检总局。

第十一条 对于免办进口商品安全质量许可证的验证商品,按现行的有关规定执行。

第十二条　对于进口成套设备、旧机电产品中的验证商品，按国家对进口成套设备和旧机电产品管理的现行规定执行。

第十三条　本工作程序由国家质检总局负责解释。

第十四条　本工作程序自 2002 年 7 月 1 日起执行。

关于实施进口许可制度民用商品入境验证管理有关问题的通知

（国质检通函〔2001〕670 号）

（2001 年 12 月 10 日由国家质量监督检验检疫总局发布，2001 年 12 月 10 日起施行，法规类型为规范性文件）

各直属出入境检验检疫局：

为保证进口安全质量许可制度民用商品入境验证管理工作的顺利进行，现就有关问题通知如下：

一、对于首批《出入境检验检疫机构实施入境验证的进口商品目录》（以下简称《目录》）海关监管条件为"C"的商品，各地检验检疫机构受理报检时只加验进口安全质量许可证。

二、2002 年 1 月 1 日~6 月 30 日为过渡宣传期。过渡宣传期内，对于列入《目录》内的民用商品，无论是否获得进口安全质量许可证，检务部门均受理报检，并签发《入境货物通关单》。

三、过渡宣传期内，各局应采用各种方式广泛做好宣传工作。检务部门在受理报检的同时应告知企业自 7 月 1 日起，严格按进口许可制度民用商品入境验证工作程序办理有关手续，对于没有获得进口安全质量许可证的商品，一律不受理报检。

四、请各局认真做好《目录》内入境验证商品的统计工作，于 5 月 15 日前将本局 1 月~4 月《目录》内商品的统计情况上报总局。统计内容包括：品名、数量、金额、国别、批次、是否获得进口安全质量许可证及许可证的真伪情况。确定许可证的真伪，请查询网站：WWW.CQC.COM.CN。

五、各局应积极做好进口许可证民用商品验证的各项准备，保证 7 月 1 日验证工作全面开展万无一失。

关于调整免予强制性产品认证检测处理程序的公告

（国家认证认可监督管理委员会公告 2008 年第 38 号）

（2008 年 12 月 11 日由国家认证认可监督管理委员会发布，2008 年 12 月 11 日起施行，法规类型为规范性文件）

为保证强制性产品认证制度的权威性、严肃性，保证免于办理强制性产品认证相关工作的规范、有效进行，国家认监委对2005年第20号公告进行了修订，现予以发布：

一、对未获得认证且不符合国家认监委2005年第3号公告免于办理强制性产品认证条件的进口强制性产品认证目录内产品，各地出入境检验检疫机构应劝其退运，未经检测处理程序的，不得进口；

二、为保证贸易需求，并借鉴国际上的实施经验，对确因特殊用途或因特殊原因而未获得强制性产品认证的小批量用于生产和生活消费的进口产品可以按照《免于强制性产品认证的特殊用途进口产品检测处理程序》（附件）进行处理。

国家认监委2005年第20号公告自本公告发布之日起废止。

附件：免于强制性产品认证的特殊用途进口产品检测处理程序

附件

免于强制性产品认证的特殊用途进口产品检测处理程序

一、本程序适用于列入《实施强制性产品认证的产品目录》内确因特殊用途或因特殊原因而未获得强制性产品认证的小批量用于生产和生活消费的进口产品。

二、因特殊用途或因特殊原因而未获得强制性产品认证的小批量用于生产和生活消费的进口产品须按本程序检测合格后，方准进口。

三、检测处理程序由认监委负责统一监督管理，各直属检验检疫局及经国家认监委指定或批准的实验室组织实施、具体执行。

四、申请检测处理程序的进口产品申请人应向所在地直属检验检疫局申请，并提交有关申请资料（见附件1）。

五、直属检验检疫局对材料审核合格后直接受理申请并安排抽样及检测（十个工作日内），相关资料每批以电子文档形式报国家认监委备案，并抄送质检总局检验监管司。国家认监委和总局检验监管司不再对材料进行事前审核。

六、直属检验检疫局按照本程序抽样原则（见附件3）进行取样封样（封样单参照法检制度要求），申请人在直属检验检疫局的监管下将所封的样品送达强制性产品认证指定实验室进行检测（五个工作日内）。具备中国国家合格评定认可委员会认可资格的口岸实验室经认监委同意后也可承担此项任务。

七、样品到达指定实验室后，由实验室按照本程序规定的检测要求（见附件3）进行检测。检测要求根据不同产品特点按照现行强制性产品认证实施规则规定的型式试验项目全项目检测（按规定有些产品破坏性检测项目和需零部件送样的检测项目除外）；按现行强制性产品认证检测收费标准收取相关检测费用。检验完毕后，由申请人自行取回试验样品，相关资料按实验室的要求处置。实验室对试验情况和申请资料进行综合评价，并出具检测报告（1式3份），并送直属检验检疫局。其中检测报告只覆盖经过检测的批次产品。

八、直属检验检疫局将检测报告留存1份，交申请人1份，同时将检测结论以电子文档形式报国家认监委和总局检验监管司备案，国家认监委和总局检验监管司不再对检测结果进行事前审核。

九、直属检验检疫局对检测合格的产品据《免于强制性产品认证的特殊用途进口产品检测处理程序批准书》受理报检并签发通关单，不合格的产品由直属检验检疫局向申请人出具不合格通知书（见附件4），一律退运出境或经申请人申请、直属检验检疫局同意后在检验检疫机构监管下进行销毁。

十、符合检测处理程序要求的进口产品应直接交付最终用户，或在申请的特定区域内销售和使用，不得转运到其他区域销售。检测结果及相关产品信息由国家认监委建立基本数据库并在国家认监委网站上予以公布。

十一、国家认监委将会同质检总局检验监管司随机对检测处理程序的执行情况进行必要的监督检查，对违反规定的机构和人员予以处理。

十三、负责执行检测处理程序的各直属检验检疫局、有关实验室及其工作人员应当为申请人保守正当的技术秘密和商业秘密。

十四、涉及执行检测处理程序过程的申诉、投诉工作由国家认监委负责调查处理。

十五、本程序由国家认监委负责解释。

附件：1. 检测处理程序申请材料及格式（略）
   2. 检测处理程序审核原则（略）
   3. 检测处理程序抽样原则及检测要求（略）
   4. 检测处理程序不合格通知书（略）

市场监管总局 认监委关于进一步落实强制性产品认证目录及实施方式改革的公告

（国家市场监督管理总局 国家认证认可监督管理委员会公告2018年第29号）

（2018年12月3日由国家市场监督管理总局、国家认证认可监督管理委员会发布，2018年12月3日起施行，法规类型为规范性文件）

为深入贯彻落实《国务院办公厅关于聚焦企业关切进一步推动优化营商环境政策落实的通知》（国办发〔2018〕104号）有关要求，深化"放管服"改革，优化营商环境，激发市场活力，现将进一步落实强制性产品认证目录及实施方式改革措施公布如下：

自本公告发布之日起，对12种产品（见附件1）不再实施强制性产品认证管理，认监委注销相关认证机构和实验室所涉及的强制性产品认证指定业务范围，对应指定认证机构应注销已出具的强制性产品认证证书；对4种产品（见附件2）转为自我声明评价方式，相关企业可选择由指定认证机构按既有方式进行认证，也可依据《强制性产品认证自我声明实施规则》采用自我声明方式证明产品能够持续符合强制性产品认证要求，并完成产品符合性信息报送。

附件：1. 不再实施强制性产品认证管理的产品清单
   2. 转为自我声明评价方式的产品清单

附件 1

不再实施强制性产品认证管理的产品清单

序号	产品名称	产品类别	产品代码	涉及 CCC 认证实施规则
1	往复锯	电动工具	0510	CNCA-C05-01：2014《强制性产品认证实施规则 电动工具》
2	插入式混凝土振动器	电动工具	0511	CNCA-C05-01：2014《强制性产品认证实施规则 电动工具》
3	电木铣和修边机	电动工具	0515	CNCA-C05-01：2014《强制性产品认证实施规则 电动工具》
4	电动石材切割机	电动工具	0516	CNCA-C05-01：2014《强制性产品认证实施规则 电动工具》
5	送丝装置	电焊机	0612	CNCA-C06-01：2014《强制性产品认证实施规则 电焊机》
6	TIG 焊焊炬	电焊机	0613	CNCA-C06-01：2014《强制性产品认证实施规则 电焊机》
7	MIG/MAG 焊焊枪	电焊机	0614	CNCA-C06-01：2014《强制性产品认证实施规则 电焊机》
8	电焊钳	电焊机	0615	CNCA-C06-01：2014《强制性产品认证实施规则 电焊机》
9	复印机	信息技术设备	0910	CNCA-C09-01：2014《强制性产品认证实施规则 信息技术设备》
10	机动车回复反射器	机动车辆及安全附件	1107	CNCA-C11-07：2014《强制性产品认证实施规则 机动车外部照明及光信号装置》
11	防盗保险柜	安全防范产品	1904	CNCA-C19-02：2014《强制性产品认证实施规则 安防实体防护产品》
12	防盗保险箱	安全防范产品	1904	CNCA-C19-02：2014《强制性产品认证实施规则 安防实体防护产品》

附件2

转为自我声明评价方式的产品清单

序号	产品名称	产品类别	产品代码	涉及 CCC 认证实施规则	评价方式
1	各种广播波段的调谐接收机、收音机	音视频设备	0804	CNCA-C08-01：2014《强制性产品认证实施规则 音视频设备》	自我声明程序 A（自选实验室型式试验+自我声明）
2	机动车辆间接视野装置	机动车辆及安全附件	1110、1115	CNCA-C11-08：2014《强制性产品认证实施规则 机动车辆间接视野装置》	自我声明程序 B（指定实验室型式试验+自我声明）
3	汽车行驶记录仪	机动车辆及安全附件	1117	CNCA-C11-14：2014《强制性产品认证实施规则 汽车行驶记录仪》	
4	车身反光标识	机动车辆及安全附件	1118	CNCA-C11-13：2014《强制性产品认证实施规则 车身反光标识》	

市场监管总局 海关总署关于免予办理强制性产品认证工作有关安排的公告

(国家市场监督管理总局 海关总署公告2019年第13号)

(2019年3月13日由国家市场监督管理总局、海关总署发布，2019年3月13日起施行，法规类型为规范性文件)

根据市场监管总局和海关总署职能配置的相关规定，现就免予办理强制性产品认证工作的相关安排公告如下：

一、市场监管总局负责强制性产品认证制度的组织实施和监督管理工作。海关总署负责涉及强制性产品认证进口产品的验证工作。市场监管总局和海关总署建立强制性产品认证证书或证明性文件等信息的联网核查、通报和协作机制。

二、在2019年3月31日以前，继续由各地海关依据机构改革前的工作职能核发免予办理强制性产品认证证明。

三、自2019年4月1日起，由市场监管部门承接免予办理强制性产品认证的相关工作。

四、相关申报单位继续使用"CCC免办及特殊用途进口产品检测处理管理系统"（http://cccmb.cnca.cn）提交有关资料，相关申报和管理要求不变。

五、对属于强制性产品认证监管范围且符合免予办理强制性产品认证有关条件的进口货物，申报单位应在办理报关前取得免予办理强制性产品认证证明。

六、海关在验证工作中发现实际进口货物与强制性产品认证证书或证明性文件不一致，或存在其他违法违规情况，按照《中华人民共和国海关法》和《中华人民共和国进出口商品检验法》等相关法律法规的规定进行处置。

特此公告。

市场监管总局关于明确免予办理强制性产品认证工作要求的通知

（国市监认证函〔2019〕153号）

（2019年5月7日由国家市场监督管理总局发布，2019年5月7日起施行，法规类型为规范性文件）

各省、自治区、直辖市及新疆生产建设兵团市场监管局（厅、委）：

根据《市场监管总局 海关总署关于免予办理强制性产品认证工作有关安排的公告》（市场监管总局、海关总署公告2019年13号）的要求，各地市场监管部门自2019年4月1日起承接免予办理强制性产品认证（以下简称CCC免办）相关工作。为进一步规范和便利CCC免办证明的审核监管，现就有关事项明确如下：

一、符合CCC免办的条件

（一）为科研、测试和认证检测所需的产品和样品。

本款所称科研，是指对该产品进行科学研究，以开发、生产出相关产品所需的产品，并不是指进行研究工作所需的科研器材；本款所称测试，是指对该产品进行测试以获得测试数据，或测试某一产品的部分性能所必须用到的该产品（如开发测试某一型号的打印机软件，需进口少量该型号打印机）；本款所称认证检测，是指CCC认证所进行型式试验的样品。

（二）直接为最终用户维修目的所需的零部件产品。

（三）工厂生产线成套生产线配套所需的设备零部件（不含办公用品）。

（四）仅用于商业展示但不销售的产品。

（五）以整机全数出口为目的进口的零部件。

（六）其他因特殊用途免予办理强制性产品认证的情形。

二、CCC免办的办理要求

符合CCC免办条件的申请人，应当向所在地市场监管部门提交CCC免办申请。申请人应提交的材料以及后续监管要求，详见附件。具体办理要求如下：

（一）为科研、测试和认证检测所需的产品和样品。此类产品的免办申请人必须是对此类产品进行研究、开发、测试的机构。CCC认证检测样品的免办申请人必须是CCC认证委托人。此类产品和样品均不得销售或提供给普通消费者使用。

（二）直接为最终用户维修目的所需的零部件产品。此类零部件产品的免办申请人必须是维修单位（包括整机车集中采购商仓储商其指定的零部件采购商）或者最终用户。零部件产品的数量应当控制在合理范围内。

（三）工厂生产线成套生产线配套所需的设备零部件（不含办公用品）。此类设备零部件的免办申请人必须是使用此类设备零部件的工厂公司。

（四）仅用于商业展示但不销售的产品。此类产品的免办申请人必须是负责商业展示的公司，申请人应当在申请资料中表明展示的时间及展示后该产品的处理方式（不得销售或提供给普通消费者使用），保证其不改变产品的用途。

（五）以整机全数出口为目的进口的零部件。此类零部件的免办申请人必须是使用此类零部件的工厂公司。申请人应当在申请材料中承诺成品出口后两周内向市场监管部门办理核销手续，以备市场监管部门核查。

三、CCC 免办的工作要求

（一）CCC 免办工作由各省、自治区、直辖市及新疆生产建设兵团市场监管局（厅、委）实施，或者视情况下放给下级市场监管部门实施。各省、自治区、直辖市及新疆生产建设兵团市场监管局（厅、委）应统筹管理。

（二）各地市场监管部门应配备并保障必要的人员、办公设备及工作条件，并自受理申请之日起 5 个工作日内，完成审核并出具 CCC 免办证明。

（三）各地市场监管部门应严格遵守 CCC 免办相关规定，遵循监管有效及便利申请人原则，加强内部监督管理和对 CCC 免办使用情况的后续监管。

（四）各地市场监管部门可要求申请人留存相应的加盖企业公章的申请资料（含各类证明性资料），留存期 2 年，以备市场监管部门核查。

（五）CCC 免办证明的受理、审核，实现全程电子化申请和管理（管理系统网址：http://cccmb.cnca.cn），申请人无须到现场办理。

（六）支持并鼓励各地市场监管部门运用诚信管理、分类管理的措施和方法，做好 CCC 免办审核和后续监管工作。

本通知自印发之日起施行。与本通知不一致的有关规章和规范性文件，以本通知内容为准。

附件：CCC 免办审核及后续监管要求（略）

市场监管总局关于调整完善强制性产品认证目录和实施要求的公告

（国家市场监督管理总局公告 2019 年第 44 号）

（2019 年 10 月 16 日由国家市场监督管理总局发布，2019 年 10 月 16 日起施行，法规类型为规范性文件）

为贯彻落实中央经济工作会议、《国务院关于加强质量认证体系建设 促进全面质量管理的意见》（国发〔2018〕3 号）和全国深化"放管服"改革优化营商环境电视电话会议精神，推动政府职能转变，充分发挥市场在资源配置中的决定性作用，强化市场主体责任，进一步降低制度性交易成本，彰显强制性产品认证"保安全"本质属性，按照必要性和最小化的原则，现对强制性产品认证目录和实施要求作出如下调整。

一、调整强制性产品认证目录

自本公告发布之日起，对 18 种产品（见附件 1）不再实施强制性产品认证管理。相关指定认证机构应注销已出具的强制性产品认证证书，可根据企业意愿转为自愿性产品认证证书。认监委注销相关认证机构和实验室所涉及的强制性产品认证指定业务范围。

二、扩大自我声明评价方式实施范围

将 17 种强制性产品认证目录内产品（见附件 2，备注"新增"的产品）由第三方认证方式调整为自我声明评价方式。

三、调整强制性产品认证实施要求

适用强制性产品认证自我声明评价方式的产品，只能采用自我声明评价方式，不再发放强制性产品认证证书。企业应依据《强制性产品认证自我声明实施规则》要求完成自我评价，在"自我声明符合性信息报送系统"（http://sdoc.cnca.cn）报送产品符合性信息，并对产品加施强制性产品认证标志后，方可出厂、销售、进口或者在其他经营活动中使用。产品符合性信息报送成功后，系统生成"强制性认证产品符合性自我声明"（式样见附件3）视同获得强制性产品认证证书，后续监督管理要求相同。

对于《市场监管总局 认监委关于改革调整强制性产品认证目录及实施方式的公告》（2018年第11号公告）、《市场监管总局 认监委关于进一步落实强制性产品认证目录及实施方式改革的公告》（2018年第29号公告）和本公告发布的适用自我声明评价方式的产品（汇总产品清单见附件2），2019年12月31日前，企业可自愿选择第三方认证方式或者自我声明评价方式，鼓励企业采用自我声明评价方式；2020年1月1日起，只能采用自我声明评价方式，不再发放强制性产品认证证书；2020年10月31日前，仍持有强制性产品认证证书的企业应按上述自我声明评价方式实施要求完成转换，并及时办理相应强制性产品认证证书注销手续；2020年11月1日，指定认证机构应注销所有适用自我声明评价方式产品的强制性产品认证证书，可根据企业意愿转为自愿性产品认证证书；认监委注销相关认证机构指定业务范围。

四、调整电信终端设备强制性认证实施要求

自本公告发布之日起，不再将YD/T993《电信终端设备防雷技术要求及试验方法》作为强制性产品认证依据标准。

附件：1. 不再实施强制性产品认证管理的产品清单（略）
   2. 适用强制性产品认证自我声明评价方式的产品清单（略）
   3. 强制性认证产品符合性自我声明式样（略）

认监委关于进一步完善强制性产品认证自我声明评价方式和明确有关实施要求的公告

（国家认证认可监督管理委员会公告2019年第26号）

（2019年12月25日由国家认证认可监督管理委员会发布，2019年12月25日起施行，法规类型为规范性文件）

为落实"放管服"改革要求，推动强制性产品认证（CCC）自我声明评价方式顺利实施，持续强化市场主体责任，经全面评估CCC自我声明评价方式实施情况，现对CCC自我声明评价方式进一步完善并明确有关要求如下：

一、完善实施规则

修订发布《强制性产品认证实施规则自我声明》（编号：CNCA-00C-008：2019，以下简称《自我声明实施规则》），增加以自愿性产品认证结果为基础的CCC自我声明实施要求和ODM模式CCC自我声明实施要求。

二、简化转换要求

为便利持有CCC证书的企业及时完成向自我声明评价方式转换，对产品符合性信息报送

要求予以简化。

（一）"强制性认证产品符合性自我声明信息报送系统"（http：//sdoc.cnca.cn，以下简称系统）将根据企业填报的有效 CCC 证书编号，自动提供对应产品的型号规格、型式试验报告等技术资料，企业对系统提供的技术资料确认无误并签署 CCC 自我声明、上传系统后即可完成转换工作。

（二）企业在转换时可免于在系统上报送工厂质量保证能力检查报告等技术资料，但不免除须符合《自我声明实施规则》有关要求的义务，并应在下一次变更自我声明信息时对技术资料予以完善。

（三）企业如对系统自动提供的技术资料存有异议，可联系发证机构，发证机构应积极配合。

（四）企业完成自我声明转换后，发证机构应及时注销相应的 CCC 证书。

三、明确实施要求

（一）按照上述简化要求实施转换的 CCC 自我声明，系统将自动建立自我声明与原 CCC 证书的关联关系。机动车整车、低压成套开关设备等整机产品无需因使用的零部件产品转为实施自我声明而进行 CCC 证书或 CCC 自我声明变更。

（二）有关合格评定机构在参与 CCC 自我声明评价方式实施时，应按照相关 CCC 产品认证实施规则中关于单元划分的基本原则和要求，选取型式试验典型样品，确定合格评定结果覆盖的产品范围；对于企业提供的符合 IECEE-CB 体系要求且在我国加入 IECEE-CB 体系标准范围内的 CB 证书/报告，应予承认或接受。

（三）以认证结果为基础实施 CCC 自我声明的企业，如非认证委托人，应在自我声明前取得认证委托人的同意。

（四）为便利国际贸易，对于同时符合以下条件的产品，认证委托人可凭已注销的 CCC 证书向发证机构申请办理仅适用该批次产品的 CCC 证书。

1. 2020 年 11 月 1 日前装运，且装运时 CCC 证书有效；

2. 2020 年 11 月 1 日后进口，且进口时 CCC 证书因超过自我声明转换期于 2020 年 11 月 1 日被统一注销。

（五）实施 CCC 自我声明所需的型式试验样品，适用《市场监管总局关于明确免予办理强制性产品认证工作要求的通知》（国市监认证函〔2019〕153 号，以下简称 153 号文件）中"为科研、测试和认证检测所需的产品和样品"的免办条件；免办申请人必须是实施 CCC 自我声明的生产者（制造商）或授权代表，并应按照 153 号文件要求提供 CCC 指定实验室或者认证机构出具的送样通知书以及其他材料。

（六）企业在系统上提交的技术资料仅用于行政监管目的，对于涉及企业商业秘密的一律不予公开。

（七）按要求完成 CCC 自我声明的企业如需标准规格的 CCC 标志，可到任一指定认证机构购买。

附件：强制性产品认证实施规则 自我声明（编号：CNCA-00C-008：2019）（略）

关于发布强制性产品认证目录产品与2020年商品编号对应参考表的公告

(国家市场监督管理总局 海关总署公告2020年第21号)

(2020年4月22日由国家市场监督管理总局、海关总署发布,2020年4月22日起施行,法规类型为规范性文件)

为进一步优化营商环境,便利强制性产品认证目录内产品的进口贸易,提高监管效率,市场监管总局、海关总署编制完成《强制性产品认证目录产品与2020年商品编号对应参考表》(以下简称《参考表》),现予发布。

有关强制性产品认证目录产品的具体描述与界定,以市场监管总局(认监委)发布的相关产品实施强制性产品认证的公告为准。《参考表》中的商品编号仅供参考,办理进口报关手续时,相关产品的商品编号应以有关的法律法规及规定为准。

附件:强制性产品认证目录产品与2020年商品编号对应参考表

关于进一步完善和规范免于强制性认证特殊用途进口汽车检测处理程序的通知

(国认证〔2011〕48号)

(2011年7月29日由国家认证认可监督管理委员会发布,2017年8月1日起施行,法规类型为规范性文件)

各有关直属出入境检验检疫局,各有关进口汽车产品指定认证及检测机构及有关单位:

为完善对特殊用途进口产品免于办理强制性认证的检测处理程序,加强对该项工作的规范管理,我委对《关于调整免于强制性产品认证检测处理程序的公告》(国家认监委公告2008年第38号,以下简称38号公告)中有关特殊用途进口汽车的检测处理程序的规定进一步明确并要求如下:

一、明确和规范申请环节相关要求

(一)明确"特殊用途及特殊原因",规范申请人的资质

38号公告规定"为保证贸易需求,并借鉴国际上的实施经验,对确因特殊用途或因特殊原因而未获得强制性产品认证的小批量用于生产和生活消费的进口产品可以按照《免于强制性产品认证的特殊用途进口产品检测处理程序》进行处理。"对"特殊用途或因特殊原因"进一步明确为"反恐安全、抢险救灾、应急指挥、体育竞技、道路试验、国家重大生产建设项

目和最终用户使用"。其中以"反恐安全、抢险救灾、应急指挥、体育竞技、道路试验、国家重大生产建设项目"名义申请的，申请人需出具省部级政府部门主管司厅局或地市级人民政府（厅局级）的证明文件（证明上需列明相关部门的具体联系人），说明以上特殊用途或特殊原因方可申请特殊检测处理程序；对于道路试验，是指需要上路行驶，进行道路适应性试验，试验后不退运出境或销毁核销，同时对于以"道路试验"名义申请的，申请人必须是国内外汽车生产制造企业；对于以"最终用户使用"名义申请的，申请人须为商务部门进口许可证上列明的进口商。

（二）强化申请人的质量责任

特殊检测处理程序申请人需积极配合口岸直属出入境检验检疫局（以下简称口岸直属局）的监管和实验室的检测安排，否则对其申请不予受理；需对该产品的安全性能作出保证，自我声明对该产品在生产或使用中的质量安全负责；需提供与制造商或售后维修保障企业签订的有关产品召回、维修保障的相关约定，进口商自身承担维修保障及召回责任的，需提供具备维修保障能力的相关资质证明并对相关召回安排作出说明；需承诺配合召回管理及认证监管等后续调查，建立进口最终用户信息档案。

（三）加强对申请人的监管

对因"反恐安全、抢险救灾、应急指挥、体育竞技、道路试验、国家重大生产建设项目"提出的申请，口岸直属局需核实申请人出具的证明文件来源是否真实，对其申请原因与实际使用情况是否相符进行抽查；对于为"最终用户使用"的申请人，口岸直属局可结合对企业建立诚信档案、分类管理等国家及检验检疫系统现有的管理制度对申请人实施管理。

（四）完善审核原则

除符合 2008 年 38 号公告审核原则外，为与强制性产品认证制度相协调，增加：

1. 擅自更改、捏造产品型号，经同一品牌、同一生产厂或制造商书面确认该型号产品不存在的不予受理；

2. 同一生产厂同一型号获证产品因安全质量原因证书被撤销的不予受理；同一生产厂同一型号获证产品证书处于暂停状态的不予受理。

3. 对原制造商或生产厂生产车型底盘进行改装、发动机布置或车辆轴距发生变化的，须提供相关正面碰撞、侧面碰撞、后部碰撞检测报告，经指定认证及检测机构人员审核及现场对车型进行确认后方可受理。指定认证及检测机构要将车型改装的具体情况及时通报口岸直属局。

二、明确和规范受理环节的相关要求

（一）规范对可受理申请的车型认定

1. 指定进口汽车认证机构应即时对外公布已获得认证的进口车型目录；

2. 指定进口汽车认证机构应针对口岸直属局有关查询问题并结合实际情况提出可以受理申请的车型技术指导建议；

3. 对于受理申请的车型相关信息需要技术判定或确认的，口岸直属局应委托指定进口汽车认证机构进行技术判定；指定进口汽车认证机构将技术判定结果回复各口岸直属局的同时报认监委备案；

4. 指定进口汽车认证机构和口岸直属局、检测机构之间应建立程序，形成有效机制，保证车型核查结果的及时性、有效性、统一性。

（二）加强信息化建设

各口岸直属局应建立和完善电子化管理系统，尽快纳入我委统一的特殊检测处理程序信息化管理平台，实现网上审批。

（三）明确车辆变更和送检期限的规定

特殊检测处理程序申请人在口岸直属局受理申请后必须在三个月内送样检测，不得延期，超期作废。申请时提交的 VIN 码须与送样检测时一致，如实际车辆 VIN 码发生变更，申请人须按程序重新提交申请。

三、明确和规范检测环节的相关要求

（一）加强对检测机构资质的管理

指定的特殊检测处理程序检测机构（以下简称检测机构）自身在口岸建立的检测实验室应严格按照 38 号公告要求申请实验室认可并报国家认监委批准，不得利用其他未获得国家认监委批准的检测实验室的设备开展检测。

（二）加强对送检物证的管理

检验检疫部门开具送检通知单，检测机构接到样品后，需向口岸直属局回复接受样品回复单，口岸直属局需每月进行抽样比对；检测报告需有车辆照片，照片必须有特定标志物（例如检测车间厂房、门牌标志、试验前后里程表公里数等），并附有时间。

（三）完善检测要求

根据近 3 年来国家标准及认证规则制修订情况，调整相关检测项目（见附件 1），增加对破坏性实验项目的资料审查；增加对车辆一致性证书和燃油消耗量标识的要求（具体见附件 2）。

（四）加强对检测过程的管理

1. 指定进口汽车认证机构对各检测机构的试验方案及检测报告格式进行梳理和统一；

2. 同一车型初次检测时，由指定进口汽车认证机构根据我委相关规定统一制定实验方案和检测报告格式，各检测机构参照执行；

3. 对各检测机构合格判定存在差异的检测项目，由国家认监委汽车强制性产品认证技术专家组的对相关项目的合格判定尺度作出统一，各检测机构统一执行；

4. 各检测机构应严格按照我委的相关要求开展检测工作，严格执行国家规定的检测项目及收费标准；

5. 各检测机构检测收费发票必须列明检测车辆的检测处理程序批准书编号，检测报告备注栏填写发票号以备核查；

6. 口岸直属局根据检测结果、检测收费发票等相关资料审核后方可签发批准书。

7. 送检车辆在检测期间，检测机构应做好车辆的相关管理。

（五）对检测任务量进行评估

各口岸直属局应评估检测机构的检测能力和任务量是否匹配，组织开展对所辖检测机构的设备情况、单车检测时间、年度检测总能力进行评估，统一报我委备案。

四、明确和规范监督管理环节的相关要求

（一）业务指导及日常管理

我委对口岸直属局及指定认证机构、检测机构的工作进行业务指导和日常检查，组织开展同行评议、异地检查等活动。口岸直属局应对承担本口岸进口汽车特殊检测处理程序检测任务的检测机构进行日常监管，包括对检测机构检测收费情况进行检查，必要时口岸直属局可直接暂停违规检测机构的检测任务。

（二）年度专项监督

加强工作纪律要求，对特殊检测处理程序检测机构及人员纳入我委 CCC 年度专项监督检查计划。

五、加强与总局相关管理制度的衔接

各口岸直属局应主动收集进口车辆的安全隐患相关信息，密切关注总局召回及风险预警机制的有关通报，对存在相同安全问题的进口车辆停止接受其检测处理程序申请；对检测中发现存在不合格项且无法进行整改的车辆以及其他进口汽车重大安全质量问题，应立即以警示通报形式上报我委，抄送各口岸直属局及指定进口汽车认证机构，以便各口岸直属局统一执行掌握

及提请总局召回或发布风险预警。

六、加强政策交流和信息通报工作

各口岸直属局对工作中遇到的政策及技术问题应及时上报我委,我委将通过定期例会、专项研讨及技术专家组会议等多种方式,对新情况、新问题及时研究,统一做法,解决问题;各口岸直属局应加强对检测不合格信息的通报力度,加强自身有关汽车法规、标准、政策的更新及培训、交流工作。

本通知自 2011 年 8 月 1 日起执行,其中有关新增检测项目、燃油消耗量标识、一致性证书要求自 2011 年 10 月 1 日起实施。

请各口岸直属局严格执行以上有关工作要求及 38 号公告的规定,并做好相关工作的宣传贯彻工作。

附件:1. 检测项目及收费标准(略)
  2. 车辆一致性证书及油耗标识(略)

国家认监委关于自贸区平行进口汽车 CCC 认证改革试点措施的公告

(国家认证认可监督管理委员会公告 2015 年第 38 号)

(2015 年 12 月 28 日由国家认证认可监督管理委员会发布,2016 年 1 月 1 日起施行,法规类型为规范性文件)

为落实国务院相关文件要求,加快推进自贸区认证认可制度改革创新,国家认监委决定进一步调整汽车产品强制性认证制度,开展自贸区汽车平行进口认证实施试点工作,现将有关措施公告如下:

一、放宽制造商授权文件要求

自贸区内开展平行进口汽车试点业务的企业,在已建立了完善的"三包"和召回体系情况下,CCC 认证申请时,可放宽提供原厂授权文件的相关要求。在认证过程中,指定认证机构须增加对认证申请人"三包"、召回能力和体系的检查工作。

二、调整认证模式

自贸区内开展平行进口汽车试点业务的企业,在经指定认证机构确认已对申请认证车辆的一致性实施有效管理情况下,可取消非量产车认证模式数量要求。指定认证机构应采取有效手段,加强获证后监督和核查工作,确保标准符合性和产品一致性。

三、简化工厂检查要求

自贸区内开展平行进口汽车试点业务的企业,如已有效保证进口车辆一致性,且在自贸区内仅进行标准符合性整改的(不包括车辆结构性改装),在符合产业政策、海关和检验检疫相关规定的前提下,可视情况仅对其自贸区内的改装场所进行 CCC 认证工厂检查。

本公告自 2016 年 1 月 1 日起实施。

关于对免予办理强制性产品认证的进口汽车零部件试点实施"先声明后验证"便利化措施的公告

(海关总署公告 2019 年第 87 号)

(2019 年 5 月 11 日由海关总署发布,2019 年 5 月 16 日起施行,法规类型为规范性文件)

为进一步优化营商环境,促进跨境贸易便利化,海关总署对免予办理强制性产品认证的进口汽车零部件试点实施"先声明后验证"的便利化措施,现将有关事宜公告如下:

一、对于符合免予办理强制性产品认证的进口汽车零部件(HS 编码范围见附件 1),报关单位可凭收货人自行出具的《免予办理强制性产品认证自我声明》(以下简称《自我声明》,参考格式见附件 2),按《免予办理强制性产品认证进口汽车零部件申报指南》(附件 3)要求办理申报手续后,即可将货物提离口岸。

二、企业在获得《免予办理强制性产品认证证明》(以下简称《免办证明》)后,应通过中国国际贸易"单一窗口"或"互联网+海关"补录信息,由属地海关实施 100%联网核查,并按海关总署统一布控指令实施货证一致性核查,核查合格后方允许货物销售或使用。

三、对于凭《自我声明》申报,但在规定的期限内无法获得《免办证明》的进口汽车零部件,根据相关法律法规,收货人应在海关监管下实施退运或者销毁。

四、在中国国际贸易"单一窗口"或"互联网+海关"开通补录功能之前,报关单位可通过报关单修改方式补录信息。对凭《自我声明》申报后,以报关单修改方式补录信息的,不予记录报关差错;复核更正的报关差错记录,不作为海关认定企业信用状况的记录。

本公告自 2019 年 5 月 16 日起实施。

特此公告。

附件:1. 涉及免予办理强制性产品认证的进口汽车零部件 HS 编码范围
     2. 免予办理强制性产品认证自我声明(参考格式)(略)
     3. 免予办理强制性产品认证进口汽车零部件申报指南(略)

附件 1

涉及免予办理强制性产品认证的进口汽车零部件 HS 编码范围

序号	HS 编码	HS 编码名称	检验检疫监管代码
1	8708210000	坐椅安全带(品目 8701 至 8705 的车辆用)	L、M/
2	8708294100	汽车电动天窗	L/
3	8708294200	汽车手动天窗	L/
4	8708299000	其他车身未列名零部件(包括驾驶室的零件、附件)	L/

续表

序号	HS 编码	HS 编码名称	检验检疫监管代码
5	8708309100	牵引车、拖拉机用制动器及其零件（包括助力制动器及其零件）	L/
6	8708309200	大型客车用制动器及其零件（包括助力制动器及其零件）	L/
7	8708309400	柴、汽油轻型货车用制动器及零件（指编号 87042100，87042230，87043100，87043230 所列总重量≤14 吨车辆用）	L/
8	8708309500	柴、汽油型重型货车用制动器及其零件（指编号 87042240，87042300 及 87043240 所列车辆用）	L/
9	8708309600	特种车用制动器及其零件（指品目 8705 所列车辆用，包括助动器及零件）	L/
10	8708309990	其他机动车辆用制动器（包括助力制动器）的零件	L/
11	8708995900	总重≥14 吨柴油货车用其他零部件（指 87042240，2300，3240 所列车辆用，含总重>8 吨汽油货车）	L/

关于对进口汽车零部件产品推广实施采信便利化措施的公告

（海关总署公告 2019 年第 157 号）

（2019 年 10 月 16 日由海关总署发布，2019 年 11 月 1 日起施行，法规类型为规范性文件）

为贯彻落实国务院"放管服"改革要求，进一步优化口岸营商环境，降低企业通关成本，促进贸易便利化，经前期试点和风险评估，海关总署决定对进口汽车零部件产品在全国海关推广实施采信便利化措施。现就有关事项公告如下：

一、对涉及 CCC 认证的部分进口汽车零部件产品（见附件），海关在检验时采信认证认可部门认可的认证机构出具的认证证书，原则上不再实施抽样送检。

二、对涉及重大质量安全风险预警措施需实施抽样送检的，按照海关实际风险布控指令执行。

本公告自 2019 年 11 月 1 日起实施。

特此公告。

附件：适用商品 HS 编码目录

附件

适用商品 HS 编码目录

序号	HS 编码	HS 编码名称
1	8708294100	汽车电动天窗
2	8708294200	汽车手动天窗
3	8708299000	其他车身未列名零部件（包括驾驶室的零件、附件）
4	8708309200	大型客车用制动器及其零件（包括助力制动器及其零件）
5	8708309400	柴、汽油轻型货车用制动器及零件（指编号 87042100、87042230、87043100、87043230 所列总重量≤14 吨车辆用）
6	8708309500	柴、汽油型重型货车用制动器及其零件（指编号 87042240、87042300 及 87043240 所列车辆用）
7	8708309600	特种车用制动器及其零件（指品目 8705 所列车辆用，包括助动器及零件）
8	8708995900	总重≥14 吨柴油货车用其他零部件（指 87042240、2300、3240 所列车辆用，含总重>8 吨汽油货车）

关于推广实施进口汽车零部件产品检验监管便利化措施的公告

（海关总署公告 2019 年第 219 号）

（2019 年 12 月 27 日由海关总署发布，2019 年 12 月 30 日起施行，法规类型为规范性文件）

为深入推进"放管服"改革，进一步优化口岸营商环境，提高通关效率，降低通关成本，推动跨境贸易便利化水平持续提升，海关总署决定在北京、天津、上海、重庆、广州、深圳、杭州和宁波推广实施进口汽车零部件产品（见附件）检验监管便利化措施。现就有关事项公告如下：

一、对仅实施商品检验的进口汽车零部件产品，企业可直接提离至目的地，由目的地海关实施现场检验和抽样检测工作。在企业有紧急需要时，可优先依据相关法律法规实施检验。

二、在《海关总署关于对进口汽车零部件产品推广实施采信便利化措施的公告》（海关总署公告 2019 年第 157 号）基础上，进一步在北京、天津、上海、重庆、广州、深圳、杭州和宁波扩大实施采信的进口汽车零部件产品范围。对涉及 CCC 认证的所有进口汽车零部件产品，海关在检验时将采信认证认可部门认可的认证机构出具的认证证书，原则上不再实施抽样送检。

三、对涉及重大质量安全风险预警需实施抽样送检的，按照海关实际风险布控指令执行。

本公告自 2019 年 12 月 30 日起实施。

特此公告。

附件：适用商品 HS 编码目录

附件

适用商品 HS 编码目录

序号	HS 编码	HS 编码名称
1	8708210000	座椅安全带（品目 8701~8705 的车辆用）
2	8708294100	汽车电动天窗
3	8708294200	汽车手动天窗
4	8708299000	其他车身未列名零部件（包括驾驶室的零件、附件）
5	8708309100	牵引车、拖拉机用制动器及其零件（包括助力制动器及其零件）
6	8708309200	大型客车用制动器及其零件（包括助力制动器及其零件）
7	8708309400	柴、汽油轻型货车用制动器及零件（指编号 87042100，87042230，87043100，87043230 所列总重量 ≤14 吨车辆用）
8	8708309500	柴、汽油型重型货车用制动器及其零件（指编号 87042240，87042300 及 87043240 所列车辆用）
9	8708309600	特种车用制动器及其零件（指品目 8705 所列车辆用，包括助动器及零件）
10	8708309990	其他机动车辆用制动器（包括助力制动器）的零件
11	8708709100	其他车辆用铝合金制车轮及其零附件
12	8708995900	总重量 ≥14 吨柴油货车用其他零部件（指编号 87042240，87042300，87043240 所列车辆用，含总重量 >8 吨汽油货车）

市场监管总局关于汽车用制动器衬片产品由生产许可转为强制性产品认证管理实施要求的公告

（国家市场监督管理总局公告 2020 年第 19 号）

（2020 年 4 月 17 日由国家市场监督管理总局发布，2020 年 4 月 17 日起施行，法规类型为规范性文件）

根据《国务院关于调整工业产品生产许可证管理目录加强事中事后监管的决定》（国发〔2019〕19 号）要求，市场监管总局对汽车用制动器衬片产品由生产许可转为强制性认证（CCC 认证）管理。为确保 CCC 认证实施顺利，工作衔接平稳有序，现将有关要求公告如下：

一、认证实施

自 2020 年 6 月 1 日起,汽车用制动器衬片纳入 CCC 认证管理范围,各指定认证机构开始受理认证委托(认证机构、实验室名录及认证实施规则另行公告);各省、自治区、直辖市及新疆生产建设兵团市场监管局(厅、委)(以下简称省级市场监管部门)停止受理相关生产许可证申请,已受理的依法终止行政许可程序。

自 2021 年 6 月 1 日起,汽车用制动器衬片产品未获得强制性产品认证证书和未标注强制性认证标志的,不得出厂、销售、进口或在其他经营活动中使用。

二、CCC 认证与生产许可证管理的衔接

(一)2021 年 6 月 1 日前,国内企业生产的汽车用制动器衬片产品应凭有效生产许可证或 CCC 认证出厂、销售或在其他经营活动中使用。

(二)对于已获生产许可证的企业,若以上产品在 2021 年 6 月 1 日(含)后不再继续生产的,无需办理 CCC 认证;否则,应尽快提交认证委托,并在 2021 年 6 月 1 日前获得 CCC 认证。

(三)对于持有效生产许可证的企业提出的认证委托,指定认证机构应承认相应的审查及检测结果,制定相关转换方案(包括差异检测项目、补充工厂检查等内容)并实施,对符合认证要求的产品换发 CCC 认证证书,同时向企业所在地省级市场监管部门通报获证企业名单。证书转换过程中发生的认证、检测费用原则上由财政负担。

(四)各省级市场监管部门根据认证机构通报和生产许可证到期情况,及时办理生产许可证注销手续。2021 年 6 月 1 日,市场监管总局及各省级市场监管部门注销所有未转换的有效生产许可证。

进出口商品抽查检验管理办法

(国家质量监督检验检疫总局令第 39 号)

(2002 年 12 月 31 日由国家质量监督检验检疫总局发布,根据 2018 年 4 月 28 日海关总署令第 238 号《海关总署关于修改部分规章的决定》修改,现行版本自 2018 年 5 月 1 日起施行,法规类型为部门规章)

第一章 总 则

第一条 为了加强进出口商品的抽查检验工作,规范进出口商品的抽查检验和监督管理行为,维护社会公共利益,根据《中华人民共和国进出口商品检验法》(以下简称《商检法》)及其实施条例的有关规定,制定本办法。

第二条 本办法所称的进出口商品是指按照《商检法》规定必须实施检验的进出口商品以外的进出口商品。

第三条 抽查检验重点是涉及安全、卫生、环境保护,国内外消费者投诉较多,退货数量较大,发生过较大质量事故以及国内外有新的特殊技术要求的进出口商品。

第四条 海关总署统一管理全国进出口商品的抽查检验工作,确定、调整和公布实施抽查检验的进出口商品的种类。主管海关负责管理和组织实施所辖地区的进出口商品抽查检验工作。

第五条 海关总署根据情况可以公布抽查检验结果、发布预警通告、采取必要防范措施或者向有关部门通报抽查检验情况。

第六条 进出口商品抽查检验项目的合格评定依据是国家技术规范的强制性要求或者海关总署指定的其他相关技术要求。

第七条 海关实施进出口商品抽查检验,不得向被抽查单位收取检验费用,所需费用列入海关年度抽查检验专项业务预算。

第八条 各有关部门应当支持海关的抽查检验工作。被抽查单位对抽查检验应当予以配合,不得阻挠,并应当提供必要的工作条件。海关按照便利外贸的原则,科学组织实施抽查检验工作;不得随意扩大抽查商品种类和范围,否则企业有权拒绝抽查。

第九条 海关有关人员在执行抽查检验工作中,必须严格遵纪守法,秉公办事,并对拟抽查单位、抽查商品种类及被抽查单位的生产工艺、商业秘密负有保密义务。

第二章 抽查检验

第十条 海关总署每年制定并下达进出口商品抽查检验计划,包括商品名称、检验依据、抽样要求、检测项目、判定依据、实施时间等，必要时可对抽查检验计划予以调整，或者下达专项进出口商品抽查检验计划。

第十一条 主管海关抽查检验计划，经过必要调查，结合本地区相关进出口商品实际情况，确定被抽查检验单位，制订具体实施方案，并报海关总署备案。

第十二条 主管海关应当按照对抽查检验工作的统一部署和要求，认真组织实施本地区的抽查检验。

第十三条 实施现场抽查检验时，应当有2名以上（含2名）人员参加。抽查检验人员应当在抽查检验前出示抽查检验通知书和执法证件，并向被抽查单位介绍国家对进出口商品抽查检验的有关规定及要求。有关证件不符合规定时，被抽查单位有权拒绝抽查检验。

第十四条 对实施抽查检验的进口商品，海关可以在进口商品的卸货口岸、到达站或者收用货单位所在地进行抽样；对实施抽查检验的出口商品，海关可以在出口商品的生产单位、货物集散地或者发运口岸进行抽样。

第十五条 抽取的进出口商品的样品，由被抽查单位无偿提供。样品应当随机抽取，并应当具有一定的代表性。样品及备用样品的数量不得超过抽样要求和检验的合理需要。

第十六条 抽样后，抽查检验人员应当对样品进行封识，并填写抽样单。抽样单应当由抽查人和被抽查单位代表签字，并加盖被抽查单位公章。特殊情况下，由海关予以确认。

第十七条 对不便携带的被封样品，抽查检验人员可以要求被抽查单位在规定的期限内邮寄或者送至指定地点，被抽查单位无正当理由不得拒绝。

第十八条 销售商应当及时通知供货商向海关说明被抽查检验进口商品的技术规格、供销情况等。

第十九条 承担抽查检验的检测单位应当具备相应的检测资质条件和能力。检测单位应当严格按照规定的标准进行检测，未经许可严禁将所检项目进行分包，并对检测数据负有保密义务。

第二十条 检测单位接受样品后应当对样品数量、状况与抽样单上记录的符合性进行检查，并在规定的时间内完成样品的检测工作，所检样品的原始记录应当妥善保存。

第二十一条 检测报告中的检测依据、检测项目必须与抽查检验的要求相一致。检测报告应当内容齐全，数据准确，结论明确。检测单位应当在规定的时限内将检测报告送达海关。

第二十二条 验余的样品，检测单位应当在规定的时间内通知被抽查单位领回；逾期不领回，由海关做出处理。

第二十三条 主管海关在完成抽查检验任务后，应当在规定的时间内上报抽查结果，并将抽查情况及结果等有关资料进行立卷归档，未经同意，不得擅自将抽查结果及有关材料对外泄露。

第三章 监督管理

第二十四条 主管海关应当公布的抽查检验结果、预警通告等及时通报给当地有关部门和企业，指导协助有关出口企业提高产品质量，协助有关进口单位采取必要措施防范可能的风险。

第二十五条 经海关抽查合格的进口商品，签发抽查情况通知单；对不合格的进口商品，签发抽查不合格通知单，并做出以下处理：

（一）需要对外索赔的进口商品，收用货人可向海关申请检验出证；只需索赔，不需要换货或者退货的，收货人应当保留一定数量的实物或者样品；需要对外提出换货或者退货的，收货人必须妥善保管进口商品，在索赔结案前不得动用。

（二）对抽查不合格的进口商品，必须在海关的监督下进行技术处理，经重新检测合格后，方可销售或者使用；不能进行技术处理或者经技术处理后仍不合格的，由海关责令当事人退货或者销毁。

第二十六条 经海关抽查合格的出口商品，签发抽查情况通知单；不合格的，签发抽查不合格通知单，并在海关的监督下进行技术处理，经重新检测合格后，方准出口；不能进行技术处理或者经技术处理后，重新检测仍不合格的，不准出口。

第二十七条 无正当理由拒绝抽查检验及不寄或者不送被封样品的单位，其产品视为不合格，根据相关规定对拒绝接受抽查检验的企业予以公开曝光。

第二十八条 海关不得对同一批商品进行重复抽查检验，被抽查单位应当妥善保管有关被抽查的证明。

第二十九条 被抽查单位对海关做出的抽查结论有异议时，可以按照《进出口商品复验办法》申请复验。

第三十条 违反本办法规定的，按照《商检法》及其实施条例的有关规定处理。

第四章 附 则

第三十一条 本办法由海关总署负责解释。

第三十二条 本办法自2003年2月1日起施行。原国家进出口商品检验局1994年4月5日发布的《进出口商品抽查检验管理办法》同时废止。

进出口商品复验办法

(国家质量监督检验检疫总局令第77号)

(2005年6月1日由国家质量监督检验检疫发布；根据2018年4月28日海关总署令第238号《海关总署关于修改部分规章的决定》修改，根据2018年5月29日海关总署令第240号《海关总署关于修改部分规章的决定》修改；现行版本自2018年7月1日起施行；法规类型为部门规章)

第一章 总 则

第一条 为了加强进出口商品检验工作，规范进出口商品复验行为，维护对外贸易有关各方的合法权益，根据《中华人民共和国进出口商品检验法》及其实施条例的规定，制定本办法。

第二条 进出口商品的报检人（以下简称报检人）对海关作出的检验结果有异议的，应当按照法律法规的规定申请复验。

第三条 海关总署统一管理全国的进出口商品的复验工作，进出口商品复验工作由受理的海关负责组织实施。

第四条 复验工作应当遵循公正、公开、公平的原则。

第二章 申请与受理

第五条 报检人对主管海关作出的检验结果有异议的，可以向作出检验结果的主管海关或者其上一级海关申请复验，也可以向海关总署申请复验。

报检人对同一检验结果只能向同一海关申请一次复验。

第六条 报检人申请复验，应当自收到海关的检验结果之日起 15 日内提出。

因不可抗力或者其他正当理由不能申请复验的，申请期限中止。从中止的原因消除之日起，申请期限继续计算。

第七条 报检人申请复验，应当保证（持）原报检商品的质量、重量、数量符合原检验时的状态，并保留其包装、封识、标志。

第八条 报检人申请复验，应当按照规定如实填写复验申请表。

第九条 海关自收到复验申请之日起 15 日内，对复验申请进行审查并作出如下处理：

（一）复验申请符合本办法规定的，予以受理，并向申请人出具《复验申请受理通知书》；

（二）复验申请内容不全或者随附证单资料不全的，向申请人出具《复验申请材料补正告知书》，限期补正。逾期不补正的，视为撤销申请；

（三）复验申请不符合本办法规定的，不予受理，并出具《复验申请不予受理通知书》，书面通知申请人并告之理由。

第十条 复验申请人应当按照规定交纳复验费用。

复验结论认定属原检验的海关责任的，复验费用由原海关负担。

第三章 组织实施

第十一条 海关受理复验后，应当在 5 日内组成复验工作组，并将工作组名单告知申请人。

复验工作组人数应当为 3 人或者 5 人。

第十二条 复验申请人认为复验工作组成员与复验工作有利害关系或者有其他因素可能影响复验公正性的，应当在收到复验工作组成员名单之日起 3 日内，向受理复验的海关申请该成员回避并提供相应证据材料。

受理复验的海关应当在收到回避申请之日起 3 日内作出回避或者不予回避的决定。

第十三条 作出原检验结果的海关应当向复验工作组提供原检验记录和其他有关资料。

复验申请人有义务配合复验工作组的复验工作。

第十四条 复验工作组应当制定复验方案并组织实施：

（一）审查复验申请人的复验申请表、有关证单及资料。经审查，若不具备复验实施条件的，可书面通知申请人暂时中止复验并说明理由。经申请人完善重新具备复验实施条件后，应当从具备条件之日起继续复验工作；

（二）审查原检验依据的标准、方法等是否正确，并应当符合相关规定；

（三）核对商品的批次、标记、编号、质量、重量、数量、包装、外观状况，按照复验方案规定取制样品；

（四）按照操作规程进行检验；

（五）审核、提出复验结果，并对原检验结果作出评定。

第十五条 受理复验的海关应当自受理复验申请之日起 60 日内作出复验结论。技术复杂，不能在规定期限内作出复验结论的，经本机关负责人批准，可以适当延长，但是延长期限最多不超过 30 日。

第十六条 复验申请人对复验结论不服的，可以依法申请行政复议或者依法提起行政诉讼。

第十七条 在复验过程中抽取的样品，应当按照关于检验样品的有关规定妥善处理。

第十八条 海关工作人员应当严格遵守国家法律法规的规定，并按照本办法规定作好复验工作。

第四章 附 则

第十九条 进口商品的发货人或者出口商品的收货人对海关作出的检验结果有异议的,可以参照本办法的有关规定办理。

第二十条 本办法所规定的文书由海关总署另行制定并且发布。

第二十一条 本办法由海关总署负责解释。

第二十二条 本办法自 2005 年 10 月 1 日起施行,原国家进出口商品检验局 1993 年 6 月 1 日发布的《进出口商品复验办法》同时废止。

中华人民共和国进出口货物查验管理办法

(海关总署令第 138 号)

(2005 年 12 月 28 日由海关总署发布,根据 2010 年 11 月 26 日海关总署令第 198 号《海关总署关于修改部分规章的决定》修改,现行版本自 2010 年 11 月 26 日起施行,法规类型为部门规章)

第一条 为了规范海关对进出口货物的查验,依法核实进出口货物的状况,根据《中华人民共和国海关法》以及其他有关法律、行政法规的规定,制定本办法。

第二条 本办法所称进出口货物查验(以下简称查验),是指海关为确定进出口货物收发货人向海关申报的内容是否与进出口货物的真实情况相符,或者为确定商品的归类、价格、原产地等,依法对进出口货物进行实际核查的执法行为。

第三条 查验应当由 2 名以上海关查验人员共同实施。查验人员实施查验时,应当着海关制式服装。

第四条 查验应当在海关监管区内实施。

因货物易受温度、静电、粉尘等自然因素影响,不宜在海关监管区内实施查验,或者因其他特殊原因,需要在海关监管区外查验的,经进出口货物收发货人或者其代理人书面申请,海关可以派员到海关监管区外实施查验。

第五条 海关实施查验可以彻底查验,也可以抽查。按照操作方式,查验可以分为人工查验和机检查验,人工查验包括外形查验、开箱查验等方式。

海关可以根据货物情况以及实际执法需要,确定具体的查验方式。

第六条 海关在对进出口货物实施查验前,应当通知进出口货物收发货人或者其代理人到场。

第七条 查验货物时,进出口货物收发货人或者其代理人应当到场,负责按照海关要求搬移货物,开拆和重封货物的包装,并如实回答查验人员的询问以及提供必要的资料。

第八条 因进出口货物所具有的特殊属性,容易因开启、搬运不当等原因导致货物损毁,需要查验人员在查验过程中予以特别注意的,进出口货物收发货人或者其代理人应当在海关实施查验前声明。

第九条 实施查验时需要提取货样、化验,以进一步确定或者鉴别进出口货物的品名、规格等属性的,海关依照《中华人民共和国海关对进出口货物实施化验鉴定的规定》等有关规定办理。

第十条　查验结束后，查验人员应当如实填写查验记录并签名。查验记录应当由在场的进出口货物收发货人或者其代理人签名确认。进出口货物收发货人或者其代理人拒不签名的，查验人员应当在查验记录中予以注明，并由货物所在监管场所的经营人签名证明。查验记录作为报关单的随附单证由海关保存。

第十一条　有下列情形之一的，海关可以对已查验货物进行复验：

（一）经初次查验未能查明货物的真实属性，需要对已查验货物的某些性状做进一步确认的；

（二）货物涉嫌走私违规，需要重新查验的；

（三）进出口货物收发货人对海关查验结论有异议，提出复验要求并经海关同意的；

（四）其他海关认为必要的情形。

复验按照本办法第六条至第十条的规定办理，查验人员在查验记录上应当注明"复验"字样。

已经参加过查验的查验人员不得参加对同一票货物的复验。

第十二条　有下列情形之一的，海关可以在进出口货物收发货人或者其代理人不在场的情况下，对进出口货物进行径行开验：

（一）进出口货物有违法嫌疑的；

（二）经海关通知查验，进出口货物收发货人或者其代理人届时未到场的。

海关径行开验时，存放货物的海关监管场所经营人、运输工具负责人应当到场协助，并在查验记录上签名确认。

第十三条　对于危险品或者鲜活、易腐、易烂、易失效、易变质等不宜长期保存的货物，以及因其他特殊情况需要紧急验放的货物，经进出口货物收发货人或者其代理人申请，海关可以优先安排查验。

第十四条　进出口货物收发货人或者其代理人违反本办法的，海关依照《中华人民共和国海关法》、《中华人民共和国海关行政处罚实施条例》等有关规定予以处理。

第十五条　海关在查验进出口货物时造成被查验货物损坏的，由海关按照《中华人民共和国海关法》、《中华人民共和国海关行政赔偿办法》的规定承担赔偿责任。

第十六条　查验人员在查验过程中，违反规定，利用职权为自己或者他人谋取私利，索取、收受贿赂，滥用职权，故意刁难，拖延查验的，按照有关规定处理。

第十七条　海关在监管区内实施查验不收取费用。对集装箱、货柜车或者其他货物加施海关封志的，按照规定收取封志工本费。

因查验而产生的进出口货物搬移、开拆或者重封包装等费用，由进出口货物收发货人承担。

在海关监管区外查验货物，进出口货物收发货人或者其代理人应当按照规定向海关交纳规费。

第十八条　本办法下列用语的含义：

外形查验，是指对外部特征直观、易于判断基本属性的货物的包装、唛头和外观等状况进行验核的查验方式。

开箱查验，是指将货物从集装箱、货柜车箱等箱体中取出并拆除外包装后，对货物实际状况进行验核的查验方式。

机检查验，是指以利用技术检查设备为主，对货物实际状况进行验核的查验方式。

抽查，是指按照一定比例有选择的对一票货物中的部分货物验核实际状况的查验方式。

彻底查验，是指逐件开拆包装、验核货物实际状况的查验方式。

第十九条　本办法由海关总署负责解释。

第二十条 本办法自 2006 年 2 月 1 日起施行。

中华人民共和国海关化验管理办法

（海关总署令第 176 号）

（2008 年 10 月 13 日由海关总署发布，2008 年 12 月 1 日起施行，法规类型为部门规章）

第一条 为了规范海关化验工作，保障行政相对人合法权益，根据《中华人民共和国海关法》和《中华人民共和国进出口关税条例》的有关规定，制定本办法。

第二条 本办法所称海关化验是指海关对进出口货物的属性、成分、含量、结构、品质、规格等进行检测分析，并根据《中华人民共和国进出口税则》、《进出口税则商品及品目注释》和《中华人民共和国进出口税则本国子目注释》等有关规定作出鉴定结论的活动。

第三条 海关对进出口货物进行化验，适用本办法。

第四条 海关化验工作应当遵循科学、公正、准确、及时的原则。

第五条 海关化验中心在海关总署指定区域内承担海关化验及相关工作。

海关委托的化验机构（以下简称委托化验机构）应当在授权范围内承担对进出口货物的化验工作。

第六条 海关化验人员是指在海关化验中心从事化验的海关工作人员。

海关化验人员应当取得海关化验从业资格。

第七条 海关化验中心应当按照《检测和校准实验室能力的通用要求》（GB/T 15481）进行质量体系管理。

第八条 海关对进出口货物的属性、成分、含量、结构、品质、规格等无法确认的，可以组织化验。

海关组织化验时，应当提取货物样品。

第九条 海关取样时，收发货人或者其代理人应当到场协助，负责搬移货物，开拆和重封货物的包装，并在《中华人民共和国海关进出口货物化验取样记录单》（以下简称《取样记录单》，格式文本见附件 1）上签字确认。

第十条 收发货人或者其代理人拒不到场或者海关认为必要时，可以径行取样，存放货物的海关监管场所经营人、运输工具负责人应当到场协助，并在《取样记录单》上签字确认。

第十一条 海关应当按照有关操作规范取样，当场封存样品，同时填制《取样记录单》。样品一式两份，一份送抵海关化验中心或者委托化验机构，另一份留存海关备查。

第十二条 海关对进出口货物取样化验的，收发货人或者其代理人应当按照海关要求及时提供样品的相关单证和技术资料，并对其真实性和有效性负责。

第十三条 海关应当指派专人或者通过邮递等方式将所取样品送抵海关化验中心或者委托化验机构。

第十四条 除特殊情况外，海关化验中心和委托化验机构应当自收到送验样品之日起 15 日内作出鉴定结论，出具《中华人民共和国海关进出口货物化验鉴定书》（以下简称《鉴定书》，格式文本见附件 2)，并送达送验海关。

第十五条 除特殊情况外，海关化验中心应当在《鉴定书》签发次日，将《鉴定书》相关信息通过海关门户网站等途径对外公布。收发货人或者其代理人要求提供《鉴定书》纸本的，海关应当提供。

第十六条 海关化验中心和委托化验机构的鉴定结论是海关执法的依据。

其他化验机构作出的化验结果和鉴定结论与海关化验中心或者委托化验机构不一致的，以海关化验中心或者委托化验机构的化验结果和鉴定结论为准。

第十七条 收发货人或者其代理人对鉴定结论有异议的，可以自鉴定结论公布之日起15日内向送验海关提出复验申请，并说明理由。送验海关应当自收到复验申请之日起3日内通过"海关化验信息管理系统"将复验申请转送海关化验中心。送验海关对鉴定结论有异议的，可以自收到《鉴定书》之日起15日内向海关化验中心提出复验申请。

海关化验中心应当自收到复验申请之日起15日内对送验样品重新化验，出具《中华人民共和国海关进出口货物鉴定书（复验）》（格式文本见附件3），并按照本办法第十五条的规定公布鉴定结论。

收发货人或者其代理人、送验海关对同一样品只能提出一次复验申请。

第十八条 除危险品或者鲜活、易腐、易失效等不宜长期保存的样品外，海关化验样品自海关化验中心或者委托化验机构出具《鉴定书》之日起保存六个月。

行政复议、行政诉讼以及尚未结案的走私、违反海关监管规定等违法案件涉及的海关化验样品，应当相应延长保存期限。

第十九条 海关对过境、转运、通运货物和进出境物品的化验比照本办法执行。

第二十条 本办法由海关总署负责解释。

第二十一条 本办法自2008年12月1日起施行。1993年9月20日海关总署令第46号发布的《中华人民共和国海关对进出口货物实施化验鉴定的规定》同时废止。

附件：1. 中华人民共和国海关进出口货物化验取样记录单（略）
　　　2. 中华人民共和国海关进出口货物化验鉴定书（略）
　　　3. 中华人民共和国海关进出口货物化验鉴定书（复验）（略）

关于实施进出口货物检验检疫直通放行制度的公告

（国家质量监督检验检疫总局公告2008年第82号）

（2008年7月18日由国家质量监督检验检疫总局发布，2008年7月18日起施行，法规类型为规范性文件）

第一章　总　则

第一条 为了进一步推动"大通关"建设，提高进出口货物通关效率，实现提速、减负、增效、严密监管，根据国家有关出入境检验检疫法律法规制定本规定。

第二条 本规定所称"直通放行"是指检验检疫机构对符合规定条件的进出口货物实施便捷高效的检验检疫放行方式，包括进口直通放行和出口直通放行。

进口直通放行是指对符合条件的进口货物，口岸检验检疫机构不实施检验检疫，货物直运至目的地，由目的地检验检疫机构实施检验检疫的放行方式。

出口直通放行是指对符合条件的出口货物，经产地检验检疫机构检验检疫合格后，企业可凭产地检验检疫机构签发的通关单在报关地海关直接办理通关手续的放行方式。

第三条 国家质检总局负责全国进出口货物检验检疫直通放行工作的管理；各地检验检疫机构负责本辖区进出口货物检验检疫直通放行工作的实施和监督管理。

第四条 直通放行工作的实施以企业诚信管理和货物风险分析为基础，以信息化管理为手段，坚持"谁检验检疫，谁承担责任"的原则。

第五条 符合直通放行条件的，企业报检时可自愿选择检验检疫直通放行方式或原放行方式。

第二章 直通放行的条件

第六条 申请实施直通放行的企业应符合以下所有条件：

（一）严格遵守国家出入境检验检疫法律法规，2年内无行政处罚记录；

（二）检验检疫诚信管理（分类管理）中的A类企业（一类企业）；

（三）企业年进出口额在150万美元以上；

（四）企业已实施HACCP或ISO9000质量管理体系，并获得相关机构颁发的质量体系评审合格证书；

（五）出口企业同时应具备对产品质量安全进行有效控制的能力，产品质量稳定，检验检疫机构实施检验检疫的年批次检验检疫合格率不低于99%，1年内未发生由于产品质量原因引起的退货、理赔或其他事故。

第七条 国家质检总局按照风险分析、科学管理的原则，制定《实施出口直通放行货物目录》和《不实施进口直通放行货物目录》，并实行动态调整。

第八条 申请实施进口直通放行的货物应符合以下所有条件：

（一）未列入《不实施进口直通放行货物目录》；

（二）来自非疫区（含动植物疫区和传染病疫区）；

（三）用原集装箱（含罐、货柜车、下同）直接运输至目的地；

（四）不属于国家质检总局规定须在口岸进行查验或处理的范围。

第九条 申请实施出口直通放行的货物应在《实施出口直通放行货物目录》内，但下列情况不实施出口直通放行：

（一）散装货物；

（二）出口援外物资和市场采购货物；

（三）在口岸需更换包装、分批出运或重新拼装的；

（四）双边协定、进口国或地区要求等须在口岸出具检验检疫证书的；

（五）国家质检总局规定的其他不适宜实施直通放行的情况。

第十条 申请直通放行的企业应填写《直通放行申请书》，并提交符合本规定第六条规定的企业条件的相关证明性材料，向所在地检验检疫机构提出申请。

第十一条 企业所在地直属检验检疫机构对企业提交的材料进行审核批准后，报国家质检总局备案，并统一公布。

第三章 进口直通放行

第十二条 对在口岸报关的进口货物，报检人选择直通放行的，在口岸检验检疫机构申领《入境货物通关单》（四联单），货物通关后直运至目的地，由目的地检验检疫机构实施检验检疫。口岸检验检疫机构经总局电子通关单数据交换平台向海关发送通关单电子数据，同时通过"入境货物口岸内地联合执法系统"将通关单电子数据以及报检及放行等信息发送至目的地检验检疫机构。通关单备注栏应加注"直通放行货物"字样并注明集装箱号。

第十三条 对在目的地报关的进口货物，报检人选择直通放行的，直接向目的地检验检疫机构报检。目的地检验检疫机构在受理报检后，签发《入境货物通关单》（三联单）。目的地检验检疫机构经总局电子通关单数据交换平台向海关发送通关单电子数据的同时，通过"入境货物口岸内地联合执法系统"将通关单电子数据、报检及放行等信息发送至入境口岸检验检疫机构。通关单备注栏应加注"直通放行货物"字样并注明集装箱号。

第十四条 对于进口直通放行的货物，口岸与目的地检验检疫机构应密切配合，采取有效监管措施，加强监管。对需要实施检疫且无原封识的进口货物，口岸检验检疫机构应对集装箱加施检验检疫封识（包括电子锁等），要逐步实现 GPS 监控系统对进口直通放行货物运输过程的监控。集装箱加施封识的，应将加施封识的信息通过"入境货物口岸内地联合执法系统"发送至目的地检验检疫机构。

第十五条 进口直通放行的货物，报检人应在目的地检验检疫机构指定的地点接受检验检疫。对已加施检验检疫封识的，应当向目的地检验检疫机构申请启封，未经检验检疫机构同意不得擅自开箱、卸货。

第十六条 货物经检验检疫不合格且无有效检疫处理或技术处理方法的，由目的地检验检疫机构监督实施销毁或作退货处理。

第十七条 目的地检验检疫机构在完成检验检疫后，应通过"入境货物口岸内地联合执法系统"将检验检疫信息反馈至入境口岸检验检疫机构。

第十八条 进口直通放行货物的检验检疫费由实施检验检疫的目的地检验检疫机构收取。

第四章 出口直通放行

第十九条 企业选择出口直通放行方式的，办理报检手续时，应直接向产地检验检疫机构申请出境货物通关单，并在报检单上注明"直通放行"字样。

第二十条 产地检验检疫机构检验检疫合格并对货物集装箱加施封识后，直接签发通关单，在通关单备注栏注明出境口岸、集装箱号、封识号，经总局电子通关单数据交换平台向海关发送通关单电子数据。产地检验检疫机构要逐步实现 GPS 监控系统对直通放行出口货物运输过程的监控。

第二十一条 口岸检验检疫机构应通过"通关单联网核查系统"及时掌握经本口岸出境的出口直通放行货物信息，在不需要企业申报、不增加企业负担的情况下，对到达口岸的直通放行货物实施随机查验。

查验以核查集装箱封识为主，封识完好即视为符合要求。对封识丢失、损坏、封识号有误或箱体破损等异常情况，要进一步核查，并将情况及时通过"通关单联网核查系统"反馈产地检验检疫机构。

第二十二条 对出口直通放行后的退运货物，口岸检验检疫机构应当及时将信息反馈产地检验检疫机构。

第二十三条 实施出口直通放行的货物需要改通关单的，由产地检验检疫机构办理更改手续并出具新的通关单，同时收回原通关单。

因特殊情况无法在产地领取更改后的通关单的，发货人或其代理人可向口岸检验检疫机构提出书面申请，口岸检验检疫机构根据产地检验检疫机构更改后的电子放行信息，通过"通关单联网核查系统"打印通关单，同时收回原通关单。

第五章 附 则

第二十四条 企业在直通放行过程中违反检验检疫法律法规的，依据有关法律法规予以处罚。

第二十五条 各地检验检疫机构应加强对直通放行企业的监督管理。有下列情况之一的，由所在地检验检疫机构填写《停止直通放行通知单》，报直属检验检疫局审核同意后，停止其进出口直通放行，并报总局备案。

（一）企业资质发生变化，不再具备本规定第六条规定条件的；
（二）出口直通放行的货物因质量问题发生退货、理赔，造成恶劣影响的；
（三）直通放行后擅自损毁封识、调换货物、更改批次或更换包装的；
（四）非直通放行货物经口岸查验发现有货证不符的；
（五）企业有其他违法违规行为，受到违规处理或行政处罚的。

停止直通放行的企业1年内不得重新申请直通放行。

第二十六条 产地（目的地）和口岸检验检疫机构要加强协调，分工负责。对不严格执行本规定，影响直通放行制度实施或造成质量事故的，追究单位领导及相关人员责任。

第二十七条 出口直通放行后的退运货物的管理，参照《出口工业产品退运货物追溯调查管理工作规范》（试行）的规定执行。

第二十八条 进出口直通放行货物的施封管理，按照《出入境检验检疫封识管理办法》的规定执行。

第二十九条 本规定由国家质检总局负责解释。

第三十条 本规定从公布之日起实施。

附件：1. 直通放行申请书（略）
      2. 停止直通放行通知单（略）
      3. 公告82号不实施进口直通放行货物目录（略）
      4. 公告82号实施出口直通放行货物目录（略）

关于新型冠状病毒肺炎疫情期间海关查验货物时收发货人可免于到场的公告

（海关总署公告2020年第24号）

（2020年2月11日由海关总署发布，2020年2月11日起施行，法规类型为规范性文件）

为保障新型冠状病毒肺炎疫情防控期间（以下简称疫情期间）进出境货物的快速验放，减少人员聚集，有效防止疫情传播，现就疫情期间海关货物查验时收发货人可免于到场事宜公告如下：

一、收发货人在收到海关货物查验通知后，可选择以下方式，不到场协助海关实施查验：
（一）委托存放货物的海关监管作业场所经营人、运输工具负责人等到场。
（二）通过电子邮件、电子平台等方式告知海关无法到场，海关在收发货人不到场的情况下实施查验。

二、因进出境货物具有特殊属性，需海关查验人员予以特别注意的，收发货人或其代理人应当在海关实施查验前声明。需要收发货人提供相关材料配合海关查验的，收发货人可通过电子邮件等方式向海关发送相关材料的扫描件（盖章）。

三、海关对相关货物完成查验后，由存放货物的海关监管作业场所经营人、运输工具负责人在查验记录上签名确认。

特此公告。

关于调整进口铁矿检验监管方式的公告

（海关总署公告 2020 年第 69 号）

（2020 年 5 月 20 日由海关总署发布，2020 年 6 月 1 日起施行，法规类型为规范性文件）

为深入推进"放管服"改革，进一步优化口岸营商环境，提升贸易便利化水平，海关总署决定对进口铁矿品质检验监管方式进行优化。现就有关事项公告如下：

一、将现行由海关对进口铁矿逐批实施抽样品质检验调整为依企业申请实施；必要时，海关实施监督检验、开展有毒有害元素含量监测。

二、进口铁矿收货人或者代理人需海关出具进口铁矿品质证书的，向海关提出申请，海关对进口铁矿实施现场检验检疫合格后实施现场抽样、实验室检测、出具品质证书。

三、进口铁矿收货人或者代理人不需要海关出具进口铁矿品质证书的，海关在对进口铁矿实施现场检验检疫合格后直接放行。

四、本公告第二、三条中"现场检验检疫"包括现场放射性检测、外来夹杂物检疫处理、疑似或掺杂固体废物排查。

本公告自 2020 年 6 月 1 日起施行。

特此公告。

关于开展 2020 年度法定检验商品以外进出口商品抽查检验工作的公告

（海关总署公告 2020 年第 95 号）

（2020 年 8 月 21 日由海关总署发布，2020 年 8 月 21 日起施行，法规类型为规范性文件）

为维护国门安全，依法保障人民群众合法权益，根据《中华人民共和国进出口商品检验法》及其实施条例有关规定，海关总署决定自本公告发布之日起对法定检验商品以外的部分进出口商品实施抽查检验，抽查商品的范围见附件。

抽查检验工作按照《进出口商品抽查检验管理办法》（原国家质量监督检验检疫总局令第 39 号公布，海关总署令第 238 号修改）执行。

特此公告。

附件：2020 年度实施法定检验商品以外进出口商品抽查检验的商品范围

附件

2020 年度实施法定检验商品以外进出口商品抽查检验的商品范围

一、进口商品：童装、文具、领带、丝巾、围巾、坐便器、洗碗机、空气净化器、打印机、电热水器、微型计算机、电视机、监视器、垃圾食物处理机、电磁灶、机动车喇叭、机动车回复反射器、机动车制动软管、汽车内饰件、染料、颜料、着色料等。

二、出口商品：仿真饰品、儿童自行车、儿童滑板车、电动童车、毛绒玩具、电热水龙头等。